LE ROBERT & Collins

espagnol

français-espagnol
espagnol-français

HarperCollins Publishers
Westerhill Road
Bishopbriggs
Glasgow
G64 2QT
Great Britain

Septième édition/Séptima edición
2018

www.collins.co.uk
www.collinsdictionary.com

Dictionnaires Le Robert
25, avenue Pierre-de-Coubertin
75211 Paris cedex 13
France

www.lerobert.fr

ISBN Mini+ 978-2-32101-143-9
ISBN Mini 978-2-32101-139-2

Dépôt légal mai 2018
Achevé d'imprimer en février 2018
N éditeur 10230513/10230517
Penguin Random House
Grupo Editorial, S.A.U.
Travessera de Gràcia 47-49
08021 Barcelona

www.diccionarioscollins.com

PHOTOCOMPOSITION/FOTOCOMPOSICIÓN
Davidson Publishing Solutions, Glasgow

Imprimé en Italie par/
Impreso en Italia por
La Tipografica Varese

DIRECTION ÉDITORIALE/
DIRECCIÓN EDITORIAL
Helen Newstead

CHEF DE PROJET/JEFE DE PROYECTO
Teresa Álvarez
Janice McNeillie

COLLABORATEURS/COLABORADORES
Lola Busuttil
Christian Salzédo

INFORMATIQUE ÉDITORIALE/
INFORMÁTICA EDITORIAL
Agnieszka Urbanowicz

POUR LA MAISON D'ÉDITION/PARA LA EDITORIAL
Gerry Breslin
Kerry Ferguson

Índice

Abreviaturas	iv
Transcripción fonética	viii
FRANCÉS – ESPAÑOL	1–336
Gramática española	337–368
Guía del viajero	369–396
Comida y bebida	397–400
ESPAÑOL – FRANCÉS	401–752

Table des matières

Abréviations	iv
Transcription phonétique	viii
FRANÇAIS – ESPAGNOL	1–336
Grammaire espagnole	337–368
Guide de conversation	369–396
Au menu	397–400
ESPAGNOL – FRANÇAIS	401–752

Abreviaturas | Abréviations

abreviatura	*abr*	abréviation
adjetivo	*adj*	adjectif
administración	*Admin*	administration
adverbio	*adv*	adverbe
agricultura	*Agr*	agriculture
alguien	*algn*	quelqu'un
América Latina	*AM*	Amérique latine
anatomía	*Anat*	anatomie
Andes	*And*	Andes
Antillas	*Ant*	Antilles
arquitectura	*Archit*	architecture
Argentina	*Arg*	Argentine
arquitectura	*Arq*	architecture
artículo	*art*	article
astrología	*Astrol*	astrologie
astronomía	*Astron*	astronomie
automóvil	*Auto*	automobile
auxiliar	*aux*	auxiliaire
aviación	*Aviat*	aviation
biología	*Bio, Biol*	biologie
botánica	*Bot*	botanique
Centroamérica	*CAm*	Amérique centrale
Caribe	*Carib*	Caraïbes
Chile	*Chi*	Chili
química	*Chim*	chimie
cine	*Cine, Ciné*	cinéma
Colombia	*Col*	Colombie
comercio	*Com, Comm*	commerce
conjunción	*conj*	conjonction

construcción	*Constr*	construction
Cono Sur	*CSur*	Argentine, Chili et Uruguay
Cuba	*CU*	Cuba
cocina	*Culin*	cuisine
definido	*def, déf*	défini
demostrativo	*demos, dém*	démonstratif
determinado	*det, dét*	déterminant
economía	*Econ, Écon*	économie
eletricidad, electrónica	*Elec, Élec*	électricité, électronique
escolar	*Escol*	enseignement
España	*Esp*	Espagne
especialmente	*esp*	surtout
etcétera	*etc*	et cetera
exclamación	*excl*	exclamation
femenino	*f*	féminin
lengua familiar	*fam*	familier
vulgar	*fam!*	vulgaire
ferrocarril	*Ferro*	chemins de fer
figurado	*fig*	figuré
finanzas	*Fin*	finance
filosofía	*Filos*	philosophie
física	*Fís*	physique
fotografía	*Foto*	photographie
generalmente	*gen, gén*	en général
geografía	*Geo, Géo*	géographie
geometría	*Geom, Géom*	géométrie
historia	*Hist*	histoire
humorístico	*hum*	humoristique
impersonal	*impers*	impersonnel
industria	*Ind*	industrie
indefinido	*indef, indéf*	indéfini

indirecto	*indir*	indirect
informática	*Inform*	informatique
interrogativo	*interrog*	interrogatif
invariable	*inv*	invariable
irónico	*iron*	ironique
jurídico	*Jur*	juridique
lingüística	*Ling*	linguistique
literatura	*Lit, Litt*	littérature
literario	*littér*	littéraire
masculino	*m*	masculin
matemáticas	*Mat, Math*	mathématiques
masculino/femenino	*m/f*	masculin/féminin
medicina	*Med, Méd*	médecine
meteorología	*Météo*	météorologie
México	*Méx, Mex*	Mexique
militar	*Mil*	militaire
música	*Mús, Mus*	musique
nombre	*n*	nom
náutica	*Náut, Naut*	nautisme
Nicaragua	*Nic*	Nicaragua
número	*num*	numéral
Panamá	*Pan*	Panama
Perú	PE	Pérou
personal	*pers*	personnel
peyorativo	*pey, péj*	péjoratif
filosofía	*Philos*	philosophie
fotografía	*Photo*	photographie
física	*Phys*	physique
fisiología	*Physiol*	physiologie
plural	*pl*	pluriel
política	*Pol*	politique
posesivo	*poss*	possessif

participio de pasado	*pp*	participe passé
prefijo	*pref, préf*	préfixe
preposición	*prep, prép*	préposition
pronombre	*pron*	pronom
psicología	*Psico, Psych*	psychologie
algo	*qch*	quelque chose
alguien	*qn*	quelqu'un
química	*Quím*	chimie
ferrocarril	*Rail*	chemins de fer
religión	*Rel*	religion
relativo	*rel*	relatif
escolar	*Scol*	enseignement
singular	*sg*	singulier
sufijo	*suf*	suffixe
sujeto	*suj*	sujet
también	*tb*	aussi
tauromaquia	*Taur*	tauromachie
técnica, tecnología	*Tec, Tech*	technique
telecomunicaciones	*Telec, Tél*	télécommunications
tipografía	*Tip, Typo*	typographie
televisión	*TV*	télévision
universidad	*Univ*	université
ver	*v*	voir
verbo	*vb*	verbe
Venezuela	*Ven*	Venezuela
verbo intransitivo	*vi*	verbe intransitif
verbo pronominal	*vpr*	verbe pronominal
verbo transitivo	*vt*	verbe transitif
zoología	*Zool*	zoologie
marca registrada	®	marque déposée
indica un equivalente cultural	≈	indique une équivalence culturelle

Transcripción fonética

Consonantes		Consonnes
papel	p	poupée
boda	b	bombe
labor uva	β	
tinto	t	tente thermal
dama	d	dinde
casa que kilo	k	coq qui képi
goma	g	gag bague
pagar	ɣ	
quizás	s	sale ce nation
	z	zéro rose
	ʃ	tache chat
	ʒ	gilet juge
chiste	tʃ	tchao
fin	f	fer phare
	v	valve
tenaz cena[1]	θ	
cuidad	ð	
lejos	l	lent salle
talle[2]	ʎ	
	ʀ	rare rentrer
caro quitar	r	
garra	rr	
madre	m	maman femme
naranja	n	non nonne
niño	ɲ	agneau vigne
	ŋ	parking
	h	hop !
yunta	j	yaourt paille
jugar	x	

[1] se prononce parfois [s] [2] se prononce parfois [j] ou [ʒ]

Semiconsonantes		Semi-consonnes
viaje	ja	
viene	je	pied
radio	jo	
viuda	ju	
cuanto	wa	
sueño	we	nouer
ruido	wi	oui
	ɥ	huile lui
cuota	wo	

Transcription phonétique

Vocales		Voyelles
pino	i	ici vie lyrique
me	e	jouer été
	ɛ	lait jouet merci
pata	a	plat amour
	ɑ	bas pâte
	ə	le premier
	œ	beurre peur
	ø	peu deux
	ɔ	or homme
loco	o	mot eau gauche
lunes	u	genou roue
	y	rue urne

Diptongos		Diphtongues
baile	ai	
auto	au	
veinte	ei	
deuda	eu	
hoy	oi	

Nasales		Voyelles nasales
	ɛ̃	matin plein
	œ̃	brun
	ɑ̃	gens jambe dans
	ɔ̃	non pont pompe

Diversos		Divers
para el francés: indica que la h impide el enlace entre dos palabras sucesivas	'	pour l'espagnol : précède la syllabe accentuée

FRANÇAIS – ESPAGNOL

FRANCÉS – ESPAÑOL

a

a [a] *vb voir* **avoir**

à [a]

(*à + le =* **au**, *à + les =* **aux**) *prép*
1 (*endroit, situation*) en; **être à Paris/au Portugal** estar en París/en Portugal; **être à la maison/à l'école/au bureau** estar en casa/en el colegio/en la oficina; **être à la campagne** estar en el campo; **c'est à 10 km/ à 20 minutes (d'ici)** está a 10 km/a 20 minutos (de aquí); **à la radio/télévision** en la radio/televisión
2 (*direction*) a; **aller à Paris/au Portugal** ir a París/a Portugal; **aller à la maison/à l'école/au bureau** ir a casa/al colegio/a la oficina; **aller à la campagne** ir al campo
3 (*temps*) a; **à trois heures/ à minuit** a las tres/a medianoche; **à demain/lundi/la semaine prochaine !** ¡hasta mañana/ el lunes/la semana que viene!; **au printemps/au mois de juin** en primavera/el mes de junio; **à cette époque-là** en aquella época; **nous nous verrons à Noël** nos veremos por Navidad; **visites de cinq heures à six heures** visitas de cinco a seis
4 (*attribution, appartenance*) de; **le livre est à lui/à nous/à Paul** el libro es suyo/nuestro/de Pablo; **un ami à moi** un amigo mío; **donner qch à qn** dar algo a algn
5 (*moyen*) : **se chauffer au gaz/à l'électricité** calentarse con gas/con electricidad; **à bicyclette** en bicicleta; **à pied** a pie; **à la main/machine** a mano/máquina; **pêcher à la ligne** pescar con caña
6 (*provenance*) de; **boire à la bouteille** beber de la botella
7 (*caractérisation, manière*) : **l'homme aux yeux bleus/à la veste rouge** el hombre de ojos azules/de la chaqueta roja; **café au lait** café con leche; **à sa grande surprise** para su gran sorpresa; **à ce qu'il prétend** según pretende (él); **à l'européenne/la russe** a la europea/la rusa; **à nous trois nous n'avons pas su le faire** no hemos sabido hacerlo entre los tres
8 (*but, destination : de choses ou personnes*) : **tasse à café** taza de café; **« à vendre »** « se vende »; **à bien réfléchir** pensándolo bien; **problèmes à régler** problemas *mpl* por solucionar
9 (*rapport, évaluation, distribution*) : **100 km/unités à l'heure** 100 km/unidades por hora; **payé au mois/à l'heure** pagado por mes/por hora;

cinq à six cinco a seis; **ils sont arrivés à quatre** llegaron cuatro

abaisser [abese] *vt* bajar
abandon [abɑ̃dɔ̃] *nm* abandono; **être à l'~** estar abandonado(-a); **laisser à l'~** dejar abandonado(-a)
abandonner [abɑ̃dɔne] *vt* abandonar ▶ *vi* (*Sport*) abandonar; (*Inform*) salir; **~ qch à qn** entregar algo a algn
abat-jour [abaʒuʀ] (*pl* **abat-jour(s)**) *nm* pantalla
abats [aba] *vb voir* **abattre** ▶ *nmpl* (*Culin*) menudos *mpl*
abattement [abatmɑ̃] *nm* (*déduction*) deducción *f*; **~ fiscal** deducción fiscal
abattoir [abatwaʀ] *nm* matadero
abattre [abatʀ] *vt* (*arbre*) talar; (*mur, maison, avion*) derribar; (*tuer*) abatir; (*déprimer*) desanimar; **s'abattre** *vpr* (*mât, malheur*) caerse; **~ du travail** *ou* **de la besogne** trabajar duro; **s'~ sur** caer sobre
abbaye [abei] *nf* abadía
abbé [abe] *nm* (*d'une abbaye*) abad *m*
abcès [apsɛ] *nm* absceso
abdiquer [abdike] *vi* abdicar ▶ *vt* (*pouvoir, dignité*) renunciar a
abdominal, e, -aux [abdɔminal, o] *adj* (*muscles, exercises*) abdominal; **abdominaux** *nmpl* abdominales *mpl*; **faire des abdominaux** hacer abdominales
abeille [abɛj] *nf* abeja
aberrant, e [abeʀɑ̃, ɑ̃t] *adj* aberrante
aberration [abeʀasjɔ̃] *nf* aberración *f*
abîme [abim] *nm* abismo
abîmer [abime] *vt* estropear; **s'abîmer** *vpr* estropearse; (*fig*) abismarse
aboiement [abwamɑ̃] *nm* ladrido
abolir [abɔliʀ] *vt* abolir
abominable [abɔminabl] *adj* abominable
abondance [abɔ̃dɑ̃s] *nf* abundancia
abondant, e [abɔ̃dɑ̃, ɑ̃t] *adj* abundante • **abonder** *vi* abundar
abonné, e [abɔne] *adj* (*à un journal*) suscrito(-a); (*au téléphone*) abonado(-a) ▶ *nm/f* suscriptor(-a), abonado(-a)
abonnement [abɔnmɑ̃] *nm* (*à un journal*) suscripción *f*; (*transports en commun, théâtre*) abono
abonner [abɔne] *vt* : **~ qn à** (*revue*) suscribir a algn a; **s'abonner** *vpr* : **s'~ à** (*revue*) suscribirse a; (*téléphone*) abonarse a
abord [abɔʀ] *nm* : **être d'un ~ facile/difficile** ser de fácil/difícil acceso; **abords** *nmpl* (*d'un lieu*) alrededores *mpl*; **d'~** primero, en primer lugar; **de prime ~, au premier ~** a primera vista
abordable [abɔʀdabl] *adj* (*personne*) accesible; (*prix, marchandise*) asequible
aborder [abɔʀde] *vi* abordar ▶ *vt* abordar
aboutir [abutiʀ] *vi* tener éxito; **~ à** (*lieu*) dar a
aboyer [abwaje] *vi* ladrar
abréger [abʀeʒe] *vt* acortar

abreuver [abʀœve] *vt* abrevar; (*fig*) : **~ qn de** (*injures*) colmar a algn de; **s'abreuver** *vpr* abrevar • **abreuvoir** *nm* abrevadero

abréviation [abʀevjasjɔ̃] *nf* abreviatura

abri [abʀi] *nm* refugio; **à l'~** (*des intempéries, financièrement*) a cubierto; **à l'~ de** (*fig : erreur*) al abrigo de

abricot [abʀiko] *nm* albaricoque *m*, damasco (AM)

abriter [abʀite] *vt* (*lieu*) resguardar; **s'abriter** *vpr* resguardarse

abrupt, e [abʀypt] *adj* abrupto(-a); (*personne, ton*) rudo(-a)

abruti, e [abʀyti] (*fam*) *nm/f* tonto(-a)

absence [apsɑ̃s] *nf* ausencia

absent, e [apsɑ̃, ɑ̃t] *adj, nm/f* ausente *mf* • **absenter** : **s'absenter** *vpr* ausentarse

absolu, e [apsɔly] *adj* absoluto(-a) • **absolument** *adv* (*oui*) sí, por supuesto

absorbant, e [apsɔʀbɑ̃, ɑ̃t] *adj* absorbente

absorber [apsɔʀbe] *vt* absorber; (*manger, boire*) tomar

abstenir [apstəniʀ] : **s'abstenir** *vpr* abstenerse; **s'~ de qch/de faire** privarse de algo/de hacer

abstrait, e [apstʀɛ, ɛt] *adj* abstracto(-a)

absurde [apsyʀd] *adj* absurdo(-a)

abus [aby] *nm* abuso ; **~ de pouvoir** abuso de poder; **~ sexuels** abusos sexuales • **abuser** *vi* abusar; **~ de** abusar de • **abusif, -ive** *adj* abusivo(-a)

académie [akademi] *nf* academia; (*Univ*) *circunscripción administrativa de la enseñanza en Francia*

> La **Académie française**, a veces llamada *la Coupole*, fue fundada por el cardenal Richelieu en 1635 durante el reinado de Luis XIII. La forman 40 eruditos y escritores electos a los que se conoce como *les Quarante* o *les Immortels*. Una de las funciones de la Academia es regular la evolución de la lengua francesa y sus recomendaciones son con frecuencia objeto de encendido debate. Ha publicado varias ediciones de su conocido diccionario y concede diversos premios literarios.

acajou [akaʒu] *nm* caoba

acariâtre [akaʀjɑtʀ] *adj* desabrido(-a)

accablant, e [akɑblɑ̃, ɑ̃t] *adj* (*témoignage, preuve*) abrumador(a); (*chaleur, poids*) agobiante

accabler [akɑble] *vt* (*physiquement*) agobiar; (*moralement*) abatir; (*suj : preuves, témoignage*) inculpar; **~ qn d'injures/de travail** colmar a algn de injurias/de trabajo

accalmie [akalmi] *nf* calma, tregua

accaparer [akapaʀe] *vt* acaparar

accéder [aksede] *vt* : **~ à** (*lieu*) tener acceso a; (*fig*) acceder a

accélérateur [akseleʀatœʀ] *nm* acelerador *m*

accélérer [akseleʀe] *vt, vi* acelerar

accent [aksɑ̃] *nm* acento; **mettre l'~ sur** (*fig*) hacer hincapié en; **~ aigu/circonflexe/grave** acento agudo/circunflejo/grave • **accentuer** *vt* acentuar; **s'accentuer** *vpr* acentuarse

acceptation [aksɛptasjɔ̃] *nf* aceptación *f*

accepter [aksɛpte] *vt* aceptar; **~ de faire** aceptar hacer

accès [aksɛ] *nm* acceso ▸ *nmpl* (*routes, entrées*) accesos *mpl*; **~ de colère** arrebato; **~ de fièvre** • **accessible** *adj* accesible; (*prix, objet*) asequible; **~ (à qn)** (*livre, sujet*) accesible (a algn)

accessoire [akseswaʀ] *adj* secundario(-a) ▸ *nm* accesorio

accident [aksidɑ̃] *nm* accidente *m*; **par ~** por accidente • **accidenté, e** *adj* accidentado(-a); (*voiture*) estropeado(-a), dañado(-a) • **accidentel, le** *adj* accidental

acclamer [aklame] *vt* aclamar

acclimater [aklimate] *vt* aclimatar; **s'acclimater** *vpr* aclimatarse

accolade [akɔlad] *nf* abrazo

accommoder [akɔmɔde] *vt* (*Culin*) aliñar; **s'accommoder** *vpr*: **s'~ de** contentarse con

accompagnateur, -trice [akɔ̃paɲatœʀ, tʀis] *nm/f* acompañante *mf*

accompagner [akɔ̃paɲe] *vt* acompañar

accompli, e [akɔ̃pli] *adj* (*fait*) consumado(-a); (*devoir*) cumplido(-a)

accomplir [akɔ̃pliʀ] *vt* cumplir

accord [akɔʀ] *nm* (*entente*) acuerdo; (*consentement, autorisation*) consentimiento; (*Mus*) acorde *m*; **se mettre d'~** ponerse de acuerdo; **être d'~ (pour faire/que)** estar de acuerdo (en hacer/en que); **d'~ !** ¡de acuerdo!

accordéon [akɔʀdeɔ̃] *nm* acordeón *m*

accorder [akɔʀde] *vt* (*faveur, délai*) conceder; (*Mus*) afinar; **~ de l'importance/de la valeur à qch** dar importancia/valor a algo

accoster [akɔste] *vt* (*Naut*) acostar ▸ *vi* acostar

accouchement [akuʃmɑ̃] *nm* parto

accoucher [akuʃe] *vi, vt* dar a luz

accouder [akude]: **s'accouder** *vpr*: **s'~ à/contre/sur** acodarse en/sobre • **accoudoir** *nm* brazo

accoupler [akuple]: **s'accoupler** *vpr* aparearse

accourir [akuʀiʀ] *vi* precipitarse

accoutumance [akutymɑ̃s] *nf* (*au climat*) adaptación *f*

accoutumé, e [akutyme] *adj* acostumbrado(-a)

accoutumer [akutyme]: **s'accoutumer** *vpr*: **s'~ à qch/à faire** acostumbrarse a algo/a hacer

accroc [akʀo] *nm* (*déchirure*) desgarrón *m*; **sans ~s** (*fig*) sin contratiempos

accrochage [akʀɔʃaʒ] *nm* (*accident*) choque *m*

accrocher [akʀɔʃe] *vt* (*vêtement, tableau*) colgar; (*véhicule*) chocar con; (*déchirer: robe, pull*) rasgar; (*fig: regard, client*) atraer; **s'accrocher** *vpr* (*se disputer*) pelearse; **s'~ à** (*agripper*) agarrarse a; (*personne*) pegarse a

accroissement [akʀwasmɑ̃] *nm* aumento

accroître [akʀwatʀ]: **s'accroître** *vpr* acrecentarse

accroupir [akʀupiʀ]: **s'accroupir** *vpr* ponerse en cuclillas

accru, e [akʀy] *pp de* **accroître**

accueil [akœj] *nm* acogida; **centre/comité d'~** centro/comité *m* de recepción • **accueillir** *vt* (*recevoir, saluer*) acoger; (*loger*) alojar

accumuler [akymyle] *vt* acumular; **s'accumuler** *vpr* acumularse

accusation [akyzasjɔ̃] *nf* acusación *f*; **l'~** (*Jur*) la acusación; **mettre qn en ~** iniciar causa en contra de algn

accusé, e [akyze] *adj, nm/f* acusado(-a) ▸ *nm*: **~ de réception** acuse *m* de recibo

accuser [akyze] *vt* acusar; (*fig*: *souligner*) acentuar; **~ qn de qch** acusar a algn de algo; **~ réception de** acusar recibo de

acéré, e [aseʀe] *adj* acerado(-a)

acharné, e [aʃaʀne] *adj* encarnizado(-a)

acharner [aʃaʀne]: **s'acharner** *vpr*: **s'~ contre/sur** ensañarse con

achat [aʃa] *nm* compra; **faire des ~s** ir de compras

acheter [aʃ(ə)te] *vt* comprar; **~ qch à qn** comprar algo a algn • **acheteur, -euse** *nm/f* comprador(a)

achever [aʃ(ə)ve] *vt* acabar, finalizar; **s'achever** *vpr* acabarse

acide [asid] *adj* ácido(-a) ▸ *nm* ácido • **acidulé** *adj* ácido(-a); **bonbons ~s** caramelos *mpl* ácidos

acier [asje] *nm* acero; **~ inoxydable** acero inoxidable • **aciérie** *nf* acería

acné [akne] *nf* acné *f*

acompte [akɔ̃t] *nm* (*arrhes*) señal *f*; (*sur somme due*) adelanto

à-côté [akote] *nm* (*point accessoire*) cuestión *f* secundaria; (*argent*: *aussi pl*) dinero extra *inv*

à-coup [aku] *nm*: **sans ~s** sin interrupción; **par ~s** a tirones

acoustique [akustik] *nf* acústica

acquéreur [akeʀœʀ] *nm* comprador(a)

acquérir [akeʀiʀ] *vt* comprar

acquis, e [aki, iz] *pp de* **acquérir** ▸ *nm* (*savoir, expérience*) conocimientos *mpl*; **acquis** *nmpl*: **les ~ sociaux** los logros sociales

acquitter [akite] *vt* (*accusé*) absolver

âcre [ɑkʀ] *adj* acre

acrobate [akʀɔbat] *nmf* acróbata *mf*

acrobatie [akʀɔbasi] *nf* acrobacia

acte [akt] *nm* (*Théâtre*: *action*) acto; (*document*) acta; **actes** *nmpl* (*compte-rendu*) actas *fpl*; **faire ~ de candidature** presentar una candidatura

acteur, -trice [aktœʀ, tʀis] *nm/f* actor (actriz)

actif, -ive [aktif, iv] *adj* activo(-a) ▸ *nm* activo; **l'~ et le passif** el activo y el pasivo

action [aksjɔ̃] *nf* acción *f*; **une bonne/mauvaise ~** una buena/mala acción • **actionnaire** *nmf* accionista *mf* • **actionner** *vt* accionar

activer [aktive] : **s'activer** *vpr* (*s'affairer*) trajinar

activité [aktivite] *nf* actividad *f*

actrice [aktʀis] *nf voir* **acteur**

actualité [aktɥalite] *nf* actualidad *f*; **actualités** *nfpl* : **les ~s** las noticias; **l'~ politique/sportive** la actualidad política/deportiva

actuel, le [aktɥɛl] *adj* actual • **actuellement** *adv* actualmente

acuponcture [akypɔ̃ktyʀ], **acupuncture** [akypɔ̃ktyʀ] *nf* acupuntura

adaptateur, -trice [adaptatœʀ, tʀis] *nm/f* (*Théâtre*) adaptador(a) ▸ *nm* (*Élec*) adaptador *m*

adapter [adapte] *vt* : **~ à** adaptar a; **s'adapter** *vpr* (*personne*) : **s'~ (à)** adaptarse (a)

addition [adisjɔ̃] *nf* (*Math*) adición *f*; (*au restaurant*) cuenta • **additionner** *vt* sumar

adepte [adɛpt] *nmf* (*d'une religion*) adepto(-a); (*d'un sport*) partidario(-a)

adéquat, e [adekwa(t), at] *adj* adecuado(-a)

adhérent, e [adeʀɑ̃, ɑ̃t] *adj* adherente ▸ *nm/f* miembro *mf*

adhérer [adeʀe] *vi* adherirse ▸ *vt* : **~ à** (*coller*) adherir a; (*devenir membre de*) afiliarse a • **adhésif, -ive** *adj* adhesivo(-a) ▸ *nm* adhesivo

adieu [adjø] *excl* ¡adiós! ▸ *nm* adiós *msg*; **dire ~ à qn** decir adiós a algn

adjectif, -ive [adʒɛktif, iv] *adj* adjetivo(-a) ▸ *nm* adjetivo

adjoint, e [adʒwɛ̃, wɛ̃t] *nm/f* adjunto(-a); **directeur ~** director *m* adjunto; **~ au maire** teniente *m* alcalde

admettre [admɛtʀ] *vt* admitir; (*candidat*) admitir, aprobar; **admettons que ...** admitamos que ...

administrateur, -trice [administʀatœʀ, tʀis] *nm/f* administrador(a)

administration [administʀasjɔ̃] *nf* administración *f*

administrer [administʀe] *vt* administrar

admirable [admiʀabl] *adj* admirable

admirateur, -trice [admiʀatœʀ, tʀis] *nm/f* admirador(a)

admiration [admiʀasjɔ̃] *nf* admiración *f*

admirer [admiʀe] *vt* admirar

admis, e [admi, iz] *pp de* **admettre**

admissible [admisibl] *adj* (*candidat*) admitido(-a); (*comportement : gén nég*) admisible

ADN [adeɛn] *sigle m* (= *acide désoxyribonucléique*) ADN *m*

adolescence [adɔlesɑ̃s] *nf* adolescencia

adolescent, e [adɔlesɑ̃, ɑ̃t] *nm/f* adolescente *mf*

adopter [adɔpte] *vt* (*enfant, politique*) adoptar; (*projet de loi*) aprobar • **adoptif, -ive** *adj* adoptivo(-a)

adorable [adɔʀabl] *adj* adorable

adorer [adɔʀe] *vt* adorar

adosser [adose] : **s'adosser** *vpr* : **s'~ à/contre** respaldarse en/contra

adoucir [adusiʀ] *vt* suavizar; (*peine, douleur*) aliviar

adresse [adʀɛs] *nf* (*habileté*) habilidad *f*; (*domicile*) dirección *f*

adresser [adʀese] *vt* (*expédier*) enviar; (*écrire l'adresse sur*) poner la dirección en; (*injure, compliments*) dirigir; **s'adresser** *vpr* : **s'~ à** dirigirse a; (*suj : livre, conseil*) estar dirigido(-a) a; **~ la parole à qn** dirigir la palabra a algn

adroit, e [adʀwa, wat] *adj* hábil

adulte [adylt] *nmf* adulto(-a)

adverbe [advɛʀb] *nm* adverbio

adversaire [advɛʀsɛʀ] *nmf* adversario(-a)

aération [aeʀasjɔ̃] *nf* (*circulation de l'air*) ventilación *f*

aérer [aeʀe] *vt* (*pièce, literie*) ventilar

aérien, ne [aeʀjɛ̃, jɛn] *adj* aéreo(-a); **ligne aérienne** línea aérea

aérogare [aeʀɔgaʀ] *nf* terminal *f*; (*en ville*) estación *f* terminal

aero...[aero] *préf* : • **aéroglisseur** *nm* aerodeslizador *m* • **aéronaval, e** *adj* aeronaval ▶ *nf* : **l'Aéronavale** las Fuerzas aeronavales • **aérophagie** *nf* aerofagia • **aéroport** *nm* aeropuerto • **aérosol** *nm* aerosol *m*

affaiblir [afebliʀ] *vt* debilitar; **s'affaiblir** *vpr* debilitarse

affaire [afɛʀ] *nf* (*problème, question*) asunto; (*criminelle, judiciaire*) caso; (*entreprise, magasin*) negocio, empresa; (*marché, transaction*) negocio; (*occasion intéressante*) ganga; **affaires** *nfpl* negocios *mpl*; (*objets, effets personnels*) cosas *fpl*; **cela fera l'~** eso bastará; **avoir ~ à qn/qch** (*comme contact*) estar en relación con algn/algo; **c'est une ~ de goût/d'argent** es una cuestión de gusto/dinero; **les A~s étrangères** Asuntos Exteriores • **affairer** : **s'affairer** *vpr* afanarse

affamé, e [afame] *adj* hambriento(-a)

affecter [afɛkte] *vt* (*toucher, émouvoir*) afectar; (*feindre*) fingir

affectif, -ive [afɛktif, iv] *adj* afectivo(-a)

affection [afɛksjɔ̃] *nf* afecto, cariño • **affectionner** *vt* sentir predilección por • **affectueux, -euse** *adj* afectuoso(-a)

affichage [afiʃaʒ] *nm* anuncio; (*électronique*) marcador *m*; **« ~ interdit »** « se prohibe fijar carteles »

affiche [afiʃ] *nf* cartel *m*, afiche *m* (AM); (*officielle*) anuncio

afficher [afiʃe] *vt* anunciar; (*électroniquement*) marcar; (*fig, péj*) ostentar

affilée [afile] : **d'~** *adv* de un tirón

affirmatif, -ive [afiʀmatif, iv] *adj* (*réponse*) afirmativo(-a)

affirmer [afiʀme] *vt* afirmar

affligé, e [afliʒe] *adj* afligido(-a); **~ d'une maladie/tare** aquejado(-a) por una enfermedad/tara

affliger [afliʒe] *vt* afligir

affluence [aflyɑ̃s] *nf* afluencia; **heure/jour d'~** hora/día *m* de afluencia

affluent [aflyɑ̃] *nm* afluente *m*
affolant, e [afɔlɑ̃, ɑ̃t] *adj* enloquecedor(a)
affolement [afɔlmɑ̃] *nm* pánico
affoler [afɔle] *vt* asustar; **s'affoler** *vpr* asustarse
affranchir [afʀɑ̃ʃiʀ] *vt* (*lettre, paquet*) franquear; (*esclave*) libertar • **affranchissement** *nm* (*Postes*) franqueo
affreux, -euse [afʀø, øz] *adj* horrible
affront [afʀɔ̃] *nm* afrenta • **affrontement** *nm* enfrentamiento
affronter [afʀɔ̃te] *vt* (*adversaire*) afrontar, hacer frente a; (*tempête, critiques*) afrontar
affût [afy] *nm* : **à l'~ (de)** al acecho (de)
afin [afɛ̃] : **~ que** *conj* a fin de que; **~ de faire** a fin de hacer, con el fin de hacer
africain, e [afʀikɛ̃, ɛn] *adj* africano(-a) ▸ *nm/f* : **Africain, e** africano(-a)
Afrique [afʀik] *nf* África; **~ australe/du Nord/du Sud** África austral/del Norte/del Sur
agacer [agase] *vt* molestar
âge [ɑʒ] *nm* edad *f*; **quel ~ as-tu ?** ¿qué edad tienes?; **troisième ~** tercera edad • **âgé, e** *adj* de edad; **~ de 10 ans** de 10 años de edad; **les personnes ~es** los ancianos
agence [aʒɑ̃s] *nf* agencia; **~ immobilière/matrimoniale** agencia inmobiliaria/matrimonial
agenda [aʒɛ̃da] *nm* agenda
agenouiller [aʒ(ə)nuje] : **s'agenouiller** *vpr* arrodillarse
agent, e [aʒɑ̃, ɑ̃t] *nm/f* (*Admin*) agente *mf* ▸ *nm* (*élément, facteur*) agente *m*; **~ (de police)** policía *mf*, agente *mf* (AM); **~ immobilier(-ère)** agente inmobiliario(-a)
agglomération [aglɔmeʀasjɔ̃] *nf* aglomeración *f*; **l'~ parisienne** el área metropolitana de París
aggraver [agʀave] *vt* agravar, empeorar; **s'aggraver** *vpr* agravarse
agile [aʒil] *adj* ágil
agir [aʒiʀ] *vi* actuar; (*avoir de l'effet*) hacer *ou* surtir efecto; **s'agir** *vpr* : **il s'agit de faire** se trata de hacer; **il s'agit de** se trata de; **de quoi s'agit-il ?** ¿de qué se trata?
agitation [aʒitasjɔ̃] *nf* agitación *f*
agité, e [aʒite] *adj* (*personne*) inquieto(-a); (*vie, voyage*) agitado(-a); **une mer agitée** un mar agitado *ou* revuelto
agiter [aʒite] *vt* agitar; (*personne*) inquietar
agneau [aɲo] *nm* cordero
agonie [agɔni] *nf* agonía
agrafe [agʀaf] *nf* (*de bureau, Méd*) grapa • **agrafer** *vt* (*des feuilles de papier*) grapar • **agrafeuse** *nf* grapadora
agrandir [agʀɑ̃diʀ] *vt* agrandar, ampliar; **s'agrandir** *vpr* agrandarse • **agrandissement** *nm* (*Photo*) ampliación
agréable [agʀeabl] *adj* agradable
agréé, e [agʀee] *adj* autorizado(-a); **magasin/concessionnaire ~** establecimiento/concesionario autorizado

agréer [agʀee] *vt*: **veuillez ~ ...** le saluda ...

agrégation [agʀegasjɔ̃] *nf* oposición *f* • **agrégé, e** *nm/f* catedrático(-a)

agrément [agʀemɑ̃] *nm* (*accord*) consentimiento

agresser [agʀese] *vt* agredir • **agresseur, -euse** *nm/f* agresor(a) • **agressif, -ive** *adj* agresivo(-a); (*couleur, toilette*) provocador(a)

agricole [agʀikɔl] *adj* agrícola • **agriculteur, -trice** *nm/f* agricultor(a) • **agriculture** *nf* agricultura

agripper [agʀipe] *vt* agarrar; **s'agripper** *vpr*: **s'~ à** agarrarse a, aferrarse a

agro-alimentaire [agʀoalimɑ̃tɛʀ] (*pl* **agro-alimentaires**) *adj* agroalimenticio(-a)

agrumes [agʀym] *nmpl* cítricos *mpl*, agrios *mpl*

aguets [agɛ]: **aux ~** *adv*: **être aux ~** estar al acecho

ai [ɛ] *vb voir* **avoir**

aide [ɛd] *nf* ayuda ▸ *nmf* ayudante *mf*; **à l'~ de** con (la) ayuda de; **appeler (qn) à l'~** pedir ayuda (a algn); **~ judiciaire** *nf* ayuda judicial • **aide-mémoire** (*pl* **aide-mémoire(s)**) *nm* memorándum *m*

aider [ede] *vt* ayudar; **s'aider de** *vpr* ayudarse de, servirse de; **~ à** (*faciliter, favoriser*) ayudar a • **aide-soignant, e** (*pl* **aides-soignants, es**) *nm/f* auxiliar *mf* de enfermería

aïe [aj] *excl* ¡ay!

aigle [ɛgl] *nm* águila

aigre [ɛgʀ] *adj* agrio(-a) • **aigre-doux, -douce** (*pl* **aigres-doux, -douces**) *adj* agridulce • **aigreur** *nf* acidez *f*; (*d'un propos*) acritud *f*; **~s d'estomac** acidez de estómago

aigu, ë [egy] *adj* (*voix, note, douleur*) agudo(-a)

aiguille [egɥij] *nf* aguja; **~ à tricoter** aguja de tejer

aiguiser [egize] *vt* afilar; (*fig*) aguzar

ail (*pl* **aulx** [aj, o]) *nm* ajo

aile [ɛl] *nf* ala; (*de voiture*) aleta • **ailier, -ière** *nm/f* extremo *mf*

aille *etc* [aj] *vb voir* **aller**

ailleurs [ajœʀ] *adv* en otra parte; **partout/nulle part ~** en cualquier/en ninguna otra parte; **d'~** además; **par ~** por otra parte

aimable [ɛmabl] *adj* amable

aimant, e [ɛmɑ̃] *adj* amoroso(-a) ▸ *nm* imán *m*

aimer [eme] *vt* (*d'amour*) querer, amar; (*d'amitié, affection*) querer; (*chose, activité*) gustar; **j'aime le cinéma/faire du sport** me gusta el cine/hacer deporte; **j'aime bien l'anglais** me gusta el inglés; **j'aime bien Pierre** me cae bien Pedro; **j'aimerais autant** *ou* **mieux y aller maintenant** preferiría ir ahora

aine [ɛn] *nf* ingle *f*

aîné, e [ene] *adj* mayor ▸ *nm/f* primogénito(-a)

ainsi [ɛ̃si] *adv* (*de cette façon, ce faisant*) así; (*introduisant une question*) así que; **~ que** (*comme*) (así) como; (*et aussi*) así como; **et ~ de suite** y así sucesivamente

air [ɛʀ] *nm* aire *m*; (*expression, attitude*) aspecto, aire; **prendre l'~** tomar el aire; **avoir l'~** parecer, verse (AM); **il a l'~ de manger/dormir/faire** parece que está comiendo/durmiendo/haciendo; **avoir l'~ d'un homme/clown** parecer un hombre/payaso

airbag [ɛʀbag] *nm* airbag *m*

aisance [ɛzɑ̃s] *nf* facilidad *f*

aise [ɛz] *nf* comodidad *f*; **aises** *nfpl* : **prendre ses ~s** instalarse a sus anchas; **être à l'~** estar a gusto; (*pas embarrassé*) estar a sus anchas; (*financièrement*) estar desahogado(-a); **se mettre à l'~** ponerse a gusto; **être mal à l'~** estar a disgusto • **aisé, e** *adj* (*facile*) fácil; (*assez riche*) acomodado(-a)

aisselle [ɛsɛl] *nf* axila

ait [ɛ] *vb voir* **avoir**

ajourner [aʒuʀne] *vt* (*débat, décision*) aplazar, postergar (AM)

ajouter [aʒute] *vt* añadir, agregar (*esp* AM)

alarme [alaʀm] *nf* (*signal*) alarma; **donner l'~** dar la alarma • **alarmer** *vt* alarmar; **s'alarmer** *vpr* alarmarse • **alarmiste** *adj* alarmista

album [albɔm] *nm* álbum *m*; **~ à colorier/de timbres** álbum para colorear/de sellos

albumine [albymin] *nf* albúmina

alcool [alkɔl] *nm* : **l'~** el alcohol; **un ~** un aguardiente; **~ à 90°** alcohol de 90°; **~ à brûler** alcohol de quemar • **alcoolique** *adj, nmf* alcohólico(-a) • **alcoolisé, e** *adj* alcoholizado(-a) • **alcoolisme** *nm* alcoholismo • **alcootest®** *nm* (*objet*) alcohómetro; (*épreuve*) prueba del alcohol; **faire subir l'~ à qn** hacer la prueba del alcohol a algn

aléatoire [aleatwaʀ] *adj* aleatorio(-a)

alentour [alɑ̃tuʀ] *adv* alrededor • **alentours** *nmpl* alrededores *mpl*; **aux ~s de** en los alrededores de

alerte [alɛʀt] *adj* vivo(-a) ▶ *nf* (*menace*) alerta • **alerter** *vt* alertar

algèbre [alʒɛbʀ] *nf* álgebra

Alger [alʒe] *n* Argel *m*

Algérie [alʒeʀi] *nf* Argelia • **algérien, ne** *adj* argelino(-a)

algue [alg] *nf* alga

alibi [alibi] *nm* coartada

aligner [aliɲe] *vt* alinear; **s'aligner** *vpr* alinearse; **s'~ (sur)** (*Pol*) estar alineado(-a) (con)

aliment [alimɑ̃] *nm* alimento • **alimentation** *nf* alimentación *f*; (*en eau, en électricité*) provisión *f* • **alimenter** *vt* alimentar; (*en eau, électricité*) : **~ (en)** alimentar (con), abastecer (con)

allaiter [alete] *vt* (*femme*) dar el pecho a

alléchant, e [aleʃɑ̃, ɑ̃t] *adj* (*odeur*) atrayente; (*proposition*) tentador(a)

allécher [aleʃe] *vt* (*suj* : *proposition, odeur*) tentar

allée [ale] *nf* (*de jardin, parc*) paseo, sendero; (*en ville*) avenida

allégé, e [aleʒe] *adj* (*yaourt etc*) bajo(-a) en grasas

Allemagne [almaɲ] *nf* Alemania • **allemand, e** *adj* alemán(-ana) ▶ *nm* (*Ling*) alemán *m* ▶ *nm/f* : **Allemand, e** alemán(-ana)

aller [ale]

▶ *nm* ida; **~ (simple)** ida
▶ *vi* 1 ir; **~ à la chasse/pêche** ir a cazar/pescar, ir de caza/pesca; **~ au théâtre/au concert/au cinéma** ir al teatro/a conciertos/al cine; **~ à l'école** ir al colegio
2 (*état, santé*) andar, estar; **comment allez-vous ?** ¿qué tal está usted?; **comment ça va ?** ¿qué tal?; **ça va ? — oui, ça va/non, ça ne va pas** ¿qué tal? — bien/mal; **ça ne va pas très bien (au bureau)** las cosas no van muy bien (en la oficina); **ça va bien/mal** anda bien/mal; **ça va** (*approbation*) bien; **tout va bien** todo va bien; **il va bien/mal** está bien/mal; **il n'y est pas allé par quatre chemins** (*fig*) no se anduvo con rodeos; **tu y vas un peu fort** exageras un poco; **~ à qn** (*suj : forme, pointure*) sentar *ou* quedar bien a algn; **cette robe te va très bien** este vestido te sienta *ou* queda muy bien; **cela me va** (*couleur, vêtement*) esto me sienta *ou* va bien; **~ avec** (*couleurs, style etc*) pegar con; **ça ira** (*comme ça*) está bien así; **se laisser ~** (*se négliger*) abandonarse, dejarse; **~ jusqu'à Paris/10 euros** (*limite*) llegar hasta París/10 euros; **ça va de soi** se cae por su propio peso; **ça va sans dire** ni qué decir tiene; **il va sans dire que ...** ni qué decir tiene que ...
3 (*fonction d'auxiliaire*) : **je vais me fâcher/le faire** voy a enfadarme/hacerlo; **~ chercher/voir qn** ir a buscar/a ver a algn; **je vais m'en occuper demain** voy a ocuparme de ello mañana
4 : **allons-y !** ¡vamos!; **allez !** ¡venga!; **allons donc !** ¡anda ya!; **~ mieux** ir mejor; **~ en empirant** ir empeorando; **allez, fais un effort** vamos, haz un esfuerzo; **allez, je m'en vais** bueno, me voy; **s'en ~** irse

allergique [alɛʀʒik] *adj* alérgico(-a); **~ à** alérgico(-a) a
alliance [aljɑ̃s] *nf* alianza
allier [alje] *vt* aliar; (*fig*) unir; **s'allier** *vpr* aliarse
allô [alo] *excl* dígame, aló (*AM*)
allocation [alɔkasjɔ̃] *nf* subsidio, prestación *f*; **~ (de) chômage** subsidio de desempleo; **~s familiales** ayuda *fsg* familiar
allonger [alɔ̃ʒe] *vt* (*objet, durée*) alargar; (*bras*) estirar; **s'allonger** *vpr* (*personne*) tumbarse
allumage [alymaʒ] *nm* encendido
allume-cigare [alymsigaʀ] (*pl* **allume-cigares**) *nm* (*Auto*) encendedor *m* (*de coche*)
allumer [alyme] *vt* encender, prender (*AM*); **s'allumer** *vpr* encenderse
allumette [alymɛt] *nf* cerilla, fósforo
allure [alyʀ] *nf* (*d'un véhicule*) velocidad *f*; (*d'un piéton*) paso; (*démarche, maintien*) presencia; (*aspect, air*) aspecto; **avoir de l'~** tener buena presencia; **à toute ~** a toda velocidad
allusion [a(l)lyzjɔ̃] *nf* (*référence*) referencia; (*sous-entendu*) alusión *f*; **faire ~ à** hacer referencia a

alors [alɔʀ]

▸ *adv* (*à ce moment-là*) entonces; **il habitait ~ à Paris** vivía entonces en París
▸ *conj* (*par conséquent*) entonces; **tu as fini ? ~ je m'en vais** ¿has acabado? entonces, me voy; **et ~ ?** (*pour en savoir plus*) ¿entonces?; (*indifférence*) ¿y qué?
▸ **alors que** *conj* **1** (*au moment où*) cuando; **il est arrivé ~ que je partais** llegó cuando me iba **2** (*pendant que*) cuando, mientras; **~ qu'il était à Paris, il a visité ...** mientras estaba en París, visitó ... **3** (*tandis que, opposition*) mientras que; **~ que son frère travaillait dur, lui se reposait** mientras que su hermano trabajaba duro, él descansaba

alourdir [aluʀdiʀ] *vt* hacer pesado(-a)
Alpes [alp] *nfpl* : **les ~** los Alpes
alphabet [alfabɛ] *nm* alfabeto • **alphabétique** *adj* alfabético(-a); **par ordre ~** por orden alfabético
alpinisme [alpinism] *nm* alpinismo, andinismo (AM) • **alpiniste** *nmf* alpinista *mf*, andinista *mf* (AM)
Alsace [alzas] *nf* Alsacia • **alsacien, ne** *adj* alsaciano(-a) ▸ *nm/f* : **Alsacien, ne** alsaciano(-a)
altermondialiste [altɛʀmɔ̃djalist] *adj, nmf* antiglobalizador(a)
alternateur [altɛʀnatœʀ] *nm* alternador *m*
alternatif, -ive [altɛʀnatif, iv] *adj* alternativo(-a) • **alternative** *nf* alternativa • **alterner** *vt* (*choses*) alternar ▸ *vi* alternar; **~ avec qch** alternar con algo
altitude [altityd] *nf* (*par rapport à la mer*) altitud *f*
alto [alto] *nm* viola
aluminium [alyminjɔm] *nm* aluminio
amabilité [amabilite] *nf* amabilidad *f*
amaigrissant, e [amegʀisɑ̃, ɑ̃t] *adj* : **régime ~** régimen *m* de adelgazamiento
amande [amɑ̃d] *nf* almendra • **amandier** *nm* almendro
amant, e [amɑ̃, ɑ̃t] *nm/f* amante *mf*
amas [amɑ] *nm* montón *m* • **amasser** *vt* amontonar
amateur, -trice [amatœʀ, tʀis] *nm/f* aficionado(-a); **en ~** como aficionado(-a)
ambassade [ɑ̃basad] *nf* embajada • **ambassadeur, -drice** *nm/f* (*Pol, fig*) embajador(a)
ambiance [ɑ̃bjɑ̃s] *nf* ambiente *m*
ambigu, -uë [ɑ̃bigy] *adj* ambiguo(-a)
ambitieux, -euse [ɑ̃bisjø, jøz] *adj, nm/f* ambicioso(-a)
ambition [ɑ̃bisjɔ̃] *nf* ambición *f*
ambulance [ɑ̃bylɑ̃s] *nf* ambulancia • **ambulancier, -ière** *nm/f* conductor(a) de una ambulancia
âme [ɑm] *nf* alma
amélioration [ameljɔʀasjɔ̃] *nf* mejoría
améliorer [ameljɔʀe] *vt* mejorar; **s'améliorer** *vpr* mejorarse

aménager [amenaʒe] *vt* (*local, carrefour*) acondicionar
amende [amɑ̃d] *nf* multa
amener [am(ə)ne] *vt* llevar; (*occasionner*) provocar; **s'amener** (*fam*) *vpr* venirse; **~ qn à qch/à faire** llevar a algn a algo/a hacer
amer, amère [amɛʀ] *adj* amargo(-a)
américain, e [ameʀikɛ̃, ɛn] *adj* americano(-a) ▸ *nm/f*: **Américain, e** americano(-a)
Amérique [ameʀik] *nf* América; **~ centrale/du Nord/du Sud/latine** América central/del Norte/del Sur/latina
amertume [amɛʀtym] *nf* amargura
ameublement [amœbləmɑ̃] *nm* mobiliario
ami, e [ami] *nm/f* amigo(-a); **petit ~/petite amie** novio/novia; **ajouter à/supprimer de sa liste d'amis** (*réseaux sociaux*) añadir a/eliminar de la lista de amigos; **pays/groupe ~** país *m*/grupo aliado
amiable [amjabl] *adj* amistoso(-a); **à l'~** amistosamente
amiante [amjɑ̃t] *nm* amianto
amical, e, -aux [amikal, o] *adj* amistoso(-a) • **amicalement** *adv* amistosamente; (*formule épistolaire*) cordialmente
amincir [amɛ̃siʀ] *vt* (*suj: vêtement*) hacer más delgado(-a); **s'amincir** *vpr* (*personne*) adelgazar
amincissant, e [amɛ̃sisɑ̃, ɑ̃t] *adj* adelgazante
amiral, e, -aux [amiʀal, o] *nm/f* almirante *mf*
amitié [amitje] *nf* amistad *f*; **prendre en ~** tomar afecto a; **faire** *ou* **présenter ses ~s à qn** dar *ou* enviar recuerdos a algn; **~s** (*formule épistolaire*) cordialmente
amonceler [amɔ̃s(ə)le] *vt* (*objets*) amontonar; **s'amonceler** *vpr* amontonarse; (*fig*) acumularse
amont [amɔ̃] *adv*: **en ~** (*d'un cours d'eau*) río arriba
amorce [amɔʀs] *nf* (*sur un hameçon*) cebo • **amorcer** *vt* (*hameçon, munition*) cebar; (*fig: négociations*) emprender
amortir [amɔʀtiʀ] *vt* (*choc, bruit*) amortiguar; (*Comm*) amortizar; **~ un abonnement** amortizar un abono • **amortisseur** *nm* amortiguador *m*
amour [amuʀ] *nm* (*sentiment, goût*) amor *m*; **faire l'~** hacer el amor • **amoureux, -euse** *adj* amoroso(-a) • **amour-propre** (*pl* **amours-propres**) *nm* amor *m* propio
ampère [ɑ̃pɛʀ] *nm* amperio
amphithéâtre [ɑ̃fiteɑtʀ] *nm* anfiteatro
ample [ɑ̃pl] *adj* amplio(-a) • **amplement** *adv* ampliamente; **~ suffisant** más que suficiente • **ampleur** *nf* amplitud *f*; (*de vêtement*) anchura
amplificateur [ɑ̃plifikatœʀ] *nm* amplificador *m*
amplifier [ɑ̃plifje] *vt* (*son, oscillation*) amplificar; (*importance, quantité*) acrecentar
ampoule [ɑ̃pul] *nf* (*Élec*) bombilla, foco (AM), bombillo (AM); (*de médicament, aux mains*) ampolla

amusant, e [amyzɑ̃, ɑ̃t] *adj* divertido(-a)
amuse-gueule [amyzgœl] (*pl* **amuse-gueules**) *nm* tapa
amusement [amyzmɑ̃] *nm* diversión *f*
amuser [amyze] *vt* divertir; **s'amuser** *vpr* divertirse
amygdale [amidal] *nf* amígdala
an [ɑ̃] *nm* año; **le jour de l'an, le premier de l'an** el día de año nuevo; **le nouvel an** el año nuevo
analphabète [analfabɛt] *adj, nmf* analfabeto(-a)
analyse [analiz] *nf* análisis *m inv* • **analyser** *vt* analizar
ananas [anana(s)] *nm* piña, ananá(s) *m* (AM)
anatomie [anatɔmi] *nf* anatomía
ancêtre [ɑ̃sɛtʀ] *nmf* (*parent*) antepasado(-a)
anchois [ɑ̃ʃwa] *nm* (*poisson*) boquerón *m*; (*conservé dans du sel ou de l'huile*) anchoa
ancien, ne [ɑ̃sjɛ̃, jɛn] *adj* antiguo(-a), viejo(-a); (*de jadis, de l'antiquité*) antiguo(-a); (*précédent, ex-*) antiguo(-a), ex ▸ *nm/f* anciano(-a); **un ~ ministre** un antiguo ministro; **mon ancienne voiture** mi antiguo coche • **ancienneté** *nf* antigüedad *f*
ancre [ɑ̃kʀ] *nf* ancla; **jeter/lever l'~** echar/levar anclas • **ancrer** *vt* (*câble*) fijar
Andorre [ɑ̃dɔʀ] *nf* Andorra
andouille [ɑ̃duj] *nf embutido a base de tripas de cerdo*
âne [ɑn] *nm* burro
anéantir [aneɑ̃tiʀ] *vt* (*pays, récolte, espoirs*) aniquilar
anémie [anemi] *nf* anemia
anémique [anemik] *adj* anémico(-a)
anesthésie [anɛstezi] *nf* anestesia; **~ générale/locale** anestesia general/local
ange [ɑ̃ʒ] *nm* ángel *m*
angine [ɑ̃ʒin] *nf* angina; **~ de poitrine** angina de pecho
anglais, e [ɑ̃glɛ, ɛz] *adj* inglés(-esa) ▸ *nm* (*Ling*) inglés *m* ▸ *nm/f*: **Anglais, e** inglés(-esa); **les A~** los ingleses
angle [ɑ̃gl] *nm* (*coin*) esquina; (*Géom, fig*) ángulo; **~ droit** ángulo recto
Angleterre [ɑ̃glətɛʀ] *nf* Inglaterra
anglophone [ɑ̃glɔfɔn] *adj, nmf* anglófono(-a)
angoisse [ɑ̃gwas] *nf* angustia; **avoir des ~s** estar angustiado(-a) • **angoissé, e** *adj* angustiado(-a)
anguille [ɑ̃gij] *nf* anguila
animal, e, -aux [animal, o] *adj* animal ▸ *nm* animal *m*; **~ domestique/sauvage** animal doméstico/salvaje
animateur, -trice [animatœʀ, tʀis] *nm/f* animador(a); (*de spectacle*) presentador(a)
animation [animasjɔ̃] *nf* animación *f*
animé, e [anime] *adj* (*rue, lieu*) animado(-a)
animer [anime] *vt* animar; **s'animer** *vpr* animarse
anis [ani(s)] *nm* anís *m*
ankyloser [ɑ̃kiloze]: **s'ankyloser** *vpr* anquilosarse
anneau, x [ano] *nm* (*de rideau*) argolla; (*de chaîne*) anilla

année [ane] *nf* año
annexe [anɛks] *adj* (*problème*) anexo(-a); (*document*) adjunto(-a); (*salle*) contiguo(-a) ▶ *nf* anexo
anniversaire [anivɛʀsɛʀ] *nm* (*d'une personne*) cumpleaños *m inv*; (*d'un événement, bâtiment*) aniversario
annonce [anɔ̃s] *nf* anuncio; **les petites ~s** anuncios *mpl* por palabras
annoncer [anɔ̃se] *vt* anunciar; **s'annoncer** *vpr* : **s'~ bien/difficile** presentarse bien/difícil
annuaire [anɥɛʀ] *nm* anuario; **~ téléphonique** guía telefónica
annuel, le [anɥɛl] *adj* anual
annulation [anylasjɔ̃] *nf* anulación *f*
annuler [anyle] *vt* anular
anonymat [anɔnima] *nm* anonimato; **garder l'~** mantener el anonimato
anonyme [anɔnim] *adj* anónimo(-a)
anorak [anɔʀak] *nm* anorak *m*
anormal, e, -aux [anɔʀmal, o] *adj* (*exceptionnel, inhabituel*) anormal; (*injuste*) injusto(-a); (*personne*) subnormal
antarctique [ɑ̃taʀktik] *adj* antártico(-a) ▶ *nm* : **l'A~** la Antártida; **le cercle/l'océan ~** el círculo polar antártico/el océano Antártico
antenne [ɑ̃tɛn] *nf* antena; (*poste avancé, succursale, agence*) unidad *f*; **avoir l'~** estar en conexión; **prendre l'~** salir en antena
antérieur, e [ɑ̃teʀjœʀ] *adj* anterior
anti... [ɑ̃ti] *préf* anti...
antibiotique [ɑ̃tibjɔtik] *nm* antibiótico
antibrouillard [ɑ̃tibʀujaʀ] *adj* antiniebla
anticipation [ɑ̃tisipasjɔ̃] *nf* anticipación *f*, previsión *f*; **livre/film d'~** libro/película de anticipación
anticipé, e [ɑ̃tisipe] *adj* (*règlement, paiement*) por adelantado
anticiper [ɑ̃tisipe] *vt* (*événement, coup*) anticipar ▶ *vi* : **~ sur** anticiparse a
anticorps [ɑ̃tikɔʀ] *nm* anticuerpo
antidote [ɑ̃tidɔt] *nm* antídoto
antigel [ɑ̃tiʒɛl] *nm* anticongelante *m*
antihistaminique [ɑ̃tiistaminik] *nm* antihistamínico
antillais, e [ɑ̃tijɛ, ɛz] *adj* antillano(-a) ▶ *nm/f* : **Antillais, e** antillano(-a)
Antilles [ɑ̃tij] *nfpl* : **les ~** las Antillas; **les grandes/petites ~** las grandes/pequeñas Antillas
antilope [ɑ̃tilɔp] *nf* antílope *m*
antimite [ɑ̃timit] *adj, nm* : **(produit) ~** antipolilla *m*
antipathique [ɑ̃tipatik] *adj* antipático(-a)
antipelliculaire [ɑ̃tipelikylɛʀ] *adj* anticaspa
antiquaire [ɑ̃tikɛʀ] *nmf* anticuario(-a)
antique [ɑ̃tik] *adj* antiguo(-a) • **antiquité** *nf* (*objet ancien*) antigüedad *f*; **l'A~** la Antigüedad; **magasin d'~s** tienda de antigüedades

antirouille [ɑ̃tiʀuj] *adj* antioxidante
antisémite [ɑ̃tisemit] *adj, nmf* antisemita *mf*
antiseptique [ɑ̃tisɛptik] *adj* antiséptico(-a)
antivirus [antiviʀys] *nm (Inform)* antivirus *m inv*
antivol [ɑ̃tivɔl] *adj, nm* antirrobo
anxiété [ɑ̃ksjete] *nf* ansiedad *f*
anxieux, -euse [ɑ̃ksjø, jøz] *adj* ansioso(-a)
AOC *sigle f (= appellation d'origine contrôlée)* ≈ DO *f (= denominación de origen)*
août [u(t)] *nm* agosto; *voir aussi* **juillet**
apaiser [apeze] *vt* tranquilizar; **s'apaiser** *vpr* tranquilizarse
apercevoir [apɛʀsəvwaʀ] *vt (voir)* distinguir; *(constater, percevoir)* percibir; **s'~ de/que** darse cuenta de/de que
aperçu [apɛʀsy] *pp de* **apercevoir** ▸ *nm* visión *f* de conjunto
apéritif, -ive [apeʀitif, iv] *adj* aperitivo(-a) ▸ *nm* aperitivo
à-peu-près [apøpʀɛ] *(péj) nm inv* aproximación *f*
apeuré, e [apœʀe] *adj* atemorizado(-a)
aphte [aft] *nm* afta
apitoyer [apitwaje] *vt* apiadar; **s'apitoyer** *vpr* apiadarse
aplatir [aplatiʀ] *vt* aplastar; **s'aplatir** *vpr* aplastarse
aplomb [aplɔ̃] *nm (équilibre)* equilibrio; *(sang-froid, Constr)* aplomo; **d'~** *(en équilibre)* derecho(-a)
apostrophe [apɔstʀɔf] *nf (signe)* apóstrofe *m*
apparaître [apaʀɛtʀ] *vi* aparecer; *(avec attribut)* parecer
appareil [apaʀɛj] *nm* aparato; **~ digestif/reproducteur** aparato digestivo/reproductor; **qui est à l'~ ?** ¿quién está al aparato?; **~ photographique, ~ photo** cámara de fotos
• **appareiller** *vi* zarpar ▸ *vt* emparejar
apparemment [apaʀamɑ̃] *adv* aparentemente, dizque (AM)
apparence [apaʀɑ̃s] *nf* apariencia
apparent, e [apaʀɑ̃, ɑ̃t] *adj* aparente
apparenté, e [apaʀɑ̃te] *adj* : **~ à** emparentado(-a) con
apparition [apaʀisjɔ̃] *nf* aparición *f*
appartement [apaʀtəmɑ̃] *nm* piso, departamento (AM)
appartenir [apaʀtəniʀ] : **~ à** *vt* pertenecer a
apparu, e [apaʀy] *pp de* **apparaître**
appât [apɑ] *nm* cebo
appel [apɛl] *nm* llamada, llamado (AM); *(nominal)* lista; *(Mil)* alistamiento a filas; **faire ~ à** *(invoquer)* apelar a; *(avoir recours à)* recurrir a; *(nécessiter)* necesitar; **faire** *ou* **interjeter ~** *(Jur)* apelar; **faire l'~** pasar lista; **~ d'offres** llamada a licitación; **~ (téléphonique)** llamada (telefónica)
appeler [ap(ə)le] *vt* llamar; *(nécessiter)* requerir; **s'appeler** *vpr* llamarse; **être appelé à** *(fig)* ser llamado a; **comment ça s'appelle ?** ¿cómo se llama esto?

appendicite [apɛ̃disit] *nf* apendicitis *f*

appesantir [apəzɑ̃tiʀ] : **s'appesantir** *vpr* : **s'~ sur** (*fig*) insistir en

appétissant, e [apetisɑ̃, ɑ̃t] *adj* apetitoso(-a)

appétit [apeti] *nm* apetito; **bon ~ !** ¡buen provecho!

applaudir [aplodiʀ] *vt, vi* aplaudir • **applaudissements** *nmpl* aplausos *mpl*

appli [apli] *nf* aplicación *f*

application [aplikasjɔ̃] *nf* aplicación *f*

appliquer [aplike] *vt* aplicar; **s'appliquer** *vpr* aplicarse

appoint [apwɛ̃] *nm* : **chauffage/lampe d'~** calefacción *f*/lámpara suplementaria

apporter [apɔʀte] *vt* traer; (*soutien, preuve*) aportar; (*soulagement*) procurar

appréciable [apʀesjabl] *adj* apreciable

apprécier [apʀesje] *vt* apreciar

appréhender [apʀeɑ̃de] *vt* (*craindre*) temer; (*aborder*) aprehender; (*suj : police*) detener • **appréhension** *nf* aprehensión *f*

apprendre [apʀɑ̃dʀ] *vt* aprender; (*nouvelle, résultat*) conocer; **~ qch à qn** (*informer*) informar de algo a algn; (*enseigner*) enseñar algo a algn; **~ à faire qch** aprender a hacer algo; **~ à qn à faire qch** enseñar a algn a hacer algo • **apprenti, e** *nm/f* aprendiz(a) • **apprentissage** *nm* aprendizaje *m*

apprêter [apʀete] : **s'apprêter** *vpr* : **s'~ à qch/à faire qch** disponerse a algo/a hacer algo

appris, e [apʀi, iz] *pp de* **apprendre**

apprivoiser [apʀivwaze] *vt* domesticar

approbation [apʀɔbasjɔ̃] *nf* (*autorisation*) aprobación *f*, conformidad *f*

approcher [apʀɔʃe] *vi* acercarse, aproximarse ▶ *vt* (*vedette, artiste*) relacionarse con; (*rapprocher*) : **~ qch (de qch)** acercar algo (a algo); **s'approcher de** *vpr* acercarse a; **~ de** (*but, moment*) acercarse a, estar más cerca de; (*nombre, quantité*) rozar

approfondir [apʀɔfɔ̃diʀ] *vt* (*sujet, question*) profundizar (en)

approprié, e [apʀɔpʀije] *adj* apropiado(-a), adecuado(-a)

approprier [apʀɔpʀije] : **s'approprier** *vpr* apropiarse de, adueñarse de

approuver [apʀuve] *vt* (*autoriser*) aprobar; (*être d'accord avec*) estar de acuerdo con

approvisionner [apʀɔvizjɔne] *vt* (*magasin, personne*) abastecer, proveer; (*compte bancaire*) cubrir; **s'~ en** proveerse de

approximatif, -ive [apʀɔksimatif, iv] *adj* aproximativo(-a)

appt *abr* = *appartement*

appui [apɥi] *nm* apoyo; (*soutien, aide*) apoyo, sostén *m*

appuyer [apɥije] *vt* (*personne, demande*) apoyar, respaldar; **~ qch sur/contre/à** apoyar algo en/contra/en

après [apʀɛ] *prép* después de ▶ *adv* después; **deux heures ~** dos horas después; **~ qu'il est parti/**

avoir fait después de que se fuera/ de haber hecho; **~ coup** posteriormente; **~ tout** después de todo; **et (puis) ~ !** ¿y qué? • **après-demain** *adv* pasado mañana • **après-midi** (*pl* **après-midi(s)**) *nm ou nf* tarde *f* • **après-rasage** (*pl* **après-rasages**) *nm* : **lotion ~** loción *f* para después del afeitado • **après-shampooing** (*pl* **après-shampooings**) *nm* acondicionador *m* • **après-ski** (*pl* **après-skis**) *nm* bota *f* « après-ski »

apte [apt] *adj* : **~ à qch/à faire qch** apto(-a) para algo/para hacer algo

aquarelle [akwaʀɛl] *nf* acuarela

aquarium [akwaʀjɔm] *nm* acuario

arabe [aʀab] *adj* árabe ▸ *nm* (*Ling*) árabe *m* ▸ *nmf* : **Arabe** árabe *mf*

Arabie [aʀabi] *nf* Arabia; **l'~ saoudite** *ou* **séoudite** Arabia Saudita

arachide [aʀaʃid] *nf* (*plante*) cacahuete *m*; (*graine*) cacahuete, maní *m*

araignée [aʀeɲe] *nf* araña; **~ de mer** centollo

arbitraire [aʀbitʀɛʀ] *adj* arbitrario(-a)

arbitre [aʀbitʀ] *nmf* (*Sport*) árbitro(-a); (*Jur, Tennis, Cricket*) juez *mf* • **arbitrer** *vt* (*Sport*) arbitrar

arbre [aʀbʀ] *nm* árbol *m*

arbuste [aʀbyst] *nm* arbusto

arc [aʀk] *nm* arco

arcade [aʀkad] *nf* (*Archit*) arcada; **arcades** *nfpl* (*d'une rue*) soportales *mpl*

arc-en-ciel [aʀkɑ̃sjɛl] (*pl* **arcs-en-ciel**) *nm* arco iris *m*

arche [aʀʃ] *nf* arco; **~ de Noé** arca de Noe

archéologie [aʀkeɔlɔʒi] *nf* arqueología • **archéologue** *nmf* arqueólogo(-a)

archet [aʀʃɛ] *nm* arco

archi... [aʀʃi] *préf* archi...

archipel [aʀʃipɛl] *nm* archipiélago

architecte [aʀʃitɛkt] *nmf* arquitecto(-a)

architecture [aʀʃitɛktyʀ] *nf* arquitectura

archives [aʀʃiv] *nfpl* (*documents*) archivos *mpl*; (*local*) archivo *msg*

arctique [aʀktik] *adj* ártico(-a) ▸ *nm* : **l'A~** el Ártico

ardent, e [aʀdɑ̃, ɑ̃t] *adj* ardiente; (*feu, soleil*) ardiente, abrasador(a); (*prière*) fervoroso(-a)

ardoise [aʀdwaz] *nf* pizarra

ardu, e [aʀdy] *adj* arduo(-a)

arène [aʀɛn] *nf* arena

arête [aʀɛt] *nf* (*de poisson*) espina; (*d'une montagne*) cresta

argent [aʀʒɑ̃] *nm* (*métal, couleur*) plata; (*monnaie*) dinero; **~ de poche** dinero para gastos menudos; **~ liquide** dinero líquido • **argenterie** *nf* plata

argentin, e [aʀʒɑ̃tɛ̃, in] *adj* argentino(-a)

Argentine [aʀʒɑ̃tin] *nf* Argentina

argile [aʀʒil] *nf* arcilla

argot [aʀgo] *nm* argot *m*, jerga • **argotique** *adj* argótico(-a)

argument [aʀgymɑ̃] *nm* argumento

argumenter [aʀgymɑ̃te] *vi* argumentar
aride [aʀid] *adj (sol, pays)* árido(-a); *(texte, sujet)* árido(-a)
aristocratie [aʀistɔkʀasi] *nf* aristocracia • **aristocratique** *adj* aristocrático(-a)
arithmétique [aʀitmetik] *adj* aritmético(-a) ▸ *nf* aritmética
arme [aʀm] *nf* arma; **~ à feu/blanche** arma de fuego/blanca
armée [aʀme] *nf* ejército; *(fig)* nube *f*, ejército; **~ de l'air/de terre** ejército del aire/de tierra
armer [aʀme] *vt* armar; *(arme à feu, appareil photo)* montar
armistice [aʀmistis] *nm* armisticio; **l'A~** el armisticio
armoire [aʀmwaʀ] *nf* armario, closet *ou* clóset (AM); *(penderie)* ropero
armure [aʀmyʀ] *nf* armadura • **armurier** *nm* armero
arnaquer [aʀnake] *(fam) vt* timar
arobase [aʀobaz] *nf* arroba
aromates [aʀɔmat] *nmpl* hierbas *fpl* aromáticas
aromatisé, e [aʀɔmatize] *adj* aromatizado(-a)
arôme [aʀom] *nm* aroma *m*
arracher [aʀaʃe] *vt* arrancar; *(clou, dent)* sacar, extraer; **s'arracher** *vpr (personne, article très recherché)* rifarse
arrangement [aʀɑ̃ʒmɑ̃] *nm (compromis)* acuerdo
arranger [aʀɑ̃ʒe] *vt (appartement)* arreglar, disponer; *(voyage)* organizar; *(rendez-vous)* concertar; *(problème, difficulté)* arreglar, solucionar; **s'arranger** *vpr (se mettre d'accord)* ponerse de acuerdo; *(querelle, situation)* arreglarse; **je vais m'~** voy a arreglarme; **cela m'arrange** eso me conviene
arrestation [aʀɛstasjɔ̃] *nf* detención *f*
arrêt [aʀɛ] *nm* detención *f*, interrupción *f*; *(Jur)* fallo; **sans ~** *(sans interruption)* sin parar; *(très fréquemment)* continuamente; **~ de travail** permiso de trabajo
arrêter [aʀete] *vt (projet, maladie)* parar, interrumpir; *(voiture, personne)* detener, parar; *(date, choix)* fijar, decidir; *(suspect, criminel)* detener; **s'arrêter** *vpr* pararse; **~ de faire (qch)** dejar de hacer (algo)
arrhes [aʀ] *nfpl* arras *fpl*, señal *f*
arrière [aʀjɛʀ] *adj inv (Auto)* trasero(-a) ▸ *nm (d'une voiture, maison)* parte *f* trasera; *(Sport)* defensa; **siège ~** asiento trasero; **à l'~** detrás; **en ~** hacia atrás • **arrière-goût** *(pl* **arrière-goûts***)* *nm* regusto • **arrière-pays** *nm inv* interior *m*, tierra adentro • **arrière-pensée** *(pl* **arrière-pensées***)* *nf* segunda intención *f* • **arrière-plan** *nm* segundo plano; **à l'~** en segundo plano • **arrière-saison** *(pl* **arrière-saisons***)* *nf* final *m* del otoño
arrimer [aʀime] *vt* estibar
arrivage [aʀivaʒ] *nm* arribada
arrivée [aʀive] *nf (de bateau)* arribada; *(concurrent, visites)* llegada, arribo *(esp* AM*)*; *(ligne d'arrivée)* línea de llegada; **~ d'air/de gaz** entrada de aire/de gas
arriver [aʀive] *vi (événement, fait)* ocurrir, suceder; **~ à qch/faire qch** lograr algo/hacer algo; **il arrive à**

Paris à 8 h llega a París a las 8; **il arrive que** ocurre que; **il lui arrive de faire** suele hacer

arrogance [aʀɔgɑ̃s] *nf* arrogancia, prepotencia (*esp AM*)

arrogant, e [aʀɔgɑ̃, ɑ̃t] *adj* arrogante, prepotente (*esp AM*)

arrondissement [aʀɔ̃dismɑ̃] *nm* distrito

arroser [aʀoze] *vt* regar; (*fig*) mojar • **arrosoir** *nm* regadera

arsenal, -aux [aʀsənal, o] *nm* arsenal *m*; (*Naut*) arsenal, astillero

art [aʀ] *nm* arte *m*; (*expression artistique*) : **l'~** el arte

artère [aʀtɛʀ] *nf* arteria

arthrite [aʀtʀit] *nf* artritis *f*

artichaut [aʀtiʃo] *nm* alcachofa

article [aʀtikl] *nm* artículo

articulation [aʀtikylasjɔ̃] *nf* articulación *f*

articuler [aʀtikyle] *vt* articular

artificiel, le [aʀtifisjɛl] *adj* artificial; (*jambe*) ortopédico(-a); (*péj*) artificial, fingido(-a)

artisan, e [aʀtizɑ̃, an] *nm/f* artesano(-a); (*fig*) artífice *mf*

artisanal, e, -aux [aʀtizanal, o] *adj* artesanal • **artisanat** *nm* artesanía

artiste [aʀtist] *adj* artista ▸ *nmf* artista *mf* • **artistique** *adj* artístico(-a)

as¹ [a] *vb voir* **avoir**

as² [ɑs] *nm* as *m*

ascenseur [asɑ̃sœʀ] *nm* ascensor *m*, elevador (*AM*)

ascension [asɑ̃sjɔ̃] *nf* ascensión *f*; **l'A~** (*Rel*) la Ascensión

asiatique [azjatik] *adj* asiático(-a) ▸ *nmf* : **Asiatique** asiático(-a)

Asie [azi] *nf* Asia

asile [azil] *nm* asilo

aspect [aspɛ] *nm* aspecto, apariencia

asperge [aspɛʀʒ] *nf* espárrago

asperger [aspɛʀʒe] *vt* rociar

asphalte [asfalt] *nm* asfalto

asphyxier [asfiksje] *vt* asfixiar

aspirateur [aspiʀatœʀ] *nm* aspiradora

aspirer [aspiʀe] *vt* aspirar; **~ à qch** aspirar a algo

aspirine [aspiʀin] *nf* aspirina

assagir [asaʒiʀ] : **s'assagir** *vpr* sosegarse, aplacarse

assaisonnement [asɛzɔnmɑ̃] *nm* aliño; (*ingrédient*) condimento

assaisonner [asɛzɔne] *vt* aliñar, condimentar

assassin [asasɛ̃] *nm* asesino(-a) • **assassiner** *vt* asesinar

assaut [aso] *nm* asalto; **prendre d'~** tomar por asalto

assécher [aseʃe] *vt* desecar

assemblage [asɑ̃blaʒ] *nm* (*action d'assembler*) ensamblaje *m*

assemblée [asɑ̃ble] *nf* asamblea

assembler [asɑ̃ble] *vt* (*Tech, gén*) ensamblar, juntar; **s'assembler** *vpr* reunirse

asseoir [aswaʀ] : **s'asseoir** *vpr* sentarse

assez [ase] *adv* (*suffisamment*) bastante; (*passablement*) suficientemente, bastante; **~ de pain** bastante pan; **~ de livres** bastantes libros; **vous en avez ~** tiene bastante

assidu, e [asidy] *adj* asiduo(-a)

assied *etc* [asje] *vb voir* **asseoir**

assiérai *etc* [asjeʀe] *vb voir* **asseoir**
assiette [asjɛt] *nf* plato; **~ à dessert** plato de postre; **~ anglaise** plato de fiambres variados; **~ creuse** plato hondo; **~ plate** plato llano
assimiler [asimile] *vt* (*connaissances, idée*) asimilar; (*immigrants*) integrar; (*identifier*) : **~ qch/qn à** equiparar algo/a algn con; **s'assimiler** *vpr* integrarse
assis, e [asi, iz] *pp de* **asseoir** ▶ *adj* sentado(-a)
assistance [asistɑ̃s] *nf* (*public*) asistencia, público; (*aide*) asistencia
assistant, e [asistɑ̃, ɑ̃t] *nm/f* (*Scol*) lector(a); (*d'un professeur, cinéaste*) ayudante *mf*; **assistante sociale** asistenta social
assisté, e [asiste] *adj* (*Auto*) asistido(-a) ▶ *nm/f* parásito(-a)
assister [asiste] *vt* ayudar ▶ *vi* : **~ à** asistir a
association [asɔsjasjɔ̃] *nf* asociación *f*
associé, e [asɔsje] *adj* asociado(-a)
associer [asɔsje] *vt* asociar; **s'associer** *vpr* asociarse; (*un collaborateur*) asociarse con; **~ qch à** unir algo a
assoiffé, e [aswafe] *adj* sediento(-a)
assommer [asɔme] *vt* (*étourdir*) dejar inconsciente de un golpe; (*étourdir, abrutir : médicament*) aturdir, atontar
Assomption [asɔ̃psjɔ̃] *nf* : **l'~** la Asunción
assorti, e [asɔʀti] *adj* : **fromages ~s** quesos *mpl* surtidos; **~ à** a juego con • **assortiment** *nm* surtido
assortir [asɔʀtiʀ] *vt* combinar; **~ qch à** combinar algo con
assouplir [asupliʀ] *vt* (*membres, corps, aussi fig*) flexibilizar
assumer [asyme] *vt* asumir; (*poste, rôle*) desempeñar
assurance [asyʀɑ̃s] *nf* (*certitude*) certeza; (*confiance en soi*) seguridad *f*; (*contrat, secteur commercial*) seguro; **~ au tiers** seguro contra terceros; **~ tous risques** seguro a todo riesgo; **~s sociales** seguros *mpl* sociales • **assurance-vie** (*pl* **assurances-vie**) *nf* seguro de vida
assuré, e [asyʀe] *adj* : **~ de** seguro(-a) de ▶ *nm/f* asegurado(-a) • **assurément** *adv* seguramente
assurer [asyʀe] *vt* asegurar; (*succès, victoire*) asegurar, garantizar; **~ (à qn) que** asegurar (a algn) que; **s'assurer** *vpr* : **s'~ (contre)** asegurarse (contra); **~ qn de son amitié** garantizar a algn su amistad; **~ qch à qn** (*emploi, revenu*) garantizar algo a algn; (*fait etc*) asegurar algo a algn; **s'~ de/que** asegurarse de/de que • **assureur** *nm* asegurador(a)
asthme [asm] *nm* asma
asticot [astiko] *nm* cresa
astre [astʀ] *nm* astro
astrologie [astʀɔlɔʒi] *nf* astrología
astronaute [astʀonot] *nmf* astronauta *mf*
astronomie [astʀɔnɔmi] *nf* astronomía

astuce [astys] *nf* astucia; (*truc*) truco • **astucieux, -euse** *adj* astucioso(-a)
atelier [atəlje] *nm* taller *m*; (*de peintre*) estudio; **~ de musique/poterie** taller de música/cerámica
athée [ate] *adj, nmf* ateo(-a)
Athènes [atɛn] *n* Atenas
athlète [atlɛt] *nmf* atleta *mf* • **athlétisme** *nm* atletismo
atlantique [atlɑ̃tik] *adj* atlántico(-a) ▸ *nm* : **l'(océan) A~** el (océano) Atlántico
atlas [atlɑs] *nm* atlas *m*
atmosphère [atmɔsfɛʀ] *nf* atmósfera
atome [atom] *nm* átomo • **atomique** *adj* atómico(-a)
atomiseur [atɔmizœʀ] *nm* atomizador *m*
atout [atu] *nm* (*aussi fig*) triunfo
atroce [atʀɔs] *adj* atroz; (*très désagréable, pénible*) atroz, terrible
attachant, e [ataʃɑ̃, ɑ̃t] *adj* encantador(a)
attache [ataʃ] *nf* grapa; (*fig*) lazo
attacher [ataʃe] *vt* atar; (*bateau*) amarrar; (*étiquette à qch*) pegar, fijar ▸ *vi* (*poêle*) pegar; **s'~ à** encariñarse con; **~ qch à** atar algo a
attaque [atak] *nf* ataque *m*
attaquer [atake] *vt* atacar; (*entreprendre*) acometer ▸ *vi* atacar; **~ qn en justice** entablar una acción judicial contra algn
attarder [ataʀde] : **s'attarder** *vpr* (*sur qch, en chemin*) demorarse; (*chez qn*) entretenerse
atteindre [atɛ̃dʀ] *vt* alcanzar; (*cible, fig*) conseguir; (*blesser*) alcanzar, herir • **atteint, e** *pp de* **atteindre** ▸ *adj* : **être ~ de** estar aquejado(-a) de • **atteinte** *nf* (*à l'honneur, au prestige*) ofensa; **hors d'~** fuera del alcance; **porter ~ à** atentar contra
attendant [atɑ̃dɑ̃] : **en ~** *adv* (*dans l'intervalle*) entretanto, mientras tanto; (*quoi qu'il en soit*) de todos modos
attendre [atɑ̃dʀ] *vt* esperar ▸ *vi* esperar; **s'attendre** *vpr* : **s'~ à (ce que)** esperarse (que); **~ un enfant** esperar un niño; **~ de faire/d'être** esperar hacer/ser; **~ qch de qn** *ou* **qch** esperar algo de algn *ou* algo; **~ que** esperar que
attendrir [atɑ̃dʀiʀ] *vt* (*personne*) enternecer • **attendrissant, e** *adj* enternecedor(a)
attendu, e [atɑ̃dy] *pp de* **attendre** ▸ *adj* esperado(-a)
attentat [atɑ̃ta] *nm* atentado; **~ à la bombe/à la pudeur** atentado con bomba/contra el pudor
attente [atɑ̃t] *nf* espera; (*espérance*) espera, expectativa
attenter [atɑ̃te] : **~ à** *vt* atentar contra; **~ à la vie de qn** atentar contra la vida de algn
attentif, -ive [atɑ̃tif, iv] *adj* (*auditeur, élève*) atento(-a)
attention [atɑ̃sjɔ̃] *nf* atención *f*; **attentions** *nfpl* atenciones *fpl*; **à l'~ de** (*pour*) a la atención de; **attirer l'~ de qn sur qch** llamar la atención de algn sobre algo; **faire ~ à** (*remarquer, noter*) prestar atención a; (*prendre garde à*) tener cuidado con; **faire ~ que/à ce que** tener cuidado que; **~ !** ¡cuidado! • **attentionné, e** *adj* atento(-a), solícito(-a)

atténuer [atenɥe] *vt* atenuar; (*douleur*) aliviar

atterrir [ateʀiʀ] *vi* aterrizar
• **atterrissage** *nm* aterrizaje *m*

attestation [atɛstasjɔ̃] *nf* certificado; **~ de paiement** comprobante *m* de pago

attirant, e [atiʀɑ̃, ɑ̃t] *adj* atractivo(-a)

attirer [atiʀe] *vt* atraer; **~ qn dans un coin/vers soi** llevar a algn a un rincón/hacia sí; **~ l'attention de qn sur qch** llamar la atención de algn sobre algo; **s'~ des ennuis** acarrearse problemas

attitude [atityd] *nf* (*comportement*) actitud *f*, conducta; (*position du corps*) postura; (*état d'esprit*) actitud, disposición *f*

attraction [atʀaksjɔ̃] *nf* atracción *f*; (*de cabaret, cirque*) atracción, número

attrait [atʀɛ] *nm* (*de l'argent, de la gloire*) atractivo, incentivo

attraper [atʀape] *vt* (*saisir*) atrapar, coger, agarrar (AM); (*voleur, animal*) atrapar, agarrar; (*train, maladie, amende*) pillar; (*fam : réprimander*) reñir; (*duper*) engañar

attrayant, e [atʀɛjɑ̃, ɑ̃t] *adj* atrayente

attribuer [atʀibɥe] *vt* (*prix*) otorgar; (*rôle, tâche*) asignar

attrister [atʀiste] *vt* entristecer

attroupement [atʀupmɑ̃] *nm* aglomeración *f*

attrouper [atʀupe]: **s'attrouper** *vpr* aglomerarse, agolparse

au [o] *voir* **à**

aubaine [obɛn] *nf* (*avantage inattendu*) suerte *f*; (*Comm*) ganga

aube [ob] *nf* alba, amanecer *m*; **à l'~** al alba, al amanecer

aubépine [obepin] *nf* espino

auberge [obɛʀʒ] *nf* posada, mesón *m*; **~ de jeunesse** albergue *m* de juventud

aubergine [obɛʀʒin] *nf* berenjena

aucun, e [okœ̃, yn] *adj* ningún(-una) ▸ *pron* ninguno(-a), nadie; **cela n'a ~ sens** eso no tiene ningún sentido, eso no tiene sentido alguno

audace [odas] *nf* audacia; (*péj*) atrevimiento • **audacieux, -euse** *adj* audaz

au-delà [od(ə)la] *adv* más allá ▸ *nm* : **l'~** el más allá; **~ de** más allá de

au-dessous [odsu] *prép* abajo, debajo; **~ de** (*dans l'espace*) debajo de; (*dignité, condition, somme*) por debajo de

au-dessus [odsy] *adv* arriba, encima; **~ de** (*dans l'espace*) arriba de, encima de; (*limite, somme, loi*) por encima de

au-devant [od(ə)vɑ̃] : **~ de** *prép* al encuentro de; **aller ~ de** (*personne, danger*) ir al encuentro de; (*désirs de qn*) adelantarse a

audience [odjɑ̃s] *nf* (*auditeurs, lecteurs*) auditorio, público; (*entrevue, séance*) audiencia; **~ télévisée** audiencia televisiva

audiovisuel, le [odjovizɥɛl] *adj* audiovisual ▸ *nm* (*techniques*) técnicas *fpl* audiovisuales; (*méthodes*) métodos *mpl* audiovisuales; **l'~** los medios audiovisuales

audition [odisjɔ̃] *nf* audición *f*; (*Jur*) audiencia; (*Mus, Théâtre*) prueba, audición
auditoire [oditwaʀ] *nm* auditorio
augmentation [ɔgmɑ̃tasjɔ̃] *nf* (*action, résultat*) aumento; (*prix*) subida; **~ (de salaire)** aumento (del salario)
augmenter [ɔgmɑ̃te] *vt* aumentar; (*prix*) subir; (*employé, salarié*) subir el sueldo a ▶ *vi* aumentar
augure [ogyʀ] *nm* : **de bon/ mauvais ~** de buen/mal augurio
aujourd'hui [oʒuʀdɥi] *adv* hoy; (*de nos jours*) hoy en día
aumônier [omonje] *nm* capellán *m*
auparavant [opaʀavɑ̃] *adv* antes
auprès [opʀɛ] : **~ de** *prép* al lado de, cerca de; (*en comparaison de*) comparado(-a) con
auquel [okɛl] *prép + pron voir* **lequel**
aurai *etc* [ɔʀe] *vb voir* **avoir**
aurons *etc* [ɔʀɔ̃] *vb voir* **avoir**
aurore [ɔʀɔ] *nf* aurora
ausculter [ɔskylte] *vt* auscultar
aussi [osi] *adv* también; (*de comparaison : avec adj, adv*) tan; (*si, tellement*) tan ▶ *conj* (*par conséquent*) por lo tanto; **~ fort/ rapidement que** tan fuerte/ rápidamente como
aussitôt [osito] *adv* enseguida, inmediatamente; **~ que** tan pronto como
austère [ostɛʀ] *adj* austero(-a)
austral, e [ɔstʀal] *adj* austral
Australie [ostʀali] *nf* Australia
• **australien, ne** *adj* australiano(-a) ▶ *nm/f* : **Australien, ne** australiano(-a)
autant [otɑ̃] *adv* (*tant, tellement*) tanto; (*comparatif*) : **~ (que)** tanto (como), tan (como); **~ (de)** tanto(-a), tantos(-as); **~ partir/ ne rien dire** mejor marchar/no decir nada; **~ dire que ...** eso es tanto como decir que ...; **d'~ plus/moins/mieux (que)** tanto más/menos/mejor (cuanto que)
autel [otɛl] *nm* altar *m*
auteur, e [otœʀ] *nm/f* autor(a)
authenticité [otɑ̃tisite] *nf* autenticidad *f*
authentique [otɑ̃tik] *adj* auténtico(-a); (*récit, histoire*) auténtico(-a), cierto(-a)
auto [oto] *nf* coche *m*, carro (AM), auto (*esp* AM)
autobiographie [otobjɔgʀafi] *nf* autobiografía
autobus [ɔtɔbys] *nm* autobús *m*, camión *m* (*Mex*)
autocar [ɔtɔkaʀ] *nm* autocar *m*
autochtone [ɔtɔktɔn] *adj, nmf* autóctono(-a)
autocollant, e [otokɔlɑ̃, ɑ̃t] *adj* autoadhesivo(-a) ▶ *nm* autoadhesivo
autocuiseur [otokɥizœʀ] *nm* olla a presión
autodéfense [otodefɑ̃s] *nf* autodefensa
autodidacte [otodidakt] *nmf* autodidacta *mf*
auto-école [otoekɔl] (*pl* **auto-écoles**) *nf* autoescuela
autoentrepreneur, -euse [otoɑ̃tʀəpʀənœʀ, øz] *nm/f* autoemprendedor(a)
autographe [ɔtɔgʀaf] *nm* autógrafo

automate [ɔtɔmat] *nm* autómata *m*
automatique [ɔtɔmatik] *adj* automático(-a); (*réflexe, geste*) automático(-a), mecánico(-a) • **automatiquement** *adv* automáticamente
automne [ɔtɔn] *nm* otoño
automobile [ɔtɔmɔbil] *nf* coche *m*, automóvil *m*; **l'~** la industria automovilística • **automobiliste** *nmf* automovilista *mf*
autonome [ɔtɔnɔm] *adj* autónomo(-a) • **autonomie** *nf* autonomía
autopsie [ɔtɔpsi] *nf* autopsia
autoradio [otoʀadjo] *nm* autorradio
autorisation [ɔtɔʀizasjɔ̃] *nf* (*permission*) autorización *f*, permiso; (*papiers*) licencia, permiso
autorisé, e [ɔtɔʀize] *adj* autorizado(-a)
autoriser [ɔtɔʀize] *vt* autorizar, permitir; (*justifier, permettre*) autorizar
autoritaire [ɔtɔʀitɛʀ] *adj* autoritario(-a)
autorité [ɔtɔʀite] *nf* autoridad *f*; **les ~s** las autoridades
autoroute [otoʀut] *nf* autopista
auto-stop [otostɔp] (*pl* **autos-stops**) *nm* : **l'~** el autostop; **faire de l'~** hacer autostop • **auto-stoppeur, -euse** (*pl* **auto-stoppeurs, -euses**) *nm/f* autostopista *mf*
autour [otuʀ] *adv* alrededor, en torno; **~ de** (*en cercle*) alrededor de, en torno de *ou* a

autre [otʀ]

▸ *adj* **1** (*différent*) otro(-a); **je préférerais un ~ verre** preferiría otro vaso
2 (*supplémentaire*) : **je voudrais un ~ verre d'eau** querría otro vaso de agua
3 (*d'une paire, dans une dualité*) otro(-a); **~ chose** otra cosa; **penser à ~ chose** pensar en otra cosa; **~ part** (*aller*) a otra parte; (*se trouver*) en otra parte; **d'~ part** (*en outre*) además; **d'une part ..., d'~ part ...** por una parte ..., por otra parte ...
▸ *pron* : **un ~** otro; **nous ~s** nosotros(-as); **vous ~s** vosotros(-as); (*politesse*) ustedes; **d'~s** otros(-as); **les ~s** los (las) otros(-as); (*autrui*) los demás; **l'un et l'~** uno y otro; **se détester l'un l'~/les uns les ~s** detestarse uno a otro/unos a otros; **d'une minute à l'~** de un momento a otro; **entre ~s** entre otros(-as); **j'en ai vu d'~s** (*indifférence*) estoy curado de espanto; **à d'~s !** ¡cuéntaselo a otro!; **ni l'un ni l'~** ni uno ni otro; **donnez-m'en un ~** deme otro; **de temps à ~** de vez en cuando; *voir aussi* **part** ; **temps** ; **un**

autrefois [otʀəfwa] *adv* antaño, en otro tiempo
autrement [otʀəmɑ̃] *adv* (*d'une manière différente*) de otro modo; (*sinon*) si no, de lo contrario; **je n'ai pas pu faire ~** no he podido hacer otra cosa; **~ dit** en otras palabras

Autriche [otʀiʃ] *nf* Austria • **autrichien, ne** *adj* austríaco(-a)

autruche [otʀyʃ] *nf* avestruz *m*

aux [o] *voir* **à**

auxiliaire [ɔksiljɛʀ] *adj* auxiliar ▸ *nmf* auxiliar *mf*

auxquelles [okɛl] *prép + pron voir* **lequel**

auxquels [okɛl] *prép + pron voir* **lequel**

avalanche [avalɑ̃ʃ] *nf* avalancha

avaler [avale] *vt* tragar; (*fig*) devorar; (*croire*) tragarse

avance [avɑ̃s] *nf* avance *m*; (*d'argent*) adelanto, anticipo; (*opposé à retard*) adelanto; **(être) en ~** (*sur l'heure fixée*) (estar) adelantado(-a); **à l'~, par ~** de antemano; **d'~** por anticipado; **payer d'~** pagar por adelantado

avancé, e [avɑ̃se] *adj* avanzado(-a); (*travail*) adelantado(-a)

avancement [avɑ̃smɑ̃] *nm* (*professionnel*) ascenso; (*de travaux*) progreso

avancer [avɑ̃se] *vi* avanzar; (*travail, montre, réveil*) adelantar ▸ *vt* adelantar; (*hypothèse, idée*) proponer, sugerir; **s'avancer** *vpr* (*s'approcher*) adelantarse, acercarse; (*se hasarder*) aventurarse

avant [avɑ̃] *prép* antes de ▸ *adj inv* : **siège ~** asiento delantero ▸ *nm* (*d'un véhicule, bâtiment*) delantera, frente *m*; (*Sport*) delantero; **~ qu'il (ne) parte/de faire** antes de que marche/de hacer; **~ tout** ante todo; **à l'~** (*dans un véhicule*) en la delantera; **en ~** (*marcher, regarder*) hacia adelante; **en ~ de** (*en tête de, devant*) delante de

avantage [avɑ̃taʒ] *nm* (*supériorité*) ventaja; (*intérêt, bénéfice*) ventaja, beneficio; **~s sociaux** beneficios *mpl* sociales • **avantager** *vt* favorecer • **avantageux, -euse** *adj* ventajoso(-a); (*portrait, coiffure*) favorecedor(a)

avant-bras [avɑ̃bʀa] *nm inv* antebrazo

avant-coureur [avɑ̃kuʀœʀ] (*pl* **avant-coureurs**) *adj* anunciador(a)

avant-dernier, -ière [avɑ̃dɛʀnje, jɛʀ] (*pl* **avant-derniers, -ières**) *adj, nm/f* penúltimo(-a)

avant-goût [avɑ̃gu] (*pl* **avant-goûts**) *nm* anticipo

avant-hier [avɑ̃tjɛʀ] *adv* anteayer

avant-première [avɑ̃pʀəmjɛʀ] (*pl* **avant-premières**) *nf* preestreno

avant-veille [avɑ̃vɛj] (*pl* **avant-veilles**) *nf* : **l'~** la antevíspera

avare [avaʀ] *adj, nmf* avaro(-a)

avec [avɛk] *prép* con; (*contre : se battre*) con, contra; (*en plus de, en sus de*) además de

avenir [avniʀ] *nm* : **l'~** el porvenir, el futuro; **à l'~** en el futuro; **métier/politicien d'~** trabajo/político con futuro

aventure [avɑ̃tyʀ] *nf* aventura • **aventurer** *vt* aventurar, arriesgar; **s'~ à faire qch** arriesgarse a hacer algo • **aventureux, -euse** *adj* (*personne*) aventurado(-a), arriesgado(-a)

avenue [avny] *nf* avenida
avérer [aveʀe] : **s'avérer** *vpr* (*avec attribut*) : **s'~ faux/coûteux** revelarse falso/costoso
averse [avɛʀs] *nf* aguacero, chaparrón *m*
averti, e [avɛʀti] *adj* entendido(-a)
avertir [avɛʀtiʀ] *vt* : **~ qn de qch/que** prevenir a algn de algo/de que; (*renseigner*) advertir a algn de algo/de que
• **avertissement** *nm* advertencia; (*blâme*) amonestación *f*
• **avertisseur** *nm* bocina
aveu [avø] *nm* confesión *f*, declaración *f*
aveugle [avœgl] *adj*, *nmf* ciego(-a)
aviation [avjasjɔ̃] *nf* aviación *f*
avide [avid] *adj* ávido(-a); (*péj*) codicioso(-a)
avion [avjɔ̃] *nm* avión *m*; **par ~** por avión; **aller (quelque part) en ~** ir (a algún sitio) en avión; **~ à réaction** avión de *ou* a reacción
aviron [aviʀɔ̃] *nm* remo; (*sport*) : **l'~** el remo
avis [avi] *nm* (*point de vue*) opinión *f*; (*conseil*) opinión, consejo; (*notification*) aviso; **changer d'~** cambiar de opinión
aviser [avize] *vt* (*informer*) : **~ qn de qch/que** avisar a algn de algo/de que ▸ *vi* (*réfléchir*) reflexionar
avocat, e [avɔka, at] *nm/f* abogado(-a) ▸ *nm* (*Bot, Culin*) aguacate *m*, palta (AM); **~ général(e)** fiscal *mf*
avoine [avwan] *nf* avena

avoir [avwaʀ]

▸ *vt* **1** (*posséder*) tener; **elle a deux enfants/une belle maison** tiene dos niños/una casa bonita; **il a les yeux gris** tiene los ojos grises; **vous avez du sel ?** ¿tiene sal?; **~ du courage/de la patience** tener valor/paciencia; **~ du goût** tener gusto; **~ horreur de** tener horror a; **~ rendez-vous** tener una cita
2 (*âge, dimensions*) tener; **il a trois ans** tiene tres años; **le mur a trois mètres de haut** la pared tiene tres metros de alto; *voir aussi* **faim** ; **peur** *etc*
3 (*fam : duper*) quedarse con; **on t'a bien eu !** ¡cómo nos hemos quedado contigo!
4 : **en ~ après** *ou* **contre qn** estar enojado(-a) con algn; **en ~ assez** estar harto; **j'en ai pour une demi-heure** tengo para media hora
5 (*obtenir : train, tickets*) coger, agarrar (AM)
▸ *vb aux* **1** haber; **~ mangé/dormi** haber comido/dormido; **hier, je n'ai pas mangé** ayer no comí
2 (*avoir + à + infinitif*) : **~ à faire qch** tener que hacer algo; **vous n'avez qu'à lui demander** no tiene más que preguntarle; (*en colère*) pregúntele a él; **tu n'as pas à le savoir** no tienes porqué saberlo
▸ *vb impers* **1** : **il y a** (*+ sing, pl*) hay; **qu'y a-t-il ?** ¿qué ocurre?; **qu'est-ce qu'il y a ?** ¿qué pasa?; **il n'y a rien** no pasa nada; **qu'as-tu ?** ¿qué tienes?;

qu'est-ce que tu as ? ¿qué te pasa?; **il doit y ~ une explication** tiene que haber una explicación; **il n'y a qu'à recommencer ...** no hay más que volver a empezar ...; **il ne peut y en ~ qu'un** no puede haber más que uno; **il n'y a pas de quoi** no hay de qué
2 (*temporel*) : **il y a 10 ans** hace 10 años; **il y a 10 ans/longtemps que je le sais** hace 10 años/mucho tiempo que lo sé; **il y a 10 ans qu'il est arrivé** hace 10 años que llegó
▶ *nm* haber *m*

avortement [avɔʀtəmɑ̃] *nm* aborto

avouer [avwe] *vt* confesar, declarar ▶ *vi* (*se confesser*) confesar; (*admettre*) confesar, reconocer; **~ avoir fait/être/que** confesar haber hecho/ser/que

avril [avʀil] *nm* abril *m*; *voir aussi* **juillet**

axe [aks] *nm* eje *m*; (*fig*) orientación *f*; **~ routier** carretera general

ayons *etc* [ɛjɔ̃] *vb voir* **avoir**

azote [azɔt] *nm* nitrógeno

b

bâbord [bɑbɔʀ] *nm* : **à** *ou* **par ~** a babor

baby-foot [babifut] (*pl* **baby-foots**) *nm* futbolín *m*

bac[1] [bak] *nm* (*bateau*) transbordador *m*; (*récipient*) cubeta

bac[2] [bak] (*fam*) *nm* = *baccalauréat*

baccalauréat [bakalɔʀea] *nm* *título de enseñanza secundaria*

En Francia, el **baccalauréat** o *bac* es un título que se obtiene al terminar los estudios de enseñanza secundaria superior y de aprobar el examen del mismo nombre a la edad de dieciocho años. Permite el ingreso en la universidad. Se pueden escoger distintas combinaciones de asignaturas dentro de cada una de las tres modalidades principales: general, profesional y tecnológico.

bâcler [bɑkle] *vt* hacer de prisa y corriendo

baffe [baf] (*fam*) *nf* bofetada, torta

bafouiller [bafuje] *vi, vt* farfullar

bagage [bagaʒ] *nm (fig)* bagaje *m*; **bagages** *nmpl* equipaje *m*; **~s à main** equipaje de mano

bagarre [bagaʀ] *nf* pelea • **bagarrer**: **se bagarrer** *vpr* pelearse

bagnole [baɲɔl] *(fam) nf* coche *m*; *(vieille)* cacharro

bague [bag] *nf* anillo, sortija; **~ de fiançailles** sortija de pedida; **~ de serrage** casquillo

baguette [bagɛt] *nf (bâton)* varilla; *(chinoise)* palillo; *(de chef d'orchestre)* batuta; *(pain)* barra; **~ magique** varita mágica

baie [bɛ] *nf* bahía; *(fruit)* baya; **~ vitrée** ventanal *m*

baignade [bɛɲad] *nf* baño

baigner [beɲe] *vt* bañar; **se baigner** *vpr* bañarse • **baignoire** *nf* bañera, tina (AM)

bail [baj] (*pl* **baux**) *nm* (contrato de) arrendamiento

bâillement [bɑjmɑ̃] *nm* bostezo

bâiller [bɑje] *vi* bostezar

bain [bɛ̃] *nm* baño; **se mettre dans le ~** *(fig)* meterse en el asunto; **prendre un ~** tomar un baño; **~ de soleil** baño de sol; **~ moussant** baño de espuma • **bain-marie** (*pl* **bains-marie**) *nm* baño (de) María; **faire chauffer au ~** calentar al baño (de) María

baiser [beze] *nm* beso ▸ *vt* besar; *(fam!)* tirarse a *(fam!)*, coger *(fam! AM)*

baisse [bɛs] *nf (de température, des prix)* descenso, bajada

baisser [bese] *vt* bajar ▸ *vi (niveau, température)* bajar, descender; **se baisser** *vpr* inclinarse, agacharse

bal [bal] *nm* baile *m*; **~ costumé** baile de disfraces

balade [balad] *nf (à pied)* paseo, vuelta • **balader** *vt* pasear; **se balader** *vpr* pasear • **baladeur** *nm*

balai [balɛ] *nm* escoba

balance [balɑ̃s] *nf* balanza; *(Astrol)*: **B~** Libra; **être B~** ser Libra; **~ commerciale** balanza comercial

balancer [balɑ̃se] *vt* balancear; *(fam : lancer)* arrojar; **se balancer** *vpr* balancearse, mecerse; **je m'en balance** *(fam)* me importa un pito • **balançoire** *nf (suspendue)* columpio; *(sur pivot)* balancín *m*, subibaja *m*

balayer [baleje] *vt* barrer; *(suj : radar, phares)* explorar • **balayeur, -euse** *nm/f* barrendero(-a)

balbutier [balbysje] *vi, vt* balbucear

balcon [balkɔ̃] *nm* balcón *m*; *(Théâtre)* principal *m*

baleine [balɛn] *nf* ballena

balise [baliz] *nf* baliza • **baliser** *vt* balizar ▸ *vi (fam)* tener canguelo

balle [bal] *nf (de fusil)* bala; *(de tennis, golf)* pelota

ballerine [bal(ə)ʀin] *nf* bailarina

ballet [balɛ] *nm* ballet *m*

ballon [balɔ̃] *nm (de sport)* balón *m*; *(aéronautique, jouet)* globo; **~ de football** balón de fútbol

balnéaire [balneɛʀ] *adj (station, centre)* de costa, costero(-a); *(tourisme)* de sol y playa, costero(-a)

balustrade [balystʀad] *nf* balaustrada

bambin [bɑ̃bɛ̃] *nm* niño(-a), chiquillo(-a)
bambou [bɑ̃bu] *nm* bambú *m*
banal, e [banal] *adj* banal • **banalité** *nf* banalidad *f*
banane [banan] *nf* plátano, banana (*esp* AM)
banc [bɑ̃] *nm* banco; **~ d'essai** (*fig*) banco de prueba; **~ de sable** banco de arena
bancaire [bɑ̃kɛʀ] *adj* bancario(-a)
bancal, e [bɑ̃kal] *adj* cojo(-a)
bandage [bɑ̃daʒ] *nm* vendaje *m*
bande [bɑ̃d] *nf* banda; (*de tissu*) faja; (*pour panser*) venda; (*motif, dessin*) banda, franja; **une ~ de ...** (*copains, voyous*) una pandilla de ...; **faire ~ à part** hacer rancho aparte; **~ dessinée** (*dans un journal*) tira cómica, historieta; (*livre*) cómic *m*; **~ sonore** banda sonora

La **bande dessinée** o *BD* goza de gran popularidad en Francia, tanto entre los niños como entre los adultos. Cada mes de enero se celebra en Angulema el Salón Internacional del Cómic, al que acuden multitud de aficionados y en el que se conceden varios premios.

bandeau [bɑ̃do] *nm* venda; (*autour du front*) cinta, venda, vincha (*And, CSur*)
bander [bɑ̃de] *vt* (*blessure*) vendar
bandit [bɑ̃di] *nm* bandido
bandoulière [bɑ̃duljɛʀ] *nf* : **en ~** en bandolera
banlieue [bɑ̃ljø] *nf* suburbio; **quartier de ~** barrio suburbano; **lignes/trains de ~** líneas *fpl*/ trenes *mpl* de cercanías
banlieusard, e [bɑ̃ljøzaʀ, aʀd] *nm/f* habitante *mf* de los suburbios
bannir [baniʀ] *vt* desterrar
banque [bɑ̃k] *nf* banco; (*activités*) banca; **~ d'affaires** banco de negocios
banquet [bɑ̃kɛ] *nm* banquete *m*
banquette [bɑ̃kɛt] *nf* banqueta
banquier, -ière [bɑ̃kje, jɛʀ] *nm/f* banquero(-a)
banquise [bɑ̃kiz] *nf* banco de hielo, banquisa
baptême [batɛm] *nm* (*sacrement*) bautismo; **~ de l'air** bautismo del aire
baptiser [batize] *vt* bautizar
bar [baʀ] *nm* bar *m*, cantina (*esp* AM)
baraque [baʀak] *nf* barraca; (*fam*) casucha; **~ foraine** barraca de feria • **baraqué, e** (*fam*) *adj* plantado(-a)
barbare [baʀbaʀ] *adj, nmf* bárbaro(-a)
barbe [baʀb] *nf* barba; **au nez et à la ~ de qn** en las barbas de algn; **quelle ~ !** (*fam*) ¡qué lata!; **~ à papa** algodón *m* de azúcar
barbelé [baʀbəle] *nm* alambrada
barbiturique [baʀbityʀik] *nm* barbitúrico
barbouiller [baʀbuje] *vt* (*couvrir, salir*) embadurnar; **avoir l'estomac barbouillé** tener el estómago revuelto
barbu, e [baʀby] *adj* barbudo(-a)
barder [baʀde] *vi* (*fam*) : **ça va ~** se va a armar la gorda ▸ *vt* enalbardar

barème [barɛm] *nm* (*des prix, des tarifs*) baremo, tabla
baril [bari(l)] *nm* barril *m*
bariolé, e [barjɔle] *adj* abigarrado(-a)
baromètre [barɔmɛtr] *nm* barómetro
baron, ne [barɔ̃, ɔn] *nm/f* barón(-onesa)
baroque [barɔk] *adj* (*Art*) barroco(-a); (*fig*) estrambótico(-a)
barque [bark] *nf* barca
barquette [barkɛt] *nf* (*en aluminium*) envase *m*
barrage [baraʒ] *nm* pantano, embalse *m*
barre [bar] *nf* barra; (*Naut*) timón *m*; (*écrite*) raya; **~ d'outils** barra de herramientas
barreau, x [baro] *nm* barrote *m*; (*Jur*) : **le ~** el foro, la abogacía
barrer [bare] *vt* (*route*) obstruir; (*mot*) tachar; (*chèque*) cruzar; (*Naut*) timonear; **se barrer** (*fam*) ▸ *vpr* largarse, pirarse
barrette [barɛt] *nf* (*pour les cheveux*) prendedor *m*
barricader [barikade] *vt* (*rue*) levantar barricadas en; (*porte, fenêtre*) atrancar
barrière [barjɛr] *nf* barrera
barrique [barik] *nf* barrica, tonel *m*
bas, basse [bɑ, bɑs] *adj* bajo(-a); (*vue*) corto(-a); (*action*) bajo(-a), vil; ▸ *nm* (*de femme*) media; (*partie inférieure*) : **le ~ de ...** la parte de abajo de ... ▸ *adv* bajo; **au ~ mot** por lo menos, por lo bajo; **en ~** abajo; **en ~ de** debajo de, en la parte baja de; **« à ~ la dictature/ l'école ! »** « ¡abajo la dictadura/ la escuela! »
bas-côté [bakote] (*pl* **bas-côtés**) *nm* (*de route*) arcén *m*
basculer [baskyle] *vi* (*tomber*) volcar; (*benne*) bascular ▸ *vt* (*gén* : *faire basculer*) volcar
base [bɑz] *nf* base *f*; **jeter les ~s de** sentar las bases de; **à la ~ de** (*fig*) en el origen de; **sur la ~ de** (*fig*) tomando como base; **principe/ produit de ~** principio/producto de base; **à ~ de café** a base de café; **~ de données** (*Inform*) base de datos • **baser** *vt* : **~ qch sur** basar algo en; **se ~ sur** basarse en
bas-fond [bɑfɔ̃] (*pl* **bas-fonds**); **bas-fonds** *nmpl* (*fig*) bajos fondos *mpl*, hampa *fsg*
basilic [bazilik] *nm* albahaca
basket [baskɛt] *nm* = **basket-ball**
basket-ball [baskɛtbol] (*pl* **basket-balls**) *nm* baloncesto
basque [bask] *adj, nmf* vasco(-a)
basse [bɑs] *adj f voir* **bas** ▸ *nf* bajo • **basse-cour** (*pl* **basses-cours**) *nf* (*cour*) corral *m*
bassin [basɛ̃] *nm* (*pièce d'eau*) estanque *m*; (*de fontaine*) pila; (*Géo*) cuenca; (*Anat*) pelvis *f*
bassine [basin] *nf* balde *m*
basson [bɑsɔ̃] *nm* (*instrument*) fagot *m*
bat [ba] *vb voir* **battre**
bataille [bataj] *nf* batalla
bateau, x [bato] *nm* barco ▸ *adj* (*banal, rebattu*) típico(-a) • **bateau-mouche** (*pl* **bateaux-mouches**) *nm* golondrina
bâti, e [bɑti] *adj* (*terrain*) edificado(-a); **bien ~** (*personne*) bien hecho(-a), fornido(-a)

b

bâtiment [batimɑ̃] *nm* edificio; (*Naut*) navío

bâtir [batiʀ] *vt* edificar, construir

bâtisse [batis] *nf* construcción *f*

bâton [batɔ̃] *nm* palo, vara

bats [ba] *vb voir* **battre**

battement [batmɑ̃] *nm* (*de cœur*) latido, palpitación *f*; (*intervalle*) intervalo; **10 minutes de ~** 10 minutos de intervalo; **~ de paupières** parpadeo

batterie [batʀi] *nf* batería; **~ de cuisine** batería de cocina

batteur, -euse [batœʀ, øz] *nm/f* (*Mus*) batería *mf* ▸ *nm* (*appareil*) batidora

battre [batʀ] *vt* golpear; (*suj* : *pluie, vagues*) golpear, azotar; (*vaincre*) vencer, derrotar; (*tapis*) sacudir ▸ *vi* (*cœur*) latir; (*volets*) golpear; **se battre** *vpr* pelearse, luchar; **~ de** : **~ des mains** dar palmas; **~ la mesure** llevar el compás; **~ son plein** estar en su apogeo

baume [bom] *nm* bálsamo

bavard, e [bavaʀ, aʀd] *adj* parlanchín(-ina) • **bavarder** *vi* charlar, platicar (*Mex*); (*indiscrètement*) charlatanear, irse de la lengua

baver [bave] *vi* babear; **en ~** (*fam*) pasar las de Caín, pasarlas negras

bavoir [bavwaʀ] *nm* babero

bavure [bavyʀ] *nf* rebaba, mancha; (*fig*) error *m*

bazar [bazaʀ] *nm* bazar *m*; (*fam*) leonera • **bazarder** (*fam*) *vt* liquidar

BCBG [besebeʒe] *sigle adj* = *bon chic bon genre*; **une fille ~** ≈ una chica bien vestida

BD *sigle f* = *bande dessinée*; *voir* **bande**; (= *base de données*) base *f* de datos

bd *abr* (= *boulevard*) Blvr. (= *bulevar*)

béant, e [beɑ̃, ɑ̃t] *adj* abierto(-a)

beau, belle, beaux [bo, bɛl] (*devant nm commençant par voyelle ou h muet* **bel**) *adj* (*gén*) bonito(-a); (*plus formel*) hermoso(-a), bello(-a), lindo(-a) (*esp* AM); (*personne*) guapo(-a) ▸ *adv* : **il fait ~** hace buen tiempo; **un bel homme** un hombre guapo; **un ~ geste** un gesto noble; **un ~ gâchis/rhume** (*iro*) un buen despilfarro/resfriado; **le ~ monde** la buena sociedad; **un ~ jour ...** un buen día ...; **de plus belle** más y mejor; **bel et bien** de verdad; **le plus ~ c'est que ...** lo mejor es que ...; **« c'est du ~ ! »** « ¡qué bonito! »; **on a ~ essayer ...** por más que se intente ...; **faire le ~** (*chien*) ponerse en dos patas; **~ parleur** hombre *m* de labia

beaucoup [boku] *adv* mucho; **il boit ~** bebe mucho; **il ne rit pas ~** no ríe mucho; **il est ~ plus grand** es mucho más grande; **il en a ~** tiene mucho(s)(-a(s)); **~ trop de** demasiado(s)(-a(s)); **(pas) ~ de** (no) mucho(s)(-a(s)); **~ d'étudiants/de touristes** muchos estudiantes/turistas; **~ de courage** mucho valor; **il n'a pas ~ d'argent** no tiene mucho dinero; **de ~** con mucho; **~ le savent** (*emploi nominal*) muchos lo saben

beau-fils [bofis] (*pl* **beaux-fils**) *nm* yerno

beau-frère [bofʀɛʀ] (*pl* **beaux-frères**) *nm* cuñado

beau-père [bopɛʀ] (*pl* **beaux-pères**) *nm* suegro; (*remariage*) padrastro
beauté [bote] *nf* belleza; **en ~** : **finir en ~** terminar brillantemente
beaux-arts [bozaʀ] *nmpl* bellas artes *fpl*
beaux-parents [bopaʀɑ̃] *nmpl* suegros *mpl*
bébé [bebe] *nm* bebé *m*
bec [bɛk] *nm* pico; (*d'une clarinette etc*) boquilla; **~ de gaz** farola
bêche [bɛʃ] *nf* pala • **bêcher** *vt* (*terre*) cavar
bedaine [bədɛn] *nf* barriga
bedonnant, e [bədɔnɑ̃, ɑ̃t] *adj* barrigudo(-a)
bée [be] *adj* : **bouche ~** boquiabierto(-a)
bégayer [begeje] *vi, vt* tartamudear
beige [bɛʒ] *adj* beige
beignet [bɛɲɛ] *nm* buñuelo
bel [bɛl] *adj m voir* **beau**
bêler [bele] *vi* balar
belette [bəlɛt] *nf* comadreja
belge [bɛlʒ] *adj* belga ▸ *nmf* : **Belge** belga *mf*
Belgique [bɛlʒik] *nf* Bélgica
bélier [belje] *nm* (*Zool*) carnero; (*Astrol*) : **B~** Aries *m*
belle [bɛl] *adj f voir* **beau** ▸ *nf* (*Sport*) : **la ~** el desempate; **belles** *nfpl* : **en faire/dire de ~s** hacerlas/decirlas buenas • **belle-fille** (*pl* **belles-filles**) *nf* nuera; (*remariage*) hijastra • **belle-mère** (*pl* **belles-mères**) *nf* suegra; (*remariage*) madrastra • **belle-sœur** (*pl* **belles-sœurs**) *nf* cuñada
belvédère [bɛlvedɛʀ] *nm* mirador *m*
bémol [bemɔl] *nm* bemol *m*
bénédiction [benediksjɔ̃] *nf* bendición *f*
bénéfice [benefis] *nm* (*Comm*) beneficio; (*avantage*) beneficio, provecho • **bénéficier** *vi* : **~ de** (*jouir de, avoir, obtenir*) disfrutar de; (*tirer profit de*) beneficiarse de, aprovecharse de • **bénéfique** *adj* benéfico(-a)
bénévole [benevɔl] *adj* (*personne*) benévolo(-a); (*aide*) voluntario(-a) ▸ *nmf* voluntario(-a)
bénin, -igne [benɛ̃, iɲ] *adj* benigno(-a)
bénir [beniʀ] *vt* bendecir • **bénit, e** *adj* bendito(-a); **eau bénite** agua bendita
benne [bɛn] *nf* (*de camion*) volquete *m*; (*de téléphérique*) cabina
béquille [bekij] *nf* muleta; (*de bicyclette*) soporte *m*
berceau, x [bɛʀso] *nm* cuna
bercer [bɛʀse] *vt* acunar, mecer; (*suj : musique*) mecer; **~ qn de promesses** engañar a alguien con promesas • **berceuse** *nf* (*chanson*) canción *f* de cuna, nana
béret [beʀɛ] *nm* : **~ (basque)** boina
berge [bɛʀʒ] *nf* (*d'un cours d'eau*) ribera
berger, -ère [bɛʀʒe, ʒɛʀ] *nm/f* pastor(a)
berner [bɛʀne] *vt* estafar
besogne [bəzɔɲ] *nf* tarea, faena
besoin [bəzwɛ̃] *nm* necesidad *f*; (*pauvreté*) : **le ~** la necesidad, la estrechez ▸ *adv* : **au ~** si es

menester; **être dans le ~** pasar necesidad; **faire ses ~s** hacer sus necesidades; **avoir ~ de qch/de faire qch** tener necesidad de algo/de hacer algo

bestiole [bɛstjɔl] *nf* bicho

bétail [betaj] *nm* ganado

bête [bɛt] *nf* (*gén*) animal *m*; (*insecte, bestiole*) bicho ▸ *adj* (*stupide*) tonto(-a), bobo(-a); **chercher la petite ~** ser un chinche; **~ noire** pesadilla, bestia negra; **~s sauvages** fieras *fpl*, animales *mpl* salvajes

bêtement [bɛtmɑ̃] *adv* tontamente; **tout ~** simplemente, sin rodeos

bêtise [betiz] *nf* (*défaut d'intelligence*) estupidez *f*, tontería; (*action, remarque*) tontería

béton [betɔ̃] *nm* hormigón *m*; **en ~** (*alibi, argument*) irrefutable; **~ armé/précontraint** hormigón armado/pretensado

betterave [bɛtʀav] *nf* remolacha, betarraga (*Chi*)

Beur [bœʀ] *nmf joven árabe nacido en Francia de padres emigrantes*

beurre [bœʀ] *nm* mantequilla, manteca (*AM*); **~ noir** mantequilla requemada • **beurrer** *vt* untar con mantequilla • **beurrier** *nm* mantequera

bi... [bi] *préf* bi...

biais [bjɛ] *nm* (*d'un tissu*) sesgo; (*moyen*) rodeo, vuelta; **en ~, de ~** (*obliquement*) al sesgo

bibelot [biblo] *nm* chuchería

biberon [bibʀɔ̃] *nm* biberón *m*

bible [bibl] *nf* biblia

bibliobus [biblijobys] *nm* biblioteca ambulante, bibliobús *m*

bibliothécaire [biblijɔtekɛʀ] *nmf* bibliotecario(-a)

bibliothèque [biblijɔtɛk] *nf* biblioteca

bicarbonate [bikaʀbɔnat] *nm* : **~ (de soude)** bicarbonato (sódico)

biceps [bisɛps] *nm* bíceps *m inv*

biche [biʃ] *nf* cierva

bicolore [bikɔlɔʀ] *adj* bicolor

bicoque [bikɔk] (*péj*) *nf* casucha

bicyclette [bisiklɛt] *nf* bicicleta

bidet [bidɛ] *nm* bidé *m*

bidon [bidɔ̃] *nm* (*récipient*) bidón *m* ▸ *adj inv* (*fam*) amañado(-a)

bidonville [bidɔ̃vil] *nm* chabolas *fpl*

bidule [bidyl] *nm* trasto, chisme *m*

bien [bjɛ̃]

▸ *nm* **1** (*avantage, profit, moral*) bien *m*; **faire du ~ à qn** hacer bien a algn; **faire le ~** hacer el bien; **dire du ~ de qn/qch** hablar bien de algn/algo; **c'est pour son ~** es por su bien; **mener à ~** llevar a buen término; **je te veux du ~** te quiero bien

2 (*possession, patrimoine*) bien; **son ~ le plus précieux** su bien más preciado; **avoir du ~** tener fortuna; **~s de consommation** bienes *mpl* de consumo

▸ *adv* **1** (*de façon satisfaisante*) bien; **elle travaille/mange ~** trabaja/come bien; **vite fait, ~ fait** pronto y bien; **croyant ~ faire, je ...** creyendo hacer bien, yo ...

2 (*valeur intensive*) muy, mucho; **~ jeune** muy joven; **~ mieux**

mucho mejor; **~ souvent** muy a menudo; **c'est ~ fait !** ¡te está bien empleado!; **j'espère ~ y aller** sí espero poder ir; **je veux ~ le faire** (*concession*) lo haré aunque me duela; **il faut ~ le faire** hay que hacerlo; **il faut ~ l'admettre** hay que admitirlo; **il y a ~ deux ans** hace dos años largos; **Paul est ~ venu, n'est-ce pas ?** Paul sí ha venido, ¿verdad?; **tu as eu ~ raison de dire cela** hiciste muy bien en decir eso; **se donner ~ du mal** molestarse mucho; **où peut-il ~ être passé ?** ¿dónde se habrá metido?; **on verra ~** ya veremos
3 (*beaucoup*) : **~ du temps/des gens** mucho tiempo/mucha gente
▸ *adj inv* 1 (*en bonne forme, à l'aise*) : **être/se sentir ~** estar/sentirse bien; **je ne me sens pas ~** no me siento bien; **on est ~ dans ce fauteuil** se está bien en este sillón
2 (*joli, beau*) bien; **tu es ~ dans cette robe** estás bien con este vestido
3 (*satisfaisant, adéquat*) bien; **elle est ~, cette maison** está bien esta casa; **elle est ~, cette secrétaire** es buena esta secretaria; **c'est ~ ?** ¿está bien?; **mais non, c'est très ~** que no, está muy bien; **c'est très ~ (comme ça)** está muy bien (así)
4 (*juste, moral, respectable*) bien *inv*; **ce n'est pas ~ de ...** no está bien ...; **des gens ~s** gente bien
5 (*en bons termes*) : **être ~ avec qn** estar a bien con algn; **si ~ que** (*résultat*) de tal manera que; **tant ~ que mal** así, así
6 : **~ que** *conj* aunque
7 : **~ sûr** *adv* desde luego

bien-aimé, e [bjɛ̃neme] *adj, nm/f* bienamado(-a)
bien-être [bjɛ̃nɛtʀ] *nm* bienestar *m*
bienfaisance [bjɛ̃fəzɑ̃s] *nf* beneficencia
bienfait [bjɛ̃fɛ]: **bienfaits** *nmpl* beneficios *mpl*
bienfaiteur, -trice [bjɛ̃fɛtœʀ, tʀis] *nm/f* bienhechor(a)
bien-fondé [bjɛ̃fɔ̃de] *nm* legitimidad *f*
bientôt [bjɛ̃to] *adv* pronto, luego; **à ~** hasta luego
bienveillant, e [bjɛ̃vɛjɑ̃, ɑ̃t] *adj* benévolo(-a)
bienvenu, e [bɛ̃vny] *adj* bienvenido(-a) • **bienvenue** *nf*: **souhaiter la ~ à** desear la bienvenida a; **~ à** bienvenida a
bière [bjɛʀ] *nf* cerveza; (*cercueil*) ataúd *m*; **~ blonde/brune** cerveza dorada/negra; **~ (à la) pression** cerveza de barril
bifteck [biftɛk] *nm* bistec *m*, bisté *m*, bife *m* (*Arg*)
bigorneau, x [bigɔʀno] *nm* bígaro
bigoudi [bigudi] *nm* bigudí *m*
bijou, x [biʒu] *nm* joya, alhaja • **bijouterie** *nf* (*bijoux*) joyas *fpl*; (*magasin*) joyería • **bijoutier, -ière** *nm/f* joyero(-a)
bikini [bikini] *nm* biquini *m*
bilan [bilɑ̃] *nm* balance *m*; **faire le ~ de** hacer el balance de; **déposer son ~** declararse en quiebra
bile [bil] *nf* bilis *f*; **se faire de la ~** (*fam*) hacerse mala sangre

bilieux, -euse [biljø, jøz] *adj* bilioso(-a)
bilingue [bilɛ̃g] *adj* bilingüe
billard [bijaʀ] *nm* billar *m*
bille [bij] *nf* bola; (*du jeu de billes*) canica
billet [bijɛ] *nm* billete *m*; (*de cinéma*) entrada; **~ aller retour** billete de ida y vuelta • **billetterie** *nf* emisión *f* y venta de billetes; (*distributeur*) taquilla; (*Banque*) cajero (automático)
billion [biljɔ̃] *nm* billón *m*
bimensuel, le [bimɑ̃sɥɛl] *adj* bimensual, quincenal
bio [bjo] *adj* bio, biológico(-a)
bio... [bjɔ] *préf* bio... • **biochimie** *nf* bioquímica • **biodiversité** *nf* biodiversidad *f* • **biographie** *nf* biografía • **biologie** *nf* biología • **biologique** *adj* biológico(-a) • **biologiste** *nmf* biólogo(-a)
Birmanie [biʀmani] *nf* Birmania
bis, e [(*adj*) bi, biz, (*adv, excl, nm*) bis] *adj* pardo(-a) ▸ *adv* : **12 ~** 12 bis ▸ *excl* ¡otra! ▸ *nm* bis *m*
biscotte [biskɔt] *nf* biscote *m*
biscuit [biskɥi] *nm* (*gâteau sec*) galleta; (*gâteau, porcelaine*) bizcocho
bise [biz] *adj f voir* **bis** ▸ *nf* (*baiser*) beso; (*vent*) cierzo
bisou [bizu] (*fam*) *nm* besito
bissextile [bisɛkstil] *adj* : **année ~** año bisiesto
bistro, bistrot [bistʀo] *nm* bar *m*, café *m*, cantina (*esp* AM)
bitume [bitym] *nm* asfalto
bizarre [bizaʀ] *adj* raro(-a)
blague [blag] *nf* (*propos*) chiste *m*; (*farce*) broma; **« sans ~ ! »** (*fam*) « ¡no me digas! » • **blaguer** *vi* bromear
blaireau, x [blɛʀo] *nm* (*Zool*) tejón *m*; (*brosse*) brocha de afeitar
blâme [blɑm] *nm* (*jugement*) reprobación *f*; (*sanction*) sanción *f* • **blâmer** *vt* (*réprouver*) reprobar
blanc, blanche [blɑ̃, blɑ̃ʃ] *adj* blanco(-a) ▸ *nm/f* blanco(-a) ▸ *nm* blanco; (*linge*) : **le ~** la ropa blanca; (*aussi* : **blanc d'œuf**) clara; (*aussi* : **blanc de poulet**) pechuga; **à ~** (*chauffer*) al rojo vivo; (*tirer, charger*) con munición de fogueo; **chèque en ~** cheque *m* en blanco; **~ cassé** color *m* hueso • **blanche** *nf* (*Mus*) blanca • **blancheur** *nf* blancura
blanchiment [blɑ̃ʃimɑ̃] *nm* : **~ d'argent (sale)** blanqueo de dinero (negro)
blanchir [blɑ̃ʃiʀ] *vt* (*gén, argent*) blanquear; (*linge*) lavar; (*Culin*) escaldar; (*disculper*) rehabilitar ▸ *vi* blanquear; (*cheveux*) blanquear, encanecer • **blanchisserie** *nf* lavandería
blason [blɑzɔ̃] *nm* blasón *m*
blasphème [blasfɛm] *nm* blasfemia
blazer [blazɛʀ] *nm* blázer *m*
blé [ble] *nm* trigo; **~ noir** trigo sarraceno
bled [blɛd] *nm* (*péj*) poblacho
blême [blɛm] *adj* pálido(-a)
blessant, e [blesɑ̃, ɑ̃t] *adj* hiriente
blessé, e [blese] *adj* herido(-a) ▸ *nm/f* herido(-a)
blesser [blese] *vt* herir; **se blesser** *vpr* herirse; **se ~ au pied** *etc* lastimarse el pie *etc* • **blessure** *nf* herida; (*fig*) herida, ofensa

bleu, e [blø] *adj* azul; (*bifteck*) poco hecho ▸ *nm* azul *m*; (*contusion*) cardenal *m*; (*vêtement*) mono, overol *m* (AM); **~ marine** azul marino • **bleuet** *nm* aciano

bloc [blɔk] *nm* bloque *m*; (*de papier à lettres*) bloc *m*; **serré à ~** apretado a fondo; **en ~** en bloque; **~ opératoire** quirófano • **blocage** *nm* (*aussi Psych*) bloqueo • **bloc-notes** (*pl* **blocs-notes**) *nm* bloc *m* de notas

blog, blogue [blɔg] *nm* blog *m*

bloguer [blɔge] *vi* bloguear

blond, e [blɔ̃, blɔ̃d] *adj* rubio(-a); (*sable, blés*) dorado(-a) ▸ *nm/f* rubio(-a); **~ cendré** rubio ceniciento

bloquer [blɔke] *vt* bloquear

blottir [blɔtiʀ]: **se blottir** *vpr* acurrucarse

blouse [bluz] *nf* bata

blouson [bluzɔ̃] *nm* cazadora

bluff [blœf] *nm* farol *m* • **bluffer** *vi* ir de farol, tirarse un farol

bobine [bɔbin] *nf* (*de fil*) carrete *m*; (*de film*) carrete, rollo; (*Élec*) bobina

bobo [bobo] *nmf* (*bourgeois-bohème*) pijoprogre (pijaprogre) • **boboïser**: **se boboïser** *vpr* (*quartier, ville*) aburguesarse

bocal, -aux [bɔkal, o] *nm* tarro (de vidrio)

body [bɔdi] *nm* body *m*; (*Sport*) malla

bœuf [bœf] *nm* buey *m*; (*Culin*) carne *f* de vaca

bof ! [bɔf] (*fam*) *excl* ¡bah!

bohémien, ne [bɔemjɛ̃, jɛn] *nm/f* bohemio(-a)

boire [bwaʀ] *vt* beber, tomar (AM); **~ un coup** echar un trago

bois [bwɑ] *vb voir* **boire** ▸ *nm* (*matière*) madera; (*forêt*) bosque *m*; **de ~, en ~** de madera • **boisé, e** *adj* arbolado(-a)

boisson [bwasɔ̃] *nf* bebida

boîte [bwat] *nf* caja; (*de fer*) lata; **il a quitté sa ~** (*fam : entreprise*) ha dejado el curro; **aliments en ~** alimentos *mpl* en lata; **~ à gants** guantera; **~ aux lettres** buzón *m*; **~ d'allumettes** caja de cerillas; **~ de conserves** lata de conservas; **~ (de nuit)** discoteca; **~ de vitesses** caja de cambios; **~ postale** apartado de correos

boiter [bwate] *vi* cojear, renguear (AM)

boîtier [bwatje] *nm* (*d'appareil-photo*) cuerpo

boive *etc* [bwav] *vb voir* **boire**

bol [bɔl] *nm* tazón *m*; **un ~ d'air** una bocanada de aire; **en avoir ras le ~** (*fam*) estar hasta la coronilla

boloss, bolosse, bolos [bɔlɔs] (*fam, péj*) *nmf, adj* pringado(-a)

bombarder [bɔ̃baʀde] *vt* (*Mil*) bombardear; **~ qn de** bombardear a algn con, acosar a algn con

bombe [bɔ̃b] *nf* bomba; (*atomiseur*) atomizador *m*

bon, bonne [bɔ̃, bɔn]

▸ *adj* 1 (*agréable, satisfaisant*) bueno(-a); (*avant un nom masculin*) buen; **un ~ repas/restaurant** una buena comida/un buen restaurante; **vous êtes trop ~** es usted demasiado bueno; **avoir ~ goût** tener buen

gusto; **elle est bonne en maths** se le dan bien las matemáticas
2 (*bienveillant, charitable*) : **être ~ (envers)** ser bueno (con)
3 (*correct*) correcto(-a); **le ~ numéro** el número correcto; **le ~ moment** el momento oportuno
4 (*souhaits*) : **~ anniversaire !** ¡feliz cumpleaños!; **~ voyage !** ¡buen viaje!; **bonne chance !** ¡(buena) suerte!; **bonne année !** ¡feliz año nuevo!; **bonne nuit !** ¡buenas noches!
5 (*approprié, apte*) : **~ à/pour** bueno(-a) para; **ces chaussures sont bonnes à jeter** estos zapatos están para tirarlos; **c'est ~ à savoir** está bien saberlo
6 : **de bonne heure** temprano; **~ marché** barato(-a)
7 (*valeur intensive*) largo(-a); **ça m'a pris deux bonnes heures** me llevó dos horas largas
▶ *nm* 1 (*billet*) bono, vale *m*; (*aussi* : **bon cadeau**) vale regalo; **c'est un ~ vivant** le gusta la buena vida; **~ à rien** inútil *mf*; **~ mot** ocurrencia; **~ sens** sentido común
2 : **avoir du ~** tener ventajas; **pour de ~** de verdad, en serio; **il y a du ~ dans ce qu'il dit** lo que dice tiene sentido
▶ *adv* : **il fait ~** hace bueno; **sentir ~** oler bien; **tenir ~** resistir; **à quoi ~ ?** ¿para qué?; **juger ~ de faire ...** juzgar oportuno hacer ...; **le bus/ton frère a ~ dos** (*fig*) siempre es el autobús/tu hermano
▶ *excl* : **~ !** ¡bueno!; **ah ~ ?** ¿ah, sí?; **~, je reste** bueno, me quedo; *voir aussi* **bonne**

bonbon [bɔ̃bɔ̃] *nm* caramelo

bond [bɔ̃] *nm* (*saut*) salto; (*fig*) salto, avance *m*; **faire un ~** dar un salto

bondé, e [bɔ̃de] *adj* abarrotado(-a)

bondir [bɔ̃diʀ] *vi* saltar, brincar

bonheur [bɔnœʀ] *nm* felicidad *f*; **porter ~ (à qn)** dar buena suerte (a algn); **par ~** por fortuna

bonhomme [bɔnɔm] (*pl* **bonshommes**) *nm* hombre *m*; **~ de neige** muñeco de nieve

bonjour [bɔ̃ʒuʀ] *excl, nm* buenos días *mpl*

bonne [bɔn] *adj f voir* **bon** ▶ *nf* criada, mucama (*CSur*), recamarera (*Mex*)

bonnet [bɔnɛ] *nm* gorro; (*de soutien-gorge*) copa; **~ de bain** gorro de baño

bonshommes [bɔ̃zɔm] *nmpl de* **bonhomme**

bonsoir [bɔ̃swaʀ] *excl, nm* buenas tardes; (*plus tard*) buenas noches

bonté [bɔ̃te] *nf* bondad *f*

bonus [bɔnys] *nm inv* (*Assurance*) *descuento en la prima por poca siniestralidad*

bord [bɔʀ] *nm* (*de table, verre, falaise*) borde *m*; (*de lac, route*) orilla, borde; (*Naut*) : **à ~** a bordo; **monter à ~** subir a bordo; **jeter par-dessus ~** arrojar por la borda; **le commandant/les hommes du ~** el comandante/los hombres de a bordo; **au ~ de la mer/de la route** a orillas del mar/de la carretera; **être au ~ des larmes** estar a punto de llorar

bordeaux [bɔʀdo] *nm inv* (*vin*) burdeos *m inv* ▸ *adj inv* (*couleur*) burdeos *inv*, rojo violáceo *inv*

bordel [bɔʀdɛl] (*fam*) *nm* burdel *m*; (*fig*) follón *m* ▸ *excl* ¡joder! (*fam!*)

bordelais, e [bɔʀdəlɛ, ɛz] *adj* bordelés(-esa) ▸ *nm/f*: **Bordelais, e** bordelés(-esa)

border [bɔʀde] *vt* (*être le long de*) orillar, bordear; (*personne, lit*) arropar; **~ qch de** (*garnir*) ribetear algo de

bordure [bɔʀdyʀ] *nf* borde *m*; **en ~ de** a orillas de

borne [bɔʀn] *nf* (*pour délimiter, kilométrique*) mojón *m*; **bornes** *nfpl* (*fig*) límites *mpl*; **dépasser les ~s** pasarse de la raya

borné, e [bɔʀne] *adj* limitado(-a)

borner [bɔʀne] *vt*: **se ~ à faire** limitarse a hacer

bosquet [bɔskɛ] *nm* bosquecillo

bosse [bɔs] *nf* (*de terrain*) montículo; (*sur un objet*) protuberancia; (*enflure*) bulto; (*du bossu, du chameau*) joroba; **avoir la ~ des maths** (*fam*) ser un hacha en matemáticas

bosser [bɔse] (*fam*) *vt* empollar

bossu, e [bɔsy] *adj, nm/f* jorobado(-a)

botanique [bɔtanik] *nf* botánica ▸ *adj* botánico(-a)

botte [bɔt] *nf* (*chaussure*) bota; (*de carottes*) manojo; **~ d'asperges/de radis** manojo de espárragos/rábanos; **~s de caoutchouc** botas *fpl* de goma

bottin [bɔtɛ̃] *nm* anuario del comercio

bottine [bɔtin] *nf* botina

bouc [buk] *nm* (*animal*) macho cabrío; (*barbe*) perilla

boucan [bukɑ̃] (*fam*) *nm* jaleo

bouche [buʃ] *nf* boca; **faire du ~(-)à(-)~ à qn** hacer el boca a boca a algn; **~ de métro/d'incendie** boca de metro/de incendios

bouché, e [buʃe] *adj* (*flacon*) tapado(-a); (*carrière*) cerrado(-a)

bouchée [buʃe] *nf* bocado; **~ à la reine** *pastel de hojaldre de pollo*

boucher [buʃe] *nm* carnicero ▸ *vt* (*colmater*) rellenar; (*passage*) cerrar; (*porte*) obstruir; **se boucher** *vpr* (*tuyau*) taponarse; **se ~ le nez** taparse la nariz • **boucherie** *nf* carnicería

bouchon [buʃɔ̃] *nm* (*en liège*) corcho; (*autre matière*) tapón *m*; (*embouteillage*) atasco; (*Pêche*) flotador *m*

boucle [bukl] *nf* (*de cheveux*) rizo; (*de ceinture*) hebilla; **~ (de cheveux)** bucle; **~s d'oreilles** pendientes *mpl*, aretes *mpl* (*esp* AM)

bouclé, e [bukle] *adj* (*cheveux, personne*) ensortijado(-a)

boucler [bukle] *vt* (*ceinture etc*) cerrar, ajustar; (*affaire*) concluir; (*budget*) equilibrar; (*enfermer*) encerrar

bouder [bude] *vi* enojarse

boudin [budɛ̃] *nm* (*Culin*) morcilla

boue [bu] *nf* barro, fango

bouée [bwe] *nf* (*de baigneur*) flotador *m*; **~ (de sauvetage)** salvavidas *m inv*

boueux, -euse [bwø, øz] *adj* fangoso(-a)

bouffe [buf] (*fam*) *nf* comilona

bouffée [bufe] *nf* bocanada

bouffer [bufe] (*fam*) *vi* papear

bouffi, e [bufi] *adj* hinchado(-a)
bouger [buʒe] *vi* moverse; (*changer*) alterarse; (*agir*) agitarse ▸ *vt* mover
bougie [buʒi] *nf* vela; (*Auto*) bujía
bouillabaisse [bujabɛs] *nf* sopa de pescado
bouillant, e [bujɑ̃, ɑ̃t] *adj* hirviendo
bouillie [buji] *nf* gachas *fpl*; (*de bébé*) papilla; **en ~** (*fig*) en papilla
bouillir [bujiʀ] *vi* hervir; **faire ~** hervir
bouilloire [bujwaʀ] *nf* hervidor *m*
bouillon [bujɔ̃] *nm* (*Culin*) caldo • **bouillonner** *vi* borbotear
bouillotte [bujɔt] *nf* calentador *m*, bolsa de agua caliente
boulanger, -ère [bulɑ̃ʒe, ʒɛʀ] *nm/f* panadero(-a) • **boulangerie** *nf* panadería
boule [bul] *nf* bola; (*pour jouer*) bolo; **~ de neige** bola de nieve
boulette [bulɛt] *nf* (*petite boule*) bolita
boulevard [bulvaʀ] *nm* bulevar *m*
bouleversant, e [bulvɛʀsɑ̃, ɑ̃t] *adj* perturbador(a)
bouleversement [bulvɛʀsəmɑ̃] *nm* trastorno, alteración
bouleverser [bulvɛʀse] *vt* trastornar, alterar
boulon [bulɔ̃] *nm* perno
boulot, te [bulo, ɔt] (*fam*) *adj* rechoncho(-a) ▸ *nm* trabajo, curro
boum [bum] *nm* bum *m* ▸ *nf* fiesta
bouquet [bukɛ] *nm* (*de fleurs*) ramo, ramillete *m*
bouquin [bukɛ̃] (*fam*) *nm* libro • **bouquiner** (*fam*) *vi* leer • **bouquiniste** *nmf* librero de viejo
bourdon [buʀdɔ̃] *nm* abejorro
bourg [buʀ] *nm* burgo
bourgeois, e [buʀʒwa, waz] *adj* (*souvent péj*) burgués(-esa) • **bourgeoisie** *nf* burguesía
bourgeon [buʀʒɔ̃] *nm* brote *m*, yema
Bourgogne [buʀgɔɲ] *nf* Borgoña ▸ *nm* : **bourgogne** (*vin*) vino de borgoña
bourguignon, ne [buʀgiɲɔ̃, ɔn] *adj* borgoñón(-ona) ▸ *nm/f*: **Bourguignon, ne** borgoñón(-ona); **(bœuf) ~** *guiso de buey al vino tinto*
bourrasque [buʀask] *nf* borrasca
bourratif, -ive [buʀatif, iv] *adj* pesado(-a)
bourré, e [buʀe] *adj* (*fam*) trompa *inv*; **~ de** (*rempli*) cargado(-a) de
bourrer [buʀe] *vt* (*valise, poêle*) rellenar
bourru, e [buʀy] *adj* rudo(-a)
bourse [buʀs] *nf* (*subvention*) beca; (*porte-monnaie*) bolsa; **la B~** la Bolsa
boursier, -ière [buʀsje, jɛʀ] *adj* (*élève*) becario(-a); (*Comm*) bursátil ▸ *nm/f* becario(-a)
bous [bu] *vb voir* **bouillir**
bousculade [buskylad] *nf* (*précipitation*) atropello • **bousculer** *vt* empujar; (*presser*) meter prisa a
boussole [busɔl] *nf* brújula
bout [bu] *vb voir* **bouillir** ▸ *nm* (*morceau*) trozo; (*extrémité*) punta; (*de table*) extremo; (*fin, rue*) final *m*; **au ~ de** (*après*) al cabo de, al final de; **pousser qn à ~** poner a algn al límite; **venir à ~ de qch**

terminar algo; **venir à ~ de qn** poder con algn

bouteille [butɛj] *nf* botella; (*de gaz*) bombona

boutique [butik] *nf* tienda

bouton [butɔ̃] *nm* botón *m*; (*sur la peau*) grano • **boutonner** *vt* abotonar • **boutonnière** *nf* ojal *m*

bovin, e [bɔvɛ̃, in] *adj* bovino(-a) • **bovins** *nmpl* ganado *msg* bovino

bowling [buliŋ] *nm* juego de bolos; (*salle*) bolera

boxe [bɔks] *nf* boxeo, box *m* (AM) • **boxeur, -euse** *nm/f* boxeador(a)

BP [bepe] *sigle f* (= *boîte postale*) Apdo. (= *Apartado de correos*), C.P. *f* (AM) (= *Casilla Postal*)

bracelet [bʀaslɛ] *nm* pulsera

braconnier, -ière [bʀakɔnje, jɛʀ] *nm/f* cazador(a)/pescador(a) furtivo(-a)

brader [bʀade] *vt* vender a precio de saldo • **braderie** *nf* (*marché*) mercadillo

braguette [bʀagɛt] *nf* bragueta

braise [bʀɛz] *nf* brasas *fpl*

brancard [bʀɑ̃kaʀ] *nm* camilla • **brancardier, -ière** *nm/f* camillero(-a)

branche [bʀɑ̃ʃ] *nf* rama

branché, e [bʀɑ̃ʃe] (*fam*) *adj* (*personne*) a la última; (*boîte de nuit*) de moda

brancher [bʀɑ̃ʃe] *vt* enchufar

brandir [bʀɑ̃diʀ] *vt* (*arme*) blandir

braquer [bʀake] *vi* (*Auto*) girar ▸ *vt* (*regard*) clavar; **~ qch sur qn** (*revolver*) apuntar a algn con algo

bras [bʀa] *nm* brazo; **~ droit** (*fig*) brazo derecho

brassard [bʀasaʀ] *nm* brazalete *m*

brasse [bʀas] *nf* braza; **~ papillon** braza mariposa

brassée [bʀase] *nf* brazada

brasser [bʀase] *vt* (*bière*) fabricar; (*remuer*) mezclar

brasserie [bʀasʀi] *nf* (*restaurant*) cervecería; (*usine*) fábrica de cerveza

brave [bʀav] *adj* valiente; (*bon, gentil*) bueno(-a)

braver [bʀave] *vt* (*ordre*) desafiar; (*danger*) afrontar

bravo [bʀavo] *excl, nm* bravo

bravoure [bʀavuʀ] *nf* bravura

break [bʀɛk] *nm* (*Auto*) ranchera

brebis [bʀəbi] *nf* oveja

bredouiller [bʀəduje] *vi, vt* farfullar

bref, brève [bʀɛf, bʀɛv] *adj* breve ▸ *adv* total

Brésil [bʀezil] *nm* Brasil *m* • **brésilien, ne** *adj* brasileño(-a) ▸ *nm/f*: **Brésilien, ne** brasileño(-a)

Bretagne [bʀətaɲ] *nf* Bretaña

bretelle [bʀətɛl] *nf* (*de vêtement*) tirante *m*; (*d'autoroute*) enlace *m*; **bretelles** *nfpl* (*pour pantalons*) tirantes *mpl*, suspensores *mpl* (AM)

breton, ne [bʀətɔ̃, ɔn] *adj* bretón(-ona)

brève [bʀɛv] *adj f voir* **bref**

brevet [bʀəvɛ] *nm* certificado; **~ (d'invention)** patente *f* • **breveté, e** *adj* (*invention*) patentado(-a)

bricolage [bʀikɔlaʒ] *nm* bricolaje *m*

bricoler [bʀikɔle] *vi* hacer chapuzas; (*passe-temps*) hacer bricolaje • **bricoleur, -euse** *nm/f* mañoso(-a), manitas *mf inv*

bridge [bʀidʒ] *nm* (*jeu*) bridge *m*
brièvement [bʀijɛvmɑ̃] *adv* brevemente
brigade [bʀigad] *nf* (*gén*) cuadrilla; (*Police*, *Mil*) brigada • **brigadier, -ière** *nm/f* (*Mil*) cabo *mf*; (*Police*) jefe(-a)
brillamment [bʀijamɑ̃] *adv* estupendamente
brillant, e [bʀijɑ̃, ɑ̃t] *adj* brillante ▸ *nm* brillante *m*
briller [bʀije] *vi* brillar
brin [bʀɛ̃] *nm* hebra; **un ~ de** (*fig*) una pizca de; **~ d'herbe** brizna de hierba
brindille [bʀɛ̃dij] *nf* ramita
brioche [bʀijɔʃ] *nf* bollo, queque *m* (AM); (*fam* : *ventre*) buche *m*
brique [bʀik] *nf* ladrillo ▸ *adj inv* (*couleur*) de color teja
briquet [bʀikɛ] *nm* mechero, encendedor *m*
brise [bʀiz] *nf* brisa
briser [bʀize] *vt* (*casser*) romper; (*fig*) arruinar, destrozar; (*grève*) romper; **se briser** *vpr* romperse
britannique [bʀitanik] *adj* británico(-a)
brocante [bʀɔkɑ̃t] *nf* (*marché*) baratillo • **brocanteur, -euse** *nm/f* chamarilero(-a)
broche [bʀɔʃ] *nf* (*bijou*) broche *m*; (*Méd*) alambre *m*; **à la ~** (*Culin*) al asador
broché, e [bʀɔʃe] *adj* (*livre*) en rústica
brochet [bʀɔʃɛ] *nm* lucio
brochette [bʀɔʃɛt] *nf* pincho, brocheta
brochure [bʀɔʃyʀ] *nf* folleto
broder [bʀɔde] *vt* bordar • **broderie** *nf* bordado
bronches [bʀɔ̃ʃ] *nfpl* bronquios *mpl* • **bronchite** *nf* bronquitis *f inv*
bronze [bʀɔ̃z] *nm* bronce *m*
bronzer [bʀɔ̃ze] *vi* broncearse; **se bronzer** *vpr* broncearse
brosse [bʀɔs] *nf* cepillo, escobilla (AM); **coiffé en ~** peinado al cepillo; **~ à cheveux** cepillo para el pelo; **~ à dents/à habits** cepillo de dientes/de (la) ropa • **brosser** *vt* (*nettoyer*) cepillar; (*fig*) bosquejar; **se ~ les dents** cepillarse los dientes
brouette [bʀuɛt] *nf* carretilla
brouillard [bʀujaʀ] *nm* niebla
brouiller [bʀuje] *vt* mezclar; (*embrouiller*) embarullar, enredar; (*rendre trouble, confus*) enturbiar; (*amis*) enemistar; **se brouiller** *vpr* (*vue*) nublarse; **se ~ (avec)** enfadarse (con)
brouillon, ne [bʀujɔ̃, ɔn] *adj* desordenado(-a) ▸ *nm* (*écrit*) borrador *m*, copia en sucio
broussailles [bʀusaj] *nfpl* maleza *fsg* • **broussailleux, -euse** *adj* (*sourcils*) enmarañado(-a); (*terrain*) cubierto(-a) de maleza
brousse [bʀus] *nf* monte *m* bajo
brouter [bʀute] *vt* pacer
brugnon [bʀyɲɔ̃] *nm* nectarina
bruit [bʀɥi] *nm* ruido; (*rumeur*) rumor *m*; **sans ~** sin ruido; **~ de fond** ruido de fondo
brûlant, e [bʀylɑ̃, ɑ̃t] *adj* ardiente; (*liquide*) hirviendo
brûlé [bʀyle] *nm* : **odeur de ~** olor *m* a quemado
brûler [bʀyle] *vt* quemar; (*feu rouge*) saltarse ▸ *vi* (*se consumer*)

consumirse; *(jeu)* : **tu brûles** caliente-caliente; **se brûler** *vpr* *(accidentellement)* quemarse
brûlure [bRylyR] *nf* *(lésion)* quemadura; **~s d'estomac** ardores *mpl* de estómago
brume [bRym] *nf* bruma
brun, e [bRœ̃, bRyn] *adj* moreno(-a)
brushing [bRœʃiŋ] *nm* marcado; **faire un ~** lavar y marcar
brusque [bRysk] *adj* *(soudain)* repentino(-a); *(rude)* brusco(-a)
brut, e [bRyt] *adj* bruto(-a); **(pétrole) ~** crudo
brutal, e, -aux [bRytal, o] *adj* brutal; *(franchise)* rudo(-a)
Bruxelles [bRysɛl] *n* Bruselas
bruyamment [bRɥijamɑ̃] *adv* ruidosamente
bruyant, e [bRɥijɑ̃, ɑ̃t] *adj* ruidoso(-a)
bruyère [bRyjɛR] *nf* brezo
BTS [beteɛs] *sigle m (= brevet de technicien supérieur) diploma de enseñanza técnica*
bu, e [by] *pp de* **boire**
buccal, e, -aux [bykal, o] *adj* : **par voie buccale** por vía oral
bûche [byʃ] *nf* leño; **~ de Noël** bizcocho de navidad
bûcher [byʃe] *vi, vt (fam)* empollar
budget [bydʒɛ] *nm* presupuesto
buée [bɥe] *nf* vaho
buffet [byfɛ] *nm* *(meuble)* aparador *m*; *(de réception)* buffet *m*; **~ (de gare)** cantina (de estación)
buis [bɥi] *nm* boj *m*
buisson [bɥisɔ̃] *nm* matorral *m*
bulbe [bylb] *nm* bulbo
Bulgarie [bylgaRi] *nf* Bulgaria
bulle [byl] *nf* burbuja
bulletin [byltɛ̃] *nm* boletín *m*; **~ d'informations** boletín informativo; **~ (de vote)** papeleta
bureau, x [byRo] *nm* *(meuble)* escritorio; *(pièce)* despacho; **~ de change/de poste** oficina de cambio/de correos; **~ de tabac** estanco
bureaucratie [byRokRasi] *nf* burocracia
bus [(vb) by, (nm) bys] *vb voir* **boire** ▸ *nm* autobús *m*, bus *m* *(esp* AM*)*, camión *m* *(Mex)*
buste [byst] *nm* busto
but [(vb) by, (nm) byt] *vb voir* **boire** ▸ *nm* *(cible)* meta; *(d'un voyage)* destino; *(d'une entreprise, d'une action)* objetivo; *(Football : limites)* portería, arco (AM); **avoir pour ~ de faire** tener como objetivo hacer; **dans le ~ de** con el propósito de
butane [bytan] *nm* butano
butiner [bytine] *vt, vi* libar
buvais *etc* [byvɛ] *vb voir* **boire**
buvard [byvaR] *nm* secante *m*
buvette [byvɛt] *nf* puesto de bebidas

b

C

c' [s] *voir* **ce**

CA *sigle m = chiffre d'affaires; voir* **chiffre**; *= conseil d'administration; voir* **conseil**

ça [sa] *pron* (*proche*) esto; (*pour désigner*) eso; (*plus loin*) aquello; **ça va ?** ¿qué tal?; (*d'accord?*) ¿vale?; **ça alors !** (*désapprobation*) ¡pero bueno!; (*étonnement*) ¡y entonces!

çà [sa] *adv* : **çà et là** aquí y allá

cabane [kaban] *nf* cabaña

cabaret [kabaʀɛ] *nm* cabaret *m*

cabillaud [kabijo] *nm* bacalao fresco

cabine [kabin] *nf* cabina; (*de bateau*) camarote *m*; (*de plage*) caseta; **~ d'essayage** probador *m*; **~ (téléphonique)** cabina (telefónica), locutorio

cabinet [kabinɛ] *nm* (*aussi Pol*) gabinete *m*; (*de médecin*) gabinete, consulta; (*d'avocat, de notaire*) gabinete, despacho; **cabinets** *nmpl* (*W.-C.*) servicios *mpl*; **~ de toilette** cuarto de aseo

câble [kɑbl] *nm* cable *m*

cacahuète [kakaɥɛt] *nf* cacahuete *m*, maní *m* (AM), cacahuate *m* (AM)

cacao [kakao] *nm* cacao

cache [kaʃ] *nf* (*cachette*) escondite *m*

cache-cache [kaʃkaʃ] *nm inv* : **jouer à ~** jugar al escondite

cachemire [kaʃmiʀ] *nm* cachemira, cachemir *m*

cacher [kaʃe] *vt* ocultar, esconder; **se cacher** *vpr* esconderse, ocultarse; **~ qch à qn** ocultar algo a algn

cachet [kaʃɛ] *nm* (*comprimé*) pastilla

cachette [kaʃɛt] *nf* escondite *m*; **en ~** a escondidas

cactus [kaktys] *nm inv* cactus *m inv*

cadavre [kadɑvʀ] *nm* cadáver *m*

caddie [kadi] *nm* (*au supermarché*) carrito

cadeau, x [kado] *nm* regalo; **faire un ~ à qn** hacer un regalo a algn

cadenas [kadnɑ] *nm* candado

cadet, te [kadɛ, ɛt] *adj* (*plus jeune*) menor; (*le plus jeune*) menor, más pequeño(-a) ▸ *nm/f* (*de la famille*) benjamín(-ina)

cadran [kadʀɑ̃] *nm* (*de pendule, montre*) esfera; **~ solaire** reloj *m* de sol

cadre [kɑdʀ] *nm* marco ▸ *nmf* (*Admin*) ejecutivo(-a), cuadro; **dans le ~ de** (*fig*) en el marco de

cafard [kafaʀ] *nm* cucaracha; **avoir le ~** (*fam*) estar depre

café [kafe] *nm* café *m*; **~ noir** café solo; **~ tabac** café-estanco
• **cafetière** *nf* cafetera

cage [kaʒ] *nf* jaula

cageot [kaʒo] *nm* caja

cagoule [kagul] *nf* (*ski etc*) gorro

cahier [kaje] *nm* (*de classe*) cuaderno, libreta; **~ d'exercices** cuaderno de ejercicios; **~ de brouillon** cuaderno de sucio

caille [kaj] *nf* codorniz *f*

caillou, x [kaju] *nm* guijarro, piedra • **caillouteux, -euse** *adj* pedregoso(-a)

caisse [kɛs] *nf* caja; (*recettes*) caja, recaudación *f*; **~ d'épargne/de retraite** caja de ahorros/de jubilaciones • **caissier, -ière** *nm/f* cajero(-a)

cake [kɛk] *nm* plum-cake *m*

calandre [kalɑ̃dʀ] *nf* (*Auto*) rejilla del radiador, calandra

calcaire [kalkɛʀ] *nm* caliza ▸ *adj* calcáreo(-a); (*Géo*) calcáreo(-a), calizo(-a)

calcul [kalkyl] *nm* (*aussi fig*) cálculo; **~ biliaire** cálculo biliar • **calculatrice** *nf* calculadora • **calculer** *vt* calcular • **calculette** *nf* calculadora de bolsillo

cale [kal] *nf* (*de bateau*) bodega; (*en bois*) cuña

calé, e [kale] *adj* (*fam* : *personne*) empollado(-a)

caleçon [kalsɔ̃] *nm* calzoncillos *mpl*

calendrier [kalɑ̃dʀije] *nm* calendario; (*programme*) calendario, programa *m*

caler [kale] *vt* (*fixer*) calzar, fijar ▸ *vi* (*fig* : *ne plus pouvoir continuer*) rendirse; **~ (son moteur/véhicule)** calar (el motor/vehículo)

calibre [kalibʀ] *nm* (*d'une arme*) calibre *m*; (*fig*) calibre, envergadura

câlin, e [kalɛ̃, in] *adj* mimoso(-a)

calmant, e [kalmɑ̃, ɑ̃t] *adj, nm* calmante *m*

calme [kalm] *adj* tranquilo(-a); (*ville, mer, endroit*) tranquilo(-a), apacible ▸ *nm* (*d'un lieu*) tranquilidad *f*; **~ plat** calma chicha • **calmer** *vt* tranquilizar, calmar; (*douleur, colère*) calmar, sosegar; **se calmer** *vpr* calmarse; (*personne*) calmarse, tranquilizarse

calorie [kalɔʀi] *nf* caloría

camarade [kamaʀad] *nmf* compañero(-a); (*Pol*) camarada *mf*

cambriolage [kɑ̃bʀijɔlaʒ] *nm* robo (con efracción) • **cambrioler** *vt* robar (con efracción) • **cambrioleur, -euse** *nm/f* atracador(a), ladrón(-ona)

camelote [kamlɔt] (*fam*) *nf* baratija

caméra [kameʀa] *nf* cámara

caméscope [kameskɔp] *nm* cámara de vídeo

camion [kamjɔ̃] *nm* camión *m* • **camionnette** *nf* camioneta • **camionneur, -euse** *nm/f* camionero(-a)

camomille [kamɔmij] *nf* manzanilla

camp [kɑ̃] *nm* (*militaire, d'expédition*) campo, campamento; (*réfugiés, prisonniers*) campamento; (*fig*) campo

campagnard, e [kɑ̃paɲaʀ, aʀd] *adj, nm/f* campesino(-a)

campagne [kɑ̃paɲ] *nf* campo; (*Mil, Pol, Comm*) campaña; **à la ~** en el campo; **~ électorale** campaña electoral

camper [kɑ̃pe] *vi* acampar • **campeur, -euse** *nm/f* campista *mf*

camping [kɑ̃piŋ] *nm* camping *m*; **(terrain de) ~** (terreno de) camping; **faire du ~** hacer camping • **camping-car** (*pl* **camping-cars**) *nm* coche caravana *m*

Canada [kanada] *nm* Canadá *m* • **canadien, ne** *adj* canadiense ▸ *nm/f*: **Canadien, ne** canadiense *mf* • **canadienne** *nf* (*veste*) cazadora

canal, -aux [kanal, o] *nm* canal *m* • **canalisation** *nf* (*tuyau*) canalización *f*, cañería; (*d'un cours d'eau*) canalización

canapé [kanape] *nm* (*siège*) canapé *m*, sofá *m*; (*Culin*) canapé

canard [kanaʀ] *nm* pato

cancer [kɑ̃sɛʀ] *nm* (*aussi fig*) cáncer *m*; (*Astrol*) : **C~** Cáncer *m*

candidat, e [kɑ̃dida, at] *nm/f* (*examen, Pol*) candidato(-a); (*à un poste*) candidato(-a), aspirante *mf* • **candidature** *nf* candidatura; **poser sa ~** presentar su candidatura

cane [kan] *nf* pata

canette [kanɛt] *nf* (*de bière*) botellín *m*

canevas [kanvɑ] *nm* (*Couture*) cañamazo

caniche [kaniʃ] *nm* caniche *m*

canicule [kanikyl] *nf* canícula

canif [kanif] *nm* navaja

canne [kan] *nf* bastón *m*; **~ à pêche** caña de pescar; **~ à sucre** caña de azúcar

cannelle [kanɛl] *nf* canela

canoë [kanɔe] *nm* canoa; **~ (kayak)** (*Sport*) piragüismo

canot [kano] *nm* (*bateau*) bote *m*, lancha; **~ de sauvetage** bote salvavidas; **~ pneumatique** bote neumático

cantatrice [kɑ̃tatʀis] *nf* cantante *f*

cantine [kɑ̃tin] *nf* (*réfectoire*) comedor *m*, cantina

canton [kɑ̃tɔ̃] *nm* (*en France*) distrito; (*en Suisse*) cantón *m*

caoutchouc [kautʃu] *nm* caucho; (*bande élastique*) goma

CAP [seape] *sigle m* (= *certificat d'aptitude professionnelle*) ≈ título de FP1

cap [kap] *nm* (*Géo*) cabo

capable [kapabl] *adj* (*compétent*) competente; **~ de faire** capaz de hacer; **il est ~ d'oublier** es capaz de olvidar

capacité [kapasite] *nf* capacidad *f*

cape [kap] *nf* capa

CAPES [kapɛs] *sigle m* (= *certificat d'aptitude au professorat de l'enseignement du second degré*) *título de profesor de enseñanza secundaria*

capitaine [kapitɛn] *nmf* capitán *mf*

capital, e, -aux [kapital, o] *adj*, *nm* capital *m*; **capitaux** *nmpl* (*fonds*) capitales *mpl* • **capitale** *nf* (*ville*) capital *f*; (*lettre*) mayúscula • **capitalisme** *nm* capitalismo • **capitaliste** *adj*, *nmf* capitalista *mf*

caporal, e, -aux [kapɔʀal, o] *nm/f* cabo *mf*

capot [kapo] *nm* capó

câpre [kɑpʀ] *nf* alcaparra
caprice [kapʀis] *nm* capricho, antojo • **capricieux, -euse** *adj* caprichoso(-a)
Capricorne [kapʀikɔʀn] *nm* (*Astrol*) Capricornio
capsule [kapsyl] *nf* cápsula; (*de bouteille*) cápsula, chapa
capter [kapte] *vt* captar
captivant, e [kaptivɑ̃, ɑ̃t] *adj* cautivador(-a)
capturer [kaptyʀe] *vt* capturar, apresar
capuche [kapyʃ] *nf* capucha
capuchon [kapyʃɔ̃] *nm* (*de vêtement*) capucha, capuchón *m*; (*de stylo*) capuchón
car [kaʀ] *nm* autocar *m* ▶ *conj* pues, porque
carabine [kaʀabin] *nf* carabina
caractère [kaʀaktɛʀ] *nm* (*humeur, tempérament*) carácter *m*; (*de choses*) naturaleza; (*cachet*) carácter, personalidad *f*; **avoir bon/mauvais ~** tener buen/mal carácter; **en ~s gras** en negrita; **en ~s d'imprimerie** en letras mayúsculas
caractériser [kaʀakteʀize] *vt* caracterizar; **se caractériser par** *vpr* caracterizarse por
caractéristique [kaʀakteʀistik] *adj* característico(-a) ▶ *nf* característica
carafe [kaʀaf] *nf* (*d'eau, de vin*) jarra
caraïbe [kaʀaib] *adj* caribeño(-a); **les Caraïbes** *nfpl* el Caribe
caramel [kaʀamɛl] *nm* caramelo; (*bonbon*) caramelo blando
caravane [kaʀavan] *nf* caravana
carbone [kaʀbɔn] *nm* carbono; (*aussi* : **papier carbone**) papel *m* carbón • **carbonique** *adj* carbónico(-a) • **carbonisé, e** *adj* carbonizado(-a)
carburant [kaʀbyʀɑ̃] *nm* carburante *m*
carburateur [kaʀbyʀatœʀ] *nm* carburador *m*
cardiaque [kaʀdjak] *adj, nmf* cardíaco(-a)
cardigan [kaʀdigɑ̃] *nm* rebeca
cardiologue [kaʀdjɔlɔg] *nmf* cardiólogo(-a)
carême [kaʀɛm] *nm* : **le C~** Cuaresma
carence [kaʀɑ̃s] *nf* carencia
caresse [kaʀɛs] *nf* caricia
caresser [kaʀese] *vt* acariciar
cargaison [kaʀgɛzɔ̃] *nf* carga, cargamento
cargo [kaʀgo] *nm* carguero, buque *m* de carga
caricature [kaʀikatyʀ] *nf* caricatura
carie [kaʀi] *nf* caries *f inv*; **la ~ (dentaire)** la caries (dental)
carnaval [kaʀnaval] *nm* carnaval *m*
carnet [kaʀnɛ] *nm* libreta; (*de timbres*) cuadernillo; **~ de chèques** talonario de cheques
carotte [kaʀɔt] *nf* zanahoria
carré, e [kaʀe] *adj* cuadrado(-a); **mètre/kilomètre ~** metro/ kilómetro cuadrado
carreau, x [kaʀo] *nm* (*par terre*) baldosa; (*de fenêtre*) cristal *m*; (*Cartes : couleur*) diamantes *mpl*; **papier/tissu à carreaux** papel *m*/ tela de cuadros

carrefour [kaʀfuʀ] *nm* encrucijada
carrelage [kaʀlaʒ] *nm (sol)* embaldosado
carrelet [kaʀlɛ] *nm (poisson)* platija, acedía
carrément [kaʀemɑ̃] *(fam) adv (franchement)* francamente; *(sans détours, sans hésiter)* directamente; *(nettement)* verdaderamente
carrière [kaʀjɛʀ] *nf (de craie, sable)* cantera; *(métier)* carrera; **militaire de ~** militar *m* de carrera
carrosserie [kaʀɔsʀi] *nf* carrocería
carrure [kaʀyʀ] *nf (d'une personne)* anchura de espalda; *(fig)* clase *f*
cartable [kaʀtabl] *nm* cartera
carte [kaʀt] *nf (Géo)* mapa *m*; *(au restaurant)* carta; *(Cartes)* carta, naipe *m*; *(d'abonnement)* abono; *(aussi* : **carte postale**) postal *f*; *(aussi* : **carte de visite**) tarjeta; **à la ~** a la carta; **~ bancaire/de crédit** tarjeta bancaria/de crédito; **~ de séjour** permiso de residencia; **~ d'identité** carnet de identidad, documento nacional de identidad, cédula (de identidad) (AM); **~ grise** documentación *f* de un automóvil; **~ routière** mapa de carreteras; **~ SIM** tarjeta SIM
carter [kaʀtɛʀ] *nm* cárter *m*
carton [kaʀtɔ̃] *nm (Art, matériau)* cartón *m*; *(boîte)* caja (de cartón)
cartouche [kaʀtuʃ] *nf (de fusil)* cartucho; *(de stylo)* cartucho, recambio; *(de cigarettes)* cartón *m*
cas [kɑ] *nm* caso; **faire peu de ~/grand ~ de** hacer poco/mucho caso a; **le ~ échéant** llegado el caso; **en aucun ~** en ningún caso, bajo ningún concepto; **au ~ où** *(+ conditionnel)* en caso de que + *subjuntivo*, por si acaso + *indicativo*; **en ~ de** en caso de; **en ~ de besoin** en caso de necesidad; **en tout ~** de todas maneras
case [kɑz] *nf* casilla; *(hutte)* choza; *(pour le courrier)* casillero
caser [kɑze] *vt* colocar
caserne [kazɛʀn] *nf* cuartel *m*
casier [kɑzje] *nm* casillero; **~ judiciaire** antecedentes *mpl* penales
casino [kazino] *nm* casino
casque [kask] *nm* casco; *(chez le coiffeur)* secador *m*; *(pour audition)* casco, auricular *m*
casquette [kaskɛt] *nf* gorra
casse-croûte [kɑskʀut] *(pl* **casse-croûte(s)**) *nm* tentempié *m*
casse-noix [kɑsnwa] *nm inv* cascanueces *m inv*
casse-pied [kɑspje] *(pl* **casse-pieds**) *(fam) adj, nmf* pesado(-a)
casser [kɑse] *vt (verre)* romper; **se casser** *vpr* romperse; **~ les prix** romper los precios
casserole [kasʀɔl] *nf* cacerola, cazuela
casse-tête [kɑstɛt] *(pl* **casse-têtes**) *nm (fig)* quebradero de cabeza
cassis [kasis] *nm* grosella negra
cassoulet [kasulɛ] *nm guiso de alubias y carne típico del suroeste de Francia*
catalogue [katalɔg] *nm* catálogo
catalytique [katalitik] *adj* : **pot ~** catalizador *m*

catastrophe [katastʀɔf] *nf* catástrofe *f*

catéchisme [kateʃism] *nm* catecismo

catégorie [kategɔʀi] *nf* categoría • **catégorique** *adj* categórico(-a)

cathédrale [katedʀal] *nf* catedral *f*

catholique [katɔlik] *adj, nmf* católico(-a); **pas très ~** (*fig*) no muy católico(-a)

cauchemar [koʃmaʀ] *nm* pesadilla

cause [koz] *nf* causa; **à ~ de** debido a; **pour ~ de** por causa de, por; **(et) pour ~** claro está; **être en ~** (*personne*) tener parte de culpa; (*qualité, intérêts*) estar en juego; **mettre en ~** culpar; **remettre en ~** poner en tela de juicio • **causer** *vt* causar ▶ *vi* charlar

caution [kosjɔ̃] *nf* (*argent, Jur*) fianza; (*fig*) garantía, aval *m*; **libéré sous ~** libre bajo fianza

cavalier, -ière [kavalje, jɛʀ] *nm/f* (*à cheval*) jinete *mf*; (*au bal*) pareja

cave [kav] *nf* sótano; (*réserve de vins*) bodega • **caviste** *nmf* bodeguero(-a); (*dans un restaurant*) sumiller *mf*

CD [sede] *sigle m* (= *compact disc*) CD *m*

CDD *sigle m* (= *contrat à durée déterminée*) contrato temporal

CDI *sigle m* (= *centre de documentation et d'information*) *biblioteca escolar*; (= *contrat à durée indéterminée*) contrato indefinido

CD-Rom [sedeʀɔm] *sigle m* CD-Rom

ce, c', cette [sə, sɛt]

(*devant nm commençant par voyelle ou h aspiré* **cet**) (*pl* **ces**) ▶ *adj dém* (*proche*) este (esta); (*intermédiaire*) ese (esa); (*plus loin*) aquel(la); **cette maison(-ci/là)** esta casa/esa *ou* aquella casa; **cette nuit** esta noche ▶ *pron* **1**: **c'est** es; **c'est un peintre/ce sont des peintres** (*métier*) es un pintor/son pintores; (*en désignant*) es un pintor/son unos pintores; **c'est le facteur** es el cartero; **qui est-ce ?** ¿quién es?; **c'est toi qui le dis** lo dices tú; **c'est toi qui lui as parlé** eres tú quien le hablaste; **c'est petit/grand** es pequeño/grande **2**: **ce qui, ce que** lo que; (*chose qui*) : **il est bête, ce qui me chagrine** es tonto, lo cual me apena; **tout ce qui bouge** todo lo que se mueve; **tout ce que je sais** todo lo que sé; **ce dont j'ai parlé** eso de lo que hablé; *voir aussi* **est-ce que** ; **n'est-ce pas** ; **c'est-à-dire**

ceci [səsi] *pron* esto

céder [sede] *vi* ceder; **~ à** (*tentation etc*) ceder a

CEDEX [sedɛks] *sigle m* (= *courrier d'entreprise à distribution exceptionnelle*) *correo especial para empresas*

ceinture [sɛ̃tyʀ] *nf* cinturón *m*; (*d'un pantalon, d'une jupe*) cintura, cinturilla; **~ de sécurité** cinturón de seguridad

cela [s(ə)la] *pron* eso; (*plus loin*) aquello; **quand ~ ?** ¿cuándo?

célèbre [selɛbʀ] *adj* famoso(-a), célebre • **célébrer** *vt* celebrar
céleri [sɛlʀi] *nm* : **~(-rave)** apio (nabo); **~ en branche** apio
célibataire [selibatɛʀ] *adj* soltero(-a)
celle, celles [sɛl] *pron voir* **celui**
cellule [selyl] *nf* (*aussi fig*) célula; (*de prisonnier, moine*) celda; **~ souche** célula madre
cellulite [selylit] *nf* celulitis *f inv*
celui, celle [səlɥi, sɛl] (*mpl* **ceux**, *fpl* **celles**) *pron* : **~-ci** éste/ése; **celle-ci** ésta/ésa; **~-là/celle-là** aquél/aquélla; **ceux-ci/celles-ci** éstos/éstas; **ceux-là/celles-là** ésos *ou* aquéllos/ésas *ou* aquéllas; **~ de mon frère** el de mi hermano; **~ du salon/du dessous** el del salón/de abajo; **~ qui bouge** (*pour désigner*) el que se mueve; **~ que je vois** el que veo; **~ dont je parle** (*personne*) ése del que hablo; (*chose*) eso de lo que hablo; **~ qui veut** (*valeur indéfinie*) el que quiera
cendre [sɑ̃dʀ] *nf* ceniza; **cendres** *nfpl (volcaniques, d'un défunt)* cenizas *fpl* • **cendrier** *nm* cenicero
censé, e [sɑ̃se] *adj* : **je suis ~ faire sept heures par jour** se supone que hago siete horas diarias
censeur, e [sɑ̃sœʀ] *nm/f* (*du lycée*) subdirector(a); (*Pol, Presse, Ciné*) censor(a)
censure [sɑ̃syʀ] *nf* censura • **censurer** *vt* censurar
cent [sɑ̃] *adj* (*avant un nombre*) ciento; (*avant un substantif*) cien ▶ *nm* ciento; (*Math*) cien *m inv*; **~ cinquante** ciento cincuenta; **~ euros** cien euros; **pour ~** por ciento • **centaine** *nf* centena; **une ~ (de)** un centenar (de); **plusieurs ~s (de)** varios centenares (de); **des ~s (de)** centenares (de) • **centenaire** *adj, nmf* centenario(-a) ▶ *nm* (*anniversaire*) centenario • **centième** *adj, nmf* centésimo(-a); **un ~ de seconde** una centésima de segundo; *voir aussi* **cinquantième** • **centigrade** *nm* centígrado • **centilitre** *nm* centilitro • **centime** *nm* céntimo • **centimètre** *nm* centímetro; (*ruban*) cinta métrica
central, e, -aux [sɑ̃tʀal, o] *adj* central • **centrale** *nf* (*prison*) central *f*; **~ électrique/nucléaire** central eléctrica/nuclear
centre [sɑ̃tʀ] *nm* centro; **le ~** (*Pol*) el centro; **~ commercial/culturel** centro comercial/cultural; **~ d'appels** centro de llamadas; **~ de loisirs** centro de recreo • **centre-ville** (*pl* **centres-villes**) *nm* centro de la ciudad
cèpe [sɛp] *nm* boleto
cependant [s(ə)pɑ̃dɑ̃] *conj* sin embargo, no obstante
céramique [seʀamik] *nf* cerámica
cercle [sɛʀkl] *nm* círculo
cercueil [sɛʀkœj] *nm* ataúd *m*, féretro
céréale [seʀeal] *nf* cereal *m*
cérémonie [seʀemɔni] *nf* ceremonia
cerf [sɛʀ] *nm* ciervo
cerf-volant [sɛʀvɔlɑ̃] (*pl* **cerfs-volants**) *nm* cometa
cerise [s(ə)ʀiz] *nf, adj inv* cereza • **cerisier** *nm* cerezo

cerner [sɛʀne] *vt* (*armée, ville*) cercar; (*problème*) delimitar

certain, e [sɛʀtɛ̃, ɛn] *adj* (*indéniable*) cierto(-a), seguro(-a); (*personne*) : **~ (de/que)** seguro(-a) (de/de que), convencido(-a) (de/de que); (*plus ou moins défini*) : **un ~ Georges** un tal Georges; **d'un ~ âge** de cierta edad; **un ~ temps** cierto tiempo **• certainement** *adv* (*probablement*) probablemente; (*bien sûr*) sin duda, por supuesto

certes [sɛʀt] *adv* (*bien sûr*) por supuesto

certificat [sɛʀtifika] *nm* certificado

certifier [sɛʀtifje] *vt* asegurar

certitude [sɛʀtityd] *nf* certeza

cerveau, x [sɛʀvo] *nm* cerebro

cervelas [sɛʀvəla] *nm* *salchicha corta y gruesa de carne y sesos*

cervelle [sɛʀvɛl] *nf* (*Culin*) sesos *mpl*

CES [seəɛs] *sigle m* (= *collège d'enseignement secondaire*) ≈ Instituto de Enseñanza Media

ces [se] *adj dém voir* **ce**

cesse [sɛs] : **sans ~** *adv* sin parar; **n'avoir de ~ que** no descansar hasta que **• cesser** *vt* cesar ▸ *vi* parar, cesar; **~ de faire** dejar de hacer **• cessez-le-feu** *nm inv* alto el fuego

c'est-à-dire [sɛtadiʀ] *adv* es decir

cet [sɛt] *adj dém voir* **ce**

ceux [sø] *pron voir* **celui**

chacun, e [ʃakœ̃, yn] *pron* cada uno(-a)

chagrin [ʃagʀɛ̃] *nm* pena; **avoir du ~** sentir pena

chahut [ʃay] *nm* jaleo **• chahuter** *vt* incordiar ▸ *vi* alborotar

chaîne [ʃɛn] *nf* cadena; (*TV*) cadena, canal *m*; **travail à la ~** trabajo en cadena; **~ de fabrication/de montage** cadena de fabricación/de montaje; **~ de montagnes** cadena de montañas, cordillera; **~ hi-fi** equipo de alta fidelidad

chair [ʃɛʀ] *nf* carne *f*; **avoir la ~ de poule** tener la carne *ou* piel de gallina

chaise [ʃɛz] *nf* silla; **~ longue** tumbona, hamaca

châle [ʃɑl] *nm* chal *m*

chaleur [ʃalœʀ] *nf* calor *m* **• chaleureux, -euse** *adj* (*accueil, gens*) caluroso(-a)

chamailler [ʃamɑje] : **se chamailler** (*fam*) *vpr* reñir

chambre [ʃɑ̃bʀ] *nf* (*d'un logement*) habitación *f*, cuarto; (*Tech, Pol, Comm*) cámara; **~ à air** cámara de aire; **~ à coucher** dormitorio; **~ à un lit/deux lits** (*à l'hôtel*) habitación individual/doble; **~ d'amis** cuarto de invitados; **~ d'hôte** habitación de huéspedes; **~ meublée** habitación amueblada

chameau, x [ʃamo] *nm* camello

chamois [ʃamwa] *nm* gamuza

champ [ʃɑ̃] *nm* campo; **laisser le ~ libre à qn** dejar el campo libre a algn; **~ de courses** hipódromo

champagne [ʃɑ̃paɲ] *nm* champán *m*

champignon [ʃɑ̃piɲɔ̃] *nm* seta; (*Bot*) hongo; **~ de couche** *ou* **de Paris** champiñón

C

champion, ne [ʃɑ̃pjɔ̃, jɔn] *nm/f* (*Sport*) campeón(-ona); (*d'une cause*) adalid *mf* • **championnat** *nm* campeonato

chance [ʃɑ̃s] *nf* suerte *f*; (*occasion*) oportunidad *f*; **chances** *nfpl* (*probabilités*) posibilidades *fpl*; **bonne ~ !** ¡buena suerte!; **je n'ai pas de ~** no tengo suerte

Chandeleur [ʃɑ̃dlœʀ] *nf*: **la ~** la Candelaria

change [ʃɑ̃ʒ] *nm* cambio

changement [ʃɑ̃ʒmɑ̃] *nm* cambio; **~ climatique** cambio climático; **~ de vitesse** cambio de velocidades *ou* marchas

changer [ʃɑ̃ʒe] *vt* cambiar ▶ *vi* cambiar; **se changer** *vpr* cambiarse; **~ de** cambiar de; **~ de vitesse** (*Auto*) cambiar de velocidad *ou* de marcha; **il faut ~ à Lyon** hay que cambiar en Lyon

chanson [ʃɑ̃sɔ̃] *nf* canción *f*

chant [ʃɑ̃] *nm* canto

chantage [ʃɑ̃taʒ] *nm* chantaje *m*; **faire du ~** chantajear *ou* hacer chantaje

chanter [ʃɑ̃te] *vt* cantar; **~ juste** cantar sin desafinar; **~ faux** desafinar; **si cela lui chante** (*fam*) si le apetece • **chanteur, -euse** *nm/f* cantante *mf*

chantier [ʃɑ̃tje] *nm* obra; **~ naval** astillero

chantilly [ʃɑ̃tiji] *nf voir* **crème**

chantonner [ʃɑ̃tɔne] *vi, vt* canturrear

chapeau, x [ʃapo] *nm* sombrero; **~ !** *excl* ¡bravo!

chapelle [ʃapɛl] *nf* capilla

chapitre [ʃapitʀ] *nm* capítulo; (*sujet*) tema

chaque [ʃak] *adj* cada; **c'est deux euros ~** son dos euros cada uno(-a)

char [ʃaʀ] *nm* carro

charbon [ʃaʀbɔ̃] *nm* carbón *m*; **~ de bois** carbón de leña

charcuterie [ʃaʀkytʀi] *nf* (*magasin*) charcutería; (*produits*) embutidos *mpl* • **charcutier, -ière** *nm/f* chacinero(-a)

chardon [ʃaʀdɔ̃] *nm* cardo

charge [ʃaʀʒ] *nf* carga; (*rôle, mission*) misión *f*; **charges** *nfpl* (*du loyer*) facturas *fpl*; **à la ~ de** a cargo de; **prendre en ~** hacerse cargo de; **~s sociales** cargas sociales

chargement [ʃaʀʒəmɑ̃] *nm* (*marchandises*) cargamento

charger [ʃaʀʒe] *vt* cargar ▶ *vi* cargar; **se ~ de** encargarse de

chariot [ʃaʀjo] *nm* carretilla

charité [ʃaʀite] *nf* caridad *f*

charmant, e [ʃaʀmɑ̃, ɑ̃t] *adj* encantador(a)

charme [ʃaʀm] *nm* encanto • **charmer** *vt*

charpente [ʃaʀpɑ̃t] *nf* (*d'un bâtiment*) armazón *m* • **charpentier, -ière** *nm/f* carpintero(a) de armar

charrette [ʃaʀɛt] *nf* carreta

chasse [ʃas] *nf* caza; **prendre en ~** perseguir, dar caza a; **tirer la ~ (d'eau)** tirar de la cadena; **~ à courre** caza a caballo; **~ gardée** (*aussi fig*) coto vedado • **chasse-neige** (*pl* **chasse-neige(s)**) *nm* quitanieves *m inv* • **chasser** *vt* cazar; (*expulser*) echar • **chasseur, -euse** *nm/f* (*de gibier*) cazador(a)

chat¹ [ʃa] *nm* gato
chat² [tʃat] *nm* (*Internet*) chat *m*
châtaigne [ʃatɛɲ] *nf* castaña
• **châtaignier** *nm* castaño
châtain [ʃatɛ̃] *adj* castaño(-a)
château, x [ʃato] *nm* castillo;
~ fort fortaleza, alcázar *m*
châtiment [ʃatimɑ̃] *nm* castigo
chaton [ʃatɔ̃] *nm* (*Zool*) gatito
chatouiller [ʃatuje] *vt* hacer cosquillas a
chatte [ʃat] *nf* gata
chaud, e [ʃo, ʃod] *adj* caliente; (*vêtement*) abrigado(-a); (*couleur*) cálido(-a) ▸ *nm* calor *m*; **il fait ~** hace calor; **avoir ~** tener calor; **ça me tient ~** eso me abriga; **rester au ~** permanecer abrigado(-a)
chaudière [ʃodjɛʀ] *nf* caldera
chauffage [ʃofaʒ] *nm* calentamiento, calefacción *f*; (*appareils*) calefacción; **~ central** calefacción central
chauffe-eau [ʃofo] *nm inv* calentador *m* de agua
chauffer [ʃofe] *vt* calentar ▸ *vi* calentar; (*suj : moteur*) calentarse; **se chauffer** *vpr* calentarse
chauffeur, -euse [ʃofœʀ, øz] *nm/f* chófer *mf*, chofer *mf* (AM)
chaumière [ʃomjɛʀ] *nf* choza
chaussée [ʃose] *nf* calzada
chausser [ʃose] *vt* calzar; **~ du 38/42** calzar el 38/42
chaussette [ʃosɛt] *nf* calcetín *m*, media (AM)
chausson [ʃosɔ̃] *nm* zapatilla; (*de bébé*) patuco; **~ aux pommes** pastel *m* de manzana
chaussure [ʃosyʀ] *nf* zapato; **~s basses** zapatos *mpl* bajos; **~s de ski** botas *fpl* de esquí
chauve [ʃov] *adj* calvo(-a)
• **chauve-souris** (*pl* **chauves-souris**) *nf* murciélago
chauvin, e [ʃovɛ̃, in] *adj, nm/f* patriotero(-a)
chaux [ʃo] *nf* cal *f*; **blanchi à la ~** encalado
chef [ʃɛf] *nmf* jefe(-a); **~ d'entreprise** empresario(-a); **~ d'équipe** capataz; **~ d'État** jefe(-a) de Estado; **~ d'orchestre** director(a) de orquesta; **~ de gare** jefe(-a) de estación; **~ de rayon/de service** jefe(-a) de sección/de departamento • **chef-d'œuvre** (*pl* **chefs-d'œuvre**) *nm* obra maestra • **chef-lieu** (*pl* **chefs-lieux**) *nm* cabeza de distrito
chemin [ʃ(ə)mɛ̃] *nm* camino; **en ~** por el camino; **les ~s de fer** los ferrocarriles *mpl*
cheminée [ʃ(ə)mine] *nf* chimenea
chemise [ʃ(ə)miz] *nf* (*vêtement*) camisa; (*dossier*) carpeta
chemisier [ʃ(ə)mizje] *nm* blusa
chêne [ʃɛn] *nm* roble *m*
chenil [ʃ(ə)nil] *nm* perrera
chenille [ʃ(ə)nij] *nf* oruga
chèque [ʃɛk] *nm* cheque *m*, talón *m*; **~ de voyage** cheque de viaje; **~ sans provision** cheque sin fondos
chéquier [ʃekje] *nm* talonario de cheques
cher, chère [ʃɛʀ] *adj* (*aimé*) querido(-a); (*coûteux*) caro(-a) ▸ *adv* : **coûter ~** costar caro; **payer ~** pagar mucho dinero

chercher [ʃɛʀʃe] *vt* buscar; **~ des ennuis** buscarse problemas; **~ la bagarre** buscar pelea; **aller ~** ir a buscar; **~ à faire** tratar de hacer • **chercheur, -euse** *nm/f* investigador(a)

chéri, e [ʃeʀi] *adj* querido(-a); **(mon) ~** querido (mío)

cheval, -aux [ʃ(ə)val, o] *nm* caballo; **faire du ~** practicar equitación; **à ~** a caballo; **à ~ sur** (*mur etc*) a horcajadas en *ou* sobre; **~ de course** caballo de carreras

chevalier [ʃ(ə)valje] *nm* caballero

chevalière [ʃ(ə)valjɛʀ] *nf* (sortija de) sello

chevaux [ʃəvo] *nmpl voir* **cheval**

chevet [ʃ(ə)vɛ] *nm* : **au ~ de qn** al lecho de algn; **lampe de ~** lámpara de noche

cheveu, x [ʃ(ə)vø] *nm* pelo, cabello; **cheveux** *nmpl (chevelure)* pelo *msg*; **avoir les cheveux courts/en brosse** tener el pelo corto/de punta; **tiré par les cheveux** (*histoire*) inverosímil

cheville [ʃ(ə)vij] *nf* (*Anat*) tobillo

chèvre [ʃɛvʀ] *nf* cabra ▸ *nm* queso de cabra

chèvrefeuille [ʃɛvʀəfœj] *nm* madreselva

chevreuil [ʃəvʀœj] *nm* corzo

chez [ʃe] *prép* (*à la demeure de*) en casa de; (*direction*) a casa de; (*auprès de, parmi*) entre; **~-moi/~-soi/~-toi** casa; **~ qn** en casa de algn; **~ moi** (*à la maison*) en mi casa; (*direction*) a mi casa; **~ ce poète** en este poeta; **~ les Français/les renards** entre los franceses/los zorros; **~ lui c'est un devoir** es un deber en él; **aller ~ le boulanger/le dentiste** ir a la panadería/al dentista; **il travaille ~ Renault** trabaja en la Renault

chic [ʃik] *adj* (*élégant*) elegante; (*généreux*) amable ▸ *nm* (*élégance*) elegancia; **avoir le ~ pour** tener el don de

chicorée [ʃikɔʀe] *nf* achicoria

chien [ʃjɛ̃] *nm* perro

chienne [ʃjɛn] *nf* perra

chiffon [ʃifɔ̃] *nm* trapo • **chiffonner** *vt* arrugar

chiffre [ʃifʀ] *nm* cifra; **~ d'affaires** cifra de negocios • **chiffrer** *vt* (*dépense*) calcular; **se chiffrer à** *vpr* ascender a

chignon [ʃiɲɔ̃] *nm* moño

Chili [ʃili] *nm* Chile *m* • **chilien, ne** *adj* chileno(-a) ▸ *nm/f* : **Chilien, ne** chileno(-a)

chimie [ʃimi] *nf* química • **chimique** *adj* químico(-a); **produits ~s** productos *mpl* químicos

chimpanzé [ʃɛ̃pɑ̃ze] *nm* chimpancé *m*

Chine [ʃin] *nf* China; **la République populaire de ~** la República Popular de China

chinois, e [ʃinwa, waz] *adj* chino(-a) ▸ *nm (Ling)* chino ▸ *nm/f* : **Chinois, e** chino(-a)

chiot [ʃjo] *nm* cachorro (de perro)

chips [ʃips] *nfpl* (*aussi* : **pommes chips**) patatas *fpl* fritas *ou* chips

chirurgie [ʃiʀyʀʒi] *nf* cirugía; **~ esthétique** cirugía estética • **chirurgien, ne** *nm/f* cirujano(-a)

chlore [klɔʀ] *nm* cloro

choc [ʃɔk] *nm* choque *m*

chocolat [ʃɔkɔla] *nm* chocolate *m*; (*bonbon*) bombón *m*; **~ à croquer**

chocolate negro; **~ au lait** chocolate con leche

choeur [kœʀ] *nm* coro; **en ~** a coro

choisir [ʃwaziʀ] *vt* escoger, elegir; (*candidat*) elegir

choix [ʃwa] *nm* elección *f*; (*assortiment*) selección *f*, surtido; **avoir le ~ de/entre** tener la opción de/entre; **de premier ~** (*Comm*) de primera calidad; **au ~** a escoger

chômage [ʃomaʒ] *nm* paro, cesantía (*AM*); **mettre au ~** dejar en el paro; **être au ~** estar en paro • **chômeur, -euse** *nm/f* parado(-a)

choquer [ʃɔke] *vt* chocar

chorale [kɔʀal] *nf* coral *f*

chose [ʃoz] *nf* cosa; **c'est peu de ~** es poca cosa

chou, x [ʃu] *nm* col *f*, berza; **~ (à la crème)** pastelillo (de crema) • **choucroute** *nf* chucrut *m*

chou-fleur [ʃuflœʀ] (*pl* **choux-fleurs**) *nm* coliflor *f*

chrétien, ne [kʀetjɛ̃, jɛn] *adj*, *nm/f* cristiano(-a)

Christ [kʀist] *nm* : **le ~** el Cristo • **christianisme** *nm* cristianismo

chronique [kʀɔnik] *adj* crónico(-a) ▸ *nf* crónica

chronologique [kʀɔnɔlɔʒik] *adj* cronológico(-a)

chronomètre [kʀɔnɔmɛtʀ], **chrono** *nm* cronómetro • **chronométrer** *vt* cronometrar

chrysanthème [kʀizɑ̃tɛm] *nm* crisantemo

chuchotement [ʃyʃɔtmɑ̃] *nm* cuchicheo

chuchoter [ʃyʃɔte] *vt*, *vi* cuchichear

chut [ʃyt] *excl* ¡chitón!

chute [ʃyt] *nf* caída; (*de papier*) recorte *m*; (*de tissu*) retal *m*; **faire une ~ (de 10 m)** caerse (10 metros); **~ (d'eau)** salto de agua; **~ libre** caída libre; **~s de neige** nevadas *fpl*

Chypre [ʃipʀ] *n* Chipre *f*

ci [si] *adv* : **ce garçon/cet homme-ci** este chico/este hombre; **ces hommes/femmes-ci** estos hombres/estas mujeres; *voir aussi* **par**; **comme**; **ci-contre** *etc*

cible [sibl] *nf* (*aussi fig*) blanco

ciboulette [sibulɛt] *nf* cebolleta

cicatrice [sikatʀis] *nf* cicatriz *f* • **cicatriser** *vi*, *vt* cicatrizar

ci-contre [sikɔ̃tʀ] *adv* al lado

ci-dessous [sidəsu] *adv* más abajo

ci-dessus [sidəsy] *adv* arriba

cidre [sidʀ] *nm* sidra

Cie *abr* (= *compagnie*) Cía (= *compañía*)

ciel [sjɛl] (*pl* **ciels** *ou* (*littér*) **cieux**) *nm* cielo; **cieux** *nmpl* (*Rel*) cielos *mpl*; **à ~ ouvert** a cielo abierto

cieux [sjø] *nmpl voir* **ciel**

cigale [sigal] *nf* cigarra

cigare [sigaʀ] *nm* cigarro, puro

cigarette [sigaʀɛt] *nf* cigarrillo

ci-inclus, e [siɛ̃kly, yz] *adj* incluso(-a)

ci-joint, e [siʒwɛ̃, ɛ̃t] *adj* adjunto(-a)

cil [sil] *nm* pestaña

cime [sim] *nf* cima

ciment [simɑ̃] *nm* cemento

cimetière [simtjɛʀ] *nm* cementerio, camposanto

cinéaste [sineast] *nmf* cineasta *mf*
cinéma [sinema] *nm* cine *m*
cinq [sɛ̃k] *adj inv, nm inv* cinco *inv*; **avoir ~ ans** tener cinco años; **le ~ décembre** el cinco de diciembre; **à ~ heures** a las cinco; **nous sommes ~** somos cinco • **cinquantaine** *nf*: **une ~ (de)** una cincuentena (de) • **cinquante** *adj inv, nm inv* cincuenta *inv*; *voir aussi* **cinq** • **cinquantenaire** *adj* cincuentenario(-a) ▸ *nm* (*anniversaire*) cincuentenario • **cinquantième** *adj, nmf* quincuagésimo(-a); **son ~ anniversaire** su cincuenta cumpleaños; **vous êtes le ~** Usted es el (número) cincuenta • **cinquième** *adj, nmf* quinto(-a); **un ~ de la population** un quinto de la población; **trois ~s** tres quintos
cintre [sɛ̃tʀ] *nm* percha
cintré, e [sɛ̃tʀe] *adj* (*chemise*) entallado(-a)
cirage [siʀaʒ] *nm* betún *m*
circonstance [siʀkɔ̃stɑ̃s] *nf* circunstancia; **~s atténuantes** circunstancias *fpl* atenuantes
circuit [siʀkɥi] *nm* circuito
circulaire [siʀkylɛʀ] *adj, nf* circular *f*
circulation [siʀkylasjɔ̃] *nf* circulación *f*; **bonne/mauvaise ~** (*du sang*) buena/mala circulación; **la ~** (*Auto*) la circulación, el tráfico
circuler [siʀkyle] *vi* circular; **faire ~** hacer circular
cire [siʀ] *nf* cera • **ciré, e** *adj* encerado(-a) • **cirer** *vt* (*chaussures*) embetunar; (*parquet*) encerar
cirque [siʀk] *nm* circo
ciseau, x [sizo]: **ciseaux** *nmpl* (*gén, de tailleur*) tijeras *fpl*
citadin, e [sitadɛ̃, in] *nm/f, adj* ciudadano(-a)
citation [sitasjɔ̃] *nf* (*d'auteur*) cita
cité [site] *nf* ciudad *f*; **~ universitaire** ciudad universitaria
citer [site] *vt* citar
citoyen, ne [sitwajɛ̃, jɛn] *nm/f* ciudadano(-a) ▸ *adj* (*mouvement, rencontre, projet*) ciudadano(-a) • **citoyenneté** *nf* ciudadanía; **éducation à la ~** educación *f* para la ciudadanía
citron [sitʀɔ̃] *nm* limón *m*; **~ pressé** (*boisson*) limonada; **~ vert** lima • **citronnade** *nf* limonada
citrouille [sitʀuj] *nf* calabaza
civet [sivɛ] *nm* civet *m*
civière [sivjɛʀ] *nf* camilla
civil, e [sivil] *adj* civil; **dans le ~** en la vida civil; **mariage/enterrement ~** matrimonio/entierro civil
civilisation [sivilizasjɔ̃] *nf* civilización *f*
clair, e [klɛʀ] *adj* claro(-a) ▸ *nm*: **~ de lune** claro de luna; **y voir ~** (*comprendre*) verlo claro; **tirer qch au ~** sacar algo en claro; **mettre au ~** (*notes etc*) poner en limpio, pasar a limpio; **le plus ~ de son temps/argent** la mayor parte de su tiempo/dinero • **clairement** *adv* claramente
clairière [klɛʀjɛʀ] *nf* claro, calvero
clandestin, e [klɑ̃dɛstɛ̃, in] *adj* clandestino(-a); **passager ~**

polizón *m*; **immigration clandestine** inmigración *f* clandestina

claque [klak] *nf* bofetada • **claquer** *vi* (*coup de feu*) sonar; (*porte*) golpear ▶ *vt* (*doigts*) castañetear; **se ~ un muscle** distenderse un músculo • **claquettes** *nfpl* claquetas *fpl*

clarinette [klaʀinɛt] *nf* clarinete *m*

classe [klɑs] *nf* (*aussi fig*) clase *f*; (*local*) clase, aula; **aller en ~** ir a clase • **classement** *nm* clasificación *f*

classer [klɑse] *vt* clasificar; (*Jur*) archivar, cerrar; **se ~ premier/dernier** clasificarse el primero/el último • **classeur** *nm* (*cahier*) clasificador *m*; (*meuble*) archivador *m*

classique [klasik] *adj* clásico(-a); (*habituel*) típico(-a)

clavecin [klav(ə)sɛ̃] *nm* clavicordio, clavecín *m*

clavicule [klavikyl] *nf* clavícula

clé [kle] *nf* = **clef**

clef [kle] *nf* llave *f*; (*fig*) clave *f*; **~ de contact** llave de contacto; **~ USB** memoria *f* USB, llave *f* USB

clergé [klɛʀʒe] *nm* clero

clic [klik] *nm* clic *m*

cliché [kliʃe] *nm* cliché *m*

client, e [klijɑ̃, klijɑ̃t] *nm/f* cliente(-a) • **clientèle** *nf* clientela

cligner [kliɲe] *vi* : **~ des yeux** parpadear; **~ de l'œil** guiñar (el ojo) • **clignotant, e** *adj* intermitente ▶ *nm* (*Auto*) intermitente *m*, direccional *m* (*AM*) • **clignoter** *vi* (*lumière*) parpadear

climat [klima] *nm* clima *m*

climatisation [klimatizasjɔ̃] *nf* climatización *f* • **climatisé, e** *adj* climatizado(-a)

clin d'œil [klɛ̃dœj] *nm* guiño; **en un ~** en un abrir y cerrar de ojos

clinique [klinik] *adj* clínico(-a) ▶ *nf* clínica

clip [klip] *nm* clip *m*

cliquer [klike] *vi* (*Inform*) clicar

clochard, e [klɔʃaʀ, aʀd] *nm/f* mendigo(-a)

cloche [klɔʃ] *nf* (*d'église*) campana • **clocher** *nm* campanario ▶ *vi* (*fam*) fallar, no andar bien

cloison [klwazɔ̃] *nf* tabique *m*

cloque [klɔk] *nf* ampolla

clôture [klotyʀ] *nf* (*barrière*) cercado, valla; (*des inscriptions*) cierre del plazo

clou [klu] *nm* clavo; **clous** *nmpl* (= *passage clouté*) paso *m* de peatones; **~ de girofle** clavo de especia

clown [klun] *nm* payaso, clown *m*

club [klœb] *nm* club *m*

CMU [seɛmy] *nf* (= *couverture maladie universelle*) *seguro de enfermedad para personas sin recursos económicos*

CNRS [seɛnɛʀɛs] *sigle m* (= *Centre national de la recherche scientifique*) ≈ CSIC *m* (= *Consejo Superior de Investigaciones Científicas*)

coaguler [kɔagyle] *vi* (*aussi* : **se coaguler**) coagularse

cobaye [kɔbaj] *nm* (*aussi fig*) cobaya *m ou f*, conejillo de Indias

cocaïne [kɔkain] *nf* cocaína

coccinelle [kɔksinɛl] *nf* mariquita

cocher [kɔʃe] *vt* marcar (*con una cruz*)

cochon, ne [kɔʃɔ̃, ɔn] *nm* cerdo(-a), chancho(-a) (*AM*) ▸*nm/f* (*péj*) cerdo(-a) ▸*adj* (*fam* : *livre, histoire, propos*) verde • **cochonnerie** (*fam*) *nf* porquería

cocktail [kɔktɛl] *nm* cóctel *m*, highball *ou* jaibol *m* (*AM*), daiquiri *ou* daiquirí *m* (*AM*)

cocorico [kɔkɔʀiko] *excl* ¡quiquiriquí!

cocotte [kɔkɔt] *nf* olla, cacerola; **~ minute®** olla a presión

code [kɔd] *nm* código; (*conventions*) reglas *fpl*; **se mettre en ~(s)** (*Auto*) poner las luces de cruce; **~ barres** código de barras; **~ civil** código civil; **~ de la route** código de la circulación; **~ pénal** código penal; **~ postal** código postal • **code-barres** (*pl* **codes-barres**) *nm* código de barras

cœur [kœʀ] *nm* corazón *m*; (*Cartes* : *couleur*) corazones *mpl*; (*carte*) corazón; **avoir bon/du ~** tener buen corazón; **avoir mal au ~** tener náuseas; **opérer qn à ~ ouvert** operar a algn a corazón abierto; **parler à ~ ouvert** hablar con el corazón en la mano; **de tout son ~** de todo corazón; **avoir le ~ gros** *ou* **serré** estar acongojado; **en avoir le ~ net** saber a qué atenerse; **avoir le ~ sur la main** ser muy generoso; **par ~** de memoria; **cela lui tient à ~** esto le apasiona; **prendre les choses à ~** tomar las cosas a pecho; **s'en donner à ~ joie** gozar; **être de tout ~ avec qn** estar de todo corazón con algn; **~ d'artichaut** corazón de alcachofa; **~ de l'été** pleno verano

coffre [kɔfʀ] *nm* (*meuble*) arca; (*coffre-fort*) cofre *m*; (*d'auto*) maletero, baúl *m* (*AM*), maletera (*And, CSur*) • **coffret** *nm* cofrecito

cognac [kɔɲak] *nm* coñac *m*

cogner [kɔɲe] *vt, vi* golpear

cohérent, e [kɔeʀɑ̃, ɑ̃t] *adj* coherente

coiffé, e [kwafe] *adj* : **bien/mal ~** bien/mal peinado(-a); **~ en brosse** peinado(-a) con el cepillo

coiffer [kwafe] *vt* peinar; **se coiffer** *vpr* peinarse • **coiffeur, -euse** *nm/f* peluquero(-a) • **coiffeuse** *nf* (*table*) tocador *m*, coqueta • **coiffure** *nf* (*cheveux*) peinado; **la ~** la peluquería

coin [kwɛ̃] *nm* (*gén*) esquina; **l'épicerie du ~** el ultramarinos de la esquina; **dans le ~** por aquí

coincé, e [kwɛ̃se] *adj* (*tiroir, pièce mobile*) atascado(-a); (*fig*) corto(-a)

coincer [kwɛ̃se] *vt* calzar; (*fam* : *par une question, une manœuvre*) pillar; **se coincer** *vpr* atascarse

coïncidence [kɔɛ̃sidɑ̃s] *nf* coincidencia

coing [kwɛ̃] *nm* membrillo

col [kɔl] *nm* cuello; (*de montagne*) puerto; **~ de l'utérus** cuello del útero; **~ roulé** cuello vuelto

colère [kɔlɛʀ] *nf* ira, cólera, enojo (*esp AM*); **être en ~ (contre qn)** estar enfadado(-a) *ou* enojado(-a) (*esp AM*) (con algn); **se mettre en ~** enfadarse, enojarse (*esp AM*) • **coléreux, -euse** *adj* colérico(-a)

colin [kɔlɛ̃] *nm* merluza

colique [kɔlik] *nf* cólico

colis [kɔli] *nm* paquete *m*

collaborer [kɔ(l)labɔʀe] *vi* (*aussi Hist*) colaborar; **~ à** colaborar en

collant, e [kɔlɑ̃, ɑ̃t] *adj* adherente; (*robe*) ajustado(-a); (*péj : personne*) pegajoso(-a) ▸ *nm* (*bas*) pantis *mpl*

colle [kɔl] *nf* (*à papier*) pegamento; (*à papiers peints*) cola; (*devinette*) pega

collecte [kɔlɛkt] *nf* colecta
• **collectif, -ive** *adj* colectivo(-a) ▸ *nm* colectivo

collection [kɔlɛksjɔ̃] *nf* colección *f*
• **collectionner** *vt* coleccionar
• **collectionneur, -euse** *nm/f* coleccionista *mf*

collectivité [kɔlɛktivite] *nf* colectivo; **~s locales** administraciones *fpl* locales

collège [kɔlɛʒ] *nm* colegio
• **collégien, ne** *nm/f* colegial *mf*

El **collège** es un centro público de educación secundaria para estudiantes de entre once y catorce años. Los alumnos siguen un plan de estudios que consta de una serie de asignaturas comunes y varias optativas. Los *collèges* tienen libertad para elaborar sus propios horarios y escoger su propia metodología. Antes de que dejen el *collège*, se evalúa el trabajo de los alumnos durante la etapa y se les examina para la obtención del *brevet des collèges*.

collègue [kɔ(l)lɛg] *nmf* colega *mf*

coller [kɔle] *vt* pegar; (*papier peint*) encolar; (*Scol : fam*) catear ▸ *vi* (*être collant*) pegarse; (*adhérer*) pegar

collier [kɔlje] *nm* collar *m*

colline [kɔlin] *nf* colina

collision [kɔlizjɔ̃] *nf* colisión *f*; **entrer en ~ (avec)** chocar (con)

collyre [kɔliʀ] *nm* colirio

colombe [kɔlɔ̃b] *nf* paloma

Colombie [kɔlɔ̃bi] *nf* Colombia

colonie [kɔlɔni] *nf* colonia; **~ (de vacances)** colonia (de vacaciones)

colonne [kɔlɔn] *nf* columna; **~ (vertébrale)** columna vertebral

colorant, e [kɔlɔʀɑ̃, ɑ̃t] *adj* colorante

colorer [kɔlɔʀe] *vt* colorear

colorier [kɔlɔʀje] *vt* colorear, pintar

coloris [kɔlɔʀi] *nm* colorido

colza [kɔlza] *nm* colza

coma [kɔma] *nm* coma *m*; **être dans le ~** estar en coma

combat [kɔ̃ba] *vb voir* **combattre** ▸ *nm* (*Mil*) combate *m*; (*fig*) lucha; **~ de boxe** combate de boxeo
• **combattant** *vb voir* **combattre** ▸ *adj* combatiente ▸ *nm* combatiente *m*; (*d'une rixe*) contendiente *m*; **ancien ~** antiguo combatiente
• **combattre** *vt, vi* combatir

combien [kɔ̃bjɛ̃] *adv* (*interrogatif*) cuánto(-a); (*nombre*) cuántos(-as); (*exclamatif : comme, que*) cómo, qué; **~ de** cuántos(-as); **~ de temps** cuánto tiempo; **~ coûte/pèse ceci ?** ¿cuánto cuesta/pesa esto?; **ça fait ~ ?** ¿cuánto es?

combinaison [kɔ̃binɛzɔ̃] *nf* combinación *f*; (*vêtement, Sport*) traje *m*; (*bleu de travail*) mono, overol *m* (AM)

combiné [kɔ̃bine] *nm* (*aussi* : **combiné téléphonique**) auricular *m*

comble [kɔ̃bl] *adj* abarrotado(-a) ▸ *nm* (*du bonheur, plaisir*) colmo; **c'est le ~ !** ¡es el colmo!

combler [kɔ̃ble] *vt* (*trou*) llenar; (*fig*) llenar, cubrir; (*satisfaire*) colmar

comédie [kɔmedi] *nf* comedia; **~ musicale** comedia musical • **comédien, ne** *nm/f* (*Théâtre, fig*) comediante(-a)

La **Comédie-Française**, fundada en 1680 por Luis XIV, es el teatro nacional de Francia. Financiada con fondos públicos, la compañía actúa principalmente en el Palais-Royal de París. Fundamentalmente pone en escena obras del teatro clásico francés, aunque su repertorio es cada vez más amplio.

comestible [kɔmɛstibl] *adj* comestible

comique [kɔmik] *adj* cómico(-a) ▸ *nmf* cómico(-a)

commandant, e [kɔmɑ̃dɑ̃, ɑ̃t] *nm/f* comandante *mf*

commande [kɔmɑ̃d] *nf* (*Comm*) pedido; (*Inform*) mando; **commandes** *nfpl* (*d'un avion, d'un parti*) mandos *mpl*; **passer une ~ (de)** cursar un pedido (de) • **commander** *vt* (*Comm*) encargar, pedir; (*diriger, ordonner*) mandar; **~ à qn de faire qch** ordenar a algn que haga algo

comme [kɔm]

▸ *prép* **1** (*comparaison*) como; **tout ~ son père** igual que su padre; **fort ~ un bœuf** fuerte como un toro; **il est petit ~ tout** es muy pequeño; **~ c'est pas permis** (*fam*) como él (ella) solo(-a)

2 (*manière*) : **~ ça** así; **~ ci, ~ ça** así, así; **faites ~ cela** hágalo así; **on ne parle pas ~ ça à ...** no se habla así a ...

3 (*en tant que*) : **travailler ~ secrétaire** trabajar de secretaria

▸ *conj* **1** (*ainsi que*) como; **elle écrit ~ elle parle** escribe como habla; **~ on dit** como se dice; **~ si** como si; **~ quoi ...** (*d'où il s'ensuit que*) lo que demuestra que ...; **~ il faut** como es debido

2 (*au moment où, alors que*) cuando; **il est parti ~ j'arrivais** se marchó cuando yo llegaba

3 (*parce que, puisque*) como; **~ il était en retard, ...** como se retrasaba, ...

▸ *adv* (*exclamation*) : **~ c'est bon/il est fort !** ¡qué bueno está!/¡qué fuerte es!

commencement [kɔmɑ̃smɑ̃] *nm* comienzo

commencer [kɔmɑ̃se] *vt, vi* comenzar, empezar; **~ à faire** comenzar *ou* empezar a hacer

comment [kɔmɑ̃] *adv* (*interrogatif*) cómo; **~ ?** ¿cómo?, ¿mande (usted)?; **et ~ !** ¡pero cómo!

commentaire [kɔmɑ̃tɛʀ] *nm* (*gén pl*) comentario

commerçant, e [kɔmɛʀsɑ̃, ɑ̃t] *adj* (*rue, ville*) comercial ▸ *nm/f* comerciante *mf*

commerce [kɔmɛʀs] *nm* (*activité*) comercio, negocio; (*boutique*) comercio, tienda; **~ en** *ou* **de**

gros comercio al por mayor; **~ équitable** comercio justo; **~ extérieur** comercio exterior; **~s de proximité** comercios *mpl* de proximidad

commercial, e, -aux [kɔmɛʀsjal, jo] *adj (aussi péj)* comercial • **commercialiser** *vt* comercializar

commissaire [kɔmisɛʀ] *nmf* comisario(-a) • **commissariat** *nm* comisaría

commission [kɔmisjɔ̃] *nf (course)* encargo, recado; **commissions** *nfpl (achats)* compras *fpl*

commode [kɔmɔd] *adj* cómodo(-a); **pas ~** difícil ▸ *nf* cómoda

commun, e [kɔmœ̃, yn] *adj* común, colectivo(-a); **en ~** en común; **d'un ~ accord** de común acuerdo

communauté [kɔmynote] *nf* comunidad *f*

commune [kɔmyn] *adj f voir* **commun** ▸ *nf* municipio

communication [kɔmynikasjɔ̃] *nf* comunicación *f*; **communications** *nfpl (routes, téléphone etc)* comunicaciones *fpl*

communier [kɔmynje] *vi* comulgar

communion [kɔmynjɔ̃] *nf* comunión *f*

communiquer [kɔmynike] *vt* comunicar; *(demande, dossier)* presentar; *(maladie, chaleur)* transmitir ▸ *vi* comunicarse; **se communiquer à** *vpr* transmitirse a

communisme [kɔmynism] *nm* comunismo • **communiste** *adj, nmf* comunista *mf*

compact, e [kɔ̃pakt] *adj* compacto(-a)

compagne [kɔ̃paɲ] *nf* compañera

compagnie [kɔ̃paɲi] *nf* compañía; **tenir ~ à qn** hacer compañía a algn; **en ~ de** en compañía de; **~ aérienne** compañía aérea

compagnon, ne [kɔ̃paɲɔ̃, ɔn] *nm (conjoint, concubin)* compañero ▸ *nm/f (personne)* compañero(-a)

comparable [kɔ̃paʀabl] *adj* : **~ (à)** comparable (a)

comparaison [kɔ̃paʀɛzɔ̃] *nf* comparación *f*

comparer [kɔ̃paʀe] *vt* comparar; **~ qch/qn à** *ou* **et** comparar algo/ algn a *ou* con

compartiment [kɔ̃paʀtimɑ̃] *nm (de train)* compartim(i)ento

compas [kɔ̃pɑ] *nm* compás *m*

compatible [kɔ̃patibl] *adj* : **~ (avec)** compatible (con)

compatriote [kɔ̃patʀijɔt] *nmf* compatriota *mf*

compensation [kɔ̃pɑ̃sasjɔ̃] *nf (dédommagement)* compensación *f*

compenser [kɔ̃pɑ̃se] *vt* compensar

compétence [kɔ̃petɑ̃s] *nf (aussi Jur)* competencia

compétent, e [kɔ̃petɑ̃, ɑ̃t] *adj* competente

compétition [kɔ̃petisjɔ̃] *nf* competencia; *(Sport)* competición *f*

complément [kɔ̃plemɑ̃] *nm (gén, aussi Ling)* complemento; *(reste)* resto; **~ d'information** *(Admin)* suplemento (informativo)

• complémentaire *adj* complementario(-a)
complet, -ète [kɔ̃plɛ, ɛt] *adj* completo(-a) ▸ *nm* (*aussi* : **complet-veston**) traje *m* **• complètement** *adv* completamente **• compléter** *vt* completar
complexe [kɔ̃plɛks] *adj* complejo(-a) ▸ *nm* complejo; **~ industriel/portuaire/ hospitalier** complejo industrial/ portuario/hospitalario **• complexé, e** *adj* acomplejado(-a)
complication [kɔ̃plikasjɔ̃] *nf* complicación *f*; **complications** *nfpl* (*Méd*) complicaciones *fpl*
complice [kɔ̃plis] *nmf* cómplice *mf*
compliment [kɔ̃plimɑ̃] *nm* cumplido; **compliments** *nmpl* (*félicitations*) enhorabuena *fsg*
compliqué, e [kɔ̃plike] *adj* complicado(-a)
comportement [kɔ̃pɔʀtəmɑ̃] *nm* comportamiento
comporter [kɔ̃pɔʀte] *vt* constar de; (*impliquer*) conllevar; **se comporter** *vpr* comportarse
composer [kɔ̃poze] *vt* componer; **se ~ de** componerse de; **~ un numéro** marcar *ou* discar (AM) un número **• compositeur, -trice** *nm/f* (*Mus*) compositor(a) **• composition** *nf* composición *f*; (*Scol : d'histoire, de math*) prueba
composter [kɔ̃pɔste] *vt* (*dater*) fechar; (*poinçonner*) picar, cancelar
compote [kɔ̃pɔt] *nf* compota; **~ de pommes** compota de manzana
compréhensible [kɔ̃pʀeɑ̃sibl] *adj* comprensible
compréhensif, -ive [kɔ̃pʀeɑ̃sif, iv] *adj* comprensivo(-a)
comprendre [kɔ̃pʀɑ̃dʀ] *vt* (*se composer de, être muni de*) comprender, constar de; (*sens, problème*) comprender, entender; (*point de vue*) entender
compresse [kɔ̃pʀɛs] *nf* compresa
comprimé [kɔ̃pʀime] *nm* comprimido, pastilla
compris, e [kɔ̃pʀi, iz] *pp de* **comprendre** ▸ *adj* (*inclus*) incluido(-a); **~ entre ...** (*situé*) situado(-a) entre ...; **20 euros tout ~** 20 euros con todo incluido
comptabilité [kɔ̃tabilite] *nf* contabilidad *f*
comptable [kɔ̃tabl] *nmf, adj* contable *mf*, contador *m* (AM)
comptant [kɔ̃tɑ̃] *adv* : **payer/ acheter ~** pagar/comprar al contado
compte [kɔ̃t] *nm* cuenta; **comptes** *nmpl* (*comptabilité*) cuentas *fpl*; **rendre des ~s à qn** (*fig*) dar cuentas a algn; **en fin de ~** (*fig*) a fin de cuentas; **à bon ~** a buen precio; **avoir son ~** (*fig : fam*) tener su merecido; **pour le ~ de qn** por cuenta de algn; **travailler à son ~** trabajar por su cuenta; **rendre ~ (à qn) de qch** dar cuenta de algo (a algn); **tenir ~ de qch/que** tener en cuenta algo/que; **~ courant** cuenta corriente; **~ rendu** informe *m* **• compte-goutte(s)** (*pl* **compte-gouttes**) *nm* cuentagotas *m inv*

compter [kɔ̃te] *vt* contar; (*facturer*) cobrar; (*comporter*) constar de ▸ *vi* contar; **~ parmi** figurar entre; **~ réussir/revenir** esperar aprobar/volver; **~ sur** contar con
compteur [kɔ̃tœʀ] *nm* (*d'auto*) cuentakilómetros *m inv*; (*à gaz, électrique*) contador *m*; **~ de vitesse** velocímetro
comptoir [kɔ̃twaʀ] *nm* (*de magasin*) mostrador *m*; (*de café*) barra
con, ne [kɔ̃, kɔn] (*fam!*) *adj, nm/f* gilipollas *mf inv* (*fam!*)
concentré, e [kɔ̃sɑ̃tʀe] *adj* concentrado(-a) ▸ *nm* concentrado
concentrer [kɔ̃sɑ̃tʀe]: **se concentrer** *vpr* concentrarse
concerner [kɔ̃sɛʀne] *vt* concernir a; **en ce qui me concerne** en lo que a mí respecta
concert [kɔ̃sɛʀ] *nm* (*Mus*) concierto; (*fig*) coro
concessionnaire [kɔ̃sesjɔnɛʀ] *nmf* concesionario(-a)
concevoir [kɔ̃s(ə)vwaʀ] *vt* concebir; (*décoration etc*) imaginar; (*machine*) diseñar; **appartement bien/mal conçu** piso bien/mal diseñado
concierge [kɔ̃sjɛʀʒ] *nmf* portero(-a); (*d'hôtel*) conserje *m*
concis, e [kɔ̃si, iz] *adj* conciso(-a)
conclure [kɔ̃klyʀ] *vt* (*terminer*) concluir, terminar • **conclusion** *nf* conclusión *f*
conçois *etc* [kɔ̃swa] *vb voir* **concevoir**
concombre [kɔ̃kɔ̃bʀ] *nm* pepino
concours [kɔ̃kuʀ] *nm* concurso; (*Scol*) examen *m* eliminatorio; **~ de circonstances** cúmulo de circunstancias; **~ hippique** concurso hípico
concret, -ète [kɔ̃kʀɛ, ɛt] *adj* concreto(-a)
conçu, e [kɔ̃sy] *pp de* **concevoir**
concubinage [kɔ̃kybinaʒ] *nm* concubinato
concurrence [kɔ̃kyʀɑ̃s] *nf* competencia; **jusqu'à ~ de** hasta un total de
concurrent, e [kɔ̃kyʀɑ̃, ɑ̃t] *adj* (*société*) competidor(a) ▸ *nm/f* (*Sport, Écon*) competidor(a); (*Scol*) candidato(-a)
condamner [kɔ̃dɑne] *vt* condenar; **~ qn à deux ans de prison** condenar a algn a dos años de prisión
condensation [kɔ̃dɑ̃sasjɔ̃] *nf* condensación *f*
condition [kɔ̃disjɔ̃] *nf* condición *f*; **conditions** *nfpl* (*tarif, prix, circonstances*) condiciones *fpl*; **sans ~** sin condiciones
conditionnement [kɔ̃disjɔnmɑ̃] *nm* (*emballage*) embalaje *m*, envasado
condoléances [kɔ̃dɔleɑ̃s] *nfpl* pésame *m*
conducteur, -trice [kɔ̃dyktœʀ, tʀis] *adj* conductor(a) ▸ *nm* (*Élec*) conductor *m* ▸ *nm/f* conductor(a)
conduire [kɔ̃dɥiʀ] *vt* conducir; (*passager*) llevar; (*diriger*) dirigir; **se conduire** *vpr* comportarse, portarse; **~ vers/à** (*suj : route*) conducir a, llevar hacia/a; **~ à** (*suj : attitude, erreur*) llevar a;

~ qn quelque part llevar a algn a algún sitio

conduite [kɔ̃dɥit] *nf* (*comportement*) conducta; (*d'eau, gaz*) conducto

confection [kɔ̃fɛksjɔ̃] *nf* confección *f*; **la ~** (*Couture*) la confección; **vêtement de ~** ropa de confección

conférence [kɔ̃feʀɑ̃s] *nf* conferencia; **~ de presse** conferencia de prensa

confesser [kɔ̃fese] *vt* confesar **• confession** *nf* confesión *f*

confiance [kɔ̃fjɑ̃s] *nf* confianza; **avoir ~ en** tener confianza en; **~ en soi** confianza en sí mismo

confiant, e [kɔ̃fjɑ̃, jɑ̃t] *adj* confiado(-a)

confidence [kɔ̃fidɑ̃s] *nf* confidencia **• confidentiel, le** *adj* confidencial

confier [kɔ̃fje] *vt* confiar; **~ qch à qn** (*en dépôt, garde*) confiar algo a algn; **se ~ à qn** confiarse a algn

confirmation [kɔ̃fiʀmasjɔ̃] *nf* confirmación *f*

confirmé, e [kɔ̃fiʀme] *adj* (*expérimenté*) avanzado(-a)

confirmer [kɔ̃fiʀme] *vt* confirmar

confiserie [kɔ̃fizʀi] *nf* confitería; **confiseries** *nfpl* (*bonbons*) golosinas *fpl*

confisquer [kɔ̃fiske] *vt* (*Jur*) confiscar; (*à un enfant*) quitar

confit, e [kɔ̃fi, it] *adj* : **fruits ~s** frutas *fpl* confitadas; **~ d'oie** *nm* conserva de oca en su grasa

confiture [kɔ̃fityʀ] *nf* confitura, mermelada

conflit [kɔ̃fli] *nm* conflicto; (*fig*) choque *m*, conflicto; **~ d'intérêts** conflicto de intereses

confondre [kɔ̃fɔ̃dʀ] *vt* confundir

conforme [kɔ̃fɔʀm] *adj* : **~ à** conforme a; **copie certifiée ~ (à l'original)** copia compulsada **• conformément** *adv* : **~ à** conforme a, según **• conformer** : **se conformer à** *vpr* adecuarse a, adaptarse a

confort [kɔ̃fɔʀ] *nm* confort *m*; **tout ~** con todas las comodidades **• confortable** *adj* confortable, cómodo(-a)

confronter [kɔ̃fʀɔ̃te] *vt* confrontar

confus, e [kɔ̃fy, yz] *adj* confuso(-a) **• confusion** *nf* confusión *f*

congé [kɔ̃ʒe] *nm* (*vacances*) vacaciones *fpl*; (*arrêt de travail*) descanso; **en ~** de vacaciones; **semaine/jour de ~** semana/día *m* de vacaciones; **prendre ~ de qn** despedirse de algn; **donner son ~ à** despedir a; **~ de maladie** baja por enfermedad; **~ de maternité** baja maternal; **~s payés** vacaciones pagadas

congédier [kɔ̃ʒedje] *vt* despedir

congélateur [kɔ̃ʒelatœʀ] *nm* congelador *m*

congeler [kɔ̃ʒ(ə)le] *vt* congelar

congestion [kɔ̃ʒɛstjɔ̃] *nf* (*routière, postale*) congestión *f*; **~ cérébrale** derrame *m* cerebral

congrès [kɔ̃gʀɛ] *nm* congreso

conifère [kɔnifɛʀ] *nm* conífera

conjoint, e [kɔ̃ʒwɛ̃, wɛ̃t] *adj* conjunto(-a) ▶ *nm/f* (*époux*) cónyuge *mf*

conjonctivite [kɔ̃ʒɔ̃ktivit] *nf* conjuntivitis *f inv*

conjoncture [kɔ̃ʒɔ̃ktyʀ] *nf* coyuntura
conjugaison [kɔ̃ʒygɛzɔ̃] *nf* conjugación *f*
conjuguer [kɔ̃ʒyge] *vt* (*Ling*) conjugar
connaissance [kɔnɛsɑ̃s] *nf* (*savoir*) conocimiento; (*personne connue*) conocido(-a); **être sans ~** (*Méd*) estar sin conocimiento; **perdre/reprendre ~** perder/recobrar el conocimiento; **à ma/sa ~** por lo que sé/sabe
connaisseur, -euse [kɔnɛsœʀ, øz] *nm/f* conocedor(a), entendido(-a)
connaître [kɔnɛtʀ] *vt* conocer; (*adresse*) conocer, saber; **se connaître** *vpr* conocerse; (*se rencontrer*) conocerse, encontrarse; **~ qn de nom/vue** conocer a algn de nombre/vista
connecté, e [kɔnɛkte] *adj* (*Inform*) conectado(-a)
connecter [kɔnɛkte] *vt* conectar
connerie [kɔnʀi] (*fam!*) *nf* gilipollez *f*
connu, e [kɔny] *pp de* **connaître** ▸ *adj* conocido(-a)
conquête [kɔ̃kɛt] *nf* conquista
consacrer [kɔ̃sakʀe] *vt* (*fig*) consagrar; **~ qch à** (*employer*) dedicar algo a
conscience [kɔ̃sjɑ̃s] *nf* conciencia; **avoir ~ de** ser consciente de; **prendre ~ de** (*situation, responsabilité*) tomar conciencia de; **avoir qch sur la ~** tener el peso de algo en la conciencia; **perdre/reprendre ~** perder/recuperar el conocimiento; **avoir bonne/mauvaise ~** tener buena/mala conciencia • **consciencieux, -euse** *adj* concienzudo(-a) • **conscient, e** *adj* consciente
consécutif, -ive [kɔ̃sekytif, iv] *adj* consecutivo(-a); **~ à** debido(-a) a
conseil [kɔ̃sɛj] *nm* consejo; **prendre ~ (auprès de qn)** consultar (a algn)
conseiller[1] [kɔ̃seje] *vt* aconsejar a; **~ à qn de faire qch** aconsejar a algn hacer algo
conseiller[2], **-ère** [kɔ̃seje, ɛʀ] *nm/f* consejero(-a); **~ d'orientation** (*Scol*) asesor(a) de orientación profesional
consentement [kɔ̃sɑ̃tmɑ̃] *nm* consentimiento
consentir [kɔ̃sɑ̃tiʀ] *vt* : **~ (à qch/à faire)** consentir (en algo/en hacer)
conséquence [kɔ̃sekɑ̃s] *nf* consecuencia; **conséquences** *nfpl* (*effet, répercussion*) consecuencias *fpl*; **en ~** (*donc*) en consecuencia, por consiguiente; (*de façon appropriée*) en consecuencia • **conséquent, e** *adj* : **par ~** por consiguiente, por lo tanto
conservateur, -trice [kɔ̃sɛʀvatœʀ, tʀis] *adj* conservador(a) ▸ *nm/f* conservador(a)
conservatoire [kɔ̃sɛʀvatwaʀ] *nm* (*de musique*) conservatorio
conserve [kɔ̃sɛʀv] *nf* (*gén pl* : *aliments*) conserva; **en ~** en conserva
conserver [kɔ̃sɛʀve] *vt* conservar; (*habitude*) mantener, conservar

considérable [kɔ̃sideʀabl] *adj* considerable
considération [kɔ̃sideʀasjɔ̃] *nf* consideración *f*
considérer [kɔ̃sideʀe] *vt* considerar; **~ qch comme** considerar algo como
consigne [kɔ̃siɲ] *nf* (*ordre, instruction, de gare*) consigna; (*de bouteilles*) importe *m* (del envase); **~ automatique** consigna automática
consister [kɔ̃siste] *vi* : **~ en** *ou* **dans** consistir en; **~ à faire** consistir en hacer
consoler [kɔ̃sɔle] *vt* consolar
consommateur, -trice [kɔ̃sɔmatœʀ, tʀis] *nm/f* (*Écon*) consumidor(a); (*dans un café*) cliente *mf*
consommation [kɔ̃sɔmasjɔ̃] *nf* consumo; (*au café*) consumición *f*; **la ~** (*Écon*) el consumo; **de ~** (*biens*) de consumo; **~ aux 100 km** (*Auto*) consumo cada 100 km
consommer [kɔ̃sɔme] *vt* consumir ▶ *vi* (*dans un café*) consumir, tomar
consonne [kɔ̃sɔn] *nf* consonante *f*
constamment [kɔ̃stamɑ̃] *adv* constantemente
constant, e [kɔ̃stɑ̃, ɑ̃t] *adj* constante
constat [kɔ̃sta] *nm* (*d'huissier*) acta
constatation [kɔ̃statasjɔ̃] *nf* (*d'un fait*) constatación *f*
constater [kɔ̃state] *vt* (*remarquer*) advertir, observar; (*Admin, Jur*) testificar; (*dégâts*) constatar
consterner [kɔ̃stɛʀne] *vt* consternar
constipé, e [kɔ̃stipe] *adj* estreñido(-a)
constitué, e [kɔ̃stitɥe] *adj* : **~ de** constituido(-a) por, integrado(-a) por
constituer [kɔ̃stitɥe] *vt* constituir; (*dossier*) elaborar; (*collection*) reunir
constructeur [kɔ̃stʀyktœʀ] *nm* constructor *m*
constructif, -ive [kɔ̃stʀyktif, iv] *adj* constructivo(-a)
construction [kɔ̃stʀyksjɔ̃] *nf* construcción *f*
construire [kɔ̃stʀɥiʀ] *vt* construir
consul [kɔ̃syl] *nmf* cónsul *mf*
• **consulat** *nm* consulado
consultant, e [kɔ̃syltɑ̃, ɑ̃t] *adj* consultor(a)
consultation [kɔ̃syltasjɔ̃] *nf* consulta; **heures de ~** (*Méd*) horas *fpl* de consulta
consulter [kɔ̃sylte] *vt* consultar
contact [kɔ̃takt] *nm* contacto; **au ~ de** al contacto con; **mettre/couper le ~** (*Auto*) encender *ou* poner/apagar *ou* quitar el contacto; **prendre ~ avec** ponerse en contacto con
• **contacter** *vt* contactar con
contagieux, -euse [kɔ̃taʒjø, jøz] *adj* contagioso(-a)
contaminer [kɔ̃tamine] *vt* contaminar
conte [kɔ̃t] *nm* cuento; **~ de fées** cuento de hadas
contempler [kɔ̃tɑ̃ple] *vt* contemplar
contemporain, e [kɔ̃tɑ̃pɔʀɛ̃, ɛn] *adj, nm/f* contemporáneo(-a)

contenir [kɔ̃t(ə)niʀ] *vt (aussi fig)* contener; *(local)* tener una capacidad de *ou* para

content, e [kɔ̃tɑ̃, ɑ̃t] *adj* contento(-a); **~ de qn/qch** contento(-a) con algn/algo • **contenter**: **se contenter de** *vpr* contentarse con

contenu, e [kɔ̃t(ə)ny] *pp de* **contenir** ▸ *nm* contenido

conter [kɔ̃te] *vt* contar, relatar

contestable [kɔ̃tɛstabl] *adj* discutible

conteste [kɔ̃tɛst] : **sans ~** *adv* sin discusión • **contester** *vt* discutir, cuestionar ▸ *vi* discutir

contexte [kɔ̃tɛkst] *nm* contexto

continent [kɔ̃tinɑ̃] *nm* continente *m*

continu, e [kɔ̃tiny] *adj* continuo(-a); **courant ~** corriente *f* continua

continuel, e [kɔ̃tinɥɛl] *adj (qui se répète)* constante; *(continu : pluie etc)* continuo(-a)

continuer [kɔ̃tinɥe] *vt* continuar; *(voyage, études etc)* continuar, proseguir ▸ *vi* continuar; *(voyageur)* continuar, seguir; **~ à** *ou* **de faire** seguir haciendo

contourner [kɔ̃tuʀne] *vt* rodear, evitar

contraceptif, -ive [kɔ̃tʀasɛptif, iv] *adj* anticonceptivo(-a) ▸ *nm* anticonceptivo • **contraception** *nf* contracepción *f*

contracté, e [kɔ̃tʀakte] *adj (personne)* tenso(-a)

contracter [kɔ̃tʀakte] *vt* contraer; *(assurance)* contratar; **se contracter** *vpr (métal, muscles)* contraerse

contractuel, le [kɔ̃tʀaktɥɛl] *nm/f (agent)* controlador(a) del estacionamiento

contradiction [kɔ̃tʀadiksjɔ̃] *nf* contradicción *f*; **en ~ avec** en contradicción con • **contradictoire** *adj* contradictorio(-a)

contraignant, e [kɔ̃tʀɛɲɑ̃, ɑ̃t] *vb voir* **contraindre** ▸ *adj* apremiante

contraindre [kɔ̃tʀɛ̃dʀ] *vt* : **~ qn à qch/à faire qch** forzar a algn a algo/a hacer algo • **contrainte** *nf* coacción *f*

contraire [kɔ̃tʀɛʀ] *adj* contrario(-a), opuesto(-a); **au ~** al contrario

contrarier [kɔ̃tʀaʀje] *vt (irriter)* contrariar • **contrariété** *nf* contrariedad *f*

contraste [kɔ̃tʀast] *nm* contraste *m*

contrat [kɔ̃tʀa] *nm* contrato

contravention [kɔ̃tʀavɑ̃sjɔ̃] *nf (amende)* multa

contre [kɔ̃tʀ] *prép* contra; *(en échange)* por; **par ~** en cambio

contrebande [kɔ̃tʀəbɑ̃d] *nf* contrabando

contrebas [kɔ̃tʀəba] : **en ~** *adv* más abajo

contrebasse [kɔ̃tʀəbas] *nf* contrabajo

contrecœur [kɔ̃tʀəkœʀ] : **à ~** *adv* de mala gana, a regañadientes

contrecoup [kɔ̃tʀəku] *nm* rebote *m*

contredire [kɔ̃tʀədiʀ] *vt* contradecir

contrefaçon [kɔ̃tʀəfasɔ̃] *nf* falsificación *f*

contre-indication [kɔ̃tʀɛ̃dikasjɔ̃] (*pl* **contre-indications**) *nf* contraindicación *f* • **contre-indiqué, e** (*pl* **contre-indiqués, es**) *adj* contraindicado(-a)

contremaître [kɔ̃tʀəmɛtʀ] *nmf* contramaestre *m*, capataz *mf*

contreplaqué [kɔ̃tʀəplake] *nm* contrachapado

contresens [kɔ̃tʀəsɑ̃s] *nm* contrasentido; **à ~** en sentido contrario

contretemps [kɔ̃tʀətɑ̃] *nm* contratiempo

contribuer [kɔ̃tʀibɥe] : **~ à** *vt* contribuir a

contribution [kɔ̃tʀibysjɔ̃] *nf* contribución *f*; **mettre à ~** utilizar los servicios de

contrôle [kɔ̃tʀol] *nm* control *m*; **~ continu** (*Scol*) evaluación *f* continua; **~ d'identité** control de identidad

contrôler [kɔ̃tʀole] *vt* controlar; (*vérifier*) comprobar • **contrôleur, -euse** *nm/f* revisor(a), inspector(a) de boletos (AM)

controversé, e [kɔ̃tʀɔvɛʀse] *adj* controvertido(-a)

contusion [kɔ̃tyzjɔ̃] *nf* contusión *f*

convaincre [kɔ̃vɛ̃kʀ] *vt* : **~ qn (de qch/de faire)** convencer a algn (de algo/para que haga); **~ qn de** (*Jur*) inculpar a algn de

convalescence [kɔ̃valesɑ̃s] *nf* convalecencia

convenable [kɔ̃vnabl] *adj* (*personne, manières*) decoroso(-a), correcto(-a); (*salaire, travail*) aceptable

convenir [kɔ̃vniʀ] *vi* convenir; **~ à** (*être approprié à*) ser apropiado(-a) para; **~ de** (*fixer*) convenir, acordar; **~ que** (*admettre*) admitir que; **comme convenu** como estaba acordado

convention [kɔ̃vɑ̃sjɔ̃] *nf* (*accord*) convenio; (*Art, Théâtre*) reglas *fpl*; **conventions** *nfpl* (*règles, convenances*) convenciones *fpl* • **conventionné, e** *adj* (*clinique*) concertado(-a); (*médecin, pharmacie*) que tiene un acuerdo con la Seguridad Social

convenu, e [kɔ̃vny] *pp, adj* (*heure*) acordado(-a)

conversation [kɔ̃vɛʀsasjɔ̃] *nf* conversación *f*

convertir [kɔ̃vɛʀtiʀ] *vt* : **~ qch en** convertir algo en

conviction [kɔ̃viksjɔ̃] *nf* convicción *f*

convivial, e, -aux [kɔ̃vivjal, jo] *adj* sociable; (*Inform*) fácil de usar

convocation [kɔ̃vɔkasjɔ̃] *nf* convocatoria

convoquer [kɔ̃vɔke] *vt* convocar

coopération [kɔɔpeʀasjɔ̃] *nf* cooperación *f*

coopérer [kɔɔpeʀe] *vi* : **~ (à)** cooperar (en)

coordonné, e [kɔɔʀdɔne] *adj* coordinado(-a)

coordonner [kɔɔʀdɔne] *vt* coordinar

copain, copine [kɔpɛ̃, kɔpin] (*fam*) *nm/f* (*ami*) amigo(-a), colega *mf*; (*de classe, de régiment*) compañero(-a)

copie [kɔpi] *nf* copia; (*feuille d'examen*) hoja de examen • **copier** *vt* copiar; **~ sur** copiar a; **~ coller** (*Inform*) copiar y pegar • **copieur** *nm* copiadora

copieux, -euse [kɔpjø, jøz] *adj* (*repas*) copioso(-a), abundante; (*portion, notes, exemples*) abundante

copine [kɔpin] *nf voir* **copain**

coq [kɔk] *nm* gallo

coque [kɔk] *nf* (*de noix*) cáscara; (*de bateau, d'avion*) casco; (*mollusque*) berberecho; **à la ~** (*Culin*) pasado por agua

coquelicot [kɔkliko] *nm* amapola

coqueluche [kɔklyʃ] *nf* (*Méd*) tos ferina

coquet, te [kɔkɛ, ɛt] *adj* (*qui veut plaire*) coqueto(-a); (*robe, appartement*) coquetón(-ona); (*somme*) bonito(-a)

coquetier [kɔk(ə)tje] *nm* huevera

coquillage [kɔkijaʒ] *nm* (*mollusque*) marisco; (*coquille*) concha

coquille [kɔkij] *nf* (*de mollusque*) concha; (*de noix, d'œuf*) cáscara; (*Typo*) errata; **~ St Jacques** vieira

coquin, e [kɔkɛ̃, in] *adj* (*enfant, sourire, regard*) pícaro(-a)

cor [kɔʀ] *nm* (*Mus*) trompa; (*au pied*) callo

corail, -aux [kɔʀaj, o] *nm* coral *m*

Coran [kɔʀɑ̃] *nm* : **le ~** el Corán

corbeau, x [kɔʀbo] *nm* cuervo

corbeille [kɔʀbɛj] *nf* cesta; **~ à papiers** cesto de los papeles

corde [kɔʀd] *nf* (*gén*) cuerda; (*de violon, raquette*) cuerda; (*Athlétisme, Auto*) cuerda; **~ à linge** tendedero; **~ à sauter** comba; **~s vocales** cuerdas *fpl* vocales

cordée [kɔʀde] *nf* cordada

cordialement [kɔʀdjalmɑ̃] *adv* cordialmente

cordon [kɔʀdɔ̃] *nm* cordón *m*

cordonnerie [kɔʀdɔnʀi] *nf* zapatería • **cordonnier, -ière** *nm/f* zapatero(-a)

Corée [kɔʀe] *nf* Corea; **la ~ du Sud/du Nord** Corea del Sur/del Norte

coriace [kɔʀjas] *adj* correoso(-a)

corne [kɔʀn] *nf* cuerno

cornée [kɔʀne] *nf* córnea

corneille [kɔʀnɛj] *nf* corneja

cornemuse [kɔʀnəmyz] *nf* cornamusa, gaita

cornet [kɔʀnɛ] *nm* cucurucho

corniche [kɔʀniʃ] *nf* (*route*) carretera de cornisa

cornichon [kɔʀniʃɔ̃] *nm* pepinillo

corporel, le [kɔʀpɔʀɛl] *adj* corporal

corps [kɔʀ] *nm* cuerpo

correct, e [kɔʀɛkt] *adj* correcto(-a) • **correcteur, -trice** *nm/f* (*d'examen*) examinador(a); (*Typo*) corrector(a) • **correction** *nf* corrección *f*; (*coups*) paliza, golpiza (AM)

correspondance [kɔʀɛspɔ̃dɑ̃s] *nf* correspondencia; (*de train, d'avion*) empalme *m*; **cours par ~** curso por correspondencia; **vente par ~** venta por correo

correspondant, e [kɔʀɛspɔ̃dɑ̃, ɑ̃t] *adj* correspondiente ▶ *nm* (*au téléphone*) interlocutor(a)

correspondre [kɔʀɛspɔ̃dʀ] *vi* corresponder; **~ à** corresponder a; **~ avec qn** cartearse con algn

corrida [kɔʀida] *nf* corrida

corridor [kɔʀidɔʀ] *nm* pasillo

corrigé [kɔʀiʒe] *nm (Scol)* solución *f*
corriger [kɔʀiʒe] *vt* corregir
corrompre [kɔʀɔ̃pʀ] *vt* corromper
corruption [kɔʀypsjɔ̃] *nf* corrupción *f*
corse [kɔʀs] *adj* corso(-a) ▶ *nf*: **Corse** Córcega ▶ *nmf*: **Corse** corso(-a)
corsé, e [kɔʀse] *adj (café etc)* fuerte; *(problème)* arduo(-a)
cortège [kɔʀtɛʒ] *nm (funèbre)* comitiva; *(de manifestants)* desfile *m*
cortisone [kɔʀtizɔn] *nf* cortisona
corvée [kɔʀve] *nf* faena
cosmétique [kɔsmetik] *nm (produit de beauté)* cosmético ▶ *adj* cosmético(-a)
cosmopolite [kɔsmɔpɔlit] *adj* cosmopolita
costaud, e [kɔsto, od] *adj* robusto(-a)
costume [kɔstym] *nm* traje *m*; *(de théâtre)* vestuario • **costumé, e** *adj* disfrazado(-a)
cote [kɔt] *nf (d'une valeur boursière)* cotización *f*
côte [kot] *nf (rivage)* costa; *(pente)* cuesta; *(Anat, Boucherie)* costilla; **~ à ~** uno al lado de otro; **la C~ (d'Azur)** la Costa Azul
côté [kote] *nm (Géom, gén)* lado; *(du corps)* costado; *(feuille)* cara; **de tous (les) ~s** por todos lados, por todas partes; **de quel ~ est-il parti ?** ¿en qué dirección salió?; **de ce/de l'autre ~** de este/del otro lado; **d'un ~ ... d'un autre ~** por una parte ... por otra; **du ~ de** *(provenance)* por el lado de; *(direction)* en dirección a, de camino a; *(proximité)* cerca de, por; **il habite du ~ de Lyon** vive cerca de Lyon; **de ~** *(marcher)* de lado; **laisser de ~** dejar de lado; **mettre de ~** poner a un lado; **de chaque ~ (de)** a cada lado (de), a ambos lados (de); **de mon ~** por mi parte; **regarder de ~** mirar de soslayo; **à ~** al lado; **à ~ de** al lado de
côtelette [kotlɛt] *nf* chuleta
côtier, -ière [kotje, jɛʀ] *adj* costero(-a)
cotisation [kɔtizasjɔ̃] *nf (à un club, syndicat)* cuota; *(pour une pension, sécurité sociale)* cotización *f*
cotiser [kɔtize] *vi (à une assurance etc)*: **~ (à)** cotizar; **se cotiser** *vpr* pagar a escote
coton [kɔtɔ̃] *nm* algodón *m*; **~ hydrophile** algodón hidrófilo
Coton-Tige® [kɔtɔ̃tiʒ] *(pl* **Cotons-Tiges**) *nm* bastoncillo
cou [ku] *nm* cuello
couchant [kuʃɑ̃] *adj*: **soleil ~** sol *m* poniente
couche [kuʃ] *nf (de bébé)* pañal *m*; *(gén, Géologie)* capa; **~s sociales** capas *fpl* sociales
couché, e [kuʃe] *adj* tumbado(-a), tendido(-a); *(au lit)* acostado(-a)
coucher [kuʃe] *nm (du soleil)* puesta ▶ *vt (mettre au lit)* acostar; *(étendre)* tumbar, tender; **se coucher** *vpr (pour dormir)* acostarse; *(pour se reposer)* tumbarse, acostarse; *(soleil)* ponerse
couchette [kuʃɛt] *nf* litera
coucou [kuku] *nm* cuclillo ▶ *excl* ¡hola!

coude [kud] *nm* codo
coudre [kudʀ] *vt, vi* coser
couette [kwɛt] *nf* (*édredon*) edredón *m*
couffin [kufɛ̃] *nm* (*de bébé*) moisés *m*
couler [kule] *vi* (*fleuve*) fluir; (*liquide, sang*) correr; (*stylo*) perder tinta; (*récipient*) gotear; (*nez*) moquear; (*bateau*) hundirse ▶ *vt* colar; (*bateau*) hundir; (*entreprise*) hundir, arruinar
couleur [kulœʀ] *nf* color *m*; (*Cartes*) palo; **couleurs** *nfpl* (*du teint, dans un tableau*) colores *mpl*, colorido; **film/télévision en ~s** película/televisión *f* en color; **de ~** de color
couleuvre [kulœvʀ] *nf* culebra
coulisse [kulis]: **coulisses** *nfpl* (*Théâtre*) bastidores *mpl*; (*fig*): **dans les ~s** entre bastidores
coup [ku] *nm* golpe *m*; (*avec arme à feu*) disparo; (*frappé par une horloge*) campanada; (*fam : fois*) vez *f*; **en ~ de vent** como un rayo; **donner** *ou* **passer un ~ de balai (dans)** dar un barrido (a), pasar la escoba (por); **boire un ~** echar un trago; **être dans le/hors du ~** estar/no estar en el ajo; **du ~** así que; **d'un seul ~** (*subitement*) de repente; (*à la fois*) de un solo golpe; **du premier ~** al primer intento; **du même ~** al mismo tiempo; **à ~ sûr ...** seguro que ...; **après ~** después; **~ sur ~** uno(-a) tras otro(-a); **sous le ~ de** (*surprise etc*) afectado(-a) por; **~ d'envoi** (*Sport*) saque *m* de centro; (*fig*) pistoletazo de salida; **~ d'État** golpe de estado; **~ d'œil** vistazo, ojeada; **~ de chance** golpe de suerte; **~ de coude** codazo; **~ de couteau** cuchillada; **~ de feu** disparo; **~ de frein** (*Auto*) frenazo; **~ de main** : **donner un ~ de main à qn** echar una mano a algn; **~ de pied** patada; **~ de poing** puñetazo; **~ de soleil** insolación *f*; **~ de sonnette** timbrazo; **~ de téléphone** telefonazo, llamado (AM); **~ de tête** (*fig*) cabezonada; **~ de tonnerre** trueno
coupable [kupabl] *adj, nmf* culpable *mf*
coupe [kup] *nf* corte *f*; (*verre, Sport*) copa; (*à fruits*) frutero
couper [kupe] *vt* cortar; (*retrancher*) suprimir; (*eau, courant*) cortar, quitar; (*appétit, fièvre*) quitar; (*vin, liquide*) aguar ▶ *vi* cortar; (*prendre un raccourci*) atajar; **se couper** *vpr* cortarse; **~ la parole à qn** quitar la palabra a algn, interrumpir a algn
couple [kupl] *nm* pareja
couplet [kuplɛ] *nm* (*Mus*) copla, estrofa
coupole [kupɔl] *nf* cúpula
coupon [kupɔ̃] *nm* (*ticket*) cupón *m*, bono
coupure [kupyʀ] *nf* corte *m*; (*billet de banque*) billete *m*; **~ de courant/d'eau** corte de corriente/de agua
cour [kuʀ] *nf* (*de ferme*) corral *m*; (*de jardin, immeuble*) patio; (*Jur*) tribunal *m*; (*royale*) corte *f*; **faire la ~ à qn** hacer la corte a algn; **~ de récréation** patio
courage [kuʀaʒ] *nm* valor *m*; (*ardeur, énergie*) coraje *m*
• **courageux, -euse** *adj* valiente, valeroso(-a)

courammment [kuʀamɑ̃] *adv* (*souvent*) frecuentemente; (*parler*) con soltura

courant, e [kuʀɑ̃, ɑ̃t] *adj* (*fréquent*) corriente, común; (*gén, Comm*) corriente ▸ *nm* corriente *f*; **être au ~ (de)** estar al corriente (de); **mettre qn au ~ (de)** poner a algn al corriente (de); **se tenir au ~ (de)** mantenerse al corriente (de); **dans le ~ de** durante; **~ d'air** corriente de aire; **~ électrique** corriente eléctrica

courbature [kuʀbatyʀ] *nf*: **courbatures** (*Sport*) agujetas *fpl*

courbe [kuʀb] *adj* curvo(-a) ▸ *nf* curva

coureur, -euse [kuʀœʀ, øz] *nm/f* corredor(a)

courge [kuʀʒ] *nf* calabaza • **courgette** *nf* calabacín *m*

courir [kuʀiʀ] *vi* correr ▸ *vt* (*Sport*) disputar; (*danger, risque*) correr; **~ les magasins** ir de compras, ir de tiendas

couronne [kuʀɔn] *nf* (*aussi fig*) corona

courons *etc* [kuʀɔ̃] *vb voir* **courir**

courriel [kuʀjɛl] *nm* email *m*

courrier [kuʀje] *nm* correo; (*rubrique*) prensa; **~ électronique** correo electrónico

courroie [kuʀwa] *nf* correa

courrons *etc* [kuʀɔ̃] *vb voir* **courir**

cours [kuʀ] *vb voir* **courir** ▸ *nm* clase *f*; (*série de leçons*) clases *fpl*, curso; (*établissement*) academia; (*des événements, d'une rivière*) curso; (*avenue*) avenida, paseo; (*Comm*) valor *m*, precio; **donner libre ~ à** dar rienda suelta a; **avoir ~** (*monnaie*) estar en circulación; (*fig*) estilarse; (*Scol*) tener clase; **en ~** (*année*) en curso; (*travaux*) en curso, pendiente; **en ~ de route** en el camino; **au ~ de** durante, en el transcurso de; **le ~ du change** el cambio; **~ d'eau** río; **~ du soir** (*Scol*) clase nocturna

course [kuʀs] *nf* (*gén, d'un taxi, du soleil*) carrera; **courses** *nfpl* (*achats*) compras *fpl*; **faire les** *ou* **ses ~s** ir de compras

court, e [kuʀ, kuʀt] *adj* (*temps*) corto(-a), breve; (*en longueur, distance*) corto(-a); (*en hauteur*) bajo(-a) ▸ *adv* corto ▸ *nm* (*de tennis*) pista, cancha; **à ~ de** escaso de • **court-circuit** (*pl* **courts-circuits**) *nm* cortocircuito

courtoisie [kuʀtwazi] *nf* cortesía

couru, e [kuʀy] *pp de* **courir**

cousais *etc* [kuzɛ] *vb voir* **coudre**

couscous [kuskus] *nm* cuscús *m*, alcuzcuz *m*

cousin, e [kuzɛ̃, in] *nm/f* primo(-a); **~ germain** primo hermano *ou* carnal

coussin [kusɛ̃] *nm* cojín *m*

cousu, e [kuzy] *pp de* **coudre**

coût [ku] *nm* (*d'un travail, objet*) coste *m*, precio; **le ~ de la vie** el coste de la vida

couteau, x [kuto] *nm* cuchillo

coûter [kute] *vt* costar ▸ *vi* : **~ à qn** costarle a algn; **combien ça coûte ?** ¿cuánto cuesta?, ¿cuánto vale?; **coûte que coûte** a toda costa • **coûteux, -euse** *adj* costoso(-a)

coutume [kutym] *nf* costumbre *f*

couture [kutyʀ] *nf* costura • **couturier, -ière** *nm/f* costurero(a) ▸ *nm* modisto(-a) *mf*

couvent [kuvɑ̃] *nm* convento
couver [kuve] *vt* (*œufs, maladie*) incubar
couvercle [kuvɛʀkl] *nm* tapa
couvert, e [kuvɛʀ, ɛʀt] *pp de* **couvrir** ▸ *adj* cubierto(-a) ▸ *nm* cubierto; **couverts** *nmpl* (*cuiller, couteau, fourchette*) cubiertos *mpl*; **mettre le ~** poner la mesa
couverture [kuvɛʀtyʀ] *nf* (*de lit*) manta, frazada (*AM*), cobija (*AM*)
couvre-lit [kuvʀəli] (*pl* **couvre-lits**) *nm* colcha
couvrir [kuvʀiʀ] *vt* cubrir; (*d'ornements, d'éloges*) : **~ qch/qn de** cubrir a algo/algn de; (*erreur*) ocultar; (*distance*) recorrer; **se couvrir** *vpr* cubrirse; **se ~ de** (*fleurs, boutons*) llenarse de
covoiturage [kovwatyʀaʒ] *nm* uso de vehículos compartidos; **le meilleur site de ~** la mejor web para compartir vehículo
cow-boy [kobɔj] (*pl* **cow-boys**) *nm* vaquero
crabe [kʀɑb] *nm* cangrejo (de mar)
cracher [kʀaʃe] *vi, vt* escupir
crachin [kʀaʃɛ̃] *nm* llovizna, garúa (*AM*)
craie [kʀɛ] *nf* (*substance*) greda; (*morceau*) tiza, gis *m* (*Mex*)
craindre [kʀɛ̃dʀ] *vt* temer; (*être sensible à*) no tolerar
crainte [kʀɛ̃t] *nf* temor *m*; **(de) ~ de/que** por temor a/a que • **craintif, -ive** *adj* temeroso(-a)
crampe [kʀɑ̃p] *nf* calambre *m*
crampon [kʀɑ̃pɔ̃] *nm* (*de semelle*) taco; (*Alpinisme*) crampón *m* • **cramponner** : **se ~ (à)** agarrarse (a)
cran [kʀɑ̃] *nm* (*de courroie*) ojete *m*; (*courage*) agallas *fpl*
crapaud [kʀapo] *nm* sapo
craquement [kʀakmɑ̃] *nm* crujido
craquer [kʀake] *vi* (*bois, plancher*) crujir; (*fil, branche*) romperse; (*couture*) estallar; (*s'effondrer*) derrumbarse ▸ *vt* : **je craque** (*fam*) me vuelvo loco(-a)
crasse [kʀas] *nf* mugre *f* • **crasseux, -euse** *adj* mugriento(-a), mugroso(-a) (*AM*)
cravache [kʀavaʃ] *nf* fusta
cravate [kʀavat] *nf* corbata
crawl [kʀol] *nm* crol *m*
crayon [kʀɛjɔ̃] *nm* lápiz *m*; **~ de couleur** lápiz de color
création [kʀeasjɔ̃] *nf* creación *f*
crèche [kʀɛʃ] *nf* (*de Noël*) nacimiento, belén *m*; (*garderie*) guardería
crédit [kʀedi] *nm* (*confiance, autorité, Écon*) crédito; **crédits** *nmpl* fondos *mpl* • **créditer** *vt* : **~ un compte (de)** abonar en cuenta
créer [kʀee] *vt* crear
crémaillère [kʀemajɛʀ] *nf* : **pendre la ~** festejar el estreno de una casa
crème [kʀɛm] *nf* crema; (*du lait*) nata, crema ▸ *adj inv* crema; **un (café) ~** un café con leche; **~ à raser** crema de afeitar; **~ Chantilly** nata Chantilly • **crémeux, -euse** *adj* cremoso(-a)
créneau, x [kʀeno] *nm* (*de fortification*) almena; (*Comm*) segmento de mercado; **faire un ~** (*Auto*) aparcar hacia atrás
crêpe [kʀɛp] *nf* crêpe *f*, panqueque *m* (*AM*) ▸ *nm* (*tissu*)

crespón *m* • **crêperie** *nf* crepería
crépuscule [kʀepyskyl] *nm* crepúsculo
cresson [kʀesɔ̃] *nm* berro
creuser [kʀøze] *vt* cavar; (*bois*) vaciar; (*problème, idée*) cavilar; **ça creuse** (*fam*) eso abre el apetito; **se ~ la cervelle** *ou* **la tête** romperse la cabeza
creux, -euse [kʀø, kʀøz] *adj* hueco(-a) ▸ *nm* hueco; **heures creuses** (*transports*) horas *fpl* de menos tráfico; (*travail*) horas muertas
crevaison [kʀəvɛzɔ̃] *nf* pinchazo
crevé, e [kʀəve] *adj* (*pneu*) pinchado(-a); (*fam*) : **je suis ~** estoy reventado(-a)
crever [kʀəve] *vt* estallar, explotar ▸ *vi* (*pneu, automobiliste*) pinchar; (*abcès, outre*) reventar; (*fam* : *mourir*) palmarla
crevette [kʀəvɛt] *nf* : **~ rose** gamba; **~ grise** quisquilla, camarón *m*
cri [kʀi] *nm* grito
criard, e [kʀijaʀ, kʀijaʀd] *adj* (*couleur*) chillón(-ona)
cric [kʀik] *nm* (*Auto*) gato
crier [kʀije] *vi* gritar ▸ *vt* (*ordre*) dar a gritos; (*injure*) lanzar
crime [kʀim] *nm* crimen *m* • **criminel, le** *adj, nm/f* criminal *mf*
crin [kʀɛ̃] *nm* crin *f*
crinière [kʀinjɛʀ] *nf* (*de cheval*) crines *fpl*; (*de lion*) melena
crique [kʀik] *nf* cala
criquet [kʀikɛ] *nm* langosta
crise [kʀiz] *nf* crisis *f inv*; **~ cardiaque** ataque *m* cardíaco; **~ de foie** cólico biliar; **~ de nerfs** ataque de nervios, crisis nerviosa
cristal, -aux [kʀistal, o] *nm* cristal *m*
critère [kʀitɛʀ] *nm* criterio
critiquable [kʀitikabl] *adj* discutible
critique [kʀitik] *adj* crítico(-a) ▸ *nf* crítica ▸ *nmf* (*personne*) crítico(-a)
critiquer [kʀitike] *vt* criticar
Croatie [kʀɔasi] *nf* Croacia
crochet [kʀɔʃɛ] *nm* gancho; (*détour*) desvío, rodeo; (*Tricot*) ganchillo
crocodile [kʀɔkɔdil] *nm* cocodrilo
croire [kʀwaʀ] *vt* creer; **se ~ fort** considerarse fuerte; **~ que** creer que; **~ à** *ou* **en** creer en
croisade [kʀwazad] *nf* cruzada
croisement [kʀwazmɑ̃] *nm* (*carrefour, Biol*) cruce *m*
croiser [kʀwaze] *vt* cruzar; (*personne, voiture*) cruzarse con, encontrar; **se croiser** *vpr* cruzarse; **~ les jambes/les bras** cruzar las piernas/los brazos
croisière [kʀwazjɛʀ] *nf* crucero
croissance [kʀwasɑ̃s] *nf* crecimiento
croissant, e [kʀwasɑ̃, ɑ̃t] *vb voir* **croître** ▸ *adj* creciente ▸ *nm* (*gâteau*) croissant *m*
croître [kʀwatʀ] *vi* crecer
croix [kʀwa] *nf* cruz *f*; **en ~** en cruz; **la C~-Rouge** la Cruz Roja
croque-monsieur [kʀɔkməsjø] *nm inv sandwich de jamón y queso (tostado)*
croquer [kʀɔke] *vt* (*manger, fruit*) comer ▸ *vi* crujir; **chocolat à ~** chocolate *m* negro
croquis [kʀɔki] *nm* croquis *m inv*, boceto

crotte [kRɔt] *nf* caca • **crottin** *nm* (*petit fromage de chèvre*) quesito redondo de cabra
croustillant, e [kRustijɑ̃, ɑ̃t] *adj* crujiente
croûte [kRut] *nf* (*du fromage, pain*) corteza; (*Méd*) costra, postilla; **en ~** (*Culin*) en pastel
croûton [kRutɔ̃] *nm* (*Culin*) picatoste *m*; (*extrémité : du pain*) cuscurro
croyant, e [kRwajɑ̃, ɑ̃t] *vb voir* **croire** ▶ *adj* (*Rel*) : **être/ne pas être ~** ser/no ser creyente
CRS [seɛRɛs] *sigle fpl* (= *Compagnies républicaines de sécurité : corps de la police*) brigada antidisturbios ▶ *sigle mf* (*policier*) (agente *mf*) antidisturbios *mf inv*
cru, e [kRy] *pp de* **croire** ▶ *adj* (*non cuit*) crudo(-a); (*lumière, couleur*) fuerte, vivo(-a); (*description, langage*) crudo(-a) ▶ *nm* (*vignoble*) viñedo; (*vin*) caldo
crû, e [kRy] *pp de* **croître**
cruauté [kRyote] *nf* crueldad *f*
cruche [kRyʃ] *nf* cántaro
crucifix [kRysifi] *nm* crucifijo
crudité [kRydite]: **crudités** *nfpl* (*Culin*) verduras *fpl* y hortalizas crudas
crue [kRy] *pp de* **croire** ; **croître** ▶ *adj f voir* **cru** ▶ *nf* crecida
cruel, le [kRyɛl] *adj* (*personne, sort*) cruel; (*froid*) despiadado(-a)
crustacés [kRystase] *nmpl* crustáceos *mpl*
Cuba [kyba] *nf ou nm* Cuba • **cubain, e** *adj* cubano(-a) ▶ *nm/f* : **Cubain, e** cubano(-a)
cube [kyb] *nm* cubo; (*Math*) : **2 au ~ = 8** 2 al cubo = 8; **mètre ~** metro cúbico

cueillette [kœjɛt] *nf* recolección *f*
cueillir [kœjiR] *vt* recoger; (*attraper : fam*) pillar
cuiller [kɥijɛR] *nf* cuchara; **~ à café** cucharilla; **~ à soupe** cuchara sopera
cuillère [kɥijɛR] *nf* = **cuiller** • **cuillerée** *nf* cucharada
cuir [kɥiR] *nm* cuero
cuire [kɥiR] *vt* (*aliments, poterie*) cocer; (*au four*) asar ▶ *vi* cocerse; **bien cuit** (*viande*) bien hecho *ou* pasado; **trop cuit** demasiado hecho *ou* pasado; **cuit à point** hecho en su punto
cuisine [kɥizin] *nf* cocina; **faire la ~** preparar la comida • **cuisiné, e** *adj* : **plat ~** plato cocinado • **cuisiner** *vt* cocinar; (*fam*) acribillar a preguntas a ▶ *vi* cocinar • **cuisinier, -ière** *nm/f* cocinero(-a) • **cuisinière** *nf* (*poêle*) cocina
cuisse [kɥis] *nf* (*Anat*) muslo; (*de poulet*) muslo; (*de mouton*) pierna
cuisson [kɥisɔ̃] *nf* cocción *f*
cuit, e [kɥi, kɥit] *pp de* **cuire** ▶ *adj* cocido(-a)
cuivre [kɥivR] *nm* cobre *m*; **les ~s** (*Mus*) los cobres
cul [ky] *nm* (*fam! : derrière*) culo (*fam!*)
culminant [kylminɑ̃] *adj* : **point ~** punto culminante
culot [kylo] *nm* (*fam : effronterie*) cara, desfachatez *f*
culotte [kylɔt] *nf* (*pantalon*) pantalón *m* corto; (*de femme*) : **(petite) ~** bragas *fpl*, calzones *mpl* (AM)
culte [kylt] *nm* culto; (*en apposition*) de culto

cultivateur, -trice [kyltivatœʀ, tʀis] *nm/f* cultivador(a)
cultivé, e [kyltive] *adj (terre)* cultivado(-a); *(personne)* culto(-a)
cultiver [kyltive] *vt* cultivar
culture [kyltyʀ] *nf* cultivo; *(connaissances)* cultura; **~ physique** cultura física • **culturel, le** *adj* cultural
cumin [kymɛ̃] *nm* comino
cure [kyʀ] *nf (Méd)* cura
curé [kyʀe] *nm* cura *m*, párroco
cure-dent [kyʀdɑ̃] *(pl* **cure-dents**) *nm* palillo, mondadientes *m inv*
curieusement [kyʀjøzmɑ̃] *adv* curiosamente
curieux, -euse [kyʀjø, jøz] *adj* curioso(-a) ▸ *nmpl* curiosos *mpl*, mirones *mpl* • **curiosité** *nf* curiosidad *f*; *(objet, site)* singularidad *f*
cutané, e [kytane] *adj* cutáneo(-a)
cuve [kyv] *nf* cuba; *(à mazout etc)* depósito, tanque *m*
cuvette [kyvɛt] *nf (récipient)* palangana; *(des w-c)* taza; *(Géo)* hondonada
CV [seve] *sigle m (= curriculum vitae)* CV *(= currículum vítae)*; *(= cheval vapeur)* CV *(= caballos de vapor)*
cyberattaque [sibɛʀatak] *nf* ciberataque *m*
cybercafé [sibɛʀkafe] *nm* cibercafé *m*
cyberfraude [sibɛʀfʀod] *nf* ciberfraude *m*
cyberharcèlement [sibɛʀaʀsɛlmɑ̃] *nm* ciberacoso
cybersécurité [sibɛʀsekyʀite] *nf* ciberseguridad *f*, seguridad *f* en Internet
cyclable [siklabl] *adj* : **piste ~** pista para ciclistas
cycle [sikl] *nm (vélo)* velocípedo; *(naturel, biologique)* ciclo; **1er ~** *(Scol)* ≈ segunda etapa de educación primaria; **2ème ~** ≈ educación secundaria • **cyclisme** *nm* ciclismo • **cycliste** *nmf* ciclista *mf* ▸ *adj* : **coureur ~** corredor *m* ciclista
cyclomoteur [siklomɔtœʀ] *nm* ciclomotor *m*
cyclone [siklon] *nm* ciclón *m*
cygne [siɲ] *nm* cisne *m*
cylindre [silɛ̃dʀ] *nm* cilindro • **cylindrée** *nf* cilindrada
cymbale [sɛ̃bal] *nf* platillo
cynique [sinik] *adj* cínico(-a)
cystite [sistit] *nf* cistitis *f*

d

d' [d] *prép voir* **de**

dactylo [daktilo] *nf* (*aussi* : **dactylographe**) mecanógrafa

dada [dada] *nm* tema *m* de siempre

daim [dɛ̃] *nm* (*Zool*) gamo; (*peau*) ante *m*; (*imitation*) piel *f* vuelta

dame [dam] *nf* señora; (*Cartes, Échecs*) reina; **dames** *nfpl* (*jeu*) damas *fpl*

Danemark [danmaʀk] *nm* Dinamarca

danger [dɑ̃ʒe] *nm* peligro; **être/mettre en ~** estar/poner en peligro • **dangereux, -euse** *adj* peligroso(-a)

danois, e [danwa, waz] *nm* (*Ling, chien*) danés *msg* ▶ *nm/f*: **Danois, e** danés(-esa)

dans [dɑ̃]

prép **1** (*position*) en; **~ le tiroir/le salon** en el cajón/el salón; **marcher ~ la ville** andar por la ciudad; **je l'ai lu ~ un journal** lo leí en un periódico; **monter ~ une voiture/le bus** subir en un coche/el autobús; **~ la rue** en la calle; **être ~ les premiers** ser de los primeros

2 (*direction*) a; **elle a couru ~ le salon** corrió al salón

3 (*provenance*) de; **je l'ai pris ~ le tiroir/salon** lo saqué del cajón/salón; **boire ~ un verre** beber en un vaso

4 (*temps*) dentro de; **~ deux mois** dentro de dos meses; **~ quelques instants** dentro de unos momentos; **~ quelques jours** dentro de unos días; **il part ~ quinze jours** se marcha dentro de quince días; **je serai là ~ la matinée** estaré allí por la mañana

5 (*approximation*) alrededor de; **~ les 20 euros/quatre mois** alrededor de 20 euros/cuatro meses

6 (*intention*) con; **~ le but de faire qch** con objeto de hacer algo

danse [dɑ̃s] *nf* danza; **une ~** un baile • **danser** *vt, vi* bailar • **danseur, -euse** *nm/f* (*de ballet*) bailarín(-ina); (*cavalier*) pareja

date [dat] *nf* (*jour*) fecha; **de longue ~** (*amis*) viejo(-a); **~ limite** fecha límite; **~ limite de vente** fecha de caducidad; **~ de naissance** fecha de nacimiento • **dater** *vt* fechar ▶ *vi* estar anticuado(-a); **~ de** (*remonter à*) datar de; **à ~ de** a partir de

datte [dat] *nf* dátil *m*

dauphin, e [dofɛ̃, dofin] *nm* (*cétacé*) delfín *m* ▶ *nm/f* (*Hist, fig*) delfín(-ina)

davantage [davɑ̃taʒ] *adv* más; (*plus longtemps*) más tiempo; **~ de** más

de, d' [də, d]

(*de* + *le* = **du**, *de* + *les* = **des**)
▸ *prép* 1 (*appartenance*) de; **le toit de la maison** el tejado de la casa; **la voiture d'Élisabeth/ de mes parents** el coche de Elisabeth/de mis padres
2 (*moyen*) con; **suivre des yeux** seguir con la mirada; **estimé de ses collègues** estimado por sus colegas
3 (*provenance*) de; **il vient de Londres** viene de Londres; **elle est sortie du cinéma** salió del cine
4 (*caractérisation, mesure*) : **un mur de brique** un muro de ladrillo; **un verre d'eau** un vaso de agua; **un billet de 100 €** un billete de 100 euros; **une pièce de 2 m de large** *ou* **large de 2 m** una habitación de 2m de ancho; **un bébé de 10 mois** un bebé de 10 meses; **12 mois de crédit/travail** 12 meses de crédito/trabajo; **augmenter** *etc* **de 10 €** aumentar *etc* 10 euros; **trois jours de libres** tres días libres; **de nos jours** en nuestros días; **être payé 10 € de l'heure** cobrar 10 € por hora
5 (*rapport*) : **de 14 à 18** de 14 a 18; **de Madrid à Paris** de Madrid a París; **voyager de pays en pays** viajar de país en país
6 (*cause*) de; **mourir de faim** morir(se) de hambre; **rouge de colère** rojo(-a) de ira
7 (*vb* + *de* + *infinitif*) : **je vous prie de venir** le ruego que venga; **il m'a dit de rester** me dijo que me quedara
8 : **cet imbécile de Pierre** el tonto de Pierre
▸ *art* : **du vin/de l'eau/des pommes** vino/agua/ manzanas; **des enfants sont venus** vinieron unos niños; **pendant des mois** durante meses; **il mange de tout** come de todo; **y a-t-il du vin ?** ¿hay vino?; **il n'a pas de chance/d'enfants** no tiene suerte/niños

dé [de] *nm* dado; (*aussi* : **dé à coudre**) dedal *m*
déballer [debale] *vt* desembalar
débarcadère [debaʀkadɛʀ] *nm* desembarcadero
débardeur, -euse [debaʀdœʀ, øz] *nm/f, nm* (*maillot*) camiseta de tirantes
débarquer [debaʀke] *vt* desembarcar ▸ *vi* desembarcar; (*fam*) plantarse
débarras [debaʀɑ] *nm* trastero; (*placard*) armario trastero; **« bon ~ ! »** « ¡adiós, muy buenas! »
• **débarrasser** *vt* despejar ▸ *vi* quitar la mesa; **se débarrasser** *vpr* : **se ~ de** desembarazarse de; (*habitude*) librarse de; **~ la table** quitar la mesa; **~ qn de qch** (*vêtements*) recogerle algo a algn; (*paquets*) ayudar a algn con algo
débat [deba] *nm* debate *m*
• **débattre** *vt* (*question, prix*) debatir, discutir; **se débattre** *vpr* debatirse
débit [debi] *nm* (*fleuve*) caudal *m*; (*élocution*) cadencia; (*d'un magasin*) ventas *fpl*; (*bancaire*) débito; **haut ~** (*Internet*) de banda ancha; **~ de tabac** estanco

déblayer [debleje] *vt* despejar
débloquer [deblɔke] *vt* desbloquear
déboîter [debwate] *vi* (*Auto*) salirse de la fila ▶ *vt* : **se ~** dislocarse
débordé, e [debɔʀde] *adj* : **être ~** estar desbordado(-a)
déborder [debɔʀde] *vi* (*rivière*) desbordarse; (*eau, lait*) derramarse; **~ de** (*joie, énergie*) rebosar de
débouché [debuʃe] *nm* (*gén pl* : *pour vendre un produit*) mercado; (*perspectives d'emploi*) posibilidades *fpl*
déboucher [debuʃe] *vt* (*évier, tuyau*) desatascar; (*bouteille*) descorchar; **~ sur** desembocar en; **~ de** salir de
debout [d(ə)bu] *adv* (*personne, chose*) de pie; (*levé, éveillé*) levantado(-a); **être encore ~** (*fig*) estar todavía en pie; **se mettre ~** ponerse de pie; **se tenir ~** mantenerse en pie; **« ~ ! »** « ¡de pie! »; (*du lit*) « ¡arriba! »; **cette histoire/ça ne tient pas ~** esta historia/eso no se tiene en pie
déboutonner [debutɔne] *vt* desabrochar, desabotonar
débraillé, e [debʀɑje] *adj* (*tenue*) desaliñado(-a)
débrancher [debʀɑ̃ʃe] *vt* (*appareil électrique*) desenchufar; (*téléphone*) desconectar
débrayage [debʀɛjaʒ] *nm* (*Auto*) desembrague *m* • **débrayer** *vi* (*Auto*) desembragar
débris [debʀi] *nm* trozo ▶ *nmpl* restos *mpl*
débrouillard, e [debʀujaʀ, aʀd] *adj* avispado(-a)
débrouiller [debʀuje] *vt* (*affaire, cas*) desembrollar; **se débrouiller** *vpr* arreglárselas
début [deby] *nm* comienzo, principio • **débutant, e** *nm/f, adj* principiante *mf* • **débuter** *vi* comenzar; (*personne*) debutar
décaféiné, e [dekafeine] *adj* descafeinado(-a)
décalage [dekalaʒ] *nm* desfase *m*; **~ horaire** diferencia de horario
décaler [dekale] *vt* (*changer de position*) desplazar; (*retarder*) aplazar
décapotable [dekapɔtabl] *adj* descapotable
décapsuleur [dekapsylœʀ] *nm* abrebotellas *m inv*
décédé, e [desede] *adj* fallecido(-a)
décéder [desede] *vi* fallecer
décembre [desɑ̃bʀ] *nm* diciembre *m*; *voir aussi* **juillet**
décennie [deseni] *nf* decenio
décent, e [desɑ̃, ɑ̃t] *adj* decente
déception [desɛpsjɔ̃] *nf* decepción *f*
décès [desɛ] *nm* fallecimiento
décevant, e [des(ə)vɑ̃, ɑ̃t] *adj* decepcionante
décevoir [des(ə)vwaʀ] *vt* decepcionar; (*espérances, confiance*) defraudar
décharge [deʃaʀʒ] *nf* (*dépôt d'ordures*) vertedero • **décharger** *vt* descargar
déchausser [deʃose] : **se déchausser** *vpr* (*personne*) descalzarse; (*dent*) descarnarse
déchet [deʃɛ]: **déchets** *nmpl* (*ordures*) restos *mpl*, residuos *mpl*

déchiffrer [deʃifʀe] *vt* descifrar; (*partition*) repentizar
déchirant, e [deʃiʀɑ̃, ɑ̃t] *adj* desgarrador(a)
déchirement [deʃiʀmɑ̃] *nm* desgarrón *m*; (*chagrin*) desgarramiento
déchirer [deʃiʀe] *vt* (*vêtement, livre*) desgarrar; (*mettre en morceaux*) rasgar; (*pour ouvrir*) rasgar; (*arracher*) arrancar; (*fig*) destrozar; **se déchirer** *vpr* desgarrarse; (*fig*) destrozarse; **se ~ un muscle/tendon** desgarrarse un músculo/tendón
déchirure [deʃiʀyʀ] *nf* desgarrón *m*; **~ musculaire** desgarrón muscular
décidé, e [deside] *adj* decidido(-a); **c'est ~** está decidido • **décidément** *adv* decididamente
décider [deside] *vt* : **~ qch** decidir algo; **se décider** *vpr* (*personne*) decidirse; (*problème, affaire*) resolverse; **~ que** decidir que; **~ qn (à faire qch)** animar a algn (a hacer algo); **~ de faire** decidir hacer; **~ de qch** decidir algo; **se ~ à faire qch** decidirse a hacer algo; **se ~ pour qch** decidirse por algo
décimal, e, -aux [desimal, o] *adj* decimal
décimètre [desimɛtʀ] *nm* decímetro; **double ~** doble decímetro
décisif, -ive [desizif, iv] *adj* decisivo(-a)
décision [desizjɔ̃] *nf* decisión *f*
déclaration [deklaʀasjɔ̃] *nf* declaración *f*; **~ (d'amour)** declaración (de amor); **~ de perte** denuncia de pérdida; **~ de sinistre** declaración de siniestro; **~ de vol** denuncia de robo
déclarer [deklaʀe] *vt* declarar; (*vol : à la police*) denunciar; (*décès, naissance*) certificar; **se déclarer** *vpr* declararse
déclencher [deklɑ̃ʃe] *vt* activar; (*attaque*) lanzar; (*fig*) provocar; **se déclencher** *vpr* desencadenarse
décliner [dekline] *vi* (*jour, soleil, santé*) declinar
décoiffer [dekwafe] *vt* (*déranger la coiffure*) despeinar; **se décoiffer** *vpr* despeinarse
déçois *etc* [deswa] *vb voir* **décevoir**
décollage [dekɔlaʒ] *nm* despegue *m*, decolaje *m* (*AM*)
décoller [dekɔle] *vt, vi* despegar, decolar (*AM*); **se décoller** *vpr* despegarse
décolleté, e [dekɔlte] *adj* escotado(-a) ▸ *nm* escote *m*
décolorer [dekɔlɔʀe] *vt* decolorar; (*suj : âge, lumière*) descolorar; **se décolorer** *vpr* descolorarse
décommander [dekɔmɑ̃de] *vt* (*marchandise*) anular; **se décommander** *vpr* (*invité*) excusarse
décomplexé, e [dekɔ̃plɛkse] *adj* desacomplejado(-a)
déconcerter [dekɔ̃sɛʀte] *vt* desconcertar
décongeler [dekɔ̃ʒ(ə)le] *vt* descongelar
déconner [dekɔne] (*fam*) *vi* (*en parlant*) decir chorradas
déconnexion [dekɔnɛksjɔ̃] *nf* desconexión *f*; **droit à la ~** derecho a la desconexión

déconseiller [dekɔ̃seje] *vt* : **~ qch (à qn)** desaconsejar algo (a algn)

décontracté, e [dekɔ̃tʀakte] *adj* (*personne*) relajado(-a); (*ambiance*) distendido(-a)

décontracter [dekɔ̃tʀakte] *vt* relajar; **se décontracter** *vpr* (*personne*) relajarse

décor [dekɔʀ] *nm* (*d'un palais etc*) decoración *f*; (*paysage*) panorama *m*; (*gén pl : Théâtre, Ciné*) decorado • **décorateur, -trice** *nm/f* decorador(a); (*Ciné*) escenógrafo(-a) • **décoration** *nf* decoración *f*; (*médaille*) condecoración *f* • **décorer** *vt* decorar; (*médailler*) condecorar

décortiquer [dekɔʀtike] *vt* (*riz*) descascarillar; (*amandes, crevettes*) pelar; (*fig*) desmenuzar

découdre [dekudʀ] : **se découdre** *vpr* descoserse

découper [dekupe] *vt* recortar; (*volaille, viande*) trinchar; (*fig*) fragmentar; **se ~ sur** (*le ciel, fond*) perfilarse en

décourager [dekuʀaʒe] *vt* desanimar, desalentar; **se décourager** *vpr* desanimarse

décousu, e [dekuzy] *pp de* **découdre** ▶ *adj* descosido(-a); (*fig*) deshilvanado(-a)

découvert, e [dekuvɛʀ, ɛʀt] *pp de* **découvrir** ▶ *adj* (*tête*) descubierto(-a) ▶ *nm* (*bancaire*) descubierto • **découverte** *nf* descubrimiento

découvrir [dekuvʀiʀ] *vt* descubrir; (*casserole*) destapar; (*apercevoir*) divisar

décrire [dekʀiʀ] *vt* describir

décrocher [dekʀɔʃe] *vt* descolgar; (*contrat, poste*) conseguir; (*perdre sa concentration*) desconectar

décroissance [dekʀwasɑ̃s] *nf* decrecimiento

déçu, e [desy] *pp de* **décevoir** ▶ *adj* (*personne*) decepcionado(-a)

dédaigner [dedeɲe] *vt* desdeñar • **dédaigneux, -euse** *adj* desdeñoso(-a) • **dédain** *nm* desdén *m*

dedans [dədɑ̃] *adv* dentro, adentro (*esp* AM) ▶ *nm* interior *m*; **là-~** ahí dentro; **au ~** (por) dentro; **en ~** por dentro

dédicacer [dedikase] *vt* dedicar

dédier [dedje] *vt* : **~ à** (*livre*) dedicar a; (*efforts*) consagrar a

dédommagement [dedɔmaʒmɑ̃] *nm* (*indemnité*) indemnización *f*

dédommager [dedɔmaʒe] *vt* : **~ qn (de)** indemnizar a algn (por)

dédouaner [dedwane] *vt* aduanar

déduire [dedɥiʀ] *vt* : **~ qch (de)** deducir algo (de)

défaillance [defajɑ̃s] *nf* desfallecimiento; (*technique*) fallo; **~ cardiaque** fallo cardíaco

défaire [defɛʀ] *vt* (*installation, échafaudage*) desmontar; (*paquet etc*) abrir; (*nœud*) desatar; (*vêtement*) descoser; (*déranger*) deshacer; (*cheveux*) despeinar; **se défaire** *vpr* (*cheveux, nœud*) deshacerse

défait, e [defɛ, ɛt] *pp de* **défaire** ▶ *adj* deshecho(-a); (*nœud*) desatado(-a); (*visage*) descompuesto(-a) • **défaite** *nf* (*aussi Mil*) derrota

défaut [defo] *nm* defecto; (*d'étoffe, métal*) falla; **~ de** (*manque, carence*) falto de; **en ~** en falta; **faire ~** faltar; **à ~ de** a falta de
défavorable [defavɔʀabl] *adj* desfavorable
défavoriser [defavɔʀize] *vt* desfavorecer
défectueux, -euse [defɛktɥø, øz] *adj* defectuoso(-a)
défendre [defɑ̃dʀ] *vt* defender; (*interdire*) prohibir; **se défendre** *vpr* defenderse; **~ à qn qch/de faire** prohibir a algn algo/hacer; **il se défend** (*fig*) va defendiéndose; **ça se défend** (*fig*) esto se sostiene; **se ~ de/contre** (*se protéger*) protegerse de/contra
défense [defɑ̃s] *nf* defensa; **« ~ de fumer/cracher »** « prohibido fumar/escupir »
défi [defi] *nm* desafío, reto
déficit [defisit] *nm* (*Comm*) déficit *m*
défier [defje] *vt* desafiar
défigurer [defigyʀe] *vt* desfigurar
défilé [defile] *nm* (*Géo*) desfiladero; (*soldats, manifestants*) desfile *m*
défiler [defile] *vi* desfilar
définir [definiʀ] *vt* definir
définitif, -ive [definitif, iv] *adj* definitivo(-a) • **définitive** *nf* : **en ~** en definitiva • **définitivement** *adv* definitivamente
déforestation [defɔʀɛstasjɔ̃] *nf* deforestación *f*
déformer [defɔʀme] *vt* deformar; **se déformer** *vpr* deformarse
défouler [defule] : **se défouler** *vpr* desahogarse
défunt, e [defœ̃, œ̃t] *nm/f* difunto(-a)
dégagé, e [degaʒe] *adj* (*ciel, vue*) despejado(-a); (*ton, air*) desenvuelto(-a)
dégager [degaʒe] *vt* liberar; (*exhaler*) desprender; (*désencombrer*) despejar; (*idée, aspect*) extraer; **se dégager** *vpr* (*odeur*) desprenderse; (*passage, ciel*) despejarse
dégâts [degɑ] *nmpl* : **faire des ~** causar daños
dégel [deʒɛl] *nm* deshielo • **dégeler** *vi* deshelarse
dégivrer [deʒivʀe] *vt* (*frigo*) descongelar; (*vitres*) deshelar
dégonflé, e [degɔ̃fle] *adj* (*pneu*) desinflado(-a), deshinchado(-a)
dégonfler [degɔ̃fle] *vt* desinflar, deshinchar
dégouliner [deguline] *vi* chorrear
dégourdi, e [deguʀdi] *adj* espabilado(-a)
dégourdir [deguʀdiʀ] : **se dégourdir** *vpr* : **se ~ les jambes** estirar las piernas
dégoût [degu] *nm* asco • **dégoûtant, e** *adj* asqueroso(-a); **c'est ~ !** (*injuste*) ¡no hay derecho! • **dégoûté, e** *adj* asqueado(-a); **~ de** asqueado(-a) de • **dégoûter** *vt* asquear; **~ qn de faire qch** quitarle a algn las ganas de hacer algo
dégrader [degʀade] : **se dégrader** *vpr* deteriorarse
degré [dəgʀe] *nm* grado; (*niveau, taux*) punto; **alcool à 90 ~s** alcohol *m* de 90 grados

dégressif, -ive [degʀesif, iv] *adj* decreciente
dégringoler [degʀɛ̃gɔle] *vi* caer rodando; (*prix, Bourse*) hundirse
déguisement [degizmɑ̃] *nm* disfraz *m*
déguiser [degize]: **se déguiser** *vpr* disfrazarse
dégustation [degystasjɔ̃] *nf* degustación *f*; (*vin*) cata
déguster [degyste] *vt* degustar; (*vin*) catar; (*fig*) saborear
dehors [dəɔʀ] *adv* fuera, afuera (*esp* AM) ▸ *nm* exterior *m* ▸ *nmpl* (*apparences*) apariencias *fpl*; **mettre** *ou* **jeter ~** echar fuera; **au ~** (por) fuera; (*en apparence*) por fuera; **au ~ de** fuera de; **en ~** (*vers l'extérieur*) hacia afuera; **en ~ de** (*hormis*) fuera de
déjà [deʒa] *adv* ya
déjeuner [deʒœne] *vi* (*matin*) desayunar; (*à midi*) almorzar, comer ▸ *nm* (*petit déjeuner*) desayuno; (*à midi*) almuerzo, comida
delà [dəla] *prép, adv*: **par-~** (*plus loin que*) más allá de; (*de l'autre côté de*) al otro lado de; **au-~ (de)** más allá (de)
délai [delɛ] *nm* plazo; (*sursis*) prórroga; **sans ~** sin demora; **à bref ~** en breve plazo; **dans les ~s** dentro de los plazos
délaisser [delese] *vt* abandonar
délasser [delɑse]: **se délasser** *vpr* recrearse
délavé, e [delave] *adj* descolorido(-a)
délayer [deleje] *vt* diluir
delco® [dɛlko] *nm* (*Auto*) delco
délégué, e [delege] *adj* delegado(-a) ▸ *nm/f* delegado(-a)
déléguer [delege] *vt* delegar
délibéré, e [delibeʀe] *adj* deliberado(-a); (*déterminé*) resuelto(-a)
délicat, e [delika, at] *adj* delicado(-a); (*attentionné*) atento(-a) • **délicatement** *adv* delicadamente
délice [delis] *nm* delicia
délicieux, -euse [delisjø, jøz] *adj* delicioso(-a)
délimiter [delimite] *vt* delimitar
délinquant, e [delɛ̃kɑ̃, ɑ̃t] *adj, nm/f* delincuente *mf*
délirer [deliʀe] *vi* delirar
délit [deli] *nm* (*Jur, gén*) delito
délivrer [delivʀe] *vt* (*prisonnier*) liberar; (*passeport, certificat*) expedir
deltaplane® [dɛltaplan] *nm* ala delta
déluge [delyʒ] *nm* diluvio
demain [d(ə)mɛ̃] *adv* mañana; **~ matin/soir** mañana por la mañana/tarde; **~ midi** mañana a mediodía
demande [d(ə)mɑ̃d] *nf* petición *f*; (*Admin, formulaire*) instancia, solicitud *f*; **la ~** (*Écon*) la demanda; **~ d'emploi** solicitud de empleo; **« ~s d'emploi »** « demandas *fpl* de empleo »
demandé, e [d(ə)mɑ̃de] *adj*: **très ~** muy solicitado(-a)
demander [d(ə)mɑ̃de] *vt* pedir; (*question*) preguntar; (*autorisation*) solicitar; (*médecin, plombier, infirmier*) necesitar; (*de l'habileté, du courage, aussi Jur*) requerir; **~ qch à qn** preguntar algo a algn; **~ l'heure/son chemin** preguntar la hora/el

d

camino; **~ à qn de faire** pedir a algn que haga; **on vous demande au téléphone** le llaman por teléfono; **se ~ si/pourquoi** *etc* preguntarse si/por qué *etc*; **il ne demande que ça/qu'à faire ...** (*iro*) justo lo que quería/lo que quería hacer ...; **je ne demande pas mieux que ...** no deseo otra cosa más que ... • **demandeur, -euse** *nm/f*: **~ d'emploi** demandante *mf* de empleo

démangeaison [demɑ̃ʒɛzɔ̃] *nf* picor *m*

démanger [demɑ̃ʒe] *vi* picar

démaquillant, e [demakijɑ̃, ɑ̃t] *adj* desmaquillador(a)

démaquiller [demakije]: **se démaquiller** *vpr* desmaquillarse

démarche [demaʀʃ] *nf* (*allure*) paso; (*intervention*) trámite *m*; (*intellectuelle etc*) proceso; **faire** *ou* **entreprendre des ~s (auprès de qn)** hacer *ou* iniciar gestiones (ante algn)

démarrage [demaʀaʒ] *nm* arranque *m*

démarrer [demaʀe] *vi* arrancar; (*travaux, affaire*) ponerse en marcha • **démarreur** *nm* (*Auto*) arranque *m* (*dispositivo*)

démêlant, e [demɛlɑ̃, ɑ̃t] *adj*: **crème démêlante** *ou* **baume ~** crema suavizante

démêler [demele] *vt* (*fil, cheveux*) desenredar • **démêlés** *nmpl* diferencias *fpl*

déménagement [demenaʒmɑ̃] *nm* mudanza; **entreprise/camion de ~** empresa/camión *m* de mudanzas

déménager [demenaʒe] *vt* mudar ▸ *vi* mudarse • **déménageur, -euse** *nm/f* encargado(-a) de mudanzas

démerder [demɛʀde] (*fam!*) *vi*: **se ~** arreglárselas

démettre [demɛtʀ]: **se démettre** *vpr* (*épaule etc*) dislocarse

demeurer [d(ə)mœʀe] *vi* (*habiter*) residir, vivir; (*séjourner*) permanecer; (*rester*) quedar, permanecer

demi, e [dəmi] *adj*: **~-rempli** medio lleno(-a) ▸ *nm* (*bière*) caña; (*Football*) medio; **trois bouteilles et demie** tres botellas y media; **il est deux heures/midi et demie** son las dos/doce y media; **à ~** a medias; **à la demie** (*heure*) a la media • **demi-douzaine** (*pl* **demi-douzaines**) *nf* media docena • **demi-finale** (*pl* **demi-finales**) *nf* semifinal *f* • **demi-frère** (*pl* **demi-frères**) *nm* medio hermano, hermanastro • **demi-heure** (*pl* **demi-heures**) *nf* media hora • **demi-journée** (*pl* **demi-journées**) *nf* media jornada • **demi-litre** (*pl* **demi-litres**) *nm* medio litro • **demi-livre** (*pl* **demi-livres**) *nf* media libra • **demi-pension** (*pl* **demi-pensions**) *nf* media pensión *f*

démis, e [demi, iz] *pp de* **démettre** ▸ *adj* (*épaule etc*) dislocado(-a)

demi-sœur [dəmisœʀ] (*pl* **demi-sœurs**) *nf* media hermana, hermanastra

démission [demisjɔ̃] *nf* dimisión *f*; **donner sa ~** presentar la dimisión • **démissionner** *vi* dimitir

demi-tarif [dəmitaʀif] (*pl* **demi-tarifs**) *nm* media tarifa
demi-tour [dəmituʀ] (*pl* **demi-tours**) *nm* media vuelta; **faire ~** dar la vuelta
démocratie [demɔkʀasi] *nf* democracia • **démocratique** *adj* democrático(-a)
démodé, e [demɔde] *adj* pasado(-a) de moda
demoiselle [d(ə)mwazɛl] *nf* señorita; **~ d'honneur** dama de honor
démolir [demɔliʀ] *vt* (*bâtiment*) demoler
démon [demɔ̃] *nm* demonio
démonstration [demɔ̃stʀasjɔ̃] *nf* demostración *f*
démonter [demɔ̃te] *vt* desmontar
démontrer [demɔ̃tʀe] *vt* demostrar
démouler [demule] *vt* (*gâteau*) extraer del molde
démuni, e [demyni] *adj* (*population*) necesitado(-a), desfavorecido(-a)
dénicher [deniʃe] *vt* encontrar
dénier [denje] *vt* negar
dénivellation [denivelasjɔ̃] *nf* desnivel *m*
dénombrer [denɔ̃bʀe] *vt* (*compter*) contar; (*énumérer*) enumerar
dénomination [denɔminasjɔ̃] *nf* (*nom*) denominación *f*
dénoncer [denɔ̃se] *vt* denunciar
dénouement [denumɑ̃] *nm* desenlace *m*
dénouer [denwe] *vt* desatar
denrée [dɑ̃ʀe] *nf* producto; **~s alimentaires** productos *mpl* alimenticios
dense [dɑ̃s] *adj* denso(-a) • **densité** *nf* densidad *f*
dent [dɑ̃] *nf* diente *m*; **avoir une ~ contre qn** tener manía a algn; **en ~s de scie** (*fig*) con altibajos; **~ de lait** diente de leche; **~ de sagesse** muela del juicio • **dentaire** *adj* dental
dentelle [dɑ̃tɛl] *nf* encaje *m*
dentier [dɑ̃tje] *nm* dentadura
dentifrice [dɑ̃tifʀis] *nm* dentífrico
dentiste [dɑ̃tist] *nmf* dentista *mf*
dentition [dɑ̃tisjɔ̃] *nf* dentadura
dénué, e [denɥe] *adj* : **~ de** desprovisto(-a) de
déodorant [deɔdɔʀɑ̃] *nm* desodorante *m*
déontologie [deɔ̃tɔlɔʒi] *nf* deontología
dépannage [depanaʒ] *nm* reparación *f*; **service de ~** (*Auto*) servicio de reparaciones
dépanner [depane] *vt* reparar; (*fig*) sacar de apuros • **dépanneuse** *nf* grúa
dépareillé, e [depaʀeje] *adj* (*collection, service*) descabalado(-a); (*gant, volume, objet*) desparejado(-a)
départ [depaʀ] *nm* partida, marcha; (*du train*) salida; **à son ~** a su marcha; **au ~** al principio
département [depaʀtəmɑ̃] *nm* ≈ provincia; (*d'université*) departamento; (*de magasin*) sección *f*

Francia se halla dividida en unidades administrativas denominadas **départements**. Al frente de estas divisiones de la administración local se

d

encuentra el *préfet*, nombrado por el gobierno, y su administración corre a cargo de un *Conseil général* electo. Los **départements** por lo general deben su nombre a algún accidente geográfico importante, como un río o una cordillera; véase también *DOM-TOM*.

dépassé, e [depɑse] *adj* pasado(-a) de moda; (*fig*) desbordado(-a)

dépasser [depɑse] *vt* (*véhicule, concurrent*) adelantar; (*endroit*) dejar atrás; (*somme, limite fixée, prévisions*) rebasar; (*fig*) superar; (*être en saillie sur*) sobresalir ▸ *vi* (*Auto*) adelantarse; (*ourlet, jupon*) sobresalir; **se dépasser** *vpr* (*se surpasser*) superarse; **être dépassé** estar desbordado

dépaysé, e [depeize] *adj* extrañado(-a)

dépaysement [depeizmɑ̃] *nm* extrañamiento

dépêcher [depeʃe] : **se dépêcher** *vpr* darse prisa, apresurarse, apurarse (AM)

dépendance [depɑ̃dɑ̃s] *nf* dependencia; (*Méd*) adicción *f*

dépendre [depɑ̃dʀ] *vt* descolgar; **~ de** depender de

dépens [depɑ̃] *nmpl* : **aux ~ de** a expensas de

dépense [depɑ̃s] *nf* gasto; (*fig*) consumo • **dépenser** *vt* gastar; (*fig*) consumir; **se dépenser** *vpr* fatigarse

dépeupler [depœple] : **se dépeupler** *vpr* despoblarse

dépilatoire [depilatwaʀ] *adj* depilatorio(-a)

dépister [depiste] *vt* (*Méd*) identificar

dépit [depi] *nm* despecho; **en ~ de** a pesar de; **en ~ du bon sens** sin sentido común • **dépité, e** *adj* contrariado(-a)

déplacé, e [deplase] *adj* fuera de lugar *inv*

déplacement [deplasmɑ̃] *nm* traslado; (*voyage*) viaje *m*; **en ~** de viaje

déplacer [deplase] *vt* mover

déplaire [deplɛʀ] *vi* desagradar • **déplaisant, e** *vb voir* **déplaire** ▸ *adj* desagradable

dépliant [deplijɑ̃] *nm* folleto

déplier [deplije] *vt* desplegar

déposer [depoze] *vt* poner, dejar; (*à la banque*) ingresar; (*Admin, Jur*) presentar ▸ *vi* (*Jur*) : **~ (contre)** declarar (contra); **se déposer** *vpr* depositarse • **dépositaire** *nmf* (*Comm*) concesionario(-a) • **déposition** *nf* (*Jur*) deposición *f*

dépôt [depo] *nm* (*d'argent*) ingreso; (*entrepôt*) depósito

dépourvu, e [depuʀvy] *adj* : **~ de** desprovisto(-a) de; **au ~ : prendre qn au ~** coger a algn desprevenido(-a)

dépression [depʀesjɔ̃] *nf* depresión *f*; **~ (nerveuse)** depresión (nerviosa)

déprimant, e [depʀimɑ̃, ɑ̃t] *adj* deprimente

déprimer [depʀime] *vt* deprimir

depuis [dəpɥi] *prép* desde ▸ *adv* (*temps*) desde entonces; **~ que** desde que; **~ qu'il m'a dit ça** desde que me dijo eso; **~ combien de temps ?** ¿cuánto tiempo hace?; **il habite Paris ~**

cinq ans vive en París desde hace cinco años, lleva cinco años viviendo en París; **~ quand le connaissez-vous ?** ¿desde cuándo lo conoce usted?; **je le connais ~ neuf ans** lo conozco desde hace nueve años; **~ quand ?** (*excl*) ¿desde cuándo?; **il a plu ~ Metz** ha estado lloviendo desde Metz; **elle a téléphoné ~ Valence** llamó por teléfono desde Valencia; **~ les plus petits jusqu'aux plus grands** desde los más pequeños hasta los más grandes; **je ne lui ai pas parlé ~** no he vuelto a hablar con él *ou* ella; **~ lors** desde entonces

député, e [depyte] *nm/f* (*Pol*) diputado(-a)

dérangement [deʀɑ̃ʒmɑ̃] *nm* molestia; **en ~** averiado(-a)

déranger [deʀɑ̃ʒe] *vt* (*personne*) molestar; **se déranger** *vpr* molestarse

déraper [deʀape] *vi* (*voiture*) derrapar, patinar; (*personne, couteau*) resbalar

dérégler [deʀegle] *vt* (*mécanisme*) estropear; (*estomac*) indisponer

dérisoire [deʀizwaʀ] *adj* irrisorio(-a)

dérive [deʀiv] *nf* (*Naut*) orza de quilla; **aller à la ~** (*Naut, fig*) ir a la deriva

dérivé [deʀive] *nm* derivado

dermatologue [dɛʀmatɔlɔg] *nmf* dermatólogo(-a)

dernier, -ière [dɛʀnje, jɛʀ] *adj* último(-a) ▶ *nm/f* último(-a); **lundi/le mois ~** el lunes/el mes pasado; **en ~** al final, por último; **ce ~/cette dernière** este último/esta última • **dernièrement** *adv* últimamente

dérogation [deʀɔgasjɔ̃] *nf* derogación *f*

déroulement [deʀulmɑ̃] *nm*

dérouler [deʀule] *vt* (*ficelle, papier*) desenrollar; **se dérouler** *vpr* (*avoir lieu*) desarrollarse

dérouter [deʀute] *vt* (*avion, train*) desviar; (*fig*) despistar

derrière [dɛʀjɛʀ] *prép* detrás de ▶ *nm* (*d'une maison*) trasera; (*postérieur*) trasero; **les pattes/roues de ~** las patas/ruedas traseras; **par ~** por detrás

des [de] *voir* **de**

dès [dɛ] *prép* desde; **~ que** tan pronto como; **~ son retour** en cuanto vuelva; **~ lors** desde entonces

désaccord [dezakɔʀ] *nm* desacuerdo

désagréable [dezagʀeabl] *adj* desagradable

désagrément [dezagʀemɑ̃] *nm* desagrado

désaltérer [dezalteʀe] : **se désaltérer** *vpr* beber

désapprobateur, -trice [dezapʀɔbatœʀ, tʀis] *adj* desaprobatorio(-a)

désapprouver [dezapʀuve] *vt* desaprobar

désarmant, e [dezaʀmɑ̃, ɑ̃t] *adj* conmovedor(a)

désastre [dezastʀ] *nm* desastre *m* • **désastreux, -euse** *adj* desastroso(-a)

désavantage [dezavɑ̃taʒ] *nm* desventaja • **désavantager** *vt* desfavorecer

descendre [desɑ̃dʀ] *vt* bajar; (*fam* : *abattre*) cargarse; (*fam* : *boire*) pimplar, soplar ▸ *vi* bajar, descender; (*passager*) bajar(se); **~ à pied/en voiture** bajar a pie/en coche; **~ de** (*famille*) descender de; **~ du train/d'un arbre/de cheval** bajar(se) del tren/de un árbol/del caballo; **~ à l'hôtel** quedarse en un hotel

descente [desɑ̃t] *nf* bajada, descenso; (*route*) pendiente *f*; (*Ski*) descenso; **au milieu de la ~** en medio de la bajada

description [dɛskʀipsjɔ̃] *nf* descripción *f*

déséquilibre [dezekilibʀ] *nm* desequilibrio; **en ~** desequilibrado(-a)

désert, e [dezɛʀ, ɛʀt] *adj* desierto(-a) ▸ *nm* desierto • **désertique** *adj* desértico(-a)

désespéré, e [dezɛspeʀe] *adj, nm/f* desesperado(-a); **état ~** (*Méd*) estado desesperado

désespérer [dezɛspeʀe] *vi* desesperar; **~ de qn/qch** perder la esperanza en algn/algo • **désespoir** *nm* desesperación *f*, desesperanza

déshabiller [dezabije] *vt* desvestir; **se déshabiller** *vpr* desnudarse, desvestirse (*esp AM*)

déshydraté, e [dezidʀate] *adj* deshidratado(-a)

desiderata [dezideʀata] *nmpl* desiderata *fsg*

désigner [deziɲe] *vt* (*montrer*) enseñar; (*dénommer*) designar

désinfectant, e [dezɛ̃fɛktɑ̃, ɑ̃t] *adj* desinfectante ▸ *nm* desinfectante *m*

désinfecter [dezɛ̃fɛkte] *vt* desinfectar

désinscrire [dezɛ̃skʀiʀ] : **se désinscrire** *vpr* darse de baja

désinstaller [dezɛ̃stale] *vt* (*application, programme*) desinstalar

désintéressé, e [dezɛ̃teʀese] *adj* desinteresado(-a)

désintéresser [dezɛ̃teʀese] *vt* : **se ~ (de qn/qch)** desinteresarse (por algn/algo), perder el interés (por algn/algo)

désintoxication [dezɛ̃tɔksikasjɔ̃] *nf* (*Méd*) desintoxicación *f*; **faire une cure de ~** hacer una cura de desintoxicación

désinvolte [dezɛ̃vɔlt] *adj* desenvuelto(-a)

désir [deziʀ] *nm* deseo • **désirer** *vt* desear

désister [deziste] : **se désister** *vpr* renunciar

désobéir [dezɔbeiʀ] *vi* : **~ (à qn/qch)** desobedecer (a algn/algo) • **désobéissant, e** *adj* desobediente

désodorisant, e [dezɔdɔʀizɑ̃, ɑ̃t] *adj* desodorante

désolé, e [dezɔle] *adj* desolado(-a); **je suis ~, il n'y en a plus** lo siento, ya no hay más

désordonné, e [dezɔʀdɔne] *adj* desordenado(-a)

désordre [dezɔʀdʀ] *nm* desorden *m*; **en ~** en desorden

désormais [dezɔʀmɛ] *adv* (de ahora) en adelante

desquelles [dekɛl] *prép + pron voir* **lequel**

desquels [dekɛl] *prép + pron voir* **lequel**

dessécher [deseʃe] : **se dessécher** *vpr* secarse
desserrer [deseʀe] *vt* aflojar; (*poings, dents*) abrir
dessert [desɛʀ] *vb voir* **desservir** ▸ *nm* (*moment du repas*) postres *mpl*; (*mets*) postre *m*
desservir [desɛʀviʀ] *vt* (*suj* : *moyen de transport*) cubrir el servicio de; (*suj* : *voie de communication*) comunicar con
dessin [desɛ̃] *nm* dibujo; **~ animé** dibujos *mpl* animados; **~ humoristique** dibujo humorístico, viñeta • **dessinateur, -trice** *nm/f* dibujante *mf*; **~ industriel** delineante *mf* • **dessiner** *vt* dibujar; (*concevoir*) diseñar
dessous [d(ə)su] *adv* debajo, abajo ▸ *nm* parte *f* inferior; (*de voiture*) bajos *mpl*; **dessous** *nmpl* (*fig*) secretos *mpl*; (*sous-vêtements*) ropa interior *fsg*; **en ~** (*sous*) debajo; (*plus bas*) por debajo; **par-~** *adv* por debajo; **au-~** abajo, debajo; **au-~ de tout** incalificable; **avoir le ~** tener *ou* llevar la peor parte • **dessous-de-plat** *nm inv* salvamanteles *m inv*
dessus [d(ə)sy] *adv* encima, arriba ▸ *nm* parte *f* superior; **c'est écrit ~** está ahí; **par-~** *adv* por encima, por arriba ▸ *prép* por encima de, por arriba de; **au-~** encima, arriba; **avoir/prendre le ~** ir ganando; **reprendre le ~** recobrarse; **sens ~ dessous** patas arriba • **dessus-de-lit** *nm inv* colcha
destin [dɛstɛ̃] *nm* destino
destinataire [dɛstinatɛʀ] *nmf* destinatario(-a)
destination [dɛstinasjɔ̃] *nf* destino; (*usage*) función *f*; **à ~ de** con destino a
destiner [dɛstine] *vt* : **~ qch à qn** destinar a algn para algo; **se ~ à l'enseignement** pensar dedicarse a la enseñanza; **être destiné à** estar destinado(-a) a; (*usage*) servir para
détachant [detaʃɑ̃] *nm* quitamanchas *m inv*
détacher [detaʃe] *vt* (*ôter*) desprender; (*délier*) desatar, soltar; **se détacher** *vpr* (*tomber, se défaire*) desprenderse; **se ~ sur** (*se dessiner*) destacarse en
détail [detaj] *nm* detalle *m*; **au ~** (*Comm*) al por menor; **en ~** en detalle • **détaillant, e** *nm/f* minorista *mf* • **détaillé, e** *adj* detallado(-a) • **détailler** *vt* detallar
détecter [detɛkte] *vt* detectar
détective [detɛktiv] *nmf* : **~ (privé)** detective *mf*
déteindre [detɛ̃dʀ] *vi* desteñir
détendre [detɑ̃dʀ] *vt* aflojar; (*atmosphère, relations*) relajar; **se détendre** *vpr* (*personne*) relajarse; (*ressort*) aflojarse
détenir [det(ə)niʀ] *vt* poseer; (*otage*) retener; (*prisonnier*) tener preso a; (*record*) ostentar; **~ le pouvoir** ostentar el poder
détente [detɑ̃t] *nf* distensión *f*, relajación *f*; (*politique, sociale*) distensión; (*loisirs*) esparcimiento, descanso
détention [detɑ̃sjɔ̃] *nf* (*d'un otage*) retención *f*; (*d'un prisonnier*) encarcelamiento
détenu, e [det(ə)ny] *pp de* **détenir** ▸ *nm/f* (*prisonnier*) preso(-a)

détergent [detɛʀʒɑ̃] *nm* detergente *m*
détériorer [deterjɔʀe] : **se détériorer** *vpr* deteriorarse
déterminé, e [detɛʀmine] *adj* (*personne, air*) decidido(-a)
déterminer [detɛʀmine] *vt* (*date, quantité*) determinar
détester [detɛste] *vt* detestar
détour [detuʀ] *nm* rodeo; **sans ~** (*parler*) sin rodeos
détourné, e [detuʀne] *adj* (*sentier, chemin*) indirecto(-a); (*moyen*) dudoso(-a)
détourner [detuʀne] *vt* desviar; (*avion*) secuestrar; (*yeux*) apartar; (*de l'argent*) malversar; **se détourner** *vpr* (*tourner la tête*) apartar la cara
détraquer [detʀake] *vt* fastidiar, cargarse; (*santé, estomac*) estropear; **se détraquer** *vpr* : **ma montre s'est détraquée** se me ha fastidiado el reloj
détriment [detʀimɑ̃] *nm* : **au ~ de** en detrimento de
détroit [detʀwa] *nm* estrecho; **le ~ de Be(h)ring/de Gibraltar/de Magellan/du Bosphore** el estrecho de Bering/de Gibraltar/de Magallanes/del Bósforo
détruire [detʀɥiʀ] *vt* destruir
dette [dɛt] *nf* deuda
deuil [dœj] *nm* luto
deux [dø] *adj inv, nm inv* dos *m inv*; **les ~** los (las) dos, ambos(-as); **les ~ mains** las dos manos; **~ points** (*ponctuation*) dos puntos *mpl*; *voir aussi* **cinq** • **deuxième** *adj, nmf* segundo(-a); *voir aussi* **cinquième** • **deuxièmement** *adv* en segundo lugar • **deux-pièces** *nm inv* (*maillot de bain*) biquini *m*; (*appartement*) apartamento de dos habitaciones • **deux-roues** *nm inv* vehículo de dos ruedas
devais [dəvɛ] *vb voir* **devoir**
dévaluation [devalɥasjɔ̃] *nf* devaluación *f*
devancer [d(ə)vɑ̃se] *vt* (*arriver avant, aussi fig*) adelantarse a
devant [d(ə)vɑ̃] *vb voir* **devoir** ▶ *adv* delante, adelante ▶ *prép* (*en face de*) delante de, frente a; (*passer, être*) delante de; (*en présence de*) ante; (*face à*) ante, delante de ▶ *nm* (*de maison*) fachada; (*vêtement, voiture*) delantera; **prendre les ~s** adelantarse; **de ~** delantero(-a); **par ~** por delante; **aller au-~ de qn** ir al encuentro de algn; **aller au-~ de** (*désirs de qn*) anticiparse a
devanture [d(ə)vɑ̃tyʀ] *nf* (*étalage, vitrine*) escaparate *m*, vidriera (AM)
développement [dev(ə)lɔpmɑ̃] *nm* desarrollo; (*photo*) revelado
développer [dev(ə)lɔpe] *vt* desarrollar; (*Photo*) revelar; **se développer** *vpr* desarrollarse
devenir [dəv(ə)niʀ] *vi* volverse; **~ fou** volverse loco; **~ médecin** hacerse médico; **que sont-ils devenus ?** ¿qué ha sido de ellos?
devez [dəve] *vb voir* **devoir**
déviation [devjasjɔ̃] *nf* desviación *f*; (*Auto*) desvío
devienne *etc* [dəvjɛn] *vb voir* **devenir**
deviner [d(ə)vine] *vt* adivinar; (*apercevoir*) atisbar • **devinette** *nf* adivinanza

devint etc [dəvɛ̃] *vb voir* **devenir**
devis [d(ə)vi] *nm* presupuesto
devise [dəviz] *nf (formule)* lema *m*, divisa; *(Écon)* divisa; **devises** *nfpl* dinero *msg* extranjero
dévisser [devise] *vt* desatornillar
devoir [d(ə)vwaʀ] *nm* deber *m*; *(Scol)* deberes *mpl* ▸ *vt* deber; **il doit le faire** *(obligation)* debe hacerlo, tiene que hacerlo; **il doit partir demain** *(intention)* se va mañana; **il doit être tard** *(probabilité)* debe (de) ser tarde; **cela devait arriver** *(fatalité)* tenía que ocurrir (un día)
dévorer [devɔʀe] *vt* devorar
dévoué, e [devwe] *adj* dedicado(-a)
dévouer [devwe]: **se dévouer** *vpr*: **se ~ (pour)** sacrificarse (por); **se ~ à** dedicarse a
diabète [djabɛt] *nm (Méd)* diabetes *f inv* • **diabétique** *adj, nmf* diabético(-a)
diable [djɑbl] *nm* diablo
diabolo [djabɔlo] *nm (boisson)* *mezcla de gaseosa y almíbar*
diagnostic [djagnɔstik] *nm* diagnóstico • **diagnostiquer** *vt* diagnosticar
diagonal, e, -aux [djagɔnal, o] *adj* diagonal • **diagonale** *nf* diagonal *f*
diagramme [djagʀam] *nm* diagrama *m*
dialecte [djalɛkt] *nm* dialecto
dialogue [djalɔg] *nm* diálogo
diamant [djamɑ̃] *nm* diamante *m*
diamètre [djamɛtʀ] *nm* diámetro
diapositive [djapozitiv] *nf* diapositiva
diarrhée [djaʀe] *nf* diarrea
dictateur [diktatœʀ] *nm* dictador *m* • **dictature** *nf* dictadura
dictée [dikte] *nf* dictado
dicter [dikte] *vt (aussi fig)* dictar
dictionnaire [diksjɔnɛʀ] *nm* diccionario
dièse [djɛz] *nm* almohadilla; *(Mus)* sostenido
diesel [djezɛl] *nm* diesel *m*
diète [djɛt] *nf* dieta • **diététique** *adj* dietético(-a) ▸ *nf* dietética; **magasin ~** tienda de dietética
dieu, x [djø] *nm* dios *msg*; **D~** Dios; **mon D~ !** ¡Dios mío!
différemment [difeʀamɑ̃] *adv* de forma diferente
différence [difeʀɑ̃s] *nf* diferencia; **à la ~ de** a diferencia de • **différencier** *vt* diferenciar; **se ~ (de)** diferenciarse (de)
différent, e [difeʀɑ̃, ɑ̃t] *adj*: **~ (de)** distinto(-a) (de), diferente (de); **~s objets/personnages** varios objetos/personajes
différer [difeʀe] *vt* diferir, postergar (AM) ▸ *vi*: **~ (de)** diferir (de)
difficile [difisil] *adj* difícil • **difficilement** *adv* difícilmente
difficulté [difikylte] *nf* dificultad *f*; **en ~** en apuros
diffuser [difyze] *vt* emitir; *(nouvelle, idée)* difundir; *(Comm)* distribuir
digérer [diʒeʀe] *vt* digerir • **digestif, -ive** *adj* digestivo(-a) ▸ *nm* licor *m* • **digestion** *nf* digestión *f*
digne [diɲ] *adj (respectable)* digno(-a); **~ d'intérêt/ d'admiration** digno de interés/

de admiración; **~ de foi** digno de fe; **~ de qn/qch** digno de algn/ algo • **dignité** *nf* dignidad *f*
digue [dig] *nf* dique *m*
dilemme [dilɛm] *nm* dilema *m*
diligence [diliʒɑ̃s] *nf* diligencia
diluer [dilɥe] *vt* diluir
dimanche [dimɑ̃ʃ] *nm* domingo; *voir aussi* **lundi**
dimension [dimɑ̃sjɔ̃] *nf* dimensión *f*; **dimensions** *fpl* dimensiones *fpl*
diminuer [diminɥe] *vt* disminuir; (*tricot*) menguar ▸ *vi* disminuir • **diminutif** *nm* (*surnom*) diminutivo cariñoso
dinde [dɛ̃d] *nf* pava
dindon [dɛ̃dɔ̃] *nm* pavo
dîner [dine] *nm* cena, comida (AM) ▸ *vi* cenar
dingue [dɛ̃g] (*fam*) *adj* chalado(-a)
dinosaure [dinɔzɔʀ] *nm* dinosaurio
diplomate [diplɔmat] *nmf* diplomático(-a) • **diplomatie** *nf* diplomacia
diplôme [diplom] *nm* diploma *m*, título • **diplômé, e** *adj, nm/f* titulado(-a), diplomado(-a)
dire [diʀ] *vt* decir; (*ordre, invitation*) : **~ à qn qu'il fasse** *ou* **de faire qch** decir a algn que haga algo; (*objecter*) : **n'avoir rien à ~ (à)** no tener nada que decir (a); (*penser*) : **que dites-vous de … ?** ¿qué pina usted de …?; **se dire** *vpr* decirse; (*se prétendre*) : **se ~ malade** *etc* pretenderse enfermo(-a) *etc*; **~ quelque chose/ce qu'on pense** decir algo/lo que uno piensa; **~ la vérité/l'heure** decir la verdad/ la hora; **on dirait que** parece que; **ça ne me dit rien** no me apetece; (*rappeler qch*) no me suena; **pour ainsi ~** por decirlo así; **cela va sans ~** ni qué decir tiene; **dis donc !/dites donc !** (*pour attirer attention*) ¡oye!/¡oiga!; (*agressif*) ¡oye!/¡oiga Vd!; **et ~ que …** y pensar que …; **ceci** *ou* **cela dit** a pesar de todo; (*à ces mots*) dicho esto; **il n'y a pas à ~** realmente; **ça se dit … en anglais** se dice … en inglés
direct, e [diʀɛkt] *adj* directo(-a); **en ~** en directo • **directement** *adv* directamente
directeur, -trice [diʀɛktœʀ, tʀis] *nm/f* director(a)
direction [diʀɛksjɔ̃] *nf* dirección *f*; **« toutes ~s »** (*Auto*) « todas las direcciones »
dirent [diʀ] *vb voir* **dire**
dirigeant, e [diʀiʒɑ̃, ɑ̃t] *adj, nm/f* dirigente *mf*
diriger [diʀiʒe] *vt* dirigir; **se diriger** *vpr* orientarse; **~ sur** (*regard*) dirigir hacia; **se ~ vers** *ou* **sur** dirigirse hacia
dis [di] *vb voir* **dire**
discerner [disɛʀne] *vt* (*apercevoir*) divisar
discipline [disiplin] *nf* disciplina
discipliné, e [disipline] *adj* disciplinado(-a)
discontinu, e [diskɔ̃tiny] *adj* discontinuo(-a)
discontinuer [diskɔ̃tinɥe] *vi* : **sans ~** sin interrupción
discothèque [diskɔtɛk] *nf* discoteca
discours [diskuʀ] *nm* discurso

discret, -ète [diskʀɛ, ɛt] *adj* discreto(-a) • **discrétion** *nf* discreción *f*

discrimination [diskʀiminasjɔ̃] *nf* discriminación *f*; **sans ~** sin discriminación

discussion [diskysjɔ̃] *nf* discusión *f*

discutable [diskytabl] *adj* discutible

discuter [diskyte] *vt, vi* discutir

dise [diz] *vb voir* **dire**

disjoncteur [disʒɔ̃ktœʀ] *nm* (*Élec*) disyuntor *m*

disloquer [dislɔke] *vt* (*membre*) dislocar

disons [dizɔ̃] *vb voir* **dire**

disparaître [dispaʀɛtʀ] *vi* desaparecer; **faire ~ qch/qn** hacer desaparecer algo/a algn

disparition [dispaʀisjɔ̃] *nf* desaparición *f*

disparu, e [dispaʀy] *pp de* **disparaître** ▸ *nm/f* (*dont on a perdu la trace*) desaparecido(-a)

dispensaire [dispɑ̃sɛʀ] *nm* dispensario

dispenser [dispɑ̃se] *vt* (*soins etc*) prestar; (*exempter*) : **~ qn de qch/faire qch** dispensar a algn de algo/hacer algo

disperser [dispɛʀse] *vt* dispersar

disponible [dispɔnibl] *adj* disponible

disposé, e [dispoze] *adj* dispuesto(-a); **bien/mal ~** de buen/mal humor; **être bien/mal ~ envers qn** tener buena/mala disposición hacia algn; **~ à** dispuesto(-a) a

disposer [dispoze] *vt* disponer ▸ *vi* : **~ de** disponer de; **se disposer** *vpr* : **se ~ à faire qch** disponerse a hacer algo

dispositif [dispozitif] *nm* dispositivo

disposition [dispozisjɔ̃] *nf* disposición *f*; (*arrangement*) distribución *f*, disposición *f*; **à la ~ de qn** a disposición de algn

disproportionné, e [dispʀɔpɔʀsjɔne] *adj* desproporcionado(-a)

dispute [dispyt] *nf* riña, disputa • **disputer** : **se disputer** *vpr* (*réciproque*) reñir, pelearse

disqualifier [diskalifje] *vt* descalificar

disque [disk] *nm* disco; **~ compact** disco compacto

dissertation [disɛʀtasjɔ̃] *nf* (*Scol*) redacción *f*

dissimuler [disimyle] *vt* disimular, ocultar

dissipé, e [disipe] *adj* (*indiscipliné*) distraído(-a)

dissolvant [disɔlvɑ̃] *nm* disolvente *m*

dissuader [disɥade] *vt* : **~ qn de faire qch/de qch** disuadir a algn de hacer algo/de algo

distance [distɑ̃s] *nf* distancia; **une ~ de 10 km** una distancia de 10 km • **distancer** *vt* (*concurrent*) distanciarse de

distant, e [distɑ̃, ɑ̃t] *adj* distante; **être ~ de 5 km** distar 5 km

distillerie [distilʀi] *nf* destilería

distinct, e [distɛ̃(kt), ɛ̃kt] *adj* distinto(-a) • **distinctement** *adv* (*voir*) con nitidez; (*parler*) con claridad • **distinctif, -ive** *adj* distintivo(-a)

distingué, e [distɛ̃ge] *adj* distinguido(-a)

distinguer [distɛ̃ge] *vt* distinguir

distraction [distʀaksjɔ̃] *nf* distracción *f*

distraire [distʀɛʀ] *vt* distraer; (*amuser*) distraer, entretener; **se distraire** *vpr* distraerse • **distrait, e** *pp de* **distraire** ▸ *adj* distraído(-a)

distrayant, e [distʀɛjɑ̃, ɑ̃t] *adj* distraído(-a), entretenido(-a)

distribuer [distʀibɥe] *vt* repartir; (*Cartes*) dar • **distributeur** *nm* : **~ automatique** máquina expendedora; **~ automatique de billets** cajero automático

dit, e [di, it] *pp de* **dire**

dites [dit] *vb voir* **dire**

divan [divɑ̃] *nm* sofá *m*

divers, e [divɛʀ, ɛʀs] *adj* diverso(-a), vario(-a); (*différent*) variado(-a); (*plusieurs*) varios(-as), diversos(-as); **frais ~** gastos *mpl* varios

diversité [divɛʀsite] *nf* diversidad *f*

divertir [divɛʀtiʀ] : **se divertir** *vpr* divertirse • **divertissement** *nm* diversión *f*

diviser [divize] *vt* dividir • **division** *nf* división *f*

divorce [divɔʀs] *nm* divorcio • **divorcé, e** *adj, nm/f* divorciado(-a) • **divorcer** *vi* divorciarse; **~ de** *ou* **d'avec qn** divorciarse de algn

divulguer [divylge] *vt* divulgar

dix [dis] *adj inv, nm inv* diez *m inv*; *voir aussi* **cinq**

dix-huit [dizɥit] *adj inv, nm inv* dieciocho *m inv*; *voir aussi* **cinq**

dix-huitième [dizɥitjɛm] *adj, nmf* decimoctavo(-a); *voir aussi* **cinquantième**

dixième [dizjɛm] *adj, nmf* décimo(-a) ▸ *nm* décimo; *voir aussi* **cinquième**

dix-neuf [diznœf] *adj inv, nm inv* diecinueve *m inv*; *voir aussi* **cinq**

dix-neuvième [diznœvjɛm] *adj, nmf* decimonoveno(-a); *voir aussi* **cinquantième**

dix-sept [disɛt] *adj inv, nm inv* diecisiete *m inv*; *voir aussi* **cinq**

dix-septième [disɛtjɛm] *adj, nmf* decimoséptimo(-a); *voir aussi* **cinquantième**

dizaine [dizɛn] *nf* (*unité*) decena; **une ~ de ...** unos(-as) diez ...

do [do] *nm inv* (*Mus*) do

docile [dɔsil] *adj* dócil

dock [dɔk] *nm* dique *m* • **docker** *nm* estibador *m*

docteur, e [dɔktœʀ] *nm/f* (*médecin*) médico(-a), doctor(a) • **doctorat** *nm* (*aussi* : **doctorat d'État**) doctorado

doctrine [dɔktʀin] *nf* doctrina

document [dɔkymɑ̃] *nm* documento • **documentaire** *nm* documental *m* • **documentaliste** *nmf* documentalista *mf* • **documentation** *nf* documentación *f* • **documenter** *vt* : **se ~ (sur)** documentarse (sobre)

dodo [dɔdo] *nm* : **aller faire ~** ir a la camita

dogue [dɔg] *nm* (perro) dogo

doigt [dwa] *nm* dedo; **être à deux ~s de** estar a dos dedos de

doit *etc* [dwa] *vb voir* **devoir**

dollar [dɔlaʀ] *nm* dólar *m*

domaine [dɔmɛn] *nm* dominio

domestique [dɔmɛstik] *adj* doméstico(-a) ▶ *nmf* sirviente(-a), criado(-a)

domicile [dɔmisil] *nm* domicilio; **à ~** a domicilio • **domicilié, e** *adj* : **être ~ à** estar domiciliado(-a) en

dominant, e [dɔminɑ̃, ɑ̃t] *adj* dominante

dominer [dɔmine] *vt* dominar; (*passions*) dominar, controlar ▶ *vi* dominar

domino [dɔmino] *nm* dominó *m*; **jouer aux ~s** jugar al dominó

dommage [dɔmaʒ] *nm* daño, perjuicio; **dommages** *nmpl* (*dégâts, pertes*) daños *mpl*, pérdidas *fpl*; **c'est ~ de faire/ que ...** es una lástima hacer/ que ...; **~s matériels** daños materiales

dompter [dɔ̃(p)te] *vt* domar • **dompteur, -euse** *nm/f* domador(a)

DOM-TOM [dɔmtɔm], **DOM-ROM** [dɔmrɔm] *sigle m ou sigle mpl* (*= département(s) et territoire(s)/régions d'outre-mer*) *provincias y territorios franceses de ultramar*

don [dɔ̃] *nm* (*charité*) donativo; (*aptitude*) don *m*; **avoir des ~s pour** tener don *ou* tener gracia para

donc [dɔ̃k] *conj* (*en conséquence*) por tanto; (*après une digression*) así pues

donné, e [dɔne] *adj* (*convenu*) : **prix/jour ~** precio/día *m* determinado; **c'est ~** es tirado, está regalado; **étant ~ que ...** puesto *ou* dado que ... • **donnée** *nf* dato

donner [dɔne] *vt* dar; (*offrir*) regalar; (*maladie*) pegar; (*film, spectacle*) echar, poner ▶ *vi* : **~ sur** (*fenêtre, chambre*) dar a; **se donner** *vpr* : **se ~ à fond** entregarse a fondo; **~ qch à qn** dar algo a algn

d

dont [dɔ̃]

pron relatif **1** (*complément d'un nom sujet*) cuyo(-a), cuyos(-as); **une méthode ~ je ne connais pas les résultats** un método cuyos resultados desconozco; **c'est le chien ~ le maître habite en face** es el perro cuyo dueño vive enfrente

2 (*complément de verbe ou adjectif*) : **le voyage ~ je t'ai parlé** el viaje del que te hablé; **le pays ~ il est originaire** el país del que es originario; **la façon ~ il l'a fait** la forma en que lo hizo

3 (*parmi lesquel(le)s*) : **deux livres, ~ l'un est gros** dos libros, uno de los cuales es gordo; **il y avait plusieurs personnes, ~ Gabrielle** había varias personas, entre ellas Gabriela; **dix blessés, ~ deux grièvement** diece heridos, dos de ellos de gravedad

doré, e [dɔʀe] *adj* dorado(-a)

dorénavant [dɔʀenavɑ̃] *adv* en adelante, en lo sucesivo

dorer [dɔʀe] *vt* dorar ▶ *vi* (*Culin*) : **(faire) ~** dorar

dorloter [dɔʀlɔte] *vt* mimar

dormir [dɔʀmiʀ] *vi* dormir; (*être endormi*) dormir, estar dormido(-a)

dortoir [dɔʀtwaʀ] *nm* dormitorio

dos [do] *nm* espalda; (*d'un animal, d'un livre*) lomo; (*d'un chèque etc*) dorso; **voir au ~** véase al dorso; **de ~** de espaldas; **~ à ~** de espaldas uno a otro

dosage [dozaʒ] *nm* dosificación *f*

dose [doz] *nf* dosis *f inv* • **doser** *vt* (*aussi fig*) dosificar

dossier [dosje] *nm* expediente *m*; (*chemise, enveloppe, Inform*) carpeta; (*de chaise*) respaldo; (*Presse*) dossier *m*

douane [dwan] *nf* aduana; (*taxes*) arancel *m* • **douanier, -ière** *adj, nm/f* aduanero(-a)

double [dubl] *adj* doble ▸ *adv*: **voir ~** ver doble ▸ *nm* (*autre exemplaire*) copia; (*sosie*) doble; **le ~ (de)** el doble (de); **~ messieurs/mixte** (*Tennis*) dobles *mpl* masculinos/mixtos; **en ~** por duplicado • **double-clic** (*pl* **doubles-clics**) *nm* doble clic *m*

doubler [duble] *vt* duplicar; (*vêtement, chaussures*) forrar; (*voiture etc*) adelantar; (*film*) doblar; (*acteur*) doblar a ▸ *vi* duplicarse

doublure [dublyʀ] *nf* (*de vêtement*) forro; (*acteur*) doble *m*

douce [dus] *adj voir* **doux** • **douceâtre** *adj* dulzón(-ona) • **doucement** *adv* (*délicatement*) con cuidado; (*à voix basse*) bajo; (*lentement*) despacio • **douceur** *nf* suavidad *f*; (*d'une personne, saveur etc*) dulzura; (*de gestes*) delicadeza

douche [duʃ] *nf* ducha; **douches** *nfpl* (*salle*) duchas *fpl*; **prendre une ~** ducharse • **doucher**: **se doucher** *vpr* ducharse

doudou [dudu] (*fam*) *nm peluche, mantita o pedazo de tela preferido de un bebé, que le reconforta y con el que suele dormir*

doué, e [dwe] *adj* dotado(-a); **~ de** (*possédant*) dotado(-a) de

douille [duj] *nf* (*Élec*) casquillo

douillet, te [dujɛ, ɛt] *adj* (*personne*) delicado(-a)

douleur [dulœʀ] *nf* dolor *m* • **douloureux, -euse** *adj* doloroso(-a)

doute [dut] *nm* duda; **sans ~** seguramente; **mettre en ~** poner en duda • **douter** *vt* dudar; **~ de** dudar de; **se ~ de qch/que** sospechar algo/que; **je m'en doutais** me lo figuraba • **douteux, -euse** *adj* dudoso(-a); (*discutable*) discutible; (*péj*) de aspecto dudoso

doux, douce [du, dus] *adj* suave; (*personne, saveur, eau*) dulce; (*climat*) templado(-a)

douzaine [duzɛn] *nf* docena; **une ~ (de)** (*environ douze*) una docena (de)

douze [duz] *adj inv, nm inv* doce *m inv*; *voir aussi* **cinq** • **douzième** *adj, nmf* duodécimo(-a) ▸ *nm* duodécimo; *voir aussi* **cinquième**

dragée [dʀaʒe] *nf* peladilla

draguer [dʀage] *vt* (*rivière*) dragar; (*fam : filles*) ligar con ▸ *vi* (*fam*) ligar

dramatique [dʀamatik] *adj* dramático(-a) ▸ *nf* (*TV*) teledrama *m*

drame [dʀam] *nm* drama *m*

drap [dʀa] *nm* sábana; (*tissu*) paño

drapeau, x [dʀapo] *nm* bandera

drap-housse [dʀaus] (*pl* **draps-housses**) *nm* sábana ajustable

dresser [dʀese] *vt* levantar; (*liste*) redactar; (*animal domestique*) entrenar; (*animal de cirque*) amaestrar; **se dresser** *vpr* (*église, falaise*) erguirse; (*obstacle*) presentarse

drogue [dʀɔg] *nf* droga • **drogué, e** *nm/f* drogadicto(-a) • **droguer** *vt* drogar; **se droguer** *vpr* drogarse • **droguerie** *nf* droguería • **droguiste** *nmf* droguero(-a)

droit, e [dʀwa, dʀwat] *adj* derecho(-a), recto(-a); (*opposé à gauche*) derecho(-a); (*fig*) recto(-a) ▸ *adv* derecho ▸ *nm* derecho; **avoir le ~ de** tener el derecho de; **avoir ~ à** tener derecho a; **être dans son ~** estar en su derecho; **de quel ~ ?** ¿con qué derecho?; **~s d'auteur** derechos de autor; **~s d'inscription** matrícula • **droite** *nf* (*direction*) derecha; (*Math*) recta; (*Pol*) : **la ~** la derecha; **à ~ (de)** a la derecha (de); **de ~** (*Pol*) de derechas • **droitier, -ière** *adj, nm/f* diestro(-a)

drôle [dʀol] *adj* gracioso(-a); (*bizarre*) raro(-a)

dromadaire [dʀɔmadɛʀ] *nm* dromedario

du [dy] *dét, prép + dét voir* **de**

dû, due [dy] *pp de* **devoir** ▸ *adj* (*somme*) debido(-a); **dû à** debido a

dune [dyn] *nf* duna

duplex [dyplɛks] *nm* (*appartement*) dúplex *m*

duquel [dykɛl] *prép + pron voir* **lequel**

dur, e [dyʀ] *adj* duro(-a); (*fam*) almidonado(-a) ▸ *adv* (*travailler*) duro; (*taper*) fuerte

durant [dyʀɑ̃] *prép* durante; **~ des mois, des mois ~** durante meses enteros

durcir [dyʀsiʀ] *vt, vi* endurecer; **se durcir** *vpr* endurecerse

durée [dyʀe] *nf* duración *f*

durement [dyʀmɑ̃] *adv* (*très*) fuertemente; (*traiter*) severamente, duramente

durer [dyʀe] *vi* durar

dureté [dyʀte] *nf* dureza

dut *etc* [dy] *vb voir* **devoir**

duvet [dyvɛ] *nm* plumón *m*; (*sac de couchage*) saco de dormir (de plumón)

dynamique [dinamik] *adj* dinámico(-a) • **dynamisme** *nm* dinamismo

dynamo [dinamo] *nf* dinamo *f* (*m en* AM)

dysenterie [disɑ̃tʀi] *nf* disentería

dysfonctionnement [disfɔ̃ksjɔnmɑ̃] *nm* disfunción *f*

dyslexie [dislɛksi] *nf* dislexia

d

e

eau, x [o] *nf* agua; **prendre l'~** (*chaussure, vêtements*) calarse; **tomber à l'~** (*fig*) fracasar; **~ courante/douce/salée** agua corriente/dulce/salada; **~ de Cologne/de toilette** agua de Colonia/de olor; **~ de Javel** lejía; **~ distillée/minérale/ oxygénée/** agua destilada/ mineral/oxigenada/; **~ plate/ gazeuse** agua sin gas/con gas • **eau-de-vie** (*pl* **eaux-de-vie**) *nf* aguardiente *m*

ébène [ebɛn] *nf* ébano • **ébéniste** *nm* ebanista *mf*

éblouir [ebluiʀ] *vt* deslumbrar

éboueur, -euse [ebwœʀ, øz] *nm/f* basurero(-a)

ébouillanter [ebujɑ̃te] *vt* escaldar

éboulement [ebulmɑ̃] *nm* derrumbamiento

ébranler [ebʀɑ̃le] *vt* (*vitres, immeuble*) estremecer; (*résolution, personne*) hacer vacilar

ébullition [ebylisjɔ̃] *nf* ebullición *f*; **en ~** en ebullición

écaille [ekaj] *nf* (*de poisson*) escama; (*matière*) concha, carey *m*; (*de peinture*) desconchón *m* • **écailler** *vt* (*poisson*) escamar; **s'écailler** *vpr* (*peinture*) desconcharse

écart [ekaʀ] *nm* (*de prix etc*) diferencia; (*mouvement*) desviación *f*, desvío; **à l'~** apartado(-a)

écarté, e [ekaʀte] *adj* (*bras, jambes*) abierto(-a); (*endroit*) apartado(-a)

écarter [ekaʀte] *vt* (*ouvrir*) abrir; (*candidat, possibilité*) descartar; **s'écarter** *vpr* (*parois, jambes*) abrirse; **s'~ de** alejarse de

échafaudage [eʃafodaʒ] *nm* (*Constr*) andamiaje *m*

échalote [eʃalɔt] *nf* chalote *m*, chalota

échange [eʃɑ̃ʒ] *nm* intercambio • **échanger** *vt* intercambiar; **~ qch (contre)** canjear algo (por)

échantillon [eʃɑ̃tijɔ̃] *nm* muestra

échapper [eʃape] : **~ à** *vt* escapar de; (*punition, péril*) librarse de; **s'échapper** *vpr* escaparse; **~ à qn** escapársele a algn; **l'~ belle** escapar por los pelos

écharpe [eʃaʀp] *nf* (*cache-nez*) bufanda; **avoir un bras en ~** tener un brazo en cabestrillo

échauffer [eʃofe] : **s'échauffer** *vpr* (*Sport*) calentarse

échéance [eʃeɑ̃s] *nf* (*date*) vencimiento; **à brève/longue ~** *adj, adv* a corto/largo plazo

échéant [eʃeɑ̃] : **le cas ~** *adv* llegado el caso

échec [eʃɛk] *nm* fracaso; **échecs** *nmpl* (*jeu*) ajedrez *msg*; **~ et mat/ au roi** jaque mate/al rey

échelle [eʃɛl] *nf* (*de bois*) escalera de mano; (*fig*) escala
échelon [eʃ(ə)lɔ̃] *nm* (*d'échelle*) escalón *m*; (*Admin*) escalafón *m*; (*Sport*) categoría • **échelonner** *vt* escalonar
échiquier [eʃikje] *nm* tablero
écho [eko] *nm* eco • **échographie** *nf* ecografía
échouer [eʃwe] *vi* (*tentative*) fracasar; (*candidat*) suspender; **s'échouer** *vpr* embarrancarse
éclabousser [eklabuse] *vt* salpicar
éclair [eklɛʀ] *nm* (*d'orage*) relámpago; (*de génie, d'intelligence*) chispa
éclairage [eklɛʀaʒ] *nm* iluminación *f*
éclaircie [eklɛʀsi] *nf* escampada
éclaircir [eklɛʀsiʀ] *vt* aclarar; **s'éclaircir** *vpr* (*ciel*) despejarse • **éclaircissement** *nm* (*gén pl* : *explication*) aclaración *f*
éclairer [ekleʀe] *vt* (*suj* : *lampe, lumière*) iluminar; (*avec une lampe de poche*) alumbrar ▸ *vi* : **~ bien/mal** iluminar bien/mal
éclat [ekla] *nm* (*de bombe, verre*) fragmento; (*du soleil, d'une couleur*) brillo; **~ de rire** carcajada; **~s de voix** subidas *fpl* de tono
éclatant, e [eklatɑ̃, ɑ̃t] *adj* (*couleur*) brillante; (*lumière*) resplandeciente; (*succès*) clamoroso(-a)
éclater [eklate] *vi* estallar; **~ de rire/en sanglots** reventar de risa/en llanto
écluse [eklyz] *nf* esclusa
écœurant, e [ekœʀɑ̃, ɑ̃t] *adj* asqueroso(-a)
écœurer [ekœʀe] *vt* (*suj* : *gâteau, goût*) dar asco; (*personne, attitude*) desagradar; (*démoraliser*) destrozar
école [ekɔl] *nf* escuela; **aller à l'~** ir a la escuela; **~ maternelle** escuela de párvulos; *voir note* ; **~ élémentaire, ~ primaire** escuela primaria; **~ privée/publique/secondaire** escuela privada/pública/secundaria • **écolier, -ière** *nm/f* escolar *mf*

En Francia, la escuela infantil, la **école maternelle**, está subvencionada por el Estado y, pese a no ser obligatoria, la mayoría de los niños de entre dos y cinco años acuden a ella. La educación obligatoria comienza con la educación primaria, la *école primaire*, que va desde los seis hasta los diez años.

écologie [ekɔlɔʒi] *nf* ecología • **écologique** *adj* ecológico(-a) • **écologiste** *nmf* ecologista *mf*
économe [ekɔnɔm] *adj* ahorrador(a)
économie [ekɔnɔmi] *nf* economía; **~ collaborative** economía colaborativa; **économies** *nfpl* ahorros *mpl* • **économique** *adj* económico(-a) • **économiser** *vt* ahorrar, economizar
écorce [ekɔʀs] *nf* corteza; (*de fruit*) piel *f*
écorcher [ekɔʀʃe] *vt* (*animal*) desollar; (*égratigner*) arañar • **écorchure** *nf* arañazo
Écosse [ekɔs] *nf* Escocia
écouter [ekute] *vt* escuchar; **si je m'écoutais** si por mí fuera

• **écouteur** *nm* auricular *m*; **écouteurs** *nmpl* (*Radio*) auriculares *mpl*

écran [ekʀɑ̃] *nm* pantalla; **le petit ~** la pequeña pantalla

écrasant, e [ekʀɑzɑ̃, ɑ̃t] *adj* (*responsabilité, travail*) agobiante

écraser [ekʀɑze] *vt* (*broyer*) aplastar; (*suj : voiture, train*) atropellar; (*ennemi, équipe adverse*) aplastar; **s'~ (au sol)** (*avion*) estrellarse (contra el suelo)

écrevisse [ekʀəvis] *nf* cangrejo de río

écrire [ekʀiʀ] *vt, vi* escribir; **s'écrire** *vpr* (*réciproque*) escribirse; (*mot*) : **ça s'écrit comment?** ¿cómo se escribe eso? • **écrit, e** *pp de* **écrire** ▸ *adj* : **bien/mal ~** bien/mal escrito(-a) ▸ *nm* escrito; **par ~** por escrito

écriteau, x [ekʀito] *nm* letrero

écriture [ekʀityʀ] *nf* escritura

écrivain, e [ekʀivɛ̃, ɛn] *nm/f* escritor(a)

écrou [ekʀu] *nm* tuerca

écrouler [ekʀule] : **s'écrouler** *vpr* (*mur*) derrumbarse; (*personne, animal*) desplomarse; (*projet etc*) venirse abajo

écru [ekʀy] *adj* crudo(-a)

écume [ekym] *nf* espuma

écureuil [ekyʀœj] *nm* ardilla

écurie [ekyʀi] *nf* cuadra

eczéma [ɛgzema] *nm* eczema *m*

EDF [ədeɛf] *sigle f* = *Électricité de France*

éditer [edite] *vt* editar • **éditeur, -trice** *nm/f* editor(a) • **édition** *nf* edición *f*; **l'~** (*industrie du livre*) la edición

édredon [edʀədɔ̃] *nm* edredón *m*

éducateur, -trice [edykatœʀ, tʀis] *nm/f* educador(a)

éducatif, -ive [edykatif, iv] *adj* educativo(-a)

éducation [edykasjɔ̃] *nf* educación *f*; **~ physique** educación física

édulcorant [edylkɔʀɑ̃] *nm* edulcorante *m*

éduquer [edyke] *vt* educar

effacer [efase] *vt* borrar

effarant, e [efaʀɑ̃, ɑ̃t] *adj* espantoso(-a)

effectif, -ive [efɛktif, iv] *adj* efectivo(-a) ▸ *nm* (*Mil, Comm : gén pl*) efectivos *mpl* • **effectivement** *adv* efectivamente; (*réellement*) realmente

effectuer [efɛktɥe] *vt* efectuar; (*mouvement*) realizar

effervescent, e [efɛʀvesɑ̃, ɑ̃t] *adj* efervescente

effet [efɛ] *nm* efecto; **faire de l'~** (*médicament, menace*) hacer efecto; **en ~** en efecto

efficace [efikas] *adj* eficaz • **efficacité** *nf* eficacia

effondrer [efɔ̃dʀe] : **s'effondrer** *vpr* (*mur, bâtiment*) desmoronarse; (*prix, marché*) hundirse

efforcer [efɔʀse] : **s'efforcer de** *vpr* esforzarse por; **s'~ de faire** esforzarse por hacer

effort [efɔʀ] *nm* esfuerzo; **faire un ~** hacer un esfuerzo

effrayant, e [efʀɛjɑ̃, ɑ̃t] *adj* horroroso(-a), espantoso(-a)

effrayer [efʀeje] *vt* asustar; **s'effrayer (de)** *vpr* asustarse (de)

effréné, e [efʀene] *adj* desenfrenado(-a)

effronté, e [efʀɔ̃te] *adj* descarado(-a)
effroyable [efʀwajabl] *adj* espantoso(-a)
égal, e, -aux [egal, o] *adj (gén)* igual; *(vitesse, rythme)* regular ▸ *nm/f* igual *mf*; **être ~ à** ser igual a; **ça lui/nous est ~** le/nos da igual; **sans ~** sin igual; **d'~ à ~** de igual a igual • **également** *adv* igualmente • **égaler** *vt* igualar • **égaliser** *vt* igualar ▸ *vi (Sport)* empatar • **égalité** *nf* igualdad *f*; **être à ~ (de points)** estar empatados(-as) (en tantos)
égard [egaʀ] *nm* consideración *f*; **égards** *nmpl (marques de respect)* atenciones *fpl*; **à cet ~/certains ~s/tous ~s** a este respecto/en ciertos aspectos/por todos los conceptos; **eu ~ à** teniendo en cuenta; **par/sans ~ pour** por/sin consideración para; **à l'~ de** con respecto a
égarer [egaʀe] *vt (perdre)* perder; **s'égarer** *vpr* perderse
églefin [egləfɛ̃] *nm* abadejo
église [egliz] *nf* iglesia; **aller à l'~** ir a la iglesia
égoïsme [egɔism] *nm* egoísmo • **égoïste** *adj, nmf* egoísta *mf*
égout [egu] *nm* alcantarilla
égoutter [egute] *vt* escurrir; **s'égoutter** *vpr* escurrirse • **égouttoir** *nm* escurridero
égratignure [egʀatiɲyʀ] *nf* rasguño
Égypte [eʒipt] *nf* Egipto • **égyptien, ne** *adj* egipcio(-a) ▸ *nm/f*: **Égyptien, ne** egipcio(-a)
eh [e] *excl* eh; **eh bien !** *(surprise)* ¡pero bueno!; **eh bien ?** *(attente, doute)* ¿y bien?
élaborer [elabɔʀe] *vt* elaborar
élan [elɑ̃] *nm (Zool)* alce *m*; *(mouvement, lancée)* impulso; *(fig)* arrebato; **prendre de l'~** tomar carrerilla; **prendre son ~** tomar impulso
élancer [elɑ̃se] : **s'élancer** *vpr* lanzarse
élargir [elaʀʒiʀ] *vt (porte, route)* ensanchar; *(vêtement)* sacar a; **s'élargir** *vpr* ensancharse
élastique [elastik] *adj* elástico(-a) ▸ *nm (de bureau)* elástico, goma; *(pour la couture)* goma
élection [elɛksjɔ̃] *nf* elección *f*; **élections** *nfpl (Pol)* elecciones *fpl*
électricien, ne [elɛktʀisjɛ̃, jɛn] *nm/f* electricista *mf*
électricité [elɛktʀisite] *nf* electricidad *f*; **allumer/éteindre l'~** encender/apagar la luz
électrique [elɛktʀik] *adj* eléctrico(-a); *(fig)* tenso(-a)
électrocuter [elɛktʀɔkyte] *vt* electrocutar
électroménager [elɛktʀomenaʒe] *adj* : **appareils ~s** aparatos *mpl* electrodomésticos; **l'~** el sector de los electrodomésticos
électronique [elɛktʀɔnik] *adj* electrónico(-a) ▸ *nf* electrónica
élégance [elegɑ̃s] *nf* elegancia
élégant, e [elegɑ̃, ɑ̃t] *adj* elegante
élément [elemɑ̃] *nm* elemento • **élémentaire** *adj* elemental
éléphant [elefɑ̃] *nm* elefante *m*
élevage [el(ə)vaʒ] *nm (de bétail, de volaille)* cría; *(activité, secteur économique)* ganadería
élève [elɛv] *nmf* alumno(-a)

élevé, e [el(ə)ve] *adj (aussi fig)* elevado(-a); **bien/mal ~** bien/ mal educado(-a)

élever [el(ə)ve] *vt (enfant)* educar, criar; *(animaux, vin)* criar; *(hausser)* subir; *(monument, âme, esprit)* elevar; **s'élever** *vpr (avion, alpiniste)* ascender; *(clocher, montagne)* alzarse; *(protestations)* levantar; *(cri)* oírse; *(niveau)* subir; *(température)* ascender; **s'~ contre qch** rebelarse contra algo; **s'~ à** *(frais, dégâts)* elevarse a • **éleveur, -euse** *nm/f (de bétail)* ganadero(-a)

éliminatoire [eliminatwaʀ] *adj* eliminatorio(-a) ▸ *nf* eliminatoria

éliminer [elimine] *vt* eliminar

élire [eliʀ] *vt (Pol etc)* elegir

elle [ɛl] *pron* ella; **Marie est-~ rentrée ?** ¿ha vuelto María?; **c'est à ~** es suyo(-a), es de ella; **ce livre est à ~** ese libro es suyo; **~-même** ella misma; *(après préposition)* sí misma; **avec ~** *(réfléchi)* consigo

éloigné, e [elwaɲe] *adj (gén)* alejado(-a); *(date, échéance, parent)* lejano(-a)

éloigner [elwaɲe] *vt (échéance, but)* retrasar; *(soupçons, danger)* ahuyentar; **s'éloigner** *vpr* alejarse; *(fig)* distanciarse; **~ qch (de)** alejar algo (de); **~ qn (de)** distanciar a algn (de)

élu, e [ely] *pp de* **élire** ▸ *nm/f (Pol)* elegido(-a), electo(-a)

Élysée [elize] *nm* : **l'~, le palais de l'~** el Elíseo, el palacio del Elíseo

e-mail [imɛl] *nm* mail *m*, email *m*

émail, -aux [emaj, o] *nm* esmalte *m*

émanciper [emɑ̃sipe] *vt (Jur)* emancipar; *(gén : aussi moralement)* liberar; **s'émanciper** *vpr (fig)* liberarse

emballage [ɑ̃balaʒ] *nm* embalaje *m*; *(d'un cadeau)* envoltura

emballer [ɑ̃bale] *vt (marchandise, moteur)* embalar; *(cadeau)* envolver; *(fig)* encantar; **s'emballer** *vpr (moteur, personne)* embalarse; *(cheval)* desbocarse

embarcadère [ɑ̃baʀkadɛʀ] *nm* embarcadero

embarquement [ɑ̃baʀkəmɑ̃] *nm* embarque *m*

embarquer [ɑ̃baʀke] *vt* embarcar ▸ *vi* embarcar; **s'embarquer** *vpr* embarcarse; **s'~ dans** *(affaire, aventure)* embarcarse en

embarras [ɑ̃baʀa] *nm* aprieto, apuro

embarrassant, e [ɑ̃baʀasɑ̃, ɑ̃t] *adj* molesto(-a)

embarrasser [ɑ̃baʀase] *vt (encombrer)* estorbar; *(gêner)* molestar; *(troubler)* turbar

embaucher [ɑ̃boʃe] *vt* contratar

embêtement [ɑ̃bɛtmɑ̃] *(fam) nm (gén pl)* problema *m*

embêter [ɑ̃bete] *(fam) vt (importuner)* molestar, embromar (AM); *(contrarier)* fastidiar; **s'embêter** *vpr* aburrirse

emblée [ɑ̃ble] : **d'~** *adv* de golpe

embouchure [ɑ̃buʃyʀ] *nf (Géo)* desembocadura

embourber [ɑ̃buʀbe] : **s'embourber** *vpr* atascarse

embouteillage [ɑ̃butɛjaʒ] *nm* embotellado; *(fig)* embotellamiento

embranchement [ɑ̃bʀɑ̃ʃmɑ̃] *nm* (*routier*) bifurcación *f*; (*Science*) tipo, filo

embrasser [ɑ̃bʀase] *vt* (*étreindre*) abrazar; (*donner un baiser*) besar

embrayage [ɑ̃bʀɛjaʒ] *nm* embrague *m*

embrouiller [ɑ̃bʀuje] *vt* enredar; **s'embrouiller** *vpr* enredarse

embruns [ɑ̃bʀœ̃] *nmpl* rociones *mpl*

embué, e [ɑ̃bɥe] *adj* empañado(-a)

émeraude [em(ə)ʀod] *nf, adj inv* esmeralda

émerger [emɛʀʒe] *vi* emerger; (*fig*) surgir

émerveiller [emɛʀveje] *vt* maravillar; **s'émerveiller** *vpr* : **s'~ (de qch)** maravillarse (de algo)

émettre [emɛtʀ] *vt, vi* emitir

émeus *etc* [emø] *vb voir* **émouvoir**

émeute [emøt] *nf* motín *m*

émigrer [emigʀe] *vi* emigrar

émincer [emɛ̃se] *vt* (*viande*) trinchar; (*oignons etc*) cortar en rodajas finas

émission [emisjɔ̃] *nf* emisión *f*

emmêler [ɑ̃mele] *vt* enmarañar; **s'emmêler** *vpr* enmarañarse

emménager [ɑ̃menaʒe] *vi* mudarse; **~ dans** instalarse en

emmener [ɑ̃m(ə)ne] *vt* llevar; (*comme otage, capture, avec soi*) llevarse; **~ qn au cinéma/ restaurant** llevar a algn al cine/ restaurante

emmerder [ɑ̃mɛʀde] (*fam!*) *vt* dar el coñazo (*fam!*), fregar (*AM fam!*); **s'emmerder** *vpr* aburrirse la hostia (*fam!*)

émotif, -ive [emɔtif, iv] *adj* emotivo(-a)

émotion [emosjɔ̃] *nf* emoción *f*

émouvoir [emuvwaʀ] *vt* conmover; **s'émouvoir** *vpr* conmoverse

empaqueter [ɑ̃pakte] *vt* empaquetar

emparer [ɑ̃paʀe] : **s'emparer de** *vpr* apoderarse de; (*Mil*) adueñarse de

empêchement [ɑ̃pɛʃmɑ̃] *nm* impedimento

empêcher [ɑ̃peʃe] *vt* impedir; **~ qn de faire qch** impedir a algn que haga algo; **il n'empêche que** lo que no quiere decir que; **il n'a pas pu s'~ de rire** no pudo evitar reírse

empereur [ɑ̃pʀœʀ] *nm* emperador *m*

empiffrer [ɑ̃pifʀe] : **s'empiffrer** (*péj*) *vpr* atiborrarse

empiler [ɑ̃pile] *vt* apilar

empire [ɑ̃piʀ] *nm* imperio; (*fig*) dominio

empirer [ɑ̃piʀe] *vi* empeorar

emplacement [ɑ̃plasmɑ̃] *nm* emplazamiento

emplette [ɑ̃plɛt] *nf* : **faire des ~s** ir de tiendas

emploi [ɑ̃plwa] *nm* empleo; **l'~** (*Comm, Écon*) el empleo; **offre/demande d'~** oferta/ demanda de empleo; **~ du temps** horario

employé, e [ɑ̃plwaje] *nm/f* empleado(-a); **~ de bureau** oficinista *mf*

employer [ɑ̃plwaje] *vt* emplear
• **employeur, -euse** *nm/f* empleador(a)

empoigner [ɑ̃pwaɲe] *vt* empuñar

empoisonner [ɑ̃pwazɔne] *vt* envenenar; (*fam : embêter*) : **~ qn** fastidiar a algn

emporter [ɑ̃pɔʀte] *vt* llevar; (*en dérobant, enlevant*) arrebatar; (*suj : courant, vent, avalanche*) arrastrar; (*gagner, Mil*) lograr; **s'emporter** *vpr* enfurecerse; **boissons/plats chauds à ~** bebidas *fpl*/comidas *fpl* calientes para llevar

empreinte [ɑ̃pʀɛ̃t] *nf* huella; **~ carbone** huella de carbono; **~s (digitales)** huellas *fpl* (dactilares); **~ écologique** huella ecológica

empresser [ɑ̃pʀese] : **s'~ de faire** apresurarse a hacer

emprisonner [ɑ̃pʀizɔne] *vt* encarcelar

emprunt [ɑ̃pʀœ̃] *nm* (*gén, Fin*) préstamo

emprunter [ɑ̃pʀœ̃te] *vt* (*gén, Fin*) pedir *ou* tomar prestado; (*route, itinéraire*) seguir

ému, e [emy] *pp de* **émouvoir** ▸ *adj* (*de joie, gratitude*) emocionado(-a)

en [ɑ̃]

▸ *prép* **1** (*endroit, pays*) en; (*direction*) a; **habiter en France/en ville** vivir en Francia/en la ciudad; **aller en France/en ville** ir a Francia/a la ciudad

2 (*temps*) en; **en trois jours/20 ans** en tres días/20 años; **en été/juin** en verano/junio

3 (*moyen*) en; **en avion/taxi** en avión/taxi

4 (*composition*) de; **c'est en verre/bois** es de cristal/madera; **un collier en argent** un collar de plata

5 (*description, état*) : **une femme en rouge** una mujer de rojo; **peindre qch en rouge** pintar algo de rojo; **en T/étoile** en forma de T/en estrella; **en chemise/chaussettes** en camisa/calcetines; **en deuil** de luto; **cassé en plusieurs morceaux** roto en varios pedazos; **en réparation** en reparación; **partir en vacances** marcharse de vacaciones; **le même en plus grand** el mismo en tamaño más grande; **expert/licencié en ...** experto/licenciado en ...; **fort en maths** fuerte en matemáticas; **être en bonne santé** estar bien de salud; **en deux volumes/une pièce** en dos volúmenes/una pieza; (*pour locutions avec « en »*) *voir* **tant** ; **croire** *etc*

6 (*en tant que*) : **en bon chrétien** como buen cristiano; **je te parle en ami** te hablo como amigo

7 (*avec gérondif*) : **en travaillant/dormant** al trabajar/dormir, trabajando/durmiendo; **en apprenant la nouvelle/sortant, ...** al saber la noticia/al salir, ...; **sortir en courant** salir corriendo

▸ *pron* **1** (*indéfini*) : **j'en ai ...** tengo ...; **en as-tu ?** ¿tienes?; **en veux-tu ?** ¿quieres?; **je n'en veux pas** no quiero; **j'en ai deux** tengo dos; **j'en ai assez** (*fig*) tengo bastante; (*j'en ai marre*) estoy harto de eso; **combien y en a-t-il ?** ¿cuántos hay?; **où en étais-je ?** ¿dónde estaba?

2 (*provenance*) de allí; **j'en**

viens/sors vengo/salgo (de allí) 3 (*cause*) : **il en est malade/ perd le sommeil** está enfermo/ pierde el sueño (por ello) 4 (*complément de nom, d'adjectif, de verbe*) : **j'en connais les dangers/défauts** conozco los peligros/defectos de eso; **j'en suis fier** estoy orgulloso de ello; **j'en ai besoin** lo necesito

encadrer [ãkadʀe] *vt* (*tableau, image*) enmarcar; (*entourer*) rodear; (*personnel*) dirigir

encaisser [ãkese] *vt* (*chèque, argent*) cobrar; (*coup, défaite*) encajar

en-cas [ãka] *nm inv* tentempié *m*

enceinte [ãsɛ̃t] *adj f* : **~ de six mois** encinta *ou* embarazada de seis meses ▶ *nf* recinto; **~ (acoustique)** bafle *m*

encens [ãsã] *nm* incienso

enchaîner [ãʃene] *vt* encadenar ▶ *vi* proseguir

enchanté, e [ãʃãte] *adj* encantado(-a); **~ de faire votre connaissance** encantado(-a) de conocerle

enchère [ãʃɛʀ] *nf* oferta; **mettre/ vendre aux ~s** sacar/vender en subasta

enclencher [ãklãʃe] *vt* (*mécanisme*) enganchar; **s'enclencher** *vpr* ponerse en marcha

encombrant, e [ãkɔ̃bʀã, ãt] *adj* voluminoso(-a)
• **encombrement** *nm* (*de circulation*) embotellamiento; (*des lignes téléphoniques*) saturación *f*

encombrer [ãkɔ̃bʀe] *vt* (*couloir, rue*) obstruir; (*personne*) estorbar; **s'encombrer de** *vpr* (*bagages etc*) cargarse de *ou* con

encore [ãkɔʀ]

adv 1 (*continuation*) todavía; **il travaille ~** trabaja todavía; **pas ~** todavía no
2 (*de nouveau*) : **elle m'a ~ demandé de l'argent** me ha vuelto a pedir dinero; **~ !** (*insatisfaction*) ¡otra vez!; **~ un effort** un esfuerzo más; **j'irai ~ demain** iré también mañana; **~ une fois** una vez más; **~ deux jours** dos días más
3 (*intensif*) : **~ plus fort/mieux** aún más fuerte/mejor; **hier ~** todavía ayer; **non seulement ..., mais ~ ...** no solo ... sino también ...
4 (*restriction*) al menos; **si ~** si por lo menos; **(et puis) quoi ~ ?** ¿y qué más?; **~ que** *conj* aunque

encourager [ãkuʀaʒe] *vt* (*personne*) animar

encourir [ãkuʀiʀ] *vt* exponerse a

encre [ãkʀ] *nf* tinta

encyclopédie [ãsiklɔpedi] *nf* enciclopedia

endetter [ãdete] : **s'endetter** *vpr* endeudarse

endive [ãdiv] *nf* endibia

endormi, e [ãdɔʀmi] *pp de* **endormir** ▶ *adj* dormido(-a)

endormir [ãdɔʀmiʀ] *vt* adormecer, dormir; (*Méd*) anestesiar; **s'endormir** *vpr* dormirse

endroit [ãdʀwa] *nm* lugar *m*, sitio; (*opposé à l'envers*) derecho; **à l'~** (*vêtement*) al derecho

e

endurance [ɑ̃dyʀɑ̃s] *nf* resistencia
endurant, e [ɑ̃dyʀɑ̃, ɑ̃t] *adj* resistente
endurcir [ɑ̃dyʀsiʀ] : **s'endurcir** *vpr* endurecerse
endurer [ɑ̃dyʀe] *vt* aguantar
énergétique [enɛʀʒetik] *adj* energético(-a)
énergie [enɛʀʒi] *nf* energía • **énergique** *adj* enérgico(-a)
énervant, e [enɛʀvɑ̃, ɑ̃t] *adj* irritante
énerver [enɛʀve] *vt* poner nervioso, enervar; **s'énerver** *vpr* ponerse nervioso, enervarse
enfance [ɑ̃fɑ̃s] *nf* (*âge*) niñez *f*
enfant [ɑ̃fɑ̃] *nmf* (*garçon, fillette*) niño(-a); (*fils, fille*) hijo(-a) • **enfantin, e** *adj* infantil
enfer [ɑ̃fɛʀ] *nm* infierno
enfermer [ɑ̃fɛʀme] *vt* encerrar
enfiler [ɑ̃file] *vt* (*perles*) ensartar; (*aiguille*) enhebrar; **~ qch** (*vêtement*) ponerse algo
enfin [ɑ̃fɛ̃] *adv* (*pour finir*) finalmente; (*en dernier lieu, pour conclure*) por último; (*de restriction, résignation*) en fin
enflammer [ɑ̃flɑme] *vt* inflamar; **s'enflammer** *vpr* inflamarse
enflé, e [ɑ̃fle] *adj* hinchado(-a)
enfler [ɑ̃fle] *vi* hincharse
enfoncer [ɑ̃fɔ̃se] *vt* (*clou*) clavar; (*forcer, défoncer, faire pénétrer*) hundir; **s'enfoncer** *vpr* hundirse; **s'~ dans** hundirse en
enfouir [ɑ̃fwiʀ] *vt* (*dans le sol*) enterrar; (*dans un tiroir, une poche*) meter en el fondo
enfuir [ɑ̃fɥiʀ] : **s'enfuir** *vpr* huir
engagement [ɑ̃gaʒmɑ̃] *nm* compromiso
engager [ɑ̃gaʒe] *vt* (*embaucher*) contratar; (*débat*) iniciar; (*négociations*) entablar; (*lier*) comprometer; (*impliquer, entraîner*) implicar; **s'engager** *vpr* (*Mil*) alistarse; (*politiquement, promettre*) comprometerse; (*négociations*) entablarse; **~ qch dans** (*faire pénétrer*) meter algo en; **s'~ à faire qch** comprometerse a hacer algo; **s'~ dans** (*rue, passage*) enfilar; (*voie, carrière, discussion*) meterse en
engelures [ɑ̃ʒlyʀ] *nfpl* sabañones *mpl*
engin [ɑ̃ʒɛ̃] *nm* máquina
engloutir [ɑ̃glutiʀ] *vt* tragar
engouement [ɑ̃gumɑ̃] *nm* apasionamiento
engouffrer [ɑ̃gufʀe] *vt* engullir; **s'engouffrer dans** *vpr* (*suj : vent, eau*) penetrar en
engourdir [ɑ̃guʀdiʀ] *vt* (*membres*) entumecer; (*esprit*) entorpecer; **s'engourdir** *vpr* entumecerse
engrais [ɑ̃gʀɛ] *nm* abono
engraisser [ɑ̃gʀese] *vt* (*animal*) cebar ▸ *vi* (*péj : personne*) forrarse
engrenage [ɑ̃gʀənaʒ] *nm* engranaje *m*
engueuler [ɑ̃gœle] (*fam*) *vt* : **~ qn** echar una bronca a algn
enhardir [ɑ̃aʀdiʀ] : **s'enhardir** *vpr* envalentonarse
énigme [enigm] *nf* enigma *m*
enivrer [ɑ̃nivʀe] *vt* embriagar, emborrachar
enjamber [ɑ̃ʒɑ̃be] *vt* franquear
enjeu, x [ɑ̃ʒø] *nm* apuesta; (*d'une élection, d'un match*) lo que está en juego

enjoué, e [ɑ̃ʒwe] *adj* alegre

enlaidir [ɑ̃ledir] *vt* afear ▸ *vi* afearse

enlèvement [ɑ̃lɛvmɑ̃] *nm* (*rapt*) rapto

enlever [ɑ̃l(ə)ve] *vt* quitar; (*ordures, meubles à déménager*) recoger; (*kidnapper*) raptar; (*prix, victoire*) conseguir; **~ qch à qn** quitar algo a algn

enliser [ɑ̃lize]: **s'enliser** *vpr* hundirse

enneigé, e [ɑ̃neʒe] *adj* (*pente, col*) nevado(-a)

ennemi, e [ɛnmi] *adj, nm/f* enemigo(-a)

ennui [ɑ̃nɥi] *nm* (*lassitude*) aburrimiento; (*difficulté*) problema *m*; **avoir/s'attirer des ~s** tener/buscarse problemas • **ennuyer** *vt* (*importuner, gêner*) molestar; (*contrarier*) fastidiar; (*lasser*) aburrir; **s'ennuyer** *vpr* (*se lasser*) aburrirse; **s'~ de qch/qn** (*regretter*) echar de menos algo/a algn • **ennuyeux, -euse** *adj* (*lassant*) aburrido(-a); (*contrariant*) molesto(-a)

énorme [enɔrm] *adj* enorme • **énormément** *adv* (*avec vb*) muchísimo; **~ de neige/gens** muchísima nieve/gente

enquête [ɑ̃kɛt] *nf* (*judiciaire, administrative, de police*) investigación *f*; (*de journaliste, sondage*) encuesta • **enquêter** *vi* (*gén, police*) investigar; (*journaliste, sondage*) hacer una encuesta

enragé, e [ɑ̃raʒe] *adj* (*chien*) rabioso(-a)

enrager [ɑ̃raʒe] *vi*

enregistrement [ɑ̃r(ə)ʒistrəmɑ̃] *nm* (*d'un disque*) grabación *f*; (*d'un fichier, d'une plainte*) registro; **~ des bagages** facturación *f*

enregistrer [ɑ̃r(ə)ʒistre] *vt* (*Mus*) grabar; (*Inform*) archivar; (*Admin, Comm, fig*) registrar; (*aussi* : **faire enregistrer** : *bagages*) facturar

enrhumer [ɑ̃ryme]: **s'enrhumer** *vpr* acatarrarse, constiparse, resfriarse

enrichir [ɑ̃riʃir] *vt* enriquecer; **s'enrichir** *vpr* enriquecerse

enrouer [ɑ̃rwe]: **s'enrouer** *vpr* enronquecer

enrouler [ɑ̃rule] *vt* enrollar; **s'enrouler** *vpr* enrollarse; **~ qch autour de** enrollar algo alrededor de

enseignant, e [ɑ̃sɛɲɑ̃, ɑ̃t] *adj, nm/f* docente *mf*

enseignement [ɑ̃sɛɲ(ə)mɑ̃] *nm* enseñanza

enseigner [ɑ̃seɲe] *vt* enseñar; **~ qch à qn** enseñar algo a algn

ensemble [ɑ̃sɑ̃bl] *adv* (*l'un avec l'autre*) juntos(-as); (*en même temps*) juntos(-as) ▸ *nm* conjunto; **l'~ du/de la** la totalidad del/de la; **aller ~** (*être assorti*) combinarse; **dans l'~** en conjunto

ensoleillé, e [ɑ̃sɔleje] *adj* soleado(-a)

ensuite [ɑ̃sɥit] *adv* (*dans une succession : après*) a continuación; (*plus tard*) después; **~ de quoi** después de lo cual

ENT [əɛnte] *sigle m* (= *espace numérique de travail*) EVA *m* (= *entorno virtual de aprendizaje*)

entamer [ɑ̃tame] *vt* (*pain, bouteille*) empezar; (*hostilités, pourparlers*) iniciar

entasser [ɑ̃tase] *vt* (*objets*) amontonar; (*personnes*) hacinar; **s'entasser** *vpr* (*objets*) amontonarse; (*personnes*) hacinarse

entendre [ɑ̃tɑ̃dʀ] *vt* oír; (*vouloir dire*) querer decir; **s'entendre** *vpr* entenderse; (*se mettre d'accord*) ponerse de acuerdo; **j'ai entendu dire que** he oído que; **~ parler de** oír hablar de; **laisser ~ que** dar a entender que

entendu, e [ɑ̃tɑ̃dy] *pp de* **entendre** ▸ *adj* (*affaire*) concluido(-a); (*air*) entendido(-a); **(c'est) ~ !** ¡de acuerdo!, ¡entendido!; **c'est ~** (*concession*) entendido; **bien ~ !** ¡por supuesto!

entente [ɑ̃tɑ̃t] *nf* (*entre amis, pays*) entendimiento; (*accord, traité*) acuerdo

enterrement [ɑ̃tɛʀmɑ̃] *nm* entierro

enterrer [ɑ̃teʀe] *vt* enterrar

en-tête [ɑ̃tɛt] (*pl* **en-têtes**) *nm* membrete *m*; **enveloppe/papier à ~** sobre *m*/papel *m* con membrete

entêté, e [ɑ̃tete] *adj* obstinado(-a), cabezota

entêter [ɑ̃tete]: **s'entêter** *vpr* obstinarse, empeñarse; **s'~ (à faire)** empeñarse (en hacer)

enthousiasme [ɑ̃tuzjasm] *nm* entusiasmo • **enthousiasmer** *vt* entusiasmar; **s'enthousiasmer** *vpr*: **s'~ (pour qch)** entusiasmarse (con algo) • **enthousiaste** *adj, nmf* entusiasta *mf*

entier, -ière [ɑ̃tje, jɛʀ] *adj* entero(-a); **en ~** por completo; **lait ~** leche *f* entera • **entièrement** *adv* enteramente

entonnoir [ɑ̃tɔnwaʀ] *nm* embudo

entorse [ɑ̃tɔʀs] *nf* esguince *m*

entourage [ɑ̃tuʀaʒ] *nm* (*personnes proches*) allegados *mpl*

entourer [ɑ̃tuʀe] *vt* (*par une clôture*) cercar; (*faire cercle autour de*) rodear; **s'entourer de** *vpr* (*collaborateurs*) rodearse de; **~ qch de** rodear algo con

entracte [ɑ̃tʀakt] *nm* entreacto

entraide [ɑ̃tʀɛd] *nf* ayuda mutua

entrain [ɑ̃tʀɛ̃] *nm* brío; **avec ~** con brío

entraînement [ɑ̃tʀɛnmɑ̃] *nm* entrenamiento

entraîner [ɑ̃tʀene] *vt* (*moteur, poulie*) accionar; (*emmener*) llevarse; (*Sport*) entrenar; (*impliquer, causer*) ocasionar; **s'entraîner** *vpr* (*Sport*) entrenarse; **s'~ à qch/à faire qch** ejercitarse en algo/en hacer algo • **entraîneur, -euse** *nm/f* (*Sport*) entrenador(a)

entre [ɑ̃tʀ] *prép* entre; **l'un d'~ eux/nous** uno de ellos/nosotros; **~ autres (choses)** entre otras (cosas); **~ nous, ...** entre nosotros, ...; **ils se battent ~ eux** se pelean entre sí

entrecôte [ɑ̃tʀəkot] *nf* entrecot *m*

entrée [ɑ̃tʀe] *nf* entrada; **~ en vigueur** entrada en vigor

entrefilet [ɑ̃tʀəfilɛ] *nm* noticia breve

entremets [ɑ̃tʀəmɛ] *nm* postre *m*

entrepôt [ɑ̃tʀəpo] *nm* almacén *m*, galpón *m* (*CSur*)

entreprendre [ɑ̃tʀəpʀɑ̃dʀ] *vt* emprender

entrepreneur, e [ɑ̃tʀəpʀənœʀ, ɑ̃tʀəpʀənøz] *nm/f* empresario(-a); **~ en bâtiment** contratista *mf* de obras

entreprise [ɑ̃tʀəpʀiz] *nf* empresa

entrer [ɑ̃tʀe] *vi* entrar ▶ *vt (Inform)* meter; **~ dans** entrar en; *(entrer en collision avec)* chocar con; **~ au couvent/à l'hôpital** ingresar en el convento/en el hospital; **faire ~** hacer pasar

entre-temps [ɑ̃tʀətɑ̃] *adv* entretanto

entretenir [ɑ̃tʀət(ə)niʀ] *vt* mantener

entretien [ɑ̃tʀətjɛ̃] *nm (d'une maison, d'une famille, service)* mantenimiento; *(discussion)* conversación *f*; *(audience)* entrevista

entrevoir [ɑ̃tʀəvwaʀ] *vt* entrever; *(solution, problème)* vislumbrar

entrevu, e [ɑ̃tʀəvy] *pp de* **entrevoir** ▶ *nf* entrevista

entrouvert, e [ɑ̃tʀuvɛʀ, ɛʀt] *adj* entreabierto(-a)

énumérer [enymeʀe] *vt* enumerar

envahir [ɑ̃vaiʀ] *vt* invadir • **envahissant, e** *adj (péj : personne)* avasallador(a)

enveloppe [ɑ̃v(ə)lɔp] *nf* sobre *m* • **envelopper** *vt* envolver

enverrai *etc* [ɑ̃veʀe] *vb voir* **envoyer**

envers [ɑ̃vɛʀ] *prép* hacia ▶ *nm* : **l'~** *(d'une feuille)* el dorso; *(d'un vêtement)* el revés; **à l'~** al revés

envie [ɑ̃vi] *nf* envidia; **avoir ~ de qch/de faire qch** tener ganas de algo/de hacer algo; **avoir ~ que** tener ganas de que; **ça lui fait ~** le da envidia • **envier** *vt* envidiar • **envieux, -euse** *adj, nm/f* envidioso(-a)

environ [ɑ̃viʀɔ̃] *adv* aproximadamente; **3 h/2 km ~** 3 h/2 km aproximadamente

environnant, e [ɑ̃viʀɔnɑ̃, ɑ̃t] *adj* cercano(-a)

environnement [ɑ̃viʀɔnmɑ̃] *nm (nature)* medio ambiente; *(milieu)* entorno

environs [ɑ̃viʀɔ̃] *nmpl* alrededores *mpl*; **aux ~ de** *(fig : temps, somme)* alrededor de

envisager [ɑ̃vizaʒe] *vt* considerar; *(avoir en vue)* prever

envoler [ɑ̃vɔle] : **s'envoler** *vpr (oiseau)* echarse a volar; *(papier, feuille)* volarse; *(espoir, illusion)* esfumarse

envoyé, e [ɑ̃vwaje] *nm/f* enviado(-a)

envoyer [ɑ̃vwaje] *vt* enviar; *(projectile, ballon)* lanzar; **~ chercher qch/qn** mandar a buscar algo/a algn

éolien, ne [eɔljɛ̃, jɛn] *adj* eólico(-a) ▶ *nf* turbina eólica; **énergie éolienne** energía eólica

épagneul, e [epaɲœl] *nm/f* podenco(-a)

épais, se [epɛ, ɛs] *adj* grueso(-a); *(liquide, brouillard)* espeso(-a) • **épaisseur** *nf* espesor *m*, grosor *m*

épanouir [epanwiʀ] : **s'épanouir** *vpr (fleur)* abrirse; *(visage)* iluminarse; *(fig)* florecer

épargne [epaʀɲ] *nf* ahorro

épargner [epaʀɲe] *vt* ahorrar; *(ennemi)* perdonar la vida a;

(*récolte, région*) no afectar a ▶ *vi* ahorrar; **~ qch à qn** ahorrarle algo a algn
éparpiller [epaʀpije] *vt* esparcir; **s'éparpiller** *vpr* esparcirse; (*fig*) dispersarse los esfuerzos
épatant, e [epatɑ̃, ɑ̃t] (*fam*) *adj* estupendo(-a)
épater [epate] (*fam*) *vt* impresionar
épaule [epol] *nf* (*Anat*) hombro; (*Culin*) espaldilla
épave [epav] *nf* restos *mpl*
épée [epe] *nf* espada
épeler [ep(ə)le] *vt* deletrear
éperon [epʀɔ̃] *nm* (*de botte*) espuela
épervier [epɛʀvje] *nm* (*Zool*) gavilán *m*; (*Pêche*) esparavel *m*
épi [epi] *nm* (*de blé*) espiga
épice [epis] *nf* especia
épicé, e [epise] *adj* picante
épicer [epise] *vt* condimentar
épicerie [episʀi] *nf* (*magasin*) tienda de ultramarinos, boliche *m* (AM); **~ fine** ultramarinos *mpl* finos • **épicier, -ière** *nm/f* tendero(-a)
épidémie [epidemi] *nf* epidemia
épiderme [epidɛʀm] *nm* epidermis *f inv*
épier [epje] *vt* (*personne*) espiar; (*arrivée, occasion*) estar pendiente de
épilepsie [epilɛpsi] *nf* epilepsia
épiler [epile] *vt* depilar
épinard [epinaʀ]: **épinards** *nmpl* espinacas *fpl*
épine [epin] *nf* espina
épingle [epɛ̃gl] *nf* alfiler *m*; **~ à nourrice** *ou* **de sûreté** imperdible *m*
épisode [epizɔd] *nm* episodio; **film en trois ~s** película en tres episodios • **épisodique** *adj* episódico(-a)
épluche-légume(s) [eplyʃlegym] (*pl* **épluche-légumes**) *nm* pelador *m*, mondador *m*
éplucher [eplyʃe] *vt* (*fruit, légumes*) pelar; (*fig : texte*) examinar minuciosamente • **épluchures** *nfpl* mondas *fpl*
éponge [epɔ̃ʒ] *nf* esponja ▶ *adj* : **tissu ~** tela de felpa • **éponger** *vt* (*liquide, fig*) enjugar; (*surface*) pasar una esponja por; **s'~ le front** enjugarse la frente
époque [epɔk] *nf* época; **d'~** (*meubles*) de época
épouse [epuz] *nf voir* **époux** • **épouser** *vt* casarse con
épousseter [epuste] *vt* limpiar el polvo de
épouvantable [epuvɑ̃tabl] *adj* horroroso(-a), espantoso(-a)
épouvantail [epuvɑ̃taj] *nm* espantapájaros *m inv*
épouvante [epuvɑ̃t] *nf* espanto; **film/livre d'~** película/novela de terror • **épouvanter** *vt* (*terrifier*) horrorizar; (*sens affaibli*) espantar
époux, épouse [epu, uz] *nm/f* esposo(-a) ▶ *nmpl* : **les ~** los esposos
épreuve [epʀœv] *nf* prueba; (*Scol*) examen *m*; **mettre à l'~** poner a prueba
éprouvant, e [epʀuvɑ̃, ɑ̃t] *adj* agotador(a)
éprouver [epʀuve] *vt* (*fatigue, douleur*) sufrir, padecer; (*sentiment*) sentir; (*difficultés*) encontrar

épuisé, e [epɥize] *adj* agotado(-a)
• **épuisement** *nm* agotamiento
épuiser [epɥize] *vt* agotar; **s'épuiser** *vpr* agotarse
épuisette [epɥizɛt] *nf* (*Pêche*) salabre *m*
équateur [ekwatœʀ] *nm* ecuador *m*; **É~** Ecuador *m*
équation [ekwasjɔ̃] *nf* ecuación *f*
équerre [ekɛʀ] *nf* (*pour dessiner, mesurer*) escuadra
équilibre [ekilibʀ] *nm* equilibrio; **être/mettre en ~** estar/poner en equilibrio; **garder/perdre l'~** guardar/perder el equilibrio
• **équilibré, e** *adj* equilibrado(-a)
• **équilibrer** *vt* equilibrar
équipage [ekipaʒ] *nm* (*de bateau, d'avion*) tripulación *f*
équipe [ekip] *nf* (*de joueurs*) equipo; (*de travailleurs*) cuadrilla
équipé, e [ekipe] *adj* equipado(-a)
équipement [ekipmɑ̃] *nm* equipo
équiper [ekipe] *vt* equipar
équipier, -ière [ekipje, jɛʀ] *nm/f* compañero(-a) de equipo
équitation [ekitasjɔ̃] *nf* equitación *f*
équivalent, e [ekivalɑ̃, ɑ̃t] *adj* equivalente
équivaloir [ekivalwaʀ]: **~ à** *vt* equivaler a
équivaut [ekivo] *vb voir* **équivaloir**
érable [eʀabl] *nm* arce *m*
érafler [eʀɑfle] *vt* arañar
• **éraflure** *nf* rasguño, arañazo
ère [ɛʀ] *nf* era; **en l'an 1050 de notre ~** en el año 1050 de nuestra era
érection [eʀɛksjɔ̃] *nf* erección *f*
éroder [eʀɔde] *vt* erosionar
érotique [eʀɔtik] *adj* erótico(-a)
errer [eʀe] *vi* vagar
erreur [eʀœʀ] *nf* error *m*; **par ~** por error; **faire ~** equivocarse
éruption [eʀypsjɔ̃] *nf* (*aussi Méd*) erupción *f*; (*de joie, colère*) arrebato
es [ɛ] *vb voir* **être**
ès [ɛs] *prép*: **licencié ès lettres/sciences** licenciado en letras/ciencias
escabeau, x [ɛskabo] *nm* (*tabouret*) escabel *m*; (*échelle*) escalera de tijera
escalade [ɛskalad] *nf* escalada
• **escalader** *vt* escalar
escale [ɛskal] *nf* escala; **faire ~ (à)** hacer escala (en)
escalier [ɛskalje] *nm* escalera; **dans l'~** *ou* **les ~s** en la escalera *ou* las escaleras; **~ roulant** *ou* **mécanique** escalera mecánica
escapade [ɛskapad] *nf* escapada
escargot [ɛskaʀgo] *nm* caracol *m*
escarpé, e [ɛskaʀpe] *adj* escarpado(-a)
esclavage [ɛsklavaʒ] *nm* esclavitud *f*
esclave [ɛsklav] *nmf* esclavo(-a)
escompte [ɛskɔ̃t] *nm* descuento
escrime [ɛskʀim] *nf* esgrima
escroc [ɛskʀo] *nm* estafador(a)
escroquer [ɛskʀɔke] *vt*: **~ qn (de qch)** timar a algn (con algo); **~ qch (à qn)** estafar algo (a algn)
• **escroquerie** *nf* estafa
espace [ɛspas] *nm* espacio
espacer [ɛspase] *vt* espaciar; **s'espacer** *vpr* espaciarse

espadon [ɛspadɔ̃] *nm* pez *m* espada *inv*, emperador *m*

espadrille [ɛspadʀij] *nf* alpargata

Espagne [ɛspaɲ] *nf* España • **espagnol, e** *adj* español(a) ▸ *nm* (*Ling*) español *m*, castellano (*esp* AM) ▸ *nm/f* : **Espagnol, e** español(a)

espèce [ɛspɛs] *nf* especie *f*; **espèces** *nfpl* (*Comm*) metálico; **une ~ de** una especie de; **~ de maladroit/de brute !** ¡pedazo de *ou* so inútil/bruto!; **payer en ~s** pagar en metálico

espérance [ɛspeʀɑ̃s] *nf* esperanza; **~ de vie** esperanza de vida

espérer [ɛspeʀe] *vt* esperar; **j'espère bien** eso espero; **~ que/faire** esperar que/hacer

espiègle [ɛspjɛgl] *adj* travieso(-a)

espion, ne [ɛspjɔ̃, jɔn] *nm/f* espía *mf* • **espionnage** *nm* espionaje *m* • **espionner** *vt* espiar

espoir [ɛspwaʀ] *nm* esperanza; **dans l'~ de/que** con la esperanza de/de que; **reprendre ~** recuperar la esperanza

esprit [ɛspʀi] *nm* espíritu *m*; **faire de l'~** hacerse el gracioso; **reprendre ses ~s** recuperar el sentido; **avoir bon/mauvais ~** tener buenas/malas intenciones

esquimau, de, x [ɛskimo, od] *adj* esquimal ▸ *nm* (*glace*) pingüino ▸ *nm/f* : **Esquimau, de** esquimal *mf*

essai [esɛ] *nm* (*d'une voiture, d'un vêtement*) prueba; (*tentative, aussi Sport*) intento; (*Rugby, Litt*) ensayo; **à l'~** a prueba; **~ gratuit** prueba gratuita

essaim [esɛ̃] *nm* enjambre *m*

essayer [eseje] *vt* probar ▸ *vi* intentar, tratar de; **~ de faire qch** intentar hacer algo, tratar de hacer algo

essence [esɑ̃s] *nf* (*carburant*) gasolina, nafta (*Arg*), bencina (*Chi*); (*d'une plante, fig*) esencia; (*espèce : d'arbre*) especie *f*

essentiel, le [esɑ̃sjɛl] *adj* esencial; **c'est l'~** es lo esencial; **l'~ de** la mayor parte de

essieu, x [esjø] *nm* eje *m*

essor [esɔʀ] *nm* (*de l'économie etc*) auge *m*

essorer [esɔʀe] *vt* escurrir; (*à la machine*) centrifugar

essouffler [esufle] : **s'essouffler** *vpr* sofocarse

essuie-glace [esɥiglas] (*pl* **essuie-glaces**) *nm* limpiaparabrisas *m inv*

essuyer [esɥije] *vt* secar; (*épousseter*) limpiar; **s'essuyer** *vpr* secarse; **~ la vaisselle** secar los platos

est[1] [ɛ] *vb voir* **être**

est[2] [ɛst] *nm* este *m* ▸ *adj inv* este *inv*; **à l'~** (*situation*) al este; (*direction*) hacia el este; **à l'~ de** al este de; **les pays de l'E~** los países del Este

est-ce que [ɛskə] *adv* : **~ c'est cher/c'était bon ?** ¿es caro?/¿estaba bueno?; **quand est-ce qu'il part ?** ¿cuándo se marcha?

esthéticienne [ɛstetisjɛn] *nf* (*d'institut de beauté*) esteticista

esthétique [ɛstetik] *adj* estético(-a)

estimation [ɛstimasjɔ̃] *nf* valoración *f*

estime [ɛstim] *nf* estima
• **estimer** *vt* (*personne, qualité*) estimar, apreciar; (*expertiser: bijou etc*) valorar; (*évaluer: prix, distance*) calcular; **~ que/être ...** (*penser*) estimar que/ser ..., considerar que/ser ...
estival, e, -aux [ɛstival, o] *adj* estival
estivant, e [ɛstivɑ̃, ɑ̃t] *nm/f* veraneante *mf*
estomac [ɛstɔma] *nm* estómago
estragon [ɛstʀagɔ̃] *nm* estragón *m*
estuaire [ɛstɥɛʀ] *nm* estuario
et [e] *conj* y; **et aussi/lui** y también/él; **et alors** *ou* **(puis) après ?** (*qu'importe!*) ¿y qué?; (*ensuite*) ¿y entonces?
étable [etabl] *nf* establo
établi, e [etabli] *adj* (*en place, solide*) establecido(-a) ▸ *nm* banco
établir [etabliʀ] *vt* establecer; (*facture*) hacer, realizar; (*liste, programme*) establecer, fijar; (*installer: entreprise, camp*) establecer, instalar; (*relations, liens d'amitié*) entablar, establecer; **s'établir** *vpr* establecerse; (*colonie*) asentarse; **s'~ (à son compte)** establecerse (por su cuenta)
établissement [etablismɑ̃] *nm* establecimiento; **~ scolaire** establecimiento escolar
étage [etaʒ] *nm* (*d'immeuble*) piso, planta; **habiter à l'~/au deuxième ~** vivir en el piso de arriba/en el segundo piso
étagère [etaʒɛʀ] *nf* estante *m*
étain [etɛ̃] *nm* estaño
étais *etc* [etɛ] *vb voir* **être**
étaler [etale] *vt* (*beurre, nappe*) extender; (*paiements, dates*) escalonar; (*richesses, connaissances*) ostentar; **s'étaler** *vpr*: **s'~ sur** (*suj: travaux, paiements*) repartirse en
étalon [etalɔ̃] *nm* (*cheval*) semental *m*
étanche [etɑ̃ʃ] *adj* (*montre*) sumergible
étang [etɑ̃] *nm* estanque *m*
étant [etɑ̃] *vb voir* **être**; **donné**
étape [etap] *nf* etapa
état [eta] *nm* estado; **en bon/mauvais ~** en buen/mal estado; **être en ~ (de marche)** funcionar; **remettre en ~** volver a poner en condiciones, arreglar; **être en ~/hors d'~ de faire qch** estar/no estar en condiciones de hacer algo; **être dans tous ses ~s** estar fuera de sí; **être en ~ d'arrestation** (*Jur*) quedar arrestado(-a), estar detenido(-a); **~ civil** (*Admin*) estado civil; **~ des lieux** estado del inmueble
• **États-Unis** *nmpl*: **les ~** los Estados Unidos
etc. [ɛtseteʀa] *abr* (= *et c(a)etera*) etc.
été [ete] *pp de* **être** ▸ *nm* verano
éteindre [etɛ̃dʀ] *vt* apagar; **s'éteindre** *vpr* apagarse
• **éteint, e** *pp de* **éteindre** ▸ *adj* apagado(-a)
étendre [etɑ̃dʀ] *vt* extender; (*lessive, linge*) tender, colgar; (*blessé, malade*) tender; **s'étendre** *vpr* extenderse; **s'~ (sur)** (*personne*) tenderse (sobre *ou* en); (*fig: sujet, problème*) extenderse (en); **s'~ jusqu'à** extenderse hasta

étendu, e [etɑ̃dy] *adj* (*terrain*) extenso(-a); (*connaissances, pouvoirs*) amplio(-a)
éternel, le [etɛʀnɛl] *adj* eterno(-a)
éternité [etɛʀnite] *nf* eternidad *f*
éternuement [etɛʀnymɑ̃] *nm* estornudo
éternuer [etɛʀnɥe] *vi* estornudar
êtes [ɛt(z)] *vb voir* **être**
étiez [etjɛ] *vb voir* **être**
étinceler [etɛ̃s(ə)le] *vi* resplandecer
étincelle [etɛ̃sɛl] *nf* chispa, fulgor *m*
étiquette [etikɛt] *nf* etiqueta; **l'~** (*protocole*) la etiqueta; **sans ~** (*Pol*) sin etiqueta
étirer [etiʀe] *vt* estirar; **s'étirer** *vpr* estirarse; (*convoi, route*) : **s'~ sur plusieurs kilomètres** extenderse por varios kilómetros
étoile [etwal] *nf* estrella; (*signe*) asterisco; **à la belle ~** al sereno, al aire libre; **~ de mer** estrella de mar; **~ filante** estrella fugaz • **étoilé, e** *adj* estrellado(-a)
étonnant, e [etɔnɑ̃, ɑ̃t] *adj* (*surprenant*) asombroso(-a), sorprendente
étonnement [etɔnmɑ̃] *nm* asombro; **à mon grand ~ ...** con gran asombro mío ...
étonner [etɔne] *vt* asombrar, sorprender; **s'~ que/de** asombrarse de que/de : **cela m'étonnerait (que)** me sorprendería (que)
étouffer [etufe] *vt* (*personne*) ahogar; (*bruit*) acallar; (*nouvelle, scandale*) ocultar, tapar ▶ *vi* ahogarse; **s'étouffer** *vpr* (*en mangeant*) atragantarse
étourderie [etuʀdəʀi] *nf* descuido
étourdi, e [etuʀdi] *adj* aturdido(-a), distraído(-a)
étourdir [etuʀdiʀ] *vt* aturdir • **étourdissement** *nm* aturdimiento
étrange [etʀɑ̃ʒ] *adj* extraño(-a), raro(-a)
étranger, -ère [etʀɑ̃ʒe, ɛʀ] *adj* (*d'un autre pays*) extranjero(-a), gringo(-a) (AM) ▶ *nm/f* (*d'un autre pays*) extranjero(-a); (*inconnu*) extraño(-a)
étrangler [etʀɑ̃gle] *vt* (*intentionnellement*) estrangular; (*accidentellement*) ahogar; **s'étrangler** *vpr* (*en mangeant etc*) atragantarse

être [ɛtʀ]

▶ *vb + attribut, vi* **1** (*qualité essentielle, permanente, profession*) ser; **il est fort/intelligent** es fuerte/inteligente; **~ journaliste** ser periodista
2 (*état temporaire, position, + adj/ pp*) estar; **comme tu es belle !** ¡qué guapa estás!; **~ marié** estar casado; **il est à Paris/au salon** está en París/en el salón; **je ne serai pas ici demain** no estaré aquí mañana; **ça y est !** ¡ya está!
3 : **~ à** (*appartenir*) ser de; **le livre est à Paul** el libro es de Pablo; **c'est à moi/eux** es mío(-a)/ suyo(-a) *ou* de ellos
4 (*+ de : provenance, origine*) : **il est de Paris** es de París; (*: appartenance*) : **il est des**

nôtres es de los nuestros; **~ de Genève/de la même famille** ser de Ginebra/de la misma familia
5 (*date*) : **nous sommes le six juin** estamos a seis de junio
▸ *vb aux* 1 haber; **~ arrivé/allé** haber llegado/ido; **il est parti** (él) se ha marchado; **il est parti hier** (*verbe au passé simple quand la période dans laquelle se situe l'action est révolue*) se marchó ayer
2 (*forme passive*) ser; **~ fait par** ser hecho por; **il a été promu** ha sido ascendido
3 (+ *à* : *obligation*) : **c'est à faire/réparer** está por hacer/reparar; **c'est à essayer** está por ensayar
▸ *vb impers* 1: **il est** +*adjectif* es; **il serait facile de/souhaitable que** sería fácil/deseable que
2 (*heure, date*) : **il est 10 heures** son las 10
3 (*emphatique*) : **c'est moi** soy yo; **c'est à lui de le faire/de décider** tiene que hacerlo/decidirlo él
▸ *nm* ser *m*; **~ humain** ser humano

étrier [etRije] *nm* estribo
étroit, e [etRwa, wat] *adj* (*gén, fig*) estrecho(-a); **à l'~** con estrechez
étude [etyd] *nf* estudio; (*Scol : salle de travail*) sala de estudio; **études** *nfpl* (*Scol*) estudios *mpl*; **faire des ~s de droit/médecine** cursar estudios de *ou* estudiar derecho/medicina
étudiant, e [etydjɑ̃, jɑ̃t] *nm/f* (*Univ*) estudiante *mf*, universitario(-a)
étudier [etydje] *vt, vi* estudiar
étui [etɥi] *nm* (*à lunettes*) funda, estuche *m*
eu, eue [y] *pp de* **avoir**
euh [ø] *excl* ee
euro [øRo] *nm* (*monnaie*) euro *m*
Europe [øRɔp] *nf* Europa
• **européen, ne** *adj* europeo(-a)
eus *etc* [y] *vb voir* **avoir**
eux [ø] *pron* ellos
évacuer [evakɥe] *vt* evacuar
évader [evade] : **s'évader** *vpr* evadirse
évaluer [evalɥe] *vt* evaluar
évangile [evɑ̃ʒil] *nm* evangelio; (*texte de la Bible*) : **É~** Evangelio
évanouir [evanwiR] : **s'évanouir** *vpr* desmayarse, desvanecerse; (*fig*) desvanecerse, desaparecer • **évanouissement** *nm* (*Méd*) desmayo, desvanecimiento
évaporer [evapɔRe] : **s'évaporer** *vpr* evaporarse
évasion [evazjɔ̃] *nf* evasión *f*
éveillé, e [eveje] *adj* despierto(-a)
éveiller [eveje] *vt* despertar; **s'éveiller** *vpr* despertarse
événement [evɛnmɑ̃] *nm* acontecimiento, suceso
• **évènementiel** *nm* sector *m* de los eventos
éventail [evɑ̃taj] *nm* abanico
éventualité [evɑ̃tɥalite] *nf* eventualidad *f*; **dans l'~ de** en la eventualidad de
éventuel, le [evɑ̃tɥɛl] *adj* eventual • **éventuellement** *adv* eventualmente
évêque [evɛk] *nm* obispo

e

évidemment [evidamɑ̃] *adv* evidentemente; **~ !** ¡claro!
évidence [evidɑ̃s] *nf* evidencia; **de toute ~** a todas luces; **en ~** en evidencia; **mettre en ~** (*problème, détail*) poner de manifiesto • **évident, e** *adj* evidente
évier [evje] *nm* fregadero
éviter [evite] *vt* evitar; **~ de faire/que qch ne se passe** evitar hacer/que algo suceda; **~ qch à qn** evitar algo a algn
évoluer [evɔlɥe] *vi* evolucionar • **évolution** *nf* evolución *f*
évoquer [evɔke] *vt* evocar
ex- [ɛks] *préf*: **~ministre/président** ex-ministro/-presidente; **son ~mari/femme** su ex-marido/-mujer
ex. *abr* (= *exemple*) ej (= *ejemplo*)
exact, e [ɛgza(kt), ɛgzakt] *adj* exacto(-a); **l'heure exacte** la hora exacta • **exactement** *adv* exactamente
ex aequo [ɛgzeko] *adv* iguales
exagéré, e [ɛgzaʒeʀe] *adj* exagerado(-a)
exagérer [ɛgzaʒeʀe] *vt* exagerar ▸ *vi* exagerar
examen [ɛgzamɛ̃] *nm* examen *m*; **~ médical** examen *ou* reconocimiento médico
examinateur, -trice [ɛgzaminatœʀ, tʀis] *nm/f* examinador(a)
examiner [ɛgzamine] *vt* examinar
exaspérant, e [ɛgzaspeʀɑ̃, ɑ̃t] *adj* exasperante
exaspérer [ɛgzaspeʀe] *vt* exasperar
exaucer [egzose] *vt* (*vœu*) otorgar
excéder [ɛksede] *vt* (*dépasser*) exceder, sobrepasar; (*agacer*) crispar
excellent, e [ɛkselɑ̃, ɑ̃t] *adj* excelente
excentrique [ɛksɑ̃tʀik] *adj* excéntrico(-a)
excepté, e [ɛksɛpte] *adj*: **les élèves ~s/dictionnaires ~s** excepto los alumnos/los diccionarios ▸ *prép*: **~ les élèves** salvo los alumnos; **~ si/quand ...** salvo si/cuando ...
exception [ɛksɛpsjɔ̃] *nf* excepción *f*; **à l'~ de** con excepción de • **exceptionnel, le** *adj* excepcional • **exceptionnellement** *adv* excepcionalmente
excès [ɛksɛ] *nm* exceso ▸ *nmpl* (*abus*) excesos *mpl*; **~ de vitesse** exceso de velocidad • **excessif, -ive** *adj* excesivo(-a)
excitant [ɛksitɑ̃] *adj, nm* excitante *m* • **excitation** *nf* excitación *f*
exciter [ɛksite] *vt* excitar; **s'exciter** *vpr* excitarse
exclamer [ɛksklame]: **s'exclamer** *vpr* exclamar
exclure [ɛksklyʀ] *vt* excluir • **exclusif, -ive** *adj* exclusivo(-a) • **exclusion** *nf* exclusión *f*; **à l'~ de** con exclusión de • **exclusivité** *nf* exclusividad *f*; **en ~** en exclusiva
excursion [ɛkskyʀsjɔ̃] *nf* excursión *f*
excuse [ɛkskyz] *nf* excusa; **excuses** *nfpl* (*expression de regret*) disculpas *fpl* • **excuser** *vt* excusar, disculpar; **s'excuser** *vpr* disculparse, excusarse; **s'~ (de)** disculparse (de), excusarse (por);

« excusez-moi » *(en passant devant qn)* « discúlpeme »; *(pour attirer l'attention)* « perdón »

exécuter [ɛgzekyte] *vt (Inform, Mus, prisonnier)* ejecutar; *(opération, mouvement)* efectuar, realizar

exemplaire [ɛgzɑ̃plɛʀ] *adj* ejemplar ▶ *nm* ejemplar *m*

exemple [ɛgzɑ̃pl] *nm* ejemplo; **par ~** por ejemplo; **donner l'~** dar ejemplo; **prendre ~ sur qn** tomar ejemplo de algn

exercer [ɛgzɛʀse] *vt* ejercer; *(faculté, partie du corps)* ejercitar ▶ *vi (médecin)* ejercer; **s'exercer** *vpr (musicien)* practicar; **s'~ (sur/contre)** *(pression, poussée)* ejercerse (sobre/contra)

exercice [ɛgzɛʀsis] *nm* ejercicio

exhiber [ɛgzibe] *vt* exhibir; **s'exhiber** *vpr* exhibirse

exhibitionniste [ɛgzibisjɔnist] *nmf* exhibicionista *mf*

exigeant, e [ɛgziʒɑ̃, ɑ̃t] *adj* exigente

exiger [ɛgziʒe] *vt* exigir

exil [ɛgzil] *nm* exilio **• exiler**: **s'exiler** *vpr* exiliarse

existence [ɛgzistɑ̃s] *nf* existencia

exister [ɛgziste] *vi* existir; **il existe une solution/des solutions** existe una solución/ existen soluciones

exorbitant, e [ɛgzɔʀbitɑ̃, ɑ̃t] *adj* exorbitante

exotique [ɛgzɔtik] *adj* exótico(-a)

expédier [ɛkspedje] *vt (lettre)* expedir; *(troupes, renfort)* enviar; *(péj : faire rapidement)* despachar **• expéditeur, -trice** *nm/f* remitente *mf* **• expédition** *nf (d'une lettre)* envío; *(Mil, scientifique)* expedición *f*

expérience [ɛkspeʀjɑ̃s] *nf* experiencia; **une ~** *(scientifique)* un experimento

expérimenté, e [ɛkspeʀimɑ̃te] *adj* experimentado(-a)

expérimenter [ɛkspeʀimɑ̃te] *vt* experimentar

expert, e [ɛkspɛʀ, ɛʀt] *adj* : **~ en** experto(-a) en ▶ *nm/f* experto(-a), perito(-a) **• expert-comptable, experte-comptable** *(pl* **expert(e)s-comptables)** *nm/f* perito(-a) contable

expirer [ɛkspiʀe] *vi (passeport, bail)* vencer, expirar; *(respirer)* espirar

explication [ɛksplikasjɔ̃] *nf* explicación *f*; *(discussion)* discusión *f*

explicite [ɛksplisit] *adj* explícito(-a)

expliquer [ɛksplike] *vt* explicar; **s'expliquer** *vpr* explicarse

exploit [ɛksplwa] *nm* hazaña **• exploitant** *nm (Agr)* agricultor(a), labrador(a) **• exploitation** *nf* explotación *f*; **~ agricole** explotación agrícola **• exploiter** *vt* explotar; *(tirer parti de : faiblesse de qn)* aprovecharse de

explorer [ɛksplɔʀe] *vt* explorar

exploser [ɛksploze] *vi (bombe)* explotar, estallar; *(joie, colère)* estallar **• explosif, ive** *adj* explosivo(-a) **• explosion** *nf* explosión *f*

exportateur, -trice [ɛkspɔʀtatœʀ, tʀis] *adj, nm/f* exportador(a)

exportation [ɛkspɔʀtasjɔ̃] *nf* exportación *f*
exporter [ɛkspɔʀte] *vt* exportar
exposant, e [ɛkspozɑ̃, ɑ̃t] *nm/f* (*personne*) expositor(a)
exposé, e [ɛkspoze] *adj* (*orienté*) orientado(-a) ▸ *nm* (*écrit*) informe *m*; (*oral*) charla; (*Scol*) exposición *f*; **~ à l'est/au sud** orientado(-a) al este/ al sur; **bien ~** bien orientado(-a)
exposer [ɛkspoze] *vt* exponer; (*orienter* : *maison*) orientar
• **exposition** *nf* exposición *f*
exprès¹, expresse [ɛkspʀɛs] *adj* expreso(-a) ▸ *adj inv* : **lettre/ colis ~** carta/paquete *m* urgente
exprès² [ɛkspʀɛ] *adv* (*délibérément*) a propósito, adrede; (*spécialement*) expresamente
express [ɛkspʀɛs] *adj, nm* : **(café) ~** (café) exprés *m*; **(train) ~** (tren) expreso
expressif, -ive [ɛkspʀesif, iv] *adj* expresivo(-a)
expression [ɛkspʀesjɔ̃] *nf* expresión *f*
exprimer [ɛkspʀime] *vt* (*sentiment, idée*) expresar; **s'exprimer** *vpr* expresarse
expulser [ɛkspylse] *vt* expulsar; (*locataire*) echar
exquis, e [ɛkski, iz] *adj* (*personne, élégance, parfum*) exquisito(-a)
extasier [ɛkstɑzje] : **s'extasier** *vpr* : **s'~ sur** extasiarse ante
exténuer [ɛkstenɥe] *vt* extenuar
extérieur, e [ɛksteʀjœʀ] *adj* exterior; (*pressions, calme*) externo(-a) ▸ *nm* exterior *m*; **à l'~** fuera, afuera (AM)
externat [ɛkstɛʀna] *nm* externado
externe [ɛkstɛʀn] *adj* externo(-a) ▸ *nmf* externo(-a); (*étudiant en médecine*) alumno(-a) en prácticas
extincteur [ɛkstɛ̃ktœʀ] *nm* extintor *m*
extinction [ɛkstɛ̃ksjɔ̃] *nf* extinción *f*; **~ de voix** afonía
extra [ɛkstʀa] *adj, préf* extra ▸ *nm* extra *m*
extraire [ɛkstʀɛʀ] *vt* extraer; **~ qch de** extraer algo de
• **extrait** *pp de* **extraire** ▸ *nm* extracto; (*de film, livre*) pasaje *m*; **~ de naissance** partida de nacimiento
extraordinaire [ɛkstʀaɔʀdinɛʀ] *adj* extraordinario(-a)
extravagant, e [ɛkstʀavagɑ̃, ɑ̃t] *adj* extravagante
extraverti, e [ɛkstʀavɛʀti] *adj* extravertido(-a), extrovertido(-a)
extrême [ɛkstʀɛm] *adj* extremo(-a) • **extrêmement** *adv* extremadamente • **Extrême-Orient** *nm* Extremo Oriente *m*
extrémité [ɛkstʀemite] *nf* extremo; (*d'un doigt, couteau*) punta
exubérant, e [ɛgzybeʀɑ̃, ɑ̃t] *adj* exuberante

f

F [ɛf] *nm* (*appartement*) : **un F2/F3** un piso de 2/3 habitaciones
fa [fɑ] *nm inv* fa *m*
fable [fɑbl] *nf* fábula
fabricant [fabʀikɑ̃] *nm* fabricante *mf*
fabrication [fabʀikasjɔ̃] *nf* fabricación *f*
fabrique [fabʀik] *nf* fábrica • **fabriquer** *vt* fabricar; **qu'est-ce qu'il fabrique ?** (*fam*) ¿qué está tramando?
fac [fak] (*fam*) *abr f* (= *faculté*) facu *f*
façade [fasad] *nf* (*aussi fig*) fachada
face [fas] *nf* (*visage*) cara, rostro; (*côté*) cara ▸ *adj* : **le côté ~** cara; **il habite en ~** vive enfrente; **en ~ de** enfrente de; (*fig*) frente a; **de ~** de frente; **~ à** frente a, ante; **faire ~ à qn/qch** hacer frente *ou* cara a algn/algo; **~ à ~** *adv* frente a frente
face-à-face [fasafas] *nm inv* cara a cara *m*
fâché, e [fɑʃe] *adj* enfadado(-a)
fâcher [fɑʃe] *vt* enfadar; **se fâcher** *vpr* : **se ~ (contre** *ou* **avec qn)** enfadarse (con algn)
facile [fasil] *adj* (*aussi péj*) fácil • **facilement** *adv* con facilidad, fácilmente; (*au moins*) por lo menos • **facilité** *nf* facilidad *f* • **faciliter** *vt* facilitar
façon [fasɔ̃] *nf* modo, manera; **façons** *nfpl* (*péj*) modales *mpl*; **de quelle ~ l'a-t-il fait/construit ?** ¿cómo lo ha hecho/construido?; **sans ~** *adv* simplemente; **de ~ à faire/à ce que** de modo que haga/de modo que; **de (telle) ~ que** de tal forma que; **de toute ~** de todos modos
facteur, -trice [faktœʀ, tʀis] *nm/f* cartero(-a) ▸ *nm* (*Math, fig*) factor *m*
facture [faktyʀ] *nf* factura
facultatif, -ive [fakyltatif, iv] *adj* (*enseignement, matière*) facultativo(-a)
faculté [fakylte] *nf* facultad *f*; **facultés** *nfpl* (*moyens intellectuels*) facultades *fpl*
fade [fad] *adj* soso(-a)
FAI [ɛfai] *sigle m* (= *fournisseur d'accès à Internet*) PSI *m* (= *proveedor de servicios de Internet*)
faible [fɛbl] *adj* débil; (*rendement, revenus*) bajo(-a) ▸ *nm* • **faiblesse** *nf* debilidad *f*; (*défaillance*) desmayo • **faiblir** *vi* debilitarse; (*vent*) amainar
faïence [fajɑ̃s] *nf* loza
faignant, e [fɛɲɑ̃, ɑ̃t] *nm/f, adj* = **fainéant**
faillir [fajiʀ] *vi* : **j'ai failli tomber/lui dire** estuve a punto de caer/decirle
faillite [fajit] *nf* : **être en/faire ~** estar en/hacer quiebra

faim [fɛ̃] *nf* hambre *f*; **avoir ~** tener hambre

fainéant, e [fɛneɑ̃, ɑ̃t] *adj, nm/f* holgazán(-ana), flojo(-a) (AM)

faire [fɛʀ]

▶ *vt* 1 (*fabriquer, être l'auteur de*) hacer; **~ du vin/une offre/un film** hacer vino/una oferta/una película; **~ du bruit/des taches/des dégâts** hacer ruido/manchas/destrozos; **fait à la main/la machine** hecho a mano/máquina

2 (*effectuer : travail, opération*) hacer; **que faites-vous ?** ¿qué hace?; (*quel métier etc*) ¿a qué se dedica (usted)?; **~ la lessive** hacer la colada; **~ la cuisine/le ménage/les courses** hacer la cocina/la limpieza/las compras; **~ les magasins/l'Europe** ir de tiendas/por Europa

3 (*étudier, pratiquer*) : **~ du droit/du français** hacer derecho/francés; **~ du sport/rugby** hacer deporte/rugby; **~ du cheval** montar a caballo; **~ du ski/du vélo** ir a esquiar/en bicicleta; **~ du violon/piano** tocar el violín/piano

4 (*simuler*) : **~ l'ignorant/l'innocent** hacerse el ignorante/el inocente

5 (*transformer, avoir un effet sur*) : **~ de qn un frustré/avocat** hacer de algn un frustrado/abogado; **ça ne me fait rien** *ou* **ni chaud ni froid** no me importa nada; **ça ne fait rien** no importa

6 (*calculs, prix, mesures*) : **deux et deux font quatre** dos y dos son cuatro; **neuf divisé par trois fait trois** nueve entre tres es tres; **ça fait 10 m/15 euros** son 10 m/15 euros; **je vous le fais 10 euros** (*j'en demande 10 euros*) se lo dejo en 10 euros; *voir* **mal** ; **entrer** ; **sortir**

7 : **qu'a-t-il fait de sa valise/de sa sœur ?** ¿qué ha hecho con su maleta/con su hermana?; **que ~ ?** ¿qué voy *etc* a hacer?; **tu fais bien de me le dire** haces bien en decírmelo

8 : **ne ~ que** : **il ne fait que critiquer** no hace más que criticar

9 (*dire*) decir; **« vraiment ? » fit-il** « ¿de verdad? » dijo

10 (*maladie*) tener; **~ du diabète/de la tension/de la fièvre** tener diabetes/tensión/fiebre

▶ *vi* 1 (*agir, s'y prendre*) hacer; **il faut ~ vite** hay que darse prisa; **comment a-t-il fait ?** ¿cómo ha hecho?; **faites comme chez vous** está en su casa

2 (*paraître*) : **tu fais jeune dans ce costume** este traje te hace joven; **ça fait bien** queda bien; (*remplaçant un autre verbe*) hacer; **je viens de le ~** acabo de hacerlo; **je peux le voir ? — faites !** ¿puedo verlo? — ¡desde luego!

▶ *vb impers* 1 : **il fait beau** hace bueno; *voir aussi* **jour** ; **froid** *etc*

2 (*temps écoulé, durée*) : **ça fait cinq ans/heures qu'il est parti** hace cinco años/horas que se fue; **ça fait deux ans/heures qu'il y est** hace dos años/horas que está allí

▶ *vb semi-aux* (+ *infinitif*) hacer + *infinitivo*; **~ tomber/bouger qch** hacer caer/mover algo; **cela fait dormir** esto hace dormir; **~ réparer qch** llevar algo a arreglar; **que veux-tu me ~ croire/comprendre ?** ¿qué quieres hacerme creer/ comprender?; **il m'a fait ouvrir la porte** me hizo abrir la puerta; **il m'a fait traverser la rue** me ayudó a cruzar la calle
▶ **se faire** *vi* 1 (*vin, fromage*) hacerse
2 : **cela se fait beaucoup** eso se hace mucho; **cela ne se fait pas** eso no se hace
3 (+ *nom ou pron*) : **se ~ une jupe** hacerse una falda; **se ~ des amis** hacer amigos; **se ~ du souci** inquietarse; **il ne s'en fait pas** no se preocupa; **se ~ des illusions** hacerse ilusiones; **se ~ beaucoup d'argent** hacer mucho dinero
4 (+ *adj* : *devenir*) : **se ~ vieux** hacerse viejo; (*délibérément*) : **se ~ beau** ponerse guapo
5 : **se ~ à** (*s'habituer*) acostumbrarse a; **je n'arrive pas à me ~ à la nourriture/ au climat** no acabo de acostumbrarme a la comida/ al clima
6 (+ *infinitif*) : **se ~ opérer/ examiner les yeux** operarse/ examinarse la vista; **se ~ couper les cheveux** cortarse el pelo; **il va se ~ tuer/punir** le van a matar/castigar; **il s'est fait aider par qn** le ha ayudado algn; **se ~ ~ un vêtement** hacerse un vestido; **se ~ ouvrir (la porte)** hacerse abrir (la puerta); **je me suis fait expliquer le texte par Anne** Anne me explicó el texto
7 (*impersonnel*) : **comment se fait-il que ... ?** ¿cómo es que ...?; **il peut se ~ que ...** puede ocurrir que ...

faire-part [fɛʀpaʀ] *nm inv* : **~ de mariage** participación *f* de boda; **~ de décès** esquela de defunción

faisan, e [fəzɑ̃, an] *nm/f* faisán(-ana)

faisons [fəzɔ̃] *vb voir* **faire**

fait[1] [fɛ] *vb voir* **faire** ▶ *nm* hecho; **le ~ que ...** el hecho de que ...; **le ~ de manger/travailler** el hecho de comer/trabajar; **être au ~ de** estar al corriente de; **au ~** a propósito; **aller droit au ~** ir al grano; **en venir au ~** pasar a los hechos; **de ~** *adj* (*opposé à* : *de droit*) de hecho ▶ *adv* (*en fait*) en realidad; **du ~ que** por el hecho de que; **du ~ de** a causa de; **de ce ~** por esto; **en ~** de hecho; **en ~ de repas/vacances** a guisa de comida/vacaciones; **c'est un ~** es un hecho, es verdad; **prendre qn sur le ~** coger a algn con las manos en la masa; **les ~s et gestes de qn** todos los movimientos de algn; **~ divers** suceso

fait[2]**, e** [fɛt] *pp de* **faire** ▶ *adj* hecho(-a); (*fromage*) maduro(-a); **c'en est ~ de lui** es su fin; **c'en est ~ de notre tranquillité** se acabó la tranquilidad; **tout(e) ~(e)** (*préparé à l'avance*) ya listo(-a), ya preparado(-a); **c'est bien ~ pour lui !** ¡le está bien empleado!

faites [fɛt] *vb voir* **faire**

falaise [falɛz] *nf* acantilado

falloir [falwaʀ] *vb impers* (*besoin*): **il va ~ 10 euros** se necesitarán 10 euros; **il doit ~ du temps pour ...** se necesitará tiempo para ...; **il faut** + *infinitif* (*obligation*) hay que + *infinitivo*; **il faut faire les lits** hay que hacer las camas; **il me faut/ faudrait 100 €/de l'aide** necesito/necesitaría 100 euros/ ayuda; **nous avons ce qu'il (nous) faut** tenemos lo necesario; **il faut que je fasse les lits** tengo que hacer las camas; **il a fallu que je parte** tuve que irme; **comme il faut** *adj, adv* (*bien, convenable*) como Dios manda; **s'en ~** : **il s'en faut/ s'en est fallu de cinq minutes/ 10 € (pour que ...)** faltan/faltaron cinco minutos/10 euros (para que ...); **il ne fallait pas** (*pour remercier*) no era necesario; **il faudrait que ...** convendría que ...; **il s'en est fallu de peu que ...** faltó poco para que ...

famé, e [fame] *adj* : **mal ~** de mala fama

fameux, -euse [famø, øz] *adj* (*illustre*) famoso(-a), ilustre; (*bon*) excelente

familial, e, -aux [familjal, jo] *adj* familiar

familiarité [familjaʀite] *nf* familiaridad *f*; **familiarités** *nfpl* familiaridades *fpl*, confianzas *fpl*

familier, -ière [familje, jɛʀ] *adj* familiar; (*Ling*) familiar, coloquial ▶ *nm* asiduo(-a); **tu es un peu trop ~ avec lui** (*cavalier, impertinent*) te tomas demasiadas confianzas con él

famille [famij] *nf* familia; **il a de la ~ à Paris** tiene familia en París

famine [famin] *nf* hambruna

fanatique [fanatik] *adj, nmf* fanático(-a); **~ de rugby/de voile** (*sens affaibli*) fanático(-a) del rugby/de la vela

faner [fane] : **se faner** *vpr* (*fleur*) marchitarse

fanfare [fɑ̃faʀ] *nf* fanfarria

fantaisie [fɑ̃tezi] *nf* fantasía; (*caprice*) capricho ▶ *adj* : **bijou/ pain ~** joya/pan *m* de fantasía

fantasme [fɑ̃tasm] *nm* fantasma *m*

fantastique [fɑ̃tastik] *adj* fantástico(-a)

fantôme [fɑ̃tom] *nm* fantasma *m*

faon [fɑ̃] *nm* cervatillo

FAQ *sigle f* (= *foire aux questions*) preguntas frecuentes

farce [faʀs] *nf* (*Culin*) relleno; (*Théâtre*) farsa; **faire une ~ à qn** gastar una broma a algn • **farcir** *vt* (*Culin*) rellenar

farder [faʀde]

farine [faʀin] *nf* harina

farouche [faʀuʃ] *adj* (*animal*) salvaje; (*personne*) arisco(-a)

fart [faʀt] *nm* (*Ski*) cera

fascination [fasinasjɔ̃] *nf* (*fig*) fascinación *f*

fasciner [fasine] *vt* fascinar

fascisme [faʃism] *nm* fascismo

fasse *etc* [fas] *vb voir* **faire**

fastidieux, -euse [fastidjø, jøz] *adj* fastidioso(-a)

fatal, e [fatal] *adj* (*coup, erreur*) mortal; (*inévitable*) inevitable • **fatalité** *nf* fatalidad *f*

fatidique [fatidik] *adj* fatídico(-a)

fatigant, e [fatigɑ̃, ɑ̃t] *adj* cansado(-a); (*agaçant*) pesado(-a)

fatigue [fatig] *nf* cansancio, fatiga • **fatigué, e** *adj* cansado(-a), fatigado(-a) • **fatiguer** *vt* (*personne, membres*) cansar, fatigar; (*moteur etc*) forzar; (*importuner*) cansar ▶ *vi* (*moteur*) forzarse; **se fatiguer** *vpr* cansarse, fatigarse

fauché, e [foʃe] (*fam*) *adj* pelado(-a)

faucher [foʃe] *vt* (*herbe, aussi fig*) segar; (*fam : voler*) birlar

faucon [fokɔ̃] *nm* halcón *m*

faudra [fodʀa] *vb voir* **falloir**

faufiler [fofile] : **se faufiler** *vpr* : **se ~ dans/parmi/entre** deslizarse en/entre

faune [fon] *nf* (*fig, péj*) fauna

fausse [fos] *adj voir* **faux²** • **faussement** *adv* (*accuser*) en falso

fausser [fose] *vt* (*serrure, objet*) torcer; (*résultat, données*) falsear

faut [fo] *vb voir* **falloir**

faute [fot] *nf* (*de calcul*) error *m*; (*Sport, d'orthographe*) falta; (*Rel*) culpa; **c'est de sa/ma ~** es culpa suya/mía; **être en ~** hacer mal; (*être responsable*) tener la culpa; **~ de** por falta de; **~ de mieux ...** a falta de algo mejor ...; **sans ~** (*à coup sûr*) sin falta; **~ de frappe** error de máquina; **~ professionnelle** error profesional

fauteuil [fotœj] *nm* sillón *m*; **~ d'orchestre** (*Théâtre*) butaca de patio; **~ roulant** sillón de ruedas

fautif, -ive [fotif, iv] *adj* (*incorrect*) erróneo(-a); (*responsable*) culpable

fauve [fov] *nm* fiera

faux¹ [fo] *nf* (*Agr*) guadaña

faux², fausse [fo, fos] *adj* falso(-a); (*inexact*) erróneo(-a); (*rire, personne*) falso(-a), hipócrita; (*barbe, dent*) postizo(-a); (*Mus*) desafinado(-a); (*opposé à bon, correct : numéro*) confundido(-a) ▶ *adv* : **jouer/chanter ~** tocar/cantar desafinadamente ▶ *nm* (*peinture, billet*) falsificación *f*; **faire fausse route** ir por mal camino; **faire ~ bond à qn** fallarle a algn; **fausse alerte** falsa alarma; **fausse couche** aborto natural *ou* espontáneo; **fausse note** (*Mus, fig*) nota discordante; **~ frais** *nmpl* gastos *mpl* menudos; **~ mouvement** movimiento en falso; **~ pas** (*aussi fig*) paso en falso; **~ témoignage** (*délit*) falso testimonio • **faux-filet** (*pl* **faux-filets**) *nm* solomillo bajo

faveur [favœʀ] *nf* favor *m*; **à la ~ de** (*la nuit, une erreur*) aprovechando; **en ~ de qn/qch** en favor de algn/algo

favorable [favɔʀabl] *adj* favorable

favori, te [favɔʀi, it] *adj* favorito(-a) ▶ *nm/f* (*Sport*) favorito(-a)

favoriser [favɔʀize] *vt* favorecer

fécond, e [fekɔ̃, ɔ̃d] *adj* fecundo(-a) • **féconder** *vt* fecundar

féculents [fekylɑ̃] *nmpl* féculas *fpl*

fédéral, e, -aux [fedeʀal, o] *adj* federal

fée [fe] *nf* hada

feignant, e [fɛɲɑ̃, ɑ̃t] *nm/f, adj* = **fainéant**

f

feindre [fɛ̃dʀ] *vt, vi* fingir
fêler [fele] *vt* (*verre, assiette*) resquebrajar
félicitations [felisitasjɔ̃] *nfpl* felicidades *fpl*
féliciter [felisite] *vt* felicitar; **~ qn (de qch/d'avoir fait qch)** felicitar a algn (por algo/por haber hecho algo)
félin, e [felɛ̃, in] *adj* felino(-a) ▶ *nm* felino
femelle [fəmɛl] *nf* hembra
féminin, e [feminɛ̃, in] *adj* femenino(-a); (*vêtements*) de mujer ▶ *nm* (*Ling*) femenino
féministe [feminist] *adj, nmf* feminista *mf*
femme [fam] *nf* mujer *f*; **~ au foyer** ama de casa; **~ de chambre** doncella; **~ de ménage** asistenta
fémur [femyʀ] *nm* fémur *m*
fendre [fɑ̃dʀ] *vt* hender; **se fendre** *vpr* henderse
fenêtre [f(ə)nɛtʀ] *nf* ventana
fenouil [fənuj] *nm* hinojo
fente [fɑ̃t] *nf* (*fissure*) grieta, hendidura; (*de boîte à lettres*) ranura
fer [fɛʀ] *nm* hierro; **santé/main de ~** salud *f*/mano de hierro; **~ à cheval** herradura; **~ à repasser** plancha; **~ forgé** hierro forjado
ferai *etc* [fəʀe] *vb voir* **faire**
fer-blanc [fɛʀblɑ̃] *nm* (*pl* **fers-blancs**) hojalata
férié, e [feʀje] *adj* : **jour ~** día *m* festivo
ferions *etc* [fəʀjɔ̃] *vb voir* **faire**
ferme¹ [fɛʀm] *adj* firme; (*chair*) prieto(-a) ▶ *adv* : **travailler ~** trabajar mucho
ferme² [fɛʀm] *nf* granja; **~ éolienne** parque *m* eólico
fermé, e [fɛʀme] *adj* (*aussi fig*) cerrado(-a); (*gaz, eau*) cortado(-a)
fermenter [fɛʀmɑ̃te] *vi* fermentar
fermer [fɛʀme] *vt* cerrar; (*rideaux*) correr; (*eau, électricité, route*) cortar; (*lumière, radio, télévision*) apagar ▶ *vi* cerrar; **se fermer** *vpr* cerrarse; **~ à clef** cerrar con llave
fermeté [fɛʀməte] *nf* firmeza; (*des muscles*) dureza
fermeture [fɛʀmətyʀ] *nf* cierre *m*, cerradura; (*dispositif*) cerradura; **~ éclair®** cierre relámpago
fermier, -ière [fɛʀmje, jɛʀ] *adj* : **beurre/cidre ~** mantequilla/sidra de granja ▶ *nm/f* granjero(-a)
féroce [feʀɔs] *adj* feroz
ferons [fəʀɔ̃] *vb voir* **faire**
ferrer [feʀe] *vt* (*cheval*) herrar; (*poisson*) enganchar con el anzuelo
ferroviaire [feʀɔvjɛʀ] *adj* ferroviario(-a)
ferry [fɛʀe] (*pl* **ferries**), **ferry-boat** [fɛʀebot] (*pl* **ferry-boats**) *nm* ferry *m*, transbordador *m*
fertile [fɛʀtil] *adj* fértil
fervent, e [fɛʀvɑ̃, ɑ̃t] *adj* ferviente
fesse [fɛs] *nf* nalga • **fessée** *nf* nalgada
festin [fɛstɛ̃] *nm* festín *m*
festival [fɛstival] *nm* festival *m*
festivités [fɛstivite] *nfpl* fiestas *fpl*
fêtard, e [fɛtaʀ, aʀd] (*fam*) *nm/f* juerguista *mf*

fête [fɛt] *nf* fiesta; (*kermesse*) romería; (*d'une personne*) santo; **faire la ~** irse de juerga *ou* de farra (AM); **faire ~ à qn** festejar a algn; **les ~s (de fin d'année)** las fiestas (de fin de año); **salle/comité des ~s** sala/comité *m* de fiestas; **la ~ des Mères/des Pères** el día de la madre/del padre; **la F~ Nationale** *aniversario de la revolución francesa*; **~ foraine** feria • **fêter** *vt* (*personne, événement, anniversaire*) festejar

feu, x [fø] *nm* fuego; (*signal lumineux*) luz *f*; (*fig*) fuego, ardor *m*; **feux** *nmpl* (*éclat, lumière*) destello *msg*; (*Auto : de circulation*) semáforo *msg*; **au ~ !** ¡fuego!; **à ~ doux/vif** a poco fuego/fuego vivo; **à petit ~** a fuego lento; **ne pas faire long ~** (*fig*) no durar mucho; **prendre ~** (*maison*) incendiarse; (*vêtements, rideaux*) prender fuego; **mettre le ~ à** meterle fuego a; **faire du ~** hacer fuego; **avez-vous du ~ ?** ¿tiene fuego?; **~ arrière** (*Auto*) luz *f* trasera, piloto trasero; **~ d'artifice** fuegos *mpl* de artificio; **~ de joie** fogata; **~ orange/rouge/vert** (*Auto*) disco ámbar/rojo/verde; **feux de brouillard/de croisement/de position/de stationnement** (*Auto*) luces *fpl* de niebla/de cruce/de posición/de estacionamiento; **feux de route** (*Auto*) luces largas *ou* de carretera

feuillage [fœjaʒ] *nm* follaje *m*

feuille [fœj] *nf* hoja; **~ de maladie** informe *m* médico; **~ (de papier)** hoja (de papel); **~ de paye** nómina; **~ volante** hoja suelta

feuillet [fœjɛ] *nm* pliego, página

feuilleté, e [fœjte] *adj* (*Culin*) hojaldrado(-a)

feuilleter [fœjte] *vt* (*livre*) hojear

feuilleton [fœjtɔ̃] *nm* (*aussi TV, Radio*) serial *m*

feutre [føtʀ] *nm* fieltro; (*chapeau*) sombrero de fieltro; (*stylo*) rotulador *m* • **feutré, e** *adj* (*tissu*) afelpado(-a); (*pas, voix, atmosphère*) amortiguado(-a)

fève [fɛv] *nf* haba; (*dans la galette des Rois*) sorpresa

février [fevʀije] *nm* febrero; *voir aussi* **juillet**

fiable [fjabl] *adj* fiable

fiançailles [fjɑ̃sɑj] *nfpl* noviazgo

fiancé, e [fjɑ̃se] *nm/f* novio(-a)

fiancer [fjɑ̃se] : **se fiancer** *vpr* : **se ~ (avec)** prometerse (con)

fibre [fibʀ] *nf* fibra; (*de bois*) veta

ficeler [fis(ə)le] *vt* atar

ficelle [fisɛl] *nf* cordón; (*pain*) violín *m*; **les ~s du métier** (*fig*) los secretos del oficio

fiche [fiʃ] *nf* ficha; (*formulaire*) ficha, impreso; (*Élec*) enchufe *m*

ficher [fiʃe] *vt* (*pour un fichier*) anotar en fichas; (*suj : police, personne*) fichar; **il ne fiche rien** (*fam*) no da golpe; **fiche(-moi) le camp** (*fam*) lárgate; **fiche-moi la paix** (*fam*) déjame en paz; **se ~ de qn** (*fam*) tomar el pelo a algn; **se ~ de qch** (*fam*) tomar el pelo a algn

fichier [fiʃje] *nm* fichero

fichu, e [fiʃy] *pp de* **ficher** ▶ *adj* (*fam : fini, inutilisable*) estropeado(-a) ▶ *nm* (*foulard*) pañoleta; **être mal ~** (*fam : personne*) estar fastidiado(-a); (*: chose*) estar mal hecho(-a);

être bien ~ (*fam* : *avenant*) estar bueno(-a); **~ temps/caractère** tiempo/carácter *m* pajolero

fictif, -ive [fiktif, iv] *adj* ficticio(-a); (*promesse, nom*) falso(-a)

fiction [fiksjɔ̃] *nf* ficción *f*

fidèle [fidɛl] *adj* fiel ▸ *nmf* (*Rel, fig*) devoto(-a); **les ~s** (*Rel*) los fieles • **fidéliser** *vt* (*clientèle*) fidelizar • **fidélité** *nf* fidelidad *f*

fier[1] [fje] : **se fier à** *vpr* fiarse de

fier[2]**, fière** [fjɛʀ] *adj* orgulloso(-a); **~ de qch/qn** orgulloso(-a) de algo/algn • **fierté** *nf* orgullo

fièvre [fjɛvʀ] *nf* (*aussi fig*) fiebre *f*; **avoir de la ~/39 de ~** tener fiebre/39 de fiebre • **fiévreux, -euse** *adj* febril

figer [fiʒe] : **se figer** *vpr* (*personne, sourire*) petrificarse

fignoler [fiɲɔle] *vt* dar el último toque a

figue [fig] *nf* higo; **~ de Barbarie** higo chumbo • **figuier** *nm* higuera

figurant, e [figyʀɑ̃, ɑ̃t] *nm/f* figurante *mf*

figure [figyʀ] *nf* (*visage*) cara; (*illustration, dessin*) figura, ilustración *f*

figuré, e [figyʀe] *adj* figurado(-a)

figurer [figyʀe] *vi* figurar ▸ *vt* representar, figurar; **se ~ qch/que** imaginarse algo/que

fil [fil] *nm* hilo; (*du téléphone*) cable *m*; (*tranchant*) filo; **au ~ des heures/des années** a lo largo *ou* con el correr de las horas/de los años; **le ~ d'une histoire/de ses pensées** el hilo de una historia/de sus pensamientos; **au ~ de l'eau** a favor de la corriente; **donner/recevoir un coup de ~** dar/recibir un telefonazo; **~ à coudre** hilo de coser; **~ à pêche** sedal *m*; **~ de fer** alambre *m*; **~ de fer barbelé** alambre de espino; **~ électrique** cable eléctrico

file [fil] *nf* (*de voitures*) fila; (*de clients*) cola; **prendre la ~ de droite** (*Auto*) coger el carril de la derecha; **à la ~** (*d'affilée*) seguidos(-as); (*l'un derrière l'autre*) en fila; **en ~ indienne** en fila india; **~ d'attente** cola

filer [file] *vt* hilar; (*prendre en filature*) seguir los pasos a ▸ *vi* (*bas, maille*) correrse, hacerse una carrera; (*aller vite*) pasar volando; (*fam* : *partir*) largarse; **~ qch à qn** (*fam* : *donner*) dar algo a algn

filet [filɛ] *nm* red *f*; (*de poisson*) filete *m*; (*viande*) solomillo; (*d'eau, sang*) hilo; **~ à provisions** bolsa de malla

filiale [filjal] *nf* filial *f*, sucursal *f*

filière [filjɛʀ] *nf* escalafón *m*

fille [fij] *nf* chica; (*opposé à fils*) hija; **vieille ~** solterona • **fillette** *nf* chiquilla

filleul, e [fijœl] *nm/f* ahijado(-a)

film [film] *nm* película; (*couche*) capa

fils [fis] *nm* hijo; **~ à papa** (*péj*) niño de papá

filtre [filtʀ] *nm* (*aussi Inform*) filtro • **filtrer** *vt* filtrar; (*candidats, nouvelles*) hacer una criba de ▸ *vi* filtrarse

fin[1] [fɛ̃] *nf* final *m*; (*d'un projet, d'un rêve, aussi mort*) final, fin *m*; **fins** *nfpl* (*desseins*) fines *mpl*; **prendre ~** terminar, acabar; **mettre ~ à qch**

poner fin a algo; **à la ~** finalmente; **sans ~** sin fin
fin², e [fɛ̃, fin] *adj* fino(-a); (*taille*) delgado(-a); (*effilé*) afilado(-a); (*subtil*) agudo(-a) ▸ *adv* fino; **avoir la vue fine/l'ouïe fine** tener vista aguda/buen oído; **vin ~** vino selecto; **~es herbes** hierbas *fpl* aromáticas
final, e [final] *adj* final ▸ *nm* (*Mus*) final *m* • **finale** *nf* (*Sport*) final *f*; **quart/8èmes/16èmes de ~** cuartos/octavos/dieciseisavos de final • **finalement** *adv* finalmente; (*après tout*) al final, después de todo
finance [finɑ̃s] *nf* finanzas *fpl*; **finances** *nfpl* (*d'un club, pays*) fondos *mpl*; (*activités et problèmes financiers*) finanzas; **la ~ internationale** las finanzas internacionales • **financement** *nm* financiación *f*; **~ participatif** financiación *f* colectiva, micromecenazgo *m* • **financer** *vt* financiar • **financier, -ière** *adj* financiero(-a)
finesse [finɛs] *nf* finura; (*d'esprit*) agudeza; **finesses** *nfpl* (*subtilités*) sutilezas *fpl*
fini, e [fini] *adj* terminado(-a), acabado(-a); (*Math : ensemble, espace*) finito(-a) ▸ *nm* (*d'un objet*) acabado; **bien/mal ~** (*travail, vêtement*) bien/mal terminado(-a), bien/mal rematado(-a)
finir [finiʀ] *vt* acabar, terminar; (*être placé en fin de : période, livre*) finalizar ▸ *vi* terminarse, acabarse; **~ de faire qch** acabar de hacer algo; **~ par qch/par faire qch** (*gén*) acabar con algo/haciendo *ou* por hacer algo; **il finit par m'agacer** acaba molestándome; **~ en pointe/tragédie** acabar en punta/tragedia; **en ~ (avec qn/qch)** acabar (con algn/algo); **cela/il va mal ~** eso/él acabará mal
finition [finisjɔ̃] *nf* último retoque *m*; (*fini*) acabado
finlandais, e [fɛ̃lɑ̃dɛ, ɛz] *adj* finlandés(-esa) ▸ *nm/f*: **Finlandais, e** finlandés(-esa)
Finlande [fɛ̃lɑ̃d] *nf* Finlandia
firme [fiʀm] *nf* firma
fis [fi] *vb voir* **faire**
fisc [fisk] *nm* : **le ~** el fisco
fiscal, e, -aux [fiskal, o] *adj* fiscal • **fiscalité** *nf* fiscalidad *f*
fissure [fisyʀ] *nf* fisura • **fissurer**: **se fissurer** *vpr* agrietarse
fit [fi] *vb voir* **faire**
fixation [fiksasjɔ̃] *nf* fijación *f*
fixe [fiks] *adj* fijo(-a) ▸ *nm* (*salaire de base*) sueldo base; **à date/heure ~** en fecha/hora fijada; **menu à prix ~** menú *m* de precio fijo
fixé, e [fikse] *adj* : **être ~ (sur)** saber a qué atenerse (respecto a)
fixer [fikse] *vt* fijar; (*poser son regard sur*) fijar la mirada en; **se ~ quelque part** establecerse en algún sitio; **se ~ sur** (*suj : regard, attention*) fijarse en
flacon [flakɔ̃] *nm* frasco
flageolet [flaʒɔlɛ] *nm* (*Mus*) chirimía; **flageolets** *nmpl* (*Culin*) frijoles *mpl*
flagrant, e [flagʀɑ̃, ɑ̃t] *adj* flagrante; **prendre qn en ~ délit** coger a algn en flagrante delito

flair [flɛʀ] *nm* olfato • **flairer** *vt* olfatear
flamand, e [flamɑ̃, ɑ̃d] *adj* flamenco(-a) ▶ *nm* (*Ling*) flamenco ▶ *nm/f* : **Flamand, e** flamenco(-a); **les F~s** los flamencos
flamant [flamɑ̃] *nm* (*Zool*) flamenco; **~ rose** flamenco rosa
flambant [flɑ̃bɑ̃] *adv* : **~ neuf** nuevo flamante
flambé, e [flɑ̃be] *adj* (*Culin : bananes, crêpe*) flameado(-a)
flambée [flɑ̃be] *nf* llamarada
flamber [flɑ̃be] *vi* llamear
flamboyer [flɑ̃bwaje] *vi* (*aussi fig*) resplandecer
flamme [flam] *nf* llama; (*fig*) pasión *f*; **en ~s** en llamas
flan [flɑ̃] *nm* flan *m*
flanc [flɑ̃] *nm* (*Anat*) costado; (*montagne*) ladera
flancher [flɑ̃ʃe] *vi* flaquear
flanelle [flanɛl] *nf* franela
flâner [flɑne] *vi* callejear, deambular
flanquer [flɑ̃ke] *vt* flanquear; **~ qch sur/dans** (*fam : mettre*) tirar algo a/en; **~ par terre** (*fam*) arrojar al suelo; **~ à la porte** (*fam*) echar a la calle
flaque [flak] *nf* charco
flash [flaʃ] (*pl* **flashes**) *nm* (*Photo : dispositif*) flash *m*; **~ d'information** flash informativo
flatter [flate] *vt* (*personne*) halagar, adular • **flatteur, -euse** *adj* (*photo, profil*) halagüeño(-a); (*éloges*) halagador(a) ▶ *nm/f* (*personne*) adulador(a)
flèche [flɛʃ] *nf* flecha; (*de clocher*) aguja; (*de grue*) aguilón *m*; **monter en ~** (*fig*) subir como una flecha
fléchette [fleʃɛt] *nf* dardo; **fléchettes** *nfpl* (*jeu*) dardos *mpl*
flétrir [fletʀiʀ] : **se flétrir** *vpr* (*fleur*) marchitarse; (*peau*) ajarse
fleur [flœʀ] *nf* flor *f*; **être en ~** estar en flor
fleuri, e [flœʀi] *adj* florido(-a)
fleurir [flœʀiʀ] *vi* florecer ▶ *vt* (*tombe*) poner flores en
fleuriste [flœʀist] *nmf* florista *mf*
fleuve [flœv] *nm* río
flexible [flɛksibl] *adj* flexible
flic [flik] (*fam*) *nm* poli *m*
flipper¹ [flipœʀ] *nm* flíper *m*
flipper² [flipe] (*fam*) *vi* agobiarse
flirter [flœʀte] *vi* flirtear
flocon [flɔkɔ̃] *nm* copo
flore [flɔʀ] *nf* flora
florissant, e [flɔʀisɑ̃, ɑ̃t] *voir* **fleurir** *adj* (*entreprise, commerce*) floreciente
flot [flo] *nm* (*fig*) torrente *m*; **flots** *nmpl* (*de la mer*) olas *fpl*, mar *fsg*; **à ~s** a raudales
flottant, e [flɔtɑ̃, ɑ̃t] *adj* (*vêtement*) de vuelo, ancho(-a); (*non fixe*) fluctuante
flotte [flɔt] *nf* (*bateaux*) flota; (*fam : eau*) agua; (*pluie*) lluvia
flotter [flɔte] *vi* flotar; (*drapeau, cheveux*) ondear; (*vêtements*) volar; (*Écon*) fluctuar ▶ *vb impers* (*fam*) : **il flotte** llueve • **flotteur** *nm* (*d'hydravion etc*) flotador *m*; (*de canne à pêche*) boya
flou, e [flu] *adj* borroso(-a); (*idée*) vago(-a)
fluide [flɥid] *adj* fluido(-a)
fluor [flyɔʀ] *nm* flúor *m*

fluorescent, e [flyɔʀesɑ̃, ɑ̃t] *adj* fluorescente
flûte [flyt] *nf* flauta; (*verre*) copa de flauta; (*pain*) *barra pequeña de pan*; **~ !** ¡caramba!; **~ à bec/traversière** flauta dulce/travesera
flux [fly] *nm* flujo; **le ~ et le reflux** el flujo y el reflujo
FM [ɛfɛm] *sigle f* (= *fréquence modulée*) FM *f* (= *frecuencia modulada*)
foc [fɔk] *nm* foque *m*
foi [fwa] *nf* fe *f*; **avoir ~ en** tener fe en; **digne de ~** fidedigno(-a); **être de bonne/mauvaise ~** actuar con buena/mala fe; **ma ~ !** ¡lo juro!
foie [fwa] *nm* hígado
foin [fwɛ̃] *nm* heno
foire [fwaʀ] *nf* feria; **faire la ~** (*fig : fam*) irse de juerga *ou* de farra (Am); **~ exposition** feria de muestras
fois [fwa] *nf* : **une/deux ~** una vez/dos veces; **2 ~ 2** 2 por 2; **deux/quatre ~ plus grand (que)** dos/cuatro veces mayor (que); **une ~ pour toutes** de una vez por todas; **une ~ que c'est fait** una vez que esté hecho; **à la ~** (*ensemble*) a la vez; **des ~** a veces; **chaque ~ que** cada vez que
fol [fɔl] *adj voir* **fou**
folie [fɔli] *nf* locura; **faire des ~s** hacer locuras, gastar a lo loco
folklorique [fɔlklɔʀik] *adj* folklórico(-a), folclórico(-a); (*péj*) estrambótico(-a)
folle [fɔl] *adj f, nf voir* **fou** • **follement** *adv* (*amoureux*) locamente; (*drôle, intéressant*) tremendamente; **avoir ~ envie de** tener unos celos tremendos de
foncé, e [fɔ̃se] *adj* oscuro(-a)
foncer [fɔ̃se] *vt* oscurecer ▶ *vi* (*fam : aller vite*) ir volando; **~ sur** (*fam*) arremeter contra
fonction [fɔ̃ksjɔ̃] *nf* función *f*; (*poste*) cargo; **fonctions** *nfpl* (*activité, pouvoirs*) competencias *fpl*; **entrer en/reprendre ses ~s** tomar posesión de/reincorporarse a su cargo; **voiture/maison de ~** coche *m*/casa de empresa; **être ~ de** depender de; **en ~ de** dependiendo de; **faire ~ de** (*suj : personne*) hacer las veces de; (: *chose*) servir para; **la ~ publique** la función pública • **fonctionnaire** *nmf* funcionario(-a) • **fonctionner** *vi* funcionar
fond [fɔ̃] *nm* fondo; **un ~ de verre/bouteille** el resto del vaso/de la botella; **le ~** (*Sport*) el fondo; **au ~ de** (*récipient*) en el fondo de; (*salle*) al fondo de; **sans ~** sin fondo; **toucher le ~** (*aussi fig*) tocar fondo; **à ~** a fondo; (*soutenir*) a capa y espada; **à ~ (de train)** (*fam*) a todo correr, a toda marcha; **dans le ~, au ~** en resumidas cuentas; **de ~ en comble** de arriba a abajo; **~ de teint** maquillaje *m* de fondo; **~ sonore** fondo sonoro
fondamental, e, -aux [fɔ̃damɑ̃tal, o] *adj* fundamental
fondation [fɔ̃dasjɔ̃] *nf* fundación *f*; **fondations** *nfpl* (*d'une maison*) cimientos *mpl*
fondé, e [fɔ̃de] *adj* fundado(-a)
fondement [fɔ̃dmɑ̃] *nm* : **sans ~** sin fundamento

f

fonder [fɔ̃de] *vt* fundar; **~ qch sur** (*fig*) basar algo en; **se ~ sur qch** basarse en algo

fonderie [fɔ̃dʀi] *nf* fundición *f*

fondre [fɔ̃dʀ] *vt* (*neige, glace*) fundir, derretir; (*métal*) fundir; (*dans l'eau : sucre*) disolver; (*mélanger*) mezclar ▸ *vi* fundirse, derretirse; (*métal*) fundirse; (*argent, courage*) esfumarse; **~ sur** (*se précipiter*) abatirse sobre; **faire ~** derretir; (*sucre*) disolver; **~ en larmes** deshacerse en lágrimas

fonds [fɔ̃] *nm* fondo ▸ *nmpl* (*argent*) fondos *mpl*; **~ (de commerce)** fondo de comercio

fondu, e [fɔ̃dy] *adj* (*beurre*) derretido(-a); (*neige*) fundido(-a), derretido(-a); (*métal*) fundido(-a) • **fondue** *nf* : **~ (savoyarde)/ bourguignonne** fondue *f* (saboyana)/burguiñona

font [fɔ̃] *vb voir* **faire**

fontaine [fɔ̃tɛn] *nf* fuente *f*

fonte [fɔ̃t] *nf* (*de la neige*) deshielo

foot [fut] (*fam*) *nm* fútbol *m*

football [futbol] *nm* fútbol *m*; **~ américain/ australien/ gaélique** fútbol americano/ australiano/gaélico • **footballeur, -euse** *nm/f* futbolista *mf*

footing [futiŋ] *nm* : **faire du ~** hacer footing

forain, e [fɔʀɛ̃, ɛn] *adj* ferial ▸ *nm/f* (*marchand*) feriante *mf*

forçat [fɔʀsa] *nm* forzado

force [fɔʀs] *nf* fuerza; (*d'une armée*) potencia; (*intellectuelle, morale*) fortaleza; **forces** *nfpl* (*Mil, physiques*) fuerzas *fpl*; **ménager ses/reprendre des ~s** ahorrar/ recuperar fuerzas; **être à bout de ~s** estar agotado(-a); **à ~ de critiques/de le critiquer/de faire** a fuerza de críticas/de criticarlo/de hacer; **de ~** (*prendre, enlever*) a la fuerza; **être de ~ à faire qch** ser capaz de hacer algo; **les ~s de l'ordre** las fuerzas del orden; **c'est une ~ de la nature** (*personne*) es un sansón

forcé, e [fɔʀse] *adj* (*rire, attitude*) forzado(-a); (*bain, atterrissage*) forzoso(-a) • **forcément** *adv* (*obligatoirement*) forzosamente; (*bien sûr*) como es lógico

forcer [fɔʀse] *vt* forzar ▸ *vi* esforzarse; **~ qn à qch/à faire qch** forzar a algn a algo/a hacer algo; **se forcer** *vpr* : **se ~ à qch/ faire qch** forzarse a algo/a hacer algo; **~ la main à qn** apretarle los tornillos a algn

forestier, -ière [fɔʀɛstje, jɛʀ] *adj* forestal

forêt [fɔʀɛ] *nf* bosque *m*

forfait [fɔʀfɛ] *nm* (*Comm*) ajuste *m*; (*crime*) crimen *m*; (*de téléphone portable*) saldo *m*; **déclarer ~** (*Sport*) retirarse; **travailler à ~** trabajar a destajo • **forfaitaire** *adj* concertado(-a)

forge [fɔʀʒ] *nf* forja • **forgeron, ne** *nm/f* herrero(-a) • **formaliser** [fɔʀmalize] : **se formaliser** *vpr* molestarse; **se ~ de qch** molestarse por algo

formalité [fɔʀmalite] *nf* requisito, trámite *m*; **simple ~** mera formalidad *f*

format [fɔʀma] *nm* formato • **formater** *vt* formatear

formation [fɔʀmasjɔ̃] *nf* formación *f*; (*apprentissage*) educación *f*; **la ~ permanente/ continue** la formación permanente/continua; **la ~ professionnelle/des adultes** la formación profesional/de adultos

forme [fɔRm] *nf* forma; (*type*) tipo; **formes** *nfpl* (*manières, silhouette*) formas *fpl*; **en ~ de poire** con forma de pera; **être en (bonne/pleine) ~** estar en (buena/plena) forma; **avoir la ~** estar en forma

formel, le [fɔRmɛl] *adj* (*preuve, décision*) categórico(-a); (*logique*) formal • **formellement** *adv* formalmente; (*interdit*) terminantemente

former [fɔRme] *vt* formar; **se former** *vpr* formarse

formidable [fɔRmidabl] *adj* (*excellent*) estupendo(-a); (*important*) increíble

formulaire [fɔRmylɛR] *nm* impreso

formule [fɔRmyl] *nf* fórmula; (*de vacances, crédit*) sistema *m*; **~ de politesse** fórmula de cortesía

fort, e [fɔR, fɔRt] *adj* (*aussi fig*) fuerte; (*gros*) grueso(-a); (*quantité*) importante ▸ *adv* (*frapper, serrer, sonner*) con fuerza; (*parler*) alto; (*beaucoup*) mucho; (*très*) muy ▸ *nm* (*édifice, fig*) fuerte *m*; **être ~ (en)** (*doué*) ser bueno(-a) (en); **au plus ~ de** en lo más álgido de • **forteresse** *nf* fortaleza

fortifiant, e [fɔRtifjɑ̃, jɑ̃t] *adj* fortificante

fortune [fɔRtyn] *nf* fortuna; **faire ~** hacer fortuna; **de ~** improvisado(-a) • **fortuné, e** *adj* afortunado(-a)

forum [fɔRɔm] *nm* : **~ de discussion** foro de discusión

fosse [fos] *nf* fosa

fossé [fose] *nm* zanja

fossette [fosɛt] *nf* hoyuelo

fossile [fosil] *nm* fósil *m*

fou, folle [fu, fɔl] (*devant nm commençant par voyelle ou h muet* **fol**) *adj* loco(-a); (*fam : extrême*) inmenso(-a) ▸ *nm/f* loco(-a) ▸ *nm* (*d'un roi*) bufón *m*; **être ~ de** estar loco(-a) por; **faire le ~** hacer el tonto *ou* el indio; **avoir le ~ rire** tener un ataque de risa; **ça prend un temps ~** (*fam*) esto lleva mucho tiempo; **il a eu un succès ~** (*fam*) tuvo un éxito loco

foudre [fudR] *nf* rayo

foudroyant, e [fudRwajɑ̃, ɑ̃t] *adj* fulminante

fouet [fwɛ] *nm* látigo, fuete (AM), rebenque (AM); (*Culin*) batidor *m*; **de plein ~** (*heurter*) de frente • **fouetter** *vt* dar latigazos a

fougère [fuʒɛR] *nf* helecho

fougue [fug] *nf* fogosidad *f* • **fougueux, -euse** *adj* fogoso(-a)

fouille [fuj] *nf* (*voir vt*) cacheo; registro; **fouilles** *nfpl* (*archéologiques*) excavaciones *fpl* • **fouiller** *vt* (*suspect*) cachear; (*local, quartier*) registrar; (*creuser*) excavar; (*approfondir*) ahondar en • **fouillis** *nm* revoltijo

foulard [fulaR] *nm* pañuelo, fular *m*

foule [ful] *nf* : **la ~** la muchedumbre, la multitud; **une ~ de** una multitud de

foulée [fule] *nf* (*Sport*) zancada

fouler [fule] *vt* (*écraser*) prensar; **se fouler** *vpr* (*fam*) herniarse;

se ~ la cheville/le bras torcerse el tobillo/el brazo • **foulure** *nf* esguince *m*

four [fuʀ] *nm* horno; (*échec*) fiasco

fourche [fuʀʃ] *nf* horca

fourchette [fuʀʃɛt] *nf* tenedor *m*; (*Statistique*) horquilla

fourgon [fuʀgɔ̃] *nm* furgón *m* • **fourgonnette** *nf* furgoneta

fourmi [fuʀmi] *nf* hormiga; **avoir des ~s dans les jambes/mains** (*fig*) tener un hormigueo en las piernas/manos • **fourmilière** *nf* hormiguero • **fourmiller** *vi* (*gens*) hormiguear

fourneau, x [fuʀno] *nm* horno

fourni, e [fuʀni] *adj* (*barbe, cheveux*) tupido(-a), poblado(-a); **bien/mal ~ (en)** bien/mal equipado(-a) (en)

fournir [fuʀniʀ] *vt* proporcionar; (*effort*) realizar; (*chose*) dar, proporcionar • **fournisseur, -euse** *nm/f* proveedor(a); **~ d'accès à Internet** proveedor *m* de acceso a Internet

fourniture [fuʀnityʀ]: **fournitures** *nfpl* material *msg*

fourrage [fuʀaʒ] *nm* forraje *m*

fourré, e [fuʀe] *adj* (*bonbon*) relleno(-a); (*manteau, bottes*) forrado(-a) ▸ *nm* maleza

fourrer [fuʀe] (*fam*) *vt* : **~ qch dans** meter algo en; **se fourrer** *vpr* : **se ~ dans/sous** meterse en/bajo

fourrière [fuʀjɛʀ] *nf* (*pour chiens*) perrera; (*voitures*) depósito de coches

fourrure [fuʀyʀ] *nf* piel *f*; **manteau/col de ~** abrigo/cuello de piel

foutre [futʀ] (*fam!*) *vt* : **je m'en fous** me importa un huevo (*fam!*); **qu'est-ce que tu fous ?** ¿qué coño haces? (*fam!*); **j'en ai rien à ~** me importa un huevo (*fam!*) • **foutu, e** (*fam!*) *adj* : **c'est ~** no hay nada que hacer; **être bien ~** estar bueno(-a)

foyer [fwaje] *nm* hogar *m*; (*fig*) foco

fracassant, e [fʀakasɑ̃, ɑ̃t] *adj* (*fig*) estrepitoso(-a)

fraction [fʀaksjɔ̃] *nf* fracción *f*; (*Math*) fracción, quebrado

fracturation [fʀaktyʀasjɔ̃] *nf* : **~ hydraulique** fracturación *f* hidráulica

fracture [fʀaktyʀ] *nf* (*Méd, fig*) fractura; **~ numérique** fractura digital, brecha digital; **~ sociale** fractura social • **fracturer** *vt* (*coffre, serrure*) forzar; **se ~ la jambe/le crâne** fracturarse la pierna/el cráneo

fragile [fʀaʒil] *adj* (*aussi fig*) frágil; (*santé, personne*) delicado(-a) • **fragilité** *nf* fragilidad *f*

fragment [fʀagmɑ̃] *nm* fragmento

fraîche [fʀɛʃ] *adj voir* **frais** • **fraîcheur** *nf* frescor *m*, frescura; (*fig*) frialdad *f*

frais, fraîche [fʀɛ, fʀɛʃ] *adj* fresco(-a); (*teint*) lozano(-a); (*accueil*) frío(-a) ▸ *adv* : **il fait ~** hace *ou* está fresco ▸ *nm* : **mettre au ~** poner en el frigorífico ▸ *nmpl* (*Comm, dépenses*) gastos *mpl*; **à boire/servir ~** beber/servir frío; **légumes/fruits ~** verduras *fpl*/frutas *fpl* frescas; **prendre le ~** tomar el fresco; **faire des ~** hacer gasto; **~ de scolarité** gastos de matrícula; **~ généraux** gastos generales

fraise [fʀɛz] *nf* *(fruit)* fresa, frutilla (AM); *(outil)* fresa; *(de dentiste)* torno, fresa; **~ des bois** fresa silvestre

framboise [fʀɑ̃bwaz] *nf* frambuesa

franc, franche [fʀɑ̃, fʀɑ̃ʃ] *adj* franco(-a); *(refus, couleur)* claro(-a); *(coupure)* limpio(-a); *(intensif)* auténtico(-a) ▸ *adv* : **à parler ~** francamente ▸ *nm* *(monnaie)* franco; **~ de port** porte pagado

français, e [fʀɑ̃sɛ, ɛz] *adj* francés(-esa) ▸ *nm* *(Ling)* francés *m* ▸ *nm/f* : **Français, e** francés(-esa); **les F~** los franceses

France [fʀɑ̃s] *nf* Francia

franche [fʀɑ̃ʃ] *adj f voir* **franc**
• **franchement** *adv* francamente; *(tout à fait)* realmente

franchir [fʀɑ̃ʃiʀ] *vt* *(obstacle)* salvar; *(seuil)* franquear

franchise [fʀɑ̃ʃiz] *nf* franqueza; *(douanière, Assurance)* franquicia; *(Comm)* licencia

franc-maçon, ne [fʀɑ̃masɔ̃, ɔn] *(mpl* **franc-maçons**, *fpl* **franc-maçonnes**) *nm/f* francmasón(-ona)

franco [fʀɑ̃ko] *adv* *(Comm)* : **~ (de port)** porte pagado

francophone [fʀɑ̃kɔfɔn] *adj, nmf* francófono(-a)

franc-parler [fʀɑ̃paʀle] *(pl* **francs-parlers**) *nm* : **il a son ~** llama a las cosas por su nombre, no tiene pelos en la lengua

frange [fʀɑ̃ʒ] *nf* fleco, franja; *(de cheveux)* flequillo; *(fig)* franja

frangipane [fʀɑ̃ʒipan] *nf* crema almendrada

frappant, e [fʀapɑ̃, ɑ̃t] *adj* sorprendente

frappé, e [fʀape] *adj* *(vin, café)* helado(-a); **~ de** *ou* **par qch** impresionado(-a) por algo

frapper [fʀape] *vt* golpear; *(fig)* impresionar; *(malheur, impôt)* afectar; *(monnaie)* acuñar ▸ *vi* *(en arrivant chez qn)* llamar; **~ dans ses mains** golpear con las manos; **~ du poing sur** dar un puñetazo en

fraternel, le [fʀatɛʀnɛl] *adj* fraterno(-a), fraternal
• **fraternité** *nf* fraternidad *f*

fraude [fʀod] *nf* fraude *m*; **passer qch en ~** pasar algo fraudulentamente

frayeur [fʀɛjœʀ] *nf* pavor *m*

fredonner [fʀədɔne] *vt* tararear

freezer [fʀizœʀ] *nm* congelador *m*

frein [fʀɛ̃] *nm* freno; **sans ~** sin freno; **~s à disques** frenos *mpl* de disco; **~ à main** freno de mano; **~s à tambours** frenos de tambor
• **freiner** *vi, vt* frenar

frêle [fʀɛl] *adj* frágil

frelon [fʀəlɔ̃] *nm* abejón *m*

frémir [fʀemiʀ] *vi* estremecerse; *(eau)* empezar a hervir

frêne [fʀɛn] *nm* fresno

fréquemment [fʀekamɑ̃] *adv* frecuentemente, seguido (AM)

fréquent, e [fʀekɑ̃, ɑ̃t] *adj* frecuente

fréquentation [fʀekɑ̃tasjɔ̃] *nf* frecuentación *f*; **fréquentations** *nfpl* *(relations)* : **de bonnes ~s** buenas relaciones

f

fréquenté, e [frekɑ̃te] *adj* : **très ~** muy concurrido(-a); **mal ~** de mala fama
fréquenter [frekɑ̃te] *vt* frecuentar; (*personne*) tratar, frecuentar; (*courtiser*) salir con; **se fréquenter** *vpr* tratarse, frecuentarse
frère [frɛr] *nm* hermano
fresque [frɛsk] *nf* fresco; (*Litt*) retrato
fret [frɛ(t)] *nm* flete *m*
friand, e [frijɑ̃, frijɑ̃d] *adj* : **~ de** entusiasta de
friandise [frijɑ̃diz] *nf* golosina
fric [frik] (*fam*) *nm* pasta
friche [friʃ] : **en ~** *adj* baldío(-a), inculto(-a)
friction [friksjɔ̃] *nf* fricción *f*
frigidaire® [friʒidɛr] *nm* nevera, frigorífico
frigo [frigo] (*fam*) *nm* nevera
frigorifique [frigɔrifik] *adj* frigorífico(-a)
frileux, -euse [frilø, øz] *adj* friolero(-a); (*fig*) encogido(-a)
frimer [frime] (*fam*) *vi* chulear
fringale [frɛ̃gal] *nf* pájara
fringues [frɛ̃g] (*fam*) *nfpl* trapos *mpl*
fripé, e [fripe] *adj* arrugado(-a)
frire [frir] *vt* (*aussi* : **faire frire**) freír
frisé, e [frize] *adj* rizado(-a)
frisson [frisɔ̃] *nm* escalofrío, estremecimiento • **frissonner** *vi* tiritar, estremecerse; (*fig*) temblar
frit, e [fri, frit] *pp de* **frire** ▸ *adj* frito(-a); **pommes ~es** patatas *fpl* ou papas *fpl* (AM) fritas • **frite** *nf* patata frita • **friteuse** *nf* freidora • **friture** *nf* fritura; (*Radio*) ruido de fondo; **~ (de poissons)** fritura (de pescado)
froid, e [frwa, frwad] *adj* frío(-a); **il fait ~** hace frío; **avoir/prendre ~** tener/coger frío; **à ~** en frío; **jeter un ~** (*fig*) provocar el asombro; **être en ~ avec qn** estar enfadado(-a) con algn • **froidement** *adv* fríamente
froisser [frwase] *vt* arrugar; (*fig*) ofender; **se froisser** *vpr* arrugarse; **se ~ un muscle** distendérsele a algn un músculo
frôler [frole] *vt* rozar
fromage [frɔmaʒ] *nm* queso; **~ blanc** queso fresco, requesón *m*
froment [frɔmɑ̃] *nm* trigo
froncer [frɔ̃se] *vt* fruncir; **~ les sourcils** fruncir el ceño
front [frɔ̃] *nm* frente *f*; **de ~** de frente; (*rouler*) al lado; (*simultanément*) al mismo tiempo; **faire ~ à** hacer frente a; **~ de mer** paseo marítimo
frontalier, -ière [frɔ̃talje, jɛr] *adj* fronterizo(-a) ▸ *nm/f* : **(travailleurs) ~s** (trabajadores *mpl*) fronterizos *mpl*
frontière [frɔ̃tjɛr] *nf* frontera
frotter [frɔte] *vi* frotar ▸ *vt* frotar; (*pour nettoyer*) frotar, estregar; **~ une allumette** encender una cerilla
fruit [frɥi] *nm* (*d'arbre, plante*) fruta; (*résultat*) fruto; **~s de mer** mariscos *mpl*; **~s secs** frutos secos • **fruité, e** *adj* (*vin, goût*) afrutado(-a) • **fruitier, -ière** *adj* : **arbre ~** árbol *m* frutal
frustrer [frystre] *vt* frustrar

fuel [fjul] (*pl* **fuels**) *nm* fuel(-oil) *m*
fugace [fygas] *adj* fugaz
fugitif, -ive [fyʒitif, iv] *adj* (*lueur*) efímero(-a); (*prisonnier, esclave*) fugitivo(-a) ▶ *nm/f* fugitivo(-a)
fugue [fyg] *nf*: **faire une ~** fugarse
fuir [fɥiʀ] *vt* huir ▶ *vi* huir; (*gaz, eau*) escapar; (*robinet*) perder agua
fuite [fɥit] *nf* huida; (*des capitaux etc*) fuga; (*d'eau*) escape *m*; (*divulgation*) filtración *f*; **être en ~** ser un(a) prófugo(-a); **mettre en ~** ahuyentar
fulgurant, e [fylgyʀɑ̃, ɑ̃t] *adj* fulgurante
fumé, e [fyme] *adj* ahumado(-a) • **fumée** *nf* humo
fumer [fyme] *vi* echar humo; (*personne*) fumar ▶ *vt* (*cigarette, pipe*) fumar
fûmes [fym] *vb voir* **être**
fumeur, -euse [fymœʀ, øz] *nm/f* fumador(a)
fumier [fymje] *nm* estiércol *m*
funérailles [fyneʀɑj] *nfpl* funeral *msg*
fur [fyʀ]: **au ~ et à mesure** *adv* poco a poco; **au ~ et à mesure que** a medida que, conforme
furet [fyʀɛ] *nm* (*Zool*) hurón *m*
fureter [fyʀ(ə)te] (*péj*) *vi* husmear, fisgonear
fureur [fyʀœʀ] *nf* furia, cólera; **faire ~** estar en boga, hacer furor
furie [fyʀi] *nf* furia; **en ~** desencadenado(-a) • **furieux, -euse** *adj* furioso(-a)
furoncle [fyʀɔ̃kl] *nm* forúnculo
furtif, -ive [fyʀtif, iv] *adj* furtivo(-a)
fus [fy] *vb voir* **être**
fusain [fyzɛ̃] *nm* (*Bot*) bonetero; (*Art*) carboncillo
fuseau, x [fyzo] *nm* (*pantalon*) fuso; (*pour filer*) huso; **~ horaire** huso horario
fusée [fyze] *nf* cohete *m*
fusible [fyzibl] *nm* fusible *m*
fusil [fyzi] *nm* (*de guerre, à canon rayé*) fusil *m*; (*de chasse, à canon lisse*) escopeta • **fusillade** *nf* (*bruit*) tiroteo • **fusiller** *vt* fusilar
fusionner [fyzjɔne] *vi* fusionarse
fût [fy] *nm* (*tonneau*) tonel *m*, barril *m*; (*de canon*) caña
futé, e [fyte] *adj* ladino(-a)
futile [fytil] *adj* fútil
futur, e [fytyʀ] *adj* futuro(-a) ▶ *nm* (*aussi Ling*) futuro
fuyard, e [fɥijaʀ, aʀd] *nm/f* fugitivo(-a)

g

gâcher [gɑʃe] *vt* (*nourriture, argent, vie*) malgastar • **gâchis** *nm* (*gaspillage*) despilfarro

gaffe [gaf] *nf* (*instrument*) bichero; (*fam : erreur*) metedura de pata; **faire ~** (*fam*) tener cuidado

gage [gaʒ] *nm* (*dans un jeu, comme garantie*) prenda; (*fig : de fidélité*) prueba; **mettre en ~** empeñar

gagnant, e [gaɲɑ̃, ɑ̃t] *adj* : **billet/numéro ~** billete *m*/número premiado

gagne-pain [gaɲpɛ̃] *nm inv* medio de vida

gagner [gaɲe] *vt* ganar; (*suj : maladie, feu*) extenderse a ▶ *vi* (*être vainqueur*) ganar; **~ du temps/de la place** ganar tiempo/espacio; **~ sa vie** ganarse la vida; **~ du terrain** (*aussi fig*) ganar terreno

gai, e [ge] *adj* alegre • **gaiement** *adv* alegremente; (*de bon cœur*) con entusiasmo • **gaieté** *nf* alegría; **de ~ de cœur** de buena gana

gain [gɛ̃] *nm* ganancia

gala [gala] *nm* gala

galant, e [galɑ̃, ɑ̃t] *adj* galante; (*entreprenant*) galanteador(a)

galerie [galʀi] *nf* galería; (*de voiture*) baca; (*fig : spectateurs*) público, galería; **~ de peinture** galería de arte; **~ marchande** galería comercial

galet [galɛ] *nm* guijarro; (*Tech*) arandela

galette [galɛt] *nf* (*gâteau*) roscón *m*; (*crêpe*) crepe *f*, panqueque *m* (AM)

galipette [galipɛt] *nf* voltereta

Galles [gal] *nfpl* : **le pays de ~** el país de Gales • **gallois, e** *adj* galés(-esa) ▶ *nm* (*Ling*) galés *m* ▶ *nm/f* : **Gallois, e** galés(-esa)

galon [galɔ̃] *nm* galón *m*

galop [galo] *nm* galope *m* • **galoper** *vi* galopar

gambader [gɑ̃bade] *vi* brincar

gamin, e [gamɛ̃, in] *nm/f* chiquillo(-a), chamaco(-a) (*CAm, Mex*), pibe(-a) (*Arg*), cabro(-a) (*And, Chi*)

gamme [gam] *nf* (*Mus*) escala; (*fig*) gama

gang [gɑ̃g] *nm* banda

gant [gɑ̃] *nm* guante *m*; **~ de toilette** manopla de baño

garage [gaʀaʒ] *nm* garaje *m* • **garagiste** *nmf* (*propriétaire*) dueño(-a) de un garaje; (*mécanicien*) mecánico(-a)

garantie [gaʀɑ̃ti] *nf* garantía; **(bon de) ~** (bono de) garantía

garantir [gaʀɑ̃tiʀ] *vt* garantizar

garçon [gaʀsɔ̃] *nm* niño; (*fils*) hijo; **~ de café** camarero; **~ manqué** medio chico

garde [gaʀd(ə)] *nmf* guardia *mf*; (*d'un domaine*) guarda *mf* ▶ *nf* guardia *f*; **de ~** *adj, adv* de guardia; **mettre en ~** poner en guardia; **prendre ~ (à)** tener cuidado

(con); **être sur ses ~s** estar en guardia; **monter la ~** montar guardia; **~ à vue** *nf (Jur)* detención *f* provisional; **~ champêtre** *nmf* guarda *mf* rural; **~ d'enfants** *nmf* niñero(-a), canguro *mf*; **~ des Sceaux** *nmf* ≈ ministro(-a) de Justicia; **~ du corps** *nmf* guardaespaldas *mf inv*
• **garde-boue** *(pl* **garde-boue(s)**) *nm* guardabarros *m inv*
• **garde-chasse** *(pl* **gardes-chasse(s)**) *nmf* guarda *mf* de caza

garder [gaʀde] *vt (conserver : personne)* mantener; *(: sur soi : vêtement, chapeau)* quedarse con; *(surveiller : enfants)* cuidar; *(: prisonnier, lieu)* vigilar; **se garder** *vpr (aliment)* conservarse; **~ le lit** guardar cama; **~ la chambre** permanecer en la habitación; **se ~ de faire qch** abstenerse de hacer algo; **pêche/chasse gardée** coto de pesca/caza

garderie [gaʀdəʀi] *nf* guardería

garde-robe [gaʀdəʀɔb] *(pl* **garde-robes**) *nf (meuble)* ropero; *(vêtements)* guardarropa *m*

gardien, ne [gaʀdjɛ̃, jɛn] *nm/f (garde)* vigilante *mf*; *(de prison)* oficial *mf*; *(de domaine, réserve, cimetière)* guarda *mf*; *(de musée)* guarda, vigilante; *(de phare)* farero; *(fig : garant)* garante *mf*; *(d'immeuble)* portero(-a); **~ de but** portero, arquero *(esp AM)*; **~ de la paix** guardia *m* del orden público; **~ de nuit** vigilante de noche

gare [gaʀ] *nf* estación *f* ▸ *excl* : **~ à ...** cuidado con ...; **~ à toi** cuidado con lo que haces; **~ routière** estación de autobuses

garer [gaʀe] *vt* aparcar; **se garer** *vpr (véhicule, personne)* aparcar; *(pour laisser passer)* apartarse

garni, e [gaʀni] *adj (plat)* con guarnición

garniture [gaʀnityʀ] *nf (Culin)* guarnición *f*; **~ de frein** *(Auto)* forro de freno

gars [gɑ] *(fam) nm (garçon)* chico; *(homme)* tío

Gascogne [gaskɔɲ] *nf* Gasconia

gas-oil [gazwal] *nm* gas-oil *m*

gaspiller [gaspije] *vt* derrochar, malgastar

gastronome [gastʀɔnɔm] *nmf* gastrónomo(-a) • **gastronomie** *nf* gastronomía
• **gastronomique** *adj* : **menu ~** menú *m* gastronómico

gâteau, x [gɑto] *nm* pastel *m*, tarta; **~ sec** galleta

gâter [gɑte] *vt (personne)* mimar, malcriar; **se gâter** *vpr (dent, fruit)* picarse; *(temps, situation)* empeorar

gauche [goʃ] *adj* izquierda; *(personne, style)* torpe ▸ *nf* izquierda; **à ~** a la izquierda
• **gaucher, -ère** *adj, nm/f* zurdo(-a) • **gauchiste** *adj, nmf* izquierdista *mf*

gaufre [gofʀ] *nf* gofre *m*

gaufrette [gofʀɛt] *nf* barquillo

gaulois, e [golwa, waz] *adj* galo(-a) ▸ *nm/f* : **Gaulois, e** galo(-a)

gaz [gɑz] *nm inv* gas *m*; **avoir des ~** tener gases; **~ à effet de serre** gas *m* de efecto invernadero; **~ de schiste** gas de esquisto

gaze [gɑz] *nf* gasa

gazette [gazɛt] *nf* gaceta

gazeux, -euse [gazø, øz] *adj* gaseoso(-a); **eau/boisson gazeuse** agua/bebida con gas
gazoduc [gazodyk] *nm* gaseoducto
gazon [gazɔ̃] *nm* césped *m*
geai [ʒɛ] *nm* arrendajo
géant, e [ʒeɑ̃, ɑ̃t] *adj* gigante ▸ *nm/f* gigante(-a)
geindre [ʒɛ̃dʀ] *vi* gemir
gel [ʒɛl] *nm* (*temps*) helada; (*de l'eau*) hielo; (*cosmétique*) gel *m*; **~ douche** gel de ducha
gélatine [ʒelatin] *nf* gelatina
gelée [ʒ(ə)le] *nf* (*Culin*) gelatina; (*Météo*) helada
geler [ʒ(ə)le] *vt* (*sol, liquide*) helar ▸ *vi* (*sol, personne*) helarse; **il gèle** hiela
gélule [ʒelyl] *nf* gragea
Gémeaux [ʒemo] *nmpl* (*Astrol*) : **les ~** Géminis *mpl*
gémir [ʒemiʀ] *vi* gemir
gênant, e [ʒɛnɑ̃, ɑ̃t] *adj* molesto(-a)
gencive [ʒɑ̃siv] *nf* encía
gendarme [ʒɑ̃daʀm] *nmf* gendarme *mf*, ≈ guardia *mf* civil • **gendarmerie** *nf* ≈ Guardia Civil; (*caserne, bureaux*) ≈ cuartel *m* de la Guardia Civil
gendre [ʒɑ̃dʀ] *nm* yerno
gêné, e [ʒene] *adj* embarazoso(-a)
gêner [ʒene] *vt* (*incommoder*) molestar; (*encombrer*) estorbar; **~ qn** (*embarrasser*) violentar a algn; **se gêner** *vpr* molestarse
général, e, -aux [ʒeneʀal, o] *adj, nm* general *m*; **en ~** en general • **généralement** *adv* generalmente • **généraliser** *vt, vi* generalizar; **se généraliser** *vpr* generalizarse • **généraliste** *nmf* (médico(-a)) generalista *mf*
génération [ʒeneʀasjɔ̃] *nf* generación *f*
généreux, -euse [ʒeneʀø, øz] *adj* generoso(-a)
générique [ʒeneʀik] *adj* genérico(-a) ▸ *nm* (*Ciné, TV*) ficha técnica
générosité [ʒeneʀozite] *nf* generosidad *f*
genêt [ʒ(ə)nɛ] *nm* retama
génétique [ʒenetik] *adj* genético(-a)
Genève [ʒ(ə)nɛv] *n* Ginebra
génial, e, -aux [ʒenjal, jo] (*aussi fam*) *adj* genial
génie [ʒeni] *nm* genio
genièvre [ʒənjɛvʀ] *nm* (*Bot, Culin*) enebro
génisse [ʒenis] *nf* ternera
génital, e, -aux [ʒenital, o] *adj* genital
génois, e [ʒenwa, waz] *adj* genovés(-esa) ▸ *nf* bizcocho
génome [ʒenom] *nm* genoma *m*
genou, x [ʒ(ə)nu] *nm* rodilla; **à genoux** de rodillas
genre [ʒɑ̃ʀ] *nm* género; **avoir bon/mauvais ~**
gens [ʒɑ̃] *nmpl, parfois nfpl* gente *f*
gentil, le [ʒɑ̃ti, ij] *adj* (*aimable*) amable; (*enfant*) bueno(-a) • **gentillesse** *nf* amabilidad *f* • **gentiment** *adv* amablemente
géographie [ʒeɔgʀafi] *nf* geografía
géolocalisation [ʒeolokalizasjɔ̃] *nf* geolocalización *f*
géolocaliser [ʒeolokalize] *vt* geolocalizar

géologie [ʒeɔlɔʒi] *nf* geología
géomètre [ʒeɔmɛtʀ] *nmf* agrimensor(a)
géométrie [ʒeɔmetʀi] *nf* geometría • **géométrique** *adj* geométrico(-a)
géranium [ʒeʀanjɔm] *nm* geranio
gérant, e [ʒeʀɑ̃, ɑ̃t] *nm/f* gerente *mf*
gerbe [ʒɛʀb] *nf* (*de fleurs*) ramo
gercé, e [ʒɛʀse] *adj* agrietado(-a)
gerçure [ʒɛʀsyʀ] *nf* grieta
gérer [ʒeʀe] *vt* administrar
germain, e [ʒɛʀmɛ̃, ɛn] *adj voir* **cousin**
germe [ʒɛʀm] *nm* germen *m* • **germer** *vi* germinar
GES [ʒeəɛs] *sigle mpl* (= *gaz à effet de serre*) GEI *mpl* (= *gases de efecto invernadero*)
geste [ʒɛst] *nm* gesto
gestion [ʒɛstjɔ̃] *nf* gestión *f*
gibier [ʒibje] *nm* caza
gicler [ʒikle] *vi* brotar
gifle [ʒifl] *nf* bofetada • **gifler** *vt* abofetear
gigantesque [ʒigɑ̃tɛsk] *adj* gigantesco(-a)
gigot [ʒigo] *nm* (*Culin*) : **~ (d'agneau)** pierna de cordero
gigoter [ʒigɔte] *vi* patalear
gilet [ʒilɛ] *nm* chaleco; **~ de sauvetage** chaleco salvavidas
gin [dʒin] *nm* ginebra
gingembre [ʒɛ̃ʒɑ̃bʀ] *nm* jenjibre *m*
girafe [ʒiʀaf] *nf* jirafa
giratoire [ʒiʀatwaʀ] *adj* : **sens ~** sentido giratorio
girofle [ʒiʀɔfl] *nf* : **clou de ~** clavo
girouette [ʒiʀwɛt] *nf* veleta
gitan, e [ʒitɑ̃, an] *nm/f* gitano(-a)
gîte [ʒit] *nm* : **~ rural** casa de turismo rural
givre [ʒivʀ] *nm* escarcha • **givré, e** *adj* : **citron/orange ~(e)** limón *m* escarchado/naranja escarchada
glace [glas] *nf* hielo; (*crème glacée*) helado; (*verre*) cristal *m*; (*miroir*) espejo; (*de voiture*) ventanilla
glacé, e [glase] *adj* helado(-a); (*fig*) frío(-a)
glacer [glase] *vt* (*lac, eau*) helar; (*Culin, papier, tissu*) glasear
glacial, e [glasjal] *adj* glacial
glacier [glasje] *nm* (*Géo*) glaciar *m*; (*marchand*) heladero
glacière [glasjɛʀ] *nf* nevera
glaçon [glasɔ̃] *nm* témpano; (*pour boisson*) cubito de hielo
glaïeul [glajœl] *nm* gladiolo
glaise [glɛz] *nf* greda
gland [glɑ̃] *nm* (*de chêne*) bellota; (*décoration*) borla
glande [glɑ̃d] *nf* glándula
glissade [glisad] *nf* (*par jeu*) deslizamiento; (*chute*) resbalón *m*; **faire des ~s** deslizarse
glissant, e [glisɑ̃, ɑ̃t] *adj* resbaladizo(-a)
glissement [glismɑ̃] *nm* (*aussi fig*) deslizamiento; **~ de terrain** corrimiento de tierra
glisser [glise] *vi* resbalar; (*patineur, fig*) deslizarse ▸ *vt* (*introduire : erreur, citation*) deslizar; (*mot, conseil*) decir discretamente; **se ~ dans/entre** deslizarse *ou* escurrirse en/entre
global, e, -aux [glɔbal, o] *adj* global

globe [glɔb] *nm* globo
globule [glɔbyl] *nm* glóbulo
gloire [glwaʀ] *nf* gloria
glousser [gluse] *vi* (*rire*) reír ahogadamente
glouton, ne [glutɔ̃, ɔn] *adj* glotón(-ona)
gluant, e [glyɑ̃, ɑ̃t] *adj* pegajoso(-a)
glucose [glykoz] *nm* glucosa
glycine [glisin] *nf* glicina
gobelet [gɔblɛ] *nm* cubilete *m*
goéland [gɔelɑ̃] *nm* gaviota
goélette [gɔelɛt] *nf* goleta
goinfre [gwɛ̃fʀ] *adj, nmf* tragón(-ona)
golf [gɔlf] *nm* golf *m*
golfe [gɔlf] *nm* golfo
gomme [gɔm] *nf* (*à effacer*) goma (de borrar) • **gommer** *vt* borrar
gonflé, e [gɔ̃fle] *adj* hinchado(-a); **être ~** (*fam*) tener jeta
gonfler [gɔ̃fle] *vt* hinchar ▶ *vi* hincharse
gonzesse [gɔ̃zɛs] (*fam*) *nf* tía
gorge [gɔʀʒ] *nf* garganta; (*Géo*) garganta
gorgée [gɔʀʒe] *nf* trago
gorille [gɔʀij] *nm* gorila
gosse [gɔs] *nmf* chiquillo(-a), chamaco(-a) (*CAm, Mex*), pibe(-a) (*Arg*), cabro(-a) (*And, Chi*)
goudron [gudʀɔ̃] *nm* alquitrán *m* • **goudronner** *vt* alquitranar
gouffre [gufʀ] *nm* sima, precipicio; (*fig*) abismo
goulot [gulo] *nm* cuello; **boire au ~** beber a morro
goulu, e [guly] *adj* glotón(-ona)
gourde [guʀd] *nf* (*récipient*) cantimplora; (*fam*) zoquete *mf*
gourdin [guʀdɛ̃] *nm* porra
gourmand, e [guʀmɑ̃, ɑ̃d] *adj* goloso(-a)
gourmandise [guʀmɑ̃diz] *nf* gula
gourmet [guʀmɛ] *nm* gastrónomo(-a)
gousse [gus] *nf* vaina; **~ d'ail** diente *m* de ajo
goût [gu] *nm* gusto, sabor *m*; (*fig*) gusto; **de bon/mauvais ~** de buen/mal gusto; **prendre ~ à** aficionarse a
goûter [gute] *vt* (*aussi* : **goûter à** : *essayer*) probar; (*apprécier*) apreciar ▶ *vi* merendar ▶ *nm* merienda
goutte [gut] *nf* gota • **goutte-à-goutte** *nm inv* bomba de perfusión
gouttière [gutjɛʀ] *nf* canalón *m*
gouvernail [guvɛʀnaj] *nm* timón *m*
gouvernement [guvɛʀnəmɑ̃] *nm* gobierno
gouverner [guvɛʀne] *vt* gobernar
GPA [ʒepea] *sigle f* (= *gestation pour autrui*) gestación *f* subrogada
grâce [gʀɑs] *nf* gracia; (*Jur*) indulto; **de bonne/mauvaise ~** de buena/mala gana; **faire ~ à qn de qch** perdonar algo a algn; **demander ~** pedir perdón; **~ à** gracias a • **gracieux, -euse** *adj*
grade [gʀad] *nm* grado; **monter en ~** ascender de grado
gradin [gʀadɛ̃] *nm* grada; **gradins** *nmpl* (*de stade*) gradas *fpl*
gradué, e [gʀadɥe] *adj* graduado(-a)
graduel, le [gʀadɥɛl] *adj* gradual

graffiti [gʀafiti] (*pl* **graffiti(s)**) *nm* grafiti *m*
grain [gʀɛ̃] *nm* grano; **~ de beauté** lunar *m*; **~ de café/de poivre** grano de café/de pimienta; **~ de raisin** uva
graine [gʀɛn] *nf* semilla
graissage [gʀɛsaʒ] *nm* engrase *m*
graisse [gʀɛs] *nf* grasa • **graisser** *vt* engrasar • **graisseux, -euse** *adj* grasiento(-a); (*Anat*) adiposo(-a)
grammaire [gʀa(m)mɛʀ] *nf* gramática
gramme [gʀam] *nm* gramo
grand, e [gʀɑ̃, gʀɑ̃d] *adj* grande; (*avant le nom*) gran; (*haut*) alto(-a); (*corde, voyage, période*) largo(-a) ▶ *adv* : **~ ouvert** abierto de par en par; **un ~ homme/artiste** un gran hombre/artista; **au ~ air** al aire libre; **~ blessé/brûlé** herido/quemado grave; **~ ensemble** gran barriada; **grande personne** persona mayor; **~es écoles** *universidades de élite francesas*; **~es lignes** líneas *fpl* principales; **grande surface** hipermercado; **~es vacances** vacaciones *fpl* de verano; **~ magasin** grandes almacenes *mpl* • **grand-chose** *nmf inv* : **pas ~** poca cosa • **Grande-Bretagne** *nf* Gran Bretaña • **grandeur** *nf* tamaño; (*mesure, quantité, aussi fig*) magnitud *f*; (*gloire, puissance*) grandeza; **~ nature** tamaño natural • **grandiose** *adj* grandioso(-a) • **grandir** *vi* (*enfant, arbre*) crecer • **grand-mère** (*pl* **grand(s)-mères**) *nf* abuela • **grand-peine** : **à ~** *adv* a duras penas • **grand-père** (*pl* **grands-pères**) *nm* abuelo • **grands-parents** *nmpl* abuelos *mpl*
grange [gʀɑ̃ʒ] *nf* granero
granit [gʀanit] *nm* granito
graphique [gʀafik] *adj* gráfico(-a) ▶ *nm* gráfico
grappe [gʀap] *nf* (*Bot*) racimo; **~ de raisin** racimo de uvas
gras, se [gʀa, gʀɑs] *adj* (*viande, soupe, cheveux*) graso(-a); (*personne*) gordo(-a); (*surface*) grasiento(-a); (*toux*) flemático(-a); (*crayon*) blando(-a) ▶ *nm* (*Culin*) grasa; **faire la grasse matinée** levantarse tarde • **grassement** *adv* : **~ payé** largamente pagado
gratifiant, e [gʀatifjɑ̃, jɑ̃t] *adj* gratificante
gratin [gʀatɛ̃] *nm* gratín *m* • **gratiné, e** *adj* gratinado(-a); (*fam*) espantoso(-a)
gratis [gʀatis] *adv, adj* gratis
gratitude [gʀatityd] *nf* gratitud *f*
gratte-ciel [gʀatsjɛl] (*pl* **gratte-ciel(s)**) *nm* rascacielos *m inv*
gratter [gʀate] *vt* (*frotter*) raspar; (*bras, bouton*) rascar; **se gratter** *vpr* rascarse
gratuit, e [gʀatɥi, ɥit] *adj* gratuito(-a)
grave [gʀav] *adj* grave; (*sujet, problème*) grave, serio(-a) • **gravement** *adv* gravemente
graver [gʀave] *vt* (*aussi CD, DVD*) grabar; **~ qch dans son esprit/sa mémoire** (*fig*) grabar algo en su alma/su memoria • **graveur** *nm* grabadora; **~ de CD/DVD** grabadora de CD/DVD

g

gravier [gʀavje] *nm* grava • **gravillons** *nmpl* gravilla
gravir [gʀaviʀ] *vt* subir
gravité [gʀavite] *nf* (*aussi Phys*) gravedad *f*
graviter [gʀavite] *vi* (*aussi fig*) : **~ autour de** gravitar alrededor de
gravure [gʀavyʀ] *nf* grabado *m*
gré [gʀe] *nm* : **à son ~** a su gusto; **contre le ~ de qn** contra la voluntad de algn; **de son plein ~** por su propia voluntad; **de ~ ou de force** por las buenas o por las malas; **il faut le faire bon ~ mal ~** hay que hacerlo, queramos o no
grec, grecque [gʀɛk] *adj* griego(-a) ▶ *nm* (*Ling*) griego ▶ *nm/f* : **Grec, Grecque** griego(-a)
Grèce [gʀɛs] *nf* Grecia
greffe [gʀɛf] *nf* (*Agr*) injerto; (*Méd*) tra(n)splante *m* ▶ *nm* (*Jur*) archivo; **~ du rein** transplante de riñón • **greffer** *vt* (*tissu*) injertar; (*organe*) transplantar
grêle [gʀɛl] *adj* flaco(-a) ▶ *nf* granizo • **grêler** *vb impers* : **il grêle** graniza • **grêlon** *nm* granizo
grelot [gʀəlo] *nm* cascabel *m*
grelotter [gʀəlɔte] *vi* tiritar
grenade [gʀənad] *nf* (*fruit, arme*) granada • **grenadine** *nf* granadina
grenier [gʀənje] *nm* (*de maison*) desván *m*, altillo (AM), entretecho (AM)
grenouille [gʀənuj] *nf* rana
grès [gʀɛ] *nm* (*roche*) arenisca; (*poterie*) gres *msg*
grève [gʀɛv] *nf* huelga; (*plage*) playa; **se mettre en/faire ~** declararse en/hacer huelga; **~ de la faim** huelga de hambre; **~ sur le tas** huelga de brazos caídos
gréviste [gʀevist] *nmf* huelguista *mf*
grièvement [gʀijɛvmɑ̃] *adv* gravemente
griffe [gʀif] *nf* garra; (*fig : d'un couturier, parfumeur*) marca • **griffer** *vt* arañar
grignoter [gʀiɲɔte] *vt* roer; (*argent, temps*) consumir
gril [gʀil] *nm* parrilla • **grillade** *nf* carne *f* a la parrilla, asado (AM)
grillage [gʀijaʒ] *nm* (*treillis*) reja; (*clôture*) alambrada
grille [gʀij] *nf* reja; (*fig*) red *f*
grille-pain [gʀijpɛ̃] (*pl* **grille-pain(s)**) *nm* tostador *m* de pan
griller [gʀije] *vt* (*aussi* : **faire griller** : *pain, café*) tostar; (*viande*) asar; (*ampoule, résistance*) fundir; (*feu rouge*) saltar
grillon [gʀijɔ̃] *nm* grillo
grimace [gʀimas] *nf* mueca; **faire des ~s** hacer muecas
grimper [gʀɛ̃pe] *vt* trepar a *ou* por ▶ *vi* empinarse; (*prix, nombre*) subir
grincer [gʀɛ̃se] *vi* (*porte, roue*) chirriar; (*plancher*) crujir; **~ des dents** rechinar los dientes
grincheux, -euse [gʀɛ̃ʃø, øz] *adj* cascarrabias
grippe [gʀip] *nf* gripe *f*; **~ aviaire** gripe aviar; **~ porcine** gripe *f* porcina • **grippé, e** *adj* : **être ~** estar griposo(-a); (*moteur*) estar gripado(-a)
gris, e [gʀi, gʀiz] *adj* gris *inv*; (*ivre*) alegre

grisaille [gʀizɑj] *nf* gris *msg*
griser [gʀize] *vt* (*fig*) embriagar
grive [gʀiv] *nf* tordo
Groenland [gʀɔɛnlɑ̃d] *nm* Groenlandia
grogner [gʀɔɲe] *vi* gruñir; (*personne*) gruñir, refunfuñar • **grognon, ne** *adj* gruñón(-ona)
grommeler [gʀɔm(ə)le] *vi* mascullar
gronder [gʀɔ̃de] *vi* (*canon, tonnerre*) retumbar; (*fig*) amenazar con estallar ▶ *vt* regañar
gros, se [gʀo, gʀos] *adj* (*personne*) gordo(-a); (*paquet, problème, fortune*) gran, grande; (*travaux, dégâts*) importante; (*orage, bruit*) fuerte; (*trait, fil*) grueso(-a) ▶ *adv*: **risquer/gagner ~** arriesgar/ganar mucho ▶ *nm* (*Comm*): **le ~** el por mayor; **en ~** en líneas generales; **prix de/vente en ~** precio/venta al por mayor; **par ~ temps** con temporal; **par grosse mer** con mar gruesa; **le ~ de** (*troupe, fortune*) el grueso de; **~ lot** premio gordo; **~ mot** palabrota; **~ œuvre** (*Constr*) obra bruta; **~ plan** (*Photo*) primer plano; **grosse caisse** (*Mus*) bombo; **~ sel** sal *f* gorda; **~ titre** titular *m*
groseille [gʀozɛj] *nf* grosella; **~ à maquereau** grosella espinosa
grosse [gʀos] *adj voir* **gros** • **grossesse** *nf* embarazo • **grosseur** *nf* (*d'une personne*) gordura; (*d'un paquet*) tamaño; (*d'un trait*) grosor *m*; (*tumeur*) bulto
grossier, -ière [gʀosje, jɛʀ] *adj* (*vulgaire*) grosero(-a); (*travail, finition*) tosco(-a); (*erreur*) burdo(-a), craso(-a) • **grossièrement** *adv* groseramente
grossièreté [gʀosjɛʀte] *nf* grosería
grossir [gʀosiʀ] *vi* engordar; (*fig*) aumentar; (*rivière, eaux*) crecer ▶ *vt* (*suj* : *vêtement*) : **~ qn** hacer gordo a algn; (*nombre, importance*) aumentar; (*histoire, erreur*) exagerar
grossiste [gʀosist] *nmf* (*Comm*) mayorista *mf*
grotesque [gʀɔtɛsk] *adj* grotesco(-a)
grotte [gʀɔt] *nf* gruta, cueva
groupe [gʀup] *nm* grupo; **~ électrogène** grupo electrógeno; **~ sanguin/scolaire** grupo sanguíneo/escolar • **grouper** *vt* agrupar; **se grouper** *vpr* agruparse
grue [gʀy] *nf* grúa; (*Zool*) grulla
guépard [gepaʀ] *nm* guepardo
guêpe [gɛp] *nf* avispa
guère [gɛʀ] *adv* (*avec adjectif, adverbe*) : **ne ... ~** poco; (*avec verbe*) poco, apenas; **tu n'es ~ raisonnable** eres poco razonable; **il ne la connaît ~** apenas la conoce; **il n'y a ~ de** apenas hay; **il n'y a ~ que toi qui puisse le faire** apenas hay otro que puede hacerlo más que tú
guérilla [geʀija] *nf* guerrilla
guérir [geʀiʀ] *vt* curar ▶ *vi* (*personne*) curarse • **guérison** *nf* curación *f* • **guérisseur, -euse** *nm/f* curandero(-a)
guerre [gɛʀ] *nf* guerra; **~ atomique/de tranchées/d'usure** guerra atómica/de trincheras/de desgaste; **en ~** en guerra; **faire la ~ à** hacer la

guerra a • **guerrier, -ière** *adj, nm/f* guerrero(-a)

guet [gɛ] *nm* : **faire le ~** estar al acecho

guet-apens [gɛtapɑ̃] (*pl* **guets-apens**) *nm* emboscada • **guetter** *vt* (*pour épier, surprendre*) acechar; (*attendre*) aguardar

gueule [gœl] *nf* (*d'animal*) hocico; (*fam : visage*) jeta; **ta ~ !** (*fam*) ¡cierra el pico!; **~ de bois** (*fam*) resaca • **gueuler** (*fam*) *vi* chillar

gui [gi] *nm* muérdago

guichet [giʃɛ] *nm* ventanilla

guide [gid] *nmf* guía *mf* ▸ *nm* (*livre*) guía *f* • **guider** *vt* guiar

guidon [gidɔ̃] *nm* manillar *m*

guillemets [gijmɛ] *nmpl* : **entre ~** entre comillas

guimauve [gimov] nf (*sucrerie*) nube *f*

guindé, e [gɛ̃de] *adj* estirado(-a)

guirlande [giʀlɑ̃d] *nf* guirnalda

guise [giz] *nf* : **à votre ~** como guste; **en ~ de** (*en manière de, comme*) a guisa de; (*à la place de*) en lugar de

guitare [gitaʀ] *nf* guitarra

gymnase [ʒimnaz] *nm* gimnasio • **gymnaste** *nmf* gimnasta *mf* • **gymnastique** *nf* gimnasia

gynécologie [ʒinekɔlɔʒi] *nf* ginecología • **gynécologique** *adj* ginecológico(-a) • **gynécologue** *nmf* ginecólogo(-a)

h

habile [abil] *adj* hábil

habileté [abilte] *nf* habilidad *f*

habillé, e [abije] *adj* vestido(-a); (*robe, costume*) elegante

habiller [abije] *vt* vestir; **s'habiller** *vpr* vestirse; (*mettre des vêtements chic*) vestir bien, ir bien vestido(-a)

habit [abi] *nm* traje *m*; **habits** *nmpl* (*vêtements*) ropa; **~ (de soirée)** traje de etiqueta

habitant, e [abitɑ̃, ɑ̃t] *nm/f* habitante *mf*; (*d'une maison*) ocupante *mf*; (*d'un immeuble*) vecino(-a)

habitation [abitasjɔ̃] *nf* (*bâtiment*) vivienda; **~s à loyer modéré** *viviendas oficiales de bajo alquiler*

habiter [abite] *vt* vivir en; (*suj : sentiment, envie*) anidar ▸ *vi* : **~ à** *ou* **dans** vivir en

habitude [abityd] *nf* costumbre *f*; **avoir l'~ de faire/qch** tener la costumbre de hacer/algo; **d'~** normalmente; **comme d'~** como de costumbre

habitué, e [abitɥe] *adj* : **être ~ à** estar acostumbrado(-a) a

▸ *nm/f (d'un café, d'un lieu)* parroquiano(-a)
habituel, le [abitɥɛl] *adj* habitual
habituer [abitɥe] *vt* : **~ qn à qch/faire** acostumbrar a algn a algo/hacer; **s'~ à** acostumbrarse a
hache ['aʃ] *nf* hacha
hacher ['aʃe] *vt (viande, persil)* picar • **hachis** *nm* picadillo
haie ['ɛ] *nf* seto; *(Sport)* valla
haillons ['ɑjɔ̃] *nmpl* harapos *mpl*, andrajos *mpl*
haine ['ɛn] *nf* odio
haïr ['aiʀ] *vt* odiar
hâlé, e ['ɑle] *adj* bronceado(-a)
haleine [alɛn] *nf* aliento; **hors d'~** sin aliento; **tenir en ~** tener en vilo
haleter ['alte] *vi* jadear
hall ['ol] *nm* vestíbulo
halle ['al] *nf* mercado; **halles** *nfpl* mercado central
hallucination [alysinasjɔ̃] *nf* alucinación *f*
halte ['alt] *nf* alto; *(excl)* ¡alto!; **faire ~** hacer un alto, pararse
haltère [altɛʀ] *nm* pesa; **haltères** *nmpl* : **faire des ~s** hacer pesas • **haltérophilie** *nf* halterofilia
hamac ['amak] *nm* hamaca
hameau, x ['amo] *nm* aldea
hameçon [amsɔ̃] *nm* anzuelo
hameçonnage [amsɔnaʒ] *nm (Internet)* phishing *m*
hanche ['ɑ̃ʃ] *nf* cadera
handball ['ɑ̃dbal] *nm* balonmano
handicap ['ɑ̃dikap] *nm (Méd)* discapacidad *f*; *(fig, Sport)* handicap *m*
handicapé, e ['ɑ̃dikape] *adj, nm/f* discapacitado(-a); **~ mental** discapacitado(-a) psíquico(-a); **~ moteur** discapacitado(-a) motor; **~ physique** discapacitado(-a) físico(-a)
handisport ['ɑ̃dispɔʀ] *adj* paralímpico(-a)
hangar ['ɑ̃gaʀ] *nm* cobertizo, galpón *m (CSur)*; *(Aviat)* hangar *m*
hanneton ['antɔ̃] *nm* abejorro
hanter ['ɑ̃te] *vt (suj : fantôme)* aparecer en
hantise ['ɑ̃tiz] *nf* obsesión *f*
haras ['aʀɑ] *nm* acaballadero
harceler ['aʀsəle] *vt* acosar; *(Mil)* hostigar
hardi, e ['aʀdi] *adj* audaz
hareng ['aʀɑ̃] *nm* arenque *m*
hargne ['aʀɲ] *nf* saña • **hargneux, -euse** *adj* arisco(-a), hosco(-a)
haricot ['aʀiko] *nm (Bot)* judía; **~ blanc/rouge** alubia blanca/pinta; **~ vert** judía verde
harmonica [aʀmɔnika] *nm* armónica
harmonie [aʀmɔni] *nf* armonía • **harmonieux, -euse** *adj* armonioso(-a)
harpe ['aʀp] *nf* arpa
hasard ['azaʀ] *nm* azar *m*; **un ~** una casualidad; **au ~** al azar; **par ~** por casualidad; **à tout ~** por si acaso
hâte ['ɑt] *nf* prisa; **à la ~** de prisa; **en ~** rápidamente; **avoir ~ de** tener prisa por • **hâter** *vt* apresurar; **se hâter** *vpr* apresurarse • **hâtif, -ive** *adj* precipitado(-a)
hausse ['os] *nf* alza; *(température)* en aumento • **hausser** *vt* subir; **~ les épaules** encogerse de hombros

h

haut, e ['o, 'ot] *adj* alto(-a); (*température, pression*) elevado(-a), alto(-a) ▸ *adv* : **être/monter/lever ~** estar/subir/levantar en alto ▸ *nm* alto; **de 3 m de ~** de 3 m de alto *ou* altura; **des ~s et des bas** altibajos *mpl*; **en ~ lieu** en las altas esferas; **à haute voix, tout ~** en voz alta; **du ~ de** desde lo alto de; **de ~ en bas** (*regarder*) de arriba abajo; **plus ~** más alto; (*dans un texte*) más arriba; **en ~** arriba; **en ~ de** (*être situé*) por encima de; **« ~ les mains ! »** « ¡arriba las manos! »; **~ débit** (*Inform*) banda *f* ancha; **haute fidélité** (*Élec*) alta fidelidad *f*

hautain, e ['otɛ̃, ɛn] *adj* altanero(-a)

hautbois ['obwa] *nm* oboe *m*

hauteur ['otœʀ] *nf* altura; **à la ~ de** al nivel de; **à la ~** (*fig*) a la altura

haut-parleur ['opaʀlœʀ] (*pl* **haut-parleurs**) *nm* altavoz *m*

hebdomadaire [ɛbdɔmadɛʀ] *adj* semanal

hébergement [ebɛʀʒəmɑ̃] *nm* alojamiento, hospedaje *m*

héberger [ebɛʀʒe] *vt* alojar, hospedar; (*réfugiés*) alojar

hébreu, x [ebʀø] *adj* hebreo(-a)

hectare [ɛktaʀ] *nm* hectárea

hein ['ɛ̃] *excl* (*comment?*) ¿eh?; **tu m'approuves, ~ ?** ¿estás de acuerdo, eh?

hélas ['elas] *excl* ¡ay! ▸ *adv* desgraciadamente

héler ['ele] *vt* llamar

hélice [elis] *nf* hélice *f*

hélicoptère [elikɔptɛʀ] *nm* helicóptero

helvétique [ɛlvetik] *adj* helvético(-a)

hématome [ematom] *nm* hematoma *m*

hémisphère [emisfɛʀ] *nm* : **~ nord/sud** hemisferio norte/sur

hémorragie [emɔʀaʒi] *nf* hemorragia

hémorroïdes [emɔʀɔid] *nfpl* almorranas *fpl*, hemorroides *fpl*

hennir ['eniʀ] *vi* relinchar

hépatite [epatit] *nf* hepatitis *f*

herbe [ɛʀb] *nf* hierba; **en ~** en cierne • **herbicide** *nm* herbicida *m* • **herboriste** *nmf* herbolario(-a)

héréditaire [eʀeditɛʀ] *adj* hereditario(-a)

hérisson ['eʀisɔ̃] *nm* erizo

héritage [eʀitaʒ] *nm* herencia

hériter [eʀite] *vt, vi* heredar; **~ qch (de qn)** heredar algo (de algn)

héritier, -ière [eʀitje, jɛʀ] *nm/f* heredero(-a)

hermétique [ɛʀmetik] *adj* hermético(-a)

hermine [ɛʀmin] *nf* armiño

hernie ['ɛʀni] *nf* hernia

héroïne [eʀɔin] *nf* heroína

héroïque [eʀɔik] *adj* heroico(-a)

héron ['eʀɔ̃] *nm* garza

héros ['eʀo] *nm* héroe *m*

hésitant, e [ezitɑ̃, ɑ̃t] *adj* vacilante, indeciso(-a)

hésitation [ezitasjɔ̃] *nf* indecisión *f*, vacilación *f*

hésiter [ezite] *vi* : **~ (à faire)** vacilar *ou* dudar (en hacer)

hétérosexuel, le [eteʀɔsɛksɥɛl] *adj* heterosexual

hêtre ['ɛtʀ] *nm* haya

heure [œʀ] *nf* hora; **c'est l'~** es la hora; **quelle ~ est-il ?** ¿qué hora es?; **deux ~s (du matin)** las dos (de la mañana); **être à l'~** ser puntual; (*montre*) estar en hora; **mettre à l'~** poner en hora; **à toute ~** a todas horas; **24 ~s sur 24** 24 horas al día; **à l'~ qu'il est** a esta hora; **sur l'~** inmediatamente; **d'~ en ~** cada hora; **de bonne ~** de madrugada; **~ de pointe** hora punta; **~s supplémentaires/de bureau** horas *fpl* extraordinarias/ de oficina

heureusement [œʀøzmɑ̃] *adv* afortunadamente

heureux, -euse [œʀø, øz] *adj* feliz

heurt ['œʀ] *nm* choque *m*; **heurts** *nmpl* (*fig* : *bagarre*) choques *mpl*

heurter ['œʀte] *vt* (*mur, porte*) chocar con *ou* contra; (*personne*) tropezar con; (*fig* : *personne, sentiment*) chocar (con); **se ~ à** (*fig*) enfrentarse a

hexagone [ɛgzagɔn] *nm* hexágono; (*la France*) Francia

hiberner [ibɛʀne] *vi* hibernar

hibou, x ['ibu] *nm* búho

hideux, -euse ['idø, øz] *adj* horrendo(-a)

hier [jɛʀ] *adv* ayer; **~ matin/soir/ midi** ayer por la mañana/por la tarde/al mediodía; **toute la journée/la matinée d'~** todo el día/toda la mañana de ayer

hiérarchie ['jeʀaʀʃi] *nf* jerarquía

hindou, e [ɛ̃du] *adj* hindú ▸ *nm/f*: **Hindou, e** hindú *mf*

hippique [ipik] *adj* hípico(-a)

hippodrome [ipɔdʀom] *nm* hipódromo

hippopotame [ipɔpɔtam] *nm* hipopótamo

hirondelle [iʀɔ̃dɛl] *nf* golondrina

hisser ['ise] *vt* izar

histoire [istwaʀ] *nf* historia; **histoires** *nfpl* (*ennuis*) problemas *mpl* • **historique** *adj* histórico(-a)

hiver [ivɛʀ] *nm* invierno

hivernal, e, -aux [ivɛʀnal, o] *adj* invernal

HLM ['aʃɛlɛm] *sigle m ou sigle f* (= *habitations à loyer modéré*) *viviendas oficiales de bajo alquiler*

hocher ['ɔʃe] *vt* : **~ la tête** cabecear

hockey ['ɔkɛ] *nm* : **~ (sur glace/ gazon)** hockey *m* (sobre hielo/ hierba)

hold-up ['ɔldœp] *nm inv* atraco a mano armada

hollandais, e ['ɔlɑ̃dɛ, ɛz] *adj* holandés(-esa) ▸ *nm* (*Ling*) holandés *msg* ▸ *nm/f*: **Hollandais, e** holandés(-esa); **les H~** los holandeses

Hollande ['ɔlɑ̃d] *nf* Holanda

homard ['ɔmaʀ] *nm* bogavante *m*

homéopathique [ɔmeɔpatik] *adj* homeopático(-a)

homicide [ɔmisid] *nm* homicidio; **~ involontaire** homicidio involuntario

hommage [ɔmaʒ] *nm* homenaje *m*; **rendre ~ à** rendir homenaje a

homme [ɔm] *nm* hombre *m*; **l'~ de la rue** el hombre de la calle; **~ d'affaires** hombre de negocios; **~ d'État** estadista *m*

homogène [ɔmɔʒɛn] *adj* homogéneo(-a)

homologue [ɔmɔlɔg] *nmf* homólogo(-a)

h

homologué, e [ɔmɔlɔge] *adj* homologado(-a)
homonyme [ɔmɔnim] *nm* (*Ling*) homónimo; (*d'une personne*) tocayo(-a)
homoparental, e, -aux [ɔmɔparɑ̃tal, o] *adj* homoparental
homosexuel, le [ɔmɔsɛksɥɛl] *adj* homosexual
Hongrie [ˈɔ̃gʀi] *nf* Hungría
• **hongrois, e** *adj* húngaro(-a) ▶ *nm* (*Ling*) húngaro ▶ *nm/f*: **Hongrois, e** húngaro(-a)
honnête [ɔnɛt] *adj* (*intègre*) honrado(-a), honesto(-a); (*juste, satisfaisant*) justo(-a), razonable
• **honnêtement** *adv* honestamente • **honnêteté** *nf* honestidad *f*
honneur [ɔnœʀ] *nm* honor *m*; **«j'ai l'~ de ...»** «tengo el honor de ...»; **en l'~ de** (*personne*) en honor de; (*événement*) en celebración de; **faire ~ à** (*engagements*) cumplir con; (*famille, professeur*) hacer honor a; (*repas*) hacer los honores a
honorable [ɔnɔʀabl] *adj* honorable; (*suffisant*) satisfactorio(-a)
honoraire [ɔnɔʀɛʀ] *adj* honorario(-a); **honoraires** *nmpl* honorarios *mpl*
honorer [ɔnɔʀe] *vt* honrar; (*estimer*) respetar; (*Comm* : *chèque, dette*) pagar
honte [ˈɔ̃t] *nf* vergüenza; **avoir ~ de** tener vergüenza de; **faire ~ à qn** avergonzar a algn
• **honteux, -euse** *adj* avergonzado(-a); (*conduite, acte*) vergonzoso(-a)
hôpital, -aux [ɔpital, o] *nm* hospital *m*
hoquet [ˈɔkɛ] *nm* hipo; **avoir le ~** tener hipo
horaire [ɔʀɛʀ] *adj* por hora ▶ *nm* horario; **horaires** *nmpl* (*conditions, heures de travail*) horario *msg*; **~ souple** *ou* **flexible** horario flexible
horizon [ɔʀizɔ̃] *nm* horizonte *m*; (*paysage*) panorama *m*
horizontal, e, -aux [ɔʀizɔ̃tal, o] *adj* horizontal
horloge [ɔʀlɔʒ] *nf* reloj *m*
• **horloger, -ère** *nm/f* relojero(-a)
hormis [ˈɔʀmi] *prép* excepto
horoscope [ɔʀɔskɔp] *nm* horóscopo
horreur [ɔʀœʀ] *nf* horror *m*; **avoir ~ de qch** sentir horror por algo
• **horrible** *adj* horrible, horrendo(-a); (*laid*) horroroso(-a)
• **horrifier** *vt* horrorizar
hors [ˈɔʀ] *prép* salvo; **~ de** fuera de; **~ de propos** fuera de lugar; **être ~ de soi** estar fuera de sí; **~ pair** fuera de serie; **~ service/d'usage** fuera de servicio/de uso
• **hors-bord** (*pl* **hors-bord(s)**) *nm* fuera borda *m inv* • **hors-d'œuvre** *nm inv* entremés *m* • **hors-la-loi** *nm inv* forajido • **hors-taxe** *adj* libre de impuestos
hortensia [ɔʀtɑ̃sja] *nm* hortensia
hospice [ɔspis] *nm* (*de vieillards*) asilo
hospitalier, -ière [ɔspitalje, jɛʀ] *adj* hospitalario(-a)
hospitaliser [ɔspitalize] *vt* hospitalizar
hospitalité [ɔspitalite] *nf* hospitalidad *f*

hostie [ɔsti] *nf* (*Rel*) hostia
hostile [ɔstil] *adj* hostil; **~ à** contrario(-a) a • **hostilité** *nf* hostilidad *f*; **hostilités** *nfpl* (*Mil*) hostilidades *fpl*
hôte [ot] *nm* (*maître de maison*) anfitrión *m* ▶ *nmf* (*invité*) huésped *mf*; **~ payant** huésped de pago
hôtel [otɛl] *nm* hotel *m*; **aller à l'~** ir a un hotel; **~ de ville** ayuntamiento; **~ (particulier)** palacete *m* • **hôtellerie** *nf* (*profession*) hostelería
hôtesse [otɛs] *nf* (*maîtresse de maison*) anfitriona; (*dans une agence, une foire*) azafata, recepcionista; **~ (de l'air)** azafata (de aviación), aeromoza (AM); **~ (d'accueil)** azafata (de recepción)
houblon ['ublɔ̃] *nm* lúpulo
houille ['uj] *nf* hulla; **~ blanche** hulla blanca
houle ['ul] *nf* marejada • **houleux, -euse** *adj* (*mer*) encrespado(-a); (*discussion*) agitado(-a)
hourra ['uʀa] *nm* hurra *m* ▶ *excl* ¡hurra!
housse ['us] *nf* funda
houx ['u] *nm* acebo
hublot ['yblo] *nm* portilla
huer ['ɥe] *vt* abuchear
huile [ɥil] *nf* aceite *m*; (*Art*) óleo; (*fam*) pez *m* gordo
huissier, -ière [ɥisje, jɛʀ] *nm/f* ordenanza *mf*; (*Jur*) ujier *mf*
huit ['ɥi(t)] *adj inv, nm inv* ocho *m inv*; **samedi en ~** el sábado en ocho días; *voir aussi* **cinq** • **huitaine** *nf* • **huitième** *adj, nmf* octavo(-a) ▶ *nm* (*partitif*) octavo; *voir aussi* **cinquième**
huître [ɥitʀ] *nf* ostra
humain, e [ymɛ̃, ɛn] *adj* humano(-a) ▶ *nm* humano • **humanitaire** *adj* humanitario(-a) • **humanité** *nf* humanidad *f*
humble [œ̃bl] *adj* humilde
humer ['yme] *vt* oler
humeur [ymœʀ] *nf* humor *m*; **de bonne/mauvaise ~** de buen/mal humor
humide [ymid] *adj* húmedo(-a)
humilier [ymilje] *vt* humillar
humilité [ymilite] *nf* humildad *f*
humoristique [ymɔʀistik] *adj* humorístico(-a)
humour [ymuʀ] *nm* humor *m*; **avoir de l'~** tener sentido del humor; **~ noir** humor negro
huppé, e ['ype] *adj* encopetado(-a)
hurlement ['yʀləmɑ̃] *nm* aullido, alarido
hurler ['yʀle] *vi* (*animal*) aullar; (*personne*) dar alaridos
hutte ['yt] *nf* choza
hydratant, e [idʀatɑ̃, ɑ̃t] *adj* hidratante
hydraulique [idʀolik] *adj* hidráulico(-a)
hydravion [idʀavjɔ̃] *nm* hidroavión *m*
hydrogène [idʀɔʒɛn] *nm* hidrógeno
hydroglisseur [idʀɔglisœʀ] *nm* hidroplano
hyène [jɛn] *nf* hiena
hygiénique [iʒenik] *adj* higiénico(-a)

hymne [imn] *nm* himno
hypermarché [ipɛʀmaʀʃe] *nm* hipermercado
hypermétrope [ipɛʀmetʀɔp] *adj* hipermétrope
hypertension [ipɛʀtɑ̃sjɔ̃] *nf* hipertensión *f*
hypertexte [ipɛʀtɛkst] *nm* hipertexto
hypnose [ipnoz] *nf* hipnosis *fsg* • **hypnotiser** *vt* hipnotizar
hypocrisie [ipɔkʀizi] *nf* hipocresía • **hypocrite** *adj, nmf* hipócrita *mf*
hypothèque [ipɔtɛk] *nf* hipoteca
hypothèse [ipɔtɛz] *nf* hipótesis *f inv*
hystérique [isteʀik] *adj* histérico(-a)

i

iceberg [ajsbɛʀg] *nm* iceberg *m*
ici [isi] *adv* aquí; **jusqu'~** hasta aquí; (*temporel*) hasta ahora; **d'~ là** para entonces; (*en attendant*) mientras tanto; **d'~ peu** dentro de poco
idéal, e, -aux [ideal, o] *adj* ideal ▸ *nm* ideal *m* • **idéaliste** *adj, nmf* idealista *mf*
idée [ide] *nf* idea; **~s noires** pensamientos *mpl* negros; **~s reçues** ideas preconcebidas
identifiant [idɑ̃tifjɑ̃] *nm* (*Inform*) nombre *m* de usuario
identifier [idɑ̃tifje] *vt* identificar; **s'~ avec** *ou* **à qch/qn** identificarse con algo/algn
identique [idɑ̃tik] *adj* idéntico(-a); **~ à** idéntico a
identité [idɑ̃tite] *nf* (*d'une personne*) identidad *f*
idiot, e [idjo, idjɔt] *adj* (*péj : personne*) idiota, estúpido(-a); (*film, réflexion*) estúpido(-a) ▸ *nm/f* idiota *mf*
idole [idɔl] *nf* ídolo
ignoble [iɲɔbl] *adj* (*individu, procédé*) ruin, innoble

ignorant, e [iɲɔʀɑ̃, ɑ̃t] *adj, nm/f* ignorante *mf*

ignorer [iɲɔʀe] *vt (loi, faits)* ignorar; *(personne, demande)* no hacer caso a, ignorar a; *(plaisir, guerre)* desconocer

il [il] *pron* él; **ils** ellos; **il fait froid** hace frío; **il est midi** es mediodía; **Pierre est-il arrivé ?** ¿ha llegado Pedro?; *voir aussi* **avoir**

île [il] *nf* isla

illégal, e, -aux [i(l)legal, o] *adj* ilegal

illettrisme [i(l)letʀism] *nm* analfabetismo funcional

illimité, e [i(l)limite] *adj* ilimitado(-a); *(confiance)* infinito(-a)

illisible [i(l)lizibl] *adj (indéchiffrable)* ilegible

illogique [i(l)lɔʒik] *adj* ilógico(-a)

illuminer [i(l)lymine] *vt* iluminar

illusion [i(l)lyzjɔ̃] *nf* ilusión *f*; **se faire des ~s** hacerse ilusiones; **faire ~** dar el pego

illustration [i(l)lystʀasjɔ̃] *nf* ilustración *f*

illustré, e [i(l)lystʀe] *adj* ilustrado(-a) ▶ *nm* tebeo

illustrer [i(l)lystʀe] *vt* ilustrar

ils [il] *pron voir* **il**

image [imaʒ] *nf* imagen *f*; **~ de marque** *(d'un produit, d'une entreprise)* imagen de marca; *(d'une personne)* reputación *f* • **imagé, e** *adj* rico(-a) en imágenes

imaginaire [imaʒinɛʀ] *adj* imaginario(-a)

imagination [imaʒinasjɔ̃] *nf* imaginación *f*

imaginer [imaʒine] *vt* imaginar; *(inventer)* idear; **s'imaginer** *vpr (scène)* imaginarse; **~ que** suponer que; **j'imagine qu'il a voulu plaisanter** me figuro que habrá querido bromear; **s'~ que** imaginarse que; **s'~ à 60 ans/ en vacances** imaginarse a los 60 años/en vacaciones; **il s'imagine pouvoir faire ...** se imagina que va a poder hacer ...; **ne t'imagine pas que** no te imagines que

imam [imam] *nm* imam *m*

imbécile [ɛ̃besil] *adj, nmf* imbécil *mf*

imbu, e [ɛ̃by] *adj*

imitateur, -trice [imitatœʀ, tʀis] *nm/f* imitador(a)

imitation [imitasjɔ̃] *nf* imitación *f*

imiter [imite] *vt* imitar; *(ressembler à)* imitar a

immangeable [ɛ̃mɑ̃ʒabl] *adj* incomible

immatriculation [imatʀikylasjɔ̃] *nf* matrícula

immatriculer [imatʀikyle] *vt* matricular; **se faire ~** matricularse, inscribirse

immédiat, e [imedja, jat] *adj* inmediato(-a) ▶ *nm* : **dans l'~** por ahora • **immédiatement** *adv* inmediatamente

immense [i(m)mɑ̃s] *adj* inmenso(-a)

immerger [imɛʀʒe] *vt* sumergir; **s'immerger** *vpr (sous-marin)* sumergirse

immeuble [imœbl] *nm (bâtiment)* edificio; **~ locatif** edificio de alquiler

i

immigration [imigʀasjɔ̃] *nf* inmigración *f*
immigré, e [imigʀe] *nm/f* inmigrado(-a)
imminent, e [iminɑ̃, ɑ̃t] *adj* inminente
immobile [imɔbil] *adj* inmóvil
immobilier, -ière [imɔbilje, jɛʀ] *adj* inmobiliario(-a) ▸ *nm* : **l'~** (*Comm*) el sector inmobiliario
immobiliser [imɔbilize] *vt* inmovilizar; (*file, circulation*) detener; **s'immobiliser** *vpr* (*personne*) inmovilizarse; (*machine, véhicule*) pararse
immoral, e, -aux [imɔʀal, o] *adj* inmoral
immortel, -elle [imɔʀtɛl] *adj* inmortal
immunisé, e [imynize] *adj* : **~ contre** inmunizado(-a) contra
immunité [imynite] *nf* inmunidad *f*
impact [ɛ̃pakt] *nm* impacto • **impacter** *vt* tener impacto en, impactar en
impair, e [ɛ̃pɛʀ] *adj* impar ▸ *nm* (*gaffe*) torpeza
impardonnable [ɛ̃paʀdɔnabl] *adj* imperdonable
imparfait, e [ɛ̃paʀfɛ, ɛt] *adj* (*guérison, connaissance*) incompleto(-a); (*imitation, œuvre*) deficiente ▸ *nm* (*Ling*) (pretérito) imperfecto
impartial, e, -aux [ɛ̃paʀsjal, jo] *adj* imparcial
impasse [ɛ̃pɑs] *nf* callejón *m* sin salida
impassible [ɛ̃pasibl] *adj* impasible
impatience [ɛ̃pasjɑ̃s] *nf* impaciencia
impatient, e [ɛ̃pasjɑ̃, jɑ̃t] *adj* impaciente; **~ de faire qch** impaciente por hacer algo • **impatienter** : **s'impatienter** *vpr* impacientarse
impeccable [ɛ̃pekabl] *adj* impecable
impensable [ɛ̃pɑ̃sabl] *adj* impensable
imper [ɛ̃pɛʀ] (*fam*) *nm* impermeable *m*
impératif, -ive [ɛ̃peʀatif, iv] *adj* imperioso(-a) ▸ *nm* (*Ling*) : **l'~** el imperativo
impératrice [ɛ̃peʀatʀis] *nf* emperatriz *f*
imperceptible [ɛ̃pɛʀsɛptibl] *adj* imperceptible
impérial, e, -aux [ɛ̃peʀjal, jo] *adj* imperial
impérieux, -euse [ɛ̃peʀjø, jøz] *adj* (*air, ton*) imperioso(-a)
impérissable [ɛ̃peʀisabl] *adj* imperecedero(-a)
imperméable [ɛ̃pɛʀmeabl] *adj* impermeable ▸ *nm* impermeable *m*
impertinent, e [ɛ̃pɛʀtinɑ̃, ɑ̃t] *adj* impertinente
impitoyable [ɛ̃pitwajabl] *adj* despiadado(-a)
implanter [ɛ̃plɑ̃te] *vt* (*Méd, usage, mode, industrie*) implantar; (*usine*) instalar; (*idée*) inculcar
impliquer [ɛ̃plike] *vt* (*supposer, entraîner*) implicar; **~ qn (dans)** implicar a algn (en)
impoli, e [ɛ̃pɔli] *adj* descortés
impopulaire [ɛ̃pɔpylɛʀ] *adj* impopular
importance [ɛ̃pɔʀtɑ̃s] *nf* importancia; **sans ~** sin

importancia; **quelle ~ ?** ¿qué más da?; **d'~** de importancia

importante, e [ɛ̃pɔʀtɑ̃, ɑ̃t] *adj* importante; (*péj : airs, ton*) de importancia ▸ *nm* : **l'~ (est de/que)** lo importante (es/es que)

importateur, -trice [ɛ̃pɔʀtatœʀ, tʀis] *adj, nm/f* importador(a)

importation [ɛ̃pɔʀtasjɔ̃] *nf* (*de marchandises, fig*) importación *f*

importer [ɛ̃pɔʀte] *vt* (*Comm*) importar; (*maladies, plantes*) importar ▸ *vi* (*être important*) importar; **peu m'importe !** (*je n'ai pas de préférence*) ¡me da igual!; (*je m'en moque!*) ¡a mí qué me importa!; **peu importe !** ¡qué importa!

importun, e [ɛ̃pɔʀtœ̃, yn] *adj* (*curiosité, présence*) importuno(-a); (*visite, personne*) inoportuno(-a) ▸ *nm/f* inoportuno(-a) • **importuner** *vt* importunar; (*suj : insecte, bruit*) molestar

imposant, e [ɛ̃pozɑ̃, ɑ̃t] *adj* imponente

imposer [ɛ̃poze] *vt* (*taxer*) gravar; (*faire accepter par force*) imponer; **s'imposer** *vpr* imponerse; (*montrer sa prééminence*) destacar; (*être importun*) molestar; **~ qch à qn** imponer algo a algn; **en ~ à qn** impresionar a algn

impossible [ɛ̃pɔsibl] *adj* imposible; (*enfant*) insoportable, inaguantable; **il m'est ~ de le faire** me resulta imposible hacerlo; **faire l'~** hacer lo imposible

imposteur, -euse [ɛ̃pɔstœʀ, øz] *nm/f* impostor(a)

impôt [ɛ̃po] *nm* (*taxe*) impuesto; **impôts** *nmpl* (*contributions*) impuestos *mpl*; **~ direct/foncier/indirect** impuesto directo/sobre la propiedad/indirecto; **~s locaux** impuestos municipales

impotent, e [ɛ̃pɔtɑ̃, ɑ̃t] *adj* (*personne*) impedido(-a), inválido(-a)

impraticable [ɛ̃pʀatikabl] *adj* (*projet, idée*) impracticable; (*piste, chemin, sentier*) intransitable, impracticable

imprécis, e [ɛ̃pʀesi, iz] *adj* (*contours, renseignement*) impreciso(-a); (*souvenir*) impreciso(-a), borroso(-a)

imprégner [ɛ̃pʀeɲe] : **s'imprégner de** *vpr* impregnarse de

imprenable [ɛ̃pʀənabl] *adj* (*forteresse, citadelle*) inexpugnable; **vue ~** vista panorámica asegurada

impression [ɛ̃pʀesjɔ̃] *nf* (*sentiment, sensation*) sensación *f*; (*Photo, d'un ouvrage*) impresión *f*; (*d'un tissu, papier peint*) imprimación *f*; **faire bonne/mauvaise ~** causar buena/mala impresión; **faire/produire une vive ~** (*émotion*) causar/producir una viva impresión; **donner l'~ d'être ...** dar la impresión de ser ... • **impressionnant, e** *adj* impresionante • **impressionner** *vt* impresionar

imprévisible [ɛ̃pʀevizibl] *adj* imprevisible

imprévu, e [ɛ̃pʀevy] *adj* imprevisto(-a) ▸ *nm* : **l'~** lo imprevisto; **en cas d'~** en caso de imprevisto

i

imprimante [ɛ̃pʀimɑ̃t] *nf* (*Inform*) impresora

imprimé, e [ɛ̃pʀime] *adj* (*motif, tissu*) estampado(-a); (*livre, ouvrage*) impreso(-a) ▸ *nm* impreso; (*tissu*) estampado

imprimer [ɛ̃pʀime] *vt* imprimir; (*tissu*) estampar • **imprimerie** *nf* imprenta; (*technique*) tipografía • **imprimeur, -euse** *nm/f* impresor(a)

impropre [ɛ̃pʀɔpʀ] *adj* impropio(-a)

improviser [ɛ̃pʀɔvize] *vt, vi* improvisar; **s'improviser** *vpr* improvisarse; **s'~ cuisinier** improvisarse como *ou* de cocinero

improviste [ɛ̃pʀɔvist] : **à l'~** *adv* de improviso

imprudence [ɛ̃pʀydɑ̃s] *nf* imprudencia

imprudent, e [ɛ̃pʀydɑ̃, ɑ̃t] *adj, nm/f* imprudente *mf*

impuissant, e [ɛ̃pɥisɑ̃, ɑ̃t] *adj* impotente; **~ à faire qch** incapaz de hacer algo

impulsif, -ive [ɛ̃pylsif, iv] *adj* impulsivo(-a)

impulsion [ɛ̃pylsjɔ̃] *nf* impulso

inabordable [inabɔʀdabl] *adj*

inacceptable [inaksɛptabl] *adj* inaceptable

inaccessible [inaksesibl] *adj* (*endroit*) inaccesible; (*personne*) inaccesible, inabordable

inachevé, e [inaʃ(ə)ve] *adj* inacabado(-a)

inactif, -ive [inaktif, iv] *adj* inactivo(-a)

inadapté, e [inadapte] *adj, nm/f* inadaptado(-a)

inadéquat, e [inadekwa(t), kwat] *adj* inadecuado(-a)

inadmissible [inadmisibl] *adj* inadmisible

inadvertance [inadvɛʀtɑ̃s] : **par ~** *adv* por inadvertencia, por descuido

inanimé, e [inanime] *adj* inanimado(-a)

inanition [inanisjɔ̃] *nf*: **tomber/ mourir d'~** caer/morir de inanición

inaperçu, e [inapɛʀsy] *adj* : **passer ~** pasar desapercibido(-a)

inapte [inapt] *adj* : **~ à qch/ faire qch** incapaz para *ou* de algo/ hacer algo

inattendu, e [inatɑ̃dy] *adj* inesperado(-a)

inattentif, -ive [inatɑ̃tif, iv] *adj* (*lecteur, élève*) desatento(-a) • **inattention** *nf*: **faute** *ou* **erreur d'~** despiste *m*; **une minute d'~** un momento de despiste

inauguration [inogyʀasjɔ̃] *nf* inauguración *f*; **discours/ cérémonie d'~** discurso/ ceremonia de inauguración

inaugurer [inogyʀe] *vt* inaugurar; (*statue*) descubrir; (*politique*) inaugurar, estrenar

inavouable [inavwabl] *adj* inconfesable

incalculable [ɛ̃kalkylabl] *adj* incalculable

incapable [ɛ̃kapabl] *adj* incapaz; **~ de faire qch** incapaz de hacer algo

incapacité [ɛ̃kapasite] *nf* (*incompétence*) incapacidad *f*; **je suis dans l'~ de vous aider** (*impossibilité*) me resulta imposible ayudarle

incarcérer [ɛ̃kaʀseʀe] *vt* encarcelar
incassable [ɛ̃kɑsabl] *adj* irrompible
incendie [ɛ̃sɑ̃di] *nm* incendio; **~ criminel/de forêt** incendio doloso/forestal • **incendier** *vt* incendiar
incertain, e [ɛ̃sɛʀtɛ̃, ɛn] *adj* incierto(-a); *(éventuel, douteux)* inseguro(-a), incierto(-a); *(temps)* inestable • **incertitude** *nf* incertidumbre *f*
incessamment [ɛ̃sesamɑ̃] *adv* inmediatamente
incident [ɛ̃sidɑ̃] *nm* incidente *m*; **~ de parcours** *(fig)* pequeño contratiempo; **~ technique** dificultad *f* técnica
incinérer [ɛ̃sineʀe] *vt* incinerar
incisive [ɛ̃siziv] *nf* incisivo
incitatif, -ive [ɛsitatif, iv] *adj* *(mécanisme, politique)* incentivador(a)
incitation [ɛ̃sitasjɔ̃] *nf* incitación *f*
inciter [ɛ̃site] *vt* : **~ qn à (faire) qch** incitar a algn a (hacer) algo
inclinable [ɛ̃klinabl] *adj* reclinable
inclination [ɛ̃klinasjɔ̃] *nf* inclinación *f*
incliner [ɛ̃kline] *vt* inclinar ▸ *vi* : **~ à qch/à faire** tender a algo/a hacer; **s'incliner** *vpr* *(personne, toit)* inclinarse; **~ la tête** *(pour saluer)* inclinar la cabeza; **s'~ (devant qn/qch)** *(rendre hommage à)* inclinarse (ante algn/algo)
inclure [ɛ̃klyʀ] *vt* incluir; *(joindre à un envoi)* adjuntar
incognito [ɛ̃kɔɲito] *adv* de incógnito
incohérent, e [ɛ̃kɔeʀɑ̃, ɑ̃t] *adj* incoherente
incollable [ɛ̃kɔlabl] *adj* *(riz)* que no se pega
incolore [ɛ̃kɔlɔʀ] *adj* incoloro(-a)
incommoder [ɛ̃kɔmɔde] *vt* : **~ qn** incomodar a algn
incomparable [ɛ̃kɔ̃paʀabl] *adj* incomparable
incompatible [ɛ̃kɔ̃patibl] *adj* incompatible
incompétent, e [ɛ̃kɔ̃petɑ̃, ɑ̃t] *adj* incompetente
incomplet, -ète [ɛ̃kɔ̃plɛ, ɛt] *adj* incompleto(-a)
incompréhensible [ɛ̃kɔ̃pʀeɑ̃sibl] *adj* incomprensible
incompris, e [ɛ̃kɔ̃pʀi, iz] *adj* incomprendido(-a)
inconcevable [ɛ̃kɔ̃s(ə)vabl] *adj* inconcebible
inconfortable [ɛ̃kɔ̃fɔʀtabl] *adj* *(aussi fig)* incómodo(-a)
incongru, e [ɛ̃kɔ̃gʀy] *adj* *(attitude, remarque)* improcedente
inconnu, e [ɛ̃kɔny] *adj* desconocido(-a); *(joie, sensation)* desconocido(-a), extraño(-a) ▸ *nm/f* desconocido(-a); *(étranger, tiers)* extraño(-a) ▸ *nm* : **l'~** lo desconocido • **inconnue** *nf* *(Math, fig)* incógnita
inconsciemment [ɛ̃kɔ̃sjamɑ̃] *adv* inconscientemente
inconscient, e [ɛ̃kɔ̃sjɑ̃, jɑ̃t] *adj* inconsciente ▸ *nm* *(Psych)* : **l'~** el inconsciente ▸ *nm/f* inconsciente *mf*
inconsidéré, e [ɛ̃kɔ̃sideʀe] *adj* desconsiderado(-a)
inconsistant, e [ɛ̃kɔ̃sistɑ̃, ɑ̃t] *adj* inconsistente

inconsolable [ɛ̃kɔ̃sɔlabl] *adj* inconsolable
incontestable [ɛ̃kɔ̃tɛstabl] *adj* indiscutible
incontinent, e [ɛ̃kɔ̃tinɑ̃, ɑ̃t] *adj* (*Méd*) incontinente
incontournable [ɛ̃kɔ̃tuʀnabl] *adj* imprescindible; (*problème, rendez-vous*) ineludible
incontrôlable [ɛ̃kɔ̃tʀolabl] *adj* (*enfant, situation*) incontrolable
inconvénient [ɛ̃kɔ̃venjɑ̃] *nm* inconveniente *m*
incorporer [ɛ̃kɔʀpɔʀe] *vt* incorporar; **~ (à)** incorporar (a)
incorrect, e [ɛ̃kɔʀɛkt] *adj* incorrecto(-a)
incorrigible [ɛ̃kɔʀiʒibl] *adj* incorregible
incrédule [ɛ̃kʀedyl] *adj* (*personne, moue*) incrédulo(-a), escéptico(-a)
incroyable [ɛ̃kʀwajabl] *adj* increíble
incruster [ɛ̃kʀyste] *vt* incrustar; **s'incruster** *vpr* incrustarse; (*invité*) instalarse, aposentarse; **incrusté de** (*pierres précieuses*) incrustado(-a) de
inculper [ɛ̃kylpe] *vt* (*Jur*) : **~ (de)** inculpar (de)
inculquer [ɛ̃kylke] *vt* : **~ qch à qn** inculcar algo a *ou* en algn
Inde [ɛ̃d] *nf* India
indécent, e [ɛ̃desɑ̃, ɑ̃t] *adj* indecente
indéchiffrable [ɛ̃deʃifʀabl] *adj* indescifrable; (*pensée, personnage*) inescrutable
indécis, e [ɛ̃desi, iz] *adj* (*personne*) indeciso(-a); (*temps*) dudoso(-a), inestable
indéfendable [ɛ̃defɑ̃dabl] *adj* indefendible
indéfini, e [ɛ̃defini] *adj* indefinido(-a); (*Ling : article*) indeterminado(-a)
• **indéfiniment** *adv* indefinidamente
• **indéfinissable** *adj* indefinible
indélébile [ɛ̃delebil] *adj* indeleble
indélicat, e [ɛ̃delika, at] *adj* (*grossier*) falto(-a) de delicadeza; (*malhonnête*) deshonesto(-a)
indemne [ɛ̃dɛmn] *adj* indemne
• **indemniser** *vt* indemnizar; **~ qn de qch** indemnizar a algn por algo
indemnité [ɛ̃dɛmnite] *nf* (*dédommagement*) indemnización *f*; (*allocation*) subsidio; **~ de licenciement** indemnización por despido
indépendamment [ɛ̃depɑ̃damɑ̃] *adv* independientemente; **~ de** independientemente de
indépendance [ɛ̃depɑ̃dɑ̃s] *nf* independencia
indépendant, e [ɛ̃depɑ̃dɑ̃, ɑ̃t] *adj* independiente; **travailleur ~** trabajador autónomo
indescriptible [ɛ̃dɛskʀiptibl] *adj* indescriptible
indésirable [ɛ̃deziʀabl] *adj* indeseable
indestructible [ɛ̃dɛstʀyktibl] *adj* indestructible
indéterminé, e [ɛ̃detɛʀmine] *adj* indeterminado(-a)
index [ɛ̃dɛks] *nm* (*doigt, liste*) índice *m*
indicateur, -trice [ɛ̃dikatœʀ, tʀis] *nm/f* (*de la police*) confidente *mf* ▶ *adj* : **poteau ~** indicador,

señal *f* de orientación; **panneau ~** panel *m* informativo

indicatif [ɛ̃dikatif] *nm* (*Ling*) indicativo; (*Radio*) sintonía; (*téléphonique*) prefijo ▸ *adj* : **à titre ~** a título informativo

indication [ɛ̃dikasjɔ̃] *nf* indicación *f*; **indications** *nfpl* (*d'un médicament*) indicaciones *fpl*; (*directives*) indicaciones *fpl*, instrucciones *fpl*

indice [ɛ̃dis] *nm* indicio; (*Police*) indicio, pista; (*Écon, Science, Tech, Admin*) índice *m*; **~ inférieur** (*Inform*) índice inferior

indicible [ɛ̃disibl] *adj* (*joie, charme*) inefable; (*peine*) indecible

indien, ne [ɛ̃djɛ̃, jɛn] *adj* indio(-a) ▸ *nm/f* : **Indien, ne** indio(-a)

indifféremment [ɛ̃difeʀamɑ̃] *adv* indiferentemente, indistintamente

indifférence [ɛ̃difeʀɑ̃s] *nf* indiferencia

indifférent, e [ɛ̃difeʀɑ̃, ɑ̃t] *adj* indiferente; **~ à qn/qch** indiferente a algn/algo

indigène [ɛ̃diʒɛn] *adj, nmf* indígena *mf*, criollo(-a) (AM)

indigeste [ɛ̃diʒɛst] *adj* indigesto(-a)

indigestion [ɛ̃diʒɛstjɔ̃] *nf* indigestión *f*

indigne [ɛ̃diɲ] *adj* indigno(-a); **~ de** indigno(-a) de

indigner [ɛ̃diɲe] *vt* indignar; **s'indigner** *vpr* : **s'~ (de qch/ contre qn)** (*se fâcher*) indignarse (por *ou* con algo/contra *ou* con algn)

indiqué, e [ɛ̃dike] *adj* (*date, lieu*) indicado(-a), acordado(-a); (*adéquat*) indicado(-a), adecuado(-a); **ce n'est pas très ~** no es muy adecuado

indiquer [ɛ̃dike] *vt* indicar; (*heure, solution*) indicar, informar; (*déterminer*) señalar, fijar; **~ qch/ qn du doigt/du regard** (*désigner*) indicar *ou* señalar algo/a algn con el dedo/con la mirada; **à l'heure indiquée** a la hora acordada; **pourriez-vous m'~ les toilettes/l'heure ?** ¿puede indicarme dónde están los servicios/decirme la hora?

indiscipliné, e [ɛ̃disipline] *adj* (*écolier, troupes*) indisciplinado(-a)

indiscret, -ète [ɛ̃diskʀɛ, ɛt] *adj* indiscreto(-a)

indiscutable [ɛ̃diskytabl] *adj* indiscutible

indispensable [ɛ̃dispɑ̃sabl] *adj* (*garanties, précautions, condition*) indispensable; (*objet, connaissances, personne*) imprescindible

indisposé, e [ɛ̃dispoze] *adj* indispuesto(-a)

indistinct, e [ɛ̃distɛ̃(kt), ɛ̃kt] *adj* (*objet*) indistinto(-a)
• **indistinctement** *adv* indistintamente

individu [ɛ̃dividy] *nm* individuo
• **individuel, le** *adj* individual; **chambre/maison individuelle** habitación *f*/casa individual

indolore [ɛ̃dɔlɔʀ] *adj* indoloro(-a)

Indonésie [ɛ̃dɔnezi] *nf* Indonesia

indu, e [ɛ̃dy] *adj* : **à des heures ~es** (*travailler*) tarde; (*rentrer*) a horas imprudentes

indulgent, e [ɛ̃dylʒɑ̃, ɑ̃t] *adj* indulgente

industrialiser [ɛ̃dystʀijalize] *vt* industrializar; **s'industrialiser** *vpr* industrializarse
industrie [ɛ̃dystʀi] *nf* industria • **industriel, le** *adj, nm/f* industrial *mf*
inébranlable [inebʀɑ̃labl] *adj* inquebrantable
inédit, e [inedi, it] *adj* inédito(-a)
inefficace [inefikas] *adj* ineficaz; (*machine, employé*) ineficiente
inégal, e, -aux [inegal, o] *adj* (*part, partage*) desigual; (*humeur*) variable • **inégalable** *adj* inigualable • **inégalé, e** *adj* inigualado(-a) • **inégalité** *nf* desigualdad *f*
inépuisable [inepɥizabl] *adj* inagotable
inerte [inɛʀt] *adj* inerte
inespéré, e [inɛspeʀe] *adj* inesperado(-a)
inestimable [inɛstimabl] *adj* inestimable
inévitable [inevitabl] *adj* inevitable
inexact, e [inɛgza(kt), akt] *adj* inexacto(-a)
inexcusable [inɛkskyzabl] *adj* inexcusable
inexplicable [inɛksplikabl] *adj* inexplicable
in extremis [inɛkstʀemis] *adv, adj* in extremis
infaillible [ɛ̃fajibl] *adj* infalible
infarctus [ɛ̃faʀktys] *nm* : **~ (du myocarde)** infarto (de miocardio)
infatigable [ɛ̃fatigabl] *adj* infatigable, incansable
infect, e [ɛ̃fɛkt] *adj* (*goût*) asqueroso(-a); (*personne*) odioso(-a)
infecter [ɛ̃fɛkte] *vt* (*atmosphère, eau*) contaminar; (*personne*) contagiar; **s'infecter** *vpr* infectarse • **infection** *nf* (*Méd*) infección *f*
inférieur, e [ɛ̃feʀjœʀ] *adj* inferior; **~ à** inferior a
infernal, e, -aux [ɛ̃fɛʀnal, o] *adj* infernal; **tu es ~ !** (*enfant*) ¡estás hecho un diablillo!
infidèle [ɛ̃fidɛl] *adj* infiel
infiltrer [ɛ̃filtʀe] : **s'infiltrer** *vpr* : **s'~ dans** infiltrarse en
infime [ɛ̃fim] *adj* ínfimo(-a)
infini, e [ɛ̃fini] *adj* infinito(-a) ▶ *nm* : **l'~** (*Math, Photo*) el infinito; **à l'~** (*Math*) al infinito • **infiniment** *adv* infinitamente • **infinité** *nf* : **une ~ de** una infinidad de
infinitif [ɛ̃finitif] *nm* (*Ling*) infinitivo
infirme [ɛ̃fiʀm] *adj, nmf* inválido(-a)
infirmerie [ɛ̃fiʀməʀi] *nf* enfermería
infirmier, -ière [ɛ̃fiʀmje, jɛʀ] *nm/f* enfermero(-a) ▶ *adj* : **élève ~(-ière)** alumno(-a) de enfermería; **infirmière chef** enfermera jefe
infirmité [ɛ̃fiʀmite] *nf* invalidez *f*
inflammable [ɛ̃flamabl] *adj* inflamable
inflation [ɛ̃flasjɔ̃] *nf* inflación *f*
influençable [ɛ̃flyɑ̃sabl] *adj* influenciable
influence [ɛ̃flyɑ̃s] *nf* influencia; (*Pol*) predominio • **influencer** *vt* influir • **influent, e** *adj* influyente

informaticien, ne [ɛ̃fɔʀmatisjɛ̃, jɛn] *nm/f* informático(-a)

information [ɛ̃fɔʀmasjɔ̃] *nf* información *f*; **informations** *nfpl* (*Radio*) noticias *fpl*

informatique [ɛ̃fɔʀmatik] *nf* informática • **informatiser** *vt* informatizar

informer [ɛ̃fɔʀme] *vt* : **~ qn (de)** informar a algn (de); **s'informer** *vpr* : **s'~ (sur)** informarse (sobre)

infos [ɛ̃fo] *nfpl* = **informations**

infraction [ɛ̃fʀaksjɔ̃] *nf* infracción *f*; **être en ~** haber cometido una infracción

infranchissable [ɛ̃fʀɑ̃ʃisabl] *adj* infranqueable; (*fig*) insalvable

infrarouge [ɛ̃fʀaʀuʒ] *adj* infrarrojo(-a) ▸ *nm* infrarrojo

infrastructure [ɛ̃fʀastʀyktyʀ] *nf* infraestructura; **infrastructures** *nfpl* (*d'un pays*) infraestructuras *fpl*; **~ touristique/hôtelière/routière** infraestructura turística/hotelera/viaria

infuser [ɛ̃fyze] *vt* (*aussi* : **faire infuser**) dejar reposar • **infusion** *nf* infusión *f*

ingénier [ɛ̃ʒenje] : **s'ingénier** *vpr* : **s'~ à faire qch** ingeniárselas para hacer algo

ingénierie [ɛ̃ʒeniʀi] *nf* ingeniería

ingénieur, e [ɛ̃ʒenjœʀ] *nm/f* ingeniero(-a); **~ agronome/du son** ingeniero(-a) agrónomo(-a)/de sonido

ingénieux, -euse [ɛ̃ʒenjø, jøz] *adj* ingenioso(-a)

ingrat, e [ɛ̃gʀa, at] *adj* (*personne, travail*) ingrato(-a); (*visage*) poco agraciado(-a) ▸ *nm/f* ingrato(-a); **~ envers** ingrato con

ingrédient [ɛ̃gʀedjɑ̃] *nm* ingrediente *m*

inhabité, e [inabite] *adj* (*régions*) despoblado(-a); (*maison*) deshabitado(-a)

inhabituel, le [inabitɥɛl] *adj* inhabitual

inhibition [inibisjɔ̃] *nf* inhibición *f*

inhumain, e [inymɛ̃, ɛn] *adj* inhumano(-a)

inimaginable [inimaʒinabl] *adj* inimaginable

ininterrompu, e [inɛ̃teʀɔ̃py] *adj* ininterrumpido(-a); (*flot, vacarme*) continuo(-a)

initial, e, -aux [inisjal, jo] *adj, nf* inicial; **initiales** *nfpl* iniciales *fpl*

initiation [inisjasjɔ̃] *nf* iniciación *f*

initiative [inisjativ] *nf* (*aussi Pol*) iniciativa; **de sa propre ~** por propia iniciativa

initier [inisje] *vt* iniciar; **s'initier** *vpr* : **s'~ à** iniciarse en; **~ qn à** iniciar a algn en

injecter [ɛ̃ʒɛkte] *vt* inyectar • **injection** *nf* inyección *f*; **~ intraveineuse/sous-cutanée** inyección intravenosa/subcutánea; **à ~** (*moteur, système*) de inyección

injure [ɛ̃ʒyʀ] *nf* insulto • **injurier** *vt* insultar • **injurieux, -euse** *adj* injurioso(-a)

injuste [ɛ̃ʒyst] *adj* injusto(-a); **~ (avec** *ou* **envers qn)** injusto(-a) (con algn) • **injustice** *nf* injusticia

inlassable [ɛ̃lɑsabl] *adj* incansable, infatigable

i

inné, e [i(n)ne] *adj* innato(-a)
innocent, e [inɔsɑ̃, ɑ̃t] *adj* inocente; *(jeu, plaisir)* inofensivo(-a) • **innocenter** *vt* disculpar
innombrable [i(n)nɔ̃bʀabl] *adj* incontable
innover [inɔve] *vt, vi* innovar
inoccupé, e [inɔkype] *adj* desocupado(-a)
inodore [inɔdɔʀ] *adj* inodoro(-a)
inoffensif, -ive [inɔfɑ̃sif, iv] *adj* inofensivo(-a)
inondation [inɔ̃dasjɔ̃] *nf* inundación *f*
inonder [inɔ̃de] *vt* inundar; **~ de** inundar de
inopportun, e [inɔpɔʀtœ̃, yn] *adj* inoportuno(-a)
inoubliable [inublijabl] *adj* inolvidable
inouï, e [inwi] *adj* inaudito(-a)
inox [inɔks] *adj* de acero inoxidable ▶ *nm abr* acero inoxidable
inquiet, -ète [ɛ̃kjɛ, ɛ̃kjɛt] *adj* inquieto(-a) • **inquiétant, e** *adj* inquietante, preocupante • **inquiéter** *vt* inquietar, preocupar; **s'inquiéter** *vpr* inquietarse, preocuparse; **s'~ de** preocuparse por • **inquiétude** *nf* inquietud *f*, preocupación *f*
insaisissable [ɛ̃sezisabl] *adj* *(nuance)* imperceptible
insalubre [ɛ̃salybʀ] *adj* insalubre
insatisfait, e [ɛ̃satisfɛ, ɛt] *adj* insatisfecho(-a)
inscription [ɛ̃skʀipsjɔ̃] *nf* inscripción *f*; *(à une institution)* inscripción, matrícula
inscrire [ɛ̃skʀiʀ] *vt* escribir, inscribir; *(renseignement)* anotar; *(nom : sur une liste etc)* anotar, apuntar; **s'inscrire** *vpr* apuntarse, inscribirse; **~ qn à** matricular *ou* apuntar a algn a; **s'~ (à)** *(un club, parti)* apuntarse (a), matricularse (en); *(l'université, un examen)* matricularse (en)
insecte [ɛ̃sɛkt] *nm* insecto • **insecticide** *nm* insecticida *m*
insensé, e [ɛ̃sɑ̃se] *adj* insensato(-a)
insensible [ɛ̃sɑ̃sibl] *adj* insensible; **~ aux compliments/à la chaleur** insensible a los halagos/al calor
inséparable [ɛ̃sepaʀabl] *adj* inseparable
insigne [ɛ̃siɲ] *nm* emblema *m*
insignifiant, e [ɛ̃siɲifjɑ̃, jɑ̃t] *adj* insignificante
insinuer [ɛ̃sinɥe] *vt* insinuar; **s'insinuer** *vpr* : **s'~ dans** *(odeur, humidité)* filtrarse en
insipide [ɛ̃sipid] *adj* insípido(-a), insulso(-a)
insister [ɛ̃siste] *vi* insistir; **~ sur** insistir en
insolation [ɛ̃sɔlasjɔ̃] *nf* insolación *f*
insolent, e [ɛ̃sɔlɑ̃, ɑ̃t] *adj* insolente, descarado(-a)
insolite [ɛ̃sɔlit] *adj* extraño(-a)
insomnie [ɛ̃sɔmni] *nf* insomnio
insouciant, e [ɛ̃susjɑ̃, jɑ̃t] *adj* despreocupado(-a)
insoupçonnable [ɛ̃supsɔnabl] *adj* insospechable
insoupçonné, e [ɛ̃supsɔne] *adj* insospechado(-a)

insoutenable [ɛ̃sut(ə)nabl] *adj* (*argument, opinion*) insostenible; (*lumière, chaleur, spectacle*) insoportable; (*effort*) insufrible

inspecter [ɛ̃spɛkte] *vt* inspeccionar; (*personne*) dar un repaso a; (*maison*) revisar • **inspecteur, -trice** *nm/f* inspector(a); **~ (de police)** inspector (de policía); **~ des Finances** *ou* **des impôts** inspector de hacienda • **inspection** *nf* inspección *f*

inspirer [ɛ̃spiʀe] *vt* inspirar ▶ *vi* inspirar; **s'inspirer** *vpr*: **s'~ de qch** inspirarse en algo; **~ qch à qn** (*crainte, horreur*) inspirar algo a algn; **ça ne m'inspire pas beaucoup/vraiment pas** eso no me dice mucho/nada

instable [ɛ̃stabl] *adj* inestable

installation [ɛ̃stalasjɔ̃] *nf* instalación *f*; **installations** *nfpl* (*équipement*): **~s portuaires** instalaciones *fpl* portuarias; **l'~ électrique** la instalación eléctrica

installer [ɛ̃stale] *vt* instalar; **s'installer** *vpr* instalarse; (*à un emplacement*) acomodarse; (*maladie, grève*) arraigarse; **s'~ à l'hôtel/chez qn** alojarse en el hotel/en casa de algn

instance [ɛ̃stɑ̃s] *nf*: **être en ~ de divorce** estar en trámites de divorcio

instant [ɛ̃stɑ̃] *nm* instante *m*; **en** *ou* **dans un ~** en un instante; **à l'~**: **je l'ai vu à l'~** lo he visto hace nada; **à chaque** *ou* **tout ~** a cada instante; **pour l'~** por el momento; **par ~s** por momentos; **de tous les ~s** constante

instantané, e [ɛ̃stɑ̃tane] *adj* instantáneo(-a) ▶ *nm* (*Photo*) instantánea

instar [ɛ̃staʀ]: **à l'~ de** *prép* a semejanza de

instaurer [ɛ̃stɔʀe] *vt* implantar; **s'instaurer** *vpr* establecerse

instinct [ɛ̃stɛ̃] *nm* instinto • **instinctivement** *adv* instintivamente

instituer [ɛ̃stitɥe] *vt* establecer

institut [ɛ̃stity] *nm* instituto; **~ de beauté** instituto de belleza; **I~ universitaire de technologie (IUT)** ≈ Escuela Politécnica

instituteur, -trice [ɛ̃stitytœʀ, tʀis] *nm/f* maestro(-a)

institution [ɛ̃stitysjɔ̃] *nf* institución *f*; (*collège*) colegio privado

instructif, -ive [ɛ̃stʀyktif, iv] *adj* instructivo(-a)

instruction [ɛ̃stʀyksjɔ̃] *nf* (*enseignement*) enseñanza; (*savoir*) cultura; (*Jur, Inform*) instrucción *f*; **instructions** *nfpl* (*directives, mode d'emploi*) instrucciones *fpl*

instruire [ɛ̃stʀɥiʀ] *vt* (*élèves*) enseñar; (*Mil, Jur*) instruir; **s'instruire** *vpr* instruirse • **instruit, e** *pp de* **instruire** ▶ *adj* instruido(-a), culto(-a)

instrument [ɛ̃stʀymɑ̃] *nm* (*aussi Mus*) instrumento; **~ à cordes/à percussion/à vent/de musique** instrumento de cuerda/de percusión/de viento/musical

insu [ɛ̃sy] *nm*: **à l'~ de qn** a espaldas de algn; **à son ~** a sus espaldas

insuffisant, e [ɛ̃syfizɑ̃, ɑ̃t] *adj* insuficiente

insulaire [ɛ̃sylɛʀ] *adj* insular; (*attitude*) cerrado(-a)
insuline [ɛ̃sylin] *nf* insulina
insulte [ɛ̃sylt] *nf* insulto
• **insulter** *vt* insultar
insupportable [ɛ̃sypɔʀtabl] *adj* insoportable
insurmontable [ɛ̃syʀmɔ̃tabl] *adj* insuperable
intact, e [ɛ̃takt] *adj* intacto(-a)
intarissable [ɛ̃taʀisabl] *adj* inagotable; **il est ~ sur ...** es inagotable cuando habla de ...
intégral, e, -aux [ɛ̃tegʀal, o] *adj* total; (*édition*) completo(-a)
• **intégralement** *adv* totalmente, completamente • **intégralité** *nf* totalidad *f*; **dans son ~** en su totalidad • **intégrant, e** *adj* : **faire partie intégrante de qch** formar parte integrante de algo
intègre [ɛ̃tɛgʀ] *adj* íntegro(-a)
intégrer [ɛ̃tegʀe] *vt* (*personnes*) integrar; (*théories, paragraphe*) incorporar; (*Univ*) ingresar en; **s'intégrer** *vpr* : **s'~ à** *ou* **dans qch** integrarse en algo
intégrisme [ɛ̃tegʀism] *nm* integrismo
intellectuel, le [ɛ̃telɛktɥɛl] *adj, nm/f* intelectual *mf*
intelligence [ɛ̃teliʒɑ̃s] *nf* inteligencia; (*compréhension*) comprensión *f*
intelligent, e [ɛ̃teliʒɑ̃, ɑ̃t] *adj* inteligente
intelligible [ɛ̃teliʒibl] *adj* : **parler de façon peu ~** hablar de forma poco clara
intempéries [ɛ̃tɑ̃peʀi] *nfpl* inclemencias *fpl* del tiempo
intenable [ɛ̃t(ə)nabl] *adj* inaguantable, insoportable
intendant, e [ɛ̃tɑ̃dɑ̃, ɑ̃t] *nm/f* (*Mil*) intendente *m*; (*Scol*) administrador(a)
intense [ɛ̃tɑ̃s] *adj* intenso(-a)
• **intensif, -ive** *adj* intensivo(-a)
intenter [ɛ̃tɑ̃te] *vt* : **~ un procès/une action contre** *ou* **à qn** entablar proceso/una acción contra algn
intention [ɛ̃tɑ̃sjɔ̃] *nf* intención *f*; (*but, objectif*) intención *f*, propósito; **avoir l'~ de faire qch** tener la intención de hacer algo; **à l'~ de qn** para algn
• **intentionné, e** *adj* : **être bien/mal ~** tener buena/mala intención
interactif, -ive [ɛ̃tɛʀaktif, iv] *adj* interactivo(-a)
intercepter [ɛ̃tɛʀsɛpte] *vt* interceptar
interchangeable [ɛ̃tɛʀʃɑ̃ʒabl] *adj* intercambiable
interdiction [ɛ̃tɛʀdiksjɔ̃] *nf* interdicción *f*, prohibición *f*
interdire [ɛ̃tɛʀdiʀ] *vt* prohibir; **~ à qn de faire qch** prohibir a algn hacer algo; (*suj* : *chose*) impedir que algn haga algo
interdit, e [ɛ̃tɛʀdi, it] *pp de* **interdire** ▸ *nm* tabú *m*; **film ~ aux moins de 18/13 ans** película prohibida a los menores de 18/13 años; **sens/stationnement ~** dirección *f*/estacionamiento prohibido(-a); **~ de séjour** condenado(-a) a prohibición de residencia
intéressant, e [ɛ̃teʀesɑ̃, ɑ̃t] *adj* interesante

intéressé, e [ɛ̃teʀese] *adj* interesado(-a)
intéresser [ɛ̃teʀese] *vt* (*élèves*) interesar; (*Admin : mesure, loi*) concernir; **ce film m'a beaucoup intéressé** he encontrado muy interesante esta película; **ça n'intéresse personne** eso no interesa a nadie; **s'~ à qn/à ce que fait qn/qch** interesarse por algn/por lo que hace algn/algo
intérêt [ɛ̃teʀɛ] *nm* interés *msg*; **il a ~ à acheter cette voiture** le interesa comprar ese coche; **tu aurais ~ à te taire !** ¡más te vale callarte!
intérieur, e [ɛ̃teʀjœʀ] *adj* interior ▸ *nm* interior *m*; **ministère de l'I~** ministerio del Interior; **un ~ bourgeois/confortable** una decoración burguesa/confortable; **à l'~ (de)** en el interior *ou* dentro *ou* adentro (*esp* AM) (de); (*fig*) dentro (de)
• **intérieurement** *adv* por dentro
intérim [ɛ̃teʀim] *nm* interinidad *f*; **assurer l'~ (de qn)** hacer la interinidad (de algn); **travailler en ~** trabajar a través de una empresa de trabajo temporal
intérimaire [ɛ̃teʀimɛʀ] *adj* interino(-a) ▸ *nmf* trabajador(a) de una empresa de trabajo temporal
interlocuteur, -trice [ɛ̃tɛʀlɔkytœʀ, tʀis] *nm/f* interlocutor(a)
intermédiaire [ɛ̃tɛʀmedjɛʀ] *adj* intermedio(-a) ▸ *nmf* intermediario(-a); **par l'~ de** por mediación de
interminable [ɛ̃tɛʀminabl] *adj* interminable
intermittence [ɛ̃tɛʀmitɑ̃s] *nf*: **par ~** a intervalos
internat [ɛ̃tɛʀna] *nm* internado
international, e, -aux [ɛ̃tɛʀnasjɔnal, o] *adj* internacional ▸ *nm/f* (*Sport*) jugador(a) internacional
internaute [ɛ̃tɛʀnot] *nmf* internauta *mf*
interne [ɛ̃tɛʀn] *adj* interno(-a) ▸ *nmf* (*élève*) interno(-a); (*Méd*) médico(-a) interno(-a)
Internet [ɛ̃tɛʀnɛt] *nm* Internet *m*
interpeller [ɛ̃tɛʀpəle] *vt* interpelar; (*police*) detener
interphone [ɛ̃tɛʀfɔn] *nm* interfono; (*d'un appartement*) portero automático
interposer [ɛ̃tɛʀpoze] *vt* interponer; **s'interposer** *vpr* interponerse
interprète [ɛ̃tɛʀpʀɛt] *nmf* intérprete *mf*
interpréter [ɛ̃tɛʀpʀete] *vt* interpretar
interrogatif, -ive [ɛ̃teʀɔgatif, iv] *adj* interrogativo(-a)
interrogation [ɛ̃teʀɔgasjɔ̃] *nf* interrogación *f*; **~ écrite/orale** (*Scol*) control *m* escrito/oral
interrogatoire [ɛ̃teʀɔgatwaʀ] *nm* interrogatorio
interroger [ɛ̃teʀɔʒe] *vt* interrogar; (*données*) consultar; (*candidat*) examinar
interrompre [ɛ̃teʀɔ̃pʀ] *vt* interrumpir; (*circuit électrique, communications*) cortar; **s'interrompre** *vpr* interrumpirse
• **interrupteur** *nm* interruptor *m*
• **interruption** *nf* interrupción *f*; **sans ~** sin interrupción;

~ volontaire de grossesse interrupción voluntaria del embarazo
intersection [ɛ̃tɛʀsɛksjɔ̃] *nf* intersección *f*
intervalle [ɛ̃tɛʀval] *nm* intervalo; **dans l'~** mientras tanto
intervenir [ɛ̃tɛʀvəniʀ] *vi* : **~ dans** intervenir en; **~ (pour faire qch)** intervenir (para hacer algo); **~ auprès de qn/en faveur de qn** interceder ante algn/en favor de algn • **intervention** *nf* intervención *f*; **~ chirurgicale** intervención quirúrgica
interview [ɛ̃tɛʀvju] *nf* interviú *f*, entrevista
intestin, e [ɛ̃tɛstɛ̃, in] *nm* intestino ▸ *adj* : **querelles/luttes ~es** querellas *fpl*/luchas *fpl* internas
intime [ɛ̃tim] *adj* íntimo(-a); (*convictions*) profundo(-a) ▸ *nmf* íntimo(-a)
intimider [ɛ̃timide] *vt* intimidar
intimité [ɛ̃timite] *nf* intimidad *f*; **dans l'~** en la intimidad
intolérable [ɛ̃tɔleʀabl] *adj* (*chaleur*) insoportable; (*inadmissible*) intolerable
intoxication [ɛ̃tɔksikasjɔ̃] *nf* intoxicación *f*; **~ alimentaire** intoxicación alimenticia
intoxiquer [ɛ̃tɔksike] *vt* intoxicar
intraitable [ɛ̃tʀɛtabl] *adj* despiadado(-a); **~ (sur)** intransigente (en)
intranet [ɛ̃tʀanɛt] *nm* Intranet *f*
intransigeant, e [ɛ̃tʀɑ̃ziʒɑ̃, ɑ̃t] *adj* intransigente
intrépide [ɛ̃tʀepid] *adj* intrépido(-a)
intrigue [ɛ̃tʀig] *nf* intriga • **intriguer** *vi, vt* intrigar
introduction [ɛ̃tʀɔdyksjɔ̃] *nf* introducción *f*
introduire [ɛ̃tʀɔdɥiʀ] *vt* introducir; **~ qn auprès de qn** conducir a algn ante algn; **~ qn dans un club** introducir a algn en un club; **s'~ dans** introducirse en
introuvable [ɛ̃tʀuvabl] *adj* (*personne*) ilocalizable; (*édition, livre*) imposible de encontrar
intrus, e [ɛ̃tʀy, yz] *nm/f* intruso(-a)
intuition [ɛ̃tɥisjɔ̃] *nf* intuición *f*
inusable [inyzabl] *adj* duradero(-a)
inutile [inytil] *adj* inútil • **inutilement** *adv* inútilmente • **inutilisable** *adj* inutilizable
invalide [ɛ̃valid] *adj, nmf* inválido(-a); **~ de guerre** inválido(-a) de guerra
invariable [ɛ̃vaʀjabl] *adj* invariable
invasion [ɛ̃vazjɔ̃] *nf* (*aussi fig*) invasión *f*; (*de sauterelles, rats*) plaga, invasión
inventaire [ɛ̃vɑ̃tɛʀ] *nm* inventario
inventer [ɛ̃vɑ̃te] *vt* inventar; (*moyen*) idear • **inventeur, -trice** *nm/f* inventor(a) • **inventif, -ive** *adj* inventivo(-a) • **invention** *nf* invención *f*
inverse [ɛ̃vɛʀs] *adj* (*ordre*) inverso(-a) ▸ *nm* : **l'~** lo contrario; **dans l'ordre ~** en orden inverso; **dans le sens ~ des aiguilles d'une montre** en sentido contrario a las agujas del reloj; **en** *ou* **dans le sens ~** en sentido

contrario; **à l'~** al contrario
• **inversement** *adv* inversamente
• **inverser** *vt* invertir
investir [ɛ̃vɛstiʀ] *vt* (*argent, capital*) invertir • **investissement** *nm* inversión *f*
invisible [ɛ̃vizibl] *adj* invisible
invitation [ɛ̃vitasjɔ̃] *nf* invitación *f*
invité, e [ɛ̃vite] *nm/f* invitado(-a)
inviter [ɛ̃vite] *vt* invitar; **~ qn à faire qch** invitar a algn a hacer algo
invivable [ɛ̃vivabl] *adj* insoportable
involontaire [ɛ̃vɔlɔ̃tɛʀ] *adj* involuntario(-a)
invoquer [ɛ̃vɔke] *vt* invocar; (*excuse, argument*) invocar, alegar
invraisemblable [ɛ̃vʀɛsɑ̃blabl] *adj* (*histoire*) inverosímil
iode [jɔd] *nm* yodo
irai *etc* [iʀe] *vb voir* **aller**
Irak [iʀak] *nm* Irak *m* • **irakien, ne** *adj* iraquí ▸ *nm/f*: **Irakien, ne** iraquí *mf*
Iran [iʀɑ̃] *nm* Irán *m* • **iranien, ne** *adj* iraní ▸ *nm/f*: **Iranien, ne** iraní *mf*
irions *etc* [iʀjɔ̃] *vb voir* **aller**
iris [iʀis] *nm* (*Bot*) lirio; (*Anat*) iris *m inv*
irlandais, e [iʀlɑ̃dɛ, ɛz] *adj* irlandés(-esa) ▸ *nm/f*: **Irlandais, e** irlandés(-esa); **les I~** los irlandeses
Irlande [iʀlɑ̃d] *nf* Irlanda; **la mer d'~** el mar de Irlanda; **~ du Nord/Sud** Irlanda del Norte/Sur
IRM [iɛʀɛm] *sigle f* (*= imagerie par résonance magnétique*) IRM *f* (*= imagen por resonancia magnética*)
ironie [iʀɔni] *nf* ironía; **~ du sort** ironía del destino • **ironique** *adj* irónico(-a) • **ironiser** *vi* ironizar
irons *etc* [iʀɔ̃] *vb voir* **aller**
irradier [iʀadje] *vi* irradiar ▸ *vt* irradiar, difundir
irraisonné, e [iʀɛzɔne] *adj* irrazonable
irrationnel, le [iʀasjɔnɛl] *adj* irracional
irréalisable [iʀealizabl] *adj* irrealizable
irrécupérable [iʀekypeʀabl] *adj* irrecuperable
irréel, le [iʀeɛl] *adj* irreal
irréfléchi, e [iʀefleʃi] *adj* irreflexivo(-a)
irrégularité [iʀegylaʀite] *nf* irregularidad *f*; **irrégularités** *nfpl* irregularidades *fpl*
irrégulier, -ière [iʀegylje, jɛʀ] *adj* irregular; (*développement, accélération*) irregular, desigual
irrémédiable [iʀemedjabl] *adj* irremediable
irremplaçable [iʀɑ̃plasabl] *adj* irremplazable; (*personne*) irremplazable, insustituible
irréparable [iʀepaʀabl] *adj* (*aussi fig*) irreparable
irréprochable [iʀepʀɔʃabl] *adj* (*personne, vie*) irreprochable, intachable; (*tenue, toilette*) intachable
irrésistible [iʀezistibl] *adj* irresistible; (*qui fait rire*) graciosísimo(-a)
irrésolu, e [iʀezɔly] *adj* irresoluto(-a)
irrespectueux, -euse [iʀɛspɛktɥø, øz] *adj* irrespetuoso(-a)

irresponsable [iʀɛspɔ̃sabl] *adj, nmf* irresponsable *mf*
irriguer [iʀige] *vt* irrigar
irritable [iʀitabl] *adj* irritable
irriter [iʀite] *vt* irritar
irruption [iʀypsjɔ̃] *nf* irrupción *f*; **faire ~ dans un endroit/chez qn** irrumpir en un lugar/en casa de algn
Islam [islam] *nm* : **l'~** el Islam • **islamique** *adj* islámico(-a) • **islamiste** *adj, nmf* islamista *mf* • **islamophobie** [islamafɔbi] *nf* islamofobia
Islande [islɑ̃d] *nf* Islandia
isolant, e [izɔlɑ̃, ɑ̃t] *adj, nm* aislante *m*
isolation [izɔlasjɔ̃] *nf* : **~ acoustique/thermique** aislamiento acústico/térmico
isolé, e [izɔle] *adj* aislado(-a); (*éloigné*) apartado(-a)
isoler [izɔle] *vt* aislar; **s'isoler** *vpr* aislarse
Israël [isʀaɛl] *nm* Israel *m* • **israélien, ne** *adj* israelí ▸ *nm/f* : **Israélien, ne** israelí *mf* • **israélite** *adj* (*Rel*) israelita ▸ *nmf* : **Israélite** israelita *mf*
issu, e [isy] *adj* : **~ de** descendiente de; (*fig*) resultante de • **issue** *nf* salida; (*solution*) salida, solución *f*; **à l'~ de** al concluir; **chemin/rue sans ~** camino/calle *f* sin salida
Italie [itali] *nf* Italia • **italien, ne** *adj* italiano(-a) ▸ *nm* (*Ling*) italiano ▸ *nm/f* : **Italien, ne** italiano(-a)
italique [italik] *nm* : **(mettre un mot) en ~(s)** (poner una palabra) en cursiva
itinéraire [itineʀɛʀ] *nm* itinerario
itinérance [itineʀɑ̃s] *nf* (*Tél*) itinerancia *f*
IUT *sigle m* = *Institut universitaire de technologie voir* **institut**
IVG [iveʒe] *sigle f* (= *interruption volontaire de grossesse*) IVE *f* (= *interrupción voluntaria del embarazo*)
ivoire [ivwaʀ] *nm* marfil *m*
ivre [ivʀ] *adj* (*saoul*) ebrio(-a), beodo(-a); **~ de colère/de bonheur** ebrio(-a) de ira/de felicidad • **ivrogne** *nmf* borracho(-a)

J

j' [ʒ] *pron voir* **je**
jacinthe [ʒasɛ̃t] *nf* jacinto
jadis [ʒadis] *adv* antaño
jaillir [ʒajiʀ] *vi* (*liquide*) brotar; (*fig*) surgir
jais [ʒɛ] *nm* azabache *m*
jalousie [ʒaluzi] *nf* celos *mpl*; (*store*) celosía
jaloux, -se [ʒalu, uz] *adj* (*envieux*) envidioso(-a)
jamais [ʒamɛ] *adv* nunca, jamás; (*sans négation*) alguna vez; **ne ... ~** no ... nunca; **si ~ ...** si alguna vez ...; **à (tout) ~** para siempre
jambe [ʒɑ̃b] *nf* (*Anat*) pierna; (*d'un pantalon*) pernil *m*
jambon [ʒɑ̃bɔ̃] *nm* jamón *m*
jante [ʒɑ̃t] *nf* llanta
janvier [ʒɑ̃vje] *nm* enero; *voir aussi* **juillet**
Japon [ʒapɔ̃] *nm* Japón *m* • **japonais, e** *adj* japonés(-esa) ▸ *nm* (*Ling*) japonés *m* ▸ *nm/f*: **Japonais, e** japonés(-esa)
jardin [ʒaʀdɛ̃] *nm* jardín *m*; **~ japonais** jardín japonés • **jardinage** *nm* jardinería • **jardiner** *vi* cuidar el jardín • **jardinier, -ière** *nm/f* jardinero(-a) • **jardinière** *nf* (*de fenêtre*) jardinera; **~ (de légumes)** (*Culin*) menestra
jargon [ʒaʀgɔ̃] *nm* jerga
jarret [ʒaʀɛ] *nm* (*Anat*) corva; (*Culin*) morcillo
jauge [ʒoʒ] *nf* (*instrument*) aspilla, varilla graduada
jaune [ʒon] *adj* amarillo(-a) ▸ *nm* amarillo; (*aussi*: **jaune d'œuf**) yema ▸ *nmf* • **jaunir** *vt* amarillear • **jaunisse** *nf* ictericia
Javel [ʒavɛl] *nf voir* **eau**
javelot [ʒavlo] *nm* jabalina
je [ʒə] *pron* yo
jean [dʒin] *nm* (*Textile*) tela vaquera; (*pantalon*) vaqueros *mpl*
Jésus-Christ [ʒezykʀi(st)] *n* Jesucristo
jet[1] [dʒɛt] *nm* (*avion*) jet *m*, avión *m* a reacción
jet[2] [ʒɛ] *nm* (*lancer*) lanzamiento; (*jaillissement, tuyau*) chorro; **du premier ~** a la primera; **~ d'eau** chorro de agua
jetable [ʒ(ə)tabl] *adj* desechable
jetée [ʒəte] *nf* escollera
jeter [ʒ(ə)te] *vt* (*lancer*) tirar, botar (AM); (*se défaire de*) tirar; (*passerelle, pont*) construir, tender; (*bases, fondations*) establecer, sentar; **~ un coup d'œil (à)** echar un vistazo (a); **~ qch à qn** lanzar algo a algn; **~ un sort à qn** echar una maldición a algn; **se ~ dans** (*suj*: *fleuve*) desembocar en; **se ~ à l'eau** (*fig*) lanzarse a hacer algo
jeton [ʒ(ə)tɔ̃] *nm* ficha
jette *etc* [ʒɛt] *vb voir* **jeter**

jeu, x [ʒø] *nm* juego; (*interprétation*) actuación *f*, interpretación *f*; (*Mus*) interpretación; (*Tech*) juego, holgura; (*défaut de serrage*) holgura; **être/remettre en ~** (*Football*) estar/poner en juego; **entrer/mettre en ~** (*fig*) entrar/poner en juego; **se piquer** *ou* **se prendre au ~** cegarse por el juego; **~ de cartes** juego de naipes; **~ de clés/d'aiguilles** (*série*) juego de llaves/de agujas; **~ d'échecs** ajedrez *m*; **~ de hasard/de mots** juego de azar/de palabras

jeudi [ʒødi] *nm* jueves *m inv*; **~ saint** jueves santo; *voir aussi* **lundi**

jeun [ʒœ̃] : **à ~** *adv* en ayunas

jeune [ʒœn] *adj* joven; **~ fille** muchacha, chica; **~ homme** muchacho, chico; **~s gens** jóvenes *mpl*

jeûne [ʒøn] *nm* ayuno

jeunesse [ʒœnɛs] *nf* juventud *f*

joaillier, -ière [ʒɔaje, jɛʀ] *nm/f* joyero(-a)

joie [ʒwa] *nf* alegría

joindre [ʒwɛ̃dʀ] *vt* juntar, unir; **se ~ à** (*un groupe*) unirse a; **~ qch à** (*ajouter*) adjuntar algo a; **~ qn** (*réussir à contacter*) dar con algn, localizar a algn; **~ les deux bouts** (*fig*) llegar a final de mes

joint, e [ʒwɛ̃, ɛ̃t] *pp de* **joindre** ▸ *adj* junto(-a) ▸ *nm* (*articulation, assemblage*) junta, empalme *m*

joli, e [ʒɔli] *adj* bonito(-a), lindo(-a) (AM); **une jolie somme/situation** una buena suma/un buen puesto; **c'est du ~ !** (*iron*) ¡muy bonito!; **c'est bien ~ mais ...** está muy bien pero ...

jonc [ʒɔ̃] *nm* (*Bot*) junco

jonction [ʒɔ̃ksjɔ̃] *nf* : **(point de) ~** (*de routes*) empalme *m*, enlace *m*

jongleur, -euse [ʒɔ̃glœʀ, øz] *nm/f* malabarista *mf*

jonquille [ʒɔ̃kij] *nf* junquillo

Jordanie [ʒɔʀdani] *nf* Jordania

joue [ʒu] *nf* mejilla

jouer [ʒwe] *vt* jugar; (*pièce de théâtre*) representar; (*film, rôle*) interpretar; (*simuler*) fingir; (*morceau de musique*) ejecutar, tocar ▸ *vi* jugar; (*Ciné, Théâtre*) actuar; (*bois, porte*) combarse; **~ au héros** dárselas de héroe; **~ sur** (*miser*) jugar con; **~ de** (*instrument*) tocar; **~ à** (*jeu, sport*) jugar a; **~ avec** (*sa santé etc*) jugar con; **se ~ de** (*difficultés*) pasar por alto; **~ un tour à qn** jugar una mala pasada a algn; **à toi/nous de ~** te toca a ti/nos toca a nosotros

jouet [ʒwɛ] *nm* juguete *m*

joueur, -euse [ʒwœʀ, øz] *nm/f* jugador(a); **être beau/mauvais ~** (*fig*) ser un buen/mal perdedor

jouir [ʒwiʀ] *vi* gozar; **~ de** (*avoir*) gozar de; (*savourer*) disfrutar de

jour [ʒuʀ] *nm* día *m*; (*ouverture*) hueco, vano; **de nos ~s** hoy en día; **sous un ~ favorable/nouveau** (*fig*) bajo el aspecto más favorable/nuevo; **de ~** de día; **au ~ le ~, de ~ en ~** día a día; **il fait ~** es de día; **au grand ~** (*fig*) a todas luces, de forma evidente; **mettre au ~** (*découvrir*) sacar a la luz; **être/mettre à ~** estar/poner al día; **donner le ~ à** dar a luz a; **voir le ~** salir a la luz; **~ férié** día festivo

journal, -aux [ʒuʀnal, o] *nm* periódico; (*personnel*) diario; **~ télévisé** diario televisado, telediario

journalier, -ière [ʒuʀnalje, jɛʀ] *adj* diario(-a)

journalisme [ʒuʀnalism] *nm* periodismo • **journaliste** *nmf* periodista *mf*

journée [ʒuʀne] *nf* día *m*; (*travail d'une journée*) jornada; **la ~ continue** la jornada continua

joyau, x [ʒwajo] *nm* joya

joyeux, -euse [ʒwajø, øz] *adj* feliz, alegre; **~ Noël !** ¡feliz Navidad!; **~ anniversaire !** ¡feliz cumpleaños!

jubiler [ʒybile] *vi* regocijarse

judas [ʒyda] *nm* mirilla

judiciaire [ʒydisjɛʀ] *adj* judicial

judicieux, -euse [ʒydisjø, jøz] *adj* juicioso(-a), sensato(-a)

judo [ʒydo] *nm* judo

juge [ʒyʒ] *nmf* juez *mf*; **~ d'instruction/de paix** juez de instrucción/de paz

jugé [ʒyʒe] : **au ~** *adv* a bulto

jugement [ʒyʒmɑ̃] *nm* (*Jur*) sentencia; (*gén*) juicio

juger [ʒyʒe] *vt* juzgar; (*Jur*) juzgar, sentenciar; **~ bon de faire ...** juzgar oportuno hacer ...; **~ de qch** juzgar algo

juif, -ive [ʒɥif, ʒɥiv] *adj* judío(-a) ▶ *nm/f* : **Juif, ive** judío(-a)

juillet [ʒɥijɛ] *nm* julio; **le premier ~** el uno de julio; **le deux/onze ~** el dos/once de julio; **début/fin ~** a primeros/finales de julio; **le 14 ~** el 14 de julio (*la fiesta nacional francesa*)

En Francia, **le 14 juillet** es la fiesta nacional francesa, en conmemoración del asalto a la Bastilla durante la Revolución Francesa. Se celebra con desfiles, música, baile y fuegos artificiales. En París tiene lugar un desfile militar por los Campos Elíseos que presencia el Presidente de la República.

juin [ʒɥɛ̃] *nm* junio; *voir aussi* **juillet**

jumeau, -elle, x [ʒymo, ɛl] *adj, nm/f* gemelo(-a)

jumeler [ʒym(ə)le] *vt* (*Tech*) acoplar; (*villes*) hermanar

jumelle [ʒymɛl] *adj, nf voir* **jumeau**; **jumelles** *nfpl* (*instrument*) gemelos *mpl*

jument [ʒymɑ̃] *nf* yegua

jungle [ʒœ̃gl] *nf* jungla, selva

jupe [ʒyp] *nf* falda, pollera (AM)

jupon [ʒypɔ̃] *nm* enaguas *fpl*

juré [ʒyʀe] *nm* jurado

jurer [ʒyʀe] *vt* jurar ▶ *vi* jurar; **~ (avec)** (*couleurs*) chocar (con), desentonar (con); **~ de faire/que** jurar hacer/que; **~ de qch** jurar algo, responder de algo

juridique [ʒyʀidik] *adj* jurídico(-a)

juron [ʒyʀɔ̃] *nm* juramento

jury [ʒyʀi] *nm* (*Jur*) jurado

jus [ʒy] *nm* zumo, jugo (AM); (*de viande*) jugo; **~ de fruits** zumo de frutas

jusque [ʒysk] : **jusqu'à** *prép* hasta; **jusqu'au matin/soir** hasta la mañana/la tarde; **jusqu'à ce que** hasta que; **jusqu'à présent** *ou* **maintenant** hasta ahora; **~ sur/dans** hasta arriba de/en

justaucorps [ʒystokɔʀ] *nm* malla
juste [ʒyst] *adj* justo(-a); *(étroit)* ajustado(-a); *(insuffisant)* escaso(-a) ▶ *adv (chanter)* afinado; **~ assez** justo lo que se necesita; **~ au-dessus** justo encima; **au ~** exactamente; **le ~ milieu** el término medio; **à ~ titre** con razón • **justement** *adv* justamente; **c'est ~ ce qu'il fallait faire** es precisamente lo que había que hacer • **justesse** *nf (d'une remarque)* propiedad *f*; **de ~** por poco
justice [ʒystis] *nf* justicia
justificatif, -ive [ʒystifikatif, iv] *adj* justificativo(-a)
justifier [ʒystifje] *vt* justificar; **~ de** probar; **justifié à droite/gauche** justificado a la derecha/izquierda
juteux, -euse [ʒytø, øz] *adj* jugoso(-a); *(fam)* jugoso(-a), sustancioso(-a)
juvénile [ʒyvenil] *adj* juvenil

K

K, k [kɑ] *abr (= kilooctet)* K
kaki [kaki] *adj inv* caqui
kangourou [kɑ̃guʀu] *nm* canguro
karaté [kaʀate] *nm* karate *m*
kascher [kaʃɛʀ] *adj de acuerdo con las normas dietéticas de la ley hebraica*
kayak [kajak] *nm* kayak *m*
képi [kepi] *nm* quepis *m*
kermesse [kɛʀmɛs] *nf* romería
kidnapper [kidnape] *vt* secuestrar
kiffer [kife] *(fam) vt* molar; ▶ *vi* pasarlo bomba, pasarlo teta; **je kiffe cette photo** me mola esta foto; **on a kiffé un max** nos lo pasamos teta
kilo [kilo] *nm* kilo • **kilogramme** *nm* kilogramo • **kilométrage** *nm* kilometraje *m* • **kilomètre** *nm* kilómetro • **kilométrique** *adj* kilométrico(-a)
kinésithérapeute [kineziteʀapøt] *nmf* fisioterapeuta *mf*
kiosque [kjɔsk] *nm (de jardin)* templete *m*; *(à journaux)* kiosco *ou* quiosco

kir [kiʀ] *nm* kir (*vino blanco con licor de casis*)
kiwi [kiwi] *nm* (*fruit, oiseau*) kiwi *m*
klaxon [klaksɔn] *nm* bocina, claxon *m* • **klaxonner** *vi* tocar la bocina *ou* el claxon
km *abr* (= *kilomètre(s)*) km. (= *kilómetro(s)*)
km/h *abr* (= *kilomètres/heure*) km/h.
K.-O. [kao] *adj inv* K.O.
kyste [kist] *nm* quiste *m*

l

l' [l] *voir* **le**
la [la] *nm* (*Mus*) la *m inv* ▶ *art, pron voir* **le**
là [la] *adv* (*plus loin*) ahí, allí; (*ici*) aquí; (*dans le temps*) entonces; **elle n'est pas là** no está; **c'est là que** ahí *ou* allí es donde; (*ici*) aquí es donde; **là où** allí donde; **par là** (*fig*) con eso; **tout est là** todo está ahí • **là-bas** *adv* allí
laboratoire [labɔʀatwaʀ] *nm* laboratorio
laborieux, -euse [labɔʀjø, jøz] *adj* laborioso(-a)
labourer [labuʀe] *vt* labrar
labyrinthe [labiʀɛ̃t] *nm* laberinto
lac [lak] *nm* lago
lacet [lasɛ] *nm* (*de chaussure*) cordón *m*
lâche [lɑʃ] *adj* (*poltron*) cobarde; (*desserré, pas tendu*) flojo(-a) ▶ *nmf* cobarde *mf*
lâcher [lɑʃe] *vt* soltar; (*Sport : distancer*) despegarse de; **~ les chiens** soltar los perros
lacrymogène [lakʀimɔʒɛn] *adj* lacrimógeno(-a)
lacune [lakyn] *nf* laguna

là-dedans [ladədɑ̃] *adv* ahí dentro
là-dessous [ladsu] *adv* ahí debajo; (*fig*) detrás de eso
là-dessus [ladsy] *adv* ahí encima; (*fig*) luego; (*à ce sujet*) al respecto
lagune [lagyn] *nf* laguna
là-haut [lao] *adv* allí arriba
laïcité [laisite] *nf* laicidad *f*
laid, e [lɛ, lɛd] *adj* feo(-a) • **laideur** *nf* fealdad *f*
lainage [lɛnaʒ] *nm* (*vêtement*) jersey *m ou* chaqueta de lana
laine [lɛn] *nf* lana; **pure ~** pura lana
laïque [laik] *adj, nmf* laico(-a)
laisse [lɛs] *nf* (*de chien*) correa; **tenir en ~** tener atado(-a); (*fig*) manejar a su antojo
laisser [lese] *vt* dejar; **~ qch quelque part** dejar algo en algún sitio; **se ~ aller** abandonarse; **laisse-toi faire** déjate hacer; **rien ne laisse penser que ...** nada permite pensar que ... • **laisser-aller** *nm inv* (*péj*) desaliño • **laissez-passer** *nm inv* salvoconducto
lait [lɛ] *nm* leche *f*; **frère/sœur de ~** hermano/hermana de leche; **~ concentré/condensé** leche concentrada/condensada; **~ de beauté** leche de belleza • **laitage** *nm* producto lácteo • **laiterie** *nf* lechería • **laitier, -ière** *adj* (*produit, industrie*) lácteo(-a); **vache laitière** vaca lechera
laiton [lɛtɔ̃] *nm* latón *m*
laitue [lety] *nf* lechuga
lambeau, x [lɑ̃bo] *nm* jirón *m*; **en lambeaux** hecho(-a) jirones
lame [lam] *nf* (*de couteau*) hoja; (*de parquet*) lámina; (*vague*) ola; **~ de fond** mar *m* de fondo; **~ de rasoir** cuchilla de afeitar • **lamelle** *nf* laminilla
lamentable [lamɑ̃tabl] *adj* lamentable
lamenter [lamɑ̃te]: **se lamenter** *vpr*: **se ~ (sur)** quejarse (de)
lampadaire [lɑ̃padɛʀ] *nm* lámpara de pie
lampe [lɑ̃p] *nf* lámpara; **~ de chevet/halogène** lámpara de mesa/halógena; **~ à pétrole** lámpara de petróleo, quinqué *m*; **~ à souder** soplete *m*; **~ de poche** linterna
lance [lɑ̃s] *nf* lanza; **~ d'incendie/d'arrosage** manguera de incendios/de riego
lancée [lɑ̃se] *nf*: **être/continuer sur sa ~** aprovechar el impulso inicial
lancement [lɑ̃smɑ̃] *nm* lanzamiento
lance-pierre [lɑ̃spjɛʀ] (*pl* **lance-pierres**) *nm* tirachinas *m inv*
lancer [lɑ̃se] *nm* lanzamiento ▸ *vt* lanzar; (*emprunt*) emitir; **se lancer** *vpr* lanzarse; **se ~ sur** *ou* **contre** lanzarse sobre *ou* contra; **~ qch à qn** lanzar algo a algn; **~ un appel** lanzar un llamamiento; **se ~ dans** lanzarse en; **~ du poids/du javelot/du marteau** lanzamiento de peso/de jabalina/de martillo
lanceur, -euse [lɑ̃sœʀ, øz] *nm/f* lanzador(a) ▸ *nm* (*Espace*) lanzador *m*; **~ d'alerte** denunciante *m/f*
landau [lɑ̃do] *nm* coche *m ou* carro de niño

lande [lɑ̃d] *nf* landa
langage [lɑ̃gaʒ] *nm* lenguaje *m*
langouste [lɑ̃gust] *nf* langosta
• **langoustine** *nf* cigala
langue [lɑ̃g] *nf* lengua; (*Ling*) lengua, idioma *m*; **~ de terre** franja de tierra; **tirer la ~ (à)** sacar la lengua (a); **de ~ française** de lengua francesa; **~ maternelle** lengua materna; **~ vivante** lengua viva
langueur [lɑ̃gœʀ] *nf* languidez *f*
languir [lɑ̃giʀ] *vi* languidecer; **faire ~ qn** hacer esperar a algn
lanière [lanjɛʀ] *nf* tralla
lanterne [lɑ̃tɛʀn] *nf* linterna; (*de voiture*) luz *f* de población; **~ rouge** (*fig*) farolillo rojo
laper [lape] *vt* beber a lengüetadas
lapidaire [lapidɛʀ] *adj* lapidario(-a)
lapin [lapɛ̃] *nm* conejo
Laponie [laponi] *nf* Laponia
laps [laps] *nm* : **~ de temps** lapso
laque [lak] *nm ou f* laca
laquelle [lakɛl] *pron voir* **lequel**
larcin [laʀsɛ̃] *nm* ratería
lard [laʀ] *nm* tocino
lardon [laʀdɔ̃] *nm* (*Culin*) torrezno
large [laʀʒ] *adj* ancho(-a) ▶ *adv* : **calculer ~** calcular por lo alto; **voir ~** ver con amplitud ▶ *nm* : **5 mètres de ~** cinco metros de ancho; **le ~** alta mar; **au ~ de** a la altura de; **~ d'esprit** de mentalidad abierta, amplio(-a) de miras • **largement** *adv* ampliamente • **largesse** *nf* esplendidez *f*, largueza; **largesses** *nfpl* (*dons*) regalos *mpl* espléndidos • **largeur** *nf* anchura
larguer [laʀge] *vt* (*Naut*) : **~ les amarres** soltar amarras; (*fam*) pasar de
larme [laʀm] *nf* lágrima; **une ~ de** (*fig*) una gota de; **en ~s** llorando • **larmoyer** *vi* (*yeux*) lagrimear
larvé, e [laʀve] *adj* larvado(-a)
laryngite [laʀɛ̃ʒit] *nf* laringitis *f inv*
las, lasse [lɑ, lɑs] *adj* fatigado(-a)
laser [lazɛʀ] *nm* : **(rayon) ~** (rayo) láser *m*; **chaîne** *ou* **platine ~** cadena *ou* pletina láser
lasse [lɑs] *adj f voir* **las**
lasser [lɑse] *vt* (*ennuyer*) cansar; **se lasser de** *vpr* cansarse de
latéral, e, -aux [lateʀal, o] *adj* lateral
latin, e [latɛ̃, in] *adj* latino(-a)
latitude [latityd] *nf* latitud *f*
lauréat, e [lɔʀea, at] *nm/f* galardonado(-a)
laurier [lɔʀje] *nm* laurel *m*
lavable [lavabl] *adj* lavable
lavabo [lavabo] *nm* lavabo
lavage [lavaʒ] *nm* lavado; **~ de cerveau** lavado de cerebro
lavande [lavɑ̃d] *nf* lavanda
lave [lav] *nf* lava
lave-linge [lavlɛ̃ʒ] (*pl* **lave-linge(s)**) *nm* lavadora
laver [lave] *vt* lavar; **se laver** *vpr* lavarse; **se ~ les dents/les mains** lavarse los dientes/las manos; **se ~ les mains de qch** (*fig*) lavarse las manos con respecto a algo • **laverie** *nf* : **~ (automatique)** lavandería • **lavette** *nf* estropajo; (*fig : péj*) calzonazos *m inv* • **laveur, -euse** *nm/f* (*de carreaux*) lavacristales *m inv*; (*de voitures*) lavacoches *mf inv*

• **lave-vaisselle** (*pl* **lave-vaisselle(s)**) *nm* lavaplatos *m inv*
• **lavoir** *nm* lavadero

laxatif, -ive [laksatif, iv] *adj, nm* laxante *m*

layette [lɛjɛt] *nf* canastilla

le, la [lə, la]

(*devant nm commençant par voyelle ou h aspiré* **l'**) (*pl* **les**)
▶ *art déf* **1** (*masculin*) el; (*féminin*) la; (*pluriel*) los (las); **la pomme/l'arbre** la manzana/el árbol; **les étudiants/femmes** los estudiantes/las mujeres
2 (*indiquant la possession*) : **avoir les yeux gris/le nez rouge** tener los ojos grises/la nariz roja
3 (*temps*) : **travailler le matin/le soir** trabajar por la mañana/la tarde; **le jeudi** (*d'habitude*) los jueves; (*ce jeudi-là*) el jueves; **le lundi je vais toujours au cinéma** los lunes voy siempre al cine
4 (*distribution, évaluation*) el (la); **10 euros le mètre/la douzaine** 10 euros el metro/la docena; **le tiers/quart de** el tercio/cuarto de
▶ *pron* **1** (*masculin*) lo; (*féminin*) la; (*pluriel*) los (las); **je le/la/les vois** lo/la/los/las veo
2 (*remplaçant une phrase*) : **je ne le savais pas** no lo sabía; **il était riche et ne l'est plus** era rico y ya no lo es

lécher [leʃe] *vt* lamer; **~ les vitrines** mirar los escaparates
• **lèche-vitrine** (*pl* **lèche-vitrines**) *nm* : **faire du ~s** mirar escaparates

leçon [l(ə)sɔ̃] *nf* clase *f*; (*fig*) lección *f*; **~s de conduite** clases de conducir

lecteur, -trice [lɛktœʀ, tʀis] *nm/f* lector(a) ▶ *nm* (*appareil*) reproductor *m*, lector *m*; **~ de CD/de DVD** reproductor de CD/de DVD; **~ MP3** reproductor de MP3

lecture [lɛktyʀ] *nf* lectura

légal, e, -aux [legal, o] *adj* legal
• **légaliser** *vt* legalizar • **légalité** *nf* legalidad *f*

légendaire [leʒɑ̃dɛʀ] *adj* legendario(-a)

légende [leʒɑ̃d] *nf* leyenda; (*d'une photo*) pie *m*

léger, -ère [leʒe, ɛʀ] *adj* ligero(-a); (*erreur, retard*) leve, superficial; **à la légère** a la ligera
• **légèrement** *adv* ligeramente, suavemente • **légèreté** *nf* ligereza

légion [leʒjɔ̃] *nf* (*tb Mil*) legión *f*

Creada por Napoleón en 1802 para premiar los servicios prestados a la nación, la **Légion d'honneur** es una prestigiosa orden encabezada por el Presidente de la República, el *Grand Maître*.

législatif, -ive [leʒislatif, iv] *adj* legislativo(-a) • **législatives** *nfpl* elecciones *fpl* legislativas

légitime [leʒitim] *adj* legítimo(-a); **en (état de) ~ défense** (*Jur*) en (estado de) legítima defensa

legs [lɛg] *nm* (*Jur, fig*) legado

léguer [lege] *vt* : **~ qch à qn** legar algo a algn

légume [legym] *nm* verdura

lendemain [lɑ̃dmɛ̃] *nm* : **le ~** el día siguiente; **le ~ matin/soir** el día siguiente por la mañana/por la noche; **le ~ de** el día después de; **sans ~** sin futuro, sin porvenir

lent, e [lɑ̃, lɑ̃t] *adj* lento(-a) • **lentement** *adv* lentamente • **lenteur** *nf* lentitud *f*

lentille [lɑ̃tij] *nf* (*Optique*) lente *f*; **~s de contact** lentillas *fpl*

léopard [leɔpaʀ] *nm* leopardo

lèpre [lɛpʀ] *nf* lepra

lequel, laquelle [ləkɛl, lakɛl] (*mpl* **lesquels**, *fpl* **lesquelles**) (*à + lequel =* **auquel**, *de + lequel =* **duquel** etc) *pron* (*interrogatif*) cuál; (*relatif*) el/la cual, que; (*: après préposition*) el/la cual, el que/la que ▸ *adj* : **laquelle des chambres est la sienne ?** ¿cuál de las habitaciones es la suya?; **il prit un livre, ~ livre ...** cogió un libro, el cual ...; **un homme sur la compétence duquel on ne peut compter** un hombre con cuya competencia no se puede contar

les [le] *art, pron voir* **le**

lesbienne [lɛsbjɛn] *nf* lesbiana

léser [leze] *vt* perjudicar

lésiner [lezine] *vi* : **~ (sur)** escatimar (en)

lésion [lezjɔ̃] *nf* lesión *f*

lesquels, lesquelles [lekɛl] *pron voir* **lequel**

lessive [lesiv] *nf* detergente *m*; (*linge*) colada • **lessiver** *vt* lavar

lest [lɛst] *nm* lastre *m*

leste [lɛst] *adj* (*personne*) ágil, ligero(-a); (*propos*) atrevido(-a)

lettre [lɛtʀ] *nf* (*écrit*) carta; (*symbole*) letra; **lettres** *nfpl* (*Art, Scol*) letras *fpl*; **à la ~** (*fig*) al pie de la letra; **~ morte** : **rester ~ morte** quedarse en papel mojado; **~ ouverte** (*Pol, de journal*) carta abierta

leucémie [løsemi] *nf* leucemia

leur [lœʀ] *adj poss* su ▸ *pron* (*objet indirect*) les; (*: après un autre pronom à la troisième personne*) se; **~ maison** su casa; **~s amis** sus amigos; **à ~ avis** en su opinión; **à ~ approche** al acercarse ellos; **à ~ vue** al verles; **je ~ ai dit la vérité** les dije la verdad; **je le ~ ai donné** se lo di; **le (la) ~, les ~s** (*possessif*) el (la) suyo(-a), los (las) suyos(-as)

leurs [lœʀ] *adj poss* sus; *voir* **leur**

levain [ləvɛ̃] *nm* masa madre

levé, e [ləve] *adj* : **être ~** estar levantado(-a); **au pied ~** de forma improvisada • **levée** *nf* (*Postes*) recogida; (*Cartes*) baza; **~ de boucliers** (*fig*) levantamiento de protestas

lever [l(ə)ve] *vt* levantar; (*vitre*) subir; (*impôts*) recaudar; (*armée*) reclutar ▸ *vi* (*Culin*) levantarse; (*semis, graine*) brotar ▸ *nm* : **au ~** al levantarse; **se lever** *vpr* levantarse; (*soleil*) salir; **~ de soleil/du jour** amanecer *m*; **~ du rideau** subida del telón

levier [ləvje] *nm* palanca

lèvre [lɛvʀ] *nf* labio; **du bout des ~s** (*manger*) con desgana

lévrier [levʀije] *nm* galgo

levure [l(ə)vyʀ] *nf* : **~ de boulanger/chimique** levadura de pan/química

lexique [lɛksik] *nm* glosario

lézard [lezaʀ] *nm* lagarto

liaison [ljɛzɔ̃] *nf* (*Rail, Aviat, Phonétique*) enlace *m*; (*relation amoureuse*) relaciones *fpl*; **entrer/être en ~ avec** entrar/estar en comunicación con
liane [ljan] *nf* liana
liasse [ljas] *nf* fajo
Liban [libɑ̃] *nm* Líbano • **libanais, e** *adj* libanés(-esa) ▶ *nm/f*: **Libanais, e** libanés(-esa)
libeller [libele] *vt* : **~ (au nom de)** extender (a la orden de)
libellule [libelyl] *nf* libélula
libéral, e, -aux [libeʀal, o] *adj, nm/f* liberal *mf*; **les professions ~es** las profesiones liberales
libérer [libeʀe] *vt* liberar; (*de prison*) poner en libertad; **se libérer** *vpr* (*pour un rendez-vous*) escaparse
liberté [libɛʀte] *nf* libertad *f*; **mettre/être en ~** poner/estar en libertad; **en ~ provisoire/surveillée/conditionnelle** en libertad provisional/vigilada/condicional; **~ d'association/de la presse/syndicale** libertad de asociación/de prensa/sindical; **~s individuelles** libertades individuales
libraire [libʀɛʀ] *nmf* librero(-a)
librairie [libʀeʀi] *nf* librería
libre [libʀ] *adj* libre; (*propos, manières*) atrevido(-a); (*ligne téléphonique*) desocupado(-a); (*Scol*) privado(-a); **~ de qch/de faire** libre de algo/de hacer; **en vente ~** de venta libre; **~ arbitre** libre albedrío • **libre-échange** *nm* librecambio • **libre-service** (*pl* **libres-services**) *nm* autoservicio
Libye [libi] *nf* Libia
licence [lisɑ̃s] *nf* licencia; (*diplôme*) ≈ licenciatura
licencié, e [lisɑ̃sje] *nm/f* (*Sport*) poseedor(a) de licencia; **~ ès lettres/en droit** ≈ licenciado(-a) en letras/derecho
licenciement [lisɑ̃simɑ̃] *nm* despido
licencier [lisɑ̃sje] *vt* despedir
licite [lisit] *adj* lícito(-a)
lie [li] *nf* heces *fpl*
lié, e [lje] *adj* : **être très ~ avec qn** tener mucha confianza con algn; **être ~ par** (*serment, promesse*) estar comprometido(-a) por
liège [ljɛʒ] *nm* corcho
lien [ljɛ̃] *nm* atadura; (*rapport affectif, culturel*) vínculo; **~ de parenté** lazo de parentesco
lier [lje] *vt* (*attacher*) atar; (*joindre*) unir, ligar; (*moralement*) vincular; (*sauce*) ligar; **se ~ (avec qn)** relacionarse (con algn); **~ qch à** (*attacher*) atar algo a; **~ amitié (avec)** trabar amistad (con); **~ conversation (avec)** entablar conversación (con); **~ connaissance (avec)** entablar relación (con), trabar conocimiento (con)
lierre [ljɛʀ] *nm* hiedra
lieu, x [ljø] *nm* lugar *m*; **lieux** *nmpl* lugar; **en ~ sûr** en lugar seguro; **en haut ~** en altas esferas; **en premier/dernier ~** en primer/último lugar; **avoir ~** tener lugar, suceder; **donner ~ à** dar lugar a; **au ~ de** en lugar de, en vez de; **arriver/être sur les lieux** (*d'un accident, manifestation*) llegar al/estar en el lugar; **vider** *ou* **quitter les lieux** (*habitation, salle*) desalojar el lugar; **~ commun**

lugar común; **~ public** lugar público • **lieu-dit** (*pl* **lieux-dits**) *nm* aldea

lieutenant, e [ljøt(ə)nɑ̃, ɑ̃t] *nm/f* teniente *mf*

lièvre [ljɛvʀ] *nm* liebre *f*

ligament [ligamɑ̃] *nm* ligamento

ligne [liɲ] *nf* línea; **entrer en ~ de compte** entrar en cuenta; **~ de conduite** línea de conducta

lignée [liɲe] *nf* linaje *m*

ligoter [ligɔte] *vt* (*bras, personne*) amarrar

ligue [lig] *nf* (*association*) liga

lilas [lilɑ] *nm* lila

limace [limas] *nf* babosa

limande [limɑ̃d] *nf* limanda

lime [lim] *nf* lima; **~ à ongles** lima de uñas • **limer** *vt* limar

limitation [limitasjɔ̃] *nf* limitación *f*; **~ de vitesse** limitación de velocidad

limite [limit] *nf* límite *m*; **à la ~** (*au pire*) como mucho; **vitesse/charge ~** velocidad *f*/carga límite; **cas ~** caso límite; **date ~ de vente/consommation** fecha límite de venta/consumo • **limiter** *vt* • **limitrophe** *adj* limítrofe

limoger [limɔʒe] *vt* destituir

limon [limɔ̃] *nm* limo

limonade [limɔnad] *nf* gaseosa

lin [lɛ̃] *nm* lino

linceul [lɛ̃sœl] *nm* mortaja

linge [lɛ̃ʒ] *nm* (*serviettes etc*) ropa blanca; (*pièce de tissu*) lienzo; (*aussi* : **linge de corps**) ropa interior; (*lessive*) colada • **lingerie** *nf* lencería

lingot [lɛ̃go] *nm* lingote *m*

linguistique [lɛ̃gɥistik] *adj* lingüístico(-a) ▸ *nf* lingüística

lion, ne [ljɔ̃, ɔn] *nm/f* león (leona) • **lionceau, x** *nm* cachorro de león

liqueur [likœʀ] *nf* licor *m*

liquidation [likidasjɔ̃] *nf* liquidación *f*

liquide [likid] *adj* líquido(-a) ▸ *nm* líquido; **en ~** (*Comm*) en líquido • **liquider** *vt* liquidar

lire [liʀ] *vt, vi* leer

lis [lis] *vb voir* **lire** ▸ *nm* = **lys**

liseuse [lizøz] *nf* (*Inform*) lector *m* electrónico

lisible [lizibl] *adj* legible

lisière [lizjɛʀ] *nf* (*de forêt, bois*) lindero, linde *m ou f*

lisons [lizɔ̃] *vb voir* **lire**

lisse [lis] *adj* liso(-a)

liste [list] *nf* lista; **faire la ~ de** hacer la lista de; **~ de mariage** lista de boda; **~ électorale/noire** lista electoral/negra • **listing** *nm* (*Inform*) listado

lit [li] *nm* cama; (*de rivière*) lecho; **faire son ~** hacerse la cama; **aller/se mettre au ~** ir a/meterse en la cama; **~ d'enfant** cuna; **~ de camp** cama de campaña; **~ simple/double** cama sencilla/de matrimonio

literie [litʀi] *nf* ropa de cama

litige [litiʒ] *nm* litigio

litre [litʀ] *nm* litro

littéraire [liteʀɛʀ] *adj* literario(-a)

littéral, e, -aux [liteʀal, o] *adj* literal

littérature [liteʀatyʀ] *nf* literatura

littoral, e, -aux [litɔʀal, o] *adj, nm* litoral *m*

livide [livid] *adj* lívido(-a)

livraison [livʀɛzɔ̃] *nf* reparto
livre [livʀ] *nm* libro ▶ *nf* (*poids, monnaie*) libra; **~ d'or** libro de oro; **~ de bord** diario de navegación; **~ de poche** libro de bolsillo; **~ électronique, ~ numérique** libro electrónico
livré, e [livʀe] *adj* : **~ à** (*soumis à*) sometido(-a) a; **~ à soi-même** abandonado a sí mismo
livrer [livʀe] *vt* (*marchandises, otage, complice*) entregar; (*plusieurs colis etc*) repartir; (*secret, information*) revelar; **se livrer à** *vpr* entregarse a
livret [livʀɛ] *nm* (*petit livre*) librito; (*d'opéra*) libreto; **~ de caisse d'épargne** libreta de ahorros; **~ de famille** libro de familia; **~ scolaire** libro escolar
livreur, -euse [livʀœʀ, øz] *nm/f* repartidor(a)
local, e, -aux [lɔkal, o] *adj* local ▶ *nm* local *m*; **locaux** *nmpl* (*d'une compagnie*) locales *mpl* • **localité** *nf* localidad *f*
locataire [lɔkatɛʀ] *nmf* inquilino(-a)
location [lɔkasjɔ̃] *nf* alquiler *m*; (*par le propriétaire*) arriendo, alquiler; **« ~ de voitures »** « alquiler de coches »
locomotive [lɔkɔmɔtiv] *nf* locomotora
locution [lɔkysjɔ̃] *nf* (*Ling*) locución *f*
loge [lɔʒ] *nf* (*d'artiste*) camerino; (*de spectateurs*) palco; (*de concierge*) portería, conserjería; (*de franc-maçon*) logia
logement [lɔʒmɑ̃] *nm* alojamiento; (*maison, appartement*) vivienda; **chercher un ~** buscar una vivienda; **~ de fonction** alojamiento de servicio
loger [lɔʒe] *vt* alojar ▶ *vi* vivir; **se loger** *vpr* : **trouver à se ~** encontrar dónde alojarse *ou* vivir • **logeur, -euse** *nm/f* casero(-a)
logiciel [lɔʒisjɛl] (*Inform*) *nm* software *m*, programa *m* (informático)
logique [lɔʒik] *adj* lógico(-a) ▶ *nf* lógica
logo [lɔgo] *nm* (*Comm*) logotipo
loi [lwa] *nf* ley *f*; **faire la ~** dictar la ley
loin [lwɛ̃] *adv* lejos; **au ~** a lo lejos; **de ~** de lejos; (*de beaucoup*) con mucho; **il revient de ~** (*fig*) ha vuelto a nacer; **~ de là** ni mucho menos
lointain, e [lwɛ̃tɛ̃, ɛn] *adj* lejano(-a)
loir [lwaʀ] *nm* lirón *m*
loisir [lwaziʀ] *nm* : **heures de ~** horas *fpl* de ocio; **loisirs** *nmpl* tiempo libre *msg*; (*activités*) diversiones *fpl*
londonien, ne [lɔ̃dɔnjɛ̃, jɛn] *adj* londinense ▶ *nm/f* : **Londonien, ne** londinense *mf*
Londres [lɔ̃dʀ] *n* Londres
long, longue [lɔ̃, lɔ̃g] *adj* largo(-a) ▶ *adv* : **en dire/savoir ~** decir/saber mucho ▶ *nm* : **de cinq mètres de ~** de cinco metros de largo; **au ~ cours** (*Naut*) de altura; **de longue date** de antiguo; **longue durée** larga duración; **(tout) le ~ de** (*rue, bord*) a lo largo de; **tout au ~ de** (*année, vie*) a lo largo de; **de ~ en large** de un lado a otro
longer [lɔ̃ʒe] *vt* bordear, costear

longiligne [lɔ̃ʒiliɲ] *adj* longilíneo(-a)
longitude [lɔ̃ʒityd] *nf* longitud *f*
longtemps [lɔ̃tɑ̃] *adv* mucho tiempo; **avant ~** dentro de poco; **pour/pendant ~** para/durante mucho tiempo; **mettre ~ à faire qch** costarle mucho tiempo a algn *ou* algo hacer algo; **elle/il en a pour ~ (à le faire)** le va a llevar un buen rato (hacerlo); **il y a ~ que je n'ai pas travaillé** llevo mucho tiempo sin trabajar
longue [lɔ̃g] *adj f voir* **long** ▸ *nf*: **à la ~** a la larga • **longuement** *adv* mucho tiempo, largamente
longueur [lɔ̃gœʀ] *nf* longitud *f*; **en ~** a lo largo; **tirer en ~** alargarse demasiado; **à ~ de journée** durante todo el día
loquet [lɔkɛ] *nm* picaporte *m*
lorgner [lɔʀɲe] *vt* mirar de reojo
lors [lɔʀ]: **~ de** *prép* durante
lorsque [lɔʀsk] *conj* cuando
losange [lɔzɑ̃ʒ] *nm* rombo
lot [lo] *nm* lote *m*; (*de loterie*) premio; **~ de consolation** premio de consolación
loterie [lɔtʀi] *nf* lotería, rifa
lotion [losjɔ̃] *nf* loción *f*
lotissement [lɔtismɑ̃] *nm* (*de maisons, d'immeubles*) urbanización *f*
loto [lɔto] *nm*: **le L~** la loto

Le Loto es un sorteo nacional de lotería que distribuye grandes sumas de dinero. Los apostantes escogen 5 números de entre 49 (más uno llamado *numéro Chance*). Cuantos más números acertados, mayor es el premio. El sorteo se televisa varias veces a la semana.

lotte [lɔt] *nf* rape *m*
louange [lwɑ̃ʒ]: **louanges** *nfpl* (*compliments*) elogios *mpl*, alabanzas *fpl*
louche [luʃ] *adj* sospechoso(-a) ▸ *nf* cucharón *m* • **loucher** *vi* bizquear
louer [lwe] *vt* alquilar; **« à ~ »** « se alquila »
loup [lu] *nm* lobo; (*poisson*) róbalo, lubina
loupe [lup] *nf* (*Optique*) lupa; **~ de noyer** (*Menuiserie*) nudo de nogal; **à la ~** (*fig*) con lupa
louper [lupe] (*fam*) *vt* (*train etc*) perder; (*examen*) catear
lourd, e [luʀ, luʀd] *adj* pesado(-a); (*chaleur, temps*) bochornoso(-a); (*responsabilité, impôts*) importante; **~ de** (*conséquences, menaces*) lleno(-a) de • **lourdaud, e** (*péj*) *adj* torpe, tosco(-a) • **lourdement** *adv*: **marcher/tomber ~** andar con paso pesado/caer como un plomo; **se tromper ~** equivocarse burdamente
loutre [lutʀ] *nf* nutria
louveteau, x [luv(ə)to] *nm* (*Zool*) lobezno; (*scout*) joven scout *m*
louvoyer [luvwaje] *vi* (*Naut*) bordear; (*fig*) andar con rodeos
loyal, e, -aux [lwajal, o] *adj* leal • **loyauté** *nf* lealtad *f*
loyer [lwaje] *nm* alquiler *m*
lu, e [ly] *pp de* **lire**
lubie [lybi] *nf* capricho, antojo
lubrifiant [lybʀifjɑ̃] *nm* lubrificante *m*
lubrifier [lybʀifje] *vt* lubrificar
lubrique [lybʀik] *adj* lúbrico(-a)
lucarne [lykaʀn] *nf* tragaluz *m*

lucide [lysid] *adj* lúcido(-a)
lucratif, -ive [lykʀatif, iv] *adj* lucrativo(-a); **à but non ~** sin ánimo de lucro
lueur [lɥœʀ] *nf* (*fig : de désir, colère*) brillo, destello; (*: d'espoir*) rayo
luge [lyʒ] *nf* (*objet*) trineo; (*discipline*) luge *m*
lugubre [lygybʀ] *adj* lúgubre; (*lumière, temps*) lóbrego(-a)
lui[1] [lɥi] *pron* (*objet indirect*) le; (*après un autre pronom à la troisième personne*) se; (*sujet, objet direct : aussi forme emphatique*) él; **je ~ ai donné de l'argent** le di dinero; **je le ~ donne** se lo doy; **elle est riche, ~ est pauvre** ella es rica, él es pobre; **~, il est à Paris** él está en París; **c'est ~ qui l'a fait** lo hizo él; **à ~** (*possessif*) suyo(-a), suyos(-as), de él; **cette voiture est à ~** ese coche es suyo; **je la connais mieux que ~** la conozco mejor que él; **~-même** él mismo; **il a agi de ~-même** obró por sí mismo
lui[2] [lɥi] *pp de* **luire**
luire [lɥiʀ] *vi* brillar, relucir
lumière [lymjɛʀ] *nf* luz *f*; **lumières** *nfpl* (*d'une personne*) luces *fpl*; **mettre qch en ~** (*fig*) poner algo en claro, sacar algo a la luz; **~ du jour/du soleil** luz del día/del sol
luminaire [lyminɛʀ] *nm* luminaria
lumineux, -euse [lyminø, øz] *adj* luminoso(-a)
lunatique [lynatik] *adj* lunático(-a)
lundi [lœ̃di] *nm* lunes *m inv*; **on est ~** estamos a lunes; **le(s) ~(s)** (*chaque lundi*) el (los) lunes; **« à ~ »** « hasta el lunes »; **~ de Pâques** lunes de Pascua
lune [lyn] *nf* luna; **être dans la ~** estar en la luna; **~ de miel** luna de miel
lunette [lynɛt] *nf*: **~s** *nfpl* gafas *fpl*, anteojos *mpl* (AM); **~ arrière** (*Auto*) ventanilla trasera; **~s noires/de soleil** gafas negras/de sol
lustre [lystʀ] *nm* araña; (*éclat*) brillo • **lustrer** *vt* lustrar
luth [lyt] *nm* laúd *m*
lutin [lytɛ̃] *nm* duende *m*
lutte [lyt] *nf* lucha • **lutter** *vi* luchar
luxe [lyks] *nm* lujo; **de ~** de lujo
Luxembourg [lyksɑ̃buʀ] *nm* Luxemburgo
luxer [lykse] *vt*: **se ~ l'épaule/le genou** luxarse el hombro/la rodilla
luxueux, -euse [lyksɥø, øz] *adj* lujoso(-a)
lycée [lise] *nm* instituto, liceo (AM) • **lycéen, ne** *nm/f* alumno(-a) de instituto
lyophilisé, e [ljɔfilize] *adj* liofilizado(-a)
lyrique [liʀik] *adj* lírico(-a)
lys [lis] *nm* (*Bot*) lirio; (*emblème*) lis *m*

m

M *abr* (= *Monsieur*) Sr. (= *Señor*)

m' [m] *pron voir* **me**

ma [ma] *voir* **mon**

macaron [makaʀɔ̃] *nm* (*gâteau*) mostachón *m*

macaroni [makaʀɔni] *nmpl* macarrones *mpl*

macédoine [masedwan] *nf*: **~ de fruits** macedonia de frutas

macérer [maseʀe] *vi, vt* macerar

mâcher [mɑʃe] *vt* masticar; **ne pas ~ ses mots** no tener pelos en la lengua

machin [maʃɛ̃] (*fam* : *chose*) *nm* chisme *m*

machinal, e, -aux [maʃinal, o] *adj* maquinal

machinalement [maʃinalmɑ̃] *adv* mecánicamente

machination [maʃinasjɔ̃] *nf* maquinación *f*

machine [maʃin] *nf* máquina; **~ à coudre/à écrire/à tricoter** máquina de coser/de escribir/de tricotar; **~ à laver** lavadora; **~ à sous** máquina tragaperras *inv*

mâchoire [mɑʃwaʀ] *nf* mandíbula

mâchonner [mɑʃɔne] *vt* mordisquear

maçon, ne [masɔ̃, ɔn] *nm/f* albañil *mf* • **maçonnerie** *nf* albañilería

Madame [madam] (*pl* **Mesdames**) *nf* (*titre*) señora, doña; **~ X** la señora X; **occupez-vous de ~** atienda a la señora; **bonjour ~** buenos días señora; **madame !** (*pour appeler*) ¡(oiga) señora!; **~,** (*sur lettre*) Señora:; **Chère ~,** Estimada señora:; **Mesdames** Señoras

madeleine [madlɛn] *nf* (*gâteau*) magdalena

Mademoiselle [madmwazɛl] (*pl* **Mesdemoiselles**) *nf* Señorita; *voir aussi* **Madame**

madère [madɛʀ] *nm* madeira *m*

magasin [magazɛ̃] *nm* tienda; (*entrepôt*) almacén *m*

magazine [magazin] *nm* revista; (*radiodiffusé, télévisé*) magazine *m*

Maghreb [magʀɛb] *nm* Magreb *m*

magicien, ne [maʒisjɛ̃, jɛn] *nm/f* mago(-a)

magie [maʒi] *nf* magia • **magique** *adj* mágico(-a)

magistral, -aux [maʒistʀal, o] *adj* magistral; **cours ~** clase *f* teórica

magistrat, e [maʒistʀa, at] *nm/f* magistrado(-a)

magnétique [maɲetik] *adj* magnético(-a)

magnifique [maɲifik] *adj* magnífico(-a)

magret [magʀɛ] *nm* : **~ de canard** magret *m* de pato

mai [mɛ] *nm* mayo; *voir aussi* **juillet**

> **Le premier mai**, día internacional de los trabajadores, es costumbre en Francia llevar puestas e intercambiar ramitas de lirio de los valles. **Le 8 mai** es una fiesta oficial en Francia en la que se conmemora la rendición del ejército alemán ante Eisenhower el 7 de mayo de 1945. En la mayoría de las poblaciones hay desfiles de veteranos de guerra. La agitación social que tuvo lugar en mayo y junio de 1968, con manifestaciones estudiantiles, huelgas y disturbios, se conoce genéricamente como *les événements de* **mai 68**. El gobierno de De Gaulle resistió la presión, aunque se vio abocado a realizar reformas educativas y a avanzar hacia la descentralización.

maigre [mɛgʀ] *adj (après nom : personne, animal)* delgado(-a), flaco(-a); *(: viande, fromage)* magro(-a); *(fig : avant nom : repas, salaire, profit)* escaso(-a) • **maigreur** *nf* delgadez *f*, flaqueza • **maigrir** *vi* adelgazar

mail [mɛl] *nm* e-mail *m*, correo electrónico

maille [maj] *nf (boucle)* eslabón *m*; *(ouverture : dans un filet etc)* punto; **avoir ~ à partir avec qn** andar en dimes y diretes con algn; **~ à l'endroit/à l'envers** punto del derecho/del revés

maillet [majɛ] *nm (outil)* mazo

maillon [majɔ̃] *nm (d'une chaîne)* eslabón *m*

maillot [majo] *nm* malla; *(de sportif)* camiseta; **~ (de corps)** camiseta; **~ de bain** traje *m* de baño, bañador *m*

main [mɛ̃] *nf* mano *f*; **à la ~** a mano; **se donner la ~** darse la mano; **donner** *ou* **tendre la ~ à qn** dar *ou* tender la mano a algn; **serrer la ~ à qn** estrechar la mano a algn; **sous la ~** a mano; **haut les ~s** arriba las manos; **attaque à ~ armée** ataque *m* a mano armada; **à remettre en ~s propres** a entregar en mano; **mettre la dernière ~ à qch** dar el último toque a algo; **mettre la ~ à la pâte** poner manos a la obra; **forcer la ~ à qn** obligar a algn; **s'en laver les ~s** *(fig)* lavarse las manos; **se faire la ~** entrenarse; **perdre la ~** estar desentrenado(-a); **en un tour de ~** *(fig)* en un periquete; **~ courante** pasamanos *m inv*

main-d'œuvre [mɛ̃dœvʀ] *(pl* **mains-d'œuvre***)* *nf* mano *f* de obra

mainmise [mɛ̃miz] *nf*: **avoir la ~ sur** tener control sobre

mains libres [mɛ̃libʀ] *adj inv (téléphone, kit)* manos libres *fsg*

maint, e [mɛ̃, mɛ̃t] *adj* : **à ~es reprises** en repetidas ocasiones

maintenant [mɛ̃t(ə)nɑ̃] *adv* ahora; *(ceci dit)* ahora bien

maintenir [mɛ̃t(ə)niʀ] *vt* mantener; **se maintenir** *vpr* mantenerse

maintien [mɛ̃tjɛ̃] *nm* mantenimiento; *(allure)* compostura

maire [mɛʀ] *nmf* alcalde(sa), intendente(-a) *(CSur)*, regente *mf (Mex)* • **mairie** *nf* ayuntamiento

mais [mɛ] *conj* pero; **~ non !** ¡que no!; **~ enfin !** ¡pero bueno!; **~ encore** sino que

maïs [mais] *nm* maíz *m*

maison [mɛzɔ̃] *nf* casa ▸ *adj inv* (*Culin*) casero(-a); **~ de repos** casa de reposo; **~ de santé** centro de salud; **~ des jeunes** casa de la juventud

maître [mɛtʀ] *nm/f* (*peintre etc*) maestro(-a) ▸ *nm* (*Scol*) maestro; (*Jur*) : **M~** *título que se da en Francia a abogados, procuradores y notarios* ▸ *adj* maestro(-a); **être ~ de** dominar; **~ chanteur(-euse)** chantajista *mf*; **~ d'hôtel** *nmf* jefe(-a) de comedor, maître *mf*; **~ nageur(-euse)** monitor(a) de natación; *voir aussi* **maîtresse**

• **maîtresse** *nf* (*amante*) amante *f* ▸ *adj* : **une ~ femme** toda una mujer; **~ d'école** maestra de escuela; **~ de maison** (*hôtesse*) señora *ou* dueña de la casa

maîtrise [metʀiz] *nf* (*aussi* : **maîtrise de soi**) dominio de sí mismo; (*habileté, virtuosité*) maestría; (*suprématie*) dominio; (*Hist : diplôme*) ≈ licenciatura

• **maîtriser** *vt* dominar; **se maîtriser** *vpr* dominarse

majestueux, -euse [maʒɛstɥø, øz] *adj* majestuoso(-a)

majeur, e [maʒœʀ] *adj* mayor; (*Jur : personne*) mayor de edad; (*préoccupation*) principal ▸ *nm/f* (*Jur*) mayor *mf* de edad ▸ *nm* (*doigt*) corazón *m*; **en majeure partie** en su mayor parte

majorer [maʒɔʀe] *vt* recargar

majoritaire [maʒɔʀitɛʀ] *adj* mayoritario(-a)

majorité [maʒɔʀite] *nf* mayoría; (*Jur*) mayoría de edad; **en ~** en su mayoría; **avoir la ~** tener la mayoría

majuscule [maʒyskyl] *adj, nf* : **(lettre) ~** (letra) mayúscula

mal, maux [mal, mo] *nm* (*tort, épreuve, malheur*) desgracia; (*douleur physique*) dolor *m*; (*maladie*) mal *m*; (*difficulté*) dificultad *f* ▸ *adv* mal ▸ *adj m* : **c'est ~ (de faire)** está mal (hacer); **être ~** (*mal installé*) estar incómodo(-a); **se sentir/se trouver ~** sentirse/encontrarse mal; **il a ~ compris** ha entendido mal; **~ tourner** ir mal; **dire du ~ de qn** hablar mal de algn; **penser du ~ de qn** pensar mal de algn; **ne voir aucun ~ à** no ver ningún mal en; **faire du ~ à qn** hacer daño a algn; **se donner du ~ pour faire qch** tomarse trabajo para hacer algo; **se faire ~** hacerse daño; **ça fait ~** duele; **j'ai ~ (ici)** me duele (aquí); **j'ai ~ au dos** me duele la espalda; **avoir ~ à la tête/aux dents** tener dolor de cabeza/de muelas; **avoir ~ au cœur** tener náuseas; **j'ai du ~ à faire** me cuesta hacerlo; **avoir le ~ du pays** tener morriña; **~ en point** *adj inv* bastante mal

malade [malad] *adj* enfermo(-a); (*poitrine, jambe*) malo(-a) ▸ *nmf* enfermo(-a); **tomber ~** caer enfermo(-a); **être ~ du cœur** estar enfermo(-a) del corazón; **~ mental(e)** enfermo mental

• **maladie** *nf* enfermedad *f*

• **maladif, -ive** *adj* enfermizo(-a)

maladresse [maladʀɛs] *nf* torpeza

maladroit, e [maladʀwa, wat] *adj* torpe
malaise [malɛz] *nm* malestar *m*
malaria [malaʀja] *nf* malaria
malaxer [malakse] *vt* amasar
malchance [malʃɑ̃s] *nf* mala suerte; **par ~** por desgracia • **malchanceux, -euse** *adj* desafortunado(-a)
mâle [mɑl] *nm* macho ▸ *adj* macho; (*enfant*) varón; (*viril*) varonil, viril; **prise ~** (*Élec*) clavija
malédiction [malediksjɔ̃] *nf* maldición *f*
malentendant, e [malɑ̃tɑ̃dɑ̃, ɑ̃t] *nm/f*: **les ~s** las personas con defectos de audición
malentendu [malɑ̃tɑ̃dy] *nm* malentendido
malfaçon [malfasɔ̃] *nf* defecto • **malfaisant, e** *adj* (*bête*) dañino(-a); (*être*) malo(-a); (*idées, influence*) nocivo(-a) • **malfaiteur, -trice** *nm/f* malhechor(a)
malfamé, e [malfame] *adj* de mala fama
malgache [malgaʃ] *adj* malgache ▸ *nm* (*Ling*) malgache *m* ▸ *nmf*: **Malgache** malgache *mf*
malgré [malgʀe] *prép* a pesar de; **~ tout** a pesar de todo
malheur [malœʀ] *nm* desgracia; **faire un ~** (*fam*) explotar • **malheureusement** *adv* desgraciadamente • **malheureux, -euse** *adj* (*triste: personne*) infeliz, desdichado(-a); (*existence, accident*) desgraciado(-a), desdichado(-a); (*malchanceux: candidat*) derrotado(-a); (*insignifiant*) miserable ▸ *nm/f* desgraciado(-a); **la malheureuse femme/victime** la desdichada mujer/víctima
malhonnête [malɔnɛt] *adj* deshonesto(-a) • **malhonnêteté** *nf* falta de honradez
malice [malis] *nf* malicia • **malicieux, -euse** *adj* malicioso(-a)
malin, -igne [malɛ̃, maliɲ] *adj* (*rusé: f gén* **maline**) astuto(-a); (*Méd*) maligno(-a)
malingre [malɛ̃gʀ] *adj* enteco(-a)
malle [mal] *nf* baúl *m* • **mallette** *nf* maletín *m*
malmener [malməne] *vt* maltratar; (*fig: adversaire*) dejar maltrecho(-a)
malodorant, e [malɔdɔʀɑ̃, ɑ̃t] *adj* maloliente
malpoli, e [malpɔli] *nm/f* maleducado(-a)
malsain, e [malsɛ̃, ɛn] *adj* malsano(-a)
malt [malt] *nm* malta
Malte [malt] *nf* Malta
maltraitance [maltʀɛtɑ̃s] *nf* maltrato
maltraiter [maltʀete] *vt* maltratar
malveillance [malvɛjɑ̃s] *nf* mala intención *f*; (*Jur*) malevolencia
malversation [malvɛʀsasjɔ̃] *nf* malversación *f*
maman [mamɑ̃] *nf* mamá
mamelle [mamɛl] *nf* teta
mamelon [mam(ə)lɔ̃] *nm* pezón *m*
mamie [mami] (*fam*) *nf* abuelita, nana
mammifère [mamifɛʀ] *nm* mamífero

mammouth [mamut] *nm* mamut *m*

manche [mɑ̃ʃ] *nf* manga; (*Géo*): **la M~** el Canal *m* de la Mancha ▸ *nm* mango; **faire la ~** pedir (limosna); **~ à balai** *nm* palo de escoba

manchette [mɑ̃ʃɛt] *nf* (*de chemise*) puño; (*Presse*) cabecera, titular *m*

manchot, e [mɑ̃ʃo, ɔt] *adj* manco(-a) ▸ *nm* (*Zool*) pingüino

mandarine [mɑ̃daʀin] *nf* mandarina

mandat [mɑ̃da] *nm* (*postal*) giro; (*d'un député, président*) mandato; (*Police*) orden *f*; **~ d'arrêt** orden de arresto • **mandataire** *nmf* mandatario(-a)

manège [manɛʒ] *nm* (*école d'équitation*) picadero; (*à la foire*) tiovivo; (*fig : manœuvre*) maniobra

manette [manɛt] *nf* palanca

mangeable [mɑ̃ʒabl] *adj* comible

mangeoire [mɑ̃ʒwaʀ] *nf* pesebre *m*

manger [mɑ̃ʒe] *vt* comer; (*ronger : suj : rouille etc*) carcomer ▸ *vi* comer

mangue [mɑ̃g] *nf* mango

maniable [manjabl] *adj* manejable

maniaque [manjak] *adj* maniático(-a) ▸ *nmf* (*obsédé, fou*) maníaco(-a)

manie [mani] *nf* manía

manier [manje] *vt* manejar

manière [manjɛʀ] *nf* manera; **manières** *nfpl* (*attitude*) modales *mpl*; (*chichis*) melindres *mpl*; **de ~ à** con objeto de; **de telle ~ que** de tal manera que; **de cette ~** de esta manera; **d'une ~ générale** en general; **de toute ~** de todas maneras; **d'une certaine ~** en cierto sentido

maniéré, e [manjeʀe] *adj* amanerado(-a)

manifestant, e [manifɛstɑ̃, ɑ̃t] *nm/f* manifestante *mf*

manifestation [manifɛstasjɔ̃] *nf* manifestación *f*

manifeste [manifɛst] *adj* manifiesto(-a) ▸ *nm* manifiesto • **manifester** *vt* manifestar ▸ *vi* (*Pol*) manifestarse; **se manifester** *vpr* manifestarse; (*témoin*) presentarse

manigancer [manigɑ̃se] *vt* tramar

manipulation [manipylasjɔ̃] *nf* manipulación *f*; **~ génétique** manipulación genética

manipuler [manipyle] *vt* manipular

manivelle [manivɛl] *nf* manivela

mannequin [mankɛ̃] *nm* (*Couture*) maniquí *m* ▸ *nmf* (*Mode*) modelo *mf*

manœuvre [manœvʀ] *nf* maniobra ▸ *nmf* peón *mf* (de obra); **fausse ~** maniobra falsa

manœuvrer [manœvʀe] *vt* maniobrar; (*levier, personne*) manejar ▸ *vi* maniobrar

manoir [manwaʀ] *nm* casa solariega

manque [mɑ̃k] *nm* falta; **manques** *nmpl* (*lacunes*) lagunas *fpl*

manqué, e [mɑ̃ke] *adj* fracasado(-a), fallido(-a); *voir aussi* **garçon**

manquer [mɑ̃ke] *vi* faltar; (*échouer*) fallar, fracasar ▸ *vt* (*coup, objectif*) fallar; (*cours, réunion*) faltar a ▸ *vb impers* : **il (nous) manque encore 10 euros** (nos) faltan todavía 10 euros; **il manque des pages** faltan páginas; **~ à qch** faltar a algo; **~ à qn** : **il/cela me manque** le/lo echo de menos; **~ de** carecer de; **~ (de) faire** : **il a manqué (de) se tuer** por poco se mata

mansarde [mɑ̃saʀd] *nf* buhardilla • **mansardé, e** *adj* abuhardillado(-a)

manteau, x [mɑ̃to] *nm* abrigo

manucure [manykyʀ] *nf* manicura

manuel, le [manɥɛl] *adj* manual ▸ *nm* (*livre*) manual *m*

manufacture [manyfaktyʀ] *nf* manufactura • **manufacturé, e** *adj* manufacturado(-a)

manuscrit, e [manyskʀi, it] *adj* manuscrito(-a) ▸ *nm* manuscrito

manutention [manytɑ̃sjɔ̃] *nf* manipulación *f*

mappemonde [mapmɔ̃d] *nf* mapamundi *m*

maquereau, x [makʀo] *nm* (*Zool*) caballa; (*fam : proxénète*) chulo

maquette [makɛt] *nf* maqueta

maquillage [makijaʒ] *nm* maquillaje *m*

maquiller [makije] *vt* maquillar; **se maquiller** *vpr* maquillarse

maquis [maki] *nm* (*Géo*) monte *m* bajo; (*Mil*) maquis *m inv*

maraîcher, -ère [maʀeʃe, ɛʀ] *adj* : **cultures maraîchères** cultivos *mpl* de huerta ▸ *nm/f* hortelano(-a)

marais [maʀɛ] *nm* pantano

marasme [maʀasm] *nm* marasmo

marathon [maʀatɔ̃] *nm* maratón *m*

marbre [maʀbʀ] *nm* mármol *m*

marc [maʀ] *nm* (*de raisin, pommes, aussi alcool*) orujo

marchand, e [maʀʃɑ̃, ɑ̃d] *nm/f* comerciante *mf*; (*au marché*) vendedor(a) ▸ *adj* : **valeur marchande** valor *m* comercial; **~ de journaux** vendedor(a) de periódicos; **~ de légumes** verdulero(-a) • **marchander** *vt, vi* regatear • **marchandise** *nf* mercancía

marche [maʀʃ] *nf* marcha; (*d'escalier*) escalón *m*; **ouvrir/fermer la ~** abrir/cerrar la marcha; **dans le sens de la ~** (*Rail*) en el sentido de la marcha; **monter/prendre en ~** subir/coger en marcha; **mettre en ~** poner en marcha; **se mettre en ~** ponerse en marcha; **~ à suivre** pasos *mpl* a seguir; **~ arrière** (*Auto*) marcha atrás; **faire ~ arrière** (*Auto, aussi fig*) dar marcha atrás

marché [maʀʃe] *nm* mercado; (*accord, affaire*) trato; **par dessus le ~** por añadidura; **~ aux puces** rastro, mercadillo; **~ noir** mercado negro

marcher [maʀʃe] *vi* andar; (*se promener : fonctionner*) funcionar; **d'accord, je marche** (*fam*) bueno, me parece bien; **~ sur** (*mettre le pied sur*) pisar; **~ dans** (*herbe, neige*) caminar por; **faire ~ qn**

tomar el pelo a algn • **marcheur, -euse** *nm/f* andarín(-ina)

mardi [maʀdi] *nm* martes *m inv*; **M~ gras** martes de Carnaval; *voir aussi* **lundi**

mare [maʀ] *nf* charco

marécage [maʀekaʒ] *nm* ciénaga • **marécageux, -euse** *adj* cenagoso(-a)

maréchal, e, -aux [maʀeʃal, o] *nm/f* mariscal *mf*

marée [maʀe] *nf* marea; **~ basse/haute** marea baja/alta; **~ montante/descendante** flujo/reflujo; **~ noire** marea negra

marelle [maʀɛl] *nf* rayuela

margarine [maʀgaʀin] *nf* margarina

marge [maʀʒ] *nf* margen *m*; **en ~ (de)** al margen (de); **~ bénéficiaire** (*Comm*) margen de beneficios

marginal, e, -aux [maʀʒinal, o] *adj* marginal

marguerite [maʀgəʀit] *nf* margarita

mari [maʀi] *nm* marido

mariage [maʀjaʒ] *nm* matrimonio; (*noce*) boda; (*fig : de mots, couleurs*) combinación *f*; **~ blanc** matrimonio de conveniencia (*para obtener la residencia o la nacionalidad*); **~ civil/religieux** matrimonio civil/religioso

marié, e [maʀje] *adj* casado(-a) ▸ *nm/f* novio(-a); **les ~s** los novios

marier [maʀje] *vt* casar; (*fig : couleur*) combinar; **se ~ (avec)** casarse (con)

marin, e [maʀɛ̃, in] *adj* marino(-a) ▸ *nm* marino; (*matelot*) marinero • **marine** *nf* marina; **~ marchande/de guerre** marina mercante/de guerra

mariner [maʀine] *vt, vi* escabechar

marionnette [maʀjɔnɛt] *nf* marioneta

maritalement [maʀitalmɑ̃] *adv* maritalmente

maritime [maʀitim] *adj* marítimo(-a)

marmelade [maʀməlad] *nf* mermelada

marmite [maʀmit] *nf* (*récipient*) marmita

marmonner [maʀmɔne] *vt* mascullar

marmotter [maʀmɔte] *vt* mascullar

Maroc [maʀɔk] *nm* Marruecos *msg*

marocain, e [maʀɔkɛ̃, ɛn] *adj* marroquí ▸ *nm/f*: **Marocain, e** marroquí *mf*

maroquinerie [maʀɔkinʀi] *nf* marroquinería

marquant, e [maʀkɑ̃, ɑ̃t] *adj* destacado(-a); (*personnalité*) especial

marque [maʀk] *nf* marca; **de ~** *adj* (*Comm : produit*) de marca; (*fig*) destacado(-a); **~ déposée** marca registrada

marquer [maʀke] *vt* marcar; (*inscrire*) anotar; (*suj : chose*) impresionar; (*assentiment, refus*) manifestar ▸ *vi* (*Sport*) marcar; **~ le pas** (*fig*) marcar el paso

marqueterie [maʀkɛtʀi] *nf* marquetería

marquis, e [maʀki, iz] *nm/f* marqués(-esa)

marraine [maʀɛn] *nf* madrina

marrant, e [marɑ̃, ɑ̃t] *(fam) adj* divertido(-a); **ce n'est pas ~** no tiene gracia
marre [maʀ] *(fam) adv* : **en avoir ~ de** estar harto(-a) de
marrer [maʀe] : **se marrer** *(fam) vpr* reírse
marron [maʀɔ̃] *nm* castaña ▶ *adj inv (couleur)* marrón *inv* • **marronnier** *nm* castaño de Indias
mars [maʀs] *nm* marzo; *voir aussi* **juillet**
marseillais, e [maʀsɛjɛ, ɛz] *adj* marsellés(-esa)

La **Marseillaise** es el himno nacional francés desde 1879. La letra del *Chant de guerre de l'armée du Rhin*, título original de la canción, fue escrita en 1792 por el capitán del ejército, Rouget de Lisle, basándose en una melodía anónima. Adoptada más tarde como marcha militar por el batallón de Marsella, terminó conociéndose como la Marsellesa.

Marseille [maʀsɛj] *n* Marsella
marsouin [maʀswɛ̃] *nm* marsopa
marteau [maʀto] *nm* martillo • **marteau-piqueur** *(pl* **marteaux-piqueurs**) *nm* martillo neumático
marteler [maʀtəle] *vt* martillear
martien, ne [maʀsjɛ̃, jɛn] *adj* marciano(-a)
martyr, e [maʀtiʀ] *nm/f* mártir *mf* • **martyre** *nm* martirio • **martyriser** *vt* martirizar
marxiste [maʀksist] *adj, nmf* marxista *mf*
mascara [maskaʀa] *nm* rímel *m*
masculin, e [maskylɛ̃, in] *adj* masculino(-a) ▶ *nm* masculino
masochiste [mazɔʃist] *adj, nmf* masoquista *mf*
masque [mask] *nm* máscara; **~ de plongée** gafas *fpl* de bucear • **masquer** *vt* ocultar
massacre [masakʀ] *nm* matanza • **massacrer** *vt* matar, exterminar
massage [masaʒ] *nm* masaje *m*
masse [mas] *nf* masa; *(maillet)* maza; **les ~s laborieuses/ paysannes** las masas trabajadoras/campesinas; **en ~** en masa
masser [mase] *vt (personne, jambe)* dar masaje a; **se masser** *vpr (se regrouper)* concentrarse • **masseur, -euse** *nm/f* masajista *mf*
massif, -ive [masif, iv] *adj (porte, silhouette, or)* macizo(-a); *(dose)* masivo(-a) ▶ *nm* macizo
massue [masy] *nf* maza
master [mastɛʀ] *nm (Univ)* máster *m*
mastic [mastik] *nm* masilla
mastiquer [mastike] *vt* masticar
mat, e [mat] *adj* mate *inv*; *(son)* sordo(-a); **être ~** *(Échecs)* ser mate
mât [mɑ] *nm (Naut)* mástil *m*; *(poteau)* poste *m*
match [matʃ] *nm* partido; **~ aller/ retour** partido de ida/de vuelta; **faire ~ nul** empatar
matelas [mat(ə)lɑ] *nm* colchón *m*; **~ pneumatique** colchón de aire
matelot [mat(ə)lo] *nmf* marinero(-a)
mater [mate] *vt (personne)* someter; *(révolte)* dominar

matérialiser [mateʀjalize]: **se matérialiser** *vpr* materializarse

matérialiste [mateʀjalist] *adj, nmf* materialista *mf*

matériau [mateʀjo] *nm* material *m*

matériel, le [mateʀjɛl] *adj* material ▸ *nm* material *m*; (*de camping*) equipo; (*de pêche*) aparejos *mpl*

maternel, le [matɛʀnɛl] *adj* (*amour*) maternal; (*grand-père, grand-mère*) materno(-a) • **maternelle** *nf* (*aussi* : **école maternelle**) escuela de párvulos

maternité [matɛʀnite] *nf* maternidad *f*

mathématique [matematik] *adj* matemático(-a); **mathématiques** *nfpl* matemáticas *fpl*

maths [mat] (*fam*) *nfpl* mates *fpl*

matière [matjɛʀ] *nf* (*Phys*) materia; (*Comm, Tech*) material *m*; (*d'un livre etc*) tema *m*; (*Scol*) asignatura; **en ~ de** en materia de; **~ grise** materia gris; **~s grasses** grasas *fpl*; **~s premières** materias primas

matin [matɛ̃] *nm* mañana; **le ~** por la mañana; **dimanche ~** el domingo por la mañana; **le lendemain ~** a la mañana siguiente; **hier/demain ~** ayer/mañana por la mañana; **du ~ au soir** de la mañana a la noche; **une heure du ~** la una de la mañana; **à demain ~ !** ¡hasta mañana por la mañana!; **de grand** *ou* **bon ~** de madrugada

matinal, e, -aux [matinal, o] *adj* (*toilette, gymnastique*) matutino(-a), matinal; (*de bonne heure*) tempranero(-a); **être ~** (*personne*) ser madrugador(a) • **matinée** *nf* mañana; (*spectacle*) función *f* de tarde, vermú *m* (AM)

matou [matu] (*fam*) *nm* gato

matraque [matʀak] *nf* (*de malfaiteur*) cachiporra; (*de policier*) porra

matricule [matʀikyl] *nf* matrícula ▸ *nm* (*Mil*) número de registro

matrimonial, e, -aux [matʀimɔnjal, jo] *adj* matrimonial

maudit, e [modi, it] *adj* maldito(-a)

maugréer [mogʀee] *vi* refunfuñar

maussade [mosad] *adj* (*personne*) malhumorado(-a); (*ciel, temps*) desapacible

mauvais, e [mɔvɛ, ɛz] *adj* malo(-a); (*placé avant le nom*) mal; (*rire*) perverso(-a) ▸ *adv* : **il fait ~** hace malo; **sentir ~** oler mal; **la mer est mauvaise** el mar está agitado; **~ joueur** mal jugador *m*; **~ pas** mal paso; **mauvaise herbe** mala hierba; **mauvaise langue** lengua viperina; **mauvaise tête** terco(-a)

mauve [mov] *nm* malva ▸ *adj* malva *inv*

maux [mo] *nmpl voir* **mal**

maximum [maksimɔm] *adj* máximo(-a) ▸ *nm* máximo; **au ~** (*adv : le plus possible*) al máximo; (*tout au plus*) como máximo

mayonnaise [majɔnɛz] *nf* mayonesa

m

mazout [mazut] *nm* fuel-oil *m*
me [mə] *pron* me; **il m'a donné un livre** me ha dado un libro
mec [mɛk] *(fam) nm* tío
mécanicien, ne [mekanisjɛ̃, jɛn] *nm/f* mecánico(-a)
mécanique [mekanik] *adj* mecánico(-a) ▸ *nf* mecánica; **s'y connaître en ~** saber de mecánica; **ennui ~** problema *m* mecánico
mécanisme [mekanism] *nm* mecanismo
méchamment [meʃamɑ̃] *adv* cruelmente
méchanceté [meʃɑ̃ste] *nf* maldad *f*, malicia
méchant, e [meʃɑ̃, ɑ̃t] *adj* (*personne*) malvado(-a); (*sourire*) malicioso(-a); (*animal*) malo(-a); (*avant le nom : affaire, humeur*) mal
mèche [mɛʃ] *nf* (*de bougie*) mecha; (*de cheveux*) mechón *m*; **vendre la ~** irse de la lengua; **être de ~ avec qn** estar conchabado(-a) con algn
méchoui [meʃwi] *nm* cordero asado
méconnaissable [mekɔnɛsabl] *adj* irreconocible
méconnaître [mekɔnɛtʀ] *vt* desconocer
mécontent, e [mekɔ̃tɑ̃, ɑ̃t] *adj* : **~ (de)** descontento(-a) (con)
• **mécontentement** *nm* descontento
médaille [medaj] *nf* medalla
médaillon [medajɔ̃] *nm* medallón *m*
médecin [med(ə)sɛ̃] *nmf* médico(-a); **~ généraliste/légiste/traitant** médico(-a) general/forense/de cabecera
médecine [med(ə)sin] *nf* medicina; **~ légale/préventive** medicina legal/preventiva
média [medja] *nm* medio (de comunicación); **les ~s** los medios (de comunicación), los media *mpl*
• **médiatique** *adj* mediático
• **médiatisé, e** *adj* mediatizado(-a)
médical, e, -aux [medikal, o] *adj* médico(-a)
médicament [medikamɑ̃] *nm* medicamento
médiéval, e, -aux [medjeval, o] *adj* medieval
médiocre [medjɔkʀ] *adj* mediocre
méditer [medite]
Méditerranée [mediteʀane] *nf* : **la (mer) ~** el (mar) Mediterráneo
• **méditerranéen, ne** *adj* mediterráneo(-a) ▸ *nm/f* : **Méditerranéen, ne** mediterráneo(-a)
méduse [medyz] *nf* medusa
méfait [mefɛ] *nm* (*faute*) fechoría; **méfaits** *nmpl* (*ravages*) daños *mpl*
méfiance [mefjɑ̃s] *nf* desconfianza, recelo
méfiant, e [mefjɑ̃, jɑ̃t] *adj* desconfiado(-a), receloso(-a)
méfier [mefje] : **se méfier** *vpr* desconfiar; **se ~ de** desconfiar de; (*faire attention*) tener cuidado con
mégarde [megaʀd] *nf* : **par ~** por descuido
mégère [meʒɛʀ] (*péj*) *nf* arpía, bruja
mégot [mego] *nm* colilla
meilleur, e [mɛjœʀ] *adj* mejor; (*superlatif*) : **le ~** el mejor ▸ *nm* :

le ~ el mejor ▸ *nf* : **la meilleure** la mejor; **le ~ des deux** el mejor de los dos; **c'est la meilleure !** ¡es el colmo!; **~ marché** más barato

mél [mɛl] *nm* email *m*, correo electrónico

mélancolie [melɑ̃kɔli] *nf* melancolía • **mélancolique** *adj* melancólico(-a)

mélange [melɑ̃ʒ] *nm* mezcla • **mélanger** *vt* mezclar; **vous mélangez tout !** ¡usted lo mezcla *ou* confunde todo!

mêlée [mele] *nf* pelea, contienda; (*Rugby*) melé *f*

mêler [mele] *vt* mezclar; **se mêler** *vpr* mezclarse; **se ~ à** mezclarse con; **se ~ de** entrometerse en; **~ qn à une affaire** implicar a algn en un asunto

mélodie [melɔdi] *nf* melodía • **mélodieux, -euse** *adj* melodioso(-a)

melon [m(ə)lɔ̃] *nm* melón *m*

membre [mɑ̃bʀ] *nm* (*Anat*) miembro ▸ *nmf* (*personne, groupe*) miembro ▸ *adj*

mémé [meme] (*fam*) *nf* abuelita

même [mɛm]

▸ *adj* **1** (*avant le nom*) mismo(-a); **en ~ temps** al mismo tiempo; **ils ont les ~s goûts** tienen los mismos gustos; **la ~ chose** lo mismo
2 (*après le nom : renforcement*) mismo(-a); **il est la loyauté ~** es la lealtad misma; **ce sont ses paroles ~s** son sus mismas palabras
▸ *pron* : **le (la) ~** el (la) mismo(-a)
▸ *adv* **1** (*renforcement*) : **il n'a ~ pas pleuré** ni siquiera lloró; **~ lui l'a dit** incluso él lo dijo; **ici ~** aquí mismo
2 : **à ~** : **à ~ la bouteille** de la botella misma; **à ~ la peau** junto a la piel; **être à ~ de faire** estar en condiciones de hacer
3 : **de ~** : **faire de ~** hacer lo mismo; **lui de ~** también él; **de ~ que** lo mismo que; **de lui-~** por sí mismo; **il en va de ~ pour** lo mismo va para
4 : **~ si** *conj* aunque + *subjuntivo*

mémoire [memwaʀ] *nf* memoria ▸ *nm* (*Univ, Admin, Jur*) memoria; **mémoires** *nmpl* memorias *fpl*; **à la ~ de** en memoria de; **pour ~** a título de información; **de ~** (*adv*) de memoria; **mettre en ~** (*Inform*) guardar en memoria; **~ morte/vive** memoria ROM/RAM

mémorable [memɔʀabl] *adj* memorable

menace [mənas] *nf* amenaza • **menacer** *vt* amenazar

ménage [menaʒ] *nm* limpieza; (*couple*) pareja; **faire le ~** hacer la limpieza • **ménagement** *nm*

ménager¹ [menaʒe] *vt* (*personne, animal*) tratar consideración; (*ressources*) administrar; (*ouverture*) practicar; **se ménager** *vpr* cuidarse

ménager², -ère [menaʒe, ɛʀ] *adj* doméstico(-a)

ménagère [menaʒɛʀ] *nf* ama de casa

mendiant, e [mɑ̃djɑ̃, jɑ̃t] *nm/f* mendigo(-a), pordiosero(-a)

mendier [mɑ̃dje] *vt, vi* mendigar

m

mener [m(ə)ne] *vt* dirigir; (*enquête, vie, affaire*) llevar ▶ *vi* (*Sport*) estar a la cabeza, ir en cabeza; **~ à/dans/chez** (*emmener*) llevar a/en/a casa de; **~ qch à bonne fin/à terme/à bien** llevar algo a buen fin/a término/a buen término; **~ à rien/à tout** llevar *ou* conducir a nada/a todas partes

meneur, -euse [mənœʀ, øz] *nm/f* (*de grève, révolte*) cabecilla *mf*

méningite [menɛ̃ʒit] *nf* meningitis *f*

ménopause [menopoz] *nf* menopausia

menotte [mənɔt] *nf* (*langage enfantin*) manita; **menottes** *nfpl* esposas *fpl*

mensonge [mɑ̃sɔ̃ʒ] *nm* mentira • **mensonger, -ère** *adj* falso(-a)

mensualité [mɑ̃sɥalite] *nf* mensualidad *f*

mensuel, le [mɑ̃sɥɛl] *adj* mensual

mensurations [mɑ̃syʀasjɔ̃] *nfpl* medidas *fpl*

mental, e, -aux [mɑ̃tal, o] *adj* mental • **mentalité** *nf* mentalidad *f*

menteur, -euse [mɑ̃tœʀ, øz] *nm/f* mentiroso(-a), embustero(-a)

menthe [mɑ̃t] *nf* menta

mention [mɑ̃sjɔ̃] *nf* mención *f*; (*Scol, Univ*) : **~ passable/assez bien/bien/très bien** aprobado/bien/notable/sobresaliente; **« rayer la ~ inutile »** (*Admin*) « tache lo que no proceda » • **mentionner** *vt* mencionar

mentir [mɑ̃tiʀ] *vi* mentir

menton [mɑ̃tɔ̃] *nm* (*Anat*) mentón *m*, barbilla

menu, e [məny] *adj* menudo(-a); (*voix*) débil; (*frais*) módico(-a) ▶ *adv* : **hacher ~** picar menudo ▶ *nm* menú *m*

menuiserie [mənɥizʀi] *nf* carpintería • **menuisier** *nm* carpintero (*de muebles*)

méprendre [mepʀɑ̃dʀ] : **se méprendre** *vpr* equivocarse, confundirse; **se ~ sur** confundirse en, equivocarse en

mépris, e [mepʀi, iz] *pp de* **méprendre** ▶ *nm* desprecio, menosprecio; **au ~ de** a despecho de • **méprisable** *adj* despreciable • **méprisant, e** *adj* despreciativo(-a) • **méprise** *nf* equivocación *f* • **mépriser** *vt* despreciar, menospreciar

mer [mɛʀ] *nf* mar *m*; **en ~** en el mar; **prendre la ~** hacerse a la mar; **en haute/pleine ~** en alta mar

mercenaire [mɛʀsənɛʀ] *nmf* mercenario(-a)

mercerie [mɛʀsəʀi] *nf* mercería

merci [mɛʀsi] *excl* gracias ▶ *nf* merced *f*; **à la ~ de qn/qch** a merced de algn/algo; **~ de/pour** gracias por

mercredi [mɛʀkʀədi] *nm* miércoles *m inv*; **~ des cendres** miércoles de Ceniza; *voir aussi* **lundi**

mercure [mɛʀkyʀ] *nm* mercurio

merde [mɛʀd] (*fam!*) *nf* mierda (*fam!*) ▶ *excl* ¡mierda! (*fam!*); (*surprise, impatience*) ¡joder! (*fam!*), ¡coño! (*fam!*)

mère [mɛʀ] *nf* madre *f*; (*fam*) tía; **~ célibataire/de famille** madre soltera/de familia

merguez [mɛʀgɛz] *nf* merguez *f*

méridional, e, -aux [meʀidjɔnal, o] *adj* meridional; (*du midi de la France*) del Sur de Francia ▶ *nm/f* nativo(-a) *ou* habitante *mf* del Sur de Francia

meringue [məʀɛ̃g] *nf* merengue *m*

mérite [meʀit] *nm* mérito; (*valeur*) mérito, valor *m* • **mériter** *vt* merecer, ameritar (*AM*)

merle [mɛʀl] *nm* mirlo

merveille [mɛʀvɛj] *nf* maravilla; **faire ~/des ~s** hacer maravillas; **à ~** a las mil maravillas • **merveilleux, -euse** *adj* maravilloso(-a)

mes [me] *voir* **mon**

mésange [mezɑ̃ʒ] *nf* herrerillo

mésaventure [mezavɑ̃tyʀ] *nf* infortunio

Mesdames [medam] *nfpl voir* **Madame**

Mesdemoiselles [medmwazɛl] *nfpl voir* **Mademoiselle**

mesquin, e [mɛskɛ̃, in] *adj* : **esprit ~/personne mesquine** espíritu ruin/persona mezquina • **mesquinerie** *nf* mezquindad *f*

message [mesaʒ] *nm* mensaje *m*; **~ SMS** SMS *m*, mensaje de texto • **messager, -ère** *nm/f* mensajero(-a) • **messagerie** *nf* mensajería; **~ (électronique)** mensajería (electrónica); **~ vocale** (*Tél*) buzón *m* de voz

messe [mɛs] *nf* misa; **aller à la ~** ir a misa; **~ de minuit** misa del gallo

Messieurs [mesjø] *nmpl voir* **Monsieur**

mesure [m(ə)zyʀ] *nf* (*dimension, étalon*) medida; (*évaluation*) medición *f*; (*Mus*) compás *msg*; (*modération, retenue*) mesura, comedimiento; **sur ~** a la medida; **dans la ~ de/où** en la medida de/en que; **à ~ que** a medida que; **en ~** (*Mus*) al compás; **être en ~ de** estar en condiciones de

mesurer [məzyʀe] *vt* medir; **se ~ avec/à qn** medirse con algn; **il mesure 1 m 80** mide 1 m 80

métal, -aux [metal, o] *nm* metal *m* • **métallique** *adj* metálico(-a)

météo [meteo] *nf* (*bulletin*) tiempo; (*service*) servicio meteorológico

météorologie [meteɔʀɔlɔʒi] *nf* meteorología

méthode [metɔd] *nf* método

méticuleux, -euse [metikylø, øz] *adj* meticuloso(-a)

métier [metje] *nm* oficio; (*aussi* : **métier à tisser**) telar *m*

métis, se [metis] *adj, nm/f* mestizo(-a), cholo(-a) (*And*)

métrage [metʀaʒ] *nm* : **long/moyen/court ~** (*Ciné*) largometraje/mediometraje/cortometraje *m*

mètre [mɛtʀ] *nm* metro • **métrique** *adj* : **système ~** sistema métrico

métro [metʀo] *nm* metro, subterráneo (*AM*)

métropole [metʀɔpɔl] *nf* metrópoli *f*, metrópolis *f inv*

mets [mɛ] *vb voir* **mettre** ▶ *nm* plato

m

metteur, -euse [metœʀ, øz] *nm/f*: **~ en scène** (*Théâtre*) director(a) escénico(-a); (*Ciné*) director(a)

mettre [mɛtʀ]

▸*vt* 1 poner; **~ en bouteille** embotellar; **~ en sac** poner en sacos; **~ en pages** compaginar; **~ en examen** detener (*para ser interrogado*); **~ à la poste** echar al correo
2 (*vêtements*: *revêtir*) poner; (: *soi-même*) ponerse; **mets ton gilet** ponte el chaleco
3 (*faire fonctionner*: *chauffage, réveil*) poner; (*installer*: *gaz, eau*) poner; **faire ~ le gaz/l'électricité** poner gas/electricidad; **~ en marche** poner en marcha
4 (*consacrer*): **~ du temps/deux heures à faire qch** tardar tiempo/dos horas en hacer algo
5 (*écrire*) poner; **qu'est-ce que tu as mis sur la carte?** ¿qué has puesto en la postal?; **~ au pluriel** poner en plural
6 (*supposer*): **mettons que ...** pongamos que ...
7: **y ~ du sien** poner de su parte
▸**se mettre** *vpr*: **vous pouvez vous ~ là** puede ponerse allí; **où ça se met?** ¿dónde se pone eso?; **se ~ au lit** meterse en la cama; **se ~ de l'encre sur les doigts** mancharse los dedos de tinta; **se ~ en maillot de bain** ponerse en bañador; **n'avoir rien à se ~** no tener nada que ponerse; **se ~ à faire qch** ponerse a hacer algo; **se ~ au travail/à l'étude** ponerse a trabajar/a estudiar; **se ~ au régime** ponerse a régimen; **allons, il faut s'y ~!** ¡venga, vamos a ponernos a trabajar!

meuble [mœbl] *nm* mueble *m*
• **meublé, e** *adj* amueblado(-a)
• **meubler** *vt* amueblar

meugler [møgle] *vi* mugir

meule [møl] *nf* muela; (*Agr*) almiar *m*; (*de fromage*) rueda grande de queso

meunier, -ière [mønje, jɛʀ] *nm/f* molinero(-a)

meurs *etc* [mœʀ] *vb voir* **mourir**

meurtre [mœʀtʀ] *nm* asesinato
• **meurtrier, -ière** *nm/f* asesino(-a) ▸*adj* mortal; (*arme, instinct*) asesino(-a)

meurtrir [mœʀtʀiʀ] *vt* magullar; (*fig*) herir

meute [møt] *nf* jauría

mexicain, e [mɛksikɛ̃, ɛn] *adj* mexicano(-a), mejicano(-a) ▸*nm/f*: **Mexicain, e** mexicano(-a), mejicano(-a)

Mexique [mɛksik] *nm* México, Méjico

Mgr *abr* (= *Monseigneur*) Mons. (= *Monseñor*)

mi [mi] *nm inv* (*Mus*) mi *m*

mi- [mi] *préf* medio; **à la ~janvier** a mediados de enero; **à ~jambes/corps** a media pierna/cuerpo; **à ~hauteur/pente** a media altura/pendiente

miauler [mjole] *vi* maullar

miche [miʃ] *nf* hogaza

mi-chemin [miʃmɛ̃]: **à ~** *adv* a medio camino

mi-clos, e [miklo, kloz] (*pl* **mi-clos, es**) *adj* entornado(-a)

micro [mikʀo] *nm* micrófono

microbe [mikʀɔb] *nm* microbio
micro-onde [mikʀoɔ̃d] (*pl* **micro-ondes**) *nf* : **four à ~s** horno microondas
microscope [mikʀɔskɔp] *nm* microscopio • **microscopique** *adj* microscópico(-a)
midi [midi] *nm* mediodía *m*; **le M~ (de la France)** el sur de Francia; **à ~** a mediodía
mie [mi] *nf* miga
miel [mjɛl] *nm* miel *f* • **mielleux, -euse** (*péj*) *adj* meloso(-a)
mien, ne [mjɛ̃, mjɛn] *adj* mío(-a) ▶ *pron* : **le ~, la mienne, les ~s** el mío, la mía, los míos
miette [mjɛt] *nf* migaja; **en ~s** hecho añicos

mieux [mjø]

▶ *adv* **1** (*d'une meilleure façon*) : **~ (que)** mejor (que); **elle travaille/mange ~** trabaja/come mejor; **elle va ~** va mejor; **j'aime ~ le cinéma** me gusta más el cine; **j'attendais ~ de vous** esperaba algo más de usted; **de ~ en ~** cada vez mejor **2** (*de la meilleure façon*) mejor; **les livres les ~ faits** los libros mejor hechos
▶ *adj* **1** (*en meilleure forme*) mejor; **se sentir ~** encontrarse mejor **2** (*plus satisfaisant*) mejor; **c'est ~ ainsi** es mejor así; **c'est le ~ des deux** es el mejor de los dos; **le(la) ~, les ~** el (la) mejor, los (las) mejores; **demandez-lui, c'est le ~** pregúntele, es lo mejor; **il est ~ sans moustache** está mejor sin bigote; **il est ~ que son frère** es mejor que su hermano
3 : **au ~** en el mejor de los casos; **être au ~ avec** llevarse muy bien con; **tout est pour le ~** todo va de maravilla
▶ *nm* **1** (*amélioration*) mejoría; **faute de ~** a falta de algo mejor **2** : **faire de son ~** hacer cuanto se pueda; **du ~ qu'il peut** lo mejor que puede

mignon, ne [miɲɔ̃, ɔn] *adj* mono(-a)
migraine [migʀɛn] *nf* jaqueca
mijoter [miʒɔte] *vt* (*plat*) cocer a fuego lento; (*fam* : *affaire*) tramar ▶ *vi* cocer a fuego lento
milieu, x [miljø] *nm* medio; (*social, familial*) medio, entorno; **au ~ de** en medio de; **au beau** *ou* **en plein ~ (de)** justo en medio *ou* mitad (de); **le ~** (*pègre*) el hampa
militaire [militɛʀ] *adj, nmf* militar *mf*
militant, e [militɑ̃, ɑ̃t] *adj, nm/f* militante *mf*
militer [milite] *vi* militar; **~ pour/contre** militar a favor de/en contra de
mille [mil] *adj inv, nm inv* mil ▶ *nm* : **~ marin** milla marina; **mettre dans le ~** dar en el blanco • **millefeuille** *nm* milhojas *m inv* • **millénaire** *nm* milenio ▶ *adj* milenario(-a) • **mille-patte(s)** (*pl* **mille-pattes**) *nm* ciempiés *m inv*
millet [mijɛ] *nm* mijo
milliard [miljaʀ] *nm* mil millones *mpl* • **milliardaire** *adj, nmf* multimillonario(-a)
millier [milje] *nm* millar *m*; **un ~ (de)** un millar (de); **par ~s** por miles, a millares

m

milligramme [miligʀam] *nm* miligramo

millimètre [milimɛtʀ] *nm* milímetro

million [miljɔ̃] *nm* millón *m*; **deux ~s de** dos millones de • **millionnaire** *adj, nmf* millonario(-a)

mime [mim] *nmf* mimo • **mimer** *vt* mimar; (*singer*) imitar

minable [minabl] *adj* penoso(-a)

mince [mɛ̃s] *adj* delgado(-a); (*étoffe, filet d'eau*) fino(-a); (*fig*) escaso(-a) ▸ *excl* : **~ alors !** ¡caramba! • **minceur** *nf* delgadez *f* • **mincir** *vi* adelgazar

mine [min] *nf* mina; (*physionomie*) cara, aspecto; **avoir bonne/mauvaise ~** tener buena/mala cara; **tu as bonne ~ !** (*iron : aspect*) ¡vaya pinta que tienes!; **faire grise ~** poner mala cara; **faire ~ de faire qch** simular hacer algo; **ne pas payer de ~** tener mala pinta; **~ de rien** como si nada

miner [mine] *vt* minar

minerai [minʀɛ] *nm* mineral *m*

minéral, e, -aux [mineʀal, o] *adj, nm* mineral *m*

minéralogique [mineʀalɔʒik] *adj* : **plaque ~** matrícula

minet, te [minɛ, ɛt] *nm/f* gatito(-a), minino(-a); (*péj*) chuleta *mf*

mineur, e [minœʀ] *adj* (*souci*) secundario(-a) ▸ *nm/f* (*Jur*) menor *mf* ▸ *nm* (*travailleur*) minero

miniature [minjatyʀ] *adj, nf* miniatura

minibus [minibys] *nm* microbús *msg*

minier, -ière [minje, jɛʀ] *adj* minero(-a)

mini-jupe [miniʒyp] (*pl* **mini-jupes**) *nf* minifalda

minime [minim] *adj* mínimo(-a)

minimiser [minimize] *vt* minimizar

minimum [minimɔm] *adj* mínimo(-a) ▸ *nm* mínimo; **au ~** como mínimo ▸ *nmpl* : **minima sociaux** prestaciones *fpl* sociales no contributivas

ministère [ministɛʀ] *nm* ministerio; **~ public** (*Jur*) ministerio público

ministre [ministʀ] *nmf* ministro(-a)

minoritaire [minɔʀitɛʀ] *adj* minoritario(-a)

minorité [minɔʀite] *nf* minoría; **être en ~** estar en minoría

minuit [minɥi] *nm* medianoche *f*

minuscule [minyskyl] *adj* minúsculo(-a) ▸ *nf* : **(lettre) ~** (letra) minúscula

minute [minyt] *nf* minuto; **d'une ~ à l'autre** de un momento a otro • **minuter** *vt* cronometrar • **minuterie** *nf* interruptor *m* (de la luz)

minutieux, -euse [minysjø, øz] *adj* minucioso(-a)

mirabelle [miʀabɛl] *nf* ciruela mirabel

miracle [miʀɑkl] *nm* milagro

mirage [miʀaʒ] *nm* espejismo

mire [miʀ] *nf* : **point/ligne de ~** punto/línea de mira

miroir [miʀwaʀ] *nm* espejo

miroiter [miʀwate] *vi* : **faire ~ qch à qn** seducir a algn con algo

mis, e [mi, miz] *pp de* **mettre** ▶ *adj* puesto(-a)
mise [miz] *nf* (*argent*) apuesta; (*tenue*) porte *m*; **~ à jour** puesta al día; (*Inform*) actualización *f*; **~ au point** (*Photo*) enfoque *m*; (*fig*) aclaración *f*; **~ en plis** marcado; **~ en scène** (*Théâtre, Ciné*) dirección *f*; **~ en service** puesta en servicio
miser [mize] *vt* apostar; **~ sur** apostar a; (*fig*) contar con
misérable [mizeʀabl] *adj* miserable ▶ *nmf* miserable *mf*
misère [mizɛʀ] *nf* miseria; **misères** *nfpl* (*malheurs, peines*) desgracias *fpl*; **salaire de ~** salario de miseria
missile [misil] *nm* misil *m*
mission [misjɔ̃] *nf* misión *f* • **missionnaire** *nmf* misionero(-a)
mité, e [mite] *adj* apolillado(-a)
mi-temps [mitɑ̃] *nf inv* (*Sport : période*) tiempo; (*: pause*) descanso; **à ~** *adv* media jornada
miteux, -euse [mitø, øz] *adj* mísero(-a)
mitigé, e [mitiʒe] *adj* moderado(-a)
mitoyen, ne [mitwajɛ̃, jɛn] *adj* medianero(-a)
mitrailler [mitʀɑje] *vt* ametrallar • **mitraillette** *nf* metralleta • **mitrailleuse** *nf* ametralladora
mi-voix [mivwa] : **à ~** *adv* a media voz
mixage [miksaʒ] *nm* mezcla *f* de sonido
mixer, mixeur [miksœʀ] *nm* (*Culin*) batidora
mixte [mikst] *adj* mixto(-a)
mixture [mikstyʀ] *nf* mixtura; (*péj*) mejunje *m*
Mlle (*pl* **Mlles**) *abr* (= *Mademoiselle*) Srta. (= *Señorita*)
MM *abr* (= *Messieurs*) ≈ Srs. (= *Señores*); *voir aussi* **Monsieur**
Mme (*pl* **Mmes**) *abr* (= *Madame*) ≈ Sra. (= *Señora*)
mobile [mɔbil] *adj* móvil, movible ▶ *nm* (*téléphone*) móvil *m*, celular *m* (ᴀᴍ); (*Art, d'un meutre*) móvil *m*
mobilier, -ière [mɔbilje, jɛʀ] *adj* mobiliario(-a) ▶ *nm* mobiliario
mobiliser [mɔbilize] *vt* movilizar
mocassin [mɔkasɛ̃] *nm* mocasín *m*
moche [mɔʃ] (*fam*) *adj* feo(-a)
modalité [mɔdalite] *nf* modalidad *f*
mode [mɔd] *nf* moda ▶ *nm* modo; **à la ~** de moda; **~ d'emploi** instrucciones *fpl* de uso; **~ de paiement** forma de pago; **~ de vie** modo de vida
modèle [mɔdɛl] *nm* modelo ▶ *adj* modelico(-a); **un ~ de fidélité/générosité** un modelo de fidelidad/generosidad; **~ déposé** modelo patentado *ou* registrado; **~ réduit** modelo reducido • **modeler** *vt* modelar
modem [mɔdɛm] *nm* (*Inform*) modem *m*, módem *m*
modéré, e [mɔdeʀe] *adj, nm/f* moderado(-a)
modérer [mɔdeʀe] *vt* moderar; **se modérer** *vpr* moderarse
moderne [mɔdɛʀn] *adj* moderno(-a) • **moderniser** *vt* modernizar
modeste [mɔdɛst] *adj* modesto(-a) • **modestie** *nf* modestia

modifier [mɔdifje] *vt* modificar; **se modifier** *vpr* modificarse
modique [mɔdik] *adj* módico(-a)
module [mɔdyl] *nm* módulo
moelle [mwal] *nf* médula
moelleux, -euse [mwalø, øz] *adj* esponjoso(-a)
mœurs [mœʀ(s)] *nfpl* costumbres *fpl*; **~ simples/bohèmes** costumbres sencillas/bohemias; **passer dans les ~** entrar en las costumbres; **contraire aux bonnes ~** contrario a las buenas costumbres
moi [mwa] *pron* (**m'** *avant en et y*) (*sujet*) yo; (*objet direct/indirect*) me ▸ *nm* (*Psych*) yo; **c'est ~** soy yo; **c'est ~ qui l'ai fait** lo hice yo; **c'est ~ que vous avez appelé ?** ¿me ha llamado a mí?; **apporte-le-~** tráemelo; **donnez-m'en un peu** deme un poco; **à ~** (*possessif*) mío (mía), míos (mías); **le livre est à ~** ese libro es mío; **avec ~** conmigo; **sans ~** sin mí; **~, je ...** (*emphatique*) yo, ...; **plus grand que ~** más grande que yo
• **moi-même** *pron* yo mismo
moindre [mwɛ̃dʀ] *adj* menor; **le/la ~, les ~s** el/la menor, los/las menores; **c'est la ~ des choses** es lo mínimo
moine [mwan] *nm* monje *m*, fraile *m*
moineau, x [mwano] *nm* gorrión *m*

moins [mwɛ̃]

▸ *adv* **1** (*comparatif*) : **~ (que)** menos (que); **il a trois ans de ~ que moi** tiene tres años menos que yo; **~ intelligent que** menos inteligente que; **~ je travaille, mieux je me porte** cuanto menos trabajo, mejor me encuentro
2 (*superlatif*) : **le ~** el (lo) menos; **c'est ce que j'aime le ~** es lo que menos me gusta; **le ~ doué** el menos dotado; **pas le ~ du monde** en lo más mínimo; **au ~, du ~** al menos, por lo menos
3 : **~ de** (*quantité, nombre*) menos; **~ de sable/d'eau** menos arena/agua; **~ de livres/de gens** menos libros/gente; **~ de deux ans/10 euros** menos de dos años/10 euros
4 : **de/en ~** : **10 euros/trois jours de ~** 10 euros/tres días menos; **trois livres en ~** tres libros menos; **de l'argent en ~** menos dinero; **le soleil en ~** sin el sol; **en ~ de deux** en un santiamén
5 : **à ~ de/que** *conj* a menos que, a no ser que; **à ~ de faire ...** a no ser que se haga ...; **à ~ que tu ne fasses** a menos que hagas; **à ~ d'un accident** a no ser por un accidente
▸ *prép* : **quatre ~ deux** cuatro menos dos; **il est ~ cinq** son menos cinco; **il fait ~ cinq** hay cinco grados bajo cero

mois [mwa] *nm* mes *msg*
moisi [mwazi] *nm* moho; **odeur/goût de ~** olor *m*/gusto a moho
• **moisir** *vi* enmohecerse
• **moisissure** *nf* moho
moisson [mwasɔ̃] *nf* siega, cosecha • **moissonner** *vt* segar, cosechar • **moissonneuse** *nf* segadora

moite [mwat] *adj* (*peau*) sudoroso(-a); (*atmosphère*) húmedo(-a)

moitié [mwatje] *nf* mitad *f*; **la ~** la mitad; **la ~ du temps/des gens** la mitad del tiempo/de la gente; **~ moins grand** la mitad de grande; **à ~** a medias; **de ~** en la mitad

molaire [mɔlɛʀ] *nf* molar *m*

molester [mɔlɛste] *vt* maltratar

molle [mɔl] *adj f voir* **mou** • **mollement** *adv* débilmente; (*péj*) desganadamente

mollet [mɔlɛ] *nm* pantorrilla

molletonné, e [mɔltɔne] *adj* forrado(-a) de muletón

mollir [mɔliʀ] *vi* flaquear

mollusque [mɔlysk] *nm* molusco

môme [mom] (*fam*) *nmf* chiquillo(-a); (*fille*) chavala

moment [mɔmɑ̃] *nm* momento; **ce n'est pas le ~** no es el mejor momento; **à un certain ~** en cierto momento; **à un ~ donné** en un momento dado; **au même ~** en el mismo momento; **pour un bon ~** un buen rato; **en avoir pour un bon ~** tener para rato; **pour le ~** por el momento; **au ~ de** en el momento de; **au ~ où** en el momento en que; **à tout ~** a cada momento *ou* rato; **en ce ~** en este momento; **sur le ~** al principio; **par ~s** por momentos; **d'un ~ à l'autre** de un momento a otro; **du ~ où** *ou* **que** siempre que • **momentané, e** *adj* momentáneo(-a) • **momentanément** *adv* momentáneamente

momie [mɔmi] *nf* momia

mon, ma [mɔ̃, ma] (*pl* **mes**) *adj poss* mi; (*pl*) mis

Monaco [mɔnako] *nm* : **(la principauté de) ~** (el principado de) Mónaco

monarchie [mɔnaʀʃi] *nf* monarquía

monastère [mɔnastɛʀ] *nm* monasterio

mondain, e [mɔ̃dɛ̃, ɛn] *adj* mundano(-a)

monde [mɔ̃d] *nm* mundo; **beaucoup/peu de ~** mucha/poca gente; **mettre au ~** dar a luz; **tout le ~** todo el mundo; **pas le moins du ~** de ninguna manera; **homme/femme du ~** hombre *m*/mujer *f* de mundo

mondial, e, -aux [mɔ̃djal, jo] *adj* mundial • **mondialement** *adv* mundialmente • **mondialisation** *nf* globalización *f*

m

monégasque [mɔnegask] *adj* monegasco(-a) ▶ *nmf* : **Monégasque** monegasco(-a)

monétaire [mɔnetɛʀ] *adj* monetario(-a)

moniteur, -trice [mɔnitœʀ, tʀis] *nm/f* monitor(a)

monnaie [mɔnɛ] *nf* moneda; **avoir de la ~** (*petites pièces*) tener cambio; **avoir/faire la ~ de 10 euros** tener cambio de/cambiar 10 euros; **rendre à qn la ~ (sur 10 euros)** darle la vuelta a algn (de 10 euros)

monologue [mɔnɔlɔg] *nm* monólogo • **monologuer** *vi* monologar

monopole [mɔnɔpɔl] *nm* monopolio

monospace [mɔnɔspas] *nm* monovolumen *m*

monotone [mɔnɔtɔn] *adj* monótono(-a)

Monsieur [məsjø] (*pl* **Messieurs**) *nm* (*titre*) señor, don; **occupez-vous de ~** atienda al señor; **bonjour ~** buenos días señor; **~ !** (*pour appeler*) ¡(oiga) señor!; **~,** (*sur lettre*) Señor,; **Cher ~,** Estimado señor,; **un/le monsieur** un/el señor; *voir aussi* **Madame**

monstre [mɔ̃stʀ] *nm* monstruo ▸ *adj* (*fam*) bestial; **un travail ~** (un) mogollón de trabajo • **monstrueux, -euse** *adj* monstruoso(-a)

mont [mɔ̃] *nm* : **par ~s et par vaux** por todas partes

montage [mɔ̃taʒ] *nm* montaje *m*

montagnard, e [mɔ̃taɲaʀ, aʀd] *adj, nm/f* montañés(-esa)

montagne [mɔ̃taɲ] *nf* montaña; **~s russes** montaña *fsg* rusa • **montagneux, -euse** *adj* montañoso(-a)

montant, e [mɔ̃tɑ̃, ɑ̃t] *adj* ascendente ▸ *nm* (*somme*) importe *m*

monte-charge [mɔ̃tʃaʀʒ] (*pl* **monte-charges**) *nm* montacargas *m inv*

montée [mɔ̃te] *nf* subida; (*côte*) cuesta; **au milieu de la ~** en medio de la cuesta *ou* de la subida

monter [mɔ̃te] *vi* subir; (*à cheval*) : **~ bien/mal** montar bien/mal ▸ *vt* montar; (*escalier, valise*) subir; (*tente, échafaudage, machine*) armar; **~ dans un train/avion/taxi** subir en un tren/avión/taxi; **~ sur/à un arbre/une échelle** subir a un árbol/una escalera; **~ à cheval/bicyclette** montar a caballo/en bicicleta; **~ à pied/en voiture** subir a pie/en coche; **~ à bord** subir a bordo; **~ à la tête de qn** subírsele a la cabeza de algn

montre [mɔ̃tʀ] *nf* reloj *m*; **~ en main** reloj en mano; **contre la ~** contra reloj

montrer [mɔ̃tʀe] *vt* mostrar, enseñar; **~ qch à qn** mostrar algo a algn; **~ à qn qu'il a tort** demostrar a algn que está equivocado; **~ à qn son affection/amitié** demostrar su afecto/amistad a algn

monture [mɔ̃tyʀ] *nf* (*bête*) montura

monument [mɔnymɑ̃] *nm* monumento; **~ aux morts** monumento a los caídos

moquer [mɔke] : **se ~ de** *vt* (*personne*) burlarse de; (*chose*) importarle a algn muy poco

moquette [mɔkɛt] *nf* moqueta

moqueur, -euse [mɔkœʀ, øz] *adj* burlón(-ona)

moral, e, -aux [mɔʀal, o] *adj, nm* moral *f*; **avoir le ~ à zéro** tener la moral por los suelos • **morale** *nf* moral *f*; (*d'une fable, d'une histoire*) moraleja; **faire la ~ à qn** echarle un sermón a algn • **moralité** *nf* moralidad *f*; (*conclusion*) moraleja

morceau, x [mɔʀso] *nm* trozo, pedazo; (*Mus, œuvre littéraire*) fragmento; (*Culin : de viande*) tajada; **couper en/déchirer en morceaux** cortar en/rasgar en trozos; **mettre en morceaux** hacer pedazos

morceler [mɔʀsəle] *vt* parcelar

mordant, e [mɔʀdɑ̃, ɑ̃t] *adj* (*ironie*) mordaz; (*froid*) cortante

mordiller [mɔʀdije] *vt* mordisquear

mordre [mɔʀdʀ] *vt* morder ▸ *vi* (*poisson*) picar; **~ sur** (*fig*) sobrepasar; **~ à l'hameçon** morder el anzuelo

mordu, e [mɔʀdy] *pp de* **mordre** ▸ *nm/f*: **un ~ de voile/de jazz** un loco de la vela/del jazz

morfondre [mɔʀfɔ̃dʀ]: **se morfondre** *vpr* aburrirse esperando

morgue [mɔʀg] *nf* (*endroit*) depósito de cadáveres

morne [mɔʀn] *adj* (*personne, regard*) apagado(-a); (*temps*) desapacible

morose [mɔʀoz] *adj* taciturno(-a)

mors [mɔʀ] *nm* bocado

morse [mɔʀs] *nm* (*Zool*) morsa; (*langage*) morse *m*

morsure [mɔʀsyʀ] *nf* picadura

mort, e [mɔʀ, mɔʀt] *pp de* **mourir** ▸ *adj, nm/f* muerto(-a) ▸ *nf* muerte *f* ▸ *nm* (*Cartes*) muerto; **il y a eu plusieurs ~s** hubo varios muertos; **~ ou vif** vivo o muerto; **~ de peur/fatigue** muerto(-a) de miedo/cansancio

mortalité [mɔʀtalite] *nf* mortalidad *f*

mortel, le [mɔʀtɛl] *adj, nm/f* mortal *mf*

mort-né, e [mɔʀne] (*pl* **mort-nés, es**) *adj* nacido(-a) muerto(-a)

mortuaire [mɔʀtɥɛʀ] *adj* ceremonia fúnebre; **couronne ~** corona mortuoria

morue [mɔʀy] *nf* bacalao

mosaïque [mɔzaik] *nf* mosaico

Moscou [mɔsku] *n* Moscú

mosquée [mɔske] *nf* mezquita

mot [mo] *nm* palabra; **mettre/écrire/recevoir un ~** (*message*) poner/escribir/recibir unas líneas; **~ à ~** (*adjectif, adverbe*) palabra por palabra; **sur/à ces ~s** después de/con estas palabras; **en un ~** en una palabra; **~ pour ~** palabra por palabra; **~ de passe** contraseña, santo y seña; **~s croisés** crucigrama *msg*

motard, e [mɔtaʀ, aʀd] *nm/f* motociclista *mf*; (*de la police*) motorista *mf*

motel [mɔtɛl] *nm* motel *m*

moteur, -trice [mɔtœʀ, tʀis] *adj* (*Anat*) motor(a); (*Tech*) motor (motriz); (*Auto*): **à quatre roues motrices** con cuatro ruedas motrices ▸ *nm* motor *m*; **à ~** a motor; **~ de recherche** buscador *m*

motif [mɔtif] *nm* motivo; **motifs** *nmpl* (*Jur*) alegato; **sans ~** sin motivo

motivation [mɔtivasjɔ̃] *nf* motivación *f*

motiver [mɔtive] *vt* motivar

moto [moto] *nf* moto *f* • **motocycliste** *nmf* motociclista *mf*

motorisé, e [mɔtɔʀize] *adj* motorizado(-a)

motrice [mɔtʀis] *adj f voir* **moteur**

motte [mɔt] *nf*: **~ de beurre** pella de mantequilla; **~ de terre** terrón *m*

mou, mol, molle [mu, mɔl] *adj* blando(-a); (*péj: visage*) insulso(-a) ▸ *nm* bofe *m*; **avoir du ~** estar flojo(-a)

m

mouche [muʃ] *nf* mosca
moucher [muʃe] : **se moucher** *vpr* sonarse
moucheron [muʃʀɔ̃] *nm* mosca pequeña
mouchoir [muʃwaʀ] *nm* pañuelo; **~ en papier** pañuelo de papel
moudre [mudʀ] *vt* moler
moue [mu] *nf* mueca; **faire la ~** poner mala cara
mouette [mwɛt] *nf* gaviota
moufle [mufl] *nf* manopla
mouillé, e [muje] *adj* mojado(-a)
mouiller [muje] *vt* mojar; (*Naut*) fondear ▸ *vi* (*Naut*) fondear; **se mouiller** *vpr* mojarse
moulant, e [mulɑ̃, ɑ̃t] *adj* ceñido(-a)
moule [mul] *nf* mejillón *m* ▸ *nm* molde *m*; **~ à gâteaux** molde para pasteles
mouler [mule] *vt* moldear, vaciar; (*suj : vêtement*) ceñir, ajustar
moulin [mulɛ̃] *nm* molino; **~ à café/à poivre** molinillo de café/ de pimienta; **~ à légumes** pasapurés *m inv*; **~ à paroles** cotorra
moulinet [mulinɛ] *nm* carrete *m*; **faire des ~s avec un bâton/les bras** hacer molinetes con un palo/ los brazos
moulinette® [mulinɛt] *nf* pequeño pasapurés *m*
moulu, e [muly] *pp de* **moudre** ▸ *adj* molido(-a)
mourant, e [muʀɑ̃, ɑ̃t] *vb voir* **mourir** ▸ *adj* moribundo(-a)
mourir [muʀiʀ] *vi* morir(se); **~ de faim/de froid/d'ennui** morir(se) de hambre/de frío/de aburrimiento; **~ d'envie de faire** morirse de ganas de hacer; **à ~** : **s'ennuyer à ~** morirse de aburrimiento
mousse [mus] *nf* (*Bot*) musgo; (*écume*) espuma; (*Culin*) mousse *f*; (*matériau*) gomaespuma ▸ *nm* grumete *m*; **~ à raser** espuma de afeitar; **~ carbonique** espuma de gas carbónico
mousseline [muslin] *nf* (*Textile*) muselina; **pommes ~** (*Culin*) puré *m* de patatas
mousser [muse] *vi* espumar, hacer espuma • **mousseux, -euse** *adj* (*chocolat*) cremoso(-a) ▸ *nm* : **(vin) ~** (vino) espumoso
mousson [musɔ̃] *nf* monzón *m*
moustache [mustaʃ] *nf* bigote *m*; **moustaches** *nfpl* (*d'animal*) bigotes *mpl* • **moustachu, e** *adj* bigotudo(-a)
moustiquaire [mustikɛʀ] *nf* mosquitero
moustique [mustik] *nm* mosquito; **~ tigre** mosquito tigre
moutarde [mutaʀd] *nf, adj inv* mostaza
mouton [mutɔ̃] *nm* (*Zool*) carnero; (*peau*) piel *f* de carnero; (*Culin*) cordero
mouvement [muvmɑ̃] *nm* movimiento; **en ~** en movimiento; **~ révolutionnaire/syndical** movimiento revolucionario/ sindical • **mouvementé, e** *adj* accidentado(-a); (*agité*) agitado(-a)
mouvoir [muvwaʀ] *vt* : **se mouvoir** *vpr* moverse
moyen, ne [mwajɛ̃, jɛn] *adj* medio(-a); (*élève, résultat*) regular ▸ *nm* medio; **moyens** *nmpl*

(*capacités*) medios *mpl*; **au ~ de** por medio de; **par tous les ~s** por todos los medios; **par ses propres ~s** por sus propios medios; **~ âge** edad *f* media; **~ d'expression** forma de expresión

moyennant [mwajɛnɑ̃] *prép* al precio de; **~ quoi** mediante lo cual

moyenne [mwajɛn] *nf* media, promedio; (*Math, Statistique*) media; (*Scol*) nota media; **en ~** por término medio; **~ d'âge** edad *f* media

Moyen-Orient [mwajɛnɔʀjɑ̃] *nm* Medio Oriente *m*

moyeu, x [mwajø] *nm* cubo

MST [ɛmɛste] *sigle f* (= *maladie sexuellement transmissible*) ETS *f* (= *enfermedad de transmisión sexual*)

mû, mue [my] *pp de* **mouvoir**

muer [mɥe] *vi* mudar; (*jeune garçon*) : **il mue** está mudando la voz; **se muer** *vpr* : **se ~ en** convertirse en

muet, te [mɥɛ, mɥɛt] *adj, nm/f* mudo(-a); **~ d'admiration/ d'étonnement** mudo(-a) de admiración/de extrañeza

mufle [myfl] *nm* hocico; (*goujat*) patán *m*

mugir [myʒiʀ] *vi* mugir; (*sirène*) sonar

muguet [mygɛ] *nm* muguete *m*, lirio del valle

mule [myl] *nf* mula; **mules** *nfpl* (*pantoufles*) chinelas *fpl*

mulet [mylɛ] *nm* mulo

multinationale [myltinasjɔnal] *nf* multinacional *f*

multiple [myltipl] *adj* múltiple ▸ *nm* múltiplo • **multiplication** *nf* multiplicación *f* • **multiplier** *vt* multiplicar; **se multiplier** *vpr* multiplicarse

multitâche [myltitaʃ] *adj inv* (*aussi Inform*) multitarea *inv*

municipal, e, -aux [mynisipal, o] *adj* municipal • **municipalité** *nf* municipalidad *f*, ayuntamiento

munir [myniʀ] *vt* : **~ qn de** proveer a algn de; **~ qch de** dotar algo de

munitions [mynisjɔ̃] *nfpl* municiones *fpl*

mur [myʀ] *nm* muro; (*cloison*) pared *f*; **~ d'incompréhension/ de haine** (*fig*) muro de incomprensión/de odio; **~ du son** barrera del sonido

mûr, e [myʀ] *adj* maduro(-a)

muraille [myʀɑj] *nf* muralla

mural, e, -aux [myʀal, o] *adj* mural

mûre [myʀ] *nf* (*de la ronce*) zarzamora

muret [myʀɛ] *nm* muro bajo

mûrir [myʀiʀ] *vt, vi* madurar

murmure [myʀmyʀ] *nm* murmullo; **~ d'approbation/ d'admiration/de protestation** murmullo de aprobación/de admiración/de protesta • **murmurer** *vi* murmurar

muscade [myskad] *nf* : **noix de ~** nuez *f* moscada

muscat [myska] *nm* uva moscatel

muscle [myskl] *nm* músculo • **musclé, e** *adj* musculoso(-a); (*fig : politique, régime*) duro(-a)

museau, x [myzo] *nm* hocico

musée [myze] *nm* museo

museler [myz(ə)le] *vt* poner un bozal a • **muselière** *nf* bozal *m*

musette [myzɛt] *adj* : **bal ~** *baile popular en el que el acordeón es el instrumento principal*
musical, e, -aux [myzikal, o] *adj* musical
music-hall [myzikol] (*pl* **music-halls**) *nm* music-hall *m*
musicien, ne [myzisjɛ̃, jɛn] *adj, nm/f* músico(-a)
musique [myzik] *nf* música; **~ de chambre/de fond** música de cámara/de fondo
musulman, e [myzylmɑ̃, an] *adj, nm/f* musulmán(-ana)
mutation [mytasjɔ̃] *nf* (*Admin*) traslado; (*Biol*) mutación *f*
muter [myte] *vt* (*Admin*) trasladar
mutilé, e [mytile] *nm/f* mutilado(-a)
mutiler [mytile] *vt* mutilar
mutin, e [mytɛ̃, in] *adj* (*enfant*) travieso(-a); (*air, ton*) pícaro(-a) ▸ *nm/f* (*Mil*) amotinado(-a) • **mutinerie** *nf* motín *m*
mutisme [mytism] *nm* mutismo
mutuel, le [mytɥɛl] *adj* mutuo(-a) • **mutuelle** *nf* mutualidad *f*, mutua
myope [mjɔp] *adj, nmf* miope *mf*
myosotis [mjɔzɔtis] *nm* nomeolvides *m inv*
myrtille [miʀtij] *nf* arándano
mystère [mistɛʀ] *nm* misterio • **mystérieux, -euse** *adj* misterioso(-a)
mystifier [mistifje] *vt* mistificar
mythe [mit] *nm* mito
mythologie [mitɔlɔʒi] *nf* mitología

n

n' [n] *adv voir* **ne**
nacre [nakʀ] *nf* nácar *m*
nage [naʒ] *nf* natación *f*; **traverser/s'éloigner à la ~** atravesar/alejarse a nado; **en ~** bañado(-a) en sudor • **nageoire** *nf* aleta • **nager** *vi* nadar • **nageur, -euse** *nm/f* nadador(a)
naïf, -ïve [naif, naiv] *adj* ingenuo(-a)
nain, e [nɛ̃, nɛn] *adj, nm/f* enano(-a)
naissance [nɛsɑ̃s] *nf* nacimiento; **donner ~ à** (*enfant*) dar a luz a; (*fig*) originar; **lieu de ~** lugar de nacimiento
naître [nɛtʀ] *vi* nacer; **il est né en 1990** ha nacido en 1990
naïve [naiv] *adj voir* **naïf**
naïveté [naivte] *nf* ingenuidad *f*
nana [nana] (*fam*) *nf* chica
nappe [nap] *nf* mantel *m* • **napperon** *nm* tapete *m*
naquit *etc* [naki] *vb voir* **naître**
narguer [naʀge] *vt* provocar
narine [naʀin] *nf* ventana (de la nariz)

natal, e [natal] *adj* natal
• **natalité** *nf* natalidad *f*
natation [natasjɔ̃] *nf* natación *f*
natif, -ive [natif, iv] *adj* nativo(-a)
nation [nasjɔ̃] *nf* nación *f*
national, e, -aux [nasjɔnal, o] *adj* nacional; **nationaux** *nmpl* nacionales *mpl* • **nationale** *nf*: **(route) ~** (carretera) nacional *f*
• **nationaliser** *vt* nacionalizar
• **nationalisme** *nm* nacionalismo
• **nationalité** *nf* nacionalidad *f*
natte [nat] *nf* (*tapis*) estera; (*cheveux*) coleta
naturaliser [natyʀalize] *vt* naturalizar
nature [natyʀ] *nf* naturaleza; (*tempérament*) temperamento; **payer en ~** pagar en especie; **~ morte** naturaleza muerta, bodegón *m* • **naturel, le** *adj* natural • **naturellement** *adv* naturalmente
naufrage [nofʀaʒ] *nm* naufragio; (*fig*) ruina
nausée [noze] *nf* náusea, asco
nautique [notik] *adj* náutico(-a)
naval, e [naval] *adj* naval
navet [navɛ] *nm* nabo; (*péj* : *film*) tostón *m*
navette [navɛt] *nf* lanzadera; **faire la ~ (entre)** ir y venir (entre)
navigateur, -trice [navigatœʀ, tʀis] *nm/f* navegante *mf* ▸ *nm* (*Internet*) navegador *m*
navigation [navigasjɔ̃] *nf* navegación *f*
naviguer [navige] *vi* navegar
navire [naviʀ] *nm* buque *m*
navrer [navʀe] *vt* afligir; **je suis navré** lo siento en el alma; **je suis navré que** siento muchísimo que
ne [n(ə)] *adv* no; **je ne le veux pas** no lo quiero; **je crains qu'il ne vienne** temo que venga; **je ne veux que ton bonheur** solo quiero tu felicidad; *voir* **pas²**; *voir* **plus**; **jamais**
né, e [ne] *pp de* **naître**; **né en 1990** nacido(-a) en 1990; **née Dupont** de soltera Dupont
néanmoins [neɑ̃mwɛ̃] *adv* no obstante
néant [neɑ̃] *nm* nada; **réduire à ~** reducir a la nada
nécessaire [nesesɛʀ] *adj* necesario(-a) ▸ *nm* : **faire le ~** hacer lo necesario • **nécessité** *nf* necesidad *f* • **nécessiter** *vt* necesitar
nectar [nɛktaʀ] *nm* néctar *m*
néerlandais, e [neɛʀlɑ̃dɛ, ɛz] *adj* neerlandés(-esa) ▸ *nm* (*Ling*) neerlandés *m* ▸ *nm/f*: **Néerlandais, e** neerlandés(-esa)
nef [nɛf] *nf* nave *f*
néfaste [nefast] *adj* nefasto(-a)
négatif, -ive [negatif, iv] *adj* negativo(-a) ▸ *nm* (*Photo*) negativo
négligé, e [negliʒe] *adj* descuidado(-a)
négligeable [negliʒabl] *adj* despreciable
négligent, e [negliʒɑ̃, ɑ̃t] *adj* (*personne*) descuidado(-a); (*geste, attitude*) negligente
négliger [negliʒe] *vt* descuidar; (*avis, précautions*) ignorar, no hacer caso de; **~ de faire qch** olvidarse de hacer algo
négociant, e [negɔsjɑ̃, jɑ̃t] *nm/f* negociante *mf*
négociation [negɔsjasjɔ̃] *nf* negociación *f*

négocier [negɔsje] *vt* negociar

nègre [nɛgʀ] *(péj) nm (aussi écrivain)* negro

neige [nɛʒ] *nf* nieve *f*; **battre les œufs en ~** batir los huevos a punto de nieve • **neiger** *vi* nevar

nénuphar [nenyfaʀ] *nm* nenúfar *m*

néon [neɔ̃] *nm* neón *m*

néo-zélandais, e [neoʒelɑ̃dɛ, ɛz] *(pl* **néo-zélandais, es**) *adj* neocelandés(-esa) ▶ *nm/f*: **Néo-zélandais, e** neocelandés(-esa)

nerf [nɛʀ] *nm* nervio; **nerfs** *nmpl* nervios *mpl*; **être à bout de ~s** estar al borde de un ataque de nervios • **nerveux, -euse** *adj* nervioso(-a) • **nervosité** *nf* nerviosismo

n'est-ce pas [nɛspɑ] *adv* ¿verdad?; **« c'est bon, ~ ? »** « está bueno, ¿verdad? »

Net [nɛt] *(fam) nm* : **le ~** Internet *m ou f*, la Red; **surfer sur le ~** navegar por Internet

net, nette [nɛt] *adj (évident, sans équivoque)* evidente; *(distinct, propre)* limpio(-a); *(photo, film)* nítido(-a); *(Comm)* neto(-a) ▶ *adv (refuser)* rotundamente ▶ *nm* : **mettre au ~** poner en limpio; **s'arrêter ~** pararse en seco • **nettement** *adv* claramente; **~ mieux/meilleur** mucho mejor • **netteté** *nf* nitidez *f*

nettoyage [netwajaʒ] *nm* limpieza; **~ à sec** limpieza en seco

nettoyer [netwaje] *vt* limpiar

neuf¹ [nœf] *adj inv, nm inv* nueve *m inv*; *voir aussi* **cinq**

neuf², neuve [nœf, nœv] *adj* nuevo(-a) ▶ *nm* : **remettre à ~** dejar como nuevo; **quoi de ~ ?** ¿qué hay de nuevo?

neutre [nøtʀ] *adj* neutro(-a); *(Pol)* neutral ▶ *nm* neutro

neuve [nœv] *adj f voir* **neuf²**

neuvième [nœvjɛm] *adj, nmf* noveno(-a) ▶ *nm (partitif)* noveno; *voir aussi* **cinquième**

neveu, x [n(ə)vø] *nm* sobrino

nez [ne] *nm* nariz *f*; **avoir du ~** tener olfato; **~ à ~ avec** cara a cara con; **à vue de ~** a ojo de buen cubero

ni [ni] *conj* ni; **ni l'un ni l'autre ne sont ...** ni uno ni otro son ...; **il n'a rien vu ni entendu** no ha visto ni oído nada

niche [niʃ] *nf (du chien)* perrera; *(de mur)* hornacina, nicho • **nicher** *vi* anidar

nid [ni] *nm* nido

nièce [njɛs] *nf* sobrina

nier [nje] *vt* negar

Nil [nil] *nm* : **le ~** el Nilo

n'importe [nɛ̃pɔʀt] *adv* : **~ qui** cualquiera; **~ quoi** cualquier cosa; **~ où** a *ou* en cualquier sitio; **~ lequel/laquelle d'entre nous** cualquiera de nosotros(-as); **~ quel/quelle** cualquier/ cualquiera; **~ quand** en cualquier momento; **~ comment** de cualquier manera

niveau, x [nivo] *nm* nivel *m*; **au ~ de** a nivel de; **le ~ de la mer** el nivel del mar; **~ de vie** nivel de vida

niveler [niv(ə)le] *vt* nivelar

noble [nɔbl] *adj, nmf* noble *mf* • **noblesse** *nf* nobleza

noce [nɔs] *nf* boda; **faire la ~** (*fam*) ir de juerga
nocif, -ive [nɔsif, iv] *adj* nocivo(-a)
nocturne [nɔktyʀn] *adj* nocturno(-a)
Noël [nɔɛl] *nm* Navidad *f*
nœud [nø] *nm* nudo; (*ruban*) lazo; **~ papillon** pajarita
noir, e [nwaʀ] *adj* negro(-a); (*obscur, sombre*) oscuro(-a); (*roman*) policíaco(-a) ▸ *nm/f* (*personne*) negro(-a) ▸ *nm* negro ▸ *nf* (*Mus*) negra; **dans le ~** en la oscuridad; **au ~** ilegalmente; **il fait ~** está oscuro • **noircir** *vi* ennegrecer ▸ *vt* ensombrecer
noisette [nwazɛt] *nf* avellana
noix [nwa] *nf* nuez *f*; (*Culin*) : **une ~ de beurre** una nuez de mantequilla; **~ de coco** (nuez de) coco; **~ de muscade** nuez moscada
nom [nɔ̃] *nm* nombre *m*; **~ de famille** apellido, apellido de soltera; **~ d'utilisateur** nombre de usuario
nomade [nɔmad] *adj, nmf* nómada *mf*
nombre [nɔ̃bʀ] *nm* número; **venir en ~** venir muchos; **ils sont au ~ de trois** son tres; **au ~ de mes amis** entre mis amigos • **nombreux, -euse** *adj* (*avec nom pl*) numerosos(-as); **un public ~** mucho público; **peu ~** poco numeroso(-a)
nombril [nɔ̃bʀi(l)] *nm* ombligo
nommer [nɔme] *vt* nombrar; (*baptiser*) llamar; **se nommer** *vpr* : **il se nomme Jean** se llama Jean
non [nɔ̃] *adv* no; **~ (pas) que ...** no porque ...; **~ plus** : **moi ~ plus** yo tampoco; **~ seulement** no solo
non alcoolisé, e [nɔ̃alkɔɔlize] *adj* sin alcohol
nonante [nɔnɑ̃t] *adj, nm* (*Belgique, Suisse*) noventa
nonchalant, e [nɔ̃ʃalɑ̃, ɑ̃t] *adj* indolente *m inv*
non-fumeur, -euse [nɔ̃fymœʀ, øz] (*pl* **non-fumeurs, euses**) *nm/f* no fumador(a)
non-sens [nɔ̃sɑ̃s] *nm* disparate *m*
nord [nɔʀ] *nm* norte *m*; (*région*) : **le N~** el Norte ▸ *adj inv* norte; **au ~** (*situation*) al norte; (*direction*) hacia el norte; **au ~ de** al norte de • **nord-est** *nm inv* nordeste *m* • **nord-ouest** *nm inv* noroeste *m*
normal, e, -aux [nɔʀmal, o] *adj* normal • **normale** *nf* : **la ~** la media • **normalement** *adv* normalmente
normand, e [nɔʀmɑ̃, ɑ̃d] *adj* normando(-a) ▸ *nm/f* : **Normand, e** normando(-a)
Normandie [nɔʀmɑ̃di] *nf* Normandía
norme [nɔʀm] *nf* norma
Norvège [nɔʀvɛʒ] *nf* Noruega • **norvégien, ne** *adj* noruego(-a) ▸ *nm* (*Ling*) noruego ▸ *nm/f* : **Norvégien, ne** noruego(-a)
nos [no] *adj poss voir* **notre**
nostalgie [nɔstalʒi] *nf* nostalgia • **nostalgique** *adj* nostálgico(-a)
notable [nɔtabl] *adj, nmf* notable *mf*
notaire [nɔtɛʀ] *nmf* notario(-a)
notamment [nɔtamɑ̃] *adv* particularmente, especialmente
note [nɔt] *nf* nota; (*facture*) cuenta; **~ de service** nota de servicio

noter [nɔte] *vt* (*écrire*) anotar, apuntar; (*remarquer*) señalar, notar

notice [nɔtis] *nf* nota; (*brochure*) : **~ explicative** folleto explicativo

notifier [nɔtifje] *vt* : **~ qch à qn** notificar algo a algn

notion [nosjɔ̃] *nf* noción *f*

notoire [nɔtwaʀ] *adj* notorio(-a)

notre [nɔtʀ] (*pl* **nos**) *adj poss* nuestro(-a)

nôtre, nos [notʀ, nos] *pron* : **le ~** el *ou* lo nuestro; **la ~** la nuestra; **les ~s** los (las) nuestros(-as); **soyez des ~s** únase a nosotros

nouer [nwe] *vt* anudar, atar; (*fig* : *amitié*) trabar; (*alliance*) formar

noueux, -euse [nwø, øz] *adj* nudoso(-a)

nourrice [nuʀis] *nf* nodriza

nourrir [nuʀiʀ] *vt* alimentar; (*fig* : *espoir*) mantener; (*haine*) guardar; **logé, nourri** alojamiento y comida • **nourrissant, e** *adj* alimenticio(-a) • **nourriture** *nf* alimento, comida

nous [nu] *pron* nosotros(-as); (*objet direct, indirect*) nos; **c'est ~ qui l'avons fait** lo hicimos nosotros; **~ les Marseillais** nosotros los marselleses; **il ~ le dit** nos lo dice; **il ~ en a parlé** nos habló de eso; **à ~** (*possession*) nuestro(-a), nuestros(-as); **ce livre est à ~** ese libro es nuestro; **avec/sans ~** con/sin nosotros; **plus riche que ~** más rico que nosotros; **~-mêmes** nosotros(-as) mismos(-as)

nouveau, nouvel, nouvelle, -aux [nuvo, nuvɛl, o] *adj* nuevo(-a) ▶ *nm/f* nuevo(-a), novato(-a); **de ~, à ~** de nuevo, otra vez; **Nouvel An** año nuevo; **~ venu** recién llegado; **nouvelle venue** recién llegada • **nouveau-né, e** (*pl* **nouveau-nés, es**) *adj, nm/f* recién nacido(-a) • **nouveauté** *nf* novedad *f*

nouvel [nuvɛl] *adj m voir* **nouveau**

nouvelle [nuvɛl] *adj f voir* **nouveau** ▶ *nf* noticia; (*Litt*) cuento • **Nouvelle-Calédonie** *nf* Nueva Caledonia • **nouvellement** *adv* (*arrivé etc*) recién • **Nouvelle-Zélande** *nf* Nueva Zelanda, Nueva Zelandia (AM)

novembre [nɔvɑ̃bʀ] *nm* noviembre *m*; *voir aussi* **juillet**

noyade [nwajad] *nf* ahogamiento

noyau, x [nwajo] *nm* núcleo; (*de fruit*) hueso

noyer [nwaje] *nm* nogal *m* ▶ *vt* ahogar; **se noyer** *vpr* ahogarse

NTIC [ɛnteise] *sigle fpl* (= *nouvelles technologies de l'information et de la communication*) NTIC *fpl* (= *nuevas tecnologías de la información y la comunicación*)

nu, e [ny] *adj* desnudo(-a) ▶ *nm* (*Art*) desnudo; **mettre à nu** desnudar

nuage [nɥaʒ] *nm* nube *f* • **nuageux, -euse** *adj* nuboso(-a), nublado(-a)

nuance [nɥɑ̃s] *nf* matiz *m*; **il y a une ~ (entre ...)** hay una leve diferencia (entre ...) • **nuancer** *vt* matizar

nucléaire [nykleɛʀ] *adj* nuclear

nudiste [nydist] *nmf* nudista *mf*

nuée [nɥe] *nf* : **une ~ de** una nube de

nuire [nɥiʀ] *vi* perjudicar; **~ à qn/qch** ser perjudicial para algn/algo • **nuisible** *adj* perjudicial; (*animal*) dañino(-a)

nuit [nɥi] *nf* noche *f*; **il fait ~** es de noche; **cette ~** esta noche; **de ~** por la noche; **~ blanche** noche en blanco *ou* en vela

nul, nulle [nyl] *adj* (*aucun*) ninguno(-a); (*minime, non valable, péj*) nulo(-a) ▶ *pron* nadie; **résultat ~, match ~** (*Sport*) empate *m*; **nulle part** en ningún sitio; (*aller*) a ningún sitio • **nullement** *adv* de ningún modo

numérique [nymeʀik] *adj* numérico(-a); (*technologie*) digital

numéro [nymeʀo] *nm* número; **~ de téléphone** número de teléfono; **~ vert** número verde • **numéroter** *vt* numerar

nuque [nyk] *nf* nuca

nu-tête [nytɛt] *adj inv* cabeza descubierta

nutritif, -ive [nytʀitif, iv] *adj* nutritivo(-a)

nylon [nilɔ̃] *nm* nylon *m*

O

oasis [ɔazis] *nf ou nm* oasis *m inv*

obéir [ɔbeiʀ] *vi* obedecer; **~ à** obedecer a; (*loi*) acatar • **obéissance** *nf* obediencia • **obéissant, e** *adj* obediente

obèse [ɔbɛz] *adj* obeso(-a) • **obésité** *nf* obesidad *f*

objecter [ɔbʒɛkte] *vt* (*prétexter*) pretextar • **objecteur** *nm* : **~ de conscience** objetor *m* de conciencia

objectif, -ive [ɔbʒɛktif, iv] *adj* objetivo(-a) ▶ *nm* objetivo

objection [ɔbʒɛksjɔ̃] *nf* objeción *f* • **objectivité** *nf* objetividad *f*

objet [ɔbʒɛ] *nm* objeto; **être** *ou* **faire l'~ de** ser objeto de; **(bureau des) ~s trouvés** (oficina de) objetos perdidos; **~ d'art** objeto de arte

obligation [ɔbligasjɔ̃] *nf* obligación *f*; (*devoir*) compromiso • **obligatoire** *adj* obligatorio(-a) • **obligatoirement** *adv* (*nécessairement*) obligatoriamente; (*fatalement*) a la fuerza

obligé, e [ɔbliʒe] *adj* obligado(-a)

obliger [ɔbliʒe] *vt* obligar
oblique [ɔblik] *adj* oblicuo(-a)
oblitérer [ɔbliteʀe] *vt* matar
obnubiler [ɔbnybile] *vt* obsesionar
obscène [ɔpsɛn] *adj* obsceno(-a)
obscur, e [ɔpskyʀ] *adj* oscuro(-a) • **obscurcir** *vt* oscurecer • **obscurité** *nf* oscuridad *f*; **dans l'~** en la oscuridad
obsédé, e [ɔpsede] *nm/f*: **un ~ de** un obseso de; **~ sexuel** obseso sexual
obséder [ɔpsede] *vt* obsesionar
obsèques [ɔpsɛk] *nfpl* exequias *fpl*
observateur, -trice [ɔpsɛʀvatœʀ, tʀis] *adj, nm/f* observador(a)
observation [ɔpsɛʀvasjɔ̃] *nf* observación *f*; (*d'un règlement*) cumplimiento; **faire une ~ à qn** (*reproche*) criticarle a algn; **en ~** (*Méd*) en observación
observatoire [ɔpsɛʀvatwaʀ] *nm* observatorio
observer [ɔpsɛʀve] *vt* observar; (*remarquer*) notar; **faire ~ qch à qn** hacer ver algo a algn
obsession [ɔpsesjɔ̃] *nf* obsesión *f*
obstacle [ɔpstakl] *nm* obstáculo; **faire ~ à** obstaculizar
obstiné, e [ɔpstine] *adj* (*caractère*) obstinado(-a); (*effort*) tenaz
obstiner [ɔpstine]: **s'obstiner** *vpr* obstinarse; **s'~ à faire qch** empeñarse en hacer algo; **s'~ sur qch** obcecarse con algo
obstruer [ɔpstʀye] *vt* obstruir
obtenir [ɔptəniʀ] *vt* conseguir, obtener; **~ de pouvoir faire qch** conseguir poder hacer algo; **~ de qn qu'il fasse** conseguir que algn haga
obturateur [ɔptyʀatœʀ] *nm* (*Photo*) obturador *m*
obus [ɔby] *nm* obús *msg*
occasion [ɔkazjɔ̃] *nf* ocasión *f*, oportunidad *f*, chance *m ou f* (AM); (*acquisition avantageuse*) ganga; (*circonstance*) ocasión; **à plusieurs ~s** en varias ocasiones; **être l'~ de** ser el momento para; **à l'~ de** con motivo de; **d'~** de segunda mano, de ocasión • **occasionnel, le** *adj* (*fortuit*) ocasional; (*non régulier*) eventual
occasionner [ɔkazjɔne] *vt* ocasionar, causar
occident [ɔksidɑ̃] *nm* (*Pol*): **l'O~** Occidente
occidental, e [ɔksidɑ̃tal, o] *adj* occidental
occupation [ɔkypasjɔ̃] *nf* ocupación *f*
occupé, e [ɔkype] *adj* ocupado(-a); (*ligne téléphonique*) comunicando
occuper [ɔkype] *vt* ocupar; **s'occuper** *vpr* ocuparse; **s'~ de** (*être responsable de*) encargarse de; (*clients*) ocuparse de
occurrence [ɔkyʀɑ̃s] *nf*: **en l'~** en este caso
océan [ɔseɑ̃] *nm* océano
octet [ɔktɛ] *nm* (*Inform*) byte *m*, octeto
octobre [ɔktɔbʀ] *nm* octubre *m*; *voir aussi* **juillet**
oculiste [ɔkylist] *nmf* oculista *mf*
odeur [ɔdœʀ] *nf* olor *m*
odieux, -euse [ɔdjø, jøz] *adj* abominable

odorant, e [ɔdɔʀɑ̃, ɑ̃t] *adj* oloroso(-a)
odorat [ɔdɔʀa] *nm* olfato
œil [œj] (*pl* **yeux**) *nm* ojo; **à l'~** (*fam*) por la cara; **à l'~ nu** a simple vista; **avoir l'~** estar ojo avizor; **avoir l'~ sur qn** no quitar ojo a algn; **voir qch d'un bon/ mauvais ~** ver algo con buenos/ malos ojos; **à mes/ses yeux** para mí/él; **de ses propres yeux** con sus propios ojos; **fermer les yeux (sur)** (*fig*) hacer la vista gorda (a); **ne pas pouvoir fermer l'~** no pegar ojo; **les yeux fermés** a ciegas
œillères [œjɛʀ] *nfpl* anteojeras *fpl*; **avoir des ~** (*fig* : *péj*) ser de miras muy estrechas
œillet [œjɛ] *nm* (*Bot*) clavel *m*; (*trou, bordure rigide*) ojete *m*
œuf [œf] *nm* huevo, blanquillo (*Mex*); **étouffer qch dans l'~** cortar algo de raíz; **~ à la coque/ au plat/dur** huevo cocido/al plato/duro; **~ de Pâques** huevo de Pascua; **~ mollet** huevo pasado por agua; **~ poché** huevo escalfado; **~s brouillés** huevos *mpl* revueltos
œuvre [œvʀ] *nf* obra; (*organisation charitable*) obra benéfica ▶ *nm* (*d'un artiste*) obra; (*Constr*) : **le gros ~** el armazón; **être/se mettre à l'~** estar/ponerse manos a la obra
offense [ɔfɑ̃s] *nf* ofensa, agravio
• **offenser** *vt* ofender
offert, e [ɔfɛʀ, ɛʀt] *pp de* **offrir**
office [ɔfis] *nm* (*charge*) cargo; (*bureau, agence*) oficina; (*messe*) oficio; **d'~** automáticamente; **~ du tourisme** oficina de turismo
officiel, le [ɔfisjɛl] *adj* oficial
officier [ɔfisje] *nm* oficial *mf* ▶ *vi* (*Rel*) oficiar
officieux, -euse [ɔfisjø, jøz] *adj* oficioso(-a)
offrande [ɔfʀɑ̃d] *nf* regalo
offre [ɔfʀ] *vb voir* **offrir** ▶ *nf* oferta; **« ~s d'emploi »** « ofertas *fpl* de empleo »; **~ publique d'achat** oferta pública de compra
offrir [ɔfʀiʀ] *vt* regalar, ofrecer; **s'offrir** *vpr* (*vacances*) tomarse; (*voiture*) regalarse; **~ (à qn) de faire qch** proponer (a algn) hacer algo; **~ à boire à qn** ofrecer de beber a algn
OGM [oʒeɛm] *sigle m* (= *organisme génétiquement modifié*) OMG *m* (= *organismo modificado genéticamente*)
oie [wa] *nf* oca
oignon [ɔɲɔ̃] *nm* cebolla; (*de tulipe etc*) bulbo
oiseau, x [wazo] *nm* ave *f*, pájaro; **~ de proie** ave de rapiña
oisif, -ive [wazif, iv] *adj* ocioso(-a) ▶ *nm/f* (*péj*) holgazán(-ana)
oléoduc [ɔleɔdyk] *nm* oleoducto
olive [ɔliv] *nf* aceituna, oliva
• **olivier** *nm* olivo
olympique [ɔlɛ̃pik] *adj* olímpico(-a)
ombragé, e [ɔ̃bʀaʒe] *adj* (*coin*) con sombra; (*colline*) umbrío(-a)
ombre [ɔ̃bʀ] *nf* sombra; **il n'y a pas l'~ d'un doute** no hay la menor sombra de duda; **donner/ faire de l'~** dar/hacer sombra; **dans l'~** en la sombra; **~ à paupières** sombra de ojos
omelette [ɔmlɛt] *nf* tortilla

O

omettre [ɔmɛtʀ] *vt* omitir
omoplate [ɔmɔplat] *nf* omóplato, omoplato

on [ɔ̃]

pron 1 (*indéterminé*) : **on peut le faire ainsi** se puede hacer así
2 (*quelqu'un*) : **on frappe à la porte** llaman a la puerta; **on les a attaqués** les atacaron; **on vous demande au téléphone** le llaman por teléfono
3 (*nous*) nosotros(-as); **on va y aller demain** vamos a ir (allí) mañana
4 (*les gens*) : **autrefois, on croyait ...** antes, se creía ...; **on dit que ...** dicen que ..., se dice que ...
5 : **on ne peut plus** : **il est on ne peut plus stupide** no puede ser más estúpido

oncle [ɔ̃kl] *nm* tío
onctueux, -euse [ɔ̃ktɥø, øz] *adj* cremoso(-a)
onde [ɔ̃d] *nf* onda; **sur les ~s** en antena; **~s courtes** onda *fsg* corta
ondée [ɔ̃de] *nf* chaparrón *m*
on-dit [ɔ̃di] *nm inv* rumor *m*
onduler [ɔ̃dyle] *vi* ondular; (*route*) serpentear
onéreux, -euse [ɔneʀø, øz] *adj* oneroso(-a)
ongle [ɔ̃gl] *nm* uña
ont [ɔ̃] *vb voir* **avoir**
ONU [ɔny] *sigle f* (= *Organisation des Nations unies*) ONU *f* (= *Organización de las Naciones Unidas*)
onze ['ɔ̃z] *adj inv, nm inv* once *m inv*; *voir aussi* **cinq** • **onzième** *adj, nmf* undécimo(-a) ▸ *nm* (*partitif*) onceavo; *voir aussi* **cinquième**
OPA [ɔpea] *sigle f* (= *offre publique d'achat*) OPA *f* (= *Oferta Pública de Adquisición*)
opaque [ɔpak] *adj* opaco(-a)
opéra [ɔpeʀa] *nm* ópera
opérateur, -trice [ɔpeʀatœʀ, tʀis] *nm/f* operador(a); **~ de prise de vues** operador(a) de cámara
opération [ɔpeʀasjɔ̃] *nf* operación *f*
opératoire [ɔpeʀatwaʀ] *adj* operatorio(-a)
opérer [ɔpeʀe] *vt* operar; (*faire, exécuter*) realizar ▸ *vi* (*agir*) hacer efecto; (*Méd*) operar; **s'opérer** *vpr* realizarse; **se faire ~** operarse
opérette [ɔpeʀɛt] *nf* opereta
opiner [ɔpine] *vi* : **~ de la tête** asentir con la cabeza
opinion [ɔpinjɔ̃] *nf* opinión *f*; **opinions** *nfpl* convicciones *fpl*, ideas *fpl*; **l'~ (publique)** la opinión pública
opportun, e [ɔpɔʀtœ̃, yn] *adj* oportuno(-a) • **opportuniste** *adj, nmf* oportunista *mf*
opposant, e [ɔpozɑ̃, ɑ̃t] *nm/f* opositor(a)
opposé, e [ɔpoze] *adj* opuesto(-a) ▸ *nm* : **l'~** (*contraire*) lo opuesto; **être ~ à** ser opuesto a; **à l'~** (*direction*) en dirección contraria; **à l'~ de** al otro lado de; (*contrairement à*) al contrario de
opposer [ɔpoze] *vt* (*suj* : *conflit*) dividir; **s'opposer** *vpr* oponerse; **s'~ à** oponerse a, enfrentarse a

opposition [ɔpozisjɔ̃] *nf* oposición *f*; **par ~ à** a diferencia de; **être en ~ avec** estar en contra de; **faire ~ à un chèque** bloquear un cheque
oppressant, e [ɔpʀesɑ̃, ɑ̃t] *adj* agobiante
oppresser [ɔpʀese] *vt* (*chaleur*) agobiar • **oppression** *nf* opresión *f*
opprimer [ɔpʀime] *vt* oprimir
opter [ɔpte] *vi* : **~ pour/entre** optar por/entre
opticien, ne [ɔptisjɛ̃, jɛn] *nm/f* óptico(-a)
optimisme [ɔptimism] *nm* optimismo • **optimiste** *adj, nmf* optimista *mf*
option [ɔpsjɔ̃] *nf* opción *f*
optique [ɔptik] *adj* óptico(-a) ▶ *nf* óptica; (*fig*) enfoque *m*
or [ɔʀ] *nm* oro ▶ *conj* ahora bien; **en or** de oro
orage [ɔʀaʒ] *nm* tormenta • **orageux, -euse** *adj* tormentoso(-a)
oral, e, -aux [ɔʀal, o] *adj* oral; **par voie orale** (*Méd*) por vía oral
orange [ɔʀɑ̃ʒ] *nf* naranja ▶ *adj inv* naranja *inv* ▶ *nm* (*couleur*) naranja *m* • **orangé, e** *adj* anaranjado(-a), naranja *inv* • **orangeade** *nf* naranjada • **oranger** *nm* naranjo
orateur, -trice [ɔʀatœʀ, tʀis] *nm/f* orador(a)
orbite [ɔʀbit] *nf* (*Anat, Phys*) órbita
orchestre [ɔʀkɛstʀ] *nm* orquesta; (*de jazz, danse*) orquesta, grupo; (*Théâtre, Ciné : places*) patio de butacas
orchidée [ɔʀkide] *nf* orquídea
ordi [ɔʀdi] (*fam*) *nm* ordenata *m*
ordinaire [ɔʀdinɛʀ] *adj* ordinario(-a) ▶ *nm* (*menus*) : **l'~** lo corriente ▶ *nf* (*essence*) normal *f*; **d'~** por lo general, corrientemente; **à l'~** de costumbre
ordinateur [ɔʀdinatœʀ] *nm* ordenador *m*; **~ portable** (ordenador) portátil *m*
ordonnance [ɔʀdɔnɑ̃s] *nf* (*Méd*) receta, prescripción *f*
ordonné, e [ɔʀdɔne] *adj* ordenado(-a)
ordonner [ɔʀdɔne] *vt* ordenar; (*Méd*) recetar, prescribir; **~ à qn de faire** ordenar *ou* mandar a algn que haga
ordre [ɔʀdʀ] *nm* orden *m*; **ordres** *nmpl* (*Rel*) : **être/entrer dans les ~s** pertenecer/entrar en las órdenes; **mettre en ~** poner en orden; **avoir de l'~** tener orden, ser ordenado(-a); **rentrer dans l'~** volver a la normalidad; **être aux ~s de qn/sous les ~s de qn** estar a las órdenes de algn; **jusqu'à nouvel ~** hasta nuevo aviso; **payer à l'~ de** (*Comm*) pagar a la orden de; **dans le même ~/un autre ~ d'idées** en el mismo orden/en otro orden de cosas; **~ du jour** orden del día; **~ public** orden público
ordure [ɔʀdyʀ] *nf* basura; **~s ménagères** basura
oreille [ɔʀɛj] *nf* oreja; **avoir de l'~** tener oído
oreiller [ɔʀeje] *nm* almohada
oreillons [ɔʀɛjɔ̃] *nmpl* paperas *fpl*
ores [ɔʀ] : **d'~ et déjà** *adv* desde ahora, de aquí en adelante
orfèvrerie [ɔʀfɛvʀəʀi] *nf* orfebrería

organe [ɔʀgan] *nm* órgano
organigramme [ɔʀganigʀam] *nm* organigrama *m*
organique [ɔʀganik] *adj* orgánico(-a)
organisateur, -trice [ɔʀganizatœʀ, tʀis] *nm/f* organizador(a)
organisation [ɔʀganizasjɔ̃] *nf* organización *f*; **O~ des Nations unies** Organización de Naciones Unidas
organiser [ɔʀganize] *vt* organizar; **s'organiser** *vpr* (*personne*) organizarse
organisme [ɔʀganism] *nm* organismo
organiste [ɔʀganist] *nmf* organista *mf*
orgasme [ɔʀgasm] *nm* orgasmo
orge [ɔʀʒ] *nf* cebada
orgue [ɔʀg] *nm* (*Mus*) órgano
orgueil [ɔʀgœj] *nm* orgullo, soberbia • **orgueilleux, -euse** *adj* orgulloso(-a)
oriental, e, -aux [ɔʀjɑ̃tal, o] *adj* oriental
orientation [ɔʀjɑ̃tasjɔ̃] *nf* orientación *f*; **avoir le sens de l'~** tener sentido de la orientación; **~ professionnelle** orientación profesional
orienté, e [ɔʀjɑ̃te] *adj* : **bien/mal ~** (*appartement*) bien/mal orientado(-a); **~ au sud** orientado(-a) al sur
orienter [ɔʀjɑ̃te] *vt* orientar, colocar; **s'orienter** *vpr* orientarse; **(s')~ vers** (*recherches*) orientar(se) *ou* dirigir(se) hacia
origan [ɔʀigɑ̃] *nm* orégano
originaire [ɔʀiʒinɛʀ] *adj* originario(-a)
original, e, -aux [ɔʀiʒinal, o] *adj* original ▶ *nm/f* (*excentrique*) excéntrico(-a), extravagante *mf* ▶ *nm* (*document*) original *m*
origine [ɔʀiʒin] *nf* origen *m* • **originel, le** *adj* original
orme [ɔʀm] *nm* olmo
ornement [ɔʀnəmɑ̃] *nm* adorno
orner [ɔʀne] *vt* adornar
ornière [ɔʀnjɛʀ] *nf* carril *m*
orphelin, e [ɔʀfəlɛ̃, in] *adj, nm/f* huérfano(-a) • **orphelinat** *nm* orfanato
orteil [ɔʀtɛj] *nm* dedo del pie
orthographe [ɔʀtɔgʀaf] *nf* ortografía
ortie [ɔʀti] *nf* ortiga
os [ɔs] *nm* hueso
osciller [ɔsile] *vi* oscilar; **~ entre** vacilar *ou* dudar entre
osé, e [oze] *adj* (*tentative*) osado(-a); (*plaisanterie*) atrevido(-a)
oseille [ozɛj] *nf* (*Bot*) acedera
oser [oze] *vt, vi* osar, atreverse; **~ faire qch** atreverse a hacer algo
osier [ozje] *nm* mimbre *m*; **d'~, en ~** de mimbre
osseux, -euse [ɔsø, øz] *adj* óseo(-a); (*main, visage*) huesudo(-a)
otage [ɔtaʒ] *nm* rehén *m*; **prendre qn en ~** tomar *ou* coger a algn como rehén
OTAN [ɔtɑ̃] *sigle f* (= *Organisation du traité de l'Atlantique Nord*) OTAN *f* (= *Organización del Tratado del Atlántico Norte*)
otarie [ɔtaʀi] *nf* león *m* marino, otaria

ôter [ote] *vt* quitar; (*soustraire*) quitar, restar; **~ qch de** quitar algo de; **~ qch à qn** quitar algo a algn
otite [ɔtit] *nf* otitis *f inv*
ou [u] *conj* o, u; **l'un ou l'autre** una u otra

où [u]

▶ *pron relatif* 1 (*lieu*) donde, en que; **la chambre où il était** la habitación en que *ou* donde estaba; **le village d'où je viens** el pueblo de donde vengo; **les villes par où il est passé** las ciudades por donde pasó
2 (*direction*) adonde; **la ville où je me rends** la ciudad adonde me dirijo
3 (*temps, état*) (en) que; **le jour où il est parti** el día (en) que se marchó; **au prix où c'est** al precio que está
▶ *adv* 1 (*interrogatif*) ¿dónde?; **où est-il ?** ¿dónde está?; **par où ?** ¿por dónde?
2 (*direction*) (a)dónde; **où va-t-il ?** ¿(a)dónde va?
3 (*relatif*) donde; **je sais où il est** sé donde está; **où que l'on aille** vayamos donde vayamos, dondequiera que vayamos

ouate ['wat] *nf* algodón *m*, guata
oubli [ubli] *nm* olvido; **le droit à l'~** (*Internet*) el derecho al olvido
oublier [ublije] *vt* olvidar
ouest [wɛst] *nm* oeste *m* ▶ *adj inv* oeste; **à l'~ (de)** al oeste (de)
ouf ['uf] *excl* uf
oui ['wi] *adv* sí
ouï-dire ['widiʀ] *nm inv* : **par ~** de oídas
ouïe [wi] *nf* oído; **ouïes** *nfpl* (*de poisson*) agallas *fpl*
ouragan [uʀagɑ̃] *nm* huracán *m*
ourlet [uʀlɛ] *nm* (*Couture*) dobladillo
ours [uʀs] *nm inv* oso; **~ blanc/brun** oso blanco/pardo; **~ en peluche** oso de peluche
oursin [uʀsɛ̃] *nm* erizo de mar
ourson [uʀsɔ̃] *nm* osezno(-a)
ouste [ust] *excl* ¡fuera!, ¡largo de aquí!
outil [uti] *nm* herramienta • **outiller** *vt* equipar de herramienta *ou* de maquinaria
outrage [utʀaʒ] *nm* ultraje *m*; **~ à la pudeur** (*Jur*) ultraje al pudor
outrance [utʀɑ̃s] *nf* : **à ~** a ultranza
outre [utʀ] *nf* odre *m*; **passer ~ à** hacer caso omiso a; **en ~** además, por añadidura; **~ mesure** sin medida, desmesuradamente • **outre-Atlantique** *adv* al otro lado del Atlántico • **outre-mer** *adv* ultramar
ouvert, e [uvɛʀ, ɛʀt] *pp de* **ouvrir** ▶ *adj* abierto(-a) • **ouvertement** *adv* (*agir, dire*) abiertamente • **ouverture** *nf* apertura, obertura; **~ d'esprit** apertura de ideas, amplitud *f* de ideas
ouvrable [uvʀabl] *adj* : **jour ~** día *m* laborable
ouvrage [uvʀaʒ] *nm* obra; **~ d'art** (*Génie Civil*) obra de ingeniería
ouvre-boîte [uvʀəbwat] (*pl* **ouvre-boîtes**) *nm* abrelatas *m inv*

ouvre-bouteille [uvʀəbutɛj] (*pl* **ouvre-bouteilles**) *nm* abrebotellas *m inv*

ouvrier, -ière [uvʀije, ijɛʀ] *nm/f* obrero(-a) ▸ *adj* obrero(-a); **classe ouvrière** clase *f* obrera

ouvrir [uvʀiʀ] *vt* abrir ▸ *vi* abrir; **s'ouvrir** *vpr* abrirse; **s'~ à qn** confiarse a algn

ovaire [ɔvɛʀ] *nm* ovario

ovale [ɔval] *adj* oval, ovalado(-a)

OVNI [ɔvni] *sigle m* (= *objet volant non identifié*) OVNI *m* (= *objeto volante no identificado*)

oxyder [ɔkside]: **s'oxyder** *vpr* oxidarse

oxygène [ɔksiʒɛn] *nm* oxígeno

oxygéné, e [ɔksiʒene] *adj*: **eau oxygénée** agua oxigenada

ozone [ozon] *nm* ozono

P

pacifique [pasifik] *adj* pacífico(-a) ▸ *nm*: **le P~, l'océan P~** el (Océano) Pacífico

pack [pak] *nm* pack *m*

pacotille [pakɔtij] (*péj*) *nf* pacotilla

PACS [paks] *sigle m* (= *pacte civil de solidarité*) contrato de pareja de hecho

pacte [pakt] *nm* pacto

pagaille [pagaj] *nf* (*désordre*) follón *m*, desbarajuste *m*

page [paʒ] *nf* página ▸ *nm* paje *m*; **être à la ~** (*fig*) estar al día; **~ d'accueil** (*Internet*) página de inicio; **~ de garde** guarda; **~ Web** página web

paiement [pɛmɑ̃] *nm* pago

païen, ne [pajɛ̃, pajɛn] *adj, nm/f* pagano(-a)

paillasson [pajasɔ̃] *nm* felpudo

paille [pɑj] *nf* paja

paillette [pajɛt]: **paillettes** *nfpl* lentejuelas *fpl*

pain [pɛ̃] *nm* pan *m*; **petit ~** panecillo; **~ complet** pan integral; **~ d'épice(s)** alfajor *m*; **~ de mie** pan de molde; **~ grillé** pan tostado

pair, e [pɛʀ] *adj* par • **paire** *nf* par *m*
paisible [pezibl] *adj* apacible; (*ville, lac*) tranquilo(-a)
paix [pɛ] *nf* paz *f*; (*fig : tranquillité*) paz, sosiego; **faire la ~ avec** hacer las paces con; **avoir la ~** tener paz
Pakistan [pakistɑ̃] *nm* Paquistán *m*
palais [palɛ] *nm* palacio; (*Anat*) paladar *m*
pâle [pɑl] *adj* pálido(-a); **bleu/vert ~** azul/verde pálido
Palestine [palɛstin] *nf* Palestina
palette [palɛt] *nf* paleta; (*plateau de chargement*) plataforma
pâleur [pɑlœʀ] *nf* palidez *f*
palier [palje] *nm* (*d'escalier*) rellano; **par ~s** gradualmente
pâlir [pɑliʀ] *vi* palidecer
pallier [palje] *vt* paliar
palme [palm] *nf* palma • **palmé, e** *adj* palmeado(-a)
palmier [palmje] *nm* palmera
pâlot, e [pɑlo, ɔt] *adj* paliducho(-a)
palourde [paluʀd] *nf* almeja
palper [palpe] *vt* palpar
palpitant, e [palpitɑ̃, ɑ̃t] *adj* palpitante
palpiter [palpite] *vi* palpitar
paludisme [palydism] *nm* paludismo
pamphlet [pɑ̃flɛ] *nm* panfleto
pamplemousse [pɑ̃pləmus] *nm* pomelo
pan [pɑ̃] *nm* (*d'un manteau, rideau*) faldón *m*; (*côté*) cara ▶ *excl* ¡pum!; **~ de mur** lienzo de pared
panache [panaʃ] *nm* penacho; **avoir du/aimer le ~** (*fig*) tener caballerosidad/gustarle a algn la caballerosidad
panaché, e [panaʃe] *nm* clara, cerveza con gaseosa
pancarte [pɑ̃kaʀt] *nf* cartel *m*, pancarta
pancréas [pɑ̃kʀeas] *nm* páncreas *m inv*
pané, e [pane] *adj* empanado(-a)
panier [panje] *nm* cesta; **~ à provisions** cesta de la compra • **panier-repas** (*pl* **paniers-repas**) *nm* almuerzo
panique [panik] *nf* pánico • **paniquer** *vt* aterrorizar ▶ *vi* aterrorizarse, espantarse
panne [pan] *nf* avería; **être/tomber en ~** tener una avería, descomponerse/estar descompuesto (*esp Mex*); **tomber en ~ d'essence** *ou* **sèche** quedarse sin gasolina; **~ d'électricité** *ou* **de courant** corte *m* eléctrico
panneau, x [pano] *nm* panel *m*; **~ d'affichage** tablón *m* de anuncios; **~ de signalisation** señal *f* de tráfico; **~ indicateur** panel indicador
panoplie [panɔpli] *nf* panoplia
panorama [panɔʀama] *nm* panorama *m*
panse [pɑ̃s] *nf* panza
pansement [pɑ̃smɑ̃] *nm* venda, apósito; **~ adhésif** tirita, curita (AM)
pantalon [pɑ̃talɔ̃] *nm* pantalón *m*, pantalones *mpl*
panthère [pɑ̃tɛʀ] *nf* pantera
pantin [pɑ̃tɛ̃] *nm* pelele *m*

pantoufle [pɑ̃tufl] *nf* zapatilla
paon [pɑ̃] *nm* pavo real
papa [papa] *nm* papá *m*
pape [pap] *nm* papa *m*
paperasse [papʀas] (*péj*) *nf* : **des ~s** *ou* **de la ~** papelotes *mpl*
• **paperasserie** (*péj*) *nf* papelorio
papeterie [papɛtʀi] *nf* papelería
papi [papi] (*fam*) *nm* abuelito
papier [papje] *nm* papel *m*; **papiers** *nmpl* (*aussi* : **papiers d'identité**) documentación *f*, papeles *mpl*; **~ à lettres** papel de cartas; **~ (d')aluminium** papel de aluminio; **~ d'emballage** papel de envolver; **~ de verre** papel de lija; **~ hygiénique** papel higiénico; **~ peint** papel pintado
papillon [papijɔ̃] *nm* mariposa
papillote [papijɔt] *nf* papillote *m*
papoter [papɔte] *vi* parlotear
paquebot [pak(ə)bo] *nm* paquebote *m*
pâquerette [pɑkʀɛt] *nf* margarita
Pâques [pɑk] *nfpl* (*fête*) Pascua *fsg* ▸ *nm* (*période*) Semana Santa
paquet [pakɛ] *nm* paquete *m*
• **paquet-cadeau** (*pl* **paquets-cadeaux**) *nm* paquete *m* regalo *inv*

par [paʀ]

prép **1** (*agent, cause*) por; **~ amour** por amor; **peint ~ un grand artiste** pintado por un gran artista
2 (*lieu, direction*) por; **passer ~ Lyon/la côte** pasar por Lyon/la costa; **~ la fenêtre** (*jeter, regarder*) por la ventana; **~ le haut/bas** por arriba/abajo; **~ ici** por aquí; **~ où ?** ¿por dónde?; **~ là** por allí; **~-ci, ~-là** aquí y allá; **être/jeter ~ terre** estar en el/tirar al suelo
3 (*fréquence, distribution*) por; **trois fois ~ semaine** tres veces por *ou* a la semana; **trois ~ jour/~ personne** tres al día/por persona; **~ centaines** a cientos, a centenares; **deux ~ deux** (*marcher, entrer*) de dos en dos
4 (*moyen*) por; **~ la poste** por correo
5 (*manière*) : **prendre ~ la main** coger *ou* agarrar de la mano; **prendre ~ la poignée** coger *ou* agarrar por el asa; **finir** *etc* **~** terminar *etc* por; **le film se termine ~ une scène d'amour** la película termina con una escena de amor; **Pau commence ~ la lettre « p »** Pau empieza por « p »

parabolique [paʀabɔlik] *adj* parabólico(-a)
parachute [paʀaʃyt] *nm* paracaídas *m inv* • **parachutiste** *nmf* paracaidista *mf*
parade [paʀad] *nf* (*Mil*) desfile *m*
paradis [paʀadi] *nm* paraíso
paradoxe [paʀadɔks] *nm* paradoja
paraffine [paʀafin] *nf* parafina
parages [paʀaʒ] *nmpl* (*Naut*) aguas *fpl*; **dans les ~ (de)** en los alrededores (de)
paragraphe [paʀagʀaf] *nm* párrafo
paraître [paʀɛtʀ] *vi* (*sembler*) parecer; (*Presse, Édition*) publicarse; **il paraît que** parece que

parallèle [paralɛl] *adj* paralelo(-a) ▸*nm* paralelo ▸*nf* (*ligne*) paralela
paralympique [paralɛpik] *adj* paralímpico(-a)
paralyser [paralize] *vt* paralizar
paramédical, e, -aux [paramedikal, o] *adj* : **personnel ~** personal *m* paramédico
paraphrase [parafrɑz] *nf* paráfrasis *f inv*
parapluie [paraplɥi] *nm* paraguas *m inv*
parasite [parazit] *nm* parásito ▸*adj* parásito(-a); **parasites** *nmpl* (*Tél*) parásitos *mpl*
parasol [parasɔl] *nm* sombrilla
paratonnerre [paratɔnɛr] *nm* pararrayos *m inv*
parc [park] *nm* parque *m*
parcelle [parsɛl] *nf* (*de terrain*) parcela; (*d'or, de vérité*) partícula
parce que [pars(ə)kə] *conj* porque
parchemin [parʃəmɛ̃] *nm* pergamino
parcmètre [parkmɛtr] *nm* parquímetro
parcourir [parkurir] *vt* recorrer; (*journal, article*) echar un vistazo a
parcours [parkur] *nm* (*trajet, itinéraire*) trayecto; (*Sport*) recorrido
par-dessous [pard(ə)su] *prép* por debajo de ▸*adv* por debajo
pardessus [pardəsy] *nm* abrigo
par-dessus [pard(ə)sy] *prép* por encima de; **~ le marché** para colmo
par-devant [pard(ə)vɑ̃] *prép* ante ▸*adv* por delante
pardon [pardɔ̃] *nm* perdón *m* ▸*excl* ¡perdón!, ¡disculpe!; **demander ~ à qn (de ...)** pedir perdón a algn (por ...) • **pardonner** *vt* perdonar; **~ qch à qn** perdonar algo a algn
pare-brise [parbriz] (*pl* **pare-brises**) *nm* parabrisas *m inv*
pare-choc(s) [parʃɔk] (*pl* **pare-chocs**) *nm* parachoques *m inv*
pareil, le [parɛj] *adj* igual; **faire ~** hacer lo mismo; **~ à** parecido(-a) a; **sans ~** sin igual
parent, e [parɑ̃, ɑ̃t] *nm/f* pariente(-a) ▸*adj* : **être ~ de qn** ser pariente de algn; **parents** *nmpl* (*père et mère*) padres *mpl*; (*famille, proches*) parientes *mpl* • **parenté** *nf* (*rapport, lien*) parentesco
parenthèse [parɑ̃tɛz] *nf* paréntesis *m inv*
paresse [parɛs] *nf* pereza, holgazanería • **paresseux, -euse** *adj* perezoso(-a), flojo(-a) (*AM*)
parfait, e [parfɛ, ɛt] *adj* perfecto(-a) • **parfaitement** *adv* perfectamente ▸*excl* ¡seguro!, ¡desde luego!
parfois [parfwa] *adv* a veces
parfum [parfœ̃] *nm* perfume *m*; (*d'un tabac, d'un vin*) aroma *m*; (*d'une glace, d'un yaourt*) sabor *m* • **parfumé, e** *adj* perfumado(-a); **~ au café** aromatizado(-a) con café, con sabor a café • **parfumer** *vt* perfumar; (*crème, gâteau*) aromatizar • **parfumerie** *nf* perfumería
pari [pari] *nm* apuesta • **parier** *vt* apostar
Paris [pari] *n* París • **parisien, ne** *adj* (*personne, vie*) parisino(-a);

P

(*Géo, Admin*) parisiense ▸ *nm/f*: **Parisien, ne** parisiense *mf*

parjure [paʀʒyʀ] *nm* perjurio

parking [paʀkiŋ] *nm* aparcamiento

parlant, e [paʀlɑ̃, ɑ̃t] *adj* vivo(-a), elocuente; (*Ciné*) sonoro(-a)

parlement [paʀləmɑ̃] *nm* parlamento • **parlementaire** *adj* parlamentario(-a) ▸ *nmf* parlamentario(-a)

parler [paʀle] *nm* habla ▸ *vi* hablar; **~ de qch/qn** hablar de algo/algn; **~ (à qn) de** hablar (a algn) de; **~ affaires/politique** hablar de negocios/de política; **~ en dormant** hablar en sueños; **tu parles !** ¡ya ves!

parloir [paʀlwaʀ] *nm* locutorio

parmi [paʀmi] *prép* entre, en medio de

paroi [paʀwa] *nf* pared *f*

paroisse [paʀwas] *nf* parroquia

parole [paʀɔl] *nf* palabra; **paroles** *nfpl* (*d'une chanson*) letra *fsg*; **la bonne ~** la palabra de Dios; **tenir ~** cumplir con su palabra; **avoir/prendre la ~** tener/tomar la palabra; **sur ~** : **croire qn sur ~** confiar en la palabra de algn

parquet [paʀkɛ] *nm* (*plancher*) parqué *m*; **le ~** (*Jur*) el tribunal de justicia

parrain [paʀɛ̃] *nm* padrino • **parrainer** *vt* apadrinar; (*suj : entreprise*) patrocinar

pars [paʀ] *vb voir* **partir**

parsemer [paʀsəme] *vt* : **~ qch de** sembrar algo de

part [paʀ] *vb voir* **partir** ▸ *nf* parte *f*; (*de gâteau, fromage*) trozo, pedazo; (*titre*) acción *f*; **prendre ~ à** (*débat*) tomar parte en; **pour ma ~** por mi parte; **à ~ entière** de pleno derecho; **de la ~ de** de parte de; **de ~ et d'autre** a *ou* en ambos lados; **de ~ en ~** de parte a parte; **d'une ~ ... d'autre ~** por una parte ... por otra; **nulle/autre/quelque ~** en ninguna/en otra/en alguna parte; **à ~** aparte : **à ~ cela** aparte de eso, excepto eso

partage [paʀtaʒ] *nm* reparto

partager [paʀtaʒe] *vt* repartir; **se partager** *vpr* repartirse; **~ un gâteau en quatre/une ville en deux** dividir un pastel en cuatro/una ciudad en dos; **~ la joie de qn/la responsabilité d'un acte** compartir la alegría de algn/la responsabilidad de un acto

partenaire [paʀtənɛʀ] *nmf* compañero(-a)

parterre [paʀtɛʀ] *nm* (*de fleurs*) parterre *m*, arriate *m*; (*Théâtre*) patio de butacas

parti [paʀti] *nm* partido; (*décision*) decisión *f*; **un beau/riche ~** un buen partido; **tirer ~ de** sacar partido de; **prendre le ~ de faire qch** tomar la decisión de hacer algo; **prendre ~ (pour qn)** tomar partido (por algn); **prendre ~ (pour/contre qn)** tomar partido (por/contra algn); **~ pris** prejuicio

partial, e, -aux [paʀsjal, jo] *adj* parcial

participant, e [paʀtisipɑ̃, ɑ̃t] *nm/f* participante *mf*; (*à un concours*) concursante *mf*

participation [paʀtisipasjɔ̃] *nf* participación *f*; **la ~ aux frais** la contribución a los gastos

participer [paʀtisipe] : **~ à** *vt indir* participar en

particularité [paʀtikylaʀite] *nf* particularidad *f*

particule [paʀtikyl] *nf* partícula; **~ nobiliaire** partícula (*que indica la nobleza en un apellido*); **particules fines** partículas finas

particulier, -ière [paʀtikylje, jɛʀ] *adj* particular; (*entretien, conversation*) privado(-a); **avec un soin ~** con un cuidado especial; **~ à** propio(-a) de; **en ~** (*précisément*) en concreto; (*en privé*) en privado; (*surtout*) especialmente
• **particulièrement** *adv*

partie [paʀti] *nf* parte *f*; (*de cartes, tennis, fig*) partida; **en ~** en parte; **faire ~ de qch** formar parte de algo; **en grande/majeure ~** en gran/la mayor parte; **~ civile** (*Jur*) parte civil

partiel, le [paʀsjɛl] *adj, nm* parcial *m*

partir [paʀtiʀ] *vi* (*gén*) partir; (*train, bus*) salir; (*s'éloigner*) marcharse; **~ de** (*lieu*) salir de; (*suj : personne, route*) partir de; **~ pour/à** (*lieu, pays*) salir para/hacia; **à ~ de** a partir de

partisan, e [paʀtizɑ̃, an] *nm/f* seguidor(a), partidario(-a) ▸ *adj* partidario(-a)

partition [paʀtisjɔ̃] *nf* (*Mus*) partitura

partout [paʀtu] *adv* por todas partes; **~ où il allait** por dondequiera que iba; **trente/quarante ~** (*Tennis*) iguales a treinta/a cuarenta, empate *m* a treinta/a cuarenta

paru, e [paʀy] *pp de* **paraître**

parution [paʀysjɔ̃] *nf* aparición *f*, publicación *f*

parvenir [paʀvəniʀ] : **~ à** *vt indir* llegar a, arribar a (AM); **~ à ses fins/à la fortune/à un âge avancé** alcanzar sus fines/la fortuna/una edad avanzada; **~ à faire qch** conseguir hacer algo; **faire ~ qch à qn** hacer llegar algo a algn

pas[1] [pɑ] *nm* paso; **~ à ~** paso a paso; **marcher à grands ~** andar dando zancadas; **rouler au ~** (*Auto*) ir a paso lento; **au ~ de gymnastique/de course** a paso ligero/a la carrera; **à ~ de loup** con paso sigiloso; **faire les cent ~** ir y venir, ir de un lado para otro; **faire les premiers ~** dar los primeros pasos; **retourner** *ou* **revenir sur ses ~** volver sobre sus pasos; **sur le ~ de la porte** en el umbral (de la puerta); **le ~ de Calais** (*détroit*) el paso *ou* estrecho de Calais

pas[2] [pɑ]

adv 1 (*avec ne, non*) : **ne ... ~** no; **je ne vais ~ à l'école** no voy a la escuela; **je ne mange ~ de pain** no como pan; **il ne ment ~** no miente; **ils n'ont ~ de voiture/d'enfants** no tienen coche/niños; **il m'a dit de ne ~ le faire** me ha dicho que no lo haga; **non ~ que ...** no es que ...; **je n'en sais ~ plus** no sé más; **il n'y avait ~ plus de 200 personnes** no había más de 200 personas; **je ne reviendrai ~ de sitôt** tardaré en volver; **ils sont quatre et non ~ trois** son cuatro y no tres

2 (*sans ne*) : **~ moi** yo no; (*renforçant l'opposition*) : **elle travaille, (mais) lui ~** *ou* **~ lui** ella trabaja, (pero) él no; (*dans des réponses négatives*) : **~ de sucre, merci !** ¡sin azúcar, gracias!; **une pomme ~ mûre** una manzana que no está madura; **je suis très content — moi ~** *ou* **~ moi** yo estoy muy contento — yo no; **~ du tout** (*réponse*) en absoluto; **ça ne me plaît ~ du tout** no me gusta nada; **~ encore** todavía no
3 : **~ mal** *adv* no está mal; **ça va ? — ~ mal** ¿qué tal? — bien; **~ mal de** (*beaucoup de*) : **ils ont ~ mal d'argent** no andan mal de dinero

passage [pɑsaʒ] *nm* paso; (*extrait*) pasaje *m*; **« laissez/n'obstruez pas le ~ »** « dejen/no impidan el paso »; **de ~** (*touristes*) de paso; **au ~** (*en passant*) al paso, de paso; **~ à niveau** paso a nivel

passager, -ère [pɑsaʒe, ɛʀ] *adj* pasajero(-a) ▸ *nm/f* pasajero(-a); **~ clandestin(e)** polizón *mf*

passant, e [pɑsɑ̃, ɑ̃t] *adj* transitado(-a) ▸ *nm/f* transeúnte *mf*

passe [pɑs] *nf* pase *m*

passé, e [pɑse] *adj* pasado(-a) ▸ *prép* : **~ 10 heures/sept ans/ce poids** después de las 10/de siete años/a partir de ese peso ▸ *nm* pasado; **~ de mode** pasado(-a) de moda; **~ simple/composé** perfecto simple/pretérito perfecto

passe-partout [pɑspaʀtu] *nm inv* llave *f* maestra

passeport [pɑspɔʀ] *nm* pasaporte *m*

passer [pɑse] *vi* pasar; (*air*) correr; (*liquide, café*) filtrarse, colarse; (*couleur, papier*) decolorarse ▸ *vt* pasar; (*obstacle*) pasar, superar; (*frontière, rivière*) cruzar; (*examen*) hacer; (*film, émission, disque*) poner; (*vêtement*) ponerse; (*café*) filtrar; **se passer** *vpr* (*scène, action*) transcurrir; (*s'écouler*) pasar; (*arriver*) : **que s'est-il passé?** ¿qué ha pasado?; **~ par** pasar por; **~ chez qn** pasar por la casa de algn; **~ qch à qn** pasar algo a algn; **~ avant qch/qn** estar antes de algo/de algn; **~ devant/derrière qn/qch** pasar delante/detrás de algn/algo; **laisser ~** dejar pasar; **~ directeur/président** ascender a director/a presidente; **~ la** *ou* **en seconde/troisième** (*Auto*) meter *ou* poner segunda/tercera; **~ à l'action** pasar a la acción; **~ outre (à qch)** hacer caso omiso (de algo); **~ pour riche/un imbécile/avoir fait qch** pasar por rico/un imbécil/haber hecho algo; **~ à table** sentarse a la mesa; **je passe mon tour** paso; **~ l'aspirateur** pasar la aspiradora; **je vous passe M. X** le pongo *ou* comunico (*AM*) con el Sr. X; (*je lui passe l'appareil*) le paso a *ou* con el Sr. X; **~ commande** hacer un pedido; **~ un marché/accord** concertar un negocio/acuerdo; **se ~ de l'eau sur le visage** echarse agua por la cara; **se ~ de qch** (*s'en priver*) pasarse sin algo

passerelle [pɑsʀɛl] *nf* pasarela

passe-temps [pɑstɑ̃] *nm inv* pasatiempo

passif, -ive [pasif, iv] *adj* pasivo(-a)
passion [pasjɔ̃] *nf* pasión *f* • **passionnant, e** *adj* apasionante • **passionné, e** *adj* apasionado(-a) • **passionner** *vt* apasionar; **se ~ pour qch** apasionarse por algo
passoire [pɑswaʀ] *nf* colador *m*
pastèque [pastɛk] *nf* sandía
pasteur [pastœʀ] *nm* pastor *m*
pasteuriser [pastœʀize] *vt* pasteurizar
pastille [pastij] *nf* pastilla
patate [patat] *nf* patata, papa (AM); **~ douce** batata, camote *m* (AM)
patauger [patoʒe] *vi* chapotear
pâte [pɑt] *nf* pasta; **pâtes** *nfpl* (*macaroni etc*) pastas *fpl*; **~ à modeler** plastilina; **~ brisée** pasta quebrada; **~ d'amandes** pasta de almendra; **~ de fruits** fruta escarchada; **~ feuilletée** masa de hojaldre
pâté [pɑte] *nm* (*Culin*) paté *m*; **~ de maisons** manzana de casas; **~ en croûte** paté empanado
pâtée [pɑte] *nf* cebo
paternel, le [patɛʀnɛl] *adj* paterno(-a)
pâteux, -euse [pɑtø, øz] *adj* pastoso(-a)
pathétique [patetik] *adj* patético(-a)
patience [pasjɑ̃s] *nf* paciencia; (*Cartes*) solitario
patient, e [pasjɑ̃, jɑ̃t] *adj, nm/f* paciente *mf* • **patienter** *vi* esperar
patin [patɛ̃] *nm* patín *m*; **~s (à glace)** patines *mpl* (de cuchilla); **~s à roulettes** patines de ruedas
patinage [patinaʒ] *nm* patinaje *m*
patiner [patine] *vi* patinar • **patineur, -euse** *nm/f* patinador(a) • **patinoire** *nf* pista de patinaje
pâtir [pɑtiʀ]: **~ de** *vt indir* padecer de
pâtisserie [pɑtisʀi] *nf* pastelería; (*à la maison*) repostería; **pâtisseries** *nfpl* (*gâteaux*) pasteles *mpl* • **pâtissier, -ière** *nm/f* pastelero(-a)
patois [patwa] *nm* dialecto
patrie [patʀi] *nf* patria
patrimoine [patʀimwan] *nm* patrimonio
patriotique [patʀijɔtik] *adj* patriótico(-a)
patron, ne [patʀɔ̃, ɔn] *nm/f* (*chef*) jefe(-a), patrón(-ona); (*Rel*) patrono(-a) ▸ *nm* (*Couture*) patrón *m* • **patronat** *nm* empresariado • **patronner** *vt* (*personne, entreprise*) patrocinar
patrouille [patʀuj] *nf* patrulla
patte [pat] *nf* pata
pâturage [pɑtyʀaʒ] *nm* pasto
paume [pom] *nf* palma (de la mano)
paumé, e [pome] (*fam*) *adj* marginado(-a)
paupière [popjɛʀ] *nf* párpado
pause [poz] *nf* (*arrêt, halte*) parada; (*en parlant*) pausa; (*Mus*) silencio
pauvre [povʀ] *adj, nmf* pobre *mf* • **pauvreté** *nf* pobreza
pavé, e [pave] *adj* pavimentado(-a) ▸ *nm* (*bloc de pierre*) adoquín *m*; (*pavage, pavement*) pavimento
pavillon [pavijɔ̃] *nm* pabellón *m*; (*maisonnette, villa*) chalet *m*

payant, e [pɛjɑ̃, ɑ̃t] *adj* (*hôte, spectateur*) que paga; **c'est ~** hay que pagar

paye [pɛj] *nf* paga

payement [pɛjmɑ̃] *nm* pago

payer [peje] *vt* pagar ▸ *vi* (*métier*) dar dinero; (*effort, tactique*) dar fruto; **il me l'a fait ~ 10 €** me ha cobrado 10 euros; **~ qch à qn** pagar algo a algn; **se ~ la tête de qn** burlarse de algn, tomar el pelo a algn

pays [pei] *nm* país *msg*

paysage [peizaʒ] *nm* paisaje *m*

paysan, ne [peizɑ̃, an] *nm/f* campesino(-a)

Pays-Bas [peiba] *nmpl* : **les ~** los Países Bajos

PC [pese] *sigle m* (= *Parti communiste*) *partido comunista*; (= *personal computer*) OP (= *ordenador personal*)

PDG [pedeʒe] *sigle mf* (= *président directeur général*) presidente(-a) y director(a) general

péage [peaʒ] *nm* peaje *m*

peau, x [po] *nf* piel *f*; **être bien/mal dans sa ~** encontrarse/no encontrarse bien consigo mismo; **~ de chamois** gamuza

pêche [pɛʃ] *nf* pesca; (*fruit*) melocotón *m*, durazno (AM); **~ à la ligne** pesca con caña

péché [peʃe] *nm* pecado

pécher [peʃe] *vi* pecar

pêcher [peʃe] *nm* melocotonero ▸ *vi* ir de pesca ▸ *vt* pescar

pécheur, -eresse [peʃœʀ, peʃʀɛs] *nm/f* pecador(a)

pêcheur, -euse [pɛʃœʀ, øz] *nm/f* pescador(a)

pédagogie [pedagɔʒi] *nf* pedagogía • **pédagogique** *adj* pedagógico(-a)

pédale [pedal] *nf* pedal *m*

pédalo [pedalo] *nm* barca a pedal

pédant, e [pedɑ̃, ɑ̃t] (*péj*) *adj, nm/f* pedante *mf*

pédestre [pedɛstʀ] *adj* : **randonnée ~** excursión *f* a pie

pédiatre [pedjatʀ] *nmf* pediatra *mf*

pédicure [pedikyʀ] *nmf* pedicuro(-a)

pègre [pɛgʀ] *nf* hampa

peigne [pɛɲ] *nm* peine *m* • **peigner** *vt* peinar; **se peigner** *vpr* peinarse • **peignoir** *nm* : **~ de bain** *ou* **de plage** albornoz

peindre [pɛ̃dʀ] *vt* pintar

peine [pɛn] *nf* pena; (*effort, difficulté*) trabajo; (*Jur*) condena; **faire de la ~ à qn** hacer sufrir a algn; **prendre la ~ de faire** tomarse la molestia de hacer; **ce n'est pas la ~ de faire/que vous fassiez** no vale la pena hacer/que haga; **à ~** apenas, recién (AM); **à ~ était-elle sortie qu'il se mit à pleuvoir** apenas salió se puso a llover; **défense d'afficher sous ~ d'amende** prohibido fijar carteles bajo multa; **~ capitale** *ou* **de mort** pena capital *ou* de muerte • **peiner** *vi* cansarse ▸ *vt* apenar

peintre [pɛ̃tʀ] *nmf* pintor(a); **~ en bâtiment** pintor(a) de brocha gorda

peinture [pɛ̃tyʀ] *nf* pintura; **« ~ fraîche »** « recién pintado »

péjoratif, -ive [peʒɔʀatif, iv] *adj* peyorativo(-a), despectivo(-a)

pêle-mêle [pɛlmɛl] *adv* en desorden

peler [pəle] *vt* pelar
pèlerin [pɛlʀɛ̃] *nm* peregrino
pèlerinage [pɛlʀinaʒ] *nm* peregrinación *f*; (*lieu*) centro de peregrinación
pelle [pɛl] *nf* pala
pellicule [pelikyl] *nf* (*couche fine*) película; (*Photo*) rollo, carrete *m*; (*Ciné*) cinta; **pellicules** *nfpl* (*Méd*) caspa *fsg*
pelote [p(ə)lɔt] *nf* (*de fil, laine*) ovillo; (*d'épingles, d'aiguilles*) acerico; (*balle, jeu*) : **~ (basque)** pelota (vasca)
peloton [p(ə)lɔtɔ̃] *nm* pelotón *m*; **~ d'exécution** pelotón de ejecución
pelotonner [p(ə)lɔtɔne] : **se pelotonner** *vpr* acurrucarse
pelouse [p(ə)luz] *nf* césped *m*
peluche [p(ə)lyʃ] *nf* : **animal en ~** muñeco de peluche
pelure [p(ə)lyʀ] *nf* piel *f*
pénal, e, -aux [penal, o] *adj* penal • **pénalité** *nf* penalidad *f*
penchant [pɑ̃ʃɑ̃] *nm* inclinación *f*
pencher [pɑ̃ʃe] *vi* inclinarse ▸ *vt* inclinar; **se pencher** *vpr* inclinarse; (*se baisser*) agacharse; **se ~ sur** inclinarse sobre; (*fig*) examinar; **se ~ au dehors** asomarse; **~ pour** (*fig*) inclinarse por
pendant, e [pɑ̃dɑ̃, ɑ̃t] *adj* (*jambes, langue etc*) colgante ▸ *prép* durante; **~ que** mientras
pendentif [pɑ̃dɑ̃tif] *nm* colgante *m*
penderie [pɑ̃dʀi] *nf* ropero
pendre [pɑ̃dʀ] *vt* colgar; (*personne*) ahorcar ▸ *vi* colgar; **se ~ (à)** (*se suicider*) ahorcarse (de); **~ à** colgar de; **~ qch à** colgar algo de
pendule [pɑ̃dyl] *nf* (*horloge*) reloj *m* péndulo ▸ *nm* péndulo
pénétrer [penetʀe] *vi* penetrar ▸ *vt* entrar; (*suj : projectile, mystère, secret*) penetrar; **~ dans/à l'intérieur de** penetrar en/en el interior de
pénible [penibl] *adj* penoso(-a) • **péniblement** *adv* penosamente; (*tout juste*) a duras penas
péniche [peniʃ] *nf* chalana
pénicilline [penisilin] *nf* penicilina
péninsule [penɛ̃syl] *nf* península
pénis [penis] *nm* pene *m*
pénitence [penitɑ̃s] *nf* penitencia • **pénitencier** *nm* (*prison*) penitenciaría
pénombre [penɔ̃bʀ] *nf* penumbra
pensée [pɑ̃se] *nf* pensamiento
penser [pɑ̃se] *vi* pensar ▸ *vt* pensar; (*concevoir : problème, machine*) pensar, idear; **~ à** pensar en; **~ (à) faire qch** pensar (en) hacer algo; **faire ~ à** hacer pensar en, recordar • **pensif, -ive** *adj* pensativo(-a)
pension [pɑ̃sjɔ̃] *nf* pensión *f* de jubilación; (*prix du logement, hôtel*) pensión; (*école*) internado; **mettre en ~** (*enfant*) meter interno; **~ complète** pensión completa; **~ de famille** casa de huéspedes • **pensionnaire** *nmf* (*d'un hôtel*) huésped *m*; (*d'école*) interno(-a) • **pensionnat** *nm* pensionado
pente [pɑ̃t] *nf* pendiente *f*
Pentecôte [pɑ̃tkot] *nf* : **la ~** Pentecostés *msg*

P

pénurie [penyʀi] *nf* penuria
pépé [pepe] (*fam*) *nm* abuelo
pépin [pepɛ̃] *nm* (*Bot*) pepita; (*fam* : *ennui*) lío
pépinière [pepinjɛʀ] *nf* vivero
perçant, e [pɛʀsɑ̃, ɑ̃t] *adj* (*vue, regard, yeux*) perspicaz; (*cri, voix*) agudo(-a)
percepteur, -trice [pɛʀsɛptœʀ, tʀis] *nm/f* (*Admin*) recaudador(a) de impuestos
perception [pɛʀsɛpsjɔ̃] *nf* percepción *f*; (*d'impôts etc*) recaudación *f*; (*bureau*) oficina de recaudación
percer [pɛʀse] *vt* (*métal*) perforar; (*trou, coffre-fort*) abrir; (*pneu*) pinchar; (*abcès*) reventar; (*mystère, énigme*) penetrar; (*suj* : *bruit* : *oreilles, tympan*) traspasar ▸ *vi* (*artiste*) abrirse camino • **perceuse** *nf* taladradora, perforadora
percevoir [pɛʀsəvwaʀ] *vt* percibir
perche [pɛʀʃ] *nf* (*pièce de bois, métal*) vara; (*Sport*) pértiga; (*Zool*) perca; **~ selfie** palo selfie, paloselfi *m*
percher [pɛʀʃe] : **se percher** *vpr* (*oiseau*) encaramarse • **perchoir** *nm* percha
perçois *etc* [pɛʀswa] *vb voir* **percevoir**
perçu, e [pɛʀsy] *pp de* **percevoir**
percussion [pɛʀkysjɔ̃] *nf* percusión *f*
percuter [pɛʀkyte] *vt* percutir; (*suj* : *véhicule*) chocar
perdant, e [pɛʀdɑ̃, ɑ̃t] *nm/f* perdedor(a)
perdre [pɛʀdʀ] *vt* perder; (*argent*) gastar ▸ *vi* perder; **se perdre** *vpr* perderse
perdrix [pɛʀdʀi] *nf* perdiz *f*
perdu, e [pɛʀdy] *pp de* **perdre** ▸ *adj* perdido(-a); **à vos moments ~s** en sus ratos libres
père [pɛʀ] *nm* padre *m*; **~ de famille** padre de familia; **le ~ Noël** Papá *m* Noel
pérenne [peʀɛn] *adj* (*développement, emploi*) perenne
perfection [pɛʀfɛksjɔ̃] *nf* perfección *f*; **à la ~** a la perfección • **perfectionné, e** *adj* perfeccionado(-a) • **perfectionner** *vt* perfeccionar
perforatrice [pɛʀfɔʀatʀis] *nf* perforadora, taladradora
perforer [pɛʀfɔʀe] *vt* perforar
performant, e [pɛʀfɔʀmɑ̃, ɑ̃t] *adj* (*Écon*) competitivo(-a)
perfusion [pɛʀfyzjɔ̃] *nf* perfusión *f*; **être sous ~** tener puesto el gotero
péril [peʀil] *nm* peligro
périmé, e [peʀime] *adj* (*passeport, billet*) caducado(-a); (*conception, idéologie*) caduco(-a)
périmètre [peʀimɛtʀ] *nm* perímetro
période [peʀjɔd] *nf* periodo • **périodique** *adj* periódico(-a) ▸ *nm* periódico
périphérique [peʀifeʀik] *adj* periférico(-a) ▸ *nm* (*Inform*) periférico; (*Auto*) : **(boulevard) ~** (carretera de) circunvalación
périr [peʀiʀ] *vi* perecer
périssable [peʀisabl] *adj* perecedero(-a)

perle [pɛʀl] *nf* perla; (*de verre etc*) cuenta; (*de rosée, sang, sueur*) gota; (*erreur*) gazapo

permanence [pɛʀmanɑ̃s] *nf* permanencia; (*local*) guardia; **assurer une ~** (*service public, bureaux*) estar abierto(-a); **être de ~** estar de guardia; **en ~** permanentemente

permanent, e [pɛʀmanɑ̃, ɑ̃t] *adj* permanente; (*spectacle*) continuo(-a) • **permanente** *nf* permanente *f*

perméable [pɛʀmeabl] *adj* permeable

permettre [pɛʀmɛtʀ] *vt* permitir; **~ à qn de faire qch** permitir a algn hacer algo; **se ~ (de faire) qch** permitirse (hacer) algo; **permettez !** ¡perdone!

permis, e [pɛʀmi, iz] *pp de* **permettre** ▸ *nm* permiso; **~ de conduire** carnet *m* de conducir; **~ de construire** licencia de construcción; **~ de chasse/pêche** licencia de caza/pesca; **~ de séjour/de travail** permiso de residencia/de trabajo

permission [pɛʀmisjɔ̃] *nf* permiso; **en ~** (*Mil*) de permiso; **avoir la ~ de faire qch** tener permiso para hacer algo

Pérou [peʀu] *nm* Perú *m*

perpétuel, le [pɛʀpetɥɛl] *adj* perpetuo(-a) • **perpétuité** *nf* : **à ~** a perpetuidad; **être condamné à ~** estar condenado a cadena perpetua

perplexe [pɛʀplɛks] *adj* perplejo(-a)

perquisitionner [pɛʀkizisjɔne] *vi* registrar

perron [peʀɔ̃] *nm* escalinata

perroquet [peʀɔkɛ] *nm* loro

perruche [peʀyʃ] *nf* cotorra

perruque [peʀyk] *nf* peluca

persécuter [pɛʀsekyte] *vt* perseguir

persévérer [pɛʀseveʀe] *vi* perseverar

persil [pɛʀsi] *nm* perejil *m*

Persique [pɛʀsik] *adj* : **le golfe ~** el Golfo pérsico

persistant, e [pɛʀsistɑ̃, ɑ̃t] *adj* persistente

persister [pɛʀsiste] *vi* persistir; **~ à faire qch** empeñarse en hacer algo

personnage [pɛʀsɔnaʒ] *nm* personaje *m*

personnalité [pɛʀsɔnalite] *nf* personalidad *f*

personne [pɛʀsɔn] *nf* persona ▸ *pron* nadie; **il n'y a ~** no hay nadie; **10 euros par ~** 10 euros por persona; **en ~** en persona; **~ âgée** persona mayor • **personnel, le** *adj* personal ▸ *nm* (*domestiques*) servidumbre *f*; (*employés*) plantilla • **personnellement** *adv* personalmente

perspective [pɛʀspɛktiv] *nf* perspectiva

perspicace [pɛʀspikas] *adj* perspicaz • **perspicacité** *nf* perspicacia

persuader [pɛʀsɥade] *vt* : **~ qn (de qch/de faire qch)** persuadir a algn (de algo/de hacer algo)

persuasif, -ive [pɛʀsɥazif, iv] *adj* persuasivo(-a)

perte [pɛʀt] *nf* pérdida; **pertes** *nfpl* (*personnes tuées*) bajas *fpl*; **~s blanches** flujo *msg*

pertinent, e [pɛʀtinɑ̃, ɑ̃t] *adj* pertinente

perturbation [pɛʀtyʀbasjɔ̃] *nf* perturbación *f*

perturber [pɛʀtyʀbe] *vt* perturbar

pervers, e [pɛʀvɛʀ, ɛʀs] *adj, nm/f* perverso(-a); **effet ~** efecto perverso

pervertir [pɛʀvɛʀtiʀ] *vt* pervertir

pesant, e [pəzɑ̃, ɑ̃t] *adj* pesado(-a)

pèse-personne [pɛzpɛʀsɔn] (*pl* **pèse-personne(s)**) *nm* báscula

peser [pəze] *vt* pesar ▸ *vi* pesar; (*fig*) tener peso; **~ sur** (*fig*) abrumar; **~ cent kilos/peu** pesar cien kilos/poco

pessimiste [pesimist] *adj, nmf* pesimista *mf*

peste [pɛst] *nf* (*Méd*) peste *f*

pétale [petal] *nm* pétalo

pétanque [petɑ̃k] *nf* petanca

> La **pétanque**, que tiene sus orígenes en el sur del país, es un juego muy popular en Francia. De pie y con los pies juntos, los jugadores lanzan bolas de acero hacia un boliche de madera.

pétard [petaʀ] *nm* petardo, cohete *m*

péter [pete] (*fam*) *vi* (*sauter*) estallar; (*casser*) romperse; (*personne*) tirarse pedos

pétillant, e [petijɑ̃, ɑ̃t] *adj* (*eau*) con gas

pétiller [petije] *vi* (*joie, yeux*) chispear, burbujear

petit, e [p(ə)ti, it] *adj* pequeño(-a), chico(-a) (*esp* AM); (*personne, cri*) bajo(-a) ▸ *nm,f*: **les tout-~s** los pequeñitos ▸ *adv*: **~ à ~** poco a poco; **~(e) ami(e)** novio(-a); **~ déjeuner** desayuno; **~ four** pastelillo; **~ pain** panecillo; **~s pois** guisantes *mpl*, arvejas *fpl* (AM), chícharos *mpl* (*Mex*); **les ~es annonces** anuncios *mpl* por palabras
• **petite-fille** (*pl* **petites-filles**) *nf* nieta • **petit-fils** (*pl* **petits-fils**) *nm* nieto

pétition [petisjɔ̃] *nf* petición *f*

petits-enfants [pətizɑ̃fɑ̃] *nmpl* nietos *mpl*

pétrin [petʀɛ̃] *nm* artesa; (*fig* : *fam*) : **être dans le ~** estar en un apuro

pétrir [petʀiʀ] *vt* (*pâte*) amasar; (*argile, cire*) moldear

pétrole [petʀɔl] *nm* petróleo
• **pétrolier, -ière** *adj* petrolero(-a) ▸ *nm* petrolero

peu [pø]

▸ *adv* **1** poco; **il boit ~** bebe poco; **il est ~ bavard** es poco hablador; **~ avant/après** poco antes/después; **depuis ~** desde hace poco
2 (*modifiant nom*) : **~ de** poco(-a), pocos(-as); (*quantité*) : **il a ~ d'espoir** tiene pocas esperanzas; **il y a ~ d'arbres** hay pocos árboles; **pour ~ de temps** por poco tiempo; **c'est (si) ~ de chose** eso es (muy) poca cosa
3 : **~ à ~** poco a poco; **à ~ près** *adv* más o menos; **à ~ près 10 kg/10 euros** unos 10 kg/10 euros, como 10 kg/10 euros (AM)
▸ *nm* **1** : **le ~ de gens qui** los

pocos que; **le ~ de courage qui nous restait** el poco valor que nos quedaba
2 : **un ~** un poco; **un petit ~** un poquito; **un ~ d'espoir** cierta esperanza; **essayez un ~ !** ¡mire a ver!; **un ~ plus/moins de** un poco más/menos de; **un ~ plus et il ratait son train** un poco más y pierde el tren; **pour ~ qu'il travaille, il réussira** a poco que trabaje, aprobará
▶ *pron* : **~ le savent** pocos lo saben; **avant** *ou* **sous ~** dentro de poco; **de ~ : il a gagné de ~** ganó por poco; **il s'en est fallu de ~ (qu'il ne le blesse)** faltó muy poco (para que lo hiriese); **éviter qch de ~** evitar algo por poco

peuple [pœpl] *nm* pueblo • **peupler** *vt* poblar
peuplier [pøplije] *nm* álamo
peur [pœʀ] *nf* miedo; **avoir ~ (de qn/qch/de faire qch)** tener miedo (de *ou* a algn/algo/de hacer algo); **avoir ~ que** temer que; **faire ~ à qn** asustar a algn; **de ~ de/que** por miedo a/a que • **peureux, -euse** *adj* (*personne*) miedoso(-a); (*regard*) atemorizado(-a)
peut [pø] *vb voir* **pouvoir**
peut-être [pøtɛtʀ] *adv* quizá(s), a lo mejor; **~ bien (qu'il fera/est)** puede (que haga/sea); **~ que** quizá(s), a lo mejor
phare [faʀ] *nm* faro; **se mettre en ~s, mettre ses ~s** poner la luz larga
pharmacie [faʀmasi] *nf* farmacia; (*produits, armoire*) botiquín *m* • **pharmacien, ne** *nm/f* farmacéutico(-a)
phénomène [fenɔmɛn] *nm* fenómeno; (*personne*) bicho raro
philosophe [filɔzɔf] *adj, nmf* filósofo(-a)
philosophie [filɔzɔfi] *nf* filosofía
phobie [fɔbi] *nf* fobia
phoque [fɔk] *nm* foca
phosphorescent, e [fɔsfɔʀesɑ̃, ɑ̃t] *adj* fosforescente
photo [fɔto] *nf* (*= abr de photographie*) foto *f* ▶ *adj = abr de photographique*; **appareil/pellicule ~** máquina/carrete *m* de fotos; **prendre (qn) en ~** hacer una foto (a algn); **faire de la ~** hacer fotografía; **~ d'identité** foto de carnet • **photocopie** *nf* fotocopia • **photocopier** *vt* fotocopiar • **photocopieuse** *nf* fotocopiadora • **photographe** *nmf* fotógrafo(-a) • **photographie** *nf* fotografía • **photographier** *vt* fotografiar
phrase [fʀɑz] *nf* frase *f*
physicien, ne [fizisjɛ̃, jɛn] *nm/f* físico(-a)
physique [fizik] *adj* físico(-a) ▶ *nm* físico ▶ *nf* física • **physiquement** *adv* físicamente
pianiste [pjanist] *nmf* pianista *mf*
piano [pjano] *nm* piano • **pianoter** *vi* teclear; (*tapoter*) tamborilear
pic [pik] *nm* pico; (*Zool*) pájaro carpintero; **à ~** escarpado(-a); **arriver/tomber à ~** venir/caer de perilla
pichet [piʃɛ] *nm* jarro
picorer [pikɔʀe] *vt* picotear
pie [pi] *nf* (*Zool*) urraca

pièce [pjɛs] *nf* pieza; (*d'un logement*) habitación *f*; (*Théâtre*) obra; (*de monnaie*) moneda; (*Couture*) parche *m*; **deux euros ~** dos euros la unidad; **vendre à la ~** vender por unidades; **travailler/payer à la ~** trabajar/pagar a destajo; **maillot une ~** bañador *m*; **un deux-~s cuisine** apartamento con dos habitaciones y cocina; **~ à conviction** prueba de convicción; **~ de rechange** pieza de recambio; **~ d'identité** documento de identidad; **~ jointe** (*Inform*) archivo adjunto; **~s détachées** piezas *fpl* de repuesto; **~s justificatives** comprobante *msg*

pied [pje] *nm* pie *m*; (*Zool, d'un meuble, d'une échelle*) pata; **à ~** a pie; **à ~ sec** a pie enjuto; **au ~ de la lettre** al pie de la letra; **avoir ~** hacer pie; **perdre ~** (*fig*) perder pie; **être sur ~ dès cinq heures** estar en pie desde las cinco; **mettre sur ~** (*entreprise*) poner en pie; **~ de vigne** cepa • **pied-noir** (*pl* **pieds-noirs**) *nmf francés nacido en Argelia*

piège [pjɛʒ] *nm* trampa; **prendre au ~** coger en la trampa • **piéger** *vt* coger en la trampa; **lettre/voiture piégée** carta/coche *m* bomba *inv*

pierre [pjɛʀ] *nf* piedra; **~ tombale** lápida sepulcral • **pierreries** *nfpl* pedrería

piétiner [pjetine] *vi* patalear; (*fig*) estancarse, atascarse ▸ *vt* (*aussi fig*) pisotear

piéton, ne [pjetɔ̃, ɔn] *nm/f* peatón *mf* • **piétonnier, -ière** *adj* peatonal

pieu, x [pjø] *nm* estaca

pieuvre [pjœvʀ] *nf* pulpo

pieux, -euse [pjø, pjøz] *adj* piadoso(-a)

pigeon [piʒɔ̃] *nm* palomo

piger [piʒe] (*fam*) *vt, vi* pillar

pigiste [piʒist] *nmf* (*journaliste*) periodista *mf* que trabaja por líneas

pignon [piɲɔ̃] *nm* piñón *m*; (*d'un mur*) aguilón *m*

pile [pil] *nf* pila ▸ *adv* (*net, brusquement*) en seco; **à deux heures ~** a las dos en punto; **jouer à ~ ou face** jugar a cara o cruz

piler [pile] *vt* machacar

pilier [pilje] *nm* (*colonne, support, Rugby*) pilar *m*

piller [pije] *vt* saquear

pilote [pilɔt] *nmf* piloto *mf* ▸ *adj* : **appartement-~** piso piloto; **~ d'essai/de chasse/de course/ de ligne** piloto de pruebas/de caza/de carreras/civil • **piloter** *vt* pilotar

pilule [pilyl] *nf* píldora; **prendre la ~** tomar la píldora

piment [pimɑ̃] *nm* pimiento, ají *m* (AM); (*fig*) sal y pimienta • **pimenté, e** *adj* salpimentado(-a)

pin [pɛ̃] *nm* pino

pinard [pinaʀ] (*fam*) *nm* vino

pince [pɛ̃s] *nf* pinza; (*outil*) pinzas *fpl*; **~ à épiler** pinza de depilar; **~ à linge** pinza de la ropa

pincé, e [pɛ̃se] *adj* (*air*) forzado(-a)

pinceau, x [pɛ̃so] *nm* pincel *m*

pincée [pɛ̃se] *nf* : **une ~ de sel/ poivre** una pizca de sal/pimienta

pincer [pɛ̃se] *vt* (*personne*) pellizcar; (*Mus* : *cordes*) puntear
pinède [pinɛd] *nf* pinar *m*
pingouin [pɛ̃gwɛ̃] *nm* pingüino
ping-pong [piŋpɔ̃g] (*pl* **ping-pongs**) *nm* ping-pong *m*
pinson [pɛ̃sɔ̃] *nm* pinzón *m*
pintade [pɛ̃tad] *nf* pintada
pion, ne [pjɔ̃, ɔn] *nm* (*Échecs*) peón *m*; (*Dames*) ficha ▸ *nm/f* (*Scol*, *fam*) vigilante *mf*
pionnier, -ière [pjɔnje, jɛʀ] *nm/f* pionero(-a)
pipe [pip] *nf* pipa
piquant, e [pikɑ̃, ɑ̃t] *adj* punzante; (*saveur*) picante ▸ *nm* (*épine*) espina
pique [pik] *nf* pica; (*parole blessante*) : **envoyer** *ou* **lancer des ~s à qn** tirar *ou* lanzar indirectas a algn ▸ *nm* (*Cartes*) picas *fpl*, ≈ espadas *fpl*
pique-nique [piknik] (*pl* **pique-niques**) *nm* picnic *m* • **pique-niquer** *vi* ir de picnic
piquer [pike] *vt* picar; (*fam* : *voler*) birlar ▸ *vi* (*oiseau*, *avion*) bajar en picado
piquet [pikɛ] *nm* estaca; **~ de grève** piquete *m* de huelga
piqûre [pikyʀ] *nf* (*d'insecte*) picadura; (*Méd*) inyección *f*; **faire une ~ à qn** poner una inyección a algn
piratage [piʀataʒ] *nm* (*aussi Inform*) piratería
pirate [piʀat] *nm* pirata *mf* ▸ *adj* : **émetteur ~** emisora pirata
pirater [piʀate] *vt* (*aussi Inform*) piratear
pire [piʀ] *adj* (*comparatif*) peor; (*superlatif*) : **le (la) ~** el/lo (la) peor ▸ *nm* : **le ~ (de)** lo peor (de)
pis [pi] *nm* (*de vache*) ubre *f* ▸ *adj*, *adv* peor
piscine [pisin] *nf* piscina; **~ couverte/en plein air/olympique** piscina cubierta/al aire libre/olímpica
pissenlit [pisɑ̃li] *nm* cardillo
pistache [pistaʃ] *nf* pistacho
piste [pist] *nf* pista, rastro; (*sentier*) camino; **~ cyclable** pista para ciclistas
pistolet [pistɔlɛ] *nm* pistola • **pistolet-mitrailleur** (*pl* **pistolets-mitrailleurs**) *nm* pistola ametralladora
piston [pistɔ̃] *nm* (*Tech*) pistón *m*; (*fig*) enchufe *m* • **pistonner** (*fam*) *vt* enchufar
piteux, -euse [pitø, øz] *adj* (*résultat*) deplorable; (*air*) lastimoso(-a)
pitié [pitje] *nf* piedad *f*; **faire ~** dar pena *ou* lástima; **il me fait ~** me da lástima; **avoir ~ de qn** compadecerse de algn
pitoyable [pitwajabl] *adj* lamentable
pittoresque [pitɔʀɛsk] *adj* pintoresco(-a)
PJ [peʒi] *sigle f* = *police judiciaire*; *voir* **police**
placard [plakaʀ] *nm* armario (empotrado)
place [plas] *nf* plaza; (*espace libre*) sitio; (*siège*) asiento; (*prix* : *au cinéma etc*) entrada; (*Univ*, *emploi*) puesto; **en ~** en su sitio; **sur ~** en el sitio; **faire de la ~** hacer sitio; **faire ~ à qch** dar paso a algo; **ça prend de la ~** ocupa sitio; **à votre ~ ...** en su lugar ...; **à la ~ de** en lugar de;

il y a 20 ~s assises/debout hay 20 plazas de asiento/de pie

placé, e [plase] *adj* (*Hippisme*) clasificado(-a); **haut ~** (*fig*) bien situado(-a); **être bien/mal ~** (*objet*) estar bien/mal colocado(-a); (*spectateur*) estar bien/mal situado(-a); (*concurrent*) tener buena/mala posición; **être bien/mal ~ pour** estar en una buena/mala posición para

placement [plasmɑ̃] *nm* (*emploi*) colocación *f*; (*Fin*) inversión *f*

placer [plase] *vt* (*convive, spectateur*) acomodar; (*chose*) colocar; (*capital*) invertir

plafond [plafɔ̃] *nm* techo

plage [plaʒ] *nf* playa

plaider [plede] *vi* (*avocat*) pleitear; (*plaignant*) litigar ▸ *vt* (*cause*) defender; **~ coupable/non coupable** declararse culpable/inocente • **plaidoyer** *nm* (*Jur, fig*) alegato

plaie [plɛ] *nf* llaga

plaignant, e [plɛɲɑ̃, ɑ̃t] *vb voir* **plaindre** ▸ *adj, nm/f* demandante *mf*

plaindre [plɛ̃dʀ] *vt* compadecer; **se plaindre** *vpr* quejarse

plaine [plɛn] *nf* llanura

plain-pied [plɛ̃pje] : **de ~** *adv* al mismo nivel

plainte [plɛ̃t] *nf* queja; (*gémissement*) lamento; (*Jur*) : **porter ~** poner una denuncia

plaire [plɛʀ] *vi* gustar; **se plaire** *vpr* (*quelque part*) estar a gusto; **~ à** : **cela me plaît** eso me gusta; **s'il vous plaît** por favor

plaisance [plɛzɑ̃s] *nf* (*aussi* : **navigation de plaisance**) navegación *f* de recreo

plaisant, e [plɛzɑ̃, ɑ̃t] *adj* agradable

plaisanter [plɛzɑ̃te] *vi* bromear • **plaisanterie** *nf* broma

plaisir [pleziʀ] *nm* placer *m*; **faire ~ à qn** complacer a algn; (*suj : cadeau, nouvelle*) agradar a algn; **j'ai le ~ de ...** tengo el gusto de ...

plaît [plɛ] *vb voir* **plaire**

plan, e [plɑ̃, an] *adj* plano(-a) ▸ *nm* plano; (*projet, Écon*) plan *m*; **au premier/second ~** en primer/segundo plano; **sur tous les ~s** en todos los aspectos; **laisser/rester en ~** dejar/quedar en suspenso; **~ d'eau** estanque *m*

planche [plɑ̃ʃ] *nf* tabla; **planches** *nfpl* : **les ~s** (*Théâtre*) las tablas; **~ à repasser** tabla de planchar; **~ à roulettes** monopatín *m*; **~ à voile** (*objet*) tabla de windsurfing; (*Sport*) windsurfing *m*; **~ de surf** tabla de surf

plancher [plɑ̃ʃe] *nm* suelo

planer [plane] *vi* (*oiseau*) cernerse; (*avion*) planear; **~ sur** cernerse sobre

planète [planɛt] *nf* planeta *m*

planeur [planœʀ] *nm* planeador *m*

planifier [planifje] *vt* planificar

planning [planiŋ] *nm* programación *f*; **~ familial** planificación *f* familiar

plant [plɑ̃] *nm* planta joven

plante [plɑ̃t] *nf* planta; (*Anat*) : **~ du pied** planta del pie

planter [plɑ̃te] *vt* plantar; (*pieu*) clavar; (*tente*) montar; (*fam : abandonner*) : **~ là** dejar plantado(-a)

plaque [plak] *nf* placa; (*d'ardoise, de verre*) hoja; **~ chauffante** placa calientaplatos; **~ minéralogique/ d'immatriculation** placa mineralógica/de matrícula; **~ de cuisson** quemador *m*

plaqué [plake] *nm* (*métal*) : **~ or/ argent** chapado en oro/plata

plaquer [plake] *vt* (*bijou*) chapar; (*Rugby*) hacer un placaje a; (*fam : laisser tomber*) dejar plantado(-a); (*aplatir*) : **~ qch sur/contre** aplastar algo sobre/contra

plaquette [plakɛt] *nf* (*de chocolat, pilules*) tableta

plastique [plastik] *adj* plástico(-a) ▸ *nm* plástico
• **plastiquer** *vt* volar con goma dos

plat, e [pla, at] *adj* llano(-a); (*ventre, poitrine*) plano(-a); (*banal*) anodino(-a) ▸ *nm* (*Culin : mets*) plato; (*: récipient*) fuente *f*; **à ~** (*adverbe*) a lo largo; (*adjectif : pneu*) desinflado(-a); (*batterie*) descargado(-a); **à ~ ventre** boca abajo; **talons ~s** zapatos *mpl* planos

platane [platan] *nm* plátano

plateau, x [plato] *nm* bandeja; (*Géo*) meseta; (*Ciné, TV*) plató; **~ à fromage** tabla de quesos

platebande [platbɑ̃d] *nf* arriate *m*

plateforme [platfɔʀm] *nf* plataforma

platine [platin] *nm* platino ▸ *nf* platina ▸ *adj inv* : **cheveux/blond ~** cabello/rubio platino *inv*

plâtre [plɑtʀ] *nm* yeso; (*Méd, statue*) escayola; **avoir un bras dans le ~** tener un brazo escayolado

plein, e [plɛ̃, plɛn] *adj* lleno(-a); (*journée*) ocupado(-a); (*porte, roue*) macizo(-a); (*joues, formes*) relleno(-a); (*chienne, jument*) preñada ▸ *prép* : **avoir de l'argent ~ les poches** tener los bolsillos llenos de dinero ▸ *nm* : **faire le ~ (d'essence)** llenar el depósito (de gasolina); **à ~es mains** a manos llenas; **à ~ régime** al máximo; **à ~ temps, à temps ~** a tiempo completo; **en ~ air** al aire libre; **en ~ vent/soleil** a pleno viento/ sol; **en pleine mer** en alta mar; **en pleine rue** en medio de la calle; **en ~ milieu** en medio; **en ~ jour/pleine nuit** en pleno día/ plena noche; **en ~ sur** de lleno sobre; **en avoir ~ le dos** (*fam*) estar hasta la coronilla; **~s pouvoirs** plenos poderes *mpl*

pleurer [plœʀe] *vt, vi* llorar; **~ sur** llorar por

pleurnicher [plœʀniʃe] *vi* lloriquear

pleurs [plœʀ] *nmpl* : **en ~** deshecho(-a) en lágrimas

pleut [plø] *vb voir* **pleuvoir**

pleuvoir [pløvwaʀ] *vb impers* : **il pleut** llueve ▸ *vi* (*fig*) llover; **il pleut des cordes** *ou* **à verse/ à torrents** llueve a cántaros/ torrencialmente

pli [pli] *nm* pliegue *m*; (*d'une jupe*) tabla; (*d'un pantalon*) raya; (*aussi* : **faux pli**) arruga; (*Admin*) carta; (*Cartes*) baza

pliant, e [plijɑ̃, plijɑ̃t] *adj* plegable ▸ *nm* silla de tijera

plier [plije] *vt* doblar; (*pour ranger*) recoger; (*genou, bras*) flexionar ▸ *vi* curvarse; (*céder*) ceder; **se plier** *vpr* : **se ~ à** doblegarse a

P

plisser [plise] *vt* arrugar; (*jupe*) hacerle tablas a, plisar
plomb [plɔ̃] *nm* plomo; (*d'une cartouche*) perdigón *m*; (*Élec*) fusible *m*
plomber [plɔ̃be] *vt* (*dent*) empastar; (*fam* : *compromettre* : *finances, comptes, relations*) lastrar; **~ l'ambiance** aguar la fiesta
plomberie [plɔ̃bʀi] *nf* fontanería, plomería (AM); (*installation*) cañería
plombier, -ière [plɔ̃bje, jɛʀ] *nm/f* fontanero(-a), plomero(-a) (AM), gasfíter *mf* (*Chi*)
plonge [plɔ̃ʒ] (*fam*) *nf* : **faire la ~** fregar los platos
plongeant, e [plɔ̃ʒɑ̃, ɑ̃t] *adj* (*vue*) desde arriba; (*décolleté*) pronunciado(-a)
plongée [plɔ̃ʒe] *nf* inmersión *f*; (*Sport* : *sans bouteilles*) buceo; **~ (sous-marine)** submarinismo
plongeoir [plɔ̃ʒwaʀ] *nm* trampolín *m*
plongeon [plɔ̃ʒɔ̃] *nm* zambullida
plonger [plɔ̃ʒe] *vi* (*personne*) zambullirse; (*sous-marin*) sumergirse; (*oiseau, avion*) lanzarse en picado; (*Football*) hacer una estirada ▸ *vt* sumergir • **plongeur, -euse** *nm/f* buceador(a); (*avec bouteilles*) submarinista *mf*; (*de restaurant*) : **travailler comme ~** fregar los platos
plu [ply] *pp de* **plaire** ; **pleuvoir**
pluie [plɥi] *nf* lluvia; **une ~ de** (*fig*) una lluvia de
plume [plym] *nf* pluma
plupart [plypaʀ] : **la ~** *pron* la mayor parte; **la ~ du temps** la mayoría de las veces; **dans la ~ des cas** en la mayoría de los casos; **pour la ~** en su mayoría
pluriel, le [plyʀjɛl] *nm* plural *m* ▸ *adj* (*gauche, société*) plural

plus

▸ *adv* **1** [ply] (*forme négative*) : **ne ... ~** ya no; **je n'ai ~ d'argent** ya no tengo dinero; **il ne travaille ~** ya no trabaja
2 [ply, plyz] (+ *voyelle* : *comparatif*) más; **~ intelligent (que)** más inteligente (que); **~ d'intelligence/de possibilités (que)** más inteligencia/posibilidades (que); (*superlatif*) : **le ~** el más; **c'est lui qui travaille le ~** es él quien más trabaja; **le ~ grand** el más grande; **(tout) au ~** a lo sumo, a lo más
3 [plys, plyz] (+ *voyelle* : *davantage*) más; **il travaille ~ (que)** trabaja más (que); **~ il travaille, ~ il est heureux** cuanto más trabaja, más feliz es; **il était ~ de minuit** era más de medianoche; **~ de trois heures/quatre kilos** más de tres horas/cuatro kilos; **trois heures/kilos de ~ que** tres horas/kilos más que; **il a trois ans de ~ que moi** tiene tres años más que yo; **de ~** (*en supplément*) de más; (*en outre*) además; **de ~ en ~** cada vez más; **~ de pain** más pan; **sans ~** sin más; **trois kilos en ~** tres kilos de más; **en ~ de cela ...** además de eso ...; **d'autant ~ que** tanto más cuando, más aún cuando; **qui ~ est** y lo que es

más; **~ ou moins** más o menos; **ni ~ ni moins** ni más ni menos ▶ *prép* [plys] : **4 ~ 2** 4 más 2

plusieurs [plyzjœʀ] *adj, pron* varios(-as); **ils sont ~** son varios
plus-value [plyvaly] (*pl* **plus-values**) *nf* (*Écon*) plusvalía
plutôt [plyto] *adv* más bien; **je ferais ~ cela** haría más bien eso; **fais ~ comme ça** haz mejor así; **~ que (de) faire qch** en lugar de hacer algo; **~ grand/rouge** más bien grande/rojo
pluvieux, -euse [plyvjø, jøz] *adj* lluvioso(-a)
PMA [peɛma] *sigle f* (= *procréation médicalement assistée*) reproducción *f* asistida
PME [peɛmə] *sigle f inv* (= *petite et moyenne entreprise*) ≈ PYME *f*, ≈ pyme *f* (= *pequeña y mediana empresa*)
PMU [peɛmy] *sigle m* (= *pari mutuel urbain*) *apuestas mutuas en las carreras de caballos*
PNB [peɛnbe] *sigle m* (= *produit national brut*) PNB *m* (= *producto nacional bruto*)
pneu, x [pnø] *nm* neumático, llanta (*AM*)
pneumonie [pnømɔni] *nf* neumonía
poche [pɔʃ] *nf* bolsillo; **de ~** de bolsillo
pochette [pɔʃɛt] *nf* (*de timbres*) sobre *m*; (*d'aiguilles etc*) estuche *m*; (*sur veste*) pañuelo; **~ de disque** funda de discos
podcast [pɔdkast] *nm* podcast *m*
podcaster [pɔdkaste] *vi* podcastear
poêle [pwal] *nm* estufa ▶ *nf* : **~ (à frire)** sartén *f* (*m en AM*)
poème [pɔɛm] *nm* poema *m*
poésie [pɔezi] *nf* poesía
poète [pɔɛt] *nmf* poeta *mf*
poétesse [pɔetɛs] *nf* poetisa
poids [pwa] *nm* peso; (*pour peser*) pesa; **vendre qch au ~** vender algo al peso; **prendre/perdre du ~** coger/perder peso; **~ lourd** peso pesado; (*camion*) camión *m* de carga pesada
poignant, e [pwaɲɑ̃, ɑ̃t] *adj* conmovedor(a)
poignard [pwaɲaʀ] *nm* puñal *m* • **poignarder** *vt* apuñalar
poigne [pwaɲ] *nf* fuerza; (*fig*) firmeza
poignée [pwaɲe] *nf* puñado; (*de couvercle, valise*) asa; (*tiroir*) tirador *m*; (*porte*) picaporte *m*; **~ de main** apretón *m* de manos
poignet [pwaɲɛ] *nm* muñeca; (*d'une chemise*) puño
poil [pwal] *nm* pelo; (*de pinceau, brosse*) cerda; **à ~** (*fam : tout nu*) en pelota; **au ~** (*fam*) genial; **être de bon/mauvais ~** (*fam*) estar de buenas/malas • **poilu, e** *adj* peludo(-a)
poinçonner [pwɛ̃sɔne] *vt* (*billet, ticket*) picar
poing [pwɛ̃] *nm* puño
point [pwɛ̃] *nm* punto; (*Couture, tapisserie*) puntada; **faire le ~** (*Naut*) determinar la posición; (*fig*) recapitular; **en tout ~** de todo punto; **sur le ~ de faire qch** a punto de hacer algo; **au ~ que** hasta el punto que; **mettre au ~** poner a punto; (*appareil de photo*) enfocar; (*affaire*) precisar; **à ~**

(*Culin*) en su punto; **à ~ nommé** en el momento oportuno; **~ com** puntocom *m*; **~ d'eau** punto de agua; **~ d'exclamation/ d'interrogation** signo de exclamación/de interrogación; **~ de repère** punto de referencia; **~ de vente** punto de venta; **~ de vue** punto de vista; **~ faible** punto débil; **~ mort** punto muerto; **~s de suspension** puntos suspensivos

pointe [pwɛ̃t] *nf* punta; (*fig*) : **une ~ d'ail/d'accent** una pizca de ajo/de acento; **être à la ~ de qch** estar en la vanguardia de algo; **sur la ~ des pieds** de puntillas; **en ~** *adv, adj* en punta; **de ~** (*industries*) de vanguardia; (*vitesse*) punta; **heures/jours de ~** horas *fpl*/días *mpl* punta

pointer [pwɛ̃te] *vt* puntear; (*canon, doigt*) apuntar ▶ *vi* (*ouvrier, employé*) fichar

pointillé [pwɛ̃tije] *nm* línea de puntos

pointilleux, -euse [pwɛ̃tijø, øz] *adj* puntilloso(-a)

pointu, e [pwɛ̃ty] *adj* puntiagudo(-a); (*son, voix, fig*) agudo(-a)

pointure [pwɛ̃tyʀ] *nf* número

point-virgule [pwɛ̃viʀgyl] (*pl* **points-virgules**) *nm* punto y coma *m*

poire [pwaʀ] *nf* pera

poireau, x [pwaʀo] *nm* puerro

poirier [pwaʀje] *nm* peral *m*

pois [pwa] *nm* guisante *m*; (*sur une étoffe*) lunar *m*; **à ~** de lunares

poison [pwazɔ̃] *nm* veneno

poisseux, -euse [pwasø, øz] *adj* pegajoso(-a)

poisson [pwasɔ̃] *nm* pez *m*; (*Culin*) pescado; (*Astrol*) : **Poissons** Piscis *msg*; **~ d'avril** inocentada; *voir note*; **~ volant/rouge** pez volador/de colores • **poissonnerie** *nf* pescadería • **poissonnier, -ière** *nm/f* pescadero(-a)

En Francia, el 1 de abril es el equivalente al día de los Santos Inocentes en España. La broma o inocentada típica de ese día es pegar en la espalda de alguien un pez de papel, el **poisson d'avril**, sin ser visto. Los medios de comunicación contribuyen con sus propios **poissons d'avril** difundiendo noticias falsas y disparatadas.

poitrine [pwatʀin] *nf* pecho

poivre [pwavʀ] *nm* pimienta

poivron [pwavʀɔ̃] *nm* pimiento morrón

polaire [pɔlɛʀ] *adj* polar ▶ *nf* (*vêtement*) forro polar

polar [pɔlaʀ] (*fam*) *nm* novela policial *ou* policíaca

pôle [pol] *nm* (*Géo, Élec*) polo

poli, e [pɔli] *adj* (*personne*) educado(-a), elegante

police [pɔlis] *nf* : **la ~** la policía; (*Assurance*) : **~ d'assurance** póliza de seguros; **~ judiciaire** policía judicial; **~ secours** servicio urgente de policía • **policier, -ière** *adj* policial, policiaco(-a) ▶ *nm/f* policía *mf*, agente *mf* (AM) ▶ *nm* (*roman*) novela policiaca; (*film*) película policiaca

polio [pɔljɔ] *nf* poliomielitis *f inv*

polir [pɔliʀ] *vt* pulir

politesse [pɔlitɛs] *nf* cortesía

politicien, ne [pɔlitisjɛ̃, jɛn] *nm/f* político(-a); (*péj*) politicastro(-a)

politique [pɔlitik] *adj, nmf* político(-a) ▸ *nf* política

pollen [pɔlɛn] *nm* polen *m*

polluant, e [pɔlɥɑ̃, ɑ̃t] *adj* contaminante; **produit ~** producto contaminante

polluer [pɔlɥe] *vt* contaminar • **pollution** *nf* polución *f*

polo [pɔlo] *nm* polo

Pologne [pɔlɔɲ] *nf* Polonia • **polonais, e** *adj* polaco(-a) ▸ *nm* (*Ling*) polaco ▸ *nm/f*: **Polonais, e** polaco(-a)

poltron, ne [pɔltʀɔ̃, ɔn] *adj* cobarde

Polynésie [pɔlinezi] *nf* Polinesia; **la ~ française** la Polinesia francesa

polyvalent, e [pɔlivalɑ̃, ɑ̃t] *adj* polivalente

pommade [pɔmad] *nf* pomada

pomme [pɔm] *nf* manzana; (*pomme de terre*): **tomber dans les ~s** (*fam*) darle a algn un patatús; **~ d'Adam** nuez *f* de Adán; **~ de pin** piña; **~ de terre** patata, papa (*AM*)

pommette [pɔmɛt] *nf* pómulo

pommier [pɔmje] *nm* manzano

pompe [pɔ̃p] *nf* (*appareil*) bomba; (*faste*) pompa; **~ (à essence)** surtidor *m* (de gasolina); **~s funèbres** pompas *fpl* fúnebres • **pomper** *vt* bombear

pompeux, -euse [pɔ̃pø, øz] (*péj*) *adj* pomposo(-a)

pompier, -ière [pɔ̃pje, jɛr] *nm/f* bombero(-a)

pompiste [pɔ̃pist] *nmf* encargado(-a) de una gasolinera

poncer [pɔ̃se] *vt* alisar con un abrasivo

ponctuation [pɔ̃ktɥasjɔ̃] *nf* puntuación *f*

ponctuel, le [pɔ̃ktɥɛl] *adj* puntual

pondéré, e [pɔ̃deʀe] *adj* ponderado(-a)

pondre [pɔ̃dʀ] *vt* (*œufs*) poner; (*fig : fam*) parir

poney [pɔnɛ] *nm* poney *m*, poni *m*

pont [pɔ̃] *nm* puente *m*; (*Naut*) cubierta • **pont-levis** (*pl* **ponts-levis**) *nm* puente *m* levadizo

pop [pɔp] *adj inv* pop *inv*

populaire [pɔpylɛʀ] *adj* popular

popularité [pɔpylaʀite] *nf* popularidad *f*

population [pɔpylasjɔ̃] *nf* población *f*

populeux, -euse [pɔpylø, øz] *adj* populoso(-a)

porc [pɔʀ] *nm* (*Zool*) cerdo, chancho (*AM*); (*Culin*) carne *f* de cerdo

porcelaine [pɔʀsəlɛn] *nf* porcelana

porc-épic [pɔʀkepik] (*pl* **porcs-épics**) *nm* puerco espín

porche [pɔʀʃ] *nm* porche *m*

porcherie [pɔʀʃəʀi] *nf* porqueriza

pore [pɔʀ] *nm* poro

porno [pɔʀno] *adj* (*= pornographique*) porno *inv*

port [pɔʀ] *nm* porte *m*; (*Naut*) puerto; **~ d'armes** (*Jur*) tenencia de armas

portable [pɔʀtabl] *adj* *(vêtement)* ponible; *(ordinateur)* portátil; *(téléphone)* móvil, celular (AM) ▶ *nm* *(téléphone)* móvil *m*, celular *m* (AM); *(ordinateur)* portátil *m*

portail [pɔʀtaj] *nm* *(gén, Internet)* portal *m*

portant, e [pɔʀtɑ̃, ɑ̃t] *adj* : **être bien/mal ~** *(personne)* tener buena/mala salud

portatif, -ive [pɔʀtatif, iv] *adj* portátil

porte [pɔʀt] *nf* puerta; **mettre qn à la ~** poner a algn en la calle; **faire du ~ à ~** *(Comm)* vender de puerta en puerta, vender a domicilio

porté, e [pɔʀte] *adj* : **être ~ sur qch** darle a algo

porte-avion(s) [pɔʀtavjɔ̃] (*pl* **porte-avions**) *nm* portaaviones *m inv*

porte-bagage(s) [pɔʀtbagaʒ] (*pl* **porte-bagages**) *nm* portaequipajes *m inv*

porte-bonheur [pɔʀtbɔnœʀ] (*pl* **porte-bonheur(s)**) *nm* amuleto

porte-clé(s) [pɔʀtəkle] (*pl* **porte-clés**) *nm* llavero

porte-document(s) [pɔʀtdɔkymɑ̃] (*pl* **porte-documents**) *nm* cartera de mano, portafolio(s) *m* (AM)

portée [pɔʀte] *nf* alcance *m*; *(d'une chienne, chatte)* camada; *(Mus)* pentagrama *m*; **à (la) ~ (de)** al alcance (de); **hors de ~ (de)** fuera del alcance (de); **à ~ de (la) main** al alcance de la mano; **à ~ de voix** a poca distancia

portefeuille [pɔʀtəfœj] *nm* cartera; *(Pol)* cartera (ministerial)

portemanteau, x [pɔʀt(ə)mɑ̃to] *nm* perchero

portemonnaie [pɔʀtmɔnɛ] *nm* monedero

porte-parole [pɔʀtpaʀɔl] (*pl* **porte-parole(s)**) *nmf* portavoz *mf*, vocero(-a) (AM)

porter [pɔʀte] *vt* llevar ▶ *vi* *(fig)* surtir efecto; **se porter** *vpr* : **se ~ bien/mal** encontrarse bien/mal; **~ sur** tratar de; **~ secours/assistance à qn** prestar socorro/asistencia a algn; **~ bonheur à qn** traer buena suerte a algn; **~ une somme sur un registre** asentar una cantidad en un registro; **~ atteinte à (l'honneur/la réputation de qn)** atentar contra (el honor/la reputación de algn); **se faire ~ malade** declararse enfermo(-a); **~ son attention/regard/effort sur** fijar su atención/mirada/esfuerzo sobre; **~ à croire** llevar a pensar

porteur, -euse [pɔʀtœʀ, øz] *nm/f* *(de bagages)* mozo(-a) de equipaje; *(Comm : d'un chèque)* portador *m*

porte-voix [pɔʀtəvwa] *nm inv* megáfono

portier, -ière [pɔʀtje, jɛʀ] *nm/f* portero(-a) ▶ *nf* *(de voiture, train)* puerta

portion [pɔʀsjɔ̃] *nf* *(part)* ración *f*; *(partie)* parte *f*

porto [pɔʀto] *nm* oporto

portrait [pɔʀtʀɛ] *nm* retrato
• **portrait-robot** (*pl* **portraits-robots**) *nm* retrato robot

portuaire [pɔʀtɥɛʀ] *adj* portuario(-a)

portugais, e [pɔʀtygɛ, ɛz] *adj* portugués(-esa) ▶ *nm* (*Ling*) portugués *m* ▶ *nm/f*: **Portugais, e** portugués(-esa)

Portugal [pɔʀtygal] *nm* Portugal *m*

pose [poz] *nf* (*de moquette*) instalación *f*; (*de rideau, papier peint*) colocación *f*; (*position*) postura; **(temps de) ~** (*Photo*) (tiempo de) exposición *f*

posé, e [poze] *adj* comedido(-a)

poser [poze] *vt* poner; (*moquette, carrelage*) instalar; (*rideaux, papier peint*) colocar; (*question*) hacer; (*problème*) plantear; **se poser** *vpr* (*oiseau, avion*) posarse; (*question*) plantearse

positif, -ive [pozitif, iv] *adj* positivo(-a)

position [pozisjɔ̃] *nf* posición *f*; (*posture*) postura; (*métier*) cargo; **être dans une ~ difficile/délicate** estar en una situación difícil/delicada; **prendre ~** tomar posiciones

posologie [pozɔlɔʒi] *nf* posología

posséder [pɔsede] *vt* poseer; (*qualité*) estar dotado(-a) de; (*métier, langue*) dominar, conocer a fondo • **possession** *nf* posesión *f*

possibilité [pɔsibilite] *nf* posibilidad *f*; **possibilités** *nfpl* (*moyens*) medios *mpl*; (*potentiel*) posibilidades *fpl*

possible [pɔsibl] *adj* posible; (*projet*) realizable ▶ *nm* : **faire (tout) son ~** hacer (todo) lo (que sea) posible; **il est ~ que** es posible que; **le plus/moins de livres ~** el mayor/menor número de libros posible; **le plus/moins d'eau ~** la mayor/menor cantidad de agua posible; **aussitôt** *ou* **dès que ~** en cuanto sea posible

postal, e, -aux [pɔstal, o] *adj* postal

poste [pɔst] *nf* (*service*) correo; (*administration*) correos *mpl*; (*bureau*) oficina de correos ▶ *nm* (*Mil*) puesto; (*charge*) cargo; (*de radio, télévision*) aparato; (*Tél*) extensión *f*; **postes** *nfpl* : **agent/employé des ~s** agente *m*/empleado de correos; **mettre à la ~** echar al correo; **~ (de police)** *nm* puesto (de policía); **~ restante** *nf* lista de correos

poster[1] [pɔste] *vt* (*lettre*) echar al correo; (*sur Internet*) colgar, publicar

poster[2] [pɔstɛʀ] *nm* póster *m*

postérieur, e [pɔsteʀjœʀ] *adj* posterior ▶ *nm* (*fam*) trasero

postuler [pɔstyle] *vt* solicitar

pot [po] *nm* (*récipient*) cacharro; (*en métal*) bote *m*; (*fam : chance*) : **avoir du ~** tener potra; **boire** *ou* **prendre un ~** (*fam*) tomar una copa; **~ d'échappement** (*Auto*) tubo de escape

potable [pɔtabl] *adj* potable

potage [pɔtaʒ] *nm* sopa • **potager, -ère** *adj* hortícola; **(jardin) ~** huerto

pot-au-feu [pɔtofø] (*pl* **pot(s)-au-feu**) *nm* cocido

pot-de-vin [podvɛ̃] (*pl* **pots-de-vin**) *nm* gratificación *f*

pote [pɔt] (*fam*) *nm* amigo, compadre *m* (AM), manito (*Mex*)

poteau, x [pɔto] *nm* poste *m*; **~ indicateur** poste indicador

P

potelé, e [pɔt(ə)le] *adj* rollizo(-a)
potentiel, le [pɔtɑ̃sjɛl] *adj, nm* potencial *m*
poterie [pɔtʀi] *nf* (*fabrication*) alfarería; (*objet*) objeto de barro, cerámica
potier, -ière [pɔtje, jɛʀ] *nm/f* alfarero(-a)
potiron [pɔtiʀɔ̃] *nm* calabaza
pou, x [pu] *nm* piojo
poubelle [pubɛl] *nf* cubo *ou* bote *m* (AM) de la basura
pouce [pus] *nm* pulgar *m*
poudre [pudʀ] *nf* polvo; (*fard*) polvos *mpl*; (*explosif*) pólvora; **en ~** : **café/savon/lait en ~** café *m* molido/detergente *m*/leche *f* en polvo • **poudreuse** *nf* nieve *f* en polvo • **poudrier** *nm* polvera
pouffer [pufe] *vi* : **~ (de rire)** partirse de risa
poulailler [pulaje] *nm* (*aussi Théâtre*) gallinero
poulain [pulɛ̃] *nm* potro; (*fig*) pupilo
poule [pul] *nf* gallina; (*Sport*) liga; (*Rugby*) *grupo de equipos que se enfrentan en la primera fase de un campeonato*
poulet [pulɛ] *nm* pollo; (*fam*) poli *m*
poulie [puli] *nf* polea
pouls [pu] *nm* pulso; **prendre le ~ de qn** tomar el pulso a algn
poumon [pumɔ̃] *nm* pulmón *m*
poupée [pupe] *nf* muñeca

pour [puʀ]

▸ *prép* 1 (*destination, temps*) : **elle est partie ~ Paris** se ha ido a París; **le train ~ Séville** el tren para *ou* a Sevilla; **j'en ai ~ une heure** tengo para una hora; **il faut le faire ~ après les vacances** hay que hacerlo para después de vacaciones; **~ toujours** para siempre
2 (*au prix de, en échange de*) por; **il l'a acheté ~ 5 €** lo compró por 5 euros; **donnez-moi ~ 30 € d'essence** deme 30 euros de gasolina; **je te l'échange ~ ta montre** te lo cambio por tu reloj
3 (*en vue de, intention, en faveur de*) : **~ le plaisir** por gusto; **~ ton anniversaire** para tu cumpleaños; **je le fais ~ toi** lo hago por ti; **pastilles ~ la toux** pastillas *fpl* para la tos; **~ que** para que; **~ faire** para hacer; **~ quoi faire ?** ¿para qué?; **je suis ~ la démocratie** estoy por la democracia
4 (*à cause de*) : **fermé ~ (cause de) travaux** cerrado por obras; **c'est ~ cela que je le fais** por eso lo hago; **être ~ beaucoup dans qch** influir mucho en algo; **ce n'est pas ~ dire, mais ...** (*fam*) no es por nada pero ...; **~ avoir fait** por haber hecho
5 (*à la place de*) : **il a parlé ~ moi** habló por mí
6 (*rapport, comparaison*) : **mot ~ mot** palabra por palabra; **ça fait un an jour ~ jour** hoy hace justamente un año; **10 ~ cent** diez por ciento; **~ un Français, il parle bien suédois** para ser francés, habla bien el sueco
7 (*comme*) : **la femme qu'il a eue ~ mère** la mujer que tuvo por madre
8 (*point de vue*) : **~ moi, il a tort** para mí que se equivoca; **~ ce**

qui est de ... por lo que se refiere a ...; **~ autant que je sache** que yo sepa
▶ *nm* : **le ~ et le contre** los pros y los contras

pourboire [purbwar] *nm* propina
pourcentage [pursɑ̃taʒ] *nm* porcentaje *m*
pourchasser [purʃase] *vt* perseguir
pourparlers [purparle] *nmpl* negociaciones *fpl*
pourpre [purpr] *adj* púrpura
pourquoi [purkwa] *adv, conj* por qué ▶ *nm* : **le ~ (de)** el porqué (de)
pourrai *etc* [pure] *vb voir* **pouvoir**
pourri, e [puri] *adj* podrido(-a)
pourriel [purjɛl] *nm* (*Internet*) correo *m* basura *inv*
pourrir [purir] *vi* pudrirse ▶ *vt* pudrir; (*fig* : *personne*) corromper • **pourriture** *nf* podredumbre *f*
poursuite [pursɥit] *nf* persecución *f*
poursuivre [pursɥivr] *vt* perseguir; (*mauvais payeur*) acosar, perseguir; (*obséder*) obsesionar, perseguir; (*continuer* : *voyage, études*) proseguir ▶ *vi* proseguir; **se poursuivre** *vpr* seguirse; **~ qn en justice** demandar a *ou* querellarse contra algn
pourtant [purtɑ̃] *adv* sin embargo; **c'est ~ facile** sin embargo es fácil
pourtour [purtur] *nm* (*d'un quadrilatère*) perímetro
pourvoir [purvwar] *vt* (*Comm*) : **~ qn en** proveer a algn de, suministrar a algn ▶ *vi* : **~ à** ocuparse de; (*emploi*) atender a; **~ qn de qch** proporcionar algo a algn; **~ qch de** equipar algo con • **pourvu, e** *pp de* **pourvoir** ▶ *adj* : **~ de** provisto(-a) de; **~ que** (*à condition que*) con tal que; **~ qu'il soit là !** (*espérons que*) ¡ojalá que esté!
pousse [pus] *nf* brote *m*; (*bourgeon*) botón *m*, yema
poussée [puse] *nf* (*pression, attaque*) empuje *m*; (*coup*) empujón *m*; (*Méd*) acceso
pousser [puse] *vt* empujar; (*acculer*) : **~ qn à qch/à faire qch** arrastrar *ou* empujar a algn a algo/a algn a hacer algo; (*cri*) lanzar, exhalar ▶ *vi* crecer; **se pousser** *vpr* echarse a un lado; **faire ~** (*plante*) sembrar, plantar
poussette [pusɛt] *nf* cochecito de niño
poussière [pusjɛr] *nf* (*la poussière*) polvo; (*une poussière*) mota • **poussiéreux, -euse** *adj* sucio(-a) de polvo; (*route*) polvoriento(-a)
poussin [pusɛ̃] *nm* pollito
poutre [putr] *nf* viga
pouvoir [puvwar] *nm* poder *m* ▶ *vt, vb semi-aux, vb impers* poder ▶ *vi* : **il se peut que** puede ser que; **les ~s publics** los poderes públicos; **je me porte on ne peut mieux** me encuentro perfectamente; **je ne peux pas le réparer** no puedo arreglarlo; **tu ne peux pas savoir !** ¡no puedes imaginarte!; **je n'en peux plus** no puedo más; **je ne peux pas dire le contraire** no puedo decir lo contrario; **j'ai fait tout ce que**

P

j'ai pu hice todo lo que pude; **qu'est-ce que je pouvais bien faire ?** ¿qué iba a *ou* podía hacer yo?; **il aurait pu le dire !** ¡podría haberlo dicho!; **vous pouvez aller au cinéma** podéis ir al cine; **il a pu avoir un accident** pudo haber un accidente; **il peut arriver que ...** puede suceder que ...; **il pourrait pleuvoir** puede que llueva; **~ calorifique** poder calorífico; **~ d'achat** poder adquisitivo

prairie [pʀeʀi] *nf* pradera

praline [pʀalin] *nf* (*bonbon*) garapiñado

praticable [pʀatikabl] *adj* (*chemin*) transitable

pratiquant, e [pʀatikɑ̃, ɑ̃t] *adj* practicante

pratique [pʀatik] *nf* práctica ▸ *adj* práctico(-a), útil • **pratiquement** *adv* (*dans la pratique*) de una manera práctica; (*à peu près*) prácticamente • **pratiquer** *vt* practicar; (*métier*) ejercer; (*intervention*) efectuar, realizar

pré [pʀe] *nm* prado

préalable [pʀealabl] *adj* previo(-a) ▸ *nm* : **au ~** de antemano

préambule [pʀeɑ̃byl] *nm* preámbulo; **sans ~** sin preámbulos

préau, x [pʀeo] *nm* (*d'une cour d'école*) cobertizo

préavis [pʀeavi] *nm* : **~ (de licenciement)** notificación *f* (de despido); **communication avec ~** (*Tél*) llamada con aviso

précaire [pʀekɛʀ] *adj* precario(-a); (*bonheur*) incierto(-a) ▸ *nmf* trabajador(a) precario(-a) • **précarité** *nf* precariedad *f*; **la ~ de l'emploi** la precariedad laboral

précaution [pʀekosjɔ̃] *nf* precaución *f*; **avec/sans ~** con/sin precaución; **le principe de ~** el principio de precaución; **par ~** por precaución

précédemment [pʀesedamɑ̃] *adv* anteriormente

précédent, e [pʀesedɑ̃, ɑ̃t] *adj* precedente, anterior ▸ *nm* precedente *m*; **le jour ~** el día antes; **sans ~** sin precedentes

précéder [pʀesede] *vt* preceder; **elle m'a précédé de quelques minutes** llegó unos minutos antes que yo

prêcher [pʀeʃe] *vt* (*Rel*) : **~ l'Évangile** predicar el Evangelio

précieux, -euse [pʀesjø, jøz] *adj* precioso(-a); (*temps, qualités*) valioso(-a), importante; (*littérature, style*) preciosista

précipice [pʀesipis] *nm* precipicio

précipitamment [pʀesipitamɑ̃] *adv* precipitadamente

précipitation [pʀesipitasjɔ̃] *nf* (*hâte*) precipitación *f*; **précipitations** *nfpl* (*Météo*) : **~s (atmosphériques)** precipitaciones *fpl*

précipité, e [pʀesipite] *adj* (*respiration*) jadeante; (*démarche, entreprise*) precipitado(-a)

précipiter [pʀesipite] *vt* (*faire tomber*) arrojar, tirar; (*événements*) precipitar; **se précipiter** *vpr* (*événements*) precipitarse; **se ~ sur/vers** lanzarse sobre/hacia

précis, e [presi, iz] *adj* conciso(-a); (*vocabulaire*) conciso(-a), preciso(-a); (*heure*) preciso(-a), exacto(-a); (*tir, mesures*) exacto(-a) ▶ *nm* compendio • **précisément** *adv* (*avec précision*) de manera precisa; (*dans une réponse*) exactamente • **préciser** *vt* precisar; **se préciser** *vpr* precisarse, concretarse • **précision** *nf* precisión *f*; (*détail*) exactitud *f*

précoce [prekɔs] *adj* precoz

préconçu, e [prekɔ̃sy] (*péj*) *adj* preconcebido(-a)

préconiser [prekɔnize] *vt* preconizar

prédécesseur, e [predesesœr] *nm/f* predecesor(a)

prédilection [predilɛksjɔ̃] *nf*: **avoir une ~ pour qn/qch** tener predilección por algn/algo; **de ~** favorito(-a), preferido(-a)

prédire [predir] *vt* (*événement improbable*) predecir, vaticinar

prédominer [predɔmine] *vi* predominar

préface [prefas] *nf* prólogo

préfecture [prefɛktyr] *nf* prefectura, ≈ gobierno civil; (*ville*) capital *f* de departamento; **~ de police** dirección *f* general de policía

préférable [preferabl] *adj* preferible

préféré, e [prefere] *adj* preferido(-a) ▶ *nm/f* favorito(-a)

préférence [preferɑ̃s] *nf* preferencia; **de ~** preferentemente

préférer [prefere] *vt*: **~ qch/qn (à)** preferir algo/a algn (a); **~ faire qch** preferir hacer algo; **je préférerais du thé** preferiría té

préfet, -ète [prefɛ, ɛt] *nm/f* prefecto(-a), ≈ gobernador(a) civil

préhistorique [preistɔrik] *adj* prehistórico(-a)

préjudice [preʒydis] *nm* perjuicio; **porter ~ à qch/à qn** perjudicar algo/a algn

préjugé [preʒyʒe] *nm* prejuicio; **avoir un ~ contre qn/qch** tener prejuicios contra algn/algo

prélasser [prelɑse]: **se prélasser** *vpr* relajarse

prélèvement [prelɛvmɑ̃] *nm* extracción *f*, toma; **faire un ~ de sang** hacer una extracción de sangre

prélever [prel(ə)ve] *vt* (*échantillon*) tomar, sacar; **~ (sur)** (*retirer*) sacar (de); (*déduire*) descontar (de), deducir (de)

prématuré, e [prematyre] *adj* prematuro(-a) ▶ *nm/f* prematuro(-a)

premier, -ière [prəmje, jɛr] *adj* primero(-a); (*avant un nom masculin*) primer ▶ *nm* (*premier étage*) primero ▶ *nf* (*vitesse, classe*) primera; (*Scol*) *sexto año de educación secundaria en el sistema francés*; (*Théâtre, Ciné*) estreno; **le ~ venu** el primero que venga; **le Premier de l'an** el día de Año Nuevo; **P~ ministre** primer(-a) ministro(-a) • **premièrement** *adv* primeramente

prémonition [premɔnisjɔ̃] *nf* premonición *f*

prenant, e [prənɑ̃, ɑ̃t] *vb voir* **prendre**

prénatal, e [prenatal] *adj* prenatal

P

prendre [pʀɑ̃dʀ] *vt* coger, agarrar (*AM*); (*aller chercher*) recoger; (*emporter avec soi*) llevar; (*poisson*) pescar; (*place*) ocupar; (*Échecs, aliment*) comer; (*boisson*) beber; (*médicament, notes, mesures*) tomar; (*bain, douche*) darse; (*moyen de transport, route*) tomar, coger; (*essence*) echar; (*passager, personnel, élève*) coger, tomar (*AM*); (*photographie*) sacar; (*engagement, critique*) aceptar; (*attitude*) adoptar; (*de la valeur*) adquirir, ganar; (*vacances, repos*) tomar(se); (*coûter : temps*) requerir, llevar; (*: efforts, argent*) requerir ▸ *vi* (*pâte, peinture*) espesar; (*ciment*) fraguar; (*semis, vaccin*) agarrar; (*feu, incendie*) comenzar; (*bois, allumette*) prender; **~ la fuite** emprender la huida; **~ qn en sympathie/horreur** coger *ou* agarrar simpatía/odio a algn; **~ qn à témoin** poner a algn por testigo; **~ à gauche** coger *ou* tomar a la izquierda; **s'en ~ à** emprenderla con; **se ~ pour** creerse; **se ~ d'amitié pour qn** hacer amistad con algn; **se ~ d'affection pour qn** cobrar afecto a algn; **s'y ~ bien/mal** hacerlo bien/mal

preneur, -euse [pʀənœʀ, øz] *nm/f* : **je suis ~** estoy dispuesto a comprar; **trouver ~** encontrar comprador(a)

prénom [pʀenɔ̃] *nm* nombre *m* (de pila)

préoccupation [pʀeɔkypasjɔ̃] *nf* preocupación *f*

préoccuper [pʀeɔkype] *vt* (*personne*) preocupar, inquietar

préparatifs [pʀepaʀatif] *nmpl* preparativos *mpl*

préparation [pʀepaʀasjɔ̃] *nf* preparación *f*

préparer [pʀepaʀe] *vt* preparar; **se préparer** *vpr* prepararse; **se ~ à qch/à faire qch** prepararse para algo/para hacer algo

prépondérant, e [pʀepɔ̃deʀɑ̃, ɑ̃t] *adj* preponderante

préposé, e [pʀepoze] *adj* : **~ (à qch)** encargado(-a) (de algo) ▸ *nm/f* encargado(-a)

préposition [pʀepozisjɔ̃] *nf* preposición *f*

près [pʀɛ] *adv* cerca; **~ de** (*lieu*) cerca de; (*temps, quantité*) alrededor de; **de ~** de cerca; **à 5 m/5 kg ~** 5 m/5 kg más o menos; **à cela ~ que** salvo que, excepto que

présage [pʀezaʒ] *nm* presagio

presbyte [pʀɛsbit] *adj* présbita

presbytère [pʀɛsbitɛʀ] *nm* casa parroquial

prescription [pʀɛskʀipsjɔ̃] *nf* (*Méd*) prescripción *f* facultativa, receta

prescrire [pʀɛskʀiʀ] *vt* (*médicament*) recetar

présence [pʀezɑ̃s] *nf* presencia; (*au bureau*) presencia, asistencia

présent, e [pʀezɑ̃, ɑ̃t] *adj, nm* presente *m*; **présents** *nmpl* : **les ~s** (*personnes*) los presentes; **à ~ que** ahora que

présentation [pʀezɑ̃tasjɔ̃] *nf* presentación *f*

présenter [pʀezɑ̃te] *vt* presentar; (*billet, pièce d'identité*) enseñar; (*note*) entregar; (*condoléances, félicitations, remerciements*) dar

▸ *vi* : ~ **mal/bien** tener buena/mala presencia; **se présenter** *vpr* presentarse; (*solution, doute*) surgir; **se ~ bien/mal** (*affaire*) presentarse bien/mal; **se ~ à l'esprit** venir a la cabeza

préservatif [pRezɛRvatif] *nm* preservativo

préserver [pRezɛRve] *vt* : ~ **qch/qn de** preservar *ou* proteger algo/a algn de

président, e [pRezidɑ̃, ɑ̃t] *nm/f* presidente(-a); ~ **directeur(-trice) général** presidente(-a) y director(a) general • **présidentiel, le** *adj* (*élection*) presidencial; **présidentielles** *nfpl* (*élections*) elecciones *fpl* presidenciales

présider [pRezide] *vt* presidir; ~ **à qch** presidir algo

presque [pRɛsk] *adv* casi; ~ **tous/rien** casi todos/nada; **il n'a ~ pas d'argent** casi no tiene dinero, apenas tiene dinero

presqu'île [pRɛskil] *nf* península

pressant, e [pRɛsɑ̃, ɑ̃t] *adj* apremiante; (*besoin*) acuciante

presse [pRɛs] *nf* prensa

pressé, e [pRese] *adj* (*personne*) apresurado(-a), apurado(-a) (AM); **orange pressée** zumo de naranja

pressentiment [pRɛsɑ̃timɑ̃] *nm* presentimiento

pressentir [pRɛsɑ̃tiR] *vt* presentir

presse-papier(s) [pRɛspapje] (*pl* **presse-papiers**) *nm* pisapapeles *m inv*

presser [pRese] *vt* (*fruit*) exprimir; (*éponge*) escurrir; (*interrupteur, bouton*) pulsar ▸ *vi* (*être urgent*) urgir, correr prisa; **se presser** *vpr* (*se hâter*) darse prisa, apurarse (AM); **le temps presse** el tiempo apremia; **rien ne presse** no hay prisa; ~ **le pas** *ou* **l'allure** aligerar (el paso)

pressing [pResiŋ] *nm* (*magasin*) tintorería

pression [pResjɔ̃] *nf* presión *f*; (*bouton*) automático; **faire ~ sur qn/qch** ejercer presión sobre algn/algo; **sous ~** a presión; (*fig*) presionado(-a); ~ **artérielle** tensión *f* arterial

prestataire [pRɛstatɛR] *nmf* beneficiario(-a); ~ **de services** (*Comm*) prestador *m* de servicios

prestation [pRɛstasjɔ̃] *nf* (*allocation*) prestación *f*, ayuda; (*d'une entreprise*) contribución *f*; (*d'un joueur, artiste, homme politique*) actuación *f*

prestidigitateur, -trice [pRɛstidiʒitatœR, tRis] *nm/f* prestidigitador(a)

prestige [pRɛstiʒ] *nm* prestigio • **prestigieux, -euse** *adj* prestigioso(-a)

présumer [pRezyme] *vt* : ~ **que** presumir que

prêt, e [pRɛ, pRɛt] *adj* listo(-a), presto(-a) ▸ *nm* préstamo • **prêt-à-porter** (*pl* **prêts-à-porter**) *nm* prêt-à-porter *f*

prétendre [pRetɑ̃dR] *vt* (*avoir la ferme intention de*) pretender; (*affirmer*) : ~ **que** mantener que; ~ **à** aspirar a • **prétendu, e** *adj* supuesto(-a)

prétentieux, -euse [pRetɑ̃sjø, jøz] *adj* presuntuoso(-a)

prétention [pRetɑ̃sjɔ̃] *nf* pretensión *f*

P

prêter [pʀete] *vt* (*livres, argent*) : **~ qch (à)** prestar algo (a) ▶ *vi* : **~ à** : **~ aux commentaires/à équivoque/à rire** prestarse a comentarios/a equívoco/a risa; **se ~ à qch** prestarse a algo; **~ assistance à** prestar socorro a; **~ attention/serment** prestar atención/juramento; **~ l'oreille** aguzar el oído

prétexte [pʀetɛkst] *nm* pretexto; **sous aucun ~** bajo ningún pretexto • **prétexter** *vt* poner el pretexto de

prêtre [pʀɛtʀ] *nm* sacerdote *m*

preuve [pʀœv] *nf* prueba; **faire ~ de** dar pruebas de; **faire ses ~s** dar prueba de sus aptitudes

prévaloir [pʀevalwaʀ] *vi* prevalecer

prévenant, e [pʀev(ə)nɑ̃, ɑ̃t] *adj* atento(-a)

prévenir [pʀev(ə)niʀ] *vt* prevenir; (*besoins, etc*) anticiparse a; **~ qn (de qch)** (*avertir*) prevenir a algn (de algo)

préventif, -ive [pʀevɑ̃tif, iv] *adj* preventivo(-a)

prévention [pʀevɑ̃sjɔ̃] *nf* prevención *f*; **~ routière** seguridad *f* vial

prévenu, e [pʀev(ə)ny] *nm/f* preso(-a) ▶ *adj* : **être ~ contre qn** estar prevenido(-a) contra algn

prévision [pʀevizjɔ̃] *nf* : **~s** previsión *f*; **en ~ de l'orage** en caso de que haya tormenta; **~s météorologiques** previsión meteorológica

prévoir [pʀevwaʀ] *vt* prever; **prévu pour quatre personnes** con cabida para cuatro personas; **prévu pour 10 h** previsto para las 10 • **prévoyant, e** *vb voir* **prévoir** ▶ *adj* prevenido(-a), precavido(-a)

prévu, e [pʀevy] *pp de* **prévoir**

prier [pʀije] *vi* rezar ▶ *vt* rogar; (*Rel*) rezar; **se faire ~** hacerse rogar; **je vous en prie** (*allez-y*) pase por favor; (*de rien*) de nada • **prière** *nf* oración *f*; **« ~ de faire/ne pas faire ... »** « se ruega hacer/no hacer ... »

primaire [pʀimɛʀ] *adj* primario(-a); (*péj*) primitivo(-a) ▶ *nm* (*Scol* : *aussi* : **enseignement primaire**) : **le ~** ≈ primera etapa de la educación primaria

prime [pʀim] *nf* (*bonification, Assurance, Bourse*) prima; (*subside*) ayuda; (*Comm* : *cadeau*) bonificación *f* ▶ *adj* : **de ~ abord** de entrada • **primer** *vt* (*récompenser*) premiar ▶ *vi* primar

primeur [pʀimœʀ] *nf* : **avoir la ~ de** tener las primicias de; **primeurs** *nfpl* (*fruits, légumes*) frutos *mpl* tempranos

primevère [pʀimvɛʀ] *nf* primavera

primitif, -ive [pʀimitif, iv] *adj* primitivo(-a)

primordial, e, -aux [pʀimɔʀdjal, jo] *adj* primordial

prince [pʀɛ̃s] *nm* príncipe *m* • **princesse** *nf* princesa

principal, e, -aux [pʀɛ̃sipal, o] *adj* principal ▶ *nm/f* (*Scol*) director(a) ▶ *nm*

principe [pʀɛ̃sip] *nm* principio; **pour le ~** por principios; **de/en/par ~** de/en/por principio

printemps [pʀɛ̃tɑ̃] *nm* primavera

priorité [pRijɔRite] *nf* prioridad *f*; **~ à droite** prioridad a la derecha
pris, e [pRi, pRiz] *pp de* **prendre** ▸ *adj* (*place, journée*) ocupado(-a); (*billets*) sacado(-a); **avoir le nez ~/la gorge prise** (*Méd*) tener la nariz/la garganta irritada
prise [pRiz] *nf* (*d'une ville*) toma; (*Pêche, Chasse*) presa; (*Élec*) conexión *f*; (*fiche*) enchufe *m*; **être aux ~s avec qn** enfrentarse con algn; **~ de courant** conexión; **~ de sang** toma de sangre; **~ de terre** toma de tierra; **~ de vue** (*Photo*) toma de vista; **~ en charge** (*par un taxi*) bajada de bandera; **~ multiple** ladrón *m*
priser [pRize] *vt* (*tabac*) inhalar; (*estimer*) apreciar
prison [pRizɔ̃] *nf* cárcel *f*, prisión *f*; (*Mil*) prisión militar; **faire de/risquer la ~** estar en/correr el riesgo de ir a la cárcel
• **prisonnier, -ière** *nm/f* preso(-a); (*soldat, otage*) prisionero(-a)
privé, e [pRive] *adj* privado(-a); **~ de** privado(-a) de; **en ~** en privado
priver [pRive] *vt* privar; **se priver** *vpr* : **(ne pas) se ~ (de)** (no) privarse (de)
privilège [pRivilɛʒ] *nm* privilegio
prix [pRi] *nm* precio; (*récompense*) premio; **au ~ fort** al precio más alto; **acheter qch à ~ d'or** comprar algo a precio de oro; **hors de ~** carísimo(-a); **à aucun ~** por nada del mundo; **à tout ~** cueste lo que cueste
probable [pRɔbabl] *adj* probable
• **probablement** *adv* probablemente
problème [pRɔblɛm] *nm* problema *m*
procédé [pRɔsede] *nm* proceso; (*comportement*) proceder *m*
procéder [pRɔsede] *vi* proceder; **~ à** (*Jur*) pasar a
procès [pRɔsɛ] *nm* (*Jur*) juicio; **être en ~ avec qn** estar en pleito con algn
processus [pRɔsesys] *nm* proceso
procès-verbal [pRɔsɛvɛRbal] (*pl* **procès-verbaux**) *nm* (*constat*) atestado; (*aussi* : **PV**) multa; (*d'une réunion*) acta
prochain, e [pRɔʃɛ̃, ɛn] *adj* próximo(-a) ▸ *nm* prójimo; **la prochaine fois** la próxima vez; **la semaine prochaine** la semana que viene • **prochainement** *adv* pronto; (*au cinéma*) próximamente
proche [pRɔʃ] *adj* (*ami*) cercano(-a), próximo(-a); **proches** *nmpl* (*parents*) familiares *mpl*; **être ~ (de)** estar cerca (de)
proclamer [pRɔklame] *vt* (*la république, son innocence*) proclamar
procréation [pRɔkReasjɔ̃] *nf* procreación *f*; **~ (médicalement) assistée** reproducción *f* asistida
procuration [pRɔkyRasjɔ̃] *nf* poder *m*
procurer [pRɔkyRe] *vt* (*fournir*) proporcionar; (*causer*) dar; **se procurer** *vpr* conseguir
• **procureur, e** *nm/f* : **~ (de la République)** ≈ fiscal *mf*
prodige [pRɔdiʒ] *nm* prodigio
• **prodiguer** *vt* prodigar
producteur, -trice [pRɔdyktœR, tRis] *adj, nm/f* productor(a)

productif, -ive [pʀɔdyktif, iv] *adj* productivo(-a)

production [pʀɔdyksjɔ̃] *nf* producción *f*

productivité [pʀɔdyktivite] *nf* productividad *f*

produire [pʀɔdɥiʀ] *vt* producir; (*Admin, Jur : documents, témoins*) presentar

produit, e [pʀɔdɥi, it] *pp de* **produire** ▶ *nm* producto; **~ d'entretien** producto de limpieza

proférer [pʀɔfeʀe] *vt* proferir

professeur [pʀɔfesœʀ] *nmf* (*nf aussi* **professeure**) profesor(a); (*titulaire d'une chaire*) catedrático(-a)

profession [pʀɔfesjɔ̃] *nf* profesión *f*; **« sans ~ »** « sin profesión » • **professionnel, le** *adj* profesional ▶ *nm/f* profesional *mf*

profil [pʀɔfil] *nm* perfil *m*; **de ~** de perfil

profit [pʀɔfi] *nm* (*avantage*) provecho; (*Comm, Fin*) beneficio; **au ~ de qn/qch** en beneficio de algn/algo; **tirer** *ou* **retirer ~ de qch** sacar provecho de algo • **profitable** *adj* provechoso(-a) • **profiter** : **~ de** *vt indir* aprovecharse de; (*lecture*) sacar provecho de; (*occasion*) aprovechar

profond, e [pʀɔfɔ̃, ɔ̃d] *adj* profundo(-a); (*trou, eaux*) hondo(-a) • **profondément** *adv* profundamente • **profondeur** *nf* profundidad *f*

programme [pʀɔgʀam] *nm* programa *m* • **programmer** *vt* programar • **programmeur, -euse** *nm/f* (*Inform*) programador(a)

progrès [pʀɔgʀɛ] *nm* progreso, avance *m*; **faire des/être en ~** hacer progresos • **progresser** *vi* (*mal etc*) avanzar; (*élève, recherche*) progresar • **progressif, -ive** *adj* progresivo(-a)

proie [pʀwa] *nf* presa

projecteur [pʀɔʒɛktœʀ] *nm* (*de théâtre, cirque*) foco; (*de films, photos*) proyector *m*

projectile [pʀɔʒɛktil] *nm* proyectil *m*

projection [pʀɔʒɛksjɔ̃] *nf* proyección *f*

projet [pʀɔʒɛ] *nm* proyecto; **~ de loi** proyecto de ley • **projeter** *vt* proyectar; (*jeter*) lanzar; (*envisager*) planear

prolétaire [pʀɔletɛʀ] *nmf* proletario(-a)

prolongement [pʀɔlɔ̃ʒmɑ̃] *nm* prolongación *f*

prolonger [pʀɔlɔ̃ʒe] *vt* prolongar; (*délai*) prorrogar; **se prolonger** *vpr* prolongarse

promenade [pʀɔm(ə)nad] *nf* paseo; **faire une ~** dar un paseo

promener [pʀɔm(ə)ne] *vt* dar un paseo a; (*doigts, main*) recorrer; **se promener** *vpr* pasearse

promesse [pʀɔmɛs] *nf* promesa

promettre [pʀɔmɛtʀ] *vt, vi* prometer; **~ à qn de faire qch** prometer a algn hacer algo

promiscuité [pʀɔmiskɥite] *nf* promiscuidad *f*

promontoire [pʀɔmɔ̃twaʀ] *nm* promontorio

promoteur, -trice [pʀɔmɔtœʀ, tʀis] *nm/f* promotor(a) (inmobiliario(-a))

promotion [pʀɔmosjɔ̃] *nf* promoción *f*; (*avancement*) ascenso; **article en ~** artículo en oferta

promouvoir [pʀɔmuvwaʀ] *vt* (*à un grade, poste*) ascender a; (*recherche etc*) promover

prompt, e [pʀɔ̃(pt), pʀɔ̃(p)t] *adj* rápido(-a)

prôner [pʀone] *vt* (*préconiser*) preconizar

pronom [pʀɔnɔ̃] *nm* pronombre *m*

prononcer [pʀɔnɔ̃se] *vt* pronunciar; (*souhait, vœu*) formular; **se prononcer** *vpr* pronunciarse; **se ~ sur qch** pronunciarse sobre algo • **prononciation** *nf* pronunciación *f*

pronostic [pʀɔnɔstik] *nm* pronóstico

propagande [pʀɔpagɑ̃d] *nf* propaganda

propager [pʀɔpaʒe] *vt* propagar; **se propager** *vpr* propagarse

prophète, prophétesse [pʀɔfɛt, pʀɔfetɛs] *nm/f* profeta (profetisa)

prophétie [pʀɔfesi] *nf* (*d'un prophète*) profecía; (*d'une cartomancienne*) predicción *f*

propice [pʀɔpis] *adj* propicio(-a)

proportion [pʀɔpɔʀsjɔ̃] *nf* proporción *f*; (*relation, pourcentage*) relación *f*; **toute(s) ~(s) gardée(s)** manteniendo las proporciones

propos [pʀɔpo] *nm* (*paroles*) palabras *fpl*; (*intention*) propósito; **à ~ de** a propósito de; **à tout ~** a cada momento; **à ce ~** a ese respecto; **à ~** a propósito

proposer [pʀɔpoze] *vt* proponer; **se ~ (pour faire qch)** ofrecerse (para hacer algo); **se ~ de faire qch** proponerse hacer algo • **proposition** *nf* propuesta; (*offre*) oferta; (*Ling*) proposición *f*

propre [pʀɔpʀ] *adj* limpio(-a); (*net*) pulcro(-a); (*fig : honnête*) intachable; (*intensif possessif, sens*) propio(-a) ▶ *nm* : **le ~ de** lo propio de; **~ à** (*particulier*) propio(-a) de; **mettre** *ou* **recopier au ~** pasar a limpio; **~ à rien** *nmf* (*péj*) inútil *mf* • **proprement** *adv* (*manger etc*) correctamente; **à ~ parler** a decir verdad; **le village ~ dit** el pueblo propiamente dicho • **propreté** *nf* limpieza

propriétaire [pʀɔpʀijetɛʀ] *nmf* propietario(-a); (*pour le locataire*) casero(-a)

propriété [pʀɔpʀijete] *nf* propiedad *f*; (*villa, terres*) casa de campo

propulser [pʀɔpylse] *vt* (*missile, engin*) propulsar; (*projeter*) lanzar

prose [pʀoz] *nf* prosa

prospecter [pʀɔspɛkte] *vt* prospectar; (*Comm*) estudiar el mercado de

prospectus [pʀɔspɛktys] *nm* prospecto

prospère [pʀɔspɛʀ] *adj* próspero(-a) • **prospérer** *vi* prosperar

prosterner [pʀɔstɛʀne] : **se prosterner** *vpr* prosternarse

prostitué, e [pʀɔstitɥe] *nm/f* prostituto(-a)

prostitution [pʀɔstitysjɔ̃] *nf* prostitución *f*

protecteur, -trice [pRɔtɛktœR, tRis] *nm/f* protector(a)
protection [pRɔtɛksjɔ̃] *nf* protección *f*
protéger [pRɔteʒe] *vt* proteger; **se ~ de/contre qch** protegerse de/contra algo
protéine [pRɔtein] *nf* proteína
protestant, e [pRɔtɛstɑ̃, ɑ̃t] *adj, nm/f* protestante *mf*
protestation [pRɔtɛstasjɔ̃] *nf* protesta
protester [pRɔtɛste] *vi* protestar
prothèse [pRɔtɛz] *nf* prótesis *f inv*; **~ dentaire** prótesis dental
protocole [pRɔtɔkɔl] *nm* protocolo
proue [pRu] *nf* proa
prouesse [pRuɛs] *nf* proeza
prouver [pRuve] *vt* probar; (*montrer*) demostrar
provenance [pRɔv(ə)nɑ̃s] *nf* procedencia; (*d'un mot, d'une coutume*) origen *m*; **en ~ de** procedente de
provenir [pRɔv(ə)niR] *vi* : **~ de** proceder de; (*résulter de*) derivarse de
proverbe [pRɔvɛRb] *nm* proverbio
province [pRɔvɛ̃s] *nf* provincia
proviseur [pRɔvizœR] *nmf* (*nf aussi* **proviseure**) director(a) de instituto
provision [pRɔvizjɔ̃] *nf* provisión *f*; (*acompte, avance*) anticipo; (*Comm*) provisión de fondos; **provisions** *nfpl* (*vivres*) provisiones *fpl*
provisoire [pRɔvizwaR] *adj* provisional, provisorio(-a) (AM) • **provisoirement** *adv* provisionalmente
provocant, e [pRɔvɔkɑ̃, ɑ̃t] *adj* (*agressif*) provocante; (*excitant*) provocativo(-a)
provoquer [pRɔvɔke] *vt* provocar; (*curiosité*) despertar
proxénète [pRɔksenɛt] *nmf* proxeneta *mf*
proximité [pRɔksimite] *nf* (*dans l'espace*) cercanía; (*dans le temps*) proximidad *f*; **à ~ (de)** cerca (de)
prudemment [pRydamɑ̃] *adv* con prudencia
prudence [pRydɑ̃s] *nf* prudencia; **avec ~** con prudencia; **par (mesure de) ~** como medida de precaución
prudent, e [pRydɑ̃, ɑ̃t] *adj* prudente; (*sage, conseillé*) sensato(-a); **soyez ~ !** ¡tened cuidado!
prune [pRyn] *nf* ciruela
pruneau, x [pRyno] *nm* ciruela pasa
prunier [pRynje] *nm* ciruelo
PS [peɛs] *sigle m* = *Parti socialiste*; (= *post-scriptum*) PD (= *postdata*)
pseudonyme [psødɔnim] *nm* seudónimo; (*de comédien*) nombre *m* artístico
psychanalyse [psikanaliz] *nf* (p)sicoanálisis *m inv*
psychiatre [psikjatR] *nmf* (p)siquiatra *mf* • **psychiatrique** *adj* (p)siquiátrico(-a)
psychique [psiʃik] *adj* (p)síquico(-a)
psychologie [psikɔlɔʒi] *nf* (p)sicología • **psychologique** *adj* (p)sicológico(-a) • **psychologue** *nmf* (p)sicólogo(-a)
pu [py] *pp de* **pouvoir**
puanteur [pɥɑ̃tœR] *nf* pestilencia

pub [pyb] *(fam)* *nf (publicité)* publicidad *f*
public, -ique [pyblik] *adj* público(-a) ▸ *nm* público; **en ~** en público
publicitaire [pyblisitɛʀ] *adj* publicitario(-a)
publicité [pyblisite] *nf* publicidad *f*; **une ~** un anuncio
publier [pyblije] *vt* publicar
publique [pyblik] *adj f voir* **public**
puce [pys] *nf* pulga; *(Inform)* chip *m*; **marché aux ~s** mercadillo
pudeur [pydœʀ] *nf* pudor *m*
pudique [pydik] *adj (chaste)* pudoroso(-a); *(discret)* recatado(-a)
puer [pɥe] *(péj) vi, vt* apestar (a)
puériculteur, -trice [pɥeʀikyltœʀ, tʀis] *nm/f* puericultor(a)
puéril, e [pɥeʀil] *adj* pueril
puis [pɥi] *adv (ensuite)* después, luego; *(en outre)* : **et ~** y además, y encima
puiser [pɥize] *vt* : **~ (dans)** sacar (de)
puisque [pɥisk] *conj* ya que, como
puissance [pɥisɑ̃s] *nf* potencia; *(pouvoir)* poder *m*
puissant, e [pɥisɑ̃, ɑ̃t] *adj* poderoso(-a); *(moteur)* potente; *(éclairage, drogue, vent)* fuerte
puits [pɥi] *nm* pozo
pull [pyl], **pull-over** [pylɔvɛʀ] *(pl* **pull-overs***) nm* jersey *m*
pulluler [pylyle] *vi* pulular
pulpe [pylp] *nf* pulpa
pulvériser [pylveʀize] *vt* pulverizar; *(fig : adversaire)* machacar
punaise [pynɛz] *nf (Zool)* chinche *f*; *(clou)* chincheta
punch[1] [pɔ̃ʃ] *nm (boisson)* ponche *m*
punch[2] [pœnʃ] *nm (fig)* vitalidad *f*
punir [pyniʀ] *vt* castigar
• **punition** *nf* castigo
pupille [pypij] *nf (Anat)* pupila
pupitre [pypitʀ] *nm (Scol)* pupitre *m*; *(Rel, Mus)* atril *m*
pur, e [pyʀ] *adj* puro(-a); *(intentions)* bueno(-a); **en pure perte** en balde
purée [pyʀe] *nf* puré *m*
purement [pyʀmɑ̃] *adv* puramente
purgatoire [pyʀgatwaʀ] *nm* purgatorio
purger [pyʀʒe] *vt* purgar; *(vidanger)* limpiar
pur-sang [pyʀsɑ̃] *(pl* **pur(s)-sang(s)***) nm* pura sangre *m*
pus [py] *nm* pus *m*
putain [pytɛ̃] *(fam!) nf* puta *(fam!)*; **~ !** ¡joder!
puzzle [pœzl] *nm* rompecabezas *m inv*
PV [peve] *sigle m (= procès-verbal)* multa
pyjama [piʒama] *nm* pijama *m*, piyama *m ou f* (AM)
pyramide [piʀamid] *nf* pirámide *f*
Pyrénées [piʀene] *nfpl* : **les ~** los Pirineos

P

q

QI [kyi] *sigle m* (= *quotient intellectuel*) C.I. *m* (= *coeficiente intelectual*)

quadragénaire [k(w)adʀaʒenɛʀ] *nmf* (*de quarante à cinquante ans*) cuarentón(-ona); **les ~s** los mayores de cuarenta años

quadruple [k(w)adʀypl] *adj* cuádruple ▸ *nm* : **le ~ de** el cuádruplo de • **quadruplés, -ées** *nmpl/nfpl* cuatrillizos(-as)

quai [ke] *nm* (*d'un port*) muelle *m*; (*d'une gare*) andén *m*; (*d'un cours d'eau, canal*) orilla; **être à ~** (*navire*) estar atracado; (*train*) estar en el andén

qualification [kalifikasjɔ̃] *nf* (*aptitude*) capacitación *f*

qualifier [kalifje] *vt* calificar; **se qualifier** *vpr* (*Sport*) calificarse

qualité [kalite] *nf* calidad *f*; **rapport ~-prix** relación *f* calidad-precio

quand [kɑ̃] *conj* cuando; (*chaque fois que*) cada vez que; (*alors que*) cuando, mientras; **~ je serai riche, j'aurai une belle maison** cuando sea rico, tendré una casa bonita; (*tout de même*) : **tu exagères ~ même** desde luego te pasas

quant [kɑ̃] : **~ à** *prép* en cuanto a; **~ à moi, ...** en cuanto a mí ..., por lo que se refiere a mí ...

quantité [kɑ̃tite] *nf* cantidad *f*; (*grand nombre*) : **une** *ou* **des ~(s) de** una cantidad *ou* cantidades de

quarantaine [kaʀɑ̃tɛn] *nf* (*isolement*) cuarentena; (*nombre*) : **une ~ (de)** unos cuarenta; (*âge*) : **avoir la ~** estar en la cuarentena; **mettre en ~** poner en cuarentena

quarante [kaʀɑ̃t] *adj inv, nm inv* cuarenta *m inv*; *voir aussi* **cinq**

quarantième [kaʀɑ̃tjɛm] *adj, nmf* cuadragésimo(-a); *voir aussi* **cinquantième**

quart [kaʀ] *nm* cuarto ▸ *nm* (*Naut, surveillance*) guardia; **le ~ de** la cuarta parte de; **un ~ de l'héritage** un cuarto de la herencia; **un ~ de fromage** un cuarto (de kilo) de queso; **un kilo un** *ou* **et ~** un kilo y cuarto; **~s de finale** (*Sport*) cuartos *mpl* de final; **~ d'heure** cuarto de hora

quartier [kaʀtje] *nm* cuarto; (*d'une ville*) barrio; (*d'orange*) gajo; **cinéma de ~** cine *m* de barrio; **ne pas faire de ~** no dar cuartel; **~ général** cuartel *m* general

quartz [kwaʀts] *nm* cuarzo

quasi [kazi] *adv* casi ▸ *préf* : **~-certitude/totalité** cuasicerteza/cuasitotalidad *f* • **quasiment** *adv* casi

quatorze [katɔʀz] *adj inv, nm inv* catorce *m inv*; *voir aussi* **cinq**

quatorzième [katɔʀzjɛm] *adj, nmf* decimocuarto(-a); *voir aussi* **cinquantième**

quatre [katʀ] *adj inv, nm inv* cuatro *m inv*; **à ~ pattes** a cuatro patas; **être tiré à ~ épingles** estar hecho un maniquí; **se mettre en ~ pour qn** desvivirse por algn; **monter/descendre (l'escalier) ~ à ~** subir/bajar (los escalones) de cuatro en cuatro
• **quatre-vingt-dix** *adj inv, nm inv* noventa *m inv*; *voir aussi* **cinq**
• **quatre-vingt-dixième** *adj, nmf* nonagésimo(-a); *voir aussi* **cinquantième** • **quatre-vingtième** *adj, nmf* octogésimo(-a); *voir aussi* **cinquantième** • **quatre-vingts** *adj inv, nm inv* ochenta *m inv*; *voir aussi* **cinq** • **quatrième** *adj, nmf* cuarto(-a) ▸ *nf* (*Auto*) cuarta; (*Scol*) *tercer año de educación secundaria en el sistema francés*; *voir aussi* **cinquième**

quatuor [kwatɥɔʀ] *nm* cuarteto

que [kə]

▸ *conj* 1 (*introduisant complétive*) que; **il sait ~ tu es là** sabe que estás allí; **je veux ~ tu acceptes** quiero que aceptes; **il a dit ~ oui** dijo que sí
2 (*reprise d'autres conjonctions*) : **quand il rentrera et qu'il aura mangé** cuando vuelva y haya comido; **si vous y allez ou ~ vous lui téléphonez** si usted va (allí) o le llama por teléfono
3 (*en tête de phrase : hypothèse, souhait etc*) : **qu'il le veuille ou non** quiera o no quiera; **qu'il fasse ce qu'il voudra !** ¡que haga lo que quiera!
4 (*après comparatif*) : **aussi grand ~** tan grande como; **plus grand ~** más grande que; *voir aussi* **plus**
5 (*temps*) : **elle venait à peine de sortir qu'il se mit à pleuvoir** acababa justo de salir cuando se puso a llover; **il y a quatre ans qu'il est parti** hace cuatro años que se marchó
6 (*attribut*) : **c'est une erreur ~ de croire ...** es un error creer ...
7 (*but*) : **tenez-le qu'il ne tombe pas** sujételo (para) que no se caiga
8 (*seulement*) : **ne ... ~** solo, no más que; **il ne boit ~ de l'eau** solo bebe agua, no bebe más que agua
▸ *adv* (*exclamation*) : **qu'est-ce qu'il est bête !** ¡qué tonto es!; **qu'est-ce qu'il court vite !** ¡cómo corre!; **~ de livres !** ¡cuántos libros!
▸ *pron* 1 (*relatif*) : **l'homme ~ je vois** el hombre que veo; (*temps*) : **un jour ~ j'étais ...** un día en que yo estaba ...; **le livre ~ tu lis** el libro que lees
2 (*interrogatif*) : **~ fais-tu ?, qu'est-ce ~ tu fais ?** ¿qué haces?; **~ préfères-tu, celui-ci ou celui-là ?** ¿cuál prefieres, éste o ése?; **~ fait-il dans la vie ?** ¿a qué se dedica?; **qu'est-ce ~ c'est ?** ¿qué es?; **~ faire ?** ¿qué se puede hacer?; *voir aussi* **aussi** ; **autant** *etc*

Québec [kebɛk] *nm* Quebec *m*

quel, quelle [kɛl]

▸ *adj* 1 (*interrogatif : avant un nom*) qué; (*avant un verbe : personne*) quién; (*: chose*) cuál;

q

sur ~ auteur va-t-il parler ? ¿sobre qué autor va a hablar?; **~s acteurs préférez-vous ?** ¿(a) qué actores prefiere?; **~ est cet homme ?** ¿quién es este hombre?; **~ livre veux-tu ?** ¿qué libro quieres?; **~ est son nom ?** ¿cuál es su nombre?
2 (*exclamatif*) : **quelle surprise/coïncidence !** ¡qué sorpresa/coincidencia!; **~ dommage qu'il soit parti !** ¡qué pena que se haya marchado!
3 : **~ que soit** (*personne*) sea quien sea, quienquiera que sea; (*chose*) sea cual sea, cualquiera que sea; **~ que soit le coupable** sea quien sea el culpable; **~ que soit votre avis** sea cual sea su opinión
▶ *pron interrog* : **de tous ces enfants, ~ est le plus intelligent ?** de todos esos niños, ¿cuál es el más inteligente?

quelconque [kɛlkɔ̃k] *adj* cualquier(a); (*sans valeur*) mediocre; **pour une raison ~** por cualquier razón

quelque [kɛlk]

▶ *adj* 1 (*suivi du singulier*) algún(-una); (*suivi du pluriel*) algunos(-as); **cela fait ~ temps que je ne l'ai (pas) vu** hace algún tiempo que no lo he visto; **il a dit ~s mots de remerciement** dijo algunas palabras de agradecimiento; **les ~s enfants qui ...** los pocos niños que ...; **il habite à ~ distance d'ici** vive a cierta distancia de aquí; **20 kilos et ~(s)** 20 kilos y pico
2 : **~ ... que** : **~ livre qu'il choisisse** cualquier libro que elija
3 : **~ chose** *pron* algo; **~ chose d'autre** otra cosa; **y être pour ~ chose** tener algo que ver; **ça m'a fait ~ chose !** ¡sentí una cosa!; **puis-je faire ~ chose pour vous ?** ¿puedo hacer algo por usted?; **c'est déjà ~ chose** algo es algo; **~ part** (*position*) en alguna parte; (*direction*) a alguna parte; **en ~ sorte** en cierto modo
▶ *adv* 1 (*environ, à peu près*) : **une route de ~ 100 km** una carretera de unos 100 km
2 : **~ peu** algo

quelquefois [kɛlkəfwa] *adv* a veces

quelques-uns, -unes [kɛlkəzœ̃, yn] *pron* algunos(-as)

quelqu'un, e [kɛlkœ̃, yn] *pron* alguien; (*entre plusieurs*) alguno(-a); **~ d'autre** otro(-a); **être ~** (*de valeur*) ser alguien

qu'en dira-t-on [kɑ̃diʀatɔ̃] *nm inv* : **le ~** el qué dirán

querelle [kəʀɛl] *nf* pelea
• **quereller** : **se quereller** *vpr* pelearse

qu'est-ce que [kɛskə] *voir* **que**

qu'est-ce qui [kɛski] *voir* **que**; **qui**

question [kɛstjɔ̃] *nf* (*gén*) pregunta; (*problème*) cuestión *f*, problema *m*; **il a été ~ de** se trató de; **de quoi est-il ~ ?** ¿de qué se trata?; **il n'en est pas ~** ni hablar, ni mucho menos; **en ~** en cuestión; **hors de ~** fuera de lugar; **(re)mettre en ~** poner en tela de juicio • **questionnaire** *nm* cuestionario • **questionner** *vt* preguntar

quête [kɛt] *nf* (*collecte*) colecta; (*recherche*) búsqueda; **faire la ~** (*à l'église*) pasar la bandeja; (*artiste*) pasar la gorra

quetsche [kwɛtʃ] *nf* ciruela damascena

queue [kø] *nf* cola; (*d'un fruit, d'une feuille*) rabillo; **faire la ~** hacer cola

queue-de-cheval [kødʃəval] (*pl* **queues-de-cheval**) *nf* cola de caballo

qui [ki]

pron **1** (*interrogatif*) quién; (: *pluriel*) quiénes; (*objet*) : **~ (est-ce que) j'emmène ?** ¿a quién llevo?; **je ne sais pas ~ c'est** no sé quién es; **à ~ est ce sac ?** ¿de quién es este bolso?; **à ~ parlais-tu ?** ¿con quién hablabas?
2 (*relatif*) que; (: *après prép*) quien, el (la) que; (: *plural*) quienes, los (las) que; **l'ami de ~ je vous ai parlé** el amigo de quien *ou* del que le hablé; **la personne avec ~ je l'ai vu** la persona con quien lo vi
3 (*sans antécédent*) : **amenez ~ vous voulez** traiga a quien quiera; **~ que ce soit** quienquiera que sea

quiconque [kikɔ̃k] *pron* quienquiera que; (*n'importe qui*) cualquiera

quille [kij] *nf* bolo; (*d'un bateau*) quilla

quincaillerie [kɛ̃kajʀi] *nf* (*magasin*) ferretería

quinquagénaire [kɛ̃kaʒenɛʀ] *nmf* quincuagenario(-a)

quinte [kɛ̃t] *nf* : **~ (de toux)** golpe *m* de tos

quintuple [kɛ̃typl] *nm* : **le ~ de** el quíntuplo de • **quintuplés, -ées** *nmpl/nfpl* quintillizos(-as)

quinzaine [kɛ̃zɛn] *nf* quincena; **une ~ (de jours)** una quincena (de días)

quinze [kɛ̃z] *adj inv, nm inv* quince *m inv*; **dans ~ jours** dentro de quince días; *voir aussi* **cinq**

quinzième [kɛ̃zjɛm] *adj, nmf* decimoquinto(-a); *voir aussi* **cinquantième**

quiproquo [kipʀɔko] *nm* malentendido

quittance [kitɑ̃s] *nf* (*reçu*) recibo

quitte [kit] *adj* : **être ~ envers qn** estar en paz con algn; **je resterai ~ à attendre pendant trois heures** me quedaré aunque tenga que esperar tres horas

quitter [kite] *vt* dejar; (*vêtement*) quitarse; **se quitter** *vpr* (*couples, interlocuteurs*) separarse; **~ la route** (*véhicule*) salir de la carretera; **ne quittez pas** (*au téléphone*) no se retire

qui-vive [kiviv] *nm inv* : **être sur le ~** estar alerta

quoi [kwa]

▸ *pron interrog* **1** (*interrogation directe*) qué; **~ de plus beau que ... ?** ¿hay algo más hermoso que ...?; **~ de neuf ?** ¿qué hay de nuevo?; **~ encore ?** ¿y ahora, qué?; **et puis ~ encore !** ¡y qué

más!; **~ ?** (*qu'est-ce que tu dis?*) ¿qué?
2 (*interrogation directe avec prép*) qué; **à ~ penses-tu ?** ¿en qué piensas?; **de ~ parlez-vous ?** ¿de qué habláis?; **en ~ puis-je vous aider ?** ¿en qué puedo ayudarle?; **à ~ bon ?** ¿para qué?
3 (*interrogation indirecte*) qué; **dis-moi à ~ ça sert** dime para qué sirve; **je ne sais pas à ~ il pense** no sé en qué piensa
▶ *pron relatif* 1 que; **ce à ~ tu penses** lo que piensas; **de ~ écrire** algo para escribir; **il n'a pas de ~ se l'acheter** no tiene con qué comprarlo; **il y a de ~ être fier** es para estar orgulloso; **merci — il n'y a pas de ~** gracias — no hay de qué
2 (*locutions*) : **après ~** después de lo cual; **sans ~, faute de ~** si no; **comme ~** (*déduction*) así que; **un message comme ~ il est arrivé** un mensaje en el que dice que ha llegado
3 : **~ qu'il arrive** pase lo que pase; **~ qu'il en soit** sea lo que sea; **~ qu'elle fasse** haga lo que haga; **si vous avez besoin de ~ que ce soit** si necesita cualquier cosa
▶ *excl* qué

quoique [kwak(ɑ)] *conj* aunque

quotidien, ne [kɔtidjɛ̃, jɛn] *adj* cotidiano(-a) ▶ *nm* (*journal*) diario • **quotidiennement** *adv* diariamente

r

R [ɛʀ] *abr* (= *route*) ctra. (= *carretera*); (= *rue*) C (= *calle*)

rabais [ʀabɛ] *nm* rebaja • **rabaisser** *vt* (*prétentions, autorité*) bajar, reducir; (*personne, mérites*) rebajar

rabattre [ʀabatʀ] *vt* (*couvercle, siège*) bajar

rabbin [ʀabɛ̃] *nm* rabino

rabougri, e [ʀabugʀi] *adj* mustio(-a)

raccommoder [ʀakɔmɔde] *vt* (*vêtement, linge*) remendar; **se raccommoder** *vpr* : **se ~ avec** (*fam*) reconciliarse con

raccompagner [ʀakɔ̃paɲe] *vt* acompañar

raccord [ʀakɔʀ] *nm* (*Tech*) racor *m*, empalme *m* • **raccorder** *vt* (*tuyaux, fils électriques*) empalmar

raccourci [ʀakuʀsi] *nm* atajo

raccourcir [ʀakuʀsiʀ] *vt* acortar

raccrocher [ʀakʀɔʃe] *vt* (*tableau, vêtement*) volver a colgar; (*récepteur*) colgar ▶ *vi* (*Tél*) colgar; **se raccrocher à** *vpr* (*branche*) agarrarse a; (*fig*) aferrarse a

race [ʀas] *nf* raza

rachat [Raʃa] *nm* (*de qch*) compra; (*de qn*) redención *f*
racheter [Raʃ(ə)te] *vt* volver a comprar; (*part, firme : aussi d'occasion*) comprar; (*mauvaise conduite, oubli, défaut*) compensar; **se racheter** *vpr* (*Rel*) redimirse
racial, e, -aux [Rasjal, jo] *adj* racial
racine [Rasin] *nf* raíz *f*; **~ carrée/cubique** raíz cuadrada/cúbica
raciste [Rasist] *adj, nmf* racista *mf*
racket [Rakɛt] *nm* chantaje *m*, extorsión *f*
raclée [Rɑkle] (*fam*) *nf* paliza
racler [Rɑkle] *vt* raspar
racontars [Rakɔ̃taR] *nmpl* habladurías *fpl*
raconter [Rakɔ̃te] *vt* : **~ (à qn)** contar (a algn)
radar [RadaR] *nm* radar *m*
rade [Rad] *nf* rada
radeau, x [Rado] *nm* balsa
radiateur [RadjatœR] *nm* radiador *m*
radiation [Radjasjɔ̃] *nf* (*Phys*) radiación *f*
radical, e, -aux [Radikal, o] *adj* radical; (*moyen, remède*) infalible
radieux, -euse [Radjø, øz] *adj* radiante
radin, e [Radɛ̃, in] (*fam*) *adj* tacaño(-a)
radio [Radjo] *nf* radio *f* (*m en AM*); **à la ~** en la radio • **radioactif, -ive** *adj* radioactivo(-a) • **radiographie** *nf* radiografía • **radiophonique** *adj* : **programme/jeu ~** programa *m*/juego radiofónico • **radio-réveil** (*pl* **radios-réveils**) *nm* radio-despertador *m*
radis [Radi] *nm* rábano
radoter [Radɔte] *vi* chochear
radoucir [RadusiR] : **se radoucir** *vpr* suavizarse
rafale [Rafal] *nf* ráfaga
raffermir [RafɛRmiR] *vt* fortalecer; (*fig*) afianzar
raffiner [Rafine] *vt* refinar • **raffinerie** *nf* refinería
raffoler [Rafɔle] : **~ de** *vt indir* volverse loco(-a) por
rafle [Rɑfl] *nf* redada, allanamiento (*esp AM*) • **rafler** (*fam*) *vt* arrasar
rafraîchir [RafReʃiR] *vt* refrescar; (*atmosphère, température*) enfriar; (*fig*) renovar ▶ *vi* : **mettre une boisson à ~** poner una bebida a enfriar; **se rafraîchir** *vpr* refrescarse • **rafraîchissant, e** *adj* refrescante • **rafraîchissement** *nm* (*de la température*) enfriamiento; **rafraîchissements** *nmpl* (*boissons*) refrescos *mpl*
rage [Raʒ] *nf* rabia; **faire ~** (*tempête*) bramar; **~ de dents** tremendo dolor *m* de muelas
ragot [Rago] (*fam*) *nm* chisme *m*
ragoût [Ragu] *nm* guiso
raide [Rɛd] *adj* (*cheveux*) liso(-a); (*ankylosé*) entumecido(-a); (*peu souple : câble, personne*) tenso(-a); (*escarpé*) empinado(-a); (*fam : surprenant*) inaudito(-a) ▶ *adv* : **tomber ~ mort** quedarse en el sitio • **raideur** *nf* rigidez *f*; **avec ~** (*marcher, danser*) con envaramiento • **raidir** *vt* contraer; **se raidir** *vpr* (*personne, muscles*) contraerse; (*se crisper*) ponerse tieso(-a)
raie [Rɛ] *nf* (*gen, Zool*) raya

raifort [ʀɛfɔʀ] *nm* rábano picante
rail [ʀɑj] *nm* : **par ~** por ferrocarril
railler [ʀɑje] *vt* burlarse de
rainure [ʀenyʀ] *nf* ranura
raisin [ʀɛzɛ̃] *nm* uva; **~s secs** (uvas) pasas
raison [ʀɛzɔ̃] *nf* razón *f*; **avoir ~** tener razón; **donner ~ à qn** dar la razón a algn; **se faire une ~** conformarse; **perdre/recouvrer la ~** perder/recobrar el juicio; **~ de plus** razón de más; **à plus forte ~** con mayor motivo; **en ~ de** (*à cause de*) a causa de; **à ~ de** a razón de; **sans ~** sin razón; **~ sociale** razón social • **raisonnable** *adj* razonable
raisonnement [ʀɛzɔnmɑ̃] *nm* raciocinio; (*argumentation*) razonamiento
raisonner [ʀɛzɔne] *vi* razonar ▸ *vt* (*personne*) hacer entrar en razón a
rajeunir [ʀaʒœniʀ] *vt* rejuvenecer; (*fig*) remozar ▸ *vi* (*personne*) rejuvenecer
rajouter [ʀaʒute] *vt* : **~ du sel/un œuf** añadir sal/un huevo
rajuster [ʀaʒyste] *vt* (*cravate, coiffure*) retocar; (*salaires, prix*) reajustar
ralenti [ʀalɑ̃ti] *nm* : **au ~** a ralentí; (*Ciné*) a cámara lenta; **tourner au ~** (*Auto*) rodar a ralentí
ralentir [ʀalɑ̃tiʀ] *vt* (*marche, allure*) aminorar; (*production, expansion*) ralentizar, desacelerar ▸ *vi* (*véhicule, coureur*) disminuir la velocidad
râler [ʀɑle] *vi* (*fam : protester*) gruñir
rallier [ʀalje] *vt* (*rassembler*) reunir; **se rallier à** *vpr* (*avis, opinion*) adherirse a
rallonge [ʀalɔ̃ʒ] *nf* (*de table*) larguero; (*Élec*) alargador *m*
rallonger [ʀalɔ̃ʒe] *vt* alargar
rallye [ʀali] *nm* rally *m*
ramassage [ʀamɑsaʒ] *nm* : **~ scolaire** transporte *m* escolar
ramasser [ʀamɑse] *vt* recoger • **ramassis** (*péj*) *nm* revoltijo
rambarde [ʀɑ̃baʀd] *nf* barandilla
rame [ʀam] *nf* (*aviron*) remo; (*de métro*) tren *m*; (*de papier*) resma
rameau, x [ʀamo] *nm* rama; **les Rameaux** Domingo de Ramos
ramener [ʀam(ə)ne] *vt* volver a traer; (*reconduire*) llevar; (*rendre*) devolver; **~ qch sur** (*couverture, visière*) echar algo hacia; **~ qch à** (*Math, réduire*) reducir algo a
ramer [ʀame] *vi* remar
ramollir [ʀamɔliʀ] *vt* (*amollir*) ablandar; **se ramollir** *vpr* reblandecerse
rampe [ʀɑ̃p] *nf* (*d'escalier*) barandilla; (*dans un garage*) rampa; (*Théâtre*) : **la ~** candilejas *fpl*
ramper [ʀɑ̃pe] *vi* reptar
rancard [ʀɑ̃kaʀ] (*fam*) *nm* (*rendez-vous*) cita
rancart [ʀɑ̃kaʀ] (*fam*) *nm* : **mettre au ~** (*objet, projet*) arrinconar
rance [ʀɑ̃s] *adj* rancio(-a)
rancœur [ʀɑ̃kœʀ] *nf* rencor *m*
rançon [ʀɑ̃sɔ̃] *nf* rescate *m*
rancune [ʀɑ̃kyn] *nf* rencor *m*; **garder ~ à qn (de qch)** guardar rencor a algn (por algo); **sans ~ !**

¡olvidémoslo! • **rancunier, -ière** *adj* rencoroso(-a)

randonnée [rɑ̃dɔne] *nf* excursión *f*

rang [rɑ̃] *nm* (*rangée*) fila; (*grade*) grado; (*position dans un classement*) posición *f*; **rangs** *nmpl* (*Mil*) filas *fpl*; **se mettre en ~s/sur un ~** ponerse en filas/en una fila; **au premier/dernier ~** en el primer/último puesto

rangé, e [rɑ̃ʒe] *adj* ordenado(-a)

rangée [rɑ̃ʒe] *nf* fila

ranger [rɑ̃ʒe] *vt* ordenar; **se ranger** *vpr* (*se placer/disposer*) colocarse; (*véhicule, conducteur*) hacerse a un lado; (*s'assagir*) sosegarse; **~ qch/qn parmi** (*fig*) situar algo/algn entre

ranimer [ʀanime] *vt* reanimar

rapace [ʀapas] *nm* rapaz *f*

râpe [ʀɑp] *nf* (*Culin*) rallador *m* • **râper** *vt* (*Culin*) rallar

rapide [ʀapid] *adj* rápido(-a) • **rapidement** *adv* rápidamente

rapiécer [ʀapjese] *vt* remendar

rappel [ʀapɛl] *nm* (*Méd*) vacuna de refuerzo; (*Théâtre etc*) llamada a escena; (*de limitation de vitesse*) *señal recordatoria de limitación de velocidad* • **rappeler** *vt* (*retéléphoner à*) volver a llamar; (*ambassadeur*) retirar; **se rappeler** *vpr* acordarse de; **se ~ que ...** acordarse de que ...; **~ qch à qn** (*faire se souvenir*) recordar algo a algn; (*évoquer, faire penser à*) traer algo a la memoria de algn

rapport [ʀapɔʀ] *nm* (*compte rendu*) informe *m*; (*lien, analogie*) relación *f*; (*proportion*) razón *f*; **rapports** *nmpl* (*entre personnes, groupes, pays*) relaciones *fpl*; **avoir ~ à** tener relación con; **être en ~ avec** estar relacionado(-a) con; **être/se mettre en ~ avec qn** estar/ponerse en contacto con algn; **par ~ à** en comparación con; **~ qualité-prix** relación calidad-precio; **~s (sexuels)** relaciones *fpl* (sexuales)

rapporter [ʀapɔʀte] *vt* (*remettre à sa place, rendre*) devolver; (*apporter de nouveau*) volver a traer; (*revenir avec, ramener*) traer; (*relater*) referir ▶ *vi* (*investissement, propriété*) rentar; (*activité*) dar beneficio; (*péj : moucharder*) chivarse; **se rapporter à** *vpr* relacionarse con

rapprochement [ʀapʀɔʃmɑ̃] *nm* (*réconciliation*) acercamiento; (*analogie, rapport*) cotejo

rapprocher [ʀapʀɔʃe] *vt* (*deux objets*) juntar, arrimar; (*associer, comparer*) cotejar; **se rapprocher** *vpr* acercarse

raquette [ʀakɛt] *nf* raqueta; (*de ping-pong*) pala

rare [ʀɑʀ] *adj* raro(-a); (*main-d'œuvre, denrées*) escaso(-a); **se faire ~** escasear • **rarement** *adv* raramente

ras, e [ʀɑ, ʀɑz] *adj* (*tête, cheveux*) rapado(-a); (*poil*) corto(-a); (*herbe, mesure, cuillère*) raso(-a) ▶ *adv* (*couper*) al rape; **à ~ bords** colmado(-a); **au ~ de** a(l) ras de; **en avoir ~ le bol** (*fam*) estar hasta el moño

raser [ʀɑze] *vt* (*barbe, cheveux*) rasurar; (*menton, personne*) afeitar; (*fam : ennuyer*) dar la lata a; (*quartier*) derribar; (*frôler*) rozar; **se raser** *vpr* afeitarse; (*fam*) aburrirse • **rasoir** *nm* navaja de afeitar

r

rassasier [Rasazje] *vt* saciar
rassemblement [Rasɑ̃bləmɑ̃] *nm* reunión *f*; (*Pol*) concentración *f*
rassembler [Rasɑ̃ble] *vt* (*réunir*) reunir; (*regrouper*) agrupar; **se rassembler** *vpr* reunirse
rassurer [RasyRe] *vt* tranquilizar; **se rassurer** *vpr* tranquilizarse; **rassure-toi** tranquilízate
rat [Ra] *nm* rata
rate [Rat] *nf* (*Anat*) bazo
raté, e [Rate] *adj* (*tentative, opération*) frustrado(-a); (*vacances, spectacle*) malogrado(-a)
râteau, x [Rɑto] *nm* rastrillo
rater [Rate] *vi* (*échouer*) fracasar ▶ *vt* (*cible, balle, train*) perder; (*démonstration, plat*) estropear; (*examen*) suspender
ration [Rasjɔ̃] *nf* ración *f*
RATP [ɛRatepe] *sigle f* (= *Régie autonome des transports parisiens*) *administración de transportes parisinos*
rattacher [Rataʃe] *vt* atar de nuevo; **~ qch à** (*incorporer*) incorporar algo a; (*relier*) relacionar algo con
rattraper [RatRape] *vt* (*fugitif, animal échappé*) volver a coger; (*retenir, empêcher de tomber*) coger; (*atteindre, rejoindre*) alcanzar; (*imprudence, erreur*) reparar, subsanar; **se rattraper** *vpr* (*compenser une perte de temps*) ponerse al día; **se ~ (à)** (*se raccrocher*) agarrarse (a)
rature [RatyR] *nf* tachadura
rauque [Rok] *adj* ronco(-a)
ravages [Ravaʒ] *nmpl* estragos *mpl*
ravi, e [Ravi] *adj* encantado(-a); **être ~ de/que ...** estar encantado(-a) de/de que ...
ravin [Ravɛ̃] *nm* hondonada
ravir [RaviR] *vt* (*enchanter*) encantar; **à ~** de maravilla
raviser [Ravize] : **se raviser** *vpr* cambiar de opinión
ravissant, e [Ravisɑ̃, ɑ̃t] *adj* encantador(a)
ravisseur, -euse [RavisœR, øz] *nm/f* secuestrador(a)
ravitailler [Ravitaje] *vt* abastecer; **se ravitailler** *vpr* abastecerse
raviver [Ravive] *vt* avivar; (*flamme, douleur*) reavivar
rayé, e [Reje] *adj* a *ou* de rayas
rayer [Reje] *vt* rayar; (*d'une liste*) tachar
rayon [Rɛjɔ̃] *nm* rayo; (*Géom, d'une roue*) radio; (*de grand magasin*) departamento, sección *f*; **rayons** *nmpl* (*radiothérapie*) rayos *mpl*; **dans un ~ de ...** en un radio de ...; **~ de soleil** rayo de sol; **~s X** rayos X
rayonnement [Rɛjɔnmɑ̃] *nm* (*solaire*) radiación *f*
rayonner [Rɛjɔne] *vi* irradiar; (*fig*) ejercer su influencia
rayure [RejyR] *nf* (*motif*) raya; (*éraflure*) rayado
raz-de-marée [RɑdmaRe] *nm inv* maremoto
ré [Re] *nm inv* (*Mus*) re *m*
réaction [Reaksjɔ̃] *nf* reacción *f*; **avion/moteur à ~** avión *m*/motor *m* de reacción
réadapter [Readapte] *vt* readaptar; **se réadapter à** *vpr* readaptarse a

réagir [Reaʒir] *vi* reaccionar; **~ à** reaccionar ante

réalisateur, -trice [RealizatœR, tRis] *nm/f* realizador(a)

réalisation [Realizasjɔ̃] *nf* realización *f*

réaliser [Realize] *vt* realizar; (*rêve, souhait*) cumplir; (*exploit*) llevar a cabo; (*comprendre, se rendre compte de*) darse cuenta de; **se réaliser** *vpr* (*projet, prévision*) realizarse

réaliste [Realist] *adj, nmf* realista *mf*

réalité [Realite] *nf* realidad *f*; **en ~** en realidad; **~ augmentée** realidad aumentada

réanimation [Reanimasjɔ̃] *nf* reanimación *f*

rébarbatif, -ive [RebaRbatif, iv] *adj* (*travail*) fastidioso(-a)

rebattu, e [R(ə)baty] *adj* trillado(-a)

rebelle [Rəbɛl] *adj, nmf* rebelde *mf*

rebeller [R(ə)bele]: **se rebeller** *vpr* rebelarse

rebondir [R(ə)bɔ̃diR] *vi* rebotar; (*fig*) reanudarse

rebord [R(ə)bɔR] *nm* (*d'une table etc*) reborde *m*

rebours [R(ə)buR]: **à ~** *adv*: **compte à ~** cuenta *f* atrás

rebrousser [R(ə)bRuse] *vt*: **~ chemin** dar marcha atrás

rebuter [R(ə)byte] *vt* (*suj: travail, matière*) repeler

récalcitrant, e [RekalsitRɑ̃, ɑ̃t] *adj* indómito(-a)

récapituler [Rekapityle] *vt* recapitular

receler [R(ə)səle] *vt* (*fig*) encerrar • **receleur, -euse** *nm/f* encubridor(a)

récemment [Resamɑ̃] *adv* recientemente, recién (AM)

recensement [R(ə)sɑ̃smɑ̃] *nm* censo

recenser [R(ə)sɑ̃se] *vt* (*population*) censar; (*inventorier*) hacer el recuento *ou* el inventario de

récent, e [Resɑ̃, ɑ̃t] *adj* reciente

récépissé [Resepise] *nm* recibo

récepteur, -trice [ResɛptœR, tRis] *adj* receptor(a); **~ radio** receptor *m*

réception [Resɛpsjɔ̃] *nf* recepción *f* • **réceptionniste** *nmf* recepcionista *mf*

recette [R(ə)sɛt] *nf* (*Culin, fig*) receta; (*Comm*) ingreso; **recettes** *nfpl* (*Comm*) entradas *fpl*

recevoir [R(ə)səvwaR] *vt* recibir; (*visiteurs, ambassadeur*) acoger; (*candidat, plainte*) admitir; **être reçu** (*à un examen*) aprobar; **être bien/mal reçu** ser bien/mal recibido

rechange [R(ə)ʃɑ̃ʒ]: **de ~** *adj* (*pièces, roue*) de repuesto; **des vêtements de ~** ropa para cambiarse

recharge [R(ə)ʃaRʒ] *nf* recambio • **rechargeable** *adj* recargable • **recharger** *vt* (*fusil, batterie*) recargar; (*appareil photo, briquet, stylo*) cargar

réchaud [Reʃo] *nm* hornillo

réchauffement [Reʃofmɑ̃] *nm*: **~ climatique** calentamiento global

réchauffer [Reʃofe] *vt* (*plat*) recalentar; (*mains, doigts, personne*) calentar; **se réchauffer** *vpr* calentarse

rêche [Rɛʃ] *adj* áspero(-a)

recherche [R(ə)ʃɛRʃ] *nf* búsqueda; (*raffinement*) afectación *f*; (*scientifique etc*) investigación *f*; **être/se mettre à la ~ de** estar investigando/ponerse a la búsqueda de
recherché, e [R(ə)ʃɛRʃe] *adj* rebuscado(-a)
rechercher [R(ə)ʃɛRʃe] *vt* buscar; (*objet égaré, lettre*) rebuscar; (*cause d'un phénomène, nouveau procédé*) investigar; (*la perfection, le bonheur etc*) perseguir
rechute [R(ə)ʃyt] *nf* recaída
récidiver [Residive] *vi* reincidir
récif [Resif] *nm* arrecife *m*
récipient [Resipjɑ̃] *nm* recipiente *m*
réciproque [ResipRɔk] *adj* (*mutuel*) recíproco(-a) ▸ *nf* : **la ~** (*l'inverse*) la inversa
récit [Resi] *nm* relato • **récital** *nm* recital *m* • **réciter** *vt* recitar
réclamation [Reklamasjɔ̃] *nf* reclamación *f*; **service des ~s** servicio de reclamaciones
réclame [Reklam] *nf* : **la ~** la publicidad; **article en ~** artículo de oferta • **réclamer** *vt* (*aide, nourriture*) pedir; (*exiger*) reclamar; (*nécessiter*) requerir
réclusion [Reklyzjɔ̃] *nf* reclusión *f*
recoin [Rəkwɛ̃] *nm* rincón *m*
reçois *etc* [Rəswa] *vb voir* **recevoir**
récolte [Rekɔlt] *nf* cosecha • **récolter** *vt* cosechar; (*fam : ennuis, coups*) ganarse, cobrar
recommandé, e [R(ə)kɔmɑ̃de] *adj* recomendado(-a) ▸ *nm* (*Postes*) : **en ~** certificado(-a)
recommander [R(ə)kɔmɑ̃de] *vt* recomendar
recommencer [R(ə)kɔmɑ̃se] *vt* (*reprendre*) seguir con; (*refaire*) repetir; (*erreur*) reincidir ▸ *vi* volver a empezar
récompense [Rekɔ̃pɑ̃s] *nf* recompensa • **récompenser** *vt* recompensar; **~ qn de** *ou* **pour qch** recompensar a algn por algo
réconcilier [Rekɔ̃silje] *vt* reconciliar; **se réconcilier** *vpr* reconciliarse
reconduire [R(ə)kɔ̃dɥiR] *vt* acompañar hasta la salida
réconfort [Rekɔ̃fɔR] *nm* consuelo • **réconforter** *vt* reconfortar
reconnaissance [R(ə)kɔnɛsɑ̃s] *nf* reconocimiento; (*gratitude*) agradecimiento
reconnaissant, e [R(ə)kɔnɛsɑ̃, ɑ̃t] *vb voir* **reconnaître** ▸ *adj* agradecido(-a)
reconnaître [R(ə)kɔnɛtR] *vt* reconocer; **~ que** reconocer que; **~ qch/qn à** reconocer algo/a algn por • **reconnu, e** *pp de* **reconnaître**
reconstituer [R(ə)kɔ̃stitɥe] *vt* reconstituir; (*fortune, patrimoine*) rehacer
reconstruire [R(ə)kɔ̃stRɥiR] *vt* reconstruir
recontacter [R(ə)kɔ̃takte] *vt* : **~ qn** volver contactar con algn
reconvertir [R(ə)kɔ̃vɛRtiR] *vt* reconvertir; **se ~ dans** reconvertirse en
record [R(ə)kɔR] *adj, nm* récord *m*
recoupement [R(ə)kupmɑ̃] *nm* : **par ~** atando cabos
recouper [R(ə)kupe] : **se recouper** *vpr* (*témoignages*) coincidir

recourber [R(ə)kuRbe] *vt* (*branche, tige de métal*) doblar
recourir [R(ə)kuRiR] *vi* : **~ à** recurrir a
recours [R(ə)kuR] *nm* : **le ~ à la ruse/violence** el recurso de la astucia/violencia; **avoir ~ à** recurrir a; **en dernier ~** como último recurso
recouvrer [R(ə)kuvRe] *vt* (*la vue, santé, raison*) recobrar
recouvrir [R(ə)kuvRiR] *vt* (*embrasser*) abarcar; **se recouvrir** *vpr* (*idées, concepts*) superponerse
récréation [RekReasjɔ̃] *nf* recreo
recroqueviller [R(ə)kRɔk(ə)vije] : **se recroqueviller** *vpr* (*plantes, feuilles*) marchitarse; (*personne*) acurrucarse
recrudescence [R(ə)kRydesɑ̃s] *nf* recrudecimiento
recruter [R(ə)kRyte] *vt* contratar
rectangle [Rɛktɑ̃gl] *nm* rectángulo • **rectangulaire** *adj* rectangular
rectificatif, -ive [Rɛktifikatif, iv] *adj* rectificativo(-a) ▸ *nm* rectificativo
rectifier [Rɛktifje] *vt* (*tracé*) enderezar; (*calcul*) rectificar; (*erreur*) corregir
rectiligne [Rɛktiliɲ] *adj* rectilíneo(-a)
recto [Rɛkto] *nm* anverso
reçu, e [R(ə)sy] *pp de* **recevoir** ▸ *nm* (*récépissé*) recibo
recueil [Rəkœj] *nm* selección *f* • **recueillir** *vt* recoger; (*renseignements, dépositions*) reunir; (*réfugiés*) acoger; **se recueillir** *vpr* recogerse
recul [R(ə)kyl] *nm* retroceso; **avoir un mouvement de ~** hacer un movimiento de retroceso; **prendre du ~** retroceder • **reculé, e** *adj* apartado(-a) • **reculer** *vi* retroceder; (*véhicule, conducteur*) dar marcha atrás; (*se dérober, hésiter*) echarse atrás ▸ *vt* (*meuble, véhicule*) retirar; (*fig : possibilités, limites*) ampliar; **~ devant** (*danger, difficulté*) echarse atrás ante • **reculons** : **à ~** *adv* hacia atrás
récupérer [RekypeRe] *vt* recuperar
récurer [RekyRe] *vt* fregar
reçut [Rəsy] *vb voir* **recevoir**
recyclable [R(ə)siklabl] *adj* reciclable
recyclage [R(ə)siklaʒ] *nm* reciclaje *m*; **cours de ~** curso de reciclaje
recycler [R(ə)sikle] *vt* reciclar; **se recycler** *vpr* reciclarse
rédacteur, -trice [RedaktœR, tRis] *nm/f* redactor(a); **~ en chef** redactor(a) jefe
rédaction [Redaksjɔ̃] *nf* redacción *f*
redescendre [R(ə)desɑ̃dR] *vi* volver a bajar ▸ *vt* bajar
rédiger [Rediʒe] *vt* redactar
redire [R(ə)diR] *vt* repetir; **avoir/trouver qch à ~** tener/encontrar algo que criticar
redoubler [R(ə)duble] *vi* (*Scol*) repetir; **~ de** (*amabilité, efforts*) redoblar
redoutable [R(ə)dutabl] *adj* temible
redouter [R(ə)dute] *vt* temer

redressement [ʀ(ə)dʀɛsmɑ̃] *nm* (*de l'économie etc*) restablecimiento

redresser [ʀ(ə)dʀese] *vt* enderezar; (*situation, économie*) restablecer; **se redresser** *vpr* (*objet penché*) enderezarse; (*personne*) erguirse

réduction [ʀedyksjɔ̃] *nf* reducción *f*; (*rabais, remise*) rebaja

réduire [ʀedɥiʀ] *vt* reducir; **se réduire à** *vpr* reducirse a • **réduit, e** *pp de* **réduire** ▸ *adj* reducido(-a) ▸ *nm* cuchitril *m*

redynamiser [ʀ(ə)dinamize] *vt* redinamizar

rééducation [ʀeedykasjɔ̃] *nf* rehabilitación *f*

réel, le [ʀeɛl] *adj* real; (*intensif: avant le nom*) verdadero(-a) • **réellement** *adv* realmente

réexpédier [ʀeɛkspedje] *vt* (*à l'envoyeur*) devolver; (*au destinataire*) remitir

refaire [ʀ(ə)fɛʀ] *vt* hacer de nuevo; (*recommencer, faire tout autrement*) rehacer

réfectoire [ʀefɛktwaʀ] *nm* refectorio, comedor *m*

référence [ʀefeʀɑ̃s] *nf* referencia

référer [ʀefeʀe] *vt*: **en ~ à qn** remitir a algn; **se référer** *vpr*: **se ~ à** remitirse a

refermer [ʀ(ə)fɛʀme] *vt* volver a cerrar; **se refermer** *vpr* cerrarse

refiler [ʀ(ə)file] (*fam*) *vt*: **~ qch à qn** encajar algo a algn

réfléchi, e [ʀefleʃi] *adj* reflexivo(-a); (*action, décision*) pensado(-a)

réfléchir [ʀefleʃiʀ] *vt* reflejar ▸ *vi* reflexionar; **~ à** *ou* **sur** reflexionar acerca de

reflet [ʀ(ə)flɛ] *nm* reflejo • **refléter** *vt* reflejar; **se refléter** *vpr* reflejarse

réflexe [ʀeflɛks] *nm* reflejo

réflexion [ʀeflɛksjɔ̃] *nf* reflexión *f*; (*remarque désobligeante*) reproche *m*; **après ~, ~ faite, à la ~** pensándolo bien

réforme [ʀefɔʀm] *nf* reforma • **réformer** *vt* reformar

refouler [ʀ(ə)fule] *vt* (*envahisseurs*) rechazar; (*liquide*) impeler; (*fig: larmes*) contener; (*Psych, colère*) reprimir

refrain [ʀ(ə)fʀɛ̃] *nm* estribillo; (*air*) canción *f*; (*leitmotiv*) cantinela

refréner [ʀəfʀene] *vt* refrenar

réfrigérateur [ʀefʀiʒeʀatœʀ] *nm* frigorífico, nevera, heladera (AM)

refroidir [ʀ(ə)fʀwadiʀ] *vt* enfriar ▸ *vi* (*plat, moteur*) enfriar; **se refroidir** *vpr* (*personne*) enfriarse, coger frío; (*temps*) refrescar • **refroidissement** *nm* enfriamiento

refuge [ʀ(ə)fyʒ] *nm* refugio • **réfugié, e** *adj, nm/f* refugiado(-a) • **réfugier**: **se réfugier** *vpr* refugiarse

refus [ʀ(ə)fy] *nm* rechazo; **ce n'est pas de ~** (*fam*) se agradece • **refuser** *vt* (*ne pas accorder*) denegar; (*ne pas accepter*) rechazar; (*candidat*) suspender; **se ~ à qch/faire qch** negarse a algo/hacer algo

régal [ʀegal] *nm* (*mets, fig*) delicia; (*plaisir*) regalo • **régaler**: **se régaler** *vpr* (*faire un bon repas*) regalarse; (*fig*) disfrutar

regard [R(ə)gaR] *nm* mirada; **au ~ de** (*loi, morale*) a la luz de

regardant, e [R(ə)gaRdɑ̃, ɑ̃t] *adj* : **très/peu ~ sur** (*qualité, propreté*) muy/poco mirado(-a) con

regarder [R(ə)gaRde] *vt* mirar; (*concerner*) concernir ▶ *vi* ver, mirar; **~ (vers)** mirar (hacia)

régie [Reʒi] *nf* (*Comm, Industrie*) corporación *f* pública; (*Ciné, Théâtre*) departamento de producción; (*Radio, TV*) sala de control

régime [Reʒim] *nm* (*pouvoir, diète*) régimen *m*; (*fig : allure*) paso; (*de bananes, dattes*) racimo; **se mettre au/suivre un ~** ponerse a/estar a régimen

régiment [Reʒimɑ̃] *nm* regimiento

région [Reʒjɔ̃] *nf* región *f*

régional, e, -aux [Reʒjɔnal, o] *adj* regional

régir [Reʒir] *vt* regir

régisseur, -euse [ReʒisœR, øz] *nm/f* administrador(a); (*Théâtre, Ciné*) regidor(a)

registre [RəʒistR] *nm* registro; **~ de l'état civil** registro civil

réglage [Reglaʒ] *nm* ajuste *m*, regulación *f*

règle [Rɛgl] *nf* regla; **règles** *nfpl* (*Physiol*) reglas *fpl*; **en ~** en regla; **en ~ générale** por regla general

réglé, e [Regle] *adj* (*affaire*) zanjado(-a); (*vie, personne*) ordenado(-a)

règlement [Rɛgləmɑ̃] *nm* (*règles*) reglamento; (*paiement*) pago; (*d'un conflit, d'une affaire*) arreglo, solución *f* • **réglementaire** *adj* reglamentario(-a) • **réglementation** *nf* reglamentación *f* • **réglementer** *vt* reglamentar

régler [Regle] *vt* (*mécanisme, machine*) ajustar; (*moteur, thermostat*) regular; (*question, problème*) arreglar; (*facture, fournisseur*) pagar

réglisse [Reglis] *nf ou nm* regaliz *m*

règne [Rɛɲ] *nm* reinado; (*fig*) reino • **régner** *vi* reinar

regorger [R(ə)gɔRʒe] *vi* : **~ de** rebosar de

regret [R(ə)gRɛ] *nm* (*nostalgie*) nostalgia; **à ~** *ou* **avec ~** con pesar; **être au ~ de devoir/ne pas pouvoir faire ...** lamentar mucho tener que/no poder hacer ... • **regrettable** *adj* lamentable • **regretter** *vt* lamentar; **je regrette** lo siento

regrouper [R(ə)gRupe] *vt* reagrupar; **se regrouper** *vpr* reagruparse

régulier, -ière [Regylje, jɛR] *adj* regular • **régulièrement** *adv* con regularidad

rehausser [Rəose] *vt* (*mur, plafond*) levantar; (*fig*) realzar

rein [Rɛ̃] *nm* riñón *m*; **reins** *nmpl* (*Anat : dos, muscles du dos*) riñones *mpl*

reine [Rɛn] *nf* reina; **~ mère** reina madre

reine-claude [Rɛnklod] (*pl* **reines-claudes**) *nf* ciruela claudia

réinscriptible [Reɛ̃skRiptibl] *adj* (*CD, DVD*) reescribible

réinsertion [Reɛ̃sɛRsjɔ̃] *nf* reinserción *f*

réintégrer [Reɛ̃tegRe] *vt* reintegrar

rejaillir [ʀ(ə)ʒajiʀ] *vi* : **~ sur** repercutir sobre

rejet [ʀəʒɛ] *nm* rechazo • **rejeter** *vt* rechazar; **~ la responsabilité de qch sur qn** echar la responsabilidad de algo sobre algn

rejoindre [ʀ(ə)ʒwɛ̃dʀ] *vt* (*famille, régiment*) reunirse con; (*lieu*) retornar a; (*concurrent*) alcanzar; (*suj : route etc*) llegar a; **je te rejoins au café** te veo en el café

réjouir [ʀeʒwiʀ] *vt* alegrar; **se réjouir** *vpr* regocijarse, alegrarse • **réjouissances** *nfpl* festejos *mpl*

relâche [ʀəlɑʃ] *nf* : **faire ~** (*Ciné*) no haber función; **sans ~** sin descanso • **relâché, e** *adj* relajado(-a) • **relâcher** *vt* (*étreinte, cordes*) aflojar; (*animal, prisonnier*) soltar; **se relâcher** *vpr* (*cordes*) aflojarse; (*discipline*) relajarse

relais [ʀ(ə)lɛ] *nm* : **(course de) ~** (carrera de) relevos *mpl*; (*Radio, TV*) repetidor *m*; **prendre le ~ (de qn)** tomar el relevo (de algn); **~ routier** restaurante *m* de carretera

relancer [ʀ(ə)lɑ̃se] *vt* (*économie, agriculture*) reactivar

relatif, -ive [ʀ(ə)latif, iv] *adj* relativo(-a); **~ à** relativo(-a) a

relation [ʀ(ə)lasjɔ̃] *nf* relación *f*; **être/entrer en ~(s) avec** estar/entrar en relación(relaciones) con

relaxer [ʀəlakse] *vt* (*détendre*) relajar; (*Jur*) poner en libertad; **se relaxer** *vpr* relajarse

relayer [ʀ(ə)leje] *vt* relevar; **se relayer** *vpr* relevarse

reléguer [ʀ(ə)lege] *vt* relegar

relevé, e [ʀəl(ə)ve] *adj* (*conversation, style*) elevado(-a); (*sauce, plat*) sazonado(-a) ▸ *nm* (*facture*) extracto; (*d'un compteur*) lectura; **~ de compte** saldo

relève [ʀəlɛv] *nf* relevo; **prendre la ~** tomar el relevo

relever [ʀəl(ə)ve] *vt* levantar; (*niveau de vie, salaire*) aumentar; (*col*) subir; (*fautes, points*) señalar; (*traces, anomalies*) constatar; (*défi*) hacer frente a; (*compteur*) leer; (*copies*) recoger; **se relever** *vpr* levantarse; **~ de** ser de la competencia de; **~ la tête** levantar la cabeza

relief [ʀəljɛf] *nm* relieve *m*; **mettre en ~** poner de relieve

relier [ʀəlje] *vt* (*routes, bâtiments*) unir; (*livre*) encuadernar; **~ qch à** unir algo con

religieux, -euse [ʀ(ə)liʒjø, jøz] *adj* religioso(-a) ▸ *nm* religioso ▸ *nf* religiosa

religion [ʀ(ə)liʒjɔ̃] *nf* religión *f*

relire [ʀ(ə)liʀ] *vt* releer

reluire [ʀ(ə)lɥiʀ] *vi* relucir

remanier [ʀ(ə)manje] *vt* (*roman, pièce*) modificar; (*ministère*) reorganizar

remarquable [ʀ(ə)maʀkabl] *adj* notable

remarque [ʀ(ə)maʀk] *nf* comentario

remarquer [ʀ(ə)maʀke] *vt* notar; **se remarquer** *vpr* notarse; **se faire ~** (*péj*) hacerse notar; **faire ~ (à qn) que** hacer notar (a algn) que; **faire ~ qch (à qn)** hacer notar algo (a algn); **remarquez que ...** observe que ...

rembourrer [ʀɑ̃buʀe] *vt* rellenar

remboursement [ʀɑ̃buʀsəmɑ̃] *nm* reembolso • **rembourser** *vt* reembolsar

remède [ʀ(ə)mɛd] *nm* remedio

remémorer [ʀ(ə)memɔʀe]: **se remémorer** *vpr* acordarse de

remerciements [ʀ(ə)mɛʀsimɑ̃] *nmpl* gracias *fpl*; **(avec) tous mes ~** (con) todo mi agradecimiento

remercier [ʀ(ə)mɛʀsje] *vt* (*congédier*: *employé*) despedir; **~ qn de qch** agradecerle algo a algn; **je vous remercie d'être venu** le agradezco que haya venido

remettre [ʀ(ə)mɛtʀ] *vt* (*vêtement*) volver a ponerse; (*ajourner, reporter*): **~ qch (à)** aplazar algo (hasta *ou* para); **se remettre** *vpr* (*malade*) reponerse; **~ qch à qn** entregar algo a algn; **~ du sel/un sucre** añadir sal/un azucarillo; **se ~ de** (*maladie, chagrin*) recuperarse de

remise [ʀ(ə)miz] *nf* entrega; (*rabais, réduction*) descuento; (*lieu, local*) trastero, galpón *m* (*CSur*); **~ en cause** replanteamiento; **~ en jeu** (*Football*) saque *m*

remontant [ʀ(ə)mɔ̃tɑ̃] *nm* estimulante

remonte-pente [ʀ(ə)mɔ̃tpɑ̃t] (*pl* **remonte-pentes**) *nm* remonte *m*

remonter [ʀ(ə)mɔ̃te] *vi* volver a subir; (*jupe*) subir ▸ *vt* volver a subir; (*hausser*) subir; (*montre*) dar cuerda; **~ à** (*dater de*) remontarse a; **~ le moral à qn** levantar la moral a algn

remontrer [ʀ(ə)mɔ̃tʀe] *vt*: **en ~ à qn** dar lecciones a algn

remords [ʀ(ə)mɔʀ] *nm* remordimiento; **avoir des ~** tener remordimiento

remorque [ʀ(ə)mɔʀk] *nf* remolque *m*; **prendre en ~** llevar en remolque • **remorquer** *vt* remolcar • **remorqueur** *nm* remolcador *m*

remous [ʀəmu] *nm* remolino ▸ *nmpl* (*fig*) alboroto *msg*

rempart [ʀɑ̃paʀ] *nm* (*de château fort*) bastión *m*; **remparts** *nmpl* murallas *fpl*

remplaçant, e [ʀɑ̃plasɑ̃, ɑ̃t] *nm/f* sustituto(-a)

remplacement [ʀɑ̃plasmɑ̃] *nm* sustitución *f*; **faire des ~s** hacer sustituciones

remplacer [ʀɑ̃plase] *vt* (*pneu, ampoule*) cambiar; (*tenir lieu de*) sustituir (a); **~ qch par qch d'autre/qn par qn d'autre** cambiar una cosa por otra/a algn por otro(-a)

rempli, e [ʀɑ̃pli] *adj* (*journée*) cargado(-a); **~ de** lleno(-a) de

remplir [ʀɑ̃pliʀ] *vt* llenar; (*questionnaire*) rellenar; (*obligations, conditions, rôle*) cumplir (con); **se remplir** *vpr* llenarse

remporter [ʀɑ̃pɔʀte] *vt* (*victoire, succès*) lograr

remuant, e [ʀəmɥɑ̃, ɑ̃t] *adj* (*enfant etc*) revoltoso(-a)

remue-ménage [ʀ(ə)mymenaʒ] (*pl* **remue-ménage(s)**) *nm* zafarrancho

remuer [ʀəmɥe] *vt* (*partie du corps*) mover; (*café, salade, sauce*) remover ▸ *vi* moverse; **se remuer** *vpr* moverse

rémunérer [ʀemyneʀe] *vt* remunerar
renard [ʀ(ə)naʀ] *nm* zorro
renchérir [ʀɑ̃ʃeʀiʀ] *vi* encarecerse; **~ (sur)** ir más allá (de)
rencontre [ʀɑ̃kɔ̃tʀ] *nf* encuentro; **aller à la ~ de qn** ir al encuentro de algn • **rencontrer** *vt* encontrar (a); (*Sport* : *équipe*) enfrentarse con; **se rencontrer** *vpr* encontrarse
rendement [ʀɑ̃dmɑ̃] *nm* rendimiento; **à plein ~** a pleno rendimiento
rendez-vous [ʀɑ̃devu] *nm inv* cita; **donner ~ à qn** dar una cita a algn; **avoir ~ (avec qn)** tener una cita (con algn); **prendre ~ (avec qn)** pedir cita (con algn)
rendre [ʀɑ̃dʀ] *vt* devolver; (*sons*) producir; (*pensée, tournure*) traducir, expresar; **se rendre** *vpr* rendirse; **~ qn célèbre/qch possible** hacer a algn célebre/algo posible; **se ~ quelque part** irse a algún sitio; **se ~ compte de qch** darse cuenta de algo; **~ la monnaie** dar las vueltas
rênes [ʀɛn] *nfpl* riendas
renfermé, e [ʀɑ̃fɛʀme] *adj* (*fig*) reservado(-a) ▸ *nm* : **sentir le ~** oler a cerrado
renfermer [ʀɑ̃fɛʀme] *vt* contener
renforcer [ʀɑ̃fɔʀse] *vt* reforzar
renfort [ʀɑ̃fɔʀ] *nm* : **à grand ~ de** con gran acompañamiento de; **renforts** *nmpl* (*Mil, gén*) refuerzo *msg*
renfrogné, e [ʀɑ̃fʀɔɲe] *adj* sombrío(-a)
renier [ʀənje] *vt* renegar de
renifler [ʀ(ə)nifle] *vi* resoplar ▸ *vt* aspirar
renne [ʀɛn] *nm* reno
renom [ʀənɔ̃] *nm* renombre *m* • **renommé, e** *adj* renombrado(-a), famoso(-a) • **renommée** *nf* fama
renoncer [ʀ(ə)nɔ̃se] : **~ à** *vt indir* renunciar a
renouer [ʀənwe] *vt* : **~ avec** volver a; **~ avec qn** reconciliarse con algn
renouvelable [ʀ(ə)nuv(ə)labl] *adj* (*contrat, bail, énergie*) renovable
renouveler [ʀ(ə)nuv(ə)le] *vt* renovar; (*eau d'une piscine, pansement*) cambiar; (*demande, remerciements*) reiterar; (*exploit, méfait*) repetir; **se renouveler** *vpr* repetirse • **renouvellement** *nm* renovación *f*; (*pansement*) cambio; (*exploit, incident*) repetición *f*
rénover [ʀenɔve] *vt* renovar; (*quartier*) remozar
renseignement [ʀɑ̃sɛɲmɑ̃] *nm* información *f*; **(guichet des) ~s** (ventanilla de) información; **les ~s généraux** *servicio de información secreta del Estado francés*
renseigner [ʀɑ̃seɲe] *vt* (*document*) informar; **se renseigner** *vpr* informarse; **~ qn (sur)** informar a algn (sobre)
rentabilité [ʀɑ̃tabilite] *nf* rentabilidad *f*
rentable [ʀɑ̃tabl] *adj* rentable
rente [ʀɑ̃t] *nf* renta
rentrée [ʀɑ̃tʀe] *nf* : **~ (d'argent)** ingreso; **la ~ (des classes)** el comienzo (del curso)

rentrer [Rɑ̃tRe] *vi* entrar; (*entrer de nouveau*) volver a entrar; (*revenir chez soi*) irse a casa; (*revenu, argent*) ingresar ▶ *vt* meter; (*foins*) recoger; (*griffes*) guardar; (*fig* : *larmes, colère etc*) tragarse; **~ dans l'ordre** volver al orden; **~ dans ses frais** cubrir sus gastos

renverse [Rɑ̃vɛRs] : **à la ~** *adv* (*tomber*) de espaldas

renverser [Rɑ̃vɛRse] *vt* (*chaise, verre*) dejar caer; (*piéton*) atropellar; (*liquide*) derramar; (*gouvernement etc*) derrochar; **se renverser** *vpr* (*pile d'objets, récipient*) caerse

renvoi [Rɑ̃vwa] *nm* reenvío, devolución *f*; (*d'un élève*) expulsión *f*; (*d'un employé*) despido; (*référence*) llamada, nota; (*éructation*) eructo • **renvoyer** *vt* devolver; (*élève*) expulsar; (*domestique, employé*) despedir

repaire [R(ə)pɛR] *nm* guarida

répandre [Repɑ̃dR] *vt* derramar; (*gravillons, sable etc*) echar; (*lumière, chaleur, odeur*) despedir; (*nouvelle, usage*) propagar; **se répandre** *vpr* (*liquide*) derramarse; (*épidémie, mode*) difundirse • **répandu, e** *pp de* **répandre** ▶ *adj* (*courant*) extendido(-a)

réparation [Reparasjɔ̃] *nf* arreglo

réparer [Repare] *vt* arreglar

repartie [Reparti] *nf* réplica; **avoir de la ~** tener una respuesta fácil

repartir [RepartiR] *vi* (*retourner*) regresar; **~ à zéro** recomenzar de cero

répartir [RepartiR] *vt* repartir; **se répartir** *vpr* (*travail, rôles*) repartirse • **répartition** *nf* reparto

repas [R(ə)pɑ] *nm* comida

repassage [R(ə)pɑsaʒ] *nm* planchado

repasser [R(ə)pɑse] *vi* (*passer de nouveau*) volver a pasar ▶ *vt* planchar

repentir [Rəpɑ̃tiR] *nm* arrepentimiento; **se repentir** *vpr* arrepentirse

répercussions [RepɛRkysjɔ̃] *nfpl* (*fig*) repercusiones *fpl*

répercuter [RepɛRkyte] : **se répercuter** *vpr* repercutir; **se ~ sur** (*fig*) repercutir en

repère [R(ə)pɛR] *nm* referencia; (*monument etc*) lugar *m* de referencia

repérer [R(ə)peRe] *vt* (*erreur, connaissance*) ver; (*abri, ennemi*) localizar; **se repérer** *vpr* orientarse

répertoire [RepɛRtwaR] *nm* repertorio

répéter [Repete] *vt* repetir; (*Théâtre*) ensayar ▶ *vi* (*Théâtre etc*) ensayar; **se répéter** *vpr* repetirse

répétition [Repetisjɔ̃] *nf* repetición *f*; (*Théâtre*) ensayo; **~ générale** (*Théâtre*) ensayo general

répit [Repi] *nm* descanso

replier [R(ə)plije] *vt* doblar; **se replier** *vpr* replegarse

réplique [Replik] *nf* réplica • **répliquer** *vt* contestar; (*avec impertinence*) replicar

répondeur [Repɔ̃dœR] *nm* (*Tél*) contestador *m* (automático)

répondre [Repɔ̃dR] *vi* contestar, responder; (*freins, mécanisme*) responder; (*salut, provocation, description*) responder a

réponse [repɔ̃s] *nf* respuesta; **en ~ à** en respuesta a

reportage [r(ə)pɔrtaʒ] *nm* reportaje *m*

reporter¹ [r(ə)pɔrtɛr] *nmf* reportero(-a)

reporter² [rəpɔrte] *vt* (*total, notes*) : **~ qch sur** pasar algo a; (*ajourner, renvoyer*) : **~ qch (à)** aplazar algo (hasta); **se reporter** *vpr* : **se ~ à** remitirse a

repos [r(ə)po] *nm* descanso; (*après maladie*) reposo; (*Mil*) : **~ !** ¡descansen!; **au ~** en reposo; **de tout ~** tranquilo(-a)

reposant, e [r(ə)pozɑ̃, ɑ̃t] *adj* descansado(-a)

reposer [r(ə)poze] *vt* (*verre, livre*) volver a poner; (*question, problème*) replantear ▶ *vi* (*liquide, pâte*) reposar; **se reposer** *vpr* descansar; **~ sur** (*suj : bâtiment*) descansar sobre; (*fig : affirmation*) basarse en; **se ~ sur qn** apoyarse en algn

repoussant, e [r(ə)pusɑ̃, ɑ̃t] *adj* repulsivo(-a)

repousser [r(ə)puse] *vi* volver a crecer ▶ *vt* rechazar; (*rendez-vous, entrevue*) aplazar

reprendre [r(ə)prɑ̃dr] *vt* (*prisonnier*) volver a coger; (*Mil : ville*) volver a tomar; (*objet prêté, donné*) recuperar; (*se resservir de*) volver a tomar; (*travail, promenade, études*) reanudar; (*explication, histoire*) volver a; (*emprunter : argument, idée*) tomar; (*article etc*) rehacer; (*jupe, pantalon*) arreglar; (*personne*) corregir ▶ *vi* (*cours, classes*) reanudarse; (*affaires, industrie*) reactivarse; **~ courage/des forces** recobrar valor/fuerzas; **~ ses habitudes/sa liberté** recuperar sus costumbres/su libertad; **~ la route** volver a ponerse en marcha; **~ haleine** *ou* **son souffle** recobrar el aliento

représentant, e [r(ə)prezɑ̃tɑ̃, ɑ̃t] *nm/f* representante *mf*

représentation [r(ə)prezɑ̃tasjɔ̃] *nf* representación *f*

représenter [r(ə)prezɑ̃te] *vt* representar; **se représenter** *vpr* figurarse

répression [represjɔ̃] *nf* represión *f*

réprimer [reprime] *vt* reprimir

repris, e [r(ə)pri, iz] *pp de* **reprendre**

reprise [r(ə)priz] *nf* (*recommencement*) reanudación *f*; (*Théâtre, TV, Ciné*) reposición *f*; (*Auto*) reprise *m*; (*Comm*) compra; (*de location*) traspaso; **à plusieurs ~s** repetidas veces

repriser [r(ə)prize] *vt* zurcir

reproche [r(ə)prɔʃ] *nm* reproche *m*; **faire des ~s à qn** hacer reproches a algn; **sans ~(s)** sin reproche • **reprocher** *vt* : **~ qch à (qn)** reprochar algo a (algn)

reproduction [r(ə)prɔdyksjɔ̃] *nf* (*aussi Biol*) reproducción *f*; **« ~ interdite »** « prohibida su reproducción »

reproduire [r(ə)prɔdɥir] *vt* reproducir; **se reproduire** *vpr* (*Biol, fig*) reproducirse

reptile [rɛptil] *nm* reptil *m*

république [repyblik] *nf* república

répugnant, e [ʀepyɲɑ̃, ɑ̃t] *adj* repugnante
répugner [ʀepyɲe] *vt* repugnar
réputation [ʀepytasjɔ̃] *nf* reputación *f* • **réputé, e** *adj* famoso(-a)
requérir [ʀəkeʀiʀ] *vt* requerir
requête [ʀəkɛt] *nf* (*prière*) petición *f*; (*Jur*) demanda, requerimiento
requin [ʀəkɛ̃] *nm* tiburón *m*
requis, e [ʀəki, iz] *pp de* **requérir**
RER [ɛʀøɛʀ] *sigle m* (= *Réseau express régional*) *red de trenes rápidos de París y de la periferia*; (*train*) *uno de esos trenes*
rescapé, e [ʀɛskape] *nm/f* superviviente *mf*
rescousse [ʀɛskus] *nf*: **aller/venir à la ~ de** ir/venir en socorro de
réseau, x [ʀezo] *nm* red *f*; **~ social** red *f* social • **réseautage** *nm* establecimiento de contactos, creación *f* de redes de contactos
réservation [ʀezɛʀvasjɔ̃] *nf* reserva
réserve [ʀezɛʀv] *nf* reserva; (*d'un magasin*) depósito; (*de pêche, chasse*) coto; **sous ~ de** a reserva de; **sans ~** sin reservas
réservé, e [ʀezɛʀve] *adj* reservado(-a); (*chasse, pêche*) vedado(-a)
réserver [ʀezɛʀve] *vt* reservar; (*réponse, assentiment etc*) reservarse; **~ qch pour/à** reservar algo para/a; **~ qch à qn** reservar algo a algn; **se ~ qch** reservarse algo; **se ~ le droit de faire qch** reservarse el derecho de hacer algo
réservoir [ʀezɛʀvwaʀ] *nm* depósito
résidence [ʀezidɑ̃s] *nf* (*Admin*) sede *f*; (*groupe d'immeubles*) conjunto residencial; **(en) ~ surveillée** (*Jur*) (en) arresto domiciliario; **~ universitaire** residencia universitaria • **résidentiel, le** *adj* residencial • **résider** *vi* : **~ à/dans/en** residir en; **~ dans/en** (*fig*) radicar en
résidu [ʀezidy] *nm* residuo
résigner [ʀeziɲe] : **se résigner** *vpr* resignarse; **se ~ à qch/faire qch** resignarse a algo/hacer algo
résilier [ʀezilje] *vt* rescindir
résistance [ʀezistɑ̃s] *nf* resistencia; **la R~** (*Pol*) la Resistencia
résistant, e [ʀezistɑ̃, ɑ̃t] *adj* resistente
résister [ʀeziste] *vi* resistir; **~ à** resistir a
résolu, e [ʀezɔly] *pp de* **résoudre**; **être ~ à qch/faire qch** estar decidido(-a) a algo/hacer algo
résolution [ʀezɔlysjɔ̃] *nf* resolución *f*
résolve *etc* [ʀesɔlv] *vb voir* **résoudre**
résonner [ʀezɔne] *vi* resonar
résorber [ʀezɔʀbe] : **se résorber** *vpr* (*Méd*) reabsorberse; (*déficit, chômage*) reducirse
résoudre [ʀezudʀ] *vt* resolver; **se ~ à qch/faire qch** decidirse por algo/a *ou* por hacer algo
respect [ʀɛspɛ] *nm* respeto • **respecter** *vt* respetar; **faire ~** hacer respetar • **respectueux, -euse** *adj* respetuoso(-a)

respiration [ʀɛspiʀasjɔ̃] *nf* respiración *f*; **~ artificielle** respiración artificial

respirer [ʀɛspiʀe] *vi, vt* respirar

resplendir [ʀɛsplɑ̃diʀ] *vi* resplandecer; **~ (de)** resplandecer (de)

responsabilité [ʀɛspɔ̃sabilite] *nf* responsabilidad *f*

responsable [ʀɛspɔ̃sabl] *adj, nmf* responsable *mf*

ressaisir [ʀ(ə)seziʀ]: **se ressaisir** *vpr* (*se maîtriser*) serenarse

ressasser [ʀ(ə)sase] *vt* rumiar; (*histoires, critiques*) repetir

ressemblance [ʀ(ə)sɑ̃blɑ̃s] *nf* semejanza

ressemblant, e [ʀ(ə)sɑ̃blɑ̃, ɑ̃t] *adj* parecido(-a)

ressembler [ʀ(ə)sɑ̃ble]: **~ à** *vt* parecerse a; **se ressembler** *vpr* parecerse

ressentiment [ʀ(ə)sɑ̃timɑ̃] *nm* resentimiento

ressentir [ʀ(ə)sɑ̃tiʀ] *vt* sentir; **se ~ de** resentirse de

resserrer [ʀ(ə)seʀe] *vt* apretar; (*liens d'amitié*) estrechar

resservir [ʀ(ə)sɛʀviʀ] *vt*: **~ qn (d'un plat)** volver a servir a algn (un plato) ▶ *vi* (*être réutilisé*) servir de nuevo; **se resservir** *vpr*: **se ~ de** (*plat*) volver a servirse

ressort [ʀəsɔʀ] *vb voir* **ressortir** ▶ *nm* muelle *m*; **en dernier ~** en última instancia; **être du ~ de** ser de la competencia de

ressortir [ʀəsɔʀtiʀ] *vi* (*sortir à nouveau*) salir de nuevo; (*couleur, broderie, détail*) resaltar; **faire ~ qch** hacer resaltar algo

ressortissant, e [ʀ(ə)sɔʀtisɑ̃, ɑ̃t] *nm/f* súbdito(-a)

ressource [ʀ(ə)suʀs] *nf* recurso; **ressources** *nfpl* recursos *mpl*

ressusciter [ʀesysite] *vi* resucitar

restant, e [ʀɛstɑ̃, ɑ̃t] *adj* restante ▶ *nm*: **un ~ de** unas sobras de

restaurant [ʀɛstɔʀɑ̃] *nm* restaurante *m*

restauration [ʀɛstɔʀasjɔ̃] *nf* restauración *f*; **~ rapide** comida rápida

restaurer [ʀɛstɔʀe] *vt* restaurar; **se restaurer** *vpr* comer

reste [ʀɛst] *nm* resto; (*Math*) residuo; **restes** *nmpl* (*Culin*) sobras *fpl*; **pour le ~, quant au ~** por lo demás, en cuanto a lo demás; **du ~, au ~** además

rester [ʀɛste] *vi* (*dans un lieu*) quedarse ▶ *vb impers*: **il me reste du pain** me queda pan; **il (me) reste deux œufs** (me) quedan dos huevos; **il (me) reste 10 minutes** (me) quedan 10 minutos; **ce qui (me) reste à faire** lo que (me) falta por hacer; **(il) reste à savoir/établir si ...** queda por saber/establecer si ...; **il reste que ..., il n'en reste pas moins que ...** sin embargo ..., con todo y con eso ...; **restons-en là** dejémoslo aquí; **y ~** (*fam*): **il a failli y ~** por poco estira la pata

restituer [ʀɛstitɥe] *vt* (*Tech: énergie, son*) reproducir; **~ qch (à qn)** (*objet, somme*) restituir algo (a algn)

restreindre [ʀɛstʀɛ̃dʀ] *vt* restringir

restriction [ʀɛstʀiksjɔ̃] *nf* restricción *f*

résultat [ʀezylta] *nm* resultado

résulter [ʀezylte] *vi* : **~ de** resultar de

résumé [ʀezyme] *nm* resumen *m*; **en ~** en resumen

résumer [ʀezyme] *vt* resumir; **se ~ à** (*se réduire à*) resumirse a

résurrection [ʀezyʀɛksjɔ̃] *nf* (*Rel*) resurrección *f*; (*fig*) reaparición *f*

rétablir [ʀetabliʀ] *vt* restablecer; **se rétablir** *vpr* restablecerse • **rétablissement** *nm* restablecimiento

retaper [ʀ(ə)tape] (*fam*) *vt* arreglar

retard [ʀ(ə)taʀ] *nm* retraso; **être en ~ (de deux heures)** retrasarse (dos horas); **avoir du ~** estar retrasado(-a); **sans ~** sin retraso

retardataire [ʀ(ə)taʀdatɛʀ] *nmf* rezagado(-a)

retardement [ʀ(ə)taʀdəmɑ̃] : **à ~** *adj* de efecto retardado; **bombe à ~** bomba de relojería

retarder [ʀ(ə)taʀde] *vt* (*montre*) atrasar ▶ *vi* (*horloge, montre*) atrasar; **~ qn (d'une heure)** retrasar a algn (una hora)

retenir [ʀət(ə)niʀ] *vt* retener; (*objet qui glisse*) agarrar; (*colère, larmes*) contener; (*chanson, date*) recordar; (*suggestion, proposition*) aceptar; (*place, chambre*) reservar; **se retenir** *vpr* (*euphémisme*) aguantarse; (*se raccrocher*) : **se ~ (à)** agarrarse (a); **se ~ (de faire qch)** contenerse (de hacer algo); **~ son souffle** *ou* **haleine** contener su respiración *ou* aliento

retentir [ʀ(ə)tɑ̃tiʀ] *vi* resonar • **retentissant, e** *adj* (*voix, choc*) ruidoso(-a); (*succès etc*) clamoroso(-a)

retenue [ʀət(ə)ny] *nf* (*somme prélevée*) deducción *f*; (*modération*) moderación *f*

réticence [ʀetisɑ̃s] *nf* reticencia • **réticent, e** *adj* reticente

rétine [ʀetin] *nf* retina

retiré, e [ʀ(ə)tiʀe] *adj* (*personne, vie*) solitario(-a)

retirer [ʀ(ə)tiʀe] *vt* retirar; (*vêtement, lunettes*) quitarse; **~ qch/qn de** sacar algo/a algn de

retomber [ʀ(ə)tɔ̃be] *vi* caer; (*tomber de nouveau*) caer de nuevo; **~ sur qn** recaer sobre algn

retoquer [ʀ(ə)tɔke] *vt* rechazar

rétorquer [ʀetɔʀke] *vt* : **~ (à qn) que** replicar (a algn) que

retouche [ʀ(ə)tuʃ] *nf* retoque *m*; **faire une ~** *ou* **des ~s à** dar un retoque *ou* unos retoques a • **retoucher** *vt* retocar

retour [ʀ(ə)tuʀ] *nm* vuelta; (*d'un lieu, vers un lieu*) regreso; **au ~** a la vuelta; **être de ~ (de)** estar de vuelta (de); **par ~ du courrier** a vuelta de correo; **match ~** partido de vuelta

retourner [ʀ(ə)tuʀne] *vt* (*dans l'autre sens*) dar la vuelta a, voltear (AM); (*caisse*) poner boca abajo; (*renvoyer, restituer, argument*) devolver; (*sac, vêtement*) volver del revés; (*terre, sol, foin, émouvoir*) revolver ▶ *vi* volver; (*aller de nouveau*) : **~ quelque part/vers/chez** volver de nuevo a algún sitio/hacia/a casa de; **se retourner** *vpr* volverse, voltearse (AM); **~ à** volver a; **savoir de quoi il retourne** saber de qué se trata;

r

se ~ contre qn/qch (*fig*) volverse contra algn/algo
retrait [R(ə)tRɛ] *nm* retiro; **en ~** apartado(-a); **~ du permis (de conduire)** retirada de carnet (de conducir)
retraite [R(ə)tRɛt] *nf* retiro; (*d'une armée*) retirada; **prendre sa ~** jubilarse; **~ anticipée** jubilación anticipada • **retraité, e** *adj* retirado(-a), jubilado(-a) ▶ *nm/f* jubilado(-a)
retrancher [R(ə)tRɑ̃ʃe] *vt* suprimir; **~ qch de** (*nombre, somme*) sustraer algo de
rétrécir [RetResiR] *vt, vi* (*vêtement*) encoger; **se rétrécir** *vpr* estrecharse
rétro [RetRo] *adj* : **mode/style ~** moda/estilo retro *inv* ▶ *nm* (*fam*) = **rétroviseur**
rétroéclairé, e [RetRoeklɛRe] *adj* (*écran*) retroiluminado(-a)
rétrospectif, -ive [RetRɔspɛktif, iv] *adj* retrospectivo(-a) • **rétrospective** *nf* retrospectiva • **rétrospectivement** *adv* retrospectivamente
retrousser [R(ə)tRuse] *vt* (*pantalon etc*) arremangar
retrouvailles [R(ə)tRuvaj] *nfpl* reencuentro
retrouver [R(ə)tRuve] *vt* encontrar; (*sommeil, calme, santé*) recobrar; (*rejoindre*) encontrarse con; **se retrouver** *vpr* encontrarse; (*s'orienter*) orientarse; **se ~ dans** (*calculs, dossiers, désordre*) desenvolverse en; **s'y ~** (*rentrer dans ses frais*) salir ganando
rétroviseur [RetRɔvizœR] *nm* retrovisor *m*
retweeter [r(ə)twite] *vt* retuitear, retwittear
réunion [Reynjɔ̃] *nf* reunión *f*; (*séance, congrès*) encuentro
réunir [ReyniR] *vt* reunir; (*rattacher*) unir; **se réunir** *vpr* reunirse
réussi, e [Reysi] *adj* (*robe, photographie*) logrado(-a); (*réception*) exitoso(-a)
réussir [ReysiR] *vi* (*tentative, projet*) ser un éxito; (*personne*) tener éxito; (: *à un examen*) aprobar ▶ *vt* (*examen, plat*) salir bien; **j'ai réussi mon examen** he aprobado el examen; **~ à faire qch** lograr hacer algo; **~ à qn** (*aliment*) sentar bien a algn • **réussite** *nf* éxito; (*Cartes*) solitario
revaloir [R(ə)valwaR] *vt* : **je vous revaudrai cela** se lo pagaré con la misma moneda
revanche [R(ə)vɑ̃ʃ] *nf* revancha; **en ~** en cambio
rêve [Rɛv] *nm* sueño; **la voiture/ maison de ses ~s** el coche/la casa de sus sueños
réveil [Revɛj] *nm* despertar *m*; (*pendule*) despertador *m*; **au ~, je ...** al despertarme, ... • **réveiller** *vt* despertar; **se réveiller** *vpr* despertarse; (*fig* : *se secouer*) espabilarse
réveillon [Revɛjɔ̃] *nm* cena de Nochebuena; (*de la Saint-Sylvestre*) cena de Nochevieja • **réveillonner** *vi celebrar la cena de Nochebuena o Nochevieja*
révélateur, -trice [RevelatœR, tRis] *adj* revelador(a)
révéler [Revele] *vt* revelar; **~ qn/ qch** dar algn/algo a conocer

revenant, e [R(ə)vənɑ̃, ɑ̃t] *nm/f* fantasma *m*

revendeur, -euse [R(ə)vɑ̃dœR, øz] *nm/f* revendedor(a)

revendication [R(ə)vɑ̃dikasjɔ̃] *nf* reivindicación *f*

revendiquer [R(ə)vɑ̃dike] *vt* reivindicar; (*responsabilité*) asumir

revendre [R(ə)vɑ̃dR] *vt* revender; **à ~** de sobra

revenir [Rəv(ə)niR] *vi* (*venir de nouveau*) venir de nuevo; (*rentrer*) regresar, volver; **faire ~ de la viande/des légumes** rehogar la carne/las verduras; **~ cher/à 20 euros (à qn)** resultar caro/a 20 euros (a algn); **~ à** (*études, conversation, projet*) volver a; (*équivaloir à*) venir a ser; (*part, honneur, responsabilité*) corresponder a algn; (*souvenir, nom*) venirle a algn *ou* a la mente; **~ de** (*fig*) salir de; **~ sur** (*question*) volver sobre; (*promesse*) retractarse de; **n'en pas ~ : je n'en reviens pas** no vuelvo de mi asombro; **~ sur ses pas** dar marcha atrás; **cela revient au même/à dire que** eso equivale a lo mismo/a decir que

revenu, e [Rəv(ə)ny] *pp de* **revenir** ▶ *nm* renta; **revenus** *nmpl* (*rémunération*) ingresos *mpl*

rêver [Reve] *vi* soñar; **~ de** *ou* **à** soñar con

réverbère [ReveRbɛR] *nm* farola • **réverbérer** *vt* reverberar

revers [R(ə)vɛR] *nm* revés *m*; (*de la main*) dorso; (*d'une pièce, médaille*) reverso

revêtement [R(ə)vɛtmɑ̃] *nm* revestimiento; (*d'une chaussée*) firme *m*; (*d'un tuyau etc*) capa

revêtir [R(ə)vetiR] *vt* revestir; (*vêtement*) ponerse

rêveur, -euse [RɛvœR, øz] *nm/f* soñador(a)

revient [Rəvjɛ̃] *vb voir* **revenir** ▶ *nm* : **prix de ~** (*Comm*) precio de coste

revigorer [R(ə)vigɔRe] *vt* vigorizar

revirement [R(ə)viRmɑ̃] *nm* cambio brusco

réviser [Revize] *vt* revisar; (*Scol, comptes*) repasar

révision [Revizjɔ̃] *nf* revisión *f*

revivre [R(ə)vivR] *vi* recuperar fuerzas; (*traditions, coutumes*) recuperarse ▶ *vt* revivir

revoir [R(ə)vwaR] *vt* volver a ver; (*texte, édition*) revisar ▶ *nm* : **au ~** adiós *msg*

révoltant, e [Revɔltɑ̃, ɑ̃t] *adj* indignante

révolte [Revɔlt] *nf* rebelión *f*

révolter [Revɔlte] *vt* indignar; **se révolter** *vpr* : **se ~ (contre)** rebelarse (contra)

révolu, e [Revɔly] *adj* (*de jadis*) pasado(-a); (*Admin : complété*) : **âgé de 18 ans ~s** con 18 años cumplidos

révolution [Revɔlysjɔ̃] *nf* revolución *f* • **révolutionnaire** *adj, nmf* revolucionario(-a)

revolver [RevɔlvɛR] *nm* revólver *m*

révoquer [Revɔke] *vt* revocar; (*fonctionnaire*) destituir

revue [R(ə)vy] *nf* revista; **passer en ~** estudiar

rez-de-chaussée [Red(ə)ʃose] *nm inv* planta baja

RF [ɛRɛf] *sigle f* = *République française*

Rhin [Rɛ̃] *nm* : **le ~** el Rin

rhinocéros [Rinɔserɔs] *nm* (*Zool*) rinoceronte *m*

Rhône [Ron] *nm* : **le ~** el Ródano

rhubarbe [Rybarb] *nf* ruibarbo

rhum [Rɔm] *nm* ron *m*

rhumatisme [Rymatism] *nm* reumatismo, reúma

rhume [Rym] *nm* catarro; **~ de cerveau** catarro de nariz; **le ~ des foins** la fiebre del heno

ricaner [Rikane] *vi* reírse burlonamente

riche [Riʃ] *adj* rico(-a) • **richesse** *nf* riqueza

ricochet [Rikɔʃɛ] *nm* rebote *m*; **faire ~** rebotar; **faire des ~s** hacer cabrillas

ride [Rid] *nf* arruga

rideau, x [Rido] *nm* cortina; (*Théâtre*) telón *m*

rider [Ride] *vt* arrugar

ridicule [Ridikyl] *adj* ridículo(-a) • **ridiculiser** *vt* ridiculizar; **se ridiculiser** *vpr* ridiculizarse

rien [Rjɛ̃] *pron* : **(ne) ... ~** (no) ... nada; **qu'est-ce que vous avez ? — ~** ¿qué le pasa? — nada; **il n'a ~ dit/fait** no dijo/hizo nada; **il n'a ~** no tiene nada; **de ~ !** ¡de nada!; **n'avoir peur de ~** no tener miedo de nada; **~ d'intéressant** nada interesante; **~ d'autre** nada más; **~ du tout** nada en absoluto; **~ que** nada más que; **~ que pour lui faire plaisir** nada más que por agradarle; **~ que la vérité** nada más que la verdad; **en un ~ de temps** en nada de tiempo

rieur, -euse [R(i)jœR, R(i)jøz] *adj* reidor(a)

rigide [Riʒid] *adj* rígido(-a)

rigoler [Rigɔle] (*fam*) *vi* reírse; (*s'amuser*) pasarlo bien • **rigolo, -ote** (*fam*) *adj* gracioso(-a) ▶ *nm/f* gracioso(-a); (*péj* : *fumiste*) cantamañanas *m inv*

rigoureusement [RiguRøzmɑ̃] *adv* rigurosamente; **~ vrai/interdit** totalmente cierto/prohibido

rigoureux, -euse [RiguRø, øz] *adj* riguroso(-a)

rigueur [RigœR] *nf* rigor *m*, rigurosidad *f*; **à la ~** en último extremo; **tenir ~ à qn de qch** guardar rencor a algn por algo

rillettes [Rijɛt] *nfpl especie de paté de cerdo u oca*

rime [Rim] *nf* rima

rinçage [Rɛ̃saʒ] *nm* aclarado

rincer [Rɛ̃se] *vt* enjuagar

ringard, e [Rɛ̃gaR, aRd] (*fam, péj*) *adj* hortera

riposter [Ripɔste] *vi* replicar ▶ *vt* : **~ que** responder que; **~ à** responder a

rire [RiR] *vi* reír; (*se divertir*) reírse; **se rire** *vpr* : **se ~ de** reírse de ▶ *nm* risa; **pour ~** en broma

risible [Rizibl] *adj* risible

risque [Risk] *nm* riesgo; **à ses ~s et périls** por su cuenta y riesgo; **au ~ de** a riesgo de • **risqué, e** *adj* arriesgado(-a) • **risquer** *vt* arriesgar; (*allusion, comparaison, question*) aventurar; (*Mil, gén*) arriesgarse a; **ça ne risque rien** no hay riesgo alguno; **il risque de se tuer** puede matarse; **ce qui risque de se produire** lo que puede producirse; **il ne risque pas de recommencer** no hay peligro de que vuelva a empezar

rissoler [risɔle] *vi, vt* : **(faire) ~ de la viande/des légumes** dorar la carne/las verduras

ristourne [risturn] *nf* rebaja, descuento

rite [rit] *nm* rito

rivage [rivaʒ] *nm* costa

rival, e, -aux [rival, o] *adj* rival ▸ *nm/f* (*adversaire*) rival *mf* • **rivaliser** *vi* : **~ avec** rivalizar con • **rivalité** *nf* rivalidad *f*

rive [riv] *nf* orilla • **riverain, e** *adj, nm/f* (*d'une rivière*) ribereño(-a); (*d'une route*) vecino(-a)

rivière [rivjɛr] *nf* río

riz [ri] *nm* arroz *m* • **rizière** *nf* arrozal *m*

RN [ɛrɛn] *sigle f* (= *route nationale*) N. (= *carretera nacional*)

robe [rɔb] *nf* vestido; (*de juge, d'avocat*) toga; (*d'ecclésiastique*) hábito; (*d'un animal*) pelo; **~ de chambre** bata; **~ de mariée** vestido de novia; **~ de soirée** traje *m* de noche

robinet [rɔbinɛ] *nm* grifo, canilla (AM)

robot [rɔbo] *nm* robot *m*

robuste [rɔbyst] *adj* robusto(-a) • **robustesse** *nf* robustez *f*

roc [rɔk] *nm* roca

rocade [rɔkad] *nf* (*Auto*) circunvalación *f*

rocaille [rɔkaj] *nf* rocalla

roche [rɔʃ] *nf* roca

rocher [rɔʃe] *nm* : **un ~** un peñasco

rocheux, -euse [rɔʃø, øz] *adj* rocoso(-a)

rodage [rɔdaʒ] *nm* rodaje *m*; **en ~** (*Auto*) en rodaje

rôder [rode] *vi* rondar; (*péj*) vagabundear • **rôdeur, -euse** *nm/f* vagabundo(-a)

rogne [rɔɲ] (*fam*) *nf* : **être en ~** estar rabiando; **mettre en ~** hacer rabiar

rogner [rɔɲe] *vt* recortar ▸ *vi* : **~ sur** (*dépenses etc*) recortar

rognons [rɔɲɔ̃] *nmpl* riñones *mpl*

roi [rwa] *nm* rey *m*; **le jour** *ou* **la fête des R~s** el día de Reyes; **les R~s** los Reyes

rôle [rol] *nm* (*Ciné, Théâtre*) papel *m*

romain, e [rɔmɛ̃, ɛn] *adj* romano(-a) ▸ *nm/f* : **Romain, e** romano(-a)

roman, e [rɔmɑ̃, an] *adj* románico(-a)

romancer [rɔmɑ̃se] *vt* novelar • **romancier, -ière** *nm/f* novelista *mf* • **romanesque** *adj*

roman-feuilleton [rɔmɑ̃fœjtɔ̃] (*pl* **romans-feuilletons**) *nm* folletín *m*

romanichel, le [rɔmaniʃɛl] *nm/f* gitano(-a)

romantique [rɔmɑ̃tik] *adj* romántico(-a)

romarin [rɔmarɛ̃] *nm* romero

rompre [rɔ̃pr] *vt* romper ▸ *vi* (*fiancés*) romper; **se rompre** *vpr* romperse • **rompu, e** *pp de* **rompre** ▸ *adj* : **~ à** avezado(-a) en

ronce [rɔ̃s] *nf* zarza; **ronces** *nfpl* (*branches*) zarzas *fpl*

ronchonner [rɔ̃ʃɔne] (*fam*) *vi* refunfuñar

rond, e [rɔ̃, rɔ̃d] *adj* redondo(-a); (*fam* : *ivre*) alegre ▸ *nm* redondo; **je n'ai plus un ~** (*fam* : *sou*) no me queda ni una perra; **en ~** en corro • **ronde** *nf* ronda; (*danse*) corro;

r

(*Mus : note*) redonda; **à 10 km à la ~** a 10 km a la redonda • **rondelet, te** *adj* regordete(-a); (*fig : somme*) suculento(-a)

rondelle [ʀɔ̃dɛl] *nf* (*Tech*) arandela; (*tranche*) loncha

rond-point [ʀɔ̃pwɛ̃] (*pl* **ronds-points**) *nm* rotonda

ronflement [ʀɔ̃fləmɑ̃] *nm* (*d'une personne*) ronquido; (*d'un moteur*) zumbido

ronfler [ʀɔ̃fle] *vi* (*personne*) roncar; (*moteur, poêle*) zumbar

ronger [ʀɔ̃ʒe] *vt* (*suj : souris, chien etc*) roer; (*: vers*) carcomer; (*: insectes*) ficar; (*: rouille*) corroer; **se ~ les ongles** comerse las uñas • **rongeur** *nm* roedor *m*

ronronner [ʀɔ̃ʀɔne] *vi* ronronear

rosbif [ʀɔsbif] *nm* rosbif *m*

rose [ʀoz] *nf* rosa ▸ *adj* rosa *inv*

rosé, e [ʀoze] *adj* rosa *inv* ▸ *nm* (*vin*) rosado

roseau, x [ʀozo] *nm* caña

rosée [ʀoze] *adj f voir* **rosé** ▸ *nf* rocío

rosier [ʀozje] *nm* rosal *m*

rossignol [ʀɔsiɲɔl] *nm* (*Zool*) ruiseñor *m*

rotation [ʀɔtasjɔ̃] *nf* rotación *f*

roter [ʀɔte] (*fam*) *vi* eructar

rôti [ʀoti] *nm* carne *f* de asar; (*cuit*) asado de carne

rotin [ʀɔtɛ̃] *nm* mimbre *m ou f*; **fauteuil en ~** sillón *m* de mimbre

rôtir [ʀotiʀ] *vt* asar ▸ *vi* asarse • **rôtisserie** *nf* (*restaurant*) restaurante-parrilla *m*; (*comptoir, magasin*) establecimiento de precocinados • **rôtissoire** *nf* asador *m*

rotule [ʀɔtyl] *nf* rótula

rouage [ʀwaʒ] *nm* engranaje *m*; (*de montre*) maquinaria; **rouages** *nmpl* (*fig*) máquina *fsg*

roue [ʀu] *nf* rueda; **~ de secours** rueda de repuesto

rouer [ʀwe] *vt* : **~ qn de coups** moler a algn a palos

rouge [ʀuʒ] *adj* rojo(-a) ▸ *nm* (*couleur*) rojo; (*fard*) carmín *m*; **(vin) ~** (vino) tinto; **passer au ~** (*automobiliste*) pasar en rojo; **être sur la liste ~** (*Tél*) no constar en la guía; **~ (à lèvres)** barra de labios • **rouge-gorge** (*pl* **rouges-gorges**) *nm* petirrojo

rougeole [ʀuʒɔl] *nf* sarampión *m*

rougeoyer [ʀuʒwaje] *vi* ponerse rojo

rouget [ʀuʒɛ] *nm* salmonete *m*

rougeur [ʀuʒœʀ] *nf* rojez *f*

rougir [ʀuʒiʀ] *vi* enrojecer; (*fraise, tomate*) ponerse rojo

rouille [ʀuj] *nf* moho • **rouillé, e** *adj* oxidado(-a) • **rouiller** *vt* oxidar ▸ *vi* oxidarse

roulant, e [ʀulɑ̃, ɑ̃t] *adj* rodante; (*surface, trottoir*) transportador(a)

rouleau, x [ʀulo] *nm* rollo; (*de machine, à peinture*) rodillo; (*à mise en plis*) rulo; (*vague*) rompiente *m*; **~ à pâtisserie** rodillo

roulement [ʀulmɑ̃] *nm* rodamiento; **par ~** por turno

rouler [ʀule] *vt* enrollar ▸ *vi* rodar; (*voiture, train*) circular, estar en marcha; (*automobiliste*) circular; (*bateau*) balancearse; **se rouler** *vpr* : **se ~ dans** (*boue*) revolcarse en

roulette [ʀulɛt] *nf* rueda; **la ~** la ruleta

roulis [Ruli] *nm* balanceo
roulotte [Rulɔt] *nf* carro, carromato
roumain, e [Rumɛ̃, ɛn] *adj* rumano(-a) ▸ *nm (Ling)* rumano ▸ *nm/f* : **Roumain, e** rumano(-a)
Roumanie [Rumani] *nf* Rumania
rouquin, e [Rukɛ̃, in] *(fam) nm/f* pelirrojo(-a)
rouspéter [Ruspete] *(fam) vi* refunfuñar
rousse [Rus] *adj voir* **roux**
roussir [RusiR] *vt (herbe, linge)* quemar ▸ *vi (feuilles)* amarillear
route [Rut] *nf* carretera; *(itinéraire, parcours)* ruta; *(fig)* camino; **par (la) ~** por (la) carretera; **il y a trois heures de ~** hay tres horas de camino; **en ~** por el camino; **en ~ !** ¡en marcha!; **mettre en ~** poner en marcha; **se mettre en ~** ponerse en camino; **~ nationale** ≈ carretera nacional • **routier, -ière** *adj (réseau, carte)* de carreteras ▸ *nm/f (camionneur)* camionero(-a)
routine [Rutin] *nf* rutina • **routinier, -ière** *adj* rutinario(-a)
rouvrir [RuvRiR] *vt (porte, valise)* volver a abrir ▸ *vi (suj : école, piscine)* volver a abrirse; **se rouvrir** *vpr (porte, blessure)* volver a abrirse
roux, rousse [Ru, Rus] *adj, nm/f* pelirrojo(-a)
royal, e, -aux [Rwajal, o] *adj* real; *(festin, cadeau)* regio(-a)
royaume [Rwajom] *nm* reino; *(fig)* dominios *mpl*
royauté [Rwajote] *nf* realeza
RSA [ɛRɛsa] *sigle m (= revenu de solidarité active) ayuda pública para las personas con pocos recursos*, ≈ RMI *f (= Renta Mínima de Inserción)*
ruban [Rybɑ̃] *nm* cinta; *(de velours, de soie)* lazo; **~ adhésif** cinta adhesiva
rubéole [Rybeɔl] *nf* rubeola
rubis [Rybi] *nm* rubí *m*
rubrique [RybRik] *nf (titre, catégorie)* rúbrica; *(Presse : article)* sección *f*
ruche [Ryʃ] *nf* colmena
rude [Ryd] *adj (barbe, toile, voix)* áspero(-a); *(métier, épreuve, climat)* duro(-a); *(bourru)* rudo(-a) • **rudement** *adv* : **elle est ~ belle/riche** *(fam)* es súper guapa/rica, es guapísima/riquísima; **j'ai ~ faim** *(fam)* tengo un montón de hambre
rudimentaire [Rydimɑ̃tɛR] *adj* rudimentario(-a)
rudiments [Rydimɑ̃] *nmpl* rudimentos *mpl*
rue [Ry] *nf* calle *f*
ruée [Rɥe] *nf* riada
ruelle [Rɥɛl] *nf* callejuela
ruer [Rɥe] *vi* cocear; **se ruer** *vpr* : **se ~ sur** arrojarse sobre; **se ~ vers/dans/hors de** precipitarse hacia/en/fuera de
rugby [Rygbi] *nm* rugby *m*
rugir [RyʒiR] *vi* rugir
rugueux, -euse [Rygø, øz] *adj* rugoso(-a)
ruine [Rɥin] *nf* ruina • **ruiner** *vt* arruinar • **ruineux, -euse** *adj* ruinoso(-a)
ruisseau, x [Rɥiso] *nm (cours d'eau)* arroyo
ruisseler [Rɥis(ə)le] *vi (eau, pluie, larmes)* correr

r

rumeur [RymœR] *nf* rumor *m*
ruminer [Rymine] *vi, vt* rumiar
rupture [RyptyR] *nf* rotura; (*d'un contrat*) incumplimiento
rural, e, -aux [RyRal, o] *adj* rural
ruse [Ryz] *nf* astucia; **une ~** un ardid • **rusé, e** *adj* astuto(-a)
russe [Rys] *adj* ruso(-a) ▸ *nm* (*Ling*) ruso ▸ *nmf* : **Russe** ruso(-a)
Russie [Rysi] *nf* Rusia
rustine [Rystin] *nf* parche *m*
rustique [Rystik] *adj* rústico(-a)
rythme [Ritm] *nm* ritmo
• **rythmé, e** *adj* rítmico(-a)

S

s' [s] *pron voir* **se**
sa [sa] *voir* **son**
sable [sɑbl] *nm* arena
sablé, e [sɑble] *adj* enarenado(-a) ▸ *nm* galleta de pastaflora; **pâte sablée** pastaflora
sabler [sɑble] *vt* enarenar; **~ le champagne** (*fig*) celebrar algo con champán
sabot [sabo] *nm* (*chaussure*) zueco; (*de cheval, bœuf*) casco
saboter [sabɔte] *vt* sabotear
sac [sak] *nm* bolsa; (*aussi* : **sac à main**) bolso (de mano), cartera (AM); (*à charbon, farine, riz*) saco; **~ à dos** mochila; **~ à provisions** bolsa de la compra; **~ de couchage** saco de dormir; **~ de voyage** bolsa de viaje
saccadé, e [sakade] *adj* brusco(-a); (*voix*) entrecortado(-a)
saccager [sakaʒe] *vt* (*piller*) saquear; (*dévaster*) devastar
saccharine [sakaRin] *nf* sacarina
sachet [saʃɛ] *nm* bolsita; (*de poudre, lavande*) saquito
sacoche [sakɔʃ] *nf* bolso, talego

sacré, e [sakʀe] *adj* sagrado(-a)
sacrement [sakʀəmɑ̃] *nm* sacramento
sacrifice [sakʀifis] *nm* sacrificio • **sacrifier** *vt* sacrificar
sacristie [sakʀisti] *nf* sacristía
sadique [sadik] *adj, nmf* sádico(-a)
safran [safʀɑ̃] *nm* azafrán *m*
sage [saʒ] *adj* (*avisé, prudent*) sensato(-a); (*enfant*) bueno(-a)
sage-femme [saʒfam] (*pl* **sages-femmes**) *nf* comadrona
sagesse [saʒɛs] *nf* sensatez *f*
Sagittaire [saʒitɛʀ] *nm* (*Astrol*) Sagitario
Sahara [saaʀa] *nm* Sáhara *m*
saignant, e [sɛɲɑ̃, ɑ̃t] *adj* (*viande*) poco hecho(-a)
saigner [seɲe] *vi* sangrar ▸ *vt* (*animal*) desangrar; **~ du nez** sangrar por la nariz
saillir [sajiʀ] *vi* sobresalir
sain, e [sɛ̃, sɛn] *adj* sano(-a); (*affaire, entreprise*) saneado(-a); **~ et sauf** sano y salvo; **~ d'esprit** sano(-a) de espíritu
saindoux [sɛ̃du] *nm* manteca de cerdo
saint, e [sɛ̃, sɛ̃t] *adj, nm/f* santo(-a); **la Sainte Vierge** la Virgen Santísima • **sainteté** *nf* santidad *f*
sais *etc* [sɛ] *vb voir* **savoir**
saisie [sezi] *nf* (*Jur*) embargo; **~ (de données)** (*Inform*) recogida de datos
saisir [seziʀ] *vt* (*personne, chose*) agarrar; (*fig : occasion, prétexte*) aprovechar; (*comprendre*) comprender; (*entendre*) captar; (*suj : sensations, émotions*) sobrecoger; (*Inform*) procesar; (*Culin*) soasar; (*Jur : biens, personne*) embargar • **saisissant, e** *adj* (*spectacle, contraste*) sobrecogedor(a)
saison [sɛzɔ̃] *nf* temporada, época; **haute/basse/morte ~** temporada alta/media/baja • **saisonnier, -ière** *adj* estacional
salade [salad] *nf* ensalada • **saladier** *nm* ensaladera
salaire [salɛʀ] *nm* salario; **~ de base** sueldo base
salarié, e [salaʀje] *adj, nm/f* asalariado(-a)
salaud [salo] (*fam!*) *nm* cabrón *m* (*fam!*), hijo de la chingada (*Mex fam!*)
sale [sal] *adj* sucio(-a); (*avant le nom : fam*) malo(-a)
salé, e [sale] *adj* salado(-a); (*fig : histoire, plaisanterie*) picante; (*fam : note, facture*) desorbitado(-a)
saler [sale] *vt* (*plat*) echar sal
saleté [salte] *nf* suciedad *f*; (*chose sans valeur*) porquería
salière [saljɛʀ] *nf* salero
salir [saliʀ] *vt* manchar; (*fig*) mancillar; **se salir** *vpr* ensuciarse • **salissant, e** *adj* sucio(-a)
salle [sal] *nf* sala; (*de restaurant*) salón *m*; **~ à manger** comedor *m*; **~ d'attente** sala de espera; **~ d'eau** aseo; **~ de bain(s)** cuarto de baño; **~ de classe** aula; **~ de concert** sala de conciertos; **~ de jeux** sala de juegos; **~ d'embarquement** sala de embarque; **~ de séjour** cuarto de estar; **~ de spectacle** sala de espectáculos; **~ des ventes** salón de ventas; **~ d'exposition** sala de

exposiciones; **~ d'opération** sala de operaciones

salon [salɔ̃] *nm* salón *m*, living *m* (*AM*); **~ de discussion** (*Internet*) chat *m*; **~ de thé** salón de té

salope [salɔp] (*fam!*) *nf* marrana • **saloperie** (*fam!*) *nf* (*action vile*) marranada; (*chose sans valeur, de mauvaise qualité*) porquería

salopette [salɔpɛt] *nf* pantalón *m* de peto; (*de travail*) mono, overol *m* (*AM*)

salsifis [salsifi] *nm* salsifí *m*

salubre [salybʀ] *adj* salubre

saluer [salɥe] *vt* saludar

salut [saly] *nm* (*Rel, sauvegarde*) salvación *f*; (*Mil, parole d'accueil*) saludo ▸ *excl* (*fam : bonjour*) ¡hola!; (*: au revoir*) ¡hasta luego!, ¡chao!, ¡chau! (*esp AM*)

salutations [salytasjɔ̃] *nfpl* saludos *mpl*; **recevez mes ~ distinguées** *ou* **respectueuses** (*dans une lettre*) reciba mis cordiales *ou* respetuosos saludos

samedi [samdi] *nm* sábado; *voir aussi* **lundi**

SAMU [samy] *sigle m* (= *service d'assistance médicale d'urgence*) ≈ servicio médico de urgencia

sanction [sɑ̃ksjɔ̃] *nf* sanción *f* • **sanctionner** *vt* sancionar

sandale [sɑ̃dal] *nf* sandalia

sandwich [sɑ̃dwi(t)ʃ] *nm* sandwich *m*, bocadillo, emparedado (*esp AM*)

sang [sɑ̃] *nm* sangre *f*; **être en ~** estar cubierto de sangre; **se faire du mauvais ~** preocuparse • **sang-froid** *nm inv* sangre *f* fría; **faire qch de ~** hacer algo a sangre fría • **sanglant, e** *adj* (*visage, arme*) ensangrentado(-a); (*combat, fig*) sangriento(-a)

sangle [sɑ̃gl] *nf* correa

sanglier [sɑ̃glije] *nm* jabalí *m*

sanglot [sɑ̃glo] *nm* sollozo • **sangloter** *vi* sollozar

sangsue [sɑ̃sy] *nf* sanguijuela

sanguin, e [sɑ̃gɛ̃, in] *adj* sanguíneo(-a)

sanitaire [sanitɛʀ] *adj* sanitario(-a); **sanitaires** *nmpl* (*appareils*) sanitarios *mpl*

sans [sɑ̃] *prép* sin; **~ qu'il s'en aperçoive** sin que se dé cuenta • **sans-abri** (*pl* **sans-abri(s)**) *nmf* persona sin hogar • **sans-emploi** (*pl* **sans-emplois**) *nmf* desempleado(-a) • **sans-gêne** *adj inv* desenfadado(-a) • **sans-papiers** *adj inv, nmf inv* sin papeles *mf inv*

santé [sɑ̃te] *nf* salud *f*; **être en bonne ~** estar bien de salud; **boire à la ~ de qn** beber a la salud de algn

saoudien, ne [saudjɛ̃, jɛn] *adj* saudí, saudita ▸ *nm/f*: **Saoudien, ne** saudí *mf*, saudita *mf*

saoul, e [su, sul] *adj* = **soûl**

saper [sape] *vt* socavar

sapeur-pompier [sapœʀpɔ̃pje] (*pl* **sapeurs-pompiers**) *nmf* bombero(-a)

saphir [safiʀ] *nm* zafiro

sapin [sapɛ̃] *nm* (*Bot*) abeto; (*bois*) pino; **~ de Noël** pino de Navidad

sarcastique [saʀkastik] *adj* sarcástico(-a)

Sardaigne [saʀdɛɲ] *nf* Cerdeña

sardine [saʀdin] *nf* sardina

SARL [ɛsaɛʀɛl] *sigle f* (= *société à responsabilité limitée*) ≈ SL (= *sociedad limitada*)
sarrasin [saʀazɛ̃] *nm* (*farine*) harina de alforfón, harina de trigo sarraceno
satané, e [satane] *adj* maldito(-a)
satellite [satelit] *nm* satélite *msg*
satin [satɛ̃] *nm* satén *m*
satire [satiʀ] *nf* sátira • **satirique** *adj* satírico(-a)
satisfaction [satisfaksjɔ̃] *nf* satisfacción *f*; **ils ont obtenu ~** se ha accedido a sus demandas
satisfaire [satisfɛʀ] *vt* satisfacer; **se satisfaire** *vpr* : **se ~ de** contentarse con; **~ à** cumplir con; (*conditions*) responder a • **satisfaisant, e** *adj* satisfactorio(-a) • **satisfait, e** *adj* satisfecho(-a)
saturer [satyʀe] *vt* saturar
sauce [sos] *nf* salsa; **~ blanche** salsa blanca • **saucière** *nf* salsera
saucisse [sosis] *nf* salchicha
saucisson [sosisɔ̃] *nm* salchichón *m*
sauf¹ [sof] *prép* salvo; **~ avis contraire** salvo aviso contrario; **~ erreur/imprévu** salvo error/ imprevisto
sauf², sauve [sof, sov] *adj* (*personne*) ileso(-a)
sauge [soʒ] *nf* salvia
saugrenu, e [sogʀəny] *adj* (*accoutrement*) estrafalario(-a); (*idée, question*) ridículo(-a)
saule [sol] *nm* sauce *m*
saumon [somɔ̃] *nm* salmón *m*
saupoudrer [sopudʀe] *vt* : **~ qch de** (*de sel, sucre*) espolvorear algo de
saut [so] *nm* salto; **faire un ~ chez qn** dar un salto a casa de algn; **~ en hauteur/longueur/à la perche** salto de altura/ longitud/con pértiga; **~ à la corde** salto a la comba; **~ périlleux** salto mortal
sauter [sote] *vi* saltar; (*exploser*) estallar; (*se détacher*) soltarse ▶ *vt* (*obstacle*) franquear; (*fig : omettre*) saltarse; **faire ~** (*avec explosifs*) volar; (*Culin*) saltear; **~ au cou de qn** echarse al cuello de algn; **~ aux yeux** saltar a la vista; **~ au plafond** (*fig*) subirse por las paredes
sauterelle [sotʀɛl] *nf* (*Zool*) saltamontes *m inv*
sautiller [sotije] *vi* dar saltitos
sauvage [sovaʒ] *adj* salvaje; (*plante*) silvestre; (*lieu*) agreste; (*insociable*) huraño(-a); (*non officiel*) no autorizado(-a) ▶ *nmf* salvaje *mf*
sauve [sov] *adj f voir* **sauf²**
sauvegarde [sovgaʀd] *nf* salvaguardia • **sauvegarder** *vt* salvaguardar; (*Inform*) grabar, guardar
sauve-qui-peut [sovkipø] *nm inv* desbandada
sauver [sove] *vt* salvar; **se sauver** *vpr* (*fam : partir*) irse • **sauvetage** *nm* salvamento • **sauveteur, -euse** *nm/f* socorrista *mf* • **sauvette** : **à la ~** *adv* precipitadamente • **sauveur** *nm* salvador *m*
savant, e [savɑ̃, ɑ̃t] *adj* sabio(-a)
saveur [savœʀ] *nf* sabor *m*
savoir [savwaʀ] *vt* saber ▶ *nm* saber *m*; **se savoir** *vpr* (*chose : être connu*) saberse; **je n'en sais rien**

yo no sé nada de eso; **à ~** a saber; **faire ~ qch à qn** hacer saber algo a algn; **pas que je sache** que yo sepa, no

savon [savɔ̃] *nm* jabón *m*; **un ~** una pastilla de jabón; **passer un ~ à qn** (*fam*) echarle un rapapolvo a algn • **savonner** *vt* enjabonar • **savonnette** *nf* jaboncillo

savourer [savuʀe] *vt* saborear • **savoureux, -euse** *adj* sabroso(-a)

saxo [saksɔ], **saxophone** [saksɔfɔn] *nm* saxo(fón) *m*

scabreux, -euse [skabʀø, øz] *adj* escabroso(-a)

scandale [skɑ̃dal] *nm* escándalo; **faire du ~** armar un escándalo; **faire ~** causar escándalo • **scandaleux, -euse** *adj* escandaloso(-a)

scandinave [skɑ̃dinav] *adj* escandinavo(-a) ▸ *nmf*: **Scandinave** escandinavo(-a)

Scandinavie [skɑ̃dinavi] *nf* Escandinavia

scanner[1] [skanɛʀ] *nm* escáner *m*

scanner[2] [skane] *vt* escanear

scarabée [skaʀabe] *nm* escarabajo

scarlatine [skaʀlatin] *nf* escarlatina

scarole [skaʀɔl] *nf* escarola

sceau, x [so] *nm* sello

sceller [sele] *vt* sellar

scénario [senaʀjo] *nm* guión *m*

scène [sɛn] *nf* escena; (*lieu, décors*) escena, escenario; **entrer en ~** entrar en escena; **mettre en ~** (*Théâtre*) poner en escena; (*Ciné*) dirigir; **~ de ménage** riña conyugal

sceptique [sɛptik] *adj, nmf* escéptico(-a)

schéma [ʃema] *nm* esquema *m* • **schématique** *adj* esquemático(-a)

sciatique [sjatik] *adj* : **nerf ~** nervio ciático

scie [si] *nf* sierra

sciemment [sjamɑ̃] *adv* conscientemente

science [sjɑ̃s] *nf* ciencia; **~s humaines/naturelles** ciencias humanas/naturales • **science-fiction** *nf* ciencia ficción • **scientifique** *adj, nmf* científico(-a)

scier [sje] *vt* serrar; (*partie en trop*) aserrar • **scierie** *nf* aserradero

scintiller [sɛ̃tije] *vi* centellear

sciure [sjyʀ] *nf*: **~ (de bois)** serrín *m* (de madera)

sclérose [skleʀoz] *nf* esclerosis *f inv*; **~ en plaques** esclerosis en placas

scolaire [skɔlɛʀ] *adj* escolar • **scolariser** *vt* escolarizar • **scolarité** *nf* escolaridad *f*

scooter [skutœʀ] *nm* escúter *m*

score [skɔʀ] *nm* (*Sport*) tanteo

scorpion [skɔʀpjɔ̃] *nm* escorpión *m*

scotch [skɔtʃ] *nm* (*whisky*) whisky *m* escocés; **S~**® (*adhésif*) celo, cinta adhesiva • **scotché, e** *adj* (*fig : fam : immobilisé*) pegado(-a); (*: stupéfait*) alucinado(-a); **il reste des heures ~ devant la télévision** se pasa horas pegado a la tele; **je suis resté ~** me quedé alucinado

scout, e [skut] *adj* de scout ▸ *nm/f* scout *mf*, explorador(a)

script [skʀipt] *nm (écriture)* letra cursiva; *(Ciné)* guión *m*

scrupule [skʀypyl] *nm* escrúpulo

scruter [skʀyte] *vt (objet, visage)* escrutar; *(horizon, alentours)* otear

scrutin [skʀytɛ̃] *nm* escrutinio

sculpter [skylte] *vt* esculpir • **sculpteur** *nmf (nf aussi* **sculpteure**) escultor(a) • **sculpture** *nf* escultura; **~ sur bois** escultura en madera

SDF [ɛsdeɛf] *sigle mf (= sans domicile fixe)* sin techo *mf*; **les ~** los sin techo

se [sə] *pron* se; **se voir comme on est** verse como uno es; **ils s'aiment** se quieren; **cela se répare facilement** eso se arregla fácilmente; **se casser la jambe/laver les mains** romperse una pierna/lavarse las manos

séance [seɑ̃s] *nf* sesión *f*

seau, x [so] *nm* cubo, balde *m* *(esp AM)*

sec, sèche [sɛk, sɛʃ] *adj* seco(-a) ▸ *nm* : **tenir au ~** mantener en sitio seco ▸ *adv (démarrer)* bruscamente; **je le prends** *ou* **bois ~** lo tomo *ou* bebo puro; **à ~** *(cours d'eau)* agotado(-a); *(à court d'argent)* pelado(-a)

sécateur [sekatœʀ] *nm* podadera

sèche [sɛʃ] *adj f voir* **sec** • **sèche-cheveux** *nm inv* secador *m* de pelo • **sèche-linge** *(pl* **sèche-linge(s)**) *nm* secadora • **sèchement** *adv (répliquer etc)* secamente

sécher [seʃe] *vt* secar; *(fam : Scol : classe)* pirarse ▸ *vi* secarse; *(fam : candidat)* estar pez; **se sécher** *vpr* secarse • **sécheresse** *nf (du climat, sol)* sequedad *f*; *(absence de pluie)* sequía • **séchoir** *nm (à linge)* tendedero

second, e [s(ə)gɔ̃, ɔ̃d] *adj* segundo(-a) ▸ *nm* ayudante *m*; *(étage)* segundo; *(Naut)* segundo de a bordo; **de seconde main** de segunda mano • **secondaire** *adj* secundario(-a) • **seconde** *nf* segundo; **voyager en ~** *(Transport)* viajar en segunda • **seconder** *vt (assister)* ayudar

secouer [s(ə)kwe] *vt* sacudir; *(fam : faire se démener)* pinchar

secourir [s(ə)kuʀiʀ] *vt* socorrer; *(prodiguer des soins à)* auxiliar • **secourisme** *nm* socorrismo • **secouriste** *nmf* socorrista *mf*

secours [s(ə)kuʀ] *nm* socorro ▸ *nmpl (aide financière, matérielle)* ayuda *fsg*; **au ~ !** ¡socorro!; **appeler au ~** pedir socorro; **les premiers ~** los primeros auxilios

secousse [s(ə)kus] *nf* sacudida; *(électrique)* descarga

secret, -ète [səkʀɛ, ɛt] *adj* secreto(-a) ▸ *nm* secreto; **en ~** en secreto; **~ professionnel** secreto profesional

S

secrétaire [s(ə)kʀetɛʀ] *nmf* secretario(-a) ▸ *nm (meuble)* secreter *m*; **~ d'État** secretario(-a) de Estado; **~ de rédaction** secretario(-a) de redacción • **secrétariat** *nm (profession)* secretariado; *(bureau, fonction)* secretaría

secteur [sɛktœʀ] *nm* sector *m*; **branché sur le ~** conectado a la red; **le ~ privé/public** el sector privado/público

section [sɛksjɔ̃] *nf* sección *f*; (*d'une route, d'un parcours*) tramo
• **sectionner** *vt* seccionar

sécu [seky] (*fam*) *nf* = *Sécurité sociale voir* **sécurité**

sécurité [sekyʀite] *nf* seguridad *f*; **être en ~** estar seguro(-a); **mesures de ~** medidas *fpl* de seguridad; **la ~ routière** la seguridad vial; **la S~ sociale** la Seguridad Social

sédentaire [sedɑ̃tɛʀ] *adj* sedentario(-a)

séduction [sedyksjɔ̃] *nf* seducción *f*

séduire [sedɥiʀ] *vt* seducir
• **séduisant, e** *adj* seductor(a)

ségrégation [segʀegasjɔ̃] *nf* segregación *f*

seigle [sɛgl] *nm* (*Bot*) centeno

seigneur [sɛɲœʀ] *nm* señor *m*; **le S~** (*Rel*) el Señor

sein [sɛ̃] *nm* (*Anat*) seno; **au ~ de** en el seno de

séisme [seism] *nm* seísmo

seize [sɛz] *adj inv, nm inv* dieciséis *m inv*; *voir aussi* **cinq** • **seizième** *adj, nmf* decimosexto(-a) ▸ *nm* (*partitif*) dieciseisavo; *voir aussi* **cinquantième**

séjour [seʒuʀ] *nm* (*villégiature*) estancia; (*pièce*) cuarto de estar
• **séjourner** *vi* permanecer

sel [sɛl] *nm* sal *f*

sélection [selɛksjɔ̃] *nf* selección *f*
• **sélectionner** *vt* seleccionar

selfie [sɛlfi] *nm* (*fam*) selfie *m ou f*, selfi *m ou f*

self-service [sɛlfsɛʀvis] (*pl* **self-services**) *adj* autoservicio ▸ *nm* self-service *m*, restaurante *m* autoservicio

selle [sɛl] *nf* (*de cheval*) silla de montar; (*de bicyclette*) sillín *m*; **selles** *nfpl* (*Méd*) deposiciones *fpl*
• **seller** *vt* ensillar

selon [s(ə)lɔ̃] *prép* según; **~ que** según que; **~ moi** a mi modo de ver

semaine [s(ə)mɛn] *nf* semana; **en ~** durante la semana; **la ~ de 35 heures** la semana de 35 horas

semblable [sɑ̃blabl] *adj* semejante ▸ *nm* (*prochain*) semejante *m*; **~ à** parecido(-a) a

semblant [sɑ̃blɑ̃] *nm* : **faire ~ (de faire qch)** fingir (hacer algo)

sembler [sɑ̃ble] *vi* parecer ▸ *vb impers* : **il semble inutile/bon de ...** parece inútil/bien ...; **il semble (bien) que/ne semble pas que** parece (bien) que/no parece que; **il me semble (bien) que** me parece (bien) que

semelle [s(ə)mɛl] *nf* suela; (*intérieure*) plantilla

semer [s(ə)me] *vt* (*Agr*) sembrar; (*fig : éparpiller*) esparcir; **~ la confusion** sembrar la confusión

semestre [s(ə)mɛstʀ] *nm* semestre *m*

séminaire [seminɛʀ] *nm* seminario

semi-remorque [səmiʀəmɔʀk] (*pl* **semi-remorques**) *nm* semirremolque *m*

semoule [s(ə)mul] *nf* sémola

sénat [sena] *nm* : **le S~** el Senado
• **sénateur, -trice** *nm/f* senador(a)

sens[1] [sɑ̃] *vb voir* **sentir**

sens[2] [sɑ̃s] *nm* sentido; **avoir le ~ des affaires/de la mesure** tener el don de los negocios/de la medida; **en dépit du bon ~** sin sentido común; **en un ~, dans un ~** en cierto sentido; **à mon ~** en mi opinión; **dans le ~ des aiguilles d'une montre** en el sentido de las agujas del reloj; **dans le mauvais ~** en mal sentido; **bon ~** sensatez *f*; **~ commun** sentido común; **~ dessus dessous** patas arriba; **~ figuré** sentido figurado; **~ interdit** dirección *f* prohibida; **~ unique** dirección *f* única

sensation [sɑ̃sasjɔ̃] *nf* sensación *f*; **faire ~** causar sensación; **à ~** (*péj*) sensacionalista • **sensationnel, le** *adj* sensacional

sensé, e [sɑ̃se] *adj* sensato(-a)

sensibiliser [sɑ̃sibilize] *vt* : **~ qn (à)** sensibilizar a algn (para)

sensibilité [sɑ̃sibilite] *nf* sensibilidad *f*

sensible [sɑ̃sibl] *adj* sensible; (*différence, progrès*) apreciable • **sensiblement** *adv* : **ils ont ~ le même poids** tienen casi el mismo peso • **sensiblerie** *nf* sensiblería

sensuel, le [sɑ̃sɥɛl] *adj* sensual

sentence [sɑ̃tɑ̃s] *nf* sentencia

sentier [sɑ̃tje] *nm* sendero

sentiment [sɑ̃timɑ̃] *nm* sentimiento; **avoir le ~ de/que** tener la impresión de/que; **recevez mes ~s respectueux/dévoués** (*dans une lettre*) reciba un respetuoso saludo

sentimental, e, -aux [sɑ̃timɑ̃tal, o] *adj* sentimental

sentinelle [sɑ̃tinɛl] *nf* centinela

sentir [sɑ̃tiʀ] *vt* sentir; (*par l'odorat*) oler; (*avoir une odeur de, aussi fig*) oler a; **~ bon/mauvais** oler bien/mal; **se ~ à l'aise/mal à l'aise** sentirse a gusto *ou* cómodo/incómodo; **se ~ mal** encontrarse mal

séparation [sepaʀasjɔ̃] *nf* separación *f*; (*mur, cloison*) división *f*

séparé, e [sepaʀe] *adj* separado(-a) • **séparément** *adv* separadamente

séparer [sepaʀe] *vt* separar; **se séparer** *vpr* separarse; (*amis etc*) despedirse; (*écorce*) desprenderse; **se ~ de** (*époux*) separarse de; (*employé, objet personnel*) deshacerse de

sept [sɛt] *adj inv, nm inv* siete *m inv*; *voir aussi* **cinq** • **septante** *adj inv, nm inv* (*Belgique, Suisse*) setenta *m inv*

septembre [sɛptɑ̃bʀ] *nm* se(p)tiembre *m*; *voir aussi* **juillet**

septicémie [sɛptisemi] *nf* septicemia

septième [sɛtjɛm] *adj, nmf* sé(p)timo(-a) ▸ *nm* (*partitif*) sé(p)timo; *voir aussi* **cinquième**

septique [sɛptik] *adj* : **fosse ~** fosa séptica

séquelles [sekɛl] *nfpl* secuelas *fpl*

séquençage [sekɑ̃saʒ] *nm* (*de génomes*) secuenciación *f*

serein, e [səʀɛ̃, ɛn] *adj* sereno(-a)

sergent, e [sɛʀʒɑ̃, ɑ̃t] *nm/f* sargento *mf*

série [seʀi] *nf* serie *f*; **en/de/hors ~** en/de/fuera de serie

sérieusement [seʀjøzmɑ̃] *adv* con seriedad

sérieux, -euse [seʀjø, jøz] *adj* serio(-a) ▸ *nm* seriedad *f*; **garder son ~** mantener su seriedad;

prendre qch/qn au ~ tomarse algo/a algn en serio

serin [s(ə)ʀɛ̃] *nm* canario

seringue [s(ə)ʀɛ̃g] *nf* jeringa

serment [sɛʀmɑ̃] *nm* juramento

sermon [sɛʀmɔ̃] *nm* sermón *m*

séropositif, -ive [seʀopozitif, iv] *adj* (*Méd*) seropositivo(-a)

serpent [sɛʀpɑ̃] *nm* serpiente *f* • **serpenter** *vi* serpentear

serpillière [sɛʀpijɛʀ] *nf* bayeta

serre [sɛʀ] *nf* (*construction*) invernadero; **serres** *nfpl* (*griffes*) garras *fpl*

serré, e [seʀe] *adj* apretado(-a); (*lutte, match*) reñido(-a); (*café*) fuerte

serrer [seʀe] *vt* apretar; (*tenir: chose*) asir; (*rapprocher*) apretujar; (*frein, robinet*) apretar; **~ la main à qn** estrechar la mano a algn; **~ qn dans ses bras/contre son cœur** estrechar a algn entre sus brazos/ contra su pecho; **se ~ contre qn** estrecharse contra algn; **se ~ les coudes** prestarse ayuda; **~ les rangs** cerrar filas

serrure [seʀyʀ] *nf* cerradura, chapa (AM) • **serrurier, -ière** *nm/f* cerrajero(-a)

sert *etc* [sɛʀ] *vb voir* **servir**

servante [sɛʀvɑ̃t] *nf* sirvienta, mucama (*CSur*), recamarera (*Mex*)

serveur, -euse [sɛʀvœʀ, øz] *nm/f* camarero(-a) ▸ *nm* (*Inform*) servidor *m*

serviable [sɛʀvjabl] *adj* servicial

service [sɛʀvis] *nm* servicio; (*aide, faveur*) favor *m*; **services** *nmpl* (*travail, prestations*) servicios *mpl*; (*Écon*) sector *m* servicios; **porte de ~** puerta de servicio; **rendre un ~ à qn** hacer un favor a algn; **être/mettre en ~** estar/poner en servicio; **hors ~** fuera de servicio; **~ après vente** servicio pos(t)-venta; **~ d'ordre** servicio de orden; **~ militaire/public** servicio militar/público; **~s secrets/sociaux** servicios secretos/sociales

serviette [sɛʀvjɛt] *nf* (*de table*) servilleta; (*de toilette*) toalla; (*porte-documents*) cartera, portafolio(s) *m* (AM); **~ hygiénique** compresa

servir [sɛʀviʀ] *vt* servir; (*client*) atender ▸ *vi* servir; **se servir** *vpr* servirse; **se ~ de** (*plat*) servirse de; (*voiture, outil*) utilizar; (*relations, amis*) valerse de; **~ à qn** servir a algn; **~ à qch/faire qch** servir para algo/hacer algo; **cela ne sert à rien** eso no sirve para nada; **~ (à qn) de** hacer (a algn) de

serviteur [sɛʀvitœʀ] *nm* servidor *m*

ses [se] *voir* **son**

seuil [sœj] *nm* umbral *m*

seul, e [sœl] *adj* solo(-a); (*avec nuance affective: isolé*) solitario(-a) ▸ *adv*: **vivre ~** vivir solo(-a); **le ~ livre/homme** el único libro/ hombre; **à lui (tout) ~** solo a él; **d'un ~ coup** *adv* de pronto; **parler tout ~** hablar solo; **il en reste un(e) ~(e)** queda solo uno(-a) • **seulement** *adv*: **~ cinq, cinq ~** solamente cinco; **non ~ ... mais aussi** *ou* **encore** no solamente ... pero también *ou* además

sève [sɛv] *nf* savia

sévère [sevɛʀ] *adj* severo(-a); (*style, tenue*) austero(-a)

sexe [sɛks] *nm* sexo • **sexuel, le** *adj* sexual

sexto [sɛksto] *nm (Tél)* mensaje *m* erótico

shampooing [ʃɑ̃pwɛ̃] *nm (lavage)* lavado; *(produit)* champú *m*; **se faire un ~** hacerse un lavado con champú

short [ʃɔʀt] *nm* pantalón *m* corto, short *m*

si [si]

▶ *adv* 1 *(oui)* sí; **Paul n'est pas venu ? — si !** ¿no ha venido Pablo? — ¡sí!; **mais si !** ¡que sí! 2 *(tellement)* : **si gentil/ rapidement** tan amable/ rápidamente; **si rapide qu'il soit** por muy rápido que sea
▶ *conj* si; **si tu veux** si quieres; **je me demande si ...** me pregunto si ...; **si seulement** si solo; **(tant et) si bien que** tanto que; **s'il pouvait (seulement) venir !** ¡si (al menos) pudiera venir!; **s'il le fait, c'est que ...** si lo hace, es que ...; **s'il est aimable, eux par contre ...** él es amable, pero en cambio ellos ...; **si j'étais toi ...** yo que tú ...
▶ *nm inv (Mus)* si *m*

Sicile [sisil] *nf* Sicilia

sida [sida], **SIDA** *sigle m* (= *syndrome immuno-déficitaire acquis*) SIDA *m* (= *Síndrome de Inmunodeficiencia Adquirida*)

sidéré, e [sideʀe] *adj* atónito(-a)

sidérurgie [sideʀyʀʒi] *nf* siderurgia

siècle [sjɛkl] *nm* siglo *m*

siège [sjɛʒ] *nm* asiento; *(dans une assemblée)* puesto; *(de député)* escaño; *(Mil)* sitio; **~ social** sede *m* social • **siéger** *vi (député)* ocupar un escaño; *(assemblée, tribunal)* celebrar sesión

sien, ne [sjɛ̃, sjɛn] *pron* : **le ~, la sienne** el suyo, la suya; **les ~s, les siennes** los suyos, las suyas; **faire des siennes** *(fam)* hacer de las suyas; **les ~s** *(sa famille)* los suyos

sieste [sjɛst] *nf* siesta; **faire la ~** dormir la siesta

sifflement [sifləmɑ̃] *nm* silbido

siffler [sifle] *vi* silbar; *(train, avec un sifflet)* pitar ▶ *vt* silbar; *(orateur, faute, départ)* pitar; *(fam : verre, bouteille)* soplarse

sifflet [siflɛ] *nm (instrument)* silbato; **coup de ~** pitido

siffloter [siflɔte] *vi, vt* silbar ligeramente

sigle [sigl] *nm* sigla

signal, -aux [siɲal, o] *nm* señal *f*; **donner le ~ de** dar la señal de; **~ d'alarme/d'alerte** señal de alarma/de alerta • **signalement** *nm* descripción *f*

signaler [siɲale] *vt* señalar; **~ qch à qn/(à qn) que** señalar algo a algn/(a algn) que

signature [siɲatyʀ] *nf* firma

signe [siɲ] *nm* signo; *(mouvement, geste)* seña; **c'est bon/mauvais ~** es buena/mala señal; **faire un ~ de la tête/main** hacer una seña con la cabeza/la mano; **faire ~ à qn d'entrer** hacer señas a algn para que entre; **en ~ de** en señal de; **~s particuliers** señas individuales • **signer** *vt* firmar; **se signer** *vpr* santiguarse

significatif, -ive [siɲifikatif, iv] *adj* significativo(-a)
signification [siɲifikasjɔ̃] *nf* significado
signifier [siɲifje] *vt* significar
silence [silɑ̃s] *nm* silencio; (*Mus*) pausa; **« ~ ! »** « ¡silencio! » • **silencieux, -euse** *adj* silencioso(-a) ▸ *nm* silenciador *m*
silhouette [silwɛt] *nf* silueta
sillage [sijaʒ] *nm* estela
sillon [sijɔ̃] *nm* surco • **sillonner** *vt* (*suj* : *rides, crevasses*) formar surcos en; (*parcourir en tous sens*) surcar
simagrées [simagʀe] *nfpl* melindres *mpl*
similaire [similɛʀ] *adj* similar • **similicuir** *nm* cuero artificial • **similitude** *nf* semejanza
simple [sɛ̃pl] *adj* simple; (*peu complexe*) sencillo(-a), simple; (*repas, vie*) sencillo(-a) ▸ *nm* (*Tennis*) : **~ messieurs/dames** individual *m* masculino/femenino; **~ d'esprit** *nmf* simplón(-ona)
simplicité [sɛ̃plisite] *nf* sencillez *f*; **en toute ~** con toda sencillez
simplifier [sɛ̃plifje] *vt* simplificar
simuler [simyle] *vt* fingir; (*suj* : *substance, revêtement*) simular, imitar
simultané, e [simyltane] *adj* simultáneo(-a)
sincère [sɛ̃sɛʀ] *adj* sincero(-a) • **sincèrement** *adv* sinceramente • **sincérité** *nf* sinceridad *f*
singe [sɛ̃ʒ] *nm* mono • **singer** *vt* imitar • **singeries** *nfpl* monerías *fpl*
singulariser [sɛ̃gylaʀize] *vt* singularizar; **se singulariser** *vpr* caracterizarse
singularité [sɛ̃gylaʀite] *nf* singularidad *f*
singulier, -ière [sɛ̃gylje, jɛʀ] *adj* singular ▸ *nm* (*Ling*) singular *m*
sinistre [sinistʀ] *adj* siniestro(-a) ▸ *nm* siniestro • **sinistré, e** *adj* siniestrado(-a)
sinon [sinɔ̃] *conj* (*autrement, sans quoi*) de lo contrario; (*si ce n'est*) si no
sinueux, -euse [sinɥø, øz] *adj* (*ruelles*) sinuoso(-a)
sinus [sinys] *nm* seno • **sinusite** *nf* sinusitis *f inv*
sirène [siʀɛn] *nf* sirena; **~ d'alarme** sirena de alarma
sirop [siʀo] *nm* (*de fruit etc*) concentrado; (*boisson*) sirope *m*, zumo; (*pharmaceutique*) jarabe *m*
siroter [siʀɔte] *vt* beber a sorbos
sismique [sismik] *adj* sísmico(-a)
site [sit] *nm* (*paysage, environnement*) paraje *m*; (*d'une ville etc*) emplazamiento; **~ (pittoresque)** paisaje *m* (pintoresco); **~ Web** sitio (Web)
sitôt [sito] *adv* : **~ parti** nada más marcharse; **~ après** inmediatamente después; **pas de ~** no tan pronto
situation [sitɥasjɔ̃] *nf* situación *f*; (*emploi, place*) puesto; **~ de famille** estado civil
situé, e [sitɥe] *adj* situado(-a)
situer [sitɥe] *vt* situar; (*en pensée*) localizar; **se situer** *vpr* : **se ~ à** *ou* **dans/près de** situarse en/cerca de

six [sis] *adj inv, nm inv* seis *m inv*; *voir aussi* **cinq** • **sixième** *adj, nmf* sexto(-a) ▶ *nm (partitif)* sexto ▶ *nf (Scol) primer año de educación secundaria en el sistema francés*; *voir aussi* **cinquième**
skaï [skaj] *nm* skay *m*
ski [ski] *nm* esquí *m*; **~ de fond/de piste/de randonnée** esquí de fondo/de pista/de travesía; **~ nautique** esquí náutico • **skier** *vi* esquiar • **skieur, -euse** *nm/f* esquiador(a)
slip [slip] *nm (d'homme)* calzoncillo, slip *m*, calzones *mpl* (AM); *(de femme)* braga, calzones; *(de bain : d'homme)* bañador *m*; *(: de femme)* braga (del bikini)
slogan [slɔgɑ̃] *nm* eslogan *m*
SMIC [smik] *sigle m (= salaire minimum interprofessionnel de croissance) salario mínimo interprofesional*

En Francia, se llama **SMIC** a la tarifa salarial mínima establecida por hora para trabajadores de más de dieciocho años. Va ligado al IPC y se actualiza en enero, pudiendo subir también durante el año si el coste de vida aumenta en un 2%.

smoking [smɔkiŋ] *nm* esmoquin *m*
SMS [ɛsɛmɛs] *sigle m (= short message service)* SMS *m*
SNCF [ɛsɛnseɛf] *sigle f (= Société nationale des chemins de fer français) red nacional de ferrocarriles franceses*
snob [snɔb] *adj, nmf* esnob *mf* • **snobisme** *nm* esnobismo
sobre [sɔbʀ] *adj* sobrio(-a)
sobriquet [sɔbʀikɛ] *nm* mote *m*
social, e, -aux [sɔsjal, jo] *adj* social
socialisme [sɔsjalism] *nm* socialismo • **socialiste** *adj, nmf* socialista *mf*
société [sɔsjete] *nf* sociedad *f*; **~ anonyme/à responsabilité limitée** sociedad anónima/de responsabilidad limitada
sociologie [sɔsjɔlɔʒi] *nf* sociología
socle [sɔkl] *nm* pedestal *m*
socquette [sɔkɛt] *nf* calcetín *m* corto
sœur [sœʀ] *nf* hermana; **~ Elisabeth** *(Rel)* sor Elisabeth; **~ aînée/cadette/de lait** hermana mayor/menor/de leche
soi [swa] *pron* sí mismo(-a); **cela va de ~** ni que decir tiene • **soi-disant** *adj inv* supuesto(-a) ▶ *adv* presuntamente
soie [swa] *nf* seda; *(de porc, sanglier)* cerda • **soierie** *nf* sedería
soif [swaf] *nf* sed *f*; **avoir ~** tener sed; **donner ~ (à qn)** dar sed (a algn)
soigné, e [swaɲe] *adj (personne)* cuidado(-a); *(travail)* esmerado(-a)
soigner [swaɲe] *vt* cuidar (a); *(maladie)* curar • **soigneux, -euse** *adj* cuidadoso(-a)
soi-même [swamɛm] *pron* sí mismo(-a)
soin [swɛ̃] *nm* cuidado; **soins** *nmpl (à un malade, aussi hygiène)* cuidados *mpl*; **avoir** *ou* **prendre ~ de qch/qn** ocuparse de algo/algn; **laisser à qn le ~ de faire qch** dejar a algn al cargo de hacer

algo; **les premiers ~s** primeros auxilios *mpl*

soir [swaʀ] *nm* tarde *f*, noche *f*; **ce ~** esta tarde; **« à ce ~ ! »** « ¡hasta la tarde! »; **sept heures du ~** las siete de la tarde; **dix heures du ~** las diez de la noche; **demain ~** mañana por la noche • **soirée** *nf* (*moment de la journée*) tarde *f*; (*tard*) noche *f*; (*réception*) velada

soit [swa] *vb voir* **être** ▸ *conj* es decir ▸ *adv* (*assentiment*) sea, de acuerdo; **~ que ..., ~ que ...** *ou* **ou que ...** ya sea ... ya sea ...

soixantaine [swasɑ̃tɛn] *nf* (*nombre*) : **la ~** los sesenta; **avoir la ~** rondar los sesenta

soixante [swasɑ̃t] *adj inv, nm inv* sesenta *m inv*; *voir aussi* **cinq** • **soixante-dix** *adj inv, nm inv* setenta *m inv*

soixante-dixième [swasɑ̃tdizjɛm] *adj, nmf* septuagésimo(-a); *voir aussi* **cinquantième**

soixantième [swasɑ̃tjɛm] *adj, nmf* sexagésimo(-a); *voir aussi* **cinquantième**

soja [sɔʒa] *nm* soja; **germes de ~** brotes *mpl* de soja

sol [sɔl] *nm* suelo ▸ *nm inv* (*Mus*) sol *m*

solaire [sɔlɛʀ] *adj* solar; (*huile, filtre*) bronceador(a); **cadran ~** reloj *m* de sol

soldat, e [sɔlda, t] *nm/f* soldado *mf*

solde [sɔld] *nf* (*Mil*) sueldo ▸ *nm* (*Comm*) saldo; **soldes** *nmpl* (*Comm*) saldos *mpl*; **en ~** rebajado • **solder** *vt* (*compte : en acquittant le solde*) saldar; (*: en l'arrêtant*) liquidar; (*marchandise*) rebajar; **article soldé (à) 10 euros** artículo rebajado a 10 euros

sole [sɔl] *nf* lenguado

soleil [sɔlɛj] *nm* sol *m*; **il y a** *ou* **il fait du ~** hace sol; **au ~** al sol; **en plein ~** a pleno sol

solennel, le [sɔlanɛl] *adj* solemne

solfège [sɔlfɛʒ] *nm* solfeo

solidaire [sɔlidɛʀ] *adj* solidario(-a); (*choses, pièces mécaniques*) interdependiente • **solidarité** *nf* solidaridad *f*; **par ~ (avec)** por solidaridad (con)

solide [sɔlid] *adj* sólido(-a); (*personne, estomac*) fuerte ▸ *nm* (*Phys, Géom*) sólido

soliste [sɔlist] *nmf* solista *mf*

solitaire [sɔlitɛʀ] *adj* solitario(-a) ▸ *nm* (*diamant, jeu*) solitario

solitude [sɔlityd] *nf* soledad *f*

solliciter [sɔlisite] *vt* solicitar; (*suj : attractions etc*) tentar; (*: occupations*) absorber; **~ qn** tentar a algn

sollicitude [sɔlisityd] *nf* solicitud *f*

soluble [sɔlybl] *adj* soluble

solution [sɔlysjɔ̃] *nf* solución *f*; **~ de facilité** solución fácil

solvable [sɔlvabl] *adj* solvente

sombre [sɔ̃bʀ] *adj* oscuro(-a) • **sombrer** *vi* (*bateau*) zozobrar

sommaire [sɔmɛʀ] *adj* (*description, explication*) somero(-a) ▸ *nm* sumario

somme [sɔm] *nf* (*Math, d'argent*) suma ▸ *nm* : **faire un ~** echar un sueño; **en ~** en resumidas cuentas

sommeil [sɔmɛj] *nm* sueño; **avoir ~** tener sueño

• **sommeiller** *vi* dormitar; (*fig*) estar en suspenso
sommet [sɔmɛ] *nm* cima; (*de la perfection, gloire, conférence*) cumbre *f*; **atteindre des ~s** (*prix, taux*) alcanzar su nivel más alto, alcanzar su máximo; (*bêtise, égoïsme*) alcanzar su máxima expresión
sommier [sɔmje] *nm* somier *m*
somnambule [sɔmnɑ̃byl] *nmf* sonámbulo(-a)
somnifère [sɔmnifɛʀ] *nm* somnífero
somnoler [sɔmnɔle] *vi* dormitar
somptueux, -euse [sɔ̃ptɥø, øz] *adj* suntuoso(-a)
son[1], sa [sɔ̃, sa] (*pl* **ses**) *adj poss* su
son[2] [sɔ̃] *nm* sonido; (*résidu de mouture*) salvado
sondage [sɔ̃daʒ] *nm* sondeo
sonde [sɔ̃d] *nf* sonda; (*Tech*) barrena
sonder [sɔ̃de] *vt* sondear; (*plaie, malade*) sondar; (*fig : conscience etc*) indagar (en); **~ le terrain** (*fig*) tantear el terreno
songe [sɔ̃ʒ] *nm* sueño • **songer** : **~ à** *vt* pensar en • **songeur, -euse** *adj* pensativo(-a)
sonnant, e [sɔnɑ̃, ɑ̃t] *adj* : **à huit heures ~es** a las ocho en punto
sonné, e [sɔne] *adj* : **il est midi ~** son las doce dadas; **il a quarante ans bien ~s** tiene cuarenta años bien cumplidos
sonner [sɔne] *vi* (*cloche*) tañer; (*réveil, téléphone*) sonar ▸ *vt* (*cloche*) tañer; (*domestique, portier, infirmière*) llamar a; (*messe, réveil, tocsin*) tocar a; (*fam : suj : choc, coup*) dejar sonado(-a); **~ faux** (*instrument*) desafinar; (*rire*) sonar a falso; **~ les heures** dar as horas
sonnerie [sɔnʀi] *nf* timbre *m*; **~ d'alarme** alarma
sonnette [sɔnɛt] *nf* (*de porte, électrique*) timbre *m*; **~ d'alarme** timbre de alarma
sonore [sɔnɔʀ] *adj* sonoro(-a) • **sonorisation** *nf* sonorización *f* • **sonorité** *nf* sonoridad *f*
sophistiqué, e [sɔfistike] *adj* sofisticado(-a)
sorbet [sɔʀbɛ] *nm* sorbete *m*
sorcier, -ière [sɔʀsje, jɛʀ] *nm/f* brujo(-a)
sordide [sɔʀdid] *adj* sórdido(-a)
sort [sɔʀ] *vb voir* **sortir** ▸ *nm* (*fortune, destin*) suerte *f*; (*condition, situation*) fortuna *f*; **jeter un ~** hechizar; **tirer au ~** sortear
sorte [sɔʀt] *nf* clase *f*, especie *f*; **en quelque ~** en cierto modo; **de (telle) ~ que, en ~ que** de (tal) modo que; **faire en ~ que** procurar que
sortie [sɔʀti] *nf* salida; **~ de secours** salida de emergencia
sortilège [sɔʀtilɛʒ] *nm* sortilegio
sortir [sɔʀtiʀ] *nm, vi* salir ▸ *vt* llevar; (*mener dehors, promener : personne, chien*) sacar; (*produit etc*) salir al mercado; (*fam : expulser : personne*) echar; **~ de** salir de; (*rails etc, aussi fig*) salirse de; **se ~ de** (*affaire, situation*) salir de; **~ de ses gonds** (*fig*) salirse de sus casillas; **s'en ~** (*malade*) reponerse
sosie [sɔzi] *nm* doble *mf*
sot, sotte [so, sɔt] *adj, nm/f* necio(-a) • **sottise** *nf* : **une ~** una tontería

sou [su] *nm* : **être près de ses ~s** ser un(a) agarrado(-a); **être sans le ~** estar sin blanca

soubresaut [subʀəso] *nm* sobresalto

souche [suʃ] *nf* (*d'un arbre*) cepa; (*d'un registre, carnet*) matriz *f*

souci [susi] *nm* preocupación *f*, inquietud *f*; (*Bot*) caléndula; **se faire du ~** inquietarse • **soucier**: **se soucier de** *vpr* preocuparse por • **soucieux, -euse** *adj* preocupado(-a)

soucoupe [sukup] *nf* platillo; **~ volante** platillo volante

soudain, e [sudɛ̃, ɛn] *adj* repentino(-a) ▶ *adv* de repente

soude [sud] *nf* sosa

souder [sude] *vt* soldar

soudure [sudyʀ] *nf* soldadura

souffle [sufl] *nm* soplo; (*d'une explosion*) onda expansiva; **être à bout de ~** estar sin aliento; **second ~** (*fig*) fuerzas recobradas

soufflé [sufle] *nm* (*Culin*) suflé *m*

souffler [sufle] *vi* soplar; (*haleter*) resoplar ▶ *vt* soplar; (*suj : explosion*) volar; **~ qch à qn** apuntar algo a algn?

souffrance [sufʀɑ̃s] *nf* sufrimiento

souffrant, e [sufʀɑ̃, ɑ̃t] *adj* (*personne*) indispuesto(-a)

souffre-douleur [sufʀədulœʀ] (*pl* **souffre-douleur(s)**) *nm* chivo expiatorio

souffrir [sufʀiʀ] *vi* sufrir ▶ *vt* padecer; (*exception, retard*) admitir; **~ de** padecer de

soufre [sufʀ] *nm* azufre *m*

souhait [swɛ] *nm* deseo; **« à vos ~s ! »** « ¡Jesús! » • **souhaitable** *adj* aconsejable

souhaiter [swete] *vt* desear; **~ le bonjour à qn** dar los buenos días a algn; **~ la bonne année à qn** desearle un feliz año nuevo a algn

soûl, e [su, sul] *adj* borracho(-a) ▶ *nm* : **boire/manger tout son ~** beber/comer hasta hartarse

soulagement [sulaʒmɑ̃] *nm* alivio

soulager [sulaʒe] *vt* aliviar

soûler [sule] *vt* emborrachar; (*suj : boisson, aussi fig*) embriagar; **se soûler** *vpr* emborracharse

soulever [sul(ə)ve] *vt* levantar; (*difficultés*) provocar; (*question, problème, débat*) plantear; **se soulever** *vpr* levantarse; (*peuple, province*) sublevarse; **cela (me) soulève le cœur** eso me revuelve el estómago

soulier [sulje] *nm* zapato

souligner [suliɲe] *vt* subrayar; (*détail, l'importance de qch*) remarcar

soumettre [sumɛtʀ] *vt* someter; **se soumettre** *vpr* : **se ~ (à)** someterse (a)

soumis, e [sumi, iz] *pp de* **soumettre** ▶ *adj* (*personne, air*) sumiso(-a); (*peuples*) sometido(-a) • **soumission** *nf* sumisión *f*

soupçon [supsɔ̃] *nm* sospecha; **un ~ de** una pizca de • **soupçonner** *vt* sospechar • **soupçonneux, -euse** *adj* desconfiado(-a)

soupe [sup] *nf* sopa

souper [supe] *vi* cenar ▶ *nm* cena

soupeser [supəze] *vt* sopesar

soupière [supjɛʀ] *nf* sopera

soupir [supiʀ] *nm* suspiro; (*Mus*) silencio de negra

soupirer [supiʀe] *vi* suspirar
souple [supl] *adj* flexible; (*démarche, taille*) desenvuelto(-a) • **souplesse** *nf* flexibilidad *f*; (*de la démarche*) desenvoltura; **en ~, avec ~** con suavidad
source [suʀs] *nf* fuente *f*; (*point d'eau*) manantial *m*; (*fig : cause, point de départ*) origen *m*; **sources** *nfpl* (*fig*) fuentes *fpl*
sourcil [suʀsi] *nm* ceja • **sourciller** *vi* : **sans ~** sin pestañear
sourd, e [suʀ, suʀd] *adj* sordo(-a) ▶ *nm/f* sordo(-a) • **sourdine** *nf* (*Mus*) sordina; **en ~** por lo bajo
sourd-muet, sourde-muette [suʀmyɛ, suʀdmyɛt] (*pl* **sourds-muets, sourdes-muettes**) *adj, nm/f* sordomudo(-a)
souriant, e [suʀjɑ̃, jɑ̃t] *vb voir* **sourire** ▶ *adj* sonriente
sourire [suʀiʀ] *nm* sonrisa ▶ *vi* sonreír; **~ à qn** sonreír a algn; **garder le ~** mantener la sonrisa
souris [suʀi] *nf* (*Zool, Inform*) ratón *m*
sournois, e [suʀnwa, waz] *adj* disimulado(-a), solapado(-a)
sous [su] *prép* debajo de, bajo; **~ la pluie/le soleil** bajo la lluvia/ el sol; **~ mes yeux** ante mis ojos; **~ terre** *adj* bajo tierra ▶ *adv* debajo de la tierra; **~ vide** *adj* al vacío ▶ *adv* en vacío; **~ Louis XIV** bajo (el reinado de) Luis XIV; **~ peu** dentro de poco
sous-bois [subwa] *nm inv* maleza
souscrire [suskʀiʀ] : **~ à** *vt* suscribir a
sous-directeur, -trice [sudiʀɛktœʀ, tʀis] (*pl* **sous-directeurs, -trices**) *nm/f* subdirector(a)
sous-effectif [suzefɛktif] (*pl* **sous-effectifs**) *nm* falta de efectivos; **être en ~** estar sin los efectivos suficientes
sous-entendre [suzɑ̃tɑ̃dʀ] *vt* sobreentender • **sous-entendu, e** (*pl* **sous-entendus, es**) *adj* implícito(-a) ▶ *nm* insinuación *f*
sous-estimer [suzɛstime] *vt* subestimar
sous-jacent, e [suʒasɑ̃, ɑ̃t] (*pl* **sous-jacents, es**) *adj* subyacente; (*fig : idée*) latente
sous-louer [sulwe] *vt* subarrendar
sous-marin, e [sumaʀɛ̃, in] (*pl* **sous-marins, es**) *adj* submarino(-a) ▶ *nm* submarino
soussigné, e [susiɲe] *adj* : **je ~ ...** yo, el que suscribe ...
sous-sol [susɔl] (*pl* **sous-sols**) *nm* sótano
sous-titre [sutitʀ] (*pl* **sous-titres**) *nm* subtítulo
soustraction [sustʀaksjɔ̃] *nf* (*Math*) resta, sustracción *f*
soustraire [sustʀɛʀ] *vt* (*Math*) restar; (*enlever*) sustraer; **~ qn à** alejar a algn de
sous-traitant [sutʀɛtɑ̃] (*pl* **sous-traitants**) *nm* subcontratista *m*
sous-traiter [sutʀete] *vt* (*Comm : affaire*) ceder en subcontrato ▶ *vi* subcontratar
sous-vêtement [suvɛtmɑ̃]: **sous-vêtements** *nmpl* ropa interior

soutane [sutan] *nf* sotana

soute [sut] *nf* (*aussi* : **soute à bagages**) bodega

soutenir [sut(ə)niʀ] *vt* sostener; **~ que** sostener que • **soutenu, e** *pp de* **soutenir** ▶ *adj* (*attention, efforts*) constante; (*style*) elevado(-a); (*couleur*) vivo(-a)

souterrain, e [suteʀɛ̃, ɛn] *adj* subterráneo(-a) ▶ *nm* subterráneo

soutien [sutjɛ̃] *nm* apoyo • **soutien-gorge** (*pl* **soutiens-gorge**) *nm* sujetador *m*, corpiño (*AM*)

soutirer [sutiʀe] *vt* : **~ qch à qn** sonsacar algo a algn

souvenir [suv(ə)niʀ] *nm* recuerdo; (*réminiscence*) memoria; **se souvenir** *vpr* : **se ~ de** recordar, acordarse de; **se ~ que** recordar que, acordarse de que; **en ~ de** como recuerdo de

souvent [suvɑ̃] *adv* a menudo, con frecuencia, seguido (*AM*); **peu ~** pocas veces, con poca frecuencia

souverain, e [suv(ə)ʀɛ̃, ɛn] *adj* soberano(-a) ▶ *nm/f* soberano(-a)

soyeux, -euse [swajø, øz] *adj* sedoso(-a)

spacieux, -euse [spasjø, jøz] *adj* espacioso(-a)

spaghettis [spageti] *nmpl* espaguetis *mpl*

sparadrap [spaʀadʀa] *nm* esparadrapo, curita (*AM*)

spatial, e, -aux [spasjal, jo] *adj* espacial

speaker, ine [spikœʀ, kʀin] *nm/f* locutor(a)

spécial, e, -aux [spesjal, jo] *adj* especial • **spécialement** *adv* especialmente • **spécialiser** : **se spécialiser** *vpr* especializarse • **spécialiste** *nmf* especialista *mf* • **spécialité** *nf* especialidad *f*

spécifier [spesifje] *vt* especificar

spécimen [spesimɛn] *nm* espécimen *m*; (*revue etc*) ejemplar *m* gratuito

spectacle [spɛktakl] *nm* espectáculo • **spectaculaire** *adj* espectacular

spectateur, -trice [spɛktatœʀ, tʀis] *nm/f* espectador(a)

spéculer [spekyle] *vi* especular; **~ sur** (*Fin, Comm*) especular con; (*réfléchir*) especular sobre

spéléologie [speleɔlɔʒi] *nf* espeleología

sperme [spɛʀm] *nm* esperma *m*

sphère [sfɛʀ] *nf* esfera

spirale [spiʀal] *nf* espiral *f*

spirituel, le [spiʀitɥɛl] *adj* espiritual; (*fin, amusant*) ingenioso(-a)

splendide [splɑ̃did] *adj* espléndido(-a)

spontané, e [spɔ̃tane] *adj* espontáneo(-a) • **spontanéité** *nf* espontaneidad *f*

sport [spɔʀ] *nm* deporte *m* ▶ *adj inv* (*vêtement, ensemble*) de sport; **faire du ~** hacer deporte; **~ d'hiver** deporte de invierno • **sportif, -ive** *adj* deportivo(-a) ▶ *nm/f* deportista *mf*

spot [spɔt] *nm* (*lampe*) foco; **~ (publicitaire)** anuncio *ou* spot *m* (publicitario)

square [skwaʀ] *nm* plazoleta

squelette [skəlɛt] *nm* esqueleto • **squelettique** *adj* esquelético(-a)
stabiliser [stabilize] *vt* estabilizar
stable [stabl] *adj* estable
stade [stad] *nm* estadio
stage [staʒ] *nm* cursillo • **stagiaire** *nmf* becario(-a)
stagner [stagne] *vi* estancarse
stand [stɑ̃d] *nm* (*d'exposition*) stand *m*; (*de foire*) puesto; **~ de tir** (*Mil, Sport*) galería de tiro; (*à la foire*) puesto de tiro al blanco
standard [stɑ̃daʀ] (*pl* **standard(s)**) *adj* estándar ▶ *nm* estándar *m*; (*téléphonique*) central *f* telefónica, conmutador *m* (AM) • **standardiste** *nmf* telefonista *mf*
standing [stɑ̃diŋ] *nm* nivel *m* de vida; **immeuble de grand ~** inmueble de lujo
starter [staʀtɛʀ] *nm* (*Auto*) estárter *m*
station [stasjɔ̃] *nf* estación *f*; (*de bus, métro*) parada; (*Radio, TV*) emisora; **~ de sports d'hiver** estación de esquí; **~ de taxis** parada de taxis; **~ thermale** balneario • **stationnement** *nm* (*Auto*) aparcamiento • **stationner** *vi* aparcar • **station-service** (*pl* **stations-services**) *nf* gasolinera, estación *f* de servicio
statistique [statistik] *nf* estadística ▶ *adj* estadístico(-a)
statue [staty] *nf* estatua
statu quo [statykwo] *nm* : **maintenir le ~** mantener el statu quo
statut [staty] *nm* estatuto • **statutaire** *adj* estatutario(-a)
Sté *abr* = *société*
steak [stɛk] *nm* bistec *m*, bife *m* (*Arg*)
sténographie [stenɔgʀafi], **sténo** [steno] *nf* taquigrafía *f*
stérile [steʀil] *adj* estéril
stérilet [steʀilɛ] *nm* espiral *f*
stériliser [steʀilize] *vt* esterilizar
stimulant, e [stimylɑ̃, ɑ̃t] *adj* estimulante ▶ *nm* (*fig*) aliciente *m*, incentivo
stimuler [stimyle] *vt* estimular
stipuler [stipyle] *vt* estipular
stock [stɔk] *nm* (*Comm*) existencias *fpl*, stock *m*; (*d'or*) reservas *fpl* • **stocker** *vt* almacenar
stop [stɔp] *nm* (*Auto : panneau*) stop *m*; (*auto-stop*) auto-stop *m* ▶ *excl* ¡alto! • **stopper** *vt* (*navire, machine*) detener; (*mouvement, attaque*) parar; (*Couture*) zurcir
store [stɔʀ] *nm* (*en tissu*) cortinilla; (*en bois*) persiana; (*de magasin*) toldo
strabisme [stʀabism] *nm* estrabismo
strapontin [stʀapɔ̃tɛ̃] *nm* asiento plegable
stratégie [stʀateʒi] *nf* estrategia • **stratégique** *adj* estratégico(-a)
stress [stʀɛs] *nm* estrés *msg* • **stressant, e** *adj* estresante • **stresser** *vt* estresar
strict, e [stʀikt] *adj* estricto(-a); (*parents*) severo(-a); (*tenue*) de etiqueta; **c'est son droit le plus ~** es su justo derecho; **le ~ nécessaire** *ou* **minimum** lo esencial
strident, e [stʀidɑ̃, ɑ̃t] *adj* estridente
strophe [stʀɔf] *nf* estrofa

structure [stryktyr] *nf* estructura; **~s d'accueil** medios *mpl* de acogida
studieux, -euse [stydjø, jøz] *adj* estudioso(-a)
studio [stydjo] *nm* estudio; (*logement*) apartamento-estudio
stupéfait, e [stypefɛ, ɛt] *adj* estupefacto(-a)
stupéfiant, e [stypefjɑ̃, jɑ̃t] *adj, nm* estupefaciente *m*
stupéfier [stypefje] *vt* dejar estupefacto(-a)
stupeur [stypœr] *nf* estupor *m*
stupide [stypid] *adj* estúpido(-a) • **stupidité** *nf* estupidez *f*
style [stil] *nm* estilo; **meuble/robe de ~** mueble *m*/vestido de estilo
stylé, e [stile] *adj* con clase
styliste [stilist] *nmf* diseñador(a)
stylo [stilo] *nm* : **~ à encre** *ou* **(à) plume** estilográfica; **~ (à) bille** bolígrafo, birome *f* (*CSur*)
su, e [sy] *pp de* **savoir**
suave [sɥav] *adj* suave
subalterne [sybaltɛrn] *adj, nmf* subalterno(-a)
subconscient [sypkɔ̃sjɑ̃] *nm* subconsciente *m*
subir [sybir] *vt* padecer; (*mauvais traitements, revers, modification*) sufrir; (*influence, charme*) experimentar; (*traitement, opération, examen*) pasar
subit, e [sybi, it] *adj* repentino(-a) • **subitement** *adv* repentinamente
subjectif, -ive [sybʒɛktif, iv] *adj* subjetivo(-a)
subjonctif [sybʒɔ̃ktif] *nm* subjuntivo
subjuguer [sybʒyge] *vt* encantar
submerger [sybmɛrʒe] *vt* sumergir
subordonné, e [sybɔrdɔne] *adj* (*Ling*) subordinado(-a) ▶ *nm/f* (*Admin, Mil*) subordinado(-a)
subrepticement [sybrɛptismɑ̃] *adv* con disimulo
subside [sybzid] *nm* subsidio
subsidiaire [sybzidjɛr] *adj* : **question ~** pregunta adicional
subsister [sybziste] *vi* (*monument, erreur*) perdurar; (*personne, famille*) subsistir
substance [sypstɑ̃s] *nf* su(b)stancia
substituer [sypstitɥe] *vt* : **~ qch/qn à** sustituir algo/a algn por
substitut [sypstity] *nm* (*Jur*) sustituto; (*succédané*) su(b)stitutivo
subterfuge [syptɛrfyʒ] *nm* subterfugio
subtil, e [syptil] *adj* sutil
subvenir [sybvənir] *vt* : **~ à** atender a
subvention [sybvɑ̃sjɔ̃] *nf* subvención *f* • **subventionner** *vt* subvencionar
suc [syk] *nm* (*Bot, d'une viande*) jugo; (*d'un fruit*) zumo
succéder [syksede] : **~ à** *vt* suceder a; **se succéder** *vpr* sucederse
succès [syksɛ] *nm* éxito; **sans ~** sin éxito; **avoir du ~** tener éxito; **à ~** de éxito
successeur, e [syksesœr] *nm/f* sucesor(a)
successif, -ive [syksesif, iv] *adj* sucesivo(-a)

succession [syksesjɔ̃] *nf* sucesión *f*
succomber [sykɔ̃be] *vi* sucumbir; **~ à** sucumbir a
succulent, e [sykylɑ̃, ɑ̃t] *adj* suculento(-a)
succursale [sykyʀsal] *nf* sucursal *f*
sucer [syse] *vt* chupar • **sucette** *nf* (*bonbon*) piruleta
sucre [sykʀ] *nm* azúcar *m ou f*; (*morceau de sucre*) terrón *m* de azúcar; **~ cristallisé** azúcar en polvo; **~ d'orge** pirulí *m*; **~ en morceaux/en poudre** azúcar de cortadillo/en polvo • **sucré, e** *adj* azucarado(-a); (*péj : ton, voix*) meloso(-a) • **sucrer** *vt* poner azúcar en *ou* a • **sucrerie** golosina • **sucrier** *nm* azucarero
sud [syd] *nm* sur *m* ▶ *adj inv* sur *inv*; **au ~** al sur; **au ~ de** al sur de • **sud-africain, e** (*pl* **sud-africains, es**) *adj* sudafricano(-a) ▶ *nm/f* : **Sud-Africain, e** sudafricano(-a) • **sud-américain, e** (*pl* **sud-américains, es**) *adj* sudamericano(-a) ▶ *nm/f* : **Sud-Américain, e** sudamericano(-a) • **sud-est** *nm inv* sudeste *m inv* • **sud-ouest** *nm inv* sudoeste *m inv*
Suède [sɥɛd] *nf* Suecia • **suédois, e** *adj* sueco(-a) ▶ *nm* (*Ling*) sueco ▶ *nm/f* : **Suédois, e** sueco(-a)
suer [sɥe] *vi* sudar • **sueur** *nf* sudor *m*
suffire [syfiʀ] *vi* bastar; (*intensif*) : **il suffit d'une négligence pour que ...** un descuido basta para que ...; **il suffit qu'on oublie pour que ...** basta olvidarse para que ...; **cela lui suffit** eso le basta; **« ça suffit ! »** « ¡basta ya! »
suffisamment [syfizamɑ̃] *adv* suficientemente; **~ de** suficiente
suffisant, e [syfizɑ̃, ɑ̃t] *adj* suficiente; (*air, ton*) de suficiencia
suffixe [syfiks] *nm* sufijo
suffoquer [syfɔke] *vt* sofocar; (*suj : nouvelle*) dejar sin respiración ▶ *vi* sofocarse
suffrage [syfʀaʒ] *nm* voto; **suffrages** *nmpl* (*du public etc*) votos *mpl*; **~ universel/direct/indirect** sufragio universal/directo/indirecto
suggérer [sygʒeʀe] *vt* sugerir • **suggestion** *nf* sugerencia
suicide [sɥisid] *nm* suicidio • **suicider** : **se suicider** *vpr* suicidarse
suie [sɥi] *nf* hollín *m*
suisse [sɥis] *adj* suizo(-a) ▶ *nmf* : **Suisse** suizo(-a) ▶ *nf* : **la S~** Suiza
suite [sɥit] *nf* continuación *f*; (*de maisons, rues, succès*) sucesión *f*; (*Math, liaison logique*) serie *f*; (*Mus, appartement*) suite *f*; (*escorte*) séquito; **suites** *nfpl* (*d'une maladie, chute*) secuelas *fpl*; **prendre la ~ de** (*directeur etc*) tomar el relevo de; **donner ~ à** dar curso a; **(faisant) ~ à votre lettre du ...** en respuesta a su carta del ...; **de ~** (*d'affilée*) seguido(-a); **par la ~** luego; **à la ~** *adj* seguido(-a) ▶ *adv* a continuación; **à la ~ de** (*derrière*) tras; (*en conséquence de*) como consecuencia de
suivant, e [sɥivɑ̃, ɑ̃t] *vb voir* **suivre** ▶ *adj* siguiente ▶ *prép* según; **~ que** según que; **« au ~ ! »** « ¡el siguiente! »

suivi, e [sɥivi] *pp de* **suivre** ▸ *adj* seguido(-a) ▸ *nm* seguimiento

suivre [sɥivʀ] *vt* seguir; (*imagination, fantaisie, goût*) dejarse guiar por; (*cours*) asistir a; (*comprendre : programme, leçon*) comprender; (*élève, malade, affaire*) llevar el seguimiento de; (*raisonnement*) seguir el hilo de ▸ *vi* (*écouter attentivement*) atender; (*assimiler le programme*) comprender; (*venir après*) seguirse; **se suivre** *vpr* sucederse; **faire ~** (*lettre*) reexpedir

sujet, te [syʒɛ, ɛt] *adj* : **être ~ à** (*accidents, vertige etc*) ser propenso(-a) a ▸ *nm/f* (*d'un souverain etc*) súbdito(-a) ▸ *nm* tema *m*; **au ~ de** a propósito de; **~ de conversation** tema de conversación; **~ d'examen** tema de examen

super [sypɛʀ] (*pl* **super(s)**) (*fam*) *adj* súper *inv* ▸ *nm* súper *f*

superbe [sypɛʀb] *adj* espléndido(-a)

superficie [sypɛʀfisi] *nf* superficie *f*

superficiel, le [sypɛʀfisjɛl] *adj* superficial

superflu, e [sypɛʀfly] *adj* superfluo(-a)

supérieur, e [sypeʀjœʀ] *adj* superior; (*air, sourire*) de superioridad ▸ *nm/f* superior(a) ▸ *nm* (*Univ*) enseñanza superior; **Mère supérieure** madre *f* superiora; **à l'étage ~** en el piso de arriba • **supériorité** *nf* superioridad *f*

supermarché [sypɛʀmaʀʃe] *nm* supermercado

superposer [sypɛʀpoze] *vt* superponer; **lits superposés** literas *fpl*

superpuissance [sypɛʀpɥisɑ̃s] *nf* superpotencia

superstitieux, -euse [sypɛʀstisjø, jøz] *adj* supersticioso(-a)

superviser [sypɛʀvize] *vt* supervisar

supplanter [syplɑ̃te] *vt* (*personne*) suplantar

suppléant, e [sypleɑ̃, ɑ̃t] *adj* (*juge, fonctionnaire*) suplente; (*professeur*) sustituto(-a) ▸ *nm/f* sustituto(-a)

suppléer [syplee] *vt* suplir; **~ à** suplir

supplément [syplemɑ̃] *nm* suplemento; **un ~ de frites** una porción extra de patatas fritas; **en ~** (*au menu etc*) no incluido • **supplémentaire** *adj* suplementario(-a); (*train etc*) adicional

supplication [syplikasjɔ̃] *nf* súplica

supplice [syplis] *nm* suplicio

supplier [syplije] *vt* suplicar

support [sypɔʀ] *nm* soporte *m*

supportable [sypɔʀtabl] *adj* soportable

supporter¹, supporteur, -trice [sypɔʀtœʀ, tʀis] *nm/f* seguidor(a)

supporter² [sypɔʀte] *vt* soportar; (*choc*) resistir a

supposer [sypoze] *vt* suponer; **en supposant** *ou* **à ~ que** suponiendo que

suppositoire [sypozitwaʀ] *nm* supositorio

suppression [sypʀesjɔ̃] *nf* supresión *f*

supprimer [sypʀime] *vt* suprimir

suprême [sypʀɛm] *adj* (*pouvoir etc*) supremo(-a)

sur[1] [syʀ]

prép **1** en; (*par dessus, au-dessus*) encima de, sobre; **pose-le ~ la table** ponlo en la mesa; **je n'ai pas d'argent ~ moi** no llevo dinero encima; **avoir de l'influence/un effet ~ ...** tener influencia/un efecto sobre ...; **avoir accident ~ accident** tener accidente tras accidente; **~ ce** tras esto
2 (*direction*) hacia; **en allant ~ Paris** yendo hacia París; **~ votre droite** a su derecha
3 (*à propos de*) acerca de, sobre; **un livre/une conférence ~ Balzac** un libro/una conferencia sobre Balzac
4 (*proportion, mesures*) de entre, de cada; **un ~ 10** uno de cada 10; (*Scol : note*) uno sobre 10; **~ 20, 2 sont venus** de 20, han venido 2; **4m ~ 2** 4m por 2

sur[2], e [syʀ] *adj* agrio(-a)

sûr, e [syʀ] *adj* seguro(-a); (*renseignement, ami, voiture*) de confianza; (*goût, réflexe etc*) agudo(-a); **c'est ~ et certain** sin lugar a dudas; **~ de soi** seguro de sí mismo(-a)

surcharge [syʀʃaʀʒ] *nf* sobrecarga; **~ de travail** exceso de trabajo • **surcharger** *vt* (*véhicule*) cargar en exceso

surcroît [syʀkʀwa] *nm* : **un ~ de** un aumento de; **par** *ou* **de ~** por añadidura

surdité [syʀdite] *nf* sordera

sûrement [syʀmɑ̃] *adv* seguramente

surenchère [syʀɑ̃ʃɛʀ] *nf* (*aux enchères*) sobrepuja; (*sur prix fixe*) encarecimiento • **surenchérir** *vi* (*Comm*) sobrepujar; (*fig*) : **~ sur qn** aventajar a algn

surestimer [syʀɛstime] *vt* sobreestimar

sûreté [syʀte] *nf* fiabilidad *f*; (*du goût etc*) agudeza; **être/mettre en ~** (*personne*) estar/poner a salvo; (*objet*) estar/poner en lugar seguro; **pour plus de ~** para mayor seguridad

surf [sœʀf] *nm* surf *m*

surface [syʀfas] *nf* superficie *f*; **faire ~** salir a la superficie; **en ~** (*nager, naviguer*) en la superficie; (*fig*) aparentemente

surfait, e [syʀfɛ, ɛt] *adj* sobreestimado(-a)

surgelé, e [syʀʒəle] *adj* congelado(-a)

surgir [syʀʒiʀ] *vi* aparecer; (*de terre*) salir; (*fig*) surgir

surhumain, e [syʀymɛ̃, ɛn] *adj* sobrehumano(-a)

sur-le-champ [syʀləʃɑ̃] *adv* en el acto

surlendemain [syʀlɑ̃d(ə)mɛ̃] *nm* : **le ~** a los dos días; **le ~ de** dos días después de

surmenage [syʀmənaʒ] *nm* (*Méd*) agotamiento

surmener [syʀməne] *vt* agotar; **se surmener** *vpr* agotarse

surmonter [syʀmɔ̃te] *vt* vencer; (*suj : coupole etc*) coronar
surnaturel, le [syʀnatyʀɛl] *adj* sobrenatural ▶ *nm* : **le ~** lo sobrenatural
surnom [syʀnɔ̃] *nm* (*gén*) sobrenombre *m*
surnombre [syʀnɔ̃bʀ] *nm* : **être en ~** estar de más
surpeuplé, e [syʀpœple] *adj* superpoblado(-a)
surplace [syʀplas] *nm* : **faire du ~** (*rester en équilibre*) mantener el equilibrio; (*dans un embouteillage etc*) ir a paso de caracol
surplomber [syʀplɔ̃be] *vi* sobresalir ▶ *vt* destacar sobre
surplus [syʀply] *nm* (*Comm*) excedente *m*; **~ de bois/tissu** sobrante *m* de leña/de tela
surprenant, e [syʀpʀənɑ̃, ɑ̃t] *vb voir* **surprendre** ▶ *adj* sorprendente
surprendre [syʀpʀɑ̃dʀ] *vt* sorprender; (*secret, conversation*) descubrir
surpris, e [syʀpʀi, iz] *pp de* **surprendre** ▶ *adj* de sorpresa; **~ de/que** sorprendido(-a) por/de que • **surprise** *nf* sorpresa; **faire une ~ à qn** dar una sorpresa a algn • **surprise-partie** (*pl* **surprises-parties**) *nf* guateque *m*
sursaut [syʀso] *nm* sobresalto; **en ~** de un sobresalto; **~ d'énergie** resuello de energía • **sursauter** *vi* sobresaltarse
sursis [syʀsi] *nm* (*Jur*) indulto; (*: à la condamnation à mort*) aplazamiento
surtout [syʀtu] *adv* sobre todo; **~ pas !** ¡de ninguna manera!; **~ que ...** sobre todo porque ...
surveillance [syʀvɛjɑ̃s] *nf* vigilancia; **sous ~ médicale** bajo control médico
surveillant, e [syʀvɛjɑ̃, ɑ̃t] *nm/f* (*Scol, de prison*) vigilante *mf*
surveiller [syʀveje] *vt* (*enfant etc*) cuidar de; (*Mil, gén*) vigilar; (*travaux, cuisson*) atender; **se surveiller** *vpr* controlarse; **~ son langage/sa ligne** cuidar su vocabulario/la línea
survenir [syʀvəniʀ] *vi* sobrevenir
survêtement [syʀvɛtmɑ̃] *nm* chandal *m*, chándal *m*
survie [syʀvi] *nf* supervivencia • **survivant, e** *nm/f* superviviente *mf* • **survivre** *vi* sobrevivir; **~ à** sobrevivir a
survoler [syʀvɔle] *vt* (*lieu*) sobrevolar
survolté, e [syʀvɔlte] *adj* (*personne*) superexcitado(-a); (*ambiance*) acalorado(-a)
sus [sy(s)] *prép* : **en ~ de** (*Jur, Admin*) además de; **en ~** además
susceptible [sysɛptibl] *adj* susceptible; **(être) ~ de** (ser) susceptible de
susciter [sysite] *vt* (*ennuis etc*) : **~ (à qn)** originar (a algn); (*admiration etc*) suscitar
suspect, e [syspɛ(kt), ɛkt] *adj* sospechoso(-a) ▶ *nm/f* sospechoso(-a) • **suspecter** *vt* sospechar
suspendre [syspɑ̃dʀ] *vt* suspender; **se suspendre** *vpr* : **se ~ à** aferrarse a, colgarse de; **~ qch (à)** colgar algo (de)
suspendu, e [syspɑ̃dy] *pp de* **suspendre** ▶ *adj* (*accroché*) :

~ **à** colgado(-a) de; *(perché)*: ~ **au-dessus de** suspendido(-a) sobre

suspens [syspɑ̃]: **en** ~ *adv*: **tenir en** ~ mantener en suspense

suspense [syspɛns] *nm* suspense *m*

suspension [syspɑ̃sjɔ̃] *nf* suspensión *f*; *(lustre)* lámpara de techo; **en** ~ en suspensión

suture [sytyʀ] *nf*: **point de** ~ punto de sutura

svelte [svɛlt] *adj* esbelto(-a)

SVP [ɛsvepe] *abr (= s'il vous plaît)* por favor

syllabe [si(l)lab] *nf* sílaba

symbole [sɛ̃bɔl] *nm* símbolo • **symbolique** *adj* simbólico(-a) • **symboliser** *vt* simbolizar

symétrique [simetʀik] *adj* simétrico(-a)

sympa [sɛ̃pa] *(fam) adj voir* **sympathique**

sympathie [sɛ̃pati] *nf* simpatía; *(condoléances)* pésame *m*; **accueillir avec** ~ acoger con gusto; **témoignages de** ~ muestras *fpl* de condolencia • **sympathique** *adj* simpático(-a); *(déjeuner etc)* agradable

sympathisant, e [sɛ̃patizɑ̃, ɑ̃t] *nm/f* simpatizante *mf*

sympathiser [sɛ̃patize] *vi* simpatizar

symphonie [sɛ̃fɔni] *nf* sinfonía

symptôme [sɛ̃ptom] *nm* síntoma *m*

synagogue [sinagɔg] *nf* sinagoga

syncope [sɛ̃kɔp] *nf (Méd)* síncope *m*; **elle est tombée en** ~ le dio un síncope

syndic [sɛ̃dik] *nm* administrador *m*

syndical, e, -aux [sɛ̃dikal, o] *adj* sindical • **syndicaliste** *nmf* sindicalista *mf*

syndicat [sɛ̃dika] *nm* sindicato; ~ **d'initiative** oficina de turismo • **syndiqué, e** *adj* sindicado(-a) • **syndiquer**: **se syndiquer** *vpr* sindicarse

synonyme [sinɔnim] *adj* sinónimo(-a) ▸ *nm* sinónimo

syntaxe [sɛ̃taks] *nf* sintaxis *f sg*

synthèse [sɛ̃tɛz] *nf* síntesis *f inv*

synthétique [sɛ̃tetik] *adj* sintético(-a)

Syrie [siʀi] *nf* Siria

systématique [sistematik] *adj* sistemático(-a)

système [sistɛm] *nm* sistema *m*; **utiliser le** ~ **D** *(fam)* utilizar el ingenio; ~ **nerveux/solaire** sistema nervioso/solar

t

t' [t] *pron voir* **te**
ta [ta] *voir* **ton¹**
tabac [taba] *nm* tabaco; **passer qn à ~** (*fam : battre*) dar una tunda a algn; **faire un ~** (*fam*) tener mucho éxito; **(débit** *ou* **bureau de) ~** estanco
tabagisme [tabaʒism] *nm* tabaquismo
table [tabl] *nf* mesa; (*invités*) comensales *mpl*; **à ~ !** ¡a comer!; **se mettre à ~** sentarse a la mesa; (*fam*) cantar de plano; **mettre** *ou* **dresser/desservir la ~** poner/ quitar la mesa; **~ de multiplication** tabla de multiplicar; **~ de nuit** *ou* **de chevet** mesita de noche; **~ des matières** índice *m*; **~ ronde** (*débat*) mesa redonda
tableau, x [tablo] *nm* cuadro; (*panneau*) tablero; (*schéma*) cuadro, gráfico; **~ d'affichage** tablón *m ou* tablero de anuncios; **~ de bord** (*Auto*) cuadro de instrumentos; **~ noir** encerado
tablette [tablɛt] *nf* (*planche*) anaquel *m*, tabla; (*Inform*) tableta, tablet *f*; **~ de chocolat** tableta de chocolate
tablier [tablije] *nm* delantal *m*
tabou, e [tabu] *adj, nm* tabú *m*
tabouret [tabuʀɛ] *nm* taburete *m*
tac [tak] *nm* : **répondre qch du ~ au ~** saltar con algo
tache [taʃ] *nf* mancha; **~ de rousseur** *ou* **de son** peca
tâche [tɑʃ] *nf* tarea, labor *f*; **travailler à la ~** trabajar a destajo
tacher [taʃe] *vt* manchar
tâcher [tɑʃe] *vi* : **~ de faire** tratar de hacer, procurar hacer
tacheté, e [taʃte] *adj* : **~ (de)** salpicado(-a) *ou* moteado(-a) (de)
tact [takt] *nm* tacto; **avoir du ~** tener tacto
tactile [taktil] *adj* táctil; **écran ~** pantalla *f* táctil
tactique [taktik] *adj* táctico(-a) ▶ *nf* táctica
taie [tɛ] *nf* : **~ (d'oreiller)** funda (de la almohada)
taille [tɑj] *nf* (*d'un diamant*) tallado; (*des arbres*) poda; (*hauteur*) estatura; (*grandeur*) tamaño; **de ~** importante
taille-crayon [tɑjkʀɛjɔ̃] (*pl* **taille-crayons**) *nm* sacapuntas *m inv*
tailler [tɑje] *vt* (*pierre, diamant*) tallar; (*arbre, plante*) podar; (*vêtement*) cortar; (*crayon*) afilar
tailleur, -euse [tɑjœʀ, øz] *nm/f* sastre(-a) ▶ *nm* (*vêtement pour femmes*) traje *m* de chaqueta; **en ~** a la turca
taillis [taji] *nm* bosque *m* bajo
taire [tɛʀ] *vt* ocultar ▶ *vi* : **faire ~ qn** hacer callar a algn; **se taire** *vpr* callarse

talc [talk] *nm* talco

talent [talɑ̃] *nm* talento; **avoir du ~** tener talento

talon [talɔ̃] *nm* (*Anat, de chaussette*) talón *m*; (*de chaussure*) tacón *m*; **~s plats/aiguilles** tacones bajos/de aguja

talus [taly] *nm* (*Géo*) talud *m*

tambour [tɑ̃buʀ] *nm* tambor *m* • **tambourin** *nm* tamboril *m* • **tambouriner** *vi* : **~ sur** *ou* **contre** repiquetear en *ou* contra

Tamise [tamiz] *nf* : **la ~** el Támesis

tamisé, e [tamize] *adj* tamizado(-a)

tampon [tɑ̃pɔ̃] *nm* (*de coton, d'ouate, bouchon*) tapón *m*; (*pour nettoyer, essuyer*) muñequilla, bayeta; (*amortisseur* : *Rail, fig*) tope *m*; (*Inform* : = *mémoire tampon*) tampón *m*; (*cachet, timbre*) matasellos *m inv*; **~ (hygiénique)** tampón (higiénico) • **tamponner** *vt* (*essuyer*) taponar; (*heurter*) chocar • **tamponneuse** *adj* : **autos ~s** coches *mpl* de choque

tandem [tɑ̃dɛm] *nm* tándem *m*

tandis [tɑ̃di] : **~ que** *conj* mientras que

tanguer [tɑ̃ge] *vi* (*Naut*) cabecear, arfar

tant [tɑ̃] *adv* tanto; **~ de** (*sg*) tanto(-a); (*pl*) tantos(-as); **~ que** (*tellement*) tanto que; (*comparatif*) hasta que, mientras que; **~ mieux** mejor; **~ pis!** (*peu importe*) ¡qué más da!; (*qu'à cela ne tienne*) no tiene importancia; **~ bien que mal** mal que bien

tante [tɑ̃t] *nf* tía

tantôt [tɑ̃to] *adv* (*cet après-midi*) esta tarde, por la tarde; **~ ..., ~ ...** unas veces ..., otras veces ...

taon [tɑ̃] *nm* tábano

tapage [tapaʒ] *nm* alboroto

tapageur, -euse [tapaʒœʀ, øz] *adj* alborotador(a); (*publicité*) sensacionalista

tape [tap] *nf* cachete *m*; (*dans le dos*) palmada

tape-à-l'œil [tapalœj] *adj inv* vistoso(-a), llamativo(-a)

taper [tape] *vt* (*personne*) pegar; (*dactylographier*) escribir a máquina ▶ *vi* (*soleil*) apretar; **se taper** *vpr* (*fam* : *travail*) chuparse, cargarse; (: *boire, manger*) soplarse, zamparse; **~ qn de 10 euros** (*fam*) dar un sablazo de 10 euros a algn; **~ sur qch** golpear en algo; **~ à** (*porte etc*) llamar a; **~ des mains/pieds** palmear/patalear

tapi, e [tapi] *adj* : **~ dans/derrière** (*blotti*) acurrucado(-a) en/detrás de

tapis [tapi] *nm* alfombra; **~ de souris** (*Inform*) alfombrilla; **~ roulant** cinta transportadora, pasillo rodante

tapisser [tapise] *vt* (*avec du papier peint*) empapelar; **~ qch (de)** (*recouvrir*) revestir algo (con) • **tapisserie** *nf* tapiz *m*; (*papier peint*) empapelado • **tapissier, -ière** *nm/f* : **~(-décorateur)** tapicero

tapoter [tapɔte] *vt* dar golpecitos en, golpetear

taquiner [takine] *vt* pinchar

tard [taʀ] *adv* tarde

tarder [taʀde] *vi* tardar; **~ à faire** tardar en hacer; **sans (plus) ~** sin (más) demora, sin (más) tardar
tardif, -ive [taʀdif, iv] *adj* tardío(-a)
tarif [taʀif] *nm* tarifa
tarir [taʀiʀ] *vi, vt* secarse, agotarse
tarte [taʀt] *nf* tarta
tartine [taʀtin] *nf* rebanada • **tartiner** *vt* untar; **fromage** *etc* **à ~** queso *etc* para untar
tartre [taʀtʀ] *nm* sarro
tas [tɑ] *nm* montón *m*; **en ~** amontonado(-a); **formé sur le ~** formado en la práctica
tasse [tɑs] *nf* taza
tassé, e [tɑse] *adj* : **bien ~** (*café etc*) bien cargado(-a)
tasser [tɑse] *vt* apisonar, pisar; **se tasser** *vpr* (*sol, terrain*) hundirse; (*problème*) arreglarse; **~ qch dans** amontonar algo en
tata [tata] *nf* tita
tâter [tɑte] *vt* tantear; **se tâter** *vpr* (*hésiter*) reflexionar; **~ de** (*prison etc*) probar; **~ le terrain** tantear el terreno
tatillon, ne [tatijɔ̃, ɔn] *adj* puntilloso(-a)
tâtonnement [tɑtɔnmɑ̃] *nm* : **par ~s** a tientas
tâtonner [tɑtɔne] *vi* andar a tientas
tâtons [tɑtɔ̃] : **à ~** *adv* : **chercher/avancer à ~** buscar/avanzar a tientas
tatouage [tatwaʒ] *nm* tatuaje *m*
tatouer [tatwe] *vt* tatuar
taudis [todi] *nm* cuchitril *m*
taule [tol] (*fam*) *nf* chirona
taupe [top] *nf* topo
taureau, x [tɔʀo] *nm* (*Zool*) toro; **le T~** (*Astrol*) Tauro
tauromachie [tɔʀɔmaʃi] *nf* tauromaquia
taux [to] *nm* tasa; (*proportion : d'alcool*) porcentaje *m*; (*: de participation*) índice *m*; **~ d'intérêt** tipo de interés
taxe [taks] *nf* tasa, impuesto; (*douanière*) arancel *m*; **toutes ~s comprises** impuestos incluidos; **~ à** *ou* **sur la valeur ajoutée** impuesto sobre el valor añadido
taxer [takse] *vt* (*personne*) gravar con impuestos; (*produit*) tasar
taxi [taksi] *nm* taxi *m*
tchèque [tʃɛk] *adj* checo(-a) ▶ *nm* (*Ling*) checo ▶ *nmf* : **Tchèque** checo(-a); **la République ~** la República checa
te [tə] *pron* te
technicien, ne [tɛknisjɛ̃, jɛn] *nm/f* técnico *mf*
technico-commercial, e, -aux [tɛknikokɔmɛʀsjal, jo] *adj* técnico-comercial
technique [tɛknik] *adj* técnico(-a) ▶ *nf* técnica • **techniquement** *adv* técnicamente
technologie [tɛknɔlɔʒi] *nf* tecnología • **technologique** *adj* tecnológico(-a)
teck [tɛk] *nm* teca
tee-shirt [tiʃœʀt] (*pl* **tee-shirts**) *nm* camiseta
teindre [tɛ̃dʀ] *vt* teñir • **teint, e** *pp de* **teindre** ▶ *adj* teñido(-a) ▶ *nm* (*permanent*) tez *f*; (*momentané*) color *m*; **grand ~** *adj inv* (*tissu*) de color sólido

teinté, e [tɛ̃te] *adj (verres, lunettes)* ahumado(-a); *(bois)* teñido(-a); **~ de** teñido(-a) de
teinter [tɛ̃te] *vt* teñir
teinture [tɛ̃tyʀ] *nf (substance)* tinte; **~ d'iode/d'arnica** tintura de yodo/de árnica • **teinturerie** *nf* tintorería • **teinturier, -ière** *nm/f* tintorero(-a)
tel, telle [tɛl] *adj (pareil)* tal, semejante; *(indéfini)* tal; **~ un/des ...** tal como.../como ...; **un ~/de ~s ...** un tal/tales ...; **rien de ~** nada como; **~ quel** tal cual; **~ que** tal como
télé [tele] *nf* tele *f*; **à la ~** en la tele • **télécabine** *nf* teleférico (monocable) • **téléchargeable** *adj* descargable • **télécharger** *vt (Inform)* descargar • **télécommande** *nf* telemando • **téléconférence** *nf* teleconferencia • **télécopieur** *nm* máquina de fax • **télégramme** *nm* telegrama *m* • **télégraphier** *vt, vi* telegrafiar • **téléguider** *vt* teledirigir • **télématique** *nf* telemática • **téléobjectif** *nm* teleobjetivo • **télépathie** *nf* telepatía • **téléphérique** *nm* teleférico
téléphone [telefɔn] *nm (appareil)* teléfono; **avoir le ~** tener teléfono; **au ~** al teléfono; **~ portable** móvil *m*, teléfono celular *(AM)* • **téléphoner** *vt, vi* llamar por teléfono; **~ à** llamar por teléfono a • **téléphonique** *adj* telefónico(-a)
téléréalité [teleʀealite] *nf* telerrealidad *f*
télescope [telɛskɔp] *nm* telescopio
télescoper [telɛskɔpe] *vt* chocar de frente; **se télescoper** *vpr* chocarse de frente
télésiège [telesjɛʒ] *nm* telesilla
téléski [teleski] *nm* telesquí *m*
téléspectateur, -trice [telespɛktatœʀ, tʀis] *nm/f* telespectador(a)
télétravail [teletʀavaj] *nm* teletrabajo
téléverser [televɛʀse] *vt* subir, cargar
téléviseur *nm* televisor *m*
télévision *nf* televisión *f*; **~ numérique** televisión digital
télex [telɛks] *nm* télex *m*
telle [tɛl] *adj voir* **tel** • **tellement** *adv* tan; **~ de** *(sg)* tanto(-a); *(pl)* tantos(-as); **il était ~ fatigué qu'il s'est endormi** estaba tan cansado que se durmió; **il s'est endormi ~ il était fatigué** se durmió de lo cansado que estaba; **je n'ai pas ~ envie d'y aller** no tengo muchas *ou* tantas ganas de ir
téméraire [temeʀɛʀ] *adj* temerario(-a)
témoignage [temwaɲaʒ] *nm* testimonio; *(d'affection etc)* muestra
témoigner [temwaɲe] *vt (intérêt, gratitude)* manifestar ▸ *vi (Jur)* testimoniar, atestiguar; **~ de** dar pruebas de
témoin [temwɛ̃] *nmf* testigo *mf* ▸ *adj* testigo *inv*; *(appartement)* piloto *inv*; **être ~ de** ser testigo de; **appartement ~** piso piloto; **~ oculaire** testigo ocular
tempe [tɑ̃p] *nf* sien *f*

tempérament [tɑ̃peʀamɑ̃] *nm* temperamento; **à ~** (*vente*) a plazos

température [tɑ̃peʀatyʀ] *nf* temperatura; **avoir** *ou* **faire de la ~** tener fiebre

tempête [tɑ̃pɛt] *nf* (*en mer*) temporal *m*; (*à terre*) tormenta; **~ de neige/de sable** tormenta de nieve/de arena

temple [tɑ̃pl] *nm* templo

temporaire [tɑ̃pɔʀɛʀ] *adj* temporal

temps [tɑ̃] *nm* tiempo; (*époque*) tiempo, época; **il fait beau/mauvais ~** hace buen/mal tiempo; **avoir le ~/tout le ~/juste le ~** tener tiempo/mucho tiempo/el tiempo justo; **en ~ de paix/de guerre** en tiempo de paz/de guerra; **de ~ en ~, de ~ à autre** de vez en cuando; **à ~** a tiempo; **à plein/mi-~** (*travailler*) jornada completa/media jornada; **à ~ partiel** *adv, adj* a tiempo parcial; **dans le ~** hace tiempo, antaño; **de tout ~** de toda la vida

tenable [t(ə)nabl] *adj* soportable

tenace [tənas] *adj* tenaz

tenant, e [tənɑ̃, ɑ̃t] *nm/f* (*Sport*): **~ du titre** poseedor(a) del título

tendance [tɑ̃dɑ̃s] *nf* tendencia ▶ *adj inv* trendy *inv*, tendencia *inv*; **avoir ~ à** tener tendencia a

tendeur [tɑ̃dœʀ] *nm* tensor *m*

tendre [tɑ̃dʀ] *adj* tierno(-a), blando(-a); (*affectueux*) cariñoso(-a) ▶ *vt* (*élastique, peau*) extender, estirar; (*muscle, arc*) tensar; (*piège*) tender; **se tendre** *vpr* tensarse; **~ à qch/à faire qch** tender a algo/a hacer algo; **~ qch à qn** alcanzar algo a algn; **~ l'oreille** aguzar el oído; **~ le bras/la main** alargar el brazo/extender la mano • **tendrement** *adv* tiernamente • **tendresse** *nf* ternura

tendu, e [tɑ̃dy] *pp de* **tendre** ▶ *adj* (*allongé*) estirado(-a); (*raidi*) tensado(-a)

ténèbres [tenɛbʀ] *nfpl* tinieblas *fpl*

teneur [tənœʀ] *nf* proporción *f*; (*d'une lettre*) texto

tenir [t(ə)niʀ] *vt* (*avec la main, un objet*) tener; (*qn : par la main, le cou etc*) agarrar, coger; (*garder, maintenir : position*) mantener; (*propos, discours*) proferir; (*magasin, hôtel*) regentar; (*promesse*) cumplir; (*un rôle*) desempeñar; (*Mil : ville, région*) ocupar; (*Auto : la route*) agarrarse a ▶ *vi* (*être fixé*) aguantar; **se tenir** *vpr* agarrarse; **~ à** (*personne, chose*) tener cariño a; (*avoir pour cause*) deberse a; **~ à faire** tener interés en hacer; **~ qch pour** considerar algo como; **~ qn pour** tener a algn por; **~ compte de** tener en cuenta; **~ la solution/le coupable** tener la solución/el culpable; **~ la caisse/les comptes** llevar la contabilidad/las cuentas; **~ le coup, ~ bon** aguantar; **~ au chaud/à l'abri** mantener caliente/protegido(-a); **~ chaud** (*suj : vêtement*) mantener abrigado; **~ parole** mantener su *etc* palabra; **~ sa langue** mantener la boca cerrada; **se ~ debout/droit** tenerse en pie/derecho; **bien/mal se ~** comportarse bien/mal; **s'en ~ à qch** atenerse a algo; **se ~ prêt/**

sur ses gardes estar listo/en guardia; **se ~ tranquille** estarse quieto; **ça ne tient qu'à lui** es cosa suya; **ça ne tient pas debout** no tiene ni pies ni cabeza; **qu'à cela ne tienne** por eso que no quede; **je n'y tiens pas** no me apetece; **tiens/tenez, voilà le stylo !** ¡toma/tome, aquí está la pluma!

tennis [tenis] *nm* tenis *msg*; (*aussi* : **court de tennis**) pista *ou* (AM) cancha (de tenis) ▶ *nmpl* (*aussi* : **chaussures de tennis**) playeras *fpl* • **tennisman** *nm* tenista *m*

tension [tɑ̃sjɔ̃] *nf* tensión *f*; **faire** *ou* **avoir de la ~** tener tensión

tentation [tɑ̃tasjɔ̃] *nf* tentación *f*

tentative [tɑ̃tativ] *nf* intento

tente [tɑ̃t] *nf* tienda

tenter [tɑ̃te] *vt* tentar; **~ qch/ de faire qch** intentar algo/hacer algo; **~ sa chance** tentar la suerte

tenture [tɑ̃tyʀ] *nf* colgadura

tenu, e [t(ə)ny] *pp de* **tenir** ▶ *adj* : **maison bien tenue** casa bien cuidada; **les comptes de cette entreprise sont mal ~s** llevan mal las cuentas de esta empresa; **être ~ de faire/de ne pas faire/à qch** estar obligado(-a) a hacer/a no hacer/a algo

ter [tɛʀ] *adj* : **16 ~** 16 C

terme [tɛʀm] *nm* término; (*Fin*) vencimiento; **être en bons/ mauvais ~s avec qn** estar en buenos/malos términos con algn; **au ~ de** al término de; **à court/ moyen/long ~** *adj, adv* a corto/ medio/largo plazo; **avant ~** (*Méd*) antes de tiempo; **mettre un ~ à** poner término a

terminaison [tɛʀminɛzɔ̃] *nf* (*Ling*) terminación *f*

terminal, e, -aux [tɛʀminal, o] *adj* terminal ▶ *nm* (*Inform*) terminal *m*; (*pétrolier, gare*) terminal *f* • **terminale** *nf* (*Scol*) *séptimo año de educación secundaria en el sistema francés*

terminer [tɛʀmine] *vt* terminar, acabar; **se terminer** *vpr* terminar(se), acabar(se)

terne [tɛʀn] *adj* apagado(-a)

ternir [tɛʀniʀ] *vt* (*couleur, peinture*) desteñir; (*fig* : *honneur, réputation*) empañar; **se ternir** *vpr* desteñirse

terrain [teʀɛ̃] *nm* terreno; (*Sport, fig* : *domaine*) campo; **~ d'aviation** campo de aviación; **~ de camping** camping *m*; **~ de jeu** patio de juego; **~ vague** solar *m*

terrasse [teʀas] *nf* terraza; (*sur le toit*) azotea • **terrasser** *vt* (*adversaire*) derribar; (*suj* : *maladie etc*) fulminar

terre [tɛʀ] *nf* tierra; **à ~, par ~** en el suelo *ou* piso (AM); (*jeter, tomber*) al suelo; **~ à ~** *adj inv* prosaico(-a); **la T~** la Tierra; **~ cuite** terracota, arcilla cocida; **~ ferme** tierra firme

terreau [teʀo] *nm* mantillo

terre-plein [tɛʀplɛ̃] (*pl* **terre-pleins**) *nm* (*Constr*) terraplén *m*

terrestre [teʀɛstʀ] *adj* terrestre; (*Rel*) terrenal; (*globe*) terráqueo(-a)

terreur [teʀœʀ] *nf* terror *m*

terrible [teʀibl] *adj* terrible; (*fam*) estupendo(-a), regio(-a)

terrien, ne [tɛʀjɛ̃, jɛn] *nm/f* (*non martien etc*) terrícola *mf*; **propriétaire ~** terrateniente *mf*
terrier [tɛʀje] *nm* madriguera; (*chien*) terrier *m*
terrifier [teʀifje] *vt* aterrorizar
terrine [teʀin] *nf* tarro; (*Culin*) *conserva de carnes en tarro*
territoire [teʀitwaʀ] *nm* territorio
terroriser [teʀɔʀize] *vt* aterrorizar
terrorisme [teʀɔʀism] *nm* terrorismo • **terroriste** *adj, nmf* terrorista *mf*
tertiaire [tɛʀsjɛʀ] *nm* (*Écon*) sector *m* servicios
tes [te] *voir* **ton**
test [tɛst] *nm* prueba, examen *m*
testament [tɛstamɑ̃] *nm* testamento
tester [tɛste] *vt* someter a prueba
testicule [tɛstikyl] *nm* testículo
tétanos [tetanos] *nm* tétano, tétanos *msg*
têtard [tɛtaʀ] *nm* renacuajo
tête [tɛt] *nf* cabeza; (*visage*) cara; (*Football*) cabezazo; **de ~** *adv* (*calculer*) mentalmente; **être à la ~ de qch** estar al frente de algo; **prendre la ~ de qch** tomar la dirección de algo; **perdre la ~** perder la cabeza; **tenir ~ à qn** hacer frente a algn; **la ~ la première** de cabeza; **la ~ en bas** cabeza abajo; **faire la ~** poner mala cara; **en ~** (*Sport*) a la cabeza; **de la ~ aux pieds** de la cabeza a los pies; **~ d'affiche** (*Théâtre etc*) cabecera del reparto; **~ de liste** (*Pol*) cabeza de lista; **~ de série** (*Tennis*) cabeza de serie • **tête-à-queue** *nm inv* : **faire un ~** derrapar y quedar en sentido contrario
téter [tete] *vt* mamar
tétine [tetin] *nf* (*de biberon*) tetina
têtu, e [tety] *adj* terco(-a), testarudo(-a)
texte [tɛkst] *nm* texto
texter [tɛkste] *vt* (*envoyer un texto à*) escribir un SMS a; (*envoyer par texto*) enviar en un SMS ▶ *vi* enviar un SMS; **je t'ai texté mon adresse** te he enviado mi dirección en un SMS
textile [tɛkstil] *adj* textil ▶ *nm* tejido
texto [tɛksto] *nm* mensaje *m* de texto, SMS *m*
textoter [tɛkstɔte] *vt, vi* = **texter**
texture [tɛkstyʀ] *nf* textura
TGV [teʒeve] *sigle m* (= *train à grande vitesse*) ≈ AVE
thaïlandais, e [tajlɑ̃dɛ, ɛz] *adj* tailandés(-esa) ▶ *nm/f*: **Thaïlandais, e** tailandés(-esa)
Thaïlande [tailɑ̃d] *nf* Tailandia
thé [te] *nm* té *m*
théâtral, e, -aux [teɑtʀal, o] *adj* teatral
théâtre [teɑtʀ] *nm* teatro; (*fig* : *lieu*) : **le ~ de** el escenario de
théière [tejɛʀ] *nf* tetera
thème [tɛm] *nm* tema; (*traduction*) traducción *f* inversa
théologie [teɔlɔʒi] *nf* teología
théorie [teɔʀi] *nf* teoría • **théorique** *adj* teórico(-a)
thérapie [teʀapi] *nf* terapia

thermal, e, -aux [tɛʀmal, o] *adj* termal; **station/cure thermale** estación *f*/cura termal
thermomètre [tɛʀmɔmɛtʀ] *nm* termómetro
thermos® [tɛʀmos] *nm ou f*: **(bouteille)** ~ termo
thermostat [tɛʀmɔsta] *nm* termostato
thèse [tɛz] *nf* tesis *f inv*
thon [tɔ̃] *nm* atún *m*
thym [tɛ̃] *nm* tomillo
tibia [tibja] *nm* tibia
TIC [tik] *sigle fpl (= technologies de l'information et de la communication)* TIC (= *Tecnologías de la Información y la Comunicación*)
tic [tik] *nm (nerveux)* tic *m*
ticket [tikɛ] *nm* billete *m*, boleto (AM); *(de cinéma, théâtre)* entrada; **~ de caisse** ticket *m ou* tique(t) *m* de compra
tiède [tjɛd] *adj* tibio(-a), templado(-a) • **tiédir** *vi* templarse
tien, ne [tjɛ̃, tjɛn] *adj* tuyo(-a) ▶ *pron* : **le(la) ~(ne)** el/la tuyo(-a); **les ~s/les tiennes** los tuyos/las tuyas; **les ~s** *(ta famille)* los tuyos
tiens [tjɛ̃] *vb, excl voir* **tenir**
tiercé [tjɛʀse] *nm* apuesta triple
tiers, tierce [tjɛʀ, tjɛʀs] *adj* tercero(-a); **le ~ monde** el tercer mundo
tige [tiʒ] *nf* tallo
tignasse [tiɲas] *(péj) nf* greñas *fpl*
Tigre [tigʀ] *nm* Tigris *m*
tigre [tigʀ] *nm* tigre *m* • **tigré, e** *adj* atigrado(-a) • **tigresse** *nf* tigresa
tilleul [tijœl] *nm (arbre)* tilo; *(boisson)* tila
timbre [tɛ̃bʀ] *nm* timbre *m*; *(aussi* : **timbre-poste***)* sello, estampilla (AM)
timbré, e [tɛ̃bʀe] *adj (enveloppe)* timbrado(-a), sellado(-a); *(fam)* tocado(-a) de la cabeza
timide [timid] *adj* tímido(-a)
timidement [timidmɑ̃] *adv* tímidamente • **timidité** *nf* timidez *f*
tintamarre [tɛ̃tamaʀ] *nm* escandalera
tinter [tɛ̃te] *vi* tintinar
tique [tik] *nf* garrapata
tir [tiʀ] *nm* tiro; *(stand)* tiro al blanco; **~ à l'arc** tiro con arco; **~ au pigeon** tiro de pichón
tirage [tiʀaʒ] *nm (Photo)* revelado; *(d'un journal, de livre)* tirada; *(d'un poêle etc)* tiro; *(de loterie)* sorteo; **~ au sort** sorteo
tire [tiʀ] *nf*: **voleur à la ~** ratero; **vol à la ~** tirón *m*
tiré, e [tiʀe] *adj (visage)* cansado(-a); **~ par les cheveux** difícil de creer
tire-bouchon [tiʀbuʃɔ̃] *(pl* **tire-bouchons***) nm* sacacorchos *m inv*
tirelire [tiʀliʀ] *nf* hucha
tirer [tiʀe] *vt (sonnette etc)* tirar de, jalar (AM); *(remorque)* arrastrar, jalar (AM); *(trait)* trazar; *(rideau, panneau)* correr; *(carte, numéro, conclusion)* sacar; *(en faisant feu)* tirar, disparar; (: *animal*) disparar (a); *(journal, livre)* imprimir; *(Photo)* revelar; *(Football)* sacar, tirar ▶ *vi (faire feu)* disparar; *(cheminée, Sport)* tirar; **se tirer** *vpr (fam)* largarse; **s'en ~** salir bien; **~ à l'arc/à la carabine** tirar con

t

arco/con carabina; **~ à sa fin** tocar a su fin; **~ les cartes** echar las cartas

tiret [tiʀɛ] *nm* guión *m*

tireur, -euse [tiʀœʀ, øz] *nm/f* (*Mil*) tirador(a)

tiroir [tiʀwaʀ] *nm* cajón *m* • **tiroir-caisse** (*pl* **tiroirs-caisses**) *nm* caja

tisane [tizan] *nf* tisana

tisser [tise] *vt* tejer

tissu [tisy] *nm* tejido • **tissu-éponge** (*pl* **tissus-éponges**) *nm* felpa

titre [titʀ] *nm* título; (*de journal, aussi télévisé*) titular *m*; **à juste ~** con toda razón; **à quel ~ ?** ¿a título de qué?; **à aucun ~** bajo ninguna razón; **au même ~ (que)** al igual (que); **à ~ d'exemple** como ejemplo; **à ~ d'information** a modo de información; **~ de transport** billete *m*

tituber [titybe] *vi* titubear

titulaire [titylɛʀ] *adj* titular ▸ *nmf* titular *mf*; **être ~ de** ser titular de

TMS [teɛmɛs] *sigle mpl* (= *troubles musculosquelettiques*) TME *mpl* (= *trastornos musculoesqueléticos*)

TNT *sigle f* (= *Télévision numérique terrestre*) TDT *f* (= *televisión digital terrestre*)

toast [tost] *nm* tostada; (*de bienvenue*) brindis *m inv*; **porter un ~ à qn** brindar por algn

toboggan [tɔbɔgɑ̃] *nm* tobogán *m*

toc [tɔk] *nm* : **en ~** de imitación

TOC *sigle mpl* (= *troubles obsessionnels compulsifs*) TOC *msg* (= *trastorno obsesivo-compulsivo*)

tocsin [tɔksɛ̃] *nm* rebato, toque *m* de alarma

tohu-bohu [tɔybɔy] *nm inv* (*tumulte*) barullo

toi [twa] *pron* tú

toile [twal] *nf* tela; **~ cirée** hule *m*; **~ d'araignée** telaraña; **~ de fond** telón *m* de fondo; **~ émeri** tela de esmeril

toilette [twalɛt] *nf* aseo; (*habillement*) vestimenta; **toilettes** *nfpl* servicios *mpl*; **faire sa ~** asearse; **articles de ~** artículos *mpl* de aseo

toi-même [twamɛm] *pron* tú mismo

toit [twa] *nm* techo; (*de bâtiment*) tejado; **~ ouvrant** techo solar

toiture [twatyʀ] *nf* tejado, techumbre *f*

tôle [tol] *nf* chapa; **~ ondulée** chapa ondulada

tolérable [tɔleʀabl] *adj* tolerable

tolérant, e [tɔleʀɑ̃, ɑ̃t] *adj* tolerante

tolérer [tɔleʀe] *vt* tolerar

tollé [tɔ(l)le] *nm* : **un ~ (d'injures/de protestations)** una sarta (de insultos/de protestas)

tomate [tɔmat] *nf* tomate *m*

tombe [tɔ̃b] *nf* tumba

tombeau, x [tɔ̃bo] *nm* tumba

tombée [tɔ̃be] *nf* : **à la ~ du jour** *ou* **de la nuit** al atardecer, al anochecer

tomber [tɔ̃be] *vi* caer; (*accidentellement*) caerse; **laisser ~** abandonar; **~ sur** encontrarse con; **~ de fatigue/de sommeil** caerse de cansancio/de sueño; **~ à l'eau** (*fig*) irse al garete; **ça tombe bien/mal** viene bien/mal

tombola [tɔ̃bɔla] *nf* tómbola
tome [tɔm] *nm* tomo
ton¹, ta [tɔ̃, ta] (*pl* **tes**) *adj poss* tu
ton² [tɔ̃] *nm* tono; **donner le ~** llevar la voz cantante; **de bon ~** de buen tono
tonalité [tɔnalite] *nf* tonalidad *f*; (*au téléphone*) señal *f*
tondeuse [tɔ̃døz] *nf* (*à gazon*) cortadora de césped
tondre [tɔ̃dʀ] *vt* (*pelouse*) cortar; (*mouton*) esquilar; (*cheveux*) rapar
tonifier [tɔnifje] *vt* (*organisme*) entonar; (*peau*) tonificar
tonique [tɔnik] *adj* (*lotion, accent*) tónico(-a) ▶ *nm* (*médicament*) estimulante *m*; (*lotion*) tónico
tonne [tɔn] *nf* tonelada
tonneau, x [tɔno] *nm* tonel *m*; **faire des tonneaux** (*voiture*) dar vueltas de campana
tonnelle [tɔnɛl] *nf* glorieta
tonner [tɔne] *vi* tronar
tonnerre [tɔnɛʀ] *nm* trueno
tonton [tɔ̃tɔ̃] *nm* tito
tonus [tɔnys] *nm* : **avoir du ~** estar entonado(-a); **donner du ~** entonar
top [tɔp] *nm* : **au troisième ~** a la tercera señal ▶ *adj* : **~ secret** top secret
topinambour [tɔpinɑ̃buʀ] *nm* pataca
torche [tɔʀʃ] *nf* antorcha
torchon [tɔʀʃɔ̃] *nm* paño de cocina
tordre [tɔʀdʀ] *vt* torcer; **se tordre** *vpr* torcerse; **se ~ le pied/bras** torcerse el pie/brazo; **se ~ de douleur/de rire** retorcerse de dolor/desternillarse de risa
• **tordu, e** *pp de* **tordre** ▶ *adj* (*esprit*) retorcido(-a)
tornade [tɔʀnad] *nf* tornado
torrent [tɔʀɑ̃] *nm* torrente *m*
torsade [tɔʀsad] *nf* retorcido
torse [tɔʀs] *nm* torso
tort [tɔʀ] *nm* (*préjudice*) perjuicio; **torts** *nmpl* (*Jur*) daños y perjuicios *mpl*; **avoir ~** estar equivocado(-a); **être dans son ~** tener la culpa; **causer du ~ à** perjudicar a; **à ~** sin razón; **à ~ et à travers** a tontas y a locas
torticolis [tɔʀtikɔli] *nm* tortícolis *f inv*
tortiller [tɔʀtije] *vt* retorcer; **se tortiller** *vpr* retorcerse
tortionnaire [tɔʀsjɔnɛʀ] *nmf* torturador(a)
tortue [tɔʀty] *nf* tortuga
tortueux, -euse [tɔʀtɥø, øz] *adj* tortuoso(-a)
torture [tɔʀtyʀ] *nf* tortura
• **torturer** *vt* torturar
tôt [to] *adv* temprano; (*au bout de peu de temps*) pronto; **~ ou tard** tarde o temprano; **si ~** tan pronto; **au plus ~** cuanto antes
total, e, -aux [tɔtal, o] *adj* total ▶ *nm* total *m*; **au ~** en total
• **totalement** *adv* totalmente
• **totaliser** *vt* totalizar
• **totalitaire** *adj* totalitario(-a)
• **totalité** *nf* totalidad *f*
toubib [tubib] (*fam*) *nmf* médico(-a)
touchant, e [tuʃɑ̃, ɑ̃t] *adj* conmovedor(a)
touche [tuʃ] *nf* (*de piano, de machine à écrire*) tecla; (*Peinture, fig*) toque *m*; (*Football : aussi :* **remise en touche**) saque *m* de

banda; (: *ligne de touche*) línea de banda

toucher [tuʃe] *nm* tacto ▸ *vt* tocar; (*mur, pays*) lindar con; (*atteindre*) alcanzar; (*émouvoir* : *suj* : *amour, fleurs*) conmover; (: *catastrophe, malheur, crise*) afectar; (*prix, récompense*) recibir; (*salaire, chèque*) cobrar; **se toucher** *vpr* tocarse; **au ~** al tacto; **~ à qch** tocar algo; (*concerner*) atañer a algo; **~ au but** llegar a la meta; **je vais lui en ~ un mot** le diré dos palabras sobre ello; **~ à sa fin** *ou* **son terme** tocar a su fin

touffe [tuf] *nf* (*d'herbe*) mata

touffu, e [tufy] *adj* (*haie, forêt*) frondoso(-a); (*style, texte*) denso(-a)

toujours [tuʒuʀ] *adv* siempre; (*encore*) todavía; **~ plus** cada vez más; **pour ~** para siempre; **il vit ~ ici** todavía vive aquí, sigue viviendo aquí

toupie [tupi] *nf* peonza

tour [tuʀ] *nf* torre *f*; (*appartements*) bloque *m* (de pisos) ▸ *nm* (*promenade*) paseo, vuelta; (*Sport, Pol, de vis, de roue*) vuelta; (*d'être servi ou de jouer etc*) turno; (*ruse*) ardid *m*; (*de prestidigitation etc*) número; (*de potier, à bois*) torno; **faire le ~ de** dar la vuelta a; (*questions, possibilités*) dar vueltas a; **fermer à double ~** cerrar bajo siete llaves; **c'est au ~ de Philippe** le toca a Philippe; **à ~ de rôle, ~ à ~** por turnos, en orden; **~ de chant** *nm* recital *m* de canto; **~ de contrôle** *nf* torre de control; **~ de force** *nm* hazaña; **~ de taille** *nm* contorno de cintura

tourbe [tuʀb] *nf* turba

tourbillon [tuʀbijɔ̃] *nm* (*d'eau, de poussière*) remolino; (*de vent, fig*) torbellino • **tourbillonner** *vi* arremolinarse

tourelle [tuʀɛl] *nf* torrecilla

tourisme [tuʀism] *nm* turismo; **office du ~** oficina de turismo; **faire du ~** hacer turismo
• **touriste** *nmf* turista *mf*
• **touristique** *adj* turístico(-a)

tourment [tuʀmɑ̃] *nm* tormento
• **tourmenter** : **se tourmenter** *vpr* atormentarse

tournage [tuʀnaʒ] *nm* rodaje *m*

tournant, e [tuʀnɑ̃, ɑ̃t] *adj* giratorio(-a) ▸ *nm* (*de route*) curva; (*fig*) giro

tournée [tuʀne] *nf* (*du facteur*) ronda; (*d'artiste, de politicien*) gira; **payer une ~** pagar una ronda

tourner [tuʀne] *vt* girar, voltear (AM); (*difficulté etc*) esquivar; (*scène, film*) rodar; (*jouer dans*) actuar en ▸ *vi* girar, voltear (AM); (*vent*) cambiar de dirección; (*moteur*) estar en marcha; (*compteur*) estar andando; (*lait etc*) agriarse; (*chance, vie*) cambiar; **se tourner** *vpr* volverse; **se ~ vers** volverse hacia; (*personne* : *pour demander* : *aide, conseil*) dirigirse a; **bien/mal ~** salir bien/mal; **~ autour de** dar vueltas alrededor de; **~ autour du pot** andarse con rodeos; **~ le dos à** dar la espalda a; **~ court** desviarse; **~ de l'œil** (*fam*) desmayarse

tournesol [tuʀnəsɔl] *nm* girasol *m*

tournevis [tuʀnəvis] *nm* destornillador *m*

tournoi [tuʀnwa] *nm (Hist)* torneo

tournure [tuʀnyʀ] *nf (Ling)* giro; **prendre ~** tomar forma; **~ d'esprit** manera de enfocar las cosas

tourte [tuʀt] *nf (Culin)* : **~ à la viande** pastel *m* de carne

tourterelle [tuʀtəʀɛl] *nf* tórtola

tous [tu, tus] *voir* **tout**

Toussaint [tusɛ̃] *nf* : **la ~** el día de Todos los Santos

> **La Toussaint**, el 1 de noviembre, es una fiesta oficial francesa. Tradicionalmente, la gente visita las tumbas de sus parientes y amigos y deposita en ellas coronas de crisantemos.

tousser [tuse] *vi* toser

tout, e [tu, tut]

(*mpl* **tous**, *fpl* **toutes**)
▶ *adj* 1 (*avec article*) todo(-a); **~ le lait/l'argent** toda la leche/todo el dinero; **toute la nuit** toda la noche; **~ le livre** todo el libro; **~es les trois/deux semaines** cada tres/dos semanas; **~ le temps** *adv* todo el tiempo; **~ le monde** *pron* todo el mundo; **c'est ~ le contraire** es todo lo contrario; **toutes les nuits** todas las noches; **toutes les fois que ...** todas las veces que ...; **tous les deux** los dos, ambos
2 (*sans article*) : **à ~ âge/à toute heure** a cualquier edad/hora; **pour toute nourriture, il avait ...** por todo alimento, tenía ...; **à toute vitesse** a toda velocidad; **de tous côtés** *ou* **de toutes parts** de todos (los) lados *ou* de todas partes; **à ~ hasard** por si acaso
▶ *pron* todo(-a); **il a ~ fait** lo hizo todo; **je les vois toutes** las veo a todas; **nous y sommes tous allés** fuimos todos; **en ~** en total; **~ ce qu'il sait** todo lo que sabe; **~ ou rien** todo o nada; **c'est ~** eso es todo, nada más
▶ *nm* todo; **le ~ est de ...** lo importante es ...; **pas du ~** en absoluto
▶ *adv* 1 (**toute** *avant adj f commençant par consonne ou h aspiré*) (*très, complètement*) : **elle était ~ émue** estaba muy emocionada; **elle était toute petite** era muy pequeñita; **~ près** muy cerca; **le ~ premier** el primero de todos; **~ seul** solo; **le livre ~ entier** el libro entero; **~ en haut/bas** arriba/abajo del todo; **~ droit** todo recto; **~ rouge** todo rojo; **parler ~ bas** hablar muy bajo; **~ simplement** sencillamente; **fais-le ~ doucement** hazlo despacito
2 : **~ en** mientras; **~ en travaillant il ...** mientras trabaja, ...
3 : **~ d'abord** en primer lugar; **~ à coup** de repente; **« ~ à fait ! »** « ¡desde luego! »; **~ à l'heure** (*passé*) hace un rato; (*futur*) luego; **à ~ à l'heure !** ¡hasta luego!; **~ de même** sin embargo; **~ de suite** enseguida; **~ terrain** *ou* **tous terrains** *adj inv* todo terreno *inv*

toutefois [tutfwa] *adv* sin embargo, no obstante

toutes [tut] *voir* **tout**

toux [tu] *nf* tos *f inv*
toxicomane [tɔksikɔman] *adj, nmf* toxicómano(-a)
toxique [tɔksik] *adj* tóxico(-a)
trac [tʀak] *nm* nerviosismo
traçabilité [tʀasabilite] *nf* trazabilidad *f*
tracasser [tʀakase] *vt* (*suj : problème, idée*) preocupar; **se tracasser** *vpr* preocuparse
trace [tʀas] *nf* huella; (*de pneu, de brûlure etc*) marca; (*d'encre, indice, quantité minime*) rastro; **avoir une ~ d'accent étranger** tener un ligero acento extranjero; **suivre qn à la ~** seguir la pista *ou* el rastro de algn; **~s de pas** huellas *fpl* de pasos
tracer [tʀase] *vt* trazar
tract [tʀakt] *nm* panfleto
tracteur [tʀaktœʀ] *nm* tractor *m*
traction [tʀaksjɔ̃] *nf* tracción *f*
tradition [tʀadisjɔ̃] *nf* tradición *f* • **traditionnel, le** *adj* tradicional
traducteur, -trice [tʀadyktœʀ, tʀis] *nm/f* traductor(a)
traduction [tʀadyksjɔ̃] *nf* traducción *f*
traduire [tʀadɥiʀ] *vt* traducir; **~ qn en justice** hacer comparecer a algn ante la justicia
trafic [tʀafik] *nm* tráfico; **~ d'armes** tráfico de armas • **trafiquant, e** *nm/f* traficante *mf* • **trafiquer** *vt* (*péj*) amañar
tragédie [tʀaʒedi] *nf* tragedia • **tragique** *adj* trágico(-a)
trahir [tʀaiʀ] *vt* traicionar; (*suj : objet*) : **~ qn** descubrir a algn; **se trahir** *vpr* traicionarse • **trahison** *nf* traición *f*
train [tʀɛ̃] *nm* tren *m*; (*allure*) paso; (*ensemble*) serie *f*; **être en ~ de faire qch** estar haciendo algo; **mettre qch en ~** empezar a hacer algo; **~ autos-couchettes** tren coche-cama; **~ de pneus** juego de neumáticos; **~ de vie** tren de vida; **~ électrique** (*jouet*) tren eléctrico
traîne [tʀɛn] *nf* cola; **être à la ~** ir rezagado(-a)
traîneau, x [tʀɛno] *nm* trineo
traîner [tʀene] *vt* tirar de ▸ *vi* rezagarse; (*être en désordre*) estar tirado(-a); (*vagabonder*) callejear; (*durer*) alargarse; **se traîner** *vpr* arrastrarse; **~ les pieds** arrastrar los pies; **~ par terre** arrastrar por el suelo
train-train [tʀɛ̃tʀɛ̃] *nm inv* rutina
traire [tʀɛʀ] *vt* ordeñar
trait [tʀɛ] *nm* trazo; (*caractéristique*) rasgo; **traits** *nmpl* (*du visage*) rasgos *mpl*; **d'un ~** de un tirón; **de ~** (*animal*) de tiro; **avoir ~ à** referirse a; **~ d'union** guión *m*; (*fig*) lazo
traitant [tʀɛtɑ̃] *adj m* : **votre médecin ~** su médico de cabecera
traite [tʀɛt] *nf* (*Agr*) ordeño; **d'une (seule) ~** de un (solo) tirón
traité [tʀete] *nm* tratado
traitement [tʀɛtmɑ̃] *nm* tratamiento; **mauvais ~s** malos tratos *mpl*; **~ de texte** (*Inform*) procesamiento *ou* tratamiento de textos
traiter [tʀete] *vt, vi* tratar; **~ qn d'idiot** llamar idiota a algn; **~ de qch** tratar de algo

traiteur [tʀɛtœʀ] *nm* negocio de comidas por encargo *ou* de catering

traître, -esse [tʀɛtʀ, tʀɛtʀɛs] *adj* traicionero(-a) ▶ *nm/f* traidor(a)

trajectoire [tʀaʒɛktwaʀ] *nf* trayectoria

trajet [tʀaʒɛ] *nm* trayecto

trampoline [tʀɑ̃pɔlin] *nm* trampolín *m*

tramway [tʀamwɛ] *nm* tranvía *m*

tranchant, e [tʀɑ̃ʃɑ̃, ɑ̃t] *adj* (*lame*) afilado(-a); (*personne*) resuelto(-a) ▶ *nm* (*d'un couteau*) filo; **à double ~** de doble filo

tranche [tʀɑ̃ʃ] *nf* (*de pain*) rebanada; (*de jambon, fromage*) loncha; (*de saucisson*) rodaja; (*de gâteau*) porción *f*; (*d'un couteau, livre etc*) canto; **~ d'âge/de salaires** tramo de edad/de salarios; **~ de vie** periodo de la vida cotidiana

tranché, e [tʀɑ̃ʃe] *adj* (*couleurs*) contrastado(-a); (*opinions*) tajante

trancher [tʀɑ̃ʃe] *vt* cortar (en lonchas/rodajas); (*question*) zanjar ▶ *vi* : **~ avec** *ou* **sur** contrastar con

tranquille [tʀɑ̃kil] *adj* tranquilo(-a); **se tenir ~** estarse quieto(-a); **laisse-moi/laisse-ça ~ !** ¡déjame/deja eso en paz! • **tranquillisant** *nm* (*Méd*) tranquilizante *m* • **tranquillité** *nf* tranquilidad *f*

transférer [tʀɑ̃sfeʀe] *vt* transferir; (*prisonnier, bureaux*) trasladar; (*titre*) transmitir • **transfert** *nm* transferencia; (*d'un prisonnier, de bureaux*) traslado; (*d'un titre*) transmisión *f*

transformation [tʀɑ̃sfɔʀmasjɔ̃] *nf* transformación *f*; **transformations** *nfpl* (*travaux*) reformas *fpl*

transformer [tʀɑ̃sfɔʀme] *vt* transformar; (*maison, magasin, vêtement*) reformar

transfusion [tʀɑ̃sfyzjɔ̃] *nf* : **~ sanguine** transfusión *f* sanguínea

transgresser [tʀɑ̃sgʀese] *vt* transgredir

transi, e [tʀɑ̃zi] *adj* helado(-a)

transiger [tʀɑ̃ziʒe] *vi* transigir

transit [tʀɑ̃zit] *nm* tránsito • **transiter** *vi* transitar

transition [tʀɑ̃zisjɔ̃] *nf* transición *f* • **transitoire** *adj* transitorio(-a)

transmettre [tʀɑ̃smɛtʀ] *vt* transmitir; (*secret*) revelar; (*recette*) pasar, dar • **transmission** *nf* transmisión *f*

transparent, e [tʀɑ̃spaʀɑ̃, ɑ̃t] *adj* transparente

transpercer [tʀɑ̃spɛʀse] *vt* traspasar

transpiration [tʀɑ̃spiʀasjɔ̃] *nf* transpiración *f*

transpirer [tʀɑ̃spiʀe] *vi* transpirar; (*information, nouvelle*) trascender

transplanter [tʀɑ̃splɑ̃te] *vt* (*Bot, Méd*) trasplantar

transport [tʀɑ̃spɔʀ] *nm* transporte *m*; **~s en commun** transportes públicos • **transporter** *vt* llevar; (*voyageurs, marchandises*) transportar • **transporteur** *nm* transportista *m*

transvaser [tʀɑ̃svaze] *vt* transvasar

t

transversal, e, -aux [tʀɑ̃svɛʀsal, o] *adj* transversal
trapèze [tʀapɛz] *nm* trapecio
trappe [tʀap] *nf* trampa, trampilla
trapu, e [tʀapy] *adj* bajo(-a) y fortachón(-ona)
traquenard [tʀaknaʀ] *nm* cepo
traquer [tʀake] *vt* acorralar; (*harceler*) acosar
traumatiser [tʀomatize] *vt* traumatizar
travail, -aux [tʀavaj, o] *nm* trabajo; (*Méd*) parto; **travaux** *nmpl* (*de réparation, agricoles*) trabajos *mpl*; (*de construction, sur route*) obras *fpl*; **être sans ~** estar sin trabajo; **~ au noir** trabajo clandestino; **travaux des champs** faenas *fpl* del campo; **travaux dirigés** (*Scol*) ejercicios *mpl* dirigidos; **travaux manuels** (*Scol*) trabajos manuales
travailler [tʀavaje] *vi* trabajar; (*bois*) alabearse; (*argent*) producir ▶ *vt* trabajar; **cela le travaille** eso le preocupa; **~ à** trabajar en; (*contribuer à*) contribuir a • **travailleur, -euse** *adj, nm/f* trabajador(a); **~ social** trabajador(a) social • **travailliste** *adj, nmf* laborista *mf*
travers [tʀavɛʀ] *nm* (*défaut*) imperfección *f*; **en ~ (de)** atravesado(-a) (en); **au ~ (de)** a través (de); **de ~** *adj* de través ▶ *adv* oblicuamente; (*fig*) al revés; **à ~** a través; **regarder de ~** (*fig*) mirar de reojo
traverse [tʀavɛʀs] *nf*: **chemin de ~** atajo
traversée [tʀavɛʀse] *nf* travesía
traverser [tʀavɛʀse] *vt* atravesar; (*rue*) cruzar; (*percer : suj : pluie, froid*) traspasar
traversin [tʀavɛʀsɛ̃] *nm* cabezal *m*
travesti [tʀavɛsti] *nm* (*artiste de cabaret*) travestido; (*homosexuel*) travesti *m*
trébucher [tʀebyʃe] *vi* : **~ (sur)** tropezar (con)
trèfle [tʀɛfl] *nm* trébol *m*
treize [tʀɛz] *adj inv, nm inv* trece *m inv*; *voir aussi* **cinq** • **treizième** *adj, nmf* decimotercero(-a) ▶ *nm* (*partitif*) treceavo; *voir aussi* **cinquantième**

Le treizième mois es una paga extraordinaria de final de año que equivale aproximadamente a un mes de sueldo. Para muchos empleados es una parte normal de su salario anual.

tréma [tʀema] *nm* diéresis *f inv*
tremblement [tʀɑ̃bləmɑ̃] *nm* temblor *m*; **~ de terre** terremoto
trembler [tʀɑ̃ble] *vi* temblar; **~ de** temblar de; **~ pour qn** temer por algn
trémousser [tʀemuse] : **se trémousser** *vpr* menearse
trempé, e [tʀɑ̃pe] *adj* empapado(-a)
tremper [tʀɑ̃pe] *vt* empapar; (*pain, chemise*) mojar ▶ *vi* estar en remojo; **~ dans** (*fig, péj*) estar metido(-a) *ou* implicado(-a) en; **faire ~, mettre à ~** poner en remojo; **~ qch dans** remojar algo en
tremplin [tʀɑ̃plɛ̃] *nm* trampolín *m*

trentaine [tʀɑ̃tɛn] *nf* treintena; **avoir la ~** tener unos treinta años; **une ~ (de)** unos(-as) treinta
trente [tʀɑ̃t] *adj inv, nm inv* treinta *m inv*; *voir aussi* **cinq** • **trentième** *adj, nmf* trigésimo(-a) ▶ *nm* (*partitif*) treintavo; *voir aussi* **cinquantième**
trépidant, e [tʀepidɑ̃, ɑ̃t] *adj* trepidante
trépigner [tʀepiɲe] *vi* : **~ (d'enthousiasme/ d'impatience)** patalear (de entusiasmo/de impaciencia)
très [tʀɛ] *adv* muy
trésor [tʀezɔʀ] *nm* tesoro; (*vertu précieuse*) joya; **T~ (public)** Tesoro (público) • **trésorerie** *nf* tesorería • **trésorier, -ière** *nm/f* tesorero(-a)
tressaillir [tʀesajiʀ] *vi* (*de peur*) estremecerse; (*de joie, d'émotion*) vibrar
tressauter [tʀesote] *vi* sobresaltar
tresse [tʀɛs] *nf* trenza • **tresser** *vt* trenzar
tréteau, x [tʀeto] *nm* caballete *m*
treuil [tʀœj] *nm* torno
trêve [tʀɛv] *nf* tregua
tri [tʀi] *nm* selección *f*; **le ~** (*Postes : action*) la clasificación
triangle [tʀijɑ̃gl] *nm* triángulo • **triangulaire** *adj* triangular
tribord [tʀibɔʀ] *nm* : **à ~** a estribor
tribu [tʀiby] *nf* tribu *f*
tribunal, -aux [tʀibynal, o] *nm* tribunal *m*; (*bâtiment*) juzgado
tribune [tʀibyn] *nf* tribuna
tribut [tʀiby] *nm* tributo; **payer un lourd ~ à** pagar un tributo muy caro a
tributaire [tʀibytɛʀ] *adj* : **être ~ de** ser tributario(-a) de
tricher [tʀiʃe] *vi* (*à un examen*) copiar; (*aux cartes, courses*) hacer trampas • **tricheur, -euse** *nm/f* tramposo(-a)
tricolore [tʀikɔlɔʀ] *adj* tricolor; (*français : drapeau, équipe*) francés(-esa)
tricot [tʀiko] *nm* punto; (*ouvrage*) prenda de punto • **tricoter** *vt* tricotar
tricycle [tʀisikl] *nm* triciclo
trier [tʀije] *vt* (*classer*) clasificar; (*choisir*) seleccionar; (*fruits, grains*) seleccionar, escoger
trimestre [tʀimɛstʀ] *nm* trimestre *m* • **trimestriel, le** *adj* trimestral
trinquer [tʀɛ̃ke] *vi* chocar los vasos; (*porter un toast*) brindar
triomphe [tʀijɔ̃f] *nm* triunfo • **triompher** *vi* triunfar; **~ de qch/qn** triunfar sobre algo/algn
tripes [tʀip] *nfpl* (*Culin*) callos *mpl*
triple [tʀipl] *adj* triple ▶ *nm* : **le ~ (de)** el triple (de); **en ~ exemplaire** por triplicado • **tripler** *vi, vt* triplicar
triplés, -ées [tʀiple] *nmpl/nfpl* (*bébés*) trillizos(-as)
tripoter [tʀipɔte] *vt* (*objet*) manosear
triste [tʀist] *adj* triste; **un ~ personnage/une ~ affaire** (*péj*) un personaje mediocre/un asunto turbio • **tristesse** *nf* tristeza
trivial, e, -aux [tʀivjal, jo] *adj* trivial
troc [tʀɔk] *nm* trueque *m*
trognon [tʀɔɲɔ̃] *nm* (*de fruit*) corazón *m*; (*de légume*) troncho

t

trois [tʀwa] *adj inv, nm inv* tres *m inv*; *voir aussi* **cinq** • **troisième** *adj, nmf* tercero(-a) ▸ *nf* (*Auto*) tercera; *voir aussi* **cinquième**

trombe [tʀɔ̃b] *nf* tromba; **en ~** en tromba

trombone [tʀɔ̃bɔn] *nm* (*Mus*) trombón *m*; (*de bureau*) clip *m*

trompe [tʀɔ̃p] *nf* trompa

tromper [tʀɔ̃pe] *vt* engañar; (*espoir, attente*) frustrar; (*vigilance, poursuivants*) burlar; **se tromper** *vpr* equivocarse; **se ~ de voiture/jour** equivocarse de coche/día; **se ~ de 3 cm/20 euros** equivocarse en 3 cm/20 euros

trompette [tʀɔ̃pɛt] *nf* trompeta; **nez en ~** nariz *f* respingona

trompeur, -euse [tʀɔ̃pœʀ, øz] *adj* engañoso(-a)

tronc [tʀɔ̃] *nm* (*Bot, Anat*) tronco

tronçon [tʀɔ̃sɔ̃] *nm* tramo • **tronçonner** *vt* (*arbre*) cortar en trozos

trône [tʀon] *nm* trono

trop [tʀo] *adv* demasiado; (*devant adverbe*) muy, demasiado; **~ (souvent/longtemps)** demasiado (a menudo/tiempo); **~ de sucre/personnes** demasiado azúcar/demasiadas personas; **ils sont ~** son demasiados; **de ~, en ~ : des livres en ~** libros *mpl* de sobra; **du lait en ~** leche *f* de sobra; **trois euros de ~** tres euros de más

tropical, e, -aux [tʀɔpikal, o] *adj* tropical

tropique [tʀɔpik] *nm* trópico

trop-plein [tʀoplɛ̃] (*pl* **trop-pleins**) *nm* (lo) sobrante *m*, exceso

troquer [tʀɔke] *vt* : **~ qch contre qch** trocar algo por algo; (*fig*) cambiar algo por algo

trot [tʀo] *nm* trote *m* • **trotter** *vi* trotar

trottinette [tʀɔtinɛt] *nf* patinete *m*

trottoir [tʀɔtwaʀ] *nm* acera, vereda (*AM*), andén *m* (*AM*); **faire le ~** (*péj*) hacer la calle; **~ roulant** cinta móvil

trou [tʀu] *nm* agujero; (*moment de libre*) hueco; **~ d'air** bache *m*; **~ de la serrure** ojo de la cerradura; **~ de mémoire** fallo de la memoria

troublant, e [tʀublɑ̃, ɑ̃t] *adj* (*ressemblance*) sorprendente

trouble [tʀubl] *adj* turbio(-a) ▸ *adv* : **voir ~** ver borroso ▸ *nm* (*désarroi*) desconcierto; (*émoi sensuel*) trastorno; (*embarras*) confusión *f*; **troubles** *nmpl* (*Pol*) disturbios *mpl*; (*Méd*) trastornos *mpl* • **trouble-fête** (*pl* **trouble-fêtes**) *nmf* aguafiestas *mf inv*

troubler [tʀuble] *vt* turbar; (*liquide*) enturbiar; (*ordre*) alterar; **se troubler** *vpr* turbarse

trouer [tʀue] *vt* agujerear

trouille [tʀuj] (*fam*) *nf* : **avoir la ~** tener mieditis

troupe [tʀup] *nf* (*Mil*) tropa; **~ (de théâtre)** compañía (de teatro)

troupeau, x [tʀupo] *nm* (*de moutons*) rebaño; (*de vaches*) manada

trousse [tʀus] *nf* (*étui*) estuche *m*; (*d'écolier*) cartera; (*de docteur*) maletín *m*; **~ à outils** bolsa de herramientas; **~ de toilette** neceser *m*

trousseau, x [tʀuso] *nm* ajuar *m*; **~ de clefs** manojo de llaves

trouvaille [tʀuvaj] *nf* hallazgo

trouver [tʀuve] *vt* encontrar, hallar; **se trouver** *vpr* encontrarse, hallarse; **aller/venir ~ qn** ir/venir a ver a algn; **~ le loyer cher/le prix excessif** parecerle a algn el alquiler caro/el precio excesivo; **je trouve que** me parece que; **il se trouve que** resulta que; **se ~ bien/mal** sentirse *ou* encontrarse bien/mal

truand, e [tʀyɑ̃, ɑ̃d] *nm/f* truhán(-ana), timador(a) • **truander** (*fam*) *vt* timar

truc [tʀyk] *nm* truco; (*fam* : *chose*) cosa, chisme *m*

truffe [tʀyf] *nf* (*Bot*) trufa

truffer [tʀyfe] *vt* (*Culin*) trufar; **truffé de** (*fig* : *erreurs*) repleto de

truie [tʀɥi] *nf* cerda, marrana

truite [tʀɥit] *nf* trucha

truquer [tʀyke] *vt* trucar; (*élections*) amañar

TSVP [teɛsvepe] *abr* (= *tournez s'il vous plaît*) sigue

TTC [tetese] *abr* (= *toutes taxes comprises*) todo incluido

tu[1] [ty] *pron* tú

tu[2]**, e** [ty] *pp de* **taire**

tuba [tyba] *nm* tuba

tube [tyb] *nm* tubo; (*chanson, disque*) éxito

tuberculose [tybɛʀkyloz] *nf* tuberculosis *f*

tuer [tɥe] *vt* matar; **se tuer** *vpr* matarse • **tuerie** *nf* matanza; (*fam*: *délice*) : **c'est une ~ ce gâteau au chocolat** este pastel de chocolate está de muerte

tue-tête [tytɛt] : **à ~** *adv* a voz en grito, a grito pelado

tueur, -euse [tɥœʀ, øz] *nm/f* asesino(-a); **~ à gages** asesino(-a) a sueldo

tuile [tɥil] *nf* teja; (*fam*) contratiempo, problema *m*

tulipe [tylip] *nf* tulipán *m*

tuméfié, e [tymefje] *adj* tumefacto(-a)

tumeur [tymœʀ] *nf* tumor *m*

tumulte [tymylt] *nm* tumulto • **tumultueux, -euse** *adj* tumultuoso(-a)

tunique [tynik] *nf* túnica

Tunisie [tynizi] *nf* Túnez *m* • **tunisien, ne** *adj* tunecino(-a) ▸ *nm/f* : **Tunisien, ne** tunecino(-a)

tunnel [tynɛl] *nm* túnel *m*

turbulent, e [tyʀbylɑ̃, ɑ̃t] *adj* revoltoso(-a)

turc, turque [tyʀk] *adj* turco(-a) ▸ *nm* (*Ling*) turco ▸ *nm/f* : **Turc, Turque** turco(-a); **à la turque** *adj* (*W.-C.*) sin asiento

turf [tyʀf] *nm* deporte *m* hípico • **turfiste** *nmf* aficionado(-a) a las carreras de caballos

Turquie [tyʀki] *nf* Turquía

turquoise [tyʀkwaz] *adj inv* turquesa *inv* ▸ *nf* turquesa

tutelle [tytɛl] *nf* tutela

tuteur, -trice [tytœʀ, tʀis] *nm/f* (*Jur*) tutor(a) ▸ *nm* (*de plante*) tutor *m*, rodrigón *m*

tutoyer [tytwaje] *vt* : **~ qn** tutear a algn

tuyau, x [tɥijo] *nm* tubo; (*fam* : *conseil*) consejo; **~ d'arrosage** manguera de riego; **~ d'échappement** tubo de

t

escape • **tuyauterie** *nf* cañería, tubería

TVA [tevea] *sigle f* (= *taxe à la valeur ajoutée*) ≈ IVA

tweet [twit] *nm* tuit *m*, tweet *m*

tweeter [twite] *vi, vt* tuitear, twittear

tweetos [twitos] *nmf inv* = **twittos**

tweetosphère [twitosfɛʀ] *nf* = **twittosphère**

twittos [twitos] *nmf inv* tuitero(-a)

twittosphère [twitosfɛʀ] *nf* tuitesfera

tympan [tɛ̃pɑ̃] *nm* tímpano

type [tip] *nm* tipo; (*fam : homme*) tío ▸ *adj* tipo

typé, e [tipe] *adj* típico(-a)

typique [tipik] *adj* típico(-a)

tyran [tiʀɑ̃] *nm* tirano • **tyrannique** *adj* tiránico(-a)

tzigane [dzigan] *adj* cíngaro(-a), zíngaro(-a)

U

ubériser [ybeʀize] *vt* uberizar

UE *sigle f* (= *Union européenne*) UE *f*

ulcère [ylsɛʀ] *nm* úlcera

ultérieur, e [ylteʀjœʀ] *adj* ulterior, posterior; **reporté à une date ultérieure** aplazado hasta nuevo aviso • **ultérieurement** *adv* posteriormente

ultime [yltim] *adj* último(-a)

un, une [œ̃, yn]

▸ *art indéf* un(a); **un garçon/vieillard** un chico/viejo; **une fille** una niña

▸ *pron* uno(-a); **l'un des meilleurs** uno de los mejores; **l'un ..., l'autre ...** uno ..., el otro ...; **les uns ..., les autres ...** (los) unos ..., (los) otros ...; **l'un et l'autre** uno y otro; **l'un ou l'autre** uno u otro; **pas un seul** ni uno; **un par un** uno a uno

▸ *num* uno(-a); **une pomme seulement** una manzana solamente

▸ *nf* : **la une** (*Presse*) la primera página; (*chaîne de télévision*) la primera (cadena)

unanime [ynanim] *adj* unánime • **unanimité** *nf* unanimidad *f*; **à l'~** por unanimidad

uni, e [yni] *adj* (*tissu*) uniforme; (*surface, couleur*) liso(-a); (*groupe, pays*) unido(-a)

unifier [ynifje] *vt* unificar

uniforme [ynifɔʀm] *adj* (*aussi fig*) uniforme ▶ *nm* uniforme *m* • **uniformiser** *vt* uniformizar, uniformar

union [ynjɔ̃] *nf* unión *f*

unique [ynik] *adj* único(-a); **fils/ fille ~** hijo único/hija única • **uniquement** *adv* únicamente

unir [yniʀ] *vt* unir; **s'unir** *vpr* unirse; **~ qch à** unir algo a

unitaire [ynitɛʀ] *adj* unitario(-a)

unité [ynite] *nf* unidad *f*

univers [ynivɛʀ] *nm* universo • **universel, le** *adj* universal

universitaire [ynivɛʀsitɛʀ] *adj, nmf* universitario(-a)

université [ynivɛʀsite] *nf* universidad *f*

urbain, e [yʀbɛ̃, ɛn] *adj* urbano(-a) • **urbanisme** *nm* urbanismo

urgence [yʀʒɑ̃s] *nf* urgencia ▶ *adv* : **d'~** urgentemente

urgent, e [yʀʒɑ̃, ɑ̃t] *adj* urgente

urgentiste [yʀʒɑ̃tist] *nm/f* médico(-a) de urgencias

urine [yʀin] *nf* orina • **urinoir** *nm* urinario

urne [yʀn] *nf* urna

urticaire [yʀtikɛʀ] *nf* urticaria

us [ys] *nmpl* : **us et coutumes** usos *mpl* y costumbres

US [yɛs], **USA** [yɛsa] *sigle mpl* (= *United States (of America)*) EE. UU. *mpl* (= *Estados Unidos*)

usage [yzaʒ] *nm* (*aussi Ling*) uso; **l'~** (*la coutume*) la costumbre; **à l'~** con el uso; **à l'~ de** para uso de; **en ~** en uso; **hors d'~** fuera de uso, en desuso; **à ~ interne/ externe** (*Méd*) de uso interno/ externo • **usagé, e** *adj* usado(-a) • **usager, -ère** *nm/f* usuario(-a)

usé, e [yze] *adj* usado(-a); (*banal, rebattu*) manido(-a)

user [yze] *vt* usar; (*consommer*) gastar; (*fig* : *santé, personne*) desgastar; **s'user** *vpr* (*outil, vêtement*) gastarse; **~ de** (*moyen, droit, procédé*) servirse de

usine [yzin] *nf* fábrica

usité, e [yzite] *adj* empleado(-a)

ustensile [ystɑ̃sil] *nm* utensilio; **~ de cuisine** utensilio de cocina

usuel, le [yzɥɛl] *adj* usual

usure [yzyʀ] *nf* desgaste *m*; **avoir qn à l'~** acabar convenciendo a algn

utérus [yteʀys] *nm* útero

utile [ytil] *adj* útil

utilisation [ytilizasjɔ̃] *nf* utilización *f*

utiliser [ytilize] *vt* utilizar; (*Culin* : *restes*) aprovechar

utilitaire [ytilitɛʀ] *adj* (*objet, véhicule*) utilitario(-a)

utilité [ytilite] *nf* utilidad *f*; **reconnu d'~ publique** (*Admin*) reconocido de utilidad pública

utopie [ytɔpi] *nf* utopía

V

va [va] *vb voir* **aller**

vacance [vakɑ̃s] *nf (Admin)* vacante *f*; **vacances** *nfpl* vacaciones *fpl*; **prendre des/ses ~s (en juin)** coger las vacaciones (en junio); **aller en ~s** ir de vacaciones • **vacancier, -ière** *nm/f* veraneante *mf*

vacant, e [vakɑ̃, ɑ̃t] *adj* vacante

vacarme [vakaʀm] *nm* alboroto

vaccin [vaksɛ̃] *nm* vacuna • **vaccination** *nf* vacunación *f* • **vacciner** *vt* vacunar; **être vacciné** *(fig : fam)* estar vacunado(-a)

vache [vaʃ] *nf* vaca; *(cuir)* piel *f* ▶ *adj (fam)* duro(-a) • **vachement** *(fam) adv* super • **vacherie** *(fam) nf* faena

vaciller [vasije] *vi* vacilar

VAE [veaə] *sigle m (= vélo à assistance électrique)* bicicleta eléctrica

va-et-vient [vaevjɛ̃] *nm inv* vaivén *m*

vagabond, e [vagabɔ̃, ɔ̃d] *adj* vagabundo(-a); *(pensées)* errabundo(-a) ▶ *nm/f* vagabundo(-a) • **vagabonder** *vi* vagabundear

vagin [vaʒɛ̃] *nm* vagina

vague [vag] *nf* ola ▶ *adj (silhouette, souvenir)* vago(-a); *(angoisse)* indefinido(-a); **~ de fond** *nf* mar de fondo; **~ de froid** *nf* ola de frío

vaillant, e [vajɑ̃, ɑ̃t] *adj* valiente; *(vigoureux)* saludable

vain, e [vɛ̃, vɛn] *adj* vano(-a); **en ~** en vano

vaincre [vɛ̃kʀ] *vt* vencer, derrotar • **vaincu, e** *pp de* **vaincre** ▶ *nm/f* vencido(-a), derrotado(-a) • **vainqueur** *adj, nmf* ganador(a)

vaisseau, x [vɛso] *nm (Anat)* vaso; *(Naut)* navío; **~ spatial** nave *f* espacial

vaisselier [vɛsəlje] *nm* aparador *m*

vaisselle [vɛsɛl] *nf* vajilla; *(lavage)* fregado

valable [valabl] *adj* válido(-a); *(motif, solution)* admisible

valet [valɛ] *nm* criado; *(Cartes)* sota

valeur [valœʀ] *nf* valor *m*; **valeurs** *nfpl (morales)* valores *mpl*; **mettre en ~** *(fig)* destacar; **avoir/prendre de la ~** tener/adquirir valor; **sans ~** sin valor

valide [valid] *adj (personne)* sano(-a); *(passeport, billet)* válido(-a) • **valider** *vt* validar

valise [valiz] *nf* maleta, valija (AM)

vallée [vale] *nf* valle *m*

vallon [valɔ̃] *nm* pequeño valle *m*

valoir [valwaʀ] *vi* valer ▶ *vt* valer; *(un effort, détour)* merecer; *(causer, procurer : suj : chose)* : **~ qch à qn** valer algo a algn; **se valoir** *vpr* ser equivalente; **faire ~** *(ses droits)* hacer valer; **à ~ sur** a cuenta de;

cela ne me dit rien qui vaille eso me da mala espina; **ce climat** *etc* **ne me vaut rien** este clima *etc* no me sienta nada bien; **~ la peine** merecer la pena; **~ mieux : il vaut mieux se taire/que je fasse comme ceci** más vale callarse/que lo haga así; **ça ne vaut rien** eso no vale nada

valse [vals] *nf* vals *m*

vandalisme [vɑ̃dalism] *nm* vandalismo

vanille [vanij] *nf* vainilla

vanité [vanite] *nf* vanidad *f* • **vaniteux, -euse** *adj* vanidoso(-a)

vanne [van] *nf* compuerta; (*fam*) pulla

vannerie [vanʀi] *nf* cestería

vantard, e [vɑ̃taʀ, aʀd] *adj* jactancioso(-a)

vanter [vɑ̃te] *vt* alabar; **se vanter** *vpr* jactarse; **se ~ de qch** jactarse *ou* presumir de algo

vapeur [vapœʀ] *nf* vapor *m*; **cuit à la ~** (*Culin*) cocinado al vapor • **vaporeux, -euse** *adj* vaporoso(-a) • **vaporisateur** *nm* vaporizador *m* • **vaporiser** *vt* vaporizar

varappe [vaʀap] *nf* escalada de rocas

vareuse [vaʀøz] *nf* (*blouson*) marinera

variable [vaʀjabl] *adj* (*temps*) variable; (*résultats*) diverso(-a)

varice [vaʀis] *nf* variz *f*

varicelle [vaʀisɛl] *nf* varicela

varié, e [vaʀje] *adj* variado(-a); (*goûts, résultats*) diverso(-a)

varier [vaʀje] *vi* variar, cambiar; (*différer*) variar ▶ *vt* cambiar • **variété** *nf* variedad *f*; **variétés** *nfpl* : **spectacle/émission de ~s** espectáculo/programa de variedades

variole [vaʀjɔl] *nf* viruela

vas [va] *vb voir* **aller**; **~-y !** ¡venga!

vase [vɑz] *nm* florero, jarrón *m* ▶ *nf* fango • **vaseux, -euse** *adj* fangoso(-a); (*fam : confus, étourdi*) confuso(-a); (*: fatigué*) hecho(-a) polvo

vasistas [vazistɑs] *nm* tragaluz *m*

vaste [vast] *adj* amplio(-a)

vautour [votuʀ] *nm* buitre *m*

vautrer [votʀe] : **se vautrer** *vpr* revolcarse; **se ~ dans/sur** revolcarse en

va-vite [vavit] : **à la ~** *adv* de prisa y corriendo

veau, x [vo] *nm* ternero; (*Culin*) ternera; (*peau*) becerro

vécu, e [veky] *pp de* **vivre** ▶ *adj* vivido(-a)

vedette [vədɛt] *nf* estrella; (*canot*) lancha motora

végétal, e, -aux [veʒetal, o] *adj, nm* vegetal *m* • **végétalien, ne** *adj, nm/f* vegetariano(-a) estricto(-a) • **végétalisé, e** *adj* (*toit, mur*) verde; **mur ~** muro verde, jardín *m* vertical

végétarien, ne [veʒetaʀjɛ̃, jɛn] *adj, nm/f* vegetariano(-a)

végétation [veʒetasjɔ̃] *nf* vegetación *f*

véhicule [veikyl] *nm* vehículo

veille [vɛj] *nf* vigilancia; (*Psych*) vigilia; (*jour*) : **la ~ de** el día anterior a; **la ~ au soir** la noche anterior

veillée [veje] *nf* velada

veiller [veje] *vi* velar; (*être vigilant*) vigilar ▶ *vt* velar; **~ à faire/à ce**

que ocuparse de hacer/de que; **~ sur** cuidar de • **veilleur, -euse** *nm/f* : **~ de nuit** vigilante *mf* nocturno(-a) • **veilleuse** *nf* (*lampe*) lamparilla de noche; (*Auto, flamme*) piloto; **en ~** a media luz

veinard, e [vɛnaʀ, aʀd] (*fam*) *nm/f* suertudo(-a)

veine [vɛn] *nf* vena; (*du bois, marbre etc*) veta; **avoir de la ~** (*fam*) tener chiripa

véliplanchiste [veliplɑ̃ʃist] *nmf* windsurfista *mf*

vélo [velo] *nm* bici *f* • **vélomoteur** *nm* velomotor *m*

velours [v(ə)luʀ] *nm* terciopelo; **~ côtelé** pana • **velouté, e** *adj* (*peau*) aterciopelado(-a); (*au goût*) cremoso(-a) ▸ *nm* (*Culin*) : **~ d'asperges/de tomates** crema de espárragos/sopa de tomate

velu, e [vəly] *adj* velloso(-a)

vendange [vɑ̃dɑ̃ʒ] *nf* vendimia • **vendanger** *vi, vt* vendimiar

vendeur, -euse [vɑ̃dœʀ, øz] *nm/f* vendedor(a) ▸ *nm* (*Jur*) vendedor *m*

vendre [vɑ̃dʀ] *vt* vender; **~ qch à qn** vender algo a algn; **« à ~ »** « en venta »

vendredi [vɑ̃dʀədi] *nm* viernes *m inv*; **V~ saint** Viernes Santo; *voir aussi* **lundi**

vénéneux, -euse [venenø, øz] *adj* venenoso(-a)

vénérien, ne [veneʀjɛ̃, jɛn] *adj* venéreo(-a)

vengeance [vɑ̃ʒɑ̃s] *nf* venganza

venger [vɑ̃ʒe] *vt* vengar; **se venger** *vpr* vengarse; **se ~ de/sur qch/qn** vengarse de/en algo/algn

venimeux, -euse [vənimø, øz] *adj* venenoso(-a)

venin [vənɛ̃] *nm* veneno

venir [v(ə)niʀ] *vi* venir, llegar; **~ de** (*lieu*) venir de; (*cause*) proceder de; **~ de faire** : **je viens d'y aller/de le voir** acabo de ir/de verle; **où veux-tu en ~ ?** ¿hasta dónde quieres llegar?; **je te vois ~** te veo venir; **il me vient une idée** se me ocurre una idea; **faire ~** llamar

vent [vɑ̃] *nm* viento; **il y a du ~** hace viento; **c'est du ~** (*fig*) son palabras al aire; **(être) dans le ~** (*fam*) (estar) a la moda; **avoir ~ de** enterarse de; **contre ~s et marées** contra viento y marea

vente [vɑ̃t] *nf* venta; **mettre en ~** poner en venta; **~ aux enchères** subasta

venteux, -euse [vɑ̃tø, øz] *adj* ventoso(-a)

ventilateur [vɑ̃tilatœʀ] *nm* ventilador *m*

ventiler [vɑ̃tile] *vt* ventilar; (*total*) repartir

ventouse [vɑ̃tuz] *nf* ventosa

ventre [vɑ̃tʀ] *nm* vientre *m*; **j'ai mal au ~** me duele la barriga

venu, e [v(ə)ny] *pp de* **venir** ▸ *adj* : **être mal ~ à** *ou* **de faire** ser poco oportuno hacer

ver [vɛʀ] *nm* gusano; (*intestinal*) lombriz *f*; (*du bois*) polilla; **~ à soie** gusano de seda; **~ de terre** lombriz *f*; **~ luisant** luciérnaga; **~ solitaire** tenia

verbe [vɛʀb] *nm* verbo

verdâtre [vɛʀdatʀ] *adj* verdusco(-a)

verdict [vɛʀdik(t)] *nm* veredicto

verdir [vɛʀdiʀ] *vi* verdear, verdecer • **verdure** *nf* verde *m*, verdor *m*

véreux, -euse [veʀø, øz] *adj* agusanado(-a); (*malhonnête*) corrompido(-a)

verge [vɛʀʒ] *nf* (*Anat*) verga

verger [vɛʀʒe] *nm* huerto

verglacé, e [vɛʀglase] *adj* helado(-a)

verglas [vɛʀglɑ] *nm* hielo

véridique [veʀidik] *adj* verídico(-a)

vérification [veʀifikasjɔ̃] *nf* revisión *f*

vérifier [veʀifje] *vt* revisar; (*hypothèse*) comprobar; (*Inform*) verificar; **se vérifier** *vpr* verificarse

véritable [veʀitabl] *adj* verdadero(-a); (*ami, amour*) auténtico(-a); **un ~ désastre/miracle** un auténtico desastre/milagro

vérité [veʀite] *nf* verdad *f*

vermeil, le [vɛʀmɛj] *adj* bermejo(-a)

vermine [vɛʀmin] *nf* parásitos *mpl*; (*fig*) chusma

vermoulu, e [vɛʀmuly] *adj* carcomido(-a)

verni, e [vɛʀni] *adj* barnizado(-a)

vernir [vɛʀniʀ] *vt* barnizar; (*poteries, ongles*) esmaltar • **vernis** *nm* barniz *m*; (*fig*) capa; **~ à ongles** esmalte *m* de uñas • **vernissage** *nm* barnizado; (*d'une exposition*) inauguración *f*

vérole [veʀɔl] *nf* (*aussi* : **petite vérole**) viruela

verre [vɛʀ] *nm* vidrio, cristal *m*; (*récipient, contenu*) vaso, copa; (*de lunettes*) cristal *m*; **boire** *ou* **prendre un ~** beber *ou* tomar una copa; **~s de contact** lentes *mpl* de contacto, lentillas *fpl* • **verrière** *nf* cristalera

verrou [veʀu] *nm* cerrojo; **mettre qn/être sous les ~s** meter a algn/estar entre rejas • **verrouillage** *nm* cierre *m* • **verrouiller** *vt* (*porte*) cerrar con cerrojo

verrue [veʀy] *nf* verruga

vers [vɛʀ] *nm* verso ▶ *prép* hacia; (*dans les environs de*) hacia, cerca de; (*temporel*) alrededor de, sobre

versant [vɛʀsɑ̃] *nm* ladera

versatile [vɛʀsatil] *adj* versátil

verse [vɛʀs] : **à ~** *adv* : **il pleut à ~** llueve a cántaros

Verseau [vɛʀso] *nm* (*Astrol*) Acuario

versement [vɛʀsəmɑ̃] *nm* pago; **en trois ~s** en tres plazos

verser [vɛʀse] *vt* verter, derramar; (*dans une tasse etc*) echar; (*argent* : *à qn*) pagar; (: *sur un compte*) ingresar

version [vɛʀsjɔ̃] *nf* versión *f*

verso [vɛʀso] *nm* dorso; **voir au ~** ver al dorso

vert, e [vɛʀ, vɛʀt] *adj* verde; (*écologique*) verde; (*personne* : *vigoureux*) lozano(-a); (*langage, propos*) fuerte ▶ *nm* verde *m*

vertèbre [vɛʀtɛbʀ] *nf* vértebra

vertement [vɛʀtəmɑ̃] *adv* severamente

vertical, e, -aux [vɛʀtikal, o] *adj* vertical • **verticale** *nf* vertical *f*; **à la ~** en vertical • **verticalement** *adv* verticalmente

vertige [vɛʀtiʒ] *nm* vértigo • **vertigineux, -euse** *adj* vertiginoso(-a)

vertu [vɛʀty] *nf* virtud *f*; **en ~ de** en virtud de • **vertueux, -euse** *adj* virtuoso(-a)

verve [vɛʀv] *nf* inspiración *f*; **être en ~** estar en vena

verveine [vɛʀvɛn] *nf* verbena

vésicule [vezikyl] *nf* vesícula; **~ biliaire** vesícula biliar

vessie [vesi] *nf* vejiga

veste [vɛst] *nf* chaqueta, americana, saco (AM); **~ croisée/droite** chaqueta cruzada/recta *ou* sin cruzar

vestiaire [vɛstjɛʀ] *nm* (*au théâtre etc*) guardarropa; (*de stade etc*) vestuario

vestibule [vɛstibyl] *nm* vestíbulo

vestige [vɛstiʒ] *nm* vestigio

vestimentaire [vɛstimɑ̃tɛʀ] *adj* (*détail*) de la vestimenta; (*élégance*) en el vestir

veston [vɛstɔ̃] *nm* americana

vêtement [vɛtmɑ̃] *nm* vestido; **vêtements** *nmpl* ropa

vétérinaire [veteʀinɛʀ] *adj, nmf* veterinario(-a)

vêtir [vetiʀ] *vt* vestir

vêtu, e [vety] *pp de* **vêtir** ▸ *adj* : **~ de** vestido(-a) de

vétuste [vetyst] *adj* vetusto(-a)

veuf, veuve [vœf, vœv] *adj, nm/f* viudo(-a)

vexant, e [vɛksɑ̃, ɑ̃t] *adj* molesto(-a)

vexations [vɛksasjɔ̃] *nfpl* humillaciones *fpl*

vexer [vɛkse] *vt* ofender, humillar; **se vexer** *vpr* ofenderse

viable [vjabl] *adj* viable

viande [vjɑ̃d] *nf* carne *f*

vibrer [vibʀe] *vi* vibrar

vice [vis] *nm* vicio; **~ de fabrication/construction** defecto de fabricación/construcción

vicié, e [visje] *adj* viciado(-a)

vicieux, -euse [visjø, jøz] *adj* vicioso(-a)

vicinal, e, -aux [visinal, o] *adj* vecinal; **chemin ~** camino vecinal

victime [viktim] *nf* víctima

victoire [viktwaʀ] *nf* victoria, triunfo

victuailles [viktɥaj] *nfpl* vitualla

vidange [vidɑ̃ʒ] *nf* (*Auto*) cambio de aceite; (*de lavabo*) desagüe *m* • **vidanger** *vt* vaciar

vide [vid] *adj* vacío(-a) ▸ *nm* vacío; **emballé sous ~** envasado al vacío; **avoir peur du ~** tener miedo del vacío; **parler dans le ~** hablar en el aire; **faire le ~** hacer el vacío

vidéo [video] *nf* vídeo • **vidéoconférence** *nf* videoconferencia

vide-ordures [vidɔʀdyʀ] *nm inv* vertedero de basuras

vider [vide] *vt* vaciar; (*bouteille, verre*) beber; (*volaille, poisson*) limpiar; (*fam*) echar; **~ les lieux** desalojar el local • **videur** *nm* matón *m*

vie [vi] *nf* vida; (*animation*) vitalidad *f*; **être en ~** estar vivo(-a); **sans ~** sin vida; **à ~** para toda la vida, vitalicio(-a); **mener la ~ dure à qn** hacerle la vida imposible a algn

vieil [vjɛj] *adj m voir* **vieux** • **vieillard** *nm* anciano • **vieille** *adj f voir* **vieux**; **~ fille** solterona • **vieilleries** *nfpl* antiguallas *fpl* • **vieillesse** *nf* vejez *f* • **vieillir** *vi* envejecer; (*vin*) hacerse añejo(-a) ▸ *vt* avejentar; (*attribuer un âge plus avancé*) envejecer

vierge [vjɛʀʒ] *adj* virgen; (*page*) en blanco ▸ *nf* virgen *f*; (*Astrol*) : **V~** Virgo; (*Rel*) : **la V~** la Virgen; **~ de** sin

Viêt-Nam, Vietnam [vjɛtnam] *nm* Vietnam *m* • **vietnamien, ne** *adj* vietnamita ▸ *nm* (*Ling*) vietnamita *m* ▸ *nm/f* : **Vietnamien, ne** vietnamita *mf*

vieux, vieil, vieille [vjø, vjɛj] *adj* viejo(-a); (*ancien*) antiguo(-a) ▸ *nmpl* : **les ~** los viejos; **mon ~/ma vieille** (*fam*) hombre/mujer; **prendre un coup de ~** envejecer de repente; **se faire ~** hacerse viejo(-a); **~ garçon** solterón; **~ jeu** *adj inv* chapado(-a) a la antigua

vif, vive [vif, viv] *adj* vivo(-a); (*alerte*) espabilado(-a); (*air*) tonificante; (*vent, froid*) cortante; (*émotion*) fuerte; (*déception, intérêt*) profundo(-a); **de vive voix** de viva voz; **avoir les nerfs à ~** tener los nervios de punta

vigne [viɲ] *nf* (*plante*) vid *f*; (*plantation*) viña • **vigneron, ne** *nm/f* viticultor(a)

vignette [viɲɛt] *nf* viñeta; (*Auto*) pegatina; (*sur médicament*) resguardo de precio

vignoble [viɲɔbl] *nm* viñedo

vigoureux, -euse [viguʀø, øz] *adj* vigoroso(-a)

vigueur [vigœʀ] *nf* vigor *m*; (*Jur*) : **être/entrer en ~** estar/entrar en vigor; **en ~** vigente

vilain, e [vilɛ̃, ɛn] *adj* (*laid*) feo(-a); (*affaire, blessure*) malo(-a); (*enfant*) malo(-a)

villa [villa] *nf* villa, chalet *m*

village [vilaʒ] *nm* pueblo; (*aussi* : **petit village**) aldea • **villageois, e** *adj, nm/f* lugareño(-a); (*d'un petit village*) aldeano(-a)

ville [vil] *nf* ciudad *f*, villa, municipio

vin [vɛ̃] *nm* vino; **~ de pays/de table** vino del país/de mesa

vinaigre [vinɛgʀ] *nm* vinagre *m* • **vinaigrette** *nf* vinagreta

vindicatif, -ive [vɛ̃dikatif, iv] *adj* vindicativo(-a)

vingt [vɛ̃] *adj inv, nm inv* veinte *m inv*; *voir aussi* **cinq** • **vingtaine** *nf* : **une ~ (de)** unos veinte • **vingtième** *adj, nmf* vigésimo(-a) ▸ *nm* (*partitif*) veinteavo; *voir aussi* **cinquantième**

vinicole [vinikɔl] *adj* vinícola

vinyle [vinil] *nm* vinilo

viol [vjɔl] *nm* violación *f*

violacé, e [vjɔlase] *adj* violáceo(-a)

violemment [vjɔlamɑ̃] *adv* violentamente

violence [vjɔlɑ̃s] *nf* violencia; **~ conjugale** violencia de pareja, violencia conyugal

violent, e [vjɔlɑ̃, ɑ̃t] *adj* violento(-a)

violer [vjɔle] *vt* violar

violet, te [vjɔlɛ, ɛt] *adj, nm* violeta *m* • **violette** *nf* violeta

violon [vjɔlɔ̃] *nm* violín *m* • **violoncelle** *nm* violoncelo, violonchelo • **violoniste** *nmf* violinista *mf*

vipère [vipɛʀ] *nf* víbora

virage [viʀaʒ] *nm* (*d'un véhicule*) giro; (*d'une route, piste*) curva

viral, e, -aux [viʀal, o] *adj* (*Méd*) vírico(-a); (*Internet*) viral

virée [viʀe] *nf* vuelta

virement [viʀmɑ̃] *nm* (*Comm*) transferencia

virer [viʀe] *vt* (*Comm : somme*) hacer una transferencia de; (*fam*) echar ▸ *vi* virar; **~ de bord** (*Naut*) virar de bordo

virevolter [viʀvɔlte] *vi* dar vueltas

virgule [viʀgyl] *nf* coma

viril, e [viʀil] *adj* viril, varonil

virtuel, le [viʀtɥɛl] *adj* virtual

virtuose [viʀtɥoz] *adj, nmf* virtuoso(-a)

virus [viʀys] *nm* virus *m inv*

vis *nf* [vis] tornillo

visa [viza] *nm* visa, visado

visage [vizaʒ] *nm* cara, rostro

vis-à-vis [vizavi] *adv* enfrente de, frente a ▸ *nm inv* (*personne*) persona de enfrente; **~ de** (*à l'égard de*) con respecto a

visée [vize] *nf* (*avec une arme*) puntería; **visées** *nfpl* (*intentions*) objetivos *mpl*

viser [vize] *vi* apuntar ▸ *vt* apuntar; (*carrière etc*) aspirar a; (*concerner*) atañer a; **~ à qch/ faire qch** pretender algo/hacer algo

visibilité [vizibilite] *nf* visibilidad *f*

visible [vizibl] *adj* visible

visière [vizjɛʀ] *nf* visera

vision [vizjɔ̃] *nf* visión *f*

visite [vizit] *nf* visita; **rendre ~ à qn** visitar a algn; **heures de ~** horas *fpl* de visita

visiter [vizite] *vt* visitar • **visiteur, -euse** *nm/f* visitante *mf*

vison [vizɔ̃] *nm* visón *m*

visser [vise] *vt* atornillar; (*serrer : couvercle*) enroscar

visuel, le [vizɥɛl] *adj* visual ▸ *nm* (*Inform*) unidad *f* de despliegue visual

vital, e, -aux [vital, o] *adj* vital

vitamine [vitamin] *nf* vitamina

vite [vit] *adv* de prisa; (*sans délai*) pronto; **faire ~** darse prisa

vitesse [vitɛs] *nf* (*d'un véhicule, corps, fluide*) velocidad *f*; (*Auto*) : **les ~s** las marchas; **prendre de la ~** coger velocidad; **à toute ~** a toda marcha

viticulteur, -trice [vitikyltœʀ, tʀis] *nm/f* viticultor(a)

vitrail, -aux [vitʀaj, o] *nm* vidriera

vitre [vitʀ] *nf* vidrio, cristal *m*; (*d'une portière, voiture*) cristal • **vitré, e** *adj* con cristales; **porte vitrée** puerta vidriera

vitrine [vitʀin] *nf* escaparate *m*, vidriera (AM); (*petite armoire*) vitrina

vivable [vivabl] *adj* soportable

vivace [vivatʃe] *adj* (*Bot : plante*) vivaz; (*haine*) tenaz

vivacité [vivasite] *nf* vivacidad *f*

vivant, e [vivɑ̃, ɑ̃t] *vb voir* **vivre** ▸ *adj* viviente; (*animé*) vivo(-a)

vive [viv] *adj f voir* **vif** ▸ *excl* : **~ le roi/la république !** ¡viva el rey/la república! • **vivement** *adv* vivamente ▸ *excl* : **~ qu'il s'en aille !** ¡que se vaya pronto!; **~ les vacances !** ¡que lleguen ya las vacaciones!

vivier [vivje] *nm* vivero

vivifiant, e [vivifjɑ̃, jɑ̃t] *adj* vivificante

vivoter [vivɔte] *vi* ir tirando

vivre [vivʀ] *vi* vivir ▸ *vt* vivir; **vivres** *nmpl* (*provisions*) víveres *mpl*; **la victime vit encore** la víctima sigue viva; **se laisser ~** dejarse estar; **il est facile/difficile à ~** tiene buen/mal carácter; **faire ~ qn** mantener a algn; **~ bien/mal** vivir bien/mal

vlan [vlɑ̃] *excl* ¡pum!

VO [veo] *sigle f* (*= version originale*) V.O. (*= versión original*)

vocabulaire [vɔkabylɛʀ] *nm* vocabulario

vocation [vɔkasjɔ̃] *nf* vocación *f*

vœu, x [vø] *nm* deseo; (*à Dieu*) voto; **faire ~ de** hacer voto de; **avec nos meilleurs vœux** muchas felicidades; **vœux de bonheur/de bonne année** deseos *mpl* de felicidad/felicitaciones *fpl* de año nuevo

vogue [vɔg] *nf* moda; **en ~** en boga

voici [vwasi] *prép* aquí está; **et ~ que …** y entonces …

voie¹ [vwa] *vb voir* **voir**

voie² [vwa] *nf* vía; (*Auto*) carril *m*; **par ~ buccale** *ou* **orale/rectale** por vía oral/rectal; **être en bonne ~** estar en el buen camino; **mettre qn sur la ~** encaminar a algn; **route à deux/trois ~s** carretera de dos/tres carriles; **~ ferrée/navigable** vía férrea/navegable; **~ publique** vía pública

voilà [vwala] *prép* he ahí, ahí está; **les ~** ahí están; **~ deux ans que …** hace dos años que …; **et ~ !** ¡eso es todo!, ¡ya está!; **~ tout** eso es todo

voile [vwal] *nm* velo ▸ *nf* vela; **la ~** (*Sport*) la vela • **voiler** *vt* (*fig*) velar, ocultar; (*fausser : roue*) alabear; **se voiler** *vpr* (*lune*) ocultarse; (*regard*) apagarse; (*Tech*) combarse • **voilier** *nm* velero • **voilure** *nf* velamen *m*

voir [vwaʀ] *vi* ver ▸ *vt* ver; (*constater*) : **~ que/comme** ver que/como; **se voir** *vpr* : **se ~ critiquer** verse criticado(-a); **cela se voit** se nota; **~ loin/venir** ver lejos/venir; **faire ~ qch à qn** enseñar algo a algn; **ne pas pouvoir ~ qn** no poder ver a algn; **voyons !** ¡vamos!; **c'est à ~ !** ¡habrá que verlo!; **c'est ce qu'on va ~** eso habrá que verlo; **avoir quelque chose à ~ avec** tener algo que ver con

voire [vwaʀ] *adv* incluso

voisin, e [vwazɛ̃, in] *adj* vecino(-a), próximo(-a); (*ressemblant*) parecido(-a), vecino(-a) ▸ *nm/f* vecino(-a) • **voisinage** *nm* vecindad *f*

voiture [vwatyʀ] *nf* coche *m*, auto (*esp* AM), carro (AM); **~ de sport** coche deportivo

voix [vwɑ] *nf* voz *f*; (*Pol*) voto; **~ passive/active** (*Ling*) voz pasiva/activa; **à haute ~** en voz alta; **à ~ basse** en voz baja

vol [vɔl] *nm* vuelo; (*mode d'appropriation*) robo; (*larcin*) hurto; **à ~ d'oiseau** a vuelo de pájaro; **au ~ : attraper qch au ~** coger algo al vuelo; **~ à la tire** tirón *m* (de bolsa); **~ à main armée** robo *ou* atraco a mano armada; **~ libre/sur aile delta** (*Sport*) vuelo libre/en ala delta

volage [vɔlaʒ] *adj* voluble
volaille [vɔlɑj] *nf* (*oiseaux*) aves *fpl* de corral; (*viande, oiseau*) ave *f*
volant, e [vɔlɑ̃, ɑ̃t] *adj* volante, volador(a) ▶ *nm* volante *m*
volcan [vɔlkɑ̃] *nm* volcán *m*
volée [vɔle] *nf* (*Tennis*) voleo; **rattraper qch à la ~** coger algo al vuelo; **à toute ~** (*sonner les cloches*) al vuelo; (*lancer un projectile*) al voleo; **~ (de coups)** paliza; **~ de flèches** lluvia de flechas
voler [vɔle] *vi* volar; (*voleur*) robar, hurtar ▶ *vt* (*objet*) robar; **~ en éclats** volar en mil pedazos; **~ qch à qn** robar algo a algn
volet [vɔlɛ] *nm* postigo
voleur, -euse [vɔlœʀ, øz] *adj, nm/f* ladrón(-ona)
volontaire [vɔlɔ̃tɛʀ] *adj* voluntario(-a) ▶ *nmf* voluntario(-a)
volonté [vɔlɔ̃te] *nf* voluntad *f*; **se servir/boire à ~** servirse/beber a voluntad; **bonne/mauvaise ~** buena/mala voluntad
volontiers [vɔlɔ̃tje] *adv* con gusto
volt [vɔlt] *nm* voltio
volte-face [vɔltəfas] (*pl* **volte-face(s)**) *nf* media vuelta
voltige [vɔltiʒ] *nf* (*au cirque*) acrobacia (en el aire); (*Équitation*) acrobacia ecuestre • **voltiger** *vi* revolotear
volubile [vɔlybil] *adj* locuaz
volume [vɔlym] *nm* volumen *m* • **volumineux, -euse** *adj* voluminoso(-a)
volupté [vɔlypte] *nf* voluptuosidad *f*
vomi [vɔmi] *nm* vómito • **vomir** *vi* vomitar ▶ *vt* vomitar • **vomissement** *nm* vómito; **être pris de ~s** comenzar a devolver *ou* vomitar de pronto
vorace [vɔʀas] *adj* voraz
vos [vo] *voir* **votre**
VOST [veoɛste] *sigle f* (= *version originale sous-titrée*) VOS (= *versión original subtitulada*)
vote [vɔt] *nm* voto; **~ par correspondance/procuration** voto por correspondencia/poder • **voter** *vi, vt* votar
votre [vɔtʀ] (*pl* **vos**) *adj poss* vuestro(-a), su
vôtre [votʀ] *pron poss* : **le/la ~** el (la) vuestro(-a); **les ~s** los (las) vuestros(-as); **à la ~ !** ¡salud!
vouer [vwe] *vt* : **~ une haine/amitié éternelle à qn** profesar odio/amistad eterna a algn

vouloir [vulwaʀ]

▶ *vt* 1 querer; **voulez-vous du thé ?** ¿quiere té?; **que me veut-il ?** ¿qué quiere de mí?; **sans le ~** sin querer; **je voudrais qch/faire** quería *ou* quisiera algo/hacer; **le hasard a voulu que ...** el azar quiso que ...; **la tradition veut que ...** la tradición es que ...; **~ faire/que qn fasse qch** querer hacer/que algn haga algo; **que veux-tu que je te dise ?** ¿qué quieres que te diga?
2 (*consentir*) : **tu veux venir ? — oui, je veux bien** ¿quieres venir? — sí, me parece bien; **oui, si on veut** sí, en cierto modo; **si vous voulez** si quiere; **veuillez attendre** tenga la

amabilidad de esperar; **veuillez agréer ...** le saluda atentamente ...; **comme vous voudrez** como quiera
3 : **en ~ à** : **en ~ à qn** estar resentido con algn; **je lui en veux d'avoir fait ça** me sienta muy mal que haya hecho eso; **s'en ~ d'avoir fait qch** estar arrepentido de haber hecho algo
4 : **~ de qch/qn** : **l'entreprise ne veut plus de lui** la empresa ya no le quiere; **elle ne veut pas de son aide** ella no quiere su ayuda
5 : **~ dire (que)** (*signifier*) querer decir (que)
▸ *nm* : **le bon ~ de qn** la buena voluntad de algn

voulu, e [vuly] *pp de* **vouloir** ▸ *adj* (*requis*) requerido(-a); (*délibéré*) deliberado(-a)

vous [vu] *pron* (*sujet* : *pl* : *courant*) vosotros(-as), ustedes (AM); (: *forme de politesse*) ustedes; (: *singulier*) usted; (*objet direct* : *pl*) os, les (AM); (: *forme de politesse*) les (las) *ou* los; (: *singulier*) le (la) *ou* lo; (*objet indirect* : *pl*) os, les (AM); (: *forme de politesse*) les; (: *singulier*) le; (*réfléchi, réciproque* : *direct, indirect*) os; (: *forme de politesse*) se; **je ~ le jure** os lo juro; (*politesse*) se lo juro; **je ~ prie de ...** os pido que ...; (*politesse* : *pluriel*) les pido que ...; (: *singulier*) le pido que ...; **~ pouvez ~ asseoir** podéis sentaros; (*politesse* : *pluriel*) pueden sentarse; (: *singulier*) puede usted sentarse; **à ~** vuestro(-a), vuestros(-as); (*formule de politesse*) suyo(-a), suyos(-as); **ce livre est à ~** ese libro es vuestro; (*politesse*) ese libro es suyo; **avec/sans ~** con/sin vosotros; (*politesse* : *pluriel*) con/sin ustedes; (: *singulier*) con/sin usted; **je vais chez ~** voy a vuestra casa; (*politesse*) voy a su casa; **~-même** (*sujet*) usted mismo(-a); (*après prép*) sí mismo(-a); (*emphatique*) : **~-même, ~ ...** usted, ...; **~-mêmes** (*sujet*) vosotros(-as) *ou* (AM) ustedes mismos(-as); (*forme de politesse*) ustedes mismos(-as); (*après prép*) sí mismos(-as); (*emphatique*) : **~- mêmes, ~ ...** vosotros ..., ustedes ... (AM); (*forme de politesse*) ustedes, ...

vouvoyer [vuvwaje] *vt* : **~ qn** tratar de usted a algn

voyage [vwajaʒ] *nm* viaje *m*; **être/partir en ~** estar/ir *ou* salir de viaje; **faire bon ~** hacer un buen viaje; **~ d'affaires** viaje de negocios; **~ de noces** viaje de novios; **~ organisé** viaje organizado

voyager [vwajaʒe] *vi* viajar • **voyageur, -euse** *adj, nm/f* viajero(-a)

voyant, e [vwajɑ̃, ɑ̃t] *adj* llamativo(-a) ▸ *nm/f* vidente *mf* ▸ *nm* indicador *m* luminoso

voyelle [vwajɛl] *nf* vocal *f*

voyou [vwaju] *adj, nm* granuja *m*

vrac [vʀak] : **en ~** *adj, adv* en desorden; (*Comm*) a granel

vrai, e [vʀɛ] *adj* verdadero(-a), cierto(-a); **son ~ nom** su auténtico nombre; **un ~ comédien/sportif** un auténtico comediante/deportista; **à dire ~, à ~ dire** a decir verdad • **vraiment** *adv* verdaderamente; **« ~ ? »**

« ¿de verdad? », « ¿es cierto? » • **vraisemblable** *adj* (*plausible*) verosímil • **vraisemblablement** *adv* probablemente • **vraisemblance** *nf* verosimilitud *f*

vrombir [vRɔ̃biR] *vi* zumbar

VRP [veɛRpe] *sigle m* (= *voyageur, représentant, placier*) representante

VTT [vetete] *sigle m* (= *vélo tout terrain*) *bicicleta todo terreno*

vu¹ [vy] *prép* visto; **vu que** visto que

vu², e [vy] *pp de* **voir** ▸ *adj* : **bien/mal vu** bien/mal visto(-a)

vue [vy] *nf* vista; **vues** *nfpl* (*idées*) opiniones *fpl*; (*dessein*) proyectos *mpl*; **perdre la ~** perder la vista; **perdre de ~** perder de vista; **hors de ~** fuera de la vista; **à première ~** a primera vista; **connaître qn de ~** conocer a algn de vista; **à ~ d'œil** a ojos vistas; **avoir ~ sur** tener vistas a; **en ~ de faire qch** con intención de hacer algo; **~ d'ensemble** vista de conjunto

vulgaire [vylgɛR] *adj* vulgar; **de ~s touristes/chaises de cuisine** simples turistas/sillas de cocina; **nom ~** (*Bot, Zool*) nombre *m* común • **vulgariser** *vt* (*connaissances*) divulgar

vulnérable [vylneRabl] *adj* vulnerable

W

wagon [vagɔ̃] *nm* vagón *m* • **wagon-lit** (*pl* **wagons-lits**) *nm* coche-cama *m* • **wagon-restaurant** (*pl* **wagons-restaurants**) *nm* coche-restaurante *m*

wallon, ne [walɔ̃, ɔn] *adj* valón(-ona) ▸ *nm* (*Ling*) valón *m* ▸ *nm/f* : **Wallon, ne** valón(-ona)

watt [wat] *nm* vatio

W.-C. [vese] *nmpl* W-C *mpl*

Web [wɛb] *nm inv* : **le ~** la Red, la Web

webcam [wɛbkam] *nf* webcam *f*

webmaster [wɛbmastɛR], **webmestre** [wɛbmɛstRə] *nmf* webmaster *mf*, administrador(a) de web

week-end [wikɛnd] (*pl* **week-ends**) *nm* fin *m* de semana

western [wɛstɛRn] *nm* película del oeste, western *m*

whisky [wiski] (*pl* **whiskies**) *nm* whisky *m*

widget [widʒɛt] *nm* (*Inform*) widget *m*

wifi [wifi] *nm inv* Wi-Fi *m*

x

xénophobe [gzenɔfɔb] *nmf* xenófobo(-a)

xérès [gzeʀɛs] *nm* jerez *m*

xylophone [gzilɔfɔn] *nm* xilófono

y

y [i] *adv* allí; (*plus près*) ahí; (*ici*) aquí ▸ *pron* (*la préposition espagnole dépend du verbe employé*) a/de/en él (ella); **nous y sommes enfin** ya estamos aquí; **à l'hôtel ? j'y reste trois semaines** ¿en el hotel? me voy a quedar tres semanas; **j'y pense** (*je n'ai pas oublié*) lo tengo en mente; (*décision à prendre*) me lo estoy pensando; **j'y suis !** ¡ya caigo!; **je n'y suis pour rien** no he tenido nada que ver (en esto); **s'y entendre (en qch)** entender de (algo); *voir aussi* **aller** ; **avoir**

yacht ['jɔt] *nm* yate *m*

yaourt ['jauʀt] *nm* yogur *m*

yeux [jø] *nmpl de* **œil**

yoga ['jɔga] *nm* yoga *m*

yoghourt ['jɔguʀt] *nm* = **yaourt**

Z

zapper [zape] *vi* hacer zapping

zapping [zapiŋ] *nm* : **faire du ~** hacer zapping, zapear

zèbre [zɛbʀ(ə)] *nm* cebra • **zébré, e** *adj* rayado(-a)

zèle [zɛl] *nm* celo; **faire du ~** (*péj*) pasarse en el celo • **zélé, e** *adj* (*fonctionnaire*) diligente; (*défenseur*) celoso(-a)

zéro [zeʀo] *adj* cero ▶ *nm* (*Scol*) cero; **au-dessus/au-dessous de ~** sobre/bajo cero; **réduire à ~** reducir a cero; **partir de ~** partir de cero; **trois (buts) à ~** tres (goles) a cero

zeste [zɛst] *nm* cáscara

zézayer [zezeje] *vi* cecear

zigzag [zigzag] *nm* zigzag *m* • **zigzaguer** *vi* zigzaguear

zinc [zɛ̃g] *nm* cinc *m*

zizi [zizi] (*fam*) *nm* pito

zodiaque [zɔdjak] *nm* zodíaco

zona [zona] *nm* herpes *m inv* zóster

zone [zon] *nf* zona; **~ blanche** zona blanca; **~ industrielle** polígono industrial

zoo [zo(o)] *nm* zoo

zoologie [zɔɔlɔʒi] *nf* zoología • **zoologique** *adj* zoológico(-a)

zut [zyt] *excl* ¡mecachis!

Grammaire espagnole

1 L'orthographe et l'accentuation 338

2 Les noms et le groupe nominal 339

3 Les adjectifs 343

4 Le verbe et le groupe verbal 345

ANNEXES

Verbes espagnols 351

Verbes français 358

Les nombres 363

L'heure 366

La date 367

1 L'orthographe et l'accentuation

1.1 L'accentuation normale

Il existe des règles simples pour savoir quelle syllabe accentuer dans un mot espagnol. En présence d'une exception, un accent aigu est nécessaire.

- Les mots qui se terminent par une voyelle, une combinaison de voyelles ou les consonnes **-s** ou **-n** sont accentués sur l'avant-dernière syllabe. La majorité des mots espagnols entrent dans cette catégorie.

  pa**la**bra *(mot)* **cri**sis *(crise)*

- Les mots qui se terminent par une consonne autre que **-s** ou **-n** portent l'accent sur la dernière syllabe.

  re**loj** *(montre)* ver**dad** *(vérité)*

- Un petit groupe de mots portent l'accent sur l'antépénultième et ont toujours besoin d'un accent écrit.

  murci**é**lago *(chauve-souris)* **pá**jaro *(oiseau)*

- Certains noms changent d'accentuation au pluriel.

  ca**rác**ter *(caractère)* carac**te**res *(caractères)*
  régimen *(régime)* re**gí**menes *(régimes)*

1.2 L'accent écrit

Il sert à indiquer que l'accentuation ne suit pas les règles normales.

autobús *(bus)* **árboles** *(arbres)*

Pour les adjectifs et certains noms, on accentue la même syllabe au pluriel et au singulier, ce qui nécessite d'ajouter un accent écrit ou au contraire de le supprimer au pluriel.

examen *(examen)* **exámenes** *(examens)*
parlanchín *(bavard)* **parlanchines** *(bavards)*

L'accent est aussi employé pour distinguer à l'écrit les mots qui se prononcent de la même manière mais qui ont un sens ou une fonction différente, comme par exemple **mi** et **mí**, **donde** et **dónde** ou **el** et **él**.

2 Les noms et le groupe nominal

2.1 Le genre des noms

Pour deviner le genre d'un nom, on peut souvent se baser sur sa terminaison :

- pour les noms masculins :

-o	**un clavo ▲ un niño**

- pour les noms féminins :

-a	**una casa ▲ una niña**
	Exceptions : *día, mapa, planeta, problema*
-ción, -sión	**una canción ▲ una procesión**
-ad, -ud, -ed	**una ciudad ▲ una multitud ▲ la sed**

2.2 La formation du féminin :

- Pour les noms en **-o**, on remplace ce dernier par **-a** :

un amigo → una amiga

- Si la forme masculine se termine en **-a**, elle reste telle quelle :

un deportista → una deportista

- Si la dernière lettre de la forme au masculin singulier est une consonne, on ajoute **-a** :

un león → una leona

➤ Dans ce cas, si la dernière syllabe a un accent, il disparaît au féminin.

2.3 **La formation du pluriel** :

- Pour les noms qui se terminent par une voyelle non accentuée, on ajoute **-s** :

  la casa ➜ las casas **el libro ➜ los libros**

- Pour la majorité des noms qui se terminent par une consonne ou une voyelle accentuée, on ajoute **-es** :

  una canción ➜ unas canciones

➤ Si la dernière syllabe a un accent, il disparaît au pluriel.

- Les noms en **-n** qui ont l'accent tonique sur l'avant-dernière syllabe au singulier portent au pluriel un accent sur cette syllabe :

  un examen ➜ unos exámenes
  un crimen ➜ unos crímenes

- Lorsqu'il est en position finale au singulier, **-z** est remplacé par **-c** au pluriel :

  la luz ➜ las luces

2.4 **L'article défini** a une forme différente au masculin pluriel et au féminin pluriel :

	avec un nom masculin	**avec un nom féminin**	*en français*
singulier	el	la	*le, la, l'*
pluriel	los	las	*les*

2.5 **L'article indéfini** a une forme différente au masculin pluriel et au féminin pluriel :

	masculin	**féminin**	*en français*
singulier	un	una	*un, une*
pluriel	unos	unas	*des*

2.6 Les **pronoms personnels sujets** ont un usage limité en espagnol, en général pour créer un effet d'insistance ou clarifier quelque chose :

singulier : **yo** ▲ **tú** ▲ **él/ella/usted (Ud.** ou **Vd.)**
pluriel : **nosotros/nosotras** ▲ **vosotros/vosotras** ▲ **ellos/ellas** ▲ **ustedes (Uds.** ou **Vds.)**

2.7 **usted/ustedes**

Il existe deux formes de vouvoiement : **usted** au singulier et **ustedes** au pluriel. **Usted** est suivi d'un verbe conjugué à la troisième personne du singulier, et **ustedes** d'un verbe à la troisième personne du pluriel.

2.8 **Les pronoms personnels objets**

- Pronoms personnels objets directs :

singulier : **me** ▲ **te** ▲ **lo/la**
pluriel : **nos** ▲ **os** ▲ **los/las**

- Pronoms personnels objets indirects :

singulier : **me** ▲ **te** ▲ **le**
pluriel : **nos** ▲ **os** ▲ **les**

Lo(s) et **la(s)**, et **le** et **les** sont aussi employés pour le vouvoiement.

- Avec un impératif affirmatif, l'infinitif ou le gérondif, le pronom suit le verbe et s'y accole. Dans certains cas, un accent est ajouté pour indiquer où se place l'accent tonique :

Ayúdame.
Aide-moi.

Díganos la respuesta.
Donnez-nous la réponse.

2.9 **L' ordre des pronoms**

Le pronom indirect se place avant le pronom direct :

Paloma os lo mandará mañana.
Paloma vous l'enverra demain.

➤ Lorsque deux pronoms objets de la troisième personne se suivent, le premier (pronom objet indirect) devient **se** :

Se lo di ayer.
Je le lui ai donné hier.

2.10 Les **pronoms possessifs** correspondent aux formes fortes de l'adjectif possessif accompagnées de l'article défini. Ils s'accordent en genre et en nombre avec le nom qu'ils remplacent.

masculin singulier :	**el mío ▲ el tuyo ▲ el suyo ▲ el nuestro ▲ el vuestro ▲ el suyo**
féminin singulier :	**la mía ▲ la tuya ▲ la suya ▲ la nuestra ▲ la vuestra ▲ la suya**
masculin pluriel :	**los míos ▲ los tuyos ▲ los suyos ▲ los nuestros ▲ los vuestros ▲ los suyos**
féminin pluriel :	**las mías ▲ las tuyas ▲ las suyas ▲ las nuestras ▲ las vuestras ▲ las suyas**

2.11 Les **pronoms démonstratifs** ont les mêmes formes que les adjectifs démonstratifs. Suivant une réforme récente de l'orthographe, il est désormais recommandé d'omettre l'accent écrit qui les distinguait des adjectifs démonstratifs.

masculin singulier :	**este ▲ ese ▲ aquel**
féminin singulier :	**esta ▲ esa ▲ aquella**
masculin pluriel :	**estos ▲ esos ▲ aquellos**
féminin pluriel :	**estas ▲ esas ▲ aquellas**
neutre :	**esto ▲ eso ▲ aquello**

3 Les adjectifs

3.1 L'adjectif s'accorde en nombre et en genre avec le nom qu'il qualifie.

Formation du **féminin** :

- Le **-o** final devient **-a** :

pequeño *petit*	→	**pequeña** *petite*

- On ajoute un **-a** à certains adjectifs de nationalité et aux adjectifs qui se terminent en **-or** (à l'exception des comparatifs irréguliers), **-án**, **-ón**, **-ín** :

barcelonés *barcelonais*	→	**barcelonesa** *barcelonaise*
encantador *charmant*	→	**encantadora** *charmante*

- Les autres adjectifs ne changent pas :

un niño feliz *un enfant heureux*	→	**una infancia feliz** *une enfance heureuse*
el collar verde *le collier vert*	→	**la falda verde** *la jupe verte*

3.2 Au **pluriel**, les adjectifs subissent les transformations suivantes :

- Si la voyelle finale est non accentuée, on ajoute **-s** :

vieja *vieille*	→	**viejas** *vieilles*

- Si l'on a une voyelle accentuée ou une consonne, on ajoute **-es** :

fácil *facile*	→	**fáciles** *faciles*

➤ Si la dernière syllabe se termine par une voyelle accentuée et un -s, l'accent disparaît au pluriel :

francés ➜ franceses
française *françaises*

- Quand la dernière lettre est un -z, elle devient -c au pluriel :

un día feliz ➜ unos días felices
un jour heureux *des jours heureux*

3.3 Les adjectifs démonstratifs

masculin singulier : este ▲ ese ▲ aquel *(ce, cet)*
féminin singulier : esta ▲ esa ▲ aquella *(cette)*
masculin pluriel : estos ▲ esos ▲ aquellos *(ces)*
féminin pluriel : estas ▲ esas ▲ aquellas *(ces)*

Ils s'accordent en genre et en nombre avec le nom.

Les formes este/a/os/as expriment une idée de proximité dans l'espace ou le temps, les formes ese/a/os/as une distance intermédiaire, et les formes aquel/la/los/las l'éloignement.

3.4 Les **adjectifs possessifs** s'accordent en genre et en nombre avec le nom et peuvent prendre deux formes.

- La **forme faible** ou **atone** se place avant le nom :

masculin singulier : mi ▲ tu ▲ su ▲ nuestro ▲ vuestro ▲ su

féminin singulier : mi ▲ tu ▲ su ▲ nuestra ▲ vuestra ▲ su

masculin pluriel : mis ▲ tus ▲ sus ▲ nuestros ▲ vuestros ▲ sus

féminin pluriel : mis ▲ tus ▲ sus ▲ nuestras ▲ vuestras ▲ sus

Su(s) peut signifier « son », « sa », « ses », « votre » (Vd., Vds.) ou « leur(s) », c'est pourquoi il est souvent nécessaire d'apporter une clarification, en employant par exemple de él, de ella, de Vds. :

su casa → la casa de él
sus amigos → los amigos de Vd.

- La **forme accentuée** se place après le nom :

masculin singulier : mío ▲ tuyo ▲ suyo ▲ nuestro ▲ vuestro ▲ suyo

féminin singulier : mía ▲ tuya ▲ suya ▲ nuestra ▲ vuestra ▲ suya

masculin pluriel : míos ▲ tuyos ▲ suyos ▲ nuestros ▲ vuestros ▲ suyos

féminin pluriel : mías ▲ tuyas ▲ suyas ▲ nuestras ▲ vuestras ▲ suyas

4 Le verbe et le groupe verbal

4.1 Ser et estar

L'espagnol a deux verbes « être », ser et estar, qui ne sont pas interchangeables.

4.2 Ser s'emploie :

- avec un adjectif pour décrire une qualité intrinsèque :

Mi hermano es alto.
Mon frère est grand.

María es inteligente.
María est intelligente.

- avec les professions et les nationalités :

Javier es aviador.
Javier est aviateur.

Sus padres son italianos.
Ses parents sont italiens.

- pour exprimer la possession :

  La casa es de Miguel.
  La maison appartient à Miguel.

- pour exprimer l'origine, ou dire de quoi quelque chose est fait :

  Mi hermana es de Granada.
  Ma sœur est de Grenade.

  Las paredes son de ladrillo.
  Les murs sont en brique.

- avec un nom, un pronom ou un infinitif :

  Soy yo, Enrique.
  C'est moi, Enrique.

  Todo es proponérselo.
  Le tout est de s'y mettre.

- avec les heures et les jours de la semaine :

  Son las tres y media.
  Il est trois heures et demie.

  Mañana es sábado.
  Demain c'est samedi.

- pour former le passif :

  Las puertas eran cerradas sigilosamente.
  Les portes étaient fermées en silence.

4.3 Estar **s'emploie :**

- pour indiquer où se trouve quelque chose :

  La comida está en la mesa.
  Le repas est sur la table.

- avec un adjectif ou une locution adjectivale exprimant une qualité ou un état temporaire ou exceptionnel :

  Hoy estoy de mal humor.
  Je suis de mauvaise humeur aujourd'hui.

  Las tiendas están cerradas.
  Les magasins sont fermés.

- avec le gérondif, pour former les temps progressifs :

  Estamos aprendiendo mucho.
  Nous apprenons beaucoup.

4.4 Il existe trois **groupes de verbes** :

- Les verbes du **1er groupe** se terminent en **-ar**, comme **hablar**, « parler ».
- Les verbes du **2e groupe** se terminent en **-er**, comme **comer**, « manger ».
- Les verbes du **3e groupe** se terminent en **-ir**, comme **vivir**, « vivre ».

4.5 **Formation des temps simples**

- Pour former le présent, l'imparfait, le prétérit et les subjonctifs présent et imparfait, on remplace la terminaison de l'infinitif (**-ar**, **-er** ou **-ir**) par les terminaisons de ces temps.
- Pour former le futur et le conditionnel, on garde l'infinitif tel quel pour lui ajouter les terminaisons qui conviennent.
- **Terminaisons du 1er groupe** (verbes en **-ar**) :

  Présent : **-o**, **-as**, **-a**, **-amos**, **-áis**, **-an**
  Imparfait : **-aba**, **-abas**, **-aba**, **-ábamos**, **-abais**, **-aban**
  Prétérit : **-é**, **-aste**, **-ó**, **-amos**, **-asteis**, **-aron**
  Subjonctif présent : **-e**, **-es**, **-e**, **-emos**, **-éis**, **-en**
  Subjonctif imparfait : **-ara** *ou* **-ase**, **-aras** *ou* **-ases**, **-ara** *ou* **-ase**, **-áramos** *ou* **-ásemos**, **-arais** *ou* **-aseis**, **-aran** *ou* **-asen**
  Futur : **-é**, **-ás**, **-á**, **-emos**, **-éis**, **-án**
  Conditionnel : **-ía**, **-ías**, **-ía**, **-íamos**, **-íais**, **-ían**

- **2e et 3e groupe** (verbes en -er et -ir) :
  Les verbes du 2e groupe font leur présent en -o, -es, -e, -emos, -éis, -en ; et ceux du 3e groupe en -o, -es, -e, -imos, -ís, -en.

  Imparfait : -ía, -ías, -ía, -íamos, -íais, -ían
  Prétérit :-í, -iste, -ió, -imos, -isteis, -ieron
  Subjonctif présent : -a, -as, -a, -amos, -áis, -an
  Subjonctif imparfait : -iera *ou* -iese, -ieras *ou* -ieses, -iera *ou* -iese, -iéramos *ou* -iésemos, -ierais *ou* -ieseis, -ieran *ou* -iesen
  Futur : -é, -ás, -á, -emos, -éis, -án
  Conditionnel : -ía, -ías, -ía, -íamos, -íais, -ían

4.6 Le **présent progressif** (estar + participe présent) permet de parler d'une action qui est en cours au moment où l'on parle :

Está leyendo.
Elle est en train de lire.

4.7 Le **passé simple** ou **prétérit** est beaucoup plus fréquent qu'en français, puisqu'il est également utilisé à l'oral pour évoquer un événement ou une action passés sans lien avec le présent :

Me desperté y salté de la cama.
Je me suis réveillé et j'ai sauté du lit.

4.8 Le **subjonctif** s'emploie fréquemment en espagnol :

- Après les verbes exprimant un souhait (querer, desear), le regret, la surprise, la honte ou le plaisir (sentir, sorprender, alegrarse de), les verbes d'ordre, d'interdiction, d'autorisation (mandar, ordenar, permitir, dejar, prohibir, impedir), ceux exprimant le doute, l'incertitude, ainsi que les verbes d'opinion employés à la forme négative (**dudar**, **no creer**, **no pensar**) :

Queremos que estés contenta.
Nous voulons que tu sois heureuse.

Dudo que lo sepan hacer.
Je doute qu'ils sachent le faire.

- Dans les constructions impersonnelles exprimant la nécessité, la possibilité (**hace falta que**, **es necesario que**, **es posible que**, **más vale que**, **es una lástima que**), dans les phrases conditionnelles là où le français emploie l'imparfait, mais aussi après **para que**, **sin que**, **siempre que**, **a menos que**, **antes (de) que**, **mientras que**, et après **cuando**, **hasta que**, **aunque**, **después (de) que**, etc.) quand on évoque des événements futurs ou hypothétiques :

Más vale que se quede Vd. en su casa.
Il vaut mieux que vous restiez à la maison.

Si fuéramos en coche llegaríamos a tiempo.
Si nous y allions en voiture, nous arriverions à temps.

Quédate aquí hasta que volvamos.
Reste ici jusqu'à ce que nous revenions.

4.9 Les **temps composés** se forment à partir du verbe auxiliaire **haber** conjugué et du participe passé du verbe.

(yo) he hablado
j'ai parlé

(yo) había hablado
j'avais parlé

4.10 Le participe passé des verbes réguliers

- Les verbes du 1er groupe ont un participe passé en **-ado**, ceux des 2e et 3e groupes en **-ido** :

cantar → cantado
comer → comido
vivir → vivido

4.11 Le **gérondif** se forme en remplaçant la terminaison de l'infinitif par **-ando** pour les verbes réguliers en **-ar** et par **-iendo** pour ceux en **-er** ou en **-ir**.

On l'emploie après le verbe **estar** pour former les temps progressifs, après les verbes **seguir**, **continuar** et **ir** pour exprimer une progression et dans les constructions temporelles comme **llevar** :

Estoy escribiendo una carta.
Je suis en train d'écrire une lettre.

Sigue viniendo todos los días.
Il continue de venir tous les jours.

Lleva dos años estudiando inglés.
Cela fait deux ans qu'il étudie l'anglais.

Verbes espagnols

1 gerundio **2** imperativo **3** presente **4** pretérito **5** futuro **6** presente de subjuntivo **7** imperfecto de subjuntivo **8** participio de pasado **9** imperfecto **10** condicional

acertar **2** acierta **3** acierto, aciertas, acierta, aciertan **6** acierte, aciertes, acierte, acierten

acordar **2** acuerda **3** acuerdo, acuerdas, acuerda, acuerdan **6** acuerde, acuerdes, acuerde, acuerden

advertir **1** advirtiendo **2** advierte **3** advierto, adviertes, advierte, advierten **4** advirtió, advirtieron **6** advierta, adviertas, advierta, advirtamos, advirtáis, adviertan **7** advirtiera *etc*

agradecer **3** agradezco **6** agradezca *etc*

andar **4** anduve, anduviste, anduvo, anduvimos, anduvisteis, anduvieron **7** anduviera *etc*

aparecer **3** aparezco **6** aparezca *etc*

aprobar **2** aprueba **3** apruebo, apruebas, aprueba, aprueban **6** apruebe, apruebes, apruebe, aprueben

atravesar **2** atraviesa **3** atravieso, atraviesas, atraviesa, atraviesan **6** atraviese, atravieses, atraviese, atraviesen

caber **3** quepo **4** cupe, cupiste, cupo, cupimos, cupisteis, cupieron **5** cabré *etc* **6** quepa *etc* **7** cupiera *etc*

caer **1** cayendo **3** caigo **4** cayó, cayeron **6** caiga *etc* **7** cayera *etc*

calentar **2** calienta **3** caliento, calientas,

1 gerundio **2** imperativo **3** presente **4** pretérito **5** futuro **6** presente de subjuntivo **7** imperfecto de subjuntivo **8** participio de pasado **9** imperfecto **10** condicional

calienta, calientan **6** caliente, calientes, caliente, calienten

cerrar **2** cierra **3** cierro, cierras, cierra, cierran **6** cierre, cierres, cierre, cierren

COMER **1** comiendo **2** come, comed **3** como, comes, come, comemos, coméis, comen **4** comí, comiste, comió, comimos, comisteis, comieron **5** comeré, comerás, comerá, comeremos, comeréis, comerán **6** coma, comas, coma, comamos, comáis, coman **7** comiera, comieras, comiera, comiéramos, comierais, comieran **8** comido **9** comía, comías, comía, comíamos, comíais, comían

conocer **3** conozco **6** conozca *etc*

contar **2** cuenta **3** cuento, cuentas, cuenta, cuentan **6** cuente, cuentes, cuente, cuenten

costar **2** cuesta **3** cuesto, cuestas, cuesta, cuestan **6** cueste, cuestes, cueste, cuesten

dar **3** doy **4** di, diste, dio, dimos, disteis, dieron **7** diera *etc*

decir **2** di **3** digo **4** dije, dijiste, dijo, dijimos, dijisteis, dijeron **5** diré *etc* **6** diga *etc* **7** dijera *etc* **8** dicho

despertar **2** despierta **3** despierto, despiertas, despierta, despiertan **6** despierte, despiertes, despierte, despierten

divertir **1** divirtiendo **2** divierte **3** divierto, diviertes, divierte, divierten **4** divirtió, divirtieron

1 gerundio **2** imperativo **3** presente **4** pretérito **5** futuro **6** presente de subjuntivo **7** imperfecto de subjuntivo **8** participio de pasado **9** imperfecto **10** condicional

6 divierta, diviertas, divierta, divirtamos, divirtáis, diviertan **7** divirtiera *etc*

dormir **1** durmiendo **2** duerme **3** duermo, duermes, duerme, duermen **4** durmió, durmieron **6** duerma, duermas, duerma, durmamos, durmáis, duerman **7** durmiera *etc*

empezar **2** empieza, empiece, empecemos, empiecen **3** empiezo, empiezas, empieza, empiezan **4** empecé **6** empiece, empieces, empiece, empecemos, empecéis, empiecen

entender **2** entiende **3** entiendo, entiendes, entiende, entienden **6** entienda, entiendas, entienda, entiendan

ESTAR **2** está **3** estoy, estás, está, están **4** estuve, estuviste, estuvo, estuvimos, estuvisteis, estuvieron **6** esté, estés, esté, estén **7** estuviera *etc.*

HABER **3** he, has, ha, hemos, habéis, han **4** hube, hubiste, hubo, hubimos, hubisteis, hubieron **5** habré *etc* **6** haya *etc* **7** hubiera *etc*

HABLAR **1** hablando **2** habla, hable, hablemos, hablad, hablen **3** hablo, hablas, habla, hablamos, habláis, hablan **4** hablé, hablaste, habló, hablamos, hablasteis, hablaron **5** hablaré, hablarás, hablará, hablaremos, hablaréis, hablarán **6** hable, hables, hable, hablemos, habléis, hablen **7** hablara *ou* hablase, hablaras *ou* hablases, habláramos *ou* hablásemos, hablarais *ou* hablaseis, hablaran *ou* hablasen

1 gerundio **2** imperativo **3** presente **4** pretérito **5** futuro
6 presente de subjuntivo **7** imperfecto de subjuntivo
8 participio de pasado **9** imperfecto **10** condicional

8 hablado **9** hablaba, hablabas, hablaba, hablábamos, hablabais, hablaban **10** hablaría, hablarías, hablaría, hablaríamos, hablaríais, hablarían

hacer **2** haz **3** hago **4** hice, hiciste, hizo, hicimos, hicisteis, hicieron **5** haré *etc* **6** haga *etc* **7** hiciera *etc* **8** hecho

instruir **1** instruyendo **2** instruye **3** instruyo, instruyes, instruye, instruyen **4** instruyó, instruyeron **6** instruya *etc* **7** instruyera *etc*

ir **1** yendo **2** ve **3** voy, vas, va, vamos, vais, van **4** fui, fuiste, fue, fuimos, fuisteis, fueron **6** vaya, vayas, vaya, vayamos, vayáis, vayan **7** fuera *etc* **9** iba, ibas, iba, íbamos, ibais, iban

jugar **2** juega **3** juego, juegas, juega, juegan **4** jugué **6** juegue *etc*

leer **1** leyendo **4** leyó, leyeron **7** leyera *etc*

morir **1** muriendo **2** muere **3** muero, mueres, muere, mueren **4** murió, murieron **6** muera, mueras, muera, muramos, muráis, mueran **7** muriera *etc* **8** muerto

mostrar **2** muestra **3** muestro, muestras, muestra, muestran **6** muestre, muestres, muestre, muestren

mover **2** mueve **3** muevo, mueves, mueve, mueven **6** mueva, muevas, mueva, muevan

negar **2** niega **3** niego, niegas, niega, niegan **4** negué **6** niegue, niegues, niegue, neguemos, neguéis, nieguen

1 gerundio **2** imperativo **3** presente **4** pretérito **5** futuro
6 presente de subjuntivo **7** imperfecto de subjuntivo
8 participio de pasado **9** imperfecto **10** condicional

ofrecer **3** ofrezco **6** ofrezca *etc*

oír **1** oyendo **2** oye **3** oigo, oyes, oye, oyen **4** oyó, oyeron **6** oiga *etc* **7** oyera *etc*

oler **2** huele **3** huelo, hueles, huele, huelen **6** huela, huelas, huela, huelan

parecer **3** parezco **6** parezca *etc*

pedir **1** pidiendo **2** pide **3** pido, pides, pide, piden **4** pidió, pidieron **6** pida *etc* **7** pidiera *etc*

pensar **2** piensa **3** pienso, piensas, piensa, piensan **6** piense, pienses, piense, piensen

perder **2** pierde **3** pierdo, pierdes, pierde, pierden **6** pierda, pierdas, pierda, pierdan

poder **1** pudiendo **2** puede **3** puedo, puedes, puede, pueden **4** pude, pudiste, pudo, pudimos, pudisteis, pudieron **5** podré *etc* **6** pueda, puedas, pueda, puedan **7** pudiera *etc*

poner **2** pon **3** pongo **4** puse, pusiste, puso, pusimos, pusisteis, pusieron **5** pondré *etc* **6** ponga *etc* **7** pusiera *etc* **8** puesto

preferir **1** prefiriendo **2** prefiere **3** prefiero, prefieres, prefiere, prefieren **4** prefirió, prefirieron **6** prefiera, prefieras, prefiera, prefiramos, prefiráis, prefieran **7** prefiriera *etc*

querer **2** quiere **3** quiero, quieres, quiere, quieren **4** quise, quisiste, quiso, quisimos, quisisteis, quisieron **5** querré *etc* **6** quiera, quieras, quiera, quieran **7** quisiera *etc*

1 gerundio 2 imperativo 3 presente 4 pretérito 5 futuro
6 presente de subjuntivo 7 imperfecto de subjuntivo
8 participio de pasado 9 imperfecto 10 condicional

reír 2 ríe 3 río, ríes, ríe, ríen 4 reí, rieron 6 ría, rías, ría, riamos, riáis, rían 7 riera *etc*

repetir 1 repitiendo 2 repite 3 repito, repites, repite, repiten 4 repitió, repitieron 6 repita *etc* 7 repitiera *etc*

rogar 2 ruega 3 ruego, ruegas, ruega, ruegan 4 rogué 6 ruegue, ruegues, ruegue, roguemos, roguéis, rueguen

saber 3 sé 4 supe, supiste, supo, supimos, supisteis, supieron 5 sabré *etc* 6 sepa *etc* 7 supiera *etc*

salir 2 sal 3 salgo 5 saldré *etc* 6 salga *etc*

seguir 1 siguiendo 2 sigue 3 sigo, sigues, sigue, siguen 4 siguió, siguieron 6 siga *etc* 7 siguiera *etc*

sentar 2 sienta 3 siento, sientas, sienta, sientan 6 siente, sientes, siente, sienten

sentir 1 sintiendo 2 siente 3 siento, sientes, siente, sienten 4 sintió, sintieron 6 sienta, sientas, sienta, sintamos, sintáis, sientan 7 sintiera *etc*

SER 2 sé 3 soy, eres, es, somos, sois, son 4 fui, fuiste, fue, fuimos, fuisteis, fueron 6 sea *etc* 7 fuera *etc* 9 era, eras, era, éramos, erais, eran

servir 1 sirviendo 2 sirve 3 sirvo, sirves, sirve, sirven 4 sirvió, sirvieron 6 sirva *etc* 7 sirviera *etc*

soñar 2 sueña 3 sueño, sueñas, sueña, sueñan 6 sueñe, sueñes, sueñe, sueñen

tener 2 ten 3 tengo, tienes, tiene, tienen 4 tuve, tuviste,

1 gerundio **2** imperativo **3** presente **4** pretérito **5** futuro **6** presente de subjuntivo **7** imperfecto de subjuntivo **8** participio de pasado **9** imperfecto **10** condicional

tuvo, tuvimos, tuvisteis, tuvieron **5** tendré *etc* **6** tenga *etc* **7** tuviera *etc*

traer **1** trayendo **3** traigo **4** traje, trajiste, trajo, trajimos, trajisteis, trajeron **6** traiga *etc* **7** trajera *etc*

valer **2** vale **3** valgo **5** valdré *etc* **6** valga *etc*

venir **2** ven **3** vengo, vienes, viene, vienen **4** vine, viniste, vino, vinimos, vinisteis, vinieron **5** vendré *etc* **6** venga *etc* **7** viniera *etc*

ver **3** veo **6** vea *etc* **8** visto **9** veía *etc*

vestir **1** vistiendo **2** viste **3** visto, vistes, viste, visten **4** vistió, vistieron **6** vista *etc* **7** vistiera *etc*

VIVIR **1** viviendo **2** vive, viva, vivamos, vivid, vivan **3** vivo, vives, vive, vivimos, vivís, viven **4** viví, viviste, vivió, vivimos, vivisteis, vivieron **5** viviré, vivirás, vivirá, viviremos, viviréis, vivirán **6** viva, vivas, viva, vivamos, viváis, vivan **7** viviera *ou* viviese, vivieras *ou* vivieses, viviera *ou* viviese, viviéramos *ou* viviésemos, vivierais *ou* vivieseis, vivieran *ou* viviesen **8** vivido **9** vivía, vivías, vivía, vivíamos, vivíais, vivían **10** viviría, vivirías, viviría, viviríamos, viviríais, vivirían

volcar **2** vuelca, vuelque, volquemos, vuelquen **3** vuelco, vuelcas, vuelca, vuelcan **4** volqué **6** vuelque, vuelques, vuelque, volquemos, volquéis, vuelquen

volver **2** vuelve **3** vuelvo, vuelves, vuelve, vuelven **6** vuelva, vuelvas, vuelva, vuelvan **8** vuelto

Verbes français

1 Participe présent **2** Participe passé **3** Présent **4** Imparfait **5** Futur **6** Conditionnel **7** Subjonctif présent **8** Impératif

acquérir **1** acquérant **2** acquis **3** acquiers, acquérons, acquièrent **4** acquérais **5** acquerrai **7** acquière

ALLER **1** allant **2** allé **3** vais, vas, va, allons, allez, vont **4** allais **5** irai **6** irais **7** aille **8** va, allons, allez

asseoir **1** asseyant **2** assis **3** assieds, asseyons, asseyez, asseyent **4** asseyais **5** assiérai **7** asseye

atteindre **1** atteignant **2** atteint **3** atteins, atteignons **4** atteignais **7** atteigne

AVOIR **1** ayant **2** eu **3** ai, as, a, avons, avez, ont **4** avais **5** aurai **6** aurais **7** aie, aies, ait, ayons, ayez, aient **8** aie, ayons, ayez

battre **1** battant **2** battu **3** bats, bat, battons **4** battais **7** batte

boire **1** buvant **2** bu **3** bois, buvons, boivent **4** buvais **7** boive

bouillir **1** bouillant **2** bouilli **3** bous, bouillons **4** bouillais **7** bouille

conclure **1** concluant **2** conclu **3** conclus, concluons **4** concluais **7** conclue

conduire **1** conduisant **2** conduit **3** conduis, conduisons **4** conduisais **7** conduise

connaître **1** connaissant **2** connu **3** connais, connaît, connaissons **4** connaissais **7** connaisse

1 Participe présent **2** Participe passé **3** Présent **4** Imparfait **5** Futur **6** Conditionnel **7** Subjonctif présent **8** Impératif

coudre **1** cousant **2** cousu **3** couds, cousons, cousez, cousent **4** cousais **7** couse

courir **1** courant **2** couru **3** cours, courons **4** courais **5** courrai **7** coure

couvrir **1** couvrant **2** couvert **3** couvre, couvrons **4** couvrais **7** couvre

craindre **1** craignant **2** craint **3** crains, craignons **4** craignais **7** craigne

croire **1** croyant **2** cru **3** crois, croyons, croient **4** croyais **7** croie

croître **1** croissant **2** crû **3** croîs, croissons **4** croissais **7** croisse

cueillir **1** cueillant **2** cueilli **3** cueille, cueillons **4** cueillais **5** cueillerai **7** cueille

devoir **1** devant **2** dû , due, dus, dues **3** dois, devons, doivent **4** devais **5** devrai **7** doive

dire **1** disant **2** dit **3** dis, disons, dites, disent **4** disais **7** dise

dormir **1** dormant **2** dormi **3** dors, dormons **4** dormais **7** dorme

écrire **1** écrivant **2** écrit **3** écris, écrivons **4** écrivais **7** écrive

ÊTRE **1** étant **2** été **3** suis, es, est, sommes, êtes, sont **4** étais **5** serai **6** serais **7** sois, sois, soit, soyons, soyez, soient **8** sois, soyons, soyez

FAIRE **1** faisant **2** fait **3** fais, fais, fait, faisons, faites, font **4** faisais **5** ferai **6** ferais **7** fasse

1 Participe présent **2** Participe passé **3** Présent **4** Imparfait **5** Futur **6** Conditionnel **7** Subjonctif présent **8** Impératif

falloir **2** fallu **3** faut **4** fallait **5** faudra **7** faille

FINIR **1** finissant **2** fini **3** finis, finis, finit, finissons, finissez, finissent **4** finissais **5** finirai **6** finirais **7** finisse **8** finis, finissons, finissez

fuir **1** fuyant **2** fui **3** fuis, fuyons, fuient **4** fuyais **7** fuie

joindre **1** joignant **2** joint **3** joins, joignons **4** joignais **7** joigne

lire **1** lisant **2** lu **3** lis, lisons **4** lisais **7** lise

luire **1** luisant **2** lui **3** luis, luisons **4** luisais **7** luise

maudire **1** maudissant **2** maudit **3** maudis, maudissons **4** maudissait **7** maudisse

mentir **1** mentant **2** menti **3** mens, mentons **4** mentais **7** mente

mettre **1** mettant **2** mis **3** mets, mettons **4** mettais **7** mette

mourir **1** mourant **2** mort **3** meurs, mourons, meurent **4** mourais **5** mourrai **7** meure

naître **1** naissant **2** né **3** nais, naît, naissons **4** naissais **7** naisse

offrir **1** offrant **2** offert **3** offre, offrons **4** offrais **7** offre

PARLER **1** parlant **2** parlé **3** parle, parles, parle, parlons, parlez, parlent **4** parlais, parlais, parlait, parlions, parliez, parlaient **5** parlerai, parleras, parlera, parlerons, parlerez, parleront **6** parlerais, parlerais, parlerait, parlerions, parleriez,

1 Participe présent **2** Participe passé **3** Présent **4** Imparfait
5 Futur **6** Conditionnel **7** Subjonctif présent **8** Impératif

parleraient **7** parle, parles, parle, parlions, parliez, parlent **8** parle, parlons, parlez

partir **1** partant **2** parti **3** pars, partons **4** partais **7** parte

plaire **1** plaisant **2** plu **3** plais, plaît, plaisons **4** plaisais **7** plaise

pleuvoir **1** pleuvant **2** plu **3** pleut, pleuvent **4** pleuvait **5** pleuvra **7** pleuve

pourvoir **1** pourvoyant **2** pourvu **3** pourvois, pourvoyons, pourvoient **4** pourvoyais **7** pourvoie

pouvoir **1** pouvant **2** pu **3** peux, peut, pouvons, peuvent **4** pouvais **5** pourrai **7** puisse

prendre **1** prenant **2** pris **3** prends, prenons, prennent **4** prenais **7** prenne

prévoir *como* **voir** **5** prévoirai

RECEVOIR **1** recevant **2** reçu **3** reçois, reçois, reçoit, recevons, recevez, reçoivent **4** recevais **5** recevrai **6** recevrais **7** reçoive **8** reçois, recevons, recevez

RENDRE **1** rendant **2** rendu **3** rends, rends, rend, rendons, rendez, rendent **4** rendais **5** rendrai **6** rendrais **7** rende **8** rends, rendons, rendez

résoudre **1** résolvant **2** résolu **3** résous, résout, résolvons **4** résolvais **7** résolve

rire **1** riant **2** ri **3** ris, rions **4** riais **7** rie

savoir **1** sachant **2** su **3** sais, savons, savent **4** savais **5** saurai **7** sache **8** sache, sachons, sachez

1 Participe présent **2** Participe passé **3** Présent **4** Imparfait **5** Futur **6** Conditionnel **7** Subjonctif présent **8** Impératif

servir **1** servant **2** servi **3** sers, servons **4** servais **7** serve

sortir **1** sortant **2** sorti **3** sors, sortons **4** sortais **7** sorte

souffrir **1** souffrant **2** souffert **3** souffre, souffrons **4** souffrais **7** souffre

suffire **1** suffisant **2** suffi **3** suffis, suffisons **4** suffisais **7** suffise

suivre **1** suivant **2** suivi **3** suis, suivons **4** suivais **7** suive

taire **1** taisant **2** tu **3** tais, taisons **4** taisais **7** taise

tenir **1** tenant **2** tenu **3** tiens, tenons, tiennent **4** tenais **5** tiendrai **7** tienne

vaincre **1** vainquant **2** vaincu **3** vaincs, vainc, vainquons **4** vainquais **7** vainque

valoir **1** valant **2** valu **3** vaux, vaut, valons **4** valais **5** vaudrai **7** vaille

venir **1** venant **2** venu **3** viens, venons, viennent **4** venais **5** viendrai **7** vienne

vivre **1** vivant **2** vécu **3** vis, vivons **4** vivais **7** vive

voir **1** voyant **2** vu **3** vois, voyons, voient **4** voyais **5** verrai **7** voie

vouloir **1** voulant **2** voulu **3** veux, veut, voulons, veulent **4** voulais **5** voudrai **7** veuille **8** veuillez

Los números		Les nombres
un(o)(-a)	1	un(e)
dos	2	deux
tres	3	trois
cuatro	4	quatre
cinco	5	cinq
seis	6	six
siete	7	sept
ocho	8	huit
nueve	9	neuf
diez	10	dix
once	11	onze
doce	12	douze
trece	13	treize
catorce	14	quatorze
quince	15	quinze
dieciséis	16	seize
diecisiete	17	dix-sept
dieciocho	18	dix-huit
diecinueve	19	dix-neuf
veinte	20	vingt
veintiún/veintiuno(a)	21	vingt et un(e)
veintidós	22	vingt-deux
treinta	30	trente
treinta y un(o)(-a)	31	trente et un(e)
treinta y dos	32	trente-deux
cuarenta	40	quarante
cincuenta	50	cinquante
sesenta	60	soixante

setenta	70	soixante-dix
setenta y un(o)(-a)	71	soixante et onze
setenta y dos	72	soixante-douze
ochenta	80	quatre-vingts
ochenta y un(o)(-a)	81	quatre-vingt-un(e)
noventa	90	quatre-vingt-dix
noventa y un(o)(-a)	91	quatre-vingt-onze
cien(to)	100	cent
ciento un(o)(-a)	101	cent un(e)
ciento cincuenta y seis	156	cent cinquante-six
doscientos(-as)	200	deux cents
trescientos(-as) un(o)(-a)	301	trois cent un(e)
quinientos(-as)	500	cinq cents
mil	1 000	mille
cinco mil	5 000	cinq mille
un millón	1 000 000	un million

primer(o)(-a), 1° (1^{a})	premier (première), $1^{er,}$ $1^{(ère)}$
segundo(-a), 2° (2^{a})	deuxième, 2e, 2ème
tercer(o)(-a), 3° (3^{a})	troisième, 3e, 3ème
cuarto(-a)	quatrième
quinto(-a)	cinquième
sexto(-a)	sixième
séptimo(-a)	septième
octavo(-a)	huitième
noveno(-a)	neuvième
décimo(-a)	dixième
undécimo(-a)	onzième
duodécimo(-a)	douzième
decimotercer(o)(-a)	treizième

decimocuarto(-a)	quatorzième
decimoquinto(-a)	quinzième
decimosexto(-a)	seizième
decimoséptimo(-a)	dix-septième
decimoctavo(-a)	dix-huitième
decimonoveno(-a)	dix-neuvième
vigésimo(-a)	vingtième
vigésimo(-a) primer(o)(-a)	vingt et unième
vigésimo(-a) segundo(-a)	vingt-deuxième
trigésimo(-a)	trentième
centésimo(-a)	centième
centésimo(-a) primer(o)(-a)	cent unième
milésimo(-a)	millième

La hora	L'heure
¿qué hora es?	quelle heure est-il ?
es/son...	il est ...
es la una	il est une heure
son las cuatro	il est quatre heures
es medianoche/ son las docede la noche	il est minuit
la una (de la madrugada)	une heure (du matin)
la una y cinco	une heure cinq
la una y diez	une heure dix
la una y cuarto	une heure et quart
la una y veinticinco	une heure vingt-cinq
la una y media *o* treinta	une heure et demie, une heure trente
las dos menos veinticinco	deux heures moins vingt-cinq
las dos menos veinte	deux heures moins vingt, une heure quarante
las dos menos cuarto	deux heures moins le quart, une heure quarante-cinq
las dos menos diez	deux heures moins dix, une heure cinquante
mediodía, las doce (de la mañana)	midi
las dos (de la tarde)	deux heures (de l'après-midi)
las siete (de la tarde)	sept heures (du soir)
¿a qué hora?	à quelle heure ?
a medianoche	à minuit
a las siete	à sept heures
a la una	à une heure
en veinte minutos	en vingt minutes
hace diez minutos	il y a dix minutes

La fecha	La date
hoy	aujourd'hui
mañana	demain
pasado mañana	après-demain
ayer	hier
antes de ayer, anteayer	avant-hier
la víspera	la veille
el día siguiente	le lendemain
por la mañana	le matin
por la tarde	l'après-midi/le soir
esta mañana	ce matin
esta tarde	cet après-midi/ce soir
ayer por la mañana	hier matin
ayer por la tarde	hier après-midi/soir
mañana por la mañana	demain matin
mañana por la tarde	demain après-midi/soir
en la noche del sábado al domingo	dans la nuit de samedi à dimanche
vendrá el sábado	il viendra samedi
los sábados	le samedi
todos los sábados	tous les samedis
el sábado pasado	samedi dernier
el sábado que viene, el próximo sábado	samedi prochain
del sábado en ocho días	samedi en huit
del sábado en quince días	samedi en quinze
de lunes a sábado	du lundi au samedi
todos los días	tous les jours
una vez a la semana	une fois par semaine
una vez al mes	une fois par mois
dos veces a la semana	deux fois par semaine
hace una semana *o* ocho días	il y a une semaine *ou* huit jours

hace quince días	il y a quinze jours
el año pasado	l'année dernière
dentro de dos días	dans deux jours
dentro de ocho días *o* una semana	dans huit jours *ou* une semaine
dentro de quince días	dans quinze jours
el mes que viene, el próximo mes	le mois prochain
el año que viene, el próximo año	l'année prochaine
¿a qué *o* a cuántos estamos?	quel jour sommes-nous ?
el 1/24 de octubre de 2018	le 1er/24 octobre 2018
nací el 22 de octubre de 1980	je suis né le 22 octobre 1980
Barcelona, a 24 de octubre de 2018 (*carta*)	Barcelone, le 24 octobre 2018 (*lettre*)
en 2018	en 2018
mil novecientos noventa y seis	mille neuf cent quatre-vingt-seize
dos mil tres	deux mille trois
44 a. de J.C.	44 av. J.-C.
14 d. de J.C.	14 apr. J.-C.
en el (siglo) XIX	au XIXe (siècle)
en los años treinta	dans les années trente

Guide de conversation

Guía del viajero

THÈMES		TEMAS

FAIRE CONNAISSANCE	**372**	**CONOCER A GENTE**
SE DÉPLACER	**373**	**DESPLAZAMIENTOS**
Demander son chemin	373	¿Cómo se va a ...?
Location de voitures	373	Alquiler de coches
Pannes	374	Averías
Stationnement	374	Aparcamiento
Station-service	374	Gasolinera
Accidents	375	Accidentes
En voiture	375	En coche
À vélo	376	En bicicleta
En train	376	En tren
En ferry	377	En barco
En avion	378	En avión
Transports urbains	379	Transporte público
En taxi	379	En taxi
HÉBERGEMENT	**380**	**ALOJAMIENTO**
Camping	380	Camping
Location de vacances	380	Apartamentos turísticos
Hôtel	381	Hotel
ACHATS	**382**	**DE COMPRAS**
Alimentation	382	Alimentación
Poste	382	Correos
Photographie et vidéo	383	Fotografía y vídeo

THÈMES | TEMAS

LOISIRS	**384**	**OCIO**
Visites touristiques	384	Visitas turísticas
Sorties	384	Salidas
À la plage	385	En la playa
Sport	386	Deporte
Ski	386	Esquí
AU RESTAURANT	**388**	**EN EL RESTAURANTE**
COMMUNICATIONS	**389**	**COMUNICACIONES**
Téléphone	389	Teléfono
Internet	389	Internet
VIE PRATIQUE	**390**	**DATOS PRÁCTICOS**
Passeport/Douane	390	Pasaporte/Aduana
À la banque	390	En el banco
Réparations	391	Reparaciones
Urgences	392	Servicios de urgencia
SANTÉ	**393**	**SALUD**
Pharmacie	393	Farmacia
Chez le médecin	393	En la consulta médica
À l'hôpital	394	En el hospital
Chez le dentiste	394	En el dentista
VOYAGEURS	**395**	**VIAJEROS**
Voyages d'affaires	395	Viajes de negocios
Voyageurs handicapés	395	Personas con discapacidades
Voyager avec des enfants	396	Viajar con niños
AU MENU	**397**	**COMIDA Y BEBIDA**

FAIRE CONNAISSANCE	CONOCER A GENTE
Bonjour !	¡Buenos días!
Salut !	¡Hola!
Bonsoir !	¡Buenas noches!
Bonne nuit !	¡Buenas noches!
Au revoir !	¡Adiós!
Comment vous appelez-vous ?	¿Cómo se llama usted?
Je m'appelle ...	Me llamo ...
Je vous présente ma femme.	Le presento a mi mujer.
Je vous présente mon mari.	Le presento a mi marido.
Je vous présente mon compagnon/ma compagne.	Le presento a mi pareja.
Enchanté(e).	Encantado(-a) de conocerle.
D'où êtes-vous ?	¿De dónde es usted?
Je suis de ...	Soy de ...
Comment allez-vous ?	¿Cómo está?
Bien, merci.	Bien, gracias.
Et vous ?	¿Y usted?
Parlez-vous français/espagnol ?	¿Habla francés/español?
Désolé(e), je ne comprends pas.	Perdone, pero no entiendo.
Merci beaucoup !	¡Muchas gracias!
Je suis français(e).	Soy francés(-esa).
Que faites-vous dans la vie ?	¿A qué se dedica?

Demander son chemin	¿Cómo se va a ...?
Où est le bureau de poste le plus proche ?	¿Dónde está la oficina de correos más cercana?
Comment est-ce qu'on y va ?	¿Cómo se va hasta allí?
Comment est-ce qu'on va à la gare ?	¿Cómo se va a la estación?
Est-ce que c'est loin ?	¿Está muy lejos?
C'est à combien d'ici ?	¿A cuánto está de aquí?
C'est la bonne direction pour aller à la gare ?	¿Por aquí se va a la estación?
Je suis perdu(e).	Me he perdido.
Pouvez-vous me le montrer sur la carte ?	¿Me lo puede señalar en el mapa?
Vous devez faire demi-tour.	Tiene que dar media vuelta.
Allez tout droit.	Siga todo recto.
Tournez à gauche.	Gire a la izquierda.
Tournez à droite.	Gire a la derecha.
Prenez la deuxième rue à gauche.	Tome la segunda calle a la izquierda.

Location de voitures	Alquiler de coches
Je voudrais louer une voiture.	Quería alquilar un coche.
C'est combien pour ... ?	¿Cuánto cuesta por ...?
une journée	*un día*
une semaine	*una semana*
Je voudrais un siège auto pour un enfant de 2 ans.	Quería una silla infantil para un niño de 2 años.
Que dois-je faire en cas d'accident/de panne ?	¿Qué debo hacer en caso de accidente/de avería?

Pannes	Averías
Je suis en panne.	Tengo una avería.
Où est le garage le plus proche ?	¿Dónde está el taller más cercano?
La boîte de vitesses est cassée.	La caja de cambios está rota.
Le pare-brise est cassé.	El parabrisas está roto.
Les freins ne fonctionnent pas.	Los frenos no funcionan.
Les phares ne fonctionnent pas.	Las luces no funcionan.
La batterie est à plat.	Se ha quedado sin batería.
Le moteur ne démarre pas.	El motor no arranca.
Le moteur chauffe.	El motor se recalienta.
J'ai crevé.	He tenido un pinchazo.
Pouvez-vous le réparer ?	¿Puede repararlo?
Quand est-ce que la voiture sera prête ?	¿Cuándo estará listo el coche?

Stationnement	Aparcamiento
Je peux me garer ici ?	¿Puedo aparcar aquí?
Où est l'horodateur ?	¿Dónde está el parquímetro?
L'horodateur ne fonctionne pas.	El parquímetro no funciona.

Station-service	Gasolinera
Où est la station-service la plus proche ?	¿Dónde está la gasolinera más cercana?
Je dois faire le plein.	Tengo que llenar el depósito.
30 euros de gazole, s'il vous plaît.	30 euros de diésel, por favor.

30 euros de sans plomb 95, s'il vous plaît.	30 euros de 95 (sin plomo), por favor.
Pompe numéro 4, s'il vous plaît.	El número 4, por favor.
Pouvez-vous vérifier … ?	¿Puede comprobar …?
la pression des pneus	*la presión de los neumáticos*
le niveau d'huile	*el nivel del aceite*

Accidents | Accidentes

Appelez la police, s'il vous plaît.	Por favor, llame a la policía.
Appelez une ambulance, s'il vous plaît.	Por favor, llame a una ambulancia.
Voici les références de mon assurance.	Estos son los datos de mi seguro.
Donnez-moi les références de votre assurance, s'il vous plaît.	Por favor, deme los datos de su seguro.
Pouvez-vous me servir de témoin ?	¿Puede ser usted mi testigo?
Vous conduisiez trop vite.	Conducía usted muy rápido.
Vous n'aviez pas la priorité.	No tenía usted prioridad.

En voiture | En coche

Quel est le meilleur chemin pour aller à l'aéroport ?	¿Cuál es el mejor camino para ir al aeropuerto?
Où paie-t-on le péage ?	¿Dónde se paga el peaje?
Avez-vous une carte routière de la région ?	¿Tiene un mapa de carreteras de esta zona?

À vélo	En bicicleta
Où est la piste cyclable pour aller à ... ?	¿Dónde está el carril-bici para ir a ...?
Est-ce que je peux laisser mon vélo ici ?	¿Puedo dejar aquí mi bicicleta?
On m'a volé mon vélo.	Me han robado la bicicleta.
Où se trouve le réparateur de vélos le plus proche ?	¿Dónde está el taller de reparación de bicicletas más cercano?
Les freins ne marchent pas.	El freno no funciona.
Le dérailleur ne marche pas.	El cambio de marchas no funciona.
La chaîne est cassée.	La cadena se ha roto.
J'ai crevé.	He tenido un pinchazo.
J'ai besoin d'un kit de réparation.	Necesito una caja de parches.

En train	En tren
Un aller simple pour ... s'il vous plaît.	Un billete de ida para ... por favor.
Deux allers-retours pour ... s'il vous plaît.	Dos billetes de ida y vuelta para ... por favor.
Pouvez-vous me donner la fiche des horaires ?	¿Puede darme usted los horarios?
Je voudrais voyager en première classe.	Me gustaría viajar en primera clase.
Y a-t-il un tarif réduit pour ... ?	¿Hay algún descuento para ...?
les étudiants	*estudiantes*
les seniors	*pensionistas*
Je voudrais faire une réservation pour le train qui va à ... s'il vous plaît.	Quería hacer una reserva para el tren que va a ... por favor.

Je voudrais réserver une couchette pour ...	Quería reservar una litera para ...
À quelle heure part le prochain train pour ... ?	¿A qué hora sale el próximo tren para ...?
Est-ce qu'il faut payer un supplément ?	¿Tengo que pagar algún suplemento?
Est-ce qu'il y a un changement ?	¿Hay que hacer transbordo?
Où est-ce qu'il faut changer ?	¿Dónde tengo que hacer transbordo?
C'est bien le train pour ... ?	¿Este es el tren que va a ...?
Excusez-moi, c'est ma place.	Perdone, este es mi asiento.
J'ai réservé.	Tengo una reserva.
Est-ce que cette place est occupée/libre ?	¿Está ocupado/libre este asiento?
Pourriez-vous me prévenir quand on arrivera à ... ?	¿Puede avisarme cuando lleguemos a ...?
Où est le wagon-restaurant ?	¿Dónde está el vagón restaurante?
Où est la voiture numéro 12 ?	¿Cuál es el vagón número 12?

En ferry | En barco

Est-ce qu'il y a un ferry pour ... ?	¿Sale algún barco para ...?
Quand part le prochain ferry pour ... ?	¿Cuándo sale el próximo barco para ...?
Combien cela coûte-t-il pour ... personnes avec une voiture/un camping-car ?	¿Cuánto cuesta el billete para ... personas con un coche/una autocaravana?
Combien de temps dure la traversée ?	¿Cuánto dura la travesía?
Où est le restaurant ?	¿Dónde está el restaurante?
Où est le bar ?	¿Dónde está el bar?

Où est le magasin hors taxes ?	¿Dónde está el duty-free?
Où est la cabine numéro 28 ?	¿Dónde está el camarote número 28?
Avez-vous quelque chose pour le mal de mer ?	¿Tienen algo para el mareo?

En avion | En avión

Où sont les bagages du vol provenant de... ?	¿Dónde está el equipaje del vuelo procedente de ...?
Où est la station de taxis ?	¿Dónde está la parada de taxis?
Où est l'arrêt de bus ?	¿Dónde está la parada del bus?
Mes bagages ne sont pas arrivés.	Mi equipaje no ha llegado.
Est-ce que vous pouvez appeler ... ?	¿Puede avisar por el altavoz a ...?
Où est l'enregistrement pour le vol à destination de ... ?	¿Dónde tengo que facturar para el vuelo a ...?
Quelle est la porte d'embarquement pour le vol ... ?	¿Cuál es la puerta de embarque del vuelo ...?
Quelle est l'heure limite d'enregistrement ?	¿Hasta qué hora se puede facturar?
À quelle heure commence l'embarquement ?	¿A qué hora empieza el embarque?
Hublot/Couloir, s'il vous plaît.	Ventanilla/Pasillo, por favor.
J'ai perdu ma carte d'embarquement.	He perdido la tarjeta de embarque.
J'ai perdu mon billet.	He perdido el billete.
Où sont ... ?	¿Dónde están ...?
les bornes d'enregistrement	*los terminales de autofacturación*
les chariots à bagage	*los carritos para equipaje*

Transports urbains	Transporte público
Comment est-ce qu'on va au centre-ville ?	¿Cómo se va al centro?
Où est la gare routière ?	¿Dónde está la estación de autobuses?
Où est l'arrêt de bus le plus proche ?	¿Dónde está la parada de autobús más cercana?
Où est la station de métro la plus proche ?	¿Dónde está la parada de metro más cercana?
Un ticket, s'il vous plaît.	Un billete, por favor.
Y a-t-il un tarif réduit … ?	¿Hay algún descuento …?
pour les seniors	*para pensionistas*
pour les enfants	*para niños*
Comment fonctionne le distributeur de tickets ?	¿Cómo funciona la máquina expendedora de billetes?
Pourriez-vous me prévenir quand je dois descendre ?	¿Puede decirme cuándo tengo que bajar?
Quel est le prochain arrêt ?	¿Cuál es la próxima parada?

En taxi	En taxi
Où puis-je trouver un taxi ?	¿Dónde se puede coger un taxi?
Pouvez-vous m'appeler un taxi, s'il vous plaît ?	¿Puede avisar a un taxi, por favor?
À l'aéroport, s'il vous plaît.	Al aeropuerto, por favor.
À la gare, s'il vous plaît.	A la estación, por favor.
À cette adresse, s'il vous plaît.	A esta dirección, por favor.
Combien vous dois-je ?	¿Cuánto le debo?
Il me faut un reçu.	Necesito un recibo.
Gardez la monnaie.	Quédese con el cambio.
Vous pouvez vous arrêter ici.	Puede parar aquí.
Pouvez-vous m'attendre ?	¿Puede esperarme?
Tout droit.	Todo recto.
À gauche.	A la izquierda.
À droite.	A la derecha.

Camping	Camping
Est-ce qu'il y a un camping ici ?	¿Hay algún camping por aquí?
Nous voudrions un emplacement pour ...	Queríamos una plaza para ...
une tente.	*una tienda de campaña.*
une caravane.	*una caravana.*
Nous voudrions rester 3 nuits.	Queríamos quedarnos 3 noches.
C'est combien la nuit ?	¿Cuánto es por noche?
Où sont les toilettes ?	¿Dónde están los lavabos?
Où sont les douches ?	¿Dónde están las duchas?
Est-ce qu'on peut camper/stationner ici pour la nuit ?	¿Podemos acampar/aparcar aquí toda la noche?

Location de vacances	Apartamentos turísticos
Où faut-il aller chercher la clé de l'appartement ?	¿Dónde nos dan la llave del apartamento?
Est-ce que l'électricité est en supplément ?	¿Hay que pagar la electricidad aparte?
Comment fonctionne le chauffage ?	¿Cómo funciona la calefacción?
Qui dois-je contacter en cas de problème ?	¿Con quién debo hablar si hubiera algún problema?
Il nous faut un double de la clé.	Necesitamos una copia de la llave.
Il nous faut des draps supplémentaires.	Necesitamos más sábanas.
Il n'y a plus de gaz.	Se ha acabado el gas.
Il n'y a pas d'électricité.	No hay electricidad.
Est-ce que nous devons nettoyer la maison avant de partir ?	¿Tenemos que limpiar la casa antes de marcharnos?

Hôtel | Hotel

Avez-vous une chambre … ?	¿Tienen alguna habitación …?
simple	*individual*
double	*doble*
pour 4 personnes	*para 4 personas*
avec baignoire	*con bañera*
Je voudrais rester une nuit.	Quería quedarme una noche.
Je voudrais rester 5 nuits.	Quería quedarme 5 noches.
Est-ce que le petit déjeuner est inclus dans le prix ?	Está el desayuno incluido en el precio?
J'ai réservé une chambre au nom de …	Tengo reservada una habitación a nombre de …
J'ai réservé cette chambre en ligne.	Hice la reserva en Internet para esta habitación.
Je voudrais une autre chambre.	Quería otra habitación.
À quelle heure est servi le petit déjeuner ?	¿A qué hora sirven el desayuno?
Pouvez-vous me servir le petit déjeuner dans ma chambre ?	¿Podrían traerme el desayuno a la habitación?
Où est … ?	¿Dónde está …?
le restaurant	*el restaurante*
le bar	*el bar*
la salle de sport	*el gimnasio*
la piscine/le spa	*la piscina/el spa*
Je voudrais être réveillé(e) demain matin à sept heures.	¿Me podrían despertar mañana por la mañana a las 7, por favor?
La climatisation ne marche pas.	El aire acondicionado no funciona.
Chambre numéro 312.	Habitación 312.
Est-ce que j'ai reçu des messages ?	¿Hay algún mensaje para mí?

Je voudrais du dentifrice.	Quería pasta de dientes.
Avez-vous des piles ?	¿Tienen pilas?
Avez-vous ceci ... ?	¿Tienen esto ...?
dans une autre taille	*en otra talla*
dans une autre couleur	*en otro color*
Je fais du ...	Mi talla es la ...
Je fais du 37.	Calzo un 37.
Je le prends.	Me lo quedo.
Auriez-vous autre chose ?	¿Tienen alguna otra cosa?
C'est trop cher.	Es demasiado caro.
Je regarde seulement.	Sólo estoy mirando.
Acceptez-vous les cartes de crédit ?	¿Aceptan tarjetas de crédito?

Alimentation | Alimentación

Où est ... le/la plus proche ?	¿Dónde está ... más cercano(-a)?
le supermarché	*el supermercado*
la boulangerie	*la panadería*
le marché	*el mercado*
Quels sont les jours de marché ?	¿Qué días hay mercado?
un kilo de pommes de terre	un kilo de patatas
une livre de pommes	medio kilo de manzanas
200 grammes d'olives	200 gramos de aceitunas
6 tranches de jambon	6 lonchas de jamón
un litre de lait	un litro de leche
une bouteille de vin rouge	una botella de vino tinto
un paquet de chips	una bolsa de patatas fritas

Poste | Correos

Où est le bureau de poste le plus proche ?	¿Dónde está la oficina de correos más cercana?
À quelle heure ouvre la poste ?	¿A qué hora abre Correos?

Où peut-on acheter des timbres ?	¿Dónde se pueden comprar sellos?
Je voudrais 8 timbres pour la France/l'Espagne.	Quiero 8 sellos para Francia/España.
Je voudrais poster ...	Quiero enviar ...
cette lettre.	*esta carta.*
ce colis.	*este paquete.*
en recommandé	certificado
Est-ce que j'ai du courrier ?	¿Tengo alguna carta?
Où est la boîte aux lettres la plus proche ?	¿Dónde está el buzón más cercano?

Photographie et vidéo | Fotografía y vídeo

Je voudrais imprimer des photos.	Quería imprimir fotos.
Je voudrais acheter une carte mémoire.	Quiero una tarjeta de memoria.
Est-ce que vous vendez des chargeurs de marque ... ?	¿Venden ustedes cargadores de la marca ...?
Je l'ai sur ma clé USB.	Lo/La tengo en mi llave USB.
Je cherche un câble pour appareil photo numérique.	Quería un cable para una cámara digital.
Je voudrais les photos ...	Las fotos las quiero ...
en mat.	*en mate.*
en brillant.	*en brillo.*
en format 10 sur 15.	*en formato de 10 por 15.*
Quand est-ce que les photos seront prêtes ?	¿Cuándo puedo pasar a recoger las fotos?
Combien coûtent les photos ?	¿Cuánto cuestan las fotos?
Pourriez-vous nous prendre en photo, s'il vous plaît ?	¿Puede sacarnos una foto, por favor?

Visites touristiques | Visitas turísticas

Où se trouve l'office de tourisme ?	¿Dónde está la oficina de turismo?
Avez-vous des dépliants sur ... ?	¿Tienen folletos de ...?
Quels sont les endroits à visiter ici ?	¿Qué se puede visitar aquí?
Est-ce qu'il y a des visites guidées de la ville ?	¿Se organizan visitas guiadas por la ciudad?
Quels sont les horaires d'ouverture du musée ?	¿Cuál es el horario del museo?
Combien coûte l'entrée ?	¿Cuánto cuesta la entrada?
Il y a un tarif réduit pour les enfants ?	¿Hay algún descuento para niños?
Il y a un tarif réduit pour les chômeurs ?	¿Hay algún descuento para desempleados?
Est-ce qu'il y a une visite guidée en français/espagnol ?	¿Hay alguna visita guiada en francés/español?
Je voudrais un catalogue.	Quería un catálogo.
Je peux prendre des photos (avec le flash) ici ?	¿Puedo sacar fotos (con flash)?
Je peux filmer ici ?	¿Puedo filmar?

Sorties | Salidas

Qu'est-ce qu'il y a à faire ici ?	¿Qué se puede hacer por aquí?
Où est-ce qu'on peut danser ?	¿Dónde se puede ir a bailar?
Où est-ce qu'on peut écouter de la musique live ?	¿Dónde se puede escuchar música en directo?
Où est-ce qu'il y a des bars ?	¿Dónde hay bares?
Où est-ce qu'il y a une bonne discothèque ?	¿Dónde hay una buena discoteca?

Qu'est-ce qu'il y a ce soir au cinéma ?	¿Qué hay esta noche en el cine?
Qu'est-ce qu'il y a ce soir à la salle de concert ?	¿Qué hay esta noche en el auditorio?
Nous voudrions aller au parc aquatique.	Queríamos ir al parque acuático.
Où est-ce que je peux acheter des places d'opéra ?	¿Dónde puedo comprar entradas para la ópera?
Combien coûte l'entrée ?	¿Cuánto cuesta la entrada?
Je voudrais un billet pour ...	Quería una entrada para ...
Je voudrais 4 billets pour ...	Quería 4 entradas para ...
Il y a un tarif réduit pour les seniors ?	¿Hay algún descuento para pensionistas?
Il y a un tarif réduit pour les étudiants ?	¿Hay algún descuento para estudiantes?

À la plage | En la playa

Est-ce qu'on peut se baigner ici ?	¿Se puede uno bañar aquí?
Où se trouve la plage la plus proche ?	¿Dónde está la playa más cercana?
Est-ce qu'il y a des courants ?	¿Hay corrientes?
Est-ce qu'on peut nager ici sans danger ?	¿Se puede nadar aquí sin peligro?
L'eau est-elle profonde?	¿El agua es muy profunda?
Est-ce qu'il y a un maître nageur ?	¿Hay socorrista?
Où peut-on faire du ski nautique ?	¿Dónde se puede practicar esquí acuático?
Où peut-on faire de la plongée ?	¿Dónde se puede bucear?
Je voudrais louer une chaise longue.	Quería alquilar una tumbona.

Je voudrais louer un parasol.	Quería alquilar una sombrilla.
Je voudrais louer un scooter des mers.	Quería alquilar una moto acuática.

Sport | Deporte

Où peut-on jouer au tennis ?	¿Dónde se puede jugar al tenis?
Où peut-on aller nager ?	¿Dónde se puede ir a nadar?
Où peut-on faire de l'équitation ?	¿Dónde se puede montar a caballo?
Où peut-on aller pêcher ?	¿Dónde se puede ir a pescar?
Combien est-ce que ça coûte de l'heure ?	¿Cuánto cuesta la hora?
Où peut-on réserver un court ?	¿Dónde puedo reservar una pista?
Où peut-on louer des raquettes de tennis ?	¿Dónde puedo alquilar raquetas de tenis?
Où peut-on louer un pédalo ?	¿Dónde puedo alquilar un patín a pedales?
Est-ce qu'il faut un permis de pêche ?	¿Se necesita permiso de pesca?
Quelles compétitions sportives peut-on voir par ici ?	¿Qué competiciones deportivas se pueden ver por aquí?
Je voudrais voir un match de foot.	Me gustaría ver un partido de fútbol.
Je voudrais voir une course hippique.	Me gustaría ver una carrera de caballos.

Ski | Esquí

Où peut-on louer un équipement de ski ?	¿Dónde puedo alquilar un equipo de esquí?
Je voudrais louer des skis de piste.	Quería alquilar unos esquís (de descenso).
Je voudrais louer des skis de fond.	Quería alquilar unos esquís de fondo.

Je voudrais louer des chaussures de ski.	Quería alquilar unas botas de esquí.
Pourriez-vous resserrer mes fixations, s'il vous plaît ?	¿Podría ajustarme la fijación, por favor?
Où est-ce qu'on peut acheter un forfait ?	¿Dónde puedo comprar el forfait?
Je voudrais un forfait pour une journée.	Quería un forfait para un día.
Je voudrais un forfait pour une semaine.	Quería un forfait para una semana.
Combien coûte le forfait ?	¿Cuánto cuesta el forfait?
À quelle heure part le premier télésiège ?	¿A qué hora sale el primer telesilla?
Avez-vous une carte des pistes ?	¿Tiene un mapa de las pistas?
Où sont les pistes pour débutants ?	¿Dónde están las pistas para principiantes?
Quelle est la difficulté de cette piste ?	¿Qué dificultad tiene esta pista?
Y a-t-il une école de ski ?	¿Hay escuela de esquí?
Où est le poste de secours le plus proche ?	¿Dónde está el puesto de socorro más cercano?
Quelles sont les prévisions météo ?	¿Cuál es el pronóstico del tiempo?
Comment est la neige ?	¿Cuál es el estado de la nieve?
Est-ce qu'il y a un risque d'avalanches ?	¿Hay peligro de aludes?

Une table pour 4 personnes, s'il vous plaît.	Una mesa para 4 personas, por favor.
La carte, s'il vous plaît.	La carta, por favor.
La carte des vins, s'il vous plaît.	La carta de vinos, por favor.
Qu'est-ce que vous me conseillez ?	¿Qué me recomienda?
Servez-vous des ... ?	¿Tienen ...?
plats végétariens	*platos vegetarianos*
menus enfant	*menú infantil*
Est-ce que cela contient ... ?	¿Esto contiene ...?
des cacahuètes	*cacahuetes*
de l'alcool	*alcohol*
Vous pourriez m'apporter encore du pain, s'il vous plaît ?	¿Puede traer más pan, por favor?
Je vais prendre le poisson.	Yo tomaré pescado.
L'addition, s'il vous plaît.	La cuenta, por favor.
Sur une seule addition, s'il vous plaît.	Cóbrelo todo junto, por favor.
Sur des additions séparées, s'il vous plaît.	Haga cuentas separadas, por favor.
Gardez la monnaie.	Quédese con el cambio.
Ce n'est pas ce que j'ai commandé.	Esto no es lo que he pedido.
Il y a une erreur dans l'addition.	La cuenta está mal.
C'est froid.	Está frío.
C'est trop salé.	Está demasiado salado.
Je ne suis pas satisfait.	No estoy contento con esto.
saignant(e)/à point/ bien cuit(e)	poco hecho(-a)/en su punto/ bien hecho(-a)
Une bouteille d'eau gazeuse/ non gazeuse.	Una botella de agua con gas/ sin gas.

Téléphone	Teléfono
Où est-ce que je peux téléphoner ?	¿Dónde puedo hacer una llamada?
Allô.	Hola.
Qui est à l'appareil ?	¿Con quién hablo?
C'est ...	Soy ...
Puis-je parler à Monsieur/ Madame ... s'il vous plaît ?	¿Puedo hablar con el señor/ la señora ... por favor?
Je rappellerai plus tard.	Volveré a llamar más tarde.
Pouvez-vous me répondre par SMS ?	¿Puede responderme con un SMS?
Où est-ce que je peux recharger mon portable ?	¿Dónde puedo cargar la batería del móvil?
Je voudrais acheter une carte SIM avec/sans abonnement.	Quería comprar una tarjeta SIM con/sin contrato.
Il me faut une batterie neuve.	Necesito una batería nueva.
Est-ce que je peux emprunter votre chargeur ?	¿Me podría dejar su cargador?
Je n'ai pas de réseau.	No hay cobertura.
La liaison est mauvaise.	La conexión no es buena.
Je ne te capte plus.	Se corta.

Internet	Internet
Est-ce que vous avez le wi-fi gratuit?	Tiene wifi gratis?
Je voudrais envoyer un e-mail.	Quería enviar un e-mail.
Je voudrais imprimer un document.	Quería imprimir un documento.
Comment changer la langue du clavier ?	¿Cómo se cambia el idioma del teclado?
Quel est le mot de passe pour le wi-fi ?	¿Cuál es la contraseña para el wi-fi?

Passeport/Douane	Pasaporte/Aduana
Voici mon passeport.	Aquí tiene mi pasaporte.
Voici ma carte d'identité.	Aquí tiene mi carnet de identidad.
Voici mon permis de conduire.	Aquí tiene mi carnet de conducir.
Voici ma carte verte.	Aquí tiene mi carta verde.
Voici les papiers de mon véhicule.	Aquí tiene la documentación del vehículo.
Les enfants sont sur ce passeport.	Los niños están incluidos en este pasaporte.
Est-ce que je dois déclarer ceci ?	¿Tengo que declarar esto?
C'est un cadeau.	Esto es un regalo.
C'est pour mon usage personnel.	Es para mi uso personal.
Je suis en transit pour ...	Estoy de paso para ir a ...

À la banque	En el banco
Où puis-je changer de l'argent ?	¿Dónde puedo cambiar dinero?
Est-ce qu'il y a une banque par ici ?	¿Hay algún banco por aquí cerca?
Est-ce qu'il y a un bureau de change par ici ?	¿Hay alguna oficina de cambio por aquí cerca?
Quels sont les horaires d'ouverture de la banque ?	¿Cuál es el horario del banco?
Je voudrais 200 euros.	Quiero 200 euros.

Je voudrais changer 100 euros en dollars.	Quería cambiar 100 euros en dólares.
Je voudrais encaisser ces chèques de voyage.	Quería canjear estos cheques de viaje.
Combien prenez-vous de commission ?	¿Cuánto cobran de comisión?
Je peux me servir de ma carte pour retirer de l'argent ?	¿Puedo sacar dinero con mi tarjeta de crédito?
Il y a un distributeur par ici ?	¿Hay algún cajero por aquí cerca?
Le distributeur m'a pris ma carte.	El cajero automático se ha quedado con mi tarjeta.
Pouvez-vous me donner de la monnaie, s'il vous plaît ?	¿Puede darme cambio por favor?

Réparations | Reparaciones

Où puis-je faire réparer ceci ?	¿Dónde pueden arreglarme esto?
Pouvez-vous réparer ces chaussures ?	¿Puede arreglar estos zapatos?
Pouvez-vous réparer cette montre ?	¿Puede reparar este reloj?
Est-ce que cela vaut la peine de le réparer ?	¿Vale la pena repararlo?
Combien coûte la réparation ?	¿Cuánto cuesta repararlo?
Quand sera-t-il prêt ?	¿Cuándo estará listo?
Pouvez-vous le faire tout de suite ?	¿Puede hacerlo ahora mismo?

Urgences	Servicios de urgencia
Au secours !	¡Socorro!
Au feu !	¡Fuego!
Pouvez-vous appeler le médecin d'urgence, s'il vous plaît ?	Por favor, llame a un médico de urgencia.
Pouvez-vous appeler les pompiers, s'il vous plaît ?	Por favor, llame a los bomberos.
Pouvez-vous appeler la police, s'il vous plaît?	Por favor, llame a la policía.
Je dois téléphoner d'urgence.	Tengo que hacer una llamada urgente.
J'ai besoin d'un interprète.	Necesito un intérprete.
Où est le commissariat ?	¿Dónde está la comisaría?
Où est l'hôpital ?	¿Dónde está el hospital?
Je voudrais signaler un vol.	Quería denunciar un robo.
On m'a volé mon portefeuille.	Me han robado la cartera.
Il y a eu un accident.	Ha habido un accidente.
Il y a 3 blessés.	Hay 3 heridos.
Je suis à ...	Estoy en ...
On m'a volé(e).	Me han robado.
On m'a attaqué(e).	Me han atracado.
On m'a violée.	Me han violado.
Je voudrais appeler mon ambassade.	Quiero hablar con mi embajada.

Pharmacie | Farmacia

Où est la pharmacie la plus proche ?	¿Dónde está la farmacia más cercana?
Quelle est la pharmacie de garde ?	¿Qué farmacia está de guardia?
Je voudrais quelque chose contre la diarrhée.	Quería algo para la diarrea.
Je voudrais quelque chose contre la fièvre.	Quería algo para la fiebre.
Je voudrais quelque chose contre le mal des transports.	Quería algo para el mareo.
Je voudrais quelque chose contre les maux de tête.	Quería algo para el dolor de cabeza.
Je voudrais des pansements.	Quería tiritas.
Je voudrais du paracétamol.	Quería paracetamol.
Je suis allergique à l'aspirine.	Soy alérgico(-a) a la aspirina.
Je suis allergique à la pénicilline.	Soy alérgico(-a) a la penicilina.
Je voudrais une lotion anti-moustiques.	Quería un repelente de mosquitos.

Chez le médecin | En la consulta médica

J'ai besoin de voir un médecin.	Necesito ver a un médico.
Où sont les urgences ?	¿Dónde está Urgencias?
J'ai mal ici.	Me duele aquí.
J'ai chaud.	Tengo calor.
J'ai froid.	Tengo frío.
J'ai mal au cœur.	Tengo ganas de vomitar.
J'ai la tête qui tourne.	Tengo mareos.
Je suis enceinte.	Estoy embarazada.
Je suis diabétique.	Soy diabético(-a).
Je suis séropositif(-ive).	Soy seropositivo(-a).

Je prends ces médicaments.	Estoy tomando estos medicamentos.
Je suis O positif.	Mi grupo sanguíneo es O positivo.

À l'hôpital | En el hospital

Dans quel service se trouve ... ?	¿En qué unidad está ...?
Quelles sont les heures de visite ?	¿Cuál es el horario de visita?
Je voudrais parler à un médecin.	Quería hablar con un médico.
Quand vais-je pouvoir sortir ?	¿Cuándo me van a dar el alta?

Chez le dentiste | En el dentista

J'ai besoin de voir un dentiste.	Tengo que ir al dentista.
J'ai mal à cette dent.	Me duele esta muela.
J'ai perdu un de mes plombages.	Se me ha caído un empaste.
J'ai un abcès.	Tengo un flemón.
Je veux une piqûre contre la douleur.	Quiero que me inyecten un calmante.
Je ne veux pas de piqûre contre la douleur.	No quiero que me inyecten un calmante.
Pouvez-vous réparer mon dentier ?	¿Me puede arreglar la dentadura?
J'ai besoin d'un reçu pour mon assurance.	Necesito un recibo para el seguro.

Voyages d'affaires	Viajes de negocios
Je voudrais organiser une réunion avec ...	Me gustaría tener una reunión con ...
J'ai rendez-vous avec ...	Tengo una cita con ...
Voici ma carte de visite.	Aquí tiene mi tarjeta.
Je travaille pour ...	Trabajo para ...
Comment rejoindre votre bureau ?	¿Cómo se llega a su despacho?
Je peux me servir de votre ordinateur ?	¿Puedo usar su ordenador?
Quelle est votre adresse électronique ?	¿Cuál es su dirección de e-mail?
Y a-t-il un accès à Internet ici ?	¿Hay conexión a Internet?
Y a-t-il un fax que je puisse utiliser ?	¿Hay un fax que pueda usar?
Y a-t-il une connexion wi-fi dans cette pièce ?	¿La sala tiene conexión wi-fi?

Voyageurs handicapés	Personas con discapacidades
Est-ce qu'on peut visiter ... en fauteuil roulant ?	¿La visita a ... se puede hacer en silla de ruedas?
Où est l'entrée pour les fauteuils roulants ?	¿Por dónde se entra con silla de ruedas?
Votre hôtel est-il accessible aux fauteuils roulants ?	¿Tiene su hotel acceso para personas con silla de ruedas?
Il me faut une chambre au rez-de-chaussée.	Necesito una habitación en la planta baja.
Y a-t-il un ascenseur pour fauteuils roulants ?	¿Tienen ascensor para sillas de ruedas?
Où sont les toilettes pour handicapés ?	¿Dónde está el lavabo para personas con discapacidades?

Pouvez-vous m'aider à monter, s'il vous plaît ?	¿Podría ayudarme a subir, por favor?
Où peut-on faire réparer un fauteuil roulant par ici ?	¿Dónde puedo arreglar la silla de ruedas por aquí cerca?
Le pneu est crevé.	Se me ha pinchado una rueda.
La batterie est à plat.	Se ha quedado sin batería.

Voyager avec des enfants — Viajar con niños

Est-ce que les enfants sont admis ?	¿Pueden entrar niños?
Y a-t-il un tarif réduit pour les enfants ?	¿Hay algún descuento para niños?
Vous servez des menus enfant ?	¿Tienen menú infantil?
Auriez-vous une chaise haute ?	¿Tienen una sillita?
Auriez-vous un lit pour bébé ?	¿Tienen una cuna?
Auriez-vous un siège pour enfant ?	¿Tienen un asiento para niños?
Où est-ce que je peux changer mon bébé ?	¿Dónde puedo cambiar al niño/a la niña?
Où est-ce que je peux allaiter mon bébé ?	¿Dónde puedo darle el pecho al niño/a la niña?
Vous pouvez me réchauffer ceci, s'il vous plaît ?	¿Puede calentarme esto, por favor?
Qu'est-ce qu'il y a à faire pour les enfants ?	¿Qué pueden hacer aquí los niños?
Où est le parc de jeux le plus proche ?	¿Dónde está el parque infantil más cercano?
Est-ce qu'il y a un service de garderie ?	¿Hay guardería?

aïoli ajiaceite, alioli
anchoïade crema de anchoa
amuse-bouches comida para picar
assiette du pêcheur variado de marisco y pescado
bar lubina
bavarois dulce frío, con crema inglesa y gelatina
bisque sopa suave de crustáceos
blanquette carne de ternera, cordero, etc. con salsa blanca
brandade de morue bacalao a la provenzal – guiso de bacalao desmigado, mezclado con aceite, leche y patatas
brochette pincho de carne asada
bulots caracoles de mar cocidos
cassoulet guiso de carne y judías blancas
cervelle de Canut queso fresco con hierbas, aceite, sal y pimienta, plato típico de Lyon
charlotte pastel de bizcochitos, nata y frutas, generalmente fresas
clafoutis pastel de crema y frutas, generalmente cerezas
coq au vin capón cocido en vino tinto
coques berberechos
crémant bebida de la familia del champán
crème pâtissière crema pastelera
daube cazuela de carne con vino, hierbas y verduras
daurade dorada
filet mignon solomillo de ternera
fine de claire ostra de calidad superior
foie gras paté de hígado de ganso
fonds d'artichaut corazones de alcachofa
fougasse tipo de empanada de varios rellenos (atún, aceitunas, anchoas, etc.)
gésier molleja
gratin dauphinois patatas cortadas muy finas gratinadas con queso
hachis parmentier picadillo de carne con puré de patata
homard thermidor bogavante con salsa de mostaza
île flottante merengue flotando en crema inglesa
loup de mer róbalo

noisette d'agneau chuleta de cordero deshuesada
onglet solomillo de ternera
pan-bagnat bocadillo de pan tierno con aceite de oliva, verduras crudas, aceitunas, anchoas y atún
parfait tipo de helado
piperade piperrada
pissaladière pizza del sur de Francia con anchoas y aceitunas negras
pistou salsa del sur de Francia con albahaca, aceite de oliva, ajo, parecida al pesto
pommes mousseline puré de patata muy cremoso
pot-au-feu cocido
quenelles especie de canelón relleno de carne o pescado con salsa bechamel
rascasse cabracho
ratatouille pisto
ris de veau mollejas de ternera
romaine lechuga romana
rouille ajiaceite picante
salade lyonnaise ensalada con huevos 'poché' y beicon
salade niçoise ensalada con tomates, anchoas, aceitunas negras, etc.
suprême de volaille pechuga de pollo con salsa de crema
tapenade paté de aceitunas negras, anchoas, alcaparras y ajo
tournedos Rossini solomillo con foie-gras

adobo (en) mariné
ajillo (al) à l'ail
arroz negro riz à l'encre de seiche
asadillo poivrons grillés
bandeja de quesos plateau de fromages
brasa (a la) grillé au feu de bois
buñuelos beignets sucrés (fourrés à la crème ou au chocolat) ou salés (aux moules ou de morue)
caldereta ragoût
cazuela de fideos paella où des pâtes remplacent le riz
chilindrón sauce à base de tomate pour accompagner de la viande
chistorra chorizo de Navarre
chorizo saucisson pimenté
chuletón steak
churro beignet sucré en forme de doigt qui accompagne le chocolat chaud
crema catalana crème catalane
cuajada caillé au miel ou à la cannelle
dulces pâtisseries
empanadilla feuilleté à la viande
empanado pané
ensalada de la casa salade composée
fritura de pescado friture de poissons
gazpacho soupe froide aux tomates et au concombre
horno (al) au four
ibéricos fromages et charcuteries espagnols
jamón serrano jambon cru
leche frita carrés de flan frit
mariscada plat de fruits de mer
medallón médaillon
mollejas ris de veau
moros y cristianos riz aux haricots noirs
paella plat de riz, de poulet et de fruits de mer au safran ; la paella valenciana contient du lapin, du poulet et quelquefois des anguilles
parrilla (a la) grillé
patatas bravas pommes de terre sautées servies avec une sauce piquante
pepitoria de pavo/pollo fricassée de dinde/poulet
pimientos morrones poivrons rouges marinés
pote potée
puchero ragoût de viande ou de fruits de mer
revuelto œufs brouillés

romesco sauce tomate aux poivrons et aux piments
salsa verde sauce à l'ail et au persil
sofrito sauce tomate aux oignons caramélisés
tapas assortiment de petites entrées variées. La version plus grande s'appelle « una ración » ; la brochette s'appelle « un pincho »
tortilla española omelette aux pommes de terre
zarzuela de mariscos sorte de bouillabaisse au safran

ESPAÑOL – FRANCÉS

ESPAGNOL – FRANÇAIS

a

a

(*a + el* = **al**) *prep* 1 (*dirección*) à ; **fueron a Madrid/Grecia** ils sont allés à Madrid/en Grèce ; **caerse al río** tomber dans la rivière ; **subirse a la mesa** monter sur la table ; **bajarse a la calle** descendre dans la rue ; **me voy a casa** je rentre à la maison *o* chez moi
2 (*distancia*): **está a 15 km de aquí** c'est à 15 km d'ici
3 (*posición*): **estar a la mesa** être à table ; **al lado de** à côté de
4 (*tiempo*): **a las 10/a medianoche** à 10 heures/à minuit ; **a la mañana siguiente** le lendemain matin ; **a los pocos días** peu de jours après ; **estamos a nueve de julio** nous sommes le neuf juillet ; **a los 24 años** à (l'âge de) 24 ans ; **una vez a la semana** une fois par semaine
5 (*manera*): **a la inglesa** à l'anglaise ; **a caballo** à cheval ; **a oscuras** à tâtons
6 (*medio, instrumento*): **a lápiz** au crayon ; **a mano** à la main ; **le echaron a patadas** ils l'ont mis dehors à coups de pied aux fesses
7 (*razón*): **a dos euros el kilo** à deux euros le kilo ; **a más de 50 km/h** à plus de 50 km/h
8 (*complemento directo: no se traduce*): **vi a Juan/a tu padre** j'ai vu Juan/ton père
9 (*dativo*): **se lo di a Pedro** je l'ai donné à Pedro
10 (*verbo + a + infin*): **empezó a trabajar** il a commencé à travailler ; (*no se traduce*): **voy a verle** je vais le voir ; **vengo a decírtelo** je viens te le dire
11 (*simultaneidad*): **al verle, le reconocí inmediatamente** quand je l'ai vu, je l'ai tout de suite reconnu
12 (*n + a + infin*): **el camino a recorrer** le chemin à parcourir
13 (*imperativo*): **¡a callar!** taisez-vous ! ; **¡a comer!** à table !

abad, esa *nm/f* abbé (abbesse)
• **abadía** *nf* abbaye *f*

abajo

▶ *adv* 1 (*posición*) en bas ; **allí ~** là-bas ; **el piso de ~** l'appartement du dessous ; **la parte de ~** le bas ; **más ~** plus bas ; (*en texto*) ci-dessous ; **desde ~** d'en bas ; **~ del todo** tout en bas ; **Pedro está ~** Pedro est en bas ; **el ~ firmante** le soussigné ; **de seis euros para ~** au-dessous de six euros
2 (*dirección*): **ir calle ~** descendre la rue ; **río ~** en aval

▸ *prep*: **~ de** (AM) sous ; **~ de la mesa** sous la table
▸ *excl*: **¡~ el gobierno!** à bas le gouvernement !

abalanzarse *vpr*: **~ sobre** se jeter sur
abandonado, -a *adj* abandonné(e)
abandonar *vt* abandonner ; (*salir de: tb Inform*) quitter ; **abandonarse** *vpr* (*descuidarse*) se laisser aller ; **abandonarse a** (*desesperación, dolor*) s'abandonner à • **abandono** *nm* abandon *m*
abanicar *vt* éventer • **abanico** *nm* éventail *m*
abaratar: **abaratarse** *vpr* (*artículo*) coûter moins cher ; (*precio*) baisser
abarcar *vt* (*temas, período*) comprendre ; (*rodear con los brazos*) embrasser
abarrotado, -a *adj*: **~ (de)** plein(e) à craquer (de)
abarrotar *vt* remplir
abarrotero, -a (AM) *nm/f* (*tendero*) épicier(-ière)
abarrotes (AM) *nmpl* (*ultramarinos*) épicerie *fsg*
abastecer *vt*: **~ (de)** fournir (en), approvisionner (en) ; **abastecerse** *vpr*: **abastecerse (de)** s'approvisionner (en) • **abastecimiento** *nm* approvisionnement *m*
abasto *nm*: **no dar ~ a** *o* **para hacer** ne pas arriver à faire ; **abastos** *nmpl* provisions *fpl*
abatido, -a *adj* (*deprimido*) abattu(e)
abatir *vt* abattre ; (*asiento*) rabattre ; **abatirse** *vpr* se laisser abattre
abdicar *vi*: **~ (en algn)** abdiquer (en faveur de qn)
abdomen *nm* abdomen *m*
abdominal *adj* abdominal(e) ; **abdominales** *nmpl* (*tb*: **ejercicios abdominales**) abdominaux *mpl*
abecedario *nm* abécédaire *m*
abedul *nm* bouleau *m*
abeja *nf* abeille *f*
abejorro *nm* bourdon *m*
abertura *nf* ouverture *f* ; (*en falda, camisa*) échancrure *f*
abeto *nm* sapin *m*
abierto, -a *pp de* **abrir** ▸ *adj* ouvert(e) ; **a campo ~** en rase campagne ; **emitir en ~** (*TV*) diffuser en clair
abigarrado, -a *adj* bigarré(e)
abismal *adj* (*diferencia*) colossal(e)
abismar *vt*: **abismarse** *vpr*: **abismarse en** plonger dans ; (*lectura*) se plonger dans
abismo *nm* abîme *m*
abjurar *vt, vi*: **~ de** abjurer
ablandar *vt* ramollir ; (*persona*) adoucir ; (*carne*) attendrir ; **ablandarse** *vpr* se ramollir ; (*persona*) s'adoucir
abnegación *nf* abnégation *f*
abnegado, -a *adj* (*persona*) qui fait preuve d'abnégation, dévoué(e)
abochornar *vt* faire rougir (de honte) ; **abochornarse** *vpr* rougir (de honte)
abofetear *vt* gifler

abogado, -a *nm/f* avocat(e) ; **~ defensor(a)** avocat(e) de la défense
abogar *vi* : **~ por** plaider pour
abolengo *nm* : **de ~** (*familia, persona*) de vieille souche
abolición *nf* abolition *f*
abolir *vt* abolir
abolladura *nf* bosse *f*
abollar *vt* (*metal*) bosseler ; (*coche*) cabosser ; **abollarse** *vpr* (*metal*) se bosseler ; (*coche*) se cabosser
abominable *adj* abominable
abonado, -a *adj* (*deuda etc*) acquitté(e) ▶ *nm/f* abonné(e)
abonar *vt* (*importe*) régler ; (*terreno*) fertiliser ; **abonarse** *vpr*: **abonarse a** s'abonner à ; **~ a algn a** abonner qn à • **abono** *nm* (*fertilizante*) engrais *msg* ; (*suscripción*) abonnement *m*
abordar *vt* aborder
aborigen *nmf* aborigène *mf*
aborrecer *vt* détester
abortar *vi* (*espontáneamente*) faire une fausse couche ; (*de manera provocada*) avorter ▶ *vt* (*huelga, golpe de estado*) faire avorter • **aborto** *nm* (*espontáneo*) fausse couche *f* ; (*provocado*) avortement *m*
abotonar *vt* boutonner ; **abotonarse** *vpr* se boutonner
abrasar *vt* brûler ▶ *vi* être très chaud(e) ; **abrasarse** *vpr*: **abrasarse de calor** étouffer
abrazar *vt* serrer dans ses bras ; (*fig*) embrasser ; **abrazarse** *vpr* s'éteindre
abrazo *nm* accolade *f* ; **dar un ~ a algn** serrer qn dans ses bras ; **« un ~ »** (*en carta*) « amitiés »
abrebotellas *nm inv* ouvre-bouteille *m*
abrecartas *nm inv* coupe-papier *m inv*
abrelatas *nm inv* ouvre-boîte *m*
abreviar *vt* abréger ▶ *vi* abréger ; (*apresurarse*) s'empresser • **abreviatura** *nf* abréviation *f*
abridor *nm* (*de botellas*) ouvre-bouteille *m* ; (*de latas*) ouvre-boîte *m*
abrigar *vt* abriter ; (*suj* : *ropa*) couvrir ; (*fig* : *sospechas, dudas*) nourrir ▶ *vi* (*ropa*) tenir chaud ; **abrigarse** *vpr* se couvrir
abrigo *nm* (*prenda*) manteau *m* ; (*lugar*) abri *m* ; **al ~ de** à l'abri de
abril *nm* avril *m* ; *ver tb* **julio**
abrillantar *vt* faire reluire
abrir *vt, vi* ouvrir ; **abrirse** *vpr* s'ouvrir ; **abrirse paso** se frayer un chemin
abrochar *vt* (*con botones*) boutonner ; (*con hebilla*) boucler ; **abrocharse** *vpr* (*zapatos*) se lacer ; (*abrigo*) se boutonner ; **abrocharse el cinturón** attacher sa ceinture
abrumar *vt* accabler
abrupto, -a *adj* abrupt(e)
absceso *nm* abcès *msg*
absolución *nf* (*Rel*) absolution *f* ; (*Jur*) non-lieu *m*
absoluto, -a *adj* absolu(e) ; **en ~** (*para nada*) en aucun cas ; (*en respuesta*) pas du tout
absolver *vt* (*Rel, Jur*) absoudre
absorbente *adj* absorbant(e)
absorber *vt* absorber ; **absorberse** *vpr*: **absorberse en algo** s'absorber dans qch

absorto, -a *pp de* **absorber** ▸ *adj*: **~ en** absorbé(e) par *o* dans
abstemio, -a *adj* abstinent(e)
abstención *nf* abstention *f*
abstenerse *vpr* s'abstenir ; **~ de algo** se priver de qch ; **~ de hacer** s'abstenir de faire
abstinencia *nf* abstinence *f*
abstracción *nf* abstraction *f*
abstracto, -a *adj* abstrait(e)
abstraer *vt* (*problemas, cuestión*) isoler ; **abstraerse** *vpr*: **abstraerse (de)** s'abstraire (de)
abstraído, -a *adj* absorbé(e)
absuelto *pp de* **absolver**
absurdo, -a *adj* absurde
abuchear *vt* huer
abuela *nf* grand-mère *f*
abuelo *nm* grand-père *m* ; **abuelos** *nmpl* grands-parents *mpl*
abultado, -a *adj* (*labios, mejillas, vientre*) enflé(e) ; (*paquete*) volumineux(-euse) ; (*resultado, cantidad*) important(e)
abultar *vt, vi* prendre de la place
abundancia *nf* abondance *f*
• **abundante** *adj* abondant(e)
• **abundar** *vi* abonder
aburrido, -a *adj* (*que aburre*) ennuyeux(-euse) ; **estar ~** s'ennuyer ; **~ de** fatigué(e) de
• **aburrimiento** *nm* ennui *m*
aburrir *vt* ennuyer ; **aburrirse** *vpr* s'ennuyer
abusar *vi*: **~ de** abuser de
• **abusivo, -a** *adj* abusif(-ive)
• **abuso** *nm* abus *msg* ; **~s sexuales** abus sexuels
a/c *abr* (= *al cuidado de*) abs (= *aux bons soins de*) ; (= *a cuenta*) a/o (= *un acompte de*)
acá *adv* (*esp* AM: *lugar*) ici ; **de junio ~** depuis juin
acabado, -a *adj* (*mueble, obra*) achevé(e), fini(e) ; (*persona*) usé(e) ▸ *nm* finition *f*
acabar *vt* achever, finir ; (*comida, bebida*) terminer, finir ▸ *vi* finir ; **acabarse** *vpr* finir, se terminer ; (*gasolina, pan, agua*) être épuisé(e) ; **~ con** en finir avec ; (*destruir*) liquider ; **~ en** se terminer en ; **~ de hacer** venir de faire ; **~ haciendo** *o* **por hacer** finir par faire ; **¡se acabó!** terminé ! ; (*¡basta!*) ça suffit !
acabose *nm*: **esto es el ~** c'est le bouquet
academia *nf* académie *f* ; (*de enseñanza*) école *f* privée ; **~ de idiomas** école de langues
académico, -a *adj* académique ; (*universitario*) universitaire ▸ *nm/f* académicien(ne)
acallar *vt* faire taire
acalorado, -a *adj* échauffé(e)
acalorarse *vpr* (*fig*) s'échauffer
acampada *nf*: **ir de ~** partir camper
acampar *vi* camper
acantilado *nm* falaise *f*
acaparar *vt* (*alimentos, gasolina*) accumuler ; (*atención*) accaparer
acariciar *vt* caresser
acarrear *vt* transporter ; (*fig*) entraîner
acaso *adv* peut-être ; **por si ~** au cas où ; **si ~** à la rigueur ; **¿~?** (AM: *fam*) alors ... ? ; **¿~ es mi culpa?** alors, c'est ma faute ?
acatamiento *nm* respect *m*
acatar *vt* respecter
acatarrarse *vpr* s'enrhumer

acaudalado, -a *adj* nanti(e)
acaudillar *vt* (*motín, revolución*) diriger ; (*tropas*) commander
acceder *vi*: **~ a** accéder à ; (*Inform*) avoir accès à
accesible *adj* accessible
acceso *nm* (*tb Med, Inform*) accès *msg* ; **tener ~ a** avoir accès à
accesorio, -a *adj* accessoire ; **accesorios** *nmpl* (*prendas de vestir, Auto*) accessoires *mpl* ; (*de cocina*) ustensiles *mpl*
accidentado, -a *adj* (*terreno*) accidenté(e) ; (*viaje, día*) agité(e) ▸ *nm/f* accidenté(e)
accidental *adj* accidentel(le)
accidentarse *vpr* avoir un accident
accidente *nm* accident *m* ; **tener** *o* **sufrir un ~** avoir un accident ; **~ laboral** *o* **de trabajo/de tráfico** accident du travail/de la circulation
acción *nf* action *f* • **accionar** *vt* actionner ; (*Inform*) commander
accionista *nmf* actionnaire *mf*
acebo *nm* houx *msg*
acechar *vt* guetter • **acecho** *nm*: **estar al ~ (de)** être à l'affût (de)
aceitar *vt* huiler
aceite *nm* huile *f* • **aceitera** *nf* burette *f* (d'huile)
aceitoso, -a *adj* (*comida*) gras(se) ; (*consistencia, líquido*) huileux(-euse)
aceituna *nf* olive *f* ; **~ rellena** olive farcie
acelerador *nm* accélérateur *m*
acelerar *vt, vi* accélérer ; **~ el paso/la marcha** presser le pas/l'allure
acelga *nf* blette *f*
acento *nm* accent *m*
acentuar *vt* accentuer ; **acentuarse** *vpr* s'accentuer
acepción *nf* acception *f*
aceptable *adj* acceptable
aceptación *nf* acceptation *f* ; **tener gran ~** être très populaire
aceptar *vt* accepter ; **~ hacer algo** accepter de faire qch
acequia *nf* canal *m* d'irrigation
acera *nf* trottoir *m*
acerca: **~ de** *prep* de, sur, à propos de
acercar *vt* approcher ; **acercarse** *vpr* s'approcher ; **acercarse a** s'approcher de
acerico *nm* pelote *f* à épingles
acero *nm* acier *m* ; **~ inoxidable** acier inoxydable
acérrimo, -a *adj* acharné(e)
acertado, -a *adj* (*respuesta, medida*) bon(ne) ; (*color, decoración*) heureux(-euse)
acertar *vt* (*blanco*) atteindre ; (*solución, adivinanza*) trouver ▸ *vi* réussir ; **~ a hacer algo** réussir à faire qch ; **~ con** (*camino, calle*) trouver
acertijo *nm* devinette *f*
achacar *vt*: **~ algo a** imputer qch à
achacoso, -a *adj* indisposé(e), souffrant(e)
achantar (*fam*) *vt* (*acobardar*) faire peur ; **achantarse** *vpr* se dégonfler
achaque *vb ver* **achacar** ▸ *nm* ennui *m* de santé
achicar *vt* rétrécir ; (*Náut*) écoper

achicharrar *vt* (*comida*) brûler ; **achicharrarse** *vpr* (*comida*) brûler ; (*planta*) griller ; (*persona*) cuire

achicoria *nf* chicorée *f*

aciago, -a *adj* funeste

acicalar: **acicalarse** *vpr* se faire beau (belle)

acicate *nm* stimulant *m*

acidez *nf* acidité *f*

ácido, -a *adj* acide ▸ *nm* (*tb fam: droga*) acide *m*

acierto *vb ver* **acertar** ▸ *nm* (*al adivinar*) bonne réponse *f* ; (*éxito, logro*) réussite *f*, idée *f* judicieuse ; (*habilidad*) adresse *f*

aclamación *nf* acclamation *f*

aclamar *vt* (*aplaudir*) acclamer ; (*proclamar*) proclamer

aclaración *nf* éclaircissement *m*

aclarar *vt* éclaircir ; (*ropa*) rincer ▸ *vi* (*tiempo*) s'éclaircir ; **aclararse** *vpr* (*persona*) s'expliquer ; (*asunto*) s'éclaircir ; **aclararse la garganta** s'éclaircir la voix *o* la gorge

aclaratorio, -a *adj* explicatif(-ive)

aclimatación *nf* acclimatation *f* • **aclimatar** *vt* acclimater ; **aclimatarse** *vpr* s'acclimater

acné *nm o nf* acné *f*

acobardar *vt*: **acobardarse** *vpr* se laisser intimider

acogedor, a *adj* accueillant(e)

acoger *vt* accueillir

acogida *nf* accueil *m*

acometer *vt* (*empresa, tarea*) entreprendre ▸ *vi*: **~ (contra)** attaquer • **acometida** *nf* attaque *f* ; (*de gas, agua*) branchement *m*

acomodado, -a *adj* aisé(e)

acomodador, a *nm/f* placeur (ouvreuse)

acomodar *vt* (*paquetes, maletas*) disposer ; (*personas*) installer ; **acomodarse** *vpr* s'installer

acompañar *vt* accompagner ; **¿quieres que te acompañe?** veux-tu que je t'accompagne ? ; **~ a algn a la puerta** raccompagner qn à la porte ; **le acompaño en el sentimiento** toutes mes condoléances

acondicionar *vt*: **~ (para)** aménager (pour)

acongojar *vt* angoisser

aconsejar *vt* conseiller ; **~ a algn hacer** *o* **que haga/que no haga algo** conseiller à qn de faire/de ne pas faire qch

acontecer *vi* arriver • **acontecimiento** *nm* événement *m*, évènement *m*

acopio *nm*: **hacer ~ de** faire provision de

acoplar *vt*: **~ (a)** accoupler (à) ; **acoplarse** *vpr* s'accoupler ; **acoplarse a** s'adapter à

acordar *vt* décider ; (*precio, condiciones*) convenir de ; **acordarse** *vpr*: **acordarse de** se souvenir de ; **~ hacer algo** (*resolver*) décider *o* convenir de faire qch • **acorde** *adj* (*Mús*) accordé(e) ▸ *nm* (*Mús*) accord *m* ; **~ (con)** conforme (à)

acordeón *nm* accordéon *m*

acorralar *vt* acculer

acortar *vt* raccourcir ; **acortarse** *vpr* raccourcir

acosador, a *nm/f* harceleur(-euse)

acosar *vt* traquer ; (*fig*) harceler • **acoso** *nm* harcèlement *m* ; **~ escolar** harcèlement à l'école ; **~ sexual** harcèlement sexuel
acostar *vt* (*en cama*) coucher ; (*en suelo*) allonger ; **acostarse** *vpr* (*para descansar*) s'allonger ; (*para dormir*) se coucher
acostumbrar *vt*: **~ a algn a hacer algo** habituer qn à faire qch ; **acostumbrarse** *vpr*: **acostumbrarse a** prendre l'habitude de ; (*país, clima*) se faire à ; **~ (a) hacer algo** prendre l'habitude de faire qch
ácrata *adj, nmf* anarchiste *mf*
acre *adj* âcre ▸ *nm* acre *m*
acrecentar *vt* accroître
acreditar *vt* accréditer ; **acreditarse** *vpr* (*buen médico*) se faire une réputation de
acreedor, a *adj*: **~ a** (*respeto*) digne de ▸ *nm/f* créancier(-ière)
acribillar *vt*: **~ a balazos** cribler de balles
acróbata *nmf* acrobate *mf*
acta *nf* (*de reunión*) procès-verbal *m* ; **~ notarial** acte *m* notarié
actitud *nf* attitude *f*
activar *vt* (*mecanismo*) actionner ; (*economía, comercio*) relancer
actividad *nf* activité *f*
activo, -a *adj* actif(-ive) ▸ *nm* (*Com*) actif *m*
acto *nm* acte *m* ; (*ceremonia*) cérémonie *f* ; **en el ~** sur-le-champ ; **~ seguido** immédiatement après
actor *nm* acteur *m*
actriz *nf* actrice *f*
actuación *nf* (*acción*) action *f* ; (*comportamiento*) comportement *m* ; (*Teatro*: *representación*) représentation *f* ; (: *interpretación*) jeu *m*
actual *adj* actuel(le) • **actualidad** *nf* actualité *f* ; **en la ~** actuellement
actualizar *vt* actualiser, mettre à jour
actualmente *adv* à l'heure actuelle, actuellement
actuar *vi* (*comportarse*) agir ; (*actor*) jouer ; **~ de** tenir le rôle de
acuarela *nf* aquarelle *f*
acuario *nm* aquarium *m* ; **A~** (*Astrol*) Verseau *m* ; **ser A~** être Verseau
acuartelar *vt* (*retener en cuartel*) consigner
acuático, -a *adj* aquatique
acuchillar *vt* poignarder
acuciante *adj* pressant(e)
acuciar *vt* presser
acudir *vi* aller ; **~ a** (*amistades etc*) avoir recours à ; **~ a una cita** aller à un rendez-vous
acuerdo *vb ver* **acordar** ▸ *nm* accord *m* ; (*decisión*) décision *f* ; **¡de ~!** d'accord ! ; **de ~ con** en accord avec ; **de común ~** d'un commun accord ; **estar de ~ (con)** être d'accord (avec) ; **llegar a un ~** parvenir à un accord
acumular *vt* accumuler
acuñar *vt* (*moneda*) frapper ; (*palabra, frase*) consacrer
acupuntura *nf* acupuncture *f*
acurrucarse *vpr* se blottir
acusación *nf* accusation *f* • **acusado, -a** *nm/f* (*Jur*) accusé(e) • **acusar** *vt* (*tb fig*) accuser ; (*suj*: *aparato*) indiquer ; **acusarse** *vpr*: **acusarse de algo**

s'accuser de qch ; (*Rel*) confesser qch ; **~ recibo de** accuser réception de

acuse *nm*: **~ de recibo** accusé *m* de réception

acústico, -a *adj* acoustique ▸ *nf* acoustique *f*

adaptación *nf* adaptation *f*

adaptador *nm* adaptateur *m*

adaptar *vt*: **~ (a)** adapter (à)

adecuado, -a *adj* adéquat(e)

adecuar *vt*: **~ a** adapter à

a. de J.C. *abr* (= *antes de Jesucristo*) av. J.-C. (= *avant Jésus-Christ*)

adelantado, -a *adj* avancé(e) ; (*reloj*) en avance ; **pagar por ~** payer d'avance

adelantamiento *nm* (*Auto*) dépassement *m*

adelantar *vt, vi* avancer ; (*Auto*) doubler, dépasser ; **adelantarse** *vpr* (*moverse hacia delante*) s'avancer ; (*tomar la delantera*) prendre les devants ; (*anticiparse*) être en avance

adelante *adv* devant ▸ *excl* (*incitando a seguir*) en avant ! ; (*autorizando a entrar*) entrez ! ; **en ~** désormais ; **de hoy en ~** à l'avenir ; **más ~** (*después*) plus tard ; (*más allá*) plus loin

adelanto *nm* progrès *msg* ; (*de dinero, hora*) avance *f*

adelgazar *vt* (*persona*) faire maigrir ; (*kilos*) perdre ▸ *vi* maigrir

ademán *nm* geste *m* ; **ademanes** *nmpl* gestes *mpl*

además *adv* de plus ; **~ de** en plus de

adentrarse *vpr*: **~ en** pénétrer dans

adentro *adv* dedans ; **mar ~** au large ; **tierra ~** à l'intérieur des terres ; **para sus ~s** dans son for intérieur ; **~ de** (AM: *dentro de*) dans

adepto, -a *nm/f* adepte *mf*

aderezar *vt* assaisonner

adeudar *vt* (*dinero*) devoir ; **adeudarse** *vpr* (*persona*) s'endetter

adherir *vt*: **~ algo a algo** faire adhérer une chose à une autre ; **adherirse** *vpr* coller ; **adherirse a** (*propuesta*) adhérer à

adhesión *nf* adhésion *f*

adhesivo, -a *adj* adhésif(-ive)

adicción *nf* (*a drogas etc*) dépendance *f*

adición *nf* addition *f* ; (*cosa añadida*) ajout *m*

adicto, -a *adj* (*a ideología*) acquis(e) ▸ *nm/f* (*Med*) drogué(e) ; (*partidario*) fanatique *mf*

adiestrar *vt* entraîner

adinerado, -a *adj* fortuné(e)

adiós *excl* (*despedida*) au revoir ! ; (*al pasar*) salut !

aditivo *nm* additif *m*

adivinanza *nf* devinette *f*
• **adivinar** *vt* (*pensamientos*) deviner ; (*el futuro*) lire

adivino, -a *nm/f* devin(eresse)

adjetivo *nm* adjectif *m*

adjudicar *vt* adjuger ; **adjudicarse** *vpr*: **adjudicarse algo** s'adjuger qch

adjuntar *vt* joindre ; **~ un archivo a un correo** (*Inform*) joindre un fichier à un mail

adjunto, -a *adj* (*documento*) joint(e) ; (*médico, director etc*) adjoint(e) ▸ *nm/f* (*profesor*) assistant(e) ▸ *adv* ci-joint

administración *nf* administration *f*; **A~ pública** fonction *f* publique
administrador, a *nm/f* administrateur(-trice), gérant(e)
administrar *vt* administrer, gérer; (*medicamento, sacramento*) administrer
administrativo, -a *adj* administratif(-ive) ▶ *nm/f* (*de oficina*) employé(e) de bureau
admirable *adj* admirable
admiración *nf* (*estimación*) admiration *f*; (*asombro*) étonnement *m*; (*Ling*) exclamation *f*
admirar *vt* (*estimar*) admirer; (*asombrar*) étonner; **admirarse** *vpr*: **admirarse de** s'étonner de
admisible *adj* acceptable
admisión *nf* admission *f*; (*de razones etc*) acceptation *f*
admitir *vt* (*razonamiento etc*) admettre; (*regalos*) accepter
adobar *vt* (*Culin*) mariner
adobe *nm* torchis *msg*
adoctrinar *vt* endoctriner
adolecer *vi*: **~ de** souffrir de
adolescente *adj, nmf* adolescent(e)
adonde (*esp AM*) *adv* où
adónde *adv* où
adopción *nf* adoption *f*
adoptar *vt* adopter
adoptivo, -a *adj* adoptif(-ive); (*lengua, país*) d'adoption
adoquín *nm* pavé *m*
adorar *vt* adorer
adormecer *vt* endormir; **adormecerse** *vpr* somnoler; (*miembro*) engourdir
adornar *vt* orner; (*habitación, mesa*) décorer
adorno *nm* ornement *m*, décoration *f*
adosado, -a *adj*: **chalet ~** maison *f* jumelle
adquiera *etc vb ver* **adquirir**
adquirir *vt* acquérir
adquisición *nf* acquisition *f*
adrede *adv* exprès, à dessein
aduana *nf* douane *f*
aduanero, -a *adj, nm/f* douanier(-ière)
aducir *vt* alléguer
adueñarse *vpr*: **~ de** s'approprier
adular *vt* aduler
adulterar *vt* (*alimentos, vino*) frelater
adulterio *nm* adultère *m*
adúltero, -a *adj, nm/f* adultère *mf*
adulto, -a *adj, nm/f* adulte *mf*
adusto, -a *adj* (*expresión, carácter*) sévère; (*paisaje, región*) austère
advenedizo, -a *nm/f* parvenu(e)
advenimiento *nm* avènement *m*
adverbio *nm* adverbe *m*
adversario, -a *nm/f* adversaire *mf*
adversidad *nf* adversité *f*
adverso, -a *adj* adverse
advertencia *nf* avertissement *m*
advertir *vt* (*observar*) observer; **~ a algn de algo** avertir qn de qch; **~ a algn que ...** avertir qn que ...
advierta *etc vb ver* **advertir**
adyacente *adj* adjacent(e)
aéreo, -a *adj* aérien(ne); **por vía aérea** par avion
aerobic *nm inv* aérobic *f*

aerodeslizador, aerodeslizante *nm* aéroglisseur *m*
aerodinámico, -a *adj* aérodynamique
aeromozo, -a (AM) *nm/f* (*Aviat*) steward *m*, hôtesse de l'air *f*
aeronave *nf* aéronef *m*
aeroplano *nm* aéroplane *m*
aeropuerto *nm* aéroport *m*
aerosol *nm* aérosol *m*
afabilidad *nf* affabilité *f* • **afable** *adj* affable
afán *nm* (*ahínco*) ardeur *f*; (*deseo*) soif *f*; **con ~** avec ardeur
afanar (*fam*) *vt* (*robar*) rafler; **afanarse** *vpr* (*atarearse*) s'affairer; **afanarse por hacer** s'évertuer à faire
afear *vt* enlaidir
afección *nf* infection *f*
afectación *nf* affectation *f* • **afectado, -a** *adj* affecté(e) • **afectar** *vt* affecter
afectísimo, -a *adj*: **suyo ~** respectueusement vôtre
afectivo, -a *adj* (*problema*) affectif(-ive)
afecto *nm* (*cariño*) affection *f*; **tenerle ~ a algn** avoir de l'affection pour qn
afectuoso, -a *adj* affectueux(-euse); **« un saludo ~ »** (*en carta*) « affectueusement »
afeitar *vt* raser; **afeitarse** *vpr* se raser; **afeitarse la barba/el bigote** se raser la barbe/la moustache
afeminado, -a *adj* efféminé(e)
Afganistán *nm* Afghanistan *m*
afianzamiento *nm* consolidation *f*; (*salud*) amélioration *f* • **afianzar** *vt* (*objeto, conocimientos*) consolider; (*salud*) assurer; **afianzarse** *vpr* se cramponner
afiche (AM) *nm* (*cartel*) affiche *f*
afición *nf* goût *m*, penchant *m*; **la ~** les supporters *mpl*
aficionado, -a *adj, nm/f* amateur *m*; **ser ~ a algo** être amateur de qch
aficionar *vt*: **~ a algn a algo** donner à qn le goût de qch; **aficionarse** *vpr*: **aficionarse a algo** prendre goût à qch
afilado, -a *adj* (*cuchillo*) aiguisé(e); (*lápiz*) bien taillé(e)
afilar *vt* (*cuchillo*) aiguiser; (*lápiz*) tailler
afiliarse *vpr*: **~ (a)** s'affilier (à)
afín *adj* (*carácter*) semblable; (*ideas, opiniones*) voisin(e)
afinar *vt* (*Mús*) accorder; (*puntería, Tec*) ajuster ▶ *vi* (*Mús: cantar*) chanter juste; (*: tocar*) jouer juste
afincarse *vpr* s'établir
afinidad *nf* affinité *f*
afirmación *nf* affirmation *f* • **afirmar** *vt* affirmer; (*objeto*) consolider ▶ *vi* acquiescer
afirmativo, -a *adj* affirmatif(-ive)
aflicción *nf* affliction *f*
afligir *vt* affliger; **afligirse** *vpr* s'affliger
aflojar *vt* desserrer; (*cuerda*) détendre ▶ *vi* (*tormenta, viento*) se calmer; **aflojarse** *vpr* (*pieza*) avoir du jeu
aflorar *vi* affleurer
afluente *nm* affluent *m*
afluir *vi*: **~ a** (*gente, sangre*) affluer à

a

afónico, -a *adj*: **estar ~** être aphone
aforo *nm* (*de teatro*) capacité *f*
afortunado, -a *adj* (*persona*) chanceux(-euse)
afrancesado, -a (*pey*) *adj* partisan des Français (lors de la guerre d'Indépendance, et aux XVIIIe et XIXe siècles)
afrenta *nf* affront *m*
África *nf* Afrique *f*; **~ del Sur** Afrique du Sud • **africano, -a** *adj* africain(e) ▶ *nm/f* Africain(e)
afrontar *vt* affronter
afuera *adv* (*esp AM*) dehors ; **afueras** *nfpl* banlieue *fsg*
agachar *vt* incliner ; **agacharse** *vpr* s'incliner
agalla *nf* (*Zool*) ouïe *f*; **tener ~s** (*fam*) ne pas avoir froid aux yeux
agarradera (*AM*) *nf* (*asa*) anse *f*
agarrado, -a *adj* radin(e)
agarrar *vt* saisir ; (*esp AM*: *recoger*) prendre ; (*fam*: *enfermedad*) attraper ▶ *vi* (*planta*) prendre ; **agarrarse** *vpr* (*comida*) coller ; **agarrarse (a)** s'accrocher (à)
agarrotar *vt* (*reo*) faire subir le supplice du garrot à ; **agarrotarse** *vpr* (*Med*) avoir des crampes
agasajar *vt* accueillir chaleureusement
agazapar *vt* saisir ; **agazaparse** *vpr* (*persona, animal*) se tapir
agencia *nf* agence *f*; **~ matrimonial/de publicidad/de viajes** agence matrimoniale/de publicité/de voyages
agenciar: **agenciarse** *vpr* se procurer ; **agenciárselas para hacer algo** se débrouiller pour faire qch
agenda *nf* agenda *m*
agente *nm* agent *m* ; **~ (de policía)** agent (de police)
ágil *adj* agile • **agilidad** *nf* agilité *f*
agilizar *vt* activer
agitación *nf* agitation *f*
agitado, -a *adj* (*día, viaje, vida*) agité(e)
agitar *vt* agiter ; (*fig*) troubler, inquiéter ; **agitarse** *vpr* s'agiter ; (*inquietarse*) se troubler, s'inquiéter
aglomeración *nf*: **~ de gente** rassemblement *m* ; **~ de tráfico** embouteillage *m*
agnóstico, -a *adj, nm/f* agnostique *mf*
agobiar *vt* (*suj*: *trabajo*) accabler ; (: *calor*) accabler, étouffer ; **agobiarse** *vpr* stresser
agolparse *vpr* (*personas*) se presser, se bousculer
agonía *nf* agonie *f*
agonizante *adj* agonisant(e)
agonizar *vi* agoniser, être à l'agonie
agosto *nm* août *m* ; *ver tb* **julio**
agotado, -a *adj* épuisé(e)
agotador, a *adj* épuisant(e)
agotamiento *nm* épuisement *m*
agotar *vt* épuiser ; **agotarse** *vpr* s'épuiser ; (*libro*) être épuisé(e)
agraciado, -a *adj* qui a du charme ▶ *nm/f* (*en sorteo, lotería*) gagnant(e)
agradable *adj* agréable
agradar *vi* plaire ; **esto no me agrada** cela ne me plaît pas ; **le agrada estar en su compañía** votre compagnie lui est agréable

agradecer *vt* remercier ; **te agradezco que hayas venido** je te remercie d'être venu
• **agradecido, -a** *adj*: **¡muy ~!** merci beaucoup !, merci bien !
• **agradecimiento** *nm* remerciement *m*
agradezca *etc vb ver* **agradecer**
agrado *nm* agrément *m*, plaisir *m* ; (*amabilidad*) amabilité *f* ; **ser de tu** *etc* **~** être à ton *etc* goût
agrandar *vt* agrandir
agrario, -a *adj* agraire
agravante *nm o nf*: **con el** *o* **la ~ de que ...** le problème étant que ...
agravar *vt* aggraver ; **agravarse** *vpr* s'aggraver
agraviar *vt* offenser • **agravio** *nm* offense *f*
agredir *vt* agresser
agregado, -a *nm/f* agrégat *m* ▸ *nm/f* (*profesor*) maître *mf* de conférences (*à l'université*), professeur *mf* certifié(e) (*dans l'enseignement secondaire*)
agregar *vt*: **~ (a)** ajouter (à) ; (*unir*) associer (à)
agresión *nf* agression *f*
agresivo, -a *adj* agressif(-ive)
agriar *vt* aigrir ; (*leche*) faire tourner ; **agriarse** *vpr* s'aigrir ; (*leche*) tourner
agrícola *adj* agricole
agricultor, a *nm/f* agriculteur(-trice)
agricultura *nf* agriculture *f*
agridulce *adj* aigre-doux(-douce)
agrietarse *vpr* se crevasser ; (*piel*) se gercer
agrimensor, a *nm/f* arpenteur(-euse)
agrio, -a *adj* aigre ; (*carácter*) aigri(e), revêche ; **agrios** *nmpl* agrumes *mpl*
agroturismo *nm* agritourisme *m*
agrupación *nf* groupement *m*, regroupement *m*
agrupar *vt* (*personas*) grouper ; (*libros, datos*) regrouper ; **agruparse** *vpr* se regrouper
agua *nf* eau *f* ; (*lluvia*) pluie *f*, eau de pluie ; **hacer ~** (*embarcación*) faire eau ; **se me hace la boca ~** ça me met l'eau à la bouche ; **~s abajo** en aval ; **~s arriba** en amont ; **~ bendita/caliente/corriente/destilada/dulce/oxigenada/potable/salada** eau bénite/chaude/courante/distillée/douce/oxygénée/potable/salée ; **~ de colonia** eau de Cologne ; **~ mineral (con/sin gas)** eau minérale (gazeuse/non gazeuse)
aguacate *nm* avocat *m* ; (*árbol*) avocatier *m*
aguacero *nm* averse *f*
aguado, -a *adj* (*leche, vino*) baptisé(e), coupé(e)
aguafiestas *nmf inv* trouble-fête *mf inv*, rabat-joie *mf inv*
aguanieve *nf* neige *f* fondue
aguantar *vt* supporter, endurer ▸ *vi* (*ropa*) résister ; **aguantarse** *vpr* (*persona*) se dominer
• **aguante** *nm* (*paciencia*) patience *f* ; (*resistencia*) résistance *f*
aguar *vt* (*leche, vino*) baptiser, couper
aguardar *vt* attendre ▸ *vi*: **~ (a que)** attendre (que)
aguardiente *nm* eau-de-vie *f*

aguarrás *nm* essence *f* de térébenthine

agudeza *nf* (*oído, olfato*) finesse *f* ; (*vista*) acuité *f* ; (*de sonido*) aigu *m* ; (*fig: ingenio*) vivacité *f*, finesse

agudizar *vt* aiguiser ; (*crisis*) intensifier ; **agudizarse** *vpr* s'aiguiser ; (*crisis*) s'intensifier

agudo, -a *adj* (*afilado*) tranchant(e), coupant(e) ; (*vista*) perçant(e) ; (*oído, olfato*) fin(e) ; (*sonido, dolor*) aigu(ë)

agüero *nm*: **ser de buen/mal ~** être de bon/mauvais augure

aguijón *nm* (*de insecto*) dard *m* ; (*fig: estímulo*) aiguillon *m*

águila *nf* aigle *m* ; **ser un ~** (*fig*) être un as

aguileño, -a *adj* (*nariz*) aquilin(e)

aguinaldo *nm* étrennes *fpl*

aguja *nf* aiguille *f* ; (*para hacer punto*) aiguille à tricoter ; (*para hacer ganchillo*) crochet *m*

agujerear *vt* (*perforar: ropa, cristal, madera*) trouer

agujero *nm* trou *m*

agujetas *nfpl* courbatures *fpl*

aguzar *vt* (*herramientas*) aiguiser, affiler ; (*ingenio, entendimiento*) aiguillonner, stimuler ; **~ el oído/la vista** aiguiser l'ouïe/la vue

ahí *adv* (*lugar*) là ; **de ~ que** donc, d'où il s'ensuit que ; **~ está el problema** tout le problème est là ; **~ llega** le voilà ; **por ~** par là ; (*lugar indeterminado*) là-bas ; **200 o por ~** environ 200

ahijado, -a *nm/f* filleul(e)

ahogar *vt* étouffer ; (*en el agua*) noyer ; **ahogarse** *vpr* (*en el agua*) se noyer ; (*por asfixia*) s'asphyxier

ahondar *vt* creuser ▶ *vi*: **~ en** (*problema*) approfondir, creuser

ahora *adv* maintenant ; (*hace poco*) tout à l'heure ; **~ bien** *o* **que** cependant, remarquez (que) ; **~ mismo** à l'instant (même) ; **~ voy** j'arrive ; **¡hasta ~!** à tout de suite !, à bientôt ! ; **por ~** pour le moment

ahorcar *vt* pendre ; **ahorcarse** *vpr* se pendre

ahorita (*esp* AM: *fam*) *adv* tout de suite

ahorrar *vt* économiser, épargner ; **~ a algn algo** épargner qch à qn • **ahorro** *nm* économie *f*, épargne *f* ; **ahorros** *nmpl* économies *fpl*

ahuecar *vt* (*madera, tronco*) évider ; (*voz*) enfler

ahumar *vt* fumer

ahuyentar *vt* (*ladrón, fiera*) mettre en fuite ; (*fig*) chasser

airado, -a *adj* furieux(-euse) • **airar** *vt* (*persona*) irriter, fâcher ; **airarse** *vpr* (*irritarse*) s'irriter, se fâcher

aire *nm* air *m* ; **aires** *nmpl*: **darse ~s** se donner des airs ; **al ~ libre** en plein air ; **cambiar de ~s** changer d'air ; **estar en el ~** (*Radio*) être sur les ondes ; (*fig*) être en suspens ; **tener un ~ con** *o* **darse un ~ a** ressembler à ; **tomar el ~** prendre l'air ; **~ acondicionado** air conditionné, climatisation *f*

airear: **airearse** *vpr* prendre l'air

airoso, -a *adj*: **salir ~ de algo** bien s'en tirer

aislado, -a *adj* isolé(e)

aislar *vt* isoler

ajardinado, -a *adj* aménagé(e) avec des jardins
ajedrez *nm* échecs *mpl*
ajeno, -a *adj* d'autrui ; **estar ~ a algo** être étranger(-ère) à qch
ajetreado, -a *adj* (*día*) mouvementé(e)
ajetreo *nm* agitation *f*
ají (AM) *nm* piment *m* rouge ; (*salsa*) sauce *f* au piment
ajo *nm* ail *m*
ajuar *nm* (*de casa*) mobilier *m* ; (*de novia*) trousseau *m*
ajustado, -a *adj* (*ropa*) ajusté(e) ; (*resultado*) serré(e)
ajustar *vt* ajuster ; (*reloj, cuenta*) régler ▸ *vi* (*ventana, puerta*) cadrer ; **ajustarse** *vpr*: **ajustarse a** se conformer à ; **~ algo a algo** ajuster qch à qch ; (*fig*) adapter qch à qch ; **~ cuentas con algn** régler ses comptes avec qn
ajuste *nm* (*Fin*) fixation *f* (des prix) ; (*acuerdo*) accord *m*
al (= *a* + *el*) *ver* **a**
ala *nf* aile *f* ; (*de sombrero*) bord *m* ; **~ delta** deltaplane *m*
alabanza *nf* éloge *m*, louange *f*
alabar *vt* (*persona*) louer, faire l'éloge de ; (*obra etc*) louer, vanter
alacena *nf* garde-manger *m inv*
alacrán *nm* scorpion *m*
alambrada *nf*, **alambrado** *nm* grillage *m*
alambre *nm* fil *m* de fer ; **~ de púas** fil de fer barbelé
alameda *nf* peupleraie *f* ; (*lugar de paseo*) promenade *f* (*bordée d'arbres*)
álamo *nm* peuplier *m*
alarde *nm*: **hacer ~ de** faire étalage de
alargador *nm* (*Elec*) rallonge *f*
alargar *vt* rallonger ; (*estancia, vacaciones*) prolonger ; (*brazo*) allonger, tendre ; **alargarse** *vpr* (*días*) rallonger
alarido *nm* hurlement *m*
alarma *nf* (*señal de peligro*) alarme *f*, alerte *f* ; **~ de incendios** avertisseur *m* d'incendie
alarmante *adj* alarmant(e)
alarmar *vt* alarmer ; **alarmarse** *vpr* s'alarmer
alba *nf* aube *f*
albacea *nmf* exécuteur(-trice) testamentaire
albahaca *nf* basilic *m*
Albania *nf* Albanie *f*
albañil *nm* maçon *m*
albarán *nm* bordereau *m*
albaricoque *nm* abricot *m*
albedrío *nm*: **libre ~** libre arbitre *m*
alberca *nf* réservoir *m* d'eau ; (AM) piscine *f*
albergar *vt* héberger ; (*esperanza*) nourrir
albergue *vb ver* **albergar** ▸ *nm* abri *m* ; **~ juvenil** *o* **de juventud** auberge *f* de jeunesse
albóndigas *nfpl* boulettes *fpl* de viande
albornoz *nm* (*para el baño*) peignoir *m*
alborotar *vt* agiter ; (*amotinar*) ameuter ▸ *vi* faire du tapage ; **alborotarse** *vpr* s'agiter
• **alboroto** *nm* tapage *m*
alborozar *vt* réjouir ; **alborozarse** *vpr* se réjouir

alborozo *nm* réjouissance *f*
álbum (*pl* **álbums** *o* **álbumes**) *nm* album *m*
alcachofa *nf* artichaut *m* ; **~ de ducha/de regadera** pomme *f* de douche/d'arrosoir
alcalde, -esa *nm/f* maire *mf*
alcaldía *nf* mairie *f*
alcance *vb ver* **alcanzar** ▸ *nm* portée *f* ; **al ~ de la mano** à portée de main ; **estar a/fuera de mi** *etc* **~** être/ne pas être à ma *etc* portée
alcantarilla *nf* (*subterránea*) égout *m* ; (*en la calle*) caniveau *m*
alcanzar *vt* atteindre ; (*persona*) rattraper ; (*autobús*) attraper ; (*AM*: *entregar*) passer ▸ *vi* être suffisant(e) ; (*para todos*) suffire
alcaparra *nf* câpre *f*
alcayata *nf* (*clavo*) piton *m*
alcázar *nm* citadelle *f* ; (*Náut*) dunette *f*
alcoba *nf* alcôve *f*
alcohol *nm* alcool *m* ; **~ metílico** alcool à brûler
alcohólico, -a *adj, nm/f* alcoolique *mf*
alcoholímetro *nm* alcoomètre *m*
alcoholismo *nm* alcoolisme *m*
alcornoque *nm* chêne-liège *m* ; (*fam*) andouille *f*
alcurnia *nf* noble lignée *f*
aldaba *nf* heurtoir *m*
aldea *nf* hameau *m*
aldeano, -a *adj, nm/f* villageois(e)
aleación *nf* alliage *m*
aleatorio, -a *adj* aléatoire
aleccionar *vt* instruire
alegación *nf* allégation *f* • **alegar** *vt* alléguer ▸ *vi* (*AM*) discuter
alegato *nm* plaidoyer *m* ; (*AM*) discussion *f*
alegoría *nf* allégorie *f*
alegrar *vt* réjouir ; (*casa*) égayer ; (*fiesta*) animer ; **alegrarse** *vpr* (*fam*) se griser ; **alegrarse de** se réjouir de
alegre *adj* gai(e), joyeux(-euse) ; (*fam*: *con vino*) éméché(e) • **alegría** *nf* joie *f*, gaieté *f*
alejamiento *nm* éloignement *m*
alejar *vt* éloigner ; **alejarse** *vpr* s'éloigner
alemán, -ana *adj* allemand(e) ▸ *nm/f* Allemand(e) ▸ *nm* (*Ling*) allemand *m*
Alemania *nf* Allemagne *f*
alentador, a *adj* encourageant(e)
alentar *vt* encourager
alergia *nf* allergie *f*
alero *nm* auvent *m*
alerta *adj inv* vigilant(e) ▸ *nf* alerte *f* ▸ *adv*: **estar** *o* **mantenerse ~** être sur ses gardes
aleta *nf* (*pez*) nageoire *f* ; (*foca*) aileron *m* ; (*nariz*) aile *f* ; (*Deporte*) palme *f* ; (*Auto*) garde-boue *m inv*
aletargar *vt* endormir ; **aletargarse** *vpr* s'assoupir
aletear *vi* (*ave*) battre des ailes ; (*pez*) battre des nageoires
alevín *nm* alevin *m*
alfabeto *nm* alphabet *m*
alfalfa *nf* luzerne *f*
alfarería *nf* poterie *f* ; (*tienda*) magasin *m* de poterie
alfarero, -a *nm/f* potier(-ière)
alféizar *nm* embrasure *f*
alférez *nm* (*Mil*) sergent *m*
alfil *nm* (*Ajedrez*) fou *m*

alfiler *nm* épingle *f*; (*broche*) broche *f*; **~ de gancho** (AM: *imperdible grande*) (grande) épingle de nourrice

alfiletero *nm* porte-aiguilles *m inv*

alfombra *nf* tapis *msg* • **alfombrar** *vt* recouvrir d'un tapis • **alfombrilla** *nf* carpette *f*; (*Inform*) tapis *m* de souris

alforja *nf* sacoche *f*

algarabía (*fam*) *nf* brouhaha *m*

alga *nf* algue *f*

álgebra *nf* algèbre *f*

álgido, -a *adj* crucial(e)

algo *pron* quelque chose; (*una cantidad pequeña*) un peu ▶ *adv* un peu, assez; **~ así (como)** quelque chose comme; **~ es ~** c'est toujours ça de pris; **¿~ más?** c'est tout ?; (*en tienda*) et avec ceci ?; **por ~ será** il y a bien une raison

algodón *nm* coton *m*; **~ de azúcar** barbe *f* à papa; **~ hidrófilo** coton hydrophile

algodonero, -a *adj* cotonnier(-ière)

alguacil *nm* (*de juzgado*) huissier *m*; (*de ayuntamiento*) employé *m* municipal; (*Taur*) officiel *m* à cheval

alguien *pron* quelqu'un

algún *adj ver* **alguno**

alguno, -a (*antes de nmsg* **algún**) *adj* quelque, un (une); (*después de n*): **no tiene talento ~** il n'a aucun talent ▶ *pron* quelqu'un; **~ de ellos** l'un d'eux; **algún que otro libro** quelques livres; **algún día iré** j'irai un jour; **~s piensan** certains pensent

alhaja *nf* joyau *m*

alhelí *nm* giroflée *f*

aliado, -a *adj, nm/f* allié(e)

alianza *nf* alliance *f*

aliarse *vpr*: **~ (con/a)** s'allier (à)

alias *adv* alias

alicates *nmpl* pince *fsg*; **~ de uñas** coupe-ongles *m inv*

aliciente *nm* stimulant *m*; (*atractivo*) attrait *m*, charme *m*

alienación *nf* aliénation *f*

aliento *vb ver* **alentar** ▶ *nm* haleine *f*; **sin ~** hors d'haleine

aligerar *vt* alléger; **~ el paso** presser le pas

alijo *nm* marchandise *f* de contrebande

alimaña *nf* animal *m* nuisible

alimentación *nf* alimentation *f*; **tienda de ~** magasin *m* d'alimentation • **alimentar** *vt* nourrir, alimenter ▶ *vi* être nourrissant(e)

alimenticio, -a *adj* (*sustancia*) alimentaire; (*nutritivo*) nourrissant(e)

alimento *nm* aliment *m*; **alimentos** *nmpl* (*Jur*) aliments *mpl*

alineación *nf* alignement *m*; (*Deporte*) formation *f*

alinear *vt* aligner; (*Deporte*) faire jouer; **alinearse** *vpr* s'aligner; (*Deporte*) rentrer

aliñar *vt* assaisonner • **aliño** *nm* assaisonnement *m*

alisador *nm* (*de pelo*) lisseur *m*

alisar *vt* lisser; (*madera*) polir

alistar: **alistarse** *vpr* s'inscrire; (*Mil*) s'enrôler; (AM: *prepararse*) se préparer

aliviar *vt* (*carga*) alléger; (*persona*) soulager

alivio *nm* soulagement *m*

aljibe *nm* citerne *f*
allá *adv* là-bas ; (*por ahí*) par là ; **~ abajo/arriba** tout en bas/en haut ; **hacia ~** par là-bas ; **más ~** plus loin ; **más ~ de** au-delà de ; **~ por** vers ; **¡~ tú!** tant pis pour toi !
allanamiento *nm*: **~ de morada** violation *f* de domicile
allanar *vt* aplanir ; (*muro*) raser
allegado, -a *adj* partisan(e) ▶ *nm/f* proche parent(e)
allí *adv* (*lugar*) là ; **~ mismo** là précisément ; **por ~** par là
alma *nf* (*tb Tec*) âme *f* ; (*de negocio*) nœud *m* ; (*de fiesta*) clou *m* ; (*de reunión*) objet *m* principal ; **con toda el ~** du fond du cœur
almacén *nm* magasin *m* ; (*al por mayor*) magasin de gros ; (AM) épicerie *f* ; **(grandes) almacenes** grands magasins *mpl* • **almacenaje** *nm* emmagasinage *m*, stockage *m* ; **~ secundario** (*Inform*) mémoire *f* auxiliaire
almacenar *vt* emmagasiner, stocker • **almacenero, -a** (AM) *nm/f* épicier(-ière)
almanaque *nm* almanach *m*
almeja *nf* (*Zool*) clovisse *f* ; (*Culin*) palourde *f*
almendra *nf* amande *f* • **almendro** *nm* amandier *m*
almíbar *nm* sirop *m* ; **en ~** au sirop
almidón *nm* amidon *m*
almirante *nm* amiral *m*
almirez *nm* mortier *m*
almizcle *nm* musc *m*
almohada *nf* oreiller *m* ; (*funda*) taie *f* d'oreiller • **almohadilla** *nf* (*para sentarse*) coussinet *m* ; (*para planchar*) pattemouille *f* ; (*para sellar*) tampon *m* encreur ; (*en los arreos*) tapis *msg* de selle ; (AM) pelote *f* à épingles ; (*tecla*) touche *f* dièse
almohadón *nm* coussin *m* ; (*funda de almohada*) taie *f* d'oreiller
almorranas *nfpl* hémorroïdes *fpl*
almorzar *vt*: **~ una tortilla** déjeuner d'une omelette ▶ *vi* déjeuner
almuerzo *vb ver* **almorzar** ▶ *nm* déjeuner *m*
alocado, -a *adj* écervelé(e) ; (*acción*) irréfléchi(e)
alojamiento *nm* logement *m*
alojar *vt* loger ; **alojarse** *vpr* se loger ; **alojarse en** (*suj*: *bala, proyectil*) se loger dans
alondra *nf* alouette *f*
alpargata *nf* espadrille *f*
Alpes *nmpl*: **los ~** les Alpes *fpl*
alpinismo *nm* alpinisme *m* • **alpinista** *nmf* alpiniste *mf*
alpiste *nm* alpiste *m*
alquilar *vt* louer ; **« se alquila casa »** « maison à louer »
alquiler *nm* location *f* ; (*precio*) loyer *m* ; **de ~** à louer ; **~ de coches** location de voitures
alquimia *nf* alchimie *f*
alquitrán *nm* goudron *m*
alrededor *adv* autour ; **alrededores** *nmpl* environs *mpl* ; **~ de** autour de ; (*aproximadamente*) environ ; **a su ~** autour de lui ; **mirar a su** *etc* **~** regarder autour de soi *etc*
alta *nf*: **dar a algn de ~** *o* **dar el ~ a algn** (*en empleo*) autoriser qn à reprendre son travail (*après un congé de maladie*) ; **darse de ~** (*en

club, asociación) devenir membre, s'inscrire ; (*en la Seguridad Social*) s'immatriculer

altanería *nf* arrogance *f* ; (*de aves*) haut vol *m*

altanero, -a *adj* hautain(e)

altar *nm* autel *m*

altavoz *nm* haut-parleur *m*

alteración *nf* altération *f* ; (*alboroto*) altercation *f* ; (*agitación*) agitation *f* ; **~ del orden público** trouble *m* de l'ordre public

alterar *vt* modifier ; (*persona*) perturber ; (*alimentos, medicinas*) altérer ; **alterarse** *vpr* (*persona*) se troubler

altercado *nm* altercation *f*

alternar *vi* fréquenter des gens ; **alternarse** *vpr* se relayer

alternativa *nf* : **no tener otra ~** ne pas avoir le choix

alternativo, -a *adj* alternatif(-ive) ; (*hojas, ángulo*) alterne

alterno, -a *adj* (*Elec*) alternatif(-ive) ; **en días ~s** un jour sur deux

alteza *nf* altesse *f*

altibajos *nmpl* (*del terreno*) inégalités *fpl* ; (*fig*) des hauts et des bas *mpl*

altiplanicie *nf* haut plateau *m*

altiplano *nm* = **altiplanicie**

altisonante *adj* ronflant(e)

altitud *nf* altitude *f*

altivez *nf* hauteur *f*, morgue *f*

altivo, -a *adj* hautain(e), altier(-ière)

alto, -a *adj* haut(e) ; (*persona*) grand(e) ; (*sonido*) aigu(ë) ; (*precio, ideal, clase*) élevé(e) ▶ *nm* haut *m* ; (*AM*) tas *msg* ▶ *adv* haut ; (*río*) en crue ▶ *excl* halte ! ; **la pared tiene dos metros de ~** le mur fait deux mètres de haut ; **alta fidelidad/frecuencia** haute fidélité/fréquence ; **en alta mar** en haute mer ; **alta tensión** haute tension ; **a altas horas de la noche** à une heure avancée de la nuit ; **en lo ~ de** en haut de, tout en haut de ; **hacer un ~** faire une halte ; **por todo lo ~** en grande pompe ; **declarar/respetar el ~ el fuego** déclarer/observer le cessez-le-feu

altoparlante (*AM*) *nm* haut-parleur *m*

altruismo *nm* altruisme *m*

altura *nf* hauteur *f* ; (*de persona*) taille *f* ; (*altitud*) altitude *f* ; **alturas** *nfpl* hauteurs *fpl* ; (*cielo*) cieux *mpl* ; **la pared tiene 1.80 de ~** le mur fait 1 mètre 80 de hauteur *o* de haut ; **a estas ~s** à ce stade

alubias *nfpl* haricots *mpl*

alucinación *nf* hallucination *f* • **alucinar** *vt* : **me alucina este guitarrista** je trouve ce guitariste incroyable

alud *nm* avalanche *f*

aludir *vi* : **~ a** faire allusion à ; **darse por aludido** se sentir visé

alumbrado *nm* éclairage *m* • **alumbramiento** *nm* accouchement *m*

alumbrar *vt* éclairer ; (*Med*) accoucher de

aluminio *nm* aluminium *m*

alumno, -a *nm/f* élève *mf*

alunizar *vi* alunir

alusión *nf* allusion *f* ; **hacer ~ a** faire allusion à

aluvión *nm* (*de agua*) inondation *f*; (*de gente, noticias*) déluge *m*
alverja (AM) *nf* pois *msg* de senteur
alza *nf* hausse *f*; **estar en ~** (*precio*) être en hausse; (*estimación*) être bien coté(e)
alzada *nf* (*de caballos*) hauteur *f* au garrot
alzamiento *nm* (*rebelión*) soulèvement *m*; (*de muro*) élévation *f*
alzar *vt* (*tb castigo*) lever; (*precio, muro, monumento*) élever; (*cuello de abrigo*) relever; (*poner derecho*) redresser; **alzarse** *vpr* s'élever; (*rebelarse*) se soulever; **~ la voz** élever la voix
ama *nf* maîtresse *f* (de maison), propriétaire *f*; **~ de casa** ménagère *f*; **~ de llaves** gouvernante
amabilidad *nf* amabilité *f* • **amable** *adj* aimable; **es usted muy ~** c'est très aimable à vous
amaestrado, -a *adj* dressé(e)
amaestrar *vt* dresser
amago *nm* menace *f*; (*Med*) symptôme *m*
amainar *vi* tomber
amalgama *nf* amalgame *m* • **amalgamar** *vt* amalgamer
amamantar *vt* allaiter, donner le sein à
amanecer *vi*: **amanece** le jour se lève ▸ *nm* lever *m* du jour; **el niño amaneció con fiebre** l'enfant s'est réveillé avec de la fièvre
amanerado, -a *adj* maniéré(e); (*lenguaje*) affecté(e)
amansar *vt* apprivoiser; **amansarse** *vpr* (*persona*) se calmer
amante *adj*: **~ de** amoureux(-euse) de ▸ *nmf* amant (maîtresse)
amapola *nf* coquelicot *m*
amar *vt* aimer
amargado, -a *adj* amer(-ère), aigri(e)
amargar *vt* (*comida*) rendre amer(-ère); (*fig: estropear*) gâcher ▸ *vi* (*naranja*) se gâter; **amargarse** *vpr* s'aigrir
amargo, -a *adj* amer(-ère) • **amargura** *nf* (*tristeza*) chagrin *m*
amarillento, -a *adj* jaunâtre; (*tez*) jaune
amarillo, -a *adj* (*color*) jaune ▸ *nm* jaune *m*
amarra *nf* amarre *f*; **amarras** *nfpl* piston *msg*; **soltar ~s** larguer les amarres
amarrar *vt* (*Náut*) amarrer; (*atar*) ficeler, ligoter
amasar *vt* (*masa*) pétrir; (*yeso, mortero*) gâcher • **amasijo** *nm* (*fig*) ramassis *msg*
amateur *nmf* amateur(-trice)
amazona *nf* amazone *f*, cavalière *f*
Amazonas *nm*: **el (Río) ~** l'Amazone *f*
ambages *nmpl*: **sin ~** sans ambages
ámbar *nm* ambre *m* (jaune)
ambición *nf* ambition *f* • **ambicionar** *vt* ambitionner; **~ hacer** ambitionner de faire
ambicioso, -a *adj* ambitieux(-euse)
ambidextro, -a *adj* ambidextre
ambientación *nf* (*Cine, Teatro, TV*) cadre *m*

ambiente *nm* (*atmósfera, tb fig*) atmosphère *f*; (*entorno*) milieu *m*
ambigüedad *nf* ambiguïté *f*
ambiguo, -a *adj* ambigu(ë)
ámbito *nm* domaine *m*; (*fig*) cercle *m*
ambos, -as *adj pl* les deux ▶ *pron pl* tous (toutes) les deux
ambulancia *nf* ambulance *f*
ambulante *adj* ambulant(e)
ambulatorio *nm* dispensaire *m*
amedrentar *vt* effrayer; **amedrentarse** *vpr* s'effrayer
amén *excl* amen!; **~ de** outre
amenaza *nf* menace *f*
amenazar *vt* menacer; **~ con (hacer)** menacer de (faire); **~ de muerte** menacer de mort
amenidad *nf* aménité *f*
ameno, -a *adj* amène
América *nf* Amérique *f*; **~ Central/Latina** Amérique centrale/latine; **~ del Norte/del Sur** Amérique du Nord/du Sud
americana *nf* veste *f*
americano, -a *adj* américain(e) ▶ *nm/f* Américain(e)
ametralladora *nf* mitrailleuse *f*
amianto *nm* amiante *m*
amigable *adj* amical(e)
amígdala *nf* amygdale *f* • **amigdalitis** *nf* amygdalite *f*
amigo, -a *adj* ami(e) ▶ *nm/f* (*gen*) ami(e); (*amante*) petit(e) ami(e); **ser ~ de algo** être amateur(-trice) de qch; **ser muy ~s** être très amis
amilanar *vt* effrayer; **amilanarse** *vpr* s'effrayer
aminorar *vt* (*velocidad etc*) ralentir
amistad *nf* amitié *f*; **amistades** *nfpl* (*amigos*) amis *mpl*
amistoso, -a *adj* amical(e)
amnesia *nf* amnésie *f*
amnistía *nf* amnistie *f*
amo *nm* (*dueño*) maître *m* (de maison), propriétaire *m*; (*jefe*) patron *m*; **hacerse el ~ (de algo)** prendre la direction (de qch)
amodorrarse *vpr* s'assoupir
amoldar: **amoldarse** *vpr*: **amoldarse a** (*suj: prenda, zapatos*) prendre la forme de; (*: persona*) s'adapter à
amonestación *nf* admonestation *f*; **amonestaciones** *nfpl* (*Rel*) bans *mpl*
amonestar *vt* admonester; (*Rel*) publier les bans de
amontonar *vt* entasser, amonceler; (*riquezas etc*) accumuler, amasser; **amontonarse** *vpr* (*gente*) se masser; (*hojas, nieve etc*) s'entasser; (*trabajo*) s'accumuler
amor *nm* amour *m*; **de mil ~es** très volontiers; **hacer el ~** faire l'amour; (*cortejar*) faire la cour; **tener ~es con algn** avoir une liaison avec qn; **¡por (el) ~ de Dios!** pour l'amour de Dieu!; **~ propio** amour-propre *m*
amoratado, -a *adj* (*por frío*) violacé(e); (*por golpes*) couvert(e) de bleus; **un ojo ~** un œil au beurre noir
amordazar *vt* bâillonner
amorfo, -a *adj* amorphe
amoroso, -a *adj* amoureux(-euse); (*carta*) d'amour

amortiguador *nm (dispositivo)* amortisseur *m* ; **amortiguadores** *nmpl (Auto)* amortisseurs *mpl*
amortiguar *vt* amortir ; *(dolor)* atténuer ; *(color)* neutraliser ; *(luz)* baisser
amortización *nf* amortissement *m*
amotinar *vt* ameuter ; **amotinarse** *vpr* se mutiner
amparar *vt* secourir ; *(suj : ley)* protéger ; **ampararse** *vpr* se mettre à l'abri ; **ampararse en** *(ley, costumbre)* se prévaloir de • **amparo** *nm* protection *f* ; **al ~ de** à la faveur de
amperio *nm* ampère *m*
ampliación *nf* agrandissement *m* ; *(de capital)* augmentation *f* ; *(de estudios)* approfondissement *m* ; *(cosa añadida)* extension *f* • **ampliar** *vt* agrandir ; *(estudios)* approfondir
amplificación *nf* amplification *f* • **amplificador** *nm* amplificateur *m*
amplificar *vt* amplifier
amplio, -a *adj (habitación)* vaste ; *(ropa, consecuencias)* ample ; *(calle)* large • **amplitud** *nf* étendue *f* ; **de gran ~** de grande envergure ; **~ de miras** largeur *f* d'esprit
ampolla *nf* ampoule *f*
ampuloso, -a *adj* ampoulé(e)
amputar *vt* amputer
amueblar *vt* meubler
amuleto *nm* amulette *f*
anacronismo *nm* anachronisme *m*
anales *nmpl* annales *fpl*
analfabetismo *nm* analphabétisme *m*
analfabeto, -a *adj, nm/f* analphabète *mf*
analgésico *nm* analgésique *m*
análisis *nm inv* analyse *f*
analista *nmf* analyste *mf*
analizar *vt* analyser
analogía *nf* analogie *f*
analógico, -a *adj* analogique
análogo, -a *adj* analogue
anaquel *nm* étagère *f*
anaranjado, -a *adj* orangé(e)
anarquía *nf* anarchie *f* • **anarquismo** *nm* anarchisme *m* • **anarquista** *nmf* anarchiste *mf*
anatomía *nf* anatomie *f*
anca *nf (de animal)* croupe *f*
ancho, -a *adj* large ▸ *nm* largeur *f* ; **a lo ~** sur toute la largeur ; **me está** *o* **queda ~ el vestido** je nage dans cette robe ; **estar a sus anchas** être à l'aise ; **ir muy ~** prendre de grands airs
anchoa *nf* anchois *msg*
anchura *nf* largeur *f*
anciano, -a *adj* âgé(e) ▸ *nm/f* personne *f* âgée
ancla *nf* ancre *f* • **anclar** *vi* mouiller l'ancre
Andalucía *nf* Andalousie *f* • **andaluz, a** *adj* andalou(se) ▸ *nm/f* Andalou(se)
andamiaje *nm* échafaudage *m*
andamio *nm* échafaudage *m*

andar

▸ *vt* parcourir
▸ *vi* 1 *(persona, animal)* marcher ; *(coche)* rouler
2 *(funcionar : máquina, reloj)* marcher
3 *(estar)* être ; **¿qué tal andas?**

comment vas-tu ? ; **~ mal de dinero/de tiempo** être à court d'argent/ne pas avoir le temps ; **~ haciendo algo** être en train de faire qch ; **anda (metido) en asuntos sucios** il est impliqué dans des affaires louches ; **anda por los cuarenta** il a environ quarante ans ; **no sé por dónde anda** je ne sais pas où il est
4 (*revolver*): **no andes ahí/en mi cajón** ne touche pas à ça/à mon tiroir
5 (*obrar*): **~ con cuidado** *o* **con pies de plomo** faire bien attention, regarder où l'on met les pieds
▸ **andarse** *vpr*: **andarse con rodeos** *o* **por las ramas** tourner autour du pot ; **andarse con historias** raconter des histoires
▸ **andares** *nmpl* démarche *f*

andén *nm* quai *m* ; (AM) trottoir *m*
Andes *nmpl*: **los ~** les Andes *fpl*
Andorra *nf* Andorre *f*
andrajo *nm* loque *f*, haillon *m*
andrajoso, -a *adj* déguenillé(e), loqueteux(-euse)
anduve *etc vb ver* **andar**
anduviera *etc vb ver* **andar**
anécdota *nf* anecdote *f*
anegar *vt* (*lugar*) inonder ; **anegarse** *vpr* être inondé(e)
anejo, -a *adj* annexe ▸ *nm* annexe *f*
anemia *nf* anémie *f*
anestesia *nf* anesthésie *f* ; **~ general/local** anesthésie générale/locale
anexar *vt* annexer ; **~ algo a algo** (*Pol*) annexer qch à qch
• **anexión** *nf* annexion *f*
• **anexionamiento** *nm* = **anexión**
anexo, -a *adj* annexe ▸ *nm* annexe *f*
anfibio, -a *adj* amphibie ▸ *nm* amphibien *m*
anfiteatro *nm* amphithéâtre *m*
anfitrión, -ona *nm/f* amphitryon(ne), hôte(sse) ; **el equipo ~** (*Deporte*) l'équipe qui reçoit
ángel *nm* ange *m* ; **~ de la guarda** ange gardien • **angelical** *adj* angélique
angélico, -a *adj* = **angelical**
angina *nf*: **tener ~s** avoir une angine ; **~ de pecho** angine *f* de poitrine
anglicano, -a *adj, nm/f* anglican(e)
anglosajón, -ona *adj* anglo-saxon(ne) ▸ *nm/f* Anglo-Saxon(ne)
angosto, -a *adj* étroit(e)
anguila *nf* anguille *f*
angulas *nfpl* civelles *fpl*
ángulo *nm* angle *m* ; (*rincón*) coin *m*
angustia *nf* angoisse *f* ; (*agobio*) anxiété *f* • **angustiar** *vt* angoisser ; **angustiarse** *vpr* s'angoisser
anhelar *vt* être avide de ; **~ hacer** mourir d'envie de faire • **anhelo** *nm* désir *m* ardent
anhídrido *nm*: **~ carbónico** dioxyde *m* de carbone
anidar *vi* nicher ; (*fig*) s'installer
anillo *nm* bague *f* ; **~ de boda** alliance *f* ; **~ de compromiso** bague de fiançailles
animación *nf* animation *f*

animado, -a *adj (vivaz)* plein(e) de vie *o* d'entrain ; *(fiesta, conversación)* animé(e) ; *(alegre)* joyeux(-euse)
animador, a *nm/f (TV, Deporte)* animateur(-trice) ; *(persona alegre)* boute-en-train *m inv*
animadversión *nf* animadversion *f*
animal *adj* animal(e) ▸ *nm* animal *m* ; **ser un ~** *(fig)* être une brute • **animalista** *adj, nmf* animaliste *mf*
animar *vt* animer ; *(dar ánimo a)* encourager ; *(habitación, vestido)* égayer ; *(fuego)* ranimer ; **animarse** *vpr* s'égayer ; **~ a algn a hacer/para que haga** encourager qn à faire ; **animarse a hacer** se décider à faire
anime *nm (japonés)* anime *m inv*
ánimo *nm* courage *m* ▸ *excl* courage ! ; **tener ~(s) (para)** être d'humeur (à) ; **con/sin ~ de hacer** avec l'intention/sans intention de faire
animoso, -a *adj* courageux(-euse)
aniquilar *vt* anéantir ; *(salud)* ruiner
anís *nm* anis *msg* ; *(bebida)* liqueur *f* d'anis
aniversario *nm* anniversaire *m*
anoche *adv* hier soir, la nuit dernière ; **antes de ~** avant-hier soir
anochecer *vi* commencer à faire nuit ▸ *nm* crépuscule *m* ; **al ~** à la tombée de la nuit
anodino, -a *adj (película, novela)* insipide ; *(persona)* insignifiant(e)
anomalía *nf* anomalie *f*
anonadado, -a *adj* abasourdi(e)
anonimato *nm* anonymat *m*
anónimo, -a *adj* anonyme ▸ *nm* lettre *f* anonyme
anorexia *nf* anorexie *f*
anormal *adj* anormal(e) ▸ *nmf* débile *mf* mental(e)
anotar *vt* annoter
anquilosarse *vpr* s'ankyloser ; *(fig)* se scléroser
ansia *nf (ansiedad)* angoisse *f* ; **~ de** soif de • **ansiar** *vt* désirer ardemment ; **~ hacer** brûler de faire
ansiedad *nf* angoisse *f*
ansioso, -a *adj (preocupado)* anxieux(-euse) ; **~ de** *o* **por (hacer)** impatient(e) de (faire)
antagónico, -a *adj* antagonique • **antagonista** *nmf* adversaire *mf*
antaño *adv* jadis, autrefois
Antártico *nm* : **el ~** l'Antarctique *m*
ante *prep* devant ; *(enemigo, peligro, en comparación con)* face à ; *(datos, cifras)* en présence de ▸ *nm* daim *m* ; **~ todo** avant tout
anteanoche *adv* avant-hier soir
anteayer *adv* avant-hier
antebrazo *nm* avant-bras *m inv*
antecedente *adj* antérieur(e) ▸ *nm* antécédent *m* ; **antecedentes** *nmpl* antécédents *mpl* ; **estar en ~s** être au courant ; **poner a algn en ~s** mettre qn au courant ; **~s penales** casier *msg* judiciaire
anteceder *vt* : **~ a** précéder
antecesor, a *nm/f* prédécesseur *mf*
antedicho, -a *adj* susdit(e)

antelación *nf*: **con ~** à l'avance
antemano: **de ~** *adv* d'avance
antena *nf* antenne *f*; **~ parabólica** antenne parabolique
anteojo *nm* lunette *f*; **anteojos** *nmpl* (*esp* AM) lunettes *fpl*
antepasados *nmpl* ancêtres *mpl*
anteponer *vt*: **~ algo a algo** faire passer une chose avant une autre
anteproyecto *nm* avant-projet *m*
anterior *adj* précédent(e); **~ (a)** (*en orden*) qui précède; (*en el tiempo*) antérieur(e) (à) • **anterioridad** *nf*: **con ~ a** préalablement à, avant
antes *adv* avant; (*primero*) d'abord; (*hace tiempo*) autrefois ▶ *prep*: **~ de** (*antiguamente*) avant ▶ *conj*: **~ de ir/de que te vayas** avant d'aller/que tu ne partes; **~ bien** plutôt; **~ de nada** avant tout; **dos días ~** deux jours plus tôt; **la tarde de ~** la veille au soir; **no quiso venir ~** il n'a pas voulu venir plus tôt; **tomo el avión ~ que el barco** je préfère l'avion au bateau; **~ que yo** avant moi
antiaéreo, -a *adj* antiaérien(ne)
antibalas *adj inv*: **chaleco ~** gilet *m* pare-balles
antibiótico *nm* antibiotique *m*
anticiclón *nm* anticyclone *m*
anticipación *nf*: **con 10 minutos de ~** avec 10 minutes d'avance; **hacer algo con ~** faire qch à l'avance
anticipado, -a *adj* anticipé(e); **por ~** d'avance, par anticipation
anticipar *vt* anticiper; **anticiparse** *vpr* (*estación*) être en avance; **anticiparse (a)** (*adelantarse*) devancer; (*prever*) anticiper
anticipo *nm* avance *f*
anticonceptivo, -a *adj* contraceptif(-ive) ▶ *nm* contraceptif *m*
anticongelante *nm* (*Auto*) antigel *m*
anticuado, -a *adj* (*ropa, estilo*) démodé(e); (*modelo, máquina*) dépassé(e); (*término*) vieilli(e)
anticuario *nm* antiquaire *mf*
anticuerpo *nm* anticorps *msg*
antidepresivo *nm* antidépresseur *m*
antídoto *nm* antidote *m*
antiestético, -a *adj* inesthétique
antifaz *nm* masque *m*
antiglobalizador, a *adj, nm/f* altermondialiste *mf*
antigualla *nf* (*pey*: *objeto*) antiquité *f*
antiguamente *adv* autrefois, jadis
antigüedad *nf* antiquité *f*; (*en empleo*) ancienneté *f*; **antigüedades** *nfpl* antiquités *fpl*
antiguo, -a *adj* ancien(ne), vieux (vieille) ▶ *nm*: **los ~s** les Anciens *mpl*; **a la antigua** à l'ancienne
Antillas *nfpl*: **las ~** les Antilles *fpl*
antílope *nm* antilope *f*
antinatural *adj* anormal(e); (*perverso*) contre nature; (*afectado*) forcé(e)
antipatía *nf* antipathie *f*; (*a cosa*) répugnance *f*
antipático, -a *adj* antipathique; (*gesto etc*) déplaisant(e)

antirrobo *adj inv* antivol *inv*
antisemita *adj, nmf* antisémite *mf*
antiséptico, -a *adj* antiseptique ▶ *nm* antiseptique *m*
antisistema *adj inv, nmf inv* antisystème *mf inv*
antivirus *nm inv* (*Inform*) antivirus *msg*
antojadizo, -a *adj* capricieux(-euse)
antojarse *vpr*: **se me antoja comprarlo** j'ai envie de me l'acheter ; **se me antoja que** j'imagine que
antojo *nm* caprice *m*, lubie *f* ; (*Anat, de embarazada, lunar*) envie *f* ; **hacer algo a su ~** faire qch à sa guise
antología *nf* anthologie *f*
antorcha *nf* torche *f*
antro *nm* (*fig*) antre *m*
antropófago, -a *adj, nm/f* anthropophage *mf*
antropología *nf* anthropologie *f*
anual *adj* annuel(le)
anuario *nm* annuaire *m*
anudar *vt* nouer ; **anudarse** *vpr* nouer
anulación *nf* annulation *f* ; (*ley*) abrogation *f* ; (*persona*) annihilation *f*
anular *nm* (*tb*: **dedo anular**) annulaire *m* ▶ *vt* annuler ; (*ley*) abroger
anunciación *nf* (*Rel*): **la A~** l'Annonciation *f*
anunciante *nmf* (*Com*) annonceur *m* (publicitaire)
anunciar *vt* annoncer ; (*Com*) faire de la publicité pour
anuncio *nm* annonce *f* ; (*Com*) publicité *f* ; (*cartel*) panneau *m* publicitaire ; (*señal*) pancarte *f* ; **~s por palabras** petites annonces *fpl*
anzuelo *nm* hameçon *m* ; (*fig*) appât *m*
añadidura *nf* ajout *m* ; (*vestido*) rallonge *f* ; **por ~** par surcroît
añadir *vt* ajouter ; (*prenda*) rallonger
añejo, -a *adj* (*vino*) vieux (vieille)
añicos *nmpl* morceaux *mpl* ; **hacer ~** (*cosa*) mettre en morceaux ; **hacerse ~** se briser en mille morceaux ; (*cristal*) voler en éclats
añil *nm* indigo *m*
año *nm* an *m* ; (*duración*) année *f* ; **los ~s 80** les années 80 ; **¡Feliz A~ Nuevo!** Bonne et heureuse année ! ; **tener 15 ~s** avoir 15 ans ; **~ académico** *o* **escolar/bisiesto/sabático** année scolaire *o* universitaire/bissextile/sabbatique ; **~ económico** *o* **fiscal** exercice *m* financier
año-luz (*pl* **años-luz**) *nm* année-lumière *f*
añoranza *nf* nostalgie *f*
apabullar *vt* sidérer
apacentar *vt* faire paître
apacible *adj* paisible ; (*clima*) doux (douce) ; (*lluvia*) fin(e)
apaciguar *vt* apaiser, calmer ; **apaciguarse** *vpr* s'apaiser, se calmer
apadrinar *vt* (*Rel*) être le parrain de
apagado, -a *adj* éteint(e) ; (*color*) terne ; (*sonido*) étouffé(e) ; **estar ~** être éteint(e)

apagar *vt* éteindre ; (*sed*) étancher ; **apagarse** *vpr* s'éteindre
apagón *nm* panne *f* de courant *o* d'électricité
apalabrar *vt* (*persona*) engager ; (*piso*) convenir (verbalement) de
apalear *vt* rosser
apañar (*fam*) *vt* (*arreglar*) rafistoler ; (*vestido*) raccommoder ; **apañarse** *vpr*: **apañarse** *o* **apañárselas (para hacer)** se débrouiller (pour faire)
aparador *nm* buffet *m*
aparato *nm* appareil *m* ; (*Radio, TV*) poste *m* ; **aparatos** *nmpl* (*gimnasia*) agrès *mpl* ; **~ de facsímil** télécopieur *m* ; **~s de mando** (*Aviat etc*) commandes *fpl*
aparatoso, -a *adj* spectaculaire
aparcamiento *nm* (*lugar*) parking *m* ; (*maniobra*) stationnement *m*
aparcar *vt* garer ▶ *vi* se garer
aparear: **aparearse** *vpr* s'apparier
aparecer *vi* apparaître ; (*publicarse*) paraître ; (*ser encontrado*) être retrouvé(e) ; **aparecerse** *vpr* apparaître
aparejado, -a *adj*: **llevar** *o* **traer ~** entraîner
aparejador, a *nm/f* (*Arq*) *aide-architecte*
aparejo *nm* (*de pesca*) matériel *m* (de pêche) ; (*Náut*) gréement *m*
aparentar *vt* (*edad*) faire ▶ *vi* se faire remarquer ; **~ hacer** faire semblant de faire
aparente *adj* apparent(e)
aparezca *etc vb ver* **aparecer**
aparición *nf* apparition *f* ; (*de libro*) parution *f*
apariencia *nf* apparence *f* ; **apariencias** *nfpl* (*aspecto*) apparences *fpl* ; **en ~** en apparence ; **tener (la) ~ de** avoir l'apparence de ; **guardar las ~s** sauver les apparences
apartado, -a *adj* (*lugar*) éloigné(e) ▶ *nm* paragraphe *m*, alinéa *m* ; **~ (de correos)** boîte *f* postale
apartamento *nm* studio *m* ; (*esp AM*) appartement *m*
apartar *vt* écarter ; (*quitar*) retirer ; (*comida, dinero*) mettre de côté ; **apartarse** *vpr* s'écarter
aparte *adv* (*en otro sitio*) de côté ; (*en sitio retirado*) à l'écart ; (*además*) en outre ▶ *prep*: **~ de** à part ▶ *nm* aparté *m* ▶ *adj* à part ; **~ de que** sans compter que, en plus du fait que
aparthotel *nm* appart-hôtel *m*
apasionado, -a *adj* passionné(e) ; **~ de/por** passionné(e) de/par
apasionar *vt*: **le apasiona el fútbol** c'est un passionné de football ; **apasionarse** *vpr* se passionner ; **apasionarse por** se passionner pour ; (*persona*) être passionnément amoureux(-euse) de ; (*deporte, política*) être un(e) passionné(e) de
apatía *nf* apathie *f*
apático, -a *adj* apathique
Apdo. *abr* (= *Apartado (de Correos)*) B.P. (= *boîte postale*)
apeadero *nm* (*Ferro*) halte *f*
apear: **apearse** *vpr* descendre
apechugar *vi*: **~ con algo** se coltiner qch
apedrear *vt* lapider

apegarse *vpr*: **~ a** *(a persona)* s'attacher à ; *(a cargo)* prendre à cœur • **apego** *nm*: **~ a/por** *(objeto)* attachement à
apelación *nf* appel *m*
apelar *vi*: **~ a** faire appel à ; *(justicia)* avoir recours à
apellidarse *vpr*: **se apellida Pérez** il s'appelle Pérez
apellido *nm* nom *m* de famille
apelmazarse *vpr (masa)* se tasser ; *(arroz)* coller ; *(prenda)* rétrécir
apenar *vt* peiner, faire de la peine à ; (*AM*: *avergonzar*) faire honte à ; **apenarse** *vpr* avoir de la peine ; (*AM*) avoir honte
apenas *adv* à peine, presque pas ▶ *conj* dès que ; **~ si podía levantarse** c'est à peine s'il pouvait se lever
apéndice *nm* appendice *m* • **apendicitis** *nf* appendicite *f*
aperitivo *nm* apéritif *m*
aperos *nmpl (utensilios)* matériel *msg* ; *(Agr)* matériel agricole
apertura *nf* ouverture *f* ; *(de curso)* rentrée *f* (des classes) ; *(de parlamento)* rentrée parlementaire
apesadumbrar *vt* attrister
apestar *vt* empester, puer ▶ *vi*: **~ (a)** empester ; **estar apestado de** grouiller de
apetecer *vt*: **¿te apetece una tortilla?** as-tu envie d'une omelette ? • **apetecible** *adj* appétissant(e) ; *(olor)* agréable ; *(objeto)* séduisant(e)
apetito *nm* appétit *m*
apetitoso, -a *adj* alléchant(e) ; *(comida)* appétissant(e)
apiadarse *vpr*: **~ de** s'apitoyer sur
ápice *nm (fig)* summum *m*
apilar *vt* empiler
apiñar *vpr* se presser
apio *nm* céleri *m*
apisonadora *nf* rouleau *m* compresseur
aplacar *vt* apaiser ; *(sed)* étancher ; *(entusiasmo)* refroidir ; **aplacarse** *vpr* s'apaiser ; *(entusiasmo)* se refroidir
aplanar *vt* aplanir
aplastante *adj* écrasant(e)
aplastar *vt* écraser
aplatanarse *(fam) vpr* se ramollir
aplaudir *vt, vi* applaudir
aplauso *nm* applaudissement *m*
aplazamiento *nm* ajournement *m*
aplazar *vt (reunión)* ajourner
aplicación *nf* application *f* ; *(para móvil, Internet)* application, appli *f* ; **aplicaciones** *nfpl* applications *fpl*
aplicado, -a *adj* appliqué(e), studieux(-euse)
aplicar *vt* mettre en pratique ; *(ley, norma)* appliquer ; **aplicarse** *vpr* s'appliquer ; **~ (a)** appliquer (à)
aplique *vb ver* **aplicar** ▶ *nm* applique *f*
aplomo *nm* aplomb *m*
apocado, -a *adj* timoré(e)
apoderado, -a *nm/f (Jur, Com)* mandataire *mf*, fondé(e) de pouvoir
apoderar: **apoderarse de** *vpr* s'emparer de
apodo *nm* surnom *m*
apogeo *nm* apogée *m*
apolillarse *vpr (ropa)* être mangé(e) par les mites ; *(madera)* être vermoulu(e)

apoltronarse *vpr* devenir paresseux(-euse)
apoplejía *nf* apoplexie *f*
aporrear *vt* cogner sur
aportar *vt* (*datos*) fournir ; (*dinero*) apporter ; **aportarse** *vpr* (AM) arriver
aposento *nm* appartement *m*
aposta *adv* à dessein, exprès
apostar *vt* (*dinero*) parier ; (*tropas*) poster ▶ *vi* parier ; **apostarse** *vpr* se poster ; **¿qué te apuestas a que ...?** on parie combien que ... ?
apóstol *nm* apôtre *m*
apóstrofo *nm* apostrophe *f*
apoyar *vt* appuyer ; **apoyarse** *vpr*: **apoyarse en** s'appuyer *o* reposer sur • **apoyo** *nm* appui *m* ; (*fundamento*) fondement *m*
app *nf* (*para móvil, Internet*) appli *f*
apreciable *adj* appréciable
apreciar *vt* apprécier
aprecio *nm* estime *f* ; **tener ~ a/sentir ~ por** avoir/ressentir de l'estime pour
aprehender *vt* (*armas, drogas*) saisir ; (*persona*) appréhender
apremiante *adj* pressant(e)
apremiar *vt, vi* presser ; **~ a algn a hacer/para que haga** presser qn de faire
aprender *vt, vi* apprendre ; **~ de memoria** *o* **de carretilla** apprendre par cœur
aprendiz, a *nm/f* apprenti(e) • **aprendizaje** *nm* apprentissage *m*
aprensión *nf* appréhension *f*
aprensivo, -a *adj* méfiant(e)
apresar *vt* (*delincuente*) incarcérer ; (*contrabando*) saisir ; (*soldado*) mettre aux arrêts
apresurado, -a *adj* (*decisión*) hâtif(-ive) ; (*persona*) pressé(e)
apresurar : **apresurarse** *vpr* se presser ; **apresurarse (a hacer)** se hâter (de faire)
apretado, -a *adj* serré(e) ; (*estrecho de espacio*) à l'étroit ; (*programa*) chargé(e) ; **íbamos muy ~s en el autobús** nous étions très serrés dans l'autobus ; **vivir ~** vivre à l'étroit
apretar *vt* serrer ; (*labios*) pincer ; (*gatillo, botón*) appuyer sur ▶ *vi* (*calor etc*) redoubler ; (*zapatos, ropa*) serrer, être trop juste ; **~ el paso** presser le pas
apretón *nm*: **~ de manos** poignée *f* de main ; **apretones** *nmpl* cohue *fsg*
aprieto *vb ver* **apretar** ▶ *nm* gêne *f*, embarras *msg* ; **estar en un ~** être dans l'embarras ; **estar en ~s** traverser des moments difficiles
aprisa *adv* vite
aprisionar *vt* (*poner en prisión*) emprisonner ; (*sujetar*) serrer
aprobación *nf* approbation *f*
aprobar *vt* (*decisión*) approuver ; (*examen*) être reçu(e) à ; (*materia*) être reçu(e) en ▶ *vi* (*en examen*) réussir, être reçu(e) ; **~ por mayoría/por unanimidad** approuver à la majorité/à l'unanimité
apropiación *nf* appropriation *f*
apropiado, -a *adj* approprié(e)
apropiarse *vpr*: **~ de** s'approprier, s'emparer de
aprovechado, -a *adj* (*estudiante*) appliqué(e) ; (*día, viaje*) bien employé(e) ▶ *nm/f* (*pey*: *persona*) profiteur(-euse)

• **aprovechamiento** *nm* exploitation *f*, utilisation *f*

aprovechar *vt* profiter de ; (*tela, comida, ventaja*) tirer profit de ▶ *vi* progresser ; **aprovecharse** *vpr*: **aprovecharse de** (*pey*) profiter de ; **¡que aproveche!** bon appétit ! ; **~ la ocasión para hacer** profiter de l'occasion pour faire

aproximación *nf* rapprochement *m* ; **con ~** par approximation

aproximadamente *adv* approximativement, environ

aproximado, -a *adj* approximatif(-ive)

aproximar: **aproximarse** *vpr* (s')approcher

apruebe *etc vb ver* **aprobar**

aptitud *nf*

apto, -a *adj*: **~ (para)** apte (à), capable (de) ; (*apropiado*) qui convient (à)

apuesta *nf* pari *m*

apuntador *nm* (*Teatro*) souffleur *m*

apuntalar *vt* étayer

apuntar *vt* (*con arma*) viser ; (*con dedo*) montrer *o* désigner du doigt ; (*datos*) noter ; (*Teatro*) souffler ; **apuntarse** *vpr* (*tanto, victoria*) remporter ; (*en lista, registro*) s'inscrire

apunte *nm* croquis *msg* ; **apuntes** *nmpl* (*Escol*) notes *fpl*

apuñalar *vt* poignarder

apurado, -a *adj* (*necesitado*) dans la gêne ; (*situación*) difficile, délicat(e) ; (*AM*: *con prisa*) pressé(e) ; **estar ~** (*avergonzado*) être embarrassé(e)

apurar *vt* (*bebida, cigarrillo*) finir ; (*recursos*) épuiser ; (*persona*: *agobiar*) mettre à bout ; (: *causar vergüenza a*) mettre dans l'embarras ; **apurarse** *vpr* s'inquiéter ; (*esp AM*: *darse prisa*) se dépêcher

apuro *nm* (*aprieto, vergüenza*) gêne *f*, embarras *msg* ; (*AM*: *prisa*) hâte *f* ; **estar en ~s** (*dificultades*) avoir des ennuis ; (*falta de dinero*) être dans la gêne

aquejado, -a *adj*: **~ de** (*Med*) atteint(e) de

aquel, aquella (*mpl* **aquellos**, *fpl* **aquellas**) *adj* ce (cette) ; (*pl*) ces ▶ *pron* celui-là (celle-là) ; (*pl*) ceux-là (celles-là)

aquél, aquélla (*mpl* **aquéllos**, *fpl* **aquéllas**) *pron* celui-là (celle-là) ; (*pl*) ceux-là (celles-là)

aquello *pron* cela ; **~ que hay allí** ce qu'il y a là-bas

aquí *adv* ici ; **~ abajo/arriba** en bas/là-haut ; **~ mismo** ici même ; **de ~ en adelante** désormais ; **de ~ a siete días** d'ici sept jours ; **hasta ~** jusqu'ici ; **por ~** par ici

aquietar *vt* apaiser

ara *nf* autel *m* ; **aras** *nfpl* (*beneficio*): **en ~s de** au nom de

árabe *adj* arabe ▶ *nmf* Arabe *mf* ▶ *nm* (*Ling*) arabe *m*

Arabia *nf* Arabie *f* ; **~ Saudí** *o* **Saudita** Arabie saoudite

arado *nm* charrue *f*

Aragón *nm* Aragon *m*

• **aragonés, -esa** *adj* aragonais(e) ▶ *nm/f* Aragonais(e) ▶ *nm* (*Ling*) aragonais *msg*

arancel *nm* (*tb*: **arancel de aduanas**) tarif *m* douanier

arandela *nf* rondelle *f*; (*de vela*) bobèche *f*
araña *nf* araignée *f*; (*lámpara*) lustre *m*
arañar *vt* (*herir*) griffer; (*raspar*) érafler; **arañarse** *vpr* s'égratigner
arañazo *nm* égratignure *f*
arar *vt* labourer
arbitraje *nm* arbitrage *m*
arbitrar *vt* arbitrer ▶ *vi* arbitrer
arbitrariedad *nf* arbitraire *m*
arbitrario, -a *adj* arbitraire
arbitrio *nm*: **quedar al ~ de algn** dépendre de la volonté de qn
árbitro, -a *nm/f* arbitre *mf*
árbol *nm* (*Bot, Tec*) arbre *m*; (*Náut*) mât *m*; **~ de Navidad** sapin *m* de Noël
arbolado, -a *adj* boisé(e) ▶ *nm* bois *msg*
arboleda *nf* bois *msg*, bosquet *m*
arbusto *nm* arbuste *m*
arca *nf* coffre *m*
arcada *nf* arcade *f*; **arcadas** *nfpl* (*Med*) nausées *fpl*
arcaico, -a *adj* archaïque
arce *nm* érable *m*
arcén *nm* (*de autopista*) accotement *m*; (*de carretera*) bas-côté *m*
archipiélago *nm* archipel *m*
archivador *nm* classeur *m*
archivar *vt* archiver • **archivo** *nm* archives *fpl*
arcilla *nf* argile *f*
arco *nm* arc *m*; (*Mús*) archet *m*; (*AM*: *Deporte*) but *m*; **~ iris** arc-en-ciel *m*
arder *vi* brûler; **estar que arde** (*fam*) bouillir de rage
ardid *nm* ruse *f*
ardiente *adj* ardent(e)
ardilla *nf* écureuil *m*
ardor *nm* ardeur *f*; **con ~** (*fig*) avec ardeur; **~ de estómago** brûlures *fpl* d'estomac
arduo, -a *adj* ardu(e)
área *nf* (*zona*) surface *f*; (*medida*) are *m*; (*Deporte*) zone *f*
arena *nf* sable *m*; **~s movedizas** sables mouvants
arenal *nm* étendue *f* de sable
arengar *vt* haranguer
arenisca *nf* grès *msg*
arenoso, -a *adj* sablonneux(-euse)
arenque *nm* hareng *m*
argamasa *nf* mortier *m*
Argel *n* Alger • **Argelia** *nf* Algérie *f* • **argelino, -a** *adj* algérien(ne) ▶ *nm/f* Algérien(ne)
Argentina *nf* Argentine *f* • **argentino, -a** *adj* argentin(e) ▶ *nm/f* Argentin(e)
argolla *nf* anneau *m*; (*AM*: *anillo de matrimonio*) alliance *f*
argot (*pl* **argots**) *nm* argot *m*
argucia *nf* sophisme *m*
argüir *vt* arguer ▶ *vi* argumenter; **~ que** (*alegar*) arguer que; (*deducir*) déduire que
argumentación *nf* argumentation *f*
argumentar *vt* argumenter; (*deducir*) déduire; **~ que** (*alegar*) avancer que
argumento *nm* argument *m*; (*Cine, TV*) scénario *m*
aria *nf* aria *f*
aridez *nf* aridité *f*
árido, -a *adj* aride • **áridos** *nmpl* (*Agr*) grains *mpl*

Aries *nm* (*Astrol*) Bélier *m* ; **ser ~** être Bélier
arisco, -a *adj* (*persona*) bourru(e)
aristocracia *nf* aristocratie *f*
aristócrata *nmf* aristocrate *mf*
aritmética *nf* arithmétique *f*
arma *nf* arme *f*; **armas** *nfpl* (*Mil*) armes *fpl* ; **~ blanca** arme blanche ; **~ de doble filo** (*fig*) arme à double tranchant ; **~ de fuego** arme à feu
armada *nf* marine *f* de guerre ; (*flota*) flotte *f*
armadillo *nm* tatou *m*
armado, -a *adj* armé(e)
armador *nm* (*Náut: dueño*) armateur *m*
armadura *nf* (*Mil*) armure *f*; (*Tec, Fís*) armature *f*; (*tejado*) charpente *f*; (*de gafas*) monture *f*
armamento *nm* armement *m*
armar *vt* armer ; (*Tec*) monter ; (*ruido, escándalo*) faire ; **armarse** *vpr*: **armarse (con/de)** s'armer (de) ; **armarla** faire un esclandre ; **armarse un lío** s'embrouiller
armario *nm* armoire *f*; **~ de cocina** garde-manger *m inv* ; **~ empotrado** placard *m*
armatoste (*fam*) *nm* objet encombrant
armazón *nm o nf* armature *f*; (*Arq*) charpente *f*; (*Auto*) châssis *msg*
armería *nf* (*tienda*) armurerie *f*
armiño *nm* hermine *f*; **de ~** d'hermine
armisticio *nm* armistice *m*
armonía *nf* harmonie *f*
armónica *nf* harmonica *m*
armonioso, -a *adj* harmonieux(-euse)
armonizar *vt* harmoniser ▸ *vi*: **~ con** (*fig*) être en harmonie avec
arnés *nm* harnais *msg* ; **arneses** *nmpl* (*para caballerías*) harnais *msg*
aro *nm* cercle *m*, anneau *m* ; (*juguete*) cerceau *m* ; (AM: *pendiente*) anneau
aroma *nm* arôme *m*, parfum *m*
aromático, -a *adj* aromatique
arpa *nf* harpe *f*
arpía *nf* (*fig*) harpie *f*, mégère *f*
arpillera *nf* serpillière *f*
arpón *nm* harpon *m*
arquear *vt* fléchir ; **arquearse** *vpr* fléchir
arqueología *nf* archéologie *f*
arqueólogo, -a *nm/f* archéologue *mf*
arquetipo *nm* archétype *m*
arquitecto, -a *nm/f* architecte *mf* • **arquitectura** *nf* architecture *f*
arrabal *nm* faubourg *m* ; (*barrio bajo*) bas quartiers *mpl* ; **arrabales** *nmpl* (*afueras*) faubourgs *mpl*
arraigado, -a *adj* enraciné(e)
arraigar *vi* prendre racine ; (*ideas, costumbres*) s'enraciner, prendre racine ; (*persona*) s'installer, s'établir ; **arraigarse** *vpr* (*costumbre*) s'enraciner, prendre racine ; (*persona*) s'installer, s'établir
arrancar *vt* arracher ; (*árbol*) déraciner ; (*carteles, colgaduras*) retirer ; (*esparadrapo*) enlever ; (*Auto, máquina*) mettre en marche ; (*Inform*) lancer ▸ *vi* (*Auto, máquina*) démarrer ; **~ de raíz** déraciner

arranque *vb ver* **arrancar** ▶ *nm* (*Auto*) démarrage *m* ; (*fig*: *arrebato*) élan *m*

arrasar *vi* (*fig*) faire un triomphe *o* tabac

arrastrado, -a *adj* misérable ; (*AM*: *servil*) servile

arrastrar *vt* traîner ; (*suj*: *agua, viento, tb fig*) entraîner ▶ *vi* traîner ; **arrastrarse** *vpr* se traîner ; **llevar algo arrastrando** traîner qch depuis longtemps

arrastre *nm* remorquage *m*

arre *excl* hue !

arrear *vt* exciter ; (*fam*) flanquer

arrebatado, -a *adj* emporté(e), impétueux(-euse) ; (*cara*) congestionné(e) ; (*color*) vif (vive)

arrebatar *vt* arracher ; **arrebatarse** *vpr* s'emporter

arrebato *nm* emportement *m* ; **~ de cólera/entusiasmo** élan *m* *o* mouvement *m* de colère/d'enthousiasme

arrecife *nm* récif *m* ; (*tb*: **arrecife de coral**) récif de corail

arredrar: **arredrarse** *vpr* s'effrayer

arreglado, -a *adj* (*persona*) soigné(e) ; (*vestido*) impeccable ; (*habitación*) ordonné(e), en ordre

arreglar *vt* ranger, mettre en ordre ; (*persona*) préparer ; (*algo roto*) réparer, arranger ; (*problema*) régler ; (*entrevista*) fixer ; **arreglarse** *vpr* s'arranger, se régler ; (*acicalarse*) se préparer ; **arreglárselas** (*fam*) se débrouiller, s'en sortir ; **arreglarse el pelo/las uñas** s'arranger les cheveux/se faire les ongles

arreglo *nm* rangement *m*, ordre *m* ; (*acuerdo*) arrangement *m*, accord *m* ; (*Mús*) arrangement ; (*Inform*) tableau *m* ; (*de algo roto*) réparation *f* ; (*de persona*) toilette *f*, soin *m* ; **con ~ a** conformément à

arrellanarse *vpr*: **~ en** (*sillón*) se carrer *o* se prélasser dans

arremangar *vt* relever, retrousser ; **arremangarse** *vpr* retrousser ses manches

arremeter *vi*: **~ contra** se jeter à l'assaut de, fondre sur

arrendamiento *nm* location *f* ; (*contrato*) bail *m* ; (*precio*) loyer *m* • **arrendar** *vt* louer

arrendatario, -a *nm/f* locataire *mf*

arreos *nmpl* harnais *msg*

arrepentimiento *nm* repentir *m*

arrepentirse *vpr*: **~ (de)** se repentir (de) ; **~ de haber hecho algo** se repentir d'avoir fait qch

arrestar *vt* arrêter ; (*Mil*) mettre aux arrêts • **arresto** *nm* arrestation *f* ; (*Mil*) arrêts *mpl* ; **arrestos** *nmpl* (*audacia*) audace *fsg* ; **~ domiciliario** assignation *f* à domicile

arriar *vt* amener

arriba

▶ *adv* **1** (*posición*) en haut ; **allí ~** là-haut ; **el piso de ~** l'appartement du dessus ; **la parte de ~** le haut ; **desde ~** d'en haut ; **~ del todo** tout en haut ; **Juan está ~** Juan est en haut ; **lo ~ mencionado** ce qui est mentionné ci-dessus

2 (*dirección*): **ir calle ~** remonter la rue ; **río ~** en amont
3: **mirar a algn de ~ abajo** regarder qn de haut en bas
▶ *prep*: **~ de** (AM) sur, au-dessus de ; **~ de cien euros** plus de cent euros
▶ *excl*: **¡~!** (*¡levanta!*) debout ! ; (*ánimo*) courage ! ; **¡manos ~!** haut les mains ! ; **¡~ España!** vive l'Espagne !

arribar *vi* arriver
arribista *nmf* arriviste *mf*
arriendo *vb ver* **arrendar** ▶ *nm* = **arrendamiento**
arriero *nm* muletier *m*
arriesgado, -a *adj* (*peligroso*) risqué(e), hasardeux(-euse) ; (*audaz: persona*) audacieux(-euse)
arriesgar *vt* risquer ; **arriesgarse** *vpr* prendre des risques ; **arriesgarse a hacer algo** se risquer à faire qch
arrimar *vt* (*acercar*): **~ a** approcher de ; (*dejar de lado*) abandonner, laisser tomber ; **arrimarse** *vpr*: **arrimarse a** (*acercarse*) s'approcher de ; (*apoyarse*) s'appuyer sur
arrinconar *vt* (*algo viejo*) mettre dans un coin, mettre au rebut ; (*enemigo*) acculer
arroba *nf* (Internet) arobase *f*
arrodillarse *vpr* s'agenouiller
arrogancia *nf* arrogance *f*
• **arrogante** *adj* arrogant(e)
arrojar *vt* (*piedras*) jeter ; (*pelota*) lancer ; (*basura*) jeter, déverser ; (*humo*) cracher ; (*persona*) chasser, mettre dehors ; (*Com*) totaliser ; **arrojarse** *vpr* se jeter
arrojo *nm* hardiesse *f*
arrollador, a *adj* (*éxito*) retentissant(e) ; (*fuerza*) irrésistible ; (*mayoría*) écrasant(e)
arrollar *vt* (*suj: vehículo*) renverser ; (*Deporte*) écraser
arropar *vt* couvrir ; **arroparse** *vpr* se couvrir
arroyo *nm* ruisseau *m* ; (*de la calle*) caniveau *m*
arroz *nm* riz *m* ; **~ blanco** (Culin) riz blanc ; **~ con leche** riz au lait
arruga *nf* ride *f* ; (*en ropa*) pli *m*
arrugar *vt* (*piel*) rider ; (*ropa, papel*) froisser ; (*ceño, frente*) froncer ; **arrugarse** *vpr* se rider ; (*ropa*) se froisser
arruinar *vt* ruiner ; **arruinarse** *vpr* se ruiner
arrullar *vt* bercer
arsenal *nm* (*Mil*) arsenal *m* ; (*Náut*) chantier *m* naval
arsénico *nm* arsenic *m*
arte *nm* (*gen m en sg y siempre f en pl*) art *m* ; (*maña*) don *m* ; **por amor al ~** pour l'amour de l'art ; **por ~ de magia** comme par enchantement ; **Bellas A~s** Beaux-Arts *mpl*
artefacto *nm* engin *m*, machine *f*
arteria *nf* artère *f*
artesanía *nf* artisanat *m* ; **de ~** artisanal(e)
artesano, -a *nm/f* artisan(e)
ártico, -a *adj* arctique ▶ *nm*: **el Á~** l'Arctique *m*
articulación *nf* articulation *f*
articulado, -a *adj* articulé(e)
articular *vt* articuler
artículo *nm* article *m* ; **artículos** *nmpl* (*Com*) articles *mpl* ; **~s de**

escritorio/tocador articles de bureau/toilette
artífice *nmf* (*fig*) auteur *m*
artificial *adj* artificiel(le) ; (*fig*) artificiel(le), forcé(e)
artificio *nm* appareil *m*, engin *m* ; (*truco*) artifice *m*
artillería *nf* artillerie *f*
artilugio *nm* engin *m*
artimaña *nf* (*ardid*) stratagème *m*
artista *nmf* artiste *mf* ; **~ de cine** acteur(-trice) de cinéma ; **~ de teatro** comédien(ne)
artístico, -a *adj* artistique
artritis *nf* arthrite *f*
arveja (*AM*: *guisante*) *nf* pois *msg*
arzobispo *nm* archevêque *m*
as *nm* as *m* ; **ser un as (de)** (*fig*) être un as (de)
asa *nf* anse *f*
asado *nm* (*carne*) rôti *m* ; (*CSur*: *barbacoa*) barbecue *m*
asaduras *nfpl* (*Culin*) abats *mpl*
asalariado, -a *adj*, *nm/f* salarié(e)
asaltador, a, asaltante *nm/f* assaillant(e)
asaltar *vt* (*banco etc*) attaquer ; (*persona*, *fig*) assaillir ; (*Mil*) prendre d'assaut • **asalto** *nm* (*a banco*) hold-up *m inv* ; (*a persona*) agression *f* ; (*Mil*) assaut *m* ; (*Boxeo*) round *m*
asamblea *nf* (*corporación*) assemblée *f*, rassemblement *m* ; (*reunión*) assemblée
asar *vt* rôtir (*au four*), griller (*au feu de bois, au gril*) ; **asarse** *vpr* (*fig*) cuire
asbesto *nm* asbeste *m*
ascendencia *nf* ascendance *f* ; **de ~ francesa** d'origine française ; **tener ~ sobre algn** avoir de l'ascendant sur qn
ascender *vi* monter ; (*en puesto de trabajo*) monter en grade ▶ *vt* faire monter ; **~ a** s'élever à
• **ascendiente** *nm* ascendant *m* ; **ascendientes** *nmpl* ascendants *mpl*
ascensión *nf* ascension *f* ; **la A~** (*Rel*) l'Ascension
ascenso *nm* promotion *f*
ascensor *nm* ascenseur *m*
ascético, -a *adj* ascétique
asco *nm* : **¡qué ~!** c'est dégoûtant ! ; **el ajo me da ~** j'ai horreur de l'ail ; **estar hecho un ~** être dans un sale état ; **ser un ~** (*clase*, *libro*) être nul(le) ; (*película*) être un navet
ascua *nf* braise *f* ; **estar en** *o* **sobre ~s** être sur des charbons ardents
aseado, -a *adj* (*persona*) impeccable, bien mis(e) ; (*casa*) impeccable
asear *vt* (*casa*) arranger ; **asearse** *vpr* (*persona*) s'arranger, faire sa toilette
asediar *vt* assiéger ; (*fig*) assaillir
• **asedio** *nm* siège *m*
asegurado, -a *adj*, *nm/f* assuré(e)
asegurar *vt* assurer ; (*cuerda*, *clavo*) fixer ; (*maleta*) bien fermer ; (*afirmar*) assurer ; (*garantizar*) garantir ; **asegurarse** *vpr*: **asegurarse (contra)** (*Com*) s'assurer (contre), prendre une assurance (contre)
asemejarse *vpr*: **~ a** ressembler à

asentado, -a *adj* sensé(e) ; **estar ~ en** être situé(e) dans *o* sur ; (*persona*) être établi(e) à
asentar *vt* (*instalar*) installer ; (*asegurar*) assurer ; **asentarse** *vpr* (*persona*) s'établir ; (*líquido, polvo*) se déposer
asentir *vi* acquiescer ; **~ con la cabeza** acquiescer d'un signe de tête
aseo *nm* hygiène *f*, toilette *f* ; **aseos** *nmpl* (*servicios*) toilettes *fpl*
aséptico, -a *adj* aseptique
asequible *adj* (*precio*) abordable ; (*persona*) accessible, abordable ; **~ a** (*comprensible*) accessible à, à la portée de
aserrar *vt* scier
asesinar *vt* assassiner • **asesinato** *nm* assassinat *m*
asesino *nm* assassin *m*
asesor, a *nm/f* conseiller(-ère), consultant(e)
asesorar *vt* (*Jur, Com*) conseiller ; **asesorarse** *vpr*: **asesorarse con** *o* **de** prendre conseil auprès de • **asesoría** *nf* (*cargo*) conseil *m* ; (*oficina*) cabinet *m* d'expert-conseil
asestar *vt* (*golpe*) asséner ; (*tiro*) envoyer
asfalto *nm* bitume *m*
asfixia *nf* asphyxie *f*
asfixiar *vt* (*suj: persona*) asphyxier ; (*: calor*) étouffer ; **asfixiarse** *vpr* s'asphyxier, étouffer ; **asfixiarse de calor** étouffer de chaleur
asgo *etc vb ver* **asir**
así *adv* (*de esta manera*) ainsi ; **~ de grande** grand(e) comme ça ; **~ llamado** soi-disant, prétendu ; **y ~ sucesivamente** et ainsi de suite ; **~ y todo** malgré tout ; **¿no es ~?** n'est-ce pas (vrai) ? ; **seis euros o ~** à peu près six euros ; **~ como** (*también*) ainsi que, de même que ; **~ pues** ainsi donc ; **~ que** (*en cuanto*) dès que ; (*por consiguiente*) donc
Asia *nf* Asie *f*
asiático, -a *adj* asiatique ▸ *nm/f* Asiatique *mf*
asidero *nm* anse *f*
asiduidad *nf* assiduité *f*
asiduo, -a *adj* assidu(e) ▸ *nm/f* habitué(e)
asiento *vb ver* **asentar**; **asentir** ▸ *nm* siège *m* ; (*de silla etc*) assise *f* ; (*de cine, tren*) place *f* ; (*Com*) inscription *f* ; **~ delantero/trasero** siège avant/arrière
asignación *nf* attribution *f* ; (*paga*) traitement *m*
asignar *vt* assigner ; (*cantidad*) allouer, attribuer
asignatura *nf* matière *f*, discipline *f*
asilado, -a *nm/f* (*Pol*) réfugié(e) politique ; (*en asilo de ancianos*) pensionnaire *mf*
asilo *nm* asile *m* ; **pedir/dar ~ a algn** demander/donner asile à qn ; **~ político** asile politique
asimilación *nf* assimilation *f*
asimilar *vt* assimiler ; **asimilarse** *vpr*: **asimilarse a** s'assimiler à
asimismo *adv* aussi
asir *vt* saisir ; **asirse** *vpr*: **asirse a** *o* **de** s'accrocher à
asistencia *nf* assistance *f* ; (*tb*: **asistencia médica**) soins *mpl* médicaux ; **~ social/técnica** assistance sociale/technique • **asistenta** *nf* femme *f* de ménage • **asistente** *nmf* assistant(e) ;

los ~s les assistants *mpl* ; **~ social** employé(e) des services sociaux ; (*mujer*) assistante *f* sociale

asistido, -a *adj* (*Auto: dirección*) assisté(e) ; **~ por ordenador** assisté(e) par ordinateur

asistir *vt* (*Med*) assister, soigner ; (*ayudar*) assister, secourir ▶ *vi*: **~ (a)** assister (à)

asma *nf* asthme *m*

asno *nm* âne *m*

asociación *nf* association *f* ; **~ de ideas** association d'idées

asociado, -a *adj*, *nm/f* associé(e)

asociar *vt* associer ; **asociarse** *vpr*: **asociarse (a)** s'associer (à)

asolar *vt* dévaster, ravager

asomar *vt* sortir, mettre dehors ▶ *vi* (*sol*) poindre, se montrer ; (*barco*) apparaître ; **asomarse** *vpr*: **asomarse a** *o* **por** se montrer à, se mettre à

asombrar *vt* (*causar asombro*) étonner ; (*causar admiración*) stupéfier ; **asombrarse** *vpr*: **asombrarse (de)** (*sorprenderse*) s'étonner (de) • **asombro** *nm* (*sorpresa*) étonnement *m*, stupéfaction *f*

asombroso, -a *adj* étonnant(e), stupéfiant(e)

asomo *nm* signe *m*, ombre *f* ; **ni por ~** pas le moins du monde, en aucune manière

aspa *nf* croix *fsg* de Saint André ; (*de molino*) aile *f*

aspaviento *nm* gestes *mpl* outranciers ; **hacer ~s** faire des simagrées

aspecto *nm* aspect *m*, air *m* ; (*de salud*) mine *f* ; (*fig*) aspect ; **tener buen/mal ~** (*persona*) avoir bonne/mauvaise mine

aspereza *nf* rugosité *f* ; (*de terreno, carácter*) aspérité *f*

áspero, -a *adj* rugueux(-euse) ; (*sabor*) âpre

aspersión *nf* aspersion *f* ; **riego por ~** arrosage *m* par aspersion

aspiración *nf* aspiration *f*

aspiradora *nf*, **aspirador** *nm* aspirateur *m*

aspirante *nmf* candidat(e)

aspirar *vt* aspirer ▶ *vi*: **~ a (hacer)** aspirer à (faire)

aspirina *nf* aspirine *f*

asquear *vt* écœurer ; **asquearse** *vpr*: **asquearse de** être dégoûté(e) de

asqueroso, -a *adj*, *nm/f* dégoûtant(e)

asta *nf* hampe *f* ; **astas** *nfpl* (*Zool*) bois *mpl* ; **a media ~** en berne

asterisco *nm* astérisque *m*

astigmatismo *nm* astigmatisme *m*

astilla *nf* éclat *m* ; (*de leña*) écharde *f* ; (*de hueso*) esquille *f* ; **astillas** *nfpl* (*para fuego*) petit bois *m*

astilleros *nmpl* chantier *msg* naval ; (*de la Armada*) arsenal *msg*

astringente *adj* astringent(e) ▶ *nm* astringent *m*

astro *nm* astre *m*

astrología *nf* astrologie *f*

astronauta *nmf* astronaute *mf*

astronave *nf* astronef *m*

astronomía *nf* astronomie *f*

astrónomo, -a *nm/f* astronome *mf*

astucia *nf* astuce *f*

astuto, -a *adj* astucieux(-euse) ; (*taimado*) rusé(e)
asumir *vt* assumer
asunción *nf* prise *f* de possession ; **la A~** l'Assomption *f*
asunto *nm* (*tema*) sujet *m* ; (*negocio*) affaire *f*
asustar *vt* faire peur à ; (*ahuyentar*) mettre en fuite ; **asustarse** *vpr*: **asustarse (de** *o* **por)** avoir peur (de)
atacar *vt* attaquer ; (*teoría*) s'attaquer à
atadura *nf* attache *f*, lien *m* ; (*impedimento*) entrave *f*, lien
atajar *vt* (*interrumpir*) couper court à, interrompre ; (*cortar el paso a*) barrer la route à ; (*enfermedad*) enrayer ; (*riada, sublevación*) endiguer ; (*incendio*) maîtriser ▶ *vi* prendre un raccourci
atajo *nm* raccourci *m* ; (*Deporte*) plaquage *m*
atañer *vi*: **~ a** (*persona*) concerner ; (*gobierno*) incomber à
ataque *vb ver* **atacar** ▶ *nm* (*Mil*) attaque *f*, raid *m* ; (*Med*) attaque ; **~ cardíaco** crise *f* cardiaque
atar *vt* attacher ; **atarse** *vpr* (*zapatos*) attacher ; (*corbata*) nouer ; **~ cabos** déduire par recoupements
atardecer *vi*: **atardece a las 8** la nuit tombe à 8 h ▶ *nm* tombée *f* du jour ; **al ~** à la tombée du jour
atareado, -a *adj* affairé(e)
atascar *vt* boucher ; **atascarse** *vpr* se boucher ; (*coche*) s'embourber ; (*motor*) se gripper ; (*fig: al hablar*) bafouiller
• **atasco** *nm* obstruction *f* ; (*Auto*) bouchon *m*
ataúd *nm* cercueil *m*, bière *f*
ataviar *vt* parer ; **ataviarse** *vpr* se parer
atavío *nm* toilette *f*
atemorizar *vt* faire peur à ; **atemorizarse** *vpr*: **atemorizarse de** *o* **por** s'effrayer de
Atenas *n* Athènes
atención *nf* attention *f* ▶ *excl* attention ! ; **atenciones** *nfpl* (*amabilidad*) attentions *fpl*, égards *mpl* ; **llamar la ~ a algn** (*despertar curiosidad*) attirer l'attention de qn ; (*reprender*) rappeler qn à l'ordre ; **prestar ~** prêter attention
atender *vt* (*consejos*) tenir compte de ; (*enfermo*) s'occuper de, soigner ; (*niño*) s'occuper de ; (*cliente*) servir ; (*petición*) accéder à ▶ *vi*: **~ a** se soucier de ; **~ al teléfono** répondre au téléphone ; **~ a la puerta** aller ouvrir la porte
atenerse *vpr*: **~ a** s'en tenir à ; **~ a las consecuencias** penser aux conséquences
atentado *nm* attentat *m* ; (*delito*) atteinte *f*, attentat ; **~ contra la vida de algn** attentat à la vie de qn ; **~ contra el pudor** attentat à la pudeur ; **~ terrorista** attentat terroriste ; **~ suicida** attentat suicide
atentamente *adv* attentivement ; **le saluda ~** (*en carta*) recevez mes salutations distinguées
atentar *vi*: **~ a** *o* **contra** (*seguridad*) attenter à ; (*moral, derechos*) porter atteinte à ; **~ contra** attenter à la vie de, commettre un attentat contre

atento, -a *adj* attentif(-ive) ; (*cortés*) attentionné(e) ; **~ a** attentif(-ive) à

atenuar *vt* atténuer ; **atenuarse** *vpr* s'atténuer

ateo, -a *adj, nm/f* athée *mf*

aterido, -a *adj*: **~ de frío** transi(e)

aterrador, a *adj* épouvantable, effroyable

aterrar *vt* effrayer ; **aterrarse** *vpr*: **aterrarse de** *o* **por** être terrifié(e) par

aterrizaje *nm* (*Aviat*) atterrissage *m* ; **~ forzoso** atterrissage forcé

aterrizar *vi* (*Aviat*) atterrir

aterrorizar *vt* terroriser ; **aterrorizarse** *vpr*: **aterrorizarse (de** *o* **por)** être terrorisé(e) (par)

atesorar *vt* amasser ; (*fig*) accumuler

atestado, -a *adj, nm* (*Jur*) procès-verbal *m*

atestar *vt* envahir ; (*Jur*) attester

atestiguar *vt* (*Jur*) témoigner ; (*fig: dar prueba de*) témoigner de

atiborrar *vt* envahir ; **atiborrarse** *vpr*: **atiborrarse de** se gaver de

ático *nm appartement au dernier étage d'un immeuble*

atinado, -a *adj* approprié(e) ; (*sensato*) sensé(e)

atinar *vi* viser juste ; (*fig*) deviner juste ; **~ con** *o* **en** (*solución*) trouver

atisbar *vt* épier ; (*vislumbrar*) percevoir

atizar *vt* (*fuego, fig*) attiser ; (*fam: golpe*) flanquer

atlántico, -a *adj* atlantique ▸ *nm*: **el (Océano) A~** l'(océan *m*) Atlantique *m*

atlas *nm* atlas *m*

atleta *nmf* athlète *mf* • **atlético, -a** *adj* (*competición*) d'athlétisme ; (*persona*) athlétique • **atletismo** *nm* athlétisme *m*

atmósfera *nf* atmosphère *f*

atolladero *nm* (*fig*) impasse *f*

atómico, -a *adj* atomique

atomizador *nm* atomiseur *m*

átomo *nm* atome *m*

atónito, -a *adj* pantois(e)

atontado, -a *adj* étourdi(e) ▸ *nm/f* abruti(e)

atontar *vt* abrutir ; **atontarse** *vpr* s'abêtir

atormentar *vt* tourmenter, torturer ; **atormentarse** *vpr* se tourmenter

atornillar *vt* visser

atosigar *vt* presser ; **atosigarse** *vpr* être angoissé(e)

atracador, a *nm/f* braqueur(-euse)

atracar *vt* (*Náut*) amarrer ; (*atacar*) attaquer ▸ *vi* amarrer ; **atracarse** *vpr*: **atracarse (de)** se bourrer (de)

atracción *nf* attirance *f* ; **atracciones** *nfpl* (*diversiones*) attractions *fpl* ; **sentir ~ por** éprouver de l'attirance pour ; **centro/punto de ~** centre *m*/point *m* d'attraction

atraco *nm* agression *f* ; (*en banco*) hold-up *m inv*

atracón *nm*: **darse** *o* **pegarse un ~ (de)** (*fam*) s'empiffrer (de), se bourrer (de)

atractivo, -a *adj* attirant(e) ▸ *nm* attrait *m*

atraer *vt* attirer ; **atraerse** *vpr* s'attirer

atragantarse *vpr*: **~ (con)** s'étrangler (avec) ; **se me ha atragantado el chico ése** je ne peux pas le voir, celui-là ; **se me ha atragantado el inglés** l'anglais et moi, ça fait deux

atrancar *vt* (*puerta*) barricader ; (*desagüe*) boucher ; **atrancarse** *vpr* (*desagüe*) se boucher ; (*mecanismo*) se gripper

atrapar *vt* attraper

atrás *adv* (*posición*) derrière, en arrière ; (*dirección*) derrière ; **~ de** (AM: *detrás de*) derrière ; **años/meses ~** des années/mois auparavant ; **días ~** cela fait des jours et des jours ; **asiento/parte de ~** siège *m*/partie *f* arrière ; **marcha ~** marche *f* arrière ; **ir hacia ~** (*movimiento*) aller en arrière ; (*dirección*) aller derrière ; **estar ~** être *o* se trouver derrière *o* en arrière ; **está más ~** c'est plus loin derrière ; **volverse ~** revenir en arrière, reculer ; (*desdecirse*) se dédire

atrasado, -a *adj* (*pago*) arriéré(e) ; (*país*) sous-développé(e) ; (*trabajo*) en retard ; **el reloj está** *o* **va ~** la pendule retarde ; **poner fecha atrasada a** antidater

atrasar *vi, vt* retarder ; **atrasarse** *vpr* (*persona*) être en retard ; (*tren*) avoir du retard ; (*reloj*) retarder • **atraso** *nm* retard *m* ; **atrasos** *nmpl* (*Com*) arriérés *mpl*

atravesar *vt* traverser ; (*poner al través*) barrer ; **atravesarse** *vpr* se mettre en travers de

atraviese *etc vb ver* **atravesar**

atrayente *adj* attrayant(e)

atreverse *vpr*: **~ a (hacer)** oser (faire) • **atrevido, -a** *adj* (*audaz*) audacieux(-euse) ; (*descarado*) insolent(e) ; (*moda, escote*) osé(e) • **atrevimiento** *nm* (*audacia*) audace *f* ; (*descaro*) insolence *f*

atribución *nf* attribution *f* ; **atribuciones** *nfpl* (*Pol, Admin*) attributions *fpl*

atribuir *vt* attribuer

atribular *vt* affliger ; **atribularse** *vpr* être affligé(e)

atributo *nm* attribut *m*, apanage *m*

atril *nm* pupitre *m*, lutrin *m* ; (*Mús*) pupitre

atrocidad *nf* atrocité *f* ; **atrocidades** *nfpl* (*disparates*) énormités *fpl*

atropellar *vt* écraser ; **atropellarse** *vpr* bafouiller • **atropello** *nm* (*Auto*) accident *m* ; (*contra propiedad, derechos*) violation *f*

atroz *adj* atroce ; (*frío*) terrible ; (*hambre*) de loup ; (*sueño*) irrésistible ; (*película, comida*) épouvantable

A.T.S. *sigla mf* (*Esp*: = *Ayudante Técnico Sanitario*) infirmier(-ière)

atto., -a. *abr* (= *atento, a*) dévoué(e)

atuendo *nm* tenue *f*

atún *nm* thon *m*

aturdir *vt* assommer ; (*suj: ruido*) assourdir ; (*: vino*) étourdir ; (*: droga*) abrutir ; (*: noticia*) laisser sans voix ; **aturdirse** *vpr* être assourdi(e) ; (*por órdenes contradictorias*) être décontenancé(e)

atusar: **atusarse** *vpr* se pomponner

audacia *nf* audace *f* • **audaz** *adj* audacieux(-euse)

audible *adj* audible
audición *nf* audition *f*
audiencia *nf* audience *f*
audífono *nm* audiophone *m*
audiovisual *adj* audiovisuel(le)
auditor *nm* (*Jur*) assesseur *m* ; (*Com*) commissaire *m* aux comptes
auditorio *nm* auditoire *m* ; (*sala*) auditorium *m*
auge *nm* apogée *m* ; (*Com, Econ*) essor *m*
augurar *vt* (*suj: hecho*) laisser présager ; (*: persona*) prédire
augurio *nm* présage *m*
aula *nf* (*en colegio*) salle *f* de classe, classe *f* ; (*en universidad*) salle de cours
aullar *vi* (*tb fig*) hurler ; **~ de dolor** hurler de douleur
aullido *nm* hurlement *m*
aumentar *vt* augmenter ; (*vigilancia*) redoubler de ; (*Foto*) agrandir ▶ *vi* augmenter • **aumento** *nm* augmentation *f* ; (*vigilancia*) redoublement *m* ; **en ~** (*precios*) en hausse
aun *adv* même ; **~ así** même ainsi ; **~ cuando** même si
aún *adv* (*todavía*) encore, toujours ; **~ no** pas encore, toujours pas ; **~ más** encore plus ; **¿no ha venido ~?** il n'est pas encore arrivé ?, il n'est toujours pas arrivé ?
aunque *conj* bien que, même si
aúpa *adj*: **de ~** (*fam: catarro*) carabiné(e) ; (*: chica*) bien roulé(e) ; (*: espectáculo*) sensass
auricular *nm* (*Telec*) écouteur *m* ; **auriculares** *nmpl* écouteurs *mpl*
aurora *nf* aurore *f*
auscultar *vt* ausculter
ausencia *nf* absence *f*
ausentarse *vpr*: **~ (de)** s'absenter (de)
ausente *adj* absent(e)
auspicio *nm*: **buen/mal ~** bons/mauvais auspices *mpl* ; **auspicios** *nmpl*: **bajo los ~s de** sous les auspices de
austeridad *nf* (*de vida*) austérité *f* ; (*de mirada*) sévérité *f*
austero, -a *adj* austère ; (*lenguaje*) dépouillé(e)
austral *adj* austral(e) ▶ *nm* (*AM: Hist: moneda*) austral *m*
Australia *nf* Australie *f* • **australiano, -a** *adj* australien(ne) ▶ *nm/f* Australien(ne)
Austria *nf* Autriche *f* • **austriaco, -a, austríaco, -a** *adj* autrichien(ne) ▶ *nm/f* Autrichien(ne)
auténtico, -a *adj* authentique ; (*cuero*) véritable ; **es un ~ campeón** c'est un vrai champion
auto *nm* (*coche*) auto *f* ; (*Jur*) arrêté *m* ; **autos** *nmpl* (*Jur*) pièces *fpl* d'un dossier
autoadhesivo, -a *adj* autocoliant(e)
autobiografía *nf* autobiographie *f*
autobronceador *nm* autobronzant *m*
autobús *nm* autobus *m* ; **~ de línea** car *m*
autocar *nm* autocar *m*
autóctono, -a *adj* autochtone
autodefensa *nf* autodéfense *f*
autodeterminación *nf* autodétermination *f*

autodidacta *adj, nmf* autodidacte *mf*

autoescuela *nf* auto-école *f*

autógrafo *nm* autographe *m*

autómata *nm* (*persona*) automate *m*

automático, -a *adj* automatique ▶ *nm* bouton-pression *m*

automotor, -triz *adj* automoteur(-trice) ▶ *nm* automotrice *f*

automóvil *nm* automobile *f* • **automovilismo** *nm* automobilisme *m* • **automovilista** *nmf* (*conductor*) automobiliste *mf*

automovilístico, -a *adj* (*industria*) automobile

autonomía *nf* autonomie *f*; (*territorio*) région *f* autonome

autonómico, -a (*Esp*) *adj* (*elecciones*) des communautés autonomes ; (*política*) d'autonomie des régions

autónomo, -a *adj* (*Pol, Inform*) autonome

autopista *nf* autoroute *f*; **~ de peaje** autoroute à péage

autopsia *nf* autopsie *f*

autor, a *nm/f* auteur *m*

autoridad *nf* autorité *f*; **autoridades** *nfpl* (*Pol*) autorités *fpl* ; **la ~ política/judicial** les autorités politiques/judiciaires ; **tener ~ sobre algn** avoir autorité sur qn

autoritario, -a *adj* autoritaire

autorización *nf* autorisation *f*

autorizado, -a *adj* autorisé(e)

autorizar *vt* autoriser ; **~ a hacer** autoriser à faire

autoservicio *nm* (*tienda*) libre-service *m* ; (*restaurante*) self-service *m*

autostop *nm* auto-stop *m* ; **hacer ~** faire de l'auto-stop • **autostopista** *nmf* auto-stoppeur(-euse)

autovía *nf* route *f* à quatre voies

auxiliar *vt* secourir, venir en aide à ▶ *adj* auxiliaire ; (*profesor*) suppléant(e) ▶ *nmf* auxiliaire *mf* • **auxilio** *nm* aide *f*, secours *msg* ; **primeros ~s** premiers secours *mpl*

Av. *abr* (= *Avenida*) av. (= *avenue*)

aval *nm* aval *m*

avalancha *nf* avalanche *f*

avance *vb ver* **avanzar** ▶ *nm* (*de tropas*) avance *f*, progression *f* ; (*de la ciencia*) progrès *msg* ; (*pago*) avance ; (*TV: de noticias*) flash *m* (d'information) ; (*del tiempo*) prévisions *fpl* météorologiques

avanzar *vt* avancer ▶ *vi* avancer, progresser ; (*proyecto*) avancer ; (*alumno*) avancer, faire des progrès

avaricia *nf* avarice *f*

avaricioso, -a *adj* avaricieux(-euse)

avaro, -a *adj, nm/f* avare *mf*

Avda. *abr* (= *Avenida*) av. (= *avenue*)

AVE *sigla m* (= *Alta Velocidad Española*) ≈ TGV *m* (= *train à grande vitesse*)

ave *nf* oiseau *m* ; **~ de rapiña** oiseau de proie

avecinarse *vpr* approcher

avellana *nf* noisette *f* • **avellano** *nm* noisetier *m*, coudrier *m*

avemaría *nm* Ave *m* (Maria)

avena *nf* avoine *f*

avenida *nf* avenue *f* ; (*de río*) crue *f*

avenir: **avenirse** *vpr* (*personas*) s'entendre ; **avenirse a hacer** consentir à faire
aventajado, -a *adj* remarquable
aventajar *vt*: **~ a algn (en algo)** surpasser qn (en qch)
aventura *nf* aventure *f*
aventurado, -a *adj* aventureux(-euse)
aventurero, -a *adj, nm/f* aventurier(-ière)
avergonzar *vt* faire honte à ; **avergonzarse** *vpr*: **avergonzarse de (hacer)** avoir honte de (faire)
avería *nf* panne *f*
averiguación *nf* enquête *f* ; (*descubrimiento*) découverte *f*
averiguar *vt* enquêter sur ; (*descubrir*) découvrir
aversión *nf* aversion *f*
avestruz *nm* autruche *f*
aviación *nf* aviation *f*
aviador, a *nm/f* aviateur(-trice)
avidez *nf*: **~ de** *o* **por** empressement *m* à ; (*pey*) avidité *f* de
ávido, -a *adj*: **~ de** *o* **por** avide de
avinagrado, -a *adj* aigri(e), revêche ; (*voz*) aigre
avión *nm* avion *m*
avioneta *nf* avion *m* léger
avisar *vt* prévenir ; (*ambulancia, fontanero, médico*) appeler ; **~ (de)** (*advertir*) avertir (de) ; (*informar*) avertir (de), faire part (de) • **aviso** *nm* avis *msg* ; **hasta nuevo ~** jusqu'à nouvel ordre ; **sin previo ~** sans préavis
avispa *nf* guêpe *f*
avispado, -a *adj* éveillé(e)
avispero *nm* guêpier *m*
avituallar *vt* ravitailler
avivar *vt* aviver ; (*paso*) presser ; **avivarse** *vpr* se raviver ; (*discusión*) s'animer
axila *nf* aisselle *f*
axioma *nm* axiome *m*
ay *excl* aïe ! ; (*aflicción*) hélas ! ; **¡ay de mí!** pauvre de moi !
aya *nf* (*institutriz*) gouvernante *f* ; (*niñera*) nurse *f*
ayer *adv, nm* passé *m* ; **antes de ~** avant-hier
ayote (*Méx*: *calabaza*) *nm* courge *f*
ayuda *nf* aide *f* ▸ *nm*: **~ de cámara** valet *m* de chambre
ayudante, -a *nm/f* adjoint(e) ; (*Escol*) assistant(e) ; (*Mil*) adjudant *m*
ayudar *vt* aider ; **~ a algn a hacer algo** aider qn à faire qch
ayunar *vi* jeûner • **ayunas** *nfpl*: **estar en ~** être à jeun • **ayuno** *nm* jeûne *m*
ayuntamiento *nm* (*concejo*) municipalité *f* ; (*edificio*) mairie *f*, hôtel *m* de ville
azabache *nm* jais *msg*
azada *nf* houe *f*
azafata *nf* hôtesse *f* de l'air ; (*de congreso*) hôtesse d'accueil
azafrán *nm* safran *m*
azahar *nm* fleur *f* d'oranger
azar *nm* (*casualidad*) hasard *m* ; **al/por ~** au/par hasard
azoramiento *nm* trouble *m*
azorar *vt* faire honte ; **azorarse** *vpr* se troubler
Azores *nfpl*: **las (Islas) ~** les Açores *fpl*
azotar *vt* fouetter • **azote** *nm* coup *m* de fouet ; (*a niño*) fessée *f* ; (*fig*) fléau *m*

azotea *nf* terrasse *f*; **andar** *o* **estar mal de la ~** travailler du chapeau
azteca *adj* aztèque ▸ *nmf* Aztèque *mf*
azúcar *nm o nf* sucre *m*; **~ glas** sucre glace
azucarado, -a *adj* sucré(e)
azucarero, -a *adj* (*industria*) sucrier(-ière); (*comercio*) du sucre ▸ *nm* sucrier *m*
azucena *nf* lys *m*
azufre *nm* soufre *m*
azul *adj* bleu(e) ▸ *nm* bleu *m*; **~ celeste/marino** bleu ciel/ marine
azulejo *nm* carreau *m* (*au mur*)
azuzar *vt* exciter

b

B.A. *abr* = *Buenos Aires*
baba *nf* bave *f*; **caérsele la ~ a algn** (*fig*) baver d'admiration
babero *nm* bavoir *m*
babor *nm*: **a** *o* **por ~** à bâbord
baboso, -a (AM: *fam*) *adj, nm/f* idiot(e), imbécile *mf*
baca *nf* (*Auto*) galerie *f*
bacalao *nm* morue *f*
bache *nm* nid *m* de poule; (*fig*) crise *f* passagère
bachillerato *nm* (*estudios*) études secondaires réalisées entre 16 et 18 ans; (*título*) diplôme obtenu à l'issue de ces études secondaires
bacteria *nf* bactérie *f*
báculo *nm* (*bastón*) bâton *m*
bádminton *nm* badminton *m*
bagaje *nm* (*de ejército*) barda *m*
Bahamas *nfpl*: **las (Islas) ~** les (îles) Bahamas *fpl*
bahía *nf* baie *f*
bailar *vt* danser; (*peonza, trompo*) faire tourner ▸ *vi* danser; (*peonza, trompo*) tourner • **bailarín, -ina** *nm/f* danseur(-euse) • **baile** *nm*

dansef; (fiesta) bal m; **~ de disfraces** bal masqué; **~ flamenco** flamenco m

baja nf baisse f; (Mil) perte f; (empleado) congédier qn; **darse de ~** (de trabajo) démissionner; (por enfermedad) se faire porter malade; (de club) se retirer; (de suscripción) se désinscrire

bajada nf baisse f; (declive, camino) pente f

bajar vi descendre; (temperatura, precios, calidad) baisser ▸vt baisser; (escalera, maletas) descendre; (Internet) télécharger; **bajarse** vpr descendre; **los coches han bajado de precio** le prix des voitures a baissé; **bajarse algo de Internet** télécharger qch sur Internet

bajeza nf bassesse f

bajío (AM) nm banc m de sable

bajo, -a adj (persona, animal) petit(e); (ojos) baissé(e); (sonido) faible ▸adv bas ▸prep sous; (en edificio) rez-de-chaussée m inv; **hablar en voz baja** parler à voix basse; **~ la lluvia** sous la pluie

bajón nm chute f; (de salud) dégradation f; **dar** o **pegar un ~** (fam: físicamente) en prendre un coup; (anímicamente) avoir un coup de cafard

bakalao (fam) nm techno f

bala nf (proyectil) balle f; **como una ~** comme l'éclair

balance nm (Com) bilan m; **hacer ~ de** faire le point de

balancear vt (suj: viento, olas) balancer; **balancearse** vpr se balancer • **balanceo** nm balancement m

balanza nf balance f; **~ comercial** balance commerciale; **~ de pagos** balance des paiements

balar vi bêler

balaustrada nf balustrade f; (en escalera) rampe f

balazo nm (disparo) coup m de feu; (herida) blessure f par balle

balbucear vi, vt balbutier • **balbuceo** nm balbutiement m

balbucir vi, vt = **balbucear**

balcón nm balcon m

balde nm (esp AM) seau m; **de ~** gratis; **en ~** en vain

baldío, -a adj en friche; (esfuerzo, ruego) vain(e)

baldosa nf carreau m

baldosín nm (de pared) petit carreau m en faïence

Baleares nfpl: **las (Islas) ~** les (îles) Baléares fpl

balido nm bêlement m

baliza nf (Aviat, Náut) balise f

ballena nf baleine f

ballet (pl **ballets**) nm ballet m

balneario, -a adj thermal(e); (AM) balnéaire ▸nm station f thermale/balnéaire

balón nm ballon m

baloncesto nm basket-ball m

balonmano nm hand-ball m

balonvolea nm volley-ball m

balsa nf (Náut) radeau m; (charca) mare f

bálsamo nm baume m

baluarte nm (de muralla) rempart m

bambolearse vpr osciller; (persona) tituber

bambú nm bambou m

banana (AM) *nf* banane *f* • **banano** (AM) *nm* bananier *m*

banca *nf* (AM: *asiento*) banc *m* ; (*Com*) banque *f*, secteur *m* bancaire; **~ por Internet** banque en ligne

bancario, -a *adj* bancaire

bancarrota *nf* faillite *f* ; (*fraudulenta*) banqueroute *f* ; **declararse en ~** déclarer faillite

banco *nm* banc *m* ; (*de carpintero*) établi *m* ; (*Com*) banque *f* ; **~ de alimentos** banque alimentaire ; **~ de arena** banc de sable ; **~ de crédito** établissement *m* de crédit ; **~ de datos** (*Inform*) banque de données

banda *nf* bande *f* ; (*Mús*) fanfare *f* ; (*para el pelo*) ruban *m* ; **fuera de ~** (*Deporte*) en touche ; **~ de sonido** bande sonore ; **~ sonora** (*Cine*) bande-son *m* ; **~ ancha** (*Inform*) haut débit *m*

bandada *nf* (*de pájaros*) volée *f* ; (*de peces*) banc *m*

bandazo *nm*: **dar ~s** (*coche*) faire des embardées

bandeja *nf* plateau *m*

bandera *nf* drapeau *m* ; **izar (la) ~** hisser les couleurs ; **arriar la ~** amener les couleurs ; **jurar ~** prêter serment au drapeau

banderilla *nf* (*Taur*) banderille *f*

banderín *nm* (*para la pared*) fanion *m*

bandido *nm* bandit *m*

bando *nm* arrêté *m* ; (*facción*) faction *f*

bandolera *nf* (*bolso*) cartouchière *f* ; **llevar en ~** porter en bandoulière

bandolero *nm* brigand *m*

banquero *nm* banquier *m*

banqueta *nf* banquette *f* ; (AM) trottoir *m*

banquete *nm* banquet *m* ; **~ de bodas** repas *msg* de noces

banquillo *nm* (*Jur*) banc *m* des accusés

bañador *nm* maillot *m* de bain

bañar *vt* baigner ; **bañarse** *vpr* se baigner ; (*en la bañera*) prendre un bain ; **bañado en** baigné de ; **~ en** *o* **de** (*de pintura*) enduire de ; (*chocolate*) enrober de

bañera *nf* baignoire *f*

bañero *nm* maître-nageur *m*

bañista *nmf* baigneur(-euse)

baño *nm* bain *m* ; (*en río, mar, piscina*) baignade *f* ; (*cuarto*) salle *f* de bains ; (*bañera*) baignoire *f* ; (*capa*) couche *f* ; **~ (de) María** bain-marie *m*

bar *nm* bar *m* ; **ir de ~es** faire la tournée des bars

barahúnda *nf* tapage *m*

baraja *nf* jeu *m* de cartes ; **~ española** voir article ; • **barajar** *vt* battre ; (*fig*) envisager ; (*datos*) brasser

> La **baraja española**, le jeu de cartes traditionnel espagnol, est différente du jeu de cartes français. Les quatre *palos* (couleurs) sont *oros* (pièces d'or), *copas* (coupes), *espadas* (épées) et *bastos* (gourdins). Chaque couleur se compose de neuf cartes numérotées de 1 à 9 (bien que, dans certains jeux, on n'en utilise que sept), et de trois figures : la *sota* (valet), le *caballo* (équivalent de la reine) et le *rey* (roi).

baranda, barandilla *nf* (*en escalera*) rampe *f*; (*en balcón*) balustrade *f*
baratija *nf* babiole *f*
baratillo *nm* (*de muebles, objetos*) brocante *f*; (*de ropa*) friperie *f*
barato, -a *adj* bon marché *inv* ▶ *adv* bon marché
baraúnda *nf* = **barahúnda**
barba *nf* barbe *f*; (*mentón*) menton *m*; **salir algo a tres euros por ~** (*fam*) revenir à trois euros par tête de pipe; **con ~ de tres días** avec une barbe de trois jours
barbacoa *nf* barbecue *m*
barbaridad *nf* atrocité *f*; (*imprudencia, temeridad*) témérité *f*; **come una ~** (*fam*) il mange énormément; **¡qué ~!** (*fam*) quelle horreur!
barbarie *nf* barbarie *f*
bárbaro, -a *adj* barbare; (*fam: estupendo*) génial(e); (*éxito*) monstre ▶ *nm/f* (*pey: salvaje*) barbare *mf* ▶ *adv*: **lo pasamos ~** (*fam*) ça a été génial; **¡qué ~!** c'est formidable!
barbero *nm* barbier *m*, coiffeur *m*
barbilla *nf* menton *m*
barbo *nm* barbeau *m*
barbotar, barbotear *vt, vi* bredouiller
barbudo, -a *adj* barbu(e)
barca *nf* barque *f*; **~ pesquera** barque de pêche • **barcaza** *nf* péniche *f*
Barcelona *n* Barcelone
barcelonés, -esa *adj* barcelonais(e)
barco *nm* bateau *m*; **~ de carga** cargo *m*; **~ de guerra** navire *m* de guerre; **~ de vela** bateau à voiles
baremo *nm* barème *m*
barítono *nm* baryton *m*
barman *nm inv* barman *m*
barniz *nm* vernis *msg*; **~ de uñas** vernis à ongles • **barnizar** *vt* vernir
barómetro *nm* baromètre *m*
barquero, -a *nm/f* barreur(-euse)
barquillo *nm* (*dulce*) cornet *m*
barra *nf* barre *f*; (*de un bar, café*) comptoir *m*; (*de pan*) pain *m* long, baguette *f*; **~ de labios** rouge *m* à lèvres; **~ libre** (*en bar*) boissons *fpl* à volonté
barraca *nf* baraque *f*; (*en feria*) stand *m*
barranco *nm* précipice *m*; (*rambla*) fossé *m*
barrenar *vt* forer
barreno *nm* mine *f*
barrer *vt* balayer; (*niebla, nubes*) dissiper
barrera *nf* barrière *f*; (*obstáculo*) obstacle *m*; **~ del sonido** mur *m* du son
barriada *nf* quartier *m*
barricada *nf* barricade *f*
barrida *nf*, **barrido** *nm* balayage *m*
barriga *nf* ventre *m*; **rascarse** *o* **tocarse la ~** (*fam*) se tourner les pouces; **echar ~** prendre du ventre
barrigón, -ona, barrigudo, -a *adj* bedonnant(e)
barril *nm* baril *m*; **cerveza de ~** bière *f* pression, pression *f*
barrio *nm* quartier *m*; **~ chino** (*de chinos*) quartier chinois; (*de prostitución*) quartier des

prostituées ; **~ de chabolas** bidonville *m*

barro *nm* boue *f*; (*arcilla*) terre *f* (glaise)

barroco, -a *adj* baroque ▶ *nm* baroque *m*

barrote *nm* (*de ventana etc*) barreau *m*

barruntar *vt* (*conjeturar*) deviner ; (*presentir*) pressentir

bartola: **a la ~** *adv*: **tirarse** *o* **tumbarse a la ~** flemmarder

bártulos *nmpl* affaires *fpl*

barullo *nm* tohu-bohu *m inv* ; (*desorden*) pagaille *f*

basar *vt*: **~ algo en** (*fig*) fonder qch sur ; **basarse** *vpr*: **basarse en** se fonder sur

báscula *nf* bascule *f*; **~ biestable** (*Inform*) bascule

base *nf* base *f* ▶ *adj* (*color, salario*) de base ; **a ~ de** (*mediante*) grâce à ; **~ de datos** (*Inform*) base de données ; **~ de operaciones** base d'opérations ; **~ imponible** (*Fin*) assiette *f* de l'impôt

básico, -a *adj* (*elemento, norma, condición*) de base

basílica *nf* basilique *f*

bastante

▶ *adj* **1** (*suficiente*) assez de ; **~ dinero** assez d'argent ; **~s libros** assez de livres
2 (*valor intensivo*): **~ gente** pas mal de gens
▶ *adv* **1** (*suficiente*) assez ; **¿hay ~?** il y en a assez ? ; **(lo) ~ inteligente (como) para hacer algo** assez intelligent(e) pour faire qch
2 (*valor intensivo*) assez ; **~ rico** assez riche ; **voy a tardar ~** je serai assez long

bastar *vi* suffire ; **¡basta!** ça suffit ! ; **me basta con cinco** cinq me suffisent ; **me basta con ir** il me suffit d'y aller ; **basta (ya) de ...** arrêtez de ...

bastardilla *nf* (*Tip*) italique *m*

bastardo, -a *adj, nm/f* bâtard(e)

bastidor *nm* (*de costura*) métier *m* à broder ; **entre ~es** dans les coulisses

basto, -a *adj* rustre ; (*tela*) grossier(-ière) ; **bastos** *nmpl* (*Naipes*) *l'une des quatre couleurs du jeu de cartes espagnol*

bastón *nm* (*cayado*) canne *f* ; (*tb*: **bastón de esquí**) bâton *m* de ski

bastoncillo *nm* (*de algodón*) coton-tige *m*

basura *nf* ordures *fpl* ; (*tb*: **cubo de la basura**) poubelle *f*

basurero, a *nm/f* (*persona*) éboueur(-euse) ▶ *nm* (*lugar*) décharge *f*

bata *nf* robe *f* de chambre ; (*Med, Tec, Escol*) blouse *f*

batalla *nf* bataille *f*; **de ~** de tous les jours ; **~ campal** bataille rangée

batallar *vi* batailler

batallón *nm* bataillon *m*

batata *nf* (*AM*: *Bot, Culin*) patate *f* douce

batería *nf* batterie *f* ▶ *nmf* (*persona*) batteur *m* ; **aparcar/estacionar en ~** se garer/stationner en épi ; **~ de cocina** batterie de cuisine

batido, -a *adj* (*camino*) battu(e) ; (*mar*) agité(e) ▶ *nm* (*de chocolate, frutas*) milk-shake *m*
batidora *nf* mixeur *m*
batir *vt* battre ; (*nata*) fouetter ▶ *vi* : **~ (contra)** battre (contre) ; **~ palmas** battre des mains
batuta *nf* (*Mús*) baguette *f* ; **llevar la ~** mener la danse
baúl *nm* malle *f*
bautismo *nm* (*Rel*) baptême *m*
bautizar *vt* baptiser • **bautizo** *nm* baptême *m*
bayeta *nf* (*para limpiar*) chiffon *m* à poussière
bayoneta *nf* baïonnette *f*
baza *nf* (*Naipes*) pli *m* ; (*fig*) atout *m* ; **meter ~** mettre son grain de sel
bazar *nm* (*comercio*) bazar *m*
bazofia *nf* : **es una ~** c'est infect
beato, -a *adj, nm/f* (*pey*) bigot(e)
bebé *nm* bébé *m*
bebedor, a *nm/f* buveur(-euse)
beber *vt, vi* boire
bebida *nf* boisson *f*
bebido, -a *adj* ivre
beca *nf* bourse *f*
becario, -a *nm/f* boursier(-ière) ; (*en prácticas*) stagiaire *mf*
bedel *nm* (*Escol, Univ*) appariteur *m*
béisbol *nm* base-ball *m*
Belén *n* Bethléem • **belén** *nm* crèche *f*
belga *adj* belge ▶ *nmf* Belge *mf*
Bélgica *nf* Belgique *f*
bélico, -a *adj* (*armamento, preparativos*) de guerre ; (*conflicto*) armé(e) ; (*actitud*) belliqueux(-euse)
beligerante *adj* belligérant(e)
belleza *nf* beauté *f*
bello, -a *adj* beau (belle) ; **Bellas Artes** beaux-arts *mpl*
bellota *nf* gland *m*
bemol *nm* bémol *m*
bencina (*Chi*) *nf* (*gasolina*) essence *f*
bendecir *vt* bénir
bendición *nf* bénédiction *f* ; **ser una ~** être une bénédiction
bendito, -a *pp de* **bendecir** ▶ *adj* bénit(e) ▶ *nm/f* brave homme/ femme ; (*ingenuo*) benêt *m* ; **¡~ sea Dios!** Dieu soit loué !
beneficencia *nf* (*tb*: **beneficencia pública**) assistance *f* publique
beneficiar *vt* profiter à
beneficiario, -a *nm/f* bénéficiaire *mf*
beneficio *nm* (*bien*) bienfait *m* ; (*ganancia*) bénéfice *m* ; **a/en ~ de** au bénéfice de ; **sacar ~ de** tirer profit de
beneficioso, -a *adj* bon(ne) ; (*Econ*) rentable
benéfico, -a *adj* (*organización, festival*) de bienfaisance
benevolencia *nf* bienveillance *f*
benévolo, -a *adj* bienveillant(e)
benigno, -a *adj* bienveillant(e) ; (*clima*) clément(e) ; (*resfriado, Med*) bénin (bénigne)
berberecho *nm* coque *f*
berenjena *nf* aubergine *f*
Berlín *n* Berlin
Bermudas *nfpl* : **las (Islas) ~** les (îles) Bermudes *fpl*
bermudas *nfpl o nmpl* bermuda *msg*
berrear *vi* mugir ; (*niño*) brailler

b

berrido *nm* mugissement *m* ; (*niño*) braillement *m*
berrinche (*fam*) *nm* petite colère *f*; (*disgusto*) contrariété *f*
berro *nm* cresson *m*
berza *nf* chou *m*
besamel *nf* béchamel *f*
besar *vt* embrasser ; **besarse** *vpr* s'embrasser • **beso** *nm* baiser *m*
bestia *nf* bête *f*; (*fig*) brute *f*; **mala ~** peau *f* de vache ; **~ de carga** bête de somme
bestial *adj* (*inhumano*) bestial(e) ; (*fam*: *calor*) terrible ; (*error*) aberrant(e) • **bestialidad** *nf* bestialité *f*; (*fam*) énormité *f*
besugo *nm* daurade *f*; (*fam*) bourrique *f*
betún *nm* cirage *m*
biberón *nm* biberon *m*
Biblia *nf* Bible *f*
bibliografía *nf* bibliographie *f*
biblioteca *nf* bibliothèque *f*; **~ de consulta** bibliothèque de consultation
bibliotecario, -a *nm/f* bibliothécaire *mf*
bicarbonato *nm* bicarbonate *m*
bicho *nm* bestiole *f*; (*personne*) peste *f*
bici (*fam*) *nf* vélo *m*
bicicleta *nf* bicyclette *f*
bidé *nm* bidet *m*
bidón *nm* bidon *m*

bien

▸ *nm* bien *m* ; **te lo digo por tu ~** je te le dis pour ton bien ; **el ~ y el mal** (*moral*) le bien et le mal
▸ **bienes** *nmpl* (*posesiones*) biens *mpl* ; **~es de consumo** biens de consommation ; **~es inmuebles/muebles** biens immeubles/meubles ; **~es raíces** biens-fonds *mpl*
▸ *adv* 1 (*de manera satisfactoria, correcta*) bien ; **trabaja/come ~** il travaille/mange bien ; **huele ~** cela sent bon ; **sabe ~** cela a bon goût ; **contestó ~** il a bien répondu ; **lo pasamos muy ~** nous nous sommes bien amusés ; **hiciste ~ en llamarme** tu as bien fait de m'appeler ; **no me siento ~** je ne me sens pas bien
2 **estar ~**: **estoy muy ~ aquí** je suis très bien ici ; **¿estás ~?** ça va (bien) ? ; **ese libro está muy ~** ce livre est très bien, c'est un très bon livre ; **está ~ que vengan** c'est bien qu'ils viennent ; **¡está ~! lo haré** c'est bon ! je le ferai
3 (*valor intensivo*) bien; **un café ~ caliente** un cafe bien chaud; **¡tienes ~ de regalos!** tu en as des cadeaux !
4 (*de buena gana*): **yo ~ que iría pero ...** moi, j'irais bien, mais ...
5 (*ya*): **~ se ve que ...** on voit bien que ...
6: **no quiso o ~ no pudo venir** il n'a pas voulu venir, ou plutôt il n'a pas pu
▸ *excl* (*aprobación*) bien ! ; **¡muy ~!** très bien !
▸ *adj inv* (*matiz despectivo*): **niño ~** fils *msg* de bonne famille ; **gente ~** gens *mpl* aisés
▸ *conj* 1: **~ ... ~**: **~ en coche ~ en tren** soit en voiture soit en train
3: **no ~** (*esp* AM): **no ~ llegue te llamaré** dès que j'arrive, je t'appelle
4: **si ~** si ; *ver tb* **más**

bienal *adj* biennal(e)
bienestar *nm* bien-être *m*
bienhechor, a *adj, nm/f* bienfaiteur(-trice)
bienvenida *nf* bienvenue *f*; **dar la ~ a algn** souhaiter la bienvenue à qn
bienvenido, -a *adj*: **~ (a)** bienvenu(e) (à) ▶ *excl* bienvenue !
bife (AM) *nm* bifteck *m*
bifurcación *nf* bifurcation *f*
bifurcarse *vpr* bifurquer
bigamia *nf* bigamie *f*
bigote *nm* (*tb*: **bigotes**) moustache *f*
bigotudo, -a *adj* moustachu(e)
bikini *nm* bikini *m*
bilateral *adj* bilatéral(e)
bilbaíno, -a *adj* de Bilbao ▶ *nm/f* natif(-ive) *o* habitant(e) de Bilbao
bilingüe *adj* bilingue
billar *nm* billard *m*; **~ americano** billard américain
billete *nm* billet *m*; (*en autobús, metro*) ticket *m*; **medio ~** billet demi-tarif; **~ de ida** aller *m* simple; **~ de ida y vuelta** aller-retour *m*; **~ electrónico** billet électronique
billetera *nf*, **billetero** *nm* portefeuille *m*
billón *nm* billion *m*
bimensual *adj* bimensuel(le)
bimotor *adj, nm* bimoteur *m*
bingo *nm* bingo *m*
biodegradable *adj* biodégradable
biodiversidad *nf* biodiversité *f*
biografía *nf* biographie *f*
biología *nf* biologie *f*
biológico, -a *adj* biologique; (*cultivo, producto*) bio(logique)
biólogo, -a *nm/f* biologiste *mf*
biombo *nm* paravent *m*
biopsia *nf* biopsie *f*
bioterrorismo *nm* bioterrorisme *m*
biquini *nm* = **bikini**
Birmania *nf* Birmanie *f*
birria *nf*: **ser una ~** être nul(le); (*película*) être un navet; (*libro*) être un torchon
bis *adv* bis; **viven en el 27 ~** ils habitent au 27 bis; **artículo 47 ~** article 47 bis
bisabuelo, -a *nm/f* arrière-grand-père (arrière-grand-mère)
bisagra *nf* charnière *f*
bisiesto, -a *adj* ver **año**
bisnieto, -a *nm/f* arrière-petit-fils (arrière-petite-fille)
bisonte *nm* (*Zool*) bison *m*
bisté, bistec (*pl* **bistecs**) *nm* bifteck *m*
bisturí (*pl* **bisturíes**) *nm* bistouri *m*
bisutería *nf* bijoux *mpl* en toc
bit *nm* (*Inform*) bit *m*
bizco, -a *adj* qui louche ▶ *nm/f* personne *f* qui louche
bizcocho *nm* biscuit *m*, génoise *f*
bizquear *vi* loucher
blanca *nf*: **estar sin ~** être fauché(e)
blanco, -a *adj* blanc (blanche) ▶ *nm/f* (*individuo*) Blanc (Blanche) ▶ *nm* blanc *m*; (*Mil*) cible *f*; **cheque en ~** chèque *m* en blanc; **noche en ~** nuit *f* blanche;

dar en el ~ faire mouche ; **quedarse en ~** (*mentalmente*) avoir un trou ; **ser el ~ de las burlas** être l'objet des railleries ; **~ del ojo** blanc *m* de l'œil

blancura *nf* blancheur *f*

blandir *vt* brandir

blando, -a *adj* mou (molle) ; (*padre, profesor*) indulgent(e) ; (*carne*) tendre • **blandura** *nf* mollesse *f* ; (*de padre, profesor*) indulgence *f*

blanquear *vt* blanchir

blanquecino, -a *adj* blanchâtre ; (*luz*) blafard(e)

blanqueo *nm* blanchiment *m* ; **~ de dinero** blanchiment d'argent

blasfemar *vi*: **~ (contra)** blasphémer (contre) • **blasfemia** *nf* blasphème *m*

blasón *nm* blason *m*

bledo *nm*: **(no) me importa un ~** ça ne me fait ni chaud ni froid

blindado, -a *adj* blindé(e) ; **coche** (*Esp*) *o* **carro** (*AM*) **~** véhicule *m* blindé

blindaje *nm* blindage *m*

bloc (*pl* **blocs**) *nm* bloc-notes *msg* ; (*cuaderno*) bloc *m*

blog (*pl* **blogs**) *nm* blog *m*

bloguero, a *nm/f* bloggeur(-euse)

bloque *nm* bloc *m* ; (*edificio*) immeuble *m* ; (*de noticias*) rubrique *f* ; **en ~** en bloc

bloquear *vt* bloquer ; (*Mil*) faire le blocus de • **bloqueo** *nm* blocage *m* ; (*Mil*) blocus *msg* ; **~ mental** blocage

blusa *nf* blouse *f* ; (*de mujer*) chemisier *m*

boa *nf* boa *m*

boato *nm* faste *m*

bobada *nf* sottise *f* ; **decir ~s** dire des bêtises

bobina *nf* bobine *f*

bobo, -a *adj* (*tonto*) sot (sotte) ▸ *nm/f* sot (sotte) ; **hacer el ~** faire le pitre

boca *nf* bouche *f* ; (*de animal carnívoro, horno*) gueule *f* ; (*de vasija*) bec *m* ; **~ abajo** sur le ventre ; **~ arriba** sur le dos ; **hacerle a algn el ~ a ~** faire du bouche à bouche à qn ; **se me hace la ~ agua** j'en ai l'eau à la bouche ; **quedarse con la ~ abierta** en rester bouche bée ; **~ de dragón** (*Bot*) gueule-de-loup *f* ; **~ de incendios** bouche d'incendie ; **~ de metro** bouche de métro

bocacalle *nf*: **una ~ de la avenida** une rue qui donne sur l'avenue

bocadillo *nm* sandwich *m*

bocado *nm* bouchée *f* ; (*mordisco*) coup *m* de dent

bocajarro: **a ~** *adv* à brûle-pourpoint

bocanada *nf* bouffée *f* ; (*de líquido*) gorgée *f*

bocata (*fam*) *nm* casse-croûte *m inv*

bocatería *nf* sandwicherie *f*

boceto *nm* esquisse *f* ; (*plano*) ébauche *f*

bochorno *nm* (*vergüenza*) honte *f* ; (*calor*): **hace ~** il fait lourd

bochornoso, -a *adj* (*día*) lourd(e) ; (*situación*) orageux(-euse)

bocina *nf* (*Auto*) klaxon *m* ; **tocar la ~** klaxonner

boda *nf* (*tb*: **bodas**) noce *f*, mariage *m* ; (*fiesta*) noce ; **~s de oro** noces *fpl* d'or ; **~s de plata** noces d'argent
bodega *nf* (*de vino*) cave *f* ; (*establecimiento*) marchand *m* de vin ; (*de barco*) cale *f*
bodegón *nm* taverne *f* ; (*Arte*) nature *f* morte
bofe *nm* (*tb*: **bofes**: *de res*) mou *m*
bofetada *nf*, **bofetón** *nm* gifle *f*
boga *nf*: **en ~** en vogue
bogar *vi* ramer
Bogotá *n* Bogota
bohemio, -a *adj*, *nm/f* bohémien(ne)
boicot (*pl* **boicots**) *nm* boycott *m* ; **hacer el ~ a** boycotter
• **boicotear** *vt* boycotter
• **boicoteo** *nm* boycottage *m*
boina *nf* béret *m*
bola *nf* boule *f* ; (*canica*) bille *f* ; (*pelota*) balle *f*, ballon *m* ; (*fam*) bobard *m* ; (AM: *rumor*) rumeur *f* ; **bolas** *nfpl* (AM: *Caza*) bolas *fpl* (*arme de jet utilisée par les gauchos*) ; **~ de billar** boule de billard ; **~ de nieve** boule de neige ; **~ del mundo** globe *m* terrestre
bolchevique *adj* bolchevique ▸ *nmf* bolchevik *mf*
boleadoras (AM) *nfpl* bolas *fpl* (*arme de jet utilisée par les gauchos*)
bolera *nf* bowling *m*
boleta (AM) *nf* (*billete*) laissez-passer *m inv* ; (*permiso*) bon *m* ; (*cédula para votar*) bulletin *m* de vote
boletería (AM) *nf* (*taquilla*) guichet *m*
boletín *nm* bulletin *m* ; **~ informativo** *o* **de noticias** informations *fpl*
boleto *nm* billet *m* ; **~ electrónico** billet électronique
boli (*fam*) *nm* stylo *m*
bolígrafo *nm* stylo bille *m*, stylo *m* à bille
bolívar *nm* bolivar *m*
Bolivia *nf* Bolivie *f* • **boliviano, -a** *adj* bolivien(ne) ▸ *nm/f* Bolivien(ne)
bollería *nf* viennoiserie *f*
bollo *nm* pain *m* au lait ; (*de bizcocho*) brioche *f* ; (*abolladura*) bosse *f*
bolo *nm* quille *f* ▸ *adj* (CAm, CU, Méx) ivre, soûl(e) ; **(juego de) ~s** (jeu *m* de) quilles *fpl*
bolsa *nf* sac *m*, poche *f* ; (*tela*) sacoche *f* ; (AM: *bolsillo*) poche ; **~ de agua caliente** bouillotte *f* ; **~ de la compra** panier *m* de la ménagère ; **~ de papel/plástico** sac en papier/plastique
bolsillo *nm* poche *f* ; **de ~** de poche
bolsista *nmf* (*Fin*) agent *m* de change
bolso *nm* sac *m* ; (*de mujer*) sac à main
bomba *nf* (*Mil*) bombe *f* ; (*Tec*) pompe *f* ▸ *adj* (*fam*): **noticia ~** nouvelle *f* sensationnelle ▸ *adv* (*fam*): **pasarlo ~** s'amuser comme un fou *o* des petits fous ; **~ atómica** bombe atomique ; **~ de agua/de gasolina/de incendios** pompe à eau/à essence/à incendie ; **~ de efecto retardado/de neutrones** bombe à retardement/à neutrons

bombardear *vt* bombarder ; **~ a preguntas** bombarder de questions • **bombardeo** *nm* bombardement *m*

bombardero *nm* bombardier *m*

bombear *vt* (*agua*) pomper ; (*Deporte*) lober

bombero *nm* pompier *m*

bombilla *nf* ampoule *f*

bombín *nm* pompe *f* à vélo

bombo *nm* (*Mús*) grosse caisse *f* ; **dar ~ a** (*a persona*) ne pas tarir d'éloges sur ; (*asunto*) faire du tam-tam autour de

bombón *nm* (*Culin: petit*) chocolat *m*

bombona *nf* bouteille *f*, bonbonne *f*

bonachón, -ona *adj* bon enfant *inv* ▶ *nm/f* bonne pâte *f*

bonanza *nf* (*Náut*) bonace *f*

bondad *nf* bonté *f* ; **tenga la ~ de** veuillez avoir l'amabilité de

bondadoso, -a *adj* bon (bonne)

bonificación *nf* bonification *f*

bonito, -a *adj* joli(e) ▶ *nm* (*atún*) thon *m*

bono *nm* bon *m*

bonobús *nm* (*Esp*) *carte de transport (en autobus urbain)*

boquerón *nm* anchois *msg* (*frais*)

boquete *nm* brèche *f*

boquiabierto, -a *adj*: **quedarse ~** en rester bouche bée ; **nos dejó ~s** nous sommes restés bouche bée

boquilla *nf* (*para cigarro*) fume-cigarette *m* ; (*Mús*) bec *m*

borbotón *nm*: **salir a borbotones** jaillir à gros bouillons

borda *nf* (*Náut*) bord *m*

bordado *nm* broderie *f*

bordar *vt* broder

borde *nm* bord *m* ; **al ~ de** (*fig*) au bord de ; **ser ~** (*Esp: fam*) être désagréable • **bordear** *vt* longer

bordillo *nm* (*en acera*) bord *m* ; (*en carretera*) accotement *m*

borla *nf* gland *m* ; (*para polvos*) houppette *f*

borracho, -a *adj* (*persona*) soûl(e), saoul(e) ; (*: por costumbre*) ivrogne ▶ *nm/f* (*habitualmente*) ivrogne *mf* ; **bizcocho ~** baba *m* au rhum

borrador *nm* (*de escrito, carta*) brouillon *m* ; (*goma*) gomme *f*

borrar *vt* gommer ; (*de lista*) barrer ; **borrarse** *vpr* (*de club, asociación*) quitter

borrasca *nf* tempête *f*

borrico, -a *nm/f* âne (ânesse) ; (*fig*) bourrique *f*

borrón *nm* tache *f* d'encre

borroso, -a *adj* flou(e) ; (*escritura*) indécis(e)

bosque *nm* bois *msg*, forêt *f*

bosquejo *nm* ébauche *f*, esquisse *f*

bostezar *vi* bâiller • **bostezo** *nm* bâillement *m*

bota *nf* botte *f* ; (*de vino*) gourde *f* ; **~s de agua** *o* **goma** bottes *fpl* en caoutchouc

botánica *nf* botanique *f*

botánico, -a *adj* botanique ▶ *nm/f* botaniste *mf*

botar *vt* (*balón*) faire rebondir ; (*Náut*) lancer, mettre à la mer ; (*fam*) mettre à la porte ; (*esp* AM: *fam*) jeter, balancer ▶ *vi* (*persona*) bondir ; (*balón*) rebondir

bote *nm* bond *m* ; (*tarro*) pot *m* ; (*lata*) boîte *f* de conserve ;

b

(*embarcación*) canot *m* ; **de ~ en ~** plein(e) à craquer ; **dar un ~** laisser un pourboire ; **~ de la basura** (AM) poubelle *f* ; **~ salvavidas** canot de sauvetage

botella *nf* bouteille *f* ; **~ de oxígeno** bouteille d'oxygène

botellín *nm* petite bouteille *f*

botellón (*Esp fam*) *nm* *rassemblement de jeunes s'adonnant à de longues beuveries collectives dans les lieux publics*

botica *nf* pharmacie *f*

boticario, -a *nm/f* pharmacien(ne)

botijo *nm* cruche *f*

botín *nm* (*calzado*) bottine *f* ; (*Mil, de atraco, robo*) butin *m*

botiquín *nm* armoire *f* à pharmacie ; (*portátil*) trousse *f* à pharmacie ; (*enfermería*) infirmerie *f*

botón *nm* bouton *m* ; **~ de arranque** (*Auto*) démarreur *m* ; **~ de oro** bouton *m* d'or

botones *nm inv* groom *m*

bóveda *nf* (*Arq*) voûte *f* ; **~ celeste** voûte céleste

boxeador, a *nm/f* boxeur(-euse)

boxear *vi* boxer

boxeo *nm* boxe *f*

boya *nf* (*Náut*) bouée *f* ; (*en red*) flotteur *m*

boyante *adj* (*negocio*) prospère

bozal *nm* (*de perro*) muselière *f*

bracear *vi* agiter les bras ; (*nadar*) nager la brasse

bracero, -a *nm/f* journalier(-ière)

braga *nf* (*tb*: **bragas**) culotte *f*

bragueta *nf* braguette *f*

braille *nm* braille *m*

bramar *vi* (*toro, viento, mar*) mugir ; (*venado*) bramer ; (*elefante*) barrir • **bramido** *nm* (*de toro, viento, mar*) mugissement *m* ; (*del venado*) bramement *m* ; (*del elefante*) barrissement *m* ; (*de persona*) hurlement *m*

brasa *nf* braise *f* ; **a la ~** (*carne, pescado*) cuit(e) sur la braise

brasero *nm* (*para los pies*) brasero *m*

Brasil *nm* Brésil *m* • **brasileño, -a** *adj* brésilien(ne) ▶ *nm/f* Brésilien(ne)

braveza *nf* férocité *f* ; (*valor*) bravoure *f*

bravío, -a *adj* féroce

bravo, -a *adj* (*soldado*) vaillant(e) ; (*animal: feroz*) féroce ; (: *salvaje*) sauvage ; (*toro*) de combat ; (*mar*) déchaîné(e) ; (*terreno*) accidenté(e) ; (AM: *fam*) en colère ▶ *excl* bravo ! • **bravura** *nf* (*de persona*) bravoure *f* ; (*de animal*) férocité *f*

braza *nf*: **nadar a (la) ~** nager la brasse

brazada *nf* brasse *f* ; (*de hierba, leña*) brassée *f*

brazalete *nm* bracelet *m* ; (*banda*) brassard *m*

brazo *nm* bras *msg* ; **ir del ~** marcher bras dessus, bras dessous ; **tener/llevar en ~s a algn** tenir/prendre qn dans ses bras

brea *nf* brai *m*

brebaje *nm* breuvage *m*

brecha *nf* brèche *f* ; (*en la cabeza*) blessure *f* ; **hacer** *o* **abrir ~ en** percer sur

breva *nf* figue *f* (d'été)

breve *adj (pausa, encuentro, discurso)* bref (brève) ; **en ~** d'ici peu ; *(en pocas palabras)* en bref • **brevedad** *nf* brièveté *f*
brezal, **brezo** *nm* bruyère *f*
bribón, -ona *nm/f* fripouille *f* ; *(pillo)* coquin(e)
bricolaje *nm* bricolage *m*
brida *nf* bride *f* ; **a toda ~** à bride abattue
bridge *nm (Naipes)* bridge *m*
brigada *nf* brigade *f* ▸ *nm (Mil)* brigadier *m*
brillante *adj* brillant(e) ▸ *nm (joya)* brillant *m*
brillar *vi* briller
brillo *nm* éclat *m* ; **dar** *o* **sacar ~ a** faire reluire
brincar *vi (persona, animal)* bondir
brinco *nm (salto)* bond *m* ; **dar** *o* **pegar un ~** faire un bond
brindar *vi* : **~ a** *o* **por** porter un toast à ▸ *vt (oportunidad, amistad)* offrir ; **brindarse** *vpr* : **brindarse a hacer algo** s'offrir pour faire qch
brindis *nm inv (al beber, frase)* toast *m* ; *(Taur)* hommage *m*
brío *nm (tb* : **bríos**) énergie *f*, brio *m* ; **con ~** avec brio
brisa *nf* brise *f*
británico, -a *adj* britannique ▸ *nm/f* Britannique *mf*
brizna *nf* brin *m* ; *(paja)* fétu *m*
broca *nf (Tec)* foret *m*
brocal *nm* margelle *f*
brocha *nf (de pintar)* brosse *f* ; *(de afeitar)* blaireau *m*
broche *nm (en vestido)* agrafe *f* ; *(joya)* broche *f*
broma *nf* plaisanterie *f*, blague *f* ; **de** *o* **en ~** pour rire ; **gastar una ~ a algn** faire une blague à qn ; **~ pesada** plaisanterie *f* de mauvais goût • **bromear** *vi* plaisanter
bromista *adj, nmf* farceur(-euse), blagueur(-euse)
bronca *nf* dispute *f* ; **buscar ~** chercher querelle
bronce *nm* bronze *m*
bronceado, -a *adj* bronzé(e) ▸ *nm* bronzage *m*
bronceador, a *adj* solaire ▸ *nm* crème *f* bronzante
broncearse *vpr* se faire bronzer
bronco, -a *adj (modales)* bourru(e) ; *(voz)* rauque
bronquio *nm* bronche *f*
bronquitis *nf inv* bronchite *f*
brotar *vi (Bot)* pousser ; *(aguas, lágrimas)* jaillir
brote *nm (Bot)* pousse *f* ; *(Med)* épidémie *f* ; *(de insurrección, huelga)* vague *f*
bruces : **de ~** *adv* sur le ventre, à plat ventre ; **darse de ~ con algn** tomber nez à nez avec qn
brujería *nf* sorcellerie *f*
brujo, -a *nm/f* sorcier(-ière) ▸ *nf (pey)* sorcière *f*
brújula *nf* boussole *f*
bruma *nf* brume *f*
brumoso, -a *adj* brumeux(-euse)
bruñir *vt* polir
brusco, -a *adj* brusque
Bruselas *n* Bruxelles
brutal *adj* brutal(e) ; *(fam : tremendo)* énorme ; *(: muy bueno)* génial(e)
brutalidad *nf* brutalité *f*
bruto, -a *adj (persona)* brutal(e) ; *(estúpido)* idiot(e) ; *(metal, piedra,*

peso) brut(e) ▶ *nm* brute *f*; **en ~** brut(e)

Bs.As. *abr* = *Buenos Aires*

bucal *adj* buccal(e); **por vía ~** par voie orale

bucear *vi* plonger; **~ en** *(documentos, pasado)* fouiller dans • **buceo** *nm* plongeon *m*; *(de buzo)* plongée *f*

bucle *nm* boucle *f*

buen *adj ver* **bueno**

buenamente *adv* tout bonnement; *(de buena gana)* volontiers

buenaventura *nf* chance *f*; *(adivinación)* bonne aventure *f*

bueno, -a

(antes de nmsg **buen***)*
▶ *adj* 1 *(excelente etc)* bon(ne); **es un libro ~** *o* **es un buen libro** c'est un bon livre; **tiene buena voz** il/elle a une belle voix; **hace ~/buen tiempo** il fait beau/beau temps; **ya está ~** *(de salud)* il va bien maintenant
2 *(bondadoso)*: **es buena persona** c'est quelqu'un de bien; **el ~ de Paco** ce brave Paco; **fue muy ~ conmigo** il a été très gentil avec moi
3 *(apropiado)*: **ser ~ para** être bien pour; **creo que vamos por buen camino** je crois que nous sommes sur la bonne voie
4 *(grande)*: **un buen trozo** un bon bout; **le di un buen rapapolvo** je lui ai passé un savon
5 *(irónico)*: **¡buen conductor estás hecho!** comme tu conduis bien!; **¡estaría ~ que ...!** il ne manquerait plus que ...!
6 *(sabroso)*: **está ~ este bizcocho** ce gâteau est très bon
7 *(fam: atractivo)*: **Carmen está muy buena** Carmen est vachement mignonne
8 *(saludos)*: **¡~s días!** bonjour!; **¡buenas tardes!** bonjour!; *(más tarde)* bonsoir!; **¡buenas noches!** bonsoir!; *(al acostarse)* bonne nuit!; **¡buenas!** salut!
9 *(otras locuciones)*: **un buen día** un beau jour; **estar de buenas** être de bonne humeur; **por las buenas o por las malas** de gré ou de force; **de buenas a primeras** tout d'un coup
▶ *excl*: **¡~!** bon!; **~, ¿y qué?** bon, et alors?

Buenos Aires *n* Buenos Aires

buey *nm* bœuf *m*

búfalo *nm* buffle *m*

bufanda *nf* écharpe *f*

bufar *vi* *(caballo)* souffler; *(gato)* cracher

bufete *nm* étude *f*, cabinet *m*

buffer *nm* *(Inform)* mémoire *f* tampon

buhardilla *nf* mansarde *f*

búho *nm* hibou *m*

buhonero *nm* colporteur *m*

buitre *nm* vautour *m*

bujía *nf* *(vela, Elec, Auto)* bougie *f*

bula *nf* bulle *f*

bulbo *nm* *(Bot)* bulbe *m*

bulevar *nm* boulevard *m*

Bulgaria *nf* Bulgarie *f* • **búlgaro, -a** *adj* bulgare ▶ *nm/f* Bulgare *mf*

bulla *nf* raffut *m*; *(follón)* pagaille *f*

bullicio *nm* brouhaha *m* ; (*movimiento*) bousculade *f*
bullir *vi* (*líquido*) bouillonner ; **~ (de)** (*gente, insectos*) grouiller (de) ; (*actividad*) déborder (de)
bulto *nm* paquet *m* ; (*en superficie, Med*) grosseur *f* ; (*silueta*) masse *f* ; **hacer ~** prendre de la place
buñuelo *nm* beignet *m*
buque *nm* navire *m* ; **~ de guerra** navire de guerre
burbuja *nf* bulle *f* • **burbujear** *vi* pétiller
burdel *nm* bordel *m*
burdo, -a *adj* grossier(-ière)
burgués, -esa *adj* bourgeois(e) ▸ *nm/f* bourgeois(e) • **burguesía** *nf* bourgeoisie *f*
burla *nf* moquerie *f* ; (*broma*) blague *f* ; **hacer ~ de algn/de algo** se moquer de qn/de qch ; **hacer ~ a algn** faire la nique à qn
burladero *nm* (*Taur*) palissade *f*
burlar *vt* (*persona*) tromper ; (*vigilancia*) déjouer ; **burlarse** *vpr*: **burlarse (de)** se moquer (de)
burlón, -ona *adj* moqueur(-euse)
burocracia *nf* bureaucratie *f*
burócrata *nmf* bureaucrate *mf*
burrada (*fam*) *nf*: **decir/hacer/soltar ~s** dire/faire/lâcher des âneries ; **una ~** (*mucho*) une flopée
burro, -a *nm/f* âne (ânesse) ; (*fig: ignorante*) âne *m* ; (*: bruto*) abruti(e) ▸ *adj* crétin(e) ; **~ de carga** (*fig*) bourreau *m* de travail
bursátil *adj* boursier(-ière)
bus *nm* bus *msg*
busca *nf*: **en ~ de** à la recherche de ▸ *nm* (*Telec*) bip-(bip) *m*
buscar *vt* chercher ▸ *vi* chercher ; **se busca secretaria** on demande une secrétaire
busque *etc vb ver* **buscar**
búsqueda *nf* recherche *f*
busto *nm* (*Anat, Arte*) buste *m*
butaca *nf* fauteuil *m* ; **~ de patio** fauteuil d'orchestre
butano *nm* butane *m* ; **bombona de ~** bouteille *f* de butane
buzo *nmf* (*persona*) plongeur(-euse)
buzón *nm* boîte *f* aux lettres

C

C. *abr* (= *centígrado*) C (= *Celsius*)
c. *abr* (= *capítulo*) chap. (= *chapitre*)
C/ *abr* = *calle*
c.a. *abr* = *corriente alterna*
cabal *adj* (*honrado*) bien
cábala *nf* cabale *f*; **cábalas** *nfpl* (*suposiciones*): **hacer ~s** faire des suppositions
cabalgar *vt* monter ▶ *vi* chevaucher
cabalgata *nf* défilé *m*; **la ~ de los Reyes Magos** le défilé des Rois mages
caballa *nf* maquereau *m*
caballeresco, -a *adj* chevaleresque
caballería *nf* monture *f*; (*Mil*) cavalerie *f*
caballeriza *nf* écurie *f*
caballero *nm* gentleman *m*; (*de la orden de caballería*) chevalier *m*; (*en trato directo*) monsieur *m*; **de ~** d'homme, pour homme
caballerosidad *nf* galanterie *f*
caballete *nm* (*de pintor*) chevalet *m*; (*de pizarra*) support *m*; (*de mesa*) tréteau *m*
caballito *nm*: **caballitos** *nmpl* chevaux *mpl* de bois
caballo *nm* cheval *m*; (*Ajedrez, Naipes*) cavalier *m*; **a ~** à cheval; **~ de carreras** cheval de course; **~ de vapor** cheval-vapeur *m*
cabaña *nf* cabane *f*
cabaré, cabaret (*pl* **cabarets**) *nm* cabaret *m*
cabecear *vi* (*caballo*) encenser; (*dormitar*) piquer du nez
cabecera *nf* (*de mesa, tribunal*) bout *m*; (*de cama*) tête *f*; (*en libro*) frontispice *m*; (*periódico*) manchette *f*, gros titre *m*; **médico de ~** médecin *m* traitant
cabecilla *nm* chef *m* de file, meneur(-euse)
cabellera *nf* chevelure *f*
cabello *nm* cheveu *m*; **~ de ángel** *garniture sucrée à la citrouille*
caber *vi* tenir, rentrer; **caben tres más** on peut encore en mettre trois; **no cabe duda** cela ne fait pas de doute
cabestrillo *nm*: **en ~** en écharpe
cabeza *nf* tête *f*; **~ abajo/arriba** la tête en bas/en haut; **a la ~ de** (*de pelotón*) en tête de; (*de empresa*) à la tête de; **tirarse de ~** plonger; **tocamos a tres por ~** ça fait trois par tête; **se me va la ~** je perds la tête; **~ atómica/nuclear** tête atomique/ogive *f* nucléaire; **~ de ajo** tête d'ail; **~ de familia** chef *m* de famille; **~ de ganado** tête de bétail; **~ de partido** chef-lieu *m* d'arrondissement • **cabezada** *nf* coup *m* de tête; **dar ~s** piquer du nez; **echar una ~** faire un somme

cabezón, -ona *adj* qui a une grosse tête ; (*vino*) capiteux(-euse) ; (*terco*) entêté(e)
cabida *nf* capacité *f* ; (*depósito*) contenance *f*
cabildo *nm* (*Pol*) conseil *m* municipal
cabina *nf* cabine *f* ; **~ de mandos** cabine de pilotage ; **~ telefónica** cabine téléphonique
cabizbajo, -a *adj* la tête basse *inv*
cable *nm* câble *m* ; (*de electrodoméstico*) fil *m*
cabo *nm* bout *m* ; (*Mil*) caporal *m* ; (*de policía*) brigadier *m* ; (*Geo*) cap *m* ; **al ~ de tres días** au bout de trois jours ; **al fin y al ~** en fin de compte ; **llevar a ~** mener à bien
cabra *nf* chèvre *f* ; **~ montés** chèvre sauvage
cabré *etc vb ver* **caber**
cabrear (*fam*) *vt* énerver ; **cabrearse** (*fam*) ▶ *vpr* s'emporter
cabrío, -a *adj*: **macho ~** bouc *m* ; **ganado ~** chèvres *fpl*
cabriola *nf* cabriole *f*
cabritilla *nf*: **de ~** en chevreau
cabrito *nm* chevreau *m*
cabrón (*fam!*) *nm* salaud *m* (*fam!*)
caca (*fam*) *nf* caca *m*
cacahuete (*Esp*) *nm* cacahuète *f*, cacahouète *f*
cacao *nm* cacao *m* ; (*bebida*) chocolat *m* ; (*Bot*) cacaoyer *m* ; (*tb*: **manteca de cacao**) beurre *m* de cacao
cacarear *vt* s'enorgueillir de ▶ *vi* caqueter
cacería *nf* partie *f* de chasse
cacerola *nf* casserole *f*, marmite *f*
cachalote *nm* cachalot *m*
cacharro *nm* ustensile *m* ; (*trasto*) machin *m*, truc *m*
cachear *vt* fouiller
cachemir *nm*, **cachemira** *nf* cachemire *m* ; **de ~** en cachemire
cachete *nm* claque *f*
cachiporra *nf* massue *f*
cachivache *nm* truc *m*, machin *m*
cacho *nm* morceau *m* ; (AM) corne *f*
cachondeo (*fam*) *nm* rigolade *f*
cachondo, -a (*fam*) *adj* marrant(e), rigolo(te)
cachorro, -a *nm/f* chiot *m* ; (*de león*) lionceau *m* ; (*de lobo*) louveteau *m*
cacique *nm* (*Pol*) personnage *m* influent • **caciquismo** *nm* caciquisme *m*
caco *nm* filou *m*
cacto *nm*, **cactus** *nm inv* cactus *m inv*
cada *adj inv* chaque ; (*antes de número*) tous les ; **~ día** tous les jours ; **~ dos días** tous les deux jours ; **~ cual/uno** chacun ; **~ vez más/menos** de plus en plus/de moins en moins ; **~ vez que** chaque fois que
cadalso *nm* échafaud *m*
cadáver *nm* cadavre *m*
cadena *nf* chaîne *f* ; **cadenas** *nfpl* (*Auto*) chaînes *fpl* ; **~ de montaje** chaîne de montage ; **~ montañosa** chaîne de montagnes ; **~ perpetua** (*Jur*) emprisonnement *m* à perpétuité
cadera *nf* hanche *f*
cadete *nm* cadet *m*
caducar *vi* (*documento, tarjeta*) expirer ; (*alimento, medicamento*) être périmé(e)

caduco, -a *adj* dépassé(e) ; **de hoja caduca** à feuilles caduques
caer *vi* tomber ; **caerse** *vpr* tomber ; **dejar ~** laisser tomber ; **¡no caigo!** je ne vois pas ; **¡ya caigo!** j'y suis ! ; **me cae bien/ mal** (*persona*) je le trouve sympathique/antipathique ; **su cumpleaños cae en viernes** son anniversaire tombe un vendredi ; **se me cayó el libro** j'ai fait tomber le livre
café *nm* café *m* ; **~ con leche** café crème, café au lait ; **~ solo** *o* **negro** café (noir)
cafetera *nf* cafetière *f*
cafetería *nf* cafétéria *f*
cagar (*fam!*) *vi* chier (*fam!*) ; **cagarse** *vpr* se dégonfler
caída *nf* chute *f* ; (*declive*) pente *f* ; (*de tela*) tombée *f*
caído, -a *adj* tombant(e)
caiga *etc vb ver* **caer**
caimán *nm* caïman *m*
caja *nf* boîte *f*, caisse *f* ; **~ de ahorros** caisse d'épargne ; **~ de cambios** boîte de vitesses ; **~ de caudales** coffre *m* fort ; **~ de fusibles** boîte à fusibles ; **~ fuerte** coffre fort
cajero, -a *nm/f* caissier(-ière) ▸ *nm* : **~ automático** distributeur *m* automatique
cajetilla *nf* paquet *m*
cajón *nm* caisse *f* ; (*de mueble*) tiroir *m*
cal *nf* chaux *f sg* ; **~ viva** chaux vive
cala *nf* crique *f*
calabacín *nm*, (AM) **calabacita** *nf* courgette *f*
calabaza *nf* courge *f*, citrouille *f*
calabozo *nm* cachot *m*
calada *nf* bouffée *f*
calado, -a *adj* ajouré(e) ; (*de barco*) tirant *m* d'eau ; (*de las aguas*) profondeur *f* ; **estoy ~ (hasta los huesos)** je suis trempé (jusqu'aux os)
calamar *nm* calmar *m*, calamar *m*
calambre *nm* crampe *f* ; **dar ~** envoyer une décharge
calamidad *nf* calamité *f*
calar *vt* transpercer ; (*Auto*) caler ; **calarse** *vpr* (*motor*) caler ; (*mojarse*) se tremper ; (*gafas*) chausser ; (*sombrero*) enfoncer
calavera *nf* tête *f* de mort
calcar *vt* décalquer
calcetín *nm* chaussette *f*
calcinar *vt* calciner
calcio *nm* calcium *m*
calcomanía *nf* décalcomanie *f*
calculador, a *adj* calculateur(-trice)
calculadora *nf* calculatrice *f*
calcular *vt* calculer ; **calculo que ...** je pense que ... • **cálculo** *nm* calcul *m* ; **según mis ~s** d'après mes calculs
caldear *vt* chauffer ; (*ánimos*) échauffer
caldera *nf* chaudière *f*
calderilla *nf* ferraille *f*, petite monnaie *f*
caldero *nm* chaudron *m*
caldo *nm* bouillon *m* ; (*vino*) cru *m*
calefacción *nf* chauffage *m* ; **~ central** chauffage central
calendario *nm* calendrier *m*
calentador *nm*
calentamiento *nm* échauffement *m* ; **~ global** réchauffement *m* climatique

calentar *vt* faire chauffer ; (*habitación*) chauffer ; (*motor*) faire tourner ; (*pegar*) flanquer une calotte à ▸ *vi* chauffer ; **calentarse** *vpr* se chauffer, se réchauffer ; (*motor*) chauffer ; (*discusión, ánimos*) s'échauffer
calentura *nf* fièvre *f* ; (*de boca*) bouton *m* de fièvre
calibrar *vt* (*consecuencias*) évaluer ; (*importancia*) jauger • **calibre** *nm* calibre *m* ; (*fig*) calibre, envergure *f*
calidad *nf* qualité *f* ; **de ~** de qualité ; **en ~ de** en qualité de
cálido, -a *adj* chaud(e) ; (*palabras, aplausos*) chaleureux(-euse)
caliente *vb ver* **calentar** ▸ *adj* chaud(e) ; **estar/ponerse ~** (*fam*) être excité(e)/s'exciter
calificación *nf* qualification *f* ; (*en examen*) note *f*
calificar *vt* noter ; **~ como/de** traiter de
calima, calina *nf* (*neblina*) brume *f* de chaleur ; (*calor*) chaleur *f* caniculaire
cáliz *nm* calice *m*
caliza *nf* pierre *f* à chaux
callado, -a *adj*: **estar ~** être silencieux(-euse) ; **ser ~** être peu bavard(e)
callar *vt* taire ; (*persona, oposición*) faire taire ▸ *vi* se taire ; **callarse** *vpr* se taire ; **¡cállate!** tais-toi !
calle *nf* rue *f* ; (*Deporte*) couloir *m* ; **la ~** (*en conjunto*) la rue ; **~ peatonal** rue piétonne • **calleja** *nf* = **callejuela** • **callejear** *vi* flâner dans les rues • **callejero, -a** *adj* ambulant(e) ; (*verbena*) en plein air ; (*riña*) de rue ▸ *nm* plan *m* • **callejón** *nm* ruelle *f*, passage *m* ; (*en plaza de toros*) couloir *m* ; **~ sin salida** impasse *f*, voie *f* sans issue ; (*fig*) impasse • **callejuela** *nf* ruelle *f*, venelle *f*
callista *nmf* pédicure *mf*
callo *nm* (*en pies*) cor *m* ; (*en manos*) durillon *m* ; **callos** *nmpl* (*Culin*) tripes *fpl*
calma *nf* calme *m* ; **hacer algo con ~** faire qch calmement
calmante *nm* calmant *m*, tranquillisant *m*
calmar *vt* calmer ▸ *vi* (*tempestad, viento*) se calmer ; **calmarse** *vpr* se calmer
calor *nm* chaleur *f* ; **entrar en ~** se réchauffer ; **tener ~** avoir chaud
caloría *nf* calorie *f*
calumnia *nf* calomnie *f*
caluroso, -a *adj* chaud(e)
calvario *nm* calvaire *m*
calvicie *nf* calvitie *f*
calvo, -a *adj, nm/f* chauve *mf*
calzada *nf* chaussée *f*
calzado, -a *adj* chaussé(e) ▸ *nm* chaussure *f*
calzador *nm* chausse-pied *m*
calzar *vt* chausser ; (*Tec*) caler ; **calzarse** *vpr*: **calzarse los zapatos** se chausser ; **¿qué (número) calza?** quelle est votre pointure ?
calzón *nm* (AM: *de hombre*) slip *m* ; (: *de mujer*) culotte *f*
calzoncillos *nmpl* slip *msg*
cama *nf* lit *m* ; **~ individual/de matrimonio** lit simple/double
camafeo *nm* camée *m*
camaleón *nm* caméléon *m*

cámara *nf* chambre *f*; (*Cine, TV*) caméra *f*; (*fotográfica*) appareil *m* photo ▸ *nmf* (*Cine, TV*) caméraman *m*; **música de ~** musique *f* de chambre; **~ de aire** chambre à air; **~ de comercio** chambre de commerce; **~ de gas** chambre à gaz; **~ frigorífica** chambre froide; **~ de vídeo** caméscope *m*

camarada *nmf* camarade *mf*; (*de trabajo*) collègue *mf*

camarera *nf* (*en hotel*) femme *f* de chambre; (*AM*) hôtesse *f* de l'air; *ver tb* **camarero**

camarero, -a *nm/f* (*en restaurante*) serveur(-euse); (*en bar*) garçon *m* de café (serveuse); **¡camarera, por favor!** mademoiselle, s'il vous plaît!

camarilla *nf* clique *f*; (*Pol*) groupe *m* de pression, lobby *m*

camarón *nm* crevette *f* grise

camarote *nm* cabine *f*

cambiante *adj* variable; (*humor*) changeant(e)

cambiar *vt, vi* changer; (*fig*) échanger; **cambiarse** *vpr* (*de casa*) changer; (*de ropa*) se changer; **~ algo por algo** changer qch pour *o* contre qch; **~ de coche/de idea/de trabajo** changer de voiture/d'idée/de travail; **~(se) de sitio** changer de place

cambio *nm* changement *m*; (*de dinero, impresiones*) échange *m*; (*Com: tipo de cambio*) change *m*; (*dinero menudo*) monnaie *f*; **a ~ de** en échange de; **en ~** (*por otro lado*) en revanche, par contre; (*en lugar de eso*) à la place; **~ climático** changement climatique; **~ de divisas** change de devises; **~ de línea/de página** (*Inform*) changement de ligne/de page; **~ de marchas** *o* **de velocidades** changement de vitesses

camelar (*fam*) *vt* baratiner

camello *nm* chameau *m*; (*fam*) dealer *m*

camerino *nm* loge *f*

camilla *nf* civière *f*, brancard *m*; (*mesa*) guéridon *m*

caminante *nmf* marcheur(-euse)

caminar *vi* marcher ▸ *vt* faire à pied

caminata *nf* trotte *f*

camino *nm* chemin *m*; **a medio ~** à mi-chemin; **en el ~** en chemin, chemin faisant; **~ de** vers; **ir por buen/mal ~** (*fig*) être sur la bonne/mauvaise voie; **~ particular** voie *f* privée

Le **Camino de Santiago** (chemin de saint Jacques) est un pèlerinage célèbre depuis le Moyen-Âge. Il a pour point de départ les Pyrénées et se termine à Saint-Jacques-de-Compostelle, au nord-ouest de l'Espagne, où serait enterré l'apôtre saint Jacques. De nos jours, ce pèlerinage continue d'attirer un grand nombre de croyants et de touristes.

camión *nm* camion *m*, poids *msg* lourd; **estar como un ~** (*fam: mujer*) être bien roulée; **~ cisterna** camion-citerne *m*; **~ de la basura** camion des éboueurs; **~ de mudanzas** camion de déménagement

camionero *nm* camionneur *m*, routier *m*

camioneta *nf* camionnette *f*

camisa *nf* chemise *f* ; **~ de fuerza** camisole *f* de force
camiseta *nf* tee-shirt *m* ; (*ropa interior*) maillot *m* de corps ; (*de deportista*) maillot
camisón *nm* chemise *f* de nuit
camorra *nf*: **armar ~** faire un scandale ; **buscar ~** chercher querelle
campamento *nm* colonie *f* de vacances ; (*Mil*) camp *m*
campana *nf* cloche *f* ; (*CSur*) campagne *f* ; **~ de cristal** cloche de verre • **campanario** *nm* clocher *m*
campanilla *nf* clochette *f* ; (*Bot*) campanule *f*
campaña *nf* campagne *f* ; **~ electoral/publicitaria** campagne électorale/publicitaire
campechano, -a *adj* sans façon ; **es muy ~** il est très nature
campeón, -ona *nm/f* champion(ne) • **campeonato** *nm* championnat *m*
campesino, -a *adj* champêtre ; (*gente*) de la campagne ▶ *nm/f* paysan(ne)
campestre *adj* champêtre
camping (*pl* **campings**) *nm* camping *m* ; **ir de** *o* **hacer ~** aller en camping, faire du camping
campo *nm* campagne *f* ; (*Agr, Elec, Fís*) champ *m* ; (*Inform*) champ, zone *f* ; (*Mil, de fútbol, rugby*) terrain *m* ; **a ~ traviesa** *o* **través** à travers champs ; **~ de batalla** champ de bataille ; **~ de concentración** camp *m* de concentration ; **~ de deportes/de golf** terrain de sports/de golf ; **~ visual** champ visuel
camposanto *nm* cimetière *m*
camuflaje *nm* camouflage *m*
cana *nf* cheveu *m* blanc ; *ver tb* **cano**
Canadá *nm* Canada *m* • **canadiense** *adj* canadien(ne) ▶ *nmf* Canadien(ne)
canal *nm* canal *m* ; (*de televisión*) chaîne *f* ; (*de tejado*) chéneau *m*, gouttière *f* ; **C~ de Panamá** canal de Panama • **canalizar** *vt* canaliser
canalla *nm* canaille *f*
canalón *nm* tuyau *m* de descente ; (*del tejado*) chéneau *m* ; **canalones** *nmpl* (*Culin*) cannelloni *mpl*
canapé *nm* canapé *m*
Canarias *nfpl*: **las (Islas) ~** les (îles) Canaries *fpl*
canario, -a *adj* des (îles) Canaries ▶ *nm/f* natif(-ive) *o* habitant(e) des (îles) Canaries ▶ *nm* (*Zool*) canari *m*, serin *m* ; **amarillo ~** jaune canari *inv*, jaune serin *inv*
canasta *nf* corbeille *f* ; (*en baloncesto*) panier *m* ; (*Naipes*) canasta *f* • **canastilla** *nf* trousse *f* à couture ; (*de niño*) layette *f*
canasto *nm* corbeille *f*
cancela *nf* grille *f*
cancelación *nf* (*ver vt*) annulation *f* ; résiliation *f* ; suppression *f* ; acquittement *m*
cancelar *vt* (*visita, vuelo*) annuler ; (*contrato*) résilier ; (*permiso*) supprimer ; (*deuda*) s'acquitter de
cáncer *nm* cancer *m* ; **C~** (*Astrol*) Cancer ; **ser C~** être Cancer
cancha *nf* terrain *m* ; (*de tenis*) court *m* ▶ *excl* (*CSur*) dégagez !, faites place !

canciller *nm* chancelier *m* ; (*AM*) ministre *m* des Affaires étrangères
canción *nf* chanson *f* ; **~ de cuna** berceuse *f*
candado *nm* cadenas *msg*
candente *adj* chauffé(e) au rouge ; (*tema, problema*) brûlant(e)
candidato, -a *nm/f* candidat(e) ; (*para puesto*) candidat(e), postulant(e)
candidez *nf* candeur *f* ; (*falta de malicia*) innocence *f*
cándido, -a *adj* candide ; (*sin malicia*) innocent(e)
candil *nm* lampe *f* à huile
candor *nm* candeur *f*
canela *nf* cannelle *f*
cangrejo *nm* crabe *m* ; (*de río*) écrevisse *f*
canguro *nm* kangourou *m* ; **hacer de ~** garder des enfants, faire du baby-sitting
caníbal *adj, nmf* cannibale *mf*
canica *nf* bille *f*
canijo, -a *adj* chétif(-ive)
canino, -a *adj* canin(e) ▸ *nm* canine *f*
canjear *vt*: **~ (por)** échanger (pour)
cano, -a *adj* (*pelo, cabeza*) blanc (blanche)
canoa *nf* canoë *m*
canon *nm* canon *m* ; (*Com*) taxe *f*, impôt *m*
canónigo *nm* chanoine *m*
canonizar *vt* canoniser
canoso, -a *adj* grisonnant(e), aux cheveux blancs ; (*pelo*) grisonnant(e)
cansado, -a *adj* fatigué(e) ; (*viaje, trabajo*) fatigant(e)
cansancio *nm* fatigue *f*
cansar *vt* fatiguer ; (*aburrir*) ennuyer ; (*hartar*) lasser ; **cansarse** *vpr*: **cansarse (de hacer)** se lasser (de faire)
cantábrico, -a *adj* cantabrique ; **Mar C~** golfe *m* de Gascogne
cántabro, -a *adj* de la province de Santander ▸ *nm/f* natif(-ive) *o* habitant(e) de la province de Santander
cantante *nmf* chanteur(-euse)
cantar *vt* chanter ▸ *vi* chanter ▸ *nm* chanson *f* ; **estaba cantado** c'était à prévoir
cántara *nf* bidon *m*
cántaro *nm* cruche *f*
cante *nm*: **~ jondo** chant *m* flamenco
cantera *nf* (*lugar*) carrière *f*
cantidad *nf* quantité *f* ; **gran ~ de** une grande quantité de, bon nombre de
cantimplora *nf* gourde *f*
cantina *nf* cantine *f* ; (*de estación*) buffet *m* ; (*esp AM: taberna*) café *m*
canto *nm* chant *m* ; (*de mesa, moneda*) bord *m* ; (*de libro*) tranche *f* ; (*de cuchillo*) dos *msg* ; **faltó el ~ de un duro** il s'en est fallu d'un cheveu ; **de ~** de côté, sur le côté ; **~ rodado** galet *m*
canturrear *vi* chantonner
canuto *nm* petit tube *m* ; (*fam: droga*) joint *m*
caña *nf* (*Bot*) tige *f* ; (*: especie*) roseau *m* ; (*de cerveza*) demi *m* ; (*AM*) alcool *m* de canne à sucre ; **dar** *o* **meter ~** (*fam: a un coche*) appuyer sur le champignon ; (*: a algn*) secouer ; **~ de azúcar/de pescar** canne *f* à sucre/à pêche

cañada *nf* vallon *m*
cáñamo *nm* chanvre *m*
cañería *nf* tuyauterie *f*
caño *nm (de fuente)* jet *m*
cañón *nm* canon *m* ; *(Geo)* canyon *m*
caoba *nf* acajou *m*
caos *nm* chaos *msg*
cap. *abr (= capítulo)* chap. *(= chapitre)*
capa *nf (prenda)* cape *f* ; *(Culin, Geo)* couche *f* ; *(de polvo)* couche *f* ; **~ de ozono** couche d'ozone
capacidad *nf* capacité *f* ; **este teatro tiene una ~ de mil espectadores** ce théâtre peut contenir mille spectateurs ; **tener ~ para los idiomas/las matemáticas** être doué(e) pour les langues/les mathématiques ; **tener ~ de adaptación/de trabajo** avoir une capacité d'adaptation/de travail
capacitar *vt* : **~ a algn para** former qn à
capar *vt* castrer
caparazón *nm (de ave)* carcasse *f* ; *(de tortuga)* carapace *f*
capataz *nm* contremaître *m*
capaz *adj* capable ; **ser ~ de (hacer)** être capable de (faire) ; **es ~ que venga mañana** *(AM)* il viendra probablement demain
capcioso, -a *adj* : **pregunta capciosa** question *f* captieuse
capellán *nm* aumônier *m* ; *(sacerdote)* chapelain *m*
caperuza *nf* chaperon *m* ; *(de bolígrafo)* capuchon *m*
capicúa *adj inv* palindrome
capilla *nf* chapelle *f*
capital *adj* capital(e) ▶ *nm* capital *m* ▶ *nf* capitale *f* ; **~ autorizado** *o* **social** capital social
capitalismo *nm* capitalisme *m* • **capitalista** *adj, nmf* capitaliste *mf*
capitán *nm* capitaine *m*
capitanear *vt* commander ; *(equipo)* être le capitaine de ; *(pandilla, expedición)* être à la tête de
capitulación *nf* capitulation *f*
capitular *vi* capituler
capítulo *nm* chapitre *m*
capó *nm* capot *m*
capón *nm (golpe)* tape *f* sur la tête
capota *nf (de coche)* capote *f*
capote *nm (de militar)* capote *f* ; *(de torero)* cape *f*
capricho *nm* caprice *m*
caprichoso, -a *adj* capricieux(-euse)
Capricornio *nm (Astrol)* Capricorne *m* ; **ser ~** être Capricorne
cápsula *nf* capsule *f* ; **~ espacial** capsule spatiale
captar *vt (indirecta, sentido)* saisir ; *(Radio)* capter ; *(atención, apoyo)* attirer
captura *nf* capture *f* ; **~ de pantalla** *(Inform)* capture d'écran • **capturar** *vt* capturer
capucha *nf*, **capuchón** *nm* capuche *f*
capullo *nm (Zool)* cocon *m* ; *(Bot)* bouton *m* ; **~ de rosa** bouton de rose
caqui *adj inv* kaki *inv* ▶ *nm (fruta)* kaki *m*

C

cara *nf* visage *m*, face *f*; (*expresión*) mine *f*; (*de disco, papel*) face; (*fam*: *descaro*) culot *m*, toupet *m* ▶ *adv*: **(de) ~ a** (*en dirección a*) face à; (*con vistas a*) en vue de; **de ~** de face; **decir algo ~ a ~** dire qch en face; **mirar ~ a ~** regarder bien en face; **dar la ~** ne pas se dérober; **echar algo en ~ a algn** reprocher qch à qn; **¿~ o cruz?** pile ou face?; **poner/tener ~ de** prendre/avoir un air de; **¡qué ~ más dura!** quel culot!, en voilà du toupet!; **tener buena/mala ~** avoir bonne/mauvaise mine; (*herida, asunto, guiso*) avoir bon/mauvais aspect; **tener mucha ~** avoir un culot monstre; **de una ~** (*disquete*) d'une seule face

carabina *nf* carabine *f*; (*persona*) chaperon *m*

Caracas *n* Caracas

caracol *nm* escargot *m*; (*concha*) coquille *f* d'escargot; (*esp* AM) coquillage *m*

carácter (*pl* **caracteres**) *nm* caractère *m*; **tener buen/mal ~** avoir bon/mauvais caractère

característica *nf* caractéristique *f*

característico, -a *adj* caractéristique

caracterizar *vt* caractériser; (*Teatro*) bien interpréter; **caracterizarse** *vpr* (*Teatro*) se mettre en costume; **caracterizarse por** se caractériser par

caradura *nmf*: **es un(a) ~** il (elle) est un(e) culotté(e)

carajillo *nm café arrosé de cognac ou de liqueur d'anis*

carajo (*fam!*) *nm*: **¡~!** merde! (*fam!*)

caramba *excl* dis donc!, mince alors!

carámbano *nm* glaçon *m*

caramelo *nm* bonbon *m*; (*azúcar fundido*) caramel *m*

caravana *nf* caravane *f*; (*de vehículos, gente*) file *f*; (*Auto*) bouchon *m*

carbón *nm* charbon *m*; **papel ~** carbone *m* • **carboncillo** *nm* fusain *m* • **carbonilla** *nf* poussière *f* de charbon

carbonizar *vt* carboniser; **quedar carbonizado** être réduit en cendres

carbono *nm* carbone *m*

carburador *nm* carburateur *m*

carburante *nm* carburant *m*

carcajada *nf* éclat *m* de rire; **reír(se) a ~s** rire aux éclats

cárcel *nf* prison *f*, maison *f* d'arrêt

carcelero, -a *nm/f* gardien(ne) de prison

carcoma *nf* termite *m*

carcomer *vt* manger, ronger; (*salud, confianza*) miner; **carcomerse** *vpr*: **carcomerse de** être rongé(e) par

cardar *vt* carder

cardenal *nm* cardinal *m*; (*Med*) bleu *m*

cardiaco, -a, cardíaco, -a *adj* cardiaque

cardinal *adj* cardinal(e); **puntos ~es** points *mpl* cardinaux

cardo *nm* (*comestible*) cardon *m*; (*espinoso*) chardon *m*

carecer *vi*: **~ de** manquer de

carencia *nf* manque *m*; (*Med*) carence *f*

carente *adj*: **~ de** dépourvu(e) de

carestía *nf* (*Com*) cherté *f*; (*escasez*) pénurie *f*; **época de ~** période *f* de pénurie

careta *nf* masque *m*; **~ antigás** masque à gaz

carga *nf* charge *f*; (*de barco, camión*) chargement *m*, cargaison *f*; (*de bolígrafo, pluma*) cartouche *f*, recharge *f*; **de ~** (*animal*) de charge; **buque de ~** cargo *m*; **~ explosiva** charge explosive

cargado, -a *adj* chargé(e); (*café, té*) serré(e), fort(e); (*ambiente*) raréfié(e), vicié(e)

cargamento *nm* chargement *m*, cargaison *f*

cargar *vt* charger; (*Com*) débiter; (*móvil*) recharger ▶ *vi* charger; **cargarse** *vpr* (*fam: estropear*) bousiller; (*: matar*) liquider; (*: ley, proyecto*) supprimer; (*: suspender*) recaler, coller; (*Elec*) se charger; **~ (contra)** charger (contre); **~ con** porter; (*responsabilidad*) assumer; **los indecisos me cargan** les gens indécis me portent sur les nerfs; **~ a** *o* **en la espalda** prendre sur son dos; **cargarse de** (*de dinero*) se munir de; (*de paquetes*) se charger de; (*de obligaciones*) assumer

cargo *nm* (*Com etc*) débit *m*; (*puesto*) poste *m*; **cargos** *nmpl* (*Jur*) accusations *fpl*; **estar a(l) ~ de** être à (la) charge de; **hacerse ~ de** (*de deudas, poder*) assumer; (*darse cuenta de*) se rendre compte de

carguero *nm* cargo *m*; (*avión*) avion-cargo *m*

Caribe *nm*: **el ~** les Caraïbes *fpl*

caribeño, -a *adj* des Caraïbes

caricatura *nf* caricature *f*

caricia *nf* caresse *f*

caridad *nf* charité *f*; **obras de ~** œuvres *fpl* de charité; **vivir de la ~** vivre de la charité

caries *nf inv* carie *f*

cariño *nm* affection *f*; **sí, ~** oui, chéri; **sentir ~ por/tener ~ a** ressentir/avoir de l'affection pour

cariñoso, -a *adj* affectueux(-euse); **« saludos ~s »** « affectueusement »

carisma *nm* charisme *m*

caritativo, -a *adj* charitable

cariz *nm* (*de los acontecimientos*) tournure *f*

carmesí *adj* cramoisi(e) ▶ *nm* cramoisi *m*

carmín *nm* carmin *m*; **~ (de labios)** rouge *m* (à lèvres)

carnal *adj* charnel(le); **primo ~** cousin *m* germain

carnaval *nm* carnaval *m*

> Les réjouissances du **Carnaval** se déroulent pendant les trois jours qui précèdent le début du carême (*Cuaresma*). En déclin sous le régime franquiste, le carnaval connaît aujourd'hui un regain de popularité dans toute l'Espagne. Le carnaval de Cadix et celui de Tenerife sont particulièrement renommés pour leur animation et leurs défilés et déguisements souvent somptueux.

carne *nf* chair *f*; (*Culin*) viande *f*; **carnes** *nfpl* (*fam*) graisse *fsg*; **en ~ viva** à vif; **~ de cerdo/de cordero** viande de porc/d'agneau; **~ de gallina** chair de poule; **~ de membrillo** gelée *f* de coing; **~ de ternera/de vaca**

viande de veau/de bœuf ; **~ picada** viande hachée

carné *nm* = **carnet**

carnero *nm* mouton *m*

carnet (*pl* **carnets**) *nm*: **~ de conducir** permis *msg* de conduire ; **~ de identidad** carte *f* d'identité ; **~ de socio** carte de membre

carnicería *nf* boucherie *f*

carnicero, -a *adj* carnassier(-ière) ; (*pájaro, ave*) de proie ▸ *nm/f* boucher(-ère)

carnívoro, -a *adj* carnivore

carnoso, -a *adj* charnu(e)

caro, -a *adj* cher (chère) ▸ *adv* cher

carpa *nf* carpe *f* ; (*de circo*) chapiteau *m* ; (AM) tente *f*

carpeta *nf* dossier *m*, chemise *f* ; **~ (de anillas)** classeur *m*

carpintería *nf* menuiserie *f* • **carpintero** *nm* menuisier *m*

carraspear *vi* (*toser*) se racler la gorge, s'éclaircir la gorge

carrera *nf* course *f* ; (*Univ*) études *fpl* ; (*profesión*) carrière *f* ; **tienes una ~ en las medias** tes bas sont filés ; **aquí se recogen ~s a las medias** ici on reprise les bas ; **darse** *o* **echar** *o* **pegar una ~** filer à toute allure *o* à toutes jambes ; **de ~s** de course ; **en una ~** d'une traite ; **~ de armamentos/de obstáculos** course aux armements/d'obstacles

carreta *nf* charrette *f*

carrete *nm* pellicule *f* ; (*Tec*) bobine *f*

carretera *nf* route *f* ; **~ de circunvalación** boulevard *m* périphérique ; **~ nacional/secundaria** route nationale/secondaire

carretilla *nf* brouette *f*

carril *nm* voie *f* ; (*de autopista*) file *f*, voie ; (*Ferro*) rail *m* ; **~ bici** piste *f* cyclable

carrillo *nm* joue *f*

carrito *nm* chariot *m*, caddie® *m*

carro *nm* chariot *m* ; (*con dos ruedas*) charrette *f* ; (AM) voiture *f* ; **¡para el ~!** arrête là !, c'est bon, ça suffit ! ; **~ blindado/de combate** char *m* d'assaut/de combat

carrocería *nf* carrosserie *f*

carroña *nf* charogne *f*

carroza *nf* carrosse *m* ; (*en desfile*) char *m*

carta *nf* lettre *f* ; (*Naipes*) carte *f* ; (*Jur*) charte *f* ; **a la ~** (*menú, televisión*) à la carte ; **dar ~ blanca a algn** donner carte blanche à qn ; **echar una ~ (al correo)** mettre une lettre à la poste ; **~ certificada** lettre recommandée ; **~ de ajuste** (*TV*) mire *f* ; **~ marítima** carte marine

cartabón *nm* équerre *f*

cartel *nm* affiche *f* ; (*Com*) cartel *m*, trust *m* ; **en ~** à l'affiche • **cartelera** *nf* rubrique *f* ; **lleva mucho/poco tiempo en ~** il est à l'affiche depuis longtemps/peu

cartera *nf* (*tb*: **cartera de bolsillo**) portefeuille *m* ; (*de cobrador*) serviette *f* ; (*de colegial*) cartable *m* ; (AM) sac à main *m* ; **ocupa la ~ de Agricultura** il occupe le portefeuille de l'Agriculture ; *ver tb* **cartero**

carterista *nmf* pickpocket *m*, voleur(-euse) à la tire

cartero, -a *nm/f* facteur(-trice)

cartilla *nf* livret *m* scolaire ; **~ de ahorros** livret de caisse d'épargne

cartón *nm* carton *m* ; (*de tabaco*) cartouche *f* ; **~ piedra** papier *m* mâché

cartucho *nm* cartouche *f* ; (*cucurucho*) cornet *m*

cartulina *nf* bristol *m*

casa *nf* maison *f* ; **sentirse como en su ~** se sentir comme chez soi ; **~ de campo** maison de campagne ; **~ de fieras** ménagerie *f* ; **~ de huéspedes** pension *f* de famille ; **~ de socorro** poste *m* de secours

casado, -a *adj, nm/f* marié(e)

casamiento *nm* mariage *m*

casar *vt* marier ▶ *vi* : **~ (con)** aller bien (avec) ; **casarse** *vpr* : **casarse (con)** se marier (avec) ; **casarse por lo civil/por la Iglesia** se marier civilement/religieusement

cascabel *nm* grelot *m*

cascada *nf* cascade *f*

cascanueces *nm inv* casse-noisettes *msg*

cascar *vt* casser ; (*fam* : *golpear*) tabasser ▶ *vi* (*fam*) papoter ; **cascarse** *vpr* se casser ; (*voz*) s'érailler

cáscara *nf* coquille *f* ; (*de fruta*) pelure *f* ; (*de patata*) épluchure *f* ; (*de limón, naranja*) écorce *f*

casco *nm* casque *m* ; (*Náut*) coque *f* ; (*Zool*) sabot *m* ; (*pedazo roto*) tesson *m* ; **cascos** *nmpl* (*auriculares*) écouteurs *mpl* ; **el ~ antiguo** la vieille ville ; **el ~ urbano** le centre-ville

caserío *nm* hameau *m* ; (*casa*) ferme *f*

casero, -a *adj* (*cocina*) maison *inv* ; (*remedio*) de bonne femme ; (*trabajos*) domestique ▶ *nm/f* propriétaire *mf* ; **« comida casera »** « cuisine maison » ; **pan ~** pain *m* de ménage ; **ser muy ~** être très casanier(-ière)

caseta *nf* baraque *f* ; (*de perro*) niche *f* ; (*para bañista*) cabine *f* ; (*de feria*) stand *m*

casete *nm* magnétophone *m* ▶ *nf* cassette *f*

casi *adv* presque ; **~ nunca/nada** presque jamais/rien ; **~ te caes** tu as manqué (de) *o* failli tomber

casilla *nf* casier *m* ; (*en ajedrez, crucigrama*) case *f*

casillero *nm* casier *m*

casino *nm* casino *m*

caso *nm* cas *msg* ; **en ~ de ...** en cas de ... ; **en ~ (de) que venga** au cas où il viendrait ; **el ~ es que** le fait est que ; **en ese ~** dans ce cas ; **en todo ~** en tout cas ; **¡eres un ~!** tu es un cas ! ; **(no) hacer ~ a** *o* **de algo/algn** (ne pas) faire cas de qch/qn ; **hacer** *o* **venir al ~** venir à propos

caspa *nf* (*en pelo*) pellicules *fpl*

cassette *nf, nm* = **casete**

casta *nf* race *f* ; (*clase social*) caste *f*

castaña *nf* châtaigne *f*, marron *m* ; (*fam* : *tb* : **castañazo**) gnon *m*, marron ; (: *Auto*) gnon

castañetear *vi* : **le castañetean los dientes** il claque des dents

castaño, -a *adj* marron ; (*pelo*) brun(e) ▶ *nm* châtaignier *m*, marronnier *m* ; **~ de Indias** marronnier des Indes

castañuelas *nfpl* castagnettes *fpl*

castellano, -a *adj* castillan(e) ▸ *nm/f* (*persona*) Castillan(e) ▸ *nm* (*Ling*) castillan *m*
castidad *nf* chasteté *f*
castigar *vt* punir, châtier ; (*Deporte*) pénaliser • **castigo** *nm* punition *f* ; (*Deporte*) pénalisation *f*
Castilla *nf* Castille *f*
castillo *nm* château *m*
castizo, -a *adj* (*Ling*) pur(e) ; (*auténtico*) de pure souche
casto, -a *adj* chaste
castor *nm* castor *m*
castrar *vt* châtrer
castrense *adj* militaire
casual *adj* fortuit(e) • **casualidad** *nf* hasard *m* ; **dar la ~ (de) que** se trouver que ; **se da la ~ que ...** il se trouve que ... ; **por ~** par hasard ; **¡qué ~!** quel hasard !
cataclismo *nm* cataclysme *m*
catalán, -ana *adj* catalan(e) ▸ *nm/f* Catalan(e) ▸ *nm* (*Ling*) catalan *m*
catalizador *nm* catalyseur *m*
catalogar *vt* cataloguer ; **~ a algn de** étiqueter qn comme
catálogo *nm* catalogue *m*
Cataluña *nf* Catalogne *f*
catar *vt* goûter
catarata *nf* cataracte *f*
catarro *nm* rhume *m*
catástrofe *nf* catastrophe *f*
catastrófico, -a *adj* catastrophique
catear (*fam*) *vt* recaler, coller
cátedra *nf* chaire *f*
catedral *nf* cathédrale *f*
catedrático, -a *nm/f* professeur *m*
categoría *nf* catégorie *f* ; **de ~** de qualité ; **de segunda ~** de seconde catégorie
categórico, -a *adj* catégorique
cateto, -a *nm/f* (*pey*) rustre *m*, péquenaud(e) ▸ *nm* (*Geom*) côté *m*
catolicismo *nm* catholicisme *m*
católico, -a *adj, nm/f* catholique *mf*
catorce *adj inv, nm inv* quatorze *m inv* ; *ver tb* **seis**
cauce *nm* (*de río*) lit *m*
caucho *nm* caoutchouc *m* ; (AM) pneu *m* ; **de ~** en caoutchouc
caución *nf* caution *f*
caudal *nm* débit *m* ; (*fortuna*) fortune *f*, capital *m*
caudaloso, -a *adj* à fort débit
caudillo *nm* chef *m*
causa *nf* cause *f* ; **a/por ~ de** à/pour cause de
causar *vt* causer
cautela *nf* précaution *f*, prudence *f*
cauteloso, -a *adj* prudent(e)
cautivar *vt* captiver
cautiverio *nm*, **cautividad** *nf* captivité *f*
cautivo, -a *adj, nm/f* captif(-ive)
cauto, -a *adj* prudent(e), avisé(e)
cava *nm* cava *m*, *équivalent catalan du champagne* ▸ *nf* cave *f*
cavar *vt, vi* creuser
caverna *nf* caverne *f*
cavidad *nf* cavité *f*
cavilar *vi* : **~ (sobre)** méditer (sur)
cayado *nm* (*de pastor*) houlette *f* ; (*de obispo*) houlette, crosse *f*
cayendo *etc vb ver* **caer**

caza *nf* chasse *f* ▸ *nm* (*Aviat*) chasseur *m* ; **dar ~ a** faire la chasse à ; **ir de ~** aller à la chasse ; **~ mayor/menor** gros/menu gibier *m*

cazador, a *adj, nm/f* chasseur(-euse)

cazadora *nf* blouson *m*

cazar *vt* (*buscar*) chasser ; (*perseguir*) pourchasser ; (*coger*) attraper

cazo *nm* (*cacerola*) poêlon *m* ; (*cucharón*) louche *f*

cazuela *nf* (*vasija*) marmite *f* ; (*guisado*) ragoût *m*

c/c. *abr* (*Com: = cuenta corriente*) CC (*= compte courant*)

CD *sigla m* (*= compact disc*) CD *m* (*= compact disc*) ; (*Pol: = Cuerpo Diplomático*) CD (*= corps diplomatique*)

c/d *abr* (*= en casa de*) c/o, chez

CE *sigla f* (*= Comunidad Europea*) CE *f* (*= Communauté européenne*)

cebada *nf* orge *f*

cebar *vt* (*animal*) gaver, engraisser ; (*persona*) gaver ; (*anzuelo*) amorcer ; **cebarse** *vpr* se gaver ; **cebarse en/con** s'acharner sur/à

cebo *nm* appât *m*, amorce *f* ; (*fig*) appât, leurre *m*

cebolla *nf* oignon *m*

cebolleta *nf* oignon *m* nouveau ; (*en vinagre*) petit oignon blanc

cebra *nf* zèbre *m* ; **paso de ~** passage *m* pour piétons

cecear *vi* zézayer • **ceceo** *nm* zézaiement *m*

ceder *vt* céder ▸ *vi* céder ; (*disminuir*) diminuer ; **« ceda el paso »** « cédez le passage »

cedro *nm* cèdre *m*

cédula *nf* certificat *m* ; **~ de identidad** (*AM*) carte *f* d'identité

cegar *vt* aveugler ; (*tubería, ventana*) boucher ; **cegarse** *vpr* (*fig*) s'aveugler

ceguera *nf* cécité *f*

ceja *nf* sourcil *m*

cejar *vi*: **(no) ~ en su empeño/propósito** (ne pas) renoncer à son engagement/dessein

celador, a *nm/f* (*de hospital*) gardien(ne) ; (*de cárcel*) gardien(ne) de prison

celda *nf* cellule *f*

celebración *nf* célébration *f*

celebrar *vt* célébrer ▸ *vi* (*Rel*) officier ; **celebrarse** *vpr* se célébrer ; **celebro que sigas bien** je suis ravi que tu ailles bien

célebre *adj* célèbre

celebridad *nf* célébrité *f*

celeste *adj* (*tb*: **azul celeste**) bleu ciel *inv* ; (*cuerpo, bóveda*) céleste

celestial *adj* céleste

celíaco, -a *adj* cœliaque, intolérant(e) au gluten ▸ *nm/f* cœliaque *mf*, personne *f* intolérante au gluten

celibato *nm* célibat *m*

célibe *adj, nmf* célibataire *mf*

celo[1] *nm* zèle *m* ; **celos** *nmpl* (*de niño, amante*) jalousie *fsg* ; **tener ~s de algn** être jaloux(-ouse) de qn ; **estar en ~** être en chaleur

celo[2]® *nm* (*para pegar*) scotch® *m*

celofán *nm* cellophane *f*

celoso, -a *adj* jaloux(-ouse)

célula *nf* cellule *f* ; **~ madre** cellule souche

celulitis *nf* cellulite *f*

celulosa *nf* cellulose *f*
cementerio *nm* cimetière *m*
cemento *nm* (*argamasa*) mortier *m* ; (*para construcción*) ciment *m* ; (*AM*: *cola*) colle *f*
cena *nf* dîner *m*, souper *m*
cenagal *nm* bourbier *m*
cenar *vt*: ~ **algo** manger qch pour le dîner ▸ *vi* dîner, souper
cenicero *nm* cendrier *m*
cenit *nm* zénith *m* ; (*de carrera*) sommet *m*, faîte *m*
ceniza *nf* cendre *f* ; **cenizas** *nfpl* (*de persona*) cendres *fpl*
censo *nm* recensement *m* ; ~ **electoral** recensement électoral
censura *nf* censure *f*
censurar *vt* censurer
centella *nf* étincelle *f* ; (*rayo*) éclair *m* ; **como una** ~ comme la foudre
centellear *vi* étinceler ; (*estrella*) scintiller
centenar *nm* centaine *f*
centenario, -a *adj*, *nm* centenaire *m*
centeno *nm* seigle *m*
centésimo, -a *adj*, *nm/f* centième *m*
centígrado *adj* centigrade
centímetro *nm* centimètre *m* ; ~ **cuadrado/cúbico** centimètre carré/cube
céntimo *nm* centime *m* ; ~ **de euro** centime d'euro
centinela *nm* sentinelle *f*
centollo *nm* araignée *f* de mer
central *adj* central(e) ▸ *nf* centrale *f* ; ~ **eléctrica/nuclear** centrale électrique/nucléaire
centralita *nf* standard *m*
centralizar *vt* centraliser
centrar *vt* centrer ; (*interés, atención*) attirer ; **centrarse** *vpr* (*tener como objeto*) être centré(e) sur ; (*concentrarse*) se concentrer
céntrico, -a *adj* central(e)
centrifugar *vt* essorer
centrista *adj* centriste
centro *nm* centre *m* ; ~ **comercial** centre commercial ; ~ **de gravedad** centre de gravité ; ~ **de salud** centre de santé ; ~ **docente** centre d'enseignement ; ~ **social** foyer *m* socio-éducatif ; ~ **turístico** centre touristique
centroamericano, -a *adj* d'Amérique centrale, centraméricain(e) ▸ *nm/f* natif(-ive) *o* habitant(e) d'Amérique centrale, centraméricain(e)
ceñido, -a *adj* cintré(e)
ceñir *vt* serrer ; **ceñirse** *vpr* (*vestido*) coller ; **ceñirse a algo/a hacer algo** s'en tenir à qch/à faire qch
ceño *nm* froncement *m* ; **fruncir el** ~ froncer les sourcils
CEOE *sigla f* (= *Confederación Española de Organizaciones Empresariales*) ≈ CNPF *m* (= *Conseil national du patronat français*)
cepillar *vt* brosser ; (*madera*) raboter
cepillo *nm* brosse *f* ; (*para madera*) rabot *m* ; ~ **de dientes** brosse à dents
cera *nf* cire *f* ; (*del oído*) cérumen *m*
cerámica *nf* céramique *f* ; **de** ~ en céramique
cerca *nf* clôture *f* ▸ *adv* (*en el espacio*) près ; (*en el tiempo*) bientôt

▶ *prep*: ~ **de** (*cantidad*) près de, environ ; (*distancia*) près de ; **de ~** de près
cercanía *nf* proximité *f* ; **cercanías** *nfpl* (*de ciudad*) alentours *mpl* ; **tren de ~s** train *m* de banlieue
cercano, -a *adj* proche ; (*pueblo etc*) voisin(e) ; **~ a** proche de
cercar *vt* clôturer ; (*manifestantes*) encercler ; (*Mil*) assiéger
cerciorar: **cerciorarse** *vpr* s'assurer
cerco *nm* cercle *m* ; (AM) clôture *f* ; (*Mil*) siège *m*
Cerdeña *nf* Sardaigne *f*
cerdo, -a *nm/f* cochon (truie) ; (*fam: persona sucia*) cochon(ne)
cereal *nm* céréale *f* ; **cereales** *nmpl* (*Culin*) céréales *fpl*
cerebral *adj* cérébral(e)
cerebro *nm* cerveau *m*
ceremonia *nf* cérémonie *f* • **ceremonial** *adj* (*traje*) de cérémonie ; (*danza*) cérémoniel(le) ▶ *nm* cérémonial *m*
ceremonioso, -a *adj* cérémonieux(-euse)
cereza *nf* cerise *f*
cerilla *nf*, (AM) **cerillo** *nm* allumette *f*
cernerse *vpr*: **~ sobre** (*suj: desgracia*) planer sur
cero *nm* zéro *m* ; **ocho grados bajo ~** moins huit degrés ; **15 a ~** 15 à zéro
cerrado, -a *adj* fermé(e) ; (*curva*) en épingle à cheveux ; (*poco sociable*) renfermé(e) ; (*bruto*) borné(e) ; (*acento*) marqué(e), prononcé(e)
cerradura *nf* serrure *f*
cerrajero, -a *nm/f* serrurier(-ière)
cerrar *vt* fermer ; (*paso, entrada*) barrer ; (*debate, plazo*) clore, clôturer ; (*cuenta*) clore, fermer ▶ *vi* fermer ; **cerrarse** *vpr* se fermer ; **~ con llave** fermer à clef *o* à clé ; **~ un trato** conclure un marché
cerro *nm* tertre *m*
cerrojo *nm* verrou *m*
certamen *nm* concours *msg*
certero, -a *adj* adroit(e)
certeza, certidumbre *nf* certitude *f* ; **tener la ~ de que** avoir la certitude que
certificado, -a *adj* recommandé(e) ▶ *nm* certificat *m* ; **~ médico** certificat médical
certificar *vt* certifier ; (*Correos*) envoyer en recommandé
cervatillo *nm* faon *m*
cervecería *nf* brasserie *f*
cerveza *nf* bière *f*
cesante *adj* en disponibilité ; (AM) au chômage
cesar *vi* cesser ; (*empleado*) se démettre de ses fonctions ▶ *vt* (*funcionario, ministro*) démettre de ses fonctions ; **sin ~** sans cesse
cesárea *nf* césarienne *f*
cese *nm* fin *f* ; (*despido*) révocation *f*
césped *nm* gazon *m*, pelouse *f*
cesta *nf* panier *m*
cesto *nm* panier *m*, corbeille *f*
cetro *nm* sceptre *m*
chabacano, -a *adj* vulgaire
chabola *nf* cabane *f* ; **chabolas** *nfpl* (*zona*) bidonville *m*
chacal *nm* chacal *m*
chacha (*fam*) *nf* bonne *f*

cháchara *nf*: **estar de ~** parler à bâtons rompus
chacra (*And, CSur*) *nf* ferme *f*
chafar *vt* (*pelo*) aplatir ; (*hierba*) coucher ; (*ropa*) chiffonner ; (*fig: planes*) bouleverser
chal *nm* châle *m*
chalado, -a (*fam*) *adj* taré(e) ; **estar ~ por algn** en pincer pour qn
chalé *nm* villa *f* ; (*en la montaña*) chalet *m*
chaleco *nm* gilet *m* ; **~ reflectante** gilet de sécurité réfléchissant ; **~ salvavidas** gilet de sauvetage
chalet (*pl* **chalets**) *nm* = **chalé**
champán, champaña *nm* champagne *m*
champú (*pl* **champúes** *o* **champús**) *nm* shampooing *m*
chamuscar *vt* roussir
chance (AM) *nm o nf* occasion *f*
chancho, -a (AM) *nm/f* porc *m*
chanchullo (*fam*) *nm* magouille *f*
chandal *nm* survêtement *m*
chantaje *nm* chantage *m*
chapa *nf* (*de metal, insignia*) plaque *f* ; (*de madera*) planche *f* ; (*de botella*) capsule *f* ; (AM) serrure *f* ; **de tres ~s** (*madera*) en trois épaisseurs ; **~ (de matrícula)** (*CSur*) plaque d'immatriculation
chaparrón *nm* averse *f*
chapotear *vi* patauger
chapucero, -a (*pey*) *adj* (*trabajo*) bâclé(e) ▸ *nm/f*: **ser un ~** bâcler son travail
chapurrar, chapurrear *vt* (*idioma*) baragouiner
chapuza *nf* bricole *f* ; (*pey*) travail *m* bâclé
chapuzón *nm*: **darse un ~** piquer une tête
chaqueta *nf* (*de lana*) gilet *m* ; (*de traje*) veste *f*
chaquetón *nm* veste *f*
charca *nf* mare *f*
charco *nm* flaque *f*
charcutería *nf* charcuterie *f*
charla *nf* bavardage *m* ; (*conferencia*) conférence *f*
charlar *vi* bavarder
charlatán, -ana *adj* bavard(e) ▸ *nm/f* bavard(e) ; (*estafador*) charlatan *m*
charol *nm* cuir *m* verni ; (AM) plateau *m* ; **de ~** verni(e)
chárter *adj inv*: **vuelo ~** vol *m* charter
chascarrillo *nm* histoire *f* drôle
chasco *nm* (*desengaño*) déception *f* ; **me llevé un ~** ça a été une grosse déception
chasis *nm inv* châssis *msg*
chasquear *vt* faire claquer
• **chasquido** *nm* claquement *m* ; (*de madera*) craquement *m*
chat *nm* (*en Internet*) chat *m*
chatarra *nf* ferraille *f*
chatear *vi* (*en Internet*) chatter
chato, -a *adj* (*persona*) au nez épaté ; (*nariz*) épaté(e)
chaval, a *nm/f* gars *msg* (fille *f*)
chepa *nf* bosse *f*
cheque *nm* chèque *m* ; **~ de viaje** chèque de voyage
chequeo *nm* (*Med*) bilan *m* de santé ; (*Auto*) contrôle *m*
chequera (AM) *nf* chéquier *m*
chica *nf* fille *f* ; *ver tb* **chico**

chicano, -a *adj, nm/f* chicano(-a)
chícharo *(Méx) nm (guisante)* petit pois *msg*
chichón *nm* bosse *f* (à la tête)
chicle *nm* chewing-gum *m*
chico, -a *adj (esp AM)* petit(e) ▸*nm (niño)* petit garçon *m*; *(muchacho)* garçon
chiflado, -a *(fam) adj* givré(e)
chiflar *vi* siffler; *(fam)*: **le chiflan los helados** il raffole des glaces; **nos chifla montar en moto** on adore faire de la moto
Chile *nm* Chili *m*
chile *nm* piment *m* fort
chileno, -a *adj* chilien(ne) ▸*nm/f* Chilien(ne)
chillar *vi (persona)* crier; *(animal)* glapir
chillido *nm (de persona)* cri *m* (aigu); *(de animal)* glapissement *m*
chillón, -ona *adj (niño)* brailleur(-euse); *(voz, color)* criard(e)
chimenea *nf* cheminée *f*
chimpancé *nm* chimpanzé *m*
China *nf*: **la ~** la Chine
china *nf* caillou *m*; *(porcelana)* porcelaine *f*; *ver tb* **chino**
chinche *nmf* punaise *f*; **morirse como ~s** tomber comme des mouches
chincheta *nf* punaise *f*
chino, -a *adj* chinois(e) ▸*nm/f* Chinois(e); *(And, CSur: indio)* Indien(ne); *(: criado)* domestique *mf* ▸*nm (Ling)* chinois *msg*; *(Méx)* boucle *f*
chipirón *nm* petit calmar *m*
Chipre *nf* Chypre *f* • **chipriota** *adj* chypriote ▸*nmf* Chypriote *mf*
chiquillo, -a *(fam) nm/f* môme *mf*
chirimoya *nf (Bot)* anone *f*
chiringuito *nm* bar en plein air
chiripa *nf*: **por** *o* **de ~** sur un coup de pot
chirriar *vi (goznes)* grincer
chirrido *nm* grincement *m*
chis *excl* chut!
chisme *nm* ragot *m*; *(fam)* truc *m*
chismoso, -a *adj* cancanier(-ière) ▸*nm/f* commère *f*
chispa *nf* étincelle *f*; **una ~** *(fam)* un tout petit peu
chispear *vi* étinceler; *(lloviznar)* pleuvioter
chisporrotear *vi* crépiter
chiste *nm* histoire *f* drôle
chistoso, -a *adj (situación)* comique; *(persona)* blagueur(-euse)
chivo, -a *nm/f* chevreau(-vrette); **~ expiatorio** tête *f* de turc
chocante *adj (sorprendente)* choquant(e); *(gracioso)* drôle
chocar *vi (coches etc)* se heurter; *(Mil, fig)* s'affronter ▸*vt (sorprender)* choquer; **~ las copas** trinquer; **~ con** rentrer dans; *(fig)* s'accrocher avec; **¡chócala!** *(fam)* tope là!
chochear *vi* devenir gâteux(-euse)
chocho, -a *adj* gâteux(-euse); **estar ~ por algn/algo** être gaga devant qn/qch
chocolate *adj (AM)* chocolat *inv* ▸*nm* chocolat *m*
chocolatina *nf* barre *f* de chocolat
chófer, chofer *nmf* chauffeur(-euse)

chollo (*fam*) *nm* bon plan *m* ; (*artículo barato*) affaire *f*
choque *vb ver* **chocar** ▸ *nm* choc *m* ; (*impacto*) impact *m* ; (*fig: disputa*) heurt *m*
chorizo *nm* chorizo *m* ; (*fam*) voyou *m*
chorrear *vt* dégouliner de ▸ *vi* dégouliner ; (*gotear*) goutter ; **estar chorreando** être trempé(e)
chorro *nm* (*de líquido*) jet *m* ; (*fig*) flot *m* ; **salir a ~s** couler à flots
choza *nf* hutte *f*
chubasco *nm* averse *f*
chubasquero *nm* ciré *m*
chuche (*fam*) *nf* bonbon *m*
chuchería *nf* babiole *f* ; (*para comer*) sucrerie *f*
chuleta *nf* côtelette *f* ; (*Escol: fam*) pompe *f*, antisèche *f*
chulo, -a *adj* (*fam: bonito*) classe ; (*Méx*) beau (belle) ; (*pey*) effronté(e) ▸ *nm* effronté *m* ; (*matón*) frimeur *m* ; (*tb:* **chulo de putas**) maquereau *m* ; (*And*) vautour *m*
chupar *vt* (*líquido*) aspirer ; (*caramelo*) sucer ; (*absorber*) absorber ; **chuparse** *vpr* (*dedo*) sucer
chupete *nm* tétine *f*
chupito (*fam*) *nm* petit verre *m* (d'alcool) ; **un ~ de whisky por favor** un baby, s'il vous plaît
churro *nm* ≈ beignet *m*

Les **churros**, ces longs beignets à base de farine et d'eau, sont très appréciés dans toute l'Espagne. On les déguste généralement au petit déjeuner ou au goûter, en buvant du chocolat chaud épais. À Madrid, il en existe une variété plus grosse appelée *porra*.

chusma (*pey*) *nf* racaille *f*
chutar *vi* (*Deporte*) shooter
Cía *abr* (= *compañía*) Cie (= *compagnie*)
cianuro *nm* (*Quím*) cyanure *m*
ciberacoso *nm* cyberharcèlement *m*
ciberataque *nm* cyberattaque *f*
cibercafé *nm* cybercafé *m*
ciberespionaje *nm* cyberespionnage *m*
cibernauta *nmf* internaute *mf*
ciberseguridad *nf* cybersécurité *f*
cicatriz *nf* cicatrice *f* • **cicatrizar** *vt, vi* cicatriser
ciclismo *nm* cyclisme *m*
ciclista *adj, nmf* cycliste *mf* ; **vuelta ~** course *f* cycliste
ciclo *nm* cycle *m*
ciclomotor *nm* cyclomoteur *m*
ciclón *nm* cyclone *m*
cicloturismo *nm* cyclotourisme *m*
ciego, -a *vb ver* **cegar** ▸ *adj* aveugle ▸ *nm/f* aveugle *mf* ; **a ciegas** à l'aveuglette
cielo *nm* ciel *m* ; **¡~s!** Mon Dieu !, juste ciel !
ciempiés *nm inv* mille-pattes *m inv*
cien *adj inv, nm inv* cent *m*
ciénaga *nf* marécage *m*
ciencia *nf* science *f* ; **~ ficción** science-fiction *f*
cieno *nm* vase *f*
científico, -a *adj, nm/f* scientifique *mf*

ciento *adj, nm* cent *m* ; **el diez por ~** dix pour cent

cierre *vb ver* **cerrar** ▶ *nm* fermeture *f* ; (*pulsera*) fermoir *m* ; **~ de cremallera** fermeture éclair® ; **~ relámpago** (*And, CSur*) fermeture éclair®

cierto, -a *adj* certain(e) ; **~ hombre/día** un certain homme/jour ; **ciertas personas** certaines personnes ; **sí, es ~** oui, c'est vrai ; **por ~** à propos

ciervo *nm* cerf *m*

cifra *nf* chiffre *m* ; **~ global** chiffre global

cifrar *vt* coder ; (*esperanzas, felicidad*) fonder ; **cifrarse** *vpr*: **cifrarse en** s'élever à

cigala *nf* langoustine *f*

cigarra *nf* cigale *f*

cigarrillo *nm* cigarette *f*

cigarro *nm* cigarette *f* ; (*puro*) cigare *m*

cigüeña *nf* cigogne *f*

cilíndrico, -a *adj* cylindrique

cilindro *nm* cylindre *m*

cima *nf* sommet *m*, cime *f* ; (*de árbol*) cime ; (*apogeo*) sommet

cimbrearse *vpr* se déhancher ; (*ramas, tallos*) se balancer

cimentar *vt* (*edificio*) jeter les fondations de ; (*consolidar*) cimenter ; **cimentarse** *vpr*: **cimentarse en** se fonder sur

cimientos *nmpl* fondations *fpl*

cinc *nm* zinc *m*

cincel *nm* ciseau *m* • **cincelar** *vt* ciseler

cinco *adj inv, nm inv* cinq *m inv* ; *ver tb* **seis**

cincuenta *adj inv, nm inv* cinquante *m inv* ; *ver tb* **sesenta**

cine *nm* cinéma *m*

cineasta *nmf* cinéaste *mf*

cinematográfico, -a *adj* cinématographique

cínico, -a *adj, nm/f* cynique *mf* ; (*desvergonzado*) effronté(e)

cinismo *nm* (*ver adj*) cynisme *m* ; effronterie *f*

cinta *nf* ruban *m*, bande *f* ; **~ adhesiva/aislante** ruban adhésif/isolant ; **~ de vídeo** cassette *f* vidéo ; **~ métrica** mètre *m* à ruban

cintura *nf* taille *f*

cinturón *nm* ceinture *f* ; **~ de seguridad** ceinture de sécurité ; **~ industrial** zone *f* industrielle

ciprés *nm* cyprès *m*

circo *nm* cirque *m*

circuito *nm* circuit *m* ; **TV por ~ cerrado** télévision *f* en circuit fermé

circulación *nf* circulation *f*

circular *adj, nf* circulaire *f* ▶ *vi* circuler

círculo *nm* cercle *m* ; **~ vicioso** cercle vicieux

circundar *vt* entourer

circunferencia *nf* circonférence *f*

circunscribir: **circunscribirse** *vpr* se circonscrire ; **circunscribirse a (hacer)** se limiter *o* s'en tenir à (faire)

circunscripción *nf* circonscription *f*

circunspecto, -a *adj* circonspect(e)

circunstancia *nf* circonstance *f*

circunvalación *nf ver* **carretera**

cirio *nm* cierge *m*
ciruela *nf* prune *f*; **~ claudia** reine *f* claude; **~ pasa** pruneau *m*
cirugía *nf* chirurgie *f*; **~ estética/plástica** chirurgie esthétique/plastique
cirujano, -a *nm/f* chirurgien(ne)
cisne *nm* cygne *m*
cisterna *nf* chasse *f* d'eau; (*depósito*) citerne *f*
cita *nf* rendez-vous *m inv*; (*mención*) citation *f*
citación *nf* citation *f*
citar *vt* donner rendez-vous à; (*Jur, mencionar*) citer; **citarse** *vpr*: **citarse (con)** prendre rendez-vous (avec)
cítrico, -a *adj* citrique; **cítricos** *nmpl* agrumes *mpl*
ciudad *nf* ville *f*; **~ universitaria** cité *f* universitaire; **la C~ Condal** Barcelone; **C~ del Cabo** Le Cap; **~ perdida** (*Méx*) bidonville *m* • **ciudadanía** *nf* citoyenneté *f*
ciudadano, -a *adj, nm/f* citadin(e)
cívico, -a *adj* civique; (*persona*) civil(e)
civil *adj* civil(e) ▸ *nm* civil *m*
civilización *nf* civilisation *f*
civilizar *vt* civiliser
civismo *nm* civisme *m*
cizaña *nf*: **meter/sembrar ~** mettre/semer la zizanie
cl *abr* (= *centilitro(s)*) cl (= *centilitre(s)*)
clamar *vt* clamer ▸ *vi* crier
clamor *nm* clameur *f*
clandestino, -a *adj* clandestin(e)
clara *nf* (*de huevo*) blanc *m*
claraboya *nf* lucarne *f*
clarear *vi* (*el día*) se lever; (*el cielo*) s'éclaircir
clarete *nm* rosé *m*
claridad *nf* clarté *f*
clarificar *vt* éclaircir
clarinete *nm* clarinette *f*
clarividencia *nf* clairvoyance *f*
claro, -a *adj* clair(e) ▸ *nm* éclaircie *f* ▸ *adv* clairement ▸ *excl* bien sûr!; **estar ~** être clair(e); **~ que sí/no** bien sûr que oui/non
clase *nf* genre *m*, classe *f*; (*lección*) cours *msg*; **dar ~(s)** (*profesor*) faire cours, donner des cours; **tener ~** avoir de la classe; **~ alta/media/obrera/social** classe dominante/moyenne/ouvrière/sociale; **~s particulares** cours particuliers
clásico, -a *adj* classique
clasificación *nf* classement *m*; (*de cartas, líneas*) tri *m*
clasificar *vt* classer; (*cartas*) trier; **clasificarse** *vpr* se qualifier
claudicar *vi* céder
claustro *nm* cloître *m*; (*Univ, Escol*) conseil *m*; (*: junta*) assemblée *f*, réunion *f*
cláusula *nf* clause *f*; **~ de exclusión** clause d'exclusion
clausura *nf* clôture *f*; **de ~** (*Rel*) claustral; (*: monja*) cloîtré(e) • **clausurar** *vt* clore; (*local*) fermer
clavar *vt* enfoncer; (*clavo*) clouer; (*alfiler*) épingler; (*mirada*) fixer; (*fam: cobrar caro*) faire payer au prix fort; **clavarse** *vpr* s'enfoncer
clave *nf* clef *f*, clé *f* ▸ *adj inv* clé; **en ~** (*mensaje*) codé(e); **~ de acceso** mot *m* de passe
clavel *nm* œillet *m*
clavícula *nf* clavicule *f*

clavija *nf* cheville *f*; (*Elec*) fiche *f*
clavo *nm* clou *m*; (*Bot, Culin*) clou de girofle; **dar en el ~** mettre dans le mille, faire mouche
claxon (*pl* **claxons**) *nm* klaxon *m*
clemencia *nf* clémence *f*
cleptómano, -a *nm/f* cleptomane *mf*
clérigo *nm* ecclésiastique *m*
clero *nm* clergé *m*
clic *nm* (*Inform*) clic *m*; **hacer ~ en algo** cliquer sur qch • **clicar** *vi* cliquer; **~ dos veces** double-cliquer
cliché *nm* cliché *m*
cliente, -a *nm/f* client(e)
clientela *nf* clientèle *f*
clima *nm* climat *m*
climatizado, -a *adj* climatisé(e)
clímax *nm inv* apogée *m*, point *m* culminant; (*sexual*) orgasme *m*
clínica *nf* clinique *f*
clínico, -a *adj* clinique
clip (*pl* **clips**) *nm* trombone *m*
clítoris *nm inv* clitoris *m inv*
cloaca *nf* égout *m*
cloro *nm* chlore *m*
club (*pl* **clubs** *o* **clubes**) *nm* club *m*
cm *abr* (= *centímetro(s)*) cm (= *centimètre(s)*)
C.N.T. *sigla f* (*Esp*: = *Confederación Nacional de Trabajo*) *syndicat*; (*AM*: = *Confederación Nacional de Trabajadores*) *syndicat*
coacción *nf* contrainte *f*
coaccionar *vt* contraindre
coagular *vt* coaguler; **coagularse** *vpr* coaguler • **coágulo** *nm* caillot *m*
coalición *nf* coalition *f*
coartada *nf* alibi *m*
coba *nf*: **dar ~ a algn** passer de la pommade à qn
cobarde *adj* lâche ▸ *nmf* lâche *mf*, peureux(-euse) • **cobardía** *nf* lâcheté *f*
cobaya *nm o nf* cobaye *m*
cobertizo *nm* hangar *m*, remise *f*; (*de animal*) abri *m*
cobertura *nf* couverture *f*; **estar fuera de ~** être hors de portée; **aquí no hay ~** (*Telec*) il n'y a pas de couverture ici, il n'y a pas de réseau ici
cobija (*AM*) *nf* couverture *f*
cobijar *vt* héberger, loger; **cobijarse** *vpr*: **cobijarse (de)** se protéger (de); **~ (de)** protéger (de) • **cobijo** *nm* abri *m*
cobra *nf* cobra *m*
cobrador, a *nm/f* receveur(-euse)
cobrar *vt* (*cheque*) toucher, encaisser; (*sueldo*) toucher; (*precio*) faire payer; (*deuda, alquiler, gas*) encaisser ▸ *vi* toucher son salaire; **cóbrese** payez-vous; **a ~** à encaisser; **cantidades por ~** sommes *fpl* dues
cobre *nm* cuivre *m*; **cobres** *nmpl* (*Mús*) cuivres *mpl*; **sin un ~** (*AM*: *fam*) sans un sou
cobro *nm* (*de cheque*) encaissement *m*; (*pago*) paiement *m*; **presentar al ~** encaisser
cocaína *nf* cocaïne *f*
cocción *nf* cuisson *f*
cocear *vi* ruer
cocer *vt* faire cuire, cuire ▸ *vi* cuire; (*agua*) bouillir; **cocerse** *vpr* cuire
coche *nm* voiture *f*; (*para niños*) poussette *f*; **~ de bomberos**

voiture des pompiers ; **~ de carreras** voiture de course
coche-cama (*pl* **coches-cama**) *nm* wagon-lit *m*
cochera *nf* garage *m* ; (*de autobuses*) dépôt *m*
cochino, -a *adj* dégoûtant(e) ▸ *nm/f* cochon (truie) ; (*persona*) cochon(ne)
cocido, -a *adj* (*patatas*) bouilli(e) ; (*huevos*) dur(e) ▸ *nm* pot-au-feu *m inv*
cocina *nf* cuisine *f* ; (*aparato*) cuisinière *f* ; **~ eléctrica/de gas** cuisinière électrique/à gaz ; **~ francesa** cuisine française • **cocinar** *vt, vi* cuisiner
cocinero, -a *nm/f* cuisinier(-ière)
coco *nm* noix *fsg* de coco
cocodrilo *nm* crocodile *m*
cocotero *nm* cocotier *m*
cóctel *nm* cocktail *m* ; **~ molotov** cocktail Molotov
codazo *nm*: **dar un ~ a algn** donner un coup de coude à qn
codicia *nf* convoitise *f* • **codiciar** *vt* convoiter
codicioso, -a *adj* avide ; (*expresión*) de convoitise
código *nm* code *m* ; **~ civil/postal** code civil/postal ; **~ de (la) circulación** code de la route
codillo *nm* (*Tec*) coude *m*
codo *nm* coude *m*
codorniz *nf* caille *f*
coerción *nf* coercition *f*
coetáneo, -a *nm/f* contemporain(e)
coexistir *vi*: **~ (con)** coexister (avec)
cofradía *nf* confrérie *f*
cofre *nm* coffre *m* ; (*de joyas*) coffret *m*
coger *vt* prendre ; (*objeto caído*) ramasser ; (*pelota*) attraper ; (*frutas*) cueillir ; (*sentido, indirecta*) comprendre, saisir ; (*tomar prestado*) emprunter ; (*AM: fam!*) baiser (*fam!*) ; **cogerse** *vpr* se prendre ; **~ cariño a algn** prendre qn en affection ; **~ celos de algn** être jaloux(-ouse) de qn ; **~ manía a algn** prendre qn en grippe ; **cogerse a** s'accrocher à, s'agripper à ; **iban cogidos de la mano** ils se tenaient par la main
cogollo *nm* cœur *m*
cogote *nm* nuque *f*
cohecho *nm* subornation *f*
coherente *adj* cohérent(e)
cohesión *nf* cohésion *f*
cohete *nm* fusée *f*, pétard *m* ; (*tb*: **cohete espacial**) fusée
cohibido, -a *adj*: **estar/sentirse ~** être/se sentir gêné(e) ; (*tímido*) être/se sentir intimidé(e)
cohibir *vt* intimider ; (*reprimir*) réprimer ; **cohibirse** *vpr* se retenir
coincidencia *nf* coïncidence *f*
coincidir *vi* (*en lugar*) se rencontrer ; **coincidimos en ideas** nous partageons les mêmes idées ; **~ con** coïncider avec
coito *nm* coït *m*
cojear *vi* boiter ; (*mueble*) être bancal(e)
cojera *nf* claudication *f*
cojín *nm* coussin *m* • **cojinete** *nm* palier *m*
cojo, -a *vb ver* **coger** ▸ *adj* boiteux(-euse) ; (*mueble*) bancal(e) ▸ *nm/f* (*persona*) boiteux(-euse)

cojón (*fam!*) *nm* couille *f* (*fam!*) ; **¡cojones!** putain ! (*fam!*)
cojonudo, -a (*Esp: fam!*) *adj* super
col *nf* chou *m* ; **~es de Bruselas** choux *mpl* de Bruxelles
cola *nf* queue *f* ; (*para pegar*) colle *f* ; **hacer ~** faire la queue
colaborador, a *nm/f* collaborateur(-trice)
colaborar *vi* : **~ con** collaborer avec
colada *nf* : **hacer la ~** faire la lessive
colador *nm* passoire *f*
colapso *nm* collapsus *msg* ; (*de circulación*) embouteillage *m* ; (*en producción*) effondrement *m*
colar *vt* filtrer ▸ *vi* (*mentira*) prendre, passer ; **colarse** *vpr* (*en cola*) se glisser, se faufiler ; (*viento, lluvia*) s'engouffrer ; **colarse en** (*concierto, cine*) se faufiler dans
colcha *nf* couvre-lit *m*
colchón *nm* matelas *m* ; **~ inflable/neumático** matelas gonflable/pneumatique
colchoneta *nf* tapis *msg* de sol
colección *nf* collection *f* • **coleccionar** *vt* collectionner • **coleccionista** *nmf* collectionneur(-euse)
colecho *nm* co-dodo *m*
colecta *nf* collecte *f*
colectivo, -a *adj* collectif(-ive) ▸ *nm* collectif *m* ; (AM) autobus *msg* ; (: *taxi*) taxi *m*
colega *nmf* collègue *mf* ; (*fam*) copain (copine)
colegial, a *adj, nm/f* collégien(ne)
colegio *nm* école *f* ; (*de abogados, médicos*) ordre *m* ; **ir al ~** aller à l'école ; **~ electoral** collège *m* électoral ; **~ mayor** résidence *f* universitaire
colegir *vt* déduire
cólera *nf* colère *f* ▸ *nm* choléra *m*
colérico, -a *adj* colérique ; (*persona*) coléreux(-euse)
colesterol *nm* cholestérol *m*
coleta *nf* queue *f*, couette *f*
colgante *adj* pendant(e), suspendu(e) ▸ *nm* pendentif *m*
colgar *vt* accrocher ; (*teléfono*) raccrocher ; (*ropa*) étendre ; (*ahorcar*) pendre ▸ *vi* raccrocher ; **~ de** pendre à, être suspendu(e) à
cólico *nm* colique *f*
coliflor *nf* chou-fleur *m*
colilla *nf* mégot *m*
colina *nf* colline *f*
colirio *nm* collyre *m*
colisión *nf* collision *f*
collar *nm* collier *m*
colmar *vt* remplir à ras bord
colmena *nf* ruche *f*
colmillo *nm* canine *f* ; (*de elefante*) défense *f* ; (*de perro*) croc *m*
colmo *nm* : **ser el ~ de la locura/frescura/insolencia** être le comble de la folie/du toupet/de l'insolence ; **para ~ (de desgracias)** pour comble (de malheurs)
colocación *nf* (*de piedra*) pose *f* ; (*de persona*) placement *m* ; (*empleo*) emploi *m*, travail *m* ; (*disposición*) emplacement *m*
colocar *vt* (*piedra*) poser ; (*cuadro*) accrocher ; (*poner en empleo*) placer ; **colocarse** *vpr* se placer ; (*conseguir trabajo*) : **colocarse (de)** trouver du travail (comme)

Colombia *nf* Colombie *f* • **colombiano, -a** *adj* colombien(ne) ▸ *nm/f* Colombien(ne)
colonia *nf* colonie *f*; (*tb*: **agua de colonia**) eau *f* de cologne; (*Méx*) quartier *m*; **~ proletaria** (*Méx*) bidonville *m*
colonización *nf* colonisation *f*
colonizador, a *adj, nm/f* colonisateur(-trice)
colonizar *vt* coloniser
coloquial *adj* familier(-ière), parlé(e)
coloquio *nm* colloque *m*
color *nm* couleur *f*; **de ~** de couleur; **de ~ amarillo/azul/naranja** de couleur jaune/bleue/orange
colorado, -a *adj* rouge; (*AM*: *chiste*) grivois(e)
colorante *nm* colorant *m*
colorar, colorear *vt* colorier
colorete *nm* fard *m*
columna *nf* colonne *f*; **~ vertebral** colonne vertébrale
columpiar *vt* balancer; **columpiarse** *vpr* se balancer • **columpio** *nm* balançoire *f*
coma *nf* virgule *f* ▸ *nm* (*Med*) coma *m*
comadrona *nf* sage-femme *f*
comandancia *nf* (*mando*) commandement *m*; (*edificio*) commandement, commanderie *f*
comandante *nm* commandant *m*
comarca *nf* région *f*
comba *nf* corde *f*; **saltar a la ~** sauter à la corde; **no pierde ~** il n'en perd pas une
combar *vt* courber; **combarse** *vpr* se courber
combate *nm* combat *m* • **combatiente** *nm* combattant *m*
combatir *vt, vi* combattre
combinación *nf* combinaison *f*
combinar *vt* combiner; (*esfuerzos*) unir
combustible *adj, nm* combustible *m*
combustión *nf* combustion *f*
comedia *nf* comédie *f*
comediante *nmf* comédien(ne)
comedido, -a *adj* modéré(e)
comedor *nm* salle *f* à manger; (*de colegio, hotel*) réfectoire *m*
comensal *nmf* invité(e), convive *mf*
comentar *vt* commenter
comentario *nm* commentaire *m*; **comentarios** *nmpl* (*chismes*) commentaires *mpl*; **dar lugar a ~s** donner lieu à des commentaires, prêter à commentaires
comentarista *nmf* commentateur(-trice)
comenzar *vt, vi* commencer; **~ a/por hacer** commencer à/par faire
comer *vt* manger; (*Damas, Ajedrez*) souffler ▸ *vi* manger; (*almorzar*) manger, déjeuner; **comerse** *vpr* manger; **está para comérsela** elle est belle à croquer; **~ el coco a algn** (*fam*) bourrer le crâne à qn
comercial *adj* commercial(e)
comercializar *vt* commercialiser
comerciar *vi*: **~ en** faire le commerce de

comercio *nm* commerce *m* ; **~ autorizado** commerce autorisé ; **~ equitativo** commerce équitable ; **~ electrónico** commerce électronique ; **~ exterior/ interior** commerce extérieur/ intérieur ; **~ justo** commerce équitable
comestible *adj* comestible ▶ *nm*: **comestibles** *nmpl* aliments *mpl*
cometa *nm* comète *f* ▶ *nf* cerf-volant *m*
cometer *vt* commettre
cometido *nm* mission *f* ; (*deber*) devoir *m*
comezón *nf* démangeaison *f*
cómic *nm* bande *f* dessinée
comicios *nmpl* comices *mpl*
cómico, -a *adj* comique ▶ *nm/f* (*de TV, cabaret*) comique *mf* ; (*de teatro*) comédien(ne)
comida *nf* nourriture *f* ; (*acción*) repas *msg* ; (*almuerzo*) déjeuner *m* ; (*esp* AM) dîner *m* ; **~ basura** malbouffe *f*
comidilla *nf*: **ser la ~ del barrio** être sur toutes les lèvres
comienzo *vb ver* **comenzar** ▶ *nm* commencement *m*
comillas *nfpl* guillemets *mpl*
comilona (*fam*) *nf* gueuleton *m*
comino *nm* cumin *m* ; (*fam*): **(no) me importa un ~** je m'en balance
comisaría *nf* (*tb*: **comisaría de Policía**) commissariat *m*
comisario *nm* commissaire *m*
comisión *nf* commission *f* ; **~ mixta/permanente** commission paritaire/ permanente ; **comisiones bancarias** commissions bancaires ; **Comisiones Obreras** (*Esp*) *syndicat ouvrier*
comité *nm* comité *m*
comitiva *nf* suite *f*, cortège *m*
como *adv* comme ; (*en calidad de*) en ▶ *conj* (*condición*) si ; (*causa*) comme ; **lo hace ~ yo** il le fait comme moi ; **tan grande ~** aussi grand que ; **~ si estuviese ciego** comme s'il était aveugle
cómo *adv* comment ▶ *excl* comment ! ; **¿~ (ha dicho)?** comment ?, vous avez dit ? ; **¡~ no!** bien sûr ! ; (*esp* AM: *¡claro!*) pardi ! ; **¡~ corre!** comme il cavale !
cómoda *nf* commode *f*
comodidad *nf* confort *m* ; (*conveniencia*) avantage *m* ; **comodidades** *nfpl* aises *fpl*
comodín *nm* (*Naipes*) joker *m* ; (*Inform*) caractère *m* de remplacement
cómodo, -a *adj* confortable ; (*máquina, herramienta*) pratique ; **estar/ponerse/sentirse ~** être/ se mettre/se sentir à l'aise
compact disc *nm* disque *m* compact, CD *m*
compacto, -a *adj* compact(e)
compadecer *vt* plaindre ; **compadecerse** *vpr*: **compadecerse de algn** plaindre qn
compadre *nm* parrain *m* ; (*en oración directa*) (mon) vieux
compañero, -a *nm/f* collègue *mf* ; (*en juego*) partenaire *mf* ; (*en estudios*) camarade *mf*
compañía *nf* compagnie *f* ; **en ~ de** en compagnie de ; **hacer ~ a algn** tenir compagnie à qn ; **~ afiliada** filiale *f* ; **~ concesionaria/**

C

inversionista compagnie concessionnaire/actionnaire ; **~ (no) cotizable** compagnie (non) cotée en Bourse

comparación *nf* comparaison *f* ; **en ~ con** par comparaison à *o* avec

comparar *vt*: **~ a/con** comparer à/avec

comparecer *vi* comparaître

comparsa *nmf* (*Teatro, Cine*) figurant(e) ▸ *nf* (*de carnaval etc*) mascarade *f*

compartimento, compartimiento *nm* compartiment *m*

compartir *vt* partager

compás *nm* (*Mús*) rythme *m* ; (*para dibujo*) compas *msg* ; **al ~** en rythme

compasión *nf* compassion *f* ; **sin ~** sans pitié

compasivo, -a *adj* compatissant(e)

compatibilidad *nf* compatibilité *f*

compatible *adj*: **~ (con)** compatible (avec)

compatriota *nmf* compatriote *mf*

compendiar *vt* résumer • **compendio** *nm* abrégé *m*

compenetrarse *vpr* (*personas*) s'entendre sur tout

compensación *nf* compensation *f*, dédommagement *m*

compensar *vt* (*persona*) compenser ; (*contrarrestar: pérdidas*) compenser, contrebalancer ▸ *vi* (*esfuerzos, trabajo*) valoir la peine

competencia *nf* compétition *f*, concurrence *f* ; (*Jur, habilidad*) compétence *f* ; **competencias** *nfpl* (*Pol*) compétences *fpl* ; **la ~** (*Com*) la concurrence ; **hacer la ~ a** faire concurrence à ; **ser de la ~ de algn** être de la compétence de qn

competente *adj* compétent(e)

competición *nf* compétition *f*

competir *vi* concourir ; **~ en** (*fig*) rivaliser en ; **~ por** rivaliser pour ; (*Deporte*) être en compétition pour, concourir pour

compilar *vt* compiler

complacencia *nf* complaisance *f*

complacer *vt* faire plaisir à ; **complacerse** *vpr*: **complacerse en (hacer)** se complaire à (faire)

complaciente *adj* complaisant(e) ; **ser ~ con** *o* **para con** montrer de la complaisance envers

complejo, -a *adj* complexe ▸ *nm* (*Psico*) complexe *m* ; **~ deportivo** cité *f* des sports ; **~ industrial** complexe industriel

complemento *nm* complément *m*

completar *vt* compléter

completo, -a *adj* complet(-ète) ; (*éxito, fracaso*) total(e) ; **al ~** au complet ; **por ~** complètement

complicado, -a *adj* compliqué(e) ; **estar ~ en** être impliqué(e) dans

complicar *vt* compliquer ; **complicarse** *vpr* se compliquer ; **~ a algn en** impliquer qn dans

cómplice *nmf* complice *mf*

complot (*pl* **complots**) *nm* complot *m*

componer *vt* composer ; (*algo roto*) réparer ; **componerse de** se

composer de ; **componérselas para hacer algo** s'arranger pour faire qch
comportamiento *nm* comportement *m*
comportar *vt* comporter ; **comportarse** *vpr* se comporter
composición *nf* composition *f*
compositor, a *nm/f* (*Mús*) compositeur(-trice)
compostura *nf* tenue *f*, maintien *m*
compra *nf* achat *m* ; **hacer/ir a la ~** faire/aller faire les courses ; **ir de ~s** faire les magasins ; **~ a plazos** achat à crédit
comprador, a *nm/f* acheteur(-euse)
comprar *vt* acheter ; **comprarse** *vpr* s'acheter
comprender *vt* comprendre
comprensión *nf* compréhension *f*
comprensivo, -a *adj* compréhensif(-ive)
compresa *nf* (*tb*: **compresa higiénica**) serviette *f* hygiénique
comprimido, -a *adj* comprimé(e) ▶ *nm* (*Med*) comprimé *m*, cachet *m*
comprimir *vt* comprimer ; (*Inform*) zipper
comprobante *nm* (*Com*) reçu *m*, récépissé *m*
comprobar *vt* vérifier
comprometer *vt* compromettre ; **comprometerse** *vpr* se compromettre ; **~ a algn a hacer** mettre qn dans l'obligation de faire ; **comprometerse a hacer** s'engager à faire
compromiso *nm* (*acuerdo*) compromis *msg* ; (*situación difícil*) embarras *msg*
compuesto, -a *pp de* **componer** ▶ *adj* composé(e) ▶ *nm* composé *m* ; **~ de** composé(e) de
computador *nm*, **computadora** *nf* ordinateur *m* ; **~ central** ordinateur central
cómputo *nm* calcul *m*
comulgar *vi* (*Rel*) communier ; **~ con** (*con ideas, valores*) partager
común *adj* commun(e) ; **en ~** en commun
comunicación *nf* communication *f* ; **comunicaciones** *nfpl* (*transportes, Telec*) communications *fpl*
comunicado *nm* communiqué *m* ; **~ de prensa** communiqué de presse
comunicar *vt* communiquer ▶ *vi* (*teléfono*) être occupé(e) ; **comunicarse** *vpr* communiquer ; **~ con** communiquer avec ; **está comunicando** (*Telec*) c'est occupé
comunidad *nf* communauté *f* ; **~ autónoma** (*Pol*) communauté autonome ; **~ de vecinos** copropriétaires *mpl*, association *f* de copropriétaires ; **C~ (Económica) Europea** Communauté (économique) européenne
comunión *nf* communion *f*
comunismo *nm* communisme *m* • **comunista** *adj, nmf* communiste *mf*

con

▶ *prep* **1** (*medio, compañía, modo*) avec ; **comer ~ cuchara** manger avec une cuillère ; **café ~ leche** café au lait ; **~ habilidad** avec habileté

2 (*actitud, situación*): **piensa ~ los ojos cerrados** il pense les yeux fermés ; **estoy ~ un catarro** j'ai un rhume
3 (*a pesar de*): **~ todo, merece nuestros respetos** malgré tout, il mérite notre respect
4 (*relación, trato*): **es muy bueno ~ los niños** il sait s'y prendre avec les enfants
5 (*+ infin*): **~ llegar tan tarde se quedó sin comer** comme il est arrivé si tard, il n'a pas pu manger ; **~ estudiar un poco apruebas** en étudiant un peu tu y arriveras
6 (*queja*): **¡~ las ganas que tenía de hacerlo!** moi qui avais tellement envie de le faire !
▶ *conj* 1 : **~ que : será suficiente ~ que le escribas** il suffit que tu lui écrives
2 : **~ tal (de) que** du moment que

conato *nm* tentative *f* ; (*de incendio*) début *m*

concebir *vt, vi* concevoir

conceder *vt* accorder ; (*premio*) décerner

concejal, -a *nm/f* conseiller(-ère) *m/f* municipal(e)

concentración *nf* concentration *f*

concentrar *vt* concentrer ; (*personas*) rassembler ; **concentrarse** *vpr* se concentrer ; **concentrarse (en)** se concentrer (sur)

concepción *nf* conception *f*

concepto *nm* (*idea*) concept *m* ; **tener buen/mal ~ de algn** avoir bonne/mauvaise opinion de qn

concernir *vi* concerner ; **en lo que concierne a** en ce qui concerne

concertar *vt* (*precio*) se mettre d'accord sur ; (*entrevista*) fixer ; (*tratado, paz*) conclure ; (*esfuerzos*) associer ; (*Mús*) accorder ▶ *vi* (*Mús*) être en harmonie

concesión *nf* (*Com: adjudicación*) concession *f* ; **hacer concesiones** faire des concessions ; **sin concesiones** sans concessions

concesionario, -a *nm/f* (*Com*) concessionnaire *mf*

concha *nf* (*de molusco*) coquille *f* ; (*de tortuga*) carapace *f*

conciencia *nf* conscience *f* ; **hacer algo a ~** faire qch consciencieusement ; **tener/ tomar ~ de** avoir/prendre conscience de

concienciar *vt* faire prendre conscience à ; **concienciarse** *vpr* prendre conscience

concienzudo, -a *adj* consciencieux(-euse)

concierto *nm* (*Mús: acto*) concert *m* ; (*: obra*) concerto *m* ; (*convenio*) accord *m*

conciliar *vt* concilier ; **~ el sueño** trouver le sommeil

concilio *nm* concile *m*

conciso, -a *adj* concis(e)

concluir *vt* conclure ▶ *vi* (se) terminer

conclusión *nf* conclusion *f*

concluyente *adj* concluant(e)

concordia *nf* concorde *f*

concretar *vt* concrétiser ; **concretarse** *vpr*: **concretarse a (hacer)** s'en tenir à (faire)

concreto, -a *adj* concret(-ète) ; (*determinado*) précis(e) ▶ *nm* (AM: *hormigón*) béton *m* ; **en ~** en somme ; (*específicamente*) en particulier ; **un día ~** un jour précis
concurrencia *nf* assistance *f*
concurrido, -a *adj* fréquenté(e)
concurrir *vi* (*sucesos*) coïncider ; (*factores*) concourir ; (*ríos*) confluer ; (*avenidas*) converger
concursante *nmf* concurrent(e)
concurso *nm* concours *m*
conde *nm* comte *m*
condecoración *nf* décoration *f*
condecorar *vt* décorer
condena *nf* condamnation *f*
condenar *vt* condamner ; **condenarse** *vpr* (*Jur*) se reconnaître coupable ; (*Rel*) se damner ; **~ (a)** condamner (à)
condensar *vt* condenser ; **condensarse** *vpr* se condenser
condesa *nf* comtesse *f*
condición *nf* condition *f* ; (*modo de ser*) caractère *m* ; (*estado*) état *m* ; **condiciones** *nfpl* capacités *fpl*, aptitudes *fpl* ; **a ~ de que ...** à condition que ... • **condicional** *adj* conditionnel(le) ; *ver* **libertad**
condicionar *vt* conditionner ; **estar condicionado a** dépendre de
condimento *nm* condiment *m*
condolerse *vpr* compatir
condón *nm* capote *f*
conducir *vt* conduire ; (*suj: camino, escalera, negocio*) conduire, mener ▶ *vi* conduire ; **conducirse** *vpr* se conduire ; **esto no conduce a nada/ninguna parte** cela ne mène à rien/nulle part
conducta *nf* conduite *f*
conducto *nm* conduit *m* ; **por ~ oficial** par voie officielle
conductor, a *adj* (*Fís, Elec*) conducteur(-trice) ▶ *nm* conducteur *m* ▶ *nm/f* conducteur(-trice)
conduje *etc vb ver* **conducir**
conduzca *etc vb ver* **conducir**
conectar *vt* relier ; (*tubos*) raccorder ; (*enchufar*) connecter, brancher ▶ *vi*: **~ (con)** (*TV, Radio*) donner l'antenne (à)
conejillo *nm*: **~ de Indias** cochon *m* d'Inde ; (*fig*) cobaye *m*
conejo *nm* lapin *m*
conexión *nf* connexion *f*
confección *nf* confection *f*
confeccionar *vt* confectionner
confederación *nf* confédération *f*
conferencia *nf* conférence *f* ; (*Telec*) communication *f* interurbaine ; **~ a cobro revertido** (*Telec*) appel *m* en PCV ; **~ de prensa** conférence de presse
conferir *vt* (*tb fig*) conférer
confesar *vt* confesser, avouer ▶ *vi* (*Rel*) confesser ; (*Jur*) avouer ; **confesarse** *vpr* se confesser
confesión *nf* confession *f*, aveu *m* ; (*Rel*) confession
confesionario *nm* (*Rel*) confessionnal *m*
confeti *nm* confetti *m*
confiado, -a *adj* confiant(e)
confianza *nf* confiance *f* ; (*familiaridad*) familiarité *f* ; **de ~** (*persona*) de confiance ; (*alimento*) de qualité ; **tener ~ con algn** être intime avec qn ; **tomarse ~s con algn** (*pey*) se permettre des familiarités avec qn

confiar *vt* confier ; **confiarse** *vpr* être confiant(e) ; **~ en** avoir confiance en ; **~ en hacer/en que** compter faire/que
confidencia *nf* confidence *f*
confidencial *adj* confidentiel(le) ; **« ~ »** *(en sobre)* « confidentiel »
confidente *nmf (amigo)* confident(e) ; *(policial)* informateur(-trice), indicateur(-trice)
configurar *vt* façonner ; *(Inform)* configurer
confinar *vt (desterrar)* confiner
confirmar *vt* confirmer ; **confirmarse** *vpr* se confirmer ; *(Rel)* faire sa confirmation ; **la excepción confirma la regla** l'exception confirme la règle
confiscar *vt* confisquer
confitería *nf (tienda)* confiserie *f* ; *(CSur: café)* café *m*
confitura *nf* confiture *f*
conflictivo, -a *adj* conflictuel(le) ; *(época)* de conflits
conflicto *nm* conflit *m* ; *(fig: problema)* problème *m*
confluir *vi (ríos)* confluer ; *(carreteras, personas)* se rejoindre
conformar *vt (carácter, paisaje)* façonner ; **conformarse** *vpr*: **conformarse con** se contenter de ; *(resignarse)* se résigner à ; **conformarse con hacer** se contenter de faire
conforme *adj* conforme ; *(de acuerdo)* d'accord ; *(satisfecho)* content(e), satisfait(e) ▸ *conj (tal como)* tel que, comme ; *(a medida que)* à mesure que ▸ *excl* d'accord ▸ *prep*: **~ a** conformément à ; **~ con** content(e) *o* satisfait(e) de
conformidad *nf* conformité *f* ; *(aprobación)* accord *m*, approbation *f* • **conformista** *adj, nmf* conformiste *mf*
confortable *adj* confortable
confortar *vt* réconforter
confrontar *vt* confronter ; **confrontarse** *vpr* s'affronter ; **confrontarse con** affronter
confundir *vt* confondre ; *(persona: embrollar)* embrouiller ; *(: desconcertar)* confondre ; **confundirse** *vpr (equivocarse)* se tromper ; *(hacerse borroso)* se confondre ; *(mezclarse)* se confondre ; **~ algo/algn con** confondre qch/qn avec
confusión *nf* confusion *f*
confuso, -a *adj* confus(e)
congelado, -a *adj (carne, pescado)* congelé(e) ; **congelados** *nmpl (Culin)* surgelés *mpl* • **congelador** *nm* congélateur *m*
congelar *vt* congeler ; *(Com, Fin)* geler ; **congelarse** *vpr* se congeler ; *(sangre, grasa)* se figer
congeniar *vi*: **~ (con)** s'entendre (avec)
congestión *nf (de tráfico)* encombrement *m* ; *(Med)* congestion *f*
congestionar *vt* congestionner ; **congestionarse** *vpr* se congestionner
congoja *nf* chagrin *m*
congraciarse *vpr*: **~ con** s'attirer les bonnes grâces de
congratular *vt* féliciter ; **congratularse** *vpr*: **congratularse de** *o* **por** se féliciter de
congregación *nf* congrégation *f*

congregar *vt* réunir, rassembler ; **congregarse** *vpr* se réunir, se rassembler
congreso *nm* congrès *m*
conjetura *nf* conjecture *f*; **solo podemos hacer ~s** nous en sommes réduits aux conjectures
conjugar *vt* conjuguer
conjunción *nf* (*Ling*) conjonction *f*
conjunto, -a *adj* commun(e) ▸ *nm* ensemble *m* ; (*de circunstancias*) concours *msg* ; (*de música pop*) groupe *m* ; **de ~** (*visión, estudio*) d'ensemble ; **en ~** dans l'ensemble
conjurar *vt, vi* conjurer ; **conjurarse** *vpr* se conjurer
conmemoración *nf* commémoration *f*
conmemorar *vt* commémorer
conmigo *pron* avec moi
conmoción *nf* commotion *f* ; (*en sociedad, costumbres*) bouleversement *m* ; **~ cerebral** (*Med*) commotion cérébrale
conmovedor, a *adj* émouvant(e)
conmover *vt* émouvoir ; (*suj: terremoto, estrépito*) ébranler ; **conmoverse** *vpr* s'émouvoir
conmutador *nm* (*AM: Telec*) standard *m*
cono *nm* (*Geom*) cône *m* ; **C~ Sur** (*Geo*) *Chili, Argentine, Uruguay*
conocedor, a *adj, nm/f* connaisseur(-euse)
conocer *vt* connaître ; (*reconocer*) reconnaître ; **conocerse** *vpr* se connaître ; **se conoce que ...** il semble *o* paraît que ...
conocido, -a *adj* connu(e) ▸ *nm/f* (*persona*) connaissance *f*
conocimiento *nm* connaissance *f*; **conocimientos** *nmpl* (*saber*) connaissances *fpl* ; **poner en ~ de algn** faire savoir à qn ; **tener ~ de** avoir connaissance de
conozca *etc vb ver* **conocer**
conque *conj* ainsi donc, alors
conquista *nf* conquête *f*
conquistador, a *adj, nm/f* conquérant(e) ▸ *nm* (*de América*) conquistador *m* ; (*seductor*) séducteur *m*
conquistar *vt* conquérir ; (*puesto*) obtenir ; (*simpatía, fama*) conquérir ; (*enamorar*) conquérir, faire la conquête de
consagrar *vt* consacrer
consciente *adj* conscient(e) ; **estar ~** être conscient(e) ; **ser ~ de** être conscient(e) de
consecuencia *nf* conséquence *f* ; **a ~ de** par suite de ; **en ~** en conséquence
consecuente *adj*: **~ (con)** conséquent(e) (avec)
consecutivo, -a *adj* consécutif(-ive)
conseguir *vt* obtenir ; (*sus fines*) parvenir à ; **~ hacer** arriver à faire
consejero, -a *nm/f* (*persona*) conseiller(-ère) ; (*Pol*) *ministre dans une communauté autonome*
consejo *nm* conseil *m* ; **~ de administración** (*Com*) conseil d'administration ; **~ de guerra/ de ministros** conseil de guerre/ des ministres
consenso *nm* consensus *m inv*
consentimiento *nm* consentement *m*
consentir *vt* consentir ; (*mimar*) gâter ▸ *vi*: **~ en hacer** consentir à

C

faire ; **~ a algn hacer algo/que algn haga algo** permettre à qn de faire qch/que qn fasse qch
conserje *nm* concierge *m*
conserva *nf* conserve *f* ; **conservas** *nfpl* conserves *fpl* ; **en ~** en conserve
conservación *nf* (*de paisaje, naturaleza*) conservation *f* ; (*de especie*) protection *f*
conservador, a *adj, nm/f* conservateur(-trice)
conservante *nm* conservateur *m*
conservar *vt* (*gen*) conserver ; (*costumbre, figura*) garder ;
conservarse *vpr*: **conservarse bien** (*comida etc*) bien se conserver ; **conservarse joven** être bien conservé(e)
conservatorio *nm* (*Mús*) conservatoire *m*
considerable *adj* (*importante*) important(e) ; (*grande*) considérable
consideración *nf* considération *f*
considerado, -a *adj* (*atento*) attentionné(e) ; (*respetado*) respecté(e)
considerar *vt* considérer
consigna *nf* consigne *f*
consigo *vb ver* **conseguir** ▶ *pron* (*m*) avec lui ; (*f*) avec elle ; (*usted(es)*) avec vous ; **~ mismo** avec soi-même
consiguiendo *etc vb ver* **conseguir**
consiguiente *adj*: **el ~ susto/nerviosismo** la peur/nervosité qui en résulte ; **por ~** par conséquent
consistente *adj* consistant(e) ; (*material, pared, teoría*) solide ; **~ en** qui consiste en
consistir *vi*: **~ en algo/hacer algo** consister en qch/à faire qch
consola *nf* console *f* ; **~ de mando** (*Inform*) console ; **~ de visualización** console de visualisation
consolación *nf ver* **premio**
consolar *vt* consoler ;
consolarse *vpr*: **consolarse (con)** se consoler (avec)
consolidar *vt* consolider
consomé *nm* (*Culin*) consommé *m*
consonante *nf* consonne *f*
consorcio *nm* (*Com*) consortium *m*
conspiración *nf* conspiration *f*
conspirador, a *nm/f* conspirateur(-trice)
conspirar *vi* conspirer
constancia *nf* constance *f* ; **dejar ~ de algo** faire état de qch
constante *adj* constant(e) ▶ *nf* (*Mat, fig*) constante *f*
constar *vi*: **~ (en)** figurer (dans) ; **~ de** se composer de ; **me consta que ...** je suis conscient(e) que ... ; **(que) conste que lo hice por ti** n'oublie pas que c'est pour toi que je l'ai fait
constatar *vt* constater
consternación *nf* consternation *f*
constipado, -a *adj*: **estar ~** être enrhumé(e) ▶ *nm* rhume *m*
constitución *nf* constitution *f* ; (*de tribunal, equipo etc*) composition *f* • **constitucional** *adj* constitutionnel(le)
constituir *vt* constituer
constituyente *adj* constituant(e)

constreñir *vt* (*limitar*) restreindre
construcción *nf* construction *f*
constructor, a *nm/f* constructeur(-trice) ▶ *nf* entreprise *f* de construction
construir *vt* construire
construyendo *etc vb ver* **construir**
consuelo *vb ver* **consolar** ▶ *nm* consolation *f*
cónsul *nmf* consul(e) • **consulado** *nm* consulat *m*
consulta *nf* consultation *f*; (*Med*: *consultorio*) cabinet *m*; **horas de ~** heures *fpl* de consultation
consultar *vt* consulter; **~ algo con algn** consulter qn au sujet de qch
consultorio *nm* (*Med*) cabinet *m*
consumar *vt* consommer
consumición *nf* consommation *f*; **~ mínima** prix *m* minimum de la consommation
consumidor, a *nm/f* consommateur(-trice)
consumir *vt* consommer; **consumirse** *vpr* se consumer; (*caldo*) réduire; **consumirse (de celos/de envidia/de rabia)** se consumer (de jalousie/d'envie/de rage)
consumismo *nm* (*Com*) surconsommation *f*
consumo *nm* consommation *f*; **bienes/sociedad de ~** biens *mpl*/société *f* de consommation
contabilidad *nf* comptabilité *f* • **contable** *nmf* comptable *mf*
contactar *vi*: **~ con algn** contacter qn
contacto *nm* contact *m*; **estar/ponerse en ~ con algn** être/se mettre en contact avec qn
contado, -a *adj*: **en casos ~s** dans de rares cas ▶ *nm*: **al ~** au comptant; **pagar al ~** payer comptant
contador, a *nm/f* (*AM*: *contable*) comptable *mf* ▶ *nm* (*aparato*) compteur *m*
contagiar *vt* (*enfermedad*) passer; (*persona*) contaminer
contagio *nm* contagion *f*
contagioso, -a *adj* contagieux(-euse)
contaminación *nf* (*de alimentos*) contamination *f*; (*del agua, ambiente*) pollution *f*
contaminar *vt* (*aire, agua*) polluer
contante *adj*: **dinero ~** argent *m* comptant; **dinero ~ y sonante** espèces *fpl* sonnantes et trébuchantes
contar *vt* (*dinero etc*) compter; (*historia etc*) conter, raconter ▶ *vi* compter; **~ con** (*persona*) compter sur; (*disponer de*: *plazo etc*) disposer de; (: *habitantes*) compter
contemplación *nf* contemplation *f*; **contemplaciones** *nfpl* (*miramientos*) égards *mpl*
contemplar *vt* contempler
contemporáneo, -a *adj, nm/f* contemporain(e)
contendiente *nmf* (*persona, país*) rival(e); (*Deporte*) adversaire *mf*
contenedor *nm* conteneur *m*
contener *vt* contenir; (*risa, caballo etc*) retenir; **contenerse** *vpr* se retenir

contenido, -a *adj* contenu(e) ▸ *nm* contenu *m*
contentar *vt* faire plaisir à ; **contentarse** *vpr*: **contentarse (con)** se contenter (de) ; **contentarse con hacer** se contenter de faire
contento, -a *adj*: **~ (con/de)** content(e) (de)
contestación *nf* réponse *f*
contestador *nm* (*tb*: **contestador automático**) répondeur *m*
contestar *vt* répondre ; (*Jur*) plaider ▸ *vi* répondre ; **~ a una pregunta/a un saludo** répondre à une question/à un salut
contexto *nm* contexte *m*
contienda *nf* dispute *f*
contigo *pron* avec toi
contiguo, -a *adj*: **~ (a)** contigu(ë) (à)
continente *nm* continent *m*
contingencia *nf* (*posibilidad*) éventualité *f* • **contingente** *adj* contingent(e) ▸ *nm* (*Mil, Com*) contingent *m*
continuación *nf* (*de trabajo, estancia, obras*) poursuite *f*; (*de novela, película, calle*) suite *f*; **a ~** juste après
continuar *vt* continuer, poursuivre ▸ *vi* (*permanecer*) rester ; (*mantenerse, prolongarse*) continuer ; (*telenovela etc*) reprendre ; **~ haciendo** continuer de *o* à faire ; **~ siendo** être toujours
continuo, -a *adj* continu(e) ; (*llamadas, quejas*) continuel(le)
contorno *nm* (*silueta*) contours *mpl* ; (*en dibujo*) contour *m* ;
contornos *nmpl* (*alrededores*) environs *mpl*
contorsión *nf* contorsion *f*
contra *prep* contre ▸ *adj* (*Nic*) contra ▸ *adv*: **en ~ (de)** contre ▸ *nmf* contra *mf* ▸ *nf*: **la C~ (nicaragüense)** les Contras *mpl* ▸ *nm ver* **pro**
contraataque *nm* contre-attaque *f*
contrabajo *nm* contrebasse *f*
contrabandista *nmf* contrebandier(-ière)
contrabando *nm* contrebande *f*; **llevar/pasar algo de ~** passer qch en contrebande
contracción *nf* contraction *f*
contracorriente: **a ~** *adv* à contre-courant
contradecir *vt* contredire ; **contradecirse** *vpr* se contredire ; **esto se contradice con ...** ceci est en contradiction avec ...
contradicción *nf* contradiction *f*; **en ~ con** en contradiction avec
contradictorio, -a *adj* contradictoire
contraer *vt* contracter ; **contraerse** *vpr* se contracter ; **~ matrimonio con** épouser
contraluz *nm* (*Foto*) contre-jour *m* ; **a ~** à contre-jour
contrapelo: **a ~** *adv* à rebrousse-poil
contrapesar *vt* contrebalancer • **contrapeso** *nm* contrepoids *msg*
contraportada *nf* quatrième *m* de couverture
contraproducente *adj* contre-productif(-ive)
contrariar *vt* contrarier

contrariedad *nf* contretemps *msg* ; (*disgusto*) contrariété *f*
contrario, -a *adj*: **~ (a)** opposé(e) (à) ; (*equipo etc*) adverse ▶ *nm/f* adversaire *mf* ; **al ~** au contraire ; **por el ~** tout au contraire ; **ser ~ a** être opposé(e) à ; (*a intereses, opinión*) être contraire à ; **llevar la contraria** contredire ; **de lo ~** sinon
contrarrestar *vt* (*neutralizar*) pallier ; (*hacer frente a*) contrecarrer
contraseña *nf* mot *m* de passe
contrastar *vi*: **~ con** trancher avec
contraste *nm* contraste *m*
contratar *vt* engager, recruter ; (*servicios*) faire appel à
contratiempo *nm* contretemps *msg*
contratista *nmf* entrepreneur(-euse)
contrato *nm* contrat *m*
contravenir *vt* contrevenir
contraventana *nf* volet *m*
contribución *nf* contribution *f*
contribuir *vi*: **~ (a)** contribuer (à) ; **~ con** participer à raison de
contribuyente *nmf* contribuable *mf*
contrincante *nm* concurrent(e)
control *nm* contrôle *m* ; (*dominio: de nervios, impulsos*) maîtrise *f* ; (*tb*: **control de policía**) contrôle ; **llevar el ~** (*de situación*) maîtriser ; (*en asunto*) diriger ; **perder el ~** perdre le contrôle ; **~ de (la) natalidad** contrôle des naissances ; **~ de pasaportes** contrôle des passeports
controlador, a *nm/f*: **~ aéreo(-a)** contrôleur(-euse) aérien(ne)
controlar *vt* contrôler ; (*nervios, impulsos*) maîtriser ; **controlarse** *vpr* se maîtriser
controversia *nf* controverse *f*
contundente *adj* (*prueba*) indiscutable ; (*fig: argumento etc*) radical(e)
contusión *nf* contusion *f*
convalecencia *nf* convalescence *f*
convaleciente *adj, nmf* convalescent(e)
convalidar *vt* valider
convencer *vt* convaincre ; **convencerse** *vpr*: **convencerse (de)** se persuader (de) ; **~ a algn de (que haga) algo** convaincre qn de (faire) qch ; **~ a algn para que haga** convaincre qn de faire ; **esto no me convence (nada)** cela ne me convainc pas (du tout)
convencimiento *nm* certitude *f*
convención *nf* convention *f*
conveniencia *nf* (*oportunidad*) opportunité *f* ; (*provecho*) intérêt *m* ; (*utilidad*) avantage *m* ; **conveniencias** *nfpl* (*tb*: **conveniencias sociales**) convenances *fpl*
conveniente *adj* opportun(e) ; (*útil*) pratique
convenio *nm* accord *m*
convenir *vt* convenir de ▶ *vi* convenir ; **no te conviene salir** tu ne devrais pas sortir
convento *nm* couvent *m*
convenza *etc vb ver* **convencer**
converger, convergir *vi* converger
conversación *nf* conversation *f*

C

conversar *vi* discuter
conversión *nf* transformation *f*
convertir *vt* transformer ; (*Rel*): **~ a** convertir à
convicción *nf* conviction *f* ; **convicciones** *nfpl* (*ideas*) convictions *fpl*
convicto, -a *adj* condamné(e)
convidado, -a *nm/f* convive *mf*
convidar *vt*: **~ (a)** convier (à) ; **~ a algn a hacer** inviter qn à faire
convincente *adj* convaincant(e)
convite *nm* (*banquete*) banquet *m* ; (*invitación*) invitation *f*
convivencia *nf* cohabitation *f*
convivir *vi* cohabiter
convocar *vt* convoquer ; **~ (a)** (*personas*) convoquer (à) ; (*huelga*) appeler à
convocatoria *nf* convocation *f* ; (*huelga*) appel *m*
convulsión *nf* (*Med*) convulsion *f*
conyugal *adj* conjugal(e) ; **vida ~** vie *f* conjugale • **cónyuge** *nmf* conjoint(e)
coñac (*pl* **coñacs**) *nm* cognac *m*
coño (*fam!*) *nm* con *m* (*fam!*) ▸ *excl* merde ! (*fam!*)
cooperación *nf* coopération *f*
cooperar *vi* coopérer
cooperativa *nf* coopérative *f*
coordinador, a *nm/f* coordinateur(-trice) ▸ *nf* bureau *m* de coordination
coordinar *vt* coordonner
copa *nf* (*recipiente*) verre *m* (à pied) ; (*de champán, Deporte*) coupe *f* ; (*de árbol*) cime *f* ; **copas** *nfpl* (*Naipes*) *l'une des quatre couleurs du jeu de cartes espagnol* ; **tomar una ~** prendre un verre *o* un pot
copago *nm* (*sistema*) copaiement *m* ; (*Med: cuota*) ticket *m* modérateur
copia *nf* copie *f* ; (*llave*) double *m* ; **~ de respaldo** *o* **de seguridad** (*Inform*) sauvegarde *f* • **copiar** *vt* copier ; (*Inform*) faire une copie de ; **~ y pegar** faire un copier-coller
copioso, -a *adj* abondant(e) ; (*comida*) copieux(-euse)
copipega *nm* copier-coller *m inv*
copla *nf* (*canción*) couplet *m*
copo *nm*: **~ de nieve** flocon *m* de neige ; **~s de avena** flocons *mpl* d'avoine
coqueta *nf* (*mujer*) coquette *f* ; (*mueble*) coiffeuse *f* • **coquetear** *vi* flirter
coraje *nm* courage *m* ; (*esp* AM) colère *f*
coral *adj* (*Mús*) choral(e) ▸ *nf* (*Mús*) chorale *f* ▸ *nm* (*Zool*) corail *m* ; **de ~** en corail
coraza *nf* cuirasse *f* ; (*Zool*) carapace *f*
corazón *nm* cœur *m* ; (*Bot*) noyau *m*
corazonada *nf* pressentiment *m*
corbata *nf* cravate *f*
Córcega *nf* Corse *f*
corchete *nm* agrafe *f*
corcho *nm* liège *m* ; (*Pesca, tapón*) bouchon *m* ; **de ~** en liège
cordel *nm* corde *f*
cordero *nm* agneau *m*
cordial *adj* cordial(e) • **cordialidad** *nf* cordialité *f*
cordillera *nf* cordillère *f*

Córdoba *n* Cordoue
córdoba *nm monnaie du Nicaragua*
cordón *nm (cuerda)* ficelle *f*; *(de zapatos)* lacet *m*; *(Elec, policial)* cordon *m*; *(CSur)* bord *m* du trottoir; **~ umbilical** cordon ombilical
cordura *nf* sagesse *f*; *(Med)* santé *f* mentale
córner *(pl* **córners***) nm (Deporte)* corner *m*
corneta *nf (Mús)* cornet *m*; *(Mil)* clairon *m*
cornisa *nf* corniche *f*
coro *nm* chœur *m*
corona *nf* couronne *f*
• **coronación** *nf* couronnement *m*
• **coronar** *vt (tb fig)* couronner
coronel *nm* colonel *m*
coronilla *nf* sommet *m* du crâne; **estar hasta la ~ (de)** en avoir jusque-là (de)
corporación *nf* corporation *f*
corporal *adj (ejercicio)* physique; *(castigo, higiene)* corporel(le)
corpulento, -a *adj (persona)* corpulent(e); *(árbol, tronco)* énorme
corral *nm (de animales)* basse-cour *f*
correa *nf* courroie *f*; *(cinturón)* ceinture *f*; *(de perro)* laisse *f*; **~ del ventilador** *(Auto)* courroie du ventilateur
corrección *nf* correction *f*
• **correccional** *nm* pénitencier *m*
correcto, -a *adj* correct(e)
corredor, a *nm/f* coureur(-euse) ▸ *nm (pasillo)* corridor *m*; *(balcón corrido)* galerie *f*; *(Com)* courtier *m*
corregir *vt* corriger; **corregirse** *vpr* se corriger; **se le ha corregido la miopía** on lui a corrigé sa myopie
correo *nm* courrier *m*; *(servicio)* poste *f*; **Correos** *nmpl (servicio, edificio)* la Poste; **a vuelta de ~** par retour de courrier; **echar al ~** mettre à la poste; **~ aéreo** courrier par avion; **~ basura** *(Inform)* spam *m*; **~ certificado** courrier recommandé; **~ electrónico** courrier électronique
correr *vt (mueble etc)* déplacer; *(riesgo)* courir; *(cortinas: cerrar)* fermer; *(: abrir)* ouvrir; *(cerrojo)* tourner ▸ *vi (persona, rumor)* courir; *(coche)* aller vite; *(agua)* couler; *(viento)* souffler; **correrse** *vpr (persona, terreno)* se déplacer; *(colores)* couler; **echar a ~** se mettre à courir
correspondencia *nf* correspondance *f*
corresponder *vi (dinero, tarea)* revenir; *(en amor)* aimer en retour; **corresponderse** *vpr (amarse)* bien s'entendre; **~ a** *(invitación)* répondre à; *(convenir, ajustarse, pertenecer)* correspondre à; **al gobierno le corresponde ...** le gouvernement a pour tâche de ...; **corresponderse con** correspondre à
correspondiente *adj (respectivo)* correspondant(e); **~ (a)** *(adecuado)* qui correspond (à)
corresponsal *nmf* correspondant(e)
corrida *nf* corrida *f*; *(Chi)* file *f*
corrido, -a *adj, nm (Méx)* ballade *f*; **de ~** couramment
corriente *adj* courant(e); *(suceso, costumbre)* habituel(le); *(común)*

commun(e) ▸ *nf* courant *m* ; (*tb*: **corriente de aire**) courant d'air ▸ *nm*: **el 16 del ~** le 16 courant ; **estar al ~ de** être au courant de ; **seguir la ~ a algn** ne pas contrarier qn ; **poner/tener al ~** mettre/tenir au courant

corrija *etc vb ver* **corregir**

corrillo *nm* petit groupe *m*

corro *nm* cercle *m* ; **jugar al ~** faire la ronde

corroborar *vt* corroborer

corroer *vt* corroder ; (*suj*: *envidia*) ronger ; **corroerse** *vpr* se désagréger

corromper *vt* pourrir ; (*fig*: *costumbres, moral*) corrompre ; (: *juez etc*) corrompre, soudoyer ; **corromperse** *vpr* pourrir ; (*costumbres*) se corrompre ; (*persona, justicia*) se laisser soudoyer

corrosivo, -a *adj* corrosif(-ive)

corrupción *nf* putréfaction *f* ; (*fig*) corruption *f*

corsé *nm* corset *m*

cortacésped *nm* tondeuse *f* (à gazon)

cortado, -a *adj* (*leche*) tourné(e) ; (*piel, labios*) craquelé(e) ▸ *nm* café *m* avec un nuage de lait ; **estar ~** être coincé(e) ; **quedarse ~** rester sans voix

cortafuego, cortafuegos *nm* pare-feu *m* ; (*Inform*) pare-feu *m*

cortapega *nm* couper-coller *m inv*

cortar *vt* couper ▸ *vi* couper ; (*viento*) être glacial(e) ; (AM: *Telec*) raccrocher ; **cortarse** *vpr* se couper ; (*turbarse*) se troubler ; (*Telec*) s'interrompre ; (*leche*) tourner ; **cortarse el pelo** se (faire) couper les cheveux ; **se le cortan los labios** ses lèvres se gercent

cortaúñas *nm inv* coupe-ongles *m inv*

corte *nm* coupure *f* ; (*de pelo, vestido*) coupe *f* ▸ *nf* (*real*) cour *f* ; **las C~s (Españolas)** *le Parlement espagnol*

cortejar *vt* courtiser

cortejo *nm* cortège *m* ; **~ fúnebre** cortège funèbre

cortés *adj* courtois(e), poli(e)

cortesía *nf* courtoisie *f*, politesse *f*

corteza *nf* (*de árbol, limón*) écorce *f* ; (*de pan, queso*) croûte *f* ; (*de fruta*) peau *f* ; **~ terrestre** écorce *o* croûte terrestre

cortina *nf* rideau *m*

corto, -a *adj* court(e) ; (*tímido*) timide, timoré(e) ; (*tonto*) bouché(e) ▸ *nm* (*Cine*) court-métrage *m* ; **~ de vista** myope ; **quedarse ~** (*al calcular*) voir trop juste ; (*al relatar*) être en deçà de la vérité ; (*ser insuficiente*) être insuffisant(e) • **cortocircuito** *nm* court-circuit *m*

cortometraje *nm* court-métrage *m*

cosa *nf* chose *f* ; (*asunto*) affaire *f* ; **es ~ de una hora** c'est l'affaire d'une heure ; **eso es ~ mía** c'est mon affaire ; **lo que son las ~s** c'est drôle, la vie ; **las ~s como son** les choses étant ce qu'elles sont

coscorrón *nm* coup *m* sur la tête ; **darse un ~** se cogner la tête

cosecha *nf* récolte *f* ; (*de vino*) cru *m*

cosechar *vt* récolter ▸ *vi* faire la récolte
coser *vt* coudre ; **~ algo a algo** coudre qch à qch
cosmética *nf* cosmétique *f*
cosmético, -a *adj, nm* cosmétique *m*
cosquillas *nfpl*: **hacer ~** chatouiller ; **tener ~** être chatouilleux(-euse)
costa *nf* (*Geo*) côte *f* ; **a ~ de** aux dépens de ; (*trabajo*) à force de ; (*grandes esfuerzos*) au prix de ; (*su vida*) au péril de ; **a toda ~** coûte que coûte, à tout prix ; **C~ Brava/del Sol** Costa Brava/del Sol ; **C~ Azul/Cantábrica/de Marfil** Côte d'Azur/cantabrique/d'Ivoire
costado *nm* côté *m* ; **de ~** (*dormir etc*) sur le côté
costar *vt, vi* coûter ; **me cuesta hablarle** j'ai du mal à lui parler
costarricense, costarriqueño, -a *adj* costaricien(ne), du Costa Rica ▸ *nm/f* Costaricien(ne)
costear *vt* payer
costero, -a *adj* côtier(-ière)
costilla *nf* (*Anat*) côte *f* ; (*Culin*) côtelette *f*
costo *nm* coût *m*, prix *msg*
costoso, -a *adj* coûteux(-euse) ; (*difícil*) difficile
costra *nf* (*de suciedad*) couche *f* ; (*Med, de pan etc*) croûte *f*
costumbre *nf* coutume *f*, habitude *f* ; (*tradición*) coutume
costura *nf* couture *f*
costurera *nf* couturière *f*
costurero *nm* boîte *f* à couture
cotejar *vt*: **~ (con)** comparer (à *o* avec)
cotidiano, -a *adj* quotidien(ne)
cotilla *nmf* commère *f*
cotillear *vi* faire des commérages
cotización *nf* (*Com*) cours *m* ; (*de club, del trabajador*) cotisation *f*
cotizar *vt* (*Com*) coter ; (*pagar*) cotiser ; **cotizarse** *vpr* (*fig*) être bien coté(e) ; **cotizarse a** (*Com*) être coté(e) à
coto *nm* (*tb*: **coto de caza**) réserve *f* ; **poner ~ a** mettre fin à
cotorra *nf* (*loro*) perruche *f* ; (*fam*: *persona*) pie *f*
coyote *nm* coyote *m*
coyuntura *nf* articulation *f*, jointure *f* ; (*fig*) conjoncture *f*
coz *nf* ruade *f*
cráneo *nm* crâne *m*
cráter *nm* cratère *m*
creación *nf* création *f*
creador, a *adj, nm/f* créateur(-trice)
crear *vt* créer
creativo, -a *adj* créatif(-ive)
crecer *vi* grandir ; (*planta, pelo*) pousser ; (*ciudad*) s'agrandir ; (*río*) grossir
creces: **con ~** *adv* (*pagar*) au centuple
crecido, -a *adj*: **estar ~** avoir grandi ; (*planta*) avoir poussé
creciente *adj* croissant(e) ; **cuarto ~** premier quartier *m*
crecimiento *nm* croissance *f* ; (*de planta*) pousse *f* ; (*de ciudad*) agrandissement *m*
credenciales *nfpl* lettres *fpl* de créance
crédito *nm* crédit *m* ; **a ~** à crédit ; **dar ~ a** accorder crédit à, croire
credo *nm* credo *m*

crédulo, -a *adj* crédule
creencia *nf* croyance *f*
creer *vt, vi* croire ; **creerse** *vpr* (*considerarse*) se croire ; (*aceptar*) croire ; **~ en** croire en ; **¡ya lo creo!** je crois *o* pense bien ; **creo que no/sí** je crois que non/oui ; **no se lo cree** il n'y croit pas
creíble *adj* crédible
creído, -a *adj* prétentieux(-euse)
crema *nf* crème *f* ; (*para zapatos*) cirage *m* ; (*sopa*) soupe *f*, velouté *m* ; **~ de afeitar** crème à raser ; **~ pastelera** crème pâtissière
cremallera *nf* fermeture *f* éclair®
crematorio *nm* (*tb*: **horno crematorio**) four *m* crématoire
crepitar *vi* crépiter
crepúsculo *nm* crépuscule *m*
cresta *nf* crête *f*
creyendo *etc vb ver* **creer**
creyente *nmf* croyant(e)
creyó *etc vb ver* **creer**
crezca *etc vb ver* **crecer**
cría *vb ver* **criar** ▸ *nf* (*de animales*) élevage *m* ; (*cachorro*) petit *m* ; *ver tb* **crío**
criada *nf* bonne *f* ; *ver tb* **criado**
criadero *nm* élevage *m*
criado, -a *nm/f* domestique *mf*
crianza *nf* allaitement *m* ; (*formación*) éducation *f*
criar *vt* allaiter, nourrir ; (*educar*) éduquer, élever ; (*animales*) élever ▸ *vi* avoir des petits
criatura *nf* créature *f* ; (*niño*) gosse *mf*
criba *nf* crible *m* • **cribar** *vt* cribler, tamiser
crimen *nm* crime *m*
criminal *adj* criminel(le) ▸ *nmf* criminel(le)
crin *nf* (*tb*: **crines**) crinière *f*
crío, -a (*fam*) *nm/f* gamin(e) ; (*más pequeño*) bébé *m*
crisis *nf inv* crise *f* ; **~ nerviosa** dépression *f* nerveuse
crispar *vt* crisper ; **crisparse** *vpr* se crisper ; **ese ruido me crispa los nervios** ce bruit me porte sur les nerfs
cristal *nm* verre *m* ; (*de ventana*) vitre *f* ; **cristales** *nmpl* (*trozos rotos*) bouts *mpl* de verre ; **de ~** en verre • **cristalino, -a** *adj* cristallin(e) • **cristalizar** *vi* cristalliser ; (*fig*) se cristalliser ; **cristalizarse** *vpr* se cristalliser
cristiandad *nf* chrétienté *f*
cristianismo *nm* christianisme *m*
cristiano, -a *adj, nm/f* chrétien(ne)
Cristo *nm* le Christ ; (*crucifijo*) crucifix *m*
criterio *nm* critère *m* ; (*opinión*) avis *m* ; (*discernimiento*) discernement *m*, jugement *m*
crítica *nf* critique *f*
criticar *vt* (*censurar*) critiquer ; (*novela, película*) faire la critique de ▸ *vi* critiquer
crítico, -a *adj, nm/f* critique *mf*
Croacia *nf* Croatie *f*
croar *vi* coasser
cromo *nm* chrome *m* ; (*para niños*) vignette *f*
crónica *nf* chronique *f*
crónico, -a *adj* chronique
cronómetro *nm* chronomètre *m*
croqueta *nf* croquette *f*

cruce *vb ver* **cruzar** ▶ *nm* croisement *m*; (*de miradas*) rencontre *f*; (*de carreteras*) carrefour *m*; **~ de peatones** passage *m* clouté
crucificar *vt* crucifier
crucifijo *nm* crucifix *msg*
crucigrama *nm* mots *mpl* croisés
crudo, -a *adj* cru(e); (*invierno etc*) rigoureux(-euse) ▶ *nm* pétrole *m* brut
cruel *adj* cruel(le) • **crueldad** *nf* cruauté *f*
crujido *nm* craquement *m*
crujiente *adj* (*galleta*) croquant(e); (*pan*) croustillant(e)
crujir *vi* craquer; (*dientes*) grincer; (*nieve, arena*) crisser
cruz *nf* croix *fsg*; (*de moneda*) pile *f*; **~ gamada** croix gammée; **C~ Roja** Croix-Rouge *f*
cruzado, -a *adj* croisé(e); (*en calle, carretera*) en travers ▶ *nm* croisé *m*
cruzar *vt* croiser; (*calle, desierto*) traverser; **cruzarse** *vpr* se croiser; **cruzarse con algn** croiser qn; **cruzarse de brazos** se croiser les bras
cuaderno *nm* cahier *m*
cuadra *nf* écurie *f*; (AM: *Arq*) pâté *m* de maisons
cuadrado, -a *adj* carré(e) ▶ *nm* (*Mat*) carré *m*; **metro/kilómetro ~** mètre *m*/kilomètre *m* carré
cuadrar *vt* (PE) garer; **cuadrarse** *vpr* (*soldado*) se mettre au garde-à-vous; **~ (con)** (*informaciones*) correspondre (à); (*cuentas*) s'accorder (avec)
cuadrilátero *nm* (*Deporte*) ring *m*; (*Geom*) quadrilatère *m*
cuadrilla *nf* (*de obreros etc*) équipe *f*; (*de ladrones, amigos*) bande *f*
cuadro *nm* tableau *m*; (*cuadrado*) carré *m*; (*Deporte, Med*) équipe *f*; **a/de ~s** à carreaux
cuádruple *adj* quadruple
cuajar *vt* (*leche*) cailler; (*sangre*) coaguler; (*huevo*) faire durcir ▶ *vi* (*Culin, nieve*) prendre; (*fig: planes*) aboutir; (*: acuerdo*) marcher; (*: idea*) se réaliser; **cuajarse** *vpr* (*leche*) se cailler; **~ algo de** remplir qch de
cuajo *nm*: **de ~** (*arrancar etc*) à la racine
cual *adv* comme ▶ *pron*: **el/la ~** lequel (laquelle), qui; **los/las ~es** lesquels (lesquelles), qui; **lo ~** ce qui, ce que; **cada ~** chacun; **con** *o* **por lo ~** c'est pourquoi; **del ~** duquel, dont; **tal ~** tel quel
cuál *pron* (*interrogativo*) lequel, laquelle, lesquels, lesquelles
cualesquier, a *pl de* **cualquier**
cualidad *nf* qualité *f*
cualquier, a (*pl* **cualesquiera**) *adj* (*indefinido*) n'importe quel(le); (*tras sustantivo*) quelconque ▶ *pron*: **cualquiera** quiconque, n'importe qui; (*a la hora de escoger*) n'importe lequel (laquelle); **~ día de estos** un de ces jours; **no es un hombre cualquiera** ce n'est pas n'importe qui; **eso cualquiera lo sabe hacer** ça, n'importe qui peut le faire; **es un cualquiera** c'est un pas-grand-chose
cuando *adv* quand ▶ *conj* quand, lorsque; (*puesto que*) puisque, du moment que; (*si*) si ▶ *prep*: **yo, ~ niño ...** moi, quand j'étais petit ...; **aun ~** même si, même quand;

C

~ más/menos tout au plus/ au moins ; **de ~ en ~** de temps en temps, de temps à autre

cuándo *adv* quand ; **¿desde ~?, ¿de ~ acá?** depuis quand ?

cuantioso, -a *adj* considérable

cuanto, -a

▶ *adj* **1** (*todo*): **tiene todo ~ desea** il a tout ce qu'il veut ; **le daremos ~s ejemplares necesite** nous vous donnerons autant d'exemplaires qu'il vous en faudra
2: **unos ~s**: **había unos ~s periodistas** il y avait un certain nombre de journalistes
3 (+ *más*): **~ más vino bebas peor te sentirás** plus tu boiras de vin plus tu te sentiras mal
▶ *pron* **1**: **tome ~/~s quiera** prends-en autant que vous voudrais
2: **unos ~s** quelques-uns
▶ *adv*: **en ~**: **en ~ profesor es excelente** comme professeur, il est excellent ; **en ~ a mí** quant à moi ; **~ antes** au plus tôt
▶ *conj* **1**: **~ más lo pienso menos me gusta** plus j'y pense moins ça me plaît
2: **en ~**: **en ~ llegue/llegó** dès qu'il arrive *o* arrivera/arriva

cuánto, -a *adj* (*exclamativo*) que de, quel(le) ; (*interrogativo*) combien de ▶ *pron, adv* combien ; **¿~ cuesta?** combien ça coûte ? ; **¿a ~s estamos?** le combien sommes-nous ? ; **Señor no sé ~s** Monsieur Untel

cuarenta *adj inv, nm inv* quarante *m inv* ; *ver tb* **sesenta**

cuarentena *nf* quarantaine *f*

cuaresma *nf* carême *m*

cuarta *nf* empan *m* ; (*Mús*) quarte *f* ; *ver tb* **cuarto**

cuartel *nm* caserne *f* ; **~ general** quartier *m* général

cuarteto *nm* quatuor *m*

cuarto, -a *adj* quatrième ▶ *nm* (*Mat*) quart *m* ; (*habitación*) pièce *f* ; (*dormitorio*) chambre *f* ; (*Zool*) quartier *m* ; **~ de baño/de estar** salle *f* de bains/de séjour ; **~s de final** (*Deporte*) quarts *mpl* de finale ; **~ de hora** quart d'heure ; **~ de kilo** demi-livre *f*

cuarzo *nm* quartz *m*

cuatro *adj inv, nm inv* quatre *m inv* ; *ver tb* **seis**

cuatrocientos, -as *adj* quatre cents ; *ver tb* **seiscientos**

Cuba *nf* Cuba *f*

cuba *nf* cuve *f*, tonneau *m* ; (*tina*) cuve

cubano, -a *adj* cubain(e) ▶ *nm/f* Cubain(e)

cúbico, -a *adj* cubique

cubierta *nf* couverture *f* ; (*neumático*) pneu *m* ; (*Náut*) pont *m*

cubierto, -a *pp de* **cubrir** ▶ *adj* couvert(e) ▶ *nm* couvert *m* ; **~ de** couvert(e) de, recouvert(e) de ; **a *o* bajo ~** à l'abri

cubilete *nm* gobelet *m*, cornet *m*

cubito *nm*: **~ de hielo** glaçon *m*

cubo *nm* (*Mat, Geom*) cube *m* ; (*recipiente*) seau *m* ; (*Tec*) tambour *m* ; **~ de la basura** poubelle *f*

cubrecama *nm* couvre-lit *m*, dessus *msg* de lit

cubrir *vt* couvrir ; (*esconder*) cacher ; (*polvo, nieve*) recouvrir, couvrir ; **cubrirse** *vpr* se couvrir ;

el agua casi me cubría je n'avais presque pas pied ; **~ de** couvrir de ; **cubrirse de** se couvrir de, se recouvrir de

cucaracha *nf* cafard *m*

cuchara *nf* cuiller *f*, cuillère *f*
• **cucharada** *nf* cuillerée *f*

cucharilla *nf* petite cuiller *f* o cuillère *f*

cucharón *nm* louche *f*

cuchichear *vi* chuchoter

cuchilla *nf* lame *f*

cuchillo *nm* couteau *m*

cuchitril (*pey*) *nm* taudis *msg*, bouge *m*

cuclillas *nfpl*: **en ~** accroupi(e)

cuco, -a *adj* (*astuto*) malin(-igne) ▶ *nm* coucou *m*

cucurucho *nm* cornet *m*

cuello *nm* cou *m* ; (*de ropa*) col *m* ; (*de botella*) goulot *m*

cuenca *nf* (*tb*: **cuenca del ojo**) orbite *f* ; (*Geo*: *valle*) vallée *f*

cuenco *nm* bol *m*

cuenta *vb ver* **contar** ▶ *nf* compte *m* ; (*en restaurante*) addition *f* ; (*de collar*) grain *m* ; **a fin de ~s** au bout du compte ; **caer en la ~** y être ; **darse ~ de algo** se rendre compte de qch ; **echar ~s** faire les comptes ; **perder la ~ de** ne pas se rappeler ; **tener en ~** tenir compte de ; **trabajar por su ~** travailler à son compte ; **~ atrás** compte à rebours ; **~ corriente** compte courant ; **~ de ahorros** compte d'épargne
• **cuentakilómetros** *nm inv* compteur *m* kilométrique ; (*velocímetro*) compteur de vitesse

cuento *vb ver* **contar** ▶ *nm* conte *m* ; (*patraña*) histoire *f* ; **eso no viene a ~** ceci n'a rien à voir ; **~ chino** histoire à dormir debout ; (*fam*) bobard *m* ; **~ de hadas** conte de fées

cuerda *nf* corde *f* ; (*de reloj*) ressort *m* ; **dar ~ a un reloj** remonter une montre ; **~s vocales** cordes vocales ; *ver tb* **cuerdo**

cuerdo, -a *adj* sensé(e) ; (*prudente*) sage, prudent(e)

cuerno *nm* corne *f*

cuero *nm* cuir *m* ; **en ~s** tout(e) nu(e) ; **~ cabelludo** cuir chevelu

cuerpo *nm* corps *msg* ; **a ~** sans manteau

cuervo *nm* corbeau *m*

cuesta *vb ver* **costar** ▶ *nf* côte *f* ; **ir ~ arriba/abajo** monter/ descendre ; **a ~s** sur le dos

cuestión *nf* question *f* ; **en ~ de** en matière de ; **es ~ de** il s'agit de

cueva *nf* grotte *f*, caverne *f*

cuidado, -a *adj* soigné(e) ▶ *nm* précaution *f* ; (*de los niños etc*) soin *m* ▶ *excl* attention ! ; **estar al ~ de** s'occuper de ; **tener ~** faire attention

cuidadoso, -a *adj* soigneux(-euse) ; (*prudente*) prudent(e)

cuidar *vt* soigner ; (*niños, casa*) s'occuper de ▶ *vi*: **~ de** prendre soin de ; **cuidarse** *vpr* prendre soin de soi ; **cuidarse de hacer** prendre soin de faire

culata *nf* crosse *f*

culebra *nf* couleuvre *f*

culebrón (*fam*) *nm* feuilleton *m*

culinario, -a *adj* culinaire

culminación *nf* point *m* culminant

culo *nm* (*fam*) fesses *fpl*, cul *m* (*fam!*)

culpa *nf* faute *f*; (*Jur*) culpabilité *f*; **echar la ~ a algn** accuser qn; **por ~ de** à cause de; **tengo la ~** c'est de ma faute • **culpabilidad** *nf* culpabilité *f* • **culpable** *adj, nmf* coupable *mf*
culpar *vt* accuser
cultivar *vt* cultiver
cultivo *nm* culture *f*; (*cosecha*) récolte *f*
culto, -a *adj* cultivé(e); (*lenguaje*) choisi(e); (*palabra*) savant(e) ▸ *nm* culte *m*; **rendir ~ a** (*Rel, fig*) vouer un culte à
cultura *nf* culture *f*
culturismo *nm* culturisme *m*
cumbre *nf* (*tb fig*) sommet *m*
cumpleaños *nm inv* anniversaire *m*; **¡feliz ~!** joyeux anniversaire!
cumplido, -a *adj* (*cortés*) poli(e); (*plazo*) échu(e) ▸ *nm* compliment *m*; **visita de ~** visite *f* de politesse
cumplimentar *vt* complimenter, adresser ses compliments à
cumplimiento *nm* accomplissement *m*; (*de norma*) respect *m*
cumplir *vt* accomplir; (*ley*) respecter; (*promesa*) tenir; (*años*) avoir; **cumplirse** *vpr* (*plazo*) expirer; (*plan, pronósticos*) se réaliser, s'accomplir; **~ con** (*deber*) faire, remplir; (*promesa*) tenir; **hoy cumple dieciocho años** aujourd'hui il a dix-huit ans
cúmulo *nm* tas *msg*
cuna *nf* berceau *m*
cundir *vi* (*rumor, pánico*) se répandre, se propager; (*trabajo*) avancer, progresser
cuneta *nf* fossé *m*
cuña *nf* (*Tec*) coin *m*
cuñado, -a *nm/f* beau-frère (belle-sœur)
cuota *nf* quota *m*; (*parte proporcional*) quote-part *f*; (*de club etc*) cotisation *f*
cupo *vb ver* **caber** ▸ *nm* quote-part *f*
cupón *nm* billet *m*; (*de resguardo*) bon *m*
cúpula *nf* coupole *f*
cura *nf* guérison *f*; (*tratamiento*) soin *m* ▸ *nm* curé *m*
curación *nf* guérison *f*; (*tratamiento*) traitement *m*
curandero, -a *nm/f* guérisseur(-euse)
curar *vt* (*enfermo, enfermedad, herida*) guérir; (*: con apósitos*) panser; (*Culin*) faire sécher; (*cuero*) tanner; **curarse** *vpr* guérir
curiosear *vt* fouiner dans ▸ *vi* fouiner
curiosidad *nf* curiosité *f*; **sentir** *o* **tener ~ por** *o* **de (hacer)** être curieux(-euse) de (faire)
curioso, -a *adj* curieux(-euse) ▸ *nm/f* (*pey*) curieux(-euse)
currante (*fam*) *nmf* bosseur(-euse)
currar, currelar (*fam*) *vi* bosser, trimer
currículo, currículum *nm* (*tb*: **currículo vitae**) curriculum *m* (vitae)
curro (*fam*) *nm* boulot *m*
cursi *adj* de mauvais goût; (*afectado*) maniéré(e)
cursillo *nm* cours *msg*; (*de reciclaje etc*) stage *m*
cursiva *nf* italique *m*
curso *nm* cours *msg*; (*Escol, Univ*) année *f*; **en ~** (*año, proceso*) en cours; **en el ~ de** au cours de

cursor *nm (Inform)* curseur *m*
curtido, -a *adj (cara, cuero)* tanné(e)
curtir *vt (pieles)* tanner, corroyer ; *(suj: sol, viento)* tanner
curva *nf* virage *m*, tournant *m* ; *(Mat)* courbe *f*
cúspide *nf* sommet *m* ; *(fig)* faîte *m*, comble *m*
custodia *nf* surveillance *f* ; *(de hijos)* garde *f* • **custodiar** *vt* surveiller
cutis *nm inv* peau *f*
cutre *(fam) adj* ringard(e)
cuyo, -a *pron (complemento de sujeto)* dont le (dont la) ; *(: plural)* dont les ; *(complemento de objeto)* dont ; *(tras preposición)* de qui, duquel (de laquelle) ; *(: plural)* desquels (desquelles)
C.V. *abr (= curriculum vitae)* CV *m (= curriculum vitae)* ; *(= caballos de vapor)* CV *(= cheval vapeur)*

d

D. *abr (= Don)* M *(= Monsieur)*
D.ª *abr (= Doña)* Mme *(= Madame)*
dación *nf*: **~ en pago** *(Jur)* dation *f* en paiement
dádiva *nf (regalo)* présent *m*
dado, -a *pp de* **dar** ▸ *adj*: **en un momento ~** à un moment donné ▸ *nm (para juego)* dé *m* ; **dados** *nmpl (juego)* dés *mpl* ; **~ que** étant donné que
daltónico, -a *adj, nm/f* daltonien(ne)
dama *nf* dame *f* ; **damas** *nfpl (juego)* dames *fpl* ; **~ de honor** *(de novia)* demoiselle *f* d'honneur
danés, -esa *adj* danois(e) ▸ *nm/f* Danois(e)
danza *nf* danse *f*
danzar *vt* danser ▸ *vi* danser
dañar *vt (mueble, cuadro, motor)* abîmer ; *(cosecha)* endommager ; *(salud, reputación)* nuire à ; **dañarse** *vpr (cosecha)* se gâter
dañino, -a *adj (sustancia)* nocif(-ive) ; *(animal)* nuisible
daño *nm (a mueble, máquina)* dommage *m* ; *(a persona, animal)*

mal *m* ; **~s y perjuicios** (*Jur*) dommages et intérêts *mpl* ; **hacer ~ a algn** (*producir dolor*) faire mal à qn ; (*fig: ofender*) blesser qn ; **eso me hace ~** ça ne me réussit pas ; **hacerse ~** se faire mal

dar

▸*vt* 1 donner ; **~ algo a algn** donner qch à qn ; **~ de beber a algn** donner à boire à qn
2 (*causar: alegría*) faire ; (*: problemas*) causer ; (*: susto*) faire
3 (*+ n: perífrasis de verbo*): **me da pena/asco** cela me désole/dégoûte ; **da gusto escucharle** c'est bien agréable de l'écouter
4 (*dar a + infin*): **~ a conocer** faire connaître ; *ver tb* **más**
▸*vi* 1: **~ a** (*ventana, habitación*) donner sur ; (*botón etc*) appuyer sur
2: **~ con**: **dimos con él dos horas más tarde** nous l'avons rencontré deux heures plus tard ; **al final di con la solución** finalement j'ai trouvé la solution
3: **~ en** (*blanco*) atteindre ; **~ en el suelo** tomber par terre ; **el sol me da en la cara** j'ai le soleil dans la figure
4: **~ de sí** (*ropa*) se détendre ; (*zapatos*) se faire
▸**darse** *vpr* 1 se donner ; **darse un baño** prendre un bain
2 (*ocurrir*): **se han dado muchos casos** il y a eu de nombreux cas
3: **darse a**: **darse a la bebida** s'adonner à la boisson
4: **darse por**: **darse por vencido** se déclarer vaincu ; **darse por satisfecho** s'estimer satisfait
5: **se me dan bien/mal las ciencias** je suis bon/mauvais en sciences
6: **dárselas de**: **se las da de experto** il joue les experts

dardo *nm* dard *m*
datar *vi*: **~ de** dater de
dátil *nm* datte *f*
dato *nm* (*detalle*) fait *m* ; **datos** *nmpl* (*información, Inform*) données *fpl* ; **~s móviles** (*Telec*) données mobiles ; **~s personales** coordonnées *fpl*
dcha. *abr* (*= derecha*) dr. (*= droite*)

de

(*de + el =* **del**) *prep* 1 (*gen*) (*complemento de n*) de, d' ; **la casa de Isabel/de mis padres/de los Hernandez** la maison d'Isabel/de mes parents/des Hernandez ; **una copa de vino** un verre de vin ; **clases de inglés** cours *mpl* d'anglais
2 (*posesión: con ser*): **es de ellos** c'est à eux
3 (*origen, distancia*) de ; **soy de Gijón** je suis de Gijón ; **salir del cine/de la casa** sortir du cinéma/de la maison ; **de lado** de côté ; **de atrás/delante** de derrière/devant
4 (*materia*) en ; **un abrigo de lana** un manteau en laine
5 (*causa, modo*): **temblar de miedo/de frío** trembler de peur/de froid ; **de un trago** d'un coup
6 (*condicional + infin*): **de no ser así** sinon ; **de ser posible** si c'est

possible ; **de no terminarlo hoy** si ce n'est pas fini aujourd'hui
7: **de no** (*AM*: *si no*) sinon ; **hazlo, de no ...!** fais-le sinon ... !

dé *vb ver* **dar**
deambular *vi* (*persona*) déambuler ; (*animal*) errer
debajo *adv* dessous ; **~ de** sous ; **por ~ de** en dessous de
debate *nm* débat *m* • **debatir** *vt* débattre (de) ▶ *vi* débattre ; **debatirse** *vpr* (*forcejear*) se débattre
deber *nm* (*obligación*) devoir *m* ; **deberes** *nmpl* (*Escol*) devoirs *mpl* ▶ *vt* devoir ; **deberse** *vpr*: **deberse a** être dû (due) à ; **debo hacerlo** je dois le faire ; **debe (de) ser canadiense** il doit être canadien
debido, -a *adj* (*cuidado, respeto*) dû (due) ; **~ a** en raison de ; **a su ~ tiempo** en temps voulu ; **como es ~** comme il se doit
débil *adj* faible • **debilidad** *nf* faiblesse *f*; **tener ~ por algn/algo** avoir un faible pour qn/qch
debilitar *vt* (*persona, resistencia*) affaiblir ; (*cimientos*) ébranler ; **debilitarse** *vpr* s'affaiblir
debutar *vi* (*en actuación*) débuter
década *nf* décennie *f*
decadencia *nf* (*de edificio*) délabrement *m* ; (*de persona*) déchéance *f*; (*de sociedad*) décadence *f*
decaer *vi* (*espectáculo*) perdre de son attrait ; (*negocio*) dépérir ; (*éxito, afición, interés*) retomber ; (*salud*) décliner
decaído, -a *adj*: **estar ~** (*desanimado*) être abattu(e)
decano, -a *nm/f* doyen(ne)
decapitar *vt* décapiter
decena *nf* dizaine *f*
decencia *nf* décence *f*
decente *adj* décent(e) ; (*honesto*) convenable
decepción *nf* déception *f*
decepcionar *vt* décevoir
decidir *vt* décider (de) ▶ *vi* décider ; **decidirse** *vpr*: **decidirse (a hacer algo)** se décider (à faire qch)
décima *nf* (*Mat*) dixième *m* ; **tener ~s** avoir un peu de fièvre
decimal *adj* décimal(e)
decímetro *nm* décimètre *m*
décimo, -a *adj, nm* dixième *m*
decir *vt* dire ; **decirse** *vpr*: **se dice que ...** on dit que ... ; **~ para sí** se dire ; **querer ~** vouloir dire ; **es ~** c'est-à-dire ; **¡diga!, ¡dígame!** (*Telec*) allô ! ; **por no ~** pour ne pas dire ; **¿cómo se dice « cursi » en francés?** comment dit-on « cursi » en français ?
decisión *nf* décision *f*; **tomar una ~** prendre une décision
decisivo, -a *adj* décisif(-ive)
declaración *nf* déclaration *f*; (*Jur*) déposition *f*; **prestar ~** (*Jur*) faire une déposition ; **~ de la renta** déclaration de revenus ; **~ fiscal** déclaration d'impôts
declarar *vt* déclarer ▶ *vi* (*para la prensa, en público*) faire une déclaration ; (*Jur*) faire une déposition ; **declararse** *vpr* (*a una chica*) se déclarer ; (*guerra, incendio*) se déclarer

declinar *vt* décliner ▸ *vi* (*poder*) décliner ; (*fiebre*) baisser
declive *nm* pente *f* ; (*fig*) déclin *m*
decoración *nf* décoration *f*
decorado *nm* décor *m*
decorar *vt* décorer
decorativo, -a *adj* décoratif(-ive)
decoro *nm* (*en comportamiento etc*) correction *f*
decoroso, -a *adj* correct(e) ; (*digno*) respectable
decrecer *vi* décroître, diminuer • **decrecimiento** *nm* décroissance *f*
decrépito, -a *adj* décrépit(e) ; (*sociedad*) en décrépitude
decretar *vt* décréter • **decreto** *nm* décret *m*
dedal *nm* (*para costura*) dé *m*
dedicación *nf* (*a trabajo etc*) investissement *m* ; (*de persona*) dévouement *m* • **dedicar** *vt* dédicacer ; (*tiempo, dinero, esfuerzo*) consacrer ; **dedicarse** *vpr*: **dedicarse a** se consacrer à • **dedicatoria** *nf* dédicace *f*
dedo *nm* doigt *m* ; (*del pie*) orteil *m* ; **a ~** (*entrar, nombrar*) avec du piston ; **hacer ~** (*fam*) faire du stop ; **~ anular** annulaire *m* ; **~ corazón** majeur *m* ; **~ gordo** pouce *m* ; (*en pie*) gros orteil ; **~ índice** index *msg* ; **~ meñique** auriculaire *m* ; **~ del pie** orteil
deducción *nf* déduction *f*
deducir *vt* déduire
defecto *nm* défaut *m*
defectuoso, -a *adj* défectueux(-euse)
defender *vt* défendre ; **defenderse** *vpr*: **defenderse de algo** se défendre de qch ; **defenderse contra algo/algn** se défendre contre qch/qn
defensa *nf* défense *f* ▸ *nm* (*Deporte*) défenseur *m*, arrière *m*
defensivo, -a *adj* (*movimiento, actitud*) de défense
defensor, a *adj* (*persona*) qui défend ▸ *nm/f* (*tb*: **abogado defensor**) avocat(e) de la défense ; (*protector*) défenseur(e) ; **~ del menor** défenseur(e) des enfants
deficiente *adj* (*trabajo*) insuffisant(e) ; (*salud*) déficient(e) ▸ *nmf*: **ser un ~ mental/físico** être handicapé mental/physique
déficit (*pl* **déficits**) *nm* déficit *m*
definición *nf* définition *f*
definir *vt* définir
definitivo, -a *adj* définitif(-ive) ; **en definitiva** en définitive
deforestación *nf* déforestation *f*
deformación *nf* déformation *f*
deformar *vt* déformer ; **deformarse** *vpr* se déformer • **deforme** *adj* difforme
defraudar *vt* (*a personas*) tromper ; (*a Hacienda*) frauder
defunción *nf* décès *m*
degeneración *nf* dégradation *f*
degenerar *vi* dégénérer
degollar *vt* égorger
degradar *vt* dégrader ; **degradarse** *vpr* se dégrader
degustación *nf* dégustation *f*
dejadez *nf* laisser-aller *m inv*
dejar *vt* laisser ; (*persona, empleo, pueblo*) quitter ▸ *vi*: **~ de** arrêter de ; **~ a algn (hacer algo)** laisser qn (faire qch) ; **no dejes de**

visitarles continue à leur rendre visite ; **¡déjame en paz!** laisse-moi tranquille ! ; **~ atrás a algn** dépasser qn ; **~ entrar/salir** laisser entrer/sortir ; **~ pasar** laisser passer

deje, dejo *nm* accent *m*

del = **de + el**

delantal *nm* tablier *m*

delante *adv* devant ▸ *prep*: **~ de** devant ; **por ~ (de)** devant

delantera *nf* (*de vestido*) devant *m* ; (*de coche*) avant *m* ; (*Deporte*) ligne *f* d'attaque ; **llevar la ~ (a algn)** mener (devant qn)

delantero, -a *adj* (*patas, asiento, balcón*) de devant ; (*vagón*) de tête ▸ *nm* (*Deporte*) avant *m*

delatar *vt* dénoncer

delator, a *nm/f* dénonciateur(-trice)

delegación *nf* délégation *f* ; (*Méx: comisaría*) commissariat *m* ; (: *ayuntamiento*) mairie *f*

delegado, -a *nm/f* délégué(e)

delegar *vt*: **~ algo en algn** déléguer qch à qn

deletrear *vt* épeler

delfín *nm* dauphin *m*

delgadez *nf* maigreur *f* ; (*fineza*) minceur *f*

delgado, -a *adj* maigre ; (*fino*) mince

deliberación *nf* délibération *f*

deliberar *vi*: **~ (sobre)** délibérer (sur)

delicadeza *nf* délicatesse *f*

delicado, -a *adj* délicat(e)

delicia *nf* délice *m*

delicioso, -a *adj* délicieux(-euse)

delimitar *vt* délimiter

delincuencia *nf* délinquance *f* ; **~ juvenil** délinquance juvénile • **delincuente** *nmf* délinquant(e)

delineante *nmf* dessinateur(-trice) industriel(le)

delirar *vi* délirer

delirio *nm* délire *m* ; **~s de grandeza** folie *f* des grandeurs

delito *nm* délit *m* ; **~ de odio** crime *m* de haine

delta *nm* delta *m*

demacrado, -a *adj* émacié(e)

demanda *nf* demande *f* ; **en ~ de** pour demander

demandante *nmf* (*Jur*) plaignant(-e)

demandar *vt* demander ; (*Jur*) poursuivre

demarcación *nf* démarcation *f* ; (*zona*) zone *f* ; (*jurisdicción*) circonscription *f*

demás *adj*: **los ~ niños** les autres enfants *mpl* ▸ *pron*: **los/las ~** les autres ; **lo ~** le reste ; **por lo ~** à part cela

demasiado, -a *adj*: **~ vino** trop de vin ▸ *adv* trop ; **~s libros** trop de livres ; **¡es ~!** c'est trop !

demencia *nf* démence *f* • **demente** *adj, nmf* dément(e)

democracia *nf* démocratie *f*

demócrata *adj, nmf* démocrate *mf*

democrático, -a *adj* démocratique

demolición *nf* démolition *f*

demonio *nm* démon *m* ; **¡~s!** mince !

demora *nf* retard *m* • **demorar** *vt* retarder ▸ *vi*: **~ en** (*AM*) mettre du temps à ; **demorarse** *vpr* s'attarder

demos *vb ver* **dar**

d

demostración *nf* démonstration *f*; (*de sinceridad*) preuve *f*
demostrar *vt* (*sinceridad*) prouver; (*afecto, fuerza*) montrer; (*funcionamiento, aplicación*) démontrer
demudado, -a *adj*: **tener el rostro ~** avoir le visage décomposé
den *vb ver* **dar**
denegar *vt* refuser
denigrar *vt* dénigrer
denominación *nf*: **~ de origen** appellation *f* d'origine
denotar *vt* dénoter
densidad *nf* densité *f*
denso, -a *adj* dense; (*humo, niebla*) épais(se)
dentadura *nf* denture *f*; **~ postiza** dentier *m*
dentera *nf* frisson *m*
dentífrico, -a *adj*: **crema** *o* **pasta dentífrica** pâte *f* dentifrice ▶ *nm* dentifrice *m*
dentista *nmf* dentiste *mf*
dentro *adv* dedans ▶ *prep*: **~ de** dans; **mirar por ~** regarder à l'intérieur; **~ de tres meses** dans trois mois
denuncia *nf* plainte *f* • **denunciar** *vt* (*en comisaría*) déposer une plainte contre; (*en prensa etc*) dénoncer
departamento *nm* département *m*; (AM) appartement *m*
dependencia *nf* dépendance *f*
depender *vi*: **~ de** dépendre de; **todo depende** ça dépend; **no depende de mí** cela ne dépend pas de moi; **depende de lo que haga él** cela dépend de ce qu'il fait
dependienta *nf* vendeuse *f*
dependiente *nm* vendeur *m*
depilar *vt* épiler; **depilarse** *vpr* s'épiler • **depilatorio, -a** *adj, nm* dépilatoire *m*
deplorable *adj* déplorable
deplorar *vt* déplorer
deponer *vt* (*rey, gobernante*) déposer; (*actitud*) laisser libre cours à; **~ las armas** déposer les armes
deportar *vt* déporter
deporte *nm* sport *m* • **deportista** *adj, nmf* sportif(-ive)
deportivo, -a *adj* sportif(-ive); (*club, ropa*) de sport ▶ *nm* voiture *f* de sport
depositar *vt* déposer; **depositarse** *vpr* se déposer
depositario, -a *nm/f*: **~ de** dépositaire *mf* de
depósito *nm* dépôt *m*; (*de agua, gasolina etc*) réservoir *m*; **~ de cadáveres** morgue *f*
depreciar *vt* déprécier; **depreciarse** *vpr* se déprécier
depredador, a *adj* prédateur(-trice) ▶ *nm* prédateur *m*
depresión *nf* dépression *f*; **~ nerviosa** dépression nerveuse
deprimido, -a *adj* déprimé(e)
deprimir *vt*, **deprimirse** *vpr* déprimer
deprisa *adv* vite
depuración *nf* épuration *f* • **depurar** *vt* épurer
derecha *nf* (*tb Pol*) droite *f*; **a la ~** à droite
derecho, -a *adj* droit(e) ▶ *nm*

droit *m*; (*lado*) côté *m* droit ▶ *adv* droit; **derechos** *nmpl* droits *mpl*; **a mano derecha** à droite; **Facultad de D~** Faculté *f* de Droit; **estudiante de D~** étudiant(e) en Droit; **¡no hay ~!** ce n'est pas juste!; **tener ~ a algo** avoir droit à qch; **tener ~ a hacer algo** avoir le droit de faire qch; **~ a voto** droit de vote; **~s civiles** droits civiques; **~s humanos/de autor** droits de l'homme/d'auteur

deriva *nf*: **ir/estar a la ~** aller/être à la dérive

derivado *nm* dérivé *m*

derivar *vt* (*conclusión*) arriver à; (*conversación*) dévier ▶ *vi* dévier; **derivarse** *vpr*: **derivarse de** dériver de

derramamiento *nm*: **~ de sangre** effusion *f* de sang

derramar *vt* (*verter*) verser; (*esparcir*) renverser; **derramarse** *vpr* se répandre; **~ lágrimas** verser *o* répandre des larmes

derrame *nm* écoulement *m*; (*Med*) épanchement *m*; **~ cerebral** hémorragie *f* cérébrale

derretido, -a *adj* fondu(e)

derretir *vt* fondre; **derretirse** *vpr* fondre; **derretirse de calor** être en nage

derribar *vt* faire tomber; (*construcción*) abattre; (*gobierno, político*) renverser

derrocar *vt* (*gobierno*) renverser

derrochar *vt* dilapider; (*energía, salud*) déborder de • **derroche** *nm* gaspillage *m*; (*de salud, alegría*) débordement *m*

derrota *nf* déroute *f*; (*Deporte, Pol*) défaite *f* • **derrotar** *vt* vaincre; (*enemigo*) mettre en déroute; (*Deporte, Pol*) battre • **derrotero** *nm* cap *m*; **tomar otros ~s** prendre une autre voie

d

derruir *vt* démolir

derrumbar *vt* démolir; **derrumbarse** *vpr* s'écrouler; (*esperanzas, persona*) s'effondrer

derruyendo *etc vb ver* **derruir**

des *vb ver* **dar**

desabotonar *vt* déboutonner; **desabotonarse** *vpr* se déboutonner

desabrido, -a *adj* (*persona*) désagréable

desabrochar *vt* déboutonner; **desabrocharse** *vpr*: **desabrocharse el cinturón** détacher sa ceinture

desacato *nm* (*Jur*) outrage *m*

desacertado, -a *adj* erroné(e); (*inoportuno*) malvenu(e)

desacierto *nm* erreur *f*

desaconsejado, -a *adj*: **estar ~** être déconseillé(e)

desaconsejar *vt*: **~ algo a algn** déconseiller qch à qn

desacreditar *vt* discréditer

desacuerdo *nm* désaccord *m*; (*disconformidad*) contradiction *f*

desafiar *vt* défier; **~ a algn a hacer** mettre qn au défi de faire

desafilado, -a *adj* émoussé(e)

desafinado, -a *adj*: **estar ~** être désaccordé(e)

desafinar *vi* (*cantar*) détonner, chanter faux; (*tocar*) jouer faux; **desafinarse** *vpr* se désaccorder

desafío *nm* défi *m*

desaforado, -a *adj* (*grito*) terrible ; (*ambición*) démesuré(e)
desafortunadamente *adv* malheureusement
desafortunado, -a *adj* malheureux(-euse) ; (*inoportuno*) inopportun(e)
desagradable *adj* désagréable ; **es ~ tener que hacerlo** il est désagréable d'avoir à le faire
desagradecido, -a *adj* ingrat(e)
desagrado *nm* mécontentement *m* ; **con ~** de mauvaise grâce
desagraviar *vt* dédommager
desagüe *nm* écoulement *m* ; (*de lavadora*) vidange *f* ; **tubo de ~** tuyau *m* d'écoulement
desaguisado *nm* dommage *m*
desahogado, -a *adj* aisé(e) ; (*espacioso*) spacieux(-euse)
desahogar *vt* laisser libre cours à ; **desahogarse** *vpr* se soulager
desahogo *nm* soulagement *m* ; (*comodidad*) commodité *f* ; **vivir con ~** vivre dans l'aisance
desahuciar *vt* (*enfermo*) condamner ; (*inquilino*) expulser • **desahucio** *nm* expulsion *f*
desaire *nm* mépris *m* ; **hacer un ~ a algn** faire un affront à qn
desajustar *vt* dérégler ; **desajustarse** *vpr* se dérégler
desajuste *nm* (*de situación*) dérèglement *m* ; (*desacuerdo*) divergence *f* ; **~ económico/de horarios** décalage *m* économique/horaire
desalentador, a *adj* décourageant(e)
desalentar *vt* décourager
desaliento *vb ver* **desalentar** ▸ *nm* découragement *m*
desaliño *nm* négligence *f*
desalmado, -a *adj* sans-cœur
desalojar *vt* (*salir de*) quitter ; (*expulsar*) déloger
desamparado, -a *adj* (*persona*) désemparé(e) ; (*lugar: expuesto*) exposé(e) ; (*: desierto*) déserté(e)
desamparar *vt* abandonner
desandar *vt* : **~ lo andado** *o* **el camino** revenir sur ses pas
desangrar *vt* saigner ; **desangrarse** *vpr* se vider de son sang
desanimado, -a *adj* déprimé(e)
desanimar *vt* décourager ; (*deprimir*) déprimer ; **desanimarse** *vpr* se décourager
desapacible *adj* (*clima, tiempo*) mauvais, maussade
desaparecer *vi* disparaître ▸ *vt* (*AM: Pol*) faire disparaître • **desaparecido, -a** *adj* disparu(e) ▸ *nm/f* (*Pol*) disparu(e) • **desaparición** *nf* disparition *f*
desapasionado, -a *adj* impartial(e)
desapego *nm* indifférence *f* ; (*a dinero*) désintéressement *m*
desapercibido, -a *adj* : **pasar ~** passer inaperçu(e)
desaprensivo, -a *adj* sans scrupules
desaprobar *vt* désapprouver
desaprovechar *vt* (*tiempo*) perdre ; (*oportunidad*) rater ; (*comida, tela*) gaspiller
desarmar *vt* désarmer ; (*mueble, máquina*) démonter • **desarme** *nm* désarmement *m*
desarraigo *nm* déracinement *m*

desarreglo *nm* désordre *m* ; **desarreglos** *nmpl* (*Med*) troubles *mpl*
desarrollar *vt* développer ; (*planta, semilla*) faire pousser ; (*plan etc*) mettre au point ; **desarrollarse** *vpr* se développer ; (*hechos, reunión*) se dérouler • **desarrollo** *nm* développement *m* ; (*de acontecimientos*) déroulement *m* ; **país en vías de ~** pays *msg* en voie de développement ; **~ sostenible** développement *m* durable
desarticular *vt* (*mecanismo*) démonter ; (*bomba*) désamorcer ; (*grupo terrorista*) démanteler
desasir *vt* (*soltar*) lâcher ; **desasirse** *vpr*: **desasirse (de)** se défaire (de)
desasosegar *vt* inquiéter ; **desasosegarse** *vpr* s'inquiéter
desasosiego *vb ver* **desasosegar** ▶ *nm* inquiétude *f* ; (*Pol*) agitation *f*
desastrado, -a *adj* (*desaliñado*) négligé(e) ; (*descuidado*) négligent(e)
desastre *nm* désastre *m* ; (*fam: persona*) catastrophe *f*
desastroso, -a *adj* désastreux(-euse)
desatado, -a *adj* déchaîné(e)
desatar *vt* (*nudo*) défaire ; (*cordones, cuerda*) dénouer ; (*perro, prisionero*) détacher ; **desatarse** *vpr* se défaire ; (*perro, prisionero*) se détacher ; (*tormenta*) se déchaîner
desatascar *vt* (*cañería*) déboucher
desatender *vt* (*consejos, súplicas*) ignorer ; (*trabajo, hijo*) négliger
desatento, -a *adj* impoli(e)
desatinado, -a *adj* insensé(e) • **desatino** *nm* folie *f* ; **decir ~s** raconter des bêtises
desatornillar *vt* (*tornillo*) dévisser ; (*estructura*) démonter ; **desatornillarse** *vpr* (*ver vt*) se dévisser ; se démonter
desatrancar *vt* (*puerta*) débloquer ; (*cañería*) déboucher
desautorizar *vt* (*oficial*) désavouer ; (*informe, declaraciones*) désapprouver ; (*huelga, manifestación*) interdire
desavenencia *nf* désaccord *m* ; (*discordia*) conflit *m*
desayunar *vt*: **~ algo** prendre qch au petit déjeuner ▶ *vi* prendre le petit déjeuner • **desayuno** *nm* petit déjeuner *m*
desazón *nf* malaise *m*
desazonar *vt* inquiéter ; **desazonarse** se faire du souci
desbandarse *vpr* se débander
desbarajuste *nm* pagaille *f*
desbaratar *vt* déranger ; (*plan*) bouleverser
desbloquear *vt* (*Com, negociaciones*) débloquer ; (*tráfico*) rétablir
desbocado, -a *adj* (*caballo*) emballé(e) ; (*cuello*) détendu(e)
desbordar *vt* déborder de ; (*fig: paciencia, tolerancia*) pousser à bout ; **desbordarse** *vpr*: **desbordarse (de)** déborder (de)
descabalgar *vi*: **~ (de)** descendre (de)
descabellado, -a *adj* insensé(e)
descafeinado, -a *adj* décaféiné(e) ▶ *nm* décaféiné *m*

d

descalabro *nm* revers *msg* ; (*daño*) coup *m*
descalificar *vt* (*Deporte*) disqualifier ; (*desacreditar*) discréditer
descalzar *vt* déchausser ; **descalzarse** *vpr* se déchausser
descalzo, -a *adj* (*persona*) pieds nus ; **estar/ir (con los pies) ~(s)** être/aller pieds nus
descambiar *vt* (*Com*) échanger
descaminado, -a *adj*: **estar** *o* **ir ~** se leurrer
descampado *nm* terrain *m* vague
descansado, -a *adj* reposant(e) ; (*oficio, actividad*) facile ; **estar/sentirse ~** être/se sentir reposé(e)
descansar *vt* reposer ▸ *vi* (*reposar*) se reposer ; (*no trabajar*) faire une pause ; (*dormir*) se coucher
descansillo *nm* palier *m*
descanso *nm* repos *msg* ; (*en el trabajo*) pause *f* ; (*alivio*) soulagement *m* ; (*Teatro, Cine*) entracte *m* ; (*Deporte*) mi-temps *fsg*
descapotable *nm* (*tb*: **coche descapotable**) décapotable *f*
descarado, -a *adj* éhonté(e) ; (*insolente*) effronté(e)
descarga *nf* déchargement *m* ; (*Mil, Elec*) décharge *f*
descargable *adj* téléchargeable
descargar *vt* décharger ; (*Inform*) télécharger ; (*golpe*) envoyer ▸ *vi* décharger ; (*tormenta*) éclater ; (*nube*) crever ; **~ en** (*río*) se jeter dans ; **descargarse** *vpr* se décharger ; **~ algo de Internet** télécharger qch sur Internet
• **descargo** *nm* (*de obligación*) décharge *f* ; (*Com*) crédit *m* ; (*de conciencia*) soulagement *m* ; (*Jur*) décharge *f*
descaro *nm* effronterie *f* ; (*insolencia*) insolence *f*
descarriar *vt* (*fig*) dévergonder ; **descarriarse** *vpr* se dévergonder
descarrilamiento *nm* déraillement *m*
descarrilar *vi* dérailler
descartar *vt* rejeter
descascarillado, -a *adj* écaillé(e)
descendencia *nf* (*hijos*) descendance *f*
descender *vt* descendre ▸ *vi* descendre ; (*temperatura, nivel*) baisser ; **~ de** descendre de ; **~ de categoría** se déclasser
descendiente *nmf* descendant(e)
descenso *nm* descente *f* ; (*de temperatura, fiebre*) baisse *f*
descifrar *vt* déchiffrer
descolgar *vt* décrocher ; **descolgarse** *vpr* se laisser glisser ; (*lámpara, cortina*) se décrocher
descolorido, -a *adj* (*tela, cuadro*) décoloré(e) ; (*persona*) pâle
descomponer *vt* décomposer ; (*desordenar*) déranger ; (*estropear*) casser ; (*facciones*) altérer ; **descomponerse** *vpr* se décomposer ; (*encolerizarse*) se mettre en colère ; (*Méx*) se casser
descomposición *nf* décomposition *f* ; **~ de vientre** diarrhée *f*
descomprimir *vt* (*Inform*) décompresser, dézipper

descompuesto, -a *pp de* **descomponer** ▸ *adj* (*alimento*) pourri(e); (*vino*) frelaté(e); (*persona, rostro*) décomposé(e); (*con diarrea*) dérangé(e)

descomunal *adj* énorme

desconcertado, -a *adj* déconcerté(e)

desconcertar *vt* déconcerter; **desconcertarse** *vpr* être déconcerté(e)

desconcierto *vb ver* **desconcertar** ▸ *nm* désarroi *m*; (*confusión*) confusion *f*

desconectar *vt* déconnecter; (*desenchufar*) débrancher

desconfianza *nf* méfiance *f*

desconfiar *vi*: **~ de algn/algo** se méfier de qn/qch; **~ de que algn/algo haga algo** (*dudar*) craindre que qn/qch (ne) fasse qch

descongelar *vt* décongeler; (*Pol, Com*) dégeler; **descongelarse** *vpr* se décongeler; se dégeler

descongestionar *vt* décongestionner

desconocer *vt* (*dato*) ignorer; (*persona*) ne pas connaître

desconocido, -a *adj, nm/f* inconnu(e); **está ~** (*persona*) il est méconnaissable; (*lugar*) c'est transformé

desconsiderado, -a *adj* irrespectueux(-euse)

desconsolar *vt* affliger; **desconsolarse** *vpr* s'affliger

desconsuelo *vb ver* **desconsolar** ▸ *nm* affliction *f*, chagrin *m*

descontado, -a *adj*: **por ~** bien sûr; **dar por ~ (que)** être sûr(e) (que)

descontar *vt* (*deducir*) déduire; (*rebajar*) faire une remise de

descontento, -a *adj* mécontent(e) ▸ *nm* mécontentement *m*

descorazonar *vt* décourager; **descorazonarse** *vpr* perdre courage

descorchar *vt* déboucher

descorrer *vt* (*cortina, cerrojo*) tirer

descortés *adj* discourtois(e); (*grosero*) grossier(-ière)

descoser *vt* découdre; **descoserse** *vpr* se découdre

descosido, -a *adj* décousu(e) ▸ *nm* couture *f* défaite

descrédito *nm* discrédit *m*

descremado, -a *adj* écrémé(e)

describir *vt* décrire • **descripción** *nf* description *f*

descuartizar *vt* (*Culin: cerdo*) équarrir; (*: pollo*) dépecer

descubierto, -a *pp de* **descubrir** ▸ *adj* découvert(e); (*coche*) décapoté(e) ▸ *nm* (*Com: en el presupuesto*) déficit *m*; (*: bancario*) découvert *m*; **al ~** en plein air; **poner al ~** révéler

descubrimiento *nm* découverte *f*

descubrir *vt* découvrir; **descubrirse** *vpr* se découvrir

descuento *vb ver* **descontar** ▸ *nm* remise *f*

descuidado, -a *adj* négligé(e); (*desordenado*) négligent(e); (*desprevenido*) pris(e) au dépourvu; **pillar a algn ~** prendre qn au dépourvu

descuidar *vt* négliger ▸ *vi* ne plus y penser; **descuidarse** *vpr* (*despistarse*) ne pas faire attention ; **¡descuida!** n'y pense plus ! • **descuido** *nm* négligence *f* ; **al menor ~** à la moindre négligence ; **con ~** sans faire attention ; **en un ~** dans un moment d'inattention ; **por ~** par inadvertance

desde

▸ *prep* **1** (*lugar, posición*) depuis ; **~ Burgos hasta mi casa hay 30 km** de Burgos à chez moi il y a 30 km ; **hablaba ~ el balcón** il parlait depuis le balcon
2 (*tiempo*) depuis ; **~ ahora** à partir de maintenant ; **~ niño** depuis qu'il est tout petit ; **nos conocemos ~ 1995/~ hace 20 años** nous nous connaissons depuis 1995/depuis 20 ans *o* cela fait 20 ans que nous nous connaissons
3 (*gama*): **~ los más lujosos hasta los más económicos** des plus luxueux aux plus avantageux
4: **~ luego (que no/sí)** bien sûr (que non/oui)
▸ *conj*: **~ que**: **~ que recuerdo** aussi loin que je m'en souvienne ; **~ que llegó no ha salido** depuis qu'il est rentré il n'est pas sorti

desdecir *vi*: **~ de** ne pas être à la hauteur de ; **desdecirse** *vpr*: **desdecirse de** se dédire de
desdén *nm* dédain *m*
desdeñar *vt* dédaigner
desdicha *nf* malheur *m*
desdichado, -a *adj* (*sin suerte*) infortuné(e) ; (*infeliz*) malheureux(-euse) ▸ *nm/f* malheureux(-euse)
desdoblar *vt* (*extender*) déplier
desear *vt* désirer
desecar *vt* assécher ; **desecarse** *vpr* se dessécher
desechar *vt* jeter ; (*oferta*) rejeter
desecho *nm* déchet *m* ; **desechos** *nmpl* ordures *fpl* ; **de ~** (*materiales*) de rebut ; (*ropa*) à jeter
desembalar *vt* déballer
desembarazar *vt* débarrasser ; **desembarazarse** *vpr*: **desembarazarse de** se débarrasser de
desembarcar *vt, vi* débarquer
desembocadura *nf* (*de río*) embouchure *f*
desembocar *vi*: **~ en** (*río*) se jeter dans ; (*fig*) déboucher sur
desembragar *vt, vi* débrayer
desembrollar *vt* éclaircir
desemejanza *nf* dissemblance *f*
desempaquetar *vt* déballer
desempatar *vi*: **volvieron a jugar para ~** ils ont joué à nouveau pour se départager • **desempate** *nm* (*Fútbol*) avantage *m* ; (*Tenis*) tie-break *m*
desempeñar *vt* (*cargo, función*) occuper ; (*papel*) jouer ; (*deber*) accomplir ; (*lo empeñado*) dégager ; **~ un papel** (*fig*) jouer un rôle
desempeño *nm* (*de cargo*) accomplissement *m*
desempleado, -a *adj* au chômage • **desempleo** *nm* chômage *m*
desempolvar *vt* dépoussiérer ; (*recuerdos*) rassembler
desencadenar *vt* (*ira, conflicto*) déchaîner ; (*guerra*) déclencher ; **desencadenarse** *vpr* (*tormenta*)

se déchaîner ; (*guerra*) se déclencher
desencajar *vt* (*mandíbula*) décrocher ; (*hueso, pieza*) déboîter ; **desencajarse** *vpr* se déboîter
desencanto *nm* désenchantement *m*
desenchufar *vt* débrancher
desenfadado, -a *adj* décontracté(e) • **desenfado** *nm* décontraction *f*
desenfocado, -a *adj* (*Foto*) flou(e)
desenfrenado, -a *adj* (*pasión*) sans bornes ; (*lenguaje, conducta*) débridé(e) • **desenfreno** *nm* (*libertinaje*) libertinage *m* ; (*falta de control*) déchaînement *m*
desenganchar *vt* décrocher ; **desengancharse** *vpr* (*fam : de drogas*) décrocher
desengañar *vt* désillusionner ; **desengañarse** *vpr*: **desengañarse (de)** perdre ses illusions (sur) ; **¡desengáñate!** détrompe-toi ! • **desengaño** *nm* désillusion *f* ; **llevarse un ~ (con algn)** être déçu(e) (par qn)
desenlace *nm* dénouement *m*
desenmarañar *vt* (*fig*) débrouiller
desenmascarar *vt* (*fig*) démasquer
desenredar *vt* démêler
desenroscar *vt* dévisser
desenterrar *vt* déterrer
desentonar *vi* détonner
desentrañar *vt* (*misterio*) percer ; (*sentido*) éclaircir
desentumecer *vt* (*pierna*) dégourdir ; (*Deporte*) échauffer ; **desentumecerse** *vpr* se dégourdir
desenvoltura *nf* désinvolture *f*
desenvolver *vt* défaire ; **desenvolverse** *vpr* se dérouler ; **desenvolverse bien/mal** bien/mal se débrouiller ; **desenvolverse en la vida** se débrouiller dans la vie
deseo *nm* désir *m* ; **~ de algo/de hacer** vœu *m* de qch/désir de faire
deseoso, -a *adj*: **estar ~ de algo/de hacer** avoir soif de qch/être désireux(-euse) de faire
desequilibrado, -a *adj, nm/f* déséquilibré(e)
desequilibrio *nm* déséquilibre *m*
desertar *vi* (*soldado*) déserter
desértico, -a *adj* désertique
desesperación *nf* désespoir *m* ; (*irritación*) exaspération *f*
desesperar *vt* désespérer ; (*exasperar*) exaspérer ▶ *vi*: **~ (de)** désespérer (de) ; **desesperarse** *vpr* perdre espoir
desestabilizar *vt* déstabiliser
desestimar *vt* (*menospreciar*) mésestimer ; (*rechazar*) rejeter
desfachatez *nf* aplomb *m* ; **tener la ~ de hacer** avoir l'aplomb de faire
desfalco *nm* détournement *m* de fonds
desfallecer *vi* défaillir
desfasado, -a *adj* déphasé(e) ; (*costumbres*) vieux jeu *inv* • **desfase** *nm* (*en mecanismo*) déphasage *m* ; (*entre ideas, circunstancias*) décalage *m*
desfavorable *adj* défavorable
desfigurar *vt* défigurer

desfiladero *nm* (*Geo*) défilé *m*
desfilar *vi* défiler • **desfile** *nm* défilé *m*; **~ de modelos** défilé de mode
desfogar *vt* décharger; **desfogarse** *vpr* se défouler
desgajar *vt* arracher; **desgajarse** *vpr* (*rama*) s'arracher
desgana *nf* (*falta de apetito*) manque *m* d'appétit; (*falta de entusiasmo*) manque d'entrain
desganado, -a *adj*: **estar ~** (*sin apetito*) ne pas avoir d'appétit; (*sin entusiasmo*) manquer d'entrain
desgarrador, a *adj* déchirant(e)
desgarrar *vt* déchirer; (*carne*) déchiqueter; **desgarrarse** *vpr* se déchirer
desgastar *vt* user; **desgastarse** *vpr* s'user • **desgaste** *nm* usure *f*; **~ físico** usure *f* physique
desglosar *vt* disjoindre
desgracia *nf* malheur *m*; **por ~** malheureusement
desgraciado, -a *adj* malheureux(-euse); (*miserable*) infortuné(e); (*AM*: *fam*) infâme ▸ *nm/f* (*miserable*) infortuné(e); (*infeliz*) malheureux(-euse)
desgravación *nf* (*Com*): **~ fiscal** dégrèvement *m* fiscal
desgravar *vt* dégrever ▸ *vi* (*Fin*) détaxer
deshabitado, -a *adj* (*edificio*) inhabité(e); (*zona*) désert(e)
deshacer *vt* défaire; (*Tec*) démonter; (*contrato*) annuler; (*disolverse*) se dissoudre; (*derretirse*) fondre; **deshacerse de** se défaire de; **deshacerse en cumplidos/atenciones/lágrimas** se répandre en compliments/être plein d'attentions/fondre en larmes
desharrapado, -a *adj* en haillons
deshecho, -a *pp de* **deshacer** ▸ *adj* défait(e); (*roto*) cassé(e); **estoy ~** (*cansado*) je suis mort(e) de fatigue; (*deprimido*) je suis abattu(e)
desheredar *vt* déshériter
deshidratar *vt* déshydrater; **deshidratarse** *vpr* se déshydrater
deshielo *nm* dégel *m*
deshonesto, -a *adj* malhonnête
deshonor *nm*, **deshonra** *nf* déshonneur *m*
deshora: **a ~(s)** *adv* (*llegar*) au mauvais moment; (*hablar*) quand il ne faut pas; (*acostarse, comer*) à des heures impossibles
deshuesar *vt* (*carne*) désosser; (*fruta*) dénoyauter
desierto, -a *adj* désert(e) ▸ *nm* désert *m*; **declarar ~ un premio** ne pas décerner un prix (*à cause du niveau insuffisant des candidats*)
designar *vt* désigner; **~ (para)** (*nombrar*) désigner (à)
designio *nm* dessein *m*
desigual *adj* inégal(e); (*tamaño, escritura*) irrégulier(-ière)
desilusión *nf* désillusion *f* • **desilusionar** *vt* désillusionner; (*decepcionar*) décevoir; **desilusionarse** *vpr* perdre ses illusions
desinfectar *vt* désinfecter
desinflar *vt* dégonfler; **desinflarse** *vpr* se dégonfler
desintegración *nf* désintégration *f*

desinterés *nm (altruismo)* désintéressement *m* ; **~ por** *(familia, actividad)* manque *m* d'intérêt pour
desintoxicar *vt* désintoxiquer
desistir *vi* renoncer ; **~ de (hacer)** renoncer à (faire)
desleal *adj* déloyal(e) • **deslealtad** *nf* déloyauté *f*
desleír *vt* diluer
deslenguado, -a *adj (grosero)* fort(e) en gueule
desligar *vt (separar)* séparer
desliz *nm (fig)* impair *m* • **deslizar** *vt* glisser ; **deslizarse** *vpr* glisser ; *(aguas mansas, lágrimas)* couler
deslucido, -a *adj* terne
deslumbrar *vt* éblouir
desmadrarse *(fam) vpr* faire n'importe quoi
desmán *nm* abus *msg*
desmandarse *vpr (descontrolarse)* se rebeller
desmantelar *vt* démanteler ; *(casa, fábrica)* vider
desmayar *vi* faiblir ; **desmayarse** *vpr* perdre connaissance • **desmayo** *nm (Med)* évanouissement *m* ; *(desaliento)* découragement *m*
desmedido, -a *adj* démesuré(e)
desmejorar *vi (Med)* s'affaiblir
desmembrar *vt* démembrer ; **desmembrarse** *vpr (imperio)* se morceler
desmemoriado, -a *adj* distrait(e)
desmentir *vt* démentir
desmenuzar *vt (pan)* émietter ; *(roca)* effriter ; *(carne)* couper en petits morceaux ; *(asunto, teoría)* examiner en détail
desmerecer *vi (marca)* baisser ; *(belleza)* se flétrir ; **~ de** *(cosa)* ne pas être à la hauteur de ; *(persona)* ne pas être digne de
desmesurado, -a *adj (ambición, egoísmo)* démesuré(e) ; *(habitación, gafas)* énorme
desmontable *adj (que se quita)* démontable ; *(que se puede plegar)* pliable
desmontar *vt* démonter ▸ *vi (de caballería)* mettre pied à terre
desmoralizar *vt* démoraliser ; **desmoralizarse** *vpr* se démoraliser
desmoronar *vt* détruire ; **desmoronarse** *vpr* s'écrouler ; *(convicción, ilusión)* s'effondrer
desnatado, -a *adj* écrémé(e)
desnivel *nm (de terreno)* dénivellation *f*
desnudar *vt* dénuder ; **desnudarse** *vpr* se dénuder
desnudo, -a *adj* nu(e) ; *(árbol)* dépouillé(e) ▸ *nm (Arte)* nu *m*
desnutrición *nf* malnutrition *f*
desnutrido, -a *adj* sous-alimenté(e)
desobedecer *vt, vi* désobéir
desobediente *adj* désobéissant(e)
desocupado, -a *adj (persona: ocioso)* désœuvré(e) ; *(asiento, servicios)* libre
desocupar *vt (vivienda)* libérer ; *(local)* vider
desodorante *nm* déodorant *m*
desolación *nf* désolation *f*
desorbitado, -a *adj (deseos)* démesuré(e) ; *(precio)* exorbitant(e)

desorden *nm* désordre *m* ; **desórdenes** *nmpl* (*Pol*) troubles *mpl*
desordenado, -a *adj* (*habitación, objetos*) en désordre ; (*persona*) désordonné(e)
desorganización *nf* désorganisation *f*
desorganizar *vt* bouleverser
desorientado, -a *adj* (*extraviado*) égaré(e) ; (*confundido*) confus(e)
desorientar *vt* désorienter ; **desorientarse** *vpr* s'égarer
despabilado, -a *adj* (*despierto*) réveillé(e) ; (*fig*) éveillé(e)
despabilar *vt* réveiller ▸ *vi* se réveiller ; (*fig*) s'éveiller ; **despabilarse** *vpr* se réveiller ; **¡despabílate!** (*date prisa*) réveille-toi !
despachar *vt* (*negocio*) expédier ; (*correspondencia*) s'occuper de ; (*en tienda: cliente*) servir ; (*entradas*) distribuer ; (*empleado*) se débarrasser de ; (*visitas*) décliner ; (*Arg: maletas*) enregistrer ▸ *vi* (*en tienda*) servir
despacho *nm* bureau *m* ; (*envío*) dépêche *f* ; (*Com: venta*) envoi *m* ; (*comunicación oficial*) dépêche ; **~ de billetes** *o* **boletos** (*AM*) bureau de tabac
despacio *adv* lentement ; (*cuidadosamente: AM: en voz baja*) doucement
desparpajo *nm* (*desenvoltura*) aisance *f* ; (*pey*) insolence *f*
desparramar *vt* répandre
despavorido, -a *adj* terrorisé(e)
despecho *nm* dépit *m* ; **a ~ de** en dépit de
despectivo, -a *adj* (*tono, modo*) méprisant(e)
despedazar *vt* mettre en pièces
despedida *nf* (*adiós*) congé *m* ; **regalo/cena de ~** cadeau *m*/ dîner *m* d'adieu ; **hacer su ~ de soltero/soltera** enterrer sa vie de garçon/jeune fille
despedir *vt* (*decir adiós a*) dire au revoir à ; (*empleado*) renvoyer ; (*olor, calor*) dégager ; **despedirse** *vpr* quitter son emploi ; **despedirse de algn** dire au revoir à qn ; **ir a ~ a algn** aller prendre congé de qn
despegar *vt, vi* décoller ; **despegarse** *vpr* se décoller • **despego** *nm* = **desapego**
despegue *vb ver* **despegar** ▸ *nm* décollage *m*
despejado, -a *adj* dégagé(e) ; (*persona*) bien réveillé(e)
despejar *vt* dégager ; (*desalojar*) vider ; (*misterio*) éclaircir ; (*mente*) rafraîchir ; (*Deporte*) dégager ▸ *vi* s'éclaircir ; **despejarse** *vpr* s'éclaircir ; (*persona*) émerger
despellejar *vt* (*animal*) écorcher
despensa *nf* garde-manger *m*
despeñadero *nm* précipice *m*
despeñar: **despeñarse** *vpr* basculer
desperdiciar *vt* gaspiller ; (*oportunidad*) manquer
desperdicio *nm* gaspillage *m* ; **desperdicios** *nmpl* (*basura*) ordures *fpl* ; (*residuos*) déchets *mpl* ; **el libro no tiene ~** le livre est excellent du début à la fin
desperdigar: **desperdigarse** *vpr* se disperser ; (*semillas etc*)

s'éparpiller ; **andar desperdigados** être dispersés
desperezarse *vpr* s'étirer
desperfecto *nm* (*deterioro*) dommage *m* ; (*defecto*) imperfection *f*
despertador *nm* réveil *m*
despertar *vt* réveiller ; (*sospechas, admiración*) éveiller ; (*apetito*) aiguiser ▸ *vi* se réveiller ▸ *nm* (*de persona*) réveil *m* ; (*día, era*) aube *f* ; **despertarse** *vpr* se réveiller
despiadado, -a *adj* impitoyable
despido *vb ver* **despedir** ▸ *nm* (*de trabajador*) licenciement *m*
despierto, -a *vb ver* **despertar** ▸ *adj* réveillé(e) ; (*fig*) éveillé(e)
despilfarro *nm* gaspillage *m*
despistado, -a *adj* (*distraído*) distrait(e)
despistar *vt* (*perseguidor*) semer ; (*desorientar*) dérouter ; **despistarse** *vpr* (*distraerse*) être distrait(e)
despiste *nm* distraction *f*
desplazamiento *nm* déplacement *m* ; (*Inform*) défilement *m* ; **~ hacia arriba/abajo** (*Inform*) déplacement vers le haut/bas ; **gastos de ~** frais *mpl* de déplacement
desplazar *vt* déplacer ; (*fig*) supplanter ; (*Inform*) faire défiler ; **desplazarse** *vpr* se déplacer
desplegar *vt* déployer ; (*tela, papel*) déplier ; **desplegarse** *vpr* (*Mil*) se déployer • **despliegue** *vb ver* **desplegar** ▸ *nm* déploiement *m*
desplomarse *vpr* s'écrouler
desplumar *vt* (*ave*) déplumer ; (*fam*) plumer
despoblado, -a *adj* (*sin habitantes*) vide ; (*con pocos habitantes*) dépeuplé(e) ▸ *nm* lieu *m* dépeuplé
despojar *vt* dépouiller ; **~ de** (*persona: de sus bienes*) dépouiller de ; (*: de título, derechos*) retirer ; **despojarse** *vpr*: **despojarse de** (*ropa*) enlever
despojo *nm* spoliation *f* ; **despojos** *nmpl* (*Culin*) abats *mpl*
desposado, -a *adj* tout juste marié(e)
desposar *vt* (*suj: sacerdote*) marier ; **desposarse** *vpr* se marier
desposeer *vt*: **~ (de)** déposséder (de)
déspota *nmf* despote *m*
despreciar *vt* mépriser ; (*oferta, regalo*) dédaigner • **desprecio** *nm* dédain *m* ; **un ~** un affront
desprender *vt* détacher ; (*olor, calor*) dégager ; **desprenderse** *vpr* se détacher ; (*olor, perfume*) se dégager ; **~ (de)** (*separar*) ôter (de) ; **desprenderse de algo** se défaire de qch ; **de ahí se desprende que** il en découle que
desprendimiento *nm* générosité *f* ; **~ de retina** décollement *m* de la rétine ; **~ de tierras** éboulement *m* de terrain
despreocupado, -a *adj*: **estar ~** (*sin preocupación*) ne pas s'inquiéter ; **ser ~** être insouciant(e)
despreocuparse *vpr*: **~ (de)** (*dejar de inquietarse*) ne plus s'occuper (de) ; (*desentenderse*) se désintéresser (de)
desprestigiar *vt* discréditer ; **desprestigiarse** *vpr* se discréditer

desprevenido, -a *adj* dépourvu(e) ; **coger** (*Esp*) *o* **agarrar** (*AM*) **a algn ~** prendre qn au dépourvu
desproporcionado, -a *adj* disproportionné(e)
desprovisto, -a *adj*: **~ de** dépourvu(e) de
después *adv* après ; (*entonces*) alors ▸ *prep*: **~ de** après ▸ *conj*: **~ (de) que** après que ; **un año ~** un an après ; **~ de comer** après manger ; **~ de todo** après tout
desquiciar *vt* (*puerta*) sortir de ses gonds ; (*persona*) rendre fou (folle)
desquite *nm*: **tomarse el ~ (de)** prendre sa revanche (sur)
destacar *vt* (*Arte*) mettre en relief ; (*fig*) souligner ; (*Mil*) détacher ▸ *vi* (*sobresalir: montaña, figura*) ressortir ; (*: obra, persona*) se démarquer ; **destacarse** *vpr* se démarquer
destajo *nm*: **trabajar a ~** (*por pieza*) travailler à la pièce ; (*mucho*) travailler d'arrache-pied
destapar *vt* découvrir ; (*botella*) déboucher ; (*cacerola*) ôter le couvercle de ; **destaparse** *vpr* (*botella*) se déboucher ; (*en la cama*) se découvrir
destartalado, -a *adj* (*casa*) délabré(e) ; (*coche*) démantibulé(e)
destello *nm* (*de diamante, metal*) scintillement *m* ; (*de estrella*) scintillation *f* ; (*de faro*) lueur *f*
destemplado, -a *adj* (*Mús*) désaccordé(e) ; (*voz*) discordant(e) ; (*Meteorología*) mauvais(e) ; **estar/sentirse ~** (*Med*) ne pas se sentir bien
desteñir *vt, vi* déteindre ; **desteñirse** *vpr* déteindre ; **esta tela no destiñe** ce tissu ne déteint pas
desternillarse *vpr*: **~ de risa** se tordre de rire
desterrar *vt* exiler
destiempo: **a ~** *adv* mal à propos
destierro *vb ver* **desterrar** ▸ *nm* (*expulsión*) interdiction *f* de séjour ; (*exilio*) exil *m*
destilar *vt, vi* distiller • **destilería** *nf* distillerie *f*
destinar *vt* (*funcionario, militar*) affecter ; (*habitación, tarea*) assigner ; **~ a** *o* **para** (*fondos*) destiner à
destinatario, -a *nm/f* destinataire *mf*
destino *nm* (*suerte*) destin *m* ; (*de viajero*) destination *f* ; (*de funcionario, militar*) poste *m* ; **con ~ a** à destination de
destituir *vt*: **~ (de)** destituer (de)
destornillador *nm* tournevis *msg*
destornillar *vt* = **desatornillar**
destreza *nf* dextérité *f* ; (*maña*) adresse *f*
destrozar *vt* (*romper*) casser ; (*planes, campaña, persona*) anéantir ; (*nervios*) mettre à vif
destrozo *nm* destruction *f* ; **destrozos** *nmpl* (*daños*) dégâts *mpl*
destrucción *nf* destruction *f*
destructivo, -a *adj* destructeur(-trice)
destruir *vt* détruire ; (*persona: moralmente*) briser ; (*negocio, comarca*) ruiner ; (*político, competidor, ilusiones*) anéantir

desuso *nm* non-utilisation *f*; **caer en ~** tomber en désuétude; **estar en ~** être inusité(e)
desvalido, -a *adj* déshérité(e)
desvalijar *vt* dévaliser; (*coche*) cambrioler
desván *nm* grenier *m*
desvanecer *vt* dissiper; **desvanecerse** *vpr* (*Med*) s'évanouir; (*fig*) se dissiper; (*borrarse*) s'effacer
desvanecimiento *nm* (*de contornos, colores*) effacement *m*; (*Med*) évanouissement *m*
desvariar *vi* délirer • **desvarío** *nm* délire *m*
desvelar *vt* (*suj: café, preocupación*) tenir éveillé(e); **desvelarse** *vpr* rester éveillé(e)
desvelo *nm* éveil *m*; **desvelos** *nmpl* (*preocupación*) soucis *mpl*
desvencijado, -a *adj* (*silla*) branlant(e); (*máquina*) détraqué(e)
desventaja *nf* inconvénient *m*; **estar en** *o* **llevar ~** être désavantagé(e)
desventura *nf* malheur *m*
desvergonzado, -a *adj, nm/f* dévergondé(e); (*descarado*) effronté(e)
desvergüenza *nf* dévergondage *m*; (*descaro*) toupet *m*
desvestir *vt* déshabiller; **desvestirse** *vpr* se déshabiller
desviación *nf* (*de río*) détournement *m*; (*Auto*) déviation *f*; (*de la conducta*) écart *m*; **~ de la columna** (*Med*) scoliose *f*
desviar *vt* dévier; (*río, mirada*) détourner; **desviarse** *vpr* (*apartarse del camino*) s'égarer; (*rumbo*) faire un détour
desvío *vb ver* **desviar** ▶ *nm* (*Auto*) déviation *f*
desvirtuar *vt* (*actuación, labor*) nuire à; **desvirtuarse** *vpr* perdre sa signification première
desvivirse *vpr*: **~ por algo/algn** se mettre en quatre pour qch/qn; **~ por hacer** se tuer à faire
detalle *nm* détail *m*; (*delicadeza*) attention *f*; **¡qué ~!** comme c'est gentil!; **al ~** (*Com*) au détail
detallista *adj* méticuleux(-euse) ▶ *nmf* (*Com*) détaillant(e)
detective *nmf* détective *mf*; **~ privado** détective privé(e)
detener *vt* arrêter; **detenerse** *vpr* s'arrêter; (*demorarse*) s'attarder
detenido, -a *adj* arrêté(e); (*minucioso*) minutieux(-euse); (*preso*) détenu(e) ▶ *nm/f* détenu(e)
detenimiento *nm*: **con ~** avec soin
detergente *nm* détergent *m*; (*para la ropa*) lessive *f*
deteriorar *vt* détériorer; **deteriorarse** *vpr* se détériorer
determinación *nf* détermination *f*; (*decisión*) décision *f*
determinado, -a *adj* déterminé(e)
determinar *vt* déterminer; **determinarse** *vpr*: **determinarse a hacer** se déterminer à faire
detestar *vt* détester
detrás *adv* derrière; (*en sucesión*) après ▶ *prep*: **~ de** derrière; **~ mí/nuestro** (*esp CSur*) derrière moi/nous

detrimento *nm*: **en ~ de** au détriment de
deuda *nf* dette *f*; **estar en ~ con algn** (*fig*) avoir une dette envers qn ; **~ exterior/pública** dette extérieure/publique
devaluación *nf* dévaluation *f*
devaluar *vt* dévaluer
devastar *vt* dévaster
devoción *nf* dévotion *f*; **sentir ~ por algn/algo** avoir de la dévotion pour qn/une passion pour qch
devolución *nf* restitution *f*; (*de carta*) retour *m* ; (*de dinero*) remboursement *m*
devolver *vt* rendre ; (*a su sitio*) remettre ; (*fam: vomitar*) rendre ▶ *vi* (*fam*) rendre ; **devolverse** *vpr* (AM) revenir
devorar *vt* dévorer
devoto, -a *adj* (*Rel*) dévot(e) ▶ *nm/f* dévot(e) ; (*adepto*) adepte *mf*
devuelto *pp de* **devolver**
devuelva *etc vb ver* **devolver**
di *vb ver* **dar**; **decir**
día *nm* (*24 horas*) journée *f*; (*lo que no es noche*) jour *m* ; **¿qué ~ es?** quel jour est-on ? ; **estar/poner al ~** (*cuentas*) être/mettre à jour ; (*persona*) être/mettre au courant ; **el ~ de mañana** demain ; **al ~ siguiente** le jour suivant ; **vivir al ~** vivre au jour le jour ; **es de ~** il fait jour ; **en pleno ~** en plein jour ; **¡buenos ~s!** bonjour ! ; **~ domingo/lunes** *etc* (AM) dimanche/lundi *etc* ; **D~ de Reyes** Épiphanie *f*; **~ festivo** *o* (AM) **feriado** *o* **de fiesta** jour férié ; **~ laborable** jour de travail *o* ouvrable ; **~ lectivo/libre** jour de classe/de congé
diabetes *nf inv* diabète *m*
diabético, -a *nm/f* diabétique *mf*
diablo *nm* diable *m* ; **¿cómo/qué ~s ...?** comment/que diable ... ? • **diablura** *nf* diablerie *f*
diadema *nf* serre-tête *m* ; (*joya*) diadème *m*
diafragma *nm* diaphragme *m*
diagnosis *nf inv* diagnostic *m*
diagnóstico *nm* diagnostic *m*
diagonal *adj* diagonal(e) ▶ *nf* diagonale *f*
diagrama *nm* diagramme *m* ; **~ de flujo** (*Inform*) organigramme *m*
dial *nm* (*de radio*) bande *f* de fréquence
dialecto *nm* dialecte *m*
dialogar *vi* dialoguer ; **~ con** (*Pol*) s'entretenir avec
diálogo *nm* dialogue *m*
diamante *nm* diamant *m* ; **diamantes** *nmpl* (*Naipes*) carreau *msg*
diámetro *nm* diamètre *m*
diana *nf* (*Mil*) réveil *m* ; (*de blanco*) mouche *f*
diapositiva *nf* (*Foto*) diapositive *f*
diario, -a *adj* quotidien(ne) ▶ *nm* quotidien *m*, journal *m* ; (*para memorias*) journal ; (*Com*) livre *m* journal ; **a ~** tous les jours ; **de** *o* **para ~** de tous les jours
diarrea *nf* diarrhée *f*
dibujar *vt, vi* dessiner • **dibujo** *nm* dessin *m* ; **~s animados** dessins *mpl* animés ; **~ lineal/técnico** dessin industriel
diccionario *nm* dictionnaire *m*

dicho, -a *pp de* **decir** ▸ *adj*: **en ~s países** dans ces pays ▸ *nm* proverbe *m*
dichoso, -a *adj* heureux(-euse)
diciembre *nm* décembre *m* ; *ver tb* **julio**
dictado *nm* dictée *f*
dictador *nm* dictateur *m* • **dictadura** *nf* dictature *f*
dictamen *nm* expertise *f*
dictar *vt* dicter ; (*decreto*) publier ; (*ley*) promulguer ; (AM: *clase*) faire
didáctico, -a *adj* didactique ; (*juguete, programa*) éducatif(-ive)
diecinueve *adj inv, nm inv* dix-neuf *m inv* ; *ver tb* **seis**
dieciocho *adj inv, nm inv* dix-huit *m inv* ; *ver tb* **seis**
dieciséis *adj inv, nm inv* seize *m inv* ; *ver tb* **seis**
diecisiete *adj inv, nm inv* dix-sept *m inv* ; *ver tb* **seis**
diente *nm* dent *f* ; **hablar entre ~s** parler entre ses dents ; **~ de ajo** gousse *f* d'ail ; **~ de león** pissenlit *m*
diera *etc vb ver* **dar**
diesel *adj*: **motor ~** (moteur *m*) diesel *m*
diestro, -a *adj* droit(e) ; (*persona*) droitier(-ière) ; (*hábil*) adroit(e) ▸ *nm* (*Taur*) matador *m*
dieta *nf* régime *m* ; **dietas** *nfpl* (*de viaje, hotel*) frais *mpl* ; **estar a ~** être au régime
dietética *nf* diététique *f*
dietético, -a *adj* diététique
diez *adj inv, nm inv* dix *m inv* ; *ver tb* **seis**
diezmar *vt* décimer
difamar *vt* diffamer
diferencia *nf* différence *f* ; **diferencias** *nfpl* (*desacuerdos*) différend *msg* ; **a ~ de** à la différence de • **diferenciar** *vt*: **~ (de)** distinguer (de) ▸ *vi*: **~ entre A y B** distinguer A de B ; **diferenciarse** *vpr*: **diferenciarse (de)** se distinguer (de)
diferente *adj* différent(e) ▸ *adv* différemment
diferido *nm*: **en ~** (*TV*) en différé
difícil *adj* difficile ; **ser ~ de hacer/entender/explicar** être difficile à faire/comprendre/expliquer
dificultad *nf* difficulté *f* ; **dificultades** *nfpl* (*problemas*) difficultés *fpl* ; **poner ~es (a algn)** faire des difficultés (à qn)
dificultar *vt* (*explicación, labor*) rendre difficile ; (*visibilidad*) brouiller
difteria *nf* diphtérie *f*
difundir *vt* (*calor, noticia*) diffuser ; (*doctrina, rumores*) répandre ; **difundirse** *vpr* se diffuser ; (*doctrina*) se répandre
difunto, -a *adj, nm/f* défunt(e)
difusión *nf* diffusion *f*
diga *etc vb ver* **decir**
digerir *vt* digérer
digestión *nf* digestion *f*
digestivo, -a *adj* digestif(-ive)
digital *adj* digital(e) ; (*Tec*) numérique
dignarse *vpr*: **~ (a) hacer** daigner faire
dignatario, -a *nm/f* dignitaire *m*
dignidad *nf* dignité *f*
digno, -a *adj* (*sueldo, nivel de vida*) décent(e) ; (*comportamiento, actitud*) digne ; **~ de** digne de
dije *vb ver* **decir**

dilapidar *vt* dilapider
dilatar *vt* dilater ; (*prolongar, aplazar*) différer ; **dilatarse** *vpr* se dilater
dilema *nm* dilemme *m*
diligencia *nf* diligence *f* ; (*trámite*) acte *m* de procédure ; **diligencias** *nfpl* (*Jur*) formalités *fpl* • **diligente** *adj* diligent(e)
diluir *vt* diluer
diluvio *nm* déluge *m*
dimensión *nf* dimension *f* ; (*de catástrofe*) proportions *fpl* ; **dimensiones** *nfpl* (*tamaño*) dimensions *fpl*
diminuto, -a *adj* tout(e) petit(e)
dimitir *vi* : **~ (de)** démissionner (de)
dimos *vb ver* **dar**
Dinamarca *nf* Danemark *m*
dinámico, -a *adj* dynamique
dinamita *nf* dynamite *f*
dinamo, dínamo *nf o* AM *nm* dynamo *f*
dineral *nm* fortune *f*
dinero *nm* argent *m* ; **~ contante (y sonante)** espèces *fpl* ; **~ efectivo** *o* **en metálico** liquide *m* ; **~ suelto** (petite) monnaie *f*
dinosaurio *nm* dinosaure *m*
dio *vb ver* **dar**
diócesis *nf inv* diocèse *m*
Dios *nm* Dieu *m* ; **¡~ mío!** mon Dieu ! ; **¡por ~!** grand Dieu ! ; **si ~ quiere** si Dieu le veut
dios *nm* dieu *m*
diosa *nf* déesse *f*
diploma *nm* diplôme *m*
diplomacia *nf* diplomatie *f*
diplomado, -a *adj, nm/f* diplômé(e)
diplomático, -a *adj* diplomatique ▸ *nm/f* diplomate *mf*
diptongo *nm* diphtongue *f*
diputación *nf* ≈ conseil *m* général
diputado, -a *nm/f* député(e)
dique *nm* digue *f*
diré *etc vb ver* **decir**
dirección *nf* direction *f* ; (*señas*) adresse *f* ; (*Cine, Teatro*) mise *f* en scène ; **~ asistida** (*Auto*) direction assistée ; **~ de correo electrónico** adresse électronique ; **~ de Internet** (*Inform*) adresse *f* web ; **~ prohibida/única** sens *m* interdit/unique
directa *nf* (*Auto*) quatrième *f*, cinquième *f*
directiva *nf* comité *m* directeur
directo, -a *adj* direct(e) ; **transmitir en ~** (*TV*) diffuser en direct
director, a *adj, nm/f* directeur(-trice) ; (*Cine, TV*) metteur *m* en scène ; **~ general** *o* **gerente** directeur(-trice) général(e)
dirigente *adj, nmf* dirigeant(e)
dirigir *vt* diriger ; (*carta, pregunta*) adresser ; (*obra de teatro, film*) mettre en scène ; (*esfuerzos*) concentrer ; **dirigirse** *vpr* : **dirigirse a** s'adresser à ; **~ a** *o* **hacia** diriger vers ; **no ~ la palabra a algn** ne pas adresser la parole à qn
dirija *etc vb ver* **dirigir**
discapacidad *nf* handicap *m*
discapacitado, -a *adj, nm/f* handicapé(e) ; **~ psíquico(-a)** handicapé(e) mental(e)

discernir *vt* discerner
disciplina *nf* discipline *f*
discípulo, -a *nm/f* disciple *mf*
disco *nm* disque *m* ; (*Auto*) feu *m* ; **~ compacto** disque compact ; **~ duro** disque dur
disconforme *adj* pas d'accord ; **estar ~ (con)** être en désaccord (avec)
discordia *nf* discorde *f*
discoteca *nf* discothèque *f*
discreción *nf* discrétion *f* ; **comer/beber a ~** manger/boire à volonté • **discrecional** *adj* (*uso, poder*) discrétionnaire ; (*servicio*) spécial(e)
discrepancia *nf* différence *f* ; (*desacuerdo*) divergence *f*
discreto, -a *adj* discret(-ète)
discriminación *nf* discrimination *f*
disculpa *nf* excuse *f* ; **pedir ~s a/por** demander pardon à/pour • **disculpar** *vt* pardonner ; **disculparse** *vpr*: **disculparse (de/por)** s'excuser (de/pour)
discurrir *vt* échafauder ▸ *vi* réfléchir ; (*el tiempo*) s'écouler ; **~ (por)** (*gente, río*) passer (par)
discurso *nm* discours *msg*
discusión *nf* discussion *f*
discutir *vt* discuter de ▸ *vi* discuter ; (*disputar*): **~ (con)** se disputer (avec)
disecar *vt* (*animal*) empailler ; (*planta*) sécher
diseminar *vt* disséminer ; (*fig*) répandre
diseñar *vt* créer
diseño *nm* (*Tec*) conception *f* ; (*boceto*) ébauche *f*
disfraz *nm* déguisement *m* • **disfrazar** *vt* déguiser ; **disfrazarse** *vpr* se déguiser ; **disfrazarse de** se déguiser en
disfrutar *vt* jouir de ▸ *vi* prendre beaucoup de plaisir
disgregar *vt* (*manifestantes*) disperser ; (*familia, imperio*) diviser ; **disgregarse** *vpr* (*muchedumbre*) se disperser
disgustar *vt* déplaire à ; **disgustarse** *vpr* être contrarié(e) ; (*dos personas*) s'accrocher
disgusto *nm* désagrément *m* ; (*pesadumbre*) contrariété *f* ; (*desgracia*) malheur *m* ; (*riña*) accrochage *m*
disidente *adj, nmf* dissident(e)
disimular *vt* dissimuler ▸ *vi* faire comme si de rien n'était
disipar *vt* dissiper ; **disiparse** *vpr* se dissiper
dislocar *vt* (*articulación*) déboîter ; **dislocarse** *vpr* se déboîter
disminución *nf* diminution *f*
disminuido, -a *nm/f*: **~ mental/físico(-a)** handicapé(e) mental(e)/physique
disminuir *vt* diminuer ; (*velocidad*) réduire ▸ *vi* (*días, población, número*) diminuer ; (*precios, temperatura, memoria*) baisser
disociar *vt* dissocier
disolver *vt* dissoudre ; (*manifestación*) disperser ; (*contrato*) dénoncer ; **disolverse** *vpr* se dissoudre ; (*manifestantes*) se disperser
dispar *adj* (*distinto*) distinct(e)
disparar *vt, vi* tirer ; **dispararse** *vpr* (*precios*) monter en flèche

disparate *nm* bêtise *f*; (*error*) absurdité *f*; **decir ~s** dire des bêtises
disparo *nm* tir *m*
dispensar *vt* dispenser; (*bienvenida*) souhaiter
dispersar *vt* éparpiller; (*manifestación, fig*) disperser; **dispersarse** *vpr* se disperser; (*luz*) se répandre
disponer *vt* disposer; (*mandar*) ordonner ▶ *vi*: **~ de** disposer de; **disponerse** *vpr*: **disponerse a** *o* **para hacer** se disposer à faire; **la ley dispone que ...** la loi stipule que ...; **no puede ~ de esos bienes** il ne peut disposer librement de ces biens
disponible *adj* disponible; **(no) estar ~** (ne pas) être disponible
disposición *nf* disposition *f*; **~ para** (*aptitud*) dispositions *fpl* pour; **a (la) ~ de** à (la) disposition de; **a su ~** à votre disposition
dispositivo *nm* dispositif *m*
dispuesto, -a *pp de* **disponer** ▶ *adj* (*preparado*) prêt(e); **estar ~/ poco ~ a hacer** être disposé(e)/ peu disposé(e) à faire
disputar *vt* (*premio, derecho*) disputer ▶ *vi* se disputer; **disputarse** *vpr* se disputer; **~ por** se disputer
disquetera *nf* (*Inform*) lecteur *m* de disquette
distancia *nf* distance *f*; (*en el tiempo*) écart *m*; **a ~** à distance; (*enseñanza, formación*) à distance, distanciel(le)
distanciar *vt* distancer; **distanciarse** *vpr* (*enemistarse*) se distancier; **distanciarse (de)** (*alejarse*) s'éloigner (de)
distante *adj* distant(e)
distar *vi*: **dista 5 kms de aquí** c'est à 5 km d'ici
diste, disteis *vb ver* **dar**
distensión *nf* détente *f*
distinción *nf* distinction *f*; **sin ~ de** sans distinction de
distinguido, -a *adj* distingué(e)
distinguir *vt* distinguer; **distinguirse** *vpr* se distinguer; **~ X de Y** distinguer X de Y
distintivo, -a *adj* distinctif(-ive) ▶ *nm* (*insignia*) insigne *m*
distinto, -a *adj*: **~ (a** *o* **de)** distinct(e) (de), différent(e) (de); **distintos** (*varios*) plusieurs
distracción *nf* distraction *f*
distraer *vt* distraire; **distraerse** *vpr* (*entretenerse*) se distraire; (*perder la concentración*) être distrait(e)
distraído, -a *adj* distrait(e); (*entretenido*) amusant
distribuidor, a *nm/f* (*persona*) distributeur(-trice) ▶ *nf* (*Com*) concessionnaire *m*; (*Cine*) distributeur *m*
distribuir *vt* (*riqueza, beneficio*) répartir; (*cartas, trabajo*) distribuer
distrito *nm* district *m*; **~ electoral** circonscription *f* électorale; **~ postal** secteur *m* postal
disturbio *nm* troubles *mpl*; **~ de orden público** trouble *m* de l'ordre public
disuadir *vt*: **~ (de)** dissuader (de)
disuelto *pp de* **disolver**
disyuntiva *nf* alternative *f*

DIU *sigla m (= dispositivo intrauterino)* stérilet *m*
diurno, -a *adj* de jour
divagar *vi* divaguer
diván *nm* divan *m*
divergencia *nf* divergence *f*
diversidad *nf* diversité *f*
diversificar *vt* diversifier ; **diversificarse** *vpr* se diversifier
diversión *nf* distraction *f*
diverso, -a *adj (variado)* varié(e) ; ▶ *nm* **diversos** *nmpl (Com)* articles *mpl* divers ; **~s libros** plusieurs livres *mpl* ; **~s colores** couleurs *fpl* variées
divertido, -a *adj* amusant(e) ; *(fiesta)* réussi(e) ; *(película, libro)* divertissant(e)
divertir *vt* amuser ; **divertirse** *vpr* s'amuser
dividendo *nm (Com)* dividende *m*
dividir *vt* partager ; *(separar)* séparer ; *(partido, opinión pública)* diviser ; *(Mat)*: **~ (por** *o* **entre)** diviser (par)
divierta *etc vb ver* **divertir**
divino, -a *adj (Rel, fam)* divin(e)
divirtiendo *etc vb ver* **divertir**
divisa *nf* devise *f* ; **divisas** *nfpl (Com)* devises *fpl*
divisar *vt* apercevoir
división *nf* division *f* ; *(de herencia)* partage *m*
divorciar *vt* prononcer le divorce de ; **divorciarse** *vpr*: **divorciarse (de)** divorcer (de) • **divorcio** *nm* divorce *m*
divulgar *vt* divulguer ; *(popularizar)* vulgariser
DNI *sigla m (Esp) (= Documento Nacional de Identidad)* carte *f* d'identité

Le *Documento Nacional de Identidad*, appelé également **DNI** ou *carnet de identidad*, est la carte d'identité nationale espagnole, comportant la photographie et la signature du titulaire. Comme en France, il faut toujours en être muni et le présenter à la police en cas de contrôle.

Dña. *abr (= Doña)* Mme *(= Madame)*
do *nm (Mús)* do *m*
dobladillo *nm* ourlet *m*
doblar *vt* plier ; *(cantidad, Cine)* doubler ; **doblarse** *vpr* se plier ; **~ la esquina** tourner au coin de la rue ; **~ a la derecha/izquierda** tourner à droite/gauche
doble *adj* double ▶ *nm*: **el ~** le double ▶ *nmf (Teatro, Cine)* double *m* ; **dobles** *nmpl (Deporte)*: **partido de ~s** double *msg* ; **con ~ sentido** à double sens
doblegar *vt* faire plier ; **doblegarse** *vpr (ceder)* se plier
doblez *nm (pliegue)* pli *m*
doce *adj inv, nm inv* douze *m inv* ; *ver tb* **seis** • **docena** *nf* douzaine *f*
docente *adj*: **centro ~** centre *m* d'enseignement ; **cuerpo/personal ~** corps *msg*/personnel *m* enseignant
dócil *adj* docile
doctor, a *nm/f (médico)* médecin *m* ; *(Univ)* docteur *m*
doctorado *nm* doctorat *m*
doctrina *nf* doctrine *f*
documentación *nf* documentation *f* ; *(de persona, vehículo)* papiers *mpl*
documental *adj, nm* documentaire *m*

documento *nm* document *m* ; (*certificado*) justificatif *m* ; (*fig: testimonio*) témoignage *m* ; **D~ Nacional de Identidad** carte *f* d'identité ; *ver* **DNI**

dólar *nm* dollar *m*

doler *vi* faire mal ; (*fig*) peiner ; **dolerse** *vpr* se plaindre ; **me duele el brazo** mon bras me fait mal

dolor *nm* douleur *f* ; **~ de cabeza** mal *m* de tête ; **~ de estómago** maux *mpl* d'estomac ; **~ de muelas** mal *o* rage *f* de dents

domar *vt* dompter • **domesticar** *vt* domestiquer

doméstico, -a *adj, nm/f* domestique *mf* ; **economía doméstica** économie *f* domestique

domiciliación *nf*: **~ de pagos** virement *m* automatique

domicilio *nm* domicile *m* ; **servicio a ~** service *m* à domicile ; **sin ~ fijo** sans domicile fixe ; **~ particular** domicile particulier ; **~ social** (*Com*) siège *m* social

dominante *adj* dominant(e) ; (*persona*) dominateur(-trice)

dominar *vt* dominer ; (*epidemia*) enrayer ▶ *vi* dominer ; **dominarse** *vpr* se dominer

domingo *nm* dimanche *m* ; **D~ de Ramos/de Resurrección** dimanche des Rameaux/de Pâques

dominicano, -a *adj* dominicain(e) ▶ *nm/f* Dominicain(e)

dominio *nm* domination *f* ; (*de las pasiones, de idioma*) maîtrise *f* ; **dominios** *nmpl* (*tierras*) domaine *msg*

dominó *nm* domino *m* ; (*juego*) dominos *mpl*

don *nm* (*talento*) don *m* ; (*tratamiento: con apellido*) Monsieur *m* ; (*: solo con nombre*) ≈ Monsieur ; **D~ Juan Gómez** Monsieur Juan Gómez ; **tener ~ de gentes** savoir s'y prendre avec les gens ; **un ~ de la naturaleza** un don de la nature ; **tener un ~ para el dibujo/la música** être doué(e) pour le dessin/la musique

> Le titre **don/doña**, souvent abrégé en *D./Dña.*, s'utilise en signe de respect lorsqu'on s'adresse à une personne plus âgée que soi ou à un supérieur hiérarchique. Il se place devant le prénom, par exemple *Don Diego, Doña Inés*. Cet usage, de plus en plus rare en Espagne, est maintenant surtout réservé à la correspondance et aux documents officiels. Dans ce cas, le titre précède les prénoms et noms de famille : *Sr. D. Pedro Rodríguez Hernández, Sra. Dña. Inés Rodríguez Hernández*.

donar *vt* faire un don de ; (*sangre*) donner

donativo *nm* don *m*

doncella *nf* (*criada*) bonne *f*

donde *adv* où ; (*fam*): **se fue ~ sus tíos** il est allé chez ses vieux ; **por ~** par où

dónde *adv* où ; **¿a ~ vas?** où vas-tu ? ; **¿de ~ vienes?** d'où viens-tu ? ; **¿por ~?** par où ?

dondequiera *adv* n'importe où ▶ *conj*: **~ que** où que

doña *nf* (*tratamiento: con apellido*) Madame *f*; (*: solo con nombre*) ≈ Madame
dorado, -a *adj* doré(e) ▶ *nm* dorure *f*
dormir *vt* endormir ▶ *vi* dormir; **dormirse** *vpr* s'endormir; **~ la siesta** faire la sieste; **se me ha dormido el brazo/la pierna** j'ai des fourmis dans le bras/ la jambe
dormitar *vi* somnoler
dormitorio *nm* chambre *f*; (*en una residencia*) dortoir *m*
dorsal *adj* dorsal(e) ▶ *nm* (*Deporte*) dossard *m*
dorso *nm* dos *m*
DOS *sigla m* (*= sistema operativo de disco*) DOS *msg* (*= Disc-Operating System*)
dos *adj inv, nm inv* deux *inv*; **los ~** les deux *mpl*; **de ~ en ~** deux par deux; *ver tb* **seis**
doscientos, -as *adj* deux cents; *ver tb* **seiscientos**
dosis *nf inv* dose *f*
dotado, -a *adj* doué(e); **~ de** doté(e) de
dotar *vt* équiper; **~ de** *o* **con** (*proveer: de inteligencia, simpatía*) douer de; (*: de dinero*) allouer; (*: de personal, maquinaria*) doter de • **dote** *nf* dot *f*; **dotes** *nfpl* (*aptitudes*) dons *mpl*
doy *vb ver* **dar**
dragar *vt* draguer
drama *nm* drame *m*
dramático, -a *adj* dramatique
dramaturgo, -a *nm/f* dramaturge *mf*
drástico, -a *adj* drastique
drenaje *nm* drainage *m*
droga *nf* drogue *f*
drogadicto, -a *nm/f* toxicomane *mf*
drogar *vt* droguer
droguería *nf* droguerie *f*
dron *nm* drone *m*
ducha *nf* douche *f*
ducharse *vpr* se doucher
duda *nf* doute *m*; **sin ~** sans aucun doute; **no cabe ~** il n'y a pas de doute; **para salir de ~s** pour en avoir le cœur net • **dudar** *vt, vi* douter; **~ (de)** douter (de); **dudó si comprarlo o no** il a hésité à l'acheter
dudoso, -a *adj* douteux(-euse)
D.U.E. *sigla mf* (*Esp: = Diplomado Universitario de Enfermería*) infirmier(-ière)
duelo *vb ver* **doler** ▶ *nm* duel *m*
duende *nm* lutin *m*
dueño, -a *nm/f* (*propietario*) propriétaire *mf*; (*empresario*) patron(ne)
duerma *etc vb ver* **dormir**
dulce *adj* doux (douce); (*azucarado*) sucré(e) ▶ *nm* sucrerie *f*; (*pastel*) douceur *f*
dulzura *nf* douceur *f*
duna *nf* dune *f*
duplicar *vt* (*llave, documento*) faire un double de; (*cantidad*) doubler; **duplicarse** *vpr* se multiplier par deux
duque *nm* duc *m* • **duquesa** *nf* duchesse *f*
duración *nf* durée *f*; (*de máquina*) durée de vie
duradero, -a *adj* (*material*) résistant(e); (*fe, paz*) durable

durante *adv* pendant ; **habló ~ una hora** il a parlé pendant une heure

durar *vi* durer ; (*persona: en cargo*) rester

durazno (AM) *nm* pêche *f* ; (*árbol*) pêcher *m*

durex® (AM) *nm* scotch® *m*

dureza *nf* dureté *f* ; (*de clima*) rigueur *f*

duro, -a *adj* dur(e) ▸ *adv* dur ▸ *nm* *pièce de cinq pesetas* ; **a duras penas** à grand-peine ; **es ~ de pelar** il n'est pas commode

DVD *nm abr* (= *disco de vídeo digital*) DVD *m* (= *digital versatile disc*)

e

E *abr* (= *este*) E (= *est*)

e *conj* (*delante de* **i-** *e* **hi-**, *pero no* **hie-**) et

ebanista *nmf* ébéniste *mf*

ébano *nm* ébène *m*

ebrio, -a *adj* ivre

ebullición *nf* ébullition *f*

eccema *nm* eczéma *m*

echar *vt* (*lanzar*) jeter ; (*verter*) verser ; (*gasolina, carta, freno*) mettre ; (*expulsar*) mettre dehors ; (*empleado*) renvoyer ; (*despedir: humo*) rejeter ; (*: agua*) cracher ; (*película*) passer ▸ *vi*: **~ a andar/volar/correr** se mettre à marcher/voler/courir ; **echarse** *vpr* s'allonger ; **~ a cara o cruz algo** jouer qch à pile ou face ; **~ abajo** (*gobierno*) renverser ; (*edificio*) abattre ; **~ una carrera/una siesta** faire la course/une sieste ; **~ un trago** avaler une gorgée ; **~ de menos** regretter ; **echarse atrás** se pencher en arrière ; (*fig*) se raviser ; **echarse a llorar/reír/temblar** se mettre à pleurer/rire/trembler

eclesiástico, -a *adj* ecclésiastique
eclipse *nm* éclipse *f*
eco *nm* écho *m*
ecología *nf* écologie *f*
ecológico, -a *adj* écologique
ecologista *adj, nmf* écologiste *mf*
economato *nm* économat *m*
economía *nf* économie *f*; (*de empresa*) situation *f* économique
económico, -a *adj* économique
economista *nmf* économiste *mf*
ecotasa *nf* écotaxe *f*
ecu *nm* écu *m*
ecuación *nf* équation *f*
ecuador *nm* équateur *m*; **(el) E~** (l')Équateur
ecuánime *adj* (*carácter*) juste; (*juicio*) impartial(e)
ecuatoriano, -a *adj* équatorien(ne) ▸ *nm/f* Équatorien(ne)
ecuestre *adj* équestre
eczema *nm* = **eccema**
edad *nf* âge *m*; **¿qué ~ tienes?** quel âge as-tu ?; **tiene ocho años de ~** il a huit ans; **ser de mediana ~** être d'âge mûr; **ser de ~ avanzada** être âgé(e); **ser mayor/menor de ~** être majeur(e)/mineur(e); **la E~ Media** le Moyen Âge; **tercera ~** troisième âge; **la ~ del pavo** l'âge ingrat
edición *nf* édition *f*
edificar *vt* édifier
edificio *nm* bâtiment *m*; (*de viviendas*) immeuble *m*
editar *vt* éditer; (*preparar textos*) mettre en page
editor, a *nm/f* éditeur(-trice); (*redactor*) rédacteur(-trice) ▸ *adj*: **casa editora** maison *f* d'édition
• **editorial** *adj* éditorial(e) ▸ *nm* éditorial *m* ▸ *nf* (*tb*: **casa editorial**) maison *f* d'édition
edredón *nm* édredon *m*
educación *nf* éducation *f*; **ser de buena/mala ~** être bien/mal élevé(e); **~ infantil** *éducation des enfants jusqu'à six ans*
educar *vt* éduquer
EE.UU. *sigla mpl* (= *Estados Unidos*) EU *mpl* (= *États-Unis*)
efectista *adj* spectaculaire
efectivamente *adv* effectivement
efectivo, -a *adj* effectif(-ive) ▸ *nm*: **en ~** (*Com*) en espèces; **hacer ~ un cheque** encaisser un chèque
efecto *nm* effet *m*; **efectos** *nmpl* (*tb*: **efectos personales**) effets *mpl*; (*Com*) actif *m*; **hacer** *o* **surtir ~** (*medida*) avoir de l'effet; (*medicamento*) faire de l'effet; **al** *o* **a tal ~** à cet effet; **en ~** en effet; **~s especiales** effets spéciaux; **~s secundarios** (*Med*) effets secondaires; (*Com*) retombées *fpl*; **~s sonoros** effets de son
efectuar *vt* effectuer
eficacia *nf* efficacité *f*
eficaz *adj* efficace
eficiente *adj* efficace
efusivo, -a *adj* expansif(-ive)
egipcio, -a *adj* égyptien(ne) ▸ *nm/f* Égyptien(ne)
Egipto *nm* Égypte *f*
egoísmo *nm* égoïsme *m*
egoísta *adj, nmf* égoïste *mf*
ej. *abr* (= *ejemplo*) ex. (= *exemple*)

eje *nm* axe *m*
ejecución *nf* exécution *f*
ejecutar *vt* exécuter
ejecutivo, -a *adj* exécutif(-ive) ▸ *nm/f* cadre *m* dirigeant ; **el ~** l'exécutif ; **el poder ~** le pouvoir exécutif
ejemplar *adj* exemplaire ▸ *nm* (*Zool etc*) spécimen *m* ; (*de libro, periódico*) exemplaire *m*
ejemplo *nm* exemple *m* ; **por ~** par exemple ; **dar ~** donner l'exemple
ejercer *vt* exercer ▸ *vi*: **~ de** exercer le métier de
ejercicio *nm* exercice *m* ; **hacer ~** faire de l'exercice ; **~ comercial** exercice
ejército *nm* armée *f* ; **E~ de Tierra/del Aire** armée de terre/de l'air
ejote (AM) *nm* haricot *m* vert

el, la

(*pl* **los** *o* **las**) *art def* **1** le, la, les ; **el libro/la mesa/los estudiantes/las flores** le livre/la table/les étudiants/les fleurs ; **el amor/la juventud** l'amour/la jeunesse ; **me gusta el fútbol** j'aime le football
2 : **romperse el brazo** se casser le bras ; **levantó la mano** il leva la main ; **se puso el sombrero** il mit son chapeau
3 (*en descripción*): **tener la boca grande/los ojos azules** avoir une grande bouche/les yeux bleus
4 (*con días*): **me iré el viernes** je partirai vendredi ; **los domingos suelo ir a nadar** le dimanche je vais nager
5 (*en exclamación*): **¡el susto que me diste!** tu m'as fait une de ces peurs !
6 : **el de** (*pertenencia*): **mi libro y el de usted** mon livre et le vôtre ; **las de Pepe son mejores** celles de Pepe sont mieux ; **no la(s) blanca(s) sino la(s) gris(es)** pas la(les) blanche(s), la(les) grise(s)
7 : **el/la/los/las que** (*sujeto*) celui/celle/ceux/celles qui ; (*: objeto*) celui/celle/ceux/celles que ; **el/la que quiera que se vaya** celui/celle qui le veut s'en aille ; **el que sea** n'importe qui ; **llévese el que más le guste** emportez celui que vous préférez ; **el que compré ayer** celui que j'ai acheté hier ; **la que está debajo** celle qui est dessous
8 : **el/la/los/las que** (*con preposición*) lequel/laquelle/lesquels/lesquelles ; **la persona con la que hablé** la personne avec laquelle j'ai parlé
9 : **el que sea tan vago me molesta** ça me gêne qu'il soit si paresseux

él *pron pers* (*sujeto*) il ; (*con preposición*) lui ; **para él** pour lui ; **es él** c'est lui
elaborar *vt* élaborer
elasticidad *nf* élasticité *f*
elástico, -a *adj, nm* élastique *m*
ELE *sigla m* (= *español como lengua extranjera*) ELE *m* (= *espagnol langue étrangère*)
elección *nf* élection *f* ; (*selección*) choix *m* ; (*alternativa*) alternative *f* ;

elecciones *nfpl* élections *fpl* ; **elecciones generales** élections
electorado *nm* électorat *m*
electricidad *nf* électricité *f*
electricista *nmf* électricien(ne)
eléctrico, -a *adj* électrique
electro... *pref* électro...
• **electrocardiograma** *nm* électrocardiogramme *m*
• **electrocutar** *vt* électrocuter ; **electrocutarse** *vpr* s'électrocuter
• **electrodo** *nm* électrode *f*
electrodoméstico *nm* électroménager *m*
electromagnético, -a *adj* électromagnétique
electrónica *nf* électronique *f*
electrónico, -a *adj* électronique
elefante *nm* éléphant *m*
elegancia *nf* élégance *f*
elegante *adj* (*de buen gusto*) élégant(e) ; (*fino*) raffiné(e) ; **estar** *o* **ir ~** être élégant(e)
elegir *vt* choisir ; (*por votación*) élire
elemental *adj* élémentaire
elemento *nm* élément *m* ; **elementos** *nmpl* (*de una ciencia*) rudiments *mpl* ; **estar en su ~** être dans son élément
elepé *nm* 33 tours *m inv*
elevación *nf* élévation *f*
elevar *vt* élever ; **elevarse** *vpr* s'élever ; **elevarse a** s'élever à
eligiendo *etc vb ver* **elegir**
elija *etc vb ver* **elegir**
eliminar *vt* éliminer
eliminatoria *nf* épreuve *f* éliminatoire ; (*Deporte*) éliminatoires *fpl*
élite *nf* élite *f*
ella *pron* elle
ellas *pron ver* **ellos**
ello *pron* cela
ellos, -as *pron* ils (elles) ; (*después de prep*) eux (elles)
elocuencia *nf* éloquence *f*
elogiar *vt* louer • **elogio** *nm* éloge *m* ; **hacer ~s a** *o* **de** faire l'éloge de
elote (AM) *nm* épi *m* de maïs
eludir *vt* (*deber*) se dérober à ; (*responsabilidad*) rejeter ; (*justicia*) se soustraire à ; (*respuesta*) éluder
email *nm* e-mail *m* ; **enviar algo por ~** envoyer qch par e-mail ; **mandar un ~ a algn** envoyer un mail à qn
emanar *vi* : **~ de** émaner de ; (*situación*) découler de
emancipar *vt* affranchir ; **emanciparse** *vpr* s'émanciper ; (*siervo*) s'affranchir
embadurnar *vt* : **~ (de)** badigeonner (de) ; **embadurnarse** *vpr* : **embadurnarse (de)** se badigeonner (de)
embajada *nf* ambassade *f*
embajador, a *nm/f* ambassadeur(-drice)
embaladura (AM) *nf*, **embalaje** *nm* emballage *m*
embalar *vt* emballer ; **embalarse** *vpr* s'emballer
embalsamar *vt* embaumer
embalse *nm* retenue *f* (d'eau) ; (*construcción*) barrage *m*
embarazada *adj f* enceinte ▸ *nf* femme *f* enceinte
embarazo *nm* (*de mujer*) grossesse *f*

e

embarazoso, -a *adj* embarrassant(e)
embarcación *nf* embarcation *f*
embarcadero *nm* embarcadère *m*
embarcar *vt* embarquer ; **embarcarse** *vpr* s'embarquer ; **~(se) en** (*AM*: *tren, avión*) monter dans
embargar *vt* (*Jur*) saisir
embargo *nm* (*Jur*) saisie *f* ; (*Com, Pol*) embargo *m*
embargue *etc vb ver* **embargar**
embarque *vb ver* **embarcar** ▸ *nm* embarquement *m* ; **tarjeta/sala de ~** carte *f*/salle *f* d'embarquement
embaucar *vt* duper
embeber *vt* boire ; **embeberse** *vpr*: **embeberse en** (*en libro, etc*) se plonger dans
embellecer *vt* embellir ; **embellecerse** *vpr* embellir
embestida *nf* charge *f* • **embestir** *vt* charger ▸ *vi* charger ; (*olas*) rugir
emblema *nm* emblème *m*
embobado, -a *adj* ébahi(e)
embolia *nf* embolie *f*
émbolo *nm* piston *m*
embolsar *vt* empocher
emborrachar *vt* soûler ; **emborracharse** *vpr* se soûler
emboscada *nf* embuscade *f*
embotar *vt* (*sentidos*) émousser ; (*facultades*) diminuer
embotellamiento *nm* embouteillage *m*
embotellar *vt* mettre en bouteille ; **embotellarse** *vpr* être embouteillé(e)
embrague *nm* embrayage *m*
embriagar *vt* soûler ; (*fig*) griser ; **embriagarse** *vpr* se soûler
embrión *nm* embryon *m*
embrollar *vt* embrouiller ; **embrollarse** *vpr* s'embrouiller
embrollo *nm* enchevêtrement *m* ; **meterse en un ~** se mettre dans de beaux draps
embrujado, -a *adj* ensorcelé(e)
embrutecer *vt* abrutir ; **embrutecerse** *vpr* s'abrutir
embudo *nm* entonnoir *m*
embuste *nm* mensonge *m*
embustero, -a *adj, nm/f* menteur(-euse)
embutido *nm* (*Culin*) charcuterie *f*
emergencia *nf* urgence *f* ; (*surgimiento*) émergence *f*
emerger *vi* émerger
emigración *nf* (*de personas*) émigration *f* ; (*de pájaros*) migration *f*
emigrante *adj* qui émigre ▸ *nmf* émigrant(e)
emigrar *vi* (*personas*) émigrer ; (*pájaros*) migrer
eminencia *nf*: **ser una ~ (en algo)** être une sommité (de qch) • **eminente** *adj* éminent(e)
emisario *nm* émissaire *m*
emisión *nf* émission *f*
emisor, a *adj* émetteur(-trice) ▸ *nm* émetteur *m* ▸ *nf* station *f* de radio
emitir *vt* émettre
emoción *nf* émotion *f* ; (*excitación*) excitation *f*
emocionante *adj* émouvant(e), excitant(e)
emocionar *vt* émouvoir ; (*excitar*)

exciter ; **emocionarse** *vpr* s'émouvoir
emotivo, -a *adj* (*escena*) émouvant(e) ; (*persona*) émotif(-ive)
empadronarse *vpr* se faire recenser
empalagoso, -a *adj* (*alimento*) écœurant(e) ; (*fig: persona*) mielleux(-euse) ; (*: estilo*) à l'eau de rose
empalmar *vt* (*cable*) raccorder ; (*carretera*) rejoindre ▸ *vi* (*dos caminos*) se rejoindre ; **~ con** (*tren*) assurer la correspondance avec
• **empalme** *nm* (*Tec*) raccordement *m* ; (*de carreteras*) croisement *m* ; (*de trenes*) correspondance *f*
empanada *nf sorte de chausson salé fourré à la tomate, à la viande ou au poisson etc*
empantanarse *vpr* être inondé(e) ; (*fig*) être dans une impasse
empañar *vt* embuer ; **empañarse** *vpr* s'embuer
empapar *vt* tremper ; (*suj: toalla, esponja etc*) absorber ; **empaparse** *vpr*: **empaparse (de)** (*persona*) être trempé(e) (par) ; (*esponja, comida*) absorber
empapelar *vt* tapisser
empaquetar *vt* empaqueter
empastar *vt* plomber
empaste *nm* plombage *m*
empatar *vi* faire match nul ; **empataron a 1** il y a eu 1 partout
• **empate** *nm* match *m* nul
empecé *etc*, **empecemos** *etc vb ver* **empezar**
empedernido, -a *adj* invétéré(e)
empedrado, -a *adj* pavé(e) ▸ *nm* (*pavimento*) pavement *m*
empeine *nm* (*de pie*) cou-de-pied *m* ; (*de zapato*) empeigne *f*
empellón *nm* coup *m* ; **dar empellones a algn** rouer qn de coups
empeñado, -a *adj* (*persona*) endetté(e) ; (*objeto*) mis(e) en gage ; **~ en** (*obstinado*) déterminé(e) à
empeñar *vt* mettre en gage ; **empeñarse** *vpr* s'endetter ; **empeñarse en hacer** s'obstiner à faire
empeño *nm* acharnement *m* ; (*cosa prendada*) gage *m* ; **casa de ~s** établissement *m* de prêts sur gages, mont-de-piété *m* ; **poner ~ en hacer algo** mettre de l'acharnement à faire qch ; **tener ~ en hacer algo** être déterminé(e) à faire qch
empeorar *vt, vi* empirer
empequeñecer *vt* rapetisser ; (*fig*) banaliser
emperador *nm* empereur *m*
emperatriz *nf* impératrice *f*
empezar *vt* commencer ▸ *vi* commencer ; **~ a hacer** commencer à faire ; **~ por (hacer)** commencer par (faire)
empiece *etc vb ver* **empezar**
empiezo *etc vb ver* **empezar**
empinar *vt* dresser ; **empinarse** *vpr* (*persona*) se mettre sur la pointe des pieds ; (*animal*) se mettre sur ses pattes de derrière
empírico, -a *adj* empirique
emplazamiento *nm* emplacement *m* ; (*Jur*) citation *f*
emplazar *vt* installer ; (*Jur*) citer à comparaître ; (*citar*) citer

empleado, -a *adj, nm/f* employé(e) ; **le está bien ~** c'est bien fait pour lui

emplear *vt* employer ; **emplearse** *vpr*: **emplearse de** *o* **como** trouver un emploi de, se faire embaucher comme

empleo *nm* emploi *m*

empobrecer *vt* appauvrir ; **empobrecerse** *vpr* s'appauvrir

empoderar *vt* doter des moyens d'agir

empollar *vt, vi* (*Zool*) couver ; (*Escol*: *fam*) bûcher

empollón, -ona (*fam*) *nm/f* (*Escol*) bûcheur(-euse)

emporio *nm* centre *m* commercial ; (AM) grand magasin *m*

empotrado, -a *adj ver* **armario**

emprendedor, a *adj* entreprenant(e) ▶ *nm/f* entrepreneur(-euse)

emprender *vt* entreprendre

empresa *nf* entreprise *f*

empresario, -a *nm/f* (*Com*) chef *m* d'entreprise

empréstito *nm* emprunt *m*

empujar *vt* pousser ; **~ a algn a hacer** pousser qn à faire • **empuje** *nm* poussée *f* ; (*fig*) énergie *f*

empujón *nm* coup *m* ; **abrirse paso a empujones** se frayer un chemin à coups de coude

empuñar *vt* empoigner

emular *vt* imiter

en

prep 1 (*posición*: *dentro de*) dans ; (: *sobre*) sur ; **en la mesa** sur la table ; **está en el cajón** c'est dans le tiroir ; **en el periódico** dans le journal ; **en el suelo** par terre ; **en Argentina/Francia/España** en Argentine/France/Espagne ; **en La Paz/París/Londres** à La Paz/Paris/Londres ; **en la oficina/el colegio** au bureau/à l'école ; **en el quinto piso** au cinquième étage

2 (*dirección*) dans ; **entró en el aula** il est entré dans la salle de classe

3 (*tiempo*) en ; **en 1605/invierno** en 1605/hiver ; **en el mes de enero** au mois de janvier ; **en aquella ocasión/época** à cette occasion/époque ; **en tres semanas** dans trois semaines ; **en la mañana** (AM) le matin

4 (*manera*): **en avión/autobús** en avion/autobus ; **ir en bicicleta/moto** aller à bicyclette/moto ; **escrito en inglés** écrit en anglais

5 (*forma*): **en espiral** en spirale ; **en punta** pointu(e)

6 (*tema, ocupación*): **experto en la materia** expert en la matière ; **trabaja en la construcción** il travaille dans le bâtiment

7 (*precio*) pour ; **lo vendió en 20 dólares** il l'a vendu pour 20 dollars

8 (*diferencia*) de ; **reducir/aumentar en una tercera parte/en un 20 por ciento** diminuer/augmenter d'un tiers/de 20 pour cent

9 (*después de vb que indica gastar etc*) en ; **se le va la mitad del sueldo en comida** il dépense la

moitié de son salaire en nourriture
10 (*adj + en + infin*): **lento en reaccionar** lent à réagir ; **¡en marcha!** en route !

enaguas (*AM*) *nfpl* jupon *msg*
enajenación *nf* aliénation *f* ; (*tb*: **enajenación mental**) aliénation (mentale)
enajenar *vt* aliéner ; (*fig*) déranger
enamorado, -a *adj, nm/f* amoureux(-euse) ; **estar ~ (de)** être amoureux(-euse) (de)
enamorar *vt* rendre amoureux(-euse) ; **enamorarse** *vpr*: **enamorarse (de)** tomber amoureux(-euse) (de)
enano, -a *adj* nain(e) ▸ *nm/f* nain(e)
enardecer *vt* (*incitar*) inciter ; (*entusiasmar*) enflammer ; **enardecerse** *vpr* (*excitarse*) s'enhardir ; (*exaltarse*) s'enflammer
encabezamiento *nm* en-tête *m* ; (*de periódico*) titre *m*
encabezar *vt* (*movimiento*) être à la tête de ; (*lista*) être en tête de ; (*carta, libro*) commencer
encadenar *vt* enchaîner ; (*bicicleta*) attacher
encajar *vt* encastrer, emboîter ; (*fam*: *golpe*) envoyer ; (: *broma, mala noticia*) encaisser ▸ *vi* s'encastrer, s'emboîter ; **encajarse** *vpr* (*mecanismo*) se coincer ; (*un sombrero*) mettre ; **~ con** (*fig*) cadrer avec
encaje *nm* encastrement *m* ; (*tejido*) dentelle *f*
encalar *vt* blanchir à la chaux
encallar *vi* (*Náut*) échouer
encaminar *vt*: **~ (a)** diriger (vers) ; **encaminarse** *vpr*: **encaminarse a** *o* **hacia** se diriger vers
encantado, -a *adj* enchanté(e) ; **¡~!** enchanté(e) ! ; **estar ~ con algn/algo** être très content(e) de qn/ ravi(e) de qch
encantador, a *adj* charmant(e) ▸ *nm/f* charmeur(-euse)
encantar *vt* enchanter ; **me encantan los animales** j'adore les animaux ; **le encanta esquiar** il adore skier • **encanto** *nm* (*atractivo*) charme *m* ; **como por ~** comme par enchantement
encarcelar *vt* emprisonner
encarecer *vt* augmenter le prix de ▸ *vi* augmenter ; **encarecerse** *vpr* augmenter
encarecimiento *nm* hausse *f*
encargado, -a *adj* chargé(e) ▸ *nm/f* (*gerente, responsable*) responsable *mf*
encargar *vt* charger ; **encargarse** *vpr*: **encargarse de** se charger de ; **~ a algn que haga algo** charger qn de faire qch
encargo *nm* commission *f* ; (*Com*) commande *f*
encariñarse *vpr*: **~ con** se prendre d'affection pour
encarnizado, -a *adj* (*lucha*) sanglant(e)
encasillar *vt* (*Teatro*) attribuer une place à ; (*pey*) caser
encauzar *vt* diriger ; (*fig*) orienter
encendedor (*esp AM*) *nm* briquet *m*
encender *vt* allumer ; **encenderse** *vpr* s'allumer

e

encendido, -a *adj* allumé(e) ▸ *nm* allumage *m*
encerado *nm* (*Escol*) tableau *m*
encerar *vt* (*suelo*) cirer
encerrar *vt* (*persona, animal*) enfermer ; (*en la cárcel*) mettre ; (*fig*) renfermer ; **encerrarse** *vpr* s'enfermer
encharcar *vt* détremper ; **encharcarse** *vpr* être inondé(e)
enchufado, -a (*fam*) *nm/f* pistonné(e)
enchufar *vt* (*Elec*) brancher ; (*Tec*) assembler ; (*fam: persona*) pistonner • **enchufe** *nm* (*Elec*) prise *f*; (*clavija*) prise *f* mâle ; (*: toma*) prise femelle ; (*Tec*) jointure *f*; (*fam: recomendación*) piston *m* ; (*: puesto*) *poste obtenu par piston*
encía *nf* gencive *f*
enciclopedia *nf* encyclopédie *f*
encienda *etc vb ver* **encender**
encierro *vb ver* **encerrar** ▸ *nm* retraite *f*; (*Taur*) *lâchage des taureaux dans les rues avant une corrida*
encima *adv* (*en la parte de arriba*) en haut ; (*además*) en plus ; **~ de** (*sobre*) sur ; (*además de*) en plus de ; **por ~ de** plus haut que ; **leer/ mirar algo por ~** lire/regarder qch rapidement ; **¿llevas dinero ~?** as-tu de l'argent sur toi ? ; **se me vino ~** il est venu me voir à l'improviste ; **~ mío/nuestro** *etc* (*esp CSur: fam*) au-dessus de moi/ nous *etc*
encina *nf* chêne *m* vert
encinta *adj f* enceinte
enclenque *adj* malingre
encoger *vt* (*ropa*) rétrécir ; (*piernas*) plier ; (*músculos*) contracter ▸ *vi* rétrécir ; **encogerse** *vpr* rétrécir ; (*fig*) être intimidé(e) ; **encogerse de hombros** hausser les épaules
encolar *vt* coller
encolerizar *vt* mettre en colère ; **encolerizarse** *vpr* se mettre en colère
encomendar *vt* confier ; **encomendarse** *vpr*: **encomendarse a** s'en remettre à
encomiar *vt* faire l'éloge de
encomienda *vb ver* **encomendar** ▸ *nf* (AM) colis *m* ; **~ postal** colis postal
encontrado, -a *adj* opposé(e)
encontrar *vt* trouver ; **encontrarse** *vpr* (*reunirse*) se retrouver ; (*estar*) se trouver ; (*sentirse*) se sentir ; **encontrarse con algn/algo** tomber sur qn/ qch ; **encontrarse bien (de salud)** aller bien
encrespar *vt* faire moutonner ; (*cabello*) friser ; **encresparse** *vpr* moutonner ; (*cabello*) friser
encrucijada *nf* croisement *m*
encuadernación *nf* reliure *f*
encuadrar *vt* encadrer ; (*Foto*) cadrer
encubrir *vt* cacher ; (*Jur*) couvrir
encuentro *vb ver* **encontrar** ▸ *nm* rencontre *f*; **ir/salir al ~ de algn** aller/sortir à la rencontre de qn
encuesta *nf* sondage *m* ; (*investigación*) enquête *f*; **~ de opinión** sondage d'opinion ; **~ judicial** enquête judiciaire
endeble *adj* (*argumento*) mauvais(e) ; (*persona*) faible
endémico, -a *adj* endémique

endemoniado, -a *adj* démoniaque ; (*fig: travieso*) infernal(e)
enderezar *vt* redresser ; **enderezarse** *vpr* se redresser
endeudarse *vpr* s'endetter
endiablado, -a *adj* (*hum: genio, carácter*) espiègle ; (*: problema*) diabolique ; (*: tiempo*) de chien
endiñar (*fam*) *vt* refiler
endosar *vt* endosser ; **~ algo a algn** (*fam*) refiler qch à qn
endulzar *vt* (*café*) sucrer ; (*salsa, fig*) adoucir
endurecer *vt* durcir ; (*persona*) endurcir ; **endurecerse** *vpr* (*material*) se durcir ; (*persona*) s'endurcir
enema *nm* lavement *m*
enemigo, -a *adj, nm/f* ennemi(e)
enemistad *nf* inimitié *f*
enemistar *vt* brouiller ; **enemistarse** *vpr*: **enemistarse (con)** se fâcher (avec)
energía *nf* énergie *f* ; **~ atómica/nuclear/solar** énergie atomique/nucléaire/solaire
enérgico, -a *adj* énergique
energúmeno, -a *nm/f* énergumène *mf*
enero *nm* janvier *m* ; *ver tb* **julio**
enfadado, -a *adj* en colère, fâché(e)
enfadar *vt* fâcher ; **enfadarse** *vpr* se fâcher
enfado *nm* colère *f*
énfasis *nm inv* emphase *f* ; **con ~** avec emphase ; **poner ~ en** mettre l'accent sur
enfático, -a *adj* emphatique
enfermar *vi* tomber malade ; **enfermarse** *vpr* (*esp AM*) tomber malade
enfermedad *nf* maladie *f*
enfermería *nf* infirmerie *f*
enfermero, -a *nm/f* infirmier(-ière) ; **~ jefe** infirmier(-ière) en chef
enfermizo, -a *adj* maladif(-ive)
enfermo, -a *adj* malade ▸ *nm/f* malade *mf* ; (*en hospital*) patient(e) ; **caer** *o* **ponerse ~** tomber malade
enflaquecer *vt* amaigrir ▸ *vi* maigrir
enfocar *vt* (*luz, foco*) diriger ; (*persona, objeto*) diriger le projecteur sur ; (*Foto*) faire la mise au point sur ; (*fig: problema*) envisager
enfoque *vb ver* **enfocar** ▸ *nm* (*Foto*) mise *f* au point ; (*fig*) point *m* de vue
enfrentar *vt* (*peligro*) affronter ; (*contendientes*) confronter ; **enfrentarse** *vpr* s'affronter ; (*dos equipos*) se rencontrer ; **enfrentarse a** *o* **con** (*problema*) se trouver face à ; (*enemigo*) faire face à
enfrente *adv* en face ; **~ de** devant ; **la casa de ~** la maison d'en face ; **~ mío/nuestro** *etc* (*esp CSur: fam*) devant moi/nous *etc*
enfriamiento *nm* refroidissement *m*
enfriar *vt* (*algo caliente, amistad*) refroidir ; (*habitación*) rafraîchir ; **enfriarse** *vpr* se refroidir ; (*habitación*) se rafraîchir ; (*Med*) prendre froid

e

enfurecer *vt* rendre furieux(-euse) ; **enfurecerse** *vpr* devenir furieux(-euse) ; (*mar*) se déchaîner
engalanar *vt* (*persona*) pomponner ; (*ciudad, calle*) décorer ; **engalanarse** *vpr* se pomponner
enganchar *vt* (*vagones*) accrocher ; (*teléfono, electricidad*) mettre ; (*fam: persona*) mettre le grappin sur ; (*pez*) ferrer ; **engancharse** *vpr* (*Mil*) s'engager ; **engancharse (en)** (*ropa*) s'accrocher (à) ; **se le enganchó la falda en el clavo** elle a accroché sa jupe au clou
enganche *nm* (*Tec*) crochet *m* ; (*Ferro*) accrochage *m* ; (*Méx: Com*) dépôt *m*
engañar *vt* tromper ; (*estafar*) escroquer ; **engañarse** *vpr* se tromper
engaño *nm* (*mentira*) mensonge *m* ; (*trampa*) piège *m* ; (*estafa*) escroquerie *f* ; **estar en** *o* **padecer un ~** être trompé(e)
engañoso, -a *adj* trompeur(-euse)
engarzar *vt* (*joya*) sertir ; (*cuentas*) enfiler
engatusar (*fam*) *vt* enjôler
engendrar *vt* (*tb fig*) engendrer • **engendro** (*pey*) *nm* monstre *m* ; (*novela, cuadro etc*) monstruosité *f*
englobar *vt* englober
engordar *vt* faire grossir ▸ *vi* grossir
engorroso, -a *adj* empoisonnant(e)
engranaje *nm* engrenage *m*
engrandecer *vt* (*ennoblecer*) ennoblir
engrasar *vt* graisser
engreído, -a *adj* suffisant(e)
engrosar *vt* (*manuscrito*) grossir ; (*muro*) épaissir ; (*capital, filas*) augmenter ▸ *vi* grossir
enhebrar *vt* enfiler
enhorabuena *nf*: **dar la ~ a algn** féliciter qn ; **¡~!** félicitations !
enigma *nm* énigme *f*
enjabonar *vt* savonner ; **enjabonarse** *vpr* se savonner ; **enjabonarse la barba/las manos** se savonner la barbe/les mains
enjambre *nm* essaim *m* ; (*fig*) meute *f*
enjaular *vt* mettre en cage ; (*fam: persona*) mettre en taule
enjuagar *vt* rincer ; **enjuagarse** *vpr* se rincer
enjuague *vb ver* **enjuagar**
enjugar *vt* éponger ; (*lágrimas*) sécher ; **enjugarse** *vpr*: **enjugarse el sudor** s'éponger ; **enjugarse las lágrimas** sécher ses larmes
enjuiciar *vt* (*Jur*) instruire ; (*opinar sobre*) juger
enjuto, -a *adj* décharné(e)
enlace *vb ver* **enlazar** ▸ *nm* (*relación*) lien *m* ; (*tb*: **enlace matrimonial**) union *f* ; (*de trenes*) liaison *f* ; **~ policial** contact *m* ; **~ sindical** délégué(e) syndical(e)
enlatado, -a *adj* (*comida*) en conserve
enlazar *vt* attacher ; (*conceptos, organizaciones*) faire le lien entre ; (*AM*) prendre au lasso ▸ *vi*: **~ con** faire le lien avec
enlodar *vt* tacher de boue
enloquecer *vt* rendre fou (folle) ▸ *vi* devenir fou (folle) ; **me**

enloquece el chocolate (*fig*) je raffole du chocolat
enlutado, -a *adj* en deuil
enmarañar *vt* emmêler ; (*fig*) embrouiller ; **enmarañarse** *vpr* s'embrouiller
enmarcar *vt* encadrer
enmascarar *vt* masquer ; **enmascararse** *vpr* se mettre un masque
enmendar *vt* (*escrito*) modifier ; (*constitución, ley*) amender ; (*comportamiento*) améliorer ; **enmendarse** *vpr* (*persona*) s'amender • **enmienda** *vb ver* **enmendar** ▶ *nf* amendement *m*
enmohecerse *vpr* (*metal*) s'oxyder ; (*muro, plantas, alimentos*) moisir
enmudecer *vi* rester muet(te)
ennegrecer *vt* noircir ; **ennegrecerse** *vpr* noircir
ennoblecer *vt* anoblir
enojar *vt* mettre en colère ; (*disgustar*) contrarier ; **enojarse** *vpr* (*ver vt*) se mettre en colère ; être contrarié(e)
enojoso, -a *adj* ennuyeux(-euse)
enorgullecer *vt* enorgueillir ; **enorgullecerse** *vpr* s'enorgueillir
enorme *adj* énorme • **enormidad** *nf* énormité *f*
enrarecido, -a *adj* raréfié(e)
enredadera *nf* plante *f* grimpante
enredar *vt* emmêler ; (*fig: asunto*) embrouiller ▶ *vi* (*molestar*) faire des bêtises ; (*trastear*) tripoter ; **enredarse** *vpr* s'emmêler ; (*fig*) s'embrouiller ; **~ a algn en** (*fig: implicar*) mêler qn à ; **enredarse en** se prendre dans ; (*fig*) se mêler à
enredo *nm* nœud *m* ; (*fig: lío*) pétrin *m*
enrejado *nm* grille *f*
enrevesado, -a *adj* compliqué(e)
enriquecer *vt* enrichir ▶ *vi* s'enrichir ; **enriquecerse** *vpr* s'enrichir
enrojecer *vt, vi* rougir ; **enrojecerse** *vpr* rougir
enrolar *vt* enrôler ; **enrolarse** *vpr* s'enrôler
enrollar *vt* enrouler ; **enrollarse** *vpr* (*fam: al hablar*) s'éterniser
enroscar *vt* (*tornillo, tuerca*) visser ; **enroscarse** *vpr* (*serpiente*) se lover ; (*planta*) vriller
ensalada *nf* salade *f* • **ensaladilla** *nf* (*tb*: **ensaladilla rusa**) salade *f* russe
ensalzar *vt* encenser
ensamblaje *nm* assemblage *m* ; (*Tec*) joint *m*
ensanchar *vt* élargir ; **ensancharse** *vpr* s'élargir ; (*fig: persona*) se rengorger • **ensanche** *nm* élargissement *m* ; (*zona*) terrain *m* à lotir
ensangrentar *vt* ensanglanter
ensañarse *vpr*: **~ con** tourmenter
ensartar *vt* enfiler
ensayar *vt* essayer ; (*Teatro, Mús*) répéter ▶ *vi* répéter
ensayo *nm* essai *m* ; (*Teatro, Mús*) répétition *f* ; (*Escol*) dissertation *f* ; **~ general** répétition générale
enseguida *adv* tout de suite
ensenada *nf* crique *f*
enseñanza *nf* enseignement *m* ; **~ primaria/secundaria/superior** enseignement primaire/ secondaire/supérieur

enseñar *vt* enseigner ; (*mostrar*) montrer ; (*señalar*) signaler ; **~ a algn a hacer** apprendre à qn à faire

enseres *nmpl* effets *mpl* ; (*útiles*) matériel *msg*

ensillar *vt* seller

ensimismarse *vpr* s'absorber ; **~ en** s'absorber dans

ensombrecer *vt* assombrir ; **ensombrecerse** *vpr* (*fig: rostro*) s'assombrir

ensortijado, -a *adj* (*pelo*) bouclé(e)

ensuciar *vt* salir ; **ensuciarse** *vpr* se salir

ensueño *nm* rêve *m* ; (*fantasía*) illusion *f* ; **de ~** de rêve

entablar *vt* (*Ajedrez, Damas*) disposer ; (*conversación, lucha*) engager ; (*pleito, negociaciones*) entamer

entablillar *vt* mettre une attelle à

entallar *vt* (*traje*) ajuster

ente *nm* organisme *m* ; (*ser*) être *m*

entender *vt, vi* comprendre ; **entenderse** *vpr* (*a sí mismo*) se comprendre ; (*dos personas*) s'entendre ; **~ de** s'y entendre en ; **~ algo de** avoir quelques notions de ; **~ por** entendre par ; **dar a ~ que ...** donner à entendre que ... ; **entenderse bien/mal (con algn)** s'entendre bien/mal (avec qn)

entendido, -a *adj* (*experto*) compétent(e) ; (*informado*) informé(e) ▶ *nm/f* connaisseur(-euse) ▶ *excl* (c'est) entendu ! • **entendimiento** *nm* entente *f* ; (*inteligencia*) entendement *m*

enterado, -a *adj* informé(e) ; **estar ~ de** être au courant de

enteramente *adv* entièrement

enterarse *vpr*: **~ (de)** apprendre

entereza *nf* droiture *f* ; (*fortaleza*) courage *m* ; (*integridad*) intégrité *f* ; (*firmeza*) fermeté *f*

enternecer *vt* attendrir ; **enternecerse** *vpr* s'attendrir

entero, -a *adj* (*íntegro, fig*) au entier(-ière) ; (*no roto*) intact(e) ; (*Com*) point *m* ; (AM) versement *m* ; (*Arg*) bleu *m* de travail ; **por ~** entièrement

enterrador *nm* fossoyeur *m*

enterrar *vt* enterrer

entibiar *vt* tiédir ; **entibiarse** *vpr* tiédir

entidad *nf* (*empresa*) entreprise *f* ; (*organismo, Filos*) entité *f* ; (*sociedad*) société *f*

entienda *etc vb ver* **entender**

entierro *vb ver* **enterrar** ▶ *nm* enterrement *m*

entonación *nf* intonation *f*

entonar *vt* entonner ; (*colores*) harmoniser ; (*Med*) fortifier ▶ *vi* (*al cantar*) donner le ton ; **entonarse** *vpr* (*Med*) se fortifier ; **~ con** (*colores*) se marier bien avec

entonces *adv* alors ; **desde ~** depuis ; **en aquel ~** en ce temps-là ; **(pues) ~** (et) alors

entornar *vt* (*puerta, ventana*) entrebâiller ; (*los ojos*) garder mi-clos

entorno *nm* environnement *m*

entorpecer *vt* gêner ; (*mente, persona*) abrutir

entrada *nf* entrée *f* ; (*para espectáculo*) billet *m* ; (*ingreso, Com*) recette *f* ; **entradas** *nfpl*

(*Com*) recettes *fpl* ; **~s y salidas** (*Com*) recettes et dépenses ; **~ de aire** (*Tec*) entrée d'air ; **de ~** d'entrée de jeu

entrado, -a *adj* : **~ en años** d'un âge avancé ; **(una vez) ~ el verano** l'été venu

entramparse *vpr* s'endetter

entrante *adj* prochain(e) ▶ *nm* encaissement *m* ; (*Culin*) entrée *f*

entrañable *adj* (*amigo*) cher(-ère) ; (*trato*) cordial(e)

entrañas *nfpl* entrailles *fpl* ; **sin ~** (*fig*) sans merci

entrar *vt* rentrer ; (*Inform*) entrer ▶ *vi* entrer ; (*caber: anillo, zapato*) aller ; (*: tornillo, personas*) rentrer ; (*en profesión etc*) entrer ; **me entró sueño/frío** j'ai eu sommeil/froid ; **~ en acción** entrer en action ; (*entrar en funcionamiento*) commencer à fonctionner ; **no me entra** je ne saisis pas ; **~ a** (AM) entrer dans

entre *prep* (*dos cosas*) entre ; (*más de dos cosas*) parmi ; **lo haremos ~ todos** nous le ferons tous ensemble ; **~ más estudia, más aprende** (*esp* AM: *fam*) plus il étudie, plus il apprend

entreabrir *vt* entrouvrir

entrecejo *nm* : **fruncir el ~** froncer les sourcils

entrecortado, -a *adj* entrecoupé(e)

entrega *nf* (*de mercancías*) livraison *f* ; (*de premios*) remise *f* ; (*de novela, serial*) épisode *m*

entregar *vt* livrer ; (*dar*) remettre ; **entregarse** *vpr* se livrer ; **entregarse a** (*al trabajo*) se consacrer à ; (*al vicio*) se livrer à

entrelazar *vt* entrelacer

entremeses *nmpl* hors-d'œuvre *mpl*

entremeter *vt* insérer

entremezclar *vt* mélanger ; **entremezclarse** *vpr* se mélanger

entrenador, a *nm/f* entraîneur(-euse)

entrenar *vt* entraîner ▶ *vi* (*Deporte*) s'entraîner ; **entrenarse** *vpr* s'entraîner

entrepierna *nf* entrejambe *msg*

entresacar *vt* (*árboles*) déboiser ; (*pelo*) désépaissir

entresuelo *nm* entresol *m*

entretanto *adv* entre-temps

entretener *vt* amuser ; (*retrasar*) retenir ; (*distraer*) distraire ; (*fig*) entretenir ; **entretenerse** *vpr* s'amuser ; (*retrasarse*) s'attarder ; (*distraerse*) se distraire • **entretenido, -a** *adj* amusant(e) • **entretenimiento** *nm* distraction *f*

entrever *vt* entrevoir

entrevista *nf* entretien *m* ; (*para periódico, TV*) interview *f* • **entrevistar** *vt* interviewer ; **entrevistarse** *vpr* : **entrevistarse (con)** avoir un entretien (avec)

entristecer *vt* attrister ; **entristecerse** *vpr* s'attrister

entrometerse *vpr* : **~ (en)** se mêler de

entrometido, -a *adj, nm/f* indiscret(-ète)

entumecer *vt* engourdir ; **entumecerse** *vpr* s'engourdir

entumecido, -a *adj* engourdi(e)

enturbiar *vt* (*agua*) troubler ; (*alegría*) gâter ; **enturbiarse** *vpr* (*ver vt*) se troubler ; retomber

entusiasmar *vt* enthousiasmer ; **entusiasmarse** *vpr*: **entusiasmarse (con** *o* **por)** s'enthousiasmer (pour)
entusiasmo *nm*: **~ (por)** enthousiasme *m* (pour) ; **con ~** avec enthousiasme
entusiasta *adj, nmf* enthousiaste *mf*; **~ de** passionné(e) de
enumerar *vt* énumérer
enunciación *nf* énonciation *f*
enunciado *nm* énoncé *m*
envainar *vt* rengainer
envalentonar (*pey*) *vt* stimuler ; **envalentonarse** *vpr* s'enhardir
envanecer *vt* enorgueillir ; **envanecerse** *vpr*: **envanecerse de hacer/de haber hecho** se vanter de faire/d'avoir fait
envasar *vt* conditionner
envase *nm* (*recipiente*) récipient *m* ; (*botella*) bouteille *f*; (*lata*) boîte *f* de conserve ; (*bolsa*) sachet *m* ; (*acción*) conditionnement *m*
envejecer *vt, vi* vieillir
envenenar *vt* empoisonner
envergadura *nf* envergure *f*
envés *nm* envers *m*
enviar *vt* envoyer ; **~ a algn a hacer** envoyer qn faire ; **~ un SMS a algn** envoyer un SMS à qn
enviciar *vt* corrompre ; **enviciarse** *vpr*: **enviciarse (con)** devenir accro (à)
envidia *nf* envie *f*; (*celos*) jalousie *f* • **envidiar** *vt* envier ; (*tener celos de*) jalouser
envío *nm* envoi *m*
enviudar *vi* devenir veuf (veuve)
envoltorio *nm* emballage *m*
envolver *vt* envelopper ; (*enemigo*) encercler ; **envolverse** *vpr*: **envolverse en** s'envelopper dans ; **~ a algn en** (*implicar*) impliquer qn dans
envuelto *etc*, **envuelva** *etc* *vb ver* **envolver**
enyesar *vt* plâtrer
enzarzarse *vpr*: **~ en** se mêler à
épica *nf* poésie *f* épique
épico, -a *adj* épique
epidemia *nf* épidémie *f*
epilepsia *nf* épilepsie *f*
epílogo *nm* épilogue *m*
episodio *nm* épisode *m*
epístola *nf* lettre *f*
época *nf* époque *f*; **hacer ~** faire époque
equilibrar *vt* équilibrer • **equilibrio** *nm* équilibre *m* ; **mantener/perder el ~** garder/perdre l'équilibre • **equilibrista** *nmf* équilibriste *mf*
equipaje *nm* bagages *mpl* ; **hacer el ~** faire ses bagages ; **~ de mano** bagages à main
equipar *vt*: **~ (con** *o* **de)** équiper (de)
equiparar *vt*: **~ algo/a algn a** *o* **con** (*igualar*) mettre qch/qn sur un pied d'égalité avec ; (*comparar*) comparer qch/qn à ; **equipararse** *vpr*: **equipararse con** se comparer à
equipo *nm* (*de personas*) équipe *f*; (*instrumentos*) matériel *m*, équipement *m* ; **trabajo en ~** travail *m* d'équipe
equis *nf* (*letra*) X, x *m inv*
equitación *nf* équitation *f*
equitativo, -a *adj* équitable
equivalente *adj* équivalent(e) ▶ *nm* équivalent *m*

equivaler *vi*: **~ a (hacer)** équivaloir à (faire)
equivocación *nf* erreur *f*
equivocado, -a *adj* (*decisión, camino*) mauvais(e)
equivocarse *vpr* se tromper; **~ de camino/número** se tromper de chemin/numéro
equívoco, -a *adj* équivoque ▸ *nm* (*ambigüedad*) ambiguïté *f*; (*malentendido*) quiproquo *m*
era *vb ver* **ser** ▸ *nf* ère *f*
erais *vb ver* **ser**
éramos *vb ver* **ser**
eran *vb ver* **ser**
erario *nm* Trésor *m*
eras *vb ver* **ser**
ERE *sigla m* (*= Expediente de Regulación de Empleo*) *procédure de licenciement économique*
erección *nf* érection *f*
eres *vb ver* **ser**
erguir *vt* (*alzar*) lever; (*poner derecho*) redresser; **erguirse** *vpr* se redresser
erigir *vt* ériger; **erigirse** *vpr*: **erigirse en** s'ériger en
erizarse *vpr* se hérisser
erizo *nm* hérisson *m*; (*tb*: **erizo de mar**) oursin *m*
ermita *nf* ermitage *m*
ermitaño, -a *nm/f* ermite *mf*
erosión *nf* érosion *f*
erosionar *vt* éroder
erótico, -a *adj* érotique
• **erotismo** *nm* érotisme *m*
erradicar *vt* éradiquer
errar *vi* errer; (*equivocarse*) se tromper ▸ *vt*: **~ el camino** s'égarer; **~ el tiro** manquer son coup
errata *nf* errata *m inv*
erróneo, -a *adj* erroné(e)
error *nm* erreur *f*; **estar en un ~** être dans l'erreur; **~ de imprenta** faute *f* d'impression; **~ judicial** erreur judiciaire
eructar *vi* roter
erudito, -a *adj*, *nm/f* érudit(e); **los ~s en esta materia** les experts en la matière
erupción *nf* éruption *f*
es *vb ver* **ser**
esa *adj*, *pron ver* **ese**
ésa *pron ver* **ése**
esbelto, -a *adj* svelte
esbozo *nm* ébauche *f*
escabeche *nm* escabèche *f*; **en ~** à l'escabèche
escabroso, -a *adj* (*accidentado*) accidenté(e); (*fig*: *complicado*) épineux(-euse); (*: atrevido*) scabreux(-euse)
escabullirse *vpr* s'esquiver; (*de entre los dedos*) filer
escafandra *nf* (*tb*: **escafandra autónoma**) scaphandre *m* (autonome); **~ espacial** scaphandre spatial
escala *nf* échelle *f*; (*tb*: **escala de cuerda**) échelle de corde; (*Aviat, Náut*) escale *f*; **a gran/pequeña ~** à grande/petite échelle; **hacer ~ en** faire escale à; **~ móvil** échelle mobile
escalada *nf* escalade *f*
escalafón *nm* (*en empresa*) échelle *f* des salaires; (*en organismo público*) échelons *mpl* de solde
escalar *vt* escalader; (*fig*) monter ▸ *vi* faire de l'escalade; (*fig*) monter en grade

escalera *nf* escalier *m* ; (*tb*: **escalera de mano**) échelle *f* ; (*Naipes*) suite *f* ; **~ de caracol/de incendios** escalier en colimaçon/de secours ; **~ de tijera** escabeau *m* ; **~ mecánica** escalier roulant

escalfar *vt* pocher

escalinata *nf* perron *m*

escalofriante *adj* terrifiant(e)

escalofrío *nm* frisson *m* ; **escalofríos** *nmpl* (*fig*): **dar** *o* **producir ~s a algn** donner des frissons à qn

escalón *nm* marche *f* ; (*de escalera de mano, fig*) échelon *m*

escalope *nm* escalope *f*

escama *nf* écaille *f* ; (*de jabón*) paillette *f*

escamar *vt* (*producir recelo*) rendre soupçonneux(-euse)

escamotear *vt* (*sueldo*) subtiliser

escampar *vi* se dégager

escandalizar *vt* scandaliser ; **escandalizarse** *vpr* se scandaliser

escándalo *nm* scandale *m*

escandaloso, -a *adj* scandaleux(-euse) ; (*niño*) très bruyant(e)

escandinavo, -a *adj* scandinave ▸ *nm/f* Scandinave *mf*

escaño *nm* siège *m*

escapar *vi*: **~ (de)** (*de encierro*) s'échapper (de) ; (*de peligro*) échapper à ; (*Deporte*) faire une échappée ; **escaparse** *vpr*: **escaparse (de)** s'échapper (de) ; (*agua, gas*) fuir (de) ; **se le escapó el secreto** il a vendu la mèche ; **se le escapó la risa** un rire lui a échappé

escaparate *nm* vitrine *f*

escape *nm* (*de agua, gas*) fuite *f* ; (*tb*: **tubo de escape**) pot *m* d'échappement

escarabajo *nm* scarabée *m*

escaramuza *nf* escarmouche *f*

escarbar *vt* gratter ▸ *vi* fouiller ; **~ en** (*en asunto*) démêler

escarceos *nmpl* (*fig*) écarts *mpl* ; **~ amorosos** ébats *mpl* amoureux

escarcha *nf* givre *m*

escarchado, -a *adj* glacé(e)

escarlata *adj* écarlate
• **escarlatina** *nf* scarlatine *f*

escarmentar *vt* punir ▸ *vi* comprendre la leçon

escarmiento *vb ver* **escarmentar** ▸ *nm* punition *f* ; (*aviso*) leçon *f*

escarnio *nm* raillerie *f* ; (*insulto*) quolibet *m*

escarola *nf* frisée *f*

escarpado, -a *adj* escarpé(e)

escasear *vi* manquer

escasez *nf* (*falta*) pénurie *f* ; (*pobreza*) misère *f*

escaso, -a *adj* faible ; (*posibilidades*) compté(e) ; (*recursos*) insuffisant(e) ; **estar ~ de algo** être à court de qch

escatimar *vt* (*sueldo, tela*) lésiner sur ; (*elogios, esfuerzos*) ménager

escayola *nf* plâtre *m*

escena *nf* scène *f* ; **poner en ~** mettre en scène

escenario *nm* scène *f*
• **escenografía** *nf* scénographie *f*

escepticismo *nm* scepticisme *m*

escéptico, -a *adj, nm/f* sceptique *mf*

escisión *nf* (*de partido*) scission *f*

esclarecer *vt* éclaircir

escIavitud *nf* esclavage *m*
esclavizar *vt* asservir
esclavo, -a *adj, nm/f* esclave *mf*
esclusa *nf* écluse *f*
escoba *nf* balai *m*
escobilla *nf* (*esp* AM) brosse *f*
escocer *vi* brûler ; **escocerse** *vpr* s'irriter ; **me escuece mucho la herida** la blessure me brûle
escocés, -esa *adj* écossais(e) ▶ *nm/f* Écossais(e)
Escocia *nf* Écosse *f*
escoger *vt* choisir
escogido, -a *adj* choisi(e)
escolar *adj* scolaire ▶ *nmf* écolier(-ière)
escollo *nm* (*tb fig*) écueil *m*
escolta *nf* escorte *f* • **escoltar** *vt* escorter
escombros *nmpl* décombres *mpl*
esconder *vt* cacher ; **esconderse** *vpr* se cacher • **escondidas** *nfpl* (AM) cache-cache *m inv* ; **a ~** en cachette • **escondite** *nm* cachette *f* ; (*juego*) cache-cache *m inv*
escopeta *nf* fusil *m* ; **~ de aire comprimido** fusil à air comprimé
escoria *nf* (*fig*) lie *f*
Escorpio *nm* (*Astrol*) Scorpion *m* ; **ser ~** être Scorpion
escorpión *nm* scorpion *m*
escotado, -a *adj* décolleté(e)
escote *nm* décolleté *m* ; **pagar a ~** payer son écot
escotilla *nf* (*Náut*) écoutille *f*
escozor *nm* brûlure *f*
escrache *nm manifestation citoyenne devant le domicile ou le lieu de travail d'un personnage public*
escribible *adj* (CD/DVD) gravable
escribir *vt, vi* écrire ; **escribirse** *vpr* s'écrire ; **~ a máquina** taper à la machine ; **¿cómo se escribe?** comment ça s'écrit ?
escrito, -a *pp de* **escribir** ▶ *adj* écrit(e) ▶ *nm* (*documento*) écrit *m* ; (*manifiesto*) manifeste *m* ; **por ~** par écrit
escritor, a *nm/f* écrivain *m*
escritorio *nm* (*mueble, oficina*) bureau *m*
escritura *nf* écriture *f* ; (*Jur*) acte *m*
escrúpulo *nm* : **me da ~ (hacer)** j'ai des scrupules (à faire) ; **escrúpulos** *nmpl* (*dudas*) scrupules *mpl*
escrupuloso, -a *adj* scrupuleux(-euse) ; (*aprensivo*) maniaque
escrutar *vt* scruter ; (*votos*) dépouiller
escrutinio *nm* examen *m* attentif ; (*de votos*) scrutin *m*
escuadra *nf* équerre *f* ; (*Mil*) escouade *f* ; (*Náut*) escadre *f* • **escuadrilla** *nf* escadrille *f*
escuadrón *nm* escadron *m*
escuálido, -a *adj* efflanqué(e)
escuchar *vt* écouter ▶ *vi* écouter
escudo *nm* bouclier *m* ; (*insignia*) écusson *m*
escudriñar *vt* scruter
escuela *nf* école *f* ; **~ de arquitectura/Bellas Artes/idiomas** école d'architecture/des Beaux Arts/de langues ; **~ normal** école normale
escueto, -a *adj* (*estilo*) dépouillé(e) ; (*explicación*) concis(e)
escuincle (*Méx: fam*) *nm* gosse *m*

esculpir *vt* sculpter
escultor, a *nm/f* sculpteur(-trice) • **escultura** *nf* sculpture *f*
escupidera *nf* crachoir *m* ; (*orinal*) pot *m* de chambre
escupir *vt, vi* cracher
escurreplatos *nm inv* égouttoir *m*
escurridizo, -a *adj* glissant(e)
escurridor *nm* passoire *f*
escurrir *vt* (*ropa*) essorer ; (*verduras*) égoutter ; (*platos*) laisser s'égoutter ; (*líquidos*) verser la dernière goutte de ▶ *vi* (*ropa, botella*) goutter ; (*líquidos*) couler ; **escurrirse** *vpr* (*líquido*) s'écouler ; (*ropa, platos*) s'égoutter ; (*resbalarse*) glisser ; (*escaparse*) s'esquiver
ese, esa, esos, esas *adj* (*sg*) ce (cette) ; (: *pl*) ces ▶ *pron* (*sg*) celui-là (celle-là) ; (*pl*) ceux-là (celles-là)
ése, ésa, ésos, ésas *pron* (*sg*) celui-là (celle-là) ; (*pl*) ceux-là (celles-là)
esencia *nf* essence *f* ; (*de doctrina*) essentiel *m* • **esencial** *adj* essentiel(le)
esfera *nf* sphère *f* ; (*de reloj*) cadran *m*
esférico, -a *adj* sphérique
esforzarse *vpr* s'efforcer ; **~ por hacer** s'efforcer de faire
esfuerzo *vb ver* **esforzarse** ▶ *nm* effort *m* ; **hacer un ~ (para hacer)** faire un effort (pour faire) ; **con/sin ~** avec/sans effort
esfumarse *vpr* (*persona*) s'évanouir dans la nature ; (*esperanzas*) partir en fumée
esgrima *nf* escrime *f*
esgrimir *vt* (*arma*) manier ; (*argumento*) déployer
esguince *nm* entorse *f*
eslabón *nm* maillon *m*
eslavo, -a *adj* slave ▶ *nm/f* Slave *mf* ▶ *nm* (*Ling*) langue *f* slave
eslip *nm* slip *m*
eslovaco, -a *adj* slovaque ▶ *nm/f* Slovaque *mf* ▶ *nm* (*Ling*) slovaque *m*
Eslovaquia *nf* Slovaquie *f*
esmaltar *vt* émailler • **esmalte** *nm* émail *m* ; **~ de uñas** vernis *m* à ongles
esmerado, -a *adj* soigné(e)
esmeralda *nf* émeraude *f*
esmerarse *vpr*: **~ (en)** faire de son mieux (pour)
esmero *nm* soin *m* ; **con ~** avec soin
esnob *adj inv, nmf* snob *mf* • **esnobismo** *nm* snobisme *m*
eso *pron* ce, cela ; **~ de su coche** cette histoire avec sa voiture ; **~ de ir al cine** cette histoire d'aller au cinéma ; **a ~ de las cinco** vers cinq heures ; **por ~** c'est pour ça ; **~ es** c'est cela ; **~ mismo** cela-même ; **¡y ~ que llovía!** pourtant il pleuvait !
esos *adj, pron ver* **ese**
ésos *pron ver* **ése**
espabilar *vt* = **despabilar**
espacial *adj* spatial(e)
espaciar *vt* espacer
espacio *nm* espace *m* ; **el ~** l'espace ; **~ aéreo/exterior** espace aérien/extérieur
espacioso, -a *adj* spacieux(-euse)
espada *nf* épée *f* ; **espadas** *nfpl* (*Naipes*) *l'une des quatre couleurs du jeu de cartes espagnol*

espaguetis *nmpl* spaghettis *mpl*
espalda *nf* dos *msg* ; **a ~s de algn** dans le dos de qn ; **estar de ~s** être de dos ; **por la ~** (*atacar*) par derrière ; (*disparar*) dans le dos ; **tenderse de ~s** s'allonger sur le dos ; **volver la ~ a algn** tourner le dos à qn
espantajo *nm*, **espantapájaros** *nm inv* épouvantail *m*
espantar *vt* (*persona*) effrayer ; (*animal*) faire fuir ; **espantarse** *vpr* s'effrayer ; (*ahuyentar*) déguerpir ; (*fig*) se dissiper
espanto *nm* frayeur *f* ; (*terror*) panique *f*
espantoso, -a *adj* effrayant(e) ; (*fam: desmesurado*) terrible ; (*: feísimo*) horrible
España *nf* Espagne *f* • **español, a** *adj* espagnol(e) ▶ *nm/f* Espagnol(e) ▶ *nm* (*Ling*) espagnol *m*
esparadrapo *nm* sparadrap *m*
esparcimiento *nm* (*fig*) divertissement *m*
esparcir *vt* (*objetos*) éparpiller ; (*semillas*) semer ; (*líquido, noticia*) répandre ; **esparcirse** *vpr* s'éparpiller ; (*noticia*) se répandre
espárrago *nm* asperge *f*
esparto *nm* alfa *m*
espasmo *nm* spasme *m*
espátula *nf* spatule *f*
especia *nf* épice *f*
especial *adj* spécial(e) • **especialidad** *nf* spécialité *f* ; (*Escol*) spécialisation *f*
especialista *nmf* spécialiste *mf*
especialmente *adv* spécialement
especie *nf* espèce *f* ; **una ~ de** une espèce de ; **pagar en ~** payer en espèces
especificar *vt* spécifier
específico, -a *adj* spécifique
espécimen (*pl* **especímenes**) *nm* spécimen *m* ; (*muestra*) échantillon *m*
espectáculo *nm* spectacle *m*
espectador, a *nm/f* spectateur(-trice) ; (*de incidente*) badaud *m*
espectro *nm* spectre *m*
especular *vi* (*meditar*): **~ sobre** spéculer sur ; **~ (en)** (*Com*) spéculer (en)
espejismo *nm* mirage *m*
espejo *nm* miroir *m* ; **mirarse al ~** se regarder dans la glace ; **~ retrovisor** rétroviseur *m*
espeluznante *adj* à faire dresser les cheveux sur la tête
espera *nf* attente *f* ; **a la** *o* **en ~ de** dans l'attente de
esperanza *nf* espoir *m* ; **hay pocas ~s de que venga** il y a peu de chances qu'il vienne ; **~ de vida** espérance *f* de vie
esperar *vt* attendre ; (*desear, confiar*) espérer ▶ *vi* attendre ; **~ un bebé** attendre un enfant ; **es de ~ que** il faut espérer que
esperma *nm* sperme *m*
espesar *vt* épaissir ; **espesarse** *vpr* s'épaissir
espeso, -a *adj* épais(se) • **espesor** *nm* épaisseur *f* ; (*densidad*) densité *f*
espía *nmf* espion(ne) • **espiar** *vt* espionner ▶ *vi*: **~ para** être un espion à la solde de
espiga *nf* épi *m*

espigón *nm* (*Bot*) piquant *m*; (*Náut*) digue *f*
espina *nf* (*Bot*) épine *f*; (*de pez*) arête *f*; **~ dorsal** épine dorsale
espinaca *nf* (*Bot*) épinard *m*; **espinacas** *nfpl* (*Culin*) épinards *mpl*
espinazo *nm* épine *f* dorsale
espinilla *nf* (*Anat*) tibia *m*; (*Med*) point *m* noir
espinoso, -a *adj* épineux(euse)
espionaje *nm* espionnage *m*
espiral *adj* en spirale ▶ *nf* spirale *f*; (*anticonceptivo*) stérilet *m*
espirar *vt, vi* expirer
espíritu *nm* esprit *m*; **~ de cuerpo/de equipo** esprit de corps/d'équipe; **~ de lucha** esprit combatif; **E~ Santo** Saint-Esprit *m* • **espiritual** *adj* spirituel(le)
espita *nf* robinet *m*
espléndido, -a *adj* (*magnífico*) splendide; (*generoso*) généreux(-euse)
esplendor *nm* splendeur *f*
espolear *vt* (*fig*: *persona*) tanner
espoleta *nf* goupille *f*
espolón *nm* (*de ave*) ergot *m*; (*malecón*) jetée *f*
espolvorear *vt* saupoudrer
esponja *nf* éponge *f*; **~ de baño** éponge de toilette
esponjoso, -a *adj* spongieux(-euse); (*bizcocho*) moelleux(-euse)
espontaneidad *nf* spontanéité *f*
espontáneo, -a *adj* spontané(e)
esposar *vt* passer les menottes à
esposo, -a *nm/f* époux(-ouse); **esposas** *nfpl* (*para detenidos*) menottes *fpl*
espray *nm* aérosol *m*, spray *m*
espuela *nf* éperon *m*
espuma *nf* mousse *f*; (*sobre olas*) écume *f*; **~ de afeitar** mousse à raser
espumadera *nf* écumoire *f*
espumoso, -a *adj* moussant(e)
esqueleto *nm* squelette *m*
esquema *nm* schéma *m*; (*guión*) plan *m*
esquí (*pl* **esquís**) *nm* ski *m*; **~ acuático** ski nautique • **esquiar** *vi* skier
esquilar *vt* tondre
esquimal *adj* esquimau(de) ▶ *nmf* Esquimau(de)
esquina *nf* coin *m*; **doblar la ~** tourner au coin de la rue
esquinazo *nm*: **dar ~ a algn** planter là qn
esquirol *nm* briseur *m* de grève
esquivar *vt* esquiver
esquivo, -a *adj* (*huraño*) farouche; (*desdeñoso*) dédaigneux(-euse)
esta *adj, pron ver* **este²**
ésta *pron ver* **éste**
está *vb ver* **estar**
estabilidad *nf* stabilité *f* • **estable** *adj* stable
establecer *vt* établir; **establecerse** *vpr* s'établir • **establecimiento** *nm* établissement *m*
establo *nm* étable *f*
estaca *nf* (*palo*) piquet *m*; (*con punta*) pieu *m*
estación *nf* gare *f*; (*de metro*) station *f*; (*del año*) saison *f*; **~ de autobuses/de ferrocarril** gare routière/de chemin de fer; **~ de**

radio station de radio ; **~ de servicio** station-service *f* ; **~ meteorológica** station météorologique
estacionamiento *nm* stationnement *m*
estacionar *vt* (*Auto*) garer ; **estacionarse** *vpr* (*Auto*) se garer ; (*Med*) se stabiliser
estacionario, -a *adj* (*estado*) stationnaire ; (*mercado*) calme
estadio *nm* stade *m*
estadista *nmf* (*Pol*) homme (femme) d'État
estadística *nf* statistique *f*
estado *nm* état *m* ; **el E~** l'État ; **estar en ~ (de buena esperanza)** attendre un heureux événement ; **~ civil** état civil ; **~ de ánimo** humeur *f* ; **~ de cuenta(s)** relevé *m* de compte ; **~ de emergencia** *o* **excepción** état d'urgence ; **~ de sitio** état de siège ; **~ mayor** (*Mil*) état-major *m* ; **E~s Unidos** États-Unis *mpl*
estadounidense *adj* américain(e) ▶ *nmf* Américain(e)
estafa *nf* escroquerie *f* • **estafar** *vt* escroquer ; **les estafaron ocho millones** ils les ont escroqués de huit millions
estafeta *nf* bureau *m* de poste
estáis *vb ver* **estar**
estallar *vi* (*bomba*) exploser • **estallido** *nm* explosion *f* ; (*fig: de guerra*) déclenchement *m*
estampa *nf* estampe *f* ; (*porte*) allure *f*
estampado, -a *adj* imprimé(e) ▶ *nm* (*dibujo*) imprimé *m*
estampar *vt* imprimer
estampida (*esp* AM) *nf* débandade *f*
estampido *nm* détonation *f*
están *vb ver* **estar**
estancado, -a *adj* stagnant(e)
estancar *vt* retenir ; **estancarse** *vpr* stagner ; (*fig: progreso*) piétiner ; (*persona*): **estancarse en** s'enliser dans
estancia *nf* séjour *m* ; (*sala*) salle *f* ; (AM) ferme *f* d'élevage • **estanciero** (AM) *nm* (*Agr*) éleveur *m*
estanco *nm* bureau *m* de tabac

> L'**estanco** est l'équivalent espagnol du bureau de tabac : on y achète cigarettes, tabac et timbres.

estándar *adj* standard *inv* ▶ *nm* standard *m* • **estandarizar** *vt* standardiser ; **estandarizarse** *vpr* se standardiser
estandarte *nm* étendard *m*
estanque *vb ver* **estancar** ▶ *nm* bassin *m*
estanquero, -a *nm/f* buraliste *mf*
estante *nm* (*de mueble*) rayonnage *m* ; (*adosado*) étagère *f* ; (AM: *soporte*) étai *m* • **estantería** *nf* étagère *f*
estaño *nm* étain *m*

estar

▶ *vi* 1 (*posición*) être ; **está en la Plaza Mayor** il est sur la Plaza Mayor ; **¿está Juan?** (est-ce que) Juan est là ? ; **estamos a 30 km de Junín** nous sommes à 30 km de Junín
2 (+ *adj o adv*) (*estado*) être ; **~ enfermo** être malade ; **~ lejos** être loin ; **está muy elegante** il est très élégant ; **¿cómo estás?**

comment vas-tu ? ; *ver tb* **bien**
3 (*+ gerundio*) être en train de ; **estoy leyendo** je suis en train de lire
4 (*uso pasivo*): **está condenado a muerte** il est condamné à mort ; **está envasado en ...** c'est emballé dans ...
5 (*tiempo*): **estamos en octubre/2008** nous sommes en octobre/2008
6 (*estar listo*): **¿está la comida?** le repas est prêt ? ; **¿estará para mañana?** ce sera prêt pour demain ? ; **ya está** ça y est
7 (*sentar*) aller ; **el traje le está bien** le costume lui va bien
8: **~ a** (*con fechas*): **¿a cuántos estamos?** nous sommes le combien ? ; **estamos a cinco de mayo** nous sommes le cinq mai ; (*con precios*): **las manzanas están a 1,50 euros** les pommes sont à 1,50 euros ; (*con grados*): **estamos a 25°** il fait 25°
9: **~ con**: **está con gripe** il a la grippe
10: **~ de** (*ocupación*): **~ de vacaciones/viaje** être en vacances/voyage ; (*trabajo*): **está de camarero** il travaille comme garçon de café
11: **~ en** (*consistir*) résider dans
12: **~ para** (*a punto de*): **está para salir** il est prêt à sortir ; (*con humor de*): **no estoy para bromas** je ne suis pas d'humeur à plaisanter
13: **~ por** (*a favor de*) être pour ; **estoy por dejarlo** je suis tenté de laisser tomber ; (*sin hacer*): **está por limpiar** ça reste à nettoyer
14: **~ que**: **¡está que trina!** il en est fumasse !
15: **~ sin**: **~ sin dinero** ne pas avoir d'argent ; **la casa está sin terminar** la maison n'est pas finie
16 (*locuciones*): **¡ya estuvo!** (*AM: fam*) ça suffit ! ; **¿estamos?** (*¿de acuerdo?*) d'accord ? ; **¡ya está bien!** bon, ça va !
▸**estarse** *vpr*: **se estuvo en la cama toda la tarde** il est resté au lit tout l'après-midi

estas *adj, pron ver* **este²**
éstas *pron ver* **éste**
estatal *adj* (*política*) gouvernemental(e) ; (*enseñanza*) public(-ique)
estático, -a *adj* statique
estatua *nf* statue *f*
estatura *nf* taille *f*, stature *f*
estatuto *nm* statut *m*
este¹ *adj, nm* est *m*
este², esta, estos, estas *adj* (*demostrativo: sg*) ce (cette) ; (*: pl*) ces ▸*pron* (*sg*) celui-ci (celle-ci) ; (*pl*) ceux-ci (celles-ci)
éste, ésta, éstos, éstas *pron* (*sg*) celui-ci (celle-ci) ; (*pl*) ceux-ci (celles-ci)
esté *vb ver* **estar**
estelar *adj* (*Astron*) stellaire ; (*actuación*) de star ; (*reparto*) prestigieux(-euse)
estén *vb ver* **estar**
estepa *nf* steppe *f*
estera *nf* natte *f*
estéreo *adj inv, nm* stéréo *f*
• **estereotipo** (*pey*) *nm* stéréotype *m*
estéril *adj* stérile
esterilizar *vt* stériliser

esterlina *adj*: **libra ~** livre *f* sterling
estés *vb ver* **estar**
estética *nf* esthétique *f*
estético, -a *adj* esthétique
estibador *nm* docker *m*
estiércol *nm* fumier *m*
estilarse *vpr* être en vogue
estilo *nm* style *m*; (*Natación*) nage *f*; **por el ~** de ce genre
estima *nf* estime *f*; **le tiene en mucha ~** il a beaucoup d'estime pour lui
estimación *nf* (*valoración*) estimation *f*; (*estima*) estime *f*
estimar *vt* estimer; **~ algo en** (*valorar*) estimer qch à
estimulante *adj* stimulant(e) ▶ *nm* stimulant *m*
estimular *vt* stimuler
estímulo *nm* stimulation *f*
estipulación *nf* stipulation *f* • **estipular** *vt* stipuler
estirado, -a *adj* tendu(e); (*engreído*) prétentieux(-euse)
estirar *vt* étirer; (*brazo, pierna*) tendre; (*fig: dinero*) faire durer ▶ *vi* tirer; **estirarse** *vpr* s'étirer; **~ las piernas** (*fig*) se dégourdir les jambes
estirón *nm* étirement *m*; **dar** *o* **pegar un ~** beaucoup grandir
estirpe *nf* souche *f*
estival *adj* estival(e)
esto *pron* cela, ça, c'; **~ de la boda** cette affaire de la noce; **por ~** c'est pour ça
Estocolmo *n* Stockholm
estofado, -a *adj* cuit(e) à l'étouffée ▶ *nm* ragoût *m*
estofar *vt* cuire à l'étouffée
estómago *nm* estomac *m*
estorbar *vt, vi* gêner • **estorbo** *nm* gêne *f*
estornudar *vi* éternuer
estos *adj, pron ver* **este²**
éstos *pron ver* **éste**
estoy *vb ver* **estar**
estrado *nm* estrade *f*
estrafalario, -a *adj* extravagant(e)
estrago *nm*: **hacer** *o* **causar ~s en** faire des ravages parmi
estragón *nm* estragon *m*
estrambótico, -a *adj* extravagant(e)
estrangular *vt* étrangler
Estrasburgo *n* Strasbourg
estratagema *nf* stratagème *m*
estrategia *nf* stratégie *f*
estratégico, -a *adj* stratégique
estrato *nm* strate *f*; **~ social** couche *f* sociale
estrechamente *adv* (*íntimamente*) étroitement; (*pobremente*) à l'étroit
estrechar *vt* rétrécir; (*persona*) serrer; (*lazos de amistad*) resserrer; **estrecharse** *vpr* se rétrécir; (*dos personas*) se rapprocher; **~ la mano** serrer la main
estrechez *nf* étroitesse *f*; **estrecheces** *nfpl* (*apuros*) difficultés *fpl* financières
estrecho, -a *adj* étroit(e); (*amistad*) intime ▶ *nm* détroit *m*; **~ de miras** borné(e); **estar/ir muy ~s** être très serrés
estrella *nf* étoile *f*; (*Cine etc*) star *f*; **ver las ~s** (*fam*) voir trente-six chandelles; **~ de mar** étoile de mer; **~ fugaz** étoile filante

estrellado, -a *adj* en forme d'étoile ; (*cielo*) étoilé(e)
estrellar *vt* briser en mille morceaux ; (*huevos*) faire cuire sur le plat ; **estrellarse** *vpr* se briser en mille morceaux ; (*coche*) s'écraser ; (*fracasar*) échouer
estremecer *vt* bouleverser ; (*suj: miedo, frío*) faire frissonner ; **estremecerse** *vpr* frissonner ; (*edificio*) trembler ; **estremecerse de** frissonner de • **estremecimiento** *nm* frisson *m*
estrenar *vt* (*vestido*) étrenner ; (*película, obra de teatro*) donner la première de ; **estrenarse** *vpr*: **estrenarse como** (*persona*) faire ses débuts de ; **~ casa** pendre la crémaillère • **estreno** *nm* inauguration *f* ; (*Cine, Teatro*) première *f*
estreñido, -a *adj* constipé(e)
estreñimiento *nm* constipation *f*
estrépito *nm* fracas *msg*
estrepitoso, -a *adj* (*caída*) spectaculaire ; (*gritos*) perçant(e) ; (*fracaso, victoria*) fracassant(e) ; **aplausos ~s** un tonnerre d'applaudissements
estrés *nm* stress *m*
estría *nf* (*en tronco*) strie *f* ; (*columna*) striure *f* ; **estrías** *nfpl* (*en la piel*) vergetures *fpl*
estribación *nf* (*Geo*) contrefort *m*
estribar *vi*: **~ en** résider dans
estribillo *nm* refrain *m*
estribo *nm* (*de jinete*) étrier *m* ; (*de tren*) marchepied *m* ; (*de puente, cordillera*) contrefort *m* ; **perder los ~s** (*fig*) monter sur ses grands chevaux
estribor *nm* (*Náut*) tribord *m*
estricto, -a *adj* strict(e)
estridente *adj* (*color*) criard(e) ; (*voz*) strident(e)
estropajo *nm* tampon *m* à récurer
estropear *vt* (*material*) abîmer ; (*máquina, coche*) casser ; (*planes*) gâcher ; (*cosecha*) gâter ; (*persona*) abîmer ; **estropearse** *vpr* tomber en panne ; (*envejecer*) vieillir
estructura *nf* structure *f*
estruendo *nm* vacarme *m*
estrujar *vt* (*limón*) presser ; (*bayeta*) tordre ; (*persona*) serrer ; **estrujarse** *vpr* (*personas*) se serrer
estuario *nm* estuaire *m*
estuche *nm* trousse *f*
estudiante *nmf* étudiant(e) • **estudiantil** *adj* estudiantin(e)
estudiar *vt* étudier ; (*carrera*) faire des études de ▸ *vi* étudier
estudio *nm* étude *f* ; (*piso, taller*) studio *m* ; (*Radio, TV etc: local*) studio *m* ; **estudios** *nmpl* études *fpl*
estudioso, -a *adj* studieux(-euse) ▸ *nm/f*: **~ de** spécialiste *mf* de
estufa *nf* radiateur *m*
estupefaciente *adj* stupéfiant(e) ▸ *nm* stupéfiant *m*
estupefacto, -a *adj*: **quedarse ~** être stupéfait(e) ; **me dejó ~** il m'a laissé stupéfait ; **me miró ~** il m'a regardé avec stupéfaction
estupendo, -a *adj* formidable ; **¡~!** super !
estupidez *nf* stupidité *f*
estúpido, -a *adj* stupide
estupor *nm* stupeur *f*
estuve *etc vb ver* **estar**
esvástica *nf* croix *f* gammée
ETA *sigla f* (*Pol:* = *Euskadi Ta Askatasuna*) ETA *f*

etapa *nf* étape *f*; **por ~s** par étapes
etarra *adj, nmf* membre *m* de l'ETA
etc. *abr* (= *etcétera*) etc. (= *et cetera*)
etcétera *adv* et cetera
eternidad *nf* éternité *f*
eterno, -a *adj* éternel(le) ; (*fam: larguísimo*) à n'en plus finir
ética *nf* éthique *f*; **~ profesional** éthique professionnelle
ético, -a *adj* éthique
Etiopía *nf* Éthiopie *f*
etiqueta *nf* étiquette *f*; **traje de ~** tenue *f* de soirée
étnico, -a *adj* ethnique
eucaristía *nf* Eucharistie *f*
eufemismo *nm* euphémisme *m*
euforia *nf* euphorie *f*
euro *nm* euro *m*
eurodiputado, -a *nm/f* député(e) européen(ne)
Europa *nf* Europe *f* • **europeo, -a** *adj* européen(ne) ▶ *nm/f* Européen(ne)
Euskadi *nm* Pays *m* basque
euskera *nm* basque *m*
eutanasia *nf* euthanasie *f*
evacuación *nf* évacuation *f*
evadir *vt* éviter ; (*dinero*) faire sortir illégalement du pays ; **evadirse** *vpr* s'évader ; **~ impuestos** frauder le fisc
evaluar *vt* (*valorar*) évaluer ; (*calificar*) noter
evangelio *nm* Évangile *m*
evaporar *vt* faire évaporer ; **evaporarse** *vpr* s'évaporer ; (*fam: persona*) se volatiliser
evasión *nf* évasion *f*; **de ~** (*novela, película*) d'évasion ; **~ de capitales** évasion de capitaux
evasiva *nf* réponse *f* évasive
evasivo, -a *adj* évasif(-ive)
evento *nm* événement *m*
eventual *adj* (*circunstancias*) éventuel(le) ; (*trabajo*) temporaire
evidencia *nf* évidence *f*; **poner en ~** (*a algn*) tourner en ridicule ; (*algo*) mettre en évidence • **evidenciar** *vt* rendre évident(e) ; **evidenciarse** *vpr* être manifeste
evidente *adj* évident(e)
evitar *vt* éviter ; **~ hacer** éviter de faire
evocar *vt* évoquer
evolución *nf* évolution *f* • **evolucionar** *vi* évoluer
ex *prep* ex ; **el ex ministro** l'ex-ministre
exacerbar *vt* exacerber ; (*persona*) exaspérer
exactamente *adv* exactement
exactitud *nf* exactitude *f*; (*fidelidad*) fidélité *f*
exacto, -a *adj* exact(e) ; **¡~!** exactement !
exageración *nf* exagération *f* • **exagerar** *vt, vi* exagérer
exaltado, -a *adj, nm/f* exalté(e)
exaltar *vt* exalter ; **exaltarse** *vpr* s'exalter
examen *nm* examen *m* ; **~ de conducir** examen du permis de conduire ; **~ de ingreso** examen d'entrée ; **~ final** examen final
examinar *vt* examiner ; (*Escol*) faire passer un examen à ; **examinarse** *vpr*: **examinarse (de)** passer un examen (de)
exasperar *vt* exaspérer ; **exasperarse** *vpr* s'irriter
Exc.ª *abr* = *Excelencia*

excavadora *nf* (*Tec*) pelleteuse *f*
excavar *vt, vi* excaver
excedencia *nf*: **estar en ~** (*trabajador*) être en congé sans solde ; (*funcionario*) être en disponibilité ; **pedir** *o* **solicitar la ~** demander d'être mis(e) en disponibilité
excedente *adj* (*producto, dinero*) excédentaire ; (*funcionario*) en disponibilité ▶ *nm* excédent *m* ; **~ de cupo** exempté *m* du service militaire
exceder *vt* dépasser ; **excederse** *vpr* dépasser ; **excederse en gastos** faire trop de dépenses ; **excederse en sus funciones** outrepasser ses pouvoirs
excelencia *nf* excellence *f* ; **E~** (*tratamiento*) Excellence ; **por ~** par excellence • **excelente** *adj* excellent(e)
excentricidad *nf* excentricité *f*
excéntrico, -a *adj, nm/f* excentrique *mf*
excepción *nf*: **ser/hacer una ~** être/faire une exception ; **a** *o* **con ~ de** à l'exception de ; **sin ~** sans exception • **excepcional** *adj* exceptionnel(le)
excepto *adv* excepté
exceptuar *vt* excepter
excesivo, -a *adj* excessif(-ive)
exceso *nm* excès *msg* ; (*Com*) excédent *m* ; **excesos** *nmpl* (*desórdenes*) excès *mpl* ; **con** *o* **en ~** à l'excès ; **~ de equipaje/peso** excédent de bagages/poids ; **~ de velocidad** excès de vitesse
excitación *nf* excitation *f*
excitar *vt* exciter ; **excitarse** *vpr* s'exciter
exclamación *nf* exclamation *f* • **exclamar** *vt, vi* s'exclamer
excluir *vt* (*descartar*) exclure ; (*no incluir*): **~ (de)** exclure (de) • **exclusión** *nf* exclusion *f* ; **con ~ de** à l'exclusion de
exclusiva *nf* exclusivité *f* ; **modelo en ~** modèle *m* exclusif
exclusivo, -a *adj* exclusif(-ive) ; **derecho ~** droit *m* exclusif
Excmo. *abr* (= *Excelentísimo*) *titre de courtoisie*
excomulgar *vt* excommunier
excomunión *nf* excommunion *f*
excursión *nf* (*por el campo*) randonnée *f* ; (*viaje*) excursion *f* ; **ir de ~** faire une excursion • **excursionista** *nmf* (*por campo*) randonneur(-euse)
excusa *nf* excuse *f*
excusar *vt* excuser ; **excusarse** *vpr* s'excuser ; **~ (de hacer)** (*eximir*) exempter (de faire)
exhalar *vt* exhaler
exhaustivo, -a *adj* exhaustif(-ive)
exhausto, -a *adj* épuisé(e)
exhibición *nf* exhibition *f*
exhibir *vt* exhiber ; **exhibirse** *vpr* s'exhiber
exhortar *vt*: **~ a** exhorter à
exigencia *nf* exigence *f* ; **~s del trabajo/de la situación** exigences du travail/de la situation • **exigente** *adj* exigeant(e)
exigir *vt* (*reclamar, necesitar*) exiger ▶ *vi* être exigeant(e)
exiliado, -a *adj, nm/f* exilé(e)
exilio *nm* exil *m*
eximir *vt*: **~ a algn (de)** exempter qn (de)

existencia *nf* existence *f*; **existencias** *nfpl* (*artículos*) stock *m*; **en ~** (*Com*) en stock
existir *vi* exister
éxito *nm* succès *m*; **tener ~** avoir du succès
exonerar *vt*: **~ de** (*de cargo*) destituer de; (*de obligación*) dispenser de
exorbitante *adj* exorbitant(e)
exorcizar *vt* exorciser
exótico, -a *adj* exotique
expandir (*Fís*) *vt* dilater; **expandirse** *vpr* se dilater
expansión *nf* expansion *f*; (*diversión*) distraction *f*; **~ económica** expansion économique
expansivo, -a *adj* (*onda*) de propagation; (*carácter*) expansif(-ive)
expatriarse *vpr* s'expatrier
expectativa *nf* expectative *f*; (*perspectiva*) perspective *f*
expedición *nf* expédition *f*
expediente *nm* (*Jur: procedimiento*) procédure *f*; (*: papeles*) dossier *m*; (*Escol: tb*: **expediente académico**) dossier *m* scolaire; **abrir/formar ~ a algn** engager une procédure contre qn
expedir *vt* (*carta, mercancías*) expédier; (*documento*) délivrer
expendedor, a *nm/f* vendeur(-euse) ▸ *nm* (*tb*: **expendedor automático**) guichet *m* automatique; **~ de cigarrillos** distributeur *m* de cigarettes
expensas *nfpl* (*Jur*) frais *mpl*; **a ~ de** aux frais de
experiencia *nf* expérience *f*
experimentado, -a *adj* expérimenté(e)
experimentar *vt* (*en laboratorio*) expérimenter; (*deterioro, aumento*) connaître; (*sensación*) ressentir • **experimento** *nm* expérience *f*
experto, -a *adj, nm/f* expert(e)
expiar *vt* expier
expirar *vi* expirer
explanada *nf* esplanade *f*
explayarse *vpr* s'étendre; **~ con algn** se confier à qn
explicación *nf* explication *f* • **explicar** *vt* expliquer; **explicarse** *vpr* s'expliquer; **explicarse algo** s'expliquer qch
explícito, -a *adj* explicite
explique *etc vb ver* **explicar**
explorador, a *nm/f* explorateur(-trice); (*Mil*) éclaireur(-euse)
explorar *vt* explorer
explosión *nf* explosion *f*
explosivo, -a *adj* explosif(-ive) ▸ *nm* explosif *m*
explotación *nf* exploitation *f*
explotar *vt* exploiter ▸ *vi* exploser
exponer *vt* exposer; **exponerse** *vpr*: **exponerse a (hacer) algo** s'exposer à (faire) qch
exportación *nf* exportation *f* • **exportar** *vt* exporter
exposición *nf* exposition *f*; **E~ Universal** Exposition universelle
exprés *adj inv* (*café*) express
expresamente *adv* (*decir*) expressément; (*ir*) exprès
expresar *vt* exprimer; **expresarse** *vpr* s'exprimer • **expresión** *nf* expression *f*

e

expresivo, -a *adj* expressif(-ive)
expreso, -a *adj* (*explícito*) exprès(-esse) ; (*claro*) explicite ; (*tren*) express ▸ *nm* (*Ferro*) express *msg*
exprimidor *nm* presse-agrumes *m inv*
exprimir *vt* presser
expropiar *vt* exproprier
expuesto, -a *pp de* **exponer** ▸ *adj* exposé(e)
expulsar *vt* expulser ; (*humo*) cracher • **expulsión** *nf* expulsion *f* ; (*de humo*) émission *f*
exquisito, -a *adj* exquis(e)
éxtasis *nm* extase *f*
extender *vt* étendre ; (*mantequilla, pintura*) étaler ; (*certificado, documento*) délivrer ; (*cheque, recibo*) établir ; **extenderse** *vpr* s'étendre
extendido, -a *adj* étendu(e) ; (*costumbre, creencia*) répandu(e)
extensión *nf* étendue *f* ; (*Telec*) poste *m* ; **por ~** par extension
extenso, -a *adj* étendu(e)
extenuar *vt* exténuer
exterior *adj* extérieur(e) ▸ *nm* extérieur *m* ; (*países extranjeros*) étranger *m* ; **al ~** à l'extérieur ; **en el ~** en extérieur
exterminar *vt* exterminer • **exterminio** *nm* extermination *f*
externalizar *vt* externaliser, sous-traiter
externo, -a *adj* externe ▸ *nm/f* externe *mf* ; **de uso ~** (*Med*) à usage externe
extinguir *vt* (*fuego*) éteindre ; (*especie, raza*) provoquer l'extinction de ; **extinguirse** *vpr* s'éteindre
extinto, -a *adj* disparu(e)
extintor *nm* (*tb*: **extintor de incendios**) extincteur *m*
extirpar *vt* (*mal*) éradiquer ; (*Med*) extirper
extorsión *nf* extorsion *f*
extra *adj inv* (*tiempo, paga*) supplémentaire ; (*chocolate, calidad*) extra *inv* ▸ *nmf* (*Cine*) figurant(e) ▸ *nm* (*bono*) bonus *m inv* ; (*de menú, cuenta*) supplément *m*
extracción *nf* extraction *f*
extracto *nm* résumé *m* ; (*de café, hierbas*) extrait *m*
extradición *nf* extradition *f*
extraer *vt* extraire
extraescolar *adj*: **actividad ~** activité *f* extrascolaire
extralimitarse *vpr*: **~ (en)** dépasser les limites (de)
extranjero, -a *adj, nm/f* étranger(-ère) ▸ *nm* étranger *m* ; **en el ~** à l'étranger
extrañar *vt* étonner ; (*AM*: *echar de menos*) regretter ; (*algo nuevo*) ne pas reconnaître ; **extrañarse** *vpr*: **extrañarse (de)** s'étonner (de) ; **te extraño mucho** tu me manques beaucoup
extrañeza *nf* (*rareza*) singularité *f* ; (*asombro*) étonnement *m*
extraño, -a *adj* étranger(-ère) ; (*raro*) bizarre ▸ *nm/f* étranger(-ère) ; **... lo que por ~ que parezca** ... ce qui, aussi bizarre que cela puisse paraître
extraordinario, -a *adj* extraordinaire ; (*edición*) spécial(e) ▸ *nm* (*de periódico*) numéro *m* spécial ; **horas extraordinarias** heures *fpl* supplémentaires

extrarradio *nm* banlieue *f*
extravagancia *nf* extravagance *f*
• **extravagante** *adj* extravagant(e)
extraviar *vt* (*objeto*) égarer ; **extraviarse** *vpr* s'égarer
• **extravío** *nm* objet *m* perdu
extremar *vt* pousser à l'extrême
extremaunción *nf* extrême-onction *f*
extremeño, -a *adj* d'Estrémadure
extremidad *nf* extrémité *f* ; **extremidades** *nfpl* (*Anat*) extrémités *fpl*
extremo, -a *adj* extrême ▸ *nm* (*punta*) extrémité *f* ; (*fig*) extrême *m* ; **en último ~** en dernière extrémité ; **E~ Oriente** Extrême-Orient *m*
extrovertido, -a *adj, nm/f* extraverti(e)
exuberancia *nf* exubérance *f*
• **exuberante** *adj* exubérant(e)
eyacular *vi* éjaculer

f

fa *nm* fa *m*
fábrica *nf* usine *f* ; **de ~** (*Arq*) en brique ; **marca/precio de ~** marque *f*/prix *m* de fabrique
fabricación *nf* fabrication *f* ; **de ~ casera** fait(e) maison ; **~ en serie** fabrication en série
fabricante *nmf* fabricant(e)
fabricar *vt* fabriquer
fábula *nf* fable *f* ; (*chisme, mentira*) histoire *f*
fabuloso, -a *adj* fabuleux(-euse)
facción *nf* (*Pol*) faction *f* ; **facciones** *nfpl* (*del rostro*) traits *mpl*
faceta *nf* facette *f*
facha (*fam*) *adj, nmf* (*pey*) facho *mf* ▸ *nf* (*aspecto*) aspect *m* ; **estar hecho una ~** ressembler à un épouvantail
fachada *nf* façade *f*
fácil *adj* facile ; **es ~ que venga** il est probable qu'il vienne
facilidad *nf* facilité *f* ; **facilidades** *nfpl* (*condiciones favorables*) facilités *fpl* ; **~ de palabra** facilité pour s'exprimer

facilitar *vt* faciliter ; (*proporcionar*) fournir
fácilmente *adv* facilement
facsímil *nm* fac-similé *m*
factible *adj* faisable
factor *nm* facteur *m*
factoría *nf* (*fábrica*) fabrique *f*
factura *nf* facture *f* • **facturación** *nf* (*Com*) facturation *f* ; **~ de equipajes** enregistrement *m* des bagages • **facturar** *vt* (*Com*) facturer ; (*equipaje*) enregistrer
facultad *nf* faculté *f*
faena *nf* tâche *f* ; **~s domésticas** tâches *fpl* domestiques ; **hacerle una ~ a algn** (*fam*) jouer un mauvais tour à qn
faisán *nm* faisan *m*
faja *nf* (*para la cintura*) ceinture *f* ; (*de mujer*) gaine *f* ; (*de tierra, libro etc*) bande *f*
fajo *nm* liasse *f*
falacia *nf* fausseté *f*
falda *nf* jupe *f* ; (*Geo*) versant *m* ; **~ pantalón** jupe-culotte *f*
falla *nf* (*Geo*) faille *f*

Les **Fallas** ou fêtes de la Saint-Joseph, en l'honneur du saint patron de la ville, ont lieu chaque année à Valence (Espagne), la semaine du 19 mars. Le terme **fallas** désigne les grandes figures en papier mâché et en bois, à l'effigie d'hommes politiques et de personnalités connues, qui sont réalisées pendant l'année par les différentes équipes en compétition. Ces figures sont ensuite examinées par un jury et brûlées dans des feux de joie. Seule la meilleure échappe aux flammes.

fallar *vt* (*Jur*) prononcer ▶ *vi* échouer ; (*cuerda, rama*) céder ; (*motor*) tomber en panne ; (*frenos*) lâcher ; **le falló la memoria** il a eu un trou de mémoire ; **le fallaron las piernas** les jambes lui ont manqué ; **sin ~** sans faute
fallecer *vi* décéder • **fallecimiento** *nm* décès *m*
fallido, -a *adj* avorté(e)
fallo *nm* (*Jur*) jugement *m* ; (*defecto, Inform*) défaut *m* ; (*error*) erreur *f* ; **~ cardíaco** crise *f* cardiaque
falsedad *nf* fausseté *f* ; (*mentira*) mensonge *m*
falsificar *vt* falsifier
falso, -a *adj* faux (fausse) ; **declarar en ~** faire une fausse déclaration
falta *nf* (*carencia*) manque *m* ; (*defecto, en comportamiento*) défaut *m* ; (*ausencia*) absence *f* ; (*en examen, ejercicio, Deporte*) faute *f* ; **echar en ~** : **echa en ~ a su familia** sa famille lui manque ; **hace ~ hacerlo** il faut le faire ; **me hace ~ un lápiz** j'ai besoin d'un crayon ; **a/por ~ de** faute de ; **~ de educación** manque d'éducation ; **~ de ortografía** faute d'orthographe
faltar *vi* manquer ; (*escasear*) se faire rare ; **faltan dos horas para llegar** il reste encore deux heures avant que l'on arrive ; **¡no faltaba** *o* **faltaría más!** (*naturalmente*) mais bien sûr ! ; (*¡ni hablar!*) il ne manquerait plus que ça !
falto, -a *adj* : **está ~ de** il (elle) manque de
fama *nf* (*celebridad*) célébrité *f* ; (*reputación*) réputation *f* ; **tener ~ de** avoir la réputation de

famélico, -a *adj* famélique
familia *nf* famille *f*
familiar *adj* familial(e) ; (*conocido, informal*) familier(-ière) ▸ *nm* parent(e) • **familiaridad** *nf* familiarité *f* ; **familiaridades** *nfpl* (*pey*) familiarités *fpl*
familiarizarse *vpr*: **~ con** se familiariser avec
famoso, -a *adj* célèbre
fanático, -a *adj, nm/f* fanatique *mf* ; **ser un ~ de** être un fanatique de • **fanatismo** *nm* fanatisme *m*
fanfarrón, -ona *adj, nm/f* fanfaron(ne)
fango *nm* boue *f* ; (*fig*) fange *f*
fangoso, -a *adj* boueux(-euse), fangeux(-euse) ; (*consistencia*) visqueux(-euse)
fantasía *nf* fantaisie *f* ; **fantasías** *nfpl* (*ilusiones*) illusions *fpl* ; **joyas de ~** bijoux *mpl* fantaisie
fantasma *nm* fantôme *m*
fantástico, -a *adj* fantastique
farmacéutico, -a *adj* pharmaceutique ▸ *nm/f* pharmacien(ne)
farmacia *nf* pharmacie *f* ; **~ de guardia** pharmacie de garde
fármaco *nm* médicament *m*
faro *nm* (*Náut, Auto*) phare *m* ; **~s antiniebla** phares *mpl* antibrouillard ; **~s delanteros/traseros** feux *mpl* avant/arrière
farol *nm* lanterne *f* ; **echarse** *o* **tirarse un ~** (*fam*) frimer
farola *nf* réverbère *m*
farsa *nf* farce *f* ; **¡es una ~!** (*fig*) quelle farce !
farsante *nmf* comédien(ne)
fascículo *nm* fascicule *m*
fascinar *vt* fasciner
fascismo *nm* fascisme *m* • **fascista** *adj, nmf* fasciste *mf*
fase *nf* phase *f*
fastidiar *vt* (*molestar*) ennuyer ; (*estropear*) gâcher ; **fastidiarse** *vpr* prendre sur soi
fastidio *nm* ennui *m* ; **¡qué ~!** c'est trop bête !
fastidioso, -a *adj* ennuyeux(-euse)
fastuoso, -a *adj* fastueux(-euse)
fatal *adj* fatal(e) ; (*fam: malo*) nul(le) ▸ *adv* très mal • **fatalidad** *nf* fatalité *f*
fatiga *nf* fatigue *f*
fatigar *vt* fatiguer ; **fatigarse** *vpr* se fatiguer
fatigoso, -a *adj* (*tarea*) pénible ; (*respiración*) difficile
favor *nm* (*servicio*) service *m* ; (*apoyo*) faveur *f* ; **haga el ~ de ...** faites-moi le plaisir de ... ; **por ~** s'il te/vous plaît ; **a ~ de** en faveur de • **favorable** *adj* favorable ; **ser ~ a algo** être favorable à qch
favorecer *vt* favoriser ; (*suj: vestido, peinado*) avantager
favorito, -a *adj, nm/f* favori(te)
fax *nm* fax *m*
fe *nf* foi *f* ; **de buena/mala fe** de bonne/mauvaise foi ; **dar fe de** faire foi de ; **tener fe en algo/algn** avoir foi en qch/qn ; **fe de bautismo/de vida** certificat *m* de baptême/de vie
fealdad *nf* laideur *f*
febrero *nm* février *m* ; *ver tb* **julio**
febril *adj* fiévreux(-euse) ; (*fig*) fébrile
fecha *nf* date *f* ; **en ~ próxima** prochainement ; **hasta la ~**

jusqu'à aujourd'hui ; **~ de caducidad** (*de alimentos*) date limite de consommation ; **~ de nacimiento** date de naissance ; **~ límite** *o* **tope** date limite **• fechar** *vt* dater

fecundar *vt* féconder

fecundo, -a *adj* (*mujer, fig*) fécond(e) ; (*tierra*) fertile

federación *nf* fédération *f*

federal *adj* fédéral(e)

felicidad *nf* bonheur *m* ; (*dicha*) félicité *f* ; **~es** (*en general*) tous mes *etc* vœux ; (*enhorabuena*) félicitations ; (*en cumpleaños*) joyeux anniversaire

felicitación *nf* (*enhorabuena*) vœux *mpl* ; (*tarjeta*) carte *f* de vœux

felicitar *vt*: **~ (por)** féliciter (pour) ; **me felicitó por mi cumpleaños** il me souhaita un bon anniversaire

feligrés, -esa *nm/f* fidèle *mf*

feliz *adj* heureux(-euse)

felpudo *nm* paillasson *m*

femenino, -a *adj* féminin(e) ; (*Zool, Bio*) femelle ▸ *nm* (*Ling*) féminin *m*

feminicidio *nm* féminicide *m*

feminista *adj, nmf* féministe *mf*

fenomenal (*fam*) *adj* (*enorme*) phénoménal(e) ; (*: estupendo*) sensationnel(le) ▸ *adv* vachement bien ▸ *excl* super !

fenómeno *nm* phénomène *m* ▸ *adv* (*fam*): **lo pasamos ~** on s'est vachement bien amusés ▸ *excl* (*fam*) super !

feo, -a *adj* laid(e) ; **esto se está poniendo ~** ça va mal tourner

féretro *nm* cercueil *m*

feria *nf* foire *f* ; (*AM: mercado de pueblo*) marché *m* ; (*Méx: cambio*) monnaie *f* ; **ferias** *nfpl* (*fiestas*) fêtes *fpl*

fermentar *vi* fermenter

ferocidad *nf* férocité *f*

feroz *adj* féroce

férreo, -a *adj* ferreux(-euse) ; (*fig*) de fer

ferretería *nf* quincaillerie *f*

ferrocarril *nm* chemin *m* de fer

ferroviario, -a *adj* ferroviaire

fértil *adj* (*tierra, fig*) fertile ; (*persona*) fécond(e)

ferviente *adj* fervent(e)

fervor *nm* ferveur *f*

fervoroso, -a *adj* = **ferviente**

festejar *vt* fêter **• festejo** *nm* fête *f* ; **festejos** *nmpl* (*fiestas*) festivités *fpl*

festín *nm* festin *m*

festival *nm* festival *m*

festividad *nf* festivités *fpl*

festivo, -a *adj* festif(-ive) ; (*alegre*) joyeux(-euse) ; **día ~** jour *m* férié

fétido, -a *adj* fétide

feto *nm* fœtus *msg*

fiable *adj* fiable

fiador, a *nm/f* garant(e)

fiambre *adj* (*Culin*) froid(e) ▸ *nm* (*Culin*) charcuterie *f*

fianza *nf* caution *f* ; **libertad bajo ~** (*Jur*) liberté *f* sous caution

fiar *vt* vendre à crédit ▸ *vi* vendre à crédit ; **fiarse** *vpr*: **fiarse de algn/algo** avoir confiance en qn/qch ; **es de ~** on peut se fier à lui

fibra *nf* fibre *f* ; **~ de vidrio** fibre de verre ; **~ óptica** (*Inform*) fibre optique

ficción *nf* fiction *f* ; **literatura/**

obra de ~ littérature *f*/œuvre *f* de fiction

ficha *nf* fiche *f*; (*en juegos, casino*) jeton *m* • **fichar** *vt* ficher; (*Deporte*) recruter; (*fig*) classer; (*trabajador*) pointer; **estar fichado** être fiché • **fichero** *nm* fichier *m*

ficticio, -a *adj* (*imaginario*) fictif(-ive); (*falso*) simulé(e)

fidelidad *nf* fidélité *f*; **alta ~** haute fidélité

fideos *nmpl* vermicelles *mpl*

fiebre *nf* fièvre *f*; **tener ~** avoir de la fièvre; **~ amarilla** fièvre jaune; **~ del heno** rhume *m* des foins; **~ palúdica** paludisme *m*

fiel *adj* fidèle; **los ~es** (*Rel*) les fidèles *mpl*

fieltro *nm* feutre *m*

fiera *nf* bête *f* féroce

fiero, -a *adj* féroce

fiesta *nf* fête *f*; (*día*) jour *m* férié; (*vacaciones*: *tb*: **fiestas**) fêtes *fpl*; **hoy/mañana es ~** aujourd'hui/demain c'est férié; **~ de guardar** (*Rel*) fête d'obligation

Les **fiestas** espagnoles correspondent à des fêtes légales ou à des jours fériés institués par chaque région autonome. Elles coïncident souvent avec des fêtes religieuses. De nombreuses **fiestas** sont également organisées dans toute l'Espagne en l'honneur de la Sainte Vierge ou du saint patron de la ville ou du village. Les festivités, qui durent plusieurs jours, peuvent comporter des processions, des défilés de carnaval, une fête foraine, des courses de taureaux et des bals.

figura *nf* figure *f*

figurar *vt, vi* figurer; **figurarse** *vpr* se figurer; **¡figúrate!** figure-toi!

fijador *nm* fixateur *m*

fijar *vt* fixer; (*sellos*) coller; (*cartel*) afficher; **fijarse** *vpr*: **fijarse (en)** observer; **~ algo a** attacher qch à; **¡fíjate!** tu te rends compte!

fijo, -a *adj* fixe; (*sujeto*): **~ (a)** fixé(e) (à) ▶ *adv*: **mirar ~** regarder fixement; **de ~** assurément

fila *nf* file *f*; (*Deporte, Teatro*) rang *m*; **filas** *nfpl* (*Mil*) service *m* militaire; **ponerse en ~** se mettre en file; **~ india** file indienne

filántropo, -a *nm/f* philanthrope *mf*

filatelia *nf* philatélie *f*

filete *nm* filet *m*

filial *adj* filial(e) ▶ *nf* filiale *f*

Filipinas *nfpl*: **las (Islas) ~** les (îles) Philippines *fpl* • **filipino, -a** *adj* philippin(e) ▶ *nm/f* Philippin(e)

filmar *vt* filmer

filo *nm* fil *m*; **sacar ~ a** aiguiser; **arma de doble ~** (*fig*) arme *f* à double tranchant

filón *nm* filon *m*

filosofía *nf* philosophie *f*

filósofo, -a *nm/f* philosophe *mf*

filtrar *vt* filtrer ▶ *vi* s'infiltrer; **filtrarse** *vpr* (*líquido*) s'infiltrer; (*luz, noticia*) filtrer • **filtro** *nm* filtre *m*; (*papel*) buvard *m*; **~ de aceite** (*Auto*) filtre à huile

fin *nm* fin *f*; **al ~** à la fin; **al ~ y al cabo** finalement; **a ~ de** afin de; **a ~ de que** afin que; **a ~es de** à la fin de; **por/en ~** enfin; **~ de archivo** (*Inform*) fin de fichier; **~ de semana** week-end *m*

f

final *adj* final(e) ▸ *nm* (*de partido, tarde, novela*) fin *f*; (*de calle*) bout *m* ▸ *nf* (*Deporte*) finale *f*; **al ~** à la fin • **finalidad** *nf* finalité *f* • **finalista** *nmf* finaliste *mf* • **finalizar** *vt* terminer ▸ *vi* toucher à sa fin

financiar *vt* financer

financiero, -a *adj, nm/f* financier(-ière)

finca *nf* propriété *f*; (*edificio*) immeuble *m*

fingir *vt* feindre ▸ *vi* mentir; **fingirse** *vpr*: **fingirse dormido** faire semblant de dormir; **fingirse un sabio** se donner des airs de savant

finlandés, -esa *adj* finlandais(e) ▸ *nm/f* Finlandais(e) ▸ *nm* (*Ling*) finnois *m*

Finlandia *nf* Finlande *f*

fino, -a *adj* fin(e); (*de buenas maneras*) délicat(e)

firma *nf* signature *f*; (*Com*) firme *f*

firmamento *nm* firmament *m*

firmar *vt, vi* signer

firme *adj* solide; (*fig*) ferme ▸ *nm* chaussée *f*; **mantenerse ~** (*fig*) tenir ferme • **firmemente** *adv* fermement • **firmeza** *nf* fermeté *f*; (*solidez*) solidité *f*; (*perseverancia*) persévérance *f*

fiscal *adj* fiscal(e) ▸ *nm* (*Jur*) avocat *m* général

fisco *nm* fisc *m*

fisgar *vt* fouiner dans ▸ *vi* fouiner

fisgonear *vt* fureter dans ▸ *vi* fureter

física *nf* physique *f*; *ver tb* **físico**

físico, -a *adj* physique ▸ *nm* physique *m* ▸ *nm/f* physicien(ne)

fisura *nf* fissure *f*; (*de hueso*) fracture *f*

flác(c)ido, -a *adj* flasque

flaco, -a *adj* (*delgado*) maigre; **punto ~** point *m* faible

flagrante *adj* flagrant(e); **en ~ delito** en flagrant délit

flamante (*fam*) *adj* (*vistoso*) voyant(e); (*nuevo*) flambant neuf (neuve)

flamenco, -a *adj* (*de Flandes*) flamand(e); (*baile, música*) flamenco ▸ *nm* flamenco *m*

flan *nm* flan *m*

flaqueza *nf* faiblesse *f*

flash (*pl* **flashes**) *nm* (*Foto*) flash *m*

flauta *nf* flûte *f*

flecha *nf* flèche *f*

flechazo *nm* (*enamoramiento*) coup *m* de foudre

fleco *nm* frange *f*

flema *nm* flegme *m*

flequillo *nm* frange *f*

flexible *adj* souple; (*horario*) flexible

flexión *nf* flexion *f*

flexo *nm* lampe *f* de bureau

flojera *nf* défaillance *f*; (*esp* AM: *pereza*) paresse *f*; **me da ~ (hacer)** j'ai la flemme de (faire)

flojo, -a *adj* (*cuerda, nudo*) lâche; (*persona, Com: sin fuerzas*) faible; (*perezoso: esp* AM) paresseux(-euse); (*viento, vino, trabajo*) léger(-ère)

flor *nf* fleur *f*; **en ~** en fleur; **en la ~ de la vida** dans la fleur de l'âge • **florecer** *vi* fleurir • **floreciente** *adj* fleurissant(e) • **florero** *nm* vase *m*

floristería *nf* fleuriste *mf*

flota *nf* flotte *f*
flotador *nm* flotteur *m* ; (*para nadar*) bouée *f*
flotar *vi* flotter • **flote** *nm*: **a ~** à flot
fluctuar *vi* fluctuer
fluidez *nf* fluidité *f* ; **con ~** avec fluidité
fluido, -a *adj, nm* fluide *m*
fluir *vi* couler
flujo *nm* flux *m* ; **~ y reflujo** flux et reflux
fluvial *adj* fluvial(e)
fobia *nf* phobie *f*
foca *nf* phoque *m*
foco *nm* foyer *m*
fofo, -a *adj* (*esponjoso*) mou (molle) ; (*carnes*) flasque
fogata *nf* feu *m* de bois
fogón *nm* (*de cocina*) feu *m*
fogoso, -a *adj* fougueux(-euse)
folio *nm* feuille *f* de papier
folklore *nm* folklore *m*
follaje *nm* feuillage *m*
folletín *nm* feuilleton *m* ; (*fig*) mélodrame *m*
folleto *nm* (*de propaganda*) prospectus *msg*
follón (*fam*) *nm* bordel *m* ; **armar un ~** faire du bordel
fomentar *vt* promouvoir ; (*odio, envidia*) fomenter • **fomento** *nm* promotion *f* ; (*Admin*): **(Ministerio de) F~** ministère *m* du Développement
fonda *nf* auberge *f*
fondo *nm* fond *m* ; **fondos** *nmpl* (*Com, de museo, biblioteca*) fonds *msg* ; **a/de ~** à/de fond ; **en el ~** au fond ; **~ común** fonds *msg* commun ; **~ del mar** fond de la mer
fontanería *nf* plomberie *f*
fontanero, -a *nm/f* plombier *m*
footing *nm* footing *m* ; **hacer ~** faire du footing
forastero, -a *nm/f* étranger(-ère)
forcejear *vi* lutter
forense *nmf* (*tb*: **médico forense**) médecin *m* légiste
forjar *vt* forger ; (*imperio, fortuna*) bâtir
forma *nf* forme *f* ; (*manera*) façon *f*, manière *f* ; **en (plena) ~** en (pleine) forme ; **guardar las ~s** se tenir convenablement ; **de todas ~s** de toute façon
formación *nf* formation *f* ; **~ profesional** formation professionnelle
formal *adj* (*defecto*) de forme ; (*requisito, promesa*) formel(le) ; (*persona: de fiar*) sérieux(-euse) • **formalidad** *nf* sérieux *m* ; (*trámite*) formalité *f* • **formalizar** *vt* officialiser ; **formalizarse** *vpr* se ranger
formar *vt* former ; (*hacer*) faire ; **formarse** *vpr* se former ; **~ parte de** faire partie de
formatear *vt* (*Inform*) formater
formativo, -a *adj* formateur(-trice)
formato *nm* format *m*
formidable *adj* formidable
fórmula *nf* formule *f* ; (*fig: método*) solution *f* ; **~ de cortesía** formule de politesse ; **~ uno** (*Auto*) formule 1
formular *vt* formuler ; (*idea*) émettre
formulario *nm* formulaire *m*
fornido, -a *adj* corpulent(e)

forrar *vt* (*abrigo*) doubler ; (*libro, sofá*) recouvrir ; **forrarse** *vpr* (*fam*) amasser une petite fortune • **forro** *nm* (*de abrigo*) doublure *f* ; (*de libro*) couverture *f*
fortalecer *vt* fortifier
fortaleza *nf* (*Mil*) forteresse *f* ; (*fuerza*) force *f*
fortuito, -a *adj* fortuit(e)
fortuna *nf* fortune *f* ; **por ~** par hasard
forzar *vt* forcer ; (*proceso*) accélérer ; **~ a algn a hacer algo** forcer qn à faire qch
forzoso, -a *adj* forcé(e)
fosa *nf* fosse *f* ; **~s nasales** fosses *fpl* nasales
fósforo *nm* phosphore *m* ; (AM: *cerilla*) allumette *f*
fósil *adj, nm* fossile *m*
foso *nm* (*hoyo, Auto*) fosse *f* ; (*Teatro*) fosse d'orchestre ; (*de castillo*) douves *fpl*
foto *nf* photo *f* ; **sacar** *o* **hacer una ~** faire *o* prendre une photo ; **~ de carné** photo d'identité
fotocopia *nf* photocopie *f* • **fotocopiadora** *nf* photocopieuse *f* • **fotocopiar** *vt* photocopier
fotografía *nf* photographie *f*
fotógrafo, -a *nm/f* photographe *mf*
fracasar *vi* échouer
fracaso *nm* échec *m* ; (*desastre*) catastrophe *f*
fracción *nf* fraction *f* ; (*Pol*) scission *f* • **fraccionamiento** (AM) *nm* lotissement *m*
fracking ['frakin] *nm* fracturation *f* hydraulique
fractura *nf* fracture *f* ; (*grieta*) cassure *f*
fracturación *nf* **~ hidráulica** fracturation *f* hydraulique
fragancia *nf* parfum *m*
frágil *adj* fragile
fragmento *nm* fragment *m* ; (*Mús*) morceau *m* choisi
fragua *nf* forge *f* • **fraguar** *vt* forger ▶ *vi* prendre
fraile *nm* moine *m*
frambuesa *nf* framboise *f*
francamente *adv* franchement
francés, -esa *adj* français(e) ▶ *nm/f* Français(e) ▶ *nm* (*Ling*) français *m*
Francia *nf* France *f*
franco, -a *adj* franc (franche) ▶ *nm* (*Hist: moneda*) franc *m* ; **de ~** (*CSur*) en permission
francotirador, a *nm/f* franc-tireur *m*
franela *nf* flanelle *f*
franja *nf* (*en vestido, bandera*) frange *f* ; (*de tierra*) bande *f*
franquear *vt* (*paso, entrada*) débarrasser ; (*carta etc*) affranchir ; (*obstáculo*) franchir
franqueo *nm* affranchissement *m*
franqueza *nf* franchise *f* ; **con ~** avec franchise
frasco *nm* flacon *m*
frase *nf* phrase *f* ; (*locución*) expression *f* ; **~ hecha** expression *f* figée ; (*despectivo*) cliché *m*
fraterno, -a *adj* fraternel(le)
fraude *nm* fraude *f*
fraudulento, -a *adj* frauduleux(-euse)
frazada (AM) *nf* couvre-lit *m*

frecuencia *nf* fréquence *f*; **con ~** fréquemment
frecuentar *vt* fréquenter
frecuente *adj* fréquent(e); (*habitual*) habituel(le)
fregadero *nm* évier *m*
fregado, -a (*fam*) *adj* (AM: *molesto*) embêtant(e) ▶ *nm* dispute *f*
fregar *vt* laver; (AM: *fam*) énerver
fregona *nf* balai *m* à franges; (*pey*: *sirvienta*) boniche *f*
freír *vt* frire
frenar *vt*, *vi* freiner
frenazo *nm* coup *m* de frein
frenético, -a *adj* frénétique; (*persona*) hors de soi
freno *nm* frein *m*; (*de cabalgadura*) mors *m*; **~ de mano** frein à main
frente *nm* front *m* ▶ *nf* front ▶ *adv* (*esp CSur*: *fam*): **~ mío/nuestro** *etc* en face de moi/nous *etc*; **~ a** en face de; (*en comparación con*) par rapport à; **chocar de ~** se heurter de front; **hacer ~ a** faire face à; **ir/ponerse al ~ de** être/se mettre à la tête de
fresa *nf* (*Esp*, *CAm*, *Carib*, *Méx*) fraise *f*
fresco, -a *adj* frais (fraîche); (*ropa*) léger(-ère); (*descarado*) insolent(e) ▶ *nm* (*aire*) fraîcheur *f*; (*Arte*) fresque *f*; (AM) boisson *f* fraîche ▶ *nm/f* (*fam*: *descarado*) insolent(e); (: *desvergonzado*) effronté(e); **hace ~** il fait frais; **estar/quedarse tan ~** demeurer imperturbable; **tomar el ~** prendre le frais • **frescura** *nf* fraîcheur *f*; (*descaro*) culot *m*
frialdad *nf* froideur *f*
fricción *nf* friction *f*
frigidez *nf* frigidité *f*
frigorífico, -a *adj* frigorifique ▶ *nm* réfrigérateur *m*; **camión ~** camion *m* frigorifique
frijol (AM) *nm* haricot *m* sec; (*verde*) haricot vert
friki (*fam*) *nmf* farfelu(e)
frío, -a *adj* froid(e); (*fig*: *poco entusiasta*) pas très chaud(e); (*relaciones*) tendu(e) ▶ *nm* froid *m*; **tener ~** avoir froid; **hace ~** il fait froid
friqui (*fam*) *nmf* = **friki**
frito, -a *pp de* **freír** ▶ *adj* (*Culin*) frit(e); ▶ *nm* **fritos** *nmpl* (*Culin*) friture *f*; **me tiene** *o* **trae ~ ese hombre** (*fam*) ce type est barbant
frívolo, -a *adj* frivole
frontal *adj* frontal(e)
frontera *nf* frontière *f*; **sin ~s** sans limite
fronterizo, -a *adj* (*pueblo*, *paso*) frontalier(-ière)
frontón *nm* (*cancha*) fronton *m*; (*juego*) pelote *f* basque
frotar *vt*, *vi* frotter; **frotarse** *vpr*: **frotarse las manos** se frotter les mains
fructífero, -a *adj* fructueux(-euse)
fruncir *vt* froncer
frustrar *vt* frustrer
fruta *nf* fruit *m* • **frutería** *nf* boutique *f* de fruits et légumes
frutero, -a *adj* fruitier(-ière) ▶ *nm/f* marchand(e) de fruits et légumes ▶ *nm* compotier *m*
frutilla (*And*, *CSur*) *nf* fraise *f*
fruto *nm* fruit *m*; **~s secos** fruits *mpl* secs
fue *vb ver* **ser**; **ir**

fuego *nm* feu *m* ; **prender ~ a** mettre le feu à ; **¿tienes ~?** tu as du feu ? ; **~ amigo** tirs *mpl* de son propre camp ; **~s artificiales** *o* **de artificio** feux *mpl* d'artifice
fuente *nf* fontaine *f* ; (*plato*) plat *m* ; (*fig*) source *f* ; **~ de soda** (AM) buvette *f*
fuera *vb ver* **ser**; **ir** ▶ *adv* dehors ; (*de viaje*) en voyage ▶ *prep*: **~ de** hors de ; (*fig*) sauf ; **¡~!** dehors ! ; **por ~** au dehors
fuera-borda *nm inv* hors-bord *m*
fuerte *adj* fort(e) ; (*resistente*) solide ▶ *adv* (*sujetar*) solidement ; (*golpear*) violemment ; (*llover*) à verse ; (*gritar*) fort
fuerza *vb ver* **forzar** ▶ *nf* force *f* ; (*Mil*: *tb*: **fuerzas**) forces *fpl* ; **a ~ de** à force de ; **cobrar ~s** prendre des forces ; **tener ~** avoir de la force ; **tener ~s para hacer** avoir la force de faire ; **a** *o* **por la ~** de force ; **por ~** forcément ; **~s aéreas/armadas** forces aériennes/armées ; **~ de voluntad** volonté *f*
fuga *nf* fugue *f* ; (*de gas, agua*) fuite *f*
fugarse *vpr* s'enfuir
fugaz *adj* fugace
fugitivo, -a *adj* en fuite ▶ *nm/f* fugitif(-ive)
fui *etc vb ver* **ser**; **ir**
fulano, -a *nm/f* un(e) tel(le)
fulminante *adj* explosif(-ive) ; (*Med, fig*) foudroyant(e) ; (*fam*: *éxito*) fulgurant(e)
fumador, a *nm/f* fumeur(-euse)
fumar *vt, vi* fumer ; **fumarse** *vpr* fumer ; (*fam*: *herencia*) flamber ; (: *clases*) sécher ; **~ en pipa** fumer la pipe
función *nf* fonction *f* ; (*Teatro etc*) représentation *f* ; **entrar en funciones** entrer en fonction ; **~ de tarde/de noche** matinée *f*/soirée *f* ; **en ~ de** en fonction de ; **presidente/director en funciones** président/directeur par intérim
funcional *adj* fonctionnel(le)
funcionar *vi* fonctionner ; **« no funciona »** « en panne »
funcionario, -a *nm/f* fonctionnaire *mf*
funda *nf* étui *m* ; (*de nórdico, sofá*) housse *f* ; (*de almohada*) taie *f*
fundación *nf* fondation *f*
fundamental *adj* fondamental(e)
fundamentar *vt* (*fig*): **~ (en)** fonder (sur) • **fundamento** *nm* fondement *m*
fundar *vt* fonder ; (*fig*: *basar*): **~ en** fonder sur ; **fundarse** *vpr*: **fundarse en** se fonder sur
fundición *nf* (*fábrica*) fonderie *f*
fundir *vt* fondre ; (*Com, fig*) fusionner ; **fundirse** *vpr* (*Elec, nieve, mantequilla*) fondre ; (*fig*) fusionner
fúnebre *adj* funèbre
funeral *nm* funérailles *fpl*
funeraria *nf* pompes *fpl* funèbres
funesto, -a *adj* funeste
furgón *nm* (*camión*) fourgon *m* ; (*Ferro*) wagon *m* • **furgoneta** *nf* fourgonnette *f*
furia *nf* furie *f*
furibundo, -a *adj* furibond(e)
furioso, -a *adj* furieux(-euse) • **furor** *nm* fureur *f*
furtivo, -a *adj* furtif(-ive) ▶ *nm/f* (*cazador*) braconnier(-ière)

fusible *nm* fusible *m*

fusil *nm* fusil *m* • **fusilar** *vt* fusiller

fusión *nf* fusion *f*

fútbol *nm* football *m* • **futbolista** *nmf* footballeur(-euse)

futuro, -a *adj* futur(e) ▶ *nm* avenir *m*, futur *m* ; **futura madre** future maman *f*

g

g

gabardina *nf* imperméable *m* ; (*tela*) gabardine *f*

gabinete *nm* cabinet *m* ; (*de abogados*) étude *f*

gaceta *nf* gazette *f*

gachas *nfpl* bouillie *f*

gafapasta (*fam*) *nmf* hipster *m* (*affectionnant les lunettes a grosses montures*)

gafas *nfpl* lunettes *fpl* ; **~ de sol** lunettes de soleil

gafe *adj*: **ser ~** porter la poisse

gaita *nf* cornemuse *f*

gajes *nmpl*: **~ del oficio** aléas *mpl* du métier

gajo *nm* (*de naranja*) quartier *m*

gala *nf* gala *m* ; **galas** *nfpl* (*atuendo*) atours *mpl* ; **de ~** de gala ; **vestir de ~** mettre sa tenue de gala ; **hacer ~ de** se targuer de

galante *adj* galant(e) • **galantería** *nf* galanterie *f*

galápago *nm* tortue *f* (d'eau douce)

galaxia *nf* galaxie *f*

galera *nf* (*nave*) galère *f*

galería *nf* galerie *f*; **~ comercial** galerie commerciale

Gales *nm*: **(el País de) ~** le pays de Galles • **galés, -esa** *adj* gallois(e) ▸ *nm/f* Gallois(e) ▸ *nm* gallois *msg*

galgo, -a *nm/f* lévrier (levrette)

Galicia *nf* Galice *f*

galimatías *nm inv* galimatias *msg*

gallardía *nf* (*en aspecto*) grâce *f*; (*al actuar*) vaillance *f*

gallego, -a *adj* galicien(ne) ▸ *nm/f* Galicien(ne) ▸ *nm* (*Ling*) galicien *m*

galleta *nf* biscuit *m*

gallina *nf* poule *f* ▸ *nm* (*fam*) poule mouillée ; **carne de ~** chair *f* de poule

gallinero *nm* poulailler *m*

gallo *nm* coq *m* ; (*pescado*) limande *f*

galón *nm* galon *m*

galopar *vi* galoper

gamba *nf* crevette *f*

gamberro, -a *nm/f* voyou *m*

gamuza *nf* (*bayeta*) peau *f* de chamois

gana *nf* (*deseo*) envie *f*; (*apetito*) appétit *m* ; **de buena/mala ~** volontiers/à contrecœur ; **me dan ~s de hacer** ça me donne envie de faire ; **tener ~s de (hacer)** avoir envie de (faire) ; **no me da la (real) ~** je n'en ai pas envie

ganadería *nf* bétail *m* ; (*cría*) élevage *m* ; (*comercio*) commerce *m* du bétail

ganado *nm* bétail *m* ; **~ bovino** *o* **vacuno** bovins *mpl*

ganador, a *adj*, *nm/f* gagnant(e)

ganancia *nf* gain *m* ; **ganancias** *nfpl* (*ingresos*) revenus *mpl* ; (*beneficios*) gains *mpl*

ganar *vt* gagner ; (*fama, experiencia*) acquérir ; (*premio*) remporter ▸ *vi* (*Deporte*) gagner ; **ganarse** *vpr*: **ganarse la vida** gagner sa vie ; **le gana en simpatía** il est plus sympathique

ganchillo *nm* crochet *m* ; **hacer ~** faire du crochet

gancho *nm* crochet *m*

gandul, a *adj*, *nm/f* feignant(e)

ganga *nf* affaire *f*

gangrena *nf* gangrène *f*

gángster (*pl* **gángsters**) *nm* gangster *m*

ganso, -a *nm/f* jars (oie) ; (*fam*) pitre *m*

ganzúa *nf* crochet *m*

garabatear *vt* griffonner ▸ *vi* avoir une écriture de chat

garabato *nm* gribouillage *m* ; **garabatos** *nmpl* (*escritura*) pattes *fpl* de mouche

garaje *nm* garage *m*

garante *adj*, *nmf* garant(e)

garantía *nf* garantie *f*

garantizar *vt* garantir

garbanzo *nm* pois *msg* chiche

garbo *nm* allure *f*

garfio *nm* (*Tec*) crochet *m*

garganta *nf* gorge *f* • **gargantilla** *nf* collier *m* (ras de cou)

gárgara *nf* gargarisme *m* ; **hacer ~s** faire des gargarismes

garita *nf* guérite *f*

garra *nf* griffe *f*; (*de ave*) serre *f*; **caer en las ~s de algn** tomber entre les griffes de qn

garrafa *nf* carafe *f*
garrapata *nf* tique *f*
garrote *nm* (*palo*) gourdin *m* ; (*porra*) massue *f* ; (*ejecución*) garrot *m*
garza *nf* héron *m*
gas *nm* gaz *m* ; **gases** *nmpl* (*Med*) gaz *mpl* ; **a todo ~** plein gaz ; **~es lacrimógenos** gaz *mpl* lacrymogènes
gasa *nf* gaze *f* ; (*de pañal*) couche *f*
gaseosa *nf* limonade *f*
gaseoso, -a *adj* gazeux(-euse)
gasoil, gasóleo *nm* gasoil *m*
gasolina *nf* essence *f*
• **gasolinera** *nf* station-service *f*
gastado, -a *adj* (*ropa*) usé(e) ; (*mechero*) fini(e) ; (*bolígrafo*) qui n'a plus d'encre
gastar *vt* dépenser ; (*malgastar*) gaspiller ; (*desgastar*) user ; **gastarse** *vpr* s'user ; **~ bromas** faire des blagues ; **¿qué número gastas?** quelle est ta pointure ?
gasto *nm* dépense *f* ; **gastos** *nmpl* (*desembolsos*) dépenses *fpl*
gastritis *nf* gastrite *f*
gastronomía *nf* gastronomie *f*
gata *nf ver* **gato**
gatear *vi* marcher à quatre pattes
gatillo *nm* gâchette *f*
gato, -a *nm/f* chat(te) ▸ *nm* (*Tec*) cric *m* ; **andar a gatas** marcher à quatre pattes ; **dar a algn ~ por liebre** rouler qn
gaviota *nf* mouette *f*
gay *adj, nm* homo *m*
gazpacho *nm* gaspacho *m* (*soupe froide espagnole*)
gel *nm* gel *m* ; **~ de ducha** gel douche
gelatina *nf* gélatine *f*
gema *nf* gemme *f*
gemelo, -a *adj, nm/f* jumeau(-elle) ; **gemelos** *nmpl* (*de camisa*) boutons *mpl* de manchette ; (*anteojos*) jumelles *fpl* ; **~s de campo/de teatro** jumelles de campagne/de spectacle
gemido *nm* gémissement *m*
Géminis *nm* (*Astrol*) Gémeaux *mpl* ; **ser ~** être Gémeaux
gemir *vi* gémir
gen *nm* gène *m*
generación *nf* génération *f*
general *adj* général(e) ▸ *nm* général *m* ; **en** *o* **por lo ~** en général • **Generalitat** *nf* *gouvernement catalan*
• **generalizar** *vt, vi* généraliser ; **generalizarse** *vpr* se généraliser
• **generalmente** *adv* généralement
generar *vt* (*energía*) générer
género *nm* genre *m* ; (*Com*) article *m* ; **géneros** *nmpl* (*productos*) articles *mpl* ; **~s de punto** tricots *mpl* ; **~ humano** genre humain
generosidad *nf* générosité *f*
generoso, -a *adj* généreux(-euse)
genial *adj* (*artista, obra*) de génie ; (*fam: idea*) génial(e)
genio *nm* tempérament *m* ; (*mal carácter*) mauvais caractère *m* ; **tener mal ~** avoir mauvais caractère
genital *adj* génital(e) ▸ *nm*: **~es** organes *mpl* génitaux
genoma *nm* génome *m*
gente *nf* gens *mpl* ; (*fam: familia*) petite famille *f* ; **~ de la calle** gens comme vous et moi ; **~ menuda** les petits

g

gentileza *nf*: **tener la ~ de hacer** avoir la gentillesse de faire ; **por ~ de** offert(e) par
gentío *nm* foule *f*
genuino, -a *adj* authentique
geografía *nf* géographie *f*
geolocalizar *vt* géolocaliser
geología *nf* géologie *f*
geometría *nf* géométrie *f*
geranio *nm* géranium *m*
gerencia *nf* direction *f* • **gerente** *nmf* (*supervisor*) gérant(e) ; (*jefe*) directeur(-trice)
geriatría *nf* gériatrie *f*
germen *nm* germe *m*
germinar *vi* germer
gesticular *vi* gesticuler ; (*hacer muecas*) faire des grimaces
gestión *nf* gestion *f* ; (*trámite*) démarche *f* • **gestionar** *vt* s'occuper de
gesto *nm* geste *m* ; (*mueca*) grimace *f*
Gibraltar *nm* Gibraltar *m* • **gibraltareño, -a** *adj* de Gibraltar ▶ *nm/f* natif(-ive) *o* habitant(e) de Gibraltar
gigante *adj, nmf* géant(e)
gigantesco, -a *adj* gigantesque
gilipollas (*fam!*) *adj inv, nmf inv* con(ne) (*fam!*)
gimnasia *nf* gymnastique *f* • **gimnasio** *nm* gymnase *m* • **gimnasta** *nmf* gymnaste *mf*
gimotear *vi* pleurnicher
ginebra *nf* gin *m*
ginecólogo, -a *nm/f* gynécologue *mf*
gira *nf* excursion *f* ; (*de grupo*) tournée *f*
girar *vt* (*hacer girar*) faire tourner ; (*dar la vuelta*) tourner ; (*giro postal, letra de cambio*) virer ▶ *vi* tourner ; **~ (a/hacia)** (*torcer*) virer (à) ; **~ en torno a** (*conversación*) tourner autour de
girasol *nm* tournesol *m*
giratorio, -a *adj* tournant(e), pivotant(e)
giro *nm* tour *m* ; (*Com*) virement *m* ; (*tb*: **giro postal**) mandat *m* (postal) ; **dar un ~** tourner ; **~ bancario** virement bancaire
gis (*Méx*) *nm* craie *f*
gitano, -a *adj* gitan(e) ▶ *nm/f* Gitan(e)
glacial *adj* (*zona*) glaciaire ; (*frío, fig*) glacial(e)
glaciar *nm* glacier *m*
glándula *nf* glande *f*
global *adj* global(e)
globalización *nf* mondialisation *f* • **globalizado** *adj* mondialisé(e)
globo *nm* globe *m* ; (*para volar, juguete*) ballon *m* ; **~ terráqueo** *o* **terrestre** globe terrestre
glóbulo *nm*: **~ blanco/rojo** globule *m* blanc/rouge
gloria *nf* gloire *f* ; (*Rel*) paradis *m* ; **estar en la ~** être aux anges ; **es una ~** (*fam*) quel délice
glorieta *nf* (*de jardín*) tonnelle *f* ; (*Auto, plaza*) rond-point *m*
glorificar *vt* glorifier
glorioso, -a *adj* glorieux(-euse)
glosario *nm* glossaire *m*
glotón, -ona *adj, nm/f* glouton(ne)
glucosa *nf* glucose *m*

gobernador, a *nm/f* gouverneur *m* ; **G~ civil** *représentant du gouvernement au niveau local* ; **G~ militar** gouverneur militaire

gobernante *adj* gouvernant(e) ▶ *nm* gouvernant *m*

gobernar *vt* gouverner ; (*nave*) piloter ▶ *vi* gouverner ; (*Náut*) piloter

gobierno *vb ver* **gobernar** ▶ *nm* gouvernement *m* ; (*Náut*) pilotage *m*

goce *vb ver* **gozar**

gol *nm* but *m* ; **meter un ~** marquer un but

golf *nm* golf *m*

golfa (*fam*) *nf* pute *f* (*fam!*)

golfo¹, -a *nm/f* voyou *m* ; (*hum: pillo*) fripon(ne)

golfo² *nm* golfe *m*

golondrina *nf* hirondelle *f*

golosina *nf* friandise *f* ; (*caramelo*) bonbon *m*

goloso, -a *adj* gourmand(e)

golpe *nm* coup *m* ; **no dar ~** ne pas en ficher une rame ; **de un ~** en un clin d'œil • **golpear** *vt* frapper, heurter ▶ *vi* cogner ; (*lluvia*) tomber dru ; (*puerta*) battre

goma *nf* gomme *f* ; (*gomita, Costura*) élastique *m* ; **~ de pegar** colle *f*

googlear *vt* googler

gordo, -a *adj* gros(se) ; (*libro, tela*) épais(se) ; (*fam: problema*) gros(se) ; (*accidente*) grave ▶ *nm/f* gros(se) ▶ *nm* (*tb:* **premio gordo**) gros lot *m* ; (*de la carne*) gras *msg* ; **ese tipo me cae ~** ce type ne me revient pas

El Gordo désigne le gros lot attribué au tirage de la loterie nationale espagnole (*Lotería Nacional*) de Noël. Ce tirage au sort exceptionnel (*Sorteo Extraordinario de Navidad*) du 22 décembre atteint une valeur de plusieurs millions d'euros.

gordura *nf* excès *m* de poids

gorila *nm* gorille *m* ; (*CSur: fam: jefe militar*) chef *m*

gorjear *vi* triller

gorra *nf* casquette *f* ; (*de niño*) bonnet *m* ; **de ~** (*sin pagar*) à l'œil

gorrión *nm* moineau *m*

gorro *nm* bonnet *m*

gorrón, -ona *nm/f* parasite *mf*

gota *nf* goutte *f* • **gotear** *vi* goutter ; (*lloviznar*) pleuvioter • **gotera** *nf* gouttière *f* ; (*mancha*) tache *f* d'humidité

gozar *vi* jouir ; **~ de** jouir de

gozne *nm* gond *m*

gozo *nm* (*alegría*) plaisir *m* ; (*placer*) jouissance *f*

GPS *nm abr* (= *Global Positioning System*) GPS *m*

gr *abr* (= *gramo(s)*) g (= *gramme(s)*)

grabación *nf* enregistrement *m*

grabado, -a *adj* (*Mús*) enregistré(e) ▶ *nm* gravure *f*

grabadora *nf* magnétophone *m* ; **~ de CD/DVD** graveur *m* de CD/DVD

grabar *vt* (*en piedra, Arte*) graver ; (*discos, en video, Inform*) enregistrer

gracia *nf* grâce *f* ; (*humor*) humour *m* ; **¡(muchas) ~s!** merci (beaucoup) ! ; **~s a** grâce à ; **tener ~** (*chiste etc*) être drôle ; (*irónico*) être très drôle ; **no me**

hace ~ (hacer) ça ne m'amuse pas (de faire) ; **dar las ~s a algn por algo** remercier qn de *o* pour qch
gracioso, -a *adj* drôle
grada *nf* marche *f* ; **gradas** *nfpl* (*de estadio*) gradins *mpl*
gradería *nf* gradins *mpl* ; **~ cubierta** stade *m* couvert
grado *nm* degré *m* ; (*Escol*) classe *f* ; (*Univ*) titre *m* ; (*Mil*) grade *m* ; **de buen ~** de bon gré ; **~ centígrado/ Fahrenheit** degré centigrade/ Fahrenheit
graduación *nf* (*del alcohol*) degré *m* ; (*Mil*) grade *m*
graduado, -a *adj* gradué(e) ▸ *nm/f* (*Univ*) diplômé(e) ▸ *nm*: **~ escolar** ≈ certificat *m* d'études ; **~ social** ≈ B.T.S. *m* d'assistance sociale
gradual *adj* progressif(-ive)
graduar *vt* graduer ; (*volumen*) mesurer ; (*Mil*): **~ a algn de** conférer à qn le grade de ; **graduarse** *vpr* (*Univ*) être diplômé(e) ; (*Mil*): **graduarse (de)** obtenir son grade (de) ; **graduarse la vista** se faire vérifier la vue
gráfica *nf* courbe *f*
gráfico, -a *adj* graphique ; (*revista*) d'art ▸ *nm* graphique *m* ; **gráficos** *nmpl* (*tb Inform*) graphiques *mpl* ; **~ de barras** graphique à barres
gragea *nf* (*Med*) pilule *f*
grajo *nm* freux *m*
Gral. *abr* (*Mil:* = *General*) g^{al} (= *Général*)
gramática *nf* grammaire *f* ; *ver tb* **gramático**
gramatical *adj* grammatical(e)
gramático, -a *nm/f* grammairien(ne)
gramo *nm* gramme *m*
gran *adj ver* **grande**
granada *nf* grenade *f* ; **~ de mano** grenade à main
granate *adj* grenat *adj inv* ▸ *nm* grenat *m*
Gran Bretaña *nf* Grande-Bretagne *f*
grande *adj* grand(e) ▸ *nm* grand *m* ; **gran miedo** grand peur ; **los zapatos le están** *o* **quedan ~s** ces chaussures sont trop grandes pour lui • **grandeza** *nf* grandeur *f*
grandioso, -a *adj* grandiose
granel *nm*: **a ~** (*Com*) en vrac
granero *nm* grenier *m*
granito *nm* granit *m*
granizado *nm* granité *m*
granizar *vi* grêler • **granizo** *nm* grêle *f*
granja *nf* ferme *f* ; **~ avícola** ferme avicole
granjear *vt* (*amistad, simpatía*) gagner ; **granjearse** *vpr* gagner
granjero, -a *nm/f* fermier(-ière)
grano *nm* grain *m* ; (*Med*) bouton *m*
granuja *nm* (*bribón*) fripouille *f* ; (*golfillo*) filou *m*
grapa *nf* agrafe *f*
grapadora *nf* agrafeuse *f*
grasa *nf* graisse *f* ; (*sebo*) gras *m*
grasiento, -a *adj* gras(se) ; (*sucio*) graisseux(-euse)
graso, -a *adj* gras(se)
gratificación *nf* gratification *f* • **gratificar** *vt* (*recompensar*) gratifier

gratis *adj inv, adv* gratis *inv*
gratitud *nf* gratitude *f*
grato, -a *adj* agréable
gratuito, -a *adj* gratuit(e)
gravamen *nm* (*carga*) poids *msg*; (*impuesto*) servitude *f*, hypothèque *f*
gravar *vt* (*Jur: propiedad*) grever; **~ (con impuesto)** (*producto*) imposer
grave *adj* grave • **gravedad** *nf* gravité *f*
gravilla *nf* gravillon *m*
gravitar *vi* graviter
graznar *vi* (*cuervo*) croasser; (*pato*) cancaner
Grecia *nf* Grèce *f*
gremio *nm* corporation *f*
greña *nf* (*tb*: **greñas**) tignasse *f*
gresca *nf* altercation *f*
griego, -a *adj* grec(que) ▶ *nm/f* Grec(que)
grieta *nf* (*en pared, madera*) fissure *f*; (*en terreno, Med*) crevasse *f*
grifo *nm* robinet *m*; (*And*) station-service *f*
grilletes *nmpl* fers *mpl*
grillo *nm* grillon *m*
gripe *nf* grippe *f*; **~ aviar** grippe *f* aviaire; **~ porcina** grippe *f* porcine
gris *adj* gris(e) ▶ *nm* gris *msg*
gritar *vt, vi* crier • **grito** *nm* cri *m*; **a ~s** en criant; **dar ~s** pousser des cris
grosella *nf* groseille *f*; **~ negra** cassis *msg*
grosería *nf* grossièreté *f*
grosero, -a *adj* grossier(-ière)
grosor *nm* grosseur *f*
grotesco, -a *adj* grotesque
grúa *nf* grue *f*; (*para vehículos averiados*) dépanneuse *f*; (*para vehículos mal aparcados*) fourrière *f*
grueso, -a *adj* épais(se); (*persona*) corpulent(e) ▶ *nm* grosseur *f*; **el ~ de** le gros de
grulla *nf* grue *f*
grumo *nm* grumeau *m*
gruñido *nm* grognement *m*
grupa *nf* (*Zool*) croupe *f*
grupo *nm* groupe *m*; **~ de presión** groupe de pression; **~ sanguíneo** groupe sanguin
gruta *nf* grotte *f*
guadaña *nf* faux *f*
guagua *nf* (*Ant, Canarias*) autobus *msg*; (*And, CSur*) bébé *m*
guante *nm* gant *m*; **~s de goma** gants de caoutchouc
guantera *nf* (*Auto*) boîte *f* à gants
guapo, -a *adj* beau (belle) ▶ *nm* (*And: fam*) beau gosse *m*; **estar ~** être beau (belle)
guarda *nmf* gardien(ne); **~ forestal** garde *mf* forestier(-ière); **~ jurado** vigile *m* • **guardabosques** *nmf inv* garde *mf* forestier(-ière) • **guardacostas** *nm inv* garde-côte *mf* • **guardaespaldas** *nmf inv* garde *mf* du corps • **guardameta** *nmf* gardien(ne) de but • **guardar** *vt* garder; (*poner: en su sitio*) mettre; (*: en sitio seguro*) ranger; **guardarse** *vpr* garder; (*ocultar*) garder (pour soi); **~ cama/silencio** garder le lit/le silence; **guardarse de hacer** (*abstenerse*) se garder de faire; **se la tengo guardada** il me le paiera • **guardarropa** *nm* (*en establecimiento público*) vestiaire *m*

g

guardería *nf* crèche *f*
guardia *nf* garde *f* ▶ *nmf* (*de tráfico, municipal etc*) agent *m* ; (*policía*) policier (femme policier) ; **estar de ~** être de garde ; **estar/ponerse en ~** être sur ses gardes/se mettre en garde ; **montar ~** monter la garde ; **la G~ Civil** *la Garde Civile espagnole* ; **un ~ civil** ≈ un gendarme ; **G~ Nacional** (*Nic, Pan*) ≈ gendarmerie *f* nationale
guardián, -ana *nm/f* gardien(ne)
guarecer *vt* héberger ; **guarecerse** *vpr*: **guarecerse (de)** s'abriter (de)
guarida *nf* abri *m*
guarnecer *vt* garnir ; (*Tec*) revêtir • **guarnición** *nf* (*de vestimenta*) ornement *m* ; (*de piedra preciosa*) chaton *m* ; (*Culin*) garniture *f* ; (*Mil*) garnison *f*
guarro, -a *adj* (*fam*) dégueulasse ▶ *nm/f* cochon (truie) ; (*fam: persona*) cochon(ne)
guasa *nf* blague *f* ; **con** *o* **de ~** pour rire
guasón, -ona *adj, nm/f* blagueur(-euse)
Guatemala *nf* Guatemala *m*
gubernativo, -a *adj* du gouvernement
guerra *nf* guerre *f* ; **Primera/Segunda G~ Mundial** Première/Deuxième Guerre mondiale ; **dar ~** donner du fil à retordre ; **~ atómica/bacteriológica/nuclear/psicológica** guerre atomique/bactériologique/nucléaire/psychologique ; **~ civil/fría** guerre civile/froide • **guerrear** *vi* guerroyer
guerrero, -a *adj* de guerre ; (*carácter*) guerrier(-ière) ▶ *nm/f* guerrier(-ière)
guerrilla *nf* guérilla *f*
guerrillero, -a *nm/f* guérilléro *m*
guía *vb ver* **guiar** ▶ *nmf* (*persona*) guide *mf* ▶ *nf* (*libro*) guide *m* ; **~ de ferrocarriles** horaire *m* des trains ; **~ telefónica** annuaire *m*
guiar *vt* guider ; (*Auto*) diriger ; **guiarse** *vpr*: **guiarse por** suivre
guijarro *nm* caillou *m*
guillotina *nf* guillotine *f* ; (*para papel*) coupe-papier *m inv*
guinda *nf* griotte *f*
guindilla *nf* piment *m*
guiñapo *nm* (*harapo*) haillon *m* ; (*persona*) chiffe *f* molle
guiñar *vt* cligner de
guión *nm* (*Ling*) tiret *m* ; (*esquema*) plan *m* ; (*Cine*) scénario *m* ; **~ bajo** tiret bas • **guionista** *nmf* scénariste *mf*
guirnalda *nf* guirlande *f*
guisado *nm* ragoût *m*
guisante *nm* petit pois *msg*
guisar *vt, vi* faire cuire ; (*fig*) tramer • **guiso** *nm* ragoût *m*
guitarra *nf* guitare *f*
gula *nf* gloutonnerie *f*
gusano *nm* ver *m* ; (*de mariposa, pey*) larve *f*
gustar *vt* goûter ▶ *vi* plaire ; **~ de hacer** prendre plaisir à faire ; **me gustan las uvas** j'aime le raisin ; **le gusta nadar** il aime nager ; **me gusta ese chico/esa chica** j'aime bien ce garçon/cette fille
gusto *nm* goût *m* ; (*afición*) intérêt *m* ; **a su** *etc* **~** à votre *etc* aise ; **dar ~ a algn** faire plaisir à qn ;

de buen/mal ~ de bon/mauvais goût ; **estar/sentirse a ~** être/se sentir à l'aise ; **¡mucho** *o* **tanto ~ (en conocerle)!** enchanté(e) *o* ravi(e) de faire votre connaissance ! ; **coger** *o* **tomar ~ a algo** prendre goût à qch

gustoso, -a *adj* savoureux(-euse) ; **aceptar ~** accepter avec joie

h

h

ha *vb ver* **haber**

haba *nf* fève *f*

Habana *n*: **La ~** la Havane

habano *nm* havane *m*

habéis *vb ver* **haber**

haber

▸ *vb aux* **1** (*tiempos compuestos*) avoir ; (*con verbos pronominales y de movimiento*) être ; **he/había comido** j'ai/j'avais mangé ; **antes/después de haberlo visto** avant/après l'avoir vu
2: **~ de** (+ *infin*): **he de hacerlo** je dois le faire ; **ha de llegar mañana** il doit arriver demain ; **no ha de tardar** (AM) il arrivera bientôt ; **has de estar loco** (AM) tu dois être tombé sur la tête
▸ *vb impers* **1** (*existencia*) avoir ; **hay un hermano/dos hermanos** il y a un frère/deux frères ; **¿cuánto hay de aquí a Sucre?** il y a combien d'ici à Sucre ?
2 (*tener lugar*): **¿hay partido**

mañana? il y a un match demain ?
3 : **¡no hay de** *o* (*AM*) **por qué!** il n'y a pas de quoi !
4 : **¿qué hay?** (*¿qué pasa?*) qu'est-ce qu'il y a ? ; (*¿qué tal?*) ça va ? ; **¡qué hubo!, ¡qué húbole!** (*esp Méx, Chi: fam*) salut !
5 (*haber que + infin*): **hay que apuntarlo para acordarse** il faut le noter pour s'en souvenir ; **habrá que decírselo** il faudra le lui dire
6 : **¡hay que ver!** il faut voir !
7 : **he aquí las pruebas** voici les preuves
8 : **¡hubiera visto …!** (*Méx: si hubiera visto*) si vous aviez vu … !
▸**haberse** *vpr*: **voy a habérmelas con él** je vais m'expliquer avec lui
▸ *nm* (*Com*) crédit *m* ; **¿cuánto tengo en el ~?** j'ai combien sur mon compte ? ; **tiene varias novelas en su ~** il a plusieurs romans à son actif
▸ **haberes** *nmpl* avoirs *mpl*

habichuela *nf* haricot *m*

hábil *adj* habile ; **día ~** jour *m* ouvrable • **habilidad** *nf* habileté *f*

habilitar *vt*: **~ (para)** (*casa, local*) aménager (pour) ; **~ a algn para hacer** habiliter qn à faire

hábilmente *adv* habilement

habitación *nf* pièce *f* ; (*dormitorio*) chambre *f* ; **~ doble** *o* **de matrimonio** chambre double ; **~ sencilla** *o* **individual** chambre simple

habitante *nmf* habitant(e)

habitar *vt, vi* habiter

hábito *nm* (*costumbre*) habitude *f* ; (*traje*) habit *m*

habitual *adj* habituel(le)

habituar *vt*: **~ a algn a (hacer)** habituer qn à (faire) ; **habituarse** *vpr*: **habituarse a (hacer)** s'habituer à (faire)

habla *nf* (*capacidad de hablar*) parole *f* ; (*forma de hablar*) langage *m* ; (*dialecto*) parler *m* ; **perder el ~** perdre l'usage de la parole ; **de ~ francesa/española** de langue française/espagnole ; **estar/ponerse al ~** être en train de parler/se mettre à parler ; **estar al ~** (*Telec*) être à l'appareil ; **¡González al ~!** (*Telec*) González à l'appareil !

hablador, a *adj, nm/f* bavard(e)

habladuría *nf* commérage *m* ; **habladurías** *nfpl* (*chismes*) commérages *mpl*

hablante *nmf* (*Ling*) locuteur(-trice) ; **los ~s de catalán** les personnes parlant catalan

hablar *vt, vi* parler ; **hablarse** *vpr* se parler ; **~ con** parler avec ; **¡ni ~!** pas question ! ; **~ de** parler de ; **« se habla francés »** « on parle français » ; **no se hablan** ils ne se parlent plus ; **no me hablo con mi hermana** je ne parle plus à ma sœur

habré *etc vb ver* **haber**

hacendoso, -a *adj* travailleur(-euse)

hacer

▸ *vt* 1 (*producir, ejecutar*) faire ; **~ una película/un ruido** faire un film/un bruit ; **~ la compra**

faire les courses ; **~ la comida** faire à manger ; **~ la cama** faire le lit
2 (*obrar*) faire ; **¿qué haces?** qu'est-ce que tu fais ? ; **eso no se hace** ça ne se fait pas ; **¡bien hecho!** bravo !
3 (*dedicarse a*) faire ; **~ español/ económicas** faire de l'espagnol/ de l'économie ; **~ yoga/ gimnasia/deporte** faire du yoga/de la gym/du sport
4 (*causar*): **~ ilusión** faire plaisir ; **~ gracia** faire rire
5 (*conseguir*): **~ amigos** se faire des amis ; **~ una fortuna** faire fortune
6 (*dar aspecto de*): **ese peinado te hace más joven** cette coiffure te rajeunit
7 (*cálculo*): **esto hace 100** et voilà 100
8 (*como sustituto de vb*) faire ; **él bebió y yo hice lo mismo** il a bu et j'ai fait la même chose
9 (+ *infin*, + *que*): **les hice venir** je les ai fait venir ; **~ trabajar a los demás** faire travailler les autres ; **aquello me hizo comprender** cela m'a fait comprendre ; **~ reparar algo** faire réparer qch ; **esto nos hará ganar tiempo** ça nous fera gagner du temps
▶ *vi* 1: **no le hace** (AM: *no importa*) ça ne fait rien
2: **haz como que no lo sabes** fais comme si tu ne savais rien
3: **~ de** (*objeto*) servir de ; **la tabla hace de mesa** la planche sert de table ; **~ de madre** jouer le rôle de mère ; (*pey*) jouer les mères poules ; (*Teatro*): **~ de Otelo** jouer Othello
▶ *vb impers* 1: **hace calor/frío** il fait chaud/froid ; *ver tb* **bueno**; **sol**; **tiempo**
2 (*tiempo*): **hace tres años** il y a trois ans ; **hace un mes que voy/no voy** cela fait un mois que j'y vais/je n'y vais plus
▶ **hacerse** *vpr* 1 (*volverse*) se faire ; **hacerse viejo** se faire vieux ; **se hicieron amigos** ils sont devenus amis
2 (*resultar*): **se me hizo muy duro el viaje** j'ai trouvé le voyage très pénible
3 (*acostumbrarse*): **hacerse a** se faire à
4 (*obtener*): **hacerse de** *o* **con algo** obtenir qch
5 (*fingir*): **hacerse el sordo** *o* **el sueco** faire la sourde oreille
6: **hacerse idea de algo** se faire une idée de qch
7: **se me hace que** (AM: *me parece que*) il me semble que

hacha *nf* hache *f*
hachís *nm* haschich *m*
hacia *prep* vers ; (*actitud*) envers ; **~ adelante/atrás/dentro/fuera** en avant/en arrière/dedans/ dehors ; **~ abajo/arriba** en bas/ haut ; **mira ~ acá** regarde par ici ; **~ mediodía/finales de mayo** vers midi/la fin mai
hacienda *nf* (*propiedad*) propriété *f* ; (*finca*) ferme *f* ; (AM) hacienda *f* ; **(Ministerio de) H~** ministère *m* des Finances ; **~ pública** Trésor *m* public
hada *nf* fée *f*
haga *etc vb ver* **hacer**
Haití *nm* Haïti *m*
halagar *vt* flatter

h

halago *nm* flatterie *f*
halagüeño, -a *adj* prometteur(-euse) ; (*lisonjero*) flatteur(-euse)
halcón *nm* faucon *m*
hallar *vt* trouver ; **hallarse** *vpr* se trouver • **hallazgo** *nm* trouvaille *f*
halterofilia *nf* haltérophilie *f*
hamaca *nf* hamac *m* ; (*asiento*) chaise *f* longue
hambre *nf* faim *f* ; **tener ~** avoir faim
hambriento, -a *adj, nm/f* affamé(e)
hamburguesa *nf* hamburger *m*
hamburguesería *nf* sandwicherie *f*
han *vb ver* **haber**
harapiento, -a *adj* en haillons
harapos *nmpl* haillons *mpl*
haré *etc vb ver* **hacer**
harina *nf* farine *f* ; **~ de maíz/de trigo** farine de maïs/de blé
hartar *vt* (*de comida*) gaver ; (*fastidiar*) fatiguer ; **hartarse** *vpr* (*cansarse*) se lasser ; (*de comida*): **hartarse (de)** se gaver (de) ; **hartarse de leer/reír** se lasser de lire/rire • **hartazgo** *nm*: **darse un ~ (de)** avoir son content (de)
harto, -a *adj*: **~ (de)** rassasié(e) (de) ; (*cansado*) fatigué(e) (de) ; **estar ~ de hacer/algn** en avoir marre de faire/qn
has *vb ver* **haber**
hasta *adv* même, voire ▶ *prep* jusqu'à ▶ *conj*: **~ que** jusqu'à ce que ; (*CAm, Col, Méx*: *no … hasta*): **viene ~ las cuatro** il ne vient pas avant quatre heures ; **¡~ ahora!** à tout de suite ! ; **¡~ luego!** au revoir !, salut ! ; (*Arg*) **¡~ siempre!** salut ! ; **~ mañana/el sábado** à demain/samedi ; **¿~ qué punto?** à quel point ? ; **~ tal punto que …** à tel point que … ; **~ ayer empezó** (AM) cela n'a commencé qu'hier
hastiar *vt* fatiguer ; **hastiarse** *vpr*: **hastiarse de (hacer)** se lasser de (faire) • **hastío** *nm* ennui *m*
hatillo *nm* affaires *fpl*
hay *vb ver* **haber**
Haya *n*: **La ~** La Haye
haya *vb ver* **haber** ▶ *nf* hêtre *m*
haz *vb ver* **hacer** ▶ *nm* botte *f* ; (*de luz*) faisceau *m*
hazaña *nf* exploit *m*
hazmerreír *nm inv*: **ser/convertirse en el ~ de** être/devenir la risée de
he *vb ver* **haber**
hebilla *nf* boucle *f*
hebra *nf* fil *m*
hebreo, -a *adj* hébreu (*solo m*), hébraïque ▶ *nm/f* Hébreu *m* ▶ *nm* (*Ling*) hébreu *m*
hechizar *vt* ensorceler
hechizo *nm* sortilège *m* ; (*encantamiento*) enchantement *m*
hecho, -a *pp de* **hacer** ▶ *adj* fait(e) ; (*hombre, mujer*) mûr(e) ; (*vino*) arrivé(e) à maturation ; (*ropa*) de prêt-à-porter ▶ *nm* fait *m* ; (*factor*) facteur *m* ▶ *excl* c'est fait ! ; **¡bien ~!** bravo !, bien joué ! ; **muy/poco ~** (*Culin*) très/peu cuit(e) ; **bien/mal ~** bien/mal fait(e) ; **de ~** de fait ; **el ~ es que …** le fait est que …
hechura *nf* (*confección*) confection *f* ; (*corte, forma*) coupe *f*
hectárea *nf* hectare *m*

heder *vi* puer
hediondo, -a *adj* puant(e) ; (*fig*) dégoûtant(e)
hedor *nm* puanteur *f*
helada *nf* gelée *f*
heladera (*CSur*) *nf* réfrigérateur *m*
helado, -a *adj* gelé(e) ; (*muy frío*) glacé(e) ▸ *nm* glace *f*; **quedarse ~** être abasourdi(e)
helar *vt* geler ; (*dejar atónito*) abasourdir ▸ *vi* geler ; **helarse** *vpr* geler ; **helarse de frío** mourir de froid
helecho *nm* fougère *f*
hélice *nf* hélice *f*
helicóptero *nm* hélicoptère *m*
hembra *nf* femelle *f*; (*mujer*) femme *f*
hemorragia *nf* hémorragie *f*; **~ nasal** saignement *m* de nez
hemorroides *nfpl* hémorroïdes *fpl*
hemos *vb ver* **haber**
hendidura *nf* fente *f*; (*Geo*) faille *f*
heno *nm* foin *m*
herbicida *nm* herbicide *m*
heredad *nf* domaine *m*
heredar *vt* hériter
heredero, -a *nm/f* héritier(-ière)
hereje *nmf* hérétique *mf*
herencia *nf* héritage *m* ; (*Bio*) hérédité *f*
herida *nf* blessure *f*; *ver tb* **herido**
herido, -a *adj, nm/f* blessé(e)
herir *vt* blesser
hermana *nf* sœur *f*; **~ política** belle-sœur *f*
hermanastro, -a *nm/f* demi-frère (demi-sœur)
hermandad *nf* congrégation *f*
hermano *nm* frère *m* ; **~ político** beau-frère *m*
hermético, -a *adj* hermétique
hermoso, -a *adj* beau (belle) ; (*espacioso*) spacieux(-euse)
• **hermosura** *nf* beauté *f*
hernia *nf* hernie *f*; **~ discal** hernie discale
héroe *nm* héros *msg*
heroína *nf* (*mujer, droga*) héroïne *f*
heroísmo *nm* héroïsme *m*
herradura *nf* fer *m* à cheval
herramienta *nf* outil *m*
herrero *nm* forgeron *m*
herrumbre *nf* rouille *f*
hervidero *nm* (*fig: de personas*) foule *f*; (*: de animales*) troupeau *m* ; (*: de pasiones*) déchaînement *m*
hervir *vt* (faire) bouillir ▸ *vi* bouillir ; (*fig*): **~ de** bouillir de
• **hervor** *nm*: **dar un ~ a** blanchir
heterosexual *adj, nmf* hétérosexuel(le)
hice *etc vb ver* **hacer**
hidratante *adj* hydratant(e)
hidratar *vt* hydrater
hidrato *nm*: **~s de carbono** hydrates *mpl* de carbone
hidráulica *nf* hydraulique *f*
hidráulico, -a *adj* hydraulique
hidroeléctrico, -a *adj* hydroélectrique
hidrofobia *nf* hydrophobie *f*
hidrógeno *nm* hydrogène *m*
hiedra *nf* lierre *m*
hiel *nf* fiel *m*
hielo *vb ver* **helar** ▸ *nm* glace *f*; **hielos** *nmpl* (*escarcha*) gelées *fpl*
hiena *nf* hyène *f*

hierba *nf* herbe *f*; **mala ~** mauvaise herbe • **hierbabuena** *nf* menthe *f*
hierro *nm* fer *m*; (*trozo, pieza*) bout *m* de fer; **de ~** en fer; (*fig: persona*) fort(e) comme un bœuf; (*: voluntad, salud*) de fer
hígado *nm* foie *m*
higiene *nf* hygiène *f*
higiénico, -a *adj* hygiénique
higo *nm* figue *f*; **~ seco** figue sèche • **higuera** *nf* figuier *m*
hija *nf* fille *f*; **~ política** belle-fille *f*
hijastro, -a *nm/f* beau-fils (belle-fille); **hijastros** *nmpl* beaux-enfants *mpl*
hijo *nm* (*retoño*) fils *msg*; **hijos** *nmpl* (*hijos e hijas*) enfants *mpl*; **~ adoptivo** fils adoptif; **~ de mamá/papá** fils à maman/papa; **~ de puta** (*fam!*) fils de pute (*fam!*); **~ político** gendre *m*
hilar *vt* filer
hilera *nf* rangée *f*
hilo *nm* fil *m*; (*de metal*) filon *m*; (*de agua, luz, voz*) filet *m*; **perder/seguir el ~** (*de relato, pensamientos*) perdre/suivre le fil
hilvanar *vt* (*Costura*) ourler
himno *nm* hymne *m*; **~ nacional** hymne national
hincapié *nm*: **hacer ~ en** mettre l'accent sur
hincar *vt* planter; **hincarse** *vpr* s'enfoncer; **hincarle el diente a** (*comida*) mordre à belles dents dans; (*fig: asunto*) s'attaquer à; **hincarse de rodillas** s'agenouiller
hincha *nmf* (*fam: Deporte*) fan *mf*
hinchado, -a *adj* gonflé(e); (*Med*) enflammé(e); (*inflado*) enflé(e)
hinchar *vt* gonfler; (*fig*) exagérer; **hincharse** *vpr* (*Med*) s'enflammer; **hincharse de (hacer)** en avoir marre de (faire) • **hinchazón** *nf* inflammation *f*
hinojo *nm* fenouil *m*
hipermercado *nm* hypermarché *m*
hipervínculo *nm* hyperlien *m*
hípico, -a *adj* (*concurso*) hippique; (*carrera*) de chevaux
hipnotismo *nm* hypnotisme *m* • **hipnotizar** *vt* hypnotiser
hipo *nm* hoquet *m*; **me ha entrado ~** j'ai le hoquet; **tener ~** avoir le hoquet
hipocresía *nf* hypocrisie *f* • **hipócrita** *adj, nmf* hypocrite *mf*
hipódromo *nm* hippodrome *m*
hipopótamo *nm* hippopotame *m*
hipoteca *nf* hypothèque *f*; **pagar la ~** rembourser l'hypothèque
hipótesis *nf inv* hypothèse *f*
hiriente *adj* blessant(e)
hispánico, -a *adj* hispanique
hispano, -a *adj* espagnol(e); (*en EEUU*) hispano-américain(e) ▶ *nm/f* Espagnol(e); (*en EEUU*) Hispano-Américain(e) • **Hispanoamérica** *nf* Amérique *f* hispanique • **hispanoamericano, -a** *adj* hispano-américain(e) ▶ *nm/f* Hispano-Américain(e)
histeria *nf* hystérie *f*
historia *nf* histoire *f*; **déjate de ~s** ne me raconte pas d'histoires; **pasar a la ~** passer à la postérité
historiador, a *nm/f* historien(ne)
historial *nm* (*profesional*) curriculum vitae *m inv*; (*Med*) antécédents *mpl*

histórico, -a *adj* historique ; (*estudios*) d'histoire
historieta *nf* bande *f* dessinée
hito *nm* (*fig*) fait *m* historique
hizo *vb ver* **hacer**
Hno., Hnos. *abr* (= *Hermano(s)*) Fre(s) (= *frère(s)*)
hocico *nm* museau *m*
hockey *nm* hockey *m* ; **~ sobre hielo/patines** hockey sur glace/patins
hogar *nm* foyer *m*
hogareño, -a *adj* (*ambiente*) familial(e) ; (*escena*) de famille ; (*persona*) casanier(-ière)
hoguera *nf* feu *m* de bois
hoja *nf* feuille *f* ; (*de cuchillo*) lame *f* ; **~ de afeitar** lame de rasoir ; **~ electrónica** *o* **de cálculo** feuille de calcul (électronique) ; **~ de pedido** bon *m* de commande ; **~ de servicios** états *mpl* de service ; **~ informativa** circulaire *f*
hojalata *nf* fer *m* blanc
hojaldre *nm* pâte *f* feuilletée
hojear *vt* feuilleter
hola *excl* salut !
Holanda *nf* Hollande *f* • **holandés, -esa** *adj* hollandais(e) ▸ *nm/f* Hollandais(e) ▸ *nm* (*Ling*) hollandais *msg*
holgado, -a *adj* (*prenda*) ample ; (*situación*) aisé(e) ; **iban muy ~s en el coche** ils étaient au large dans la voiture
holgar *vi* : **huelga decir que** inutile de dire que
holgazán, -ana *adj, nm/f* paresseux(-euse)
holgura *nf* ampleur *f* ; (*Tec*) jeu *m* ; **vivir con ~** vivre dans l'aisance
hollín *nm* suie *f*
hombre *nm* homme *m* ; (*raza humana*) : **el ~** l'homme ▸ *excl* dis donc ! ; **buen ~** brave homme ; **pobre ~** pauvre homme ; **¡sí, ~!** mais si ! ; **~ de mundo** homme du monde ; **~ de negocios** homme d'affaires ; **~-rana** homme-grenouille *m*
hombrera *nf* épaulette *f*
hombro *nm* épaule *f* ; **al ~** sur l'épaule ; **encogerse de ~s** hausser les épaules ; **llevar/traer a ~s** porter sur les épaules
hombruno, -a *adj* hommasse
homenaje *nm* hommage *m*
homicida *adj* (*arma*) du crime ; (*carácter*) meurtrier(-ière) ▸ *nmf* meurtrier(-ière) • **homicidio** *nm* homicide *m*
homologar *vt* homologuer
homólogo, -a *nm/f* : **su** *etc* **~** son *etc* homologue
homoparental *adj* homoparental(e)
homosexual *adj, nmf* homosexuel(le)
hondo, -a *adj* profond(e) ; **en lo ~ de** au fin fond de • **hondonada** *nf* creux *msg*
Honduras *nf* Honduras *m* • **hondureño, -a** *adj* du Honduras, hondurien(ne) ▸ *nm/f* natif(-ive) *o* habitant(e) du Honduras, Hondurien(ne)
honestidad *nf* honnêteté *f*
honesto, -a *adj* honnête
hongo *nm* champignon *m* ; **hongos** *nmpl* (*Med*) champignons *mpl*, mycose *f*
honor *nm* honneur *m* ; **en ~ a la verdad ...** la vérité est que ... ;

en ~ de algn en l'honneur de qn • **honorable** *adj* honorable
honorario, -a *adj* honoraire ; ▶ *nm* : **honorarios** *nmpl* honoraires *mpl*
honra *nf* honneur *m* ; **~s fúnebres** honneurs funèbres • **honradez** *nf* honnêteté *f* ; (*de mujer*) vertu *f*
honrado, -a *adj* honnête
honrar *vt* honorer
honroso, -a *adj* (*que da honra*) tout à l'honneur de qn ; (*decoroso*) pour sauver l'honneur
hora *nf* heure *f* ; **¿qué ~ es?** quelle heure est-il ? ; **¿a qué ~?** à quelle heure ? ; **media ~** une demi-heure ; **a la ~ de comer/ del recreo** à l'heure du repas/de la récréation ; **a primera/última ~** à la première heure/au dernier moment ; **~ tras ~** heure après heure ; **a altas ~s (de la noche)** à des heures tardives ; **entre ~s** (*comer*) entre les repas ; **a todas ~s** à toute heure ; **en mala ~** par malchance ; **me han dado ~ para mañana** j'ai rendez-vous demain ; **dar la ~** donner l'heure ; **pedir ~** prendre rendez-vous ; **poner el reloj en ~** mettre sa montre à l'heure ; **~s de oficina/ de trabajo/de visita** heures de bureau/de travail/de visite ; **~s extraordinarias** heures supplémentaires
horadar *vt* forer
horario, -a *adj, nm* horaire *m* ; **~ comercial** heures *fpl* d'ouverture
horca *nf* potence *f*
horcajadas: **a ~** *adv* à califourchon
horchata *nf sirop à base d'un tubercule, de sucre et d'eau*
horizontal *adj* horizontal(e)
horizonte *nm* horizon *m*
horma *nf* forme *f*
hormiga *nf* fourmi *f*
hormigón *nm* béton *m* ; **~ armado** béton armé
hormigueo *nm* fourmis *fpl* ; (*fig*) agitation *f*
hormona *nf* hormone *f*
hornada *nf* fournée *f*
hornillo *nm* réchaud *m* ; **~ de gas** réchaud à gaz
horno *nm* four *m* ; **alto(s) ~(s)** haut(s) fourneau(x) ; **~ crematorio** four crématoire ; **~ microondas** four à micro-ondes
horóscopo *nm* horoscope *m*
horquilla *nf* épingle *f* à cheveux ; (*Agr*) fourche *f*
horrendo, -a *adj* affreux(-euse)
horrible *adj* horrible
horripilante *adj* horripilant(e)
horror *nm* horreur *f* ; **horrores** *nmpl* (*atrocidades*) horreurs *fpl* ; **¡qué ~!** quelle horreur ! ; **me da ~** cela me fait horreur ; **tener ~ a (hacer)** avoir horreur de (faire) • **horrorizar** *vt* horrifier ; **horrorizarse** *vpr*: **se horrorizó de pensarlo** il a été horrifié à cette idée
horroroso, -a *adj* affreux(-euse) ; (*hambre, sueño*) terrible
hortaliza *nf* légume *m*
hortelano, -a *nm/f* maraîcher(-ère)
hortera (*fam*) *adj, nmf* ringard(e)
hosco, -a *adj* (*persona*) antipathique
hospedar *vt* loger ; **hospedarse** *vpr* se loger

hospital *nm* hôpital *m*
hospitalario, -a *adj* hospitalier(-ière) • **hospitalidad** *nf* hospitalité *f*
hostal *nm* pension *f*
hostelería *nf* hôtellerie *f*
hostia *nf* (*Rel*) ostie *f*; (*fam!*) beigne *f* (*fam!*) ▸ *excl*: **¡~(s)!** (*fam!*) putain ! (*fam!*)
hostigar *vt* (*Mil*, *fig*) harceler ; (*caballería*) cravacher
hostil *adj* hostile • **hostilidad** *nf* hostilité *f*
hotel *nm* hôtel *m*

Il existe en Espagne différents types d'hébergement, dont le prix est fonction des services offerts aux voyageurs. Ce sont, par ordre décroissant de prix : l'**hotel** (du 5 étoiles au 1 étoile), l'*hostal* et la *pensión*.

hotelero, -a *adj*, *nm/f* hôtelier(-ière)
hoy *adv* aujourd'hui ; **de ~ en adelante** dorénavant
hoyo *nm* fosse *f* • **hoyuelo** *nm* fossette *f*
hoz *nf* faux *fsg*
hube *etc vb ver* **haber**
hucha *nf* tirelire *f*
hueco, -a *adj* creux (creuse) ▸ *nm* creux *msg* ; (*espacio*) place *f* ; **hacerle (un) ~ a algn** faire une place à qn ; **~ de la escalera/del ascensor** cage *f* d'escalier/d'ascenseur
huela *etc vb ver* **oler**
huelga *vb ver* **holgar** ▸ *nf* grève *f* ; **declararse/estar en ~** se mettre/être en grève ; **~ de brazos caídos** grève sur le tas ; **~ de celo** grève du zèle ; **~ de hambre** grève de la faim ; **~ general** grève générale
huelguista *nmf* gréviste *mf*
huella *nf* trace *f* ; **~ dactilar** empreinte *f* digitale ; **~ de carbono** empreinte carbone ; **~ digital** empreinte digitale
huérfano, -a *adj* : **~ (de)** orphelin(e) (de) ▸ *nm/f* orphelin(e) ; **quedar(se) ~** devenir orphelin(e)
huerta *nf* verger *m* ; (*en Murcia, Valencia*) huerta *f*
huerto *nm* (*de verduras*) jardin *m* potager ; (*de árboles frutales*) verger *m*
hueso *nm* os *msg* ; (*de fruta*) noyau *m* ; (*Méx*: *fam*) sinécure *f*
huésped, a *nm/f* hôte *mf* ; (*en hotel*) client(e)
huesudo, -a *adj* osseux(-euse)
huevas *nfpl* œufs *mpl* de poisson
huevera *nf* (*para servir*) coquetier *m* ; (*para transportar*) boîte *f* à œufs
huevo *nm* œuf *m* ; **~ duro/escalfado/frito** œuf dur/poché/au plat ; **~ estrellado** œuf au plat ; **~s revueltos** œufs *mpl* brouillés ; **~ pasado por agua** *o* (Am) **tibio** *o* (*And*, *CSur*) **a la copa** œuf à la coque
huida *nf* fuite *f*
huidizo, -a *adj* (*tímido*) farouche ; (*mirada*, *frente*) fuyant(e)
huir *vt*, *vi* fuir ; **~ de** fuir
hule *nm* toile *f* cirée
humanidad *nf* humanité *f*
humanitario, -a *adj* humanitaire
humano, -a *adj* humain(e) ▸ *nm* humain *m* ; **ser ~** être humain(e)

humareda *nf* nuage *m* de fumée

humedad *nf* humidité *f*; **a prueba de ~** résiste à l'humidité • **humedecer** *vt* humidifier; **humedecerse** *vpr* s'humidifier

húmedo, -a *adj* humide

humildad *nf* humilité *f* • **humilde** *adj* humble

humillación *nf* humiliation *f*

humillar *vt* humilier; **humillarse** *vpr*: **humillarse (ante)** s'humilier (devant)

humo *nm* fumée *f*; **humos** *nmpl* (*fig: altivez*) air *m* hautain; **echar ~** fumer; **bajar los ~s a algn** rabattre son caquet à qn

humor *nm* humeur *f*; **de buen/mal ~** de bonne/mauvaise humeur • **humorista** *nmf* humoriste *mf*

humorístico, -a *adj* humoristique

hundimiento *nm* (*de barco*) naufrage *m*; (*de edificio*) écroulement *m*; (*de tierra*) éboulement *m*

hundir *vt* (*barco, negocio*) couler; (*edificio*) raser; (*fig: persona*) abattre; **hundirse** *vpr* (*barco, negocio*) couler; (*edificio*) s'écrouler

húngaro, -a *adj* hongrois(e) ▸ *nm/f* Hongrois(e)

Hungría *nf* Hongrie *f*

huracán *nm* ouragan *m*

huraño, -a *adj* désagréable; (*poco sociable*) peu sociable

hurgar *vt* remuer ▸ *vi*: **~ (en)** fouiner (dans); **hurgarse** *vpr*: **hurgarse (las narices)** se curer (le nez)

hurón *nm* furet *m*

hurtadillas: **a ~** *adv* à la dérobée

hurtar *vt* dérober • **hurto** *nm* vol *m*

husmear *vt* humer ▸ *vi* fouiner; **~ en** (*fam*) se mêler de

huyendo *etc vb ver* **huir**

i

iba *etc vb ver* **ir**
ibérico, -a *adj* ibérique
iberoamericano, -a *adj* latino-américain(e) ▶ *nm/f* Latino-américain(e)
Ibiza *nf* Ibiza *f*
iceberg (*pl* **icebergs**) *nm* iceberg *m*
icono *nm* icône *f*
iconoclasta *adj, nmf* iconoclaste *mf*
ictericia *nf* jaunisse *f*
ida *nf* aller *m* ; **~ y vuelta** aller (et) retour
idea *nf* idée *f*; (*propósito*) intention *f*; **no tengo la menor ~** je n'en ai pas la moindre idée ; **cambiar de ~** changer d'idée ; **¡ni ~!** aucune idée !
ideal *adj* idéal(e) ▶ *nm* idéal *m* • **idealista** *adj, nmf* idéaliste *mf* • **idealizar** *vt* idéaliser
idear *vt* concevoir
ídem *pron* idem
idéntico, -a *adj*: **~ (a)** identique (à)
identidad *nf* identité *f*
identificación *nf* identification *f*
identificar *vt* identifier ; **identificarse** *vpr*: **identificarse (con)** s'identifier (à)
ideología *nf* idéologie *f*
idilio *nm* idylle *f*
idioma *nm* langue *f*
idiota *adj, nmf* idiot(e) • **idiotez** *nf* idiotie *f*
ídolo *nm* idole *f*
idóneo, -a *adj* idéal(e)
iglesia *nf* église *f*
ignorancia *nf* ignorance *f* • **ignorante** *adj, nmf* ignorant(e)
ignorar *vt* ignorer

igual

▶ *adj* **1** (*idéntico*) pareil(le) ; **Pedro es ~ que tú** Pedro est comme toi ; **X es ~ a Y** (*Mat*) X est égal à Y ; **son ~es** ils sont pareils ; **van ~es** (*en carrera, competición*) ils sont à égalité ; **él, ~ que tú, está convencido de que ...** comme toi, il est convaincu que ... ; **¡es ~!** (*no importa*) ça ne fait rien ! ; **me da ~** ça m'est égal
2 (*liso: terreno, superficie*) égal(e)
▶ *nmf* (*persona*) égal(e) ; **sin ~** sans égal
▶ *adv* **1** (*de la misma manera*) de la même façon, pareil ; **visten ~** ils s'habillent de la même façon
2 (*fam: a lo mejor*) peut-être que ; **~ no lo saben todavía** peut-être qu'ils ne le savent pas encore
3 (*esp CSur: fam: a pesar de todo*) quand même ; **era inocente pero me expulsaron ~** j'étais innocent mais ils m'ont renvoyé quand même

igualar *vt* égaliser ; **igualarse** *vpr* (*diferencias*) s'aplanir ; **igualarse (con)** (*compararse*) se comparer (avec)

igualdad *nf* égalité *f* ; **en ~ de condiciones** dans les mêmes conditions

igualmente *adv* : **¡felices vacaciones! — ~** bonnes vacances ! — à toi aussi

ilegal *adj* illégal(e)

ilegible *adj* illisible

ilegítimo, -a *adj* illégitime

ileso, -a *adj* : **resultar** *o* **salir ~ (de)** sortir indemne (de), sortir sain(e) et sauf (sauve) (de)

ilícito, -a *adj* illicite

ilimitado, -a *adj* illimité(e)

ilógico, -a *adj* illogique

iluminación *nf* illumination *f*, éclairage *m* ; (*de local, habitación*) éclairage

iluminar *vt* illuminer, éclairer ; (*adornar con luces*) illuminer ; (*colorear: ilustración*) enluminer

ilusión *nf* illusion *f* ; (*alegría*) joie *f* ; (*esperanza*) espoir *m* ; **hacerle ~ a algn** faire plaisir à qn ; **hacerse ilusiones** se faire des illusions

ilusionado, -a *adj* : **estar ~ (con)** se réjouir (de)

ilusionar *vt* réjouir ; **ilusionarse** *vpr* : **ilusionarse (con)** se réjouir (de)

ilusionista *nmf* illusionniste *mf*

iluso, -a *adj* naïf(-ïve) ▸ *nm/f* rêveur(-euse)

ilusorio, -a *adj* illusoire

ilustración *nf* illustration *f* ; (*cultura*) instruction *f*, culture *f* ; **la I~** le Siècle des lumières

ilustrado, -a *adj* illustré(e) ; (*persona*) cultivé(e), instruit(e)

ilustrar *vt* illustrer

ilustre *adj* illustre, célèbre

imagen *nf* image *f*

imaginación *nf* imagination *f* ; **imaginaciones** *nfpl* (*suposiciones*) idées *fpl*

imaginar *vt* imaginer ; (*idear*) imaginer, concevoir ; **imaginarse** *vpr* s'imaginer ; **~ que ...** (*suponer*) imaginer que ...

imaginario, -a *adj* imaginaire

imaginativo, -a *adj* imaginatif(-ive)

imam *nm* imam *m*

imán *nm* aimant *m*

imbécil *adj, nmf* imbécile *mf*

imitación *nf* imitation *f* ; (*parodia*) imitation, pastiche *m* ; **de ~** en imitation

imitar *vt* imiter ; (*parodiar*) imiter, pasticher

impaciencia *nf* impatience *f* • **impaciente** *adj* impatient(e) ; **estar ~** se tracasser ; (*deseoso*) être impatient(e) ; **estar ~ (por hacer)** être impatient(e) (de faire), avoir hâte (de faire)

impacto *nm* impact *m* ; (*esp* AM : *fig*) impression *f* ; **~ ecológico** empreinte *f* écologique

impar *adj* impair(e)

imparcial *adj* impartial(e)

impartir *vt* (*clases*) donner ; (*orden*) intimer

impasible *adj* impassible

impecable *adj* impeccable

impedimento *nm* empêchement *m*

impedir *vt* (*imposibilitar*) empêcher ; **~ a algn hacer** *o* **que haga algo** empêcher qn de faire qch

impenetrable *adj* impénétrable

imperar *vi* régner

imperativo, -a *adj* impératif(-ive) ; **imperativos** *nmpl* (*exigencias*) impératifs *mpl*

imperceptible *adj* imperceptible

imperdible *nm* épingle *f* à nourrice

imperdonable *adj* impardonnable

imperfección *nf* (*en prenda, joya, vasija*) défaut *m* ; (*de persona*) imperfection *f*

imperfecto, -a *adj* défectueux(-euse) ; (*tarea, Ling*) imparfait(e)

imperial *adj* impérial(e) • **imperialismo** *nm* impérialisme *m*

imperio *nm* empire *m*

imperioso, -a *adj* impérieux(-euse)

impermeable *adj, nm* imperméable *m*

impersonal *adj* impersonnel(le)

impertinencia *nf* impertinence *f* • **impertinente** *adj* impertinent(e)

imperturbable *adj* imperturbable

ímpetu *nm* (*violencia*) violence *f* ; (*energía*) énergie *f*

impetuoso, -a *adj* impétueux(-euse) ; (*paso, ritmo*) soutenu(e)

impío, -a *adj* impie

implacable *adj* implacable

implantar *vt* implanter ; **implantarse** *vpr* s'implanter

implicar *vt* impliquer ; **~ a algn en algo** impliquer qn dans qch

implícito, -a *adj* (*tácito*) tacite ; (*sobreentendido*) implicite ; **llevar ~** comporter implicitement

implorar *vt* implorer

imponente *adj* imposant(e) ; (*fam*) sensationnel(le)

imponer *vt* imposer ; (*respeto*) inspirer ; **imponerse** *vpr* (*moda, costumbre*) s'imposer ; (*razón, equipo*) l'emporter ; **imponerse a** s'imposer face à ; **imponerse (hacer)** s'imposer (de faire) • **imponible** *adj* (*Com*) imposable

impopular *adj* impopulaire

importación *nf* importation *f*

importancia *nf* importance *f* ; **darse ~** se donner de l'importance ; **sin ~** sans importance • **importante** *adj* important(e)

importar *vt* importer ; (*ascender a: cantidad*) se monter à, coûter ▸ *vi* importer ; **me importa un bledo** *o* **rábano** (*fam*) je m'en fiche pas mal ; **¿le importa que fume?** ça vous ennuie si je fume ? ; **¿y a ti qué te importa?** qu'est-ce que ça peut (bien) te faire ? ; **no importa** ce n'est pas grave, ça ne fait rien

importe *nm* (*coste*) coût *m* ; (*total*) montant *m*

importunar *vt* importuner

imposibilidad *nf* impossibilité *f* • **imposibilitar** *vt* rendre impossible ; (*impedir*) empêcher

imposible *adj*: **hacer lo ~ por** faire l'impossible pour

imposición *nf* (*de moda*) introduction *f*; (*sanción, condena*) application *f*; (*mandato*) ordre *m*; (*Com: impuesto*) imposition *f*; (*: depósito*) dépôt *m*
impostor, a *nm/f* imposteur *m*
impotencia *nf* impuissance *f* • **impotente** *adj* impuissant(e) ▸ *nm* impuissant *m*
impracticable *adj* (*camino*) impraticable
impreciso, -a *adj* imprécis(e)
impregnar *vt* imprégner; **impregnarse** *vpr* s'imprégner
imprenta *nf* (*aparato*) presse *f*; **letra de ~** caractère *m* d'imprimerie
imprescindible *adj* indispensable
impresión *nf* impression *f*
impresionable *adj* impressionnable
impresionante *adj* impressionnant(e)
impresionar *vt* impressionner; (*conmover*) bouleverser, toucher; **impresionarse** *vpr* être impressionné(e); **se impresiona con facilidad** il ne faut pas grand-chose pour l'impressionner
impreso, -a *pp de* **imprimir** ▸ *adj* imprimé(e) ▸ *nm* (*solicitud*) imprimé *m*, formulaire *m*; **impresos** *nmpl* (*material impreso*) imprimés *mpl* • **impresora** *nf* (*Inform*) imprimante *f*
imprevisto, -a *adj* imprévu(e) ▸ *nm* imprévu *m*
imprimir *vt* imprimer
improbable *adj* improbable
improcedente *adj* inopportun(e); **despido ~** licenciement *m* abusif
improductivo, -a *adj* improductif(-ive)
improperio *nm* insulte *f*, injure *f*
impropio, -a *adj* impropre; **~ de** *o* **para** peu approprié(e) à
improvisado, -a *adj* improvisé(e)
improvisar *vt, vi* improviser
improviso *adv*: **de ~** à l'improviste
imprudencia *nf* imprudence *f*; (*indiscreción*) indiscrétion *f* • **imprudente** *adj* imprudent(e); (*indiscreto*) indiscret(-ète)
impúdico, -a *adj* impudique
impuesto, -a *pp de* **imponer** ▸ *nm* impôt *m*; **libre de ~s** exonéré(e) d'impôt; **~ directo/indirecto** impôt direct/indirect; **~ sobre el valor añadido** *o* (*AM*) **agregado** taxe sur la valeur ajoutée; **~ sobre la renta (de las personas físicas)** impôt sur le revenu (des personnes physiques)
impugnar *vt* contester; (*refutar*) réfuter
impulsar *vt* pousser; (*economía*) stimuler; **él me impulsó a hacerlo** *o* **a que lo hiciera** il m'a poussé à le faire
impulsivo, -a *adj* impulsif(-ive)
impulso *nm* impulsion *f*; (*fuerza*) élan *m*; **dar ~ a** donner une impulsion à
impune *adj* impuni(e)
impureza *nf* impureté *f*; **impurezas** *nfpl* (*de agua, aire*) impuretés *fpl*
impuro, -a *adj* impur(e)
imputar *vt* imputer
inacabable *adj* interminable
inaccesible *adj* inaccessible

inacción *nf* inaction *f*
inaceptable *adj* inacceptable
inactividad *nf* inactivité *f*
inactivo, -a *adj* inactif(-ive)
inadecuado, -a *adj* inadéquat(e)
inadmisible *adj* inadmissible
inadvertido, -a *adj*: **pasar ~** passer inaperçu(e)
inagotable *adj* inépuisable, intarissable
inaguantable *adj* insupportable
inalámbrico, -a *adj* sans fil
inalterable *adj* inaltérable ; (*persona*) imperturbable
inanición *nf* inanition *f*
inanimado, -a *adj* inanimé(e)
inapreciable *adj* (*poco importante*) insignifiant(e) ; (*de gran valor*) inestimable
inaudito, -a *adj* inouï(e)
inauguración *nf* inauguration *f*
• **inaugurar** *vt* inaugurer
inca *adj* inca *inv* ▸ *nmf* Inca *mf*
incalculable *adj* incalculable
incandescente *adj* incandescent(e)
incansable *adj* infatigable
incapacidad *nf* incapacité *f* ; **~ física** incapacité physique
incapacitar *vt*: **~ (para)** (*inhabilitar*) rendre inapte (à) ; (*descalificar*) déclarer inapte (à)
incapaz *adj* incapable
incautación *nf* saisie *f*
incautarse *vpr*: **~ de** s'emparer de
incauto, -a *adj* (*imprudente*) imprudent(e)
incendiar *vt* incendier ; **incendiarse** *vpr* prendre feu, brûler
incendio *nm* incendie *m*
incentivo *nm* incitation *f*
incertidumbre *nf* incertitude *f*
incesante *adj* incessant(e)
incesto *nm* inceste *m*
incidencia *nf* (*repercusión*) incidence *f*
incidente *nm* incident *m*
incidir *vi*: **~ en** affecter ; **~ en un error** tomber dans l'erreur
incienso *nm* encens *msg*
incineración *nf* incinération *f*
incinerar *vt* incinérer
incipiente *adj* naissant(e)
incisión *nf* incision *f*
incisivo, -a *adj* (*fig*) incisif(-ive) ▸ *nm* incisive *f*
incitar *vt* inciter
inclemencia *nf* sévérité *f* ; **inclemencias** *nfpl* (*del tiempo*) rigueurs *fpl*
inclinación *nf* inclinaison *f* ; (*fig*) inclination *f*, penchant *m* ; **tener ~ por algn/algo** avoir un penchant pour qn/qch
inclinar *vt* incliner ; (*cabeza, cuerpo*) incliner, pencher ; **inclinarse** *vpr* pencher ; (*persona*) se pencher ; **me inclino a pensar que ...** je suis enclin à penser que ...
incluir *vt* (*abarcar*) comprendre ; (*meter*) inclure
inclusive *adv* (*incluido*) inclus ; (*incluso*) même
incluso, -a *adv, prep* même
incógnito: **de ~** *adv* incognito
incoherente *adj* incohérent(e)
incomodar *vt* incommoder ; **incomodarse** *vpr* se fâcher

i

incomodidad *nf* ennui *m* ; (*de vivienda, asiento*) manque *m* de confort
incómodo, -a *adj* (*vivienda*) inconfortable ; (*asiento*) peu confortable ; (*molesto*) incommodant(e) ; **sentirse ~** se sentir mal à l'aise
incomparable *adj* incomparable
incompatible *adj*: **~ (con)** incompatible (avec)
incompetencia *nf* incompétence *f* • **incompetente** *adj* incompétent(e)
incompleto, -a *adj* incomplet(-ète)
incomprensible *adj* incompréhensible
incomunicado, -a *adj* (*aislado: persona*) isolé(e) ; (*: pueblo*) coupé(e) de tout ; (*preso*) mis(e) au régime cellulaire
inconcebible *adj* inconcevable
incondicional *adj* inconditionnel(le)
inconexo, -a *adj* décousu(e)
inconfundible *adj* caractéristique
incongruente *adj* incongru(e) ; **~ (con)** (*actitud*) en désaccord (avec)
inconsciencia *nf* inconscience *f* • **inconsciente** *adj* inconscient(e) ; **~ de** inconscient(e) de
inconsecuente *adj*: **~ (con)** inconséquent(e) (avec)
inconsiderado, -a *adj* inconsidéré(e)
inconsistente *adj* inconsistant(e)
inconstancia *nf* inconstance *f* • **inconstante** *adj* inconstant(e)
incontable *adj* innombrable, incalculable
incontestable *adj* incontestable
incontinencia *nf* incontinence *f*
inconveniencia *nf* inconvenance *f* • **inconveniente** *adj* déplacé(e) ▸ *nm* inconvénient *m* ; **el ~ es que ...** l'inconvénient, c'est que ...
incordiar (*fam*) *vt* casser les pieds (*fam!*)
incorporación *nf* incorporation *f*
incorporar *vt* incorporer ; (*enderezar*) redresser ; **incorporarse** *vpr* se redresser ; **incorporarse a** (*puesto*) intégrer
incorrección *nf* incorrection *f*
incorrecto, -a *adj* incorrect(e)
incorregible *adj* incorrigible
incredulidad *nf* incrédulité *f*
incrédulo, -a *adj* incrédule
increíble *adj* incroyable
incremento *nm* augmentation *f*
increpar *vt* admonester
incubar *vt* couver
inculcar *vt* inculquer
inculpar *vt* inculper
inculto, -a *adj* inculte ▸ *nm/f* ignorant(e)
incumplimiento *nm* (*de promesa*) manquement *m* ; **~ de contrato** non-respect *m* de contrat
incurrir *vi*: **~ en** (*error*) commettre ; (*crimen*) en arriver à
indagación *nf* recherche *f*
indagar *vt* rechercher
indecente *adj* indécent(e)
indecible *adj* indicible

indeciso, -a *adj* indécis(e)
indefenso, -a *adj* sans défense
indefinido, -a *adj* (*indeterminado*) indéfini(e) ; (*ilimitado*) indéterminé(e)
indeleble *adj* indélébile
indemne *adj*: **salir ~ de** sortir indemne de
indemnizar *vt* indemniser
independencia *nf* indépendance *f*
independiente *adj* indépendant(e)
indeterminado, -a *adj* indéterminé(e)
India *nf*: **la ~** l'Inde *f*
indicación *nf* indication *f* ; (*señal: de persona*) signe *m* ; **indicaciones** *nfpl* (*instrucciones*) indications *fpl*
indicador *nm* indicateur *m* ; (*Auto*) panneau *m* de signalisation
indicar *vt* indiquer
índice *nm* index *m* ; **~ de materias** table *f* des matières
indicio *nm* indice *m* ; (*Inform*) repère *m*
indiferencia *nf* indifférence *f* • **indiferente** *adj*: **~ (a)** indifférent(e) (à) ; **me es ~ hacerlo hoy o mañana** cela m'est égal de le faire aujourd'hui ou demain ; **a Alfonso le era ~ Carmen** Carmen laissait Alfonso indifférent
indígena *adj, nmf* indigène *mf*
indigencia *nf* indigence *f*
indigestión *nf* indigestion *f*
indigesto, -a *adj* indigeste ; (*persona*) insupportable
indignación *nf* indignation *f*
indignar *vt* indigner ; **indignarse** *vpr*: **indignarse (por)** s'indigner (de)
indigno, -a *adj*: **~ (de)** indigne (de)
indio, -a *adj* indien(ne) ▸ *nm/f* Indien(ne) ; **hacer el ~** faire l'imbécile
indirecta *nf* allusion *f*
indirecto, -a *adj* indirect(e)
indiscreción *nf* indiscrétion *f*
indiscreto, -a *adj* indiscret(-ète)
indiscriminado, -a *adj* (*golpes*) distribué(e) au hasard ; **de un modo ~** sans discrimination
indiscutible *adj* indiscutable
indispensable *adj* indispensable
indisponer *vt* indisposer ; **indisponerse** *vpr* (*Med*) se sentir indisposé(e) ; **indisponerse con** *o* **contra algn** se brouiller avec qn
indisposición *nf* indisposition *f*
indistinto, -a *adj* indistinct(e)
individual *adj* individuel(le) ; (*cama*) à une place ▸ *nm* (*Deporte*) simple *m*
individuo *nm* individu *m*
índole *nf* (*naturaleza*) nature *f* ; (*clase*) caractère *m*
inducir *vt* induire ; **~ a algn a hacer** inciter qn à faire
indudable *adj* indubitable
indulgencia *nf* indulgence *f*
indultar *vt* gracier • **indulto** *nm* grâce *f*
industria *nf* industrie *f* • **industrial** *adj* industriel(le)
inédito, -a *adj* inédit(e)
inefable *adj* ineffable
ineficaz *adj* (*medida, medicamento*) inefficace ; (*persona*) peu efficace

inepto, -a *adj* inepte ▸*nm/f* incapable *mf*
inequívoco, -a *adj* clair(e)
inercia *nf* inertie *f*
inerme *adj* (*sin armas*) désarmé(e) ; (*indefenso*) sans défense
inerte *adj* inerte
inesperado, -a *adj* inattendu(e)
inestable *adj* instable
inevitable *adj* inévitable
inexactitud *nf* inexactitude *f*
inexacto, -a *adj* inexact(e)
inexperto, -a *adj* inexpérimenté(e)
infalible *adj* infaillible
infame *adj* infâme
infancia *nf* enfance *f*
infantería *nf* infanterie *f*
infantil *adj* (*programa, juego*) pour les enfants ; (*enfermedad, población*) enfantil(e) ; (*pey*) puéril(e)
infarto *nm* (*tb*: **infarto de miocardio**) infarctus *msg*
infatigable *adj* infatigable
infección *nf* infection *f*
infeccioso, -a *adj* (*Med*) infectieux(-euse)
infectar *vt* infecter ; **infectarse** *vpr* s'infecter
infeliz *adj, nmf* malheureux(-euse)
inferior *adj, nmf* inférieur(e) ; **~ (a)** inférieur(e) (à)
inferir *vt* inférer
infestar *vt* infester
infidelidad *nf* infidélité *f* ; **~ conyugal** infidélité conjugale
infiel *adj, nmf* infidèle *mf*
infierno *nm* (*Rel*) enfer *m*
infiltrar *vt* infiltrer
ínfimo, -a *adj* infime
infinidad *nf*: **una ~ de** une infinité de
infinitivo *nm* infinitif *m*
infinito, -a *adj* infini(e) ▸*nm* infini *m*
inflación *nf* (*Econ*) inflation *f*
inflacionario, -a *adj* inflationniste
inflamar *vt* enflammer ; **inflamarse** *vpr* s'enflammer ; (*hincharse*) s'enfler
inflar *vt* gonfler ; (*fig*) exagérer ; **inflarse** *vpr* gonfler ; **inflarse de** (*chocolate etc*) se bourrer de
inflexible *adj* (*material*) rigide ; (*persona*) inflexible
infligir *vt* infliger
influencia *nf* influence *f* • **influenciar** *vt* influencer
influir *vt* influencer ▸*vi* agir ; **~ en** *o* **sobre** influer sur, influencer
influjo *nm* influence *f*
influyendo *etc vb ver* **influir**
influyente *adj* influent(e)
información *nf* (*sobre un asunto, Inform*) information *f* ; (*noticias, informe*) informations *fpl* ; **I~** (*oficina, Telec*) Renseignements *mpl* ; (*mostrador*) Information
informal *adj* (*persona*) peu sérieux(-euse) ; (*estilo*) décontracté(e)
informar *vt* informer ▸*vi* (*dar cuenta de*): **~ de/sobre** informer de/sur ; **informarse** *vpr*: **informarse (de)** s'informer (de) ; **(les) informó que ...** il (les) a informé(s) que ...

informática *nf* informatique *f*
informe *adj* informe ▸ *nm* rapport *m*
infortunio *nm* infortune *f*
infracción *nf* infraction *f*
infranqueable *adj* infranchissable
infringir *vt* transgresser
infructuoso, -a *adj* infructueux(-euse)
infundado, -a *adj* infondé(e)
infundir *vt*: **~ ánimo** *o* **valor** insuffler du courage ; **~ respeto** inspirer le respect ; **~ miedo** inspirer de la crainte
infusión *nf* infusion *f*
ingeniar *vt* inventer ; **ingeniarse** *vpr*: **ingeniarse** *o* **ingeniárselas para hacer** se débrouiller pour faire
ingeniería *nf* ingénierie *f*
ingeniero, -a *nm/f* ingénieur *mf* ; (*esp Méx*: *título de cortesía*: *tb*: **Ingeniero**) Monsieur (Madame) ; **~ de caminos** ingénieur des Ponts et Chaussées ; **~ de sonido** ingénieur du son
ingenio *nm* ingéniosité *f*
ingenioso, -a *adj* (*hábil*) ingénieux(-euse) ; (*divertido*) spirituel(le)
ingenuidad *nf* ingénuité *f*
ingenuo, -a *adj* ingénu(e)
ingerir *vt* ingérer
Inglaterra *nf* Angleterre *f*
ingle *nf* aine *f*
inglés, -esa *adj* anglais(e) ▸ *nm/f* Anglais(e) ▸ *nm* (*Ling*) anglais *msg*
ingratitud *nf* ingratitude *f*
ingrato, -a *adj* ingrat(e)
ingrediente *nm* ingrédient *m*
ingresar *vt* (*dinero*) déposer ; (*enfermo*) faire entrer ▸ *vi*: **~ (en)** (*en facultad, escuela*) être admis(e) (à) ; (*en club etc*) s'inscrire (à) ; (*en ejército*) entrer (dans) ; (*en hospital*) entrer (à)
ingreso *nm* admission *f* ; **ingresos** *nmpl* (*dinero*) revenus *mpl* ; (: *Com*) recettes *fpl*
inhabitable *adj* inhabitable
inhalar *vt* inhaler
inherente *adj*: **~ a** inhérent(e) à
inhibir *vt* (*Med*) inhiber ; **inhibirse** *vpr*: **inhibirse (de hacer)** s'abstenir (de faire)
inhóspito, -a *adj* inhospitalier(-ière)
inhumano, -a *adj* inhumain(e)
inicial *adj* initial(e) ▸ *nf* initiale *f*
iniciar *vt* commencer ; **~ (en)** (*persona*) initier (à)
iniciativa *nf* initiative *f* ; **la ~ privada** l'initiative privée ; **tomar la ~** prendre l'initiative
inicio *nm* début *m*
ininterrumpido, -a *adj* ininterrompu(e)
injerencia *nf* ingérence *f*
injertar *vt* greffer
injuria *nf* injure *f* • **injuriar** *vt* injurier
injurioso, -a *adj* injurieux(-euse)
injusticia *nf* injustice *f*
injusto, -a *adj* injuste
inmadurez *nf* immaturité *f*
inmediaciones *nfpl* abords *mpl*
inmediato, -a *adj* immédiat(e) ; (*contiguo*) contigu(ë) ; **~ a** contigu(ë) à ; **de ~** (*esp AM*) tout de suite
inmejorable *adj* excellent(e)

inmenso, -a *adj* immense
inmerecido, -a *adj* (*críticas*) injustifié(e)
inmigración *nf* immigration *f*
inmigrante *adj, nmf* immigrant(e)
inmiscuirse *vpr*: **~ (en)** s'immiscer (dans)
inmobiliaria *nf* (*tb*: **agencia inmobiliaria**) agence *f* immobilière
inmobiliario, -a *adj* immobilier(-ière)
inmoral *adj* immoral(e)
inmortal *adj* immortel(le) • **inmortalizar** *vt* immortaliser
inmóvil *adj* immobile
inmueble *adj*: **bienes ~s** biens *mpl* immeubles ▶ *nm* immeuble *m*
inmundicia *nf* saleté *f*
inmundo, -a *adj* (*lugar*) immonde
inmune *adj*: **~ (a)** immunisé(e) (contre)
inmunidad *nf* immunité *f*
inmutarse *vpr* se troubler
innato, -a *adj* inné(e)
innecesario, -a *adj* pas nécessaire
innoble *adj* ignoble
innovación *nf* innovation *f*
inocencia *nf* innocence *f*
inocentada *nf* (*broma*) ≈ poisson *m* d'avril
inocente *adj, nmf* innocent(e); **día de los (Santos) I~s** jour *m* des (saints) Innocents

Le 28 décembre, **Día de los Santos Inocentes**, l'Église commémore le massacre des enfants de Judée ordonné par Hérode. Cette journée est l'occasion pour les Espagnols de se faire des plaisanteries et de se jouer des tours appelés *inocentadas*, un peu comme lors du premier avril en France.

inocuo, -a *adj* inoffensif(-ive)
inodoro, -a *adj* inodore ▶ *nm* WC *mpl*
inofensivo, -a *adj* inoffensif(-ive)
inolvidable *adj* inoubliable
inopinado, -a *adj* inopiné(e)
inoportuno, -a *adj* inopportun(e)
inoxidable *adj* inoxydable; **acero ~** acier *m* inoxydable
inquebrantable *adj* (*fe*) inébranlable; (*promesa*) solennel(le)
inquietar *vt* inquiéter; **inquietarse** *vpr* s'inquiéter • **inquieto, -a** *adj* inquiet(-ète); (*niño*) turbulent(e) • **inquietud** *nf* inquiétude *f*; (*agitación*) agitation *f*
inquilino, -a *nm/f* locataire *mf*
inquirir *vt* s'enquérir de
insalubre *adj* insalubre
inscribir *vt* inscrire; **inscribirse** *vpr* (*Escol etc*) s'inscrire
inscripción *nf* inscription *f*
insecticida *nm* insecticide *m*
insecto *nm* insecte *m*
inseguridad *nf* insécurité *f*; (*inestabilidad*) instabilité *f*; (*de carácter*) manque *m* de confiance; (*indecisión*) indécision *f*; **~ ciudadana** insécurité urbaine
inseguro, -a *adj* incertain(e); (*persona*) pas sûr(e) de soi *etc*; (*lugar*) peu sûr(e); (*terreno*) instable; (*escalera*) branlant(e);

sentirse ~ ne pas se sentir en sécurité
insensato, -a *adj* insensé(e)
insensibilidad *nf* insensibilité *f*
insensible *adj* insensible
insertar *vt* insérer
inservible *adj* inutilisable
insidioso, -a *adj* insidieux(-euse)
insignia *nf* (*emblema*) insigne *m* ; (*estandarte*) enseigne *f* ; **buque ~** vaisseau *m* amiral
insignificante *adj* insignifiant(e)
insinuar *vt* insinuer
insípido, -a *adj* insipide
insistencia *nf* insistance *f* ; **con ~** avec insistance
insistir *vi* : **~ (en)** insister (sur)
insolación *nf* insolation *f*
insolencia *nf* insolence *f* • **insolente** *adj* insolent(e)
insólito, -a *adj* insolite
insoluble *adj* (*problema*) insoluble ; **~ (en)** (*sustancia*) insoluble (dans)
insolvencia *nf* (*Com*) insolvabilité *f*
insomnio *nm* insomnie *f*
insondable *adj* insondable
insonorizar *vt* insonoriser
insoportable *adj* insupportable
insospechado, -a *adj* insoupçonné(e)
inspección *nf* inspection *f* • **inspeccionar** *vt* inspecter
inspector, a *nm/f* inspecteur(-trice)
inspiración *nf* inspiration *f*
inspirar *vt, vi* inspirer ; **inspirarse** *vpr* : **inspirarse en** s'inspirer de
instalación *nf* installation *f* ; **instalaciones** *nfpl* (*de centro deportivo, hotel*) installations *fpl* ; **~ eléctrica** installation électrique
instalar *vt* installer ; **instalarse** *vpr* s'installer
instancia *nf* instance *f* ; **en última ~** en dernier ressort
instantánea *nf* instantané *m*
instantáneo, -a *adj* instantané(e) ; **café ~** café *m* instantané
instante *nm* instant *m* ; **a cada ~** à tout instant ; **al ~** à l'instant
instar *vt* : **~ a algn a hacer** *o* **para que haga** prier instamment qn de faire
instaurar *vt* instaurer
insti (*fam*) *nm* (*instituto*) bahut *m*
instigar *vt* : **~ a algn a (hacer)** inciter qn à (faire)
instinto *nm* instinct *m* ; **por ~** d'instinct
institución *nf* institution *f* ; **instituciones** *nfpl* (*de un país*) institutions *fpl*
instituir *vt* instituer • **instituto** *nm* (*Escol*) lycée *m* ; (*de investigación, cultural etc*) institut *m* ; **I~ de Bachillerato** (*Esp*) lycée
institutriz *nf* préceptrice *f*
instrucción *nf* instruction *f* ; **instrucciones** *nfpl* (*explicaciones, órdenes*) instructions *fpl* ; **instrucciones de uso** mode *msg* d'emploi
instructivo, -a *adj* instructif(-ive)
instruir *vt* (*tb Jur*) instruire
instrumento *nm* instrument *m*
insubordinarse *vpr* : **~ (contra)** se rebeller (contre)
insuficiencia *nf* insuffisance *f* • **insuficiente** *adj* insuffisant(e)

i

▸ *nm* (*Escol*) ≈ note inferieure a la moyenne
insufrible *adj* = **insoportable**
insular *adj* insulaire
insultar *vt* insulter • **insulto** *nm* insulte *f*
insuperable *adj* (*excelente*) incomparable ; (*invencible*) insurmontable
insurgente *adj, nmf* insurgé(e)
insurrección *nf* insurrection *f*
intachable *adj* irréprochable
intacto, -a *adj* intact(e)
integral *adj* intégral(e) ; (*idiota*) parfait(e) ; **pan ~** pain *m* complet
integrar *vt* composer ; **integrarse** *vpr* s'intégrer
integridad *nf* intégrité *f*
íntegro, -a *adj* intègre
intelectual *adj, nmf* intellectuel(le)
inteligencia *nf* intelligence *f* • **inteligente** *adj* intelligent(e)
inteligible *adj* intelligible
intemperie *nf* intempérie *f* ; **a la ~** sans abri
intempestivo, -a *adj* intempestif(-ive)
intención *nf* intention *f* ; **con segundas intenciones** avec des arrière-pensées ; **buena/mala ~** bonne/mauvaise intention ; **de buena/mala ~** bien/mal intentionné(e)
intencionado, -a *adj* intentionnel(le) ; **bien/mal ~** bien/mal intentionné(e)
intensidad *nf* intensité *f* ; **llover con ~** pleuvoir dru
intenso, -a *adj* intense
intentar *vt*: **~ (hacer)** essayer *o* tenter de (faire) • **intento** *nm* essai *m*, tentative *f*
intercalar *vt* intercaler
intercambio *nm* échange *m*
interceder *vi*: **~ (por)** intercéder (en faveur de)
interceptar *vt* intercepter
intercesión *nf* intercession *f*
interés *nm* intérêt *m* ; **intereses** *nmpl* (*dividendos, aspiraciones*) intérêts *mpl* ; **tener ~ en** *o* **por** avoir intérêt à ; **tipo de ~** (*Com*) taux *msg* d'intérêt ; **intereses creados** coalition *f* d'intérêts ; **~ propio** intérêt personnel
interesado, -a *adj, nm/f* intéressé(e) ; **~ en/por** intéressé(e) par
interesante *adj* intéressant(e)
interesar *vt* intéresser ▸ *vi* être intéressant(e) ; **interesarse** *vpr*: **interesarse en** *o* **por** s'intéresser à ; **no me interesan los toros** les courses de taureaux ne m'intéressent pas
interferencia *nf* (*Radio, TV, Telec*) interférence *f* ; **~ (en)** (*injerencia*) ingérence *f* (dans)
interferir *vt* (*Telec*) brouiller ▸ *vi* (*persona*): **~ (en)** s'immiscer (dans)
interfono *nm* interphone *m*
interino, -a *adj* intérimaire ▸ *nm/f* intérimaire *mf* ; (*Med*) remplaçant(e)
interior *adj* intérieur(e) ▸ *nm* intérieur *m* ; **Ministerio del I~** ministère *m* de l'Intérieur ; **ropa ~** sous-vêtements *mpl*
interjección *nf* interjection *f*
interlocutor, a *nm/f* interlocuteur(-trice)

intermediario, -a *adj, nm/f* intermédiaire *mf*
intermedio, -a *adj* intermédiaire ▶ *nm (Teatro, Cine)* entracte *m*
interminable *adj* interminable
intermitente *adj* intermittent(e) ▶ *nm (Auto)* clignotant *m*
internacional *adj* international(e)
internado *nm* internat *m*
internar *vt* interner ; **internarse** *vpr (penetrar)*: **internarse en** pénétrer dans
internauta *nmf* internaute *mf*
Internet *nm* Internet *m* ; **navegar por ~** naviguer sur (l')Internet
interno, -a *adj* interne ; *(Pol etc)* intérieur(e) ▶ *nm/f (alumno)* interne *mf*
interponer *vt* interposer ; *(Jur: apelación)* interjeter ; **interponerse** *vpr* s'interposer ; **~ (entre)** interposer (entre)
interpretación *nf* interprétation *f*
interpretar *vt* interpréter ; **~ mal** mal interpréter • **intérprete** *nmf* interprète *mf*
interrogación *nf* interrogation *f* ; *(tb:* **signo de interrogación**) point *m* d'interrogation
interrogar *vt* interroger
interrumpir *vt* interrompre
interrupción *nf* interruption *f*
interruptor *nm (Elec)* interrupteur *m*
intersección *nf* intersection *f*
interurbano, -a *adj* interurbain(e)
intervalo *nm* intervalle *m* ; **a ~s** à intervalles
intervención *nf* intervention *f*
intervenir *vt (Med)* pratiquer une intervention sur ; *(suj: policía)* saisir ; *(teléfono)* placer sous écoute téléphonique ; *(cuenta bancaria)* bloquer ▶ *vi* intervenir
interventor, a *nm/f (en elecciones)* scrutateur(-trice) ; *(Com)* audit *m*
interviú *nf* interview *f*
intestino *nm* intestin *m*
intimar *vt*: **~ a algn a que ...** intimer à qn de ... ▶ *vi* se lier d'amitié
intimidad *nf* intimité *f* ; *(amistad)* amitié *f* ; **en la ~** dans l'intimité
íntimo, -a *adj* intime
intolerable *adj* intolérable
intoxicación *nf* intoxication *f* ; **~ alimenticia** intoxication alimentaire
intranquilizar: **intranquilizarse** *vpr* s'inquiéter
intranquilo, -a *adj* inquiet(-ète)
intransigente *adj* intransigeant(e)
intransitable *adj* impraticable
intrépido, -a *adj* intrépide
intriga *nf* intrigue *f* • **intrigar** *vt, vi* intriguer
intrincado, -a *adj (camino)* embrouillé(e) ; *(bosque)* impénétrable ; *(problema, asunto)* inextricable
intrínseco, -a *adj* intrinsèque
introducción *nf* introduction *f*
introducir *vt* introduire ; **introducirse** *vpr* s'introduire
intromisión *nf* intromission *f*
introvertido, -a *adj, nm/f* introverti(e)

i

intruso, -a *nm/f* intrus(e)
intuición *nf* intuition *f*
inundación *nf* inondation *f*
• **inundar** *vt* inonder ; **inundarse** *vpr* s'inonder
inusitado, -a *adj* (*espectáculo*) insolite ; (*hora, calor*) inhabituel(le)
inútil *adj* (*herramienta*) inutilisable ; (*esfuerzo*) inutile ; (*persona: minusválido*) handicapé(e) ; (*: pey*) bon(ne) à rien, inepte • **inutilidad** *nf* inutilité *f* ; (*ineptitud*) ineptie *f*
inutilizar *vt* rendre inutilisable
invadir *vt* envahir
inválido, -a *adj, nm/f* invalide *mf*
invariable *adj* invariable
invasión *nf* invasion *f*
invasor, a *adj* envahissant(e) ▸ *nm/f* envahisseur *m*
invención *nf* invention *f*
inventar *vt* inventer
inventario *nm* inventaire *m*
inventiva *nf* inventivité *f*
invento *nm* invention *f*
inventor, a *nm/f* inventeur(-trice)
invernadero *nm* serre *f*
inverosímil *adj* invraisemblable
inversión *nf* (*Com*) investissement *m*
inverso, -a *adj* inverse ; **en orden ~** dans l'ordre inverse ; **a la inversa** à l'inverse
inversor, a *nm/f* (*Com*) investisseur *m*
invertir *vt* (*Com*) investir ; (*orden*) inverser ; (*intercambiar*) intervertir ; (*tiempo*) consacrer
investigación *nf* recherche *f* ; **~ de mercado** étude *f* de marché
investigar *vt* (*indagar*) chercher ; (*estudiar*) faire des recherches sur
invierno *nm* hiver *m*
invisible *adj* invisible
invitación *nf* invitation *f*
invitado, -a *nm/f* invité(e)
invitar *vt* inviter ; **~ a algn a hacer algo** inviter qn à faire qch
invocar *vt* invoquer
involucrar *vt*: **~ a algn en** impliquer qn dans ; **involucrarse** *vpr*: **involucrarse en** s'impliquer dans
involuntario, -a *adj* involontaire
inyección *nf* piqûre *f*, injection *f* ; **ponerse una ~** se faire une piqûre
inyectar *vt* (*Med*) injecter

ir

▸ *vi* 1 aller ; **ir andando** marcher ; **fui en tren** j'y suis allé en train ; **¡(ahora) voy!** j'y vais !
2: **ir (a) por**: **ir (a) por el médico** aller chercher le docteur
3 (*progresar*) aller ; **el trabajo va muy bien** le travail marche très bien ; **¿cómo te va?** tu t'y fais ? ; **me va muy bien** ça va très bien ; **le fue fatal** ça ne s'est pas bien passé du tout
4 (*funcionar*): **el coche no va muy bien** la voiture ne marche pas très bien
5 (*sentar*): **me va estupendamente** (*ropa, color*) cela me va à merveille ; (*medicamento*) c'est exactement ce qu'il me fallait
6 (*aspecto*): **ir con zapatos negros** porter des chaussures noires ; **iba muy bien vestido** il était très bien habillé

7 *(combinar)*: **ir con algo** aller avec qch
8 *(excl)*: **¡qué va!** *(no)* mais non ! ; **vamos, no llores** allons, ne pleure pas ; **vamos a ver** voyons voir ; **¡vaya coche!** *(admiración)* en voilà une super voiture ! ; *(desprecio)* quelle voiture minable ! ; **¡que le vaya bien!** *(esp AM: despedida)* salut ! ; **¡vete a saber!** allez savoir !
9: **no vaya a ser**: **tienes que correr, no vaya a ser que pierdas el tren** il faut que tu te dépêches, sinon tu vas rater ton train
▶ *vb aux* **1**: **ir a**: **voy/iba a hacerlo hoy** je vais/j'allais le faire aujourd'hui
2 *(+ gerundio)*: **iba anocheciendo** il commençait à faire nuit ; **todo se me iba aclarando** tout devenait clair pour moi
3 *(+ pp = pasivo)*: **van vendidos 300 ejemplares** 300 exemplaires ont déjà été vendus
▶ **irse** *vpr* **1**: **¿por dónde se va al parque?** comment va-t-on au parc ?
2: **irse (de)** *(marcharse)* s'en aller (de) ; **ya se habrán ido** ils doivent être déjà partis ; **¡vámonos!** allons-y !, on y va !

ira *nf* colère *f*
Irak *nm* = **Iraq**
Irán *nm* Iran *m* • **iraní** *adj* iranien(ne) ▶ *nmf* Iranien(ne)
Iraq *nm* Irak *m* • **iraquí** *adj* irakien(ne), iraquien(ne) ▶ *nmf* Irakien(ne), Iraquien(ne)
iris *nm inv (Anat)* iris *msg*
Irlanda *nf* Irlande *f* ; **~ del Norte** Irlande du Nord • **irlandés, -esa** *adj* irlandais(e) ▶ *nm/f* Irlandais(e)
ironía *nf* ironie *f*
irónico, -a *adj* ironique
IRPF *(Esp) sigla m (= Impuesto sobre la Renta de las Personas Físicas)* ≈ IRPP *m (= impôt sur le revenu des personnes physiques)*
irracional *adj* irrationnel(le)
irreal *adj* irréel(le)
irrecuperable *adj* irrécupérable
irreflexión *nf* irréflexion *f*
irregular *adj* irrégulier(-ière)
irremediable *adj* irrémédiable
irreparable *adj* irréparable
irresoluto, -a *adj* irrésolu(e)
irrespetuoso, -a *adj* irrespectueux(-euse)
irresponsable *adj* irresponsable
irreversible *adj* irréversible
irrigar *vt* irriguer
irrisorio, -a *adj* dérisoire
irritación *nf* irritation *f*
irritar *vt* irriter ; **irritarse** *vpr* s'irriter
irrupción *nf* irruption *f*
isla *nf* île *f*
Islam *nm* Islam *m* • **islamista** *adj, nm/f* islamiste *m/f* • **islamofobia** *nf* islamophobie *f*
islandés, -esa *adj* islandais(e) ▶ *nm/f* Islandais(e)
Islandia *nf* Islande *f*
isleño, -a *adj, nm/f* insulaire *mf*
Israel *nm* Israël *m* • **israelí** *adj* israélien(ne) ▶ *nmf* Israélien(ne)
istmo *nm* isthme *m*
Italia *nf* Italie *f* • **italiano, -a** *adj* italien(ne) ▶ *nm/f* Italien(ne)

itinerario *nm* itinéraire *m*

IVA (*Esp*) *sigla m* (*Com*: = *Impuesto sobre el Valor Añadido*) TVA *f* (= *taxe à la valeur ajoutée*)

izar *vt* hisser

izdo. *abr* (= *izquierdo*) gche (= *gauche*)

izquierda *nf* gauche *f*; (*lado izquierdo*) côté *m* gauche ; **a la ~** à gauche

izquierdista *adj* (*Pol*) de gauche ▸ *nmf* gauchiste *mf*

izquierdo, -a *adj* gauche

j

jabalí *nm* sanglier *m*

jabalina *nf* javelot *m*

jabón *nm* savon *m* ; **~ en polvo** savon en poudre • **jabonar** *vt* savonner ; **jabonarse** *vpr* se savonner

jaca *nf* bidet *m*

jacinto *nm* jacinthe *f*

jactarse *vpr*: **~ (de)** se vanter (de)

jadear *vi* haleter • **jadeo** *nm* halètement *m*

jaguar *nm* jaguar *m*

jalea *nf* gelée *f*

jaleo *nm* (*barullo*) tapage *m* ; (*riña*) grabuge *m* ; **armar un ~** faire (toute) une histoire

jalón *nm* (AM: *estirón*) coup *m*

jamás *adv* jamais

jamón *nm* jambon *m* ; **~ de York/serrano** jambon cuit/cru

Japón *nm* Japon *m* • **japonés, -esa** *adj* japonais(e) ▸ *nm/f* Japonais(e)

jaque *nm* (*Ajedrez*) échec *m* ; **~ mate** échec et mat

jaqueca *nf* migraine *f*

jarabe *nm* sirop *m*

jarcia *nf (Náut)* cordage *m*
jardín *nm* jardin *m* ; **~ de (la) infancia** *o (AM)* **de infantes** jardin d'enfants • **jardinería** *nf* jardinage *m* • **jardinero, -a** *nm/f* jardinier(-ière)
jarra *nf* jarre *f* ; *(de agua)* carafe *f*
jarro *nm* broc *m*
jaula *nf* cage *f*
jauría *nf* meute *f*
jazmín *nm* jasmin *m*
jefa *nf ver* **jefe**
jefatura *nf (liderato)* commandement *m* ; *(sede)* direction *f* ; **~ de policía** préfecture *f* de police
jefe, -a *nm/f* chef *m* ; **ser el ~** *(fig)* être le chef ; **comandante en ~** commandant *m* en chef ; **~ de estación** chef de gare ; **~ de estado** chef d'État ; **~ de estudios** surveillant *m* général ; **~ de gobierno** chef de gouvernement
jeque *nm* cheik *m*
jerarquía *nf* hiérarchie *f*
jerárquico, -a *adj* hiérarchique
jerez *nm* xérès *msg*, jerez *msg*
jerga *nf* jargon *m*
jeringa *nf* seringue *f* ; *(esp AM: fam)* ennui *m*
jeringuilla *nf* seringue *f*
jeroglífico *nm* hiéroglyphe *m* ; *(pasatiempo)* rébus *m*
jersey *(pl* **jerseys** *o* **jerséis***) nm* pull-over *m*, pull *m*
Jerusalén *n* Jérusalem
Jesucristo *nm* Jésus-Christ *m*
jesuita *adj, nm* jésuite *m*
Jesús *nm* Jésus *m* ; **¡~!** mon Dieu ! ; *(al estornudar)* à tes *o* vos souhaits !
jinete *nm* cavalier *m*
jipijapa *(AM) nm* panama *m*
jirafa *nf* girafe *f*
jirón *nm* lambeau *m* ; *(PE: calle)* rue *f*
jocoso, -a *adj* cocasse
joder *(fam!) vt* baiser *(fam!)* ; **¡~!** merde !, putain ! *(fam!)*
jofaina *nf* cuvette *f*
jornada *nf* journée *f* ; **(trabajar a) ~ intensiva/partida** (faire la) journée continue/discontinue
jornal *nm* journée *f* • **jornalero, -a** *nm/f* journalier(-ière)
joroba *nf* bosse *f*
jorobado, -a *adj, nm/f* bossu(e)
jota *nf (letra)* j *m inv* ; *(danza)* jota *f* ; **no entiendo ni ~** je n'y pige rien ; **no sabe ni ~** il n'en sait rien ; **no veo ni ~** je n'y vois rien
joven *adj* jeune ▸ *nm* jeune homme *m* ; *(Méx: señor)* monsieur *m* ▸ *nf* jeune fille *f* ; **¡oiga, ~!** eh, jeune homme !
jovial *adj* jovial(e)
joya *nf* bijou *m* ; *(persona)* perle *f* ; **~s de fantasía** bijoux *mpl* fantaisie • **joyería** *nf* bijouterie *f* • **joyero, -a** *nm/f* bijoutier(-ière) ▸ *nm (caja)* coffret *m* à bijoux
juanete *nm (del pie)* oignon *m*
jubilación *nf* retraite *f*
jubilado, -a *adj, nm/f* retraité(e)
jubilar *vt* mettre à la retraite ; *(fam: algo viejo)* mettre au rancart ; **jubilarse** *vpr* prendre sa retraite
júbilo *nm* joie *f*
judía *nf* haricot *m* ; **~ verde** haricot vert ; **~ blanca** flageolet *m* ; *ver tb* **judío**
judicial *adj* judiciaire

judío, -a *adj, nm/f* juif(-ive)
judo *nm* judo *m*
juego *vb ver* **jugar** ▶ *nm* jeu *m* ; **fuera de ~** hors jeu ; **hacer ~ con** aller avec, faire pendant à ; **~ de palabras** jeu de mots ; **J~s Olímpicos** Jeux olympiques
juerga *nf* fête *f*
jueves *nm inv* jeudi *m*
juez *nmf* (*nf tb* **jueza**) juge *mf* ; **~ de instrucción** juge d'instruction ; **~ de línea** juge de touche ; **~ de salida** starter *m*
jugada *nf* (*en juego*) coup *m* ; (*fig*) mauvais tour *m*
jugador, a *nm/f* joueur(-euse)
jugar *vt, vi* jouer ; **jugarse** *vpr* (*partido*) se jouer ; (*lotería*) être tiré(e) ; (*vida, puesto, futuro*) jouer ; **~ a** jouer à
jugo *nm* jus *msg* ; **~ de naranja/de piña** (AM) jus d'orange/d'ananas
jugoso, -a *adj* juteux(-euse) ; (*fig*) savoureux(-euse)
juguete *nm* jouet *m* • **juguetear** *vi* jouer • **juguetería** *nf* magasin *m* de jouets
juguetón, -ona *adj* joueur(-euse)
juicio *nm* jugement *m* ; (*sensatez*) esprit *m* ; (*opinión*) avis *msg* ; (*Jur*) procès *msg* ; **a mi** *etc* **~** à mon *etc* avis ; **estar fuera de ~** avoir perdu l'esprit ; **perder el ~** perdre la tête
juicioso, -a *adj* sage
julio *nm* juillet *m* ; **el uno de ~** le premier juillet ; **el dos/once de ~** le deux/onze juillet ; **a primeros/finales de ~** début/fin juillet
junco *nm* jonc *m*
jungla *nf* jungle *f*
junio *nm* juin *m* ; *ver tb* **julio**
junta *nf* comité *m* ; (*organismo*) assemblée *f*, conseil *m* ; (*Tec: punto de unión*) joint *m* ; **~ de culata** (*Auto*) joint de culasse ; **~ directiva** équipe *f* de direction
juntar *vt* (*grupo, dinero*) rassembler ; (*rodillas, pies*) joindre ; **juntarse** *vpr* (*ríos, carreteras*) se rejoindre ; (*personas*) se rassembler ; (*: citarse*) se voir ; (*: acercarse*) se rapprocher ; (*: vivir juntos*) vivre ensemble ; **juntarse a** *o* **con algn** rejoindre qn
junto, -a *adj* ensemble ▶ *adv*: **todo ~** tout ensemble ; **~ a** (*cerca de*) à côté de ; **~ con** ci-joint ; **~s** ensemble ; (*próximos*) rapprochés ; (*en contacto*) joints
jurado *nm* jury *m* ; (*individuo: Jur*) juré *m* ; (*: de concurso*) membre *m* du jury
juramento *nm* serment *m* ; (*maldición*) juron *m* ; **prestar ~** prêter serment ; **tomar ~ a** faire prêter serment à
jurar *vt, vi* jurer ; **~ en falso** faire un faux serment ; **jurársela(s) a algn** garder à qn un chien de sa chienne
jurídico, -a *adj* juridique
jurisdicción *nf* juridiction *f*
jurisprudencia *nf* jurisprudence *f*
jurista *nmf* juriste *mf*
justamente *adv* justement
justicia *nf* justice *f* ; **en ~** en toute justice ; **hacer ~** rendre justice
justiciero, -a *adj* justicier(-ière)
justificación *nf* justification *f* • **justificar** *vt* justifier ; **justificarse** *vpr* se justifier

justo, -a *adj* juste ; (*preciso*) précis(e) ▶ *adv* précisément ; **venir muy ~** (*dinero, comida*) être (tout) juste suffisant(e)

juvenil *adj* juvénile ; (*equipo*) junior ; (*moda, club*) de jeunes ; (*paro*) des jeunes ; (*aspecto*) jeune

juventud *nf* jeunesse *f* ; (*jóvenes*) jeunes *mpl*

juzgado *nm* tribunal *m*

juzgar *vt* juger ; (*opinar*) penser ; **a ~ por ...** à en juger par ... ; **lo juzgo mi deber** j'estime que c'est mon devoir

k

karate, kárate *nm* karaté *m*

Kg, kg *abr* (= *kilogramo(s)*) kg, K (= *kilogramme(s)*)

kilo *nm* kilo *m* • **kilogramo** *nm* kilogramme *m* • **kilometraje** *nm* kilométrage *m* • **kilómetro** *nm* kilomètre *m* ; **~ cuadrado** kilomètre carré • **kilovatio** *nm* kilowatt *m*

kiosco *nm* = **quiosco**

km *abr* (= *kilómetro(s)*) km (= *kilomètre(s)*)

kv *abr* (= *kilovatio(s)*) kW (= *kilowatt*)

l

l *abr* (= *litro(s)*) l (= *litre(s)*) ; (*Jur*) = **ley**
la *art def* la, l' ▶ *pron* (*a ella*) la, l' ; (*usted*) vous ; (*cosa*) la, l' ▶ *nm* (*Mús*) la *m inv* ; **la del sombrero rojo** celle qui porte un chapeau rouge
laberinto *nm* labyrinthe *m*
labia *nf* (*locuacidad*) volubilité *f* ; (*pey*) bagout *m*
labio *nm* lèvre *f*
labor *nf* travail *m*, labeur *m* ; (*Agr*) labour *m* ; (*obra*) travail ; (*Costura, de punto*) ouvrage *m* ; **~ de equipo** travail d'équipe ; **~ de ganchillo** ouvrage au crochet ; **~es domésticas** *o* **del hogar** tâches *fpl* domestiques • **laborable** *adj* (*Agr*) labourable ; **día ~** jour *m* ouvrable
laboral *adj* du travail
laboratorio *nm* laboratoire *m*
laborioso, -a *adj* (*persona*) travailleur(-euse) ; (*negociaciones, trabajo*) laborieux(-euse)
labrado, -a *adj* (*campo*) labouré(e) ; (*madera*) travaillé(e) ; (*metal, cristal*) ciselé(e)
labrador, a *nm/f* cultivateur(-trice)
labrar *vt* (*tierra*) labourer ; (*madera, cuero*) travailler ; (*metal, cristal*) ciseler ; (*porvenir, ruina*) courir à
labriego, -a *nm/f* paysan(ne)
laca *nf* laque *f*
lacayo *nm* laquais *msg*
lacio, -a *adj* raide
lacónico, -a *adj* laconique
lacra *nf* (*fig*) fléau *m* ; **~ social** fléau de la société
lacrar *vt* cacheter • **lacre** *nm* cire *f* (à cacheter)
lactancia *nf* allaitement *m*
lácteo, -a *adj* : **productos ~s** produits *mpl* laitiers
ladear *vt* pencher ; **ladearse** *vpr* se pencher
ladera *nf* versant *m*
lado *nm* côté *m* ; (*de cuerpo, Mil*) flanc *m* ; **al ~ (de)** à côté (de) ; **dejar de ~** *o* **a un ~** laisser de côté ; **poner de ~** mettre sur le côté ; **por un ~ ..., por otro ~ ...** d'un côté ..., d'un autre côté ...
ladrar *vi* aboyer • **ladrido** *nm* aboiement *m*
ladrillo *nm* brique *f*
ladrón, -ona *nm/f* voleur(-euse) ▶ *nm* (*Elec*) prise *f* multiple
lagartija *nf* lézard *m*
lagarto *nm* lézard *m* ; (AM: *caimán*) caïman *m*
lago *nm* lac *m*
lágrima *nf* larme *f*
laguna *nf* lagune *f*
laico, -a *adj, nm/f* laïque *mf*
lamentable *adj* (*desastroso*) déplorable ; (*lastimoso*) lamentable

lamentar *vt* (*desgracia, pérdida*) déplorer ; **lamentarse** *vpr*: **lamentarse (de)** se lamenter (sur) ; **lamento tener que decirle ...** je regrette d'avoir à vous dire ... ; **lo lamento mucho** je regrette beaucoup • **lamento** *nm* plainte *f*

lamer *vt* lécher

lámina *nf* (*de metal, papel*) feuille *f* ; (*ilustración, de madera*) planche *f*

lámpara *nf* lampe *f* ; (*mancha*) tache *f* de graisse ; **~ de alcohol/de gas** lampe à alcool/à gaz ; **~ de pie** lampe de chevet

lana *nf* laine *f*

lancha *nf* canot *m* ; **~ de socorro** canot de sauvetage ; **~ motora** canot à moteur

langosta *nf* (*insecto*) sauterelle *f* ; (*crustáceo*) langouste *f* • **langostino** *nm* langoustine *f*

languidecer *vi* languir • **languidez** *nf* langueur *f*

lánguido, -a *adj* languissant(e)

lanza *nf* lance *f*

lanzamiento *nm* lancer *m* ; (*de cohete, Com*) lancement *m* ; **~ de pesos** lancer du poids

lanzar *vt* lancer ; **lanzarse** *vpr*: **lanzarse a** (*al agua*) se jeter à ; (*al vacío, al mar*) se jeter dans ; (*fig*) se lancer à ; **lanzarse contra algn/algo** se lancer contre qn/qch

lapa *nf* bernicle *f*, bernique *f*

lapicero *nm* crayon *m* ; (AM: *bolígrafo*) stylo *m*

lápida *nf* pierre *f* tombale ; **~ conmemorativa** plaque *f* commémorative

lapidario, -a *adj, nm* lapidaire *m*

lápiz *nm* crayon *m* (à papier) ; **~ de color** crayon de couleur ; **~ de labios/de ojos** rouge *m* à lèvres/crayon pour les yeux

lapón, -ona *adj* lapon(e) ▸ *nm/f* Lapon(e)

Laponia *nf* Laponie *f*

lapso *nm* (*tb*: **lapso de tiempo**) laps *msg* de temps ; (*error*) lapsus *msg*

lapsus *nm inv* lapsus *msg*

largar *vt* (*Náut: cable*) larguer ; (*fam: dinero, bofetada*) allonger ; (*: discurso*) infliger ; (AM) lancer ▸ *vi* (*fam: hablar*) causer ; **largarse** *vpr* (*fam*) se casser ; **largarse a** (AM) se mettre à

largo, -a *adj* long (longue) ▸ *nm* longueur *f* ; **dos horas largas** deux bonnes heures ; **tiene nueve metros de ~** il fait neuf mètres de long ; **~ y tendido** (*hablar*) en long et en large ; **a lo ~ de** (*espacio*) le long de ; (*tiempo*) pendant ; **a la larga** à la fin • **largometraje** *nm* long métrage *m*

laringe *nf* larynx *msg* • **laringitis** *nf* laryngite *f*

larva *nf* larve *f*

las *art def, pron* les ; **~ que cantan** celles qui chantent

lascivo, -a *adj* lascif(-ive)

láser *nm* laser *m*

lástima *nf* pitié *f* ; **dar ~** faire pitié ; **es una ~ que** quel dommage que ; **¡qué ~!** quel dommage ! ; **estar hecho una ~** faire pitié à voir

lastimar *vt* (*herir*) blesser ; **lastimarse** *vpr* se blesser

lastimero, -a *adj* navrant(e)

l

lastre *nm* (*Tec, Náut*) leste *m*; (*fig*) poids *msg* mort

lata *nf* (*metal*) fer *m* blanc; (*envase*) boîte *f* de conserve; (*fam*) plaie *f*; **en ~** en conserve; **dar la ~** enquiquiner

latente *adj* latent(e)

lateral *adj* latéral(e) ▶ *nm* (*de iglesia, camino*) côté *m*; (*Deporte*) aile *f*

latido *nm* (*del corazón*) battement *m*

latifundio *nm* latifundio *m*, latifundium *m* • **latifundista** *nmf* propriétaire *mf* d'un latifundio

latigazo *nm* coup *m* de fouet

látigo *nm* fouet *m*

latín *nm* (*Ling*) latin *m*

latino, -a *adj* latin(e)

Latinoamérica *nf* Amérique *f* latine • **latinoamericano, -a** *adj* latino-américain(e) ▶ *nm/f* Latino-américain(e)

latir *vi* battre

latitud *nf* latitude *f*; **latitudes** *nfpl* (*región*) latitudes *fpl*

latón *nm* laiton *m*

latoso, -a *adj* enquiquinant(e)

laúd *nm* (*Mús*) luth *m*

laurel *nm* laurier *m*

lava *nf* lave *f*

lavabo *nm* lavabo *m*; (*servicio*) toilettes *fpl*

lavado *nm* nettoyage *m*; (*de cuerpo*) toilette *f*; **~ de cerebro** lavage *m* de cerveau

lavadora *nf* machine *f* à laver

lavanda *nf* lavande *f*

lavandería *nf* blanchisserie *f*; **~ automática** laverie *f* automatique

lavaplatos *nm inv* lave-vaisselle *m inv*

lavar *vt* laver; **lavarse** *vpr* se laver; **~ y marcar** (*pelo*) faire un shampooing et une mise en plis; **~ en seco** nettoyer à sec; **lavarse las manos** se laver les mains

lavavajillas *nm inv* = **lavaplatos**

laxante *nm* laxatif *m*

lazada *nf* nœud *m*

lazarillo *nm*: **perro ~** chien *m* d'aveugle

lazo *nm* nœud *m*; (*para animales*) lasso *m*; (*trampa*) piège *m*; (*vínculo*) lien *m*

le *pron* (*directo*) le; (: *usted*) vous; (*indirecto*) lui; (: *usted*) vous

leal *adj* loyal(e) • **lealtad** *nf* loyauté *f*

lección *nf* leçon *f*

leche *nf* lait *m*; **estar de mala ~** (*fam*) être de mauvais poil; **~ condensada/descremada** *o* **desnatada** lait condensé/écrémé; **~ en polvo** lait en poudre • **lechera** *nf* (*recipiente*) pot *m* à lait • **lechero, -a** *adj, nm/f* laitier(-ière)

lecho *nm* lit *m*, couche *f*; **~ de río** lit de la rivière

lechón *nm* cochon *m* de lait

lechoso, -a *adj* laiteux(-euse)

lechuga *nf* laitue *f*

lechuza *nf* chouette *f*

lector, a *nm/f* lecteur(-trice); **~ de discos compactos** lecteur *m* de CD

lectura *nf* lecture *f*

leer *vt* lire

legado *nm* (*Jur, fig*) legs *msg*; (*enviado*) légat *m*

legajo *nm* dossier *m*
legal *adj* légal(e) • **legalidad** *nf* légalité *f*; (*normas*) législation *f* • **legalizar** *vt* légaliser
legaña *nf* chassie *f*
legar *vt* (*Jur, fig*) léguer
legendario, -a *adj* légendaire
legión *nf* (*Mil, fig*) légion *f* • **legionario** *nm* légionnaire *m*
legislación *nf* législation *f* • **legislar** *vi* légiférer
legislatura *nf* législature *f*
legitimar *vt* légitimer
legítimo, -a *adj* (*genuino*) véritable; (*legal*) légitime
lego, -a *adj* (*Rel*) séculaire; (*ignorante*) profane
legua *nf* lieue *f*
legumbres *nfpl* légumes *mpl* secs
leído, -a *adj* instruit(e)
lejanía *nf* éloignement *m*
lejano, -a *adj* éloigné(e); **L~ Oriente** Extrême-Orient *m*
lejía *nf* eau *f* de Javel
lejos *adv* loin; **a lo ~** au loin; **de** *o* **desde ~** de loin; **~ de** loin de
lelo, -a *adj* bébête
lema *nm* devise *f*; (*Pol*) slogan *m*
lencería *nf* (*ropa interior*) lingerie *f*
lengua *nf* langue *f*; **morderse la ~** (*fig*) se mordre la langue; **~s clásicas** langues mortes
lenguado *nm* sole *f*
lenguaje *nm* langage *m*; **en ~ llano** simplement; **~ comercial** langage commercial; **~ de programación** (*Inform*) langage de programmation; **~ ensamblador** *o* **de bajo nivel** (*Inform*) assembleur *m*; **~ máquina** (*Inform*) langage machine; **~ periodístico** langage journalistique
lengüeta *nf* (*de zapatos, Mús*) languette *f*
lente *nf* lentille *f*; **lentes** *nmpl* (*gafas*) lunettes *fpl*; **~s de contacto** lentilles de contact
lenteja *nf* lentille *f* • **lentejuela** *nf* paillette *f*
lentilla *nf* lentille *f*
lentitud *nf* lenteur *f*; **con ~** avec lenteur
lento, -a *adj* lent(e)
leña *nf* (*para el fuego*) bois *msg*
leñador, a *nm/f* bûcheron(ne)
leño *nm* bûche *f*
Leo *nm* (*Astrol*) Lion *m*; **ser ~** être Lion
león *nm* lion *m*; **~ marino** otarie *f*
leopardo *nm* léopard *m*
leotardos *nmpl* collants *mpl*
lepra *nf* lèpre *f*
leproso, -a *nm/f* lépreux(-euse)
lerdo, -a *adj* lent(e)
les *pron* (*directo*) les; (*: ustedes*) vous; (*indirecto*) leur; (*: ustedes*) vous
lesbiana *nf* lesbienne *f*
lesión *nf* lésion *f*
lesionado, -a *adj* blessé(e)
letal *adj* létal(e)
letanía *nf* (*Rel*) litanie *f*
letargo *nm* léthargie *f*
letra *nf* lettre *f*; (*escritura*) écriture *f*; (*Com*) traite *f*; (*Mús: de canción*) paroles *fpl*; **Letras** *nfpl* (*Univ, Escol*) Lettres *fpl*; **~ de cambio** (*Com*) lettre de change; **~ de imprenta** *o* **de molde** caractère *m* d'imprimerie • **letrado, -a** *adj* instruit(e) ▸ *nm/f* avocat(e)

• **letrero** *nm* panneau *m* ; (*anuncio*) écriteau *m*
letrina *nf* latrines *fpl*
leucemia *nf* leucémie *f*
levadizo, -a *adj*: **puente ~** pont *m* basculant ; (*Hist*) pont-levis *m*
levadura *nf* levure *f*; **~ de cerveza** levure de bière
levantamiento *nm* soulèvement *m* ; (*de castigo, orden*) levée *f*; **~ de pesos** haltérophilie *f*
levantar *vt* lever ; (*velo, telón*) relever ; (*paquete, niño*) soulever ; (*construir*) élever ; **levantarse** *vpr* se lever ; **~ el ánimo** remonter le moral
levante *nm* (*Geo*) levant *m* ; **el L~** le Levant
levar *vt*: **~ anclas** lever l'ancre
leve *adj* léger(-ère) • **levedad** *nf* légèreté *f*; (*de herida*) caractère *m* bénin
levita *nf* redingote *f*
léxico, -a *adj* lexical(e) ▸ *nm* lexique *m*
ley *nf* loi *f*; (*de sociedad*) règlement *m* ; **de ~** (*oro, plata*) véritable
leyenda *nf* légende *f*
leyendo *etc vb ver* **leer**
liar *vt* (*atar*) lier ; (*enredar*) embrouiller ; (*cigarrillo*) rouler ; (*envolver*) enrouler ; **liarse** *vpr* (*fam*) s'embrouiller ; **liarse a palos** se taper dessus
Líbano *nm*: **el ~** le Liban
libelo *nm* libelle *m*
libélula *nf* libellule *f*
liberación *nf* libération *f*
liberal *adj, nmf* (*Pol, Econ*) libéral(e) • **liberalidad** *nf* libéralité *f*
liberar *vt* libérer
libertad *nf* liberté *f*; **libertades** *nfpl* libertés *fpl* ; **~ bajo fianza/bajo palabra** liberté sous caution/sur parole ; **~ condicional** liberté conditionnelle ; **~ de comercio** libre-échange *m* ; **~ de culto/de expresión/de prensa** liberté du culte/d'expression/de presse
libertar *vt* (*preso*) délivrer
libertino, -a *adj, nm/f* libertin(e)
libra *nf* livre *f*; **L~** (*Astrol*) Balance *f*; **ser L~** être Balance ; **~ esterlina** livre sterling
librar *vt* (*de castigo, obligación*) dispenser ; (*de peligro*) sauver ; (*batalla*) livrer ; (*cheque*) virer ; (*Jur*) exempter ▸ *vi* avoir un jour de congé ; **librarse** *vpr*: **librarse de algn/algo** échapper à qn/qch
libre *adj* libre ; **~ de impuestos** exonéré(e) d'impôts ; **tiro ~** coup *m* franc ; **los 100 metros ~s** le 100 mètres nage libre ; **al aire ~** à l'air libre
librería *nf* librairie *f*
librero, -a *nm/f* libraire *mf* ▸ *nm* (*Méx*) librairie *f*
libreta *nf* cahier *m* ; **~ de ahorros** livret *m* de caisse d'épargne
libro *nm* livre *m* ; **~ de bolsillo** livre de poche ; **~ de caja/de caja auxiliar** (*Com*) livre de caisse/de petite caisse ; **~ de texto** manuel *m* ; **~ electrónico** livre *m* électronique
licencia *nf* (*Admin, Jur*) licence *f*, autorisation *f*; **~ de armas/de caza** permis *msg* de port d'arme/de chasse ; **~ fiscal** patente *f*
• **licenciado, -a** *adj* (*soldado*) libéré(e) ; (*Univ*) ≈ titulaire d'une maîtrise ▸ *nm/f* ≈ titulaire *mf* d'une maîtrise ; **L~** (*abogado*) ≈ Maître

• **licenciar** *vt* (*soldado*) libérer ; **licenciarse** *vpr* terminer son service militaire ; (*Univ*) ≈ passer sa maîtrise
licencioso, -a *adj* licencieux(-euse)
licitar *vt* faire une enchère sur
lícito, -a *adj* (*legal*) licite ; (*justo*) juste ; (*permisible*) permis(e)
licor *nm* liqueur *f*
licuadora *nf* mixeur *m*
licuar *vt* passer au mixeur
lid *nf* lutte *f* ; **lides** *nfpl* matière *f*
líder *nmf* leader *mf* • **liderazgo** *nm* leadership *m*
lidia *nf* (*Taur*) combat *m* ; (*: una lidia*) corrida *f* ; **toros de ~** taureaux *mpl* de combat • **lidiar** *vt* combattre ▶ *vi* : **~ con** (*dificultades, enemigos*) batailler avec
liebre *nf* lièvre *m* ; (*Chi: microbús*) minibus *msg*
lienzo *nm* toile *f*
liga *nf* (*de medias*) porte-jarretelles *m inv* ; (*Deporte*) compétition *f* ; (*Pol*) ligue *f*
ligadura *nf* ligature *f*
ligamento *nm* ligament *m*
ligar *vt* lier ; (*Med*) ligaturer ▶ *vi* (*fam: persona*) draguer ; **ligarse** *vpr* (*fig*) se lier
ligereza *nf* légèreté *f*
ligero, -a *adj* léger(-ère) ▶ *adv* (*andar*) d'un pas léger ; (*moverse*) avec légèreté ; **a la ligera** à la légère
liguero *nm* porte-jarretelles *m inv*
lija *nf* (*pez*) roussette *f* ; (*tb*: **papel de lija**) papier *m* de verre
lila *nf* (*Bot*) lilas *msg*
lima *nf* (*herramienta, Bot*) lime *f* ; **~ de uñas** lime à ongles • **limar** *vt* limer
limitación *nf* limitation *f* ; **limitaciones** *nfpl* (*carencias*) limites *fpl* ; **~ de velocidad** limitation de vitesse
limitar *vt* limiter ; (*terreno, tiempo*) délimiter ▶ *vi* : **~ con** (*Geo*) faire frontière avec ; **limitarse** *vpr* : **limitarse a (hacer)** se limiter à (faire)
límite *nm* limite *f* ; **límites** *nmpl* (*de finca, país*) limites *fpl* ; **fecha ~** date *f* limite ; **~ de velocidad** limitation *f* de vitesse
limítrofe *adj* limitrophe
limón *nm* citron *m* ▶ *adj* : **amarillo ~** jaune citron *inv* • **limonada** *nf* citronnade *f*
limosna *nf* aumône *f*
limpiaparabrisas *nm inv* essuie-glace *m*
limpiar *vt* nettoyer
limpieza *nf* propreté *f* ; (*acto, Policía*) nettoyage *m* ; (*habilidad*) adresse *f* ; **operación de ~** (*Mil*) opération *f* de nettoyage ; **~ en seco** nettoyage à sec ; **~ étnica** purification *f* ethnique
limpio, -a *adj* propre ; (*conducta, negocio*) net(te) ▶ *adv* : **jugar ~** (*fig*) jouer franc jeu ; **pasar a ~** mettre au propre
linaje *nm* lignée *f*
lince *nm* lynx *msg*
linchar *vt* lyncher
lindar *vi* : **~ con** border • **linde** *nm o nf* (*de bosque, terreno*) limite *f*
lindero *nm* = **linde**
lindo, -a *adj* joli(e) ▶ *adv* (*AM*) bien ; **canta muy ~** (*AM*) il chante très bien ; **de lo ~** (*fam: muy*) vachement
línea *nf* ligne *f* ; **en ~** (*Inform*) en ligne ; **~ aérea** ligne aérienne ;

l

~ de meta (*Deporte*) ligne de touche ; (: *de carrera*) ligne d'arrivée ; **~ discontinua** (*Auto*) ligne discontinue ; **~ recta** ligne droite

lingote *nm* lingot *m*

lingüística *nf* linguistique *f*

lino *nm* lin *m*

linóleo *nm* linoléum *m*

linterna *nf* lampe *f* de poche

lío *nm* paquet *m* ; (*desorden*) fatras *msg* ; (*fam: follón*) bordel *m* ; **hacerse un ~** s'emmêler les pédales

liquen *nm* lichen *m*

liquidación *nf* (*de empresa*) dépôt *m* de bilan ; (*de salario*) prime *f* ; (*de existencias, cuenta, deuda*) liquidation *f*

liquidar *vt* liquider

líquido, -a *adj* liquide ; (*ganancia*) net(te) ▸ *nm* liquide *m*

lira *nf* (*Mús*) lyre *f* ; (*Hist: moneda*) lire *f*

lírico, -a *adj* lyrique

lirio *nm* iris *msg*

lirón *nm* loir *m*

Lisboa *n* Lisbonne

lisiado, -a *adj, nm/f* estropié(e)

lisiar *vt* estropier

liso, -a *adj* (*superficie*) lisse ; (*cabello*) raide ; (*tela, color*) uni(e)

lisonja *nf* flatterie *f*

lista *nf* liste *f* ; (*franja*) rayure *f* ; **pasar ~** faire l'appel ; **tela a ~s** tissu *m* rayé ; **~ de correos** poste *f* restante ; **~ de espera** liste d'attente ; **~ de precios** tarifs *mpl*

listo, -a *adj* intelligent(e) ; (*preparado*) prêt(e)

listón *nm* baguette *f* (en bois)

litera *nf* (*en barco, tren*) couchette *f* ; (*en dormitorio*) lit *m* superposé

literal *adj* littéral(e)

literario, -a *adj* littéraire

literatura *nf* littérature *f*

litigar *vi* (*Jur*) plaider

litigio *nm* (*Jur, fig*) litige *m*

litografía *nf* lithographie *f*

litoral *adj* littoral(e) ▸ *nm* littoral *m*

litro *nm* litre *m*

lívido, -a *adj* livide

llaga *nf* plaie *f*

llama *nf* flamme *f* ; (*Zool*) lama *m*

llamada *nf* (*telefónica*) appel *m* ; **~ a cobro revertido** appel en PCV ; **~ al orden** *o* **de atención** rappel *m* à l'ordre

llamado, (AM) **llamamiento** *nm* appel *m*

llamar *vt* appeler

llamarada *nf* flambée *f*

llamativo, -a *adj* voyant(e) ; (*color*) criard(e)

llano, -a *adj* (*superficie*) plat(e) ; (*persona, estilo*) simple ▸ *nm* plaine *f* ; **Los L~s** (*Ven*) les Plaines

llanta *nf* jante *f* ; (AM: *cámara*) chambre *f* à air

llanto *nm* pleurs *mpl*, larmes *fpl*

llanura *nf* plaine *f*

llave *nf* clé *f*, clef *f* ; (*Tec*) clé ; (*de la luz*) interrupteur *m* ; **cerrar con ~** *o* **echar la ~** fermer à clé ; **~ de contacto** (*Auto*) clé de contact ; **~ de judo** prise *f* de judo ; **~ de paso** robinet *m* d'arrêt ; **~ inglesa** clé anglaise ; **~ maestra** passe-partout *m inv* • **llavero** *nm* porte-clés *msg*

llegada *nf* arrivée *f*

llegar *vi* arriver ; (*ruido*) parvenir ; (*bastar*) suffire ; **llegarse** *vpr*: **llegarse a** aller à ; **~ a** arriver à ; **~ a saber** finir par savoir ; **~ a (ser) famoso/jefe** devenir célèbre/le patron

llenar *vt* remplir ; (*satisfacer*) combler ▸ *vi* rassasier ; **llenarse** *vpr*: **llenarse (de)** se remplir (de) ; (*al comer*) se rassasier (de)

lleno, -a *adj* plein(e), rempli(e) ; (*persona: de comida*) rassasié(e) ▸ *nm* (*Teatro*) salle *f* comble ; **~ de polvo/de gente/de errores** plein(e) de poussière/de gens/d'erreurs

llevar *vt* porter ; (*en coche*) emmener ; (*transportar*) transporter ; (*dinero*) avoir sur soi ; **llevarse** *vpr* (*estar de moda*) se porter beaucoup ; **me llevó una hora hacerlo** j'ai mis une heure à le faire ; **llevamos dos días aquí** nous sommes ici depuis deux jours ; **llevo un año estudiando** cela fait un an que j'étudie ; **~ hecho/vendido/estudiado** avoir fait/vendu/étudié ; **~ los libros** (*Com*) tenir les registres ; **llevarse un susto/disgusto/sorpresa** être effrayé(e)/mécontent(e)/surpris(e) ; **llevarse bien/mal (con algn)** bien/ne pas s'entendre (avec qn)

llorar *vt, vi* pleurer ; **~ de risa** pleurer de rire

lloriquear *vi* pleurnicher

lloro *nm* pleurs *mpl*

llorón, -ona *adj, nm/f* pleurnichard(e)

lloroso, -a *adj* (*ojos*) gonflé(e) par les larmes ; (*persona*) qui a pleuré

llover *vi* pleuvoir

llovizna *nf* bruine *f* • **lloviznar** *vi* pleuvioter

llueve *etc vb ver* **llover**

lluvia *nf* pluie *f* ; **~ radioactiva** pluie radioactive

lluvioso, -a *adj* pluvieux(-euse)

lo

▸ *art def* **1**: **lo bueno/caro** ce qui est bon/cher ; **lo mejor/peor** le mieux/pire ; **lo mío** ce qui est à moi ; **olvidaste lo esencial** tu as oublié l'essentiel

2: **lo + de** (*pron dem*): **¿sabes lo del presidente?** tu es au courant pour le président ?

3: **lo que** (*pron rel*): **lo que yo pienso** ce que je pense ; **lo que más me gusta** ce que j'aime le plus ; **lo que pasa es que ...** ce qu'il y a, c'est que ... ; **lo que quieras** ce que tu veux *o* voudras ; **lo que sea** quoi que ce soit ; **(a) lo que** (*AM*: *en cuanto*) dès que

4: **lo cual**: **lo cual es lógico** ce qui est logique

▸ *pron pers* **1** (*a él*) le, l' ; **lo han despedido** ils l'ont renvoyé ; **no lo conozco** je ne le connais pas

2 (*a usted*) vous ; **lo escucho, señor** je vous écoute, monsieur

3 (*cosa, animal*) le, l' ; **te lo doy** je te le donne

4 (*concepto*) le, l' ; **no lo sabía** je ne le savais pas ; **voy a pensarlo** je vais y réfléchir

loable *adj* louable

loar *vt* louer

lobo *nm* loup *m* ; **~ de mar** (*fig*) loup de mer

lóbrego, -a *adj* lugubre
lóbulo *nm* lobe *m*
local *adj* local(e) ▸ *nm* local *m*; (*bar*) bar *m* • **localidad** *nf* localité *f*; (*Teatro*) place *f* • **localizar** *vt* localiser; **localizarse** *vpr* (*dolor*) être localisé(e)
loción *nf* lotion *f*
loco, -a *adj, nm/f* fou (folle); **estar ~ con algo/por algn** être fou (folle) de qch/de qn; **me vuelve ~** (*me gusta mucho*) j'en suis fou (folle); (*me marea*) il me rend fou (folle)
locomotora *nf* locomotive *f*
locuaz *adj* loquace
locución *nf* (*Ling*) locution *f*
locura *nf* folie *f*; **con ~** à la folie
locutor, a *nm/f* (*Radio, TV*) speaker(ine)
locutorio *nm local équipé de cabines téléphoniques et d'accès à Internet*
lodo *nm* boue *f*
lógica *nf* logique *f*
lógico, -a *adj* logique; **es ~ que ...** il est logique que ...
logística *nf* logistique *f*
logotipo *nm* logo *m*
logrado, -a *adj* réussi(e)
lograr *vt* réussir; (*victoria*) remporter; **~ hacer algo** réussir à faire qch; **~ que algn venga** réussir à faire venir qn
logro *nm* réussite *f*
loma *nf* colline *f*
lombriz *nf* (*Zool*) ver *m* de terre; (*Med*) ver
lomo *nm* (*de animal*) dos *msg*, échine *f*; (*Culin: de cerdo*) épaule *f*; (*: de vaca*) entrecôte *f*; (*de libro*) dos
lona *nf* toile *f*; (*para cubrir*) bâche *f*; (*en boxeo*) tapis *m*
loncha *nf* tranche *f*
lonche (AM) *nm* petit-déjeuner *m* • **lonchería** (AM) *nf* cafétéria *f*
Londres *n* Londres
longaniza *nf saucisse sèche*
longitud *nf* longueur *f*; (*Geo*) longitude *f*; **tener tres metros de ~** faire trois mètres de long; **~ de onda** (*Fís*) longueur d'onde
lonja *nf* (*edificio*) halle *f*; (*de jamón, embutido*) tranche *f*; **~ de pescado** halle *f* aux poissons
loro *nm* perroquet *m*
los *art def* les ▸ *pron* les; (*ustedes*) vous; **mis libros y ~ de usted** mes livres et les vôtres
losa *nf* dalle *f*; **~ sepulcral** pierre *f* tombale
lote *nm* (*de libros, Com, Inform*) lot *m*; (*de comida*) portion *f*
lotería *nf* loterie *f*

D'importantes sommes d'argent sont dépensées chaque année en Espagne à ce jeu de hasard. L'État a institué deux loteries, dont il perçoit directement les gains : la *Primitiva* et la *Lotería Nacional*. Une des loteries les plus célèbres est organisée par la fondation ONCE au profit des personnes aveugles et malvoyantes.

loza *nf* (*material*) faïence *f*; (*vajilla*) vaisselle *f*
lozano, -a *adj* vigoureux(-euse)
lubricante *adj* lubrifiant(e) ▸ *nm* lubrifiant *m*
lubricar *vt* lubrifier

luces *nfpl de* **luz**
lucha *nf* lutte *f*; **~ contra/por** lutte contre/pour; **~ de clases** lutte des classes; **~ libre** lutte libre • **luchar** *vi* lutter; **~ contra/por** lutter contre/pour
lucidez *nf* lucidité *f*
lúcido, -a *adj* lucide; **estar ~** être lucide
luciérnaga *nf* ver *m* luisant
lucir *vt* (*vestido*) porter; (*coche*) exhiber; (*conocimientos*) étaler; (*habilidades*) exhiber ▶ *vi* briller; (*AM: parecer*) sembler; **lucirse** *vpr* (*presumir*) se montrer; **la casa luce limpia** (*AM*) la maison a l'air très propre; **¡te has lucido!** (*irónico*) bien joué!
lucro (*pey*) *nm* lucre *m*
lúdico, -a *adj* ludique • **ludoteca** *nf* ludothèque *f*
luego *adv* (*después*) après; (*más tarde*) puis; (*AM: fam: en seguida*) tout de suite ▶ *conj* (*consecuencia*) donc; **desde ~** évidemment; **¡hasta ~!** à plus tard!, salut!; **~ ~** (*esp Méx*) dare-dare
lugar *nm* lieu *m*, endroit *m*; (*en lista*) place *f*; **en ~ de** au lieu de; **dar ~ a** donner lieu à; **fuera de ~** (*comentario, comportamiento*) déplacé(e); **tener ~** avoir lieu; **~ común** lieu commun
lugareño, -a *nm/f* villageois(e)
lugarteniente *nm* remplaçant *m*
lúgubre *adj* lugubre
lujo *nm* luxe *m*; **de ~** de luxe
lujoso, -a *adj* luxueux(-euse)
lujuria *nf* luxure *f*
lumbre *nf* feu *m* (de bois)
lumbrera *nf* (*genio*) lumière *f*
luminoso, -a *adj* lumineux(-euse)
luna *nf* lune *f*; (*vidrio*) glace *f*; **estar en la ~** être dans la lune; **~ de miel** lune de miel; **~ llena/nueva** pleine/nouvelle lune
lunar *adj* lunaire ▶ *nm* grain *m* de beauté; (*diseño*) pois *msg*; **tela de ~es** tissu *m* à pois
lunes *nm inv* lundi *m*
lupa *nf* loupe *f*
lustrar *vt* lustrer; (*AM: zapatos*) cirer • **lustre** *nm* lustre *m*; **dar ~ a algo** faire briller qch
lustroso, -a *adj* brillant(e)
luto *nm* deuil *m*; **ir** *o* **vestirse de ~** porter le deuil
Luxemburgo *nm* Luxembourg *m*
luz (*pl* **luces**) *nf* lumière *f*; **dar a ~ un niño** mettre un enfant au monde; **dar la ~** donner de la lumière; **encender** *o* (*esp AM*) **prender/apagar la ~** allumer/éteindre la lumière; **a todas luces** de toute évidence; **se hizo la ~ sobre ...** la lumière se fit sur ...; **sacar a la ~** tirer au clair; **tener pocas luces** ne pas être une lumière

m

m *abr* (= *metro(s)*) m (= *mètre(s)*) ; (= *minuto(s)*) min. (= *minute(s)*) ; (= *masculino*) m (= *masculin*)
macarrones *nmpl* (*Culin*) macaronis *mpl*
macedonia *nf* : **~ de frutas** macédoine *f* de fruits
macerar *vt* macérer
maceta *nf* pot *m* de fleurs
machacar *vt* (*Culin*) piler ▶ *vi* insister
machete *nm* machette *f*
machismo *nm* machisme *m*
machista *adj, nmf* machiste *mf*
macho *adj* (*Bot, Zool*) mâle ; (*fam*) macho ▶ *nm* mâle *m*
macizo, -a *adj* massif(-ive) ▶ *nm* (*Geo, de flores*) massif *m*
macrodatos *nmpl* mégadonnées *fpl*
madeja *nf* (*de lana*) écheveau *m*
madera *nf* bois *msg* ; **una ~** un morceau de bois ; **tiene ~ de profesor** il a l'étoffe d'un professeur
madero *nm* madrier *m*
madrastra *nf* belle-mère *f*
madre *adj* (*lengua*) mère ▶ *nf* mère *f*
Madrid *n* Madrid
madriguera *nf* terrier *m*
madrileño, -a *adj* madrilène ▶ *nm/f* Madrilène *mf*
madrina *nf* marraine *f* ; **~ de boda** ≈ témoin *m* de mariage
madrugada *nf* aube *f*
madrugador, a *adj* matinal(e)
madrugar *vi* se lever tôt
madurar *vt, vi* mûrir • **madurez** *nf* maturité *f*
maduro, -a *adj* mûr(e) ; (*hombre, mujer*) d'âge mûr
maestra *nf ver* **maestro**
maestría *nf* maestria *f*
maestro, -a *adj, nm/f* (*de escuela*) maître(sse) (d'école), instituteur(-trice), professeur *mf* des écoles ; (*en la vida*) maître *m* ▶ *nm* maître *m* ; (*Mús*) maestro *m* ; **~ albañil** maître maçon *m*
magdalena *nf* madeleine *f*
magia *nf* magie *f*
mágico, -a *adj* magique
magisterio *nm* (*enseñanza*) études *fpl* d'instituteur(-trice) ; (*profesión*) métier *m* d'instituteur(-trice)
magistrado *nm* (*Jur*) magistrat *m* ; **primer M~** (AM) président *m*
magnánimo, -a *adj* magnanime
magnate *nm* magnat *m*
magnético, -a *adj* magnétique • **magnetizar** *vt* magnétiser
magnetofón *nm* magnétophone *m*
magnetofónico, -a *adj* : **cinta magnetofónica** bande *f* magnétique

magnetófono *nm* = **magnetofón**
magnífico, -a *adj* magnifique ; (*carácter*) exceptionnel(le)
magnitud *nf* (*física*) grandeur *f*; (*de problema etc*) ampleur *f*
mago, -a *nm/f* magicien(ne) ; **los Reyes M~s** les Rois *mpl* mages
magro, -a *adj, nm* maigre *m*
maguey *nm* (*Bot*) agave *m*
magullar *vt* contusionner ; (*lastimar*) abîmer
mahometano, -a *adj* mahométan(e) ▸ *nm/f* Mahométan(e)
mahonesa *nf* = **mayonesa**
mail (*pl* **mails**) (*fam*) *nm* mail *m*
maíz *nm* maïs *msg*
majadero, -a *adj* imbécile
majestad *nf*: **Su M~** Sa Majesté
majestuoso, -a *adj* majestueux(-euse)
majo, -a *adj* (*Esp*) sympa ; (*bonito*) beau (belle) ; (*apelativo, cariñoso*) mignon(ne)
mal *adv* mal ; (*oler, saber*) mauvais ▸ *adj* = **malo** ▸ *nm*: **el ~** le mal ; **me entendió ~** il m'a mal compris ; **haces ~ en callarte** tu as tort de te taire ; **¡menos ~!** heureusement !
malabarismo *nm* jonglerie *f* • **malabarista** *nmf* jongleur(-euse)
malaria *nf* malaria *f*
malcriado, -a *adj* mal élevé(e)
maldad *nf* méchanceté *f*
maldecir *vt*: **~ de** maudire
maldición *nf* malédiction *f*
maldito, -a *adj* maudit(e) ; **¡~ sea ...!** (*fam*) maudit(e) soit ... !
maleante *nmf* malfaiteur *m*, criminel(le)
maledicencia *nf* médisance *f*
maleducado, -a *adj* mal élevé(e)
malentendido *nm* malentendu *m*
malestar *nm* malaise *m*
maleta *nf* valise *f*; **hacer la ~** faire sa valise *o* ses valises • **maletera** (AM) *nf*, **maletero** *nm* (*Auto*) coffre *m* • **maletín** *nm* (*de uso profesional*) serviette *f*; (*de viaje*) mallette *f*
maleza *nf* (*arbustos*) fourré *m*
malgastar *vt* gaspiller ; (*oportunidades*) laisser passer
malhechor, a *nm/f* malfaiteur *m*
malhumorado, -a *adj* de mauvaise humeur
malicia *nf* méchanceté *f*; (*de niño*) malice *f*
malicioso, -a *adj* malicieux(-euse) ; (*con mala intención*) méchant(e) ; (*de malpensado*) mauvais(e)
maligno, -a *adj* (*Med*) malin (maligne) ; (*ser*) méchant(e)
malla *nf* (*esp* AM) maillot *m* de bain ; (*tb*: **mallas**) collants *mpl*
Mallorca *nf* Majorque *f*
malo, -a (*antes de nmsg* **mal**) *adj* mauvais(e) ; **estar ~** (*persona*) être malade ; (*comida*) être mauvais(e) ; **lo ~ es que ...** le problème, c'est que ... ; **por las malas** de force
malograr: **malograrse** *vpr* (*plan*) tomber à l'eau ; (*cosecha*) être gâché(e) ; (*carrera profesional*) se briser ; (*PE: fam*) s'abîmer ; **el malogrado actor** l'acteur mort prématurément

m

malparado, -a *adj*: **salir ~** s'en tirer mal
malpensado, -a *adj* malveillant(e)
malsano, -a *adj* malsain(e)
maltratar *vt* maltraiter
maltrecho, -a *adj* en piteux état
malvado, -a *adj* méchant(e)
malversar *vt* détourner
Malvinas *nfpl*: **las (Islas) ~** les (îles) Malouines *fpl*
malvivir *vi* subsister, vivoter
mama *nf* (*Zool*) mamelle *f*; (*de mujer*) sein *m*
mamá *nf* (*fam*) maman *f*; (*CAm, Carib, Méx: cortesía*) mère *f*
mamar *vt, vi* téter; **dar de ~** allaiter
mamarracho *nm* (*persona despreciable*) bouffon *m*
mamífero, -a *adj, nm* mammifère *m*
mampara *nf* (*entre habitaciones*) cloison *f*; (*biombo*) écran *m*; (*de ducha*) pare-douche *m*
mampostería *nf* maçonnerie *f*
manada *nf* (*de leones, lobos*) horde *f*; (*de búfalos, elefantes*) troupeau *m*
manantial *nm* source *f*
manar *vt* laisser couler ▸ *vi* jaillir
mancha *nf* tache *f* • **manchar** *vt, vi* tacher; **mancharse** *vpr* se tacher
manchego, -a *adj* de la Manche
manco, -a *adj* manchot(e)
mancomunar *vt* mettre en commun; (*Jur*) rendre solidaires • **mancomunidad** *nf* (*de bienes*) copropriété *f*; (*de personas, Jur*) association *f*; (*de municipios*) syndicat *m*
mandamiento *nm* (*Rel*) commandement *m*; **~ judicial** mandat *m* d'arrêt
mandar *vt* ordonner; (*Mil*) commander; (*enviar*) envoyer ▸ *vi* commander; **~ hacer un traje** se faire faire un costume
mandarina *nf* mandarine *f*
mandato *nm* (*orden*) ordre *m*; (*Pol*) mandat *m*; (*Inform*) commande *f*; **~ judicial** mandat d'arrêt
mandíbula *nf* mandibule *f*
mandil *nm* tablier *m*
mando *nm* (*Mil*) commandement *m*; (*de organización, país*) direction *f*; (*Tec*) commande *f*; **al ~ de** sous la responsabilité de; **~ a distancia** télécommande *f*
manejable *adj* (*vehículo, herramienta*) maniable
manejar *vt* manier; (*máquina*) manipuler; (*pey: a personas*) manœuvrer; (*casa, negocio*) mener; (*dinero, números*) brasser; (*idioma*) maîtriser; (*AM: Auto*) conduire; **manejarse** *vpr* se débrouiller • **manejo** *nm* maniement *m*; (*de máquinas*) fonctionnement *m*; (*AM: de negocio*) conduite *f*; **manejos** *nmpl* (*pey*) manœuvres *fpl*
manera *nf* manière *f*, façon *f*; **maneras** *nfpl* (*modales*) manières *fpl*; **¡de ninguna ~!** en aucun cas!; **de otra ~** autrement; **de todas ~s** de toute manière; **no hay ~ de persuadirle** il n'y a pas moyen de le persuader
manga *nf* manche *f*; **~ de riego** tuyau *m* d'irrigation
mangar (*fam*) *vt* piquer

mango *nm* manche *m* ; (*Bot*) mangue *f*
mangonear (*pey*) *vt* commander ▶ *vi* se mêler de tout
manguera *nf* tuyau *m* d'arrosage
manía *nf* manie *f* ; **tener ~ a algn/algo** avoir une dent contre qn/ne pas aimer qch
maníaco, -a *adj, nm/f* maniaque *mf*
maniatar *vt* ligoter
maniático, -a *adj, nm/f* maniaque *mf*
manicomio *nm* asile *m* (de fous)
manifestación *nf* manifestation *f*
manifestar *vt* manifester ; (*declarar*) déclarer ; **manifestarse** *vpr* (*Pol*) manifester
manifiesto, -a *pp de* **manifestar** ▶ *adj* manifeste ▶ *nm* (*Arte, Pol*) manifeste *m*
manillar *nm* guidon *m*
maniobra *nf* manœuvre *f* ; **maniobras** *nfpl* (*Mil, pey*) manœuvres *fpl* • **maniobrar** *vi* manœuvrer ; (*Mil*) faire des manœuvres
manipulación *nf* manipulation *f* • **manipular** *vt* manipuler
maniquí *nmf* mannequin *mf* ▶ *nm* (*de escaparate*) mannequin *m*
manirroto, -a *adj, nm/f* dépensier(-ière)
manivela *nf* manivelle *f*
manjar *nm* mets *msg*
mano *nf* main *f* ; (*de pintura*) couche *f* ▶ *nm* (*Méx: fam*) copain *m* ; **a ~** à la main ; **estar/tener algo a ~** être/avoir qch à portée de la main ; **a ~ derecha/izquierda** à droite/gauche ; **de segunda ~** d'occasion ; **darse la(s) ~(s)** se donner la main ; **echar una ~** donner un coup de main ; **~ de obra** main-d'œuvre *f* ; **~s libres** *adj inv* (*teléfono, dispositivo*) mains-libres *inv* ▶ *nm inv* kit *m* mains-libres
manojo *nm* (*de hierbas*) botte *f* ; (*de llaves*) trousseau *m*
manopla *nf* moufle *f*
manoseado, -a *adj* (*tema*) rebattu(e) ; (*papel*) tripoté(e) • **manosear** *vt* tripoter ; (*tema, asunto*) rebattre
manotazo *nm* gifle *f*
mansalva: **a ~** *adv* sans risque
mansedumbre *nf* (*de persona*) douceur *f* ; (*de animal*) docilité *f*
mansión *nf* demeure *f*
manso, -a *adj* (*persona*) doux (douce) ; (*animal*) docile
manta *nf* couverture *f* ; (*AM*) poncho *m*
manteca *nf* (*de cerdo*) saindoux *m* ; (*de cacao, AM*) beurre *m*
mantel *nm* nappe *f*
mantendré *etc vb ver* **mantener**
mantener *vt* maintenir ; (*familia*) subvenir aux besoins de ; (*Tec*) assurer la maintenance (de) ; (*actividad*) conserver ; (*edificio*) soutenir ; **mantenerse** *vpr* (*edificio*) être soutenu(e) ; (*no ceder*) se maintenir ; **~ el equilibrio** garder l'équilibre ; **mantenerse de/con** vivre de ; **mantenerse en pie** rester debout ; **mantenerse firme** rester ferme • **mantenimiento** *nm* (*Tec*) maintenance *f* ; (*de orden, relaciones*) maintien *m* ; (*sustento*) subsistance *f*

mantequilla *nf* beurre *m*
manto *nm* cape *f*
mantuve *etc vb ver* **mantener**
manual *adj* manuel(le) ▸ *nm* manuel *m*
manufactura *nf* manufacture *f*
manufacturado, -a *adj* manufacturé(e)
manuscrito *nm* manuscrit *m*
manutención *nf* (*de persona*) entretien *m*; (*de alimentos, dinero*) conservation *f*
manzana *nf* pomme *f*; (*de edificios*) pâté *m* de maisons
manzanilla *nf* camomille *f*
manzano *nm* pommier *m*
maña *nf* adresse *f*; **mañas** *nfpl* (*artimañas*) ruses *fpl*
mañana *adv* demain ▸ *nm*: **(el) ~** (le) lendemain ▸ *nf* matin *m*; **de** *o* **por la ~** le matin; **¡hasta ~!** à demain !; **~ por la ~** demain matin
mañoso, -a *adj* adroit(e)
mapa *nm* carte *f*
maqueta *nf* maquette *f*
maquillaje *nm* maquillage *m*
maquillar *vt* maquiller; **maquillarse** *vpr* se maquiller
máquina *nf* machine *f*; (*de tren*) locomotive *f*; (*CAm, CU*) voiture *f*; **escrito a ~** tapé à la machine; **~ de coser/de escribir/de vapor** machine à coudre/à écrire/à vapeur
maquinación *nf* machination *f*
maquinal *adj* machinal(e)
maquinaria *nf* machinerie *f*
maquinilla *nf* (*tb*: **maquinilla de afeitar**) rasoir *m*
maquinista *nmf* mécanicien(ne)
mar *nm o nf* mer *f*; **~ adentro** au large; **en alta ~** en haute mer; **es la ~ de guapa** elle est très belle; **el M~ Negro/Báltico** la mer Noire/Baltique
maraña *nf* enchevêtrement *m*
maratón *nm* marathon *m*
maravilla *nf* merveille *f*
• **maravillar** *vt* émerveiller; **maravillarse** *vpr*: **maravillarse (de)** s'émerveiller (de)
maravilloso, -a *adj* merveilleux(-euse)
marca *nf* marque *f*; (*Deporte*) record *m*; **de ~** (*Com*) de marque; **~ blanca** marque blanche *ou* de distributeur; **~ de fábrica** marque de fabrique
marcador *nm* (*Deporte*) tableau *m* d'affichage
marcapasos *nm inv* stimulateur *m* cardiaque
marcar *vt* marquer; (*número de teléfono*) composer ▸ *vi* (*Deporte*) marquer; (*Telec*) composer le numéro
marcha *nf* marche *f*; (*Auto*) vitesse *f*; (*fam: animación*) animation *f*; **dar ~ atrás** (*Auto, fig*) faire marche arrière; **estar en ~** être en marche; (*negocio*) marcher; **poner en ~** faire démarrer
marchar *vi* marcher; (*ir*) partir; **marcharse** *vpr* s'en aller
marchitar *vt* faner; **marchitarse** *vpr* se faner
marcial *adj* martial(e)
marco *nm* cadre *m*; (*Hist: moneda*) mark *m*
marea *nf* marée *f*; **~ negra** marée noire

marear *vt* (*Med*) donner mal au cœur à ; (*fam*) assommer ; **marearse** *vpr* avoir mal au cœur ; (*en barco*) avoir le mal de mer ; (*desmayarse*) s'évanouir ; (*estar aturdido*) être abruti(e)
maremoto *nm* raz-de-marée *m inv*
mareo *nm* mal *m* au cœur ; (*en barco*) mal de mer ; (*en avión*) mal de l'air ; (*en coche*) mal des transports ; (*desmayo*) évanouissement *m* ; (*aturdimiento*) étourdissement *m*
marfil *nm* ivoire *m*
margarina *nf* margarine *f*
margarita *nf* marguerite *f*
margen *nm o nf* (*de río, camino*) bord *m* ; (*de página*) marge *f* ▸ *nm* marge ; **dar ~ para** donner l'occasion de ; **dejar a algn al ~** tenir qn à l'écart ; **mantenerse al ~** rester en marge
marginar *vt* (*socialmente*) marginaliser
marica (*fam!*) *nm* (*homosexual*) pédé *m* (*fam!*) ; (*: cobarde*) poule *f* mouillée
maricón (*fam!*) *nm* (*homosexual*) pédé *m* (*fam!*) ; (*: insulto*) connard *m* (*fam!*)
marido *nm* mari *m*
marihuana *nf* marijuana *f*
marina *nf* (*Mil*) marine *f* ; **~ mercante** marine marchande
marinero, -a *adj* marin(e) ▸ *nm/f* marin *m*
marino, -a *adj* marin(e) ▸ *nm* marin *m*
marioneta *nf* marionnette *f*
mariposa *nf* papillon *m*
mariquita *nf* coccinelle *f*
marisco *nm* fruits *mpl* de mer
marítimo, -a *adj* maritime
mármol *nm* marbre *m*
marqués, -esa *nm/f* marquis(e)
marrón *adj* marron
marroquí *adj* marocain(e) ▸ *nmf* Marocain(e) ▸ *nm* (*cuero*) maroquin *m*
Marruecos *nm* Maroc *m*
martes *nm inv* mardi *m* ; **~ y trece** ≈ vendredi 13

En Espagne et dans certains pays d'Amérique latine, la superstition veut que le **martes 13** soit un jour qui porte malheur, un peu comme notre vendredi 13.

martillo *nm* marteau *m*
mártir *nmf* martyr(e) • **martirio** *nm* martyre *m*
marxismo *nm* marxisme *m* • **marxista** *adj, nmf* marxiste *mf*
marzo *nm* mars *msg* ; *ver tb* **julio**
mas *conj* mais

m

más

▸ *adv* **1** (*compar*) plus ; **~ grande/inteligente** plus grand/intelligent ; **trabaja ~ (que yo)** il travaille plus (que moi) ; **~ de mil** plus de mille ; **~ de lo que yo creía** plus que je ne pensais
2 (*+ sustantivo*) plus de ; **~ libros** plus de livres ; **~ tiempo** plus longtemps
3 (*tras sustantivo*) en plus, de plus ; **tres personas ~ (que ayer)** trois personnes de plus (qu'hier)
4 (*superl*): **el ~ ...** le plus ... ; **el ~ inteligente (de)** le plus

intelligent (de) ; **el coche ~ grande** la voiture la plus grande ; **el que ~ corre** le plus rapide
5 (*adicional*): **deme una ~** donnez m'en encore une ; **un poco ~** encore un peu ; **¿qué ~?** quoi d'autre ?, quoi encore ? ; **¿quién ~?** qui d'autre ? ; **¿quieres ~?** en veux-tu plus *o* davantage ?
6 (*negativo*): **no tengo ~ dinero** je n'ai plus d'argent ; **no viene ~ por aquí** il ne vient plus par ici ; **no sé ~** je n'en sais pas plus *o* davantage ; **nunca ~** plus jamais ; **no hace ~ que hablar** il ne fait que parler ; **no lo sabe nadie ~ que él** il n'y a que lui qui le sache
7 (*+ adj: valor intensivo*): **¡qué perro ~ sucio!** comme ce chien est sale ! ; **¡es ~ tonto!** qu'est-ce qu'il est bête !
8 (*locuciones*): **~ o menos** plus ou moins ; **los ~** la plupart ; **es ~, acabamos pegándonos** on a même fini par se battre ; **~ aún** d'autant plus ; **~ bien** plutôt ; *ver tb* **cada**
9: **de ~**: **veo que aquí estoy de ~** je vois que je suis de trop ici ; **tenemos uno de ~** nous en avons un de trop
10 (*AM*): **no ~** seulement ; **así no ~** comme ça ; **ayer no ~** pas plus tard qu'hier
11: **por ~**: **por ~ que lo intento** j'ai beau essayer ; **por ~ que quisiera** j'ai beau vouloir
12 (*Mat*): **dos ~ dos son cuatro** deux plus deux font quatre
▸ *nm* (*Mat: signo*) signe *m* plus ; **este trabajo tiene sus ~ y sus menos** ce travail a de bons et de mauvais côtés

masa *nf* masse *f* ; (*Culin*) pâte *f* ; **las masas** *nmpl* (*Pol*) les masses *fpl* ; **en ~** en masse
masacre *nf* massacre *m*
masaje *nm* massage *m*
máscara *nf* masque *m* ; **~ antigás/de oxígeno** masque à gaz/à oxygène • **mascarilla** *nf* (*Med, en cosmética*) masque *m*
masculino, -a *adj* masculin(e) ▸ *nm* (*Ling*) masculin *m*
masificación *nf* massification *f*
masivo, -a *adj* massif(-ive)
masón, -ona *nm/f* franc-maçon(ne)
masoquista *adj, nmf* masochiste *mf*
máster *nm* (*Univ*) mastère *m*
masticar *vt, vi* mastiquer
mástil *nm* mât *m* ; (*de guitarra*) manche *m*
mastín *nm* mâtin *m*
masturbación *nf* masturbation *f*
masturbarse *vpr* se masturber
mata *nf* (*esp AM*) arbuste *m* ; (*de perejil*) bouquet *m*
matadero *nm* abattoir *m*
matador *nm* (*Taur*) matador *m*
matamoscas *nm inv* tue-mouches *m inv*
matanza *nf* (*de gente*) massacre *m* ; (*de cerdo: acción*) abattage *m* du cochon
matar *vt* tuer ; (*hambre, sed*) apaiser ; **matarse** *vpr* se tuer
matasellos *nm inv* cachet *m* de la poste

mate *adj* mat(e) ; (*And, CSur: hierba, infusión*) maté *m* ; (*: vasija*) récipient *m* pour le maté ; **~ de coca/de menta** thé à la coca/ à la menthe

matemáticas *nfpl* mathématiques *fpl*, maths *fpl*

matemático, -a *adj* mathématique ▶ *nm/f* mathématicien(ne)

materia *nf* matière *f* ; **en ~ de** en matière de ; **~ prima** matière première • **material** *adj* matériel(le) ▶ *nm* matière *f*, matériau *m* ; (*dotación*) matériel *m* • **materialista** *adj* matérialiste • **materialmente** *adv*: **es ~ imposible** c'est matériellement impossible

maternal *adj* maternel(le)

maternidad *nf* maternité *f*

materno, -a *adj* maternel(le)

matinal *adj* matinal(e)

matiz *nm* nuance *f* • **matizar** *vt, vi* nuancer ; (*aclarar*) préciser

matón *nm* dur *m*

matorral *nm* buisson *m*

matraca *nf* matraque *f*

matrícula *nf* (*Escol*) inscription *f* ; (*Auto*) immatriculation *f* ; (*: placa*) plaque *f* d'immatriculation ; **~ de honor** ≈ mention *f* très bien • **matricular** *vt* (*coche*) immatriculer ; (*alumno*) inscrire ; **matricularse** *vpr* s'inscrire

matrimonial *adj* (*contrato*) de mariage ; (*vida*) conjugal(e)

matrimonio *nm* (*pareja*) couple *m* ; (*boda*) mariage *m*

matriz *nf* (*Anat*) utérus *msg* ; (*Tec, Mat*) matrice *f*

maullar *vi* miauler

máxime *adv* particulièrement

máximo, -a *adj* maximal(e), maximum ; (*longitud, altitud*) maximal(e) ▶ *nm* maximum *m* ; **al ~** au maximum

mayo *nm* mai *m* ; *ver tb* **julio**

mayonesa *nf* mayonnaise *f*

mayor *adj* (*adulto*) adulte ; (*de edad avanzada*) âgé(e) ; (*Mús, fig*) majeur(e) ; (*compar y superlativo: de tamaño*) plus grand(e) ; (*: de edad*) plus âgé(e) ; **mayores** *nmpl* adultes *mpl* ; **al por ~** en gros ; **cuando sea ~** quand je serai grand **~ de edad** majeur(e)

mayordomo *nm* majordome *m*

mayoría *nf* majorité *f*

mayorista *nmf* grossiste *mf*

mayúscula *nf* (*tb*: **letra mayúscula**) majuscule *f*

mayúsculo, -a *adj* (*susto*) terrible ; (*error*) énorme

mazapán *nm* pâte *f* d'amandes

mazo *nm* maillet *m*

me *pron* me ; (*en imperativo*) moi ; **¡dámelo!** donne-le-moi !

mear (*fam*) *vt, vi* pisser

mecánica *nf* mécanique *f*

mecánico, -a *adj* mécanique ▶ *nm/f* mécanicien(ne)

mecanismo *nm* mécanisme *m*

mecanografía *nf* dactylographie *f*

mecanógrafo, -a *nm/f* dactylo(graphe) *mf*

mecate (*AM*) *nm* corde *f*

mecedor (*AM*) *nm*, **mecedora** *nf* fauteuil *m* à bascule

mecer *vt* bercer ; **mecerse** *vpr* se balancer

mecha *nf* mèche *f*; **mechas** *nfpl* (*en el pelo*) mèches *fpl*
mechero *nm* briquet *m*
mechón *nm* (*de pelo*) mèche *f*
medalla *nf* médaille *f*
media *nf* moyenne *f*; (*prenda de vestir*) bas *msg*; (AM) chaussette *f*; **medias** *nfpl* (*un par*) collant *msg*
mediano, -a *adj* moyen(ne); **el ~** celui du milieu
medianoche *nf* minuit *m*
mediante *adv* grâce à
mediar *vi* servir d'intermédiaire; (*problema: interponerse*) s'interposer; **~ por algn** intercéder en faveur de qn
medias *nfpl ver* **media**
mediático, -a *adj* médiatique
medicación *nf* (*acción*) prise *f* de médicaments; (*medicamentos*) médicaments *mpl*
medicamento *nm* médicament *m*
medicina *nf* (*ciencia*) médecine *f*; (*medicamento*) médicament *m*
medición *nf* mesure *f*
médico, -a *adj* médical(e) ▸ *nm/f* médecin *mf*
medida *nf* mesure *f*; **medidas** *nfpl* (*de persona*) mesures *fpl*; **en cierta ~** dans une certaine mesure; **en gran ~** en grande partie; **un traje a la ~** un costume sur mesure; **~ de cuello** encolure *f*; **a ~ de mi** *etc* **capacidad/necesidad** dans la mesure de mes *etc* possibilités/besoins; **a ~ que ...** à mesure que ...
medio, -a *adj* moyen(ne) ▸ *adv* à moitié ▸ *nm* milieu *m*; (*método*) moyen *m*; **medios** *nmpl* moyens *mpl*; **a medias** à moitié; **~ litro** un demi-litre; **media hora/docena/manzana** une demi-heure/douzaine/pomme; **las tres y media** trois heures et demie; **~ dormido/enojado** à moitié endormi/fâché; **en ~, entre medias** au milieu; **por ~ de** au moyen de; **~ ambiente** environnement *m*; **~s de comunicación/transporte** moyens de communication/transport
medioambiental *adj* environnemental(e); (*efectos*) sur l'environnement
mediocre *adj* médiocre
mediodía *nm* midi *m*; **a ~** à midi
medir *vt* mesurer; **¿cuánto mides? — mido 1.50 m** tu mesures combien ? — je mesure 1 m 50
meditar *vt* méditer ▸ *vi*: **~ (sobre)** méditer (sur)
mediterráneo, -a *adj* méditerranéen(ne) ▸ *nm*: **el (mar) M~** la (mer) Méditerranée
médula *nf* moelle *f*; **~ espinal** moelle épinière
medusa (*Esp*) *nf* méduse *f*
mega *nm* (*Inform*) méga *m*
megafonía *nf* sono *f*; (*técnica*) sonorisation *f*
megáfono *nm* haut-parleur *m*
megalómano, -a *nm/f* mégalomane *mf*
mejicano, -a (*Esp*) *adj* mexicain(e) ▸ *nm/f* Mexicain(e)
Méjico (*Esp*) *nm* Mexique *m*
mejilla *nf* joue *f*
mejillón *nm* moule *f*

mejor *adj* meilleur(e) ▶ *adv* mieux ; **será ~ que vayas** il vaut mieux que tu t'en ailles ; **a lo ~** peut-être ; **~ dicho** plutôt ; **¡(tanto) ~!** tant mieux ! ; **~ vámonos** (*esp AM: fam*) allons-y ; **tú, ~ te callas** (*esp AM: fam*) toi, tu ferais mieux de te taire

mejora *nf* amélioration *f* • **mejorar** *vt* améliorer ▶ *vi* s'améliorer ; (*enfermo*) aller mieux

mejoría *nf* amélioration *f*

melancólico, -a *adj* mélancolique

melena *nf* (*de persona*) chevelure *f* ; (*de león*) crinière *f*

mellizo, -a *adj, nm/f* jumeau(-elle) ; **mellizos** *nmpl* (*AM*) jumelles *fpl* ; (*de ropa*) boutons *mpl* de manchette

melocotón (*Esp*) *nm* pêche *f*

melodía *nf* mélodie *f*

melodrama *nm* mélodrame *m*

melón *nm* melon *m*

membrete *nm* en-tête *m*

membrillo *nm* (*fruto*) coing *m* ; (*tb*: **carne de membrillo**) pâte *f* de coings

meme (*fam*) *nm* mème *m* (*Internet*)

memorable *adj* mémorable

memoria *nf* mémoire *f* ; **memorias** *nfpl* (*de autor*) mémoires *fpl* ; **aprender/saber/recitar algo de ~** apprendre/savoir/réciter qch par cœur • **memorizar** *vt* mémoriser

menaje *nm* (*de cocina*) ustensiles *mpl* de cuisine ; (*del hogar*) articles *mpl* pour la maison

mencionar *vt* mentionner

mendigar *vt, vi* mendier

mendigo, -a *nm/f* mendiant(e)

mendrugo *nm* quignon *m*

menear *vt* remuer ; (*cadera*) balancer ; **menearse** *vpr* remuer

menester *nm*: **es ~ hacer algo** il faut faire qch ; **menesteres** *nmpl* activités *fpl*

menestra *nf*: **~ de verduras** macédoine *f* de légumes (*parfois avec des morceaux de viande*)

menguante *adj* décroissant(e) • **menguar** *vt* diminuer ▶ *vi* décroître ; (*días, número*) diminuer

meningitis *nf inv* méningite *f*

menopausia *nf* ménopause *f*

menor *adj* (*más pequeño: compar*) plus petit(e) ; (*número: superl*) moindre ; (*más joven*) plus jeune ; (*Mús*) mineur(e) ▶ *nmf* (*tb*: **menor de edad**) mineur(e) ; **no tengo la ~ idea** je n'en ai pas la moindre idée ; **al por ~** au détail

Menorca *nf* Minorque *f*

menos

▶ *adv* **1** (*compar*) moins ; **me gusta ~ (que el otro)** je l'aime moins (que l'autre) ; **~ de 50** moins de 50 ; **~ de lo que pensaba** moins que ce que je pensais

2 (*+ sustantivo*) moins de ; **~ gente** moins de gens ; **~ coches** moins de voitures

3 (*tras sustantivo*) de moins ; **tres libros ~ (que ayer)** trois livres de moins (qu'hier)

4 (*superl*): **es la ~ lista (de su clase)** c'est la moins intelligente (de sa classe) ; **el libro ~ vendido** le livre le moins vendu ; **de todas ellas es la que ~ me agrada** c'est celle qui me plaît le moins parmi elles ; **es el que ~ culpa tiene** c'est celui qui est le

moins coupable ; **lo ~ que ...** le minimum que ...
5 (*locuciones*): **no quiero verle y ~ visitarle** je ne veux pas le voir, encore moins lui rendre visite ; **~ aún cuando ...** d'autant moins que ... ; **¡~ mal (que ...)!** heureusement (que ...) ! ; **al** *o* **por lo ~** (tout) au moins ; **si al ~ ...** si seulement ...
6 (*Mat*): **cinco ~ dos** cinq moins deux
▶ *prep* (*excepto*) sauf ; **todos ~ él** tous sauf lui
▶ *conj*: **a ~ que**: **a ~ que venga mañana** à moins qu'il ne vienne demain

menospreciar *vt* sous-estimer
mensaje *nm* message *m*
• **mensajero, -a** *nm/f* messager(-ère) ; (*de cartas, paquetes*) coursier(-ière)
menstruación *nf* menstruation *f*
mensual *adj* mensuel(le)
• **mensualidad** *nf* mensualité *f*
menta *nf* menthe *f*
mental *adj* mental(e)
• **mentalidad** *nf* mentalité *f*
mentalizar *vt* faire prendre conscience à ; **mentalizarse** *vpr*: **mentalizarse (de/de que)** se faire à l'idée (de/que)
mentar *vt* mentionner
mente *nf* esprit *m* ; **tener en ~ algo/~ hacer algo** avoir qch en tête/dans l'idée de faire qch
mentir *vi* mentir
mentira *nf* mensonge *m* ; **parece ~ que ...** on ne dirait vraiment pas que ... ; (*como reproche*) c'est incroyable que ...
mentiroso, -a *adj, nm/f* menteur(-euse)
menú *nm* menu *m*
menudo, -a *adj* (*muy pequeño*) menu(e) ; **¡~ negocio!** drôle d'affaire ! ; **¡~ chaparrón/lío!** quelle engueulade/histoire ! ; **¡~ sitio/actor!** (*pey*) drôle d'endroit/d'acteur ! ; **a ~** souvent
meñique *nm* (*tb*: **dedo meñique**) auriculaire *m*
meollo *nm*: **el ~ del asunto** le fond du problème
mercado *nm* marché *m* ; **M~ Común** Marché commun
mercancía *nf* marchandise *f*
mercantil *adj* commercial(e)
mercenario, -a *adj, nm* mercenaire *mf*
mercería *nf* mercerie *f* ; **artículos/sección de ~** mercerie
mercurio *nm* mercure *m*
merecer *vt* mériter ; **merece la pena** ça vaut la peine
merecido, -a *adj* mérité(e) ; **recibir su ~** avoir ce qu'on *etc* mérite
merendar *vt* prendre pour son goûter ▶ *vi* prendre son goûter
merengue *nm* meringue *f*
meridiano *nm* méridien *m*
merienda *vb ver* **merendar** ▶ *nf* goûter *m*
mérito *nm* mérite *m*
merluza *nf* colin *m*
merma *nf* diminution *f* • **mermar** *vt, vi* diminuer
mermelada *nf* confiture *f*
mero, -a *adj* simple ; (*CAm, Méx: fam: verdadero*) vrai(e) ; (*: principal*) principal(e) ; (*: exacto*) précis(e)

merodear *vi*: **~ por (un lugar)** rôder dans (un endroit)

mes *nm* mois *msg*

mesa *nf* table *f*; **poner/quitar la ~** mettre/débarrasser la table; **~ electoral** bureau *m* de vote; **~ redonda** table ronde

mesero, -a (*esp Méx*) *nm/f* garçon (serveuse)

meseta *nf* plateau *m*

mesilla *nf* (*tb*: **mesilla de noche**) table *f* de nuit

mesón *nm* restaurant *m*

mestizo, -a *adj, nm/f* métis(se)

mesura *nf* (*moderación*) mesure *f*

meta *nf* but *m*

metabolismo *nm* métabolisme *m*

metáfora *nf* métaphore *f*

metal *nm* métal *m*; (*Mús*) cuivres *mpl*

metálico, -a *adj* métallique ▶ *nm*: **en ~** en espèces

metalurgia *nf* métallurgie *f*

meteoro *nm* météore *m*

meteorología *nf* météorologie *f*

meter *vt* mettre; (*involucrar*) mêler; (*Costura*) raccourcir; (*miedo*) faire; (*paliza*) flanquer; **meterse** *vpr*: **meterse en** (*un lugar*) entrer dans; (*negocios, política*) se lancer dans; (*entrometerse*) se mêler de; **~ algo en** *o* (*esp* AM) **a** mettre qch dans; **meterse a escritor** se lancer dans la littérature; **meterse con algn** s'en prendre à qn; (*en broma*) taquiner qn

meticuloso, -a *adj* méticuleux(-euse)

metódico, -a *adj* méthodique

método *nm* méthode *f*; **con ~** avec méthode

metodología *nf* méthodologie *f*

metralleta *nf* mitraillette *f*

metro *nm* mètre *m*; (*tren*: *tb*: **metropolitano**) métro *m*

mexicano, -a *adj* mexicain(e) ▶ *nm/f* Mexicain(e)

México *nm* Mexique *m*; **Ciudad de ~** Mexico

mezcla *nf* mélange *m* • **mezclar** *vt* mélanger; (*cosas, ideas dispares*) mêler; **mezclarse** *vpr* se mélanger; **~ a algn en** (*pey*) mêler qn à; **mezclarse en algo** (*pey*) se mêler de qch

mezquino, -a *adj* mesquin(e)

mezquita *nf* mosquée *f*

mg *abr* (= *miligramo(s)*) mg (= *milligramme(s)*)

mi *adj* mon (ma) ▶ *nm* (*Mús*) mi *m*; **mi hijo** mon fils; **mis hijos** mes enfants

mí *pron* moi

michelín *nm* bourrelet *m*

micro *nm* micro *m*; (AM: *microordenador*) micro-ordinateur *m*; (: *microbús*) minibus *msg*

microbio *nm* microbe *m*

micrófono *nm* microphone *m*

microondas *nm inv* (*tb*: **horno microondas**) (four *m* à) micro-ondes *msg*

microscopio *nm* microscope *m*

miedo *nm* peur *f*; **tener ~** avoir peur; **tener ~ de que** avoir peur que

miedoso, -a *adj* peureux(-euse)

miel *nf* miel *m*

miembro *nm* membre *m*; **~ viril** membre viril

mientras *conj* pendant que ▶ *adv* en attendant ; **~ viva/pueda** tant que je vivrai/pourrai ; **~ que** tandis que ; **~ tanto** entre-temps
miércoles *nm inv* mercredi *m*
mierda (*fam!*) *nf* merde *f* (*fam!*)
miga *nf* mie *f* ; (*una miga*) miette *f* ; **hacer buenas ~s** (*fam*) faire bon ménage
migración *nf* migration *f*
mil *adj, nm* mille *m* ; **dos ~ libras** deux mille livres
milagro *nm* miracle *m* ; **de ~** par miracle
milagroso, -a *adj* miraculeux(-euse)
milésimo, -a *adj, nm/f* millième *mf*
mili *nf*: **la ~** (*fam*) le service (militaire)
milicia *nf* milice *f*
milímetro *nm* millimètre *m*
militante *adj, nmf* militant(e)
militar *adj, nmf* militaire *mf* ▶ *vi*: **~ en** (*Pol*) militer dans
millar *nm* millier *m*
millón *nm* million *m*
millonario, -a *adj, nm/f* millionnaire *mf*
mimar *vt* gâter
mimbre *nm o nf* osier *m*
mímica *nf* mimique *f*
mimo *nm* (*gesto cariñoso*) câlin *m* ; (*en trato con niños: pey*) indulgence *f* ; (*Teatro*) mime *m*
mina *nf* mine *f* • **minar** *vt* miner
mineral *adj* minéral(e) ▶ *nm* minéral *m*
minero, -a *adj* minier(-ière) ▶ *nm/f* mineur *m*
miniatura *nf* miniature *f* ; **en ~** en miniature
minifalda *nf* mini-jupe *f*
mínimo, -a *adj* (*temperatura, salario*) minimal(e) ; (*detalle, esfuerzo*) minime ▶ *nm* minimum *m*
ministerio *nm* ministère *m*
ministro, -a *nm/f* ministre *mf*
minoría *nf* minorité *f*
minucioso, -a *adj* minutieux(-euse)
minúscula *nf* minuscule *f*
minusválido, -a *adj, nm/f* handicapé(e)
minuta *nf* (*de abogado etc*) note *f* d'honoraires
minutero *nm* aiguille *f* des minutes
minuto *nm* minute *f*
mío, -a *adj* à moi ▶ *pron*: **el ~/la mía** le mien/la mienne ; **un amigo ~** un de mes amis, un ami à moi
miope *adj* myope
mira *nf* (*de arma*) viseur *m* ; **con la ~ de (hacer)** dans le but de (faire) ; **con ~s a (hacer)** en vue de (faire)
mirada *nf* regard *m* ; (*momentánea*) coup *m* d'œil ; **echar una ~ a** jeter un coup d'œil à
mirado, -a *adj* réservé(e) ; **estar bien/mal ~** être bien/mal vu(e)
mirador *nm* mirador *m*
mirar *vt* regarder ; (*considerar*) penser à ▶ *vi* regarder ; (*suj: ventana etc*) donner sur ; **mirarse** *vpr* se regarder ; **~ (hacia/por)** regarder (vers/par) ; **~ (en/por)** veiller (à) ; **~ bien/mal a algn** apprécier/ne pas apprécier qn ; **~ por algn/algo** veiller sur qn/qch

mirilla *nf* judas *msg*
mirlo *nm* merle *m*
misa *nf* messe *f*
miserable *adj, nmf* misérable *mf*
miseria *nf* misère *f*; **una ~** (*muy poco*) une misère
misericordia *nf* miséricorde *f*
misil *nm* missile *m*
misión *nf* mission *f*; **misiones** *nfpl* (*Rel*) missions *fpl*
misionero, -a *nm/f* missionnaire *mf*
mismo, -a *adj*: **el ~ libro/apellido** le même livre/nom de famille; (*con pron personal*): **mí ~** *etc* moi-même *etc* ▸ *adv*: **aquí/hoy ~** (*dando énfasis*) ici/aujourd'hui même; (*por ejemplo*) par exemple ici/aujourd'hui; **ayer ~** pas plus tard qu'hier ▸ *conj*: **lo ~ que** de même que; **ahora ~** à l'instant; **yo ~ lo vi** je l'ai vu de mes propres yeux; **quiero lo ~** je veux la même chose; **es/da lo ~** peu importe; **~ que** (*Méx*: *esp en prensa*) qui
misterio *nm* mystère *m*; **hacer algo con (mucho) ~** faire qch en (grand) secret
misterioso, -a *adj* mystérieux(-euse)
mitad *nf* moitié *f*; (*centro*) milieu *m*; **a ~ de precio** à moitié prix; **en** *o* **a ~ del camino** à mi-chemin; **cortar por la ~** partager en deux
mitigar *vt* atténuer
mitin *nm* (*esp Pol*) meeting *m*
mito *nm* mythe *m*
mixto, -a *adj* mixte; (*ensalada*) composé(e)
mobiliario *nm* mobilier *m*
mochila *nf* sac *m* à dos
moción *nf* motion *f*
moco *nm* crotte *f* de nez; **mocos** *nmpl* morve *fsg*
moda *nf* mode *f*; **estar de ~** être à la mode; **pasado de ~** démodé(e)
modales *nmpl* manières *fpl*
modalidad *nf* modalité *f*
modelar *vt* modeler
modelo *adj inv* modèle ▸ *nmf* modèle *m*; (*en moda, publicitario*) mannequin *mf* ▸ *nm* (*a imitar*) modèle
moderado, -a *adj* modéré(e)
moderar *vt* modérer; **moderarse** *vpr*: **moderarse (en)** se modérer (dans)
modernizar *vt* moderniser
moderno, -a *adj* moderne
modestia *nf* modestie *f*
modesto, -a *adj* modeste
módico, -a *adj* modique
modificar *vt* modifier
modisto, -a *nm/f* couturier(-ière)
modo *nm* (*manera*) manière *f*; **modos** *nmpl* (*modales*): **buenos/malos ~s** bonnes/mauvaises manières; **a ~ de** en guise de; **« ~ de empleo »** « mode d'emploi »; **de ningún ~** en aucune façon; **de todos ~s** de toute manière
modorra *nf* léthargie *f*
mofa *nf*: **hacer ~ de algn** se moquer de qn
mofarse *vpr*: **~ de** se moquer de
moho *nm* (*en pan etc*) moisi *m*
mojar *vt* mouiller; **mojarse** *vpr* se mouiller
mojón *nm* borne *f*
molar *vt* (*fam*) botter ▸ *vi* (*fam*): **esa cazadora/ir en moto mola**

(mucho) ce blouson/une balade à moto, ça me botte bien ; **lo que más me mola es ...** ce qui me botte le plus, c'est ...

molde *nm* moule *m*

mole *nf* masse *f* ▸ *nm* (*Méx*) (sorte *f* de viande en) sauce *f*

moler *vt* moudre

molestar *vt* (*suj: olor, ruido*) gêner ; (*: visitas, niño*) déranger ; (*: comentario, actitud*) vexer ▸ *vi* (*visitas, niño*) déranger ; **molestarse** *vpr* se déranger ; (*ofenderse*) se vexer ; **molestarse (en)** prendre la peine (de)

molestia *nf* gêne *f* ; **tener ~s en** avoir mal à ; **tomarse la ~ de** prendre la peine de ; **no es ninguna ~** cela ne me dérange pas du tout, je vous en prie ; **« perdonen las ~s »** « veuillez nous excuser pour le désagrément »

molesto, -a *adj* gênant(e), désagréable ; **estar ~** (*Med*) se sentir mal ; (*enfadado*) être fâché(e) ; **estar ~ con algn** ne pas être à l'aise avec qn

molido, -a *adj*: **estar ~** être crevé(e)

molinillo *nm*: **~ de café** moulin *m* à café

molino *nm* moulin *m*

momentáneo, -a *adj* momentané(e)

momento *nm* moment *m* ; **es el/no es el ~ de (hacer)** c'est/ce n'est pas le moment de (faire) ; **de ~** pour le moment

momia *nf* momie *f*

monarca *nm* monarque *m* • **monarquía** *nf* monarchie *f*

monárquico, -a *adj* monarchique ▸ *nm/f* monarchiste *mf*

monasterio *nm* monastère *m*

mondar *vt* éplucher ; **mondarse** *vpr*: **mondarse de risa** (*fam*) se tordre de rire

moneda *nf* (*unidad monetaria*) monnaie *f* ; (*pieza*) pièce *f* (de monnaie) • **monedero** *nm* porte-monnaie *m inv*

monetario, -a *adj* monétaire

monitor, a *nm/f* moniteur(-trice) ▸ *nm* (*TV, Inform*) moniteur *m*

monja *nf* religieuse *f*

monje *nm* moine *m*

mono, -a *adj* mignon(ne) ▸ *nm/f* singe (guenon) ▸ *nm* (*prenda: entera*) bleu *m* de travail

monólogo *nm* monologue *m*

monopolio *nm* monopole *m* • **monopolizar** *vt* monopoliser

monotonía *nf* monotonie *f*

monótono, -a *adj* monotone

monstruo *nm* monstre *m*

monstruoso, -a *adj* monstrueux(-euse)

montaje *nm* montage *m*

montaña *nf* montagne *f* ; **~ rusa** montagne russe

montar *vt, vi* monter ; **~ a caballo** monter à cheval ; **botas de ~** bottes *fpl* d'équitation ; **~ en cólera** se mettre en colère

monte *nm* mont *m* ; (*área sin cultivar*) bois *msg* ; **~ de piedad** mont-de-piété

montón *nm* tas *msg*

monumento *nm* monument *m*

moño *nm* chignon *m*

moqueta *nf* moquette *f*

mora *nf* (*Bot*) mûre *f*
morada *nf* demeure *f*
morado, -a *adj* violet(te) ▸ *nm* violet *m*
moral *adj* moral(e) ▸ *nf* morale *f*; (*ánimo*) moral *m* ▸ *nm* (*Bot*) mûrier *m*
moraleja *nf* morale *f*
moralidad *nf* moralité *f*
morboso, -a *adj* morbide
morcilla *nf* (*Culin*) ≈ boudin *m* noir
mordaz *adj* (*crítica*) acerbe
mordaza *nf* bâillon *m*
morder *vt, vi* mordre • **mordisco** *nm* (petite) morsure *f*
moreno, -a *adj* brun(e); (*de piel*) mat(e); **estar ~** être bronzé(e); **ponerse ~** bronzer
morfina *nf* morphine *f*
moribundo, -a *adj, nm/f* moribond(e)
morir *vi* mourir; **morirse** *vpr* mourir; **fue muerto a tiros/en un accidente** il a été tué par balles/dans un accident; **morirse de envidia/de ganas/de vergüenza** crever de jalousie/ mourir d'envie/de honte
moro, -a *adj* maure (mauresque) ▸ *nm/f* Maure (Mauresque)
moroso, -a *adj* retardataire ▸ *nm/f* (*Com*) mauvais(e) payeur(-euse)
morral *nm* musette *f*
morro *nm* museau *m*; (*Auto, Aviat*) devant *m*; **beber a ~** boire au goulot; **estar de ~s (con algn)** faire la gueule (à qn); **tener mucho ~** (*fam*) avoir du toupet
mortadela *nf* mortadelle *f*
mortaja *nf* linceul *m*
mortal *adj, nmf* mortel(le) • **mortalidad** *nf* mortalité *f*
mortero *nm* mortier *m*
mortífero, -a *adj* meurtrier(-ière)
mortificar *vt* mortifier
mosca *nf* mouche *f*
Moscú *n* Moscou
mosquear (*fam*) *vt* (*hacer desconfiar*) trouver bizarre; (*fastidiar*) agacer; **mosquearse** *vpr* se vexer
mosquitero *nm* moustiquaire *f*
mosquito *nm* moustique *m*
mostaza *nf* moutarde *f*
mostrador *nm* comptoir *m*
mostrar *vt* montrer; (*el camino*) montrer, indiquer; (*explicar*) expliquer; **mostrarse** *vpr*: **mostrarse amable** se montrer aimable
mota *nf* poussière *f*; (*en tela: dibujo*) nœud *m*
mote *nm* surnom *m*
motín *nm* mutinerie *f*
motivar *vt* motiver • **motivo** *nm* motif *m*; **con ~ de** en raison de
moto, motocicleta *nf* moto *f*
motociclista *nmf* motocycliste *mf*
motor, a *adj* moteur(-trice) ▸ *nm* moteur *m*; **~ a** *o* **de reacción/de explosión** moteur à réaction/à explosion
motora *nf* canot *m* (à moteur)
movedizo, -a *adj*: **arenas movedizas** sables *mpl* mouvants
mover *vt* bouger; (*objeto*) déplacer; **moverse** *vpr* se déplacer; (*tierra*) glisser; **~ a algn a hacer** (*inducir*) pousser qn à faire; **~ la cabeza** (*para negar*) hocher la tête de droite à gauche

móvil *adj* mobile ; (*pieza de máquina*) roulant(e) ▶ *nm* (*de crimen*) mobile *m* ; (*teléfono*) (téléphone *m*) portable *m* ; **~ con cámara** téléphone *m* avec appareil photo, photophone *m*
• **movilidad** *nf* mobilité *f*
• **movilizar** *vt* mobiliser

movimiento *nm* mouvement *m*

moza *nf* jeune fille *f*

mozo *nm* jeune homme *m* ; (*en hotel*) groom *m* ; (*camarero*) garçon *m* ; (*Mil*) conscrit *m*

muchacha *nf* fille *f* ; (*criada*) domestique *f*

muchacho *nm* garçon *m*

muchedumbre *nf* foule *f*

mucho, -a

▶ *adj* 1 (*cantidad, número*) beaucoup de ; **mucha gente** beaucoup de monde ; **~ dinero** beaucoup d'argent ; **hace ~ calor** il fait très chaud ; **muchas amigas** beaucoup d'amies
2 (*sg: fam: grande*): **esta es mucha casa para él** cette maison est bien trop grande pour lui
3 (*sg: demasiados*): **hay ~ gamberro aquí** il y a beaucoup de voyous par ici
▶ *pron*: **tengo ~ que hacer** j'ai beaucoup (de choses) à faire ; **~s dicen que ...** beaucoup de gens disent que ... ; *ver tb* **tener**
▶ *adv* 1: **te quiero ~** je t'aime beaucoup ; **lo siento ~** je suis vraiment désolé(e) ; **~ antes/ mejor** bien avant/meilleur(e) ; **come ~** il mange beaucoup ; **¿te vas a quedar ~?** tu vas rester longtemps ?
2 (*respuesta*) très ; **¿estás cansado? — ¡~!** tu es fatigué ? — très !
3 (*locuciones*): **leo como ~ un libro al mes** je lis au maximum un livre par mois ; **el mejor con ~** de loin le meilleur ; **¡ni ~ menos!** loin de là ! ; **él no es ni ~ menos trabajador** il est loin d'être travailleur
4: **por ~ que**: **por ~ que le quieras** tu as beau l'aimer

muda *nf* (*de ropa*) vêtements *mpl* de rechange

mudanza *nf* déménagement *m* ; **camión/casa de ~s** camion *m*/ entreprise *f* de déménagement

mudar *vt* changer ; (*Zool*) muer ; **mudarse** *vpr*: **mudarse (de ropa)** se changer ; **~ de** (*opinión, color*) changer de ; **mudarse (de casa)** déménager ; **la voz le está mudando** il est en train de muer

mudo, -a *adj* muet(te) ; (*callado*) silencieux(-euse)

mueble *nm* meuble *m*

mueca *nf* grimace *f*

muela *vb ver* **moler** ▶ *nf* (*diente de atrás*) molaire *f* ; **~ del juicio** dent *f* de sagesse

muelle *nm* ressort *m* ; (*Náut*) quai *m*

muera *etc vb ver* **morir**

muerte *nf* mort *f* ; **dar ~ a** donner la mort à ; **este pastel está de ~** (*fam*) c'est une tuerie ce gâteau

muerto, -a *pp de* **morir** ▶ *adj* mort(e) ▶ *nm/f* mort(e)

muestra *vb ver* **mostrar** ▶ *nf* (*Com, Costura*) échantillon *m* ; (*de sangre*) prélèvement *m* ; (*en estadística*) échantillonnage *m* ; (*señal*) preuve *f*

muestreo *nm (estadístico)* échantillonnage *m*
mueva *etc vb ver* **mover**
mugir *vi* mugir
mugre *nf (suciedad)* crasse *f*; (*: grasienta*) cambouis *msg*
mugriento, -a *adj* crasseux(-euse)
mujer *nf* femme *f* • **mujeriego** *adj, nm* coureur *m* (de jupons)
mula *nf* mule *f*
muleta *nf (para andar)* béquille *f*; *(Taur)* muleta *f*
mullido, -a *adj* moelleux(-euse)
multa *nf* amende *f* • **multar** *vt* condamner à une amende
multicine *nm* cinéma *m* multisalle
multinacional *adj* multinational(e) ▸ *nf* multinationale *f*
múltiple *adj* multiple
multiplicar *vt* multiplier; **multiplicarse** *vpr* se multiplier; *(para hacer algo)* se démener, se mettre en quatre
multitud *nf* foule *f*; **~ de** multitude de
mundano, -a *adj* mondain(e)
mundial *adj* mondial(e)
mundo *nm* monde *m*; **todo el ~** tout le monde; **tiene ~** il sait comment se comporter en société
munición *nf* munition *f*
municipal *adj* municipal(e) ▸ *nmf* (*tb:* **policía municipal**) agent *m* de police
municipio *nm* municipalité *f*
muñeca *nf (Anat)* poignet *m*; *(juguete, mujer)* poupée *f*; *(And, CSur: fam)* prise *f* de courant
muñeco *nm (juguete)* baigneur *m*; *(marioneta, fig)* marionnette *f*
mural *nm* peinture *f* murale
muralla *nf* muraille *f*
murciélago *nm* chauve-souris *fsg*
murmullo *nm* murmure *m*
murmuración *nf* médisance *f* • **murmurar** *vt, vi* murmurer; **~ (de)** *(criticar)* dire du mal (de)
muro *nm* mur *m*
muscular *adj* musculaire
músculo *nm* muscle *m*
museo *nm* musée *m*
musgo *nm* mousse *f*
música *nf* musique *f*; *ver tb* **músico**
musical *adj* musical(e)
músico, -a *nm/f* musicien(ne)
muslo *nm* cuisse *f*
mustio, -a *adj (planta)* flétri(e)
musulmán, -ana *adj, nm/f* musulman(e)
mutación *nf* mutation *f*
mutilar *vt* mutiler
mutismo *nm* mutisme *m*
mutuo, -a *adj* mutuel(le)
muy *adv* très; **M~ Señor mío/ Señora mía** cher Monsieur/chère Madame; **~ de noche** tard dans la nuit

n

N *abr* (*= norte*) N (*= nord*)

N. *sigla f* (*= carretera nacional*) RN *f* (*= route nationale*)

nabo *nm* navet *m*

nácar *nm* nacre *f*

nacer *vi* naître ; (*vegetal, barba, vello*) pousser ; (*río*) prendre sa source ; (*columna, calle*) commencer • **nacido, -a** *adj*: **~ en** né(e) en • **naciente** *adj* naissant(e) ; **el sol ~** le soleil levant • **nacimiento** *nm* naissance *f*; (*de Navidad*) crèche *f*; (*de río*) source *f*

nación *nf* nation *f* • **nacional** *adj* national(e) • **nacionalidad** *nf* nationalité *f* • **nacionalismo** *nm* nationalisme *m* • **nacionalista** *adj, nmf* nationaliste *mf* • **nacionalizar** *vt* nationaliser ; **nacionalizarse** *vpr* se faire naturaliser

nada *pron, adv* rien ; **no decir ~** ne rien dire ; **de ~** de rien ; **por ~** pour rien

nadador, a *nm/f* nageur(-euse)

nadar *vi* nager

nadie *pron* personne ; **~ habló** personne n'a parlé ; **no había ~** il n'y avait personne

nado *adv*: **a ~** à la nage

nafta (*CSur*) *nf* (*gasolina*) essence *f*

naipe *nm* carte *f*

nalgas *nfpl* fesses *fpl*

nana *nf* berceuse *f*

naranja *adj inv* orange ▸ *nm* (*color*) orange *m* ▸ *nf* (*fruta*) orange *f*; **media ~** (*fam*) moitié *f* • **naranjada** *nf* orangeade *f* • **naranjo** *nm* oranger *m*

narciso *nm* narcisse *m*

narcótico, -a *adj, nm* narcotique *m* • **narcotizar** *vt* administrer des narcotiques à

nardo *nm* nard *m*

narigón, -ona, narigudo, -a *adj*: **un tipo ~** un type au grand nez

nariz *nf* nez *m* ; **narices** *nfpl* narines *fpl* ; **delante de las narices de algn** sous le nez de qn ; **~ chata/respingona** nez épaté/en trompette

narración *nf* narration *f*

narrador, a *nm/f* narrateur(-trice)

narrar *vt* raconter, narrer • **narrativa** *nf* roman *m*

nata *nf* crème *f*

natación *nf* natation *f*

natal *adj* natal(e) • **natalidad** *nf* natalité *f*; **control de ~** contrôle *m* des naissances

natillas *nfpl* crème *fsg* renversée

nativo, -a *adj* (*costumbres*) local(e), du pays ; (*lengua*) maternel(le) ; (*país*) natal(e) ▸ *nm/f* natif(-ive)

nato, -a *adj* né(e) ; **un actor/pintor/músico ~** un acteur/peintre/musicien né
natural *adj* naturel(le) ; (*luz*) du jour ; (*flor, fruta*) vrai(e) ; **~ de** natif(-ive) de
naturaleza *nf* nature *f*
naturalidad *nf* naturel *m*
naturalmente *adv* naturellement ; **¡~!** naturellement !
naufragar *vi* faire naufrage • **naufragio** *nm* naufrage *m*
náufrago, -a *nm/f* naufragé(e)
náuseas *nfpl* nausées *fpl* ; **me da ~** ça me donne la nausée
náutico, -a *adj* nautique
navaja *nf* couteau *m* (de poche) ; **~ (de afeitar)** rasoir *m* à main
naval *adj* naval(e)
Navarra *nf* Navarre *f*
nave *nf* (*barco*) navire *m* ; (*Arq*) nef *f* ; **~ espacial** vaisseau *m* spatial ; **~ industrial** hangar *m*
navegación *nf* navigation *f* ; (*viaje*) voyage *m* en mer ; **~ aérea/costera/fluvial** navigation aérienne/côtière/fluviale • **navegante** *nmf* navigateur(-trice) • **navegar** *vi* naviguer ; **~ por Internet** surfer sur Internet
navidad *nf* (*tb*: **navidades**) fêtes *fpl* de Noël ; (*tb*: **día de navidad**) Noël *m*
navideño, -a *adj* de Noël
navío *nm* navire *m*
nazca *etc vb ver* **nacer**
nazi *adj, nmf* nazi(e)
NE *abr* (= *nor(d)este*) N.-E. (= *nord-est*)
neblina *nf* brume *f*
nebulosa *nf* nébuleuse *f*
necesario, -a *adj* : **~ (para)** nécessaire (pour) ; **(no) es ~ que** il (n')est (pas) nécessaire que
neceser *nm* trousse *f* de toilette
necesidad *nf* besoin *m* ; (*cosa necesaria*) nécessité *f* ; **en caso de ~** en cas de besoin ; **hacer sus ~es** faire ses besoins
necesitado, -a *adj* nécessiteux(-euse) ; **estar ~ de** avoir grand besoin de
necesitar *vt* : **~ (hacer)** avoir besoin de (faire) ▸ *vi* : **~ de** avoir besoin de
necio, -a *adj, nm/f* idiot(e)
néctar *nm* nectar *m*
nectarina *nf* nectarine *f*
nefasto, -a *adj* néfaste
negación *nf* négation *f*
negar *vt* (*hechos*) nier ; (*permiso, acceso*) refuser ; **negarse** *vpr* : **negarse a hacer algo** se refuser à faire qch
negativa *nf* négative *f* ; (*rechazo*) refus *msg*
negativo, -a *adj* négatif(-ive) ▸ *nm* (*Foto*) négatif *m*
negligencia *nf* négligence *f* • **negligente** *adj* négligent(e)
negociado *nm* bureau *m*
negociante *nmf* (*Com*) négociant(e) ; (*pey*) trafiquant(e)
negociar *vt* négocier ▸ *vi* : **~ en** *o* **con** (*Com*) faire le commerce de *o* du commerce avec
negocio *nm* affaire *f* ; (*tienda*) commerce *m* ; **los ~s** les affaires *fpl* ; **hacer ~** faire des affaires ; **¡eso es un ~!** ça rapporte ! ;

~ sucio affaire *f* louche ; **¡mal ~!** (*fam*) ça ne dit rien de bon !

negra *nf* (*Mús*) noire *f* ; **la ~** la poisse

negro, -a *adj* noir(e) ▶ *nm* (*color*) noir *m* ▶ *nm/f* (*persona*) Noir(e) ; (*AM*: *fam*) chéri(e)

nene, -a *nm/f* petit(e)

nenúfar *nm* nénuphar *m*

neón *nm*: **luz** *o* **lámpara de ~** néon *m*

neopreno® *nm* néoprène® *m*

nervio *nm* nerf *m* ; (*Bot, Arq*) nervure *f* • **nerviosismo** *nm* état *m* d'agitation, nervosité *f*

nervioso, -a *adj* nerveux(-euse)

neto, -a *adj* net (nette)

neumático *nm* pneu *m* ; **~ de recambio** roue *f* de secours

neurona *nf* neurone *m*

neutral *adj* neutre • **neutralizar** *vt* neutraliser

neutro, -a *adj* neutre

neutrón *nm* neutron *m*

nevada *nf* chute *f* de neige

nevar *vi* neiger

nevera (*Esp*) *nf* réfrigérateur *m*

nexo *nm* lien *m*

ni *conj* ni ; (*tb*: **ni siquiera**) même pas ; **ni aunque** même si ; **ni blanco ni negro** ni blanc ni noir

Nicaragua *nf* Nicaragua *m* • **nicaragüense** *adj* nicaraguayen(ne) ▶ *nmf* Nicaraguayen(ne)

nicho *nm* niche *f*

nicotina *nf* nicotine *f*

nido *nm* nid *m*

niebla *nf* brouillard *m*

niego *etc*, **niegue** *etc vb ver* **negar**

nieto, -a *nm/f* petit-fils (petite-fille) ; **los nietos** *nmpl* les petits-enfants *mpl*

nieve *vb ver* **nevar** ▶ *nf* neige *f* ; (*AM*: *helado*) glace *f*

NIF *sigla m* (= *Número de Identificación Fiscal*) *numéro d'identification personnel nécessaire pour effectuer des opérations bancaires et commerciales*

Nilo *nm*: **el (Río) ~** le Nil

nimiedad *nf* bagatelle *f*

nimio, -a *adj* insignifiant(e), sans importance

ninfa *nf* nymphe *f*

ningún *adj ver* **ninguno**

ninguno, -a (*antes de nmsg* **ningún**) *adj* aucun(e) ▶ *pron* personne ; **de ninguna manera** en aucune manière

niña *nf* (petite) fille *f* ; (*del ojo*) pupille *f*

niñera *nf* nourrice *f* • **niñería** (*pey*) *nf* enfantillage *m*

niñez *nf* enfance *f*

niño, -a *adj* jeune ; (*pey*) puéril(e) ▶ *nm* enfant *m* ; (*chico*) (petit) garçon *m* ; (*bebé*) petit enfant *m*

nipón, -ona *adj* nippon(e), nippon(ne)

níquel *nm* nickel *m* • **niquelar** *vt* nickeler

níspero *nm* (*árbol*) néflier *m* ; (*fruto*) nèfle *f*

nitidez *nf* (*de imagen*) netteté *f* ; (*de atmósfera*) pureté *f*

nítido, -a *adj* (*imagen*) net(te) ; (*cielo*) dégagé(e) ; (*atmósfera*) pur(e)

nitrato *nm* nitrate *m*

nitrógeno *nm* azote *m*

nivel *nm* niveau *m* ; **~ del aceite** niveau d'huile ; **~ de vida** niveau de vie • **nivelar** *vt* niveler ; (*ingresos, categorías*) égaliser

NN. UU. *abr* (= *Naciones Unidas*) N.U. (= *Nations unies*)

NO *abr* (= *noroeste*) N.-O. (= *nord-ouest*)

no

adv **1**: **¡no!** (*en respuesta*) non ! ; **ahora no** pas maintenant ; **no mucho** pas tellement, pas beaucoup ; **¡cómo no!** bien sûr !
2 (*con verbo*) ne ... pas ; **no viene** il ne vient pas ; **no es el mío** ce n'est pas le mien
3 (*no + sustantivo*): **pacto de no agresión** pacte *m* de non-agression ; **los países no alineados** les pays non-alignés
4: **no sea que haga frío** au cas où il ferait froid
5: **no bien hubo terminado se marchó** à peine eut-il terminé qu'il s'en alla
6: **¡a que no lo sabes!** je parie que tu ne le sais pas !

noble *adj, nmf* noble *mf* • **nobleza** *nf* noblesse *f* ; **la ~** la noblesse

noche *nf* nuit *f* ; (*la tarde*) soir *m* ; **de ~, por la ~** le soir ; (*de madrugada*) la nuit ; **se hace de ~** la nuit tombe ; **es de ~** il fait nuit

La fête de la **Noche de San Juan** a lieu le 24 juin. Cette fête, qui coïncide avec le solstice d'été, a remplacé d'anciennes fêtes païennes. Durant les festivités, où selon la tradition le feu joue un rôle important, on danse autour de feux de joie dans les villes et les villages.

Nochebuena *nf* nuit *f* de Noël

Dans les pays de langue espagnole, comme en France, on fête Noël la nuit du 24 décembre ; c'est **Nochebuena**. Les familles se réunissent autour d'un grand repas et les plus pieux assistent à la messe de minuit. Bien que la tradition veuille que les cadeaux soient apportés par les Rois mages le 6 janvier, il est de plus en plus fréquent de s'offrir des cadeaux pour Noël.

Nochevieja *nf* nuit *f* de la Saint-Sylvestre

n

En Espagne, *las campanadas*, les douze coups de l'horloge de la *Puerta del Sol* à Madrid, qui sont retransmis en direct pour marquer le début de chaque nouvelle année, représentent le temps fort du réveillon de la Saint-Sylvestre, **Nochevieja**. Lorsque minuit sonne, la tradition connue sous le nom de *las uvas de la suerte* ou *las doce uvas*, veut que l'on mange douze grains de raisin, un pour chaque coup de cloche.

noción *nf* notion *f*

nocivo, -a *adj* nocif(-ive)

noctámbulo, -a *adj, nm/f* noctambule *mf*

nocturno, -a *adj* nocturne ; (*club*) de nuit ; (*clases*) du soir ▸ *nm* (*Mús*) nocturne *m*

nodriza *nf* nourrice *f*; **buque/ nave ~** bateau *m*/navire *m* de ravitaillement

nogal *nm* noyer *m*

nómada *adj, nmf* nomade *mf*

nombramiento *nm* nomination *f*

nombrar *vt* nommer

nombre *nm* nom *m*; (*tb*: **nombre completo**) nom (et prénoms); **~ y apellidos** nom et prénoms; **~ común** nom commun; **~ de pila** prénom *m*; **~ de soltera** nom de jeune fille; **~ de usuario** (*Inform*) nom *m* d'utilisateur; **~ propio** nom propre

nómina *nf* (*de personal*) liste *f* du personnel; (*hoja de sueldo*) feuille *f* de paie; (*sueldo*) salaire *m*

nominal *adj* nominal(e)

nominar *vt* nommer

nominativo, -a *adj* (*Ling*) nominatif(-ive); **un cheque ~ a X** un chèque à l'ordre de X

nordeste *adj* nord-est ▸ *nm* nord-est *m*

nórdico, -a *adj* (*zona*) nord *inv*; (*escandinavo*) nordique

noreste *adj, nm* = **nordeste**

noria *nf* (*Agr*) noria *f*; (*de feria*) grande roue *f*

normal *adj* normal(e) • **normalidad** *nf* normalité *f*; **restablecer la ~** rétablir l'ordre • **normalizar** *vt* normaliser; (*gastos*) régulariser; **normalizarse** *vpr* se normaliser

normando, -a *adj* normand(e) ▸ *nm/f* Normand(e)

normativa *nf* réglementation *f*

noroeste *adj* nord-ouest ▸ *nm* nord-ouest *m*

norte *adj* nord *inv* ▸ *nm* nord *m*

norteamericano, -a *adj* américain(e), nord-américain(e) ▸ *nm/f* Américain(e), Nord-Américain(e)

Noruega *nf* Norvège *f* • **noruego, -a** *adj* norvégien(ne) ▸ *nm/f* Norvégien(ne)

nos *pron* nous; **~ levantamos a las 7** nous nous levons à 7 heures

nosotros, -as *pron* nous

nostalgia *nf* nostalgie *f*

nota *nf* note *f*; **notas** *nfpl* (*apuntes*) notes *fpl*; (*calificación*) résultats *mpl*

notar *vt* (*darse cuenta de*) remarquer; (*frío, calor*) sentir; **notarse** *vpr* (*efectos, cambio*) se faire sentir; (*mancha*) se voir; **se nota que ...** on voit que ...

notarial *adj* notarial(e); **acta ~** acte *m* notarié

notario, -a *nm/f* notaire *mf*

noticia *nf* nouvelle *f*; **las ~s** (*TV*) les informations; **tener ~s de algn** avoir des nouvelles de qn

noticiero *nm* journal *m*

notificación *nf* notification *f* • **notificar** *vt* notifier

notoriedad *nf* notoriété *f*

notorio, -a *adj* notoire

novato, -a *adj, nm/f* nouveau(-velle)

novecientos, -as *adj* neuf cents; *ver tb* **seiscientos**

novedad *nf* nouveauté *f*; (*noticia*) nouvelle *f*

novel *adj* débutant(e)

novela *nf* roman *m*

noveno, -a *adj, nm/f* neuvième *mf*

noventa *adj inv, nm inv* quatre-vingt-dix *m inv* ; *ver tb* **sesenta**
novia *nf ver* **novio**
noviazgo *nm* fiançailles *fpl*
novicio, -a *adj* (*Rel*) novice ▸ *nm/f* (*Rel*) novice *mf*
noviembre *nm* novembre *m* ; *ver tb* **julio**
novillada *nf course de jeunes taureaux*
novillero *nm torero combattant de jeunes taureaux*
novillo *nm* jeune taureau *m* ; **hacer ~s** (*fam*) faire l'école buissonnière
novio, -a *nm/f* petit(e) ami(e) ; (*prometido*) fiancé(e) ; (*en boda*) marié(e) ; **los ~s** les fiancés *mpl* ; (*en boda*) les mariés *mpl*
nubarrón *nm* gros nuage *m*
nube *nf* nuage *m* ; (*de mosquitos*) nuée *f* ; (*Med*: *ocular*) taie *f*
nublado, -a *adj* nuageux(-euse) ; (*día*) gris(e)
nubosidad *nf* nuages *mpl*
nuca *nf* nuque *f*
nuclear *adj* nucléaire
núcleo *nm* noyau *m* ; **~ de población** agglomération *f* ; **~ urbano** centre *m* urbain
nudillo *nm* jointure *f*
nudista *adj, nmf* nudiste *mf*
nudo *nm* nœud *m* ; **~ de carreteras** nœud routier ; **~ de comunicaciones** nœud de communications
nudoso, -a *adj* noueux(-euse)
nuera *nf* belle-fille *f*
nuestro, -a *adj* notre ▸ *pron*: **el ~/la nuestra** le nôtre/la nôtre ; **~ padre** notre père ; **un amigo ~** un de nos amis, un ami à nous ; **ese libro es ~** ce livre est à nous ; **es el ~** c'est le nôtre
nueva *nf* nouvelle *f*
• **nuevamente** *adv* à nouveau
• **Nueva York** *n* New York
• **Nueva Zelanda** *nf* Nouvelle-Zélande *f* • **Nueva Zelandia** (AM) *nf* = **Nueva Zelanda**
nueve *adj inv, nm inv* neuf *m inv* ; *ver tb* **seis**
nuevo, -a *adj* nouveau(-velle) ; (*no usado*) neuf (neuve) ; **de ~** de nouveau
nuez *nf* noix *fsg* ; **~ (de Adán)** pomme *f* d'Adam ; **~ moscada** noix muscade
nulidad *nf* nullité *f* ; **es una ~** (*pey*) il (elle) est nul(le)
nulo, -a *adj* nul(le) ; **soy ~ para la música** je suis nul(le) en musique
núm. *abr* (= *número*) n° (= *numéro*)
numeración *nf* (*de calle, páginas*) numérotation *f* ; (*sistema*) chiffres *mpl*
numeral *nm* numéral *m*
numerar *vt* numéroter
número *nm* nombre *m* ; (*cifra*) chiffre *m* ; (*de zapato*) pointure *f* ; (*Teatro, de publicación, de lotería*) numéro *m* ; **estar en ~s rojos** être à découvert ; **~ atrasado** vieux numéro ; **~ de matrícula/de teléfono** numéro d'immatriculation/de téléphone ; **~ decimal/impar/par** nombre décimal/impair/pair ; **~ romano** chiffre romain
numeroso, -a *adj* nombreux(-euse)

nunca *adv* jamais
nupcias *nfpl*: **en segundas ~** en secondes noces
nutria *nf* loutre *f*
nutrición *nf* nutrition *f*
nutrido, -a *adj* nourri(e) ; (*grupo, representación*) nombreux(-euse) ; **bien/mal ~** bien/mal nourri(e)
nutrir *vt* nourrir ; **nutrirse** *vpr*: **nutrirse de** se nourrir de
nutritivo, -a *adj* nutritif(-ive)
nylon *nm* nylon *m*

ñ

ñato, -a (*CSur*) *adj* (*de nariz chata*) camus(e)
ñoñería *nf* (*de persona sosa*) fadeur *f*; (*de persona melindrosa*) pudibonderie *f*; (*una ñoñería*) niaiserie *f*
ñoño, -a *adj* (*soso*) fadasse ; (*melindroso*) pudibond(e)

O

O *abr* (= *oeste*) O (= *ouest*)
o *conj* ou
o/ *abr* (= *orden*) commande *f*
oasis *nm inv* oasis *msg o fsg*
obedecer *vt* obéir à ▶ *vi* obéir ; **~ a** (*Med, fig*) obéir à • **obediencia** *nf* obéissance *f* • **obediente** *adj* obéissant(e)
obertura *nf* (*Mús*) ouverture *f*
obesidad *nf* obésité *f*
obeso, -a *adj* obèse
obispo *nm* évêque *m*
objeción *nf* objection *f*
objetar *vt*: **~ que** objecter que ▶ *vi* être objecteur de conscience
objetivo, -a *adj* objectif(-ive) ▶ *nm* objectif *m*
objeto *nm* objet *m* ; (*finalidad*) objet, but *m* ; **ser ~ de algo** être l'objet de qch
objetor *nm* (*tb*: **objetor de conciencia**) objecteur *m* de conscience
oblicuo, -a *adj* oblique
obligación *nf* obligation *f* ; **obligaciones** *nfpl* obligations *fpl* ; **cumplir con mi** *etc* **~** remplir mon *etc* devoir
obligar *vt* obliger
obligatorio, -a *adj* obligatoire
oboe *nm* hautbois *msg*
obra *nf* œuvre *f* ; (*tb*: **obra dramática** *o* **de teatro**) pièce *f* ; **obras** *nfpl* travaux *mpl* ; **ser ~ de algn** être l'œuvre de qn ; **por ~ de** à cause de ; **~ maestra** chef-d'œuvre *m* ; **~s públicas** travaux publics • **obrar** *vt, vi* agir
obrero, -a *adj* ouvrier(-ière) ▶ *nm/f* ouvrier(-ière) ; (*del campo*) ouvrier(-ière) (agricole) ; **clase obrera** classe *f* ouvrière
obscenidad *nf* obscénité *f*
obsceno, -a *adj* obscène
obscu... = **oscu...**
obsequiar *vt*: **~ a algn con algo** faire cadeau de qch à qn • **obsequio** *nm* (*regalo*) présent *m*
observación *nf* observation *f*
observador, a *adj, nm/f* observateur(-trice)
observar *vt* observer
obsesión *nf* obsession *f*
obsesivo, -a *adj* obsessionnel(le)
obsoleto, -a *adj* (*máquina*) obsolète ; (*ideas*) désuet(-ète)
obstáculo *nm* obstacle *m*
obstante *adv*: **no ~** cependant
obstinado, -a *adj* obstiné(e)
obstinarse *vpr* s'obstiner ; **~ en** s'obstiner à
obstrucción *nf* obstruction *f* • **obstruir** *vt* obstruer ; (*plan, labor, proceso*) faire obstacle à
obtener *vt* obtenir
obturador *nm* obturateur *m*

obvio, -a *adj* évident(e)

ocasión *nf* occasion *f*; **¡~!** (*Com*) offre spéciale ; **de ~** (*artículo*) d'occasion • **ocasionar** *vt* occasionner

ocaso *nm* (*puesta de sol*) coucher *m* du soleil

occidente *nm* occident *m* ; **el O~** l'Occident *m*

O.C.D.E. *sigla f* (= *Organización para la Cooperación y el Desarrollo Económico*) OCDE *f* (= *Organisation de coopération et de développement économique*)

océano *nm* océan *m*

ochenta *adj inv, nm inv* quatre-vingts *m inv* ; *ver tb* **sesenta**

ocho *adj inv, nm inv* huit *m inv* ; *ver tb* **seis**

ochocientos, -as *adj* huit cents ; *ver tb* **seiscientos**

ocio *nm* (*tiempo*) loisir *m*

ocioso, -a *adj*: **estar ~** être oisif(-ive)

octavilla *nm* (*esp Pol*) tract *m*

octavo, -a *adj, nm/f* huitième *mf*

octubre *nm* octobre *m* ; *ver tb* **julio**

ocular *adj* (*inspección*) des yeux ; **testigo ~** témoin *m* oculaire

oculista *nmf* oculiste *mf*

ocultar *vt* cacher

oculto, -a *adj* (*puerta, persona*) dissimulé(e) ; (*razón*) caché(e), secret(-ète)

ocupación *nf* occupation *f*

ocupado, -a *adj* occupé(e)

ocupar *vt* occuper ; **ocuparse** *vpr*: **ocuparse de** s'occuper de

ocurrencia *nf* (*idea*) idée *f* ; (: *graciosa*) trait *m* d'esprit ; **¡qué ~!** (*pey*) quelle drôle d'idée !

ocurrir *vi* (*suceso*) se produire, se passer ; **ocurrirse** *vpr*: **se me ha ocurrido que …** il m'est venu à l'esprit que … ; **¿qué te ocurre?** qu'est-ce que tu as ? ; **¡qué cosas se te ocurren!** tu as de ces idées !

odiar *vt* (*a algn*) haïr • **odio** *nm* haine *f*

odioso, -a *adj* (*persona*) odieux(-euse) ; (*tiempo*) exécrable ; (*trabajo, tema*) insupportable

odontólogo, -a *nm/f* odontologiste *mf*

OEA *sigla f* (= *Organización de Estados Americanos*) OEA *f* (= *Organisation des États américains*)

oeste *nm* ouest *m* ; **película del ~** western *m* ; *ver tb* **norte**

ofender *vt* offenser ; **ofenderse** *vpr* s'offenser

ofensa *nf* offense *f*

ofensiva *nf* offensive *f*

ofensivo, -a *adj* (*palabra etc*) offensant(e) ; (*Mil*) offensif(-ive)

oferta *nf* offre *f* ; (*Com: de bajo precio*) promotion *f* ; **la ~ y la demanda** l'offre et la demande ; **artículos de** *o* **en ~** articles *mpl* en promotion

oficial *adj* officiel(le) ▸ *nmf* (*Mil*) officier *m* ; (*en un trabajo*) ouvrier(-ière) qualifié(e)

oficina *nf* bureau *m* ; **~ de información** bureau d'information ; **~ de turismo** office *m* du tourisme • **oficinista** *nmf* employé(e) de bureau

oficio *nm* travail *m*
oficioso, -a *adj* officieux(-euse)
ofrecer *vt* offrir ; **ofrecerse** *vpr*: **ofrecerse a** *o* **para hacer algo** s'offrir pour faire qch ; **¿qué se le ofrece?, ¿se le ofrece algo?** puis-je vous aider ? ; **ofrecerse de** s'offrir comme
ofrecimiento *nm* offre *f*
oftalmólogo, -a *nm/f* ophtalmologue *mf*
ofuscar *vt* aveugler ; **ofuscarse** *vpr* se troubler
oída *nf*: **de ~s** par ouï-dire
oído *nm* (*Anat*) oreille *f*; (*sentido*) ouïe *f*
oiga *etc vb ver* **oír**
oír *vt* entendre ; (*atender a*) écouter ; **¡oye!, ¡oiga!** écoute !, écoutez !
OIT *sigla f* (= *Organización Internacional del Trabajo*) OIT *f* (= *Organisation internationale du travail*)
ojal *nm* boutonnière *f*
ojalá *excl* si seulement !, espérons ! ▸ *conj* (*tb*: **ojalá que**) si seulement, espérons que ; **~ (que) venga hoy** espérons qu'il viendra aujourd'hui
ojeada *nf* coup *m* d'œil
ojera *nf* cerne *m* ; **tener ~s** avoir les yeux cernés
ojeriza *nf*: **tener ~ a** avoir une dent contre
ojeroso, -a *adj* (*cara, aspecto*) fatigué(e) ; (*ojos*) cerné(e)
ojo *nm* œil *m* ; (*de puente*) arche *f*; (*de cerradura*) trou *m* ; (*de aguja*) chas *msg* ▸ *excl* attention ! ; **tener ~ para** avoir l'œil pour
okupa (*fam*) *nmf* squatteur(-euse)
ola *nf* vague *f*
olé *excl* olé !
oleada *nf* (*tb fig*) vague *f*
oleaje *nm* vagues *fpl*
óleo *nm*: **un ~** une peinture à l'huile ; **al ~** à l'huile • **oleoducto** *nm* oléoduc *m*
oler *vt* sentir ▸ *vi* (*despedir olor*) sentir ; **huele a tabaco** ça sent le tabac
olfatear *vt* renifler ; (*con el hocico*) flairer • **olfato** *nm* odorat *m*
oligarquía *nf* oligarchie *f*
olimpiada *nf* olympiade *f*; **olimpiadas** *nfpl* Jeux *mpl* olympiques
oliva *nf* olive *f*; **aceite de ~** huile *f* d'olive • **olivo** *nm* olivier *m*
olla *nf* marmite *f*; (*comida*) ragoût *m* ; **~ a presión** cocotte-minute *f*
olmo *nm* orme *m*
olor *nm* odeur *f*
oloroso, -a *adj* odorant(e)
olvidar *vt* oublier ; **olvidarse** *vpr*: **olvidarse (de)** oublier (de) ; **~ hacer algo** oublier de faire qch ; **se me olvidó (hacerlo)** j'ai oublié (de le faire)
olvido *nm* oubli *m*
ombligo *nm* nombril *m*, ombú *m*
omiso, -a *adj*: **hacer caso ~ de** ne faire aucun cas de
omitir *vt* omettre
omnipotente *adj* omnipotent(e)
omoplato *nm* omoplate *f*
OMS *sigla f* (= *Organización Mundial de la Salud*) OMS *f* (= *Organisation mondiale de la santé*)
ONCE *sigla f* (= *Organización Nacional de Ciegos Españoles*)

entreprise et organisme d'aide aux aveugles

once *adj inv, nm inv* onze *m inv* ▶ *nf* (*AM*: *refrigerio, merienda*): **la ~, las ~s** le goûter, le thé ; *ver tb* **seis**

onda *nf* (*Fís*) onde *f* ; **~ corta/larga/media** onde courte/grande/moyenne • **ondear** *vi* onduler

ondular *vt, vi* onduler ; **ondularse** *vpr* onduler

ONG *sigla f* (= *Organización no gubernamental*) ONG *f* (= *organisation non gouvernementale*)

ONU *sigla f* (= *Organización de las Naciones Unidas*) ONU *f* (= *Organisation des Nations unies*)

opaco, -a *adj* opaque

opción *nf* (*elección*) choix *m* ; (*una opción*) option *f* ; (*derecho*): **~ a** choix entre

opcional *adj* facultatif(-ive)

OPEP *sigla f* (= *Organización de Países Exportadores de Petróleo*) OPEP *f* (= *Organisation des pays exportateurs de pétrole*)

ópera *nf* opéra *m*

operación *nf* opération *f*

operar *vt* opérer ▶ *vi* opérer ; (*Com*) faire des transactions ; **operarse** *vpr* (*cambio*) s'opérer ; **operarse (de)** être opéré(e) (de)

opereta *nf* opérette *f*

opinar *vt* penser ▶ *vi*: **~ (de** *o* **sobre)** donner son avis (sur) • **opinión** *nf* opinion *f*, avis *msg* ; **cambiar de ~** changer d'avis

opio *nm* opium *m*

oponente *nmf* opposant(e) ; (*Deporte, Pol*) adversaire *mf*

oponer *vt* opposer ; **oponerse** *vpr*: **oponerse (a)** s'opposer (à) ; **¡me opongo!** je m'y oppose !

oportunidad *nf* (*ocasión*) occasion *f* ; (*posibilidad*) opportunité *f* ; **oportunidades** *nfpl* (*Com*) promotions *fpl*

oportuno, -a *adj* opportun(e) ; (*persona*) judicieux(-euse) ; **en el momento ~** au moment opportun

oposición *nf* opposition *f* ; **oposiciones** *nfpl* (*Esp*) concours *msg* ; **la ~** (*Pol*) l'opposition

opresivo, -a *adj* (*régimen*) oppressif(-ive) ; (*medidas*) de répression

opresor, a *nm/f* oppresseur *m*

oprimir *vt* (*botón*) presser ; (*suj: cinturón, ropa*) serrer ; (*obrero, campesino*) opprimer

optar *vi*: **~ por** opter pour ; **~ a** aspirer à

optativo, -a *adj* (*asignatura*) facultatif(-ive)

óptica *nf* (*tienda*) opticien *m* ; (*Fís, Tec*) optique *f*

óptico, -a *adj* optique ▶ *nm/f* opticien(ne)

optimismo *nm* optimisme *m* • **optimista** *adj, nmf* optimiste *mf*

óptimo, -a *adj* optimal(e)

opuesto, -a *pp de* **oponer** ▶ *adj* opposé(e)

opulencia *nf* opulence *f*

opulento, -a *adj* opulent(e)

oración *nf* (*Rel*) prière *f* ; (*Ling*) énoncé *m*

orador, a *nm/f* orateur(-trice)

oral *adj* oral(e)

orangután *nm* orang-outang *m*

orar *vi* prier
oratoria *nf* éloquence *f*
órbita *nf* orbite *f*
orden *nm* ordre *m* ▶ *nf* (*mandato, Rel*) ordre *m* ; **por ~** par ordre ; **de primer ~** de premier ordre ; **~ del día** ordre du jour
ordenado, -a *adj* ordonné(e)
ordenador *nm* (*Inform*) ordinateur *m*
ordenanza *nf* (*militar, municipal*) ordonnance *f*
ordenar *vt* (*mandar*) ordonner ; (*papeles, juguetes*) ranger ; (*habitación, ideas*) mettre de l'ordre (dans) ; **ordenarse** *vpr* (*Rel*) être ordonné(e)
ordeñar *vt* traire
ordinario, -a *adj* ordinaire ; (*pey*) grossier(-ière)
orégano *nm* origan *m*
oreja *nf* oreille *f*
orfanato *nm* orphelinat *m*
orfandad *nf fait d'être orphelin*
orfebrería *nf* orfèvrerie *f*
orgánico, -a *adj* organique ; (*todo*) organisé(e)
organigrama *nm* organigramme *m*
organismo *nm* organisme *m*
organización *nf* organisation *f* • **organizar** *vt* organiser ; **organizarse** *vpr* s'organiser ; (*escándalo*) se produire
órgano *nm* organe *m* ; (*Mús*) orgue *m*
orgasmo *nm* orgasme *m*
orgía *nf* orgie *f*
orgullo *nm* orgueil *m*
orgulloso, -a *adj* orgueilleux(-euse)
orientación *nf* orientation *f*
orientar *vt* orienter ; (*esfuerzos*) diriger ; **orientarse** *vpr* s'orienter ; **orientarse (en/sobre)** s'orienter (vers/d'après)
oriente *nm* orient *m* ; **O~ Medio/Próximo** Moyen-/Proche-Orient *m* ; **Lejano O~** Extrême-Orient *m*
origen *nm* origine *f* ; **de ~ español** d'origine espagnole ; **de ~ humilde** d'origine modeste
original *adj* original(e) ; (*relativo al origen*) originel(le) • **originalidad** *nf* originalité *f*
originar *vt* causer, provoquer ; **originarse** *vpr*: **originarse (en)** trouver son origine (dans)
originario, -a *adj* originaire ; **~ de** originaire de
orilla *nf* bord *m*
orina *nf* urine *f* • **orinal** *nm* pot *m* (de chambre) • **orinar** *vi* uriner ; **orinarse** *vpr* faire pipi • **orines** *nmpl* urines *fpl*
oriundo, -a *adj*: **~ de** originaire de
ornitología *nf* ornithologie *f*
oro *nm* or *m* ; *ver tb* **oros**
oropel *nm* oripeau *m*
oros *nmpl* (*Naipes*) *l'une des quatre couleurs du jeu de cartes espagnol*
orquesta *nf* orchestre *m*
orquídea *nf* orchidée *f*
ortiga *nf* ortie *f*
ortodoxo, -a *adj* orthodoxe
ortografía *nf* orthographe *f*
ortopedia *nf* orthopédie *f*
ortopédico, -a *adj* orthopédique
oruga *nf* chenille *f*
orzuelo *nm* orgelet *m*
os *pron* vous
osa *nf* ourse *f*

osadía *nf* audace *f*
osar *vi* oser
oscilación *nf* oscillation *f*
oscilar *vi* osciller
oscurecer *vt* obscurcir ▸ *vi* commencer à faire nuit ; **oscurecerse** *vpr* s'obscurcir
oscuridad *nf* obscurité *f* ; **en la ~** dans le noir
oscuro, -a *adj* obscur(e) ; (*color etc*) foncé(e) ; (*día, cielo*) sombre ; **a oscuras** dans l'obscurité
óseo, -a *adj* osseux(-euse)
oso *nm* ours *msg* ; **~ de peluche** ours en peluche ; **~ hormiguero** tamanoir *m*
ostentación *nf* ostentation *f*
ostentar *vt* arborer ; (*cargo, título, récord*) posséder
ostra *nf* huître *f*
OTAN *sigla f* (*= Organización del Tratado del Atlántico Norte*) OTAN *f* (*= Organisation du traité de l'Atlantique Nord*)
otear *vt* scruter
otitis *nf inv* otite *f*
otoñal *adj* automnal(e)
otoño *nm* automne *m*
otorgar *vt* octroyer, concéder ; (*perdón*) accorder
otorrinolaringólogo, -a *nm/f* oto-rhino(-laryngologiste) *mf*

otro, -a

▸ *adj* 1 (*distinto*: *sg*) un(e) autre ; (*: pl*) d'autres ; **otra persona** une autre personne ; **con ~s amigos** avec d'autres amis
2 (*adicional*): **tráigame ~ café (más), por favor** apportez-moi un autre café, s'il vous plaît ; **~s 10 días más** encore 10 jours ; **~s tres** trois autres ; **otra vez** encore une fois
3 (*un nuevo*): **es ~ Mozart** c'est un nouveau Mozart
4 : **~ tanto**: **comer ~ tanto** manger autant ; **recibió una decena de telegramas y otras tantas llamadas** il a reçu une dizaine de télégrammes et autant de coups de téléphone
▸ *pron* 1 : **el ~/la otra** l'autre ; **~s/otras** d'autres ; **los ~s/las otras** les autres ; **no cojas esa gabardina, que es de ~** ne prends pas cet imperméable, il est à quelqu'un d'autre ; **que lo haga ~** que quelqu'un d'autre le fasse
2 (*recíproco*): **se odian (la) una a (la) otra** elles se détestent l'une l'autre ; **unos y ~s** les uns et les autres

outlet ['autlet] (*pl* **outlets**) *nm* (*tienda*) magasin *m* de déstockage
ovación *nf* ovation *f*
ovalado, -a *adj* ovale
óvalo *nm* ovale *m*
ovario *nm* ovaire *m*
oveja *nf* brebis *fsg*
overol (*AM*) *nm* salopette *f*
ovillo *nm* pelote *f* ; **hacerse un ~** se pelotonner
OVNI *sigla m* (*= objeto volante (o volador) no identificado*) OVNI *m* (*= objet volant non identifié*)
ovulación *nf* ovulation *f* • **óvulo** *nm* ovule *m*
oxidar *vt* oxyder, rouiller ; **oxidarse** *vpr* s'oxyder, se rouiller

óxido *nm* oxyde *m* ; (*sobre metal*) rouille *f*
oxigenado, -a *adj* (*agua*) oxygéné(e)
oxígeno *nm* oxygène *m*
oyendo *etc vb ver* **oír**
oyente *nmf* auditeur(-trice)

P

P *abr* (*Rel:* = *Padre*) P (= *Père*) ; (= *Papa*) pape ; (= *pregunta*) Q. (= *question*)
pabellón *nm* pavillon *m*
pacer *vi* paître
paciencia *nf* patience *f*
paciente *adj, nmf* patient(e)
pacificar *vt* pacifier
pacífico, -a *adj* pacifique ; **el (Océano) P~** le (*o* l'océan) Pacifique
pacifismo *nm* pacifisme *m*
• **pacifista** *nmf* pacifiste *mf*
pacotilla *nf*: **de ~** de pacotille
pactar *vt* convenir de ▶ *vi* pactiser
pacto *nm* pacte *m*
padecer *vt* (*dolor, enfermedad*) souffrir de ; (*injusticia, consecuencias*) subir ; (*sequía*) connaître ▶ *vi*: **~ de** souffrir de
• **padecimiento** *nm* souffrance *f*
padrastro *nm* beau-père *m*
padre *nm* père *m* ▶ *adj* (*fam*): **una juerga ~** une bringue à tout casser ; **padres** *nmpl* (*padre y madre*) parents *mpl* ; **~ político** beau-père *m*

padrino *nm* parrain *m*; **padrinos** *nmpl le parrain et la marraine*; **~ de boda** témoin *m* de mariage
padrón *nm* recensement *m*
paella *nf* paella *f*
pág. *abr (= página)* p. (= *page*)
paga *nf* paie *f*, paye *f*

En Espagne, la plupart des contrats de travail à durée indéterminée ou de longue durée stipulent un treizième et quatorzième mois de salaire. En juin et en décembre, la majorité des salariés reçoivent donc un mois double, appelé **paga extraordinaria** ou **paga extra**.

pagano, -a *adj, nm/f* païen(ne)
pagar *vt, vi* payer
pagaré *nm* billet *m* à ordre
página *nf* page *f*; **~ web** page Web
pago *nm* paiement *m*; **~(s)** *(esp And, CSur)* région *fsg*; **~ a cuenta** acompte *m*
págs. *abr (= páginas)* pp. (= *pages*)
pague *etc vb ver* **pagar**
país *nm* pays *msg*; **los P~es Bajos** les Pays-Bas; **el P~ Vasco** le Pays basque
paisaje *nm* paysage *m*
paisano, -a *nm/f* compatriote *mf*; *(esp CSur)* paysan(ne) ▶ *adj (esp CSur)* paysan(ne); **vestir de ~** être en civil
paja *nf* paille *f*; *(fig)* remplissage *m*
pajarita *nf* nœud *m* papillon
pájaro *nm* oiseau *m*
pajita *nf* paille *f*
pala *nf* pelle *f*; *(de ping-pong®, frontón)* raquette *f*
palabra *nf* mot *m*; *(promesa, facultad, en asamblea)* parole *f*; **faltar a su ~** manquer à sa parole; **no encuentro ~s para expresar ...** je ne trouve pas les mots pour exprimer ...
palabrota *nf* gros mot *m*
palacio *nm* palais *msg*; **~ de justicia** palais de justice
paladar *nm (tb fig)* palais *msg* • **paladear** *vt* savourer
palanca *nf* levier *m*; **~ de cambio/mando** levier de changement de vitesse/de commande
palangana *nf* bassine *f*
palco *nm (Teatro)* loge *f*
Palestina *nf* Palestine *f*
palestino, -a *adj* palestinien(ne) ▶ *nm/f* Palestinien(ne)
paleta *nf (de albañil)* truelle *f*; *(Arte)* palette *f*; *(AM)* esquimau *m*
paleto, -a *adj, nm/f* péquenaud(e)
paliar *vt* pallier • **paliativo** *nm* palliatif *m*
palidecer *vi* pâlir • **palidez** *nf* pâleur *f*
pálido, -a *adj* pâle
palillo *nm* cure-dents *msg*; **palillos** *nmpl (para comer: tb:* **palillos chinos***)* baguettes *fpl*
paliza *nf* raclée *f*; **dar una ~ a algn** flanquer une raclée à qn
palma *nf (de mano)* paume *f*; *(árbol)* palmier *m*; **batir** *o* **dar ~s** battre des mains • **palmada** *nf* tape *f*; **palmadas** *nfpl (aplauso)* applaudissements *mpl*; *(en música)* battements *mpl* de mains
palmar *(fam) vi (tb:* **palmarla***)* clamser
palmear *vi* applaudir

palmera *nf* palmier *m*
palmo *nm* empan *m* ; (*fig*) pied *m* ; **~ a ~** (*recorrer*) d'un bout à l'autre ; (*registrar*) de fond en comble
palo *nm* (*de madera*) bâton *m* ; (*poste*) piquet *m* ; (*mango*) manche *m* ; (*golpe*) coup *m* ; (*de golf*) club *m* ; (*Náut*) mât *m* ; (*Naipes*) couleur *f*; **~ selfie** perche *f* à selfie
paloma *nf* pigeon *m* ; (*blanca*) colombe *f*; **la ~ de la paz** la colombe de la paix
palomitas *nfpl* (*tb*: **palomitas de maíz**) pop-corn *msg*
paloselfi *nm* perche *f* à selfie
palpar *vt* palper
palpitación *nf* palpitation *f*
palpitante *adj* palpitant(e) ; (*fig*) brûlant(e)
palpitar *vi* palpiter
palta (*And, CSur*) *nf* avocat *m*
paludismo *nm* paludisme *m*
pamela *nf* capeline *f*
pampa *nf* pampa *f*
pan *nm* pain *m* ; **un ~** un pain ; **barra de ~** baguette *f*; **~ de molde** pain de mie ; **~ integral** pain complet ; **~ rallado** chapelure *f*
pana *nf* velours *msg* côtelé
panadería *nf* boulangerie *f*
Panamá *nm* Panama *m*
• panameño, -a *adj* panaméen(ne) ▶ *nm/f* Panaméen(ne)
pancarta *nf* pancarte *f*
panda *nm* panda *m*
pandemia *nf* pandémie *f*
pandereta *nf* tambourin *m*
pandilla *nf* bande *f*
panel *nm* panneau *m*
panfleto *nm* pamphlet *m*
pánico *nm* panique *f*
panorama *nm* panorama *m*
pantalla *nf* écran *m* ; (*de lámpara*) abat-jour *m*
pantalón *nm*, **pantalones** *nmpl* pantalon *msg*
pantano *nm* (*ciénaga*) marécage *m* ; (*embalse*) barrage *m*
panteón *nm*: **~ familiar** caveau *m* de famille
pantera *nf* panthère *f*
pantis *nmpl* collant *msg*
pantomima *nf* pantomime *f*
pantorrilla *nf* mollet *m*
pantys *nmpl* collant *msg*
panza *nf* ventre *m* ; (*de rumiante*) panse *f*
pañal *nm* couche *f*
paño *nm* (*tela*) étoffe *f* ; (*trapo*) chiffon *m* ; **en ~s menores** en petite tenue
pañuelo *nm* (*para la nariz*) mouchoir *m* ; (*para la cabeza*) foulard *m*
Papa *nm* Pape *m*
papa (*AM*) *nf* pomme *f* de terre
papá (*fam*) *nm* papa *m* ; **papás** *nmpl* (*padre y madre*) parents *mpl*
papada *nf* double menton *m*
papagayo *nm* perroquet *m*
paparrucha *nf* (*tontería*) bêtise *f* ; (*rumor falso*) bobard *m*
papaya *nf* papaye *f*
papel *nm* papier *m* ; (*Teatro, fig*) rôle *m* ; **~ carbón** papier carbone ; **~ de aluminio** papier aluminium ; **~ de calco/de lija** papier calque/de verre ; **~ de envolver** papier d'emballage ; **~ de estaño** *o*

plata papier aluminium ; **~ higiénico** *o* (*Méx*) **sanitario/ secante** papier hygiénique/ buvard ; **~ moneda** papier-monnaie *m* ; **sin ~es** *adj inv, nmf inv* sans-papiers *mf inv*

papeleo *nm* paperasserie *f*

papelera *nf* corbeille *f* à papiers ; (*en la calle*) poubelle *f*

papelería *nf* papeterie *f*

papeleta *nf* (*de rifa*) billet *m* ; (*Pol*) bulletin *m* ; (*Escol: calificación*) relevé *m* de notes

paperas *nfpl* oreillons *mpl*

papilla *nf* bouillie *f*

paquete *nm* paquet *m* ; (*esp* AM: *fam*) ennui *m* ; **~s postales** colis *mpl* postaux

par *adj* pair(e) ▶ *nm* (*de guantes, calcetines*) paire *f*; (*de veces, días*) deux ; (*pocos*) deux ou trois ; **abrir de ~ en ~** ouvrir tout grand ; **sin ~** unique

para *prep* pour ; **decir ~ sí** se dire ; **¿~ qué?** pourquoi faire ? ; **¿~ qué lo quieres?** que veux-tu en faire ? ; **~ entonces** à ce moment-là ; **estará listo ~ mañana** ça sera prêt demain ; **ir ~ casa** rentrer chez soi ; **tengo bastante ~ vivir** j'ai de quoi vivre ; **~ el caso que me haces** vu l'intérêt que tu me portes

parábola *nf* parabole *f*

parabólica *nf* (*tb*: **antena parabólica**) antenne *f* parabolique

parabrisas *nm inv* pare-brise *m inv*

paracaídas *nm inv* parachute *m*
• **paracaidista** *nmf* parachutiste *mf*

parachoques *nm inv* pare-chocs *m inv*

parada *nf* arrêt *m* ; **~ de autobús/de taxis** arrêt d'autobus/station *f* de taxis

paradero *nm* endroit *m* ; (*And, CSur*) halte *f*

parado, -a *adj* arrêté(e) ; (*sin empleo*) au chômage ; (AM) debout ▶ *nm/f* chômeur(-euse)

paradoja *nf* paradoxe *m*

parador *nm* (*tb*: **parador de turismo**) parador *m* (*hôtel de première catégorie géré par l'État*)

Le réseau des **paradores** a été mis en place par le gouvernement dans les années 50, au début de l'essor du tourisme en Espagne. Il s'agit d'hôtels de première catégorie, dans des sites uniques ou des lieux à caractère historique, souvent établis dans d'anciens châteaux et monastères. Il en existe actuellement un peu moins d'une centaine, tous classés trois étoiles ou plus, offrant des prestations de qualité ainsi qu'un large éventail de spécialités locales.

paráfrasis *nf inv* paraphrase *f*

paraguas *nm inv* parapluie *m*

Paraguay *nm* Paraguay *m*
• **paraguayo, -a** *adj* paraguayen(ne) ▶ *nm/f* Paraguayen(ne)

paraíso *nm* paradis *msg*

paraje *nm* endroit *m*

paralelo, -a *adj, nm* parallèle *m*

paralímpico, -a *adj* paralympique ▶ *nm/f* athlète *mf* paralympique

parálisis *nf inv* paralysie *f*
paralítico, -a *adj, nm/f* paralytique *mf*
paralizar *vt* paralyser ; **paralizarse** *vpr* être paralysé(e)
paramilitar *adj* paramilitaire
páramo *nm* plateau *m* nu
parangón *nm*: **sin ~** sans égal(e)
paranoico, -a *adj* paranoïaque ▸ *nm/f* paranoïaque *mf*; (*fig*) maniaque, obsédé(e)
parar *vt* arrêter ▸ *vi* s'arrêter ; **pararse** *vpr* s'arrêter ; (AM) se lever ; **sin ~** sans arrêt ; **ha parado de llover** il ne pleut plus ; **fue a ~ a la comisaría** il a atterri au commissariat
pararrayos *nm inv* paratonnerre *m*
parásito, -a *adj, nm* parasite *m*
parcela *nf* parcelle *f*
parche *nm* (*de rueda*) rustine *f*; (*de ropa*) pièce *f*
parcial *adj* (*pago, eclipse*) partiel(le) ; (*juicio*) partial(e) • **parcialidad** *nf* partialité *f*
pardillo, -a *adj, nm/f* péquenaud(e) ▸ *nm* (*Zool*) bouvreuil *m*
parecer *nm* opinion *f* ▸ *vi* sembler ; (*asemejarse a*) ressembler à ; **parecerse** *vpr* se ressembler ; **parecerse a** ressembler à ; **al ~** à ce qu'il paraît ; **me parece bien/ importante que ...** je trouve que c'est bien/qu'il est important que ...
parecido, -a *adj* semblable ▸ *nm* ressemblance *f*; **un hombre bien ~** un bel homme
pared *nf* mur *m*
pareja *nf* paire *f*; (*hombre y mujer*) couple *m* ; (*persona*) partenaire *mf*; **una ~ de guardias** deux gendarmes
parentela *nf* parenté *f*
parentesco *nm* parenté *f*
paréntesis *nm inv* parenthèse *f*
parezca *etc vb ver* **parecer**
pariente, -a *nm/f* parent(e)
parir *vt* (*hijo*) accoucher de ; (*animal*) mettre bas ▸ *vi* (*mujer*) accoucher ; (*animal*) mettre bas
París *n* Paris • **parisiense, parisino, -a** *adj* parisien(ne) ▸ *nm/f* Parisien(ne)
parking (*pl* **parkings**) *nm* parking *m*
parlamentario, -a *adj, nm/f* parlementaire *mf*
parlamento *nm* parlement *m* ; **P~ Europeo** Parlement européen
parlanchín, -ina *adj, nm/f* bavard(e)
paro *nm* (*huelga*) arrêt *m* ; (*desempleo, subsidio*) chômage *m* ; **estar en ~** être au chômage ; **~ cardíaco** arrêt cardiaque
parodia *nf* parodie *f* • **parodiar** *vt* parodier
parpadear *vi* cligner des yeux ; (*luz*) clignoter
párpado *nm* paupière *f*
parque *nm* parc *m* ; **~ de atracciones** parc d'attractions ; **~ de bomberos** caserne *f* de pompiers ; **~ temático** parc à thème
parquímetro *nm* parcmètre *m*, parcomètre *m*
parra *nf* treille *f*
párrafo *nm* paragraphe *m*

parrilla *nf* grill *m* ; **carne a la ~** viande *f* grillée • **parrillada** *nf* assortiment *m* de grillades

párroco *nm* curé *m*

parroquia *nf* paroisse *f*

parsimonia *nf* parcimonie *f*

parte *nm* rapport *m* ▸ *nf* partie *f* ; (*lado*) côté *m* ; (*lugar, de reparto*) part *f* ; **en alguna ~ de Europa** quelque part en Europe ; **por todas ~s** partout ; **en (gran) ~** en (grande) partie ; **la mayor ~ de los españoles** la plupart des Espagnols ; **de ~ de algn** de la part de qn ; **¿de ~ de quién?** (*Telec*) de la part de qui ? ; **por ~ de** de la part de ; **yo por mi ~** en ce qui me concerne, quant à moi ; **por una ~ ... por otra ~** d'une part ... d'autre part ; **dar ~ a algn** communiquer à qn ; **formar ~ de** faire partie de ; **tomar ~ (en)** prendre part (à) ; **~ meteorológico** bulletin *m* météorologique

partición *nf* partage *m*

participación *nf* participation *f* ; (*de lotería*) billet *m*

participante *nmf* participant(e)

participar *vt* communiquer ▸ *vi* : **~ (en)** participer (à)

partícipe *nmf* : **hacer ~ a algn de algo** faire part à qn de qch

partícula *nf* particule *f* ; **~s finas** particules fines

particular *adj* particulier(-ière) ▸ *nm* (*punto, asunto*) sujet *m*, chapitre *m* ; (*individuo*) particulier *m* ; **clases ~es** cours *mpl* particuliers ; **en ~** en particulier

partida *nf* départ *m* ; (*Com: de mercancía*) lot *m* ; (*: de cuenta, factura*) entrée *f* ; (*: de presupuesto*) chapitre *m* ; (*juego*) partie *f* ; **~ de defunción/de matrimonio** extrait *m* d'acte de décès/de mariage ; **~ de nacimiento** extrait de naissance

partidario, -a *adj* : **ser ~ de** être partisan(e) de ▸ *nm/f* (*seguidor*) partisan *m*

partido *nm* parti *m* ; (*Deporte*) match *m* ; **sacar ~ de** tirer parti de ; **tomar ~** prendre parti ; **~ judicial** arrondissement *m*

partir *vt* (*dividir*) partager ; (*romper*) casser ; (*rebanada, trozo*) couper ▸ *vi* partir ; **partirse** *vpr* se casser ; **a ~ de** à partir de, à compter de ; **~ de** partir de

partitura *nf* partition *f*

parto *nm* (*de una mujer*) accouchement *m* ; (*de un animal*) mise *f* bas ; **estar de ~** être en couches

pasa *nf* raisin *m* sec

pasada *nf* (*con trapo, escoba*) coup *m* ; **de ~** (*leer, decir*) au passage ; **mala ~** mauvais tour *m*

pasadizo *nm* passage *m*

pasado, -a *adj* passé(e) ; (*muy hecho*) trop cuit(e) ▸ *nm* passé *m* ; **~ mañana** après-demain ; **el mes ~** le mois dernier ; **~ de moda** démodé(e)

pasador *nm* verrou *m* ; (*de pelo*) barrette *f* ; (*de corbata*) épingle *f*

pasaje *nm* passage *m* ; (*de barco, avión*) billet *m* ; (*los pasajeros*) passagers *mpl*

pasajero, -a *adj, nm/f* passager(-ère)

pasamontañas *nm inv* passe-montagne *m*

pasaporte *nm* passeport *m*

pasar *vt* passer ; (*barrera, meta*) franchir ; (*frío, calor, hambre*) avoir ; (: *con énfasis*) souffrir de ▶ *vi* passer ; (*ocurrir*) se passer ; (*entrar*) entrer ; **pasarse** *vpr* se passer ; (*excederse*) exagérer ; **~ a (hacer)** en venir à (faire) ; **~ de** dépasser de ; **~ de (hacer) algo** (*fam*) se ficher de (faire) qch ; **¡pase!** entrez ! ; **~ por un sitio/una calle** passer par un endroit/une rue ; **~ por alto** faire fi de, passer sous silence ; **~ sin algo** se passer de qch ; **pasarlo bien** s'amuser ; **¿qué te pasa?** que t'arrive-t-il ? ; **pase lo que pase** quoi qu'il en soit ; **se hace ~ por médico** il se fait passer pour un médecin ; **pásate por casa/la oficina** passe chez moi/par mon bureau ; **pasarse al enemigo** passer à l'ennemi ; **me lo pasé bien/mal** cela s'est bien/mal passé ; **se me pasó** j'ai complètement oublié

pasarela *nf* passerelle *f* ; (*de modas*) podium *m*

pasatiempo *nm* passe-temps *msg* ; **pasatiempos** *nmpl* (*en revista*) jeux *mpl*

Pascua, pascua *nf* (*tb*: **Pascua de Resurrección**) Pâques *fpl* ; **Pascuas** *nfpl* Noël *msg* ; **¡felices ~s!** joyeux Noël ! ; **de ~s a Ramos** tous les trente-six du mois

pase *nm* passe *m* ; (*Com*) passavant *m* ; (*Cine*) projection *f*

pasear *vt, vi* promener ; **pasearse** *vpr* se promener • **paseo** *nm* promenade *f* ; (*distancia corta*) pas *msg* ; **dar un ~** faire une promenade ; **~ marítimo** front *m* de mer

pasillo *nm* couloir *m*

pasión *nf* passion *f*

pasivo, -a *adj* passif(-ive) ▶ *nm* (*Com*) passif *m*

pasmar *vt* ébahir • **pasmo** *nm* stupéfaction *f*

paso, -a *adj, nm* passage *m* ; (*pisada, de baile*) pas *msg* ; (*modo de andar*) pas, allure *f* ; (*Telec*) unité *f* ; **a ese ~** à cette allure ; **salir al ~ de** répliquer à ; **salir al ~** passer à la contre-offensive ; **de ~, …** au passage, … ; **estar de ~** être de passage ; **prohibido el ~** passage interdit ; **ceda el ~** cédez le passage, priorité ; **~ a nivel** passage à niveau ; **~ de peatones/de cebra** passage pour piétons/clouté ; **~ elevado** saut-de-mouton *m* ; **~ subterráneo** passage souterrain

pasota (*fam*) *adj, nmf* je-m'en-foutiste *mf*

pasta *nf* pâte *f* ; (*macarrones, fideos etc*) pâtes *fpl* ; (*tb*: **pasta de té**) petit gâteau *m* ; (*fam: dinero*) fric *m* ; (*encuadernación*) reliure *f* ; **~ dentífrica** *o* **de dientes** dentifrice *m*

pastar *vi* paître

pastel *nm* gâteau *m* ; (*de carne*) tourte *f* ; (*Arte*) pastel *m* • **pastelería** *nf* pâtisserie *f*

pasteurizado, -a *adj* pasteurisé(e)

pastilla *nf* (*de jabón*) savonnette *f* ; (*de chocolate*) carré *m* ; (*Med*) comprimé *m*, cachet *m*

pastillero, -a *nm/f* (*fam*) accro *mf* aux petites pilules ▶ *nm* boîte *f* à pilules

pasto *nm* pâture *f*
pastor, a *nm/f* berger(-ère) ▶ *nm* (*Rel*) pasteur *m* ; **~ alemán** berger allemand
pata *nf* patte *f* ; (*pie*) pied *m* ; **~s arriba** (*caer*) les quatre fers en l'air ; (*revuelto*) sens dessus dessous ; **meter la ~** mettre les pieds dans le plat ; **tener mala ~** ne pas avoir de bol ; **~ de cabra** (*Tec*) pince *f* à levier ; **~ de gallo** pied-de-poule *m* • **patada** *nf* coup *m* de pied
patalear *vi* trépigner
patata *nf* pomme *f* de terre ; **~s fritas** frites *fpl* ; (*de bolsa*) chips *fpl*
paté *nm* pâté *m*
patear *vt* piétiner ▶ *vi* trépigner
patentar *vt* breveter
patente *adj* manifeste ▶ *nf* brevet *m* ; (*CSur*) immatriculation *f*
patera (*Esp*) *nf bateau utilisé notamment par les immigrés clandestins venus d'Afrique*
paternal *adj* paternel(le)
paterno, -a *adj* paternel(le)
patético, -a *adj* pathétique
patilla *nf* (*de gafas*) branche *f* ; **patillas** *nfpl* (*de la barba*) favoris *mpl*, pattes *fpl*
patín *nm* patin *m* • **patinaje** *nm* patinage *m* • **patinar** *vi* patiner ; (*fam: equivocarse*) se gourer
patio *nm* cour *f* ; **~ de butacas** (*Cine, Teatro*) orchestre *m* ; **~ de recreo** cour de récréation
pato *nm* canard *m* ; **pagar el ~** (*fam*) payer les pots cassés
patológico, -a *adj* pathologique
patoso, -a *adj* empoté(e)
patraña *nf* mensonge *m*
patria *nf* patrie *f*
patrimonio *nm* patrimoine *m*
patriota *nmf* patriote *mf* • **patriotismo** *nm* patriotisme *m*
patrocinar *vt* (*sufragar*) sponsoriser, parrainer ; (*apoyar*) appuyer, parrainer • **patrocinio** *nm* parrainage *m*
patrón, -ona *nm/f* patron(ne) ; (*de pensión*) hôte (hôtesse) ▶ *nm* patron *m*
patronal *adj* patronal(e) ▶ *nf* patronat *m*
patrulla *nf* patrouille *f*
pausa *nf* pause *f*
pausado, -a *adj* posé(e)
pauta *nf* modèle *m*
pavimento *nm* revêtement *m*
pavo *nm* dindon *m* ; **~ real** paon *m*
pavor *nm* frayeur *f*
payaso, -a *nm/f* clown *m*
payo, -a *nm/f* gadjo (gadji)
paz *nf* paix *f* ; (*tranquilidad*) calme *m* ; **hacer las paces** faire la paix
P.D. *abr* (= *posdata*) P.S. (= *post-scriptum*)
peaje *nm* péage *m*
peatón *nm* piéton *m*
peca *nf* tache *f* de rousseur
pecado *nm* péché *m*
pecador, a *nm/f* pécheur(-eresse)
pecar *vi* pécher ; **~ de generoso** pécher par excès de générosité
pecho *nm* poitrine *f* ; (*fig*) cœur *m* ; **dar el ~ a** donner le sein à ; **tomar algo a ~** prendre qch à cœur
pechuga *nf* (*de ave*) blanc *m*
peculiar *adj* caractéristique ; (*particular*) particulier(-ière) • **peculiaridad** *nf* particularité *f*
pedal *nm* pédale *f* • **pedalear** *vi* pédaler

pedante *adj, nmf* pédant(e) • **pedantería** *nf* pédanterie *f*

pedazo *nm* morceau *m*; **hacer algo ~s** réduire qch en mille morceaux; **hacer ~s a algn** mettre qn en bouillie; **caerse a ~s** tomber en ruine; **ser un ~ de pan** (*fig*) avoir un cœur d'or

pediatra *nmf* pédiatre *mf*

pedido *nm* commande *f*

pedir *vt* demander; (*Com*) commander ▸ *vi* mendier; **~ disculpas** demander des excuses; **~ prestado** emprunter; **¿cuánto piden por el coche?** combien demande-t-on pour cette voiture ?

pedo (*fam!*) *adj inv, nm* (*ventosidad*) pet *m*

pega *nf* (*obstáculo*) problème *m*; (*fam: pregunta*) colle *f*; **de ~** à la gomme, de pacotille; **nadie me** *etc* **puso ~s** personne n'a trouvé à redire

pegadizo, -a *adj* (*canción*) entraînant(e)

pegajoso, -a *adj* collant(e)

pegamento *nm* colle *f*

pegar *vt* coller; (*enfermedad, costumbre*) passer; (*golpear*) frapper ▸ *vi* (*adherirse*) coller; (*armonizar*) aller bien; (*el sol*) taper; **pegarse** *vpr* se coller; (*enfermedad*) s'attraper; (*costumbre*) se prendre; (*dos personas*) se frapper; **~ un grito** pousser un cri; **~ un salto** faire un saut; **~ en** toucher; **pegarse un tiro** se tirer une balle dans la tête

pegatina *nf* autocollant *m*

pegote (*fam*) *nm* emplâtre *m*; **tirarse un ~** (*fam*) s'envoyer des fleurs

peinado *nm* coupe *f*, coiffure *f*

peinar *vt* peigner, coiffer; **peinarse** *vpr* se peigner, se coiffer

peine *nm* peigne *m* • **peineta** *nf* grand peigne *m*

p.ej. *abr* (= *por ejemplo*) p. ex. (= *par exemple*)

Pekín *n* Pékin

pelado, -a *adj* pelé(e); (*cabeza*) tondu(e); (*fam*) fauché(e)

pelaje *nm* pelage *m*

pelar *vt* (*fruta*) peler; (*patatas, marisco*) éplucher; (*cortar el pelo*) couper; **pelarse** *vpr* (*la piel*) peler

peldaño *nm* marche *f*

pelea *nf* (*lucha*) bagarre *f*; (*discusión*) dispute *f*

peleado, -a *adj*: **estar ~ (con algn)** être brouillé(e) (avec qn)

pelear *vi* se battre; (*discutir*) se disputer; **pelearse** *vpr* se battre; (*discutir*) se disputer; (*enemistarse*) se brouiller

peletería *nf* pelleterie *f*

pelícano *nm* pélican *m*

película *nf* film *m*; (*capa fina, Foto*) pellicule *f*; **de ~** (*fam*) sensass; **~ de dibujos (animados)** dessin *m* animé; **~ del oeste** western *m*; **~ muda** film muet

peligro *nm* danger *m*; **correr ~ de** courir le risque de

peligroso, -a *adj* dangereux(-euse)

pelirrojo, -a *adj, nm/f* roux (rousse), rouquin(e)

pellejo *nm* peau *f*

pellizcar *vt* pincer

pellizco *nm* pincement *m*; (*pizca*) pincée *f*

pelma, pelmazo, -a (*fam*) *nm/f* casse-pieds *mfsg*

pelo *nm* (*en conjunto*) cheveux *mpl* ; (*un pelo*) cheveu *m* ; (*: en el cuerpo*) poil *m* ; **a ~** (*sin abrigo*) peu couvert(e) ; **venir al ~** tomber à pic ; **por los ~s** de justesse ; **con ~s y señales** en long et en large ; **no tener ~s en la lengua** ne pas mâcher ses mots ; **tomar el ~ a algn** se payer la tête de qn

pelota *nf* (*grande*) ballon *m* ; (*pequeña*) balle *f* ; (*tb*: **pelota vasca**) pelote *f* basque ; **en ~(s)** (*fam*) à poil ; **hacer la ~ (a algn)** (*fam*) lécher les bottes (à qn)

pelotón *nm* peloton *m*

peluca *nf* perruque *f*

peluche *nm*: **muñeco de ~** peluche *f*

peludo, -a *adj* (*cabeza*) chevelu(e) ; (*persona, perro*) poilu(e)

peluquería *nf* salon *m* de coiffure

peluquero, -a *nm/f* coiffeur(-euse)

pelusa *nf* (*Bot*) duvet *m* ; (*de tela*) peluche *f* ; (*de polvo*) mouton *m*

pelvis *nf inv* bassin *m*

pena *nf* peine *f* ; (*AM*) honte *f* ; **penas** *nfpl* pénalités *fpl* ; **merecer/valer la ~** valoir la peine ; **a duras ~s** à grand-peine ; **me da ~** cela me fait de la peine ; **¡qué ~!** quel dommage ! ; **~ de muerte** peine de mort

penal *adj* pénal ; **antecedentes ~es** casier *msg* judiciaire

penalidades *nfpl* souffrances *fpl*

penalti, penalty *nm* penalty *m*

pendiente *adj* (*asunto*) en suspens ; (*asignatura*) à repasser ; (*terreno*) en pente ▸ *nm* boucle *f* d'oreille ▸ *nf* pente *f* ; **estar ~ de algo/algn** (*vigilar*) attendre qch/qn ; **estar ~ de los labios/de las palabras de algn** être pendu(e) aux lèvres de qn/boire les paroles de qn

pene *nm* pénis *msg*

penetración *nf* pénétration *f*

penetrante *adj* pénétrant(e)

penetrar *vt, vi* pénétrer

penicilina *nf* pénicilline *f*

península *nf* péninsule *f* • **peninsular** *adj* péninsulaire

penique *nm* penny *m*

penitencia *nf* pénitence *f*

penoso, -a *adj* pénible

pensador, -a *nm/f* penseur(-euse)

pensamiento *nm* pensée *f*

pensar *vt, vi* penser ; **~ (hacer)** penser (faire) ; **~ en** penser à ; **he pensado que** j'ai pensé que ; **~ mal de algn** avoir une mauvaise opinion de qn

pensativo, -a *adj* pensif(-ive)

pensión *nf* pension *f* ; **media ~** (*en hotel*) demi-pension *f* ; **~ completa** pension complète • **pensionista** *nmf* (*jubilado*) retraité(e)

penúltimo, -a *adj, nm/f* avant-dernier(-ière)

penumbra *nf* pénombre *f*

penuria *nf* pénurie *f*

peña *nf* rocher *m* ; (*grupo*) amicale *f*

peñasco *nm* rocher *m*

peñón *nm* piton *m* ; **el P~** Gibraltar *m*

peón *nm* manœuvre *m*, ouvrier *m* ; (*esp AM*) ouvrier agricole ; (*Ajedrez*) pion *m*

peor *adj* (*compar*) moins bon, pire ; (*superl*) pire ▶ *adv* (*compar*) moins bien, pire ; (*superl*) moins bien ; **de mal en ~** de mal en pis
pepinillo *nm* cornichon *m*
pepino *nm* concombre *m* ; **(no) me importa un ~** je m'en fiche complètement
pepita *nf* pépin *m* ; (*de mineral*) pépite *f*
pequeñez *nf* petitesse *f*
pequeño, -a *adj, nm/f* petit(e)
pera *nf* poire *f* ▶ *adj inv* (*fam*) snob
percance *nm* contretemps *msg*
percatarse *vpr*: **~ de** se rendre compte de
percepción *nf* perception *f*
percha *nf* cintre *m* ; (*en la pared*) portemanteau *m*
percibir *vt* percevoir
percusión *nf* percussion *f*
perdedor, a *adj, nm/f* perdant(e)
perder *vt* perdre ; (*tren*) rater ▶ *vi* perdre ; **perderse** *vpr* se perdre ; **echar a ~** (*comida*) gâcher, gâter
perdición *nf* perdition *f*
pérdida *nf* perte *f* ; **pérdidas** *nfpl* (*Com*) pertes *fpl* ; **una ~ de tiempo** une perte de temps
perdido, -a *adj* perdu(e) ; **tonto ~** (*fam*) bête comme ses pieds
perdiz *nf* perdrix *f*
perdón *nm* pardon *m* ; **¡~!** pardon ! • **perdonar** *vt* pardonner ; (*la vida*) épargner ; (*eximir*) dispenser, exempter ▶ *vi* pardonner ; **¡perdone (usted)!** pardon !
perdurar *vi* perdurer ; (*continuar*) durer
perecedero, -a *adj* périssable
perecer *vi* périr
peregrino, -a *adj* (*idea*) curieux(-euse), bizarre ▶ *nm/f* pèlerin(e)
perejil *nm* persil *m*
perenne *adj*: **hoja ~** feuille persistante
pereza *nf* paresse *f*
perezoso, -a *adj* paresseux(-euse)
perfección *nf* perfection *f* • **perfeccionar** *vt* perfectionner
perfectamente *adv* parfaitement ; **¡~!** parfaitement !, certainement !
perfecto, -a *adj* parfait(e)
perfil *nm* profil *m* ; **perfiles** *nmpl* (*de figura*) contours *mpl* ; **de ~** de profil • **perfilar** *vt* profiler
perforación *nf* perforation *f*
perforar *vt* perforer
perfume *nm* parfum *m*
pericia *nf* adresse *f*
periferia *nf* périphérie *f*
periférico, -a *adj* périphérique ▶ *nm* (AM: *Auto*) (boulevard *m*) périphérique *m*
perímetro *nm* périmètre *m*
periódico, -a *adj* périodique ▶ *nm* journal *m*
periodismo *nm* journalisme *m* • **periodista** *nmf* journaliste *mf*
periodo, período *nm* période *f* ; (*menstruación*) règles *fpl*
perito, -a *nm/f* expert(e) ; (*técnico*) technicien(ne)
perjudicar *vt* nuire à, porter préjudice à • **perjudicial** *adj* préjudiciable • **perjuicio** *nm* préjudice *m*
perla *nf* perle *f* ; **me viene de ~s** ça tombe à pic

permanecer *vi* séjourner, rester ; (*seguir*) rester
permanencia *nf* (*estancia*) séjour *m*
permanente *adj* permanent(e) ▶ *nf* permanente *f*
permiso *nm* permission *f* ; (*licencia*) licence *f*, permis *msg* ; **con ~** avec votre permission ; **estar de ~** être en permission ; **~ de conducir** permis de conduire
permitir *vt* permettre
pernicioso, -a *adj* pernicieux(-euse)
pero *conj* mais ▶ *nm* objection *f* ; **¡~ bueno!** mais (enfin) bon !
perpendicular *adj* perpendiculaire
perpetrar *vt* perpétrer
perpetuar *vt* perpétuer
perpetuo, -a *adj* perpétuel(le)
perplejo, -a *adj* perplexe
perra *nf* chienne *f*
perrera *nf* chenil *m*
perrito *nm* : **~ caliente** hot-dog *m*
perro *nm* chien *m*
perroflauta (*fam*) *nmf* jeune punk *mf* sdf
persa *adj* persan(e) ▶ *nmf* Persan(e)
persecución *nf* poursuite *f* ; (*Rel, Pol*) persécution *f*
perseguir *vt* poursuivre ; (*atosigar, Rel, Pol*) persécuter
perseverante *adj* persévérant(e)
perseverar *vi* persévérer ; **~ en** persévérer dans
persiana *nf* persienne *f*
persignarse *vpr* se signer
persistente *adj* persistant(e)
persistir *vi* : **~ (en)** persister (dans)
persona *nf* personne *f* ; **~ jurídica** personne morale
personaje *nm* personnage *m*
personal *adj* personnel(le) ; (*aseo*) intime ▶ *nm* personnel *m* • **personalidad** *nf* personnalité *f*
personarse *vpr* : **~ (en)** se présenter (à)
personificar *vt* personnifier
perspectiva *nf* perspective *f* ; **perspectivas** *nfpl* (*de futuro*) perspectives *fpl*
perspicacia *nf* perspicacité *f*
perspicaz *adj* perspicace
persuadir *vt* persuader ; **persuadirse** *vpr* se persuader • **persuasión** *nf* persuasion *f*
persuasivo, -a *adj* persuasif(-ive)
pertenecer *vi* : **~ a** appartenir à • **perteneciente** *adj* : **ser ~ a** appartenir à • **pertenencia** *nf* possession *f* ; (*a organización, club*) appartenance *f* ; **pertenencias** *nfpl* (*posesiones*) biens *mpl*
pertenezca *etc vb ver* **pertenecer**
pértiga *nf* perche *f* ; **salto de ~** saut *m* à la perche
pertinente *adj* pertinent(e) ; (*momento etc*) approprié(e)
perturbado, -a *adj* perturbé(e) ▶ *nm/f* malade *mf* mental(e)
perturbar *vt* perturber, troubler ; (*Med*) troubler
Perú *nm* Pérou *m* • **peruano, -a** *adj* péruvien(ne) ▶ *nm/f* Péruvien(ne)
perversión *nf* perversion *f*
perverso, -a *adj* pervers(e)
pervertido, -a *adj, nm/f* pervers(e)

pervertir *vt* pervertir ; **pervertirse** *vpr* se pervertir
pesa *nf* poids *msg* ; (*Deporte*) haltère *m* ; **hacer ~s** faire des haltères
pesadez *nf* lourdeur *f* ; (*fastidio*) ennui *m*
pesadilla *nf* cauchemar *m*
pesado, -a *adj* lourd(e) ; (*difícil, duro*) pénible ; (*aburrido*) ennuyeux(-euse) ▶ *nm/f* enquiquineur(-euse)
pésame *nm* condoléances *fpl* ; **dar el ~** présenter ses condoléances
pesar *vt* peser ▶ *vi* peser ; (*fig: opinión*) compter ▶ *nm* (*remordimiento*) remords *msg* ; (*pena*) chagrin *m* ; **a ~ de** en dépit de ; **a ~ de que** bien que ; **(no) me pesa haberlo hecho** je (ne) regrette (pas) de l'avoir fait
pesca *nf* pêche *f* ; **ir de ~** aller à la pêche
pescadería *nf* poissonnerie *f*
pescadilla *nf* merlan *m*
pescado *nm* poisson *m*
pescador, a *nm/f* pêcheur(-euse)
pescar *vt* pêcher ; (*fam*) choper ; (*novio*) se dénicher ; (*delincuente*) cueillir ▶ *vi* pêcher
pescuezo *nm* cou *m*
peseta *nf* (*Hist*) peseta *f*
pesimista *adj, nmf* pessimiste *mf*
pésimo, -a *adj* lamentable
peso *nm* poids *msg* ; (*balanza*) balance *f* ; (AM: *moneda*) peso *m* ; **vender a ~** vendre au poids ; **~ bruto** poids brut ; **~ neto** poids net ; **~ pesado/pluma** (*Boxeo*) poids lourd/plume
pesquero, -a *adj* (*industria*) de la pêche ; (*barco*) de pêche
pesquisa *nf* recherche *f*
pestaña *nf* cil *m* ; (*borde*) bord *m* • **pestañear** *vi* cligner des yeux
peste *nf* peste *f* ; (*mal olor*) puanteur *f*
pesticida *nm* pesticide *m*
pestillo *nm* verrou *m* ; (*picaporte*) pêne *m*
petaca *nf* (*para cigarros*) porte-cigarettes *m inv* ; (*para tabaco*) tabatière *f* ; (*para beber*) flasque *f*
petado, -a (*fam*) *adj* : **estar ~ de gente** être bourré(e) de monde
pétalo *nm* pétale *m*
petar (*fam*) *vt* : **~lo** (*arrasar*) faire un tabac
petardo *nm* pétard *m*
petición *nf* demande *f* ; (*Jur*) requête *f*
petrificar *vt* pétrifier
petróleo *nm* pétrole *m* • **petrolero, -a** *adj* pétrolier(-ière) ▶ *nm* pétrolier *m*
peyorativo, -a *adj* péjoratif(-ive)
pez *nm* poisson *m* ; **~ espada** poisson-épée *m* ; **~ gordo** (*fig*) grosse légume *f*
pezón *nm* mamelon *m*
pezuña *nf* (*de animal*) sabot *m*
piadoso, -a *adj* pieux(-euse)
pianista *nmf* pianiste *mf*
piano *nm* piano *m*
piar *vi* piailler
pibe, -a (AM) *nm/f* gosse *mf*
picadillo *nm* hachis *msg*
picado, -a *adj* haché(e) ; (*hielo*) pilé(e) ; (*mar*) agité(e) ; (*diente*) gâté(e) ; (*tabaco*) découpé(e) ;

(*enfadado*) piqué(e) ▸ *nm*: **en ~** en piqué
picador *nm* (*Taur*) picador *m* ; (*minero*) piqueur *m*
picadura *nf* piqûre *f* ; (*de serpiente*) morsure *f* ; (*tabaco picado*) tabac *m* gris
picante *adj* épicé(e) ; (*comentario, chiste*) grivois(e)
picaporte *nm* poignée *f*
picar *vt* piquer ; (*ave*) picoter ; (*Culin*) hacher ▸ *vi* piquer ; (*el sol*) brûler ; (*pez*) mordre ; **picarse** *vpr* (*vino*) se piquer ; (*muela*) se gâter ; (*ofenderse*) prendre la mouche ; **me pica el brazo** j'ai le bras qui me gratte
picardía *nf* sournoiserie *f* ; (*astucia*) astuce *f* ; (*travesura*) espièglerie *f*
pícaro, -a *adj* malin (maligne) ; (*travieso*) espiègle ; (*malintencionado*) voyou ▸ *nm/f* malin (maligne) ; (*malintencionado*) filou *m* ; (*Lit*) picaro *m*
pichón, -ona *nm/f* pigeonneau *m*
pico *nm* bec *m* ; (*de mesa, ventana*) coin *m* ; (*Geo, herramienta*) pic *m*
picotear *vt, vi* (*ave*) picorer ; (*fam*) grignoter
picudo, -a *adj* au long bec ; (*zapato, tejado*) pointu(e)
pidiendo *etc vb ver* **pedir**
pie *nm* pied *m* ; (*de página*) bas *msg* ; **ir a ~** aller à pied ; **al ~ de** au pied de ; **estar de ~** être debout ; **ponerse de ~** se mettre debout ; **al ~ de la letra** au pied de la lettre ; **en ~ de igualdad** sur un pied d'égalité ; **dar ~ a** donner prise à ; **hacer ~** (*en el agua*) avoir pied
piedad *nf* pitié *f*
piedra *nf* pierre *f* ; **~ preciosa** pierre précieuse
piel *nf* peau *f* ; (*de animal, abrigo*) fourrure *f*
pienso *vb ver* **pensar** ▸ *nm* (*Agr*) farines *fpl*
pierda *etc vb ver* **perder**
pierna *nf* jambe *f* ; (*de cordero*) gigot *m*
pieza *nf* pièce *f* ; **~ de recambio** *o* **de repuesto** pièce de rechange
pigmeo, -a *adj* pygmée
pijama *nm* pyjama *m*
pijoprogre (*fam, pey*) *adj, nmf* bobo *mf*
pila *nf* pile *f* ; (*fregadero*) évier *m* ; (*lavabo*) lavabo *m*
píldora *nf* pilule *f* ; **la ~ (anticonceptiva)** la pilule (contraceptive)
pileta (*esp CSur*) *nf* évier *m* ; (*piscina*) piscine *f*
pillaje *nm* pillage *m*
pillar *vt* coincer ; (*fam: coger, sorprender*) pincer ; (*: conseguir*) se dégotter ; (*: atropellar*) faucher ; (*: alcanzar*) attraper ; **me pilla cerca/lejos** c'est près/loin de chez moi ; **~ una borrachera** (*fam*) prendre une cuite ; **~ un resfriado** (*fam*) choper un rhume
pillo, -a *adj, nm/f* (*astuto*) malin (maligne) ; (*travieso*) coquin(e)
piloto *nmf* pilote *m* ▸ *nm* (*Arg*) imperméable *m* ; **~ automático** pilote automatique
pimentón *nm* piment *m* doux
pimienta *nf* poivre *m*
pimiento *nm* poivron *m*
pinacoteca *nf* pinacothèque *f*

pinar *nm* pinède *f*
pincel *nm* pinceau *m*
pinchar *vt* piquer ; (*neumático*) crever ; (*teléfono*) mettre sur (table d')écoute ; **pincharse** *vpr* se piquer
pinchazo *nm* piqûre *f* ; (*de llanta*) crevaison *f* ; **~ telefónico** écoute *f* téléphonique
pincho *nm* pointe *f* ; (*de planta*) épine *f* ; (*Culin*) amuse-gueule *m inv* ; (*fam: para Internet*) dongle *m* ; (*de memoria*) clé *f* USB ; **~ moruno** *brochette de viande épicée*
pingüino *nm* pingouin *m*
pino *nm* pin *m*
pinta *nf* (*mota*) tache *f* ; (*aspecto*) allure *f* ; **tener ~ de** avoir l'air
pintar *vt* peindre ; (*colorear*) colorier ; (*fig*) dépeindre ▸ *vi* peindre ; (*colorear*) colorier ; (*fam*) compter ; **pintarse** *vpr* se maquiller ; (*uñas*) se faire
pintor, a *nm/f* peintre *mf*
pintoresco, -a *adj* pittoresque
pintura *nf* peinture *f* ; **~ a la acuarela** aquarelle *f* ; **~ al óleo** peinture à l'huile
pinza *nf* pince *f* ; (*para colgar ropa*) pince à linge ; **pinzas** *nfpl* pinces *fpl* ; (*para depilar*) pince à épiler
piña *nf* (*fruto del pino*) pomme *f* de pin ; (*fruta*) ananas *msg*
piñón *nm* pignon *m*
piojo *nm* pou *m*
pionero, -a *adj, nm/f* pionnier(-ière)
pipa *nf* pipe *f* ; (*Bot*) pépin *m* ; **pipas** *nfpl* (*de girasol*) graines *fpl* (de tournesol) ; **pasarlo ~** (*fam*) bien s'amuser
pique *vb ver* **picar** ▸ *nm* brouille *f* ; (*rivalidad*) compétition *f* ; **irse a ~** couler à pic ; (*familia, negocio*) aller à la dérive
piquete *nm* piquet *m* de grève
piragua *nf* pirogue *f* ; (*Deporte*) canoë *m* • **piragüismo** *nm* canoë-kayak *m*
pirámide *nf* pyramide *f*
pirata *adj*: **edición/disco ~** édition *f*/disque *m* pirate ▸ *nmf* pirate *m* ; **~ informático** pirate informatique
piratear *vt* (*Inform*) pirater
piratería *nf* (*Inform*) piratage *m*
Pirineo *nm*, **Pirineos** *nmpl* Pyrénées *fpl*
pirómano, -a *nm/f* pyromane *mf*
piropo *nm* compliment *m*
pis (*fam*) *nm* pipi *m*, pisse *f* ; **hacer ~** pisser
pisada *nf* trace *f* de pas
pisar *vt* fouler, marcher sur ; (*apretar con el pie, fig*) écraser ; (*idea, puesto*) piquer ▸ *vi* marcher ; **me has pisado** tu m'as marché dessus
piscina *nf* piscine *f*
Piscis *nm* (*Astrol*) Poissons *mpl* ; **ser ~** être Poissons
piso *nm* (*planta*) étage *m* ; (*apartamento*) appartement *m* ; (*suelo*) sol *m* ; **primer ~** premier étage ; (AM: *de edificio*) rez-de-chaussée *m inv*
pista *nf* piste *f* ; **~ de aterrizaje** piste d'atterrissage ; **~ de baile** piste de danse ; **~ de carreras** champ *m* de courses ; **~ de hielo** patinoire *f* ; **~ de tenis** court *m* de tennis
pistola *nf* pistolet *m*

pistolero, -a *nm/f* gangster *m*
pistón *nm* piston *m*
pitar *vt* siffler ; (*Auto*) klaxonner ▸ *vi* siffler ; (*Auto*) klaxonner ; (*fam*) gazer ; (AM) fumer
pitillo *nm* cigarette *f*
pito *nm* sifflement *m* ; (*silbato*) sifflet *m* ; (*de coche*) klaxon *m*
pitón *nm* python *m*
pitorreo *nm* moquerie *f*; **estar de ~** blaguer
pizarra *nf* ardoise *f*; (*encerado*) tableau *m* (noir)
pizca *nf* pincée *f*; (*de pan*) miette *f*; (*fig*) petit morceau *m* ; **ni ~** rien
pizza *nf* pizza *f*
placa *nf* plaque *f*; **~ de matrícula** plaque d'immatriculation
placentero, -a *adj* agréable
placer *nm* plaisir *m*
plácido, -a *adj* placide ; (*día, mar*) calme
plaga *nf* fléau *m* • **plagar** *vt* infester
plagio *nm* plagiat *m* ; (AM) kidnapping *m*
plan *nm* plan *m*, projet *m* ; (*idea*) idée *f*; **en ~ económico** (*fam*) pour pas cher ; **vamos en ~ de turismo** on y va en touristes ; **si te pones en ese ~ ...** si tu le vois comme ça ...
plana *nf* page *f*; **a toda ~** pleine page ; **la primera ~** la une ; **~ mayor** (*Mil*) état-major *m*
plancha *nf* (*para planchar*) fer *m* (à repasser) ; (*de metal, madera, Tip*) planche *f*; **pescado a la ~** poisson *m* grillé ; **~ de pelo** lisseur *m*, fer *m* à lisser • **planchado, -a** *adj* repassé(e) ▸ *nm* repassage *m* • **planchar** *vt, vi* repasser
planeador *nm* planeur *m*
planear *vt* planifier ▸ *vi* planer
planeta *nm* planète *f*
planicie *nf* plaine *f*
planificación *nf* planification *f*; **~ familiar** planning familial
plano, -a *adj* plat(e) ▸ *nm* plan *m* ; **primer ~** (*Cine*) premier plan ; **caer de ~** tomber de tout son long
planta *nf* plante *f*; (*Tec*) usine *f*; (*piso*) étage *m* ; **~ baja** rez-de-chaussée *m inv*
plantación *nf* plantation *f*
plantar *vt* planter ; (*novio, trabajo*) laisser tomber ; **plantarse** *vpr* se planter
plantear *vt* exposer ; (*problema*) poser ; (*proponer*) proposer ; **plantearse** *vpr* envisager
plantilla *nf* (*de zapato*) semelle *f*; (*personal*) personnel *m* ; **estar en ~** faire partie du personnel
plasmar *vt* (*representar*) reproduire ; **plasmarse** *vpr*: **plasmarse en** se concrétiser
plástico, -a *adj* plastique ▸ *nm* plastique *m*
plastilina® *nf* pâte *f* à modeler
plata *nf* (*metal, dinero*) argent *m* ; (*cosas de plata*) argenterie *f*
plataforma *nf* plate-forme *f*; (*tribuna*) estrade *f*; **~ de lanzamiento** rampe *f* de lancement ; **~ petrolera/de perforación** plate-forme pétrolière/de forage
plátano *nm* banane *f*; (*árbol*) bananier *m*
platea *nf* orchestre *m*
plateado, -a *adj* argenté(e) ; (*Tec*) plaqué(e) argent

platillo *nm* soucoupe *f*; **~ volante** soucoupe volante
platino *nm* platine *m*; **platinos** *nmpl* (*Auto*) vis *fpl* platinées
plato *nm* assiette *f*; **~ combinado** plat *m* garni
playa *nf* plage *f*; **~ de estacionamiento** (*AM*) place *f* de stationnement
playera *nf* (*AM*) tee-shirt *m*; **playeras** *nfpl* chaussures *fpl* en toile
plaza *nf* place *f*; (*mercado*) place du marché, marché *m*; **~ de toros** arène *f*
plazo *nm* délai *m*; (*pago parcial*) terme *m*; **a corto/largo ~** à court/long terme; **comprar a ~s** acheter à crédit
pleamar *nf* pleine mer *f*
plebe (*pey*) *nf* plèbe *f*
plebiscito *nm* plébiscite *m*
plegable *adj* pliable
plegar *vt* plier; **plegarse** *vpr* se plier
pleito *nm* procès *msg*; (*fig*) conflit *m*
pleno, -a *adj* plein(e) ▶ *nm* (*del ayuntamiento*) assemblée *f* plénière; (*del congreso*) séance *f* plénière; **en ~ día/verano** en plein jour/été; **en plena cara** en pleine figure
pliego *vb ver* **plegar** ▶ *nm* (*hoja*) feuille *f* (de papier); **~ de cargos** charges *fpl* produites contre l'accusé; **~ de condiciones** cahier *m* des charges; **~ de descargo** témoignages *mpl* à la décharge de l'accusé
pliegue *vb ver* **plegar** ▶ *nm* pli *m*
plomero (*AM*) *nm* plombier *m*
plomo *nm* plomb *m*; **plomos** *nmpl* (*Elec*) plombs *mpl*; **(gasolina) sin ~** (essence) sans plomb
pluma *nf* plume *f*; **~ (estilográfica)** (*AM*): **~ fuente** stylo *m* plume
plumón *nm* (*AM*) stylo-feutre *m*
plural *adj* pluriel(le) ▶ *nm* pluriel *m* • **pluralidad** *nf* pluralité *f*
pluriempleo *nm* cumul *m* d'emplois
plusvalía *nf* (*Com*) plus-value *f*
población *nf* population *f*; (*pueblo, ciudad*) agglomération *f*
poblado, -a *adj* peuplé(e) ▶ *nm* village *m*; **densamente ~** densément peuplé(e)
poblar *vt* peupler; **poblarse** *vpr*: **poblarse de** se peupler de
pobre *adj, nmf* pauvre *mf*; **los ~s** les pauvres *mpl* • **pobreza** *nf* pauvreté *f*; **~ energética** pauvreté *f* énergétique
pocilga *nf* porcherie *f*

poco, -a

▶ *adj* **1** (*sg*) peu de; **~ tiempo** peu de temps; **de ~ interés** peu intéressant; **poca cosa** peu de chose
2 (*pl*) peu de; **pocas personas lo saben** peu de gens le savent; **unos ~s libros** quelques livres
▶ *adv* (*comer, trabajar*) peu; **~ amable/inteligente** peu aimable/intelligent; **cuesta ~** cela ne coûte pas cher; **a ~ que se interese ...** pour peu qu'il montre de l'intérêt ...
▶ *pron* **1**: **unos(-as) ~s(-as)** quelques-uns(-unes)
2 (*casi*): **por ~ me caigo** j'ai failli tomber

3 (*locuciones de tiempo*): **a ~ de haberse casado** peu après s'être marié ; **~ después** peu après
4: **~ a ~** peu à peu
▸ *nm*: **un ~** un peu ; **un ~ triste** un peu triste ; **un ~ de dinero** un peu d'argent

podar *vt* tailler
podcast (*pl* **podcasts**) *nm* podcast *m*

poder

▸ *vb aux* (*capacidad, posibilidad, permiso*) pouvoir ; **no puedo hacerlo** je ne peux pas le faire ; **puede llegar mañana** il peut arriver demain ; **pudiste haberte hecho daño** tu aurais pu te faire mal ; **no se puede fumar en el hospital** on n'a pas le droit de fumer dans l'hôpital ; **podías habérmelo dicho** tu aurais pu me le dire
▸ *vi* 1 pouvoir ; **¿se puede?** on peut entrer ? ; **¡no puedo más!** je n'en peux plus ! ; **¡es tonto a más no ~!** il est on ne peut plus idiot !
2: **¿puedes con eso?** tu peux y arriver ? ; **no puedo con este crío** je n'arrive pas à venir à bout de cet enfant
3: **A le puede a B** (*fam*) A est plus fort que B
▸ *vb impers*: **¡puede (ser)!** cela se peut ! ; **¡no puede ser!** ce n'est pas possible ! ; **puede que llueva** il se peut qu'il pleuve
▸ *nm* pouvoir *m* ; **ocupar el ~** détenir le pouvoir ; **detentar el ~** s'emparer du pouvoir ; **estar en el ~** être au pouvoir ; **en mi/tu** *etc* **~** (*posesión*) en ma/ta *etc* possession ; **en ~ de** entre les mains de ; **por ~es** (*Jur*) par procuration ; **~ adquisitivo** pouvoir d'achat ; **~ ejecutivo/legislativo/judicial** (*Pol*) pouvoir exécutif/législatif/judiciaire

poderoso, -a *adj* puissant(e)
podio, pódium (*pl* **pódiums**) *nm* podium *m*
podrido, -a *adj* pourri(e) ; (*fig*) corrompu(e)
podrir *vt* = **pudrir**
poema *nm* poème *m*
poesía *nf* poésie *f*
poeta *nmf* poète *m*
póker *nm* poker *m*
polaco, -a *adj* polonais(e) ▸ *nm/f* Polonais(e)
polar *adj* polaire • **polaridad** *nf* polarité *f*
polarizar *vt* polariser ; **polarizarse** *vpr* se polariser
polea *nf* poulie *f*
polémica *nf* polémique *f*
polémico, -a *adj* polémique
polen *nm* pollen *m*
policía *nmf* policier(-ière), agent *m* (de police) ▸ *nf* (*cuerpo*) police *f*
policíaco, -a, policial *adj* policier(-ière)
polideportivo *nm* complexe *m* omnisports
poligamia *nf* polygamie *f*
polilla *nf* mite *f*
polio *nf* polio *f*

política *nf* politique *f*; **~ agraria** politique agricole; **~ económica** politique économique

político, -a *adj* politique ▸ *nm/f* homme *m* (femme *f*) politique; **padre/hermano ~** beau-père *m*/beau-frère *m*; **madre política** belle-mère *f*

póliza *nf* police *f*; (*sello*) timbre *m* fiscal; **~ de seguro(s)** police d'assurance

polizón *nm* passager(-ère) clandestin(e)

pollera (AM) *nf* jupe *f*

pollo *nm* poulet *m*

polo *nm* pôle *m*; (*helado*) glace *f*; (*Deporte, suéter*) polo *m*; **P~ Norte/Sur** Pôle Nord/Sud

Polonia *nf* Pologne *f*

poltrona (*esp* AM) *nf* fauteuil *m*

polvo *nm* poussière *f*; **polvos** *nmpl* (*en cosmética etc*) poudre *fsg*; **en ~** en poudre; **estar hecho ~** (*fam*) être fichu; (*: persona*) être crevé

pólvora *nf* poudre *f*

polvoriento, -a *adj* poussiéreux(-euse)

pomada *nf* pommade *f*

pomelo *nm* pamplemousse *m*

pomo *nm* poignée *f*

pompa *nf* bulle *f*; (*ostentación*) pompe *f*

pomposo, -a (*pey*) *adj* prétentieux(-euse); (*lenguaje, estilo*) pompeux(-euse)

pómulo *nm* pommette *f*

pon *vb ver* **poner**

ponche *nm* punch *m*

poncho *nm* poncho *m*

ponderar *vt* soupeser; (*elogiar*) faire l'éloge de

pondré *etc vb ver* **poner**

poner

▸ *vt* **1** (*colocar*) mettre, poser; (*ropa, mesa*) mettre
2 (*imponer: tarea*) donner; (*multa*) condamner à, donner
3 (*obra de teatro, película*) passer; **¿qué ponen en el Excelsior?** qu'est-ce qui passe à l'Excelsior?
4 (*instalar: gas etc*) (faire) mettre
5 (*radio, TV*) mettre; **ponlo más alto** mets-le plus fort
6 (*suponer*): **pongamos que ...** mettons que ...
7 (*contribuir*): **el gobierno ha puesto un millón** le gouvernement a mis un million
8 (+ *adj*) rendre; **me estás poniendo nerviosa** tu commences à m'énerver
9 (*dar nombre*): **al hijo le pusieron Diego** ils ont appelé leur fils Diego
10 (*huevos*) pondre
▸ **ponerse** *vpr* **1** (*colocarse*) se mettre; **se puso a mi lado** il s'est mis à côté de moi; **ponte en esa silla** mets-toi sur cette chaise
2 (*vestido, cosméticos*) mettre; **¿por qué no te pones el vestido nuevo?** pourquoi ne mets-tu pas ta nouvelle robe?
3 (*sol*) se coucher
4 (+ *adj*) devenir; **se puso muy serio** il a pris un air très sérieux
5: **ponerse a** se mettre à

poniente *nm* couchant *m*

pontífice *nm* pontife *m*

popa *nf* poupe *f*

popular *adj* populaire
• **popularidad** *nf* popularité *f*

popularizar *vt* populariser ; **popularizarse** *vpr* se populariser

por

prep 1 (*objetivo, en favor de*) pour ; **luchar ~ la patria** combattre pour la patrie ; **hazlo ~ mí** fais-le pour moi
2 (+ *infin*) pour ; **~ no llegar tarde** pour ne pas arriver tard ; **~ citar unos ejemplos** pour citer quelques exemples
3 (*causa, agente*) par ; **~ escasez de fondos** par manque de fonds ; **le castigaron ~ desobedecer** il a été puni pour avoir désobéi ; **~ eso** c'est pourquoi ; **escrito ~ él** écrit par lui
4 (*tiempo*): **~ la mañana/Navidad** le matin/vers Noël
5 (*duración*): **se queda ~ una semana** il reste une semaine ; **se fue ~ 3 días** il est parti pour 3 jours
6 (*lugar*): **pasar ~ Madrid** passer par Madrid ; **ir a Guayaquil ~ Quito** aller à Guayaquil via Quito ; **caminar ~ la calle/~ las Ramblas** déambuler dans la rue/sur les Rambles ; **~ fuera/dentro** à l'extérieur/à l'intérieur ; **vive ~ aquí** il habite par ici
7 (*cambio, precio*): **te doy uno nuevo ~ el que tienes** je t'en donne un neuf contre le tien ; **lo vendo ~ 40 euros** je le vends (pour) 40 euros
8 (*valor distributivo*): **20 euros ~ hora/cabeza** 20 euros de l'heure/par tête ; **100 km ~ hora** 100 km à l'heure ; **veinte ~ ciento** vingt pour cent
9 (*modo, medio*) par ; **~ avión/correo** par avion/la poste ; **caso ~ caso** cas par cas ; **~ tamaños** par ordre de taille
10 : **25 ~ 4 son 100** 4 fois 25 font 100
11 : **ir/venir ~ algo/algn** aller/venir chercher qch/qn ; **estar/quedar ~ hacer** être/rester à faire
12 (*evidencia*): **~ lo que dicen** d'après ce qu'on dit
13 : **~ si (acaso)** au cas où
14 : **¿~ qué?** pourquoi ? ; **¿~ qué no?** pourquoi pas ?

porcelana *nf* porcelaine *f*
porcentaje *nm* pourcentage *m*
porción *nf* portion *f*
pordiosero, -a *nm/f* mendiant(e)
pormenor *nm* détail *m*
pornografía *nf* pornographie *f*
poro *nm* pore *m*
poroso, -a *adj* poreux(-euse)
porque *conj* parce que
porqué *nm* pourquoi *m*
porquería *nf* cochonnerie *f*, saleté *f* ; (*algo sin valor*) cochonnerie ; **porquerías** *nfpl* (*comida*) cochonneries *fpl*
porra *nf* matraque *f* ; **¡vete a la ~!** (*fam*) va te faire voir !
porrazo *nm* coup *m*
porrón *nm* *récipient à bec pour boire le vin à la régalade*
portada *nf* couverture *f*
portador, -a *nm/f* porteur(-euse) ; (*Com*) porteur *m*
portaequipajes *nm inv* (*maletero*) coffre *m* ; (*baca*) porte-bagages *m inv*

portal *nm* (*entrada*) vestibule *m* ; (*puerta*) porte *f* ; (*Inform*) portail *m*
portamaletas *nm inv* = **portaequipajes**
portarse *vpr* se comporter ; **~ bien/mal** bien/mal se comporter
portátil *adj* portatif(-ive) ; (*ordenador*) portable
portavoz *nmf* porte-parole *mf inv*
portazo *nm*: **dar un ~** claquer la porte
porte *nm* (*Com*) port *m*
portento *nm* prodige *m*
porteño, -a *adj* de Buenos Aires
portería *nf* loge *f* (de concierge) ; (*Deporte*) but *m*
portero, -a *nm/f* concierge *mf* ; (*de club*) portier *m* ; (*Deporte*) gardien(ne) de but ▸ *nm*: **~ automático** interphone *m*
pórtico *nm* portique *m*
portorriqueño, -a *adj* portoricain(e)
Portugal *nm* Portugal *m* • **portugués, -esa** *adj* portugais(e) ▸ *nm/f* Portugais(e) ▸ *nm* (*Ling*) portugais *msg*
porvenir *nm* avenir *m*
pos: **en ~ de** *prep* après ; (*fig*) en quête de
posada *nf* auberge *f* ; **dar ~ a** héberger
posar *vt, vi* poser ; **posarse** *vpr* se poser ; (*polvo*) se déposer
posavasos *nm inv* sous-verre *m*
posdata *nf* post-scriptum *m inv*
pose *nf* pose *f*
poseedor, a *nm/f* possesseur *m*
poseer *vt* posséder ; (*conocimientos, belleza*) avoir ; (*récord, título*) détenir
posesión *nf* possession *f*
posesivo, -a *adj* possessif(-ive)
posgrado *nm* = **postgrado**
posibilidad *nf* possibilité *f*
posible *adj* possible ; **es ~ que** il est possible que
posición *nf* position *f*
positivo, -a *adj* positif(-ive) ▸ *nm* (*Foto*) cliché *m*
poso *nm* (*de café*) marc *m* ; (*de vino*) lie *f*
posponer *vt* faire passer après ; (*aplazar*) ajourner, reporter
post (*pl* **posts**) *nm* (*en sitio web*) billet *m*, post *m*
posta *nf*: **a ~** exprès
postal *adj* postal(e) ▸ *nf* carte *f* postale
poste *nm* poteau *m*
postear *vt* (*en blog, redes sociales*) poster, publier
póster *nm* poster *m*
postergar *vt* reléguer ; (*esp* AM: *aplazar*) reporter
posteridad *nf* postérité *f*
posterior *adj* de derrière ; (*parte*) postérieur(e) ; (*en el tiempo*) ultérieur(e) • **posterioridad** *nf*: **con ~** par la suite
postgrado *nm* troisième cycle *m*
postizo, -a *adj* faux (fausse), postiche ▸ *nm* postiche *m*
postor, a *nm/f* offrant *m*
postre *nm* dessert *m*
postrero, -a *adj* dernier(-ière)
postulado *nm* postulat *m*
póstumo, -a *adj* posthume
postura *nf* position *f*, posture *f* ; (*ante hecho, idea*) position
postureo (*fam*) *nm* mise *f* en avant de soi

potable *adj* potable
potaje *nm* potage *m*
pote *nm* pot *m*
potencia *nf* puissance *f*; **en ~** en puissance • **potencial** *adj* potentiel(le) ▶ *nm* potentiel *m* • **potenciar** *vt* promouvoir • **potente** *adj* puissant(e)
potro *nm* poulain *m*; (*Deporte*) cheval *m* d'arçons
pozo *nm* puits *msg*; (*de río*) *endroit le plus profond*
p.p. *abr* (= *por poderes*) p.p. (= *par procuration*)
práctica *nf* pratique *f*; **prácticas** *nfpl* (*Escol*) travaux *mpl* pratiques; (*en empresa*) stage *m*; (*Mil*) entraînement *m*; **en la ~** dans la pratique
practicante *adj* (*Rel*) pratiquant(e) ▶ *nmf* (*Med*) infirmier(-ière)
practicar *vt, vi* pratiquer
práctico, -a *adj* pratique
practique *etc vb ver* **practicar**
pradera *nf* prairie *f*
prado *nm* pré *m*; (AM) gazon *m*
Praga *n* Prague
pragmático, -a *adj* pragmatique
preámbulo *nm* préambule *m*
precariedad *nf* (*de empleo, salud, situación*) précarité *f*
precario, -a *adj* précaire
precaución *nf* précaution *f*
precaverse *vpr*: **~ de** *o* **contra algo** se prémunir contre qch
precavido, -a *adj* prévoyant(e)
precedente *adj* précédent(e) ▶ *nm* précédent *m*
preceder *vt* précéder
precepto *nm* précepte *m*
preciado, -a *adj* précieux(-euse)
preciarse *vpr* se vanter; **~ de** se vanter de
precinto *nm* (*Com*: *tb*: **precinto de garantía**) cachet *m*
precio *nm* prix *msg*; **a ~ de saldo** en réclame; **~ al detalle** prix de détail; **~ al por menor** prix de détail; **~ de ocasión** prix avantageux; **~ de venta al público** prix de vente conseillé
preciosidad *nf* (*cosa bonita*) merveille *f*; **es una ~** c'est une merveille
precioso, -a *adj* (*hermoso*) très joli(e); (*de mucho valor*) précieux(-euse)
precipicio *nm* précipice *m*
precipitación *nf* précipitation *f*
precipitado, -a *adj* précipité(e)
precipitar *vt* précipiter; **precipitarse** *vpr* se précipiter
precisamente *adv* précisément
precisar *vt* (*necesitar*) avoir besoin de; (*determinar, especificar*) préciser
precisión *nf* précision *f*; **de ~** de précision
preciso, -a *adj* précis(e); (*necesario*) nécessaire
preconcebido, -a *adj* préconçu(e)
precoz *adj* précoce
precursor, a *nm/f* précurseur *mf*
predecir *vt* prédire
predestinado, -a *adj* prédestiné(e)
predicar *vt, vi* prêcher
predicción *nf* prédiction *f*
predictivo, -a *adj* prédictif(-ive); (*texto*) intuitif(-ive)

predilecto, -a *adj* préféré(e)
predisponer *vt* prédisposer
• **predisposición** *nf* prédisposition *f*
predominante *adj* prédominant(e)
predominar *vi* prédominer
• **predominio** *nm* prédominance *f*
preescolar *adj* préscolaire
prefabricado, -a *adj* préfabriqué(e)
prefacio *nm* préface *f*
preferencia *nf* (*predilección*) préférence *f*; (*Auto, ventaja*) priorité *f*
preferible *adj* préférable
preferir *vt* préférer; **~ hacer/que** préférer faire/que
prefiera *etc vb ver* **preferir**
prefijo *nm* (*Telec*) indicatif *m*
pregonar *vt* crier sur tous les toits
pregunta *nf* question *f*; **hacer una ~** poser une question
preguntar *vt, vi* demander; **preguntarse** *vpr* se demander; **~ por algn** demander qn
prehistórico, -a *adj* préhistorique
prejuicio *nm* préjugé *m*
preliminar *adj, nm* préliminaire *m*
preludio *nm* prélude *m*
premeditación *nf* préméditation *f*
premiar *vt* récompenser; (*en un concurso*) décerner un prix à
premio *nm* récompense *f*; (*de concurso etc*) prix *msg*; **~ de consolación** prix de consolation
premonición *nf* prémonition *f*
prenatal *adj* prénatal(e)
prenda *nf* (*ropa*) vêtement *m*; (*garantía*) gage *m*
prendedor *nm* broche *f*
prender *vt* (*sujetar*) attacher; (*delincuente*) arrêter; (*esp* AM: *encender*) allumer ▸ *vi* (*idea, miedo*) s'enraciner; (*planta, fuego*) prendre; **prenderse** *vpr* prendre feu; (*esp* AM: *encenderse*) s'allumer; **~ fuego a algo** mettre le feu à qch
prendido, -a (AM) *adj* (*luz etc*) allumé(e)
prensa *nf* presse *f* • **prensar** *vt* (*papel, uva*) presser
preñado, -a *adj* (*mujer*) enceinte; **~ de** chargé(e) de
preocupación *nf* souci *m*
preocupado, -a *adj* préoccupé(e)
preocupar *vt* préoccuper; **preocuparse** *vpr* (*inquietarse*) se soucier; **preocuparse de algo** (*hacerse cargo*) s'occuper de qch
preparación *nf* préparation *f*
preparado, -a *adj* (*dispuesto*) prêt(e); (*platos, estudiante etc*) préparé(e) ▸ *nm* (*Med*) préparation *f*
preparar *vt* préparer; **prepararse** *vpr* se préparer; **prepararse para hacer algo** se préparer à faire qch
• **preparativos** *nmpl* préparatifs *mpl*
preparatoria (AM) *nf* terminale *f*
prerrogativa *nf* prérogative *f*
presa *nf* (*de animal*) proie *f*; (*de agua*) barrage *m*
presagio *nm* présage *m*
prescindir *vi*: **~ de** (*privarse de*) se passer de; (*descartar*) faire abstraction de
prescribir *vt* prescrire
• **prescripción** *nf* prescription *f*

P

presencia *nf* présence *f* • **presencial** *adj* (*Univ* : *formación*) présentiel(le), en présenciel ; **testigo ~** témoin *m* oculaire • **presenciar** *vt* (*accidente, discusión*) être témoin de ; (*ceremonia etc*) assister à
presentación *nf* présentation *f*
presentador, a *nm/f* présentateur(-trice)
presentar *vt* présenter ; (*Jur*: *pruebas, documentos*) produire ; **presentarse** *vpr* se présenter
presente *adj* présent(e) ▶ *nm* présent *m* ; **tener ~** se souvenir de
presentimiento *nm* pressentiment *m*
presentir *vt* pressentir ; **~ que** pressentir que
preservativo *nm* préservatif *m*
presidencia *nf* présidence *f*
presidente *nmf* président(e)
presidiario, -a *nm/f* détenu(e)
presidio *nm* prison *f*
presidir *vt* (*reunión*) présider
presión *nf* pression *f* ; **cerrar a ~** fermer avec des pressions ; **~ atmosférica** pression atmosphérique • **presionar** *vt* (*coaccionar*) faire pression sur ▶ *vi*: **~ para** *o* **por** faire pression pour
preso, -a *adj*: **~ de terror/pánico** pris(e) de terreur/panique ▶ *nm/f* (*en la cárcel*) prisonnier(-ière)
prestación *nf* (*Admin*) prestation *f* ; **prestaciones** *nfpl* (*Tec, Auto*) performances *fpl*
prestado, -a *adj* emprunté(e) ; **pedir ~** emprunter
préstamo *nm* prêt *m* ; **~ hipotecario** prêt hypothécaire
prestar *vt* prêter
presteza *nf* promptitude *f*
prestigio *nm* prestige *m*
presumido, -a *adj, nm/f* prétentieux(-euse) ; (*preocupado de su aspecto*) coquet(te)
presumir *vt* présumer ▶ *vi* se vanter ; **~ de listo** se croire intelligent
presunción *nf* présomption *f*
presunto, -a *adj* présumé(e) ; (*heredero*) présomptif(-ive)
presuntuoso, -a *adj* présomptueux(-euse)
presuponer *vt* présupposer
presupuesto *pp de* **presuponer** ▶ *nm* (*Fin*) budget *m* ; (*de costo, obra*) devis *msg*
pretencioso, -a *adj* prétentieux(-euse)
pretender *vt* prétendre ; **~ que** prétendre que • **pretendiente, -a** *nm/f* prétendant(e) • **pretensión** *nf* prétention *f* ; **pretensiones** *nfpl* (*pey*) prétentions *fpl*
pretexto *nm* (*excusa*) prétexte *m*
prevalecer *vi* prévaloir
prevención *nf* prévention *f*
prevenido, -a *adj*: **(estar) ~** (*preparado*) (être) prévenu(e) ; **(ser) ~** (*cuidadoso*) (être) prévoyant(e)
prevenir *vt* prévenir ; **prevenirse** *vpr* se préparer ; **~ (en) contra (de)/a favor de** prévenir contre/ en faveur de ; **prevenirse contra** se prémunir contre
preventivo, -a *adj* préventif(-ive)
prever *vt* prévoir
previo, -a *adj* (*anterior*) préalable ; **~ pago de los derechos** moyennant l'acquittement préalable des droits

previsión *nf* prévision *f*; **en ~ de** en prévision de
prima *nf* prime *f*; *ver tb* **primo**
primacía *nf* primauté *f*
primario, -a *adj* primaire
primavera *nf* printemps *m*
primera *nf* première *f*; **a la ~** du premier coup
primero, -a (*antes de nmsg* **primer**) *adj* premier(-ière) ▶ *adv* (*en primer lugar*) d'abord ; (*más bien*) plutôt ▶ *nm*: **ser/llegar el ~** être/arriver le premier
primicia *nf* primeur *f*
primitivo, -a *adj* primitif(-ive)
primo, -a *adj* (*Mat*) premier(-ière) ▶ *nm/f* cousin(e) ; (*fam*) idiot(e) ; **materias primas** matières *fpl* premières ; **~ hermano** cousin *m* germain
primogénito, -a *adj* aîné(e)
primordial *adj* primordial(e)
princesa *nf* princesse *f*
principal *adj* principal(e)
príncipe *nm* prince *m*
principiante *adj, nmf* débutant(e)
principio *nm* (*comienzo*) début *m* ; (*fundamento, moral, tb Quím*) principe *m* ; **en ~** en principe
pringoso, -a *adj* (*grasiento*) graisseux(-euse) ; (*pegajoso*) poisseux(-euse)
pringue *nm* (*grasa*) graisse *f*
prioridad *nf* priorité *f*
prisa *nf* hâte *f*; (*rapidez*) rapidité *f*; **correr ~** être urgent(e) ; **darse ~** se dépêcher ; **tener ~** être pressé(e)
prisión *nf* prison *f*
prisionero, -a *nm/f* prisonnier(-ière)
prismáticos *nmpl* jumelles *fpl*
privación *nf* privation *f*
privado, -a *adj* privé(e)
privar *vt* (*despojar*) priver ; **privarse** *vpr*: **privarse de** (*abstenerse*) se priver de
privilegiado, -a *adj, nm/f* privilégié(e)
privilegio *nm* privilège *m*
pro *nm* profit *m* ▶ *prep*: **asociación ~ ciegos** association *f* au profit des aveugles ▶ *pref*: **~ soviético/americano** pro-soviétique/américain ; **en ~ de** en faveur de ; **los ~s y los contras** le pour et le contre
proa *nf* (*Náut*) proue *f*
probabilidad *nf* probabilité *f*; **probabilidades** *nfpl* (*perspectivas*) chances *fpl* • **probable** *adj* probable
probador *nm* cabine *f* d'essayage
probar *vt* essayer ; (*demostrar*) prouver ; (*comida*) goûter ▶ *vi* essayer ; **probarse** *vpr*: **probarse un traje** essayer un costume
probeta *nf* éprouvette *f*; **bebé-~** bébé-éprouvette *m*
problema *nm* problème *m*
proceder *vi* (*actuar*) procéder ; (*ser correcto*) convenir ▶ *nm* (*comportamiento*) procédé *m* ; **~ a** procéder à ; **~ de** provenir de • **procedimiento** *nm* (*Jur, Admin*) procédure *f*; (*proceso*) processus *msg* ; (*método*) procédé *m*
procesado, -a *nm/f* (*Jur*) accusé(e)
procesador *nm*: **~ de textos** (*Inform*) machine *f* de traitement de texte
procesar *vt* (*Jur*) accuser

procesión *nf* procession *f*
proceso *nm* (*desarrollo, procedimiento*) processus *msg* ; (*Jur*) procès *msg*
proclamar *vt* proclamer
procreación *nf* procréation *f*
procrear *vt, vi* procréer
procurador, a *nm/f* (*Jur*) avoué *m* ; (*Pol*) député((e))
procurar *vt* (*intentar*) essayer de ; (*proporcionar*) procurer ; **procurarse** *vpr* se procurer
prodigio *nm* prodige *m*
prodigioso, -a *adj* prodigieux(-euse)
producción *nf* production *f* ; **~ en serie** production en série
producir *vt* produire ; **producirse** *vpr* se produire
productividad *nf* productivité *f*
productivo, -a *adj* productif(-ive)
producto *nm* produit *m*
productor, a *adj, nm/f* producteur(-trice)
proeza *nf* prouesse *f*
profanar *vt* profaner
profano, -a *adj, nm/f* profane *mf*
profecía *nf* prophétie *f*
proferir *vt* proférer
profesión *nf* profession *f* • **profesional** *adj, nmf* professionnel(le)
profesor, a *nm/f* professeur *mf*
profeta *nm* prophète *m* • **profetizar** *vt, vi* prophétiser
prófugo, -a *nm/f* fugitif(-ive) ▶ *nm* (*Mil*) insoumis *msg*
profundidad *nf* profondeur *f* ; **profundidades** *nfpl* (*de océano etc*) profondeurs *fpl* • **profundizar** *vi* : **~ en** (*fig*) approfondir
profundo, -a *adj* profond(e)
programa *nm* programme *m* ; **~ de estudios** programme • **programación** *nf* programmation *f* • **programador, a** *nm/f* programmeur(-euse) ▶ *nm* programmateur *m* • **programar** *vt* programmer
progresar *vi* progresser • **progresista** *adj, nmf* progressiste *mf* • **progresivo, -a** *adj* progressif(-ive) • **progreso** *nm* (*avance*) progrès *msg* ; **el ~** le progrès
prohibición *nf* interdiction *f* ; (*Admin, Jur*) prohibition *f*
prohibir *vt* interdire ; (*Admin, Jur*) prohiber ; **« prohibido fumar »** « défense de fumer » ; **« prohibida la entrada »** « entrée interdite »
prójimo *nm* prochain *m*
proletariado *nm* prolétariat *m*
proletario, -a *adj, nm/f* prolétaire *mf*
proliferación *nf* prolifération *f*
proliferar *vi* proliférer
prolífico, -a *adj* prolifique
prólogo *nm* prologue *m*
prolongación *nf* prolongation *f*
prolongado, -a *adj* (*largo*) prolongé(e) ; (*alargado*) allongé(e)
prolongar *vt* prolonger ; **prolongarse** *vpr* se prolonger
promedio *nm* moyenne *f*
promesa *nf* promesse *f*
prometer *vt* : **~ hacer algo** promettre de faire qch ▶ *vi* promettre ; **prometerse** *vpr* (*dos personas*) se fiancer
prometido, -a *adj* promis(e) ▶ *nm/f* fiancé(e)

prominente *adj* proéminent(e) ; (*artista*) en vue ; (*político*) important(e)
promiscuo, -a (*pey*) *adj* (*persona*) de mœurs légères
promoción *nf* promotion *f*
promotor, a *nm/f* promoteur(-trice)
promover *vt* promouvoir ; (*escándalo, juicio*) provoquer
promulgar *vt* promulguer
pronombre *nm* pronom *m*
pronosticar *vt* pronostiquer • **pronóstico** *nm* pronostic *m* ; **~ del tiempo** prévisions *fpl* météorologiques
pronto, -a *adj* (*rápido*) rapide ▸ *adv* rapidement ; (*dentro de poco*) bientôt ; (*temprano*) tôt ▸ *nm* (*impulso*) élan *m* ; (: *de ira*) accès *msg* ; **de ~** tout à coup ; **por lo ~** pour l'instant
pronunciación *nf* (*Ling*) prononciation *f*
pronunciar *vt* prononcer ; **pronunciarse** *vpr* (*Mil*) se soulever ; (*declararse*) se prononcer
propaganda *nf* propagande *f*
propagar *vt* propager ; **propagarse** *vpr* se propager
propenso, -a *adj* : **~ a** enclin(e) à ; (*enfermedad*) sujet(te) à ; **ser ~ a hacer algo** être enclin(e) à faire qch
propicio, -a *adj* propice
propiedad *nf* propriété *f* ; **~ particular** propriété privée
propietario, -a *nm/f* propriétaire *mf*
propina *nf* pourboire *m*
propio, -a *adj* propre ; (*mismo*) en personne ; **el ~ ministro** le ministre en personne ; **¿tienes casa propia?** as-tu une maison à toi ?
proponer *vt* proposer ; **proponerse** *vpr* : **proponerse hacer** se proposer de faire
proporción *nf* proportion *f* ; **proporciones** *nfpl* (*dimensiones, tb fig*) proportions *fpl* • **proporcionado, -a** *adj* proportionné(e) • **proporcionar** *vt* offrir ; (*Com*) fournir
proposición *nf* proposition *f*
propósito *nm* intention *f* ▸ *adv* : **a ~** à propos ; **a ~ de** à propos de
propuesta *nf* proposition *f*
propulsar *vt* (*impulsar*) propulser • **propulsión** *nf* propulsion *f*
prórroga *nf* (*de plazo*) prorogation *f* ; (*Deporte*) prolongations *fpl* ; (*Mil*) sursis *msg* • **prorrogar** *vt* (*plazo*) proroger ; (*decisión*) différer
prorrumpir *vi* : **~ en lágrimas/carcajadas** éclater en sanglots/de rire ; **el público prorrumpió en aplausos** les applaudissements ont fusé dans le public
prosa *nf* (*Lit*) prose *f*
proscrito, -a *adj, nm/f* proscrit(e)
proseguir *vt* poursuivre ▸ *vi* continuer ; (*discusiones etc*) se poursuivre
prospección *nf* prospection *f*
prospecto *nm* (*Med*) notice *f*
prosperar *vi* prospérer • **prosperidad** *nf* prospérité *f*
próspero, -a *adj* prospère ; **¡~ año nuevo!** bonne année !
prostíbulo *nm* bordel *m*
prostitución *nf* prostitution *f*
prostituir *vt* prostituer ; **prostituirse** *vpr* se prostituer

prostituta *nf* prostituée *f*
protagonista *nmf* protagoniste *mf*
protagonizar *vt* (*película, suceso*) être le (la) protagoniste de
protección *nf* protection *f*
protector, a *adj* (*barrera, gafas*) de protection ▸ *nm/f* protecteur(-trice)
proteger *vt* protéger ; **protegerse** *vpr*: **protegerse (de)** se protéger (de)
proteína *nf* protéine *f*
protesta *nf* protestation *f*
protestante *adj, nmf* protestant(e)
protestar *vt* (*cheque*) protester ▸ *vi* protester
protocolo *nm* protocole *m*
prototipo *nm* prototype *m*
prov. *abr* = *provincia*
provecho *nm* profit *m* ; **¡buen ~!** bon appétit ! ; **en ~ de** au profit de ; **sacar ~ de** tirer profit de
proveer *vt* (*suministrar*) fournir
provenir *vi* provenir
proverbio *nm* proverbe *m*
providencia *nf* providence *f*
provincia *nf* province *f* ; (*Admin*) ≈ département *m*
provinciano, -a (*pey*) *adj* provincial(e)
provisión *nf* (*abastecimiento*) approvisionnement *m* ; **provisiones** *nfpl* (*víveres*) provisions *fpl*
provisional *adj* provisoire
provocación *nf* provocation *f*
provocar *vt* provoquer ; (AM): **¿te provoca un café?** ça te dit, un café ?
provocativo, -a *adj* provocant(e)
próximamente *adv* prochainement
proximidad *nf* proximité *f* ; **proximidades** *nfpl* (*cercanías*) environs *mpl*
próximo, -a *adj* (*cercano*) proche ; (*parada, año*) prochain(e)
proyectar *vt* projeter
proyectil *nm* projectile *m*
proyecto *nm* projet *m*
proyector *nm* projecteur *m*
prudencia *nf* prudence *f*
• **prudente** *adj* prudent(e)
prueba *vb ver* **probar** ▸ *nf* (*gen*) épreuve *f* ; (*testimonio*) témoignage *m* ; (*Jur*) preuve *f* ; (*de ropa*) essayage *m* ; **a ~** à l'épreuve ; **a ~ de** à l'épreuve de ; **a ~ de agua/fuego** étanche/à l'épreuve du feu ; **poner/someter a ~** mettre/soumettre à l'épreuve
prurito *nm* démangeaison *f* ; (*fig*) obsession *f*
psico... *pref* psycho...
• **psicoanálisis** *nm* psychanalyse *f*
• **psicología** *nf* psychologie *f*
• **psicológico, -a** *adj* psychologique • **psicólogo, -a** *nm/f* psychologue *mf* • **psicópata** *nmf* psychopathe *mf* • **psicosis** *nf inv* psychose *f*
psiquiatra *nmf* psychiatre *mf*
psiquiátrico, -a *adj* psychiatrique
psíquico, -a *adj* psychique
PSOE *sigla m* = *Partido Socialista Obrero Español*
púa *nf* (*de planta*) piquant *m* ; (*para guitarra*) médiator *m* ; **alambre de ~s** fil *m* de fer barbelé

pubertad *nf* puberté *f*
publicación *nf* publication *f*
publicar *vt* publier
publicidad *nf* publicité *f*
publicitario, -a *adj* publicitaire
público, -a *adj* public(-ique) ▶ *nm* public *m* ; **en ~** en public
puchero *nm* (*Culin: olla*) marmite *f* ; (*: guiso*) pot-au-feu *m* ; **hacer ~s** bouder
púdico, -a *adj* pudique
pudiendo *etc vb ver* **poder**
pudor *nm* pudeur *f*
pudrir *vt* pourrir ; **pudrirse** *vpr* pourrir
pueblo *vb ver* **poblar** ▶ *nm* peuple *m* ; (*población pequeña*) village *m* ; **~ joven** (PE) quartier *m* de bidonvilles
pueda *etc vb ver* **poder**
puente *nm* (*gen*) pont *m* ; **hacer ~** (*fam*) faire le pont ; **~ aéreo/colgante** pont aérien/suspendu ; **~ levadizo** pont-levis *m*
puerco, -a *adj* cochon(ne) ▶ *nm/f* (*Zool*) porc (truie) ; (*fam*) porc (cochonne)
pueril *adj* puéril(e)
puerro *nm* poireau *m*
puerta *nf* porte *f* ; (*de coche*) portière *f* ; (*de jardín*) portail *m*, porte *f* ; (*portería: Deporte*) but *m* ; **a ~ cerrada** à huis clos ; **~ giratoria** tourniquet *m*, porte à tambour
puerto *nm* port *m* ; (*de montaña*) col *m* ; **~ USB** port *m* USB
puertorriqueño, -a *adj* portoricain(e) ▶ *nm/f* Portoricain(e)
pues *conj* (*en tal caso*) donc ; (*puesto que*) car ▶ *adv* (*así que*) donc ; **¡~ claro!** bien sûr ! ; **~ ... no sé** eh bien ... je ne sais pas
puesta *nf* : **~ al día/a punto** mise *f* à jour/au point ; **~ del sol** coucher *m* du soleil ; **~ en marcha** mise en marche
puesto, -a *pp de* **poner** ▶ *adj* : **ir bien/muy ~** être bien habillé(e)/tiré(e) à quatre épingles ▶ *nm* poste *m* ; (*en clasificación*) place *f* ; (*tb*: **puesto de trabajo**) poste ; (*Com: en mercado*) étal *m*, éventaire *m* ; (*: de flores, periódicos*) kiosque *m* ▶ *conj* : **~ que** puisque
pugna *nf* lutte *f* • **pugnar** *vi* : **~ por** lutter pour
pujar *vi* (*en subasta*) enchérir
pulcro, -a *adj* propre
pulga *nf* puce *f*
pulgada *nf* (*medida*) pouce *m*
pulgar *nm* pouce *m*
pulir *vt* polir ; (*fig*) peaufiner
pulla *nf* (*broma*) pique *f*
pulmón *nm* poumon *m* • **pulmonía** *nf* pneumonie *f*
pulpa *nf* pulpe *f*
pulpería (AM) *nf* épicerie *f*
púlpito *nm* (*Rel*) chaire *f*
pulpo *nm* poulpe *m*
pulsación *nf* pulsation *f*
pulsar *vt* (*tecla, botón*) appuyer sur
pulsera *nf* bracelet *m*
pulso *nm* (*Med*) pouls *msg* ; **a ~** (*tb fig*) à la force du poignet
pulverizador *nm* pulvérisateur *m*
pulverizar *vt* pulvériser
puna (*And, CSur*) *nf* (*Med*) puna *f*
punitivo, -a *adj* punitif(-ive)
punta *nf* pointe *f* ; (*de lengua, dedo*) bout *m* ; **horas ~** heures *fpl* de pointe ; **sacar ~ a** (*lápiz*) tailler

puntada *nf* (*Costura*) point *m*
puntal *nm* étai *m*
puntapié *nm* coup *m* de pied
puntear *vt* (*dibujar*) marquer avec des points
puntería *nf* (*de arma*) visée *f*; (*destreza*) précision *f*
puntero, -a *adj* (*industria*) de pointe; (*país*) à la pointe ▸ *nm* (*vara*) baguette *f*
puntiagudo, -a *adj* pointu(e)
puntilla *nf* (*Costura*) picot *m*; **(andar) de ~s** (marcher) sur la pointe des pieds
punto *nm* point *m*; **a ~** (*listo*) au point; **estar a ~ de** être sur le point de; **dos ~s** (*Tip*) deux-points *mpl*; **de ~** tricoté(e); **en ~** (*horas*) pile; **estar en su ~** (*Culin*) être cuit(e) à point; **hacer ~** tricoter; **~ acápite** (*AM*) point, à la ligne; **~ de vista** point de vue; **~ muerto** (*Auto*) point mort; **~ y coma** point-virgule *m*
puntuación *nf* (*signos*) ponctuation *f*; (*puntos*) note *f*
puntual *adj* ponctuel(le) • **puntualidad** *nf* ponctualité *f* • **puntualizar** *vt* préciser
puntuar *vt* (*Ling, Tip*) ponctuer ▸ *vi* (*Deporte*) marquer des points
punzada *nf* (*puntura*) piqûre *f*
punzante *adj* (*dolor*) lancinant(e); (*herramienta*) pointu(e) • **punzar** *vt* (*pinchar*) piquer
puñado *nm* poignée *f*
puñal *nm* poignard *m* • **puñalada** *nf* coup *m* de poignard
puñetazo *nm* coup *m* de poing
puño *nm* (*Anat*) poing *m*; (*de ropa*) poignet *m*; (*de herramienta*) manche *m*
pupila *nf* (*Anat*) pupille *f*
pupitre *nm* pupitre *m*
puré *nm* (*Culin*) purée *f*; **~ de patatas/de verduras** purée de pommes de terre/de légumes
pureza *nf* pureté *f*
purga *nf* purge *f* • **purgante** *adj* purgatif(-ive) ▸ *nm* purgatif *m* • **purgar** *vt* purger
purgatorio *nm* purgatoire *m*
purificar *vt* purifier
puritano, -a *adj, nm/f* puritain(e)
puro, -a *adj* pur(e); (*esp Méx*) même ▸ *nm* (*tabaco*) cigare *m* ▸ *adv* (*esp Méx*) uniquement; **de ~ cansado** à force de fatigue; **por pura casualidad/curiosidad** par pur hasard/pure curiosité
púrpura *nf* pourpre *f*
pus *nm* pus *msg*
puse *etc vb ver* **poner**
pústula *nf* pustule *f*
puta (*fam!*) *nf* putain *f*, pute *f* (*fam!*)
putrefacción *nf* putréfaction *f*
PVP (*Esp*) *sigla m = precio de venta al público*; *ver* **precio**

q

que

▸ *pron rel* **1** (*sujeto*) qui ; **el hombre ~ vino ayer** l'homme qui est venu hier
2 (*objeto*) que ; **el sombrero ~ te compraste** le chapeau que tu t'es acheté ; **la chica ~ invité** la fille que j'ai invitée
3 (*circunstancial, con prep*): **el día ~ yo llegué** le jour où je suis arrivé ; **el piano con ~ toca** le piano sur lequel il joue ; **el libro del ~ te hablé** le livre dont je t'ai parlé ; **la cama en ~ dormí** le lit dans lequel j'ai dormi ; *ver tb* **el**
▸ *conj* **1** (*con oración subordinada*) que ; **dijo ~ vendría** il a dit qu'il viendrait ; **espero ~ lo encuentres** j'espère que tu le retrouveras
2 (*con verbo de mandato*): **dile ~ me llame** dis-lui de m'appeler
3 (*en oración independiente*): **¡~ entre!** qu'il (elle) entre ! ; **¡~ se mejore tu padre!** j'espère que ton père va se rétablir ! ; **~ lo haga él** qu'il le fasse, lui ; **~ yo sepa** que je sache
4 (*enfático*): **¿me quieres? — ¡~ sí!** tu m'aimes ? — mais oui !
5 (*consecutivo*) que ; **es tan grande ~ no lo puedo levantar** c'est si gros que je ne peux pas le soulever
6 (*en comparaciones*) que ; **es más alto ~ tú** il est plus grand que toi ; **ese libro es igual ~ el otro** ce livre est pareil que l'autre ; *ver tb* **más**; **menos**; **mismo**
7 (*porque*): **no puedo, ~ tengo que quedarme en casa** je ne peux pas, je dois rester à la maison
8 (*valor condicional*): **~ no puedes, no lo haces** si tu ne peux pas, ne le fais pas
9 (*valor final*): **sal a ~ te vea** sors pour que je te voie
10: **todo el día toca ~ toca** il joue toute la sainte journée

qué *adj* quel(le) ▸ *pron* que, quoi ; **¿~ edad tienes?** quel âge as-tu ? ; **¡~ divertido/asco!** comme c'est drôle/dégoûtant ! ; **¡~ día más espléndido!** quelle journée splendide ! ; **¿~?** quoi ? ; **¿~ quieres?** qu'est-ce que tu veux ? ; **¿de ~ me hablas?** de quoi me parles-tu ? ; **¿~ tal?** (comment) ça va ? ; **¿~ más?** autre chose ? ; **no sé ~ quiere hacer** je ne sais pas ce qu'il veut faire ; **¡y ~!** et alors !
quebradizo, -a *adj* cassant(e) ; (*persona, salud*) fragile
quebrado, -a *adj* (*roto*) cassé(e) ; (*línea, masa*) brisé(e) ▸ *nm* (*Mat*) fraction *f*

quebrantar *vt* (*moral*) saper ; (*ley, secreto, promesa*) violer ; (*salud*) affaiblir ; **quebrantarse** *vpr* (*persona, fuerzas*) s'affaiblir
quebranto *nm* (*en salud*) affaiblissement *m* ; (*en fortuna*) perte *f*
quebrar *vt* casser ▸ *vi* faire faillite ; **quebrarse** *vpr* se casser ; (*línea, cordillera*) se briser ; (*Med: herniarse*) se faire une hernie
quedar *vi* rester ; (*encontrarse*) se donner rendez-vous ; **quedarse** *vpr* rester ; **~ en** convenir de ; **~ en nada** ne pas aboutir ; **~ por hacer** rester à faire ; **no te queda bien ese vestido** cette robe ne te va pas bien ; **quedamos allí** on se retrouve là ; **quedamos a las seis** (*en pasado*) on a dit six heures ; (*en presente*) on se voit à six heures ; **eso queda muy lejos** c'est très loin ; **quedan dos horas** il reste deux heures ; **quedarse ciego/mudo** devenir aveugle/muet ; **quedarse (con) algo** garder qch
quedo, -a *adj* (*voz*) bas (basse) ; (*pasos*) feutré(e) ▸ *adv* (*hablar*) doucement ; (*andar*) à pas feutrés
quehacer *nm* tâche *f* ; **~es (domésticos)** tâches *fpl* (domestiques)
queja *nf* plainte *f* • **quejarse** *vpr* se plaindre ; **~ de que ...** se plaindre que ... • **quejido** *nm* gémissement *m*, plainte *f*
quemado, -a *adj* brûlé(e) ▸ *nm*: **oler a ~** sentir le brûlé ; **estar ~** (*fam: harto*) en avoir marre ; (*: político, actor*) être fini(e)
quemadura *nf* brûlure *f*
quemar *vt* brûler ; (*fig: malgastar*) flamber ; (*: deteriorar: imagen, persona*) user ▸ *vi* brûler ; **quemarse** *vpr* (*consumirse*) brûler ; (*del sol*) attraper un coup *o* des coups de soleil
quemarropa: **a ~** *adv* (*disparar*) à bout portant ; (*preguntar*) à brûle-pourpoint
quepo *etc vb ver* **caber**
querella *nf* (*Jur*) plainte *f* ; (*disputa*) querelle *f*
querellarse *vpr* porter plainte

querer

vt **1** (*desear*) vouloir ; **quiero más dinero** je veux plus d'argent ; **quisiera** *o* **querría un té** je voudrais un thé ; **sin ~** sans faire exprès
2 (*+ vb dependiente*): **quiero ayudar/que vayas** je veux aider/que tu t'en ailles ; **¿qué quieres decir?** que veux-tu dire ?
3 (*para pedir algo*): **¿quiere abrir la ventana?** vous voulez bien ouvrir la fenêtre ?
4 (*amar*) aimer ; (*amigo, perro*) aimer bien ; **quiere mucho a sus hijos** elle aime beaucoup ses enfants
5 (*requerir*): **esta planta quiere más luz** cette plante a besoin de plus de lumière

querido, -a *adj* (*mujer, hijo*) chéri(e) ; (*tierra, amigo, en carta*) cher (chère) ▸ *nm/f* amant(e) ; **¡sí, ~!** oui, chéri !
queso *nm* fromage *m* ; **~ cremoso** fromage crémeux
quicio *nm* gond *m* ; **sacar a algn de ~** mettre qn hors de soi

quiebra *nf* effondrement *m* ; (*Com*) faillite *f*
quiebro *vb ver* **quebrar**
quien *pron* (*relativo: sujeto*) qui ; (*: complemento*) qui, que ; **la persona a ~ quiero** la personne que j'aime ; **~ dice eso es tonto** (*indefinido*) celui qui dit cela est un idiot ; **hay ~ piensa que** il y a des gens qui pensent que ; **no hay ~ lo haga** personne n'en est capable
quién *pron* (*interrogativo*) qui ; **¿~ es?** qui est-ce ?
quienquiera (*pl* **quienesquiera**) *pron* quiconque
quiera *etc vb ver* **querer**
quieto, -a *adj* (*manos, cuerpo*) immobile • **quietud** *nf* (*inmovilidad*) immobilité *f*
quilate *nm* carat *m*
quilla *nf* quille *f*
quimera *nf* chimère *f*
química *nf* chimie *f*
químico, -a *adj* chimique ▶ *nm/f* chimiste *mf*
quince *adj inv, nm inv* quinze *m inv* ; *ver tb* **seis** • **quinceañero, -a** *adj, nm/f* adolescent(e) • **quincena** *nf* quinzaine *f* • **quincenal** *adj* (*pago, reunión*) bimensuel(le)
quiniela *nf* (*impreso*) grille *f* o bulletin *m* de Loto sportif ; **quinielas** ≈ Loto *msg* sportif ; **~ hípica** ≈ tiercé *m*
quinientos, -as *adj* cinq cents ; *ver tb* **seiscientos**
quinina *nf* quinine *f*
quinto, -a *adj* cinquième
quiosco *nm* kiosque *m*
quirófano *nm* salle *f* d'opération
quirúrgico, -a *adj* chirurgical(e)
quise *etc vb ver* **querer**
quisquilloso, -a *adj* (*susceptible*) chatouilleux(-euse) ; (*meticuloso*) pointilleux(-euse)
quiste *nm* kyste *m*
quitaesmalte *nm* dissolvant *m*
quitamanchas *nm inv* détachant *m*
quitanieves *nm inv* chasse-neige *m inv*
quitar *vt* enlever ; (*ropa*) enlever, ôter ; (*dolor*) éliminer ▶ *vi* : **¡quita de ahí!** hors d'ici ! ; **quitarse** *vpr* (*desaparecer*) partir ; (*ropa*) ôter ; (*vida*) se donner la mort ; **quítalo de ahí** enlève ça de là ; **se quitó el sombrero** il ôta son chapeau ; **quitarse de** renoncer à
quite *nm* (*Taur*) *action de détourner l'attention du taureau*
Quito *n* Quito
quizá, quizás *adv* peut-être

q

r

rábano *nm* radis *msg* ; **me importa un ~** je m'en moque comme de l'an quarante

rabia *nf* rage *f* • **rabiar** *vi* (*Med*) avoir la rage ; **~ por hacer algo** mourir d'envie de faire qch

rabieta *nf* crise *f* (de colère)

rabino *nm* rabbin *m*

rabioso, a *adj* (*perro*) enragé(e) ; (*dolor, ganas*) fou (folle)

rabo *nm* queue *f*

racha *nf* (*de viento*) rafale *f* ; **buena/mala ~** bonne/mauvaise passe *f*

racial *adj* racial(e)

racimo *nm* grappe *f*

raciocinio *nm* raisonnement *m*

ración *nf* ration *f* ; (*en bar*) portion *f*

racional *adj* rationnel(le) ; **animal ~** être *m* doué de raison • **racionalizar** *vt* rationaliser

racionar *vt* rationner

racismo *nm* racisme *m* • **racista** *adj, nmf* raciste *mf*

radar *nm* radar *m*

radiactivo, -a *adj* = **radioactivo**

radiador *nm* radiateur *m*

radiante *adj* radieux(-euse)

radical *adj* radical(e)

radicar *vi* : **~ en** (*consistir*) résider en ; (*estar situado*) se trouver ; **radicarse** *vpr* s'établir

radio *nf* (*aparato*) radio *f* ▸ *nm* (*Geom*) rayon *m* ; (*Quím*) radium *m* ; **por ~** à la radio • **radioactividad** *nf* radioactivité *f* • **radioactivo, -a** *adj* radioactif(-ive) • **radiografía** *nf* radiographie *f* • **radioterapia** *nf* radiothérapie *f* • **radioyente** *nmf* auditeur(-trice)

ráfaga *nf* rafale *f* ; (*de luz*) jet *m*

raído, -a *adj* (*ropa*) râpé(e)

raigambre *nf* racines *fpl*

raíz *nf* racine *f* ; **~ cuadrada** racine carrée ; **a ~ de** (*como consecuencia de*) à la suite de

raja *nf* (*de melón, limón*) tranche *f* ; (*en muro, madera*) fissure *f* • **rajar** *vt* (*tela*) déchirer ; (*madera*) fendre ; (*fam* : *herir*) mettre un coup de couteau ; **rajarse** *vpr* se fendre ; (*fam*) se dégonfler

rajatabla : **a ~** *adv* à la lettre

rallador *nm* râpe *f*

rallar *vt* râper

rama *nf* branche *f* ; **andarse** *o* **irse por las ~s** (*fig, fam*) tourner autour du pot • **ramaje** *nm* ramage *m* • **ramal** *nm* (*Ferro*) embranchement *m* ; (*Auto*) bretelle *f*

rambla *nf* promenade *f*, avenue *f*

ramificación *nf* ramification *f*

ramificarse *vpr* se ramifier

ramillete *nm* bouquet *m*

ramo *nm* bouquet *m* ; (*de industria*) branche *f*

rampa *nf* rampe *f*; **~ de acceso** rampe d'accès
ramplón, -ona *adj* vulgaire
rana *nf* grenouille *f*
ranchero *nm* (AM) fermier *m*
rancho *nm* (*comida*) popote *f*; (AM) ranch *m*; (: *pequeño*) petite ferme *f*; (*choza*) cabane *f*
rancio, -a *adj* rance; (*vino, fig*) vieux (vieille)
rango *nm* rang *m*
ranura *nf* rainure *f*; (*de teléfono*) fente *f*
rapar *vt* raser
rapaz *adj* (*ave*) de proie ▸ *nf* rapace *m* ▸ *nm* gamin *m*
rape *nm* (*pez*) lotte *f*; **al ~** ras *inv*
rapé *nm* tabac *m* à priser
rapero, -a *adj* rap ▸ *nm/f* rappeur(-euse)
rapidez *nf* rapidité *f*
rápido, -a *adj* rapide ▸ *adv* rapidement ▸ *nm* (*Ferro*) rapide *m*; **rápidos** *nmpl* (*de río*) rapides *mpl*
rapiña *nm* rapine *f*; **ave de ~** oiseau *m* de proie
raptar *vt* enlever • **rapto** *nm* rapt *m*, enlèvement *m*
raqueta *nf* raquette *f*
raquítico, -a *adj* rachitique • **raquitismo** *nm* rachitisme *m*
rareza *nf* rareté *f*; (*fig*) manie *f*
raro, -a *adj* rare; (*extraño*) curieux(-euse), bizarre
ras *nm*: **a ~ de tierra/del suelo** à ras de terre/au ras du sol
rascacielos *nm inv* gratte-ciel *m inv*
rascar *vt* gratter; (*raspar*) racler; **rascarse** *vpr* se gratter
rasgar *vt* déchirer
rasgo *nm* trait *m*; **rasgos** *nmpl* (*de rostro*) traits *mpl*; **a grandes ~s** à grands traits
rasguñar *vt* égratigner • **rasguño** *nm* égratignure *f*
raso, -a *adj* ras(e) ▸ *nm* satin *m*; **cielo ~** ciel *m* dégagé
raspadura *nf* (*marca*) rayure *f*; **raspaduras** *nfpl* (*restos*) restes *mpl*
raspar *vt* gratter; (*arañar*) rayer; (*limar*) râper
rastra *nf*: **a ~s** en traînant; (*fig*) à contrecœur
rastreador, a *adj*: **perro ~** (*de cazador*) chien *m* d'arrêt; (*de policía*) limier *m* ▸ *nm* (*de huellas, pistas*) pisteur *m*; **~ de minas** dragueur *m* de mines
rastrear *vt* (*pista*) suivre
rastrero, -a *adj* (*tb fig*) rampant(e)
rastro *nm* trace *f*; (*mercado*) marché *m* aux puces
rastrojo *nm* chaume *m*
rasurarse (AM) *vpr* se raser
rata *nf* rat *m*
ratear *vt* voler
ratero, -a *nm/f* voleur(-euse); (AM: *de casas*) cambrioleur(-euse)
ratificar *vt* ratifier; **ratificarse** *vpr*: **ratificarse en algo** réaffirmer qch
rato *nm* moment *m*; **a ~s** par moments; **al poco ~** peu après; **hay para ~** il y en a pour un bon moment; **pasar el ~** passer le temps; **pasar un buen/mal ~** passer un bon/mauvais moment
ratón *nm* souris *fsg* • **ratonera** *nf* souricière *f*
raudal *nm* torrent *m*; **a ~es** à flots

raya *nf* raie *f*; (*en tela*) rayure *f*; (*Tip*) tiret *m*; **a ~s** à rayures; **pasarse de la ~** dépasser les bornes; **tener a ~** tenir en respect • **rayar** *vt* rayer ▸ *vi*: **~ en** *o* **con** confiner à; (*parecerse a*) friser; **raya en la cincuentena** il frise la cinquantaine

rayo *nm* rayon *m*; (*en una tormenta*) foudre *f*; **ser un ~** (*fig*) être très vif (vive); **~s X** rayons X

raza *nf* race *f*; **~ humana** race humaine

razón *nf* (*tb Mat*) raison *f*; **a ~ de 10 cada día** à raison de 10 par jour; **« ~: aquí »** « s'adresser ici »; **en ~ de** en raison de; **dar la ~ a algn** donner raison à qn; **tener/ no tener ~** avoir raison/tort; **~ directa/inversa** raison directe/ indirecte; **~ de ser** raison d'être • **razonable** *adj* raisonnable • **razonamiento** *nm* raisonnement *m* • **razonar** *vt* raisonner; (*Com: cuenta*) détailler ▸ *vi* raisonner

reacción *nf* réaction *f*; **avión a ~** avion *m* à réaction • **reaccionar** *vi* réagir • **reaccionario, -a** *adj, nm/f* réactionnaire *mf*

reacio, -a *adj* réticent(e)

reactivar *vt* (*economía, negociaciones*) relancer; **reactivarse** *vpr* reprendre

reactor *nm* réacteur *m*

readaptación *nf*: **~ profesional** réadaptation *f* professionnelle

reajuste *nm* réajustement *m*; **~ ministerial** remaniement *m* ministériel

real *adj* (*verdadero*) réel(le); (*del rey, fig*) royal(e)

La **Real Academia Española**, ou **RAE**, a été créée en 1713 et approuvée par le roi Philippe V en 1714 sous la devise *limpia, fija y da esplendor* (*elle purifie, fixe et fait resplendir*) dans le but de préserver la pureté de la langue espagnole. Les 46 membres de cette institution, nommés à vie, comptent parmi les plus grands écrivains et linguistes d'Espagne. Le premier dictionnaire, le *Diccionario de Autoridades* en six volumes, a été publié entre 1726 et 1739. Depuis la version condensée en un volume parue en 1780, plus d'une vingtaine de nouvelles éditions ont été publiées.

realce *vb ver* **realzar** ▸ *nm* relief *m*; **poner de ~** mettre en relief; **dar ~ a algo** (*fig*) mettre qch en relief

realidad *nf* réalité *f*; **~ aumentada** réalité augmentée

realista *adj, nmf* réaliste *mf*

realización *nf* réalisation *f*

realizador, -a *nm/f* (*TV, Cine*) réalisateur(-trice)

realizar *vt* réaliser; **realizarse** *vpr* se réaliser

realmente *adv* réellement; (*con adjetivo*) vraiment; **es ~ apasionante** c'est vraiment passionnant

realquilar *vt* (*subarrendar*) sous-louer

realzar *vt* (*Tec*) surélever; (*belleza*) mettre en valeur; (*importancia*) augmenter

reanimar *vt* ranimer; **reanimarse** *vpr* se ranimer

reanudar *vt* renouer; (*historia, viaje*) reprendre

reaparición *nf* réapparition *f*
rearme *nm* réarmement *m*
rebaja *nf* solde *m* • **rebajar** *vt* rabaisser
rebanada *nf* tranche *f*
rebañar *vt* racler
rebaño *nm* troupeau *m*
rebasar *vt* dépasser
rebatir *vt* réfuter
rebeca *nf* cardigan *m*
rebelarse *vpr* se rebeller
rebelde *adj* rebelle ▸ *nmf* (*Pol*) rebelle *mf*; (*Jur*) accusé(e) défaillant(e) • **rebeldía** *nf* rébellion *f*; (*Jur*) contumace *f*
rebelión *nf* rébellion *f*
reblandecer *vt* ramollir
rebobinar *vt* rembobiner
rebosante *adj*: **~ de** (*fig*) débordant(e) de
rebosar *vt, vi* déborder
rebotar *vi* rebondir • **rebote** *nm* rebondissement *m*; **de ~** (*fig*) par ricochet
rebozado, -a *adj* pané(e)
rebozar *vt* paner
rebuscado, -a *adj* recherché(e)
rebuscar *vt* rechercher ▸ *vi*: **~ (en** *o* **por)** chercher (dans), fouiller (dans)
rebuznar *vi* braire
recado *nm* course *f*; (*mensaje*) message *m*
recaer *vi* rechuter; **~ en** (*responsabilidad*) retomber sur
recalcar *vt* (*fig*) souligner
recalcitrante *adj* récalcitrant(e)
recámara *nf* (*habitación*) dressing-room *m*; (*de arma*) magasin *m*; (AM) chambre *f*
recambio *nm* (*de pieza*) pièce *f* détachée *o* de rechange; (*de pluma*) recharge *f*
recapacitar *vi* réfléchir
recargado, -a *adj* surchargé(e)
recargar *vt* recharger; (*pago*) alourdir • **recargo** *nm* majoration *f* de prix
recatado, -a *adj* réservé(e)
recato *nm* réserve *f*
recaudación *nf* recette *f*; (*acción*) perception *f*
recaudador, a *nm/f* (*tb*: **recaudador de impuestos**) percepteur(-trice)
recelar *vt*: **~ que** (*sospechar*) soupçonner que; (*temer*) craindre que ▸ *vi* se méfier; **recelarse** *vpr* se méfier • **recelo** *nm* (*desconfianza*) méfiance *f*; (*temor*) crainte *f*
receloso, -a *adj* (*suspicaz*) méfiant(e); (*temeroso*) craintif(-ive)
recepción *nf* réception *f* • **recepcionista** *nmf* réceptionniste *mf*
receptáculo *nm* réceptacle *m*
receptivo, -a *adj* réceptif(-ive)
receptor, a *nm/f* réceptionnaire *mf* ▸ *nm* (*Telec, radio*) récepteur *m*
recesión *nf* récession *f*
receta *nf* (*Culin*) recette *f*; (*Med*) ordonnance *f*
rechazar *vt* (*ataque, oferta*) repousser; (*idea, acusación*) rejeter
rechazo *nm* rejet *m*; (*sentimiento*) refoulement *m*
rechinar *vi* grincer
rechistar *vi*: **sin ~** sans broncher
rechoncho, -a (*fam*) *adj* boulot(e)

rechupete: **de ~** *adj* à s'en lécher les babines *o* doigts
recibidor *nm* entrée *f*
recibimiento *nm* accueil *m*
recibir *vt, vi* recevoir ; **recibirse** *vpr* (*AM*: *Escol*): **recibirse de** obtenir le diplôme de • **recibo** *nm* reçu *m*
reciclaje *nm* recyclage *m*
reciclar *vt* recycler
recién *adv* récemment ; (*AM*: *solo*) seulement ; **~ casado** jeune marié ; **el ~ llegado/nacido** le nouveau venu/-né ; **~ a las seis me enteré** (*AM*) je ne l'ai appris qu'à six heures
reciente *adj* récent(e) ; (*pan, herida*) frais (fraîche) • **recientemente** *adv* récemment
recinto *nm* enceinte *f*
recio, -a *adj* résistant(e) ; (*voz*) fort(e) ▶ *adv* fort, dur
recipiente *nm* (*objeto*) récipient *m*
reciprocidad *nf* réciprocité *f*
recíproco, -a *adj* réciproque
recital *nm* récital *m*
recitar *vt* réciter
reclamación *nf* réclamation *f*
reclamar *vt, vi* réclamer • **reclamo** *nm* (*en caza*) appeau *m* ; (*incentivo*) appât *m* ; **~ publicitario** réclame *f*
reclinar *vt* incliner ; **reclinarse** *vpr* s'incliner
recluir *vt* enfermer ; **recluirse** *vpr* vivre en reclus ; **recluirse en su casa** s'enfermer *o* se cloître chez soi
reclusión *nf* réclusion *f* ; (*voluntario*) retraite *f*
recluta *nmf* recrue *f* ▶ *nf* recrutement *m*
reclutar *vt* recruter
recobrar *vt* (*fuerzas*) récupérer ; (*salud*) recouvrer ; (*ciudad, conocimiento*) reprendre; **recobrarse** *vpr*: **recobrarse (de)** se remettre (de) ; **~ el sentido** reprendre connaissance
recodo *nm* coude *m*
recogedor *nm* pelle *f*
recoger *vt* (*firmas, dinero*) recueillir ; (*fruta*) cueillir ; (*del suelo*) ramasser ; (*ordenar*) ranger ; (*juntar*) rassembler ; (*pasar a buscar*) prendre ; (*dar asilo*) recueillir ; (*polvo*) prendre ; **recogerse** *vpr* se retirer ; (*pelo*) s'attacher
recogida *nf* (*Agr*) cueillette *f* ; (*de basura*) ramassage *m* ; (*de cartas*) levée *f*
recogido, -a *adj* (*lugar*) retiré(e) ; (*pequeño*) petit(e)
recolección *nf* (*Agr*) récolte *f* ; (*de datos, dinero*) collecte *f*
recomendación *nf* recommandation *f*
recomendar *vt* recommander
recompensa *nf* récompense *f* • **recompensar** *vt* récompenser
recomponer *vt* réparer
reconciliación *nf* réconciliation *f*
reconciliar *vt* réconcilier ; **reconciliarse** *vpr* se réconcilier
recóndito, -a *adj* (*lugar*) retiré(e)
reconfortar *vt* réconforter
reconocer *vt* reconnaître • **reconocido, -a** *adj* reconnu(e) • **reconocimiento** *nm* reconnaissance *f*
reconquista *nf* reconquête *f*

reconstituyente *nm* reconstituant *m*
reconstruir *vt* reconstruire ; (*suceso*) reconstituer
reconversión *nf* reconversion *f*
recopilación *nf* (*resumen*) résumé *m* ; (*colección*) recueil *m*, compilation *f* • **recopilar** *vt* compiler
récord (*pl* **récords**) *adj inv* record ▶ *nm* record *m*
recordar *vt* se rappeler ▶ *vi* (*acordarse de*) se rappeler ; **~ algo a algn** rappeler qch à qn
recorrer *vt* parcourir • **recorrido** *nm* parcours *msg* ; **tren de largo ~** train *m* grandes lignes
recortado, -a *adj* découpé(e) ; (*barba*) taillé(e)
recortar *vt* découper ; (*presupuesto, gasto*) réduire • **recorte** *nm* (*de telas, chapas: acto*) coupe *f* ; (*: fragmento*) découpure *f* ; (*de prensa*) coupure *f* ; (*de presupuestos, gastos*) compression *f*
recostado, -a *adj* penché(e) ; **estar ~** être allongé(e)
recostar *vt* appuyer ; **recostarse** *vpr* s'appuyer
recoveco *nm* (*de camino, río*) détour *m* ; (*en casa*) coin *m*
recreación *nf* récréation *f*
recrear *vt* recréer ; **recrearse** *vpr*: **recrearse con/en** prendre plaisir à • **recreativo, -a** *adj* récréatif(-ive) ; **sala recreativa** salle *f* de jeux • **recreo** *nm* récréation *f*
recriminar *vt* reprocher ▶ *vi* récriminer
recrudecer *vi* redoubler d'intensité ; **recrudecerse** *vpr* redoubler d'intensité
recrudecimiento *nm* recrudescence *f*
recta *nf* ligne *f* droite
rectángulo, -a *adj, nm* rectangle *m*
rectificar *vt* rectifier ▶ *vi* se corriger
rectitud *nf* rectitude *f*
recto, -a *adj* droit(e) ▶ *nm* (*Anat*) rectum *m*
rector, a *adj, nm/f* recteur(-trice)
recuadro *nm* cadre *m* ; (*Tip*) encadré *m*
recubrir *vt*: **~ (con)** recouvrir (de)
recuento *nm* décompte *m* ; **hacer el ~ de** faire le décompte de
recuerdo *vb ver* **recordar** ▶ *nm* souvenir *m* ; **¡~s a tu madre!** amitiés à ta mère !
recuperable *adj* récupérable
recuperación *nf* récupération *f* ; (*de enfermo*) rétablissement *m* ; (*Escol*) rattrapage *m*
recuperar *vt* récupérer ; **recuperarse** *vpr* récupérer ; **~ fuerzas** reprendre des forces
recurrir *vi* (*Jur*) faire appel ; **~ a algo/a algn** recourir à qch/à qn • **recurso** *nm* recours *msg*
recusar *vt* récuser
red *nf* (*tejido, trampa*) filet *m* ; (*organización*) réseau *m* ; **la R~** (*Internet*) le Net ; **~ social** réseau social
redacción *nf* rédaction *f*
redactar *vt* rédiger
redactor, a *nm/f* rédacteur(-trice)
redada *nf* (*tb*: **redada policial**) descente *f*
redicho, -a *adj* maniéré(e)

r

redil *nm* enclos *m*
redimir *vt* racheter
rédito *nm* (*Econ*) intérêt *m*
redoblar *vt* redoubler ▸ *vi* battre le tambour
redomado, -a *adj* (*astuto*) rusé(e) ; **sinvergüenza ~** fieffée canaille *f*
redonda *nf* (*Mús*) ronde *f* ; **a la ~** à la ronde
redondear *vt* (*negocio, velada*) conclure ; (*cifra, objeto*) arrondir
redondel *nm* cercle *m*
redondo, -a *adj* rond(e) ; (*completo*) parfait(e) ; **en números ~s** en chiffres ronds
reducción *nf* réduction *f*
reducido, -a *adj* réduit(e)
reducir *vt* réduire ; **reducirse** *vpr* se réduire ; **reducirse a** (*fig*) se réduire à
redundancia *nf* redondance *f*
reembolsar *vt* rembourser
• **reembolso** *nm* remboursement *m*
reemplazar *vt* remplacer
• **reemplazo** *nm* remplacement *m* ; **de ~** (*Mil*) du contingent
reencuentro *nm* retrouvailles *fpl*
reescribible *adj* réinscriptible
referencia *nf* référence *f* ; **referencias** *nfpl* (*de trabajo*) références *fpl* ; **con ~ a** en ce qui concerne
referéndum (*pl* **referéndums**) *nm* référendum *m*
referente *adj* : **~ a** relatif(-ive) à
referir *vt* rapporter ; **referirse** *vpr* : **referirse a** se référer à
refilón : **de ~** *adv* en passant
refinado, -a *adj* raffiné(e)
refinamiento *nm* raffinement *m*
refinar *vt* (*petróleo, azúcar*) raffiner ; (*modales*) affiner
• **refinería** *nf* raffinerie *f*
reflejar *vt* refléter
reflejo, -a *adj* réflexe ▸ *nm* reflet *m* ; (*Anat*) réflexe *m* ; **reflejos** *nmpl* (*en el pelo*) reflets *mpl*
reflexión *nf* réflexion *f*
• **reflexionar** *vi* réfléchir ; **~ sobre** réfléchir sur
reflexivo, -a *adj* (*carácter*) réflexif(-ive) ; (*Ling*) réfléchi(e)
reflujo *nm* reflux *m*
reforma *nf* réforme *f* ; **reformas** *nfpl* (*obras*) rénovation *f*, travaux *mpl*
reformar *vt* réformer ; (*Arq*) rénover ; **reformarse** *vpr* se réformer
reformatorio *nm* (*tb* : **reformatorio de menores**) maison *f* de redressement *o* correction
reforzar *vt* renforcer
refractario, -a *adj* réfractaire
refrán *nm* proverbe *m*
refregar *vt* frotter
refrenar *vt* (*deseos*) refréner
refrendar *vt* ratifier
refrescante *adj* rafraîchissant(e)
refrescar *vt* rafraîchir ▸ *vi* se rafraîchir ; **refrescarse** *vpr* se rafraîchir
refresco *nm* rafraîchissement *m*
refriega *vb ver* **refregar** ▸ *nf* bagarre *f*
refrigeración *nf* réfrigération *f*
refrigerador (*esp* AM) *nm*, **refrigeradora** (AM) *nf* réfrigérateur *m*

refrigerar *vt* réfrigérer
refuerce *vb ver* **reforzar**
refuerzo *nm* renfort *m* ; **refuerzos** *nmpl* (*Mil*) renforts *mpl*
refugiado, -a *nm/f* réfugié(e)
refugiarse *vpr* se réfugier
refugio *nm* refuge *m*
refunfuñar *vi* ronchonner
refutar *vt* réfuter
regadera *nf* arrosoir *m* ; (*Méx*: *ducha*) douche *f*
regadío *nm* irrigation *f* ; **tierras de ~** terres *fpl* irriguées
regalado, -a *adj* (*gratis*) offert(e) ; (*vida*) de château
regalar *vt* offrir ; (*mimar*) cajoler
regaliz *nm* réglisse *m o f*
regalo *nm* cadeau *m* ; (*gusto*) régal *m* ; (*comodidad*) aisance *f*
regañadientes: **a ~** *adv* en rechignant
regañar *vt* gronder ▶ *vi* se fâcher ; (*dos personas*) se disputer
regar *vt* arroser ; (*fig*) semer
regatear *vt* marchander ▶ *vi* (*Com*) marchander • **regateo** *nm* (*Com*) marchandage *m*
regazo *nm* giron *m*
regeneración *nf* régénération *f*
regenerar *vt* régénérer
regentar *vt* (*empresa, negocio*) diriger ; (*bar*) tenir • **regente, -a** *nm/f* (*Com*) gérant(e) ; (*Pol*) régent(e) ; (*Méx*: *alcalde*) maire *m*
reggaetón *nm* (*Mús*) = **reguetón**
régimen (*pl* **regímenes**) *nm* régime *m*
regimiento *nm* régiment *m*
regio, -a *adj* royal(e) ; (*AM*: *fam*) formidable
región *nf* région *f*
regir *vt* (*Econ, Jur, Ling*) régir ▶ *vi* (*ley*) être en vigueur
registrar *vt* fouiller ; (*anotar*) inscrire ; **registrarse** *vpr* (*inscribirse*) s'inscrire ; (*ocurrir*) avoir lieu
registro *nm* registre *m* ; (*inspección*) fouille *f* ; (*de datos*) enregistrement *m* ; **~ civil** état *m* civil
regla *nf* règle *f* ; **en ~** en règle • **reglamentario, -a** *adj* réglementaire • **reglamento** *nm* règlement *m*
regocijarse *vpr*: **~ de** *o* **por** se réjouir de • **regocijo** *nm* réjouissance *f*
regodearse *vpr*: **~ con** *o* **en algo** se délecter de qch ; (*pey*) se réjouir de qch • **regodeo** *nm* délectation *f*
regresar *vi* revenir ; (*a casa*) rentrer ; **regresarse** *vpr* (*AM*) retourner • **regresivo, -a** *adj* régressif(-ive) • **regreso** *nm* retour *m*
reguero *nm* traînée *f*
reguetón *nm* (*Mús*) reggaetón *m*, reggaeton *m*
regulador, a *adj* régulateur(-trice) ▶ *nm* régulateur *m*
regular *adj* régulier(-ière) ; (*mediano*) moyen(ne) ; (*fam*: *no bueno*) médiocre ▶ *vt* régler ; (*normas, salarios*) contrôler ; **por lo ~** en général • **regularidad** *nf* régularité *f* • **regularizar** *vt* régulariser
regusto *nm* arrière-goût *m*
rehabilitación *nf* (*de enfermo*) rééducation *f* ; (*Arq, de memoria*) réhabilitation *f*

rehabilitar *vt* (*enfermo*) rééduquer ; (*Arq*, *memoria*) réhabiliter
rehacer *vt* refaire ; **rehacerse** *vpr* se rétablir
rehén *nmf* otage *mf*
rehuir *vt* fuir
rehusar *vt*, *vi* refuser
reina *nf* reine *f* ; **~ de (la) belleza/de las fiestas** reine de beauté/de la fête ; **prueba ~** épreuve *f* phare • **reinado** *nm* règne *m*
reinante *adj* régnant(e)
reinar *vi* régner
reincidir *vi* (*Jur*) récidiver ; **~ (en)** (*recaer*) retomber (dans)
reincorporarse *vpr*: **~ a** (*equipo*) réintégrer ; (*trabajo*) reprendre ; (*Mil*) être réincorporé(e) dans
reino *nm* royaume *m* ; **~ animal/vegetal** règne *m* animal/végétal ; **el R~ Unido** le Royaume-Uni
reintegrar *vt* réintégrer ; **reintegrarse** *vpr*: **reintegrarse a** réintégrer
reír *vi* rire ; **reírse** *vpr* rire ; **reírse de** rire de
reiterar *vt* réitérer
reivindicación *nf* revendication *f*
reivindicar *vt* revendiquer
reja *nf* grille *f*
rejilla *nf* grillage *m* ; (*en muebles*) cannage *m* ; (*en hornillo, de ventilación*) grille *f* ; (*para equipaje*) filet *m*
rejuvenecer *vt*, *vi* rajeunir
relación *nf* relation *f* ; (*narración*) récit *m* ; **con ~ a, en ~ con** par rapport à ; **relaciones públicas** relations publiques • **relacionar** *vt* relier ; **relacionarse** *vpr*: **relacionarse con** fréquenter
relajación *nf* relaxation *f*
relajado, -a *adj* relâché(e) ; (*costumbres, moral*) dissolu(e) ; (*ambiente, persona*) détendu(e)
relajar *vt* (*mente, cuerpo*) décontracter ; (*disciplina, moral*) relâcher ; **relajarse** *vpr* (*distraerse*) se détendre
relamerse *vpr* se pourlécher
relamido, -a (*pey*) *adj* (*pulcro*) bichonné(e) ; (*afectado*) collet monté *inv*
relámpago *adj inv*: **visita/huelga ~** visite *f*/grève *f* éclair ▸ *nm* éclair *m*
relatar *vt* relater
relativo, -a *adj* relatif(-ive) ; **en lo ~ a** en ce qui concerne
relato *nm* récit *m*
relegar *vt* reléguer
relevante *adj* important(e)
relevar *vt* relever ; **relevarse** *vpr* se relayer ; **~ a algn de su cargo** relever qn de ses fonctions
relevo *nm* relève *f* ; **carrera de ~s** course *f* de relais
relieve *nm* relief *m* ; **bajo ~** bas-relief *m* ; **poner de ~** mettre en relief
religión *nf* religion *f*
religioso, -a *adj*, *nm/f* religieux(-euse)
relinchar *vi* hennir • **relincho** *nm* hennissement *m*
reliquia *nf* relique *f*
rellano *nm* (*Arq*) palier *m*
rellenar *vt* remplir ; (*Culin*) farcir
relleno, -a *adj* plein(e) ▸ *nm* (*Culin*) farce *f* ; (*de cojín*) rembourrage *m*

reloj *nm* horloge *f*; (*de pulsera*) montre *f*; **~ (de pulsera)** montre; **~ despertador** réveille-matin *m inv*; **~ digital** montre à affichage numérique
relojero, -a *nm/f* horloger(-ère)
reluciente *adj* reluisant(e)
relucir *vi* reluire; **sacar algo a ~** mettre qch sur le tapis
relumbrar *vi* reluire
remachar *vt* river; (*fig*) insister sur • **remache** *nm* rivet *m*
remanente *nm* (*Com*) surplus *msg*; (*de producto*) excédent *m*
remangarse *vpr* retrousser ses manches
remanso *nm* (*de río*) bras *msg* mort
remar *vi* ramer
rematar *vt* achever; (*trabajo*) parfaire; (*Com*) liquider ▸ *vi* (*en fútbol*) tirer; **~ de cabeza** faire une tête
remate *nm* fin *f*; (*extremo*) couronnement *m*; (*Deporte*) tir *m*; (*Arq*) sommet *m*; (*Com*) liquidation *f*; **de ~** (*tonto*) complètement; **para ~** pour couronner le tout
remediar *vt* remédier à; (*evitar*) éviter
remedio *nm* remède *m*; (*Jur*) recours *msg*; **poner ~ a** remédier à; **no tener más ~** ne pas avoir le choix; **¡qué ~!** c'est comme ça!, on n'y peut rien!; **sin ~** irrémédiablement
remendar *vt* raccommoder; (*con parche*) rapiécer
remesa *nf* envoi *m*
remiendo *vb ver* **remendar** ▸ *nm* raccommodage *m*; (*con parche*) rapiéçage *m*
remilgado, -a *adj* (*melindroso*) minaudier(-ière); (*afectado*) maniéré(e)
remilgo *nm* (*melindre*) minauderie *f*; (*afectación*) manière *f*
reminiscencia *nf* réminiscence *f*
remite *nm* expéditeur *m* • **remitente** *nmf* expéditeur(-trice)
remitir *vt* envoyer ▸ *vi* (*tempestad*) se calmer; (*fiebre*) baisser; **remitirse** *vpr*: **remitirse a** s'en remettre à
remo *nm* rame *f*
remojar *vt* laisser tremper
remojo *nm*: **dejar la ropa en ~** laisser tremper le linge
remolacha *nf* betterave *f*
remolcador *nm* remorqueur *m*
remolcar *vt* remorquer
remolino *nm* remous *msg*
remolque *vb ver* **remolcar** ▸ *nm* remorque *f*; (*cuerda*) câble *m* de remorquage; **llevar a ~** prendre en remorque
remontar *vt* remonter; **remontarse** *vpr* s'élever; **~ el vuelo** monter en flèche; **remontarse a** (*en tiempo*) remonter à
remorder *vt* causer du remords à; **me remuerde la conciencia** j'ai des remords • **remordimiento** *nm* remords *msg*
remoto, -a *adj* éloigné(e)
remover *vt* remuer
remozar *vt* (*Arq*) rafraîchir
remuneración *nf* rémunération *f*
remunerar *vt* rémunérer
renacer *vi* renaître • **renacimiento** *nm* renaissance *f*; **el R~** la Renaissance

renacuajo *nm* têtard *m*
renal *adj* rénal(e)
rencilla *nf* querelle *f*
rencor *nm* (*resentimiento*) rancœur *f*
rencoroso, -a *adj* rancunier(-ière)
rendición *nf* reddition *f*
rendido, -a *adj* épuisé(e) ; **su ~ admirador** votre fervent admirateur
rendija *nf* fente *f*
rendimiento *nm* rendement *m*
rendir *vt* rapporter ; (*agotar*) épuiser ▸ *vi* (*Com*) rapporter ; **rendirse** *vpr* (*cansarse*) s'épuiser ; **~ homenaje/culto a** rendre hommage/un culte à ; **~ cuentas a algn** rendre des comptes à qn
renegar *vi* renier ; (*quejarse*) grommeler ; (*con imprecaciones*) blasphémer
RENFE, Renfe *sigla f* (*Ferro: = Red Nacional de los Ferrocarriles Españoles*) *société nationale des chemins de fer espagnols*
renglón *nm* ligne *f* ; (*Com*) chapitre *m* ; **a ~ seguido** aussitôt après
renombrado, -a *adj* renommé(e)
renombre *nm* renom *m* ; **de ~** de renom
renovable *adj* renouvelable
renovación *nf* (*de contrato, sistema*) renouvellement *m* ; (*Arq*) rénovation *f*
renovar *vt* renouveler ; (*Arq*) rénover
renta *nf* revenu *m* ; (*esp AM: alquiler*) loyer *m* ; **~ disponible** revenu (individuel) disponible ; **~ nacional (bruta)** revenu national (brut) • **rentable** *adj* rentable • **rentar** *vt* rapporter
renuncia *nf* renonciation *f* ; (*dimisión*) émission *f*
renunciar *vi* renoncer
reñido, -a *adj* (*batalla, debate, votación*) serré(e) ; **estar ~ con algn** être brouillé(e) avec qn
reñir *vt* gronder ▸ *vi* (*pareja, amigos*) se disputer ; (*físicamente*) se battre
reo *nmf* (*Jur*) accusé(e) ; **~ de muerto** condamné à mort
reojo : **de ~** *adv* (*mirar*) du coin de l'œil
reparación *nf* réparation *f*
reparar *vt* réparer ▸ *vi* : **~ en** (*darse cuenta de*) s'apercevoir de ; (*poner atención en*) remarquer
reparo *nm* (*duda*) doute *m* ; (*inconveniente*) problème *m* ; **poner ~s** formuler des objections ; **poner ~s a algo** contester qch
repartición *nf* répartition *f*
repartidor, a *nm/f* livreur(-euse)
repartir *vt* distribuer ; (*Com*) livrer • **reparto** *nm* (*de dinero, poder*) répartition *f* ; (*Cine, Correos*) distribution *f*
repasar *vt* réviser • **repaso** *nm* révision *f*
repatriar *vt* rapatrier
repelente *adj* repoussant(e)
repensar *vt* reconsidérer
repente *nm* : **de ~** soudain ; **~ de ira** accès de colère
repentino, -a *adj* (*súbito*) subit(e)
repercusión *nf* répercussion *f*
repercutir *vi* se répercuter ; **~ en** (*fig*) se répercuter sur

repertorio *nm* répertoire *m*
repetición *nf* répétition *f*
repetir *vt* répéter ; (*Escol*) redoubler ; (*plato, Teatro*) reprendre ▶ *vi* (*Escol*) redoubler ; (*sabor*) revenir ; (*en comida*) en reprendre ; **repetirse** *vpr* se répéter
repicar *vi* (*campanas*) sonner, carillonner
repique *vb ver* **repicar** ▶ *nm* (*de campanas*) carillonnement *m* • **repiqueteo** *nm* (*de campanas*) carillonnement *m*
repisa *nf* étagère *f* ; (*Arq*) console *f* ; (*de chimenea*) dessus *msg* ; (*de ventana*) rebord *m*
repitiendo *etc vb ver* **repetir**
replantear *vt* reconsidérer
replegarse *vpr* se replier
repleto, -a *adj* plein(e)
réplica *nf* réplique *f*
replicar *vt, vi* répliquer ; **¡no repliques!** et pas de discussion !
repliegue *vb ver* **replegarse** ▶ *nm* (*Mil*) repli *m*
repoblación *nf* repeuplement *m* ; **~ forestal** reboisement *m*
repoblar *vt* repeupler
repollo *nm* chou *m*
reponer *vt* (*volver a poner*) réinstaller ; (*Teatro*) reprendre ; **reponerse** *vpr* se remettre ; **~ que** répondre que
reportaje *nm* reportage *m*
reportero, -a *nm/f* reporter *m*
reposacabezas *nm inv* appui-tête *m*
reposado, -a *adj* reposé(e) ; (*tranquilo*) calme
reposar *vi* reposer
reposición *nf* (*de dinero*) réinvestissement *m* ; (*maquinaria*) remplacement *m* ; (*Cine, Teatro*) reprise *f*
reposo *nm* repos *msg*
repostar *vt* se ravitailler en ▶ *vi* se ravitailler ; (*Auto*) se ravitailler en carburant
repostería *nf* pâtisserie *f*
repostero, -a *nm/f* pâtissier(-ière)
reprender *vt* (*persona*) réprimander ; (*comportamiento*) blâmer
represa *nf* barrage *m*
represalia *nf* représailles *fpl*
representación *nf* représentation *f* ; **en ~ de** en représentation de • **representante** *nmf* (*Pol, Com*) représentant(e) ; **~ diplomático(-a)** (*Pol*) représentant diplomatique
representar *vt* représenter ; (*significar*) signifier ; **representarse** *vpr* se représenter
representativo, -a *adj* représentatif(-ive)
represión *nf* répression *f*
reprimenda *nf* réprimande *f*
reprimir *vt* réprimer
reprobar *vt* réprouver
reprochar *vt* reprocher • **reproche** *nm* reproche *m*
reproducción *nf* reproduction *f*
reproducir *vt* reproduire ; **reproducirse** *vpr* se reproduire
reproductor, a *adj* reproducteur(-trice) ▶ *nm* lecteur *m* ; **~ MP3** lecteur MP3
reptil *nm* reptile *m*

r

república *nf* république *f* • **republicano, -a** *adj, nm/f* républicain(e)
repudiar *vt* répudier
repuesto *pp de* **reponer** ▸ *nm* (*pieza de recambio*) pièce *f* de rechange ; (*abastecimiento*) ravitaillement *m* ; **rueda de ~** roue *f* de secours
repugnancia *nf* répugnance *f* • **repugnante** *adj* répugnant(e)
repugnar *vt, vi* répugner
repulsa *nf* réprobation *f*
repulsión *nf* répulsion *f*
repulsivo, -a *adj* répulsif(-ive)
reputación *nf* réputation *f*
requemado, -a *adj* brûlé(e)
requerimiento *nm* requête *f* ; (*Jur*) mise *f* en demeure
requerir *vt* requérir
requesón *nm* fromage *m* blanc
requete... *pref* très
réquiem (*pl* **réquiems**) *nm* requiem *m*
requisito *nm* condition *f* requise
res *nf* bête *f*
resaca *nf* (*en el mar*) ressac *m* ; (*de alcohol*) gueule *f* de bois
resaltar *vt* souligner ▸ *vi* se détacher
resarcir *vt* (*reparar*) dédommager ; **resarcirse** *vpr* se rattraper
resbaladizo, -a *adj* glissant(e)
resbalar *vi* glisser ; (*gotas*) couler ; **resbalarse** *vpr* glisser • **resbalón** *nm* glissade *f* ; (*fig*) faux-pas *msg*
rescatar *vt* sauver ; (*pagando rescate*) payer la rançon de ; (*objeto*) récupérer
rescate *nm* sauvetage *m* ; (*dinero*) rançon *f* ; (*de objeto*) récupération *f* ; **pagar un ~** payer une rançon
rescindir *vt* résilier
rescisión *nf* résiliation *f*
rescoldo *nm* braises *fpl*
resecar *vt* dessécher ; (*Med*) disséquer ; **resecarse** *vpr* se dessécher
reseco, -a *adj* desséché(e)
resentido, -a *adj* : **estar ~ con algn** en vouloir à qn
resentimiento *nm* ressentiment *m*
resentirse *vpr*: **~ de** *o* **con** se ressentir de ; **su salud se resiente** sa santé s'en ressent
reseña *nf* (*descripción*) description *f* ; (*informe, Lit*) compte *m* rendu
reseñar *vt* décrire ; (*Lit*) faire le compte rendu de
reserva *nf* réserve *f* ; (*de entradas*) réservation *f* ; **a ~ de que ...** (*AM*) sous réserve que ... ; **con ~** (*con cautela*) sous toutes réserves ; (*con condiciones*) sous réserve ; **gran ~** (*vino*) grand cru *m*
reservado, -a *adj* réservé(e) ▸ *nm* cabinet *m* particulier
reservar *vt* réserver ; (*Teatro*) réserver, louer ; **reservarse** *vpr* se réserver
resfriado *nm* rhume *m*
resfriarse *vpr* s'enrhumer
resfrío (*esp AM*) *nm* rhume *m*
resguardar *vt* protéger ; **resguardarse** *vpr*: **resguardarse de** se protéger de • **resguardo** *nm* abri *m* ; (*justificante, recibo*) reçu *m*
residencia *nf* résidence *f* ; **~ de ancianos** maison *f* de retraite • **residencial** *adj* résidentiel(le) ; (*And, Chi*) hôtel *m* modeste
residente *adj, nmf* résident(e)

residir *vi* résider ; **~ en** (*habitar en: cuidad*) résider à ; (*: país*) résider en *o* à

residuo *nm* (*sobrante*) résidu *m* ; (*desperdicios*) résidus *mpl*

resignación *nf* résignation *f*

resignarse *vpr*: **~ a** se résigner à

resina *nf* résine *f*

resistencia *nf* résistance *f*; **no ofrece ~** il n'offre pas de résistance • **resistente** *adj* résistant(e)

resistir *vt* résister à ; (*peso, calor, persona*) supporter ▶ *vi* résister ; **resistirse** *vpr* résister ; **resistirse a** (*decir, salir*) refuser de ; (*cambio, ataque*) résister à

resolución *nf* résolution *f* ; (*arrojo*) détermination *f*

resolver *vt* résoudre ; **resolverse** *vpr* se résoudre

resonancia *nf* résonance *f* ; (*fig*) retentissement *m*

resonar *vi* résonner

resoplar *vi* haleter • **resoplido** *nm* halètement *m*

resorte *nm* (*Tec, fig*) ressort *m*

respaldar *vt* appuyer ; **respaldarse** *vpr* (*en asiento*) s'adosser ; **respaldarse en** (*fig*) s'appuyer sur • **respaldo** *nm* (*de sillón*) dossier *m* ; (*fig*) appui *m*

respectivamente *adv* respectivement

respectivo, -a *adj* respectif(-ive) ; **en lo ~ a** en ce qui concerne

respecto *nm*: **al ~** à ce sujet ; **con ~ a** en ce qui concerne ; **~ de** par rapport à

respetable *adj* respectable

respetar *vt* respecter • **respeto** *nm* respect *m* ; **respetos** *nmpl* respects *mpl*

respetuoso, -a *adj* respectueux(-euse)

respingo *nm*: **dar** *o* **pegar un ~** sursauter

respiración *nf* respiration *f*; **~ asistida** respiration assistée

respirar *vt, vi* respirer • **respiratorio, -a** *adj* respiratoire • **respiro** *nm* répit *m*

resplandecer *vi* resplendir ; (*belleza*) briller ; **~ de** rayonner de • **resplandeciente** *adj* resplendissant(e) • **resplandor** *nm* éclat *m*

responder *vt* répondre ▶ *vi* répondre ; **~ de** *o* **por** répondre de *o* pour

respondón, -ona *adj* insolent(e) ; **¡no seas ~!** ne réponds pas !

responsabilidad *nf* responsabilité *f*

responsabilizar *vt* responsabiliser, rendre responsable ; **responsabilizarse** *vpr*: **responsabilizarse de** (*atentado*) revendiquer ; (*crisis, accidente*) assumer la responsabilité de

responsable *adj, nmf* responsable *mf*

respuesta *nf* réponse *f*

resquebrajar *vt* fendiller, fissurer ; **resquebrajarse** *vpr* se fendiller

resquicio *nm* fente *f* ; (*fig*) possibilité *f*

resta *nf* soustraction *f*

restablecer *vt* rétablir ; **restablecerse** *vpr* se rétablir

restallar *vi* claquer

restante *adj* restant(e) ; **lo ~** le reste, ce qui reste

restar *vt* (*Mat*) soustraire ; (*fig*) ôter ▸ *vi* rester
restauración *nf* restauration *f*
restaurante *nm* restaurant *m*
restaurar *vt* restaurer
restitución *nf* restitution *f*
restituir *vt* restituer
resto *nm* reste *m* ; **restos** *nmpl* (*Culin, de civilización etc*) restes *mpl* ; **echar el ~** jouer le tout pour le tout
restregar *vt* frotter
restricción *nf* restriction *f*
restrictivo, -a *adj* restrictif(-ive)
restringir *vt* restreindre
resucitar *vt, vi* ressusciter
resuello *nm* (*aliento*) souffle *m*
resuelto, -a *pp de* **resolver** ▸ *adj* résolu(e)
resultado *nm* résultat *m* • **resultante** *adj* résultant(e)
resultar *vi* (*ser*) être ; (*llegar a ser*) finir par être ; (*salir bien*) réussir ; (*ser consecuencia*) résulter ; **~ de** résulter de ; **resulta que ...** il se trouve que ... ; **el conductor resultó muerto** le chauffeur est mort ; **no resultó** cela n'a pas réussi ; **me resulta difícil hacerlo** il m'est difficile de le faire
resumen *nm* résumé *m* ; **en ~** en résumé
resumir *vt* résumer
resurgir *vi* ressurgir
resurrección *nf* résurrection *f*
retablo *nm* retable *m*
retaguardia *nf* arrière-garde *f*
retahíla *nf* chapelet *m*
retal *nm* coupon *m*
retar *vt* défier
retardar *vt* (*demorar*) retarder ; (*hacer más lento*) ralentir
retazo *nm* coupon *m*
retención *nf* retenue *f* ; (*Med*) rétention *f* ; **~ de tráfico** embouteillage *m* ; **~ fiscal** prélèvement *m* fiscal
retener *vt* retenir ; (*suj: policía*) garder à vue
retina *nf* rétine *f*
retintín *nm*: **decir algo con ~** dire qch d'un ton moqueur
retirada *nf* (*Mil*) retraite *f* ; (*de dinero*) retrait *m* ; **batirse en ~** battre en retraite
retirado, -a *adj* (*lugar*) retiré(e) ; (*vida*) calme ; (*jubilado*) retraité(e) ▸ *nm/f* retraité(e)
retirar *vt* retirer ; (*jubilar*) mettre à la retraite ; **retirarse** *vpr* se retirer • **retiro** *nm* retraite *f*
reto *nm* défi *m*
retocar *vt* retoucher
retoño *nm* rejeton *m*
retoque *vb ver* **retocar** ▸ *nm* retouche *f*
retorcer *vt* (*tela*) essorer ; (*brazo*) tordre ; **retorcerse** *vpr* se tortiller ; (*persona*) se tordre
retorcido, -a *adj* (*tronco*) tordu(e) ; (*columna*) tors(e) ; (*personalidad, mente*) retors(e)
retórica *nf* rhétorique *f*
retórico, -a *adj* rhétorique
retornar *vt* (*cartas*) renvoyer ; (*dinero*) rendre ▸ *vi*: **~ (a)** retourner (à) • **retorno** *nm* retour *m*
retortijón *nm* (*tb*: **retortijón de tripas**) crampe *f* (d'estomac)
retozar *vi* folâtrer

retozón, -ona *adj* folâtre
retracción *nf* rétraction *f*
retractarse *vpr* se rétracter
retraer *vt* (*antena*) rentrer ; (*órgano*) rétracter ; **retraerse** *vpr*: **retraerse (de)** se retirer (de)
retraído, -a *adj* renfermé(e)
retraimiento *nm* (*timidez*) réserve *f*
retransmisión *nf* retransmission *f*
retransmitir *vt* retransmettre
retrasado, -a *adj* en retard ; (*Med*: *tb*: **retrasado mental**) attardé(e) ; **estar ~** (*reloj*) retarder
retrasar *vt*, *vi* retarder ; **retrasarse** *vpr* (*persona, tren*) être en retard ; (*reloj*) retarder ; (*quedarse atrás*) s'attarder
retraso *nm* retard *m* ; **retrasos** *nmpl* (*Com*) arriérés *mpl* ; **llegar con ~** arriver en retard ; **~ mental** déficience *f* mentale
retratar *vt* (*Arte*) faire le portrait de ; (*Foto*) photographier ; (*fig*) décrire ; **retratarse** *vpr* se faire faire son portrait ; (*fig*) se révéler • **retrato** *nm* portrait *m* ; **ser el vivo ~ de** être tout le portrait de ; **~ robot** portrait-robot *m*
retreta *nf* (*Mil*) retraite *f*
retrete *nm* toilettes *fpl*
retribución *nf* rétribution *f*
retribuir *vt* rétribuer
retro... *pref* rétro...
retroactivo, -a *adj* rétroactif(-ive)
retroceder *vi* reculer ; **la policía hizo ~ a la multitud** la police a fait reculer la foule
retroceso *nm* recul *m*
retrógrado, -a *adj* rétrograde
retrospectivo, -a *adj* rétrospectif(-ive)
retrovisor *nm* rétroviseur *m*
retuit (*pl* **retuits**) *nm* retweet *m*
retuitear *nm* retweeter
retumbar *vi* retentir
reuma, reúma *nm* rhumatisme *m*
reumatismo *nm* rhumatisme *m*
reunificar *vt* réunifier
reunión *nf* réunion *f*
reunir *vt* réunir ; (*recoger*) rassembler, réunir ; **reunirse** *vpr* se réunir
revalidar *vt* (*título*) confirmer
revancha *nf* revanche *f*
revelación *nf* révélation *f*
revelado *nm* (*Foto*) développement *m*
revelar *vt* révéler ; (*Foto*) développer
reventa *nf* revente *f*
reventar *vt* (*globo*) faire éclater ; (*presa*) forcer ▶ *vi* éclater
reventón *nm* crevaison *f*
reverencia *nf* révérence *f* • **reverenciar** *vt* révérer
reverendo, -a *adj* révérend(e)
reverente *adj* révérencieux(-euse)
reversible *adj* réversible
reverso *nm* revers *msg*
revertir *vi* revenir
revés *nm* envers *msg* ; (*fig*, *Tenis*) revers *msg* ; **al ~** à l'envers ; **volver algo al** *o* **del ~** retourner qch
revestir *vt* (*cubrir*) recouvrir ; (*tener*) revêtir ; **revestirse** *vpr*: **revestirse de** s'armer de

revisar *vt* réviser • **revisión** *nf* révision *f*; **~ salarial** révision des salaires
revisor, a *nm/f* contrôleur(-euse)
revista *vb ver* **revestir** ▶ *nf* revue *f*, magazine *m*; **pasar ~ a** passer en revue; **~ literaria** revue littéraire; **~s del corazón** presse *f* du cœur
revivir *vt, vi* revivre
revocación *nf* révocation *f*
revocar *vt* révoquer
revolcar renverser; **revolcarse** *vpr* se vautrer
revolotear *vi* voltiger
revoltijo *nm* embrouillamini *m*
revoltoso, -a *adj* turbulent(e)
revolución *nf* révolution *f*; (*Tec*) tour *m* • **revolucionar** *vt* révolutionner • **revolucionario, -a** *adj, nm/f* révolutionnaire *mf*
revolver *vt* remuer; (*casa*) mettre sens dessus dessous; (*mezclar*) remuer, agiter; (*Pol*) soulever ▶ *vi*: **~ en** fouiller dans; **revolverse** *vpr*: **revolverse contra** se retourner contre
revólver *nm* revolver *m*
revuelo *nm* vol *m*; (*fig*) trouble *m*
revuelta *nf* révolte *f*; (*pelea*) bagarre *f*
revuelto, -a *pp de* **revolver** ▶ *adj* (*desordenado*) sens dessus dessous
rey *nm* roi *m*; **el deporte ~** le sport roi; **los R~es Magos** Les Rois mages

Selon la tradition espagnole, **los Reyes Magos** apportent aux enfants des cadeaux qu'ils ouvrent le 6 janvier au matin. Le soir du 5 janvier, les Rois mages arrivent dans la ville par mer ou par terre et participent à une procession connue sous le nom de *cabalgata*, à la plus grande joie des enfants.

reyerta *nf* rixe *f*
rezagado, -a *adj*: **quedar ~** être en retard
rezagar *vt* retarder; **rezagarse** *vpr* traîner
rezar *vi* prier; **~ con** (*fam*) aller avec • **rezo** *nm* prière *f*
rezongar *vi* ronchonner
rezumar *vt* laisser filtrer ▶ *vi* suinter
ría *nf* ria *f*
riada *nf* crue *f*, inondation *f*
ribera *nf* rive *f*, berge *f*; (*área*) rivage *m*, littoral *m*
ribete *nm* (*de vestido*) liseré *m*; **ribetes** *nmpl* (*atisbos*) côtés *mpl*; **muestra ~s de filósofo** il a un côté philosophe
ricino *nm*: **aceite de ~** huile *f* de ricin
rico, -a *adj* riche; (*comida*) délicieux(-euse); (*niño*) adorable ▶ *nm/f* riche *mf*; **~ en** riche en
rictus *nm inv* rictus *msg*
ridiculez *nf* ridicule *m*; (*nimiedad*) insignifiance *f*
ridiculizar *vt* ridiculiser
ridículo, -a *adj* ridicule; **hacer el ~** se couvrir de ridicule; **poner a algn en ~** tourner qn en ridicule
riego *vb ver* **regar** ▶ *nm* arrosage *m*; **~ sanguíneo** irrigation *f*
riel *nm* (*Ferro*) rail *m*; (*de cortina*) tringle *f*
rienda *nf* rêne *f*; **dar ~ suelta a** donner libre cours à

riesgo *nm* risque *m* ; **correr el ~ de** courir le risque de
rifa *nf* tombola *f* • **rifar** *vt* tirer au sort ; **rifarse** *vpr* se disputer
rifle *nm* rifle *m*, carabine *f*
rigidez *nf* rigidité *f*
rígido, -a *adj* rigide
rigor *nm* rigueur *f* ; **de ~** de rigueur
riguroso, -a *adj* rigoureux(-euse)
rima *nf* rime *f* ; **rimas** *nfpl* (*composición*) rimes *fpl*
rimbombante *adj* (*fig*) ronflant(e)
rímel *nm* rimmel *m*
rímmel *nm* = **rímel**
rincón *nm* coin *m*
rinoceronte *nm* rhinocéros *msg*
riña *nf* (*disputa*) dispute *f* ; (*pelea*) bagarre *f*
riñón *nm* (*Anat*) rein *m* ; (*Culin*) rognon *m*
río *vb ver* **reír** ▶ *nm* (*que desemboca en otro río*) rivière *f* ; (*que desemboca en el mar*) fleuve *m* ; (*fig*) flot *m* ; **~ abajo/arriba** en aval/amont
Río de la Plata *n* Rio de la Plata
rioja *nm* rioja *m* (*vin de La Rioja*)
rioplatense *adj* du Rio de la Plata
riqueza *nf* richesse *f*
risa *nf* rire *m* ; **¡qué ~!** que c'est drôle !
risco *nm* rocher *m* escarpé
risotada *nf* éclat *m* de rire
ristra *nf* chapelet *m*
risueño, -a *adj* (*alegre*) rieur(-euse) ; (*fig*) souriant(e)
ritmo *nm* rythme *m* ; **a ~ lento** au ralenti ; **trabajar a ~ lento** travailler au ralenti ; **~ de vida** rythme de vie
rito *nm* rite *m*
ritual *adj* rituel(le) ▶ *nm* rituel *m*
rival *adj, nmf* rival(e) • **rivalidad** *nf* rivalité *f* • **rivalizar** *vi* rivaliser
rizado, -a *adj* (*pelo*) frisé(e) ▶ *nm* frisure *f*
rizar *vt* friser ; **rizarse** *vpr* (*el pelo*) se friser ; (*agua, mar*) moutonner • **rizo** *nm* boucle *f*
RNE *abr* = *Radio Nacional de España*
robar *vt* voler
roble *nm* chêne *m*
robo *nm* vol *m*
robot (*pl* **robots**) *adj, nm* robot *m* ; **~ de cocina** robot de cuisine
robustecer *vt* fortifier
robusto, -a *adj* robuste
roca *nf* roche *f*
roce *vb ver* **rozar** ▶ *nm* frottement *m* ; (*caricia*) frôlement *m* ; (*Tec*) friction *f* ; (*señal*) éraflure *f* ; (*en la piel*) égratignure *f* ; **tener un ~ con** s'accrocher avec, avoir une prise de bec avec
rociar *vt* asperger
rocín *nm* rosse *f*
rocío *nm* rosée *f*
rock *adj, nm* (*Mús*) rock *m*
rocoso, -a *adj* rocailleux(-euse)
rodado, -a *adj* : **tráfico ~** circulation *f* routière
rodaja *nf* tranche *f*
rodaje *nm* (*Cine*) tournage *m* ; **en ~** (*Auto*) en rodage
rodar *vt* (*vehículo*) roder ; (*película*) tourner ▶ *vi* rouler ; (*Cine*) tourner
rodear *vt* entourer ; **rodearse** *vpr* : **rodearse de amigos** s'entourer d'amis
rodeo *nm* détour *m* ; (*AM* : *Deporte*) rodéo *m* ; **hablar sin ~s** parler sans détours

rodilla *nf* genou *m* ; **de ~s** à genoux

rodillo *nm* rouleau *m*

roedor, a *adj* rongeur(-euse) ▸ *nm* rongeur *m*

roer *vt* ronger

rogar *vt, vi* prier ; **se ruega no fumar** prière de ne pas fumer

rojizo, -a *adj* rougeâtre

rojo, -a *adj* rouge ▸ *nm* rouge *m* ; **al ~ (vivo)** (*metal*) rouge ; (*fig*) chauffé(e) à blanc

rol *nm* rôle *m*

rollizo, -a *adj* rondelet(te)

rollo *nm* rouleau *m* ; (*fam: película*) navet *m* ; (*libro*) livre *m* ronflant ; **¡qué ~!** quelle barbe !

Roma *n* Rome

romance *nm* (*Ling*) roman *m* ; (*relación*) idylle *f*

romanticismo *nm* romantisme *m*

romántico, -a *adj* romantique

rombo *nm* losange *m*

romería *nf* (*Rel*) fête *f* patronale ; (*excursión*) pèlerinage *m*

> À l'origine un pèlerinage vers un lieu saint ou une église, en l'honneur de la Sainte Vierge ou du saint local, la **romería** donne également lieu de nos jours à une fête populaire. Les participants, parfois venus de loin, apportent à boire et à manger, et les festivités peuvent durer plusieurs jours.

romero, -a *nm/f* pèlerin *m* ▸ *nm* (*Bot*) romarin *m*

romo, -a *adj* émoussé(e)

rompecabezas *nm inv* casse-tête *m inv*

rompeolas *nm inv* brise-lames *m inv*

romper *vt* casser ; (*papel, tela*) déchirer ; (*contrato*) rompre ▸ *vi* (*olas*) se briser ; (*diente*) casser ; **romperse** *vpr* se casser ; **~ el día** commencer à faire jour ; **~ a** se mettre à ; **~ a llorar** éclater en sanglots ; **~ con algn** rompre avec qn

ron *nm* rhum *m*

roncar *vi* ronfler

ronco, -a *adj* rauque

ronda *nf* (*de bebidas*) tournée *f* ; (*de negociaciones*) série *f* ; (*patrulla*) ronde *f* ; **hacer la ~** (*Mil*) faire sa ronde • **rondar** *vt* (*vigilar*) surveiller ▸ *vi* faire une ronde ; (*fig*) rôder ; **la cifra ronda el millón** le chiffre frise le million

ronquido *nm* ronflement *m*

ronronear *vi* ronronner • **ronroneo** *nm* ronronnement *m*

roña *nf* (*Veterinaria*) gale *f* ; (*mugre*) crasse *f* ; (*óxido*) rouille *f*

roñoso, -a *adj* (*mugriento*) crasseux(-euse) ; (*tacaño*) radin(e)

ropa *nf* vêtements *mpl* ; **~ blanca/de casa** linge *m* blanc/de maison ; **~ de cama** literie *f* ; **~ interior** *o* **íntima** sous-vêtements *m* • **ropaje** *nm* vêtements *mpl*

ropero *nm* (*de ropa de cama*) armoire *f* (à linge) ; (*guardarropa*) garde-robe *f*

rosa *adj inv* rose ▸ *nf* (*Bot*) rose *f* ▸ *nm* (*color*) rose *m* ; **~ de los vientos** rose *f* des vents

rosado, -a *adj* rose ; (*vino*) rosé ▸ *nm* rosé *m*

rosal *nm* rosier *m*

rosario *nm* chapelet *m* ; (*oraciones*) rosaire *m*

rosca *nf pas msg*; (*pan*) couronne *f*
rosetón *nm* (*Arq*) rosace *f*
rosquilla *nf beignet à pâte dure en forme d'anneau*
rostro *nm* visage *m*; **tener mucho ~** (*fam*) avoir un sacré culot *o* toupet
rotación *nf* rotation *f*; **~ de cultivos** rotation des cultures
rotativo *nm* journal *m*
roto, -a *pp de* **romper** ▶ *adj* cassé(e); (*tela, papel*) déchiré(e); (*Chi: de clase obrera*) ouvrier(-ière) ▶ *nm/f* (*Chi*) ouvrier(-ière) ▶ *nm* (*en vestido*) accroc *m*
rotonda *nf* rond-point *m*
rótula *nf* rotule *f*
rotulador *nm* feutre *m*
rotular *vt* (*carta, documento*) légender • **rótulo** *nm* (*título*) enseigne *f*; (*letrero*) écriteau *m*
rotundamente *adv* catégoriquement
rotundo, -a *adj* catégorique
rotura *nf* rupture *f*; (*Med*) fracture *f*
roturar *vt* défricher
rozadura *nf* (*huella*) éraflure *f*; (*herida*) écorchure *f*
rozar *vt* frôler; (*tocar ligeramente, fig*) effleurer; **rozarse** *vpr* se frôler; **rozarse (con)** (*tratar*) se frotter (à)
Rte. *abr* (= *remite, remitente*) exp. (= *expéditeur*)
RTVE *sigla f* = *Radiotelevisión Española*
rubí *nm* rubis *msg*
rubio, -a *adj, nm/f* blond(e); **tabaco ~** tabac *m* blond
rubor *nm* (*sonrojo*) rougeur *f*; (*vergüenza*) honte *f*
ruborizarse *vpr* rougir
rúbrica *nf* (*de firma*) paraphe *m*, parafe *m* • **rubricar** *vt* (*firmar*) parapher *o* parafer; (*concluir*) couronner
rudimentario, -a *adj* rudimentaire
rudimentos *nmpl* rudiments *mpl*
rudo, -a *adj* (*material*) rude; (*modales, persona*) grossier(-ière)
rueda *nf* roue *f*; (*corro*) ronde *f*; **~ de prensa** conférence *f* de presse; **~ de recambio** *o* **de repuesto** roue de secours; **~ delantera/trasera** roue avant/arrière
ruedo *vb ver* **rodar** ▶ *nm* (*Taur*) arène *f*; (*corro*) ronde *f*
ruego *vb ver* **rogar** ▶ *nm* prière *f*
rufián *nm* ruffian *m*
rugby *nm* rugby *m*
rugido *nm* rugissement *m*
rugir *vi* rugir
rugoso, -a *adj* rugueux(-euse)
ruido *nm* bruit *m*; (*alboroto*) bruit, grabuge *m* • **ruidoso, -a** *adj* bruyant(e); (*fig*) tapageur(-euse)
ruin *adj* (*vil*) vil(e); (*tacaño*) pingre
ruina *nf* ruine *f*; **ruinas** *nfpl* ruines *fpl*
ruindad *nf* mesquinerie *f*; (*acto*) bassesse *f*
ruinoso, -a *adj* ruineux(-euse)
ruiseñor *nm* rossignol *m*
ruleta *nf* roulette *f*
rulo *nm* rouleau *m*
Rumanía *nf* Roumanie *f*
rumba *nf* rumba *f*
rumbo *nm* (*ruta*) cap *m*; (*ángulo de dirección*) rumb *m*, rhumb *m*; (*fig*) direction *f*; **poner ~ a** mettre le cap sur; **sin ~ fijo** au hasard

rumboso, -a (*fam*) *adj* généreux(-euse)
rumiante *nm* ruminant *m*
rumiar *vt, vi* ruminer
rumor *nm* (*ruido sordo*) rumeur *f*; (*chisme*) bruit *m*
rumorearse *vpr*: **se rumorea que** le bruit court que
runrún *nm* rumeur *f*; (*fig*) rengaine *f*
rupestre *adj*: **pintura ~** peinture *f* rupestre
ruptura *nf* rupture *f*
rural *adj* rural(e)
Rusia *nf* Russie *f*
ruso, -a *adj* russe ▸ *nm/f* Russe *mf*
rústica *nf*: **libro en ~** livre *m* broché
rústico, -a *adj* (*del campo*) rustique; (*ordinario*) rustre
ruta *nf* route *f*
rutina *nf* routine *f*
rutinario, -a *adj* routinier(-ière)

S

S *abr* (= *sur*) S (= *sud*)
S. *abr* (= *san*) St (Ste) (= *Saint, Sainte*)
S.A. *abr* (*Com*: = *Sociedad Anónima*) SA *f* (= *société anonyme*); (= *Su Alteza*) SA (= *Son Altesse*)
sábado *nm* samedi *m*
sábana *nf* drap *m*
sabandija *nf* (*Zool*) bestiole *f*
sabañón *nm* engelure *f*

saber

▸ *vt* savoir; **a ~** à savoir; **no lo supe hasta ayer** je ne l'ai appris qu'hier; **¿sabes conducir/nadar?** sais-tu conduire/nager?; **¿sabes francés?** sais-tu parler français?; **~ de memoria** savoir *o* connaître par cœur; **lo sé** je (le) sais; **hacer ~** faire savoir; **que yo sepa** que je sache; **¡vete a ~!** va savoir!; **¿sabes?** tu vois?
▸ *vi*: **~ a** avoir le goût de; **sabe a fresa** ça a un goût de fraise; **~ mal/bien** (*comida, bebida*) avoir bon/mauvais goût; **le sabe mal que otro saque a**

bailar a su mujer ça ne lui plaît pas que d'autres invitent sa femme à danser
▸ **saberse** *vpr*: **se sabe que ...** on sait que ... ; **no se sabe todavía** on ne sait toujours pas

sabiduría *nf* savoir *m* ; (*buen juicio*) sagesse *f*
sabiendas: **a ~** *adv* en connaissance de cause
sabio, -a *adj* savant(e) ; (*prudente*) sage ▸ *nm/f* savant(e)
sabor *nm* goût *m*, saveur *f* • **saborear** *vt* savourer
sabotaje *nm* sabotage *m*
saboteador, a *nm/f* saboteur(-euse)
sabotear *vt* saboter
sabré *etc vb ver* **saber**
sabroso, -a *adj* savoureux(-euse) ; (*salado*) salé(e)
sacacorchos *nm inv* tire-bouchon *m*
sacapuntas *nm inv* taille-crayon *m*
sacar *vt* sortir ; (*dinero, entradas*) retirer ; (*beneficios*) tirer ; (*premio*) remporter ; (*datos*) extraire ; (*conclusión*) arriver à ; (*esp* AM: *ropa*) enlever ; **~ adelante** (*hijos*) élever ; (*negocio*) faire marcher ; **~ una foto** prendre une *o* en photo ; **~ la lengua** tirer la langue ; **~ buenas/malas notas** avoir de bonnes/mauvaises notes
sacarina *nf* saccharine *f*
sacerdote *nm* prêtre *m*
saciar *vt* assouvir ; **saciarse** *vpr* se rassasier
saco *nm* sac *m* ; (AM: *chaqueta*) veste *f* ; **~ de dormir** sac de couchage
sacramento *nm* sacrement *m*
sacrificar *vt* sacrifier ; **sacrificarse** *vpr*: **sacrificarse por** se sacrifier pour • **sacrificio** *nm* sacrifice *m*
sacrilegio *nm* sacrilège *m*
sacristía *nf* sacristie *f*
sacudida *nf* secousse *f* ; **~ eléctrica** décharge *f* électrique
sacudir *vt* secouer
sádico, -a *adj, nm/f* sadique *mf* • **sadismo** *nm* sadisme *m*
saeta *nf* flèche *f*
sagacidad *nf* sagacité *f* • **sagaz** *adj* sagace
Sagitario *nm* (*Astrol*) Sagittaire *m* ; **ser ~** être Sagittaire
sagrado, -a *adj* sacré(e)
Sáhara *nm*: **el ~** le Sahara
sal *vb ver* **salir** ▸ *nf* sel *m* ; (*encanto*) grâce *f* ; **~es de baño** sels de bain
sala *nf* salle *f* ; (*cuarto de estar*) (salle de) séjour *m* ; (*Jur*) tribunal *m* ; **~ de espera** salle d'attente ; **~ de fiestas** salle des fêtes
salado, -a *adj* salé(e) ; (*fig*) drôle, amusant(e) ; **agua salada** eau *f* salée
salar *vt* saler
salarial *adj* (*aumento*) de salaire ; (*revisión*) salarial(e)
salario *nm* salaire *m*
salchicha *nf* saucisse *f* • **salchichón** *nm* saucisson *m*
saldar *vt* solder ; (*deuda, diferencias*) régler • **saldo** *nm* solde *m* ; (*de deuda*) règlement *m* ; (*de móvil*) crédit *m*

saldré *etc vb ver* **salir**
salero *nm (Culin)* salière *f*
salga *etc vb ver* **salir**
salida *nf* sortie *f*; *(de tren, Aviat, Deporte)* départ *m*; *(fig)* issue *f*; (: *de estudios*) débouché *m*; **calle sin ~** voie *f* sans issue; **a la ~ del teatro** à la sortie du théâtre; **~ de emergencia/de incendios** sortie de secours
saliente *nm* saillie *f*

salir

▸*vi* 1 *(ir afuera)* sortir; *(tren, avión)* partir; **~ de** sortir de; **Juan ha salido** Juan est sorti; **salió de la cocina** il est sorti de la cuisine
2 *(aparecer: sol)* se lever; *(flor, pelo, dientes)* pousser; *(disco, libro)* sortir; **anoche salió el reportaje en la tele** le reportage est passé hier soir à la télé; **su foto salió en todos los periódicos** sa photo est parue dans tous les journaux
3 *(resultar)*: **~ bien/mal** réussir/rater; **el niño nos ha salido muy estudioso** notre fils se révèle très studieux; **la comida te ha salido exquisita** ton repas est très réussi; **sale muy caro** ça revient très cher
4 *(mancha)* partir; *(tapón)* s'enlever
5: **le salió un trabajo** il a trouvé du travail
6: **~ adelante** s'en sortir; **no sé como haré para ~ adelante** je ne sais pas comment je vais m'en sortir
▸**salirse** *vpr (líquido)* sortir; *(animal)* sortir; *(de la carretera)* quitter; *(persona: de asociación)* quitter

saliva *nf* salive *f*
salmo *nm* psaume *m*
salmón *nm* saumon *m*
salmuera *nf* saumure *f*
salón *nm* salon *m*; **~ de belleza** institut *m* de beauté
salpicadero *nm (Auto)* tableau *m* de bord
salpicar *vt* éclabousser; *(esparcir)* parsemer
salsa *nf (Culin)* sauce *f*; *(Mús)* salsa *f*
saltamontes *nm inv* sauterelle *f*
saltar *vt* sauter ▸*vi* sauter; *(al agua)* plonger; *(quebrarse: cristal)* se briser; *(explotar: persona)* exploser; **saltarse** *vpr* sauter; **saltarse un semáforo** brûler un feu
salto *nm* saut *m*; *(al agua)* plongeon *m*; **~ de agua** chute *f* d'eau; **~ de altura/de longitud** saut en hauteur/en longueur; **~ mortal** saut périlleux
saltón, -ona *adj (ojos)* globuleux(-euse); *(dientes)* en avant
salud *nf* santé *f*; **¡(a su) ~!** (à votre) santé! • **saludable** *adj* sain(e)
saludar *vt* saluer; **salude de mi parte a X** saluez X de ma part • **saludo** *nm* salut *m*; **saludos** *nmpl (en carta)* salutations *fpl*
salva *nf (Mil)* salve *f*; **una ~ de aplausos** une salve d'applaudissements
salvación *nf (tb Rel)* salut *m*
salvado *nm (Agr)* son *m*
salvador *nm* sauveur *m*; **El S~** *(Geo)* El Salvador *m*; **San S~** San Salvador

salvaguardar *vt* sauvegarder
salvajada *nf* horreur *f*
salvaje *adj, nmf* sauvage *mf*
salvamento *nm* sauvetage *m*
salvar *vt* sauver ; (*obstáculo, distancias*) franchir ; (*exceptuar*) excepter ; **salvarse** *vpr*: **salvarse (de)** se sauver (de)
salva-slip (*pl* **salva-slips**) *nm* protège-slip *m*
salvavidas *adj inv*: **bote/ chaleco/cinturón ~** canot *m*/ gilet *m*/bouée *f* de sauvetage
salvo, -a *adj*: **a ~** en lieu sûr ▸ *adv* sauf ; **~ que** sauf que • **salvoconducto** *nm* sauf-conduit *m*
san *nm* saint *m* ; **~ Juan** Saint Jean
sanar *vt, vi* guérir
sanatorio *nm* sanatorium *m*
sanción *nf* sanction *f* ; (*aprobación*) approbation *f* • **sancionar** *vt* sanctionner ; (*aprobar*) approuver
sandalia *nf* sandale *f*
sandía *nf* pastèque *f*
sándwich (*pl* **sándwichs** *o* **sándwiches**) *nm* sandwich *m*
saneamiento *nm* assainissement *m*
sanear *vt* assainir
Sanfermines *nmpl festival de saint Fermín*

> Les **Sanfermines** de Pampelune sont un festival d'une semaine, rendu célèbre par Hemingway. À partir du 7 juillet, fête patronale de *San Fermín*, les habitants de la ville, principalement les jeunes, se rassemblent dans les rues pour chanter, boire et danser. Tôt le matin, on lâche des taureaux dans les rues étroites qui conduisent à l'arène. Selon une coutume répandue dans de nombreux villages espagnols, des jeunes gens font acte de courage en s'élançant devant les taureaux, au péril de leur vie.

sangrar *vt* saigner ▸ *vi* saigner • **sangre** *nf* sang *m*
sangría *nf* (*Med*) saignée *f* ; (*Culin*) sangria *f*
sangriento, -a *adj* sanglant(e)
sanguijuela *nf* sangsue *f*
sanguinario, -a *adj* sanguinaire
sanguíneo, -a *adj* sanguin(e)
sanidad *nf* (*Admin*) santé *f* ; (*de ciudad, clima*) salubrité *f* ; **~ pública** santé publique
San Isidro *nm* saint Isidore

> **San Isidro**, saint patron de Madrid, donne son nom à des festivités d'une semaine qui ont lieu aux alentours du 15 mai. Foire au XVIIIe siècle, la fête de **San Isidro** consiste de nos jours en diverses manifestations, telles que bals, musique, spectacles, courses de taureaux et une célèbre *romería*.

sanitario, -a *adj* sanitaire ▸ *nm*: **~s** sanitaires *mpl*
sano, -a *adj* sain(e) ; (*sin daños*) intact(e) ; **~ y salvo** sain et sauf
Santiago *n*: **~ (de Chile)** Santiago (du Chili)
santiamén *nm*: **en un ~** en un clin d'œil
santidad *nf* sainteté *f*

S

santiguarse *vpr* se signer
santo, -a *adj* saint(e) ▶ *nm/f* (*Rel*) Saint(e) ▶ *nm* fête *f*; **~ y seña** mot *m* de passe
santuario *nm* sanctuaire *m*
saña *nf* (*crueldad*) sauvagerie *f*; (*furor*) fureur *f*
sapo *nm* crapaud *m*
saque *vb ver* **sacar** ▶ *nm* (*Tenis*) service *m*; (*Fútbol*) remise *f* en jeu; **~ de esquina** corner *m*
saquear *vt* piller • **saqueo** *nm* pillage *m*
sarampión *nm* rougeole *f*
sarcasmo *nm* sarcasme *m*
sarcástico, -a *adj* sarcastique
sardina *nf* sardine *f*
sargento *nm* (*Mil*) sergent
sarmiento *nm* sarment *m*
sarna *nf* (*Med, Zool*) gale *f*
sarpullido *nm* (*Med*) éruption *f*
sarro *nm* tartre *m*
sartén *nf* (AM) ▶ *nm* (*Culin*) poêle *f* (à frire)
sastre *nm* tailleur *m*
Satanás *nm* Satan *m*
satélite *nm* satellite *m*
sátira *nf* satire *f*
satisfacción *nf* satisfaction *f*
satisfacer *vt* satisfaire; **satisfacerse** *vpr* se satisfaire
satisfecho, -a *pp de* **satisfacer** ▶ *adj* satisfait(e)
saturar *vt* saturer; **saturarse** *vpr* être saturé(e)
sauce *nm* saule *m*; **~ llorón** saule pleureur
sauna *nf* sauna *m*
savia *nf* sève *f*
saxofón *nm* saxophone *m*
sazonar *vt* mûrir; (*Culin*) assaisonner

se

pron **1** (*reflexivo*) se, s'; (: *de usted/ustedes*) vous; **se divierte** il s'amuse; **lavarse** se laver
2 (*con complemento directo: sg*) lui; (: *pl*) leur; (: *usted, ustedes*) vous; **se lo dije** (*a él*) je le lui ai dit; (*a ellos*) je le leur ai dit; (*a usted(es)*) je vous l'ai dit; **se compró un sombrero** il s'est acheté un chapeau; **se rompió la pierna** il s'est cassé la jambe
3 (*uso recíproco*) se; (: *ustedes*) vous; **se miraron (el uno al otro)** ils se sont regardés (l'un l'autre); **cuando (ustedes) se conocieron** quand vous vous êtes connus
4 (*en oraciones pasivas*): **se han vendido muchos libros** beaucoup de livres ont été vendus
5 (*impersonal*): **se dice que ...** on dit que ...; **allí se come muy bien** on y mange très bien; **se ruega no fumar** prière de ne pas fumer

sé *vb ver* **saber**; **ser**
sea *etc vb ver* **ser**
sebo *nm* sébum *m*
secador *nm* (*tb*: **secador de pelo**) sèche-cheveux *m inv*
secadora *nf* sèche-linge *m inv*
secar *vt* sécher; **secarse** *vpr* sécher; (*persona*) se sécher
sección *nf* section *f*
seco, -a *adj* sec (sèche); **Juan, a secas** Juan tout court; **parar/**

frenar en ~ s'arrêter/freiner brusquement
secretaría *nf* secrétariat *m*
secretario, -a *nm/f* secrétaire *mf*
secreto, -a *adj* secret(-ète) ▶ *nm* secret *m*
secta *nf* secte *f*
sectario, -a *adj* sectaire
sector *nm* secteur *m* ; **~ terciario** secteur tertiaire
secuela *nf* séquelle *f*
secuencia *nf* séquence *f*
secuestrar *vt* séquestrer ; (*avión*) détourner ; (*publicación*) retirer de la circulation ; (*bienes*: *Jur*) séquestrer, mettre sous séquestre • **secuestro** *nm* (*de persona*) enlèvement *m* ; (*de avión*) détournement *m*
secular *adj* séculaire
secundar *vt* seconder
secundario, -a *adj* secondaire ; (*Inform*) d'arrière-plan
sed *nf* soif *f* ; **tener ~** avoir soif
seda *nf* soie *f*
sedal *nm* ligne *f*
sedante *nm* sédatif *m*
sede *nf* siège *m* ; **Santa S~** Saint-Siège *m*
sedentario, -a *adj* sédentaire
sediento, -a *adj* assoiffé(e)
sedimento *nm* sédiment *m*
sedoso, -a *adj* soyeux(-euse)
seducción *nf* séduction *f*
seducir *vt* séduire
seductor, a *adj* séducteur(-trice) ; (*personalidad, idea*) séduisant(e) ▶ *nm/f* séducteur(-trice)
segar *vt* (*mies*) moissonner ; (*hierba*) faucher ; (*vidas*) briser
seglar *adj* séculier(-ière)
segregación *nf* ségrégation *f* ; **~ racial** ségrégation raciale
segregar *vt* ségréguer ; (*líquido*) sécréter
seguida *nf*: **en ~** tout de suite
seguido, -a *adj* continu(e) ; (*ininterrumpido*) de suite, d'affilée ▶ *adv* (*derecho*) tout droit ; (*AM*: *a menudo*) souvent ; **cinco días ~s** cinq jours de suite
seguidor, a *nm/f* adepte *mf* ; (*Deporte*) supporter *mf*
seguimiento *nm* suivi *m*
seguir *vt* suivre ▶ *vi* (*venir después*) suivre ; (*continuar*) poursuivre ; **seguirse** *vpr*: **seguirse (de)** s'ensuivre (de), découler ; **sigo sin comprender** je ne comprends toujours pas ; **sigue lloviendo** il continue de pleuvoir ; **¡siga!** (*AM*) allez-y !
según *prep* d'après ▶ *adv* (*tal como*) comme ; (*depende (de)*) selon ; (*a medida que*) à mesure que ; **~ esté el tiempo** selon le temps qu'il fera ; **está ~ lo dejaste** c'est resté tel que tu l'avais laissé
segundo, -a *adj* deuxième, second(e) ▶ *nm* seconde *f* ▶ *nm/f* deuxième *mf*, second(e) ; **segunda (clase)** (*Ferro*) seconde (classe) *f* ; **segunda (marcha)** (*Auto*) seconde ; **con segundas (intenciones)** avec une arrière-pensée ; **de segunda mano** d'occasion
seguramente *adv* sûrement
seguridad *nf* sécurité *f* ; (*certeza*) certitude *f* ; (*confianza*) confiance *f* ; **~ social** sécurité sociale

S

seguro, -a *adj* sûr(e) ▸ *adv* sûrement ▸ *nm* sécurité *f*; (*Com*) assurance *f*; (*CAm, Méx*) épingle *f* à nourrice; **~ a todo riesgo/ contra terceros** assurance tous risques/au tiers

seis *adj inv, nm inv* six *m inv*; **el ~ de abril** le six avril

seiscientos, -as *adj* six cents; **~ veinticinco** six cent vingt-cinq

seísmo *nm* séisme *m*

selección *nf* sélection *f* • **seleccionar** *vt* sélectionner

selectividad *nf* (*Univ*) *examen d'entrée à l'université*

selecto, -a *adj* sélect(e)

selfi, selfie ['selfi] *nm o f* selfie *m*

sellar *vt* sceller; (*pasaporte*) tamponner

sello *nm* (*de correos*) timbre *m*; (*para estampar*) tampon *m*; (*precinto*) sceau *m*

selva *nf* (*bosque*) forêt *f*; (*jungla*) jungle *f*

semáforo *nm* (*Auto*) feu *m* rouge *o* de circulation

semana *nf* semaine *f*; **S~ Santa** semaine sainte

Les célébrations de la **Semana Santa** en Espagne sont souvent grandioses. *Viernes Santo* (le Vendredi saint), *Sábado Santo* (le Samedi saint) et *Domingo de Resurrección* (le dimanche de Pâques) sont des fêtes légales auxquelles s'ajoutent d'autres jours fériés dans chaque région. Dans tout le pays, les membres des *cofradías* (confréries), vêtus de cagoules, avancent en processions dans les rues, précédant leurs *pasos*, des chars richement décorés sur lesquels se dressent des statues religieuses. Les processions de la semaine sainte à Séville sont particulièrement renommées.

semanal *adj* hebdomadaire

semblante *nm* (traits *mpl* du) visage *m*

sembrar *vt* semer

semejante *adj, nm* semblable *m* • **semejanza** *nf* ressemblance *f*

semen *nm* sperme *m*

semestral *adj* semestriel(le)

semi... *pref* semi...

semicírculo *nm* demi-cercle *m*

semidesnatado, -a *adj* demi-écrémé(e)

semifinal *nf* demi-finale *f*

semilla *nf* graine *f*, semence *f*

seminario *nm* (*Rel, Escol*) séminaire *m*

sémola *nf* semoule *f*

Sena *nm*: **el ~** la Seine

senado *nm* sénat *m*

senador, a *nm/f* sénateur(-trice)

sencillez *nf* simplicité *f*

sencillo, -a *adj* simple

senda *nf* sentier *m*

sendero *nm* sentier *m*

senil *adj* sénile

seno *nm* sein *m*; (*Mat*) sinus *m*; **~ materno** sein maternel

sensación *nf* sensation *f* • **sensacional** *adj* sensationnel(le)

sensato, -a *adj* sensé(e)

sensible *adj* sensible

sensorial *adj* sensoriel(le)

sensual *adj* sensuel(le)

sentada *nf* (*protesta*) sit-in *m inv*

sentado, -a *adj*: **estar ~** être assis(e) ; **dar por ~** considérer comme acquis

sentar *vt* asseoir ; (*noticia, hecho, palabras*) établir ▶ *vi* (*vestido, color*) aller ; **sentarse** *vpr* s'asseoir ; **~ bien** (*ropa*) aller bien ; (*comida*) faire du bien ; (*vacaciones*) réussir ; **me ha sentado mal** (*comida*) je ne l'ai pas digéré ; (*comentario*) cela m'a blessé

sentencia *nf* sentence *f* • **sentenciar** *vt* (*Jur*) condamner

sentido, -a *adj* (*pérdida*) regretté(e) ▶ *nm* sens *msg* ; **mi más ~ pésame** mes plus sincères condoléances ; **con ~ doble** à double sens ; **tener ~** avoir du sens ; **~ común** bon sens ; **~ del humor** sens de l'humour ; **~ único** (*Auto*) sens unique

sentimental *adj* sentimental(e) ; **vida ~** vie *f* sentimentale

sentimiento *nm* sentiment *m*

sentir *nm* opinion *f* ▶ *vt* sentir ; (*lamentar*) regretter ; (*esp AM*) entendre ▶ *vi* sentir ; **sentirse** *vpr* se sentir ; **lo siento (mucho)** je suis désolé(e) ; **sentirse bien/mal** se sentir bien/mal

seña *nf* signe *m* ; (*Mil*) mot *m* de passe ; **señas** *nfpl* (*dirección*) adresse *f* ; **~s personales** (*descripción*) signes *mpl* particuliers

señal *nf* signal *m* ; (*síntoma*) signe *m* ; (*marca, Inform*) marque *f* ; (*Com*) arrhes *fpl* ; **en ~ de** en signe de • **señalar** *vt* signaler ; (*poner marcas*) marquer ; (*con el dedo*) montrer du doigt ; (*hora*) donner ; (*fijar*) fixer

señor, a *adj* (*fam*) classe ▶ *nm* monsieur *m* ; (*hombre*) homme *m* ; (*trato*) monsieur ; **Muy ~ mío** cher Monsieur

señora *nf* madame *f* ; (*dama*) dame *f* ; (*mujer*) femme *f* ; **Nuestra S~** (*Rel*) Notre-Dame *f*

señorita *nf* (*tratamiento*) mademoiselle *f* ; (*mujer joven*) demoiselle *f*, jeune fille *f*

señorito *nm* (*pey*) fils *msg* à papa

señuelo *nm* leurre *m*

sepa *etc vb ver* **saber**

separación *nf* séparation *f* ; (*división*) partage *m* ; (*distancia*) distance *f*

separar *vt* séparer ; (*dividir*) diviser ; **separarse** *vpr* se séparer ; (*partes*) se détacher ; **separarse de** (*persona: de un lugar*) s'éloigner de ; (*: de asociación*) quitter

sepia *nf* (*Culin*) seiche *f*

septiembre *nm* septembre *m* ; *ver tb* **julio**

séptimo, -a *adj, nm/f* septième *mf*

sepulcro *nm* sépulcre *m*

sepultar *vt* inhumer ; (*suj: escombros*) ensevelir • **sepultura** *nf* (*entierro*) inhumation *f* ; (*tumba*) sépulture *f*

sequedad *nf* sécheresse *f*

sequía *nf* sécheresse *f*

séquito *nm* (*de rey*) cour *f*

SER *sigla f* (*Radio: = Sociedad Española de Radiodifusión*) *société privée de radiodiffusion*

ser

▶ *vi* 1 (*descripción, identidad*) être ; **es médico/muy alto** il est docteur/très grand ; **soy Pepe**

(*Telec*) c'est Pepe (à l'appareil)
2 (*suceder*): **¿qué ha sido eso?** qu'est-ce que c'était ? ; **la fiesta es en casa** la fête a lieu chez nous
3 : **~ de** (*posesión*): **es de Joaquín** c'est à Joaquín ; (*origen*): **ella es de Cuzco** elle est de Cuzco ; (*sustancia*): **es de piedra** c'est en pierre ; **¿qué va a ~ de nosotros?** qu'allons-nous devenir ?
4 (*horas, fechas, números*): **es la una** il est une heure ; **son las seis y media** il est six heures et demie ; **es el 1 de junio** c'est le 1er juin ; **somos/son seis** nous sommes/ils sont six ; **2 y 2 son 4** 2 et 2 font 4
5 (*valer*): **¿cuánto es?** c'est combien ?
6 : **~ para**: **es para pintar** c'est pour peindre
7 (*en oraciones pasivas*): **ya ha sido descubierto** ça a déjà été découvert ; **fue construido** ça a été construit
8 : **~ de** (+ *vb*): **es de esperar que ...** il faut s'attendre à ce que ...
9 : **es que**: **es que no puedo** c'est que je ne peux pas ; **¿cómo es que no lo sabes?** comment se fait-il que tu ne le saches pas ?
10 (*locuciones: con subjuntivo*): **o sea** c'est-à-dire ; **sea él, sea su hermana** soit lui, soit sa sœur
11 (*con infinitivo*): **a no ~ ...** si ce n'est ... ; **a no ~ que salga mañana** à moins qu'il ne sorte demain ; **de no ~ así** si ce n'était pas le cas
12 : **« érase una vez ... »** « il était une fois ... »

▸ *nm* (*ente*) être *m* ; **~ humano/vivo** être humain/vivant

serenarse *vpr* s'apaiser

sereno, -a *adj* serein(e) ; (*tiempo*) calme ▸ *nm* veilleur *m* de nuit

serie *nf* série *f* ; (*TV: por capítulos*) feuilleton *m* ; **fuera de ~** (*Com*) hors série ; (*fig*) hors pair *inv* ; **fabricación en ~** fabrication *f* en série

seriedad *nf* sérieux *msg* ; (*de crisis*) gravité *f*

serio, -a *adj* sérieux(-euse) ; **en ~** sérieusement

sermón *nm* sermon *m*

seropositivo, -a *adj* séropositif(-ive)

serpiente *nf* serpent *m* ; **~ de cascabel** serpent à sonnettes

serranía *nf* zone *f* montagneuse

serrar *vt* scier

serrín *nm* sciure *f* (de bois)

serrucho *nm* scie *f* (égoïne)

servicio *nm* service *m* ; **servicios** *nmpl* (*wáter*) toilettes *fpl* ; (*Econ: sector*) services *mpl* ; **~ incluido** service compris ; **~ militar** service militaire

servil (*pey*) *adj* servile

servilleta *nf* serviette *f*

servir *vt, vi* servir ; **servirse** *vpr* se servir ; **~ (para)** servir (à) ; **servirse de algo** se servir de qch ; **sírvase pasar** veuillez entrer

sesenta *adj inv, nm inv* soixante *m inv* ; **~ mil** soixante mille

sesgo *nm* tournure *f* ; **al ~** (*Costura*) en biais

sesión *nf* séance *f*

seso *nm* cerveau *m*

seta *nf* champignon *m*; **~ venenosa** champignon vénéneux
setecientos, -as *adj* sept cents; *ver tb* **seiscientos**
setenta *adj inv, nm inv* soixante-dix *m inv*; *ver tb* **sesenta**
seudónimo *nm* pseudonyme *m*
severidad *nf* sévérité *f*
severo, -a *adj* sévère
Sevilla *n* Séville • **sevillano, -a** *adj* sévillan(e) ▸ *nm/f* Sévillan(e)
sexo *nm* sexe *m*
sexto, -a *adj, nm/f* sixième *mf*; **un ~ de la población** un sixième de la population
sexual *adj* sexuel(le)
si *conj* si ▸ *nm* (*Mús*) si *m inv*; **me pregunto si ...** je me demande si ...
sí *adv* oui; (*tras frase negativa*) si ▸ *nm* (*consentimiento*) oui *m* ▸ *pron* (*uso impersonal*) soi; (*sg*: *m*) lui; (: *f*) elle; (: *de cosa*) lui (elle); (*pl*: *m*) eux; (: *f*) elles; **él no quiere pero yo sí** il ne veut pas mais moi oui; **ella sí vendrá** elle, elle viendra; **claro que sí** bien sûr que oui/si; **creo que sí** je crois que oui/si; **porque sí** (*porque lo digo yo*) parce que; **¡sí que lo es!** bien sûr que si!; **¡eso sí que no!** alors là, non!; **por sí solo/solos** à lui seul/eux seuls; **volver en sí** revenir à soi; **sí mismo/misma** lui-/elle-même; **se ríe de sí misma** elle rit d'elle-même; **hablaban entre sí** ils parlaient entre eux; **de por sí** en soi
siamés, -esa *adj, nm/f* siamois(e)
SIDA, sida *sigla m* (= *síndrome de inmuno-deficiencia adquirida*) SIDA *m*, sida *m* (= *syndrome immunodéficitaire acquis*)
siderúrgico, -a *adj* sidérurgique
sidra *nf* cidre *m*
siembra *vb ver* **sembrar** ▸ *nf* (*Agr*) semailles *fpl*
siempre *adv* toujours ▸ *conj*: **~ que ...** (*cada vez que*) chaque fois que ...; (*a condición de que*) seulement si; **como ~** comme toujours; **para ~** pour toujours; **~ me voy mañana** (*AM*) de toute façon, je pars demain
sien *nf* tempe *f*
siento *vb ver* **sentar**; **sentir**
sierra *vb ver* **serrar** ▸ *nf* (*Tec*) scie *f*; (*Geo*) chaîne *f* de montagnes; **S~ Leona** Sierra *f* Leone
siervo, -a *nm/f* serf (serve)
siesta *nf* sieste *f*; **dormir la** *o* **echarse una ~** faire une sieste
siete *adj inv, nm inv* sept *m inv* ▸ *excl* (*AM*: *fam*): **¡la gran ~!** punaise!; *ver tb* **seis**
sífilis *nf inv* syphilis *fsg*
sifón *nm* siphon *m*
siga *etc vb ver* **seguir**
sigla *nf* sigle *m*
siglo *nm* siècle *m*
significación *nf* signification *f*
significado *nm* sens *m*, signification *f*
significar *vt* signifier
significativo, -a *adj* significatif(-ive)
signo *nm* signe *m*; **~ de admiración** point *m* d'exclamation; **~ de interrogación** point d'interrogation
siguiendo *etc vb ver* **seguir**
siguiente *adj* suivant(e); **¡el ~!** au suivant!
sílaba *nf* syllabe *f*

silbar *vt, vi* siffler • **silbato** *nm* sifflet *m* • **silbido, silbo** *nm* sifflement *m*
silenciador *nm* silencieux *msg*
silenciar *vt* (AM: *persona*) faire taire • **silencio** *nm* silence *m*
silencioso, -a *adj* silencieux(-euse)
silla *nf* chaise *f*; (*tb:* **silla de montar**) selle *f*; **~ de ruedas** chaise roulante
sillón *nm* fauteuil *m*
silueta *nf* silhouette *f*
silvestre *adj* (*Bot*) sauvage
simbólico, -a *adj* symbolique
simbolizar *vt* symboliser
símbolo *nm* symbole *m*
simetría *nf* symétrie *f*
simiente *nf* graine *f*
similar *adj* similaire
simio *nm* singe *m*
simpatía *nf* sympathie *f*
simpático, -a *adj* (*persona*) sympathique
simpatizante *nmf* sympathisant(e)
simpatizar *vi*: **~ con** sympathiser avec
simple *adj* simple ▶ *nmf* (*pey*) simplet(te) • **simplificar** *vt* simplifier
simposio *nm* symposium *m*
simular *vt* simuler
simultáneo, -a *adj* simultané(e)
sin *prep* sans ▶ *conj*: **~ que** (+ *subjuntivo*) sans que + *subjonctif*; **la ropa está ~ lavar** le linge n'est pas lavé ; **~ embargo** cependant
sinagoga *nf* synagogue *f*
sinceridad *nf* sincérité *f*
sincero, -a *adj* sincère
sincronizar *vt* synchroniser
sindical *adj* syndical(e) ; **central ~** confédération *f* • **sindicalista** *adj, nmf* syndicaliste *mf*
sindicato *nm* syndicat *m*
síndrome *nm* syndrome *m* ; **~ de abstinencia** syndrome de sevrage
sinfín *nm*: **un ~ de** une infinité de
sinfonía *nf* symphonie *f*
singular *adj* singulier(-ière) • **singularidad** *nf* singularité *f* • **singularizar** *vt* singulariser ; **singularizarse** *vpr* se singulariser
siniestro, -a *adj* sinistre ▶ *nm* sinistre *m* ; (*en carretera*) accident *m*
sinnúmero *nm* = **sinfín**
sino *nm* destin *m* ▶ *conj* sinon
sinónimo, -a *adj, nm* synonyme *m*
síntesis *nf inv* synthèse *f*
sintético, -a *adj* (*material*) synthétique ; (*producto*) de synthèse
sintetizar *vt* synthétiser
sintiendo *etc vb ver* **sentir**
síntoma *nm* symptôme *m*
sintonía *nf* (*Radio*) réglage *m* ; (*melodía*) indicatif *m*, jingle *m*
sintonizar *vt* (*Radio*) régler ▶ *vi*: **~ con** régler sur
sinvergüenza *adj, nmf* canaille *f* ; (*descarado*) effronté(e)
siquiera *conj* même si ▶ *adv* au moins ; **ni ~** pas même ; **~ bebe algo** bois au moins qch
sirena *nf* sirène *f*
Siria *nf* Syrie *f*
sirviendo *etc vb ver* **servir**
sirviente, -a *nm/f* domestique *mf*
sisear *vi* dire « chut »

sistema *nm* système *m* ; **~ educativo** système éducatif

La réforme du système scolaire espagnol (**sistema educativo**) date de la fin des années 1990. Les cycles EGB, BUP et COU ont été remplacés respectivement par la *Primaria*, cycle obligatoire de 6 ans, la *Secundaria*, cycle obligatoire de 4 ans, et le *Bachillerato*, cycle facultatif de 2 ans dans le secondaire, indispensable à la poursuite d'études supérieures.

sistemático, -a *adj* systématique
sitiar *vt* assiéger
sitio *nm* endroit *m* ; (*espacio*) place *f* ; (*Mil*) siège *m* ; **~ web** site *m* Web
situación *nf* situation *f*
situado, -a *adj* situé(e)
situar *vt* situer ; (*socioeconómicamente*) placer ; **situarse** *vpr* se situer ; (*socioeconómicamente*) avoir une bonne situation
slip (*pl* **slips**) *nm* slip *m*
SME *sigla m* (= *Sistema Monetario Europeo*) SME *m* (= *Système monétaire européen*)
smoking (*pl* **smokings**) *nm* smoking *m*
SMS *nm abr* (= *Short Message Service*) SMS *m*, texto® *m*
snob *nm* = **esnob**
SO *abr* (= *suroeste*) S.-O. (= *sud-ouest*)
sobaco *nm* aisselle *f*
sobar *vt* tripoter ▸ *vi* (*fam*) pioncer
soberanía *nf* souveraineté *f*
soberano, -a *adj* souverain(e) ▸ *nm/f* souverain(e)
soberbia *nf* superbe *f*, orgueil *m*
soberbio, -a *adj* (*persona*) orgueilleux(-euse) ; (*palacio, ejemplar*) superbe
sobornar *vt* acheter, soudoyer • **soborno** *nm* (*un soborno*) pot-de-vin *m* ; (*el soborno*) corruption *f*
sobra *nf* excès *msg* ; **sobras** *nfpl* (*restos*) restes *mpl* ; **de ~** en trop ; **tengo de ~** j'en ai plus qu'assez • **sobrante** *adj* restant(e) ▸ *nm* restant *m*
sobrar *vi* (*quedar*) rester
sobre *prep* sur ; (*por encima de*) au-dessus de ; (*aproximadamente*) environ ▸ *nm* enveloppe *f* ; **~ todo** surtout
sobredosis *nf inv* overdose *f*
sobreentender *vt* sous-entendre ; **sobreentenderse** *vpr*: **se sobreentiende (que)** il est sous-entendu (que)
sobrehumano, -a *adj* surhumain(e)
sobrellevar *vt* supporter
sobremesa *nf*: **de ~** (*ordenador*) de bureau ; (*programación*) de l'après-midi ; **en la ~** après manger
sobrenatural *adj* surnaturel(le)
sobrentender *vt* = **sobreentender**
sobrepasar *vt* dépasser
sobreponer *vt* superposer ; **sobreponerse** *vpr*: **sobreponerse a algo** surmonter qch
sobresaliente *adj* excellent(e) ▸ *nm* (*Escol*) ≈ mention *f* « très bien »

sobresalir *vi* (*punta*) saillir ; (*cabeza*) dépasser ; (*fig*) se distinguer
sobresaltar *vt* faire sursauter ; **sobresaltarse** *vpr* sursauter
sobrevenir *vi* survenir
sobreviviente *adj, nmf* survivant(e)
sobrevolar *vt* survoler
sobriedad *nf* sobriété *f*
sobrino, -a *nm/f* neveu (nièce)
sobrio, -a *adj* sobre
socarrón, -ona *adj* narquois(e)
socavar *vt* saper
socavón *nm* (*en calle*) trou *m*
sociable *adj* sociable
social *adj* social(e)
socialdemócrata *adj, nmf* social-démocrate *mf*
socialista *adj, nmf* socialiste *mf*
sociedad *nf* société *f* ; **~ anónima** (*Com*) société anonyme
socio, -a *nm/f* membre *m* ; (*Com*) associé(e)
sociología *nf* sociologie *f*
sociólogo, -a *nm/f* sociologue *mf*
socorrer *vt* secourir • **socorrista** *nmf* secouriste *mf* • **socorro** *nm* secours *msg* ; (*Mil*) secours *mpl* ; **¡~!** au secours !
soda *nf* soda *m*
sofá *nm* canapé *m* • **sofá-cama** *nm* canapé-lit *m*
sofocar *vt* suffoquer, étouffer ; (*incendio, rebelión*) étouffer ; **sofocarse** *vpr* étouffer ; (*fig*) s'énerver • **sofoco** *nm* suffocation *f*
soga *nf* cordage *m*
sois *vb ver* **ser**
soja *nf* soja *m*
sol *nm* soleil *m* ; **hace ~** il fait soleil ; **tomar el ~** prendre le soleil
solamente *adv* seulement
solapa *nf* (*de chaqueta*) revers *msg* ; (*de libro*) rabat *m*
solar *adj* solaire ▸ *nm* terrain *m* vague
solaz *nm* distraction *f*
solazarse *vpr* se distraire
soldado *nm* soldat *m* ; **~ raso** simple soldat
soldador, a *nm/f* soudeur(-euse) ▸ *nm* fer *m* à souder
soldar *vt* souder
soleado, -a *adj* ensoleillé(e)
soledad *nf* solitude *f*
solemne *adj* solennel(le) • **solemnidad** *nf* solennité *f*
soler *vi* : **~ hacer algo** avoir l'habitude de faire qch ; **suele salir a las ocho** d'ordinaire, il sort à 8 heures ; **solíamos ir todos los años** nous y allions tous les ans
solicitar *vt* solliciter
solicitud *nf* demande *f*
solidaridad *nf* solidarité *f*
solidario, -a *adj* solidaire
solidez *nf* solidité *f*
sólido, -a *adj* solide
soliloquio *nm* soliloque *m*
solista *nmf* soliste *mf*
solitario, -a *adj, nm/f* solitaire *mf* ▸ *nm* (*Naipes*) réussite *f*
sollozar *vi* sangloter • **sollozo** *nm* sanglot *m*
solo, -a *adj* (*único*) seul(e) (et unique) ; (*sin compañía*) seul(e) ▸ *adv* seulement ; **hay una sola dificultad** il y a une seule difficulté ; **a solas** tout(e) seul(e) ; (*dos personas*) seul(e) à seul(e)

sólo *adv* seulement
solomillo *nm* aloyau *m*
soltar *vt* lâcher ; (*preso*) relâcher ; (*pelo*) détacher ; (*nudo*) défaire ; (*estornudo, carcajada*) laisser échapper ; **soltarse** *vpr* se détacher ; (*adquirir destreza*) se débrouiller
soltero, -a *adj, nm/f* célibataire *mf*
solterón, -ona *nm/f* vieux garçon (vieille fille)
soltura *nf* (*al hablar, escribir*) aisance *f* ; (*agilidad*) adresse *f*
soluble *adj* soluble
solución *nf* solution *f* • **solucionar** *vt* résoudre
solventar *vt* (*deudas*) régler ; (*conflicto*) résoudre
solvente *adj* (*Com*) solvable
sombra *nf* ombre *f* ; **tener buena/mala ~** (*suerte*) avoir de la/pas de chance
sombrero *nm* chapeau *m*
sombrilla *nf* ombrelle *f* ; (*de playa*) parasol *m*
sombrío, -a *adj* sombre
somero, -a *adj* sommaire
someter *vt* soumettre ; **someterse** *vpr* se soumettre ; **~ algo/a algn a** soumettre qch/qn à ; **someterse a** (*mayoría, opinión*) se soumettre à ; (*tratamiento*) subir
somnífero *nm* somnifère *m*
somnolencia *nf* somnolence *f*
somos *vb ver* **ser**
son *vb ver* **ser** ▸ *nm* son *m* ; **en ~ de paz** en signe de paix
sonajero *nm* hochet *m*
sonámbulo, -a *adj, nm/f* somnambule *mf*
sonar *vi* sonner ; (*música, voz*) retentir ; (*Ling*) être prononcé(e) ; (*resultar conocido*) dire qch ; **sonarse** *vpr*: **sonarse (la nariz)** se moucher ; **me suena ese nombre/esa cara** ce nom/ce visage me dit quelque chose
sonda *nf* sonde *f*
sondear *vt* (*Med*) examiner à la sonde • **sondeo** *nm* sondage *m* ; (*Med*) examen *m* à la sonde
sonido *nm* son *m*
sonoro, -a *adj* sonore
sonreír *vi* sourire ; **sonreírse** *vpr* sourire • **sonriente** *adj* souriant(e) • **sonrisa** *nf* sourire *m*
sonrojar *vt* faire rougir ; **sonrojarse** *vpr* rougir
soñar *vt, vi* rêver ; **~ con algn/algo** rêver de qn/qch
soñoliento, -a *adj* somnolent(e)
sopa *nf* soupe *f*
sopesar *vt* peser
soplar *vt* souffler ▸ *vi* souffler • **soplo** *nm* souffle *m*
sopor *nm* somnolence *f*
soporífero, -a *adj* soporifique
soportar *vt* supporter • **soporte** *nm* support *m*
soprano *nmf* soprano *mf*
sorber *vt* (*sopa*) boire en aspirant ; (*refresco*) siroter ; (*absorber*) absorber
sorbo *nm* gorgée *f*
sordera *nf* surdité *f*
sórdido, -a *adj* sordide
sordo, -a *adj, nm/f* sourd(e)
sordomudo, -a *adj, nm/f* sourd-muet (sourde-muette)
soroche (*AM*) *nm* mal *m* des montagnes

sorprendente *adj* surprenant(e)
sorprender *vt* surprendre ; **sorprenderse** *vpr*: **sorprenderse (de)** être surpris(e) (de) • **sorpresa** *nf* surprise *f*
sortear *vt* tirer (au sort) ; (*dificultad*) déjouer • **sorteo** *nm* tirage *m* (au sort)
sortija *nf* bague *f*
sosegado, -a *adj* paisible
sosegar *vt* apaiser ; **sosegarse** *vpr* s'apaiser • **sosiego** *vb ver* **sosegar** ▸ *nm* calme *m*
soslayo : **de ~** *adv* (*mirar*) du coin de l'œil ; (*pasar*) sans s'arrêter
soso, -a *adj* insipide
sospecha *nf* soupçon *m* • **sospechar** *vt*: **~ (que)** soupçonner (que) ▸ *vi*: **~ de algn** soupçonner qn
sospechoso, -a *adj*, *nm/f* suspect(e)
sostén *nm* soutien *m*
sostener *vt* soutenir ; (*alimentar*) faire vivre ; **sostenerse** *vpr* (*en pie*) se tenir ; (*económicamente*) survivre ; (*seguir*) se maintenir
sotana *nf* soutane *f*
sótano *nm* sous-sol *m*
soviético, -a *adj* soviétique ▸ *nm/f* Soviétique *mf*
soy *vb ver* **ser**
Sr. *abr* (= *Señor*) M (= *Monsieur*)
Sra. *abr* (= *Señora*) Mme (= *Madame*)
S.R.C. *abr* (= *se ruega contestación*) RSVP (= *répondez s'il vous plaît*)
Sres. *abr* (= *Señores*) MM. (= *Messieurs*)
Srta. *abr* (= *Señorita*) Mlle (= *Mademoiselle*)
Sta. *abr* (= *Santa*) Ste (= *Sainte*)
status *nm inv* statut *m*
Sto. *abr* (= *Santo*) St (= *Saint*)
su *adj* (*de él, ella, una cosa*) son (sa) ; (*de ellos, ellas*) leur ; (*de usted, ustedes*) votre ; **sus** (*de él, ella, una cosa*) ses ; (*de ellos, ellas*) leurs ; (*de usted, ustedes*) vos
suave *adj* doux (douce) • **suavidad** *nf* douceur *f* • **suavizar** *vt* adoucir ; **suavizarse** *vpr* s'adoucir
subalimentado, -a *adj* sous-alimenté(e)
subasta *nf* vente *f* aux enchères ; (*de obras, servicios*) appel *m* d'offres • **subastar** *vt* vendre aux enchères
subcampeón, -ona *nm/f* second(e)
subconsciente *adj* subconscient(e) ▸ *nm* subconscient *m*
subdesarrollado, -a *adj* sous-développé(e)
subdesarrollo *nm* sous-développement *m*
subdirector, a *nm/f* sous-directeur(-trice)
súbdito, -a *nm/f* sujet(te)
subestimar *vt* sous-estimer
subida *nf* montée *f*
subir *vt* (*mueble, niño*) soulever ; (*cabeza*) lever ; (*volumen*) augmenter ; (*calle*) remonter ; (*montaña, escalera*) monter, gravir ; (*precio*) augmenter ; (*producto*) augmenter le prix de ▸ *vi* monter ; (*precio, temperatura, calidad*) augmenter ; **subirse** *vpr*: **subirse a** monter dans
súbito, -a *adj* subit(e), soudain(e)
subjetivo, -a *adj* subjectif(-ive)

subjuntivo *nm* subjonctif *m*
sublevación *nf* soulèvement *m*
sublevar *vt* soulever ; **sublevarse** *vpr* se soulever
sublime *adj* sublime
submarinismo *nm* plongée *f* sous-marine
submarino, -a *adj* sous-marin(e) ▶ *nm* sous-marin *m*
subnormal *adj* anormal(e) ▶ *nmf* handicapé(e) mental(e)
subordinado, -a *adj, nm/f* subordonné(e)
subrayar *vt* souligner
subsanar *vt* (*error, falta*) réparer ; (*problema*) résoudre
subscribir *vt* = **suscribir**
subsidio *nm* (*de enfermedad, paro etc*) allocation *f*
subsistencia *nf* subsistance *f*
subsistir *vi* subsister
subterráneo, -a *adj* souterrain(e) ▶ *nm* souterrain *m*
subtítulo *nm* sous-titre *m*
suburbano, -a *adj* de banlieue ▶ *nm* train *m* de banlieue
suburbio *nm* banlieue *f*
subvención *nf* subvention *f*
subvencionar *vt* subventionner
subversión *nf* subversion *f*
subversivo, -a *adj* subversif(-ive)
subyugar *vt* opprimer
sucedáneo *nm* ersatz *m*, succédané *m*
suceder *vi* se passer ; **~ a** succéder à ; **lo que sucede es que …** ce que se passe, c'est que … • **sucesión** *nf* succession *f*
sucesivamente *adv*: **y así ~** et ainsi de suite
sucesivo, -a *adj* successif(-ive) ; **en lo ~** à l'avenir
suceso *nm* événement *m*
suciedad *nf* saleté *f*
sucinto, -a *adj* succinct(e)
sucio, -a *adj* sale ; (*negocio*) malhonnête
suculento, -a *adj* succulent(e)
sucumbir *vi* succomber
sucursal *nf* succursale *f*
Sudáfrica *nf* Afrique *f* du Sud
Sudamérica *nf* Amérique *f* du Sud • **sudamericano, -a** *adj* sud-américain(e) ▶ *nm/f* Sud-Américain(e)
sudar *vi* suer, transpirer
sudeste *adj* sud-est *inv* ▶ *nm* sud-est *m*
sudoeste *adj* sud-ouest *inv* ▶ *nm* sud-ouest *m*
sudor *nm* sueur *f*, transpiration *f*
Suecia *nf* Suède *f*
sueco, -a *adj* suédois(e) ▶ *nm/f* Suédois(e)
suegro, -a *nm/f* beau-père (belle-mère)
suela *nf* semelle *f*
sueldo *vb ver* **soldar** ▶ *nm* salaire *m*
suelo *vb ver* **soler** ▶ *nm* sol *m* ; **caerse al ~** tomber par terre
suelto, -a *vb ver* **soltar** ▶ *adj* (*hojas*) volant(e) ; (*pelo, pieza*) détaché(e) ; (*preso*) libéré(e) ; (*por separado: ejemplar*) séparé(e) ▶ *nm* monnaie *f* ; **dinero ~** (petite) monnaie
sueño *vb ver* **soñar** ▶ *nm* sommeil *m* ; (*lo soñado, fig*) rêve *m* ; **descabezar** *o* **echarse un ~** faire un somme ; **tener ~** avoir sommeil

suero *nm* (*Med*) sérum *m* ; (*de leche*) petit-lait *m*
suerte *nf* (*fortuna*) chance *f* ; (*azar*) hasard *m* ; (*destino*) destin *m* ; **lo echaron a ~s** ils ont tiré au sort ; **tener ~** avoir de la chance ; **tener mala ~** ne pas avoir de chance
suéter (*pl* **suéters**) *nm* pull *m*
suficiente *adj* suffisant(e)
sufrimiento *nm* souffrance *f*
sufrir *vt* souffrir de ; (*malos tratos, cambios*) subir ; (*soportar*) supporter ▶ *vi* souffrir
sugerencia *nf* suggestion *f*
sugerir *vt* suggérer
sugestión *nf* suggestion *f* • **sugestionar** *vt* influencer ; **sugestionarse** *vpr* se faire des idées
sugestivo, -a *adj* suggestif(-ive) ; (*idea*) séduisant(e)
suicida *adj* suicidaire ▶ *nmf* (*que se mata*) suicidé(e) • **suicidarse** *vpr* se suicider • **suicidio** *nm* suicide *m*
Suiza *nf* Suisse *f*
suizo, -a *adj* suisse ▶ *nm/f* Suisse *mf*
sujeción *nf* assujettissement *m*
sujetador *nm* soutien-gorge *m*
sujetar *vt* attacher ; **sujetarse** *vpr* s'attacher ; (*someterse*) se soumettre
sujeto, -a *adj* attaché(e) ▶ *nm* sujet(te) ; **~ a cambios** susceptible d'être modifié
suma *nf* somme *f* ; (*operación*) addition *f* ; **en ~** en somme
sumamente *adv*: **~ agradecido/necesario** extrêmement reconnaissant/absolument nécessaire
sumar *vt* additionner ▶ *vi* faire une addition ; **sumarse** *vpr*: **sumarse (a)** (*agregarse*) s'ajouter (à) ; (*adherirse*) se joindre (à), s'additionner (à)
sumario, -a *adj* sommaire ▶ *nm* (*Jur*) instruction *f*
sumergir *vt* submerger ; **sumergirse** *vpr* plonger
suministrar *vt* fournir • **suministro** *nm* approvisionnement *m* ; **suministros** *nmpl* (*provisiones*) provisions *fpl*
sumir *vt* submerger ; (*fig*) plonger ; **sumirse** *vpr*: **sumirse en** se plonger dans
sumisión *nf* soumission *f*
sumiso, -a *adj* soumis(e)
sumo, -a *adj* (*cuidado*) extrême ; (*grado*) supérieur(e)
suntuoso, -a *adj* somptueux(-euse)
supe *etc vb ver* **saber**
supeditar *vt*: **~ algo a algo** faire passer qch avant qch ; **supeditarse** *vpr*: **supeditarse a** se plier à
súper (*fam*) *adv* super ▶ *adj inv* super- ; **super caro** hyper cher ; **super oferta** offre *f* exceptionnelle
super... *pref* super... ; (*fam*: + *adjetivo*) hyper ; (: + *adverbio*) super-
superar *vt* surpasser ; (*crisis, prueba*) surmonter ; **superarse** *vpr* se surpasser
superávit (*pl* **superávits**) *nm* (*Econ*) excédent *m*
superficial *adj* superficiel(le)
superficie *nf* surface *f* ; (*área*) superficie *f*

superfluo, -a *adj* superflu(e)
superior *adj, nmf* supérieur(e) • **superioridad** *nf* supériorité *f*
supermercado *nm* supermarché *m*
superponer *vt* superposer
supersónico, -a *adj* supersonique
superstición *nf* superstition *f*
supersticioso, -a *adj* superstitieux(-euse)
supervisar *vt* superviser
supervivencia *nf* survie *f*
superviviente *adj, nmf* survivant(e)
suplantar *vt* supplanter
suplemento *nm* supplément *m*
suplente *adj* remplaçant(e) ▶ *nmf* remplaçant(e) ; (*actor*) doublure *f*
supletorio, -a *adj* supplémentaire ▶ *nm* (*tb*: **teléfono supletorio**) second poste *m*
súplica *nf* supplication *f*; (*Jur*) requête *f*
suplicar *vt* supplier
suplicio *nm* supplice *m*
suplir *vt* suppléer ; (*objeto*) remplacer
supo *etc vb ver* **saber**
suponer *vt* supposer • **suposición** *nf* supposition *f*
supremacía *nf* suprématie *f*
supremo, -a *adj* suprême
supresión *nf* suppression *f*
suprimir *vt* supprimer
supuesto, -a *pp de* **suponer** ▶ *adj* supposé(e) ▶ *nm* supposition *f*; **¡por ~!** évidemment !
sur *adj* sud ▶ *nm* Sud *m*
surcar *vt* sillonner • **surco** *nm* sillon *m*
surgir *vi* surgir
surtido, -a *adj* (*galletas*) assorti(e) ▶ *nm* assortiment *m*
surtir *vt* fournir ; (*efecto*) produire
susceptible *adj* susceptible ; **~ de** susceptible de
suscitar *vt* susciter
suscribir *vt* (*firmar*) souscrire ; (*respaldar*) approuver ; **suscribirse** *vpr*: **suscribirse (a)** souscrire (à) ; (*a periódico etc*) s'abonner (à) • **suscripción** *nf* souscription *f*; (*a periódico etc*) abonnement *m*
susodicho, -a *adj* susdit(e), susmentionné(e)
suspender *vt* suspendre ; (*Escol*) recaler ▶ *vi* (*Escol*) échouer, être recalé(e) • **suspensión** *nf* suspension *f*; (*de empleo, garantías*) suppression *f*
suspenso, -a *adj* (*alumno*) recalé(e) ▶ *nm* (*Escol*) échec *m* ; **quedar** *o* **estar en ~** rester en suspens ; **tengo dos ~s** je n'ai pas eu la moyenne dans deux matières
suspicacia *nf* suspicion *f* • **suspicaz** *adj* suspicieux(-euse)
suspirar *vi* soupirer • **suspiro** *nm* soupir *m*
sustancia *nf* substance *f*
sustentar *vt* (*familia*) faire vivre ; (*idea, moral*) soutenir • **sustento** *nm* (*alimento*) subsistance *f*
sustituir *vt* substituer ; (*temporalmente*) remplacer ; **~ A por B** substituer B à A, remplacer A par B
susto *nm* peur *f*

sustraer *vt* subtiliser ; (*Mat*) soustraire

susurrar *vi* chuchoter • **susurro** *nm* chuchotement *m*

sutil *adj* subtil(e) • **sutileza** *nf* subtilité *f*

suyo, -a *adj* (*de él, ella*) son (sa) ; (*de ellos, ellas*) leur ; (*de usted, ustedes*) votre ▸ *pron*: **el ~/la suya** (*de él, ella*) le sien (la sienne) ; (*de ellos, ellas*) le (la) leur ; (*de usted, ustedes*) le (la) vôtre

t

Tabacalera *nf* ≈ SEITA *f*

tabaco *nm* tabac *m*

taberna *nf* taverne *f*

tabique *nm* cloison *f*

tabla *nf* (*de madera*) planche *f* ; (*de falda*) pli *m* ; (*Arte*) panneau *m* ; **tablas** *nfpl* (*Teatro*) planches *fpl* • **tablado** *nm* plancher *m*, estrade *f* ; (*Teatro*) scène *f*

tablao *nm* (*tb*: **tablao flamenco**) *bar où l'on donne des représentations de flamenco*

tablero *nm* planche *f* ; (*de ajedrez, damas*) damier *m* ; **~ de anuncios** panneau *m* d'affichage ; **~ de mandos** (*Auto, Aviat*) tableau de bord

tablet *nf* (*Inform*) tablette *f*

tableta *nf* (*Med*) comprimé *m* ; (*de chocolate*) tablette *f* ; (*Inform*) tablette *f*

tablón *nm* (*de suelo*) planche *f* ; **~ de anuncios** panneau *m* d'affichage

tabú *nm* tabou *m*

tabular *vt* (*Tip*) fixer les marges de

taburete *nm* tabouret *m*

tacaño, -a *adj* radin(e)
tacha *nf* défaut *m* ; (*Tec*) clou *m* (à grosse tête), broquette *f* • **tachar** *vt* rayer ; **le tachan de irresponsable** ils l'accusent d'être irresponsable
tácito, -a *adj* tacite
taciturno, -a *adj* taciturne, morose
taco *nm* (*tarugo*) cheville *f* ; (*libro de entradas*) carnet *m* ; (*AM*: *tacón*) talon *m* ; (*tb*: **taco de billar**) queue *f* ; (*fam*: *palabrota*) gros mot *m* ; (*CAm, Méx*) *crêpe de maïs fourrée*
tacón *nm* talon *m* ; **de ~ alto** à talons hauts • **taconeo** *nm* bruit *m* des talons sur le sol
táctica *nf* tactique *f*
táctico, -a *adj* tactique
táctil *adj* tactile
tacto *nm* toucher *m* ; (*fig*) tact *m*
taimado, -a *adj* rusé(e)
tajada *nf* tranche *f*
tajante *adj* catégorique ; (*persona*) abrupt(e)
tajo *nm* (*corte*) coupure *f* ; (*Geo*) gorge *f*
tal *adj* tel (telle) ; (*semejante*) un(e) tel (telle), pareil(le) ▶ *pron* (*persona*) un(e) tel (telle) ; (*cosa*) une telle chose ▶ *adv*: **~ como** (*igual*) tel (telle) que ▶ *conj*: **con ~ (de) que** pourvu que, du moment que ; **~ día a ~ hora** tel jour à telle heure ; **jamás vi ~ desvergüenza** je n'ai jamais vu une telle effronterie *o* une effronterie pareille ; **~es cosas** de telles choses ; **el ~ cura** le curé en question ; **un ~ García** un certain García ; **~es como** tels (telles) que ; **son ~ para cual** les deux font la paire ; **hablábamos de que si ~ que si cual** nous parlions de choses et d'autres ; **fuimos al cine y ~** nous avons été au ciné et tout ça ; **~ cual** (*como es*) tel (telle) quel (quelle) ; **~ como lo dejé** tel que je l'ai laissé ; **¿qué ~?** ça va ? ; **¿qué ~ has comido?** tu as bien mangé ? ; **con ~ de llamar la atención** du moment qu'il *etc* attire l'attention
taladrar *vt* percer • **taladro** *nm* perceuse *f* ; (*hoyo*) trou *m* (fait à la perceuse)
talante *nm* humeur *f*
talar *vt* abattre
talco *nm* (*tb*: **polvos de talco**) talc *m*
talego *nm* sac *m* ; (*fam*) taule *f*
talento *nm* talent *m* ; (*capacidad, don*) don *m*
Talgo *sigla m* (*Ferro*: = *tren articulado ligero Goicoechea-Oriol*) *train rapide*
talismán *nm* talisman *m*
talla *nf* taille *f* ; (*fig*) envergure *f* ; (*figura*) sculpture *f*
tallado, -a *adj* taillé(e), sculpté(e) ▶ *nm* sculpture *f*
tallar *vt* tailler, sculpter ; (*medir*) toiser
tallarines *nmpl* tagliatelles *fpl*
talle *nm* taille *f*
taller *nm* atelier *m*
tallo *nm* (*de planta*) tige *f* ; (*de hierba*) brin *m*
talón *nm* talon *m* ; (*Com*) chèque *m*
talonario *nm* carnet *m* ; (*de cheques*) carnet de chèques
tamaño, -a *adj* pareil(le) ▶ *nm* taille *f* ; **de ~ natural** grandeur *f*

nature ; **de ~ grande/pequeño** de grande/petite taille

tamarindo *nm* tamarinier *m*

tambalearse *vpr* chanceler ; (*vehículo*) bringuebaler

también *adv* aussi ; (*además*) de plus

tambor *nm* tambour *m* ; (*Anat*) tympan *m* ; **~ del freno/de lavadora** tambour de frein/de machine à laver

tamiz *nm* tamis *msg* • **tamizar** *vt* tamiser

tampoco *adv* non plus ; **yo ~ lo compré** je ne l'ai pas acheté non plus

tampón *nm* tampon *m*

tan *adv* si ; **~ ... como** aussi ... que ; **¡qué cosa ~ rara!** comme c'est bizarre ! ; **no es una idea ~ buena** ce n'est pas une si bonne idée

tanda *nf* série *f* ; (*de personas*) groupe *m*

tangente *nf* tangente *f*

Tánger *n* Tanger

tangible *adj* tangible

tanque *nm* (*Mil*) char *m* d'assaut ; (*depósito: Auto*) citerne *f* ; (*: Náut*) tanker *m* ; (*: de agua*) réservoir *m*

tantear *vt* jauger ; (*probar*) essayer ▸ *vi* (*Deporte*) compter les points • **tanteo** *nm* (*cálculo*) calcul *m* approximatif ; (*prueba*) essai *m* ; (*Deporte*) score *m*

tanto, -a *adj* (*cantidad*) tant de, tellement de ; (*en comparaciones*) autant de ▸ *adv* tant, autant ; (*tiempo*) si longtemps ▸ *nm* (*suma*) quantité *f* ; (*proporción*) tant *m* ; (*punto*) point *m* ; (*gol*) but *m* ▸ *pron*: **cada uno paga ~** chacun paie tant ▸ *suf*: **veintitantos** vingt et quelques ; **tiene ~s amigos** il a tellement *o* tant d'amis ; **~ dinero como tú** autant d'argent que toi ; **~ gusto** (*al ser presentado*) enchanté(e) ; **~ que** tellement que ; **~ como él** autant que lui ; **~ como eso** pas tant que ça ; **~ es así que ...** à tel point que ... ; **~ más cuanto que ...** d'autant plus que ... ; **~ mejor/peor** tant mieux/pis ; **~ quejarse para nada** tant de plaintes pour rien ; **~ tú como yo** toi autant que moi ; **me he vuelto ronco de *o* con ~ hablar** je me suis enroué à force de parler ; **no quiero ~** je n'en veux pas autant ; **gasta ~ que ...** il dépense tellement que ... ; **viene ~** il vient si souvent ; **ni ~ así** (*fam*) pas une miette ; **ni ~ ni tan clavo** n'exagérons rien ; **¡no es para ~!** ce n'est pas si grave ! ; **¡y ~!** et comment ! ; **en ~ que** pendant que ; **entre ~** entre-temps ; **por ~, por lo ~** donc, par conséquent ; **~ alzado** forfait *m* ; **~ por ciento** tant pour cent ; **estar al ~** être au courant ; **estar al ~ de los acontecimientos** être au courant des événements ; **un ~ perezoso** un rien paresseux ; **uno de ~s** un parmi d'autres ; **he visto ~** j'en ai tellement vu ; **a ~s de agosto** tel jour *o* telle date en août ; **cuarenta y ~s** quarante et quelques ; **se quedó en el bar hasta las tantas** il est resté dans le bar jusqu'à pas d'une heure

tapa *nf* couvercle *m* ; (*de libro*) couverture *f* ; (*comida*) amuse-gueule *m inv*, tapa *f*

tapadera *nf* couvercle *m*

tapar *vt* couvrir ; (*hueco, ventana*) fermer, boucher ; (*ocultar*) dissimuler ; (*vista*) boucher ; (*AM: dientes*) plomber ; **taparse** *vpr* se couvrir

tapete *nm* tapis *msg*

tapia *nf* mur *m* (de clôture)
• **tapiar** *vt* murer

tapicería *nf* (*para muebles*) tissu *m* d'ameublement ; (*para coches*) garniture *f*

tapiz *nm* tapisserie *f* • **tapizar** *vt* (*muebles*) recouvrir

tapón *nm* bouchon *m* ; (*Tec*) bonde *f* ; (*Med: de cera*) bouchon de cire ; **~ de rosca** *o* **de tuerca** bouchon à vis

taquigrafía *nf* sténographie *f*

taquígrafo, -a *nm/f* sténo *mf*

taquilla *nf* guichet *m* ; (*suma recogida*) recette *f*

taquillero, -a *adj*: **función taquillera** spectacle *m* qui fait recette ▸ *nm/f* guichetier(-ière)

tara *nf* tare *f*

tarántula *nf* tarentule *f*

tararear *vt* fredonner

tardar *vi* (*tomar tiempo*) mettre longtemps, tarder ; (*llegar tarde*) être en retard ; **¿tarda mucho el tren?** le train arrive bientôt ? ; **a más ~** au plus tard ; **~ en hacer algo** mettre longtemps *o* tarder à faire qch ; **no tardes en venir** ne t'attarde pas

tarde *adv* tard ▸ *nf* (*de día*) après-midi *m inv o f inv* ; (*de noche*) soir *m* ; **de ~ en ~** de temps en temps ; **¡buenas ~s!** (*de día*) bonjour ! ; (*de noche*) bonsoir ! ; **a** *o* **por la ~** (*de día*) l'après-midi ; (*de noche*) le soir

tardío, -a *adj* tardif(-ive)

tarea *nf* travail *m*, tâche *f*

tarifa *nf* tarif *m*

tarima *nf* plate-forme *f*

tarjeta *nf* carte *f* ; (*Deporte*) carton *m* ; **~ de crédito/de débito** carte de crédit/Carte Bleue® ; **~ de embarque/de transporte** carte d'embarquement/de transport ; **~ de identificación fiscal** *carte d'immatriculation fiscale* ; **~ de teléfono** carte téléphonique ; **~ postal/de Navidad** carte postale/de Noël ; **~ prepago** carte prépayée ; **~ SIM** carte SIM ; **~ verde** (*Méx*) permis *m* de travail

tarro *nm* pot *m*

tarta *nf* gâteau *m* ; (*torta*) tarte *f*

tartamudear *vi* bégayer

tartamudo, -a *adj, nm/f* bègue *mf*

tártaro, -a *adj* tartare ▸ *nm/f* Tartare *mf*

tasa *nf* (*valoración*) évaluation *f* ; (*impuesto*) taxe *f* ; (*índice*) taux *msg* ; (*medida*) mesure *f*, règle *f* ; **~ de cambio/de interés** taux de change/d'intérêt • **tasación** *nf* taxation *f* ; (*valoración*) évaluation *f*

tasador, a *nm/f expert qui évalue le prix d'un bien*

tasar *vt* (*fijar el precio*) taxer ; (*valorar*) évaluer

tasca (*fam*) *nf* bistro(t) *m*

tatarabuelo, -a *nm/f* trisaïeul(e)

tatuaje *nm* tatouage *m*

tatuar *vt* tatouer

taurino, -a *adj* taurin(e)

Tauro *nm* (*Astrol*) Taureau *m* ; **ser ~** être Taureau

tauromaquia *nf* tauromachie *f*

taxi *nm* taxi *m*
taxista *nmf* chauffeur *m* de taxi
taza *nf* tasse *f*; (*fam: de retrete*) cuvette *f*; **~ de/para café** tasse de/à café • **tazón** *nm* bol *m*
TDAH *sigla m* (= *Transtorno por Déficit de Atención por Hiperactividad*) TDAH *m* (= *trouble du déficit de l'attention avec hyperactivité*)
te *pron* te; (*delante de vocal*) t'; (*con imperativo*) toi; **¿te duele mucho el brazo?** ton bras te fait très mal?, tu as très mal au bras?; **te equivocas** tu te trompes; **¡cálmate!** calme-toi!
té *nm* thé *m*
teatral *adj* théâtral(e)
teatro *nm* théâtre *m*; **~ de la ópera** opéra *m*
tebeo *nm* bande *f* dessinée, BD *f*
techo *nm* plafond *m*; (*tejado*) toit *m*
tecla *nf* (*Inform, Mús, Tip*) touche *f* • **teclado** *nm* clavier *m*; **~ inalámbrico** clavier sans fil • **teclear** *vi* (*Mús: fam*) pianoter; (*Inform, Tip*) taper
técnica *nf* technique *f*
técnico, -a *adj* technique ▸ *nm/f* technicien(ne)
tecnología *nf* technologie *f*
tecnológico, -a *adj* technologique
tedio *nm* ennui *m*
tedioso, -a *adj* ennuyeux(-euse)
teja *nf* tuile *f* • **tejado** *nm* toit *m*
tejemaneje *nm* (*intriga*) manigances *fpl*
tejer *vt* tisser; (*fig*) ourdir • **tejido** *nm* tissu *m*
tel. *abr* (= *teléfono*) tél. (= *téléphone*)
tela *nf* tissu *m*; (*cuadro, lienzo*) toile *f*; **~ de araña** toile d'araignée • **telar** *nm* (*máquina*) métier *m* à tisser; **telares** *nmpl* (*fábrica*) usine *f* textile
telaraña *nf* toile *f* d'araignée
tele (*fam*) *nf* télé *f*
tele... *pref* télé... • **telebasura** (*fam*) *nf* télé-poubelle *f* • **teleco** (*fam*) *nmf* (*ingeniero*) ingénieur *mf* télécoms ▸ *nf* (*empresa*) entreprise *f* de télécoms • **telecomunicación** *nf* télécommunication *f* • **telecontrol** *nm* télécommande *f* • **telediario** *nm* journal *m* télévisé • **teledifusión** *nf* télédiffusion *f* • **teledirigido, -a** *adj* téléguidé(e)
teléf. *abr* (= *teléfono*) tél. (= *téléphone*)
teleférico *nm* téléphérique *m*
telefonear *vt* téléphoner à ▸ *vi* téléphoner
telefónico, -a *adj* téléphonique
telefonillo *nm* interphone *m*
telefonista *nmf* standardiste *mf*
teléfono *nm* téléphone *m*; **está hablando por ~** il est au téléphone; **~ inalámbrico/rojo** téléphone sans fil/rouge; **~ móvil** (téléphone) portable *m*
telegrafía *nf* télégraphie *f*
telégrafo *nm* télégraphe *m*
telegrama *nm* télégramme *m*
telenovela *nf* feuilleton *m* télévisé
teleobjetivo *nm* téléobjectif *m*
telepatía *nf* télépathie *f*
telerrealidad *nf* téléréalité *f*
telescópico, -a *adj* télescopique
telescopio *nm* télescope *m*

telesilla *nm* télésiège *m*
telespectador, a *nm/f* téléspectateur(-trice)
telesquí *nm* téléski *m*
teletienda *nf* télé-achat *m*
teletipo *nm* téléimprimeur *m*
teletrabajo *nm* télétravail *m*
televenta *nf* télévente *f*
televidente *nmf* téléspectateur(-trice)
televisar *vt* téléviser
televisión *nf* télévision *f*; **~ digital** télévision numérique
televisor *nm* téléviseur *m*
télex *nm* télex *m*
telón *nm* rideau *m* ; **~ de acero** rideau de fer ; **~ de fondo** toile *f* de fond
tema *nm* thème *m*, sujet *m* ; (*Mús*) thème
temática *nf* thématique *f*
temático, -a *adj* thématique
temblar *vi* trembler • **temblor** *nm* tremblement *m* ; **~ de tierra** tremblement de terre • **tembloroso, -a** *adj* tremblant(e)
temer *vt* craindre, avoir peur de ▸ *vi* avoir peur ; **temo que Juan llegue tarde** je crains que Juan n'arrive tard ; **~ por** avoir peur pour
temerario, -a *adj* téméraire • **temeridad** *nf* témérité *f*; (*una temeridad*) acte *m* téméraire
temeroso, -a *adj* craintif(-ive), peureux(-euse)
temible *adj* redoutable
temor *nm* crainte *f*, peur *f*
témpano *nm* (*tb*: **témpano de hielo**) plaque *f* de glace
temperamento *nm* tempérament *m*
temperatura *nf* température *f*
tempestad *nf* tempête *f*
tempestuoso, -a *adj* orageux(-euse)
templado, -a *adj* tempéré(e) ; (*en el comer, beber*) modéré(e) ; (*líquido, comida*) tiède ; (*nervios*) solide, bien trempé(e) • **templanza** *nf* tempérance *f*
templar *vt* tempérer, modérer ; (*agua, brisa*) tiédir ; (*Mús*) accorder ; (*acero*) tremper • **temple** *nm* (*serenidad*) sang-froid *m* ; (*Tec*) trempe *f*; (*Mús*) accord *m* ; (*pintura*) détrempe *f*
templo *nm* temple *m* ; (*iglesia*) église *f*
temporada *nf* période *f*; **de ~** (*trabajo*) saisonnier(-ière) ; (*fruta*) de saison
temporal *adj* temporaire ; (*Rel*) temporel(le) ▸ *nm* tempête *f*
tempranero, -a *adj* (*Bot*) précoce ; (*persona*) matinal(e)
temprano, -a *adj* précoce ▸ *adv* tôt ; (*demasiado pronto*) trop tôt
ten *vb ver* **tener**
tenacidad *nf* ténacité *f*
tenacillas *nfpl* pincettes *fpl*
tenaz *adj* tenace
tenaza *nf*, **tenazas** *nfpl* pince(s) *f(pl)*
tendedero *nm* étendoir *m*, séchoir *m* à linge ; (*cuerda*) corde *f* à linge
tendencia *nf* tendance *f*
tendencioso, -a *adj* tendancieux(-euse)
tender *vt* étendre ; (*vía férrea, cable*) poser ; (*cuerda, trampa*) tendre ▸ *vi*: **~ a** tendre à ; **tenderse** *vpr* s'étendre,

s'allonger ; **~ la cama** (AM) faire le lit ; **~ la mesa** (AM) mettre la table ; **~ la mano** tendre la main

tenderete *nm* (*puesto*) étalage *m*

tendero, -a *nm/f* commerçant(e)

tendido, -a *adj* étendu(e), allongé(e) ; (*colgado*) accroché(e), pendu(e) ▸ *nm* (*Taur*) gradins *mpl* ; **a galope ~** au triple galop

tendón *nm* tendon *m*

tendré *etc vb ver* **tener**

tenebroso, -a *adj* sombre

tenedor, a *nm/f* détenteur(-trice) ▸ *nm* fourchette *f* ; **~ de libros** comptable *mf*

tenencia *nf* (*de propiedad*) possession *f*

tener

▸ *vt* **1** avoir ; (*sostener*) tenir ; **¿tienes un boli?** tu as un stylo ? ; **¿dónde tienes el libro?** où as-tu mis le livre ? ; **va a ~ un niño** elle va avoir un enfant ; **¡ten!, ¡aquí tienes!** tiens !, voilà ! ; **¡tenga!, ¡aquí tiene!** tenez !, voilà !

2 (*edad*) avoir ; (*medidas*) faire ; **tiene 7 años** il a 7 ans ; **tiene 15 cm de largo** cela fait 15 cm de long ; *ver tb* **calor**; **hambre** *etc*

3 (*sentimiento, dolor*) avoir ; **~ admiración/cariño** avoir de l'admiration/l'affection ; **~ miedo** avoir peur ; **¿qué tienes, estás enfermo?** qu'est-ce que tu as, tu es malade ?

4 (*considerar*): **lo tengo por brillante** je le considère comme quelqu'un de brillant ; **~ en mucho/poco a algn** avoir beaucoup/peu d'estime pour qn

5 : **~ que**: **tengo/tenemos que acabar este trabajo hoy** il faut que je finisse/nous finissions ce travail aujourd'hui

6 (+ *participio*): **tengo terminada ya la mitad del trabajo** j'ai déjà fait la moitié du travail

7 (+ *adj o* + *gerundio*): **nos tiene muy contentos/hartos** nous sommes très satisfaits de lui/ nous en avons assez de lui ; **me ha tenido tres horas esperando** il m'a fait attendre pendant trois heures

8 : **las tiene todas consigo** il a tout pour lui

▸**tenerse** *vpr* **1** : **tenerse en pie** se tenir debout

2 : **tenerse por** se croire ; **se tiene por muy listo** il se croit très intelligent

tenga *etc vb ver* **tener**

tenia *nf* ténia *m*

teniente *nmf* lieutenant *m*

tenis *nm* tennis *msg* ; **~ de mesa** tennis de table, ping-pong *m* • **tenista** *nmf* joueur(-euse) de tennis

tenor *nm* (*Mús*) ténor *m* ; **a ~ de** d'après

tensar *vt* tendre ; (*arco*) bander

tensión *nf* tension *f* ; **de alta ~** (*Elec*) haute tension ; **tener la ~ alta** avoir de la tension ; **~ arterial** tension artérielle

tenso, -a *adj* tendu(e)

tentación *nf* tentation *f*

tentáculo *nm* tentacule *m*

tentador, a *adj* tentant(e) ; (*gesto*) tentateur(-trice) ▸ *nm/f* tentateur(-trice)

tentar *vt* tenter ; (*palpar, Med*) tâter • **tentativa** *nf* tentative *f* ; **~ de asesinato** tentative d'assassinat
tentempié (*fam*) *nm* en-cas *m inv*
tenue *adj* (*hilo*) mince ; (*neblina*) léger(-ère)
teñir *vt* teindre ; (*fig*) teinter ; **teñirse** *vpr* se teindre
teología *nf* théologie *f*
teorema *nm* théorème *m*
teoría *nf* théorie *f* ; **en ~** théoriquement, en principe • **teóricamente** *adv* théoriquement • **teórico, -a** *adj* théorique ▸ *nm/f* théoricien(ne)
tequila *nf* tequila *f*
terapéutico, -a *adj* thérapeutique
terapia *nf* thérapie *f*
tercer *adj ver* **tercero**
tercermundista *adj* tiers-mondiste
tercero, -a (*antes de nmsg* **tercer**) *adj* troisième ▸ *nm* (*Jur*) tiers
terceto *nm* (*Mús*) trio *m*
terciar *vt* (*bolsa etc*) mettre en bandoulière ▸ *vi* intervenir ; **terciarse** *vpr* se présenter ; **si se tercia** à l'occasion
terciario, -a *adj* tertiaire
tercio *nm* tiers *msg*
terciopelo *nm* velours *msg*
terco, -a *adj* têtu(e)
tergal® *nm* tergal® *m*
tergiversar *vt* déformer
termal *adj* thermal(e)
termas *nfpl* thermes *mpl*
terminación *nf* extrémité *f* ; (*finalización*) achèvement *m*
terminal *adj* terminal(e) ; (*enfermo*) en phase terminale ▸ *nm* (*Elec*) borne *f* ; (*Inform*) terminal *m* ▸ *nf* (*Aviat*) aérogare *f*, terminal *m* ; (*Ferro*) terminus *msg*
terminante *adj* catégorique ; (*decisión*) final(e) • **terminantemente** *adv* formellement
terminar *vt* finir, terminer ▸ *vi* finir ; **terminarse** *vpr* finir ; **~ por hacer algo** finir par faire qch
término *nm* terme *m*, fin *f* ; (*parada*) terminus *msg* ; (*límite: de espacio*) bout *m* ; (*palabra*) terme *m* ; **términos** *nmpl* (*Com*) termes *mpl* ; **~ medio** juste milieu *m* ; **en ~s de** en termes de
terminología *nf* terminologie *f*
termo® *nm* thermos® *m o f*
termodinámico, -a *adj* thermodynamique
termómetro *nm* thermomètre *m*
termonuclear *adj* thermonucléaire
termostato *nm* thermostat *m*
ternero, -a *nm/f* veau (génisse)
ternura *nf* tendresse *f*
terquedad *nf* entêtement *m*
terrado *nm* terrasse *f*
terraplén *nm* terre-plein *m*
terrateniente *nmf* propriétaire *mf* terrien(ne)
terraza *nf* terrasse *f*
terremoto *nm* tremblement *m* de terre
terrenal *adj* terrestre
terreno, -a *adj* terrestre ▸ *nm* terrain *m*
terrestre *adj* terrestre ; (*ruta*) par terre
terrible *adj* terrible
territorio *nm* territoire *m*

terrón *nm* (*de azúcar*) morceau *m* ; (*de tierra*) motte *f*
terror *nm* terreur *f* • **terrorismo** *nm* terrorisme *m* • **terrorista** *adj, nmf* terroriste *mf* ; **~ suicida** kamikaze *mf*
terso, -a *adj* lisse • **tersura** *nf* douceur *f*
tertulia *nf* cercle *m*
tesis *nf inv* thèse *f*
tesón *nm* ténacité *f*, persévérance *f*
tesorero, -a *nm/f* trésorier(-ière)
tesoro *nm* trésor *m*
test *nm* test *m*
testaferro *nm* prête-nom *m*
testamentario, -a *adj* testamentaire ▸ *nm/f* (*Jur*) exécuteur(-trice) testamentaire
testamento *nm* testament *m* ; **Nuevo/Antiguo T~** Nouveau/ Ancien Testament
testar *vi* tester, faire son testament
testarudo, -a *adj* entêté(e)
testículo *nm* testicule *m*
testificar *vt, vi* témoigner
testigo *nmf* témoin *m* ; **~ de cargo/de descargo** témoin à charge/à décharge ; **~ ocular** témoin oculaire
testimoniar *vt* témoigner de • **testimonio** *nm* témoignage *m*
teta (*fam*) *nf* téton *m*, nichon *m* ; **niño de ~** nourrisson *m*
tétanos *nmsg* tétanos *msg*
tetera *nf* théière *f*
tetrabrik *nm inv* Tetra Brik® *m*
tétrico, -a *adj* lugubre
textil *adj* textile • **textiles** *nmpl* textiles *mpl*
texto *nm* texte *m* • **textual** *adj* textuel(le)
textura *nf* texture *f*
tez *nf* (*cutis*) peau *f* ; (*color*) teint *m*
ti *pron* toi
tía *nf* tante *f* ; (*fam*) bonne femme *f*, nana *f*
tibieza *nf* tiédeur *f*
tibio, -a *adj* tiède
tiburón *nm* requin *m*
tic *nm* tic *m*
tictac *nm* tic-tac *m inv*
tiempo *nm* temps *msg* ; **a ~** à temps ; **a un** *o* **al mismo ~** en même temps ; **al poco ~** peu après ; **hace buen/mal ~** il fait beau/mauvais temps ; **hace ~** il y a quelque temps ; **hacer ~** passer le temps ; **motor de dos ~s** moteur *m* deux temps
tienda *vb ver* **tender** ▸ *nf* magasin *m*, boutique *f* ; **~ de campaña** tente *f*
tiene *etc vb ver* **tener**
tienta *nf*: **andar a ~s** avancer à tâtons
tiento *vb ver* **tentar** ▸ *nm* tact *m* ; (*precaución*) prudence *f*
tierno, -a *adj* tendre
tierra *nf* terre *f* ; (*país*) pays *msg* ; **~ adentro** à l'intérieur des terres ; **~ firme** terre ferme
tieso, -a *adj* (*rígido*) raide ; (*erguido*) droit(e) ; (*fam: orgulloso*) fier(-ière) ; **dejar ~ a algn** (*fam: matar*) refroidir qn ; (*: sorprender*) laisser qn pantois(e)
tiesto *nm* pot *m* de fleurs
tifoidea *nf* typhoïde *f*
tifón *nm* typhon *m*
tifus *nm* typhus *msg*

tigre *nm* tigre *m* ; (AM) jaguar *m*
tijera *nf*, **tijeras** *nfpl* ciseaux *mpl* ; (*para plantas*) sécateur *m*
tijeretear *vt* découper
tildar *vt*: ~ **de** traiter de
tilde *nf* (*de la ñ*) tilde *m*
tilín *nm* drelin *m*
timar *vt* (*dinero*) escroquer
timbal *nm* (*Mús*) timbale *f*
timbrar *vt* timbrer
timbre *nm* (*de puerta*) sonnette *f* ; (*Mús, sello*) timbre *m*
timidez *nf* timidité *f*
tímido, -a *adj* timide
timo *nm* (*estafa*) escroquerie *f* ; (*engaño*) arnaque *f*
timón *nm* (*Náut*) gouvernail *m* ; (AM: *Auto*) volant *m* • **timonel** *nmf* (*Náut*) timonier(-ière)
tímpano *nm* (*Anat*) tympan *m* ; (*Mús*) tympanon *m*
tina *nf* cuve *f* ; (*esp* AM) baignoire *f* • **tinaja** *nf* jarre *f*
tinglado *nm* (*fig*) combine *f*
tinieblas *nfpl* ténèbres *fpl* ; **estar en ~** (*fig*) être dans le brouillard
tino *nm* adresse *f* ; (*juicio*) doigté *m*
tinta *nf* encre *f* ; (*Tec*) teinture *f* ; (*Arte*) couleur *f* ; **sudar ~** trimer, suer sang et eau ; **(re)cargar las ~s** en rajouter
tinte *nm* teinture *f* ; (*tintorería*) teinturerie *f*
tintero *nm* encrier *m*
tintinear *vi* (*cascabel*) tintinnabuler ; (*campana*) tinter
tinto, -a *adj* (*teñido*) teint(e) ; (*vino*) rouge ▶ *nm* rouge *m* ; (*Col*) café *m* noir
tintorería *nf* teinturerie *f*
tintura *nf* teinture *f*
tío *nm* oncle *m* ; (*fam: individuo*) type *m*, mec *m* ; (*: viejo*) père *m*
tiovivo *nm* manège *m*
típico, -a *adj* typique ; (*traje*) traditionnel(le)
tipo *nm* type *m* ; (*Anat*) physique *m* ; (*Tip*) caractère *m* ; **~ bancario/de cambio/de descuento/de interés** taux *msg* bancaire/de change/ d'escompte/d'intérêt
tipografía *nf* typographie *f* ; (*lugar*) imprimerie *f*
tipográfico, -a *adj* typographique
tique *nm* ticket *m* ; (*en tienda*) ticket *m* de caisse
tira *nf* (*cinta*) bande *f* ▶ *nm*: **~ y afloja** bras *m* de fer
tirabuzón *nm* (*rizo*) boucle *f*
tirachinas *nm inv* lance-pierre *m*
tirada *nf* lancer *m*, jet *m* ; (*distancia*) trotte *f* ; (*Tip*) tirage *m* ; **de una ~** d'une traite
tirado, -a (*fam*) *adj* (*fácil*) fastoche ; (*barato*) donné
tirador, a *nm/f* tireur(-euse) ▶ *nm* (*mango*) poignée *f*
tiranía *nf* tyrannie *f*
tirano, -a *nm/f* tyran *m*
tirante *adj* tendu(e) • **tirantes** *nmpl* bretelles *fpl* • **tirantez** *nf* tension *f*
tirar *vt* jeter, lancer ; (*volcar*) renverser ; (*derribar*) abattre, démolir ; (*desechar*) jeter ; (*dinero*) gaspiller ; (*imprimir, disparar*) tirer ; (*golpe*) décocher ▶ *vi* tirer ; (*fig*) attirer ; (*fam: andar*) aller ; (*tender*) tendre ; **tirarse** *vpr* se jeter ; (*abalanzarse*) se lancer ; (*tumbarse*) s'allonger ; **~ abajo** descendre ;

tira a su padre il tient de son père ; **ir tirando** aller comme ci comme ça ; **se tiró toda la mañana hablando** il a passé toute la matinée à parler
tirita *nf* pansement *m* (adhésif)
tiritar *vi* grelotter
tiro *nm* tir *m* ; (*alcance*) portée *f* ; (*de chimenea*) tirage *m* ; **caballo de ~** cheval *m* de trait ; **andar de ~s largos** être tiré(e) à quatre épingles ; **al ~** (*Chi*) tout de suite
tirolina *nf* tyrolienne *f*
tirón *nm* coup *m* ; (*muscular*) crampe *f* ; **de un ~** d'une traite
tiroteo *nm* (*disparos*) fusillade *f*
tísico, -a *adj, nm/f* phtisique *mf*
tisis *nf* phtisie *f*
títere *nm* marionnette *f* • **titiritero, -a** *nm/f* marionnettiste *mf*
titubeante *adj* (*indeciso*) hésitant(e)
titubear *vi* (*dudar*) hésiter ; (*moverse*) tituber • **titubeo** *nm* hésitation *f*
titulado, -a *nm/f* diplômé(e)
titular *adj* titulaire ▶ *nmf* (*de cargo*) titulaire *mf* ▶ *nm* titre *m* ▶ *vt* intituler ; **titularse** *vpr* s'intituler ; (*Escol*) obtenir son diplôme • **título** *nm* titre *m* ; (*Com*) valeur *f* ; (*Escol*) diplôme *m* ; **a ~ de** à titre de
tiza *nf* craie *f*
tiznar *vt* salir, noircir
tizo, tizón *nm* tison *m*
toalla *nf* serviette *f* ; **arrojar** *o* **tirar la ~** jeter l'éponge
toallita *nf* (*tb*: **toallita húmeda**) lingette *f*
tobillo *nm* cheville *f*
tobogán *nm* (*rampa*) toboggan *m*
tocadiscos *nm inv* tourne-disques *m inv*
tocado, -a *adj* (*fruta*) abîmé(e) ▶ *nm* coiffure *f*
tocador *nm* (*mueble*) coiffeuse *f*
tocante: **~ a** *prep* touchant à
tocar *vt* toucher ; (*Mús*) jouer de ; (*topar con*) heurter ; (*referirse a*) aborder ▶ *vi* (*a la puerta*) frapper ; (*ser de turno*) être le tour de ; (*atañer*) concerner ; **tocarse** *vpr* se toucher ; (*cubrirse la cabeza*) se coiffer ; **~ el timbre** sonner ; **por lo que a mí me toca** en ce qui me concerne
tocayo, -a *nm/f* homonyme *mf*
tocino *nm* lard *m*
todavía *adv* encore ; (*en frases afirmativas o con énfasis*) toujours ; **~ más** encore plus ; **~ no** pas encore

todo, -a

▶ *adj* **1** (*sg*) tout(e) ; **toda la noche** toute la nuit ; **~ el libro** tout le livre ; **toda una botella** toute une bouteille ; **~ lo contrario** tout le contraire ; **está toda sucia** elle est toute sale ; **a ~ esto** (*mientras tanto*) pendant ce temps-là ; (*a propósito*) à propos
2 (*pl*) tous (toutes) ; **~s vosotros** vous tous ; **~s los libros** tous les livres ; **todas las noches** toutes les nuits ; **~s los que quieran salir** tous ceux qui veulent sortir
▶ *pron* **1** tout ; **~s/-as** tous (toutes) ; **lo sabemos ~** nous savons tout ; **~s querían ir**

ils voulaient tous y aller ; **nos marchamos ~s** nous partons tous ; **arriba del ~** tout en haut ; **no me agrada del ~** ça ne me satisfait pas entièrement
2: **con ~**: **con ~, él me sigue gustando** malgré tout, il me plaît toujours
▶ *adv* tout ; **vaya ~ seguido** allez tout droit
▶ *nm*: **como un ~** comme un tout

todopoderoso, -a *adj* tout(e)-puissant(e)
todoterreno *nm inv* véhicule *m* tout-terrain
toga *nf* toge *f*, robe *f*
Tokio *n* Tokyo
toldo *nm* (*en ventana, escaparate*) store *m*
tolerancia *nf* tolérance *f*
tolerar *vt* tolérer
toma *nf* prise *f* ; **~ de tierra** (*Aviat*) atterrissage *m*
tomar *vt* prendre ▶ *vi* prendre ; **tomarse** *vpr* prendre ; **~ el sol** prendre le soleil ; **tome la calle de la derecha** prenez la rue de droite ; **~ a bien/a mal** prendre bien/mal ; **~ en serio** prendre au sérieux ; **~ el pelo a algn** faire marcher qn ; **tomarla con algn** s'en prendre à qn ; **tomarse por** se prendre pour
tomate *nm* tomate *f*
tomavistas *nm inv* caméra *f*
tomillo *nm* thym *m*
tomo *nm* tome *m*
ton *abr* (= *tonelada*) t (= tonne)
tonada *nf* air *m*
tonalidad *nf* tonalité *f*
tonel *nm* tonneau *m*
tonelada *nf* tonne *f* • **tonelaje** *nm* tonnage *m*
tónica *nf* (*bebida*) tonic *m* ; (*tendencia*) tendance *f*
tónico, -a *adj* tonique ▶ *nm* (*Med*) remontant *m*
tonificar *vt* tonifier
tono *nm* ton *m* ; **fuera de ~** hors de propos ; **darse ~** se donner de grands airs ; **~ de llamada** sonnerie *f* (de téléphone portable)
tontería *nf* sottise *f*, bêtise *f*
tonto, -a *adj* bête, idiot(e) ▶ *nm/f* idiot(e), sot (sotte) ; (*payaso*) idiot(e)
topar *vi*: **~ con** tomber sur ; **toparse** *vpr*: **toparse con** tomber sur ; **~ contra** *o* **en** buter contre
tope *adj* limite ▶ *nm* limite *f* ; (*obstáculo*) difficulté *f* ; (*de puerta*) butoir *m* ; (*Ferro*) tampon *m*
tópico, -a *adj* rebattu(e) ; (*Med*) externe ▶ *nm* (*pey*) cliché *m*
topo *nm* taupe *f*
topografía *nf* topographie *f*
topógrafo, -a *nm/f* topographe *mf*
toque *vb ver* **tocar** ▶ *nm* (*de mano, pincel*) coup *m* ; (*matiz*) touche *f* ; **dar un ~ a** passer un coup de fil à ; (*advertir*) donner un avertissement à ; **~ de diana** sonnerie de clairon ; **~ de queda** couvre-feu *m* • **toquetear** *vt* tripoter
toquilla *nf* châle *m*
tórax *nm* thorax *msg*
torbellino *nm* tourbillon *m* ; (*fig*) tornade *f*
torcedura *nf* torsion *f* ; (*Med*) entorse *f*

torcer *vt* tordre ; (*inclinar*) pencher ▸ *vi* (*cambiar de dirección*) tourner ; **torcerse** *vpr* se tordre ; (*inclinarse*) pencher ; (*desviarse*) dévier ; (*fracasar*) mal tourner ; **~ la esquina** tourner au coin de la rue
torcido, -a *adj* tordu(e) ; (*cuadro*) penché(e)
tordo, -a *adj* (*caballo*) pommelé(e) ▸ *nm* grive *f*
torear *vt* (*toro*) combattre ; (*evitar*) esquiver ▸ *vi* toréer • **toreo** *nm* tauromachie *f*
torero, -a *nm/f* torero (torera)
tormenta *nf* (*tb fig*) orage ; **una ~ en un vaso de agua** une tempête dans un verre d'eau
tormento *nm* torture *f* ; (*fig*) tourment *m*
tornado *nm* tornade *f*
tornar *vt* (*devolver*) rendre ; (*transformar*) rendre ▸ *vi* revenir ; **tornarse** *vpr* (*ponerse*) devenir
tornasolado, -a *adj* (*tela*) chatoyant(e) ; (*mar, superficie*) irisé(e)
torneo *nm* tournoi *m*
tornillo *nm* vis *fsg*
torniquete *nm* tourniquet *m*
torno *nm* (*Tec: grúa*) treuil *m* ; (*: de carpintero, alfarero*) tour *m* ; **en ~ a** autour de
toro *nm* taureau *m* ; (*fam*) malabar *m* ; **los toros** *nmpl* (*fiesta*) la corrida
toronja *nf* pamplemousse *m*
torpe *adj* maladroit(e) ; (*necio*) abruti(e) ; (*lento*) lent(e)
torpedo *nm* torpille *f*
torpeza *nf* maladresse *f* ; (*lentitud*) lenteur *f*
torre *nf* tour *f* ; **~ de perforación** foreuse *f*
torrefacto, -a *adj* : **café ~** café *m* torréfié
torrente *nm* torrent *m*
tórrido, -a *adj* torride
torrija *nf* pain *m* perdu
torsión *nf* torsion *f*
torso *nm* torse *m*
torta *nf* tarte *f* ; (*Méx*) omelette *f* ; (*fam: bofetada*) baffe *f*
tortícolis *nf o nm inv* torticolis *msg*
tortilla *nf* omelette *f* ; (AM) crêpe *f* de maïs ; **~ española/francesa** tortilla *f*/omelette
tórtola *nf* tourterelle *f*
tortuga *nf* tortue *f*
tortuoso, -a *adj* tortueux(-ueuse)
tortura *nf* torture *f* • **torturar** *vt* torturer ; **torturarse** *vpr* se torturer
tos *nf* toux *fsg* ; **~ ferina** coqueluche *f*
tosco, -a *adj* (*material*) brut(e) ; (*artesanía*) grossier(-ière) ; (*sin refinar*) rustre, grossier(-ière)
toser *vi* tousser
tostada *nf* tranche *f* de pain grillé, toast *m*
tostado, -a *adj* grillé(e) ; (*por el sol*) bronzé(e)
tostador *nm* grille-pain *m inv*
tostar *vt* (*pan*) faire griller ; (*café*) torréfier ; (*al sol*) dorer ; **tostarse** *vpr* (*al sol*) se dorer
total *adj* total(e) ▸ *adv* bref ▸ *nm* total *m* ; **en ~** au total ; **~ que ...** bref, ...
totalidad *nf* totalité *f*
totalitario, -a *adj* totalitaire

totalmente *adv* entièrement ; (*antes de adjetivo*) complètement
tóxico, -a *adj* toxique ▶ *nm* produit *m* toxique
toxicómano, -a *nm/f* toxicomane *mf*
toxina *nf* toxine *f*
tozudo, -a *adj* têtu(e)
traba *nf* entrave *f* ; (*de rueda*) rayon *m*
trabajador, a *adj, nm/f* travailleur(-euse) ; **~ autónomo(a)** *o* **por cuenta propia** travailleur(-euse) indépendant(e)
trabajar *vt* travailler ; (*intentar conseguir*) s'occuper de ▶ *vi* travailler ; **~ de** travailler comme • **trabajo** *nm* travail *m* ; **tomarse el ~ de** se donner la peine de ; **~ por turnos/a destajo** travail par roulement/à la pièce ; **~ a tiempo parcial** travail à temps partiel ; **~s forzados** travaux forcés
trabajoso, -a *adj* laborieux(-euse)
trabalenguas *nm inv mot ou phrase difficile à prononcer*
trabar *vt* joindre ; (*puerta*) coincer ; (*amistad, conversación*) nouer ; **trabarse** *vpr* bafouiller ; **se le traba la lengua** il bafouille
tracción *nf* traction *f* ; **~ delantera/trasera** traction avant/arrière
tractor *nm* tracteur *m*
tradición *nf* tradition *f* • **tradicional** *adj* traditionnel(le)
traducción *nf* traduction *f*
traducir *vt* traduire
traductor, a *nm/f* traducteur(-trice)
traer *vt* apporter ; (*llevar: ropa*) porter ; (*incluir*) impliquer ; (*ocasionar*) apporter, causer ; **traerse** *vpr*: **traerse algo** tramer qch
traficar *vi*: **~ con** faire du trafic de
tráfico *nm* (*Auto*) circulation *f* ; (*pey*) trafic *m*
tragaluz *nm* vasistas *msg*
tragaperras *nf inv* machine *f* à sous
tragar *vt* avaler ; (*devorar*) dévorer ; (*suj: mar, tierra*) engloutir ; **tragarse** *vpr* avaler ; (*devorar*) dévorer ; (*desprecio, insulto*) ravaler ; (*discurso, rollo*) se farcir
tragedia *nf* tragédie *f*
trágico, -a *adj* tragique
trago *nm* gorgée *f* ; (*fam: bebida*) verre *m* ; (*desgracia*) moment *m* difficile
traición *nf* trahison *f* ; **alta ~** haute trahison ; **a ~** en traître • **traicionar** *vt* trahir • **traicionero, -a** *adj, nm/f* traître(sse)
traidor, a *adj, nm/f* traître(sse)
traiga *etc vb ver* **traer**
traje *vb ver* **traer** ▶ *nm* (*de hombre, de época*) costume *m* ; **~ de baño** maillot *m* de bain ; **~ de chaqueta** tailleur *m* ; **~ de luces** habit *m* de lumière
trajera *etc vb ver* **traer**
trajín *nm* agitation *f* ; (*fam*) va-et-vient *m inv* • **trajinar** *vi* s'affairer
trama *nf* (*de tejido*) trame *f* ; (*de obra*) intrigue *f* ; (*intriga*) machination *f* • **tramar** *vt* tramer, ourdir

tramitar *vt* (*suj: departamento, comisaría*) s'occuper de ; (*: individuo*) faire des démarches pour obtenir
trámite *nm* démarche *f*; **trámites** *nmpl* (*burocracia*) formalités *fpl* ; (*Jur*) mesures *fpl*
tramo *nm* (*de escalera*) volée *f*; (*de vía*) tronçon *m*
tramoya *nf* (*Teatro*) machinerie *f* • **tramoyista** *nmf* machiniste *m*
trampa *nf* piège *m* ; (*en el suelo*) trappe *f*; (*fam: deuda*) dette *f*
trampolín *nm* tremplin *m*
tramposo, -a *adj, nm/f* tricheur(-euse)
tranca *nf* (*palo*) trique *f*; (*de puerta, ventana*) barre *f* • **trancar** *vt* barrer
trance *nm* (*crítico*) moment *m* critique ; (*estado hipnótico*) transe *f*
tranquilidad *nf* tranquillité *f*
tranquilizar *vt* tranquilliser
tranquilo, -a *adj* calme ; (*apacible*) tranquille
trans... *pref* trans... ; *ver tb* **tras...**
transacción *nf* transaction *f*
transbordador *nm* transbordeur *m*, bac *m*
transbordar *vt* transborder ▶ *vi* changer de train • **transbordo** *nm* changement *m* ; **hacer ~** changer
transcurrir *vi* (*tiempo*) passer ; (*hecho, reunión*) se dérouler
transcurso *nm* (*de tiempo*) cours *msg* ; (*de hecho*) déroulement *m*
transeúnte *nmf* passant(e)
transferencia *nf* transfert *m* ; (*Com*) virement *m*
transferir *vt* transférer ; (*dinero*) virer
transformador *nm* transformateur *m*
transformar *vt* transformer ; **~ en** transformer en
tránsfuga *nmf* transfuge *m*
transfusión *nf* (*tb:* **transfusión de sangre**) transfusion *f* (sanguine)
transgénico, -a *adj* transgénique
transgredir *vt* transgresser
transición *nf* transition *f*
transigir *vi* transiger
transistor *nm* transistor *m*
transitar *vi*: **~ (por)** circuler (sur) • **tránsito** *nm* passage *m* ; (*de viajeros, mercancías*) transit *m*
transitorio, -a *adj* transitoire
transmisión *nf* transmission *f*; (*Radio, TV*) diffusion *f*; **~ en directo** diffusion en direct ; **~ exterior** émission tournée en extérieur
transmitir *vt* transmettre ; (*aburrimiento, esperanza*) communiquer ; (*Radio, TV*) diffuser
transparencia *nf* transparence *f*; (*foto*) transparent *m*
transparentar *vt, vi* être transparent(e) ; **transparentarse** *vpr* être transparent(e) • **transparente** *adj* transparent(e)
transpirar *vi* (*sudar*) transpirer
transportar *vt* transporter • **transporte** *nm* transport *m*
transversal *adj* transversal(e)
tranvía *nm* tramway *m*
trapecio *nm* trapèze *m* • **trapecista** *nmf* trapéziste *mf*

trapero, -a *nm/f* chiffonnier(-ière)
trapicheos (*fam*) *nmpl* manigances *fpl*
trapo *nm* chiffon *m* ; (*de cocina*) torchon *m*
tráquea *nf* trachée *f*
traqueteo *nm* cahot *m*
tras *prep* (*detrás*) derrière ; (*después*) après ; **~ de** en plus de
tras... *pref* trans... ; *ver tb* **trans...**
trasatlántico, -a *adj, nm* transatlantique *m*
trascendencia *nf* importance *f*
trascendental *adj* (*importante*) capital(e) ; (*meditación*) transcendantal(e)
trascender *vi* (*noticias*) filtrer ; **~ de** dépasser
trasero, -a *adj* arrière ▸ *nm* (*Anat*) postérieur *m*
trasfondo *nm* fond *m*
trashumante *adj* transhumant(e)
trasladar *vt* déplacer ; (*prisionero*) transférer ; (*empleado*) muter ; (*fecha*) reporter ; **trasladarse** *vpr* (*mudarse*) déménager ; (*desplazarse*) se déplacer • **traslado** *nm* déplacement *m* ; (*mudanza*) déménagement *m* ; (*de empleado, prisionero*) transfert *m*
traslucir *vt* laisser entrevoir ; **traslucirse** *vpr* (*cristal*) être translucide ; (*figura, color*) se voir au travers ; (*fig*) apparaître, se révéler
trasluz *nm* lumière *f* tamisée ; **al ~** à la lumière
trasnochar *vi* se coucher tard ; (*no dormir*) passer une nuit blanche
traspapelar *vt* égarer
traspasar *vt* transpercer ; (*propiedad, derechos*) céder ; (*empleado, jugador*) transférer ; (*límites*) dépasser ; (*ley*) transgresser • **traspaso** *nm* (*de negocio, jugador*) cession *f*, vente *f*
traspié *nm* (*fig*) faux pas, gaffe *f*
trasplantar *vt* transplanter ; (*Med*) greffer
trasplante *nm* transplantation *f* ; (*Med*) greffe *f*
traste *nm* (*Mús*) touchette *f* ; **dar al ~ con algo** ficher qch en l'air
trastero *nm* débarras *msg*
trastienda *nf* arrière-boutique *f*
trasto *nm* (*pey: cosa*) saleté *f* ; (*: persona*) bon(ne) à rien
trastornado, -a *adj* (*loco*) détraqué(e)
trastornar *vt* déranger ; (*persona*) troubler ; (*: enamorar*) envoûter ; (*: enloquecer*) rendre fou (folle) ; **trastornarse** *vpr* (*plan*) échouer ; (*persona*) devenir fou (folle) • **trastorno** *nm* dérangement *m* ; (*confusión*) désordre *m*
tratado *nm* traité *m*
tratamiento *nm* traitement *m*
tratar *vt* traiter ; (*tener contacto*) fréquenter ▸ *vi*: **~ de** (*hablar sobre*) traiter de ; (*intentar*) essayer de ; **tratarse** *vpr*: **tratarse de** s'agir de ; **~ con** traiter avec ; **~ en** (*Com*) être négociant en ; **¿de qué se trata?** de quoi s'agit-il ? • **trato** *nm* traitement *m* ; (*relaciones*) rapport *m* ; (*manera de ser*) manières *fpl* ; (*Com, Jur*) marché *m* ; (*título*) titre *m* ; **de ~ fácil** d'abord facile
trauma *nm* traumatisme *m*

través *nm*: **al ~** en travers ; **a ~ de** à travers, au travers de ; (*radio, teléfono*) par ; (*organismo*) par l'intermédiaire de
travesaño *nm* (*Arq*) traverse *f* ; (*Deporte*) barre *f* transversale
travesía *nf* (*calle*) passage *m* ; (*Náut*) traversée *f*
travesura *nf* espièglerie *f*
traviesa *nf* (*Ferro*) traverse *f*
travieso, -a *adj* (*niño*) espiègle, polisson(ne)
trayecto *nm* trajet *m* ; • **trayectoria** *nf* trajectoire *f*
traza *nf* (*aspecto*) allure *f* • **trazado** *nm* (*Arq*) plan *m* ; (*fig*) grandes lignes *fpl*
trazar *vt* tracer ; (*plan*) tirer • **trazo** *nm* (*línea*) trait *m* ; (*bosquejo*) ébauche *f*
trébol *nm* trèfle *m*
trece *adj inv, nm inv* treize *m inv* ; *ver tb* **seis**
trecho *nm* (*distancia*) distance *f* ; (*de tiempo*) moment *m* ; **de ~ en ~** de temps en temps
tregua *nf* trêve *f*
treinta *adj inv, nm inv* trente *m inv* ; *ver tb* **sesenta**
tremendo, -a *adj* (*terrible*) impressionnant(e) ; (*imponente*) terrible, impressionnant(e) ; (*fam*) terrible
trémulo, -a *adj* tremblant(e)
tren *nm* train *m* ; **~ de aterrizaje** train d'atterrissage
trenza *nf* tresse *f*, natte *f* • **trenzar** *vt* tresser ; **trenzarse** *vpr* (*AM*: *fam*) se mêler à une querelle
trepador, a *adj* (*planta*) grimpant(e) ▸ *nf* (*planta*) plante *f* grimpante
trepar *vi* grimper
trepidante *adj* trépidant(e) ; (*ruido*) accablant(e)
tres *adj inv, nm inv* trois *m inv* ; *ver tb* **seis**
trescientos, -as *adj* trois cents ; *ver tb* **seiscientos**
tresillo *nm* salon *m* (*comprenant un canapé et deux fauteuils*) ; (*Mús*) triolet *m*
treta *nf* machination *f*
triángulo *nm* triangle *m*
tribal *adj* tribal(e)
tribu *nf* tribu *f*
tribuna *nf* tribune *f*
tribunal *nm* (*Jur*) tribunal *m*
tributar *vt* payer • **tributo** *nm* impôt *m* ; (*precio*) tribut *m*
tricotar *vt, vi* tricoter
trigal *nm* champ *m* de blé
trigo *nm* blé *m*
trigueño, -a *adj* (*pelo*) châtain clair *inv* ; (*piel*) basané(e)
trillado, -a *adj* (*Agr*) battu(e) ; (*fig*) rebattu(e) • **trilladora** *nf* batteuse *f*
trillar *vt* battre
trimestral *adj* trimestriel(le)
trimestre *nm* trimestre *m*
trinar *vi* (*ave*) gazouiller
trinchar *vt* découper
trinchera *nf* (*Mil*) tranchée *f*
trineo *nm* traîneau *m* ; (*pequeño*) luge *f*
Trinidad *nf*: **la ~** la Trinité
trino *nm* gazouillis *m*
tripa *nf* (*Anat*) intestin *m* ; **tripas** *nfpl* (*Anat*) intestins *mpl* ; (*Culin, fig*) tripes *fpl*
triple *adj, nm* triple *m*

triplicado, -a *adj*: **por ~** en trois exemplaires
tripulación *nf* équipage *m*
tripulante *nmf* membre *m* de l'équipage
tripular *vt* former l'équipage de ; **nave espacial tripulada** vaisseau *m* spatial habité
tris *nm*: **estar en un ~ de hacer algo** être sur le point de faire qch
triste *adj* triste • **tristeza** *nf* tristesse *f*
triturar *vt* triturer, broyer ; (*mascar*) mâcher
triunfar *vi* triompher, gagner • **triunfo** *nm* triomphe *m*
trivial *adj* banal(e) • **trivializar** *vt* minimiser, banaliser
triza *nf* morceau *m*, lambeau *m* ; **hacer algo ~s** réduire qch en miettes
trocar *vt* (*Com*) troquer ; **trocarse** *vpr* se changer ; **~ (en)** changer (en) ; **trocarse (en)** se changer (en)
trocear *vt* couper en morceaux
trocha (AM) *nf* sentier *m*
troche: **a ~ y moche** *adv* à tort et à travers
trofeo *nm* trophée *m*
trol *nm* troll *m* • **trolear** *vt* (*Internet*) troller
tromba *nf* trombe *f*
trombón *nm* trombone *m*
trombosis *nf inv* thrombose *f*
trompa *nf* (*Mús*) cor *m* ; (*de elefante, insecto, fam*) trompe *f* ; **cogerse una ~** (*fam*) prendre une cuite
trompada *nf*, **trompazo** *nm* coup *m* ; (*puñetazo*) coup de poing ; **darse un ~** se donner un coup
trompeta *nf* trompette *f* ▸ *nmf* trompettiste *mf*
trompicón: **a trompicones** *adv* par à-coups
trompo *nm* toupie *f*
tronar *vt* (*CAm, Méx*: *fam*) tuer ▸ *vi* (*Meteorología*) tonner
tronchar *vt* (*árbol*) casser ; (*vida, esperanza*) briser, détruire ; **troncharse** *vpr* se fendre, tomber
tronco *nm* tronc *m*
trono *nm* trône *m*
tropa *nf* troupe *f*
tropel *nm* (*desorden*) cohue *f*
tropezar *vi* trébucher ; **~ con** (*fig*) tomber sur • **tropezón** *nm* faux pas *msg*
tropical *adj* tropical(e)
trópico *nm* tropique *m*
tropiezo *vb ver* **tropezar** ▸ *nm* (*error*) erreur *f*, bévue *f* ; (*obstáculo*) difficulté *f*
trotamundos (*fam*) *nmf inv* globe-trotter *mf*
trotar *vi* trotter • **trote** *nm* trot *m* ; (*fam*) activité *f* ; **de mucho ~** solide, résistant(e)
trozo *nm* morceau *m*
trucha *nf* truite *f*
truco *nm* truc *m*
trueno *vb ver* **tronar** ▸ *nm* tonnerre *m* ; (*estampido*) coup *m* de tonnerre
trueque *vb ver* **trocar** ▸ *nm* échange *m* ; (*Com*) troc *m*
trufa *nf* truffe *f*
truhán, -ana *nm/f* truand(e)
truncar *vt* tronquer ; (*vida*) abréger ; (*desarrollo*) retarder ; (*esperanzas*) briser

tu *adj* ton (ta) ; **tus hijos** tes enfants
tú *pron* tu
tubérculo *nm* tubercule *m*
tuberculosis *nf* tuberculose *f*
tubería *nf* tuyau *m* ; (*sistema*) tuyauterie *f*
tubo *nm* tube *m* ; **~ de ensayo** éprouvette *f*, tube à essai ; **~ de escape** pot *m* d'échappement
tuerca *nf* écrou *m*
tuerto, -a *adj, nm/f* borgne *mf*
tuerza *etc vb ver* **torcer**
tuétano *nm* moelle *f*
tufo (*pey*) *nm* relent *m*
tuit *nm* (*en Twitter*) tweet *m*, Twitter® message *m* • **tuitear** *vi* tweeter ▸ *vt* envoyer un tweet à • **tuitero, -a** *nm/f* twittos *mf*
tul *nm* tulle *m*
tulipán *nm* tulipe *f*
tullido, -a *adj* estropié(e)
tumba *nf* tombe *f*
tumbar *vt* (*extender en el suelo*) allonger ; (*fam: en examen*) recaler, coller ; (*: en competición*) battre ; **tumbarse** *vpr* s'allonger ; (*extenderse*) s'étendre
tumbo *nm* chute *f* ; (*de vehículo*) cahot *m*
tumbona *nf* chaise *f* longue
tumor *nm* tumeur *f*
tumulto *nm* tumulte *m*
tuna *nf* petit orchestre *m* d'étudiants ; *ver tb* **tuno**

Une **tuna** est un groupe musical constitué d'étudiants ou d'anciens étudiants qui portent les costumes de l'*Edad de Oro*, l'âge d'or espagnol. Ces groupes se promènent dans les rues en jouant de la guitare, du luth et du tambourin. Ils chantent des sérénades aux étudiantes dans les résidences universitaires et font des apparitions improvisées dans les mariages et les soirées, où pour quelques euros, ils chantent des airs traditionnels espagnols.

tunante *adj, nmf* coquin(e) ; **¡~!** vilain(e) !
tunda *nf* raclée *f*
tunear (*fam*) *vt* (*vehículo*) customiser
túnel *nm* tunnel *m*
Túnez *n* (*país*) Tunisie *f* ; (*ciudad*) Tunis
tuno, -a *nm/f* membre *m* d'un orchestre d'étudiants
tupido, -a *adj* épais(se)
turba *nf* (*muchedumbre*) foule *f*
turbar *vt* (*paz, sueño*) troubler ; (*preocupar*) inquiéter, troubler ; (*azorar*) gêner ; **turbarse** *vpr* être gêné(e)
turbina *nf* turbine *f*
turbio, -a *adj* trouble ; (*fig*) louche
turbulencia *nf* agitation *f* ; (*fig*) trouble *m*, agitation
turbulento, -a *adj* agité(e) ; (*fig*) agité(e), turbulent(e)
turco, -a *adj* turc (turque) ▸ *nm/f* Turc (Turque) ▸ *nm* (*Ling*) turc *m*
turismo *nm* tourisme *m* ; (*coche*) voiture *f* (particulière) ; **~ rural** tourisme rural • **turista** *nmf* touriste *mf*
turístico, -a *adj* touristique
turnar *vi* alterner ; **turnarse** *vpr* se relayer • **turno** *nm* tour *m*
turquesa *adj, nf* turquoise *f*

Turquía *nf* Turquie *f*
turrón *nm* touron *m* (*sorte de nougat*)

Le **turrón** est une sorte de nougat, d'origine orientale, fait avec du miel, des blancs d'œufs et des amandes. On le consomme pendant la période de Noël. Il peut être dur et contenir des amandes entières (Alicante), ou tendre, à base d'amandes pilées (Jijona).

tutear *vt* tutoyer ; **tutearse** *vpr* se tutoyer
tutela *nf* tutelle *f* • **tutelar** *adj* tutélaire ▶ *vt* avoir la tutelle de
tutor, a *nm/f* tuteur(-trice) ; (*Escol*) professeur *m* principal • **tutorial** *nm* tutoriel *m*, didacticiel *m*
tuve *etc vb ver* **tener**
tuyo, -a *adj* ton (ta) ▶ *pron*: **el ~/la tuya** le tien/la tienne ; **es ~** c'est à toi ; **los ~s** (*fam*) les tiens
TV *sigla f* = *televisión*
TVE *sigla f* = *Televisión Española*
tweet *nm* (*en Twitter*) tweet *m*, Twitter® message *m*

U

u *conj* ou
ubicar (*esp AM*) *vt* situer ; (*encontrar*) trouver ; **ubicarse** *vpr* se trouver
ubre *nf* mamelle *f*
Ud (*pl* **Uds**) *abr* (= *usted(es)*) vous
UE *sigla f* (= *Unión Europea*) UE *f*
ufano, -a *adj* (*arrogante*) suffisant(e) ; (*satisfecho*) satisfait(e)
UGT *sigla f* (= *Unión General de Trabajadores*) *syndicat ouvrier*
ujier *nm* (*Jur*) huissier *m*
úlcera *nf* ulcère *m* • **ulcerar** *vt* ulcérer ; **ulcerarse** *vpr* s'irriter
últimamente *adv* dernièrement
ultimar *vt* finaliser ; (*preparativos*) mettre la dernière main à ; (*AM: asesinar*) abattre
ultimátum (*pl* **ultimátums**) *nm* ultimatum *m*
último, -a *adj* dernier(-ière) ; **a la última** (*en moda*) à la dernière mode ; (*en conocimientos*) au goût du jour ; **el ~** le dernier ; **en las últimas** (*enfermo*) à l'article de la

mort ; (*sin dinero, provisiones*) à sec ; **por ~** enfin

ultra *adj, nmf* (*Pol*) ultra *mf*

ultrajar *vt* outrager • **ultraje** *nm* outrage *m*

ultramar *nm*: **de ~** d'outre-mer

ultranza: **a ~** *adv* à outrance

ultrasónico, -a *adj* hypersonique

ultratumba *nf* outre-tombe *f*

ultravioleta *adj inv* ultraviolet(te)

umbral *nm* seuil *m*

un, una

art indef 1 (*sg*) un(e) ; **una naranja** une orange ; **un arma blanca** une arme blanche
2 (*pl*) des ; **hay unos regalos para ti** il y a des cadeaux pour toi ; **hay unas cervezas en la nevera** il y a des bières dans le frigo
3 (*enfático*): **¡hace un frío!** il fait un de ces froids !

unánime *adj* unanime
• **unanimidad** *nf* unanimité *f*

undécimo, -a *adj, nm/f* onzième *mf*

ungir *vt* oindre

ungüento *nm* onguent *m*

únicamente *adv* uniquement

único, -a *adj* unique

unidad *nf* unité *f*

unido, -a *adj* uni(e)

unificar *vt* unifier

uniformar *vt* uniformiser

uniforme *adj* uniforme ; (*color*) uni(e) ▶ *nm* uniforme *m*
• **uniformidad** *nf* uniformité *f*

unilateral *adj* unilatéral(e)

unión *nf* union *f* ; (*Tec*) jointure *f* ; **la U~ Soviética** l'Union soviétique ; **U~ Europea** Union *f* européenne

unir *vt* (*piezas*) assembler ; (*cuerdas*) nouer ; (*tierras, habitaciones*) relier ; (*esfuerzos, familia*) unir ; (*empresas*) fusionner ; **unirse** *vpr* (*personas*) s'unir ; (*empresas*) fusionner ; **unirse a** se joindre à

unísono *nm*: **al ~** à l'unisson

universal *adj* universel(le)

universidad *nf* université *f*

universitario, -a *adj* universitaire ▶ *nm/f* (*estudiante*) étudiant(e) ; (*titulado*) professeur *mf* d'université

universo *nm* univers *msg*

uno, -a

▶ *adj* un(e) ; **~s pocos** quelques-uns ; **~s cien** une centaine ; **el día ~** le premier
▶ *pron* 1 un(e) ; **quiero ~ solo** je n'en veux qu'un ; **~ de ellos** l'un d'eux ; **~ mismo** soi-même ; **de ~ en ~** un à un
2 (*alguien*) quelqu'un ; **conozco a ~ que se te parece** je connais quelqu'un qui te ressemble ; **~s querían quedarse** quelques-uns voulaient rester
3: **(los) ~s ... (los) otros ...** certains *o* les uns ... les autres *o* d'autres ; **se miraron el ~ al otro** ils se sont regardés l'un l'autre ; **se pegan ~s a otros** ils se battent entre eux
4 (*enfático*): **¡se montó una ...!** il y a eu une de ces pagailles !
▶ *nf* (*hora*): **es la una** il est une heure
▶ *nm* (*número*) un *m*

untar *vt* (*con aceite, pomada*) enduire ; (*en salsa, café*) tremper ; (*fig, fam*) graisser la patte à
uña *nf* (*Anat*) ongle *m* ; (*de felino*) griffe *f*
uranio *nm* uranium *m*
urbanidad *nf* courtoisie *f*
urbanismo *nm* urbanisme *m*
urbanización *nf* lotissement *m*
urbanizar *vt* urbaniser
urbano, -a *adj* urbain(e)
urbe *nf* grande ville *f*
urdimbre *nf* (*de tejido*) chaîne *f*
urdir *vt* ourdir
urgencia *nf* urgence *f* ; **urgencias** *nfpl* (*Med*) urgences *fpl* • **urgente** *adj* urgent(e)
urgir *vi* être urgent(e) ; **me urge** j'en ai besoin rapidement
urinario, -a *adj* urinaire ▸ *nm* urinoir *m*
urna *nf* urne *f* ; (*de cristal*) vitrine *f*
urraca *nf* pie *f*
Uruguay *nm* Uruguay *m* • **uruguayo, -a** *adj* uruguayen(ne) ▸ *nm/f* Uruguayen(ne)
usado, -a *adj* usagé(e) ; (*ropa etc*) usé(e), usagé(e)
usar *vt* utiliser ; (*ropa*) porter ; (*derecho etc*) user de ; **usarse** *vpr* s'utiliser • **uso** *nm* usage *m* ; (*aplicación: de objeto, herramienta*) utilisation *f*
usted *pron* (*singular: formal*) vous ; **~es** (*formal*) vous
usual *adj* habituel(le)
usuario, -a *nm/f* usager *m* ; (*Inform*) utilisateur(-trice)
usura (*pey*) *nf* usure *f* • **usurero, -a** *nm/f* usurier(-ière)
usurpar *vt* usurper
utensilio *nm* instrument *m* ; (*de cocina*) ustensile *m*
útero *nm* utérus *msg*
útil *adj* utile • **útiles** *nmpl* outils *mpl* • **utilidad** *nf* utilité *f* ; (*provecho*) avantage *m* ; (*Com*) bénéfice *m* • **utilizar** *vt* utiliser
utopía *nf* utopie *f*
utópico, -a *adj* utopique
uva *nf* raisin *m*

V

v. *abr* (*Elec*: = *voltio*) V (= *volt*)
va *vb ver* **ir**
vaca *nf* vache *f*; (*carne*) bœuf *m*
vacaciones *nfpl* vacances *fpl*
vacante *adj* vacant(e) ▸ *nf* poste *m* vacant
vaciar *vt* vider; (*Arte*) mouler; **vaciarse** *vpr* se vider
vacilante *adj* vacillant(e); (*dudoso*) hésitant(e)
vacilar *vi* hésiter; (*mueble, lámpara*) chanceler; (*luz, persona*) vaciller; (*fam*: *bromear*) plaisanter
vacío, -a *adj* vide; (*puesto*) libre ▸ *nm* vide *m*
vacuna *nf* vaccin *m* • **vacunar** *vt* vacciner; **vacunarse** *vpr* se faire vacciner
vacuno, -a *adj* bovin(e)
vacuo, -a *adj* vide
vadear *vt* passer à gué • **vado** *nm* gué *m*
vagabundo, -a *adj* vagabond(e); (*perro*) errant(e) ▸ *nm/f* vagabond(e)
vagamente *adv* vaguement
vagancia *nf* fainéantise *f*
vagar *vi* errer, vagabonder
vagina *nf* vagin *m*
vago, -a *adj* vague; (*perezoso*) fainéant(e) ▸ *nm/f* fainéant(e)
vagón *nm* wagon *m*
vaguedad *nf* vague *m*, manque *m* de précision; **vaguedades** *nfpl*: **decir ~es** rester dans le vague
vaho *nm* vapeur *f*; (*aliento*) buée *f*
vaina *nf* (*de espada*) fourreau *m*; (*de guisantes, judías*) cosse *f*
vainilla *nf* vanille *f*
vainita (*AM*) *nf* haricot *m* vert
vais *vb ver* **ir**
vaivén *nm* va-et-vient *m inv*; **vaivenes** *nmpl* (*fig*: *de la vida*) vicissitudes *fpl*
vajilla *nf* vaisselle *f*
val *etc*, **valdré** *etc vb ver* **valer**
vale *nm* bon *m*; (*recibo*) reçu *m*; (*pagaré*) billet *m* à ordre
valedero, -a *adj* valable
valenciano, -a *adj* valencien(ne) ▸ *nm/f* Valencien(ne)
valentía *nf* courage *m*, bravoure *f*
valer *vt* valoir ▸ *vi* servir; (*ser válido*) être valable; (*estar permitido*) être permis(e); (*tener mérito*) avoir du mérite; **valerse** *vpr*: **valerse de** (*hacer valer*) faire valoir; (*servirse de*) se servir de; **~ la pena** valoir la peine; **~ (para)** servir (à); **¡vale!** d'accord!; **más vale (hacer/que)** mieux vaut (faire/que)
valga *etc vb ver* **valer**
valía *nf* valeur *f*
validez *nf* validité *f*
válido, -a *adj* valable

valiente *adj* (*soldado*) brave, courageux(-euse) ; (*niño, decisión*) courageux(-euse) ▶ *nmf* brave *mf*
valioso, -a *adj* de valeur
valla *nf* clôture *f* ; (*Deporte*) haie *f* ; **~ publicitaria** panneau *m* publicitaire • **vallar** *vt* clôturer
valle *nm* vallée *f* ; **~ de lágrimas** vallée de larmes
valor *nm* valeur *f* ; (*valentía*) courage *m* ; **valores** *nmpl* (*Econ, Com*) valeurs *fpl*, titres *mpl* ; (*morales*) valeurs • **valorar** *vt* évaluer, estimer
vals *nm* valse *f*
válvula *nf* valve *f*
vamos *vb ver* **ir**
vampiro *nm* vampire *m*
van *vb ver* **ir**
vanagloriarse *vpr*: **~ (de)** se vanter (de)
vandalismo *nm* vandalisme *m*
vándalo, -a *nm/f* (*pey*) vandale *mf*
vanguardia *nf* avant-garde *f*
vanidad *nf* vanité *f*
vanidoso, -a *adj* vaniteux(-euse)
vano, -a *adj* vain(e) ▶ *nm* (*Arq*) embrasure *f* ; **en ~** en vain
vapor *nm* vapeur *f* ; (*tb*: **barco de vapor**) (bateau *m* à) vapeur *m* ; **al ~** (*Culin*) à la vapeur ; **~ de agua** vapeur d'eau
vaporoso, -a *adj* vaporeux(-euse)
vapulear *vt* fustiger ; (*reprender*) houspiller
vaquero *nm* (*Cine*) cow-boy *m* ; (*Agr*) vacher *m* ; **vaqueros** *nmpl* (*pantalones*) jeans *mpl*
vaquilla *nf* (*AM*) génisse *f*
vara *nf* perche *f* ; (*de mando*) bâton *m*
variable *adj, nf* variable *f*
variación *nf* changement *m*
variar *vt* (*cambiar*) changer ; (*poner variedad*) varier ▶ *vi* varier
varices *nfpl* varices *fpl*
variedad *nf* variété *f* ; **variedades** *nfpl* (*espectáculo*) variétés *fpl*
varilla *nf* baguette *f* ; (*de paraguas, abanico*) baleine *f*
vario, -a *adj* divers(e) ; **~s** plusieurs
varita *nf*: **~ mágica** baguette *f* magique
varón *nm* homme *m* ; **hijo ~** fils *m*, garçon *m* • **varonil** *adj* viril(e)
Varsovia *n* Varsovie
vas *vb ver* **ir**
vasco, -a *adj* basque ▶ *nm/f* Basque *mf* ▶ *nm* (*Ling*) basque *m* ; **País V~** Pays *m* basque
Vascongadas *nfpl*: **las ~** les provinces *fpl* basques
vaselina *nf* vaseline *f*
vasija *nf* pot *m*
vaso *nm* verre *m* ; (*Anat*) vaisseau *m*
vástago *nm* (*Bot*) rejeton *m* ; (*Tec*) tige *f* ; (*de familia*) descendant *m*
vasto, -a *adj* vaste
Vaticano *nm* Vatican *m*
vatio *nm* watt *m*
vaya *vb ver* **ir** ▶ *excl* (*fastidio*) mince !, zut ! ; (*sorpresa*) eh bien !, tiens ! ; **¿qué tal? — ¡~!** ça va ? — on fait aller ! ; **¡~ tontería!** en voilà une bêtise ! ; **¡~ mansión!** quelle maison !

Vd (*pl* **Vds**) *abr* (= *usted(es)*) vous
ve *vb ver* **ir**; **ver**
vecindad *nf* voisinage *m*
vecindario *nm* voisinage *m*, quartier *m*
vecino, -a *adj* voisin(e) ▸ *nm/f* voisin(e) ; (*residente: de pueblo*) habitant(e)
veda *nf* (*de pesca, caza*) défense *f*, interdiction *f*
vedar *vt* interdire, défendre ; (*caza, pesca*) interdire
vegano, -a *adj, nm/f* végan(e)
vegetación *nf* végétation *f*
vegetal *adj* végétal(e) ▸ *nm* végétal *m*
vehemencia *nf* impétuosité *f* ; (*apasionamiento*) véhémence *f* • **vehemente** *adj* impétueux(-euse) ; (*apasionado*) véhément(e)
vehículo *nm* véhicule *m*
veinte *adj inv, nm inv* vingt *m inv* ; *ver tb* **seis**
vejación *nf* brimade *f*, vexation *f*
vejez *nf* vieillesse *f*
vejiga *nf* vessie *f*
vela *nf* bougie *f* ; (*Náut*) voile *f* ; **en ~** éveillé(e) ; (*velando*) à veiller
velar *vt* veiller ; (*Foto, cubrir*) voiler ▸ *vi* veiller ; **velarse** *vpr* (*Foto*) se voiler ; **~ por** veiller à
velatorio *nm* veillée *f* (funèbre)
veleidad *nf* inconstance *f*
velero *nm* (*Náut*) voilier *m* ; (*Aviat*) planeur *m*
veleta *nmf* (*pey*) girouette *f* ▸ *nf* (*para el viento*) girouette
veliz (*Méx*) *nm* valise *f*
vello *nm* duvet *m*
velo *nm* voile *m*
velocidad *nf* vitesse *f* ; (*rapidez*) rapidité *f*
velocímetro *nm* compteur *m* de vitesse
veloz *adj* rapide
ven *vb ver* **venir**
vena *nf* veine *f*
venado *nm* grand gibier *m*
vencedor, a *adj* victorieux(-euse) ▸ *nm/f* vainqueur *m*
vencer *vt* vaincre ; (*obstáculos*) surmonter ▸ *vi* vaincre ; (*plazo*) expirer
vencido, -a *adj* vaincu(e) ; (*Com: letra*) arrivé(e) à échéance ▸ *adv*: **pagar ~** payer après échéance • **vencimiento** *nm* échéance *f*
venda *nf* bandage *m* • **vendar** *vt* bander
vendaval *nm* vent *m* violent
vendedor, a *nm/f* vendeur(-euse)
vender *vt* vendre ; **~ al contado/ al por mayor/al por menor/a plazos** vendre au comptant/en gros/au détail/à crédit ; **« se vende »** « à vendre »
vendimia *nf* vendange *f*
vendré *etc vb ver* **venir**
veneno *nm* poison *m*
venenoso, -a *adj* (*seta*) vénéneux(-euse) ; (*producto*) toxique
venerable *adj* vénérable • **venerar** *vt* vénérer
venéreo, -a *adj* vénérien(ne)
venezolano, -a *adj* vénézuélien(ne) ▸ *nm/f* Vénézuélien(ne)
Venezuela *nf* Venezuela *m*
venga *etc vb ver* **venir**

venganza *nf* vengeance *f* • **vengar** *vt* venger ; **vengarse** *vpr* se venger
vengativo, -a *adj* vindicatif(-ive)
venia *nf* permission *f*
venial *adj* véniel(le)
venida *nf* venue *f*
venidero, -a *adj* futur(e), à venir
venir *vi* venir ; (*en periódico, texto*) être ; (*llegar, ocurrir*) arriver ; **venirse** *vpr*: **venirse abajo** s'écrouler ; (*persona*) s'effondrer ; **~ de** venir de ; **~ bien/mal** convenir/ne pas convenir ; **el año que viene** l'année prochaine
venta *nf* vente *f*; **estar a la/en ~** être en vente ; **~ al contado** vente au comptant ; **~ al detalle** vente au détail ; **~ a plazos** vente à crédit ; **~ al por mayor** vente en gros ; **~ al por menor** vente au détail
ventaja *nf* avantage *m*
ventajoso, -a *adj* avantageux(-euse)
ventana *nf* fenêtre *f* • **ventanilla** *nf* guichet *m*
ventilación *nf* ventilation *f*, aération *f* • **ventilar** *vt* ventiler, aérer ; (*ropa*) aérer ; (*fig*) divulguer ; (*: resolver*) éclaircir ; **ventilarse** *vpr* s'aérer
ventisca *nf*, **ventisquero** *nm* bourrasque *f* de neige
ventrílocuo, -a *adj, nm/f* ventriloque *mf*
ventura *nf* félicité *f*; (*suerte, destino*) fortune *f*; **a la (buena) ~** à l'aventure
ver *vt* voir ; (*televisión, partido*) regarder ; (*esp AM: mirar*) regarder ▸ *vi* voir ; **verse** *vpr* se voir ; (*hallarse*) se trouver ; (*AM: fam*) avoir l'air ; **(voy) a ~ que hay** je vais voir ce qu'il y a ; **a ~** voyons voir ; **no tener que ~ con** n'avoir rien à voir avec ; **¡viera(n) qué casa!** (*Méx: fam*) tu verrais la maison ! ; **¡hubiera(n) visto qué casa!** (*Méx: fam*) si tu avais vu la maison ! ; **(ya) se ve que ...** on voit bien que ... ; **te ves divina** (*AM*) tu es divine
vera *nf*: **a la ~ de** (*del camino*) au bord de ; (*de algn*) auprès de
veracidad *nf* véracité *f*
veranear *vi* passer l'été • **veraneo** *nm*: **ir de ~** partir l'été en vacances
veraniego, -a *adj* estival(e)
verano *nm* été *m*
veras *nfpl*: **de ~** vraiment
veraz *adj* véridique
verbal *adj* verbal(e)
verbena *nf* *fête nocturne en plein air*
verbo *nm* verbe *m*
verdad *nf* vérité *f*; **¿~?** n'est-ce pas ? ; **de ~** vraiment ; **¡es ~!** c'est vrai ! ; **la ~ es que ...** en fait ...
verdadero, -a *adj* véridique ; (*antes del nombre*) vrai(e), véritable
verde *adj* (*tb Pol*) vert(e) ; (*chiste*) cochon(ne) ▸ *nm* vert *m* ; (*hierba*) verdure *f*; **viejo ~** vieux cochon *m* • **verdear, verdecer** *vi* verdir • **verdor** *nm* (*color*) couleur *f* verte, vert *m*
verdugo *nm* bourreau *m*
verdura *nf*, **verduras** *nfpl* légumes *mpl*
vereda *nf* sentier *m* ; (*AM*) trottoir *m*
veredicto *nm* verdict *m*

vergonzoso, -a *adj* (*persona*) timide ; (*acto, comportamiento*) honteux(-euse)
vergüenza *nf* honte *f* ; **me da ~ decírselo** j'ai honte de le lui dire ; **¡qué ~!** quelle honte !
verídico, -a *adj* véridique
verificar *vt* vérifier
verja *nf* grille *f*
vermut (*pl* **vermuts**) *nm* vermouth *m* ; (*esp And, CSur: Cine*) matinée *f*
verosímil *adj* vraisemblable
verruga *nf* (*Med*) verrue *f*
versado, -a *adj* : **~ en** versé(e) dans
versátil *adj* (*material*) polyvalent(e) ; (*persona*) versatile
versión *nf* version *f* ; **en ~ original** en version originale
verso *nm* vers *msg*
vértebra *nf* vertèbre *f*
verter *vt* verser ; (*derramar*) répandre
vertical *adj* vertical(e) ; (*postura, piano*) droit(e)
vértice *nm* sommet *m*
vertiente *nf* versant *m*
vertiginoso, -a *adj* vertigineux(-euse)
vértigo *nm* vertige *m*
vesícula *nf* vésicule *f*
vestíbulo *nm* hall *m* d'entrée ; (*de casa*) entrée *m*, vestibule *m*
vestido, -a *adj* habillé(e) ▶ *nm* (*de mujer*) robe *f*
vestigio *nm* vestige *m*
vestimenta *nf* habits *mpl*
vestir *vt* habiller ; (*llevar puesto*) porter ▶ *vi* s'habiller ; (*ser elegante*) habiller ; **vestirse** *vpr* s'habiller ; **ropa de ~** vêtements *mpl* habillés
vestuario *nm* garde-robe *f* ; (*Teatro, Cine*) costumes *mpl* ; (*local: Teatro*) loge *f* ; **vestuarios** *nmpl* (*Deportes*) vestiaires *mpl*
veta *nf* (*de mineral*) veine *f*, filon *m* ; (*en piedra, madera*) veine
vetar *vt* mettre son veto à
veterano, -a *adj* ancien(ne) ▶ *nm/f* vétéran *m*
veterinaria *nf* médecine *f* vétérinaire
veterinario, -a *nm/f* vétérinaire *mf*
veto *nm* veto *m*
vez *nf* fois *fsg* ; (*turno*) tour *m* ; **a la ~** en même temps ; **a su ~** à son tour ; **una ~** une fois ; **en ~ de** au lieu de ; **a veces/algunas veces** parfois ; **otra ~** encore (une fois) ; **una y otra ~** à maintes reprises ; **de ~ en cuando** de temps en temps ; **hacer las veces de** tenir lieu de, faire office de ; **tal ~** peut-être
vía *nf* voie *f* ; **por ~ judicial** par voie judiciaire ; **por ~ oficial** par la voie officielle ; **en ~s de** en voie de ; **Madrid-Berlín ~ París** Madrid-Berlin via Paris ; **~s aéreas** voies *fpl* aériennes ; **V~ Láctea** Voie lactée ; **~ pública** voie publique
viable *adj* viable
viaducto *nm* viaduc *m*
viajar *vi* voyager • **viaje** *nm* voyage *m* ; **estar de ~** être en voyage ; **~ de ida y vuelta** voyage aller-retour ; **~ de novios** voyage de noces
viajero, -a *adj, nm/f* voyageur(-euse)

vial *adj (Auto: seguridad)* routier(-ière) ; (: *marca*) au sol
víbora *nf* vipère *f*
vibración *nf* vibration *f*
vibrar *vi* vibrer
vicario *nm* vicaire *m*
vicepresidente *nmf* vice-président(e)
viceversa *adv*: **y ~** et vice versa
viciado, -a *adj (corrompido)* malsain(e) ; *(postura)* gauchi(e) ; *(aire, atmósfera)* vicié(e) • **viciar** *vt (persona, costumbres)* pervertir ; *(Jur, aire)* vicier ; *(objeto, postura)* déformer ; *(mecanismo, dicción)* fausser ; **viciarse** *vpr (deformarse)* se déformer ; **viciarse con** *(persona)* devenir mordu(e) de
vicio *nm* vice *m* ; *(mala costumbre)* mauvaise habitude *f*, défaut *m*
vicioso, -a *adj, nm/f* vicieux(-euse)
vicisitud *nf* vicissitude *f*
víctima *nf* victime *f*
victoria *nf* victoire *f*
victorioso, -a *adj* victorieux(-euse)
vid *nf* vigne *f*
vida *nf* vie *f* ; **de por ~** à vie ; **en la/mi** *etc* **~** *(nunca)* de la/ma *etc* vie ; **estar con ~** être en vie ; **ganarse la ~** gagner sa vie ; **de ~ o muerte** de vie ou de mort
vídeo, *(AM)* **video** *nm* vidéo *f* ; *(aparato)* magnétoscope *m*
videoblog *(pl* **videoblogs***) nm* vlog *m*
videocámara *nf* caméra *f* vidéo
videoclub *nm* club *m* vidéo
videojuego *nm* jeu *m* vidéo
vidrio *nm* verre *m* ; **vidrios** *nmpl (objetos)* objets *mpl* en verre ; **pagar los ~s rotos** payer les pots cassés
viejo, -a *adj* vieux (vieille) ; *(tiempos)* ancien(ne) ▸ *nm/f* vieux (vieille) ; **hacerse** *o* **ponerse ~** se faire vieux (vieille)
Viena *n* Vienne
viene *etc vb ver* **venir**
vienés, -esa *adj* viennois(e) ▸ *nm/f* Viennois(e)
viento *nm* vent *m*
vientre *nm* ventre *m*
viernes *nm inv* vendredi *m* ; **V~ Santo** vendredi saint
Vietnam *nm* Vietnam *m* • **vietnamita** *adj* vietnamien(ne) ▸ *nmf* Vietnamien(ne)
viga *nf* poutre *f*
vigencia *nf (de ley, contrato)* validité *f* ; **estar/entrar en ~** être/entrer en vigueur • **vigente** *adj (ley etc)* en vigueur
vigésimo, -a *adj, nm/f* vingtième *mf*
vigía *nmf* guetteur(-euse)
vigilancia *nf* surveillance *f*
vigilante *adj* vigilant(e) ▸ *nm* gardien *m*
vigilar *vt* surveiller
vigilia *nf* veille *f* ; *(Rel)* vigile *f*, veille *f*
vigor *nm* vigueur *f* ; **en ~** en vigueur ; **entrar en ~** entrer en vigueur • **vigoroso, -a** *adj* vigoureux(-euse)
vil *adj* vil(e) • **vileza** *nf* vilenie *f*
villa *nf* villa *f* ; *(población)* ville *f* ; **~ miseria** *(CSur)* bidonville *m*
villancico *nm* chant *m* de Noël

vilo: **en ~** *adv* (*sostener, levantar*) en l'air ; **estar en ~** (*fig*) être sur des charbons ardents
vinagre *nm* vinaigre *m*
vinagreta *nf* vinaigrette *f*
vincular *vt* rapprocher ; (*por contrato, obligación*) lier ; **vincularse** *vpr*: **vincularse (a)** se rapprocher (de) • **vínculo** *nm* lien *m*
vinicultura *nf* viticulture *f*
vino *vb ver* **venir** ▸ *nm* vin *m* ; **~ blanco** vin blanc ; **~ tinto** vin rouge
viña *nf* vigne *f*
viñedo *nm* vignoble *m*
violación *nf* (*de una persona*) viol *m* ; (*de derecho, ley*) violation *f*
violar *vt* violer
violencia *nf* violence *f* ; **~ de género** violence de genre; **~ doméstica** violence domestique, violence conjugale • **violentar** *vt* forcer ; (*persona*) violenter
violento, -a *adj* violent(e) ; (*embarazoso*) embarrassant(e) ; (*incómodo*) mal à l'aise *inv*
violeta *adj* violet(te) ▸ *nf* (*Bot*) violette *f* ▸ *nm* (*color*) violet *m*
violín *nm* violon *m*
viraje *nm* virage *m*
viral *adj* (*esp Internet*) viral(e)
virgen *adj* vierge ; **la (Santísima) V~** la (Sainte) Vierge
Virgo *nm* (*Astrol*) la Vierge ; **ser ~** être Vierge
viril *adj* viril(e) • **virilidad** *nf* virilité *f*
virtud *nf* vertu *f* ; **en ~ de** en vertu de
virtuoso, -a *adj* vertueux(-euse) ▸ *nm/f* (*Mús*) virtuose *mf*
viruela *nf* variole *f*
virulento, -a *adj* virulent(e)
virus *nm inv* virus *msg*
visa (AM) *nf*, **visado** *nm* visa *m*
víscera *nf* viscère *m* ; **vísceras** *nfpl* viscères *mpl*
visceral *adj* viscéral(e)
viscoso, -a *adj* visqueux(-euse)
visera *nf* visière *f* ; (*gorra*) casquette *f* à visière
visibilidad *nf* visibilité *f* • **visible** *adj* visible
visillo *nm* voilage *m*
visión *nf* vision *f*
visita *nf* visite *f* ; **hacer una ~** rendre *o* faire une visite
visitar *vt* (*familia etc*) rendre visite à ; (*ciudad, museo*) visiter
vislumbrar *vt* apercevoir, distinguer
viso *nm* (*de metal*) éclat *m* ; (*de tela*) lustre *m* ; (*aspecto*) luisant *m*
visón *nm* vison *m*
visor *nm* viseur *m*
víspera *nf* veille *f* ; **la ~** *o* **en ~s de** (à) la veille de
vista *nf* vue *f* ; **a primera** *o* **simple ~** à première vue, au premier abord ; **hacer la ~ gorda** fermer les yeux ; **está** *o* **salta a la ~ que** il saute aux yeux que ; **conocer a algn de ~** connaître qn de vue ; **en ~ de ...** vu ... ; **en ~ de que** vu que ; **¡hasta la ~!** à bientôt ! ; **con ~s a** (*al mar*) avec vue sur ; (*al futuro, a mejorar*) dans le but de • **vistazo** *nm* coup *m* d'œil ; **dar** *o* **echar un ~ a** jeter un coup d'œil à

visto, -a *vb ver* **vestir** ▶ *pp de* **ver** ▶ *adj*: **estar muy ~** ne pas être très original(e) ▶ *nm*: **~ bueno** accord *m*; **está ~ que** il est clair que; **está bien/mal ~** c'est bien/mal vu; **~ que** vu que; **por lo ~** apparemment
vistoso, -a *adj* voyant(e)
visual *adj* visuel(le)
vital *adj* vital(e); (*persona*) plein(e) de vitalité
vitalicio, -a *adj* viager(-ère); (*cargo*) à vie
vitalidad *nf* vitalité *f*
vitamina *nf* vitamine *f*
viticultor, a *nm/f* viticulteur(-trice) • **viticultura** *nf* viticulture *f*
vitorear *vt* acclamer
vitrina *nf* vitrine *f*
vitrocerámico, -a *adj*: **placa vitrocerámica** plaque *f* vitrocéramique • **viudez** *nf* veuvage *m*
viudo, -a *adj, nm/f* veuf (veuve)
viva *excl* hourra!; **¡~ el rey!** vive le roi!
vivacidad *nf* vivacité *f*
vivaracho, -a *adj* vif (vive)
vivaz *adj* vivace
víveres *nmpl* vivres *mpl*
vivero *nm* (*Horticultura*) pépinière *f*; (*criadero*) vivier *m*
vivienda *nf* logement *m*
viviente *adj* vivant(e)
vivir *vt, vi* vivre
vivo, -a *adj* vif (vive); (*ser, recuerdo, planta*) vivant(e); **en ~** (*TV, Mús*) en direct
vocablo *nm* mot *m*
vocabulario *nm* vocabulaire *m*
vocación *nf* vocation *f* • **vocacional** (*Méx*) *nf* (*Escol*) collège *m* technique
vocal *adj* vocal(e) ▶ *nmf* membre *m* ▶ *nf* (*Ling*) voyelle *f* • **vocalizar** *vt* prononcer ▶ *vi* articuler
vocear *vi* crier • **vocerío** *nm* clameur *f*
vocero, -a (AM) *nm/f* porte-parole *m inv*
voces *pl de* **voz**
vociferar *vi* vociférer
vodka *nm* vodka *f*
vol. *abr* (= *volumen*) vol. (= *volume*)
volandas: **en ~** *adv* en volant
volante *nm* volant *m*; (*Med: de aviso*) convocation *f*
volar *vt* faire exploser ▶ *vi* voler
volátil *adj* volatil(e)
volcán *nm* volcan *m*
volcánico, -a *adj* volcanique
volcar *vt* (*recipiente*) vider; (*contenido*) verser; (*vehículo*) renverser; (*barco*) faire chavirer ▶ *vi* (*vehículo*) capoter; (*barco*) chavirer; **volcarse** *vpr* (*recipiente*) se renverser; (*esforzarse*): **volcarse para hacer algo/con algn** se donner beaucoup de mal pour faire qch/avec qn
voleibol *nm* volley-ball *m*
volqué *etc*, **volquemos** *etc* *vb ver* **volcar**
voltaje *nm* voltage *m*
voltear *vt* faire tourner; (*persona: en el aire*) faire sauter en l'air; (AM) tourner; (: *volcar*) verser; **voltearse** *vpr* (AM) se retourner; **~ a hacer algo** (AM) recommencer (à faire) qch
voltereta *nf* (*rodada*) galipette *f*

voltio *nm* volt *m*
voluble *adj* volubile
volumen *nm* volume *m* ; (*Com*) volume, chiffre *m*
voluminoso, -a *adj* volumineux(-euse)
voluntad *nf* volonté *f*
voluntario, -a *adj* volontaire ▸ *nm/f* volontaire *mf*, bénévole *mf*
voluntarioso, -a *adj* volontaire
voluptuoso, -a *adj* voluptueux(-euse)
volver *vt* tourner ; (*de atrás adelante*) ramener ; (*transformar en: persona*) rendre ▸ *vi* (*regresar*) revenir ; (*ir de nuevo*) retourner ; **volverse** *vpr* (*girar*) se retourner ; (*convertirse en*) devenir ; **~ la espalda** tourner le dos ; **~ a hacer algo** recommencer (à faire) qch ; **~ en sí** revenir à soi ; **volverse loco/insociable** devenir fou/asocial
vomitar *vt* vomir ▸ *vi* vomir • **vómito** *nm* vomissement *m* ; (*lo vomitado*) vomi *m*
voraz *adj* vorace ; (*hambre*) dévorant(e)
vos (*AM*) *pron* vous ; (*esp CSur*) tu
vosotros, -as *pron* vous ; **entre ~** parmi vous
votación *nf* vote *m* ; **por ~** par vote
votar *vt, vi* voter • **voto** *nm* vote *m* ; (*Rel*) vœu *m* ; **hacer ~s por** former des vœux pour
voy *vb ver* **ir**
voz *nf* voix *fsg* ; (*grito*) cri *m* ; (*rumor*) bruit *m* ; **dar voces** pousser des cris ; **llamar a algn/ hablar a voces** appeler qn/parler en criant ; **a media ~** à mi-voix ; **de viva ~** de vive voix ; **en ~ alta/ baja** à voix haute/basse ; **~ de mando** ton *m* de commandement
vuelco *vb ver* **volcar** ▸ *nm* culbute *f*, chute *f* ; (*de coche*) tonneau *m*
vuelo *vb ver* **volar** ▸ *nm* vol *m* ; (*de falda, vestido*) ampleur *f* ; **cazar** *o* **coger al ~** attraper au vol ; **~ chárter** vol charter ; **~ libre** vol libre ; **~ regular** vol régulier
vuelque *etc vb ver* **volcar**
vuelta *nf* tour *m* ; (*regreso*) retour *m* ; (*en carreras, circuito*) virage *m* ; (*de camino*) détour *m* ; (*de río*) méandre *m* ; (*de papel*) verso *m* ; (*de pantalón, tela, fig*) revers *msg* ; (*dinero*) monnaie *f* ; **a la ~** (*Esp*) au retour ; **a la ~ (de la esquina)** au coin (de la rue) ; **a ~ de correo** par retour du courrier ; **dar(se) la ~** (*coche*) faire demi-tour ; (*persona*) se retourner ; **dar la ~ a algo** retourner qch ; (*de atrás adelante*) ramener qch ; **dar ~s** tourner ; **dar ~s a algo** (*comida*) remuer qch ; (*manivela*) tourner qch ; **dar ~s a una idea** tourner et retourner une idée dans sa tête ; **dar una ~** faire un tour ; **~ ciclista** tour *f* (cycliste)
vuelto *pp de* **volver** ▸ *nm* (*AM*) monnaie *f*
vuelva *etc vb ver* **volver**
vuestro, -a *adj* votre ▸ *pron*: **el ~/ la vuestra** le/la vôtre ; **los ~s/las vuestras** les vôtres ; **un amigo ~** un de vos amis, un ami à vous ; **¿son ~s?** c'est à vous ?
vulgar *adj* (*pey*) vulgaire ; (*no refinado*) grossier(-ière) ; (*gustos, uso*) commun(e) • **vulgaridad** *nf* vulgarité *f* ; (*de gustos, rasgos*) banalité *f* ; (*grosería*) grossièreté *f* • **vulgarizar** *vt* vulgariser

vulgo *nm*: **el ~** (*pey*) le commun des mortels
vulnerable *adj* vulnérable ; (*punto, zona*) sensible
vulnerar *vt* (*ley, acuerdo*) transgresser ; (*derechos, reputación*) bafouer ; (*intimidad*) violer

W

wasap (*pl* **wasaps**) (*fam*) *nm* WhatsApp *m* • **wasapear** (*fam*) *vt, vi* whatsapper
wáter *nm* waters *mpl*, W.-C. *mpl*
web *nm* (*red*) Web *m* ▸ *nf* (*página*) page *f* Web
webcam *nf* webcam *f*
webinario *nm* webinaire *m*
whisky *nm* whisky *m*
Wi-Fi, wifi *nm* wifi *m*
windsurf *nm* windsurf *m*, planche *f* à voile

x

xenofobia *nf* xénophobie *f*
xilófono *nm* xylophone *m*

y

y *conj* et
ya *adv* déjà ; (*con presente: ahora*) maintenant ; (*: en seguida*) tout de suite ; (*con futuro: pronto*) bientôt ▶ *excl* OK ! ▶ *conj* déjà ; **ya que** puisque ; **ya no vamos** nous ne partons plus ; **ya lo sé** je sais ; **ya veremos** on verra bien ; **que ya, ya** mais oui, c'est ça ; **¡ya voy!** j'arrive !, j'y vais ! ; **ya mismo** (*esp CSur*) tout de suite ; **desde ya** (*CSur*) tout de suite ; (*: claro*) évidemment ; **ya vale (de hacer), ya está bien** ça suffit
yacer *vi* gésir ; **aquí yace** ci-gît
yacimiento *nm* gisement *m*
yanqui *adj* yankee ▶ *nmf* Yankee *mf*
yate *nm* yacht *m*
yazca *etc vb ver* **yacer**
yedra *nf* lierre *m*
yegua *nf* jument *f*
yema *nf* (*del huevo*) jaune *m* ; (*Bot*) bourgeon *m* ; **~ del dedo** bout *m* du doigt
yerga *etc*, **yergue** *etc vb ver* **erguir**
yermo, -a *adj* (*no cultivado*) inculte
yerno *nm* gendre *m*

yerre *etc vb ver* **errar**
yeso *nm (Arq)* plâtre *m*
yincana *nm* gymkhana *m*
yo *pron pers* je ; **soy yo** c'est moi
yodo *nm* iode *m*
yoga *nm* yoga *m*
yogur, yogurt *nm* yaourt *m*
yudo *nm* judo *m*
yugo *nm* joug *m*
Yugoslavia *nf (Hist)* Yougoslavie *f*
yugular *adj, nf* jugulaire *f*
yunque *nm* enclume *f*
yunta *nf* attelage *m*
yuxtaponer *vt* juxtaposer
• **yuxtaposición** *nf* juxtaposition *f*

Z

zafarse *vpr*: **~ de** se libérer de
zafio, -a *adj* rustre
zafiro *nm* saphir *m*
zaga *nf*: **a la ~** à la traîne
zaguán *nm* vestibule *m*
zaherir *vt* mortifier
zalamería *nf* flatterie *f*
zalamero, -a *adj* flatteur(-euse)
zamarra *nf* veste *f* en peau
zambullirse *vpr* plonger
zampar *(fam) vt* avaler
zanahoria *nf* carotte *f*
zancada *nf* enjambée *f*
zancadilla *nf* croche-pied *m* ; **echar** *o* **poner la ~ a algn** faire un croche-pied à qn
zanco *nm* échasse *f*
zancudo, -a *adj*: **ave ~** échassier *m* ▸ *nm (AM)* moustique *m*
zángano, -a *nm/f* feignant(e) ▸ *nm (Zool)* faux bourdon *m*
zanja *nf* fossé *m* • **zanjar** *vt* trancher
zapata *nf* patin *m*
zapatear *vi (bailar)* danser le zapatéado

zapatería *nf* (*tienda*) magasin *m* de chaussures ; (*oficio*) cordonnerie *f*
zapatero, -a *nm/f* cordonnier(-ière)
zapatilla *nf* (*para casa, ballet*) chausson *m* ; (*para la calle*) chaussure *f* légère ; **~ de deporte** chaussure *f* de sport, tennis *f*
zapato *nm* chaussure *f*
zapping *nm* zapping *m* ; **hacer ~** zapper
zarandear *vt* secouer
zarpa *nf* griffe *f*
zarpar *vi* lever l'ancre
zarza *nf* ronce *f* • **zarzal** *nm* fourré *m*
zarzamora *nf* (*fruto*) mûre *f* ; (*planta*) ronce *f*
zarzuela *nf* zarzuela *f*
zasca (*Esp: fam*) *nm* (*comentario*) claque *f*, baffe *f* (*fam*)
zigzag *nm* zigzag *m* • **zigzaguear** *vi* zigzaguer
zinc *nm* zinc *m*
zócalo *nm* soubassement *m*, plinthe *f*
zodíaco *nm* zodiaque *m*
zona *nf* zone *f*
zoo *nm* zoo *m*
zoología *nf* zoologie *f*
zoológico, -a *adj* zoologique ▸ *nm* (*tb*: **parque zoológico**) zoo *m*
zoólogo, -a *nm/f* zoologue *m*
zoom *nm* zoom *m*
zopilote (AM) *nm* vautour *m*
zoquete (*fam*) *adj, nmf* abruti(e)
zorro, -a *adj* rusé(e) ▸ *nm/f* renard(e)
zozobra *nf* angoisse *f* • **zozobrar** *vi* (*barco*) couler ; (*fig: plan*) échouer
zueco *nm* sabot *m*
zumbar *vi* (*abeja*) bourdonner ; (*motor*) vrombir • **zumbido** *nm* (*de abejas*) bourdonnement *m* ; (*de motor*) vrombissement *m*
zumo *nm* jus *msg*
zurcir *vt* (*Costura*) raccommoder
zurdo, -a *adj* (*persona*) gaucher(-ère) ; (*mano*) gauche
zurrar *vt* (*fam: pegar*) tabasser

L'HEURE — *LA HORA*

Quelle heure est-il ? *¿Qué hora es?*

Il est une heure.
Es la una.

Il est deux heures pile.
Son las dos en punto.

Il est deux heures dix.
Son las dos y diez.

Il est deux heures et quart.
Son las dos y cuarto.

Il est deux heures vingt-cinq.
Son las dos y veinticinco.

Il est deux heures et demie.
Son las dos y media.

70	soixante-dix	*setenta*
80	quatre-vingts	*ochenta*
90	quatre-vingt-dix	*noventa*
100	cent	*cien, ciento*
101	cent un	*ciento un(o)(-a)*
102	cent deux	*ciento dos*
110	cent dix	*ciento diez*
142	cent quarante deux	*ciento cuarenta y dos*
200	deux cents	*doscientos(-as)*
201	deux cent un	*doscientos(-as) uno(-a)*
300	trois cents	*trescientos(-as)*
400	quatre cents	*cuatrocientos(-as)*
500	cinq cents	*quinientos(-as)*
600	six cents	*seiscientos(-as)*
700	sept cents	*setecientos(-as)*
800	huit cents	*ochocientos(-as)*
900	neuf cents	*novecientos(-as)*
1000	mille	*mil*
1001	mille un	*mil uno(-a)*
2000	deux mille	*dos mil*
100000	cent mille	*cien mil*
200000	deux cent mille	*doscientos(-as) mil*
1000000	un million	*un millón*
2000000	deux millions	*dos millones*
1000000000	un milliard	*mil millones*